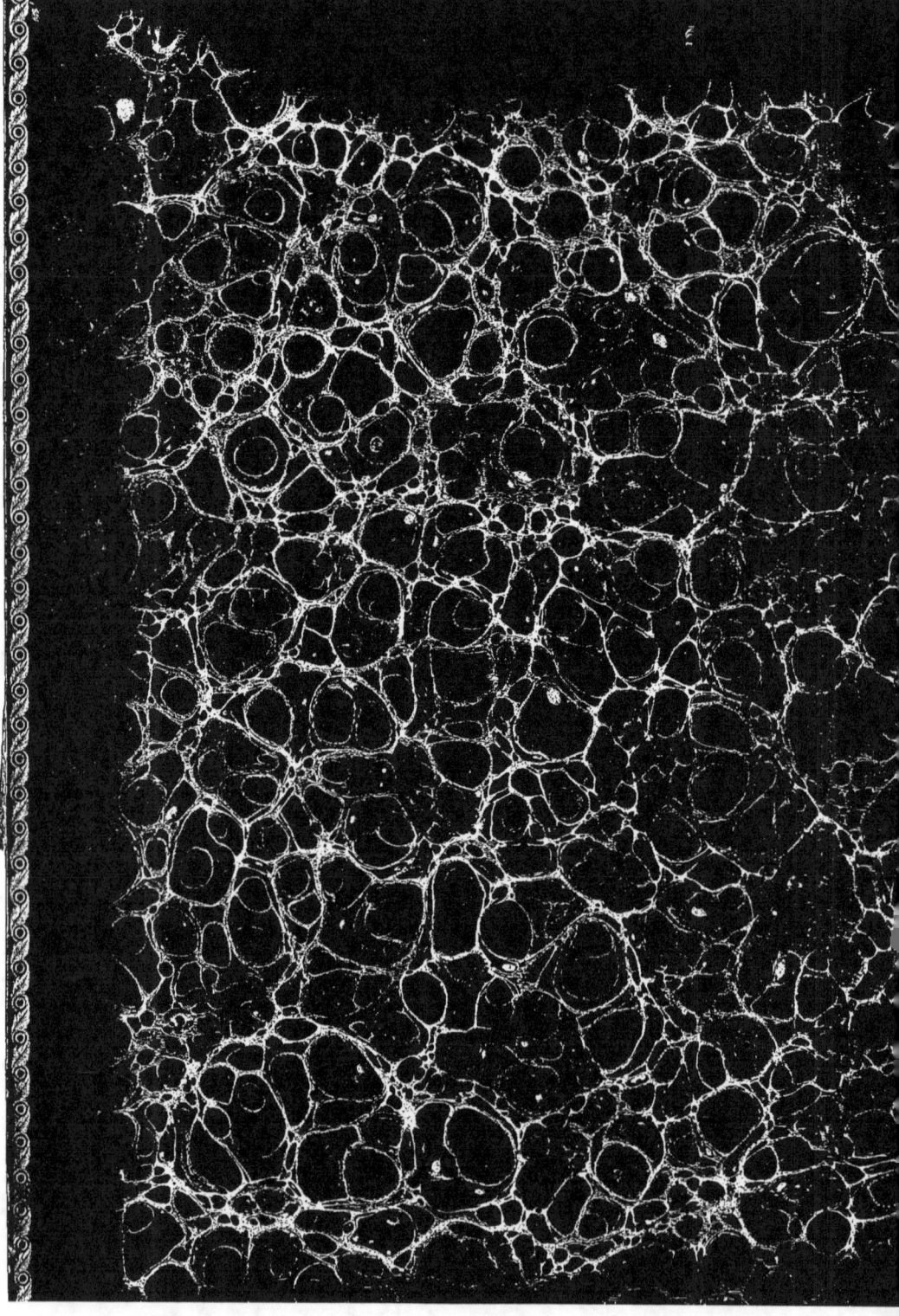

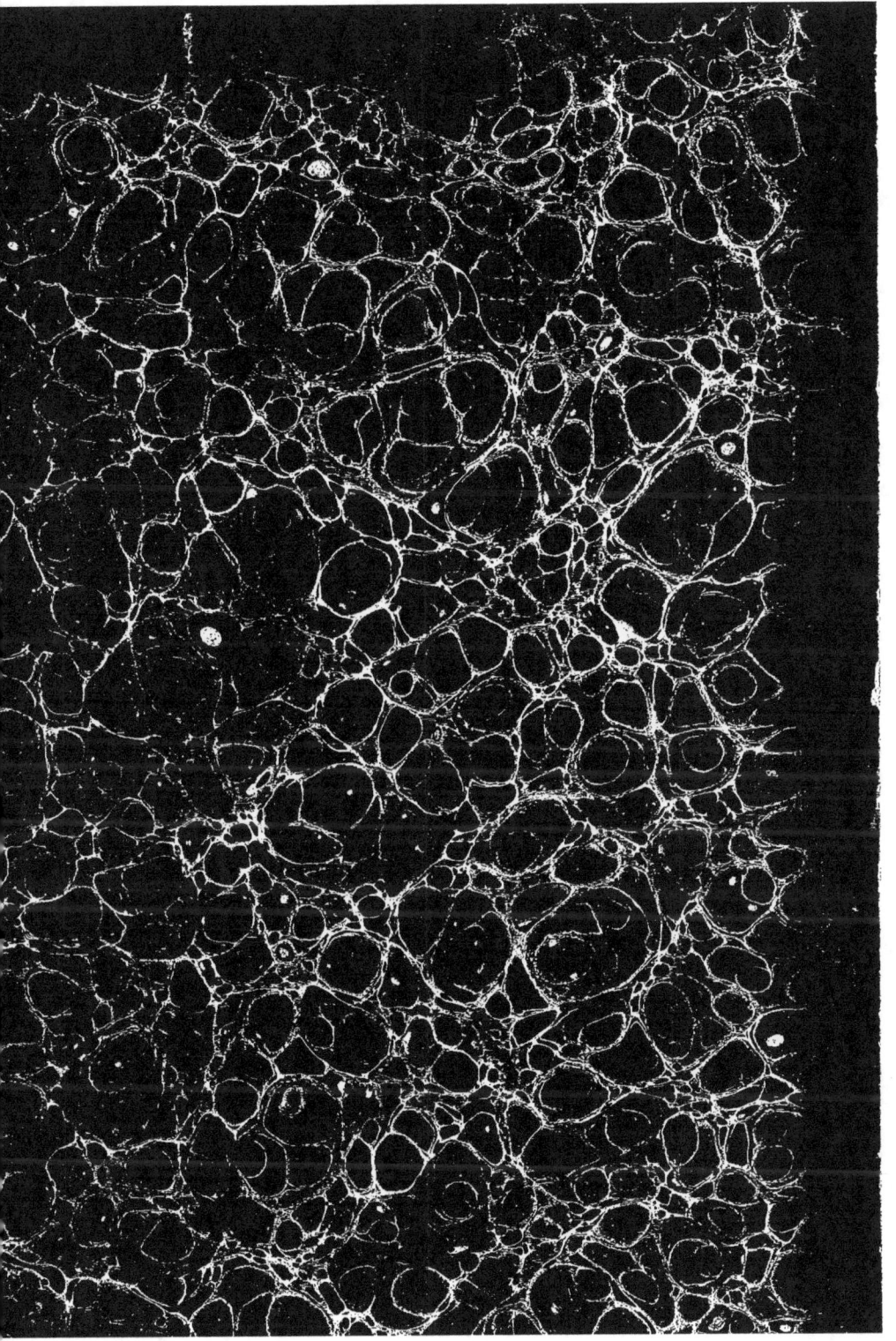

168.A.

560.
B.C. 4.

HISTOIRE
DE FRANCE.

TOME IV.

IMPRIMERIE DE SAINTIN, RUE SAINT-JACQUES, 38.

HISTOIRE DE FRANCE

DEPUIS
LES TEMPS LES PLUS RECULÉS JUSQU'A LA MORT DE LOUIS XVI,
PAR ANQUETIL.

Nouvelle Édition
REVUE ET CONTINUÉE JUSQU'EN 1830
PAR M. TH. BURETTE,
Professeur d'histoire au Collége de Stanislas.

AVEC DES CONSIDÉRATIONS SUR L'HISTOIRE
PAR M. DE CHATEAUBRIAND.

TOME QUATRIÈME.

PARIS.
POURRAT FRÈRES, ÉDITEURS,
RUE DES PETITS-AUGUSTINS, 5.

M DCCC XXXVIII.

HISTOIRE
DE FRANCE.

Louis XIV, Suite.

Le 21 octobre, trois jours après le départ du prince de Condé, le monarque rentra dans sa capitale au milieu des acclamations du peuple, dont la joie se signalait par des transports difficiles à peindre. Il n'était lié par aucune promesse d'amnistie, et il avait la liberté de punir s'il le voulait; mais le châtiment ne fut pas sévère, il se borna même aux plus coupables. Louis fit dire à son oncle de quitter Paris, et il obéit. Mademoiselle, prévenant l'ordre qu'elle aurait reçu de se retirer dans une de ses terres, s'y exila d'elle-même. Plusieurs gens de qualité, et d'autres personnes turbulentes, de différens états, jugés et condamnés par leur propre conscience, se cachèrent et s'enfuirent. Les duchesses de Montbazon et de Châtillon auraient bien voulu paraître à la cour; mais elles eurent défense de s'y montrer, et partirent pour leurs châteaux. Le duc de Beaufort suivit le duc d'Orléans, non sans regret d'abandonner le petit empire qu'il s'était formé dans les halles. Le fils de Broussel rendit la Bastille sitôt qu'on le menaça de le faire pendre s'il se laissait assiéger. Enfin le lendemain de son entrée, le roi tint son lit de justice au Louvre. Il y réunit les conseillers de Paris à ceux de Pontoise : les premiers n'essuyèrent ni reproches ni réprimandes; il fut seulement défendu à six ou douze d'entre eux, qui n'avaient pas été appelés à cette séance, de demeurer à Paris. Dans cette défense furent compris quelques membres des autres compagnies, en petit nombre; tous les officiers des princes de Condé et de Conti, et même les femmes attachées au service de Longueville (1)

Dans ce lit de justice, le roi fit lire et enregistrer un édit qui interdisait au parlement toute délibération sur le gouvernement de l'état et les finances, toutes procédures contre les ministres qu'il lui plairait de choisir; il contenait aussi des règles de discipline, faites pour l'honneur et l'indépendance de la compagnie, notamment celles de ne point permettre à ses membres de prendre des habitudes trop grandes dans les palais des princes et des grands,

---

(1) Retz, t. III, p. 247, Montpensier, t. II, p. 468.

d'en recevoir des présens, gratifications ou pensions, et même d'assister aux conseils où se traitaient leurs affaires économiques et domestiques. Du reste, le monarque accorda une amnistie générale, qui rassura les esprits et remit partout l'ordre et la tranquillité. Le cardinal de Retz se trouva au Louvre quand le roi arriva. La reine dit à son fils de l'embrasser, « comme celui à qui il devait particu-
» lièrement son retour à Paris (1) ». Cependant il n'y avait véritablement contribué qu'en ce qu'il ne s'y était point opposé. En quittant le Louvre, il alla, si l'on en croit Joly, insinuer au duc d'Orléans de se mettre en défense, et de ne point se laisser opprimer par la puissance royale ; mais lui-même prétend qu'il laissa seulement entrevoir à Gaston la possibilité d'ameuter le peuple, de faire de nouvelles barricades, et de s'emparer de la personne du roi. Il dit que le duc de Beaufort conseillait fortement cette entreprise; que, pour lui, il se contenta d'assurer Gaston que, si le prince s'y déterminait, il l'appuierait de tout le crédit qu'il avait encore auprès du peuple. C'était certainement pousser la rébellion jusqu'où elle pouvait aller. Cependant Anne voulut bien ne punir le prélat que par l'éloignement ; encore ne s'y détermina-t-elle que lorsqu'elle se fut assurée, par diverses tentatives, qu'il lui serait impossible de faire revenir Mazarin, et d'assurer la tranquillité de son ministère, tant que Gondi resterait à Paris. Elle lui offrit l'ambassade de Rome, où on lui promettait de ne le laisser que trois ans, cent mille francs pour payer ses dettes, une pension de cinquante mille écus, et cinquante mille autres comptant pour se mettre en équipages.

Le coadjuteur dit qu'il ne refusa ces offres que parce qu'on ne voulut rien donner à ses partisans intimes ; et il veut faire entendre qu'il fut victime de l'amitié : mais il y a plus d'apparence qu'il se crut encore en état d'intimider la cour et de se faire acheter plus chèrement. Il continua de retenir autour de lui une espèce de garde, qui montait quelquefois jusqu'à deux cents gentilshommes. Ce n'était qu'avec cette escorte qu'il quittait son fort de l'archevêché, où il avait toujours des munitions qui rendaient ce poste capable de résistance. Quand il allait à la cour, il y portait un air de morgue et de hauteur, et il rejetait dédaigneusement toutes les conditions qui n'étaient pas précisément celles qu'il prétendait imposer. Son insolence alla si loin, que le conseil donna des ordres pour l'arrêter, et même pour l'attaquer à main armée, si on ne pouvait le saisir autrement. « Ces ordres, dit-il, n'étaient guère différens de ceux
» qui furent donnés au maréchal de Vitri, lorsqu'il tua le maréchal
» d'Ancre. » Les vrais amis de Gondi, qui voyaient qu'il se perdait, vinrent à la fin à bout de l'engager à relâcher quelque chose de ses prétentions. Il se détermina à traiter directement avec le cardinal Mazarin, auquel il écrivit. Sur la foi de ce traité entamé, il vint au

---

(1) Retz, t. II, p. 249. Joly, t. II, p. 80.

Louvre, mais accompagné. Il y fut arrêté le 19 décembre, et conduit à Vincennes, sans que le peuple dont on craignait le ressentiment en témoignât aucun. Il y eut seulement quelques démonstrations de chagrin de la part du clergé : le chapitre de la cathédrale ordonna des prières de quarante heures; mais l'archevêque, oncle du coadjuteur, les fit cesser.

Turenne cependant, après avoir ramené le roi à Paris, avait volé aux frontières, qui, pendant tout le cours de la campagne, étaient restées presque entièrement dégarnies. Aussi les Espagnols avaient-ils repris Gravelines, Mardick et Dunkerque; et Condé, malgré la séparation du duc de Lorraine, avait signalé son arrivée au milieu d'eux par la prise de Château-Porcien, de Rhétel, de Sainte-Ménéhould et de Bar-le-Duc. Turenne s'attacha aux pas de ce dernier; et, laissant derrière lui toutes les villes au moyen desquelles le prince avait espéré retarder sa marche, et qui n'avaient servi qu'à l'affaiblir lui-même par les garnisons qu'il y avait laissées, il le harcela sans relâche, et le poussa jusque dans le Luxembourg, où il le força d'hiverner; puis, revenant sur ses pas, il réduisit facilement la plupart des places qu'il avait négligées en passant, et fit leurs garnisons prisonnières. Ainsi l'ennemi, malgré ses succès et contre son attente, se vit réduit à aller prendre ses quartiers d'hiver hors de France.

L'éloignement de la Catalogne et de l'Italie n'avait pu manquer d'y rendre la campagne encore plus malheureuse qu'en Flandre. Don Juan d'Autriche avait fait rentrer Barcelone et une partie du Roussillon sous l'obéissance des Espagnols; et Casal, retenue depuis plus de vingt ans par les Français, était tombée aussi en leur pouvoir, et avait été restituée par eux au duc de Mantoue, dont la France s'estima heureuse d'obtenir la neutralité.

Pendant que le cardinal de Retz ressentait, dans la contrainte et la solitude de la prison, tous les tourmens que peut souffrir un ambitieux enchaîné par son rival, Mazarin se promenait sur la frontière, au milieu de l'armée française, et jouissait de l'honneur des derniers succès, que les généraux lui déféraient. Il était redevable de ces égards à la puissance qu'il conservait à la cour, où il disposait de tout, quoique éloigné. Il s'en rapprocha, après s'être fait quelque temps désirer, et arriva à Paris le 3 février, accompagné de Turenne et des principaux officiers de l'armée; cortége flatteur, dont l'éclat fut encore rehaussé par le monarque, qui alla au devant de lui jusqu'à six lieues. La reine le reçut avec des transports de joie, qui n'étaient pas nouveaux, mais qui étonnaient toujours; car plusieurs recherchaient encore par où il avait mérité sa fortune. Les autres, éblouis par son bonheur, brûlaient leur encens devant l'idole, sans s'embarrasser si elle en était digne : toute la France tomba à ses genoux. Les Parisiens lui firent une espèce d'amende honorable de leurs insultes excessives, par des hommages qui ne l'étaient pas moins. Ils lui donnèrent à l'hôtel de ville une fête dans laquelle on lui prodigua presque tous les honneurs réservés jusqu'alors aux souverains. Des édits bursaux, que le ministre présenta au parlement, sous le motif ordinaire de fournir aux dépenses de la guerre, n'éprouvèrent point de difficultés. On dit que le cardinal, voyant la nation si inconstante, se confirma dans le mépris qu'il avait déjà conçu pour elle; et que, la trouvant si docile, il ne se fit point de scrupule de la piller et d'entasser des trésors immenses, pour n'être plus exposé, en cas de disgrace, à la disette qu'il avait quelquefois éprouvée pendant sa retraite forcée chez l'étranger (1).

Comme un bonheur en entraîne ordinairement un autre, le ministre n'eut, pour ainsi dire, besoin que de se prêter aux évènemens pour éteindre les dernières étincelles de la guerre civile. Depuis que Paris s'était rendu, le foyer des troubles existait à Bordeaux. Le duc de Vendôme, entrant avec une flotte dans la Garonne, lui coupa toute communication avec les Espagnols; et cette ville, resserrée de plus près, fut bientôt menacée de la famine. Le comte d'Harcourt, qui avait commencé à la cerner, venait à la vérité de fausser lui-même ses sermens, et de manquer à la fidélité dont il avait donné tant de preuves. Saisi de l'esprit de vertige dont les meilleures têtes de ce temps n'avaient point été exemptes, et de l'idée romanesque de se faire une souveraineté en Alsace, à la faveur de l'occupation que Condé donnait aux armées françaises, il avait traversé la France avec la cavalerie de son armée, et surpris en effet Brisach et Philisbourg. Le duc de Candale, fils du duc d'Epernon, nommé pour le remplacer devant Bordeaux, n'avait pas ses talens militaires; mais déjà il n'en était plus besoin. La faction se consumait elle-même par la mésintelligence du prince de Conti et de la duchesse de Longueville; mésintelligence que leurs conseils et leurs domestiques fomentaient. Il y avait entre tous ces agens une émulation intéressée à traiter avec la cour. Ceux du frère voulaient prévenir auprès du ministre ceux de la sœur, et réciproquement, afin d'avoir l'honneur de la pacification, et d'en tirer une récompense personnelle. Mazarin écoutait tout le monde, et ne se pressait pas de conclure : parce que le retard faisait que les négociateurs se traversaient, et que le parti se ruinait de lui-même (2).

Pendant ces délais, il se passait des scènes sanglantes à Bordeaux. Lorsque Lenet et Marsin, agens de Condé, restés dans la ville avec Conti et la duchesse de Longueville, voulurent se couvrir de l'autorité apparente du parlement, à l'exemple des frondeurs de la capitale, ils ameutèrent la populace dont ils se servirent pour intimider la compagnie. Cette populace prit l'habitude de s'assembler à l'*Ormée*, promenade de Bordeaux. De là, au signal des chefs partisans

(1) Talon, t. VIII, deuxième partie, p. 129.—(2) Lenet, t. II, p. 560, Retz, t. III, p. 71. Nemours, p. 14.

des princes, elle se répandait dans la ville, insultait, frappait, pillait ceux qu'on lui indiquait comme *Mazarins*. Contre cette féroce cabale, dont un nommé Dure-Tête, simple artisan, était chef, se forma l'association du *Chapeau-rouge,* ainsi appelée du nom d'une des rues de la ville. Celle-ci était composée de la meilleure bourgeoisie. Plusieurs fois les deux troupes en vinrent aux mains : les *ormistes*, plus nombreux, eurent souvent l'avantage, et signalèrent leurs victoires par toutes sortes de cruautés contre les *chapeaux rouges*. Beaucoup de ceux-ci quittèrent la ville, avec les principaux du parlement, que le roi transféra à Agen.

Bordeaux était réduit à cet état d'anarchie, lorsqu'on parla de traiter avec la cour. Au lieu de se tenir unis et de faire cause commune, les agens du prince absent, ceux de Conti, ceux de la duchesse de Longueville, se brouillèrent, et brouillèrent leurs maîtres sur des prétentions qu'ils affectaient l'un pour l'autre. Le ministre augmenta la division, en se montrant disposé à accorder des préférences. Chacun tâcha de les mériter par une soumission plus prompte et plus étendue, et le résultat de cette conduite fut que la cour imposa la loi qu'elle voulut. On accorda à la princesse de Condé la liberté de suivre son mari en Flandre ou en Espagne, avec son fils et tous ses partisans un peu notables. Marsin fut de ce nombre, et il eut la faculté d'emmener avec lui les régimens du prince et du duc d'Enghien, leurs gardes et leurs gendarmes, en tout deux mille cinq cents hommes, qui traversèrent la France avec étape pour se rendre à Stenay. Le prince de Conti et la duchesse de Longueville, sa sœur, furent relégués en des séjours éloignés de la cour, jusqu'à ce que leur bonne conduite les y fît rappeler. Quelques seigneurs subirent le même sort, mêlé d'indulgence et de rigueur. On donna une amnistie générale pour Bordeaux et les petites villes adjacentes, plus ou moins marquées de la tache de la révolte. Il n'y eut d'excepté que Dure-Tête, chef de l'*Ormée*, et cinq de ses compagnons les plus coupables, dont on fit un exemple. Ce fut le seul sang que la vengeance royale se permit de répandre. Elle ne crut pas non plus devoir laisser sans punition, à la face de l'univers, la rébellion du prince de Condé, qui, par le traité qu'il avait fait avec les Espagnols, devait rester maître de toutes les places qu'on enlèverait à la France. Ce même parlement de Paris, dont beaucoup de membres pouvaient se reprocher de s'être rendus ses complices, lui fit son procès comme l'avait prédit le coadjuteur. Le jeune monarque y assista, et y porta l'extérieur d'un homme touché. On déclara Condé criminel de lèse-majesté. Il fut dépouillé de tous ses emplois, charges et gouvernemens, auxquels le roi nomma, et condamné à mort, sans spécifier le genre de supplice, par respect pour le sang royal. Quant aux autres chefs de parti, ils s'éclipsèrent sans qu'on parût presque les remarquer. Le duc d'Orléans se retira à Blois, d'où il ne venait que rarement à la cour, médiocrement caressé par le monarque et sa mère, peu regardé des courtisans, mais très fêté par le ministre, qui se faisait un honneur de le traîner, pour ainsi dire, à son char. Sa fille, Mademoiselle, mena long-temps une vie errante dans ses châteaux. Il se trouva toujours des obstacles aux mariages qui convenaient à sa naissance; et elle fut à la fin obligée d'acheter, par le sacrifice d'une partie de ses grands biens, le droit d'épouser un gentilhomme (Lauzun) qui la méprisa. La duchesse de Longueville, ne pouvant se passer d'intrigues, après avoir renoncé à celles de l'amour et de la politique, trouva à se satisfaire dans la dévotion. La guerre entre les solitaires de Port-Royal et les jésuites commençait à s'animer. La duchesse se déclara pour les premiers, et se donna du moins le plaisir d'être d'un parti que la cour n'aimait pas. Le prince de Conti fit sa paix en épousant, dans les premiers jours de 1654, Anne-Marie Martinozzi, une des nièces du ministre, précisément au moment où Mazarin pressait la condamnation de son frère au parlement. Il vécut sans éclat, bon mari, bon père, plus heureux dans cette espèce de vie privée, qu'il ne l'avait été dans le tracas des affaires. Le duc de Beaufort, qui obtint du roi la survivance de la charge d'amiral de France que possédait son père, se distingua dans diverses expéditions maritimes; et en 1669, s'étant mis à la tête d'une troupe de volontaires, auxquels le roi permit d'aller au secours des Vénitiens, en Candie, il trouva une mort honorable sur la brèche de la Canée. Les grands seigneurs qui avaient participé aux troubles furent peu employés sous le règne de Louis XIV, malgré leur mérite personnel; et leurs enfans ont quelquefois eu peine à effacer la tache de leurs pères. Quant aux brouillons inférieurs, beaucoup de leurs noms, rayés des matricules de la magistrature, en ont disparu totalement, ou n'existent plus que dans les conditions subalternes.

Le cardinal de Retz causa encore quelque inquiétude à la cour. De coadjuteur il devint, pendant sa prison de Vincennes, archevêque de Paris, par la mort de son oncle. On lui demanda sa démission, et on mit sa liberté à ce prix. Il la donna et, en attendant la ratification de Rome, qui la refusa par haine contre Mazarin, et sur les instances même du démissionnaire, il fut transféré dans le château de Nantes, d'où il se sauva, et il se rendit à Rome où il fut revêtu du *pallium*, décoration confirmative de son titre. En s'échappant il fit une chute, dont il demeura estropié toute sa vie. Pendant qu'il errait en Flandre, en Espagne, à Rome, en Allemagne, un curé de la Madeleine, nommé Chassebras, qu'il avait fait son grand vicaire, soutenait ses intérêts avec une intrépidité et une intelligence singulières. Il donnait des mandemens au nom du cardinal, et interdisait les grands-vicaires nommés par le chapitre, à la prière de la cour; lançait des monitoires contre les persécuteurs de son archevêque, et les menaçait d'excommunication. Ces pièces passèrent pour être l'ouvrage des solitaires de Port-Royal, que la cour commença à regarder comme possédés de l'esprit de rébellion, et acharnés à le répandre dans le peuple ; soupçon dont le ministère ne s'est jamais défait. On dit qu'elles s'imprimaient dans la tour de Saint-Jacques-de-la-Boucherie ; et, malgré la multitude et la vigilance des espions, elles parvenaient toujours entre les mains des personnes dont elles devaient être connues, ou elles se trouvaient affichées à propos partout où il était besoin, sans que les recherches et les menaces du ministère aient jamais pu intimider le grand-vicaire et ses coopérateurs, qui se cachaient, mais qui agissaient toujours.

Comme ces ouvrages étaient bien écrits, ils faisaient impression. Le clergé redemandait son archevêque, le peuple murmurait ; et, si Gondi eût su seconder le zèle de ses partisans par une conduite réglée et par sa persévérance, peut-être aurait-il forcé la cour à lui laisser son archevêché ; mais il se lassa de souffrir. Si on en croit Joly, qui l'accompagna toujours, il avait contracté dans ses voyages le goût d'une vie libre, exempte de devoirs, d'assujettissemens et même de bienséance ; vie qu'il désira de pouvoir continuer. Il prit donc le parti de transiger avec la cour. On lui donna de grosses abbayes en échange de son archevêché. Il fixa sa demeure en Lorraine, et paya ses dettes à la longue. Sur la fin de sa vie, il obtint la permission de revenir à Paris ; et cet homme, qui ne s'était pas contenté du premier rang après les princes dans la capitale, s'estima heureux de pouvoir y finir ses jours presque inconnu. Mais il ne céda son archevêché qu'après la mort de Mazarin, auquel il ne voulut pas donner la satisfaction de le rendre témoin de son humiliation.

La fronde finit par la dispersion des chefs, et la guerre cessa dans l'intérieur du royaume ; mais elle s'anima sur les frontières contre les Espagnols, aidés de la capacité et des conseils du prince de Condé, lesquels, heureusement pour la France, ne furent pas toujours suivis. Il était entré cette année en Picardie, au mois de juin, à la tête de vingt-cinq à trente mille combattans, et avec le titre de généralissime des armées espagnoles. Déjà il avait passé la Somme ; et, après avoir pris et ruiné, pour l'exemple, la mauvaise place de Roye, où la noblesse de Picardie avait osé l'attendre, il se proposait d'établir le foyer des hostilités aux environs de la capitale, lorsque Turenne qui venait d'abandonner la Champagne, posant son camp à quelques lieues de lui, l'arrêta tout d'un coup avec une armée moindre de moitié. Trop faible pour hasarder une bataille, Turenne ne laissa pas de proposer de passer l'Oise qui séparait les deux armées, et de tenir perpétuellement l'ennemi en échec en le côtoyant toujours. Ainsi, observait-il, l'armée deviendra plus que suffisante pour empêcher les progrès des Espagnols, tant parce qu'ils ne pourraient attaquer les villes sur la Somme, situées dans un terrain marécageux, sans s'affaiblir par l'éloignement nécessaire de leurs quartiers, que parce que, s'ils osaient avancer au delà, et marcher sur la capitale, ils courraient le danger d'être coupés de Cambrai, où se trouvaient leurs magasins. Cet avis fut adopté par le conseil du roi, qui s'était transporté au camp avec Mazarin.

Mais, en présence d'un général tel que Condé, il ne fallait pas moins que l'habileté de Turenne pour exécuter un tel plan. Ces deux grands hommes épuisèrent tout ce que leur expérience dans l'art de la guerre leur avait appris, l'un pour joindre son adversaire, et l'autre pour l'éviter. Ils tâchèrent en vain de se surprendre l'un l'autre; et jamais la diversité des attaques dont Condé eut toujours le choix, comme étant le plus fort, ne put rencontrer Turenne au dépourvu, ni lui faire hasarder le moindre mouvement dont le prince pût tirer avantage. Sur la fin de la campagne cependant, aux environs de Péronne, il y eut un moment où la prévoyance du général français pensa être mise en défaut. Une fausse manœuvre du maréchal de La Ferté, qui commandait l'aile gauche, fut sur le point de le commettre avec l'armée ennemie, et de l'exposer à être battu par Condé, ainsi que, dix ans auparavant, ce même La Ferté avait pensé faire battre Condé par Melos, à Rocroy. Turenne obvia à cette faute par un changement rapide de position qui lui donna le temps de se retrancher, et sa situation était déjà respectable quand l'armée ennemie arriva en présence, excédée de chaleur et de soif. Condé néanmoins voulait attaquer; mais, plus ménager de la fatigue et du sang des soldats, le comte de Fuensaldagne, qui commandait la portion espagnole de l'armée, s'y opposa, et l'action fut remise au lendemain. Turenne mit à profit ce délai, et pendant la nuit il augmenta ses défenses à tel point que Condé lui-même jugea impossible de le forcer. Il éclata en plaintes amères contre Fuensaldagne, et ses reproches accrurent la mésintelligence qui existait déjà entre eux, et qui ne nuisit pas peu aux opérations de cette campagne et des suivantes. Rebuté de l'inutilité de ses essais pour forcer Turenne au combat, Condé se détermina enfin à repasser la Somme; et, se dirigeant d'abord sur Arras, pour amener l'ennemi de ce côté, il tourna subitement sur la frontière de la Champagne, et investit Rocroy, théâtre de ses premiers triomphes, dont alors il travaillait lui-même à anéantir les fruits. Turenne, qui tenait pour maxime qu'à moins de faire des fautes on était toujours sûr de forcer une armée dans ses lignes, eut l'air de le suivre, mais la campagne jusqu'alors avait été si heureuse par l'exacte fidélité à suivre le plan qu'on s'était tracé, qu'il continua d'en faire la règle de sa conduite, et il évita le prince, qui aurait pu lever ses quartiers pour revenir sur lui. D'accord avec les instructions de la cour, il rabattit donc sur Mouzon, afin de se dédommager, s'il y avait lieu, de la perte qui pourrait être faite de Rocroy. Les deux places se rendirent à deux jours de distance. Turenne tint encore quelque temps la campagne pour couvrir le siège de Ste-Ménéhould que faisait le maréchal du Plessis-Praslin. La ville prise, la dévastation du pays, la disette du fourrage, l'humidité de la saison et le besoin naturel de repos, contraignirent comme de concert les deux armées à prendre leurs quartiers d'hiver. Ainsi fut terminée cette savante campagne, objet de l'étude et de l'admiration des gens de l'art, et dont la France recueillit tout l'avantage, en faisant évanouir les espérances assez fondées qu'avait pu concevoir l'ennemi.

En Italie, la guerre se suivait avec mollesse, et moins pour faire des conquêtes que pour retenir le duc de Savoie dans l'alliance de la France. Une victoire douteuse à la Roquette sur le Tanaro, remportée par le maréchal de Grancey sur le marquis de Caracène, produisit cet effet, et n'en eut point d'autre. Les succès furent aussi partagés en Catalogne. Les Espagnols échouèrent devant Roses, où ils furent battus par le maréchal d'Hocquincourt, et les Français devant Gironne, où don Juan d'Autriche leur rendit la pareille, et rejeta le maréchal dans le Roussillon.

On profita du loisir des quartiers d'hiver qui suivirent cette campagne laborieuse pour s'occuper du sacre du roi, que les troubles du royaume avaient fait différer jusqu'alors. Quatre princes du sang y manquèrent, le duc d'Orléans, toujours relégué à Blois, le prince de Conti, qui commandait en Roussillon, le prince de Condé et le duc d'Enghien son fils, que la rébellion retenaient hors du royaume. Louis XIV, après son sacre, qui eut lieu au mois de juin, parut comme un soleil levant qui dissipa tous les nuages des factions. Ce n'est cependant pas de ce moment qu'on peut dire qu'a commencé son administration. Depuis 1643 qu'il parvint au trône, à l'âge de cinq ans, jusqu'à sa majorité en 1551, on a vu qu'il figura très peu dans le gouvernement. L'histoire de ce temps n'est que celle de la régence de sa mère et de la fronde. Depuis sa majorité, pour les évènemens publics, Mazarin absorba toute l'autorité et la conserva jusqu'à la mort. Cependant on trouve déjà dans ces deux époques des faits applicables au jeune monarque, des nuances de caractère, comme des traits qui ne sont pas encore la physionomie, mais qui annoncent ce qu'elle sera, traits qu'il ne faut pas laisser perdre.

Mazarin avait été établi surintendant de l'éducation des deux frères, Louis et Philippe. Il paraît qu'il s'appliqua, de l'aveu de la reine même, à *viriliser* l'un et à *efféminer* l'autre. Louis, d'une taille avantageuse, déjà imposant, sans avoir rien de dédaigneux, sérieux sans air d'humeur, attirait le respect dans un âge où l'on n'a coutume que de plaire. Philippe avait en amabilité tout ce que son frère avait de majestueux. On lui inspira, on lui souffla le goût de la parure et des ajustemens, tandis qu'on accoutuma de bonne heure l'aîné à *faire le roi;* mais de peur qu'il n'*échappât à ses lisières*, le cardinal eut soin de l'entourer d'amusemens propres à le retenir dans sa dépendance.

Le prélat vit avec satisfaction le jeune monarque se renfermer presque exclusivement dans la compagnie de ses nièces, et en faire sa société habituelle. Il en avait fait venir sept d'Italie, toutes jeunes, vives, spirituelles et enjouées. Entre elles se distinguaient les deux aînées, Laure et Olympe, qui eurent pour fils deux des plus grands capitaines de ce siècle, le duc de Vendôme et le prince Eugène; mais surtout Marie Mancini, qui fut depuis la connétable Colonne. Ce n'était pas une beauté; mais, âgée de quatorze à quinze ans, avec de l'esprit et une coquetterie prononcée, il ne lui fut pas difficile de toucher un cœur neuf, qui *cherchait maître*, ni à l'oncle, qui avait ses vues, de fixer le roi dans le cercle de ces jeunes et aimables personnes.

La galanterie n'empêchait pas Louis de s'appliquer à acquérir des connaissances et des qualités, non point de celles qui font un homme instruit (à cet égard l'abbé Beaumont de Péréfixe, son précepteur, qu'il fit archevêque de Paris, ne put s'enorgueillir de lui), mais de celles qui étaient nécessaires à son rang. Etonné de ses progrès, Mazarin, qui l'avait approfondi, disait au maréchal de Grammont, qui le félicitait sur les dispositions qu'il supposait au roi à se laisser conduire : « Monsieur le maréchal, vous ne le connaissez pas. Il y a » en lui de l'étoffe pour faire quatre rois et un honnête homme. » Le même disait au maréchal de Villeroy, à l'issue d'une audience donnée par ce prince aux députés de Bourgogne : « Avez-vous pris » garde, monsieur, comme le roi écoute en maître et parle en père ? » Il se mettra en chemin un peu tard, mais il ira plus loin qu'un » autre. » Mazarin lui fit faire ses premières armes assez durement. Point d'équipage, point de table : il était toujours à cheval, même en route, et mangeait chez le général. On ne le ménagea pas davantage sur les dangers. On le laissait visiter les tranchées, et courir aux escarmouches à travers les balles et les boulets, qui tombaient autour de lui sans qu'il en parût ému.

Au retour de ses campagnes, dans lesquelles il se passait toujours quelques faits à l'honneur du prince, qu'on se plaisait à citer, on peut juger comment le jeune monarque était reçu dans une cour idolâtre, où il ramenait les plaisirs. Dans sa jeunesse, Louis XIV ne se contentait pas d'être spectateur des fêtes, il aimait à y figurer avec ses courtisans; par là elles devenaient plus animées, plus agréables à lui-même et au peuple. La reine et le cardinal tiraient une espèce de vanité des applaudissemens qu'excitaient toujours, quand il paraissait en public, son grand air et sa bonne grace. On donnait des carrousels, on faisait des cavalcades, des courses de bagues, dont le costume rappelait le souvenir de l'ancienne chevalerie. Tout ce qu'il y avait de plus galant à la cour, superbement habillé et monté sur les plus beaux chevaux, passait et repassait sous le balcon des dames. Elles contribuaient par leur parure à la beauté du spectacle, et y jetaient de l'intérêt par les circonstances auxquelles les devises des chevaliers faisaient allusion (1).

(1) Motteville, t. IV, p. 423.

On donnait aussi fort souvent des bals, tantôt ouverts à tout le monde, tantôt bornés à quelques privilégiés. Pour enhardir le roi, un peu timide avec les personnes qui ne lui étaient pas familières, la reine y avait laissé introduire une liberté étonnante pour ceux qui se rappelaient la sévérité de l'étiquette sous Louis XIII et Richelieu, son ministre. Mazarin, bien différent, comme s'il eût voulu faire excuser sa puissance, appelait la gaîté autour du trône, et y joignait quelquefois une magnificence inconnue en France jusqu'à lui.

Immédiatement après son sacre, et lorsque le roi touchait à sa seizième année, il fit sa première campagne. Le prince de Condé s'étant refusé à de nouvelles propositions d'accommodement, la cour, pour l'en punir, arrêta le siège de Stenay qui lui appartenait, et la prise de cette place fut le coup d'essai du monarque. Le siège, longtemps couvert par Turenne, était dirigé par Fabert, officier de fortune, et depuis maréchal de France, que son attachement à Mazarin, qu'il reçut dans Sedan malgré la clameur générale, porta à ce grade qu'il méritait. Fils d'un libraire de Metz, il refusa d'être chevalier de l'ordre, parce qu'on lui demandait des preuves de noblesse, qu'on aurait adoptées sans examen sur son serment; mais il refusa une dignité qu'il eût fallu acheter par un mensonge.

Quoique Condé se confiât en la force de sa place, au point d'avoir osé dire que le jeune monarque avait fait un mauvais choix pour établir la réputation de ses premières armes, il est probable qu'il supposait aussi que cette place ne serait pas abandonnée aux seules ressources qu'elle pouvait tirer d'elle-même. Mais il ne put déterminer l'archiduc à y faire passer le moindre secours. Indépendamment de la jalousie qui subsistait entre eux, à l'occasion de l'égalité dans le commandement, égalité à laquelle avait prétendu Condé, et qu'il avait obtenue, il avait encore à combattre l'éloignement absolu des Lorrains pour cette expédition. Cette opposition était fondée sur ce que Stenay n'avait été donnée au prince qu'après avoir été enlevée à leur duc, et ils étaient encore mécontens de la clause du traité des Espagnols avec le prince, par laquelle les conquêtes à faire en France devaient devenir sa propriété, ce qui les frustrait de l'espoir d'en faire une compensation pour la Lorraine envahie. Le duc Charles en avait témoigné son ressentiment d'une manière si hautaine, et avait tellement menacé de retirer ses troupes, que la cour d'Espagne, déjà blessée de ses traités avec la France pendant les troubles de la capitale, avait donné ordre de l'arrêter au commencement de cette année, ce qui fut exécuté dans le palais même de l'archiduc. Elle eut l'adresse néanmoins de retenir ses troupes par les largesses qu'elle leur fit, et en leur donnant pour chef François, frère du duc Charles : elle ne put parvenir d'ailleurs à détruire leurs fâcheuses préventions contre Condé, et tout ce qu'il put obtenir fut une forte diversion d'un autre côté. Elle fut dirigée sur Arras, qui pouvait lui ouvrir encore cette année l'entrée du royaume, et qui, investie d'abord par la cavalerie lorraine, fut bientôt cernée par trente mille hommes.

Turenne abandonna dès lors Stenay; mais, fidèle à sa tactique, il laissa aux ennemis le loisir de se bien établir dans leurs quartiers, et se borna à inquiéter leurs convois. C'est à cette occasion qu'il écrit dans ses mémoires, « qu'il n'est point de l'opinion commune » qu'il faut faire agir les Français d'abord, persuadé qu'ils ont la » même patience que les autres nations, lorsqu'on les conduit bien. » Malgré ces dispositions, le marquis de Boutteville, élève de Condé, et qui annonça dès lors le maréchal de Luxembourg, trompa sa vigilance, ou plutôt celle d'un de ses officiers, et, après avoir sauvé dans Aire un convoi de munitions qu'il menait aux assiégeans, il eut encore l'habileté de l'introduire dans leurs lignes. Ce ne fut qu'après la prise de Stenay et la jonction des corps des maréchaux d'Hocquincourt et de La Ferté, que Turenne se détermina à les forcer. Il avait fait lui-même ses reconnaissances, avec l'intrépidité d'un soldat et la sagacité d'un grand capitaine. S'étant approché, en effet, assez témérairement du quartier de don Ferdinand de Solis, il répondit à ceux qui l'en blâmaient : « Je me garderais » bien d'en faire autant devant le quartier du prince de Condé; » mais je connais les Espagnols : Ferdinand n'entreprendra rien » qu'il n'ait demandé avis à Fuensaldagne, celui-ci à l'archiduc, et » l'archiduc même au prince de Condé, qu'il invitera au conseil; » et pendant ces consultations la reconnaissance sera faite. » Ce qu'il avait prévu arriva précisément comme il l'avait annoncé; et, sur les instructions qu'il eut tout le loisir de prendre, il établit son plan d'attaque. L'exécution en eut lieu la nuit du 24 août sur le quartier de Solis. Le succès de Turenne y fut complet, ainsi que sur ceux de Fuensaldagne et de l'archiduc. Le prince de Condé seul soutint ses efforts, et maltraita même d'Hocquincourt et La Ferté: mais en résultat il ne put que couvrir habilement la retraite des Espagnols; genre de gloire dans lequel, toujours vainqueur jusqu'à ce jour, il fit son coup d'essai. Contraint de rebrousser chemin jusqu'à Mons, il y reçut des renforts, et fit reculer Turenne à son tour jusqu'au Quesnoy, que ce dernier avait pris à la suite de la délivrance d'Arras.

Tout réussit au roi dans cette campagne. Le prince de Conti s'était emparé en Roussillon de Villefranche, et de Puicerda dans la Cerdagne; et le maréchal de La Ferté, par la reddition de Brisach et de Philisbourg, amena à résipiscence le comte d'Harcourt, qui rentra en grace, et qui obtint même le gouvernement d'Anjou en place du gouvernement indépendant qu'il avait compté se faire en Alsace. Il n'y eut qu'en Italie que les succès furent bornés, à raison du peu de forces que l'on y porta. On était las d'y faire la guerre, et il y eut même, au commencement de l'année, une petite trêve fondée sur l'espérance que l'on avait conçue de la paix. Cependant on y protégea encore une nouvelle insurrection de Napolitains, et le duc de Guise, récemment sorti de sa prison d'Espagne, par le crédit de Condé, et sous la promesse de ne plus se mêler des affaires de Naples, y fut néanmoins envoyé par la cour. Il débarqua à Castellamare avec sept mille hommes. Mais les Napolitains réfugiés en France l'avaient abusé sur les dispositions du peuple. Personne ne vint les rejoindre, et la disette des vivres les força à se rembarquer. Dans le retour, une partie de sa flotte périt par la tempête.

Quelque satisfaisans que fussent tant de succès, ils ne pouvaient s'obtenir qu'avec de l'argent; et à défaut des mesures générales et d'un grand effet, que ces temps de troubles et d'opposition ne permettaient pas d'employer, il n'est sorte d'édits bursaux et de mesures ruineuses que l'urgence des besoins ne fît inventer à Mazarin pour s'en procurer : de là un désordre qui consomma par anticipation les revenus des années subséquentes, et dont l'effet toujours croissant s'est fait sentir jusqu'à nous. Au mois de mai de cette année, le roi avait fait enregistrer plusieurs de ces édits dans un lit de justice qu'il avait été tenir au parlement. Il comptait sur leur exécution, lorsque les magistrats, sous prétexte que la présence du monarque avait gêné les suffrages, jugèrent à propos de se réunir pour reviser l'assentiment qu'ils avaient donné. Instruit de cette démarche, le roi part aussitôt de Vincennes où il se trouvait alors, et, en habit de chasse, botté, éperonné et le fouet à la main, il entre dans la grand'chambre, et prenant séance : « Messieurs, dit-il aux » conseillers, aussi étonnés de sa démarche que de son costume, » chacun sait les malheurs qu'ont produits les assemblées du parle- » ment, je veux les prévenir désormais. J'ordonne donc qu'on cesse » celles qui sont commencées sur les édits que j'ai fait enregistrer » en lit de justice. M. le premier président, je vous défends de souf- » frir ces assemblées, et à pas un de vous de les demander. » La majesté du prince, la noblesse de ses traits, l'assurance de son ton, imposèrent dans le moment; mais dès le lendemain, cette impression s'étant affaiblie, on parlait déjà de se rassembler de nouveau. Mazarin voulut assoupir cette affaire par les voies de la négociation, et le sage Turenne y fut employé comme médiateur. Le respect qu'on portait à son caractère aplanit les obstacles, et, moyennant quelques légers sacrifices qui furent faits à l'amour-propre des magistrats, il obtint d'eux l'essentiel. Ainsi, dans le loisir des quartiers d'hiver comme dans les travaux militaires des autres saisons, Turenne se rendait utile à l'état, et se préparait les moyens de continuer à l'être lorsque le moment des opérations serait venu.

Il méditait de pénétrer cette année dans les Pays-Bas, et, à cet effet, il investit Landrecies à l'ouverture de la campagne. Condé, en lui coupant la communication avec Guise, avait cru lui ôter la ressource des vivres et des munitions. Mais le général français n'avait laissé prendre cette position à son adversaire que parce qu'il en pouvait tirer du Quesnoy. La manœuvre du prince fut perdue, et pendant ce temps Landrecies capitula.

Le reste de la campagne offrit à peu près le pendant de celle de 1653, avec cette différence que Turenne et Condé y changèrent de rôle. Le premier attaqua, et le second se tint sur la défensive. Retranché d'une manière formidable derrière la petite rivière d'Haine, qui donne son nom à la province, Condé défiait Turenne, quand celui-ci, prenant sa route par Bouchain, Valenciennes et Condé, se disposa à le prendre en flanc et à lui faire perdre l'avantage de ses longs travaux. Le prince, qui s'aperçut de sa manœuvre, changea de position et vint au devant de lui jusqu'à Valenciennes, où il se retrancha à la hâte. Turenne donna l'ordre de l'attaque. Mais déjà l'armée espagnole lui échappait, et Condé couvrait sa retraite. Elle laissa les Pays-Bas ouverts à Turenne, qui s'empara de Maubeuge, de Saint-Guillain et Condé, qui lui servirent de point de départ pour la campagne prochaine. Les Espagnols ne purent s'y opposer. Ils se trouvèrent affaiblis par la défection du prince François de Lorraine, dont le mécontentement s'était accru, et qui, feignant de secourir une des places menacées, passa avec son corps d'armée au service de la France.

La mauvaise santé du prince de Conti, qui n'avait des dons militaires de son frère que la bravoure, le ramena à Paris à la fin de cette campagne. Le duc de Vendôme, qui le seconda sur mer, battit en vain la flotte espagnole près de Barcelone; don Juan d'Autriche, avec une petite armée, fit échouer presque toutes les opérations de Conti.

Le prince espagnol passa en Flandre l'année suivante pour y remplacer l'archiduc Léopold, rappelé par l'empereur son frère, depuis la perte qu'avait faite ce monarque de son fils aîné, qui avait été élu roi des Romains, et dont la mort rendait incertaine l'occupation du trône germanique après Ferdinand. Le marquis de Caracène remplaçait pareillement Fuensaldagne dans les Pays-Bas. Turenne, profitant des lenteurs inséparables de ces changemens, leva le premier ses quartiers, menaça Tournai, et, prévenu par Condé, se rejeta sur Valenciennes, place forte, mais dont la garnison était faible. Don Juan s'approcha jusqu'à une demi-lieue des lignes pour dégager la place. Turenne avait la supériorité du nombre, mais elle se trouvait annulée par la disposition des quartiers, qui étaient séparés par l'Escaut. Le maréchal de La Ferté avait son poste d'un côté de la rivière, et Turenne le sien de l'autre. Le dernier, instruit par ses espions que le prince de Condé se proposait d'attaquer son collègue, le fit prévenir et lui proposa même des renforts. La Ferté s'en offensa comme d'une injure et paya cher sa présomption, car ses quartiers furent entièrement enlevés, et lui-même fut fait prisonnier. Turenne voulut courir à son secours; mais une inondation, procurée par le gouverneur de Valenciennes, qui avait lâché ses écluses, couvrant les ponts de communication des quartiers, l'empêcha de passer outre, et arrêta de même les progrès de l'ennemi. Ainsi Condé prit en ce jour sa revanche d'Arras. Le siège fut levé, mais Turenne se retira en si bon ordre sous le Quesnoy, et y présenta un front si imposant, que l'ennemi, qui l'eut toujours en vue, n'osa l'y attaquer. On fut plus heureux en Italie. Valence, située sur le Pô, et qui domine ce fleuve, cernée par les ducs de Modène et de Mercœur, de telle sorte qu'aucun secours ne put y pénétrer, fut contrainte de se rendre après trois mois de résistance.

Ardemment appliquées à se nuire, la France et l'Espagne avaient d'abord appelé à leur aide les moyens coupables de la rébellion, qu'elles avaient réciproquement favorisée dans les états l'une de l'autre; depuis, elles passèrent à l'oubli de toutes les bienséances, dans la recherche qu'elles firent à l'envi de l'alliance de Cromwell, l'assassin du roi d'Angleterre. Ce fut la France qui obtint le honteux avantage de la préférence. Un traité du 9 avril 1657 mit à sa disposition une flotte et six mille Anglais, pour envahir la Flandre maritime. Dans le partage des conquêtes, l'Angleterre ne se réservait que Dunkerque, et la France en retour renonçait à donner asile aux fils de Charles Ier : du camp de Turenne, où combattaient ces infortunés, ils se rendirent à celui de Condé.

Le roi alla passer en revue, à leur débarquement, les troupes de son nouvel allié, et aussitôt qu'elles eurent rejoint l'armée française, on menaça Aire et Saint-Omer. Don Juan, pour secourir ces places, en dégarnit plusieurs, et parmi celles-ci Cambrai, où il ne resta que trois cents hommes. Turenne, qui en fut instruit, l'investit avec sa cavalerie, et fit commencer une circonvallation. Pendant qu'on y travaillait et que les Espagnols délibéraient sur cet incident, Condé, qui se trouvait dans le voisinage, rassemble trois mille cavaliers, et, à l'aide de la nuit et de la connaissance parfaite des lieux, il trompe la vigilance de Turenne, et passant sur le corps des postes qui lui barraient le passage, il pénètre dans la citadelle. Turenne, qui n'avait prétendu qu'à l'effet d'une surprise, ne s'obstina point à suivre un plan qui changeait de nature et se porta dès lors dans le Luxembourg pour couvrir le siège de Montmédy. Condé, qui avait des projets sur quelques villes de Flandre, ne l'y suivit pas. Montmédy fut pris et Turenne revint assez tôt sur ses pas pour faire échouer les tentatives du prince sur Ardres et sur Calais. Il termina la campagne par la prise de Mardik, qui fut livrée aux Anglais en nantissement de Dunkerque, dont l'attaque fut remise à l'année suivante.

Le commencement de cette année ne fut point heureux. Le maréchal d'Aumont, trompé par de fausses intelligences qu'il croyait avoir dans Ostende, s'était approché des murs avec confiance. Il était sous le canon de la ville, et une division ennemie lui coupait la retraite, lorsqu'il reconnut son erreur. Foudroyé par l'artillerie de la place, et sans issue pour s'y soustraire, il fut contraint de se rendre.

Turenne n'en suivait pas moins ses desseins sur Dunkerque, expédition hasardeuse au milieu de plusieurs places qui appartenaient encore à l'ennemi, mais que réclamait Cromwell, dont les sollicitations étaient pressantes, et qu'il eût été dangereux de ne pas satisfaire. La circonvallation, dans un pays couvert par les eaux et où le vent et la marée ébranlaient ou minaient les ouvrages, fut difficile à établir. Don Juan, qui ne pouvait croire qu'on pensât sérieusement à ce siége, laissa tout le loisir de l'entreprendre, et il y avait près d'un mois qu'on y était occupé, lorsque le danger de la place y fit accourir enfin les Espagnols. Passant alors de la lenteur à la précipitation, et, supposant que leur présence suffirait pour donner confiance aux assiégés, ils n'attendirent pas leur canon pour se mettre en route; et le 13 juin ils parurent à un quart de lieue des lignes, malgré les remontrances de Condé et du duc d'York. Ils avaient aussi compté sur la circonspection habituelle de Turenne; mais ce général leur fit bientôt connaître qu'elle était subordonnée aux circonstances. Le lendemain en effet, sortant de ses lignes et n'y laissant que ce qui était nécessaire pour les garder contre les insultes de la place, il marche droit à l'ennemi, sans lui laisser le temps de se reconnaître, ni les moyens de refuser la bataille. Condé en prévit sur le champ l'issue. « Avez-vous jamais vu une bataille » perdue, dit-il au duc d'York? — Non. — Eh bien! vous allez en » voir une. » Consternés en effet de se voir sans canon, les Espagnols tinrent à peine. Condé maintint le combat à son aile, où il poussa vivement le marquis de Créqui, et pensa pénétrer jusqu'à la ville; mais bientôt, entouré de toutes parts, et au moment d'être fait prisonnier, il fut contraint de céder et de faire retraite. La perte des Espagnols fut considérable, surtout en prisonniers : celle des Français fut presque nulle. Le maréchal d'Hocquincourt, qu'un mécontentement contre le cardinal avait jeté dans le parti des Espagnols, fut tué la veille à la reconnaissance des lignes. Dunkerque devint le prix de la victoire; mais Louis XIV n'y entra que pour la remettre aux Anglais qui lui rendirent Mardik. Turenne repoussa les Espagnols jusque sous les murs de Bruxelles, et enleva successivement Furnes, Gravelines, Oudenarde, Menin et Ypres, où s'était jeté le prince de Ligne après avoir été battu par le général français. Ses progrès eussent encore été plus étendus, s'il n'eût fallu affaiblir l'armée pour comprimer quelques semences de révolte en diverses provinces du royaume.

Les succès en Italie répondirent à ceux de Flandre. Mortare, enlevée dans le Milanais aux Espagnols par le duc de Modène, ouvrait un libre accès jusqu'à Milan, qu'on eût pu se flatter d'assiéger l'année suivante, si la paix, qui fut le fruit de tant d'avantages, ne l'eût rendu inutile. Cette espérance de voir un terme prochain aux longues calamités de la guerre avait arrêté en Catalogne les efforts réciproques des Espagnols et des Français. Mais la restitution des privilèges de la province l'avait rendue peu à peu à Philippe.

Peu après la bataille des Dunes, le roi était tombé malade à Calais. Le cardinal, qui depuis son retour paraissait ne songer qu'à gagner et conserver les bonnes graces de son pupille, n'avait ménagé que ceux qui pouvaient lui être utiles pour ce but : aux autres, c'est-à-dire les seigneurs qui prétendaient entrer dans la faveur du jeune monarque, ou s'y soutenir indépendamment de lui, il leur faisait sentir qu'on ne lui portait pas ombrage impunément, et leur donnait des mortifications qui les engageaient à se retirer, ou il obtenait du roi leur disgrace. Aussi, à la moindre apparence de révolution dans sa fortune, il s'élevait autour de lui une nuée d'ennemis (1).

Il en fit alors l'expérience. Le roi fut attaqué si vivement, que dès le premier jour on désespéra de sa vie. Dans ce moment critique Louis montra une fermeté digne d'admiration. Sans témoigner aucun regret pour ce qu'il allait perdre, il ne s'occupa que de l'éternité qui s'ouvrait devant lui et des devoirs consolateurs de la religion. Mazarin, qui, content de plaire au roi, n'avait jamais eu une grande considération pour Monsieur qu'il traitait en enfant, ni pour ses courtisans, auxquels il montrait peu d'égards, se voyant à la veille de dépendre de ceux qu'il avait dédaignés, commença à les rechercher; mais en attendant leur bienveillance, dont il se flattait peu, il mit ses effets les plus précieux en sûreté, et pour sa personne, il recourut à la protection du maréchal de Turenne et des autres seigneurs, en petit nombre, dont le crédit, fondé sur l'estime publique, pouvait calmer ses alarmes. Elles ne furent pas de longue durée. Par l'usage de l'émétique, remède alors peu connu, administré contre l'avis des médecins de la cour, par Dusaussoi, médecin d'Abbeville, le roi se releva aussi promptement qu'il était tombé, et le ministre, délivré de ses craintes, eut bientôt dissipé la cabale qui s'était proposé de le chasser. Les uns furent exilés de Paris, d'autres simplement de la cour, d'autres relégués dans leurs terres; et Mazarin, plus maître que jamais, disposa de tout souverainement.

L'empire déjà très absolu qu'il avait sur son pupille, il le rendit exclusif en écartant jusqu'à l'ombre des favoris, et lui inculquant fortement la résolution de n'en jamais avoir; mais il lui avait souffert des inclinations galantes, dont ses nièces étaient l'objet. La reine, persuadée que ce n'était qu'un amusement sans conséquence, permettait à son fils d'aller passer les soirées chez Olympe Mancini, qui avait été mariée au comte de Soissons, fils puîné du prince

---

(1) Motteville, t. IV, p. 546. Mademoiselle, t. IV, p. 60—89.

Thomas de Savoie, et qui tenait la petite cour familière où se trouvait Marie sa sœur, la cause principale des assiduités du prince. Mazarin affecta bientôt d'en être effrayé, mais ce n'était que pour sonder la reine. « Je crains bien, lui dit-il un jour, que le roi ne » veuille trop fortement épouser ma nièce. — Si le roi était capable » de cette indignité, lui répondit-elle, je me mettrais, avec mon » second fils, à la tête de toute la nation, contre le roi et contre » vous. » Le cardinal, qui connaissait sa fermeté, renonça de bonne foi à ses premières intentions, et, contribuant dès lors de tout son pouvoir à dissuader le roi d'un attachement préjudiciable à sa gloire et à ses intérêts, il travailla efficacement à conclure son mariage avec une princesse étrangère.

La reine et le ministre, d'accord à cet égard, différaient entre eux sur le choix de la personne : ils se partageaient entre Marie-Thérèse, infante d'Espagne, et Marguerite, princesse de Savoie (1). Anne d'Autriche désirait l'infante, pour le double avantage d'avoir une bru de son sang, et la paix. Mazarin inclinait pour la princesse de Savoie, parce que, ayant déjà marié une de ses nièces au duc de Soissons, cousin-germain du jeune duc de Savoie, et n'osant se flatter de mettre sa nièce Marie sur le trône de France, il souhaitait du moins s'en approcher en y plaçant la princesse Marguerite son alliée. Cependant, afin de ne point paraître croiser les volontés de la reine, il faisait semblant de n'être pas fort empressé pour ce mariage, et de ne faire que céder aux instances de la duchesse de Savoie, qui mettait tout en œuvre pour y parvenir. Cette princesse se flatta d'y réussir infailliblement si elle pouvait le traiter elle-même, et elle obtint une entrevue à Lyon, où se rendirent, à la fin de l'année 1658, les deux cours de France et de Savoie (2).

Tout se passa d'abord à souhait pour la duchesse. Quoique Louis eût déclaré qu'il voulait une femme belle, il ne fut pas choqué du peu d'attraits de la princesse Marguerite, qui compensait ce qu'on pouvait appeler laideur par la jeunesse, et par beaucoup d'esprit, de décence et de dignité. Louis lui marqua de l'estime, et eut auprès d'elle un empressement dont mademoiselle Mancini, qui accompagnait son oncle dans ce voyage, et qui portait intérieurement ses prétentions jusqu'à la main du monarque, fut assez hardie pour se montrer jalouse, sans que le roi parût s'en offenser ; mais un évènement imprévu, qui amena la paix, vint renverser ses espérances et celles de la duchesse de Savoie (3).

Dès l'année 1656 Louis XIV avait fait porter des paroles de paix à Madrid par le marquis de Lionne. Il faisait demander la main de l'infante et les Pays-Bas pour sa dot. Mais plusieurs circonstances s'opposaient alors à la réussite de cette négociation. Indépendam-

(1) Motteville, t. V, p. 526.—(2) Mademoiselle, t. IV, p. 80 et 89.—(3) Motteville, t. IV, p. 554, et t. V, p. 3.

ment de la cession demandée, à laquelle se refusait Philippe, et des espérances qu'il concevait des troubles de la France, il répugnait encore, se voyant sans héritiers mâles, à voir passer les droits à sa succession dans la maison de France, ennemie de la sienne, et il préférait pour gendre Léopold, fils de sa sœur et de l'empereur Ferdinand, et qui était déjà reconnu roi de Bohême et de Hongrie. Mais en 1658 les choses avaient bien changé : l'empereur était mort, et Léopold, son fils, prétendait lui succéder dans l'empire. Comme il n'avait pas dix-sept ans accomplis, âge requis pour être élu, il ne l'était pas encore ; et la perspective d'une succession qui lui aurait rendu la puissance de Charles-Quint pouvait porter ombrage aux électeurs, dont la bonne volonté était déjà fortement ébranlée par les ministres de Louis XIV, lesquels sollicitaient la couronne impériale pour leur maître, ou travaillaient du moins à la faire sortir de la maison d'Autriche. D'ailleurs, cette même année, il était né un fils à Philippe, et Marie-Anne d'Autriche, son épouse, fille du dernier empereur Ferdinand, était encore enceinte. Son héritage, qu'il crut dès lors assuré dans sa propre famille, les désastres qu'il avait éprouvés en Flandre et en Italie dans le cours de la dernière campagne, et l'entrevue de Lyon enfin, l'amenèrent à d'autres pensées. Après s'être flatté jusqu'alors de sortir à sa volonté des embarras de la guerre par le mariage de sa fille, il commença à craindre que ce moyen ne vînt à lui manquer ; et, sur la connaissance qu'il eut de la négociation de la France avec la Savoie, il se hâta de dépêcher à Lyon Antonio Pimentel, un de ses conseillers privés, pour porter, de sa part, la proposition de l'alliance. Pimentel arriva à Lyon le même jour que la cour de Savoie, et fit sur le champ sa proposition. La reine l'accueillit avec transport, quand elle lui fut rapportée par le cardinal, qui n'avait peut-être pas la même joie ; mais, s'il eut des vues ambitieuses, il sut les sacrifier à l'intérêt public. On sonda le jeune roi, qui, malgré la première impression que lui avait fait éprouver la princesse Marguerite, et malgré sa passion pour Marie Mancini, se montra disposé à prendre le parti qui était le plus convenable à lui et à son royaume.

Il ne fut plus question que de se dégager honnêtement avec la cour de Savoie. Anne d'Autriche se chargea d'instruire la duchesse sa belle-sœur, et de lui faire agréer les motifs de préférence pour l'Espagne, dont la paix, si nécessaire aux deux royaumes, était le principal. La duchesse en convint et n'en pleura pas moins. La princesse Marguerite, qui n'avait fait ce voyage qu'à contre-cœur, et pour ne pas désobliger sa mère, souffrit ce coup avec une fermeté qui lui mérita l'estime de tout le monde. Le duc de Savoie affecta une indifférence qu'il n'avait pas, et de là peut-être sa conduite équivoque avec Louis XIV pendant tout leur règne. Les deux cours, en se séparant, se donnèrent tous les témoignages d'une sincère amitié, et regagnèrent chacune leur capitale.

On entama aussitôt la négociation avec l'Espagne. Elle fut livrée aux agens subalternes, jusqu'à ce que les premiers ministres des deux royaumes les jugeassent assez avancées pour se donner l'honneur de la conclusion ; et, en l'attendant, une trêve fut conclue jusqu'au mois de juillet. Pendant le travail des négociateurs, travail dont le mariage avec l'infante devait être nécessairement le fruit, Mazarin, sentant qu'il ne convenait pas de laisser à Marie, sa nièce, des espérances dont elle et lui peut-être s'étaient bercés, l'envoya à Brouage, dans un couvent où il avait placé ses autres nièces. La séparation des deux amans fut douloureuse et les adieux touchans ; le jeune monarque ne put retenir ses larmes.

« Vous pleurez, lui dit Marie avec un air de tendresse ; vous êtes » roi, et je pars. » La conduite du cardinal en cette occasion plut beaucoup à la reine, qui appréhendait que la passion de son fils, si elle était entretenue par la présence de l'objet qui l'inspirait, ne préparât des chagrins à l'infante sa nièce.

A la fin de juillet le cardinal quitta la cour, qui voyageait à petites journées dans les parties méridionales de la France. Celle d'Espagne s'avançait avec la même mesure vers le lieu choisi pour les conférences qui devaient mettre le dernier sceau au traité de paix déjà très avancé. Ce lieu était une petite île, nommée l'île des Faisans, placée au milieu de la rivière de Bidassoa, qui sépare les deux royaumes. On y construisit des bâtimens propres à recevoir les plénipotentiaires, Mazarin et don Louis de Haro ; ils s'y rendirent dans le mois d'août. Les rôles qu'ils avaient à y jouer étaient bien différens. Le Français représentait un jeune monarque, vainqueur des factions qui avaient agité sa minorité, déjà décoré de la gloire militaire, embarrassé non pas de se faire restituer des provinces, mais seulement de choisir entre ses conquêtes celles qu'il voudrait retenir. L'Espagnol, au contraire, traitait pour un roi qui n'était, pour ainsi dire, assis que sur les débris du trône de ses ancêtres.

Quelle différence entre l'Espagne de Philippe IV et l'Espagne de Philippe II ! Celle-ci possédait les Pays-Bas dans leur totalité ; elle dominait dans la plus grande partie de l'Italie ; aux couronnes de Naples et de Sicile elle joignait celle de Portugal et comptait les deux Indes entre ses possessions. L'Espagne de Philippe IV, attaquée avec succès par les Hollandais, ses anciens sujets, privée du sceptre de Portugal, ne tenant plus que d'une main débile celui de Naples et de Sicile, entamée par les Français sur toutes ses frontières, et morcelée enfin en Asie et en Amérique, ne présentait plus que le squelette de son ancienne puissance, sous un prince indolent qui n'était pas insensible à ses pertes, mais qui s'en consolait en les oubliant.

On pourrait le comparer à ces prodigues qui voient sans souci les brèches faites à leur fortune, dans l'espérance qu'un riche mariage les réparera. Ainsi Philippe IV, sollicité plusieurs fois par la France d'accepter une paix qui, dans quelques circonstances, aurait pu n'être pas trop désavantageuse, s'y était toujours refusé malgré ses revers, se flattant qu'un jour viendrait où l'on serait trop heureux de lui restituer tout pour la main de l'infante sa fille. Mais Mazarin se promettait bien de ne pas acheter ce mariage par des sacrifices.

Si l'on peut juger de l'intention que portèrent les deux ministres à la conférence par leurs actions, on croira que le cardinal se flattait d'embarrasser l'Espagnol dans ses propres ruses, de le forcer dans les retranchemens de sa circonspection, et de l'amener sans contrainte aux cessions qu'il désirait. Don Louis, de son côté, se promettait de fatiguer l'activité de Mazarin par une patience inaltérable, et de la déconcerter par sa froide *cunctation*. Tous deux, en effet, étaient supérieurement doués des talens qu'ils se promettaient de mettre en œuvre. Don Louis ne donnait jamais de paroles positives; et Mazarin n'en donnait que d'équivoques.

Les points principaux, c'est-à-dire les intérêts politiques des deux nations, étaient déjà réglés dans des articles préliminaires. La France se fit confirmer la cession de l'Alsace, prononcée par le traité de Munster; et celle de Pignerol, obtenue par le second traité de Quérasque. A ce sujet, Mazarin usa d'une supercherie dont il se vante dans ses dépêches : l'Espagne, dans les temps, avait approuvé le premier traité, où il n'était point question de Pignerol; dans celui des Pyrénées, Mazarin la fit obliger pour le second, en rappelant la première approbation, et en faisant confirmer *les traités de Quérasque* au pluriel, au lieu du singulier. La France obtint de plus le Roussillon et la Cerdagne jusqu'aux pieds des Pyrénées, et nombre de villes dans les Pays-Bas, savoir : en Artois, Arras, Hesdin, Bapaume, Lillers, Térouane et le comté de Saint-Paul; dans le duché de Luxembourg, Montmédy, Thionville, Damvilliers, Marville, Ivoy, Chavancy; dans le comté de Flandre, Bourbourg, Saint-Venant, l'Ecluse, Gravelines; et en Hainault enfin, le Quesnoy, Landrecies, Marienbourg, Philippeville, Avesne, etc.

Mazarin offrit de rendre la Lorraine au duc Charles, qui venait d'être rendu à la liberté; mais en retenant le Barrois, et sous la condition encore que Nancy et deux ou trois autres villes seraient démantelées; que le roi tiendrait garnison dans quelques autres, et qu'on lui céderait en toute souveraineté une route d'une demi-lieue de largeur, pour faire passer ses troupes à volonté en Alsace et en Allemagne. L'Espagne, qui n'avait plus besoin du duc, y consentit : mais celui-ci refusa d'y accéder. Il ne fit sa paix que quelques jours avant la mort du cardinal Mazarin, et sous les mêmes conditions qui avaient été stipulées au traité des Pyrénées, sauf la restitution du Barrois, qui lui fut faite. Il ne lui restait plus que deux intérêts majeurs à débattre, la réhabilitation du prince de Condé, à laquelle la cour d'Espagne attachait un grand intérêt, et les conditions du contrat de mariage.

Pendant la fronde, le prince s'était permis, à l'égard du cardinal, des plaisanteries du genre de celles qui se pardonnent difficilement, parce qu'elles rendent ridicule celui qui en est l'objet; aussi croit-on que l'obstination persévérante de Mazarin à humilier le prince, tant pendant les conférences que dans le traité, fut moins provoquée par le motif de donner un grand exemple qui détournât les rebelles de recourir aux étrangers et de les appeler pour soutenir leur révolte, que par le désir de faire sentir sa puissance à celui qui l'avait méprisé.

Dans la discussion qui eut lieu à cet égard entre Mazarin et don Louis de Haro, on peut comparer les deux négociateurs à deux champions qui se tiennent en garde, se mesurent des yeux, s'attaquent et parent avec une égale adresse : mais la supériorité resta au premier. Dès le commencement des conférences Mazarin signifia, à l'égard de Condé, la résolution sur laquelle il serait inexorable : savoir, que le prince ne devait s'attendre à être rien en France qu'en s'abandonnant à la clémence du roi, sans explications ni restrictions; qu'il pourrait seulement recevoir du roi d'Espagne quelque somme d'argent, qui l'aiderait à remplacer les biens que sa félonie lui avait fait perdre.

« Mais, disait don Louis, si mon maître, après les promesses
» qu'il a faites, abandonne le prince, il s'exposera à n'avoir jamais
» d'alliés. — Des alliés! répliquait Mazarin : nous n'avons garde
» d'appeler ainsi des sujets qui se révoltent contre leur maître; et
» si vous avez intérêt à récompenser ces sortes d'alliés, nous,
» au contraire, nous ferons tous nos efforts pour qu'ils soient traités
» de manière qu'il ne soit pas facile à la couronne d'Espagne d'en
» avoir à l'avenir. — Ne donner au prince que de l'argent, reprenait
» don Louis, c'est le payer et non le récompenser. Ne serait-il pas
» du moins permis à mon maître de reconnaître noblement ses ser-
» vices, en lui offrant les principautés des Calabres ou le royaume
» de Sardaigne, ou encore en lui formant un état de quelques
» cantons de la Flandre? » C'était une épreuve mise en avant par don Louis; et certes la proposition d'une principauté à la porte de la France, et qui eût été le refuge de tous les mécontens, devait mal sonner aux oreilles du cardinal. Il y répondit froidement : « Des
» souverainetés et des royaumes tant qu'il vous plaira, mais que le
» prince ne songe plus à rentrer en France. D'ailleurs vous avez trop
» de pénétration pour ne pas sentir que M. le Prince ne désire un
» établissement à portée de la France, que pour le remettre au roi
» et en faire le prix de sa réconciliation. Mais, ajouta-t-il avec le
» ton de la sincérité et de la confiance, puisque vous êtes si pas-
» sionné pour les avantages de M. le Prince, je veux aussi y contri-
» buer, et je supplierai le roi mon maître d'agréer une condition

» que je vais faire, et pour laquelle ledit prince obtiendra de plus
» grands avantages que ceux qu'il prétend (1).

» A ces mots, continue Mazarin, don Louis devint tout oreille;
» oui, ajoutai-je avec une véhémence proportionnée à son attention,
» oui, je supplierai le roi que le prince et son fils soient rétablis dans
» toutes leurs charges et gouvernemens de provinces et de places;
» qu'on leur en donne même en échange de celles qui ont été ra-
» sées, et, si ce n'est assez, qu'on remette encore à sa majesté
» catholique toutes les conquêtes qu'elle est déjà convenue de
» nous abandonner, pourvu qu'il lui plaise de laisser le Portugal
» comme il était autrefois, et de finir ainsi la guerre de tous
» côtés. »

Rien de si perfide que cette proposition, qui, donnant au roi le double avantage de se faire un mérite du sacrifice de ses intérêts à ceux de la maison de Bragance, et de livrer de plus en plus don Louis aux sollicitations importunes des agens du prince, n'était pourtant point acceptable, parce qu'un des principaux motifs qui déterminaient le roi d'Espagne à faire la paix avec la France était précisément de pouvoir réunir toutes ses forces pour les employer à reconquérir le Portugal. « Aussi, remarque Mazarin, jamais je n'ai
» vu don Louis si ému qu'en ce moment. Le feu, contre son natu-
» rel, lui monta au visage. » Il rompit la conférence, et se retira déconcerté.

Don Louis revint à la suivante muni d'exemples de concessions stipulées par des traités, et accordées par la France à des princes qui s'étaient révoltés. Mazarin n'eut pas de peine à détruire les inductions qu'on prétendait tirer des graces nécessitées par les circonstances. Objections et réponses, tout se fit avec calme et tranquillité.
« Mais, ajoute le cardinal, pour reconnaître au vrai le fond du
» cœur de don Louis, je jugeai à propos de m'emporter par adresse;
» et, élevant la voix avec force, je lui dis : Jamais le roi ne consentira
» que l'Espagne donne à M. le Prince une récompense qui servirait
» à la postérité de monument honorable de sa rébellion. Si vous
» persistez dans ces prétentions, dites-le franchement, on se sépa-
» rera et il restera à l'Espagne la tache d'avoir refusé, pour favo-
» riser un rebelle, de donner la paix à l'Europe. Je ne saurais vous
» dire, écrit le cardinal à la reine, à quel point don Louis fila doux
» après cette déclaration, et se conduisit en protestations d'amitié
» et du désir sincère de la paix. »

D'après ces dispositions, les graces accordées à Condé par le traité ne purent couler à lui que par le canal du prélat. Le prince y reconnaît « qu'il a fait savoir au roi, par le cardinal Mazarin, qu'il
» a une extrême douleur d'avoir tenu depuis quelques années une
» conduite qui a été désagréable à sa majesté; qu'il voudrait ra-

(1) *Lettres de Mazarin.*

» cheter de son sang tout ce qu'il a commis d'hostilités dedans et
» dehors le royaume.... Que, pour faire voir par les effets combien
» il souhaite de rentrer en l'honneur de la bienveillance de sa ma-
» jesté, il ne prétend rien dans la conclusion de cette paix, pour
» les intérêts qu'il peut y avoir, que de la seule bonté et du mouve-
» ment dudit seigneur roi, son souverain ; et désire même qu'il
» plaise à sa majesté de disposer de la manière qu'elle voudra de
» tous les dédommagemens que le seigneur roi catholique voudra lui
» accorder et lui a déjà offerts. »

Ces dédommagemens consistaient dans les villes frontières de Rocroy, le Catelet et Linchamp, que les Espagnols lui avaient abandonnées suivant la condition du traité, et en celle d'Avesnes qu'ils y ajoutèrent avec une somme d'argent, et qu'il céda au roi en lui remettant les trois autres. A ce prix, il rentra dans tous ses biens, et dans le gouvernement de Bourgogne. Les adhérens du prince rentrèrent en grace comme lui, et perdirent seulement les charges que leur désertion avait fait passer en d'autres mains. Le seul Marsin, dont la défection avait causé la perte de la Catalogne, fut excepté. Condé, à l'amitié duquel il s'était sacrifié, ménagea son retour dans la suite, et l'enleva aux Espagnols. Content de ne l'avoir plus pour ennemi, le roi ne fit point usage de ses talens, mais il accorda sa confiance à son fils, homme aimable, bon officier, et mauvais général, qui perdit les fameuses batailles d'Hochstedt et de Turin, et qui périt à la dernière.

Quant au contrat de mariage, il fut convenu de prendre pour modèle celui d'Anne d'Autriche. Philippe IV, en mariant sa fille aînée, Marie-Thérèse d'Autriche, à Louis XIV, exigea d'elle une renonciation à la couronne d'Espagne et à toute autre succession provenant de la maison d'Autriche, et voulut encore que cette renonciation fût acceptée et confirmée par son époux.

Ce n'est pas qu'il eût une grande confiance en son exécution, car, selon son expression rapportée par don Louis, il n'estimait pas cette renonciation plus qu'*una patarata* (qu'une billevesée) ; mais il la demandait pour complaire à sa seconde épouse, passionnée pour la gloire de sa maison, à laquelle elle croyait que cette renonciation pourrait profiter. Don Louis, aussi peu convaincu que son maître de l'efficacité de la renonciation, insistait cependant comme lui, pour ne pas déplaire au conseil d'Espagne, où le parti autrichien dominait. Il ne se cachait pas de cette manière de penser, et dans un moment de confiance il dit à Mazarin : « Si le roi venait à perdre ses
» deux enfans, comme on doit fort appréhender, étant très faibles,
» et l'aîné n'ayant pas encore vingt mois, on pourrait désirer plu-
» tôt qu'espérer que la France ne prît pas toutes les mesures et les
» moyens possibles pour succéder. » Cette phrase amphibologique exprimait ce que pensait aussi Mazarin, qu'arrivant l'ouverture de la succession, l'acte de renonciation, quelque force qu'on s'ap-

pliquât à lui donner, serait alors peu respecté. On s'en occupa sur ce principe, comme d'une chose nécessaire pour le moment et peu importante pour la suite. Mais peut-être était-ce une ruse de l'Espagnol pour l'obtenir plus sûrement.

L'article qui la renferme, et d'où sont émanées des contestations qui ont ensuite dégénéré en hostilités, est conçu en ces termes : « Moyennant le paiement effectif fait à sa majesté très chrétienne » de sa dot, consistant en cinq cent mille écus d'or sols, ou leur » juste valeur, en termes ainsi stipulés, savoir : le tiers au terme de » la consommation du mariage, l'autre tiers à la fin de l'année de » ladite consommation, et la troisième six mois après, ladite séré- » nissime infante se tiendra pour contente et se contentera de la sus- » dite dot, sans que ci-après elle puisse alléguer aucuns droits ni » aucune action ou demande, prétendant qu'il puisse lui appartenir » autres plus grands biens, droits, raisons ou actions, pour ceux » des héritages, et plus grandes successions de leurs majestés » catholiques, ses père et mère, pour quelque titre que ce soit, » soit qu'elle le sût au temps de sa renonciation, ou qu'elle » l'ignorât. »

Ce qu'il y a à remarquer dans cet article, c'est 1° la *renonciation* elle-même, qui ne doit avoir lieu que moyennant le paiement de la dot ; 2° l'étendue de la *renonciation*, qui atteint tous les héritages et successions, *pour quelque titre que ce soit, connu ou ignoré ;* deux clauses qui auraient pu faire la matière d'un procès entre particuliers, et qui entre souverains devinrent des causes de guerre.

Ce contrat et le traité, qui terminaient toutes les contestations présentes entre les deux souverains, furent signés le 7 novembre. La cour, pendant les conférences, parcourait les châteaux voisins. Le cardinal, dans le dessein de former le jeune roi au gouvernement, lui rendait compte chaque jour de ses opérations. Si on juge de ce ministre par ses lettres, qui sont le miroir de l'âme, quand on n'a pas intérêt de le ternir, Mazarin avait tous les talens désirés dans un négociateur : la science et l'histoire des nations ; la connaissance du caractère de son émule ; l'adresse pour en profiter et ne pas se laisser pénétrer lui-même ; circonspection à proposer ; repartie prompte et juste ; empire sur son geste, son regard et toute sa contenance ; point de changement dans sa physionomie, que celui qu'il voulait y admettre. On peut ajouter, ce qui n'est pas inutile à un ministre, de la gaîté, le talent de la plaisanterie, l'art d'applaudir aux autres et de leur donner bonne opinion d'eux-mêmes ; enfin l'air calme et serein dans l'agitation des grandes affaires.

Au reste, Mazarin, qui avait su si bien lire dans l'avenir au sujet de l'infante, fut moins clairvoyant à l'égard du fils de Charles Ier. Cromwell venait de mourir : cet évènement mettait l'Angleterre dans une extrême confusion. Charles vint aux Pyrénées demander quelques efforts de la part des deux puissances pour rentrer dans son

royaume. Des mémoires du temps portent que Mazarin lui fit offrir secrètement des secours s'il voulait épouser une de ses nièces, et que le refus dédaigneux du prince lui attira plus que de la négligence de la part du cardinal. D'autres assurent au contraire que Charles II s'était offert pour épouser une des nièces du cardinal, et que ce fut celui-ci qui refusa. Quoi qu'il en soit, toutes les attentions étaient prodiguées à lord Lockart, ambassadeur d'Angleterre, le même qui avait commandé les troupes anglaises dans les deux dernières campagnes, et qui, interrogé un jour s'il tenait pour la royauté ou pour la république, répondit : « Je suis le très humble serviteur des évè-
» nemens. » Mazarin écrivait en ce temps à Le Tellier, son confident, « que les mauvais conseillers dont Charles était environné, et
» les mauvais partis qu'ils lui dictaient, loin de l'aider à recouvrer
» ce qu'il avait perdu, seraient capables de lui faire perdre même ce
» qui était en sa possession. » C'était en septembre 1659 qu'il désespérait ainsi du rétablissement de Charles II, et dès le mois de juin 1660, ce prince était remonté sur son trône : tant il est difficile, en fait de révolution, même avec la plus grande sagacité, de ne se pas tromper sur les évènemens futurs !

La demande de l'infante fut faite par le maréchal de Grammont, le seigneur le plus galant de la cour. Il entra à Madrid, superbement vêtu en courrier, ainsi que toute sa suite, et en poste, pour marquer l'impatience de son maître. « L'amirante de Castille lui donna un
» festin magnifique, mais plus fait pour les yeux que pour le palais.
» On y servit sept cents plats aux armes de l'amirante. Tous les mets
» en étaient safranés et dorés. Ils furent reportés comme ils étaient
» venus, sans que personne en pût tâter, dit un témoin oculaire,
» quoique le dîner durât plus de quatre heures avec la même gra-
» vité (1). »

La rigueur de l'hiver n'ayant pas permis au valétudinaire Philippe de s'approcher de ses frontières, le mariage fut remis au retour de la belle saison. Pendant l'intervalle, le roi visita ses provinces du midi. A Marseille, il fit élever la forteresse de Saint-Jean pour tenir en bride les habitans de cette ville, dont les coutumes et les habitudes, encore empreintes d'une certaine indépendance, étaient peu d'accord avec la subordination monarchique. Il fit aussi démolir les fortifications d'Orange, dont la garnison mal payée infestait les environs. Cette place appartenait au fameux Guillaume III de Nassau, alors enfant, et qui était petit-fils, par sa

(1) C'était le contraste parfait d'un dîner de cérémonie qu'avait donné, quelques années auparavant, au même maréchal, le comte Égon de Furstemberg. « Les électeurs
» de Mayence et de Cologne s'y trouvèrent. Ce dîner dura depuis midi jusqu'à neuf
» heures du soir, au bruit des timbales et des trompettes qu'on eut toujours dans les
» oreilles. On y but bien deux à trois mille santés. La table fut étayée ; les électeurs et
» les autres conviés dansèrent dessus ; moi-même, dit le maréchal, quoique boiteux, je
» menai le branle et nous nous enivrâmes tous. »

mère, du malheureux Charles. Enfin le roi passa à Avignon, et fit plusieurs actes de souveraineté. Pendant son séjour à Aix, le prince de Condé, rentré en France depuis la signature de la paix, se présenta devant lui; et, s'étant jeté à ses genoux pour le prier d'oublier le passé, le roi l'interrompit, et annonçant dès lors l'amabilité qu'il eut toujours dans le propos : « Mon cousin, lui dit-il, je n'ai garde de me » souvenir d'un mal qui n'a porté dommage qu'à vous. » Le duc d'Orléans, étranger depuis long-temps aux affaires, mourut sur ces entrefaites, et le roi gratifia son frère de l'apanage de son oncle.

Pour ne pas démentir la triste fête de l'amirante, au mariage de l'infante, qui fut célébré par procuration à Fontarabie, le 3 juin 1660, tout se passa avec la gravité la plus sérieuse. Trois jours après se fit, dans l'île de la Conférence, l'entrevue des deux cours. Les deux rois s'embrassèrent et jurèrent la paix sur l'Evangile. L'un et l'autre étaient accompagnés d'une nombreuse suite. Turenne était confondu dans celle de Louis. Le roi d'Espagne demanda à le voir ; et, après l'avoir considéré quelque temps : « Voilà, dit-il à sa sœur, un homme » qui m'a fait passer de bien mauvaises nuits. » Le 9 juin enfin la cérémonie du mariage ayant été réitérée à Saint-Jean-de-Luz, où le roi épousa l'infante en personne, il y eut partout en France des réjouissances, qui, en opposition avec les fêtes espagnoles, furent moins remarquables par la magnificence que par la gaîté franche du peuple. Il parut en général ivre de joie, mais surtout à l'entrée du roi et de la reine dans la capitale. La marche dura toute la journée du 26 août. Madame Scarron, dont nous aurons occasion de parler, confondue dans la foule, écrivait le lendemain à une de ses amies qu'elle avait été pendant dix à douze heures tout yeux et tout oreilles; qu'elle ne croit pas qu'il se puisse rien imaginer de si beau; et elle ajoute, en femme qui portait ses pensées au-delà du moment, « que la reine dut être assez contente du mari qu'elle » avait choisi ». Ce qu'il y eut de vraiment magnifique, ce fut la maison du cardinal, nombreuse, riche, effaçant par son éclat celle de Monsieur, enfin une pompe royale que le comte d'Estrées, ne pouvant l'excuser entièrement, appelait, par accommodement, *une fastueuse simplicité.*

L'époque de la paix et du mariage doit être regardée comme celle du vrai triomphe de Mazarin. Ce peuple, qui l'avait injurié et chassé, le reçut avec acclamation. Ces magistrats, qui l'avaient proscrit, allèrent le complimenter. Sa carrière fut brillante jusqu'à la fin : trois nièces lui restaient à pourvoir. Il avait vu des souverains les demander en mariage, et avait refusé particulièrement les ducs de Savoie et de Lorraine. Ces princes, désintéressés à l'égard de l'argent, demandaient chacun une place forte limitrophe de leurs états à leur bienséance. Le ministre rejeta noblement ces conditions onéreuses à la France, et maria Marie Mancini au connétable Colonne, avec cent mille livres de rente en Italie et sa belle **maison** de Rome; Hortense, la plus belle, au duc de La Meilleraie, grand-maître de la maison du roi, et fils du maréchal, à condition qu'il prendrait le nom de Mazarin, avec quinze cent mille livres de rente et un immense mobilier. Enfin il assura à la dernière une dot suffisante pour entrer dans la maison de Bouillon, quand elle serait en âge. Il procura encore de nouveaux avantages à celles qui étaient mariées en France : à la princesse de Conti, la surintendance de la maison de la reine-mère; et à la comtesse de Soissons, une place pareille auprès de la reine régnante.

Le roi ne lui refusait rien, ou plutôt il suivait sa volonté avec la docilité d'un pupille, par habitude ou par reconnaissance des soins que le cardinal prenait pour le former; car on lui rend cette justice, que, si dans l'enfance il ne montra à Louis XIV qu'à *faire le roi*, à mesure que ce prince avança en âge, il lui apprit à l'être en effet. Ce fut sa principale occupation pendant le peu de mois qu'il survécut à la paix et au mariage. Peu après, il fut attaqué d'une maladie de langueur, se sentit dépérir sans inquiétude, et mourut sans montrer de craintes ni de regrets, et laissant des richesses immenses. Les scrupules que lui fit concevoir Joly, son confesseur, curé de Saint-Nicolas-des-Champs, et les conseils que lui donna celui-ci, le portèrent à remettre tous ses biens au roi, sous prétexte que, les tenant de sa libéralité, il devait laisser à la générosité du monarque à en disposer suivant qu'il l'entendrait à l'égard de ses proches. Cet expédient tranquillisa sa conscience, et ne lui fit rien perdre; car le roi, répondant à la confiance que lui témoignait son ministre par cette espèce de fidéicommis, lui fit expédier, trois jours avant sa mort, un brevet par lequel il lui accordait en pur don tout ce qu'il avait acquis pendant son ministère.

Quelques uns, en comparant Mazarin avec Richelieu, regardent comme équivoque sa réputation d'habileté. Le cardinal de Retz penchait pour cet avis, et disait : « Donnez-moi le roi de mon côté deux » jours durant, et vous verrez si je suis embarrassé. » Richelieu fut sans cesse occupé à lutter contre son maître, et cependant commandait aux évènemens. Mazarin, pendant la fronde, eut toujours pour lui l'autorité royale, et il succomba quelquefois; mais il réussit enfin complètement : ce qui marque qu'ils avaient chacun le génie des circonstances.

L'administration du royaume fut réglée deux jours avant la mort de Mazarin, d'après ses indications et ses conseils, et la machine était déjà montée, quand Harlay de Chanvallon, président de l'assemblée du clergé, étant venu demander au roi à qui il s'adresserait désormais pour les affaires, le monarque lui répondit, *à moi*.

Il eut d'abord quatre ministres : le chancelier Séguier pour la justice, Le Tellier pour la guerre, Brienne pour les affaires étrangères, et Fouquet pour les finances, dont il était surintendant. La disgrace de celui-ci a été accompagnée de circonstances qui méritent qu'on s'y arrête. Il paraît certain que Fouquet fut signalé au roi, par le cardinal Mazarin, comme un dissipateur dont il lui conseillait de se débarrasser. Le jeune monarque ne laissa pas ignorer au surintendant ses soupçons, l'exhorta à diminuer ses dépenses, à mettre plus d'ordre dans sa gestion, le prévint qu'il l'examinait, et lui en donna des preuves par ses questions et ses observations. D'abord Fouquet fut tenté de se réformer; mais, comme le penchant l'emporte trop souvent sur la prudence, après cette première velléité de repentir, il se persuada qu'il était impossible qu'un prince de vingt ans se captivât, pendant plusieurs heures de la journée, à repasser des comptes et des calculs : matière sèche, occupation aride dont il se dégoûterait bientôt. S'il arrivait qu'il s'y obstinât, le surintendant se flattait qu'avec son expérience il lui serait aisé de dérouter un homme tout neuf dans ce genre de travail, et de l'y faire renoncer.

Il y aurait peut-être réussi, si le roi ne s'était assuré de Colbert, que Mazarin lui avait donné comme un homme d'ordre, exact, clairvoyant, en qui il pouvait prendre une entière confiance. Depuis douze ans Colbert était attaché à Mazarin. C'était lui qui, pendant les deux exils du ministre, avait été l'intermédiaire de sa correspondance avec la régente; et depuis c'était lui encore qui l'éclairait sur les opérations financières, auxquelles le cardinal était trop étranger pour le poste qu'il occupait. Dès long-temps Mazarin avait payé ses services en lui procurant la dignité de conseiller d'état; il y ajouta, dans ses dernières années, la faveur de le faire connaître au roi, qui fut initié par lui aux connaissances de l'administration; et l'on prétend même que le cardinal mourant, s'adressant au monarque, lui dit : « Je vous dois tout, sire, mais je crois m'acquitter » en quelque sorte avec vous, en vous donnant Colbert. » C'était à lui que le jeune monarque communiquait le soir les états qu'il avait reçus le matin du surintendant : Colbert lui en montrait les vices, et lui en expliquait la perfide adresse. Il lui faisait voir que partout la dépense était exagérée, et la recette diminuée, afin de se conserver les moyens de continuer les profusions. Le lendemain, le roi faisait à Fouquet ses observations, tant pour montrer au surintendant qu'il ne perdait son sujet de vue que pour essayer si, à force de tentatives, il ne l'amènerait pas à être sincère; et toujours il le trouvait fidèle à son plan de déguisement. Cette épreuve dura plusieurs mois, Fouquet trompant, Louis paraissant trompé, et Colbert l'empêchant de l'être.

Le surintendant ne se réformait en rien. Son luxe et ses profusions, qui étaient énormes, continuaient toujours. Il en fit, pour ainsi dire, parade dans une fête qu'il donna au roi, dans sa belle maison de Vaux, à l'occasion du mariage du duc d'Orléans, frère du roi, avec Henriette d'Angleterre, sœur de Charles II. Elle était si outrageusement superbe, que le roi ne put dissimuler sa surprise. Il eut même intention de faire arrêter Fouquet au milieu de ses magnificences ; la reine-mère l'en dissuada. Elle désirait même que son malheur se bornât à une disgrace ; mais des raisons d'état déterminèrent à agir plus sévèrement.

On avait présenté à Louis XIV le surintendant comme très dangereux par ses correspondances et ses projets. On lui donnait beaucoup de partisans en Bretagne, lieu de sa naissance ; partisans très chauds, très emportés, et capables de soulever la province au premier ordre de sa part. Il avait acquis et fortifié Belle-Isle, on y travaillait encore : c'était, disait-on, pour s'y cantonner contre le roi, ou rendre cette possession le prix de l'asile qu'il irait demander aux Anglais. De plus, presque toute la cour, depuis le plus petit jusqu'au plus grand, recevait de lui des présens et des pensions. Un prince qui commence à régner, et qui ne connaît pas encore les hommes, peut s'imaginer que ceux qui reçoivent engagent leur reconnaissance. Il n'est donc pas étonnant que Louis eût quelques craintes et qu'il prît des précautions, comme de faire filer des troupes en Bretagne, où pouvait être le foyer de l'insurrection, et de s'y rendre lui-même pour s'opposer aux premiers mouvemens.

Fouquet, arrêté à Nantes, fut aussitôt transporté dans le château d'Angers ; sa femme et ses enfans furent conduits à Limoges, et des courriers partirent pour faire poser le scellé dans toutes ses maisons. Un de ses gens, présent à son enlèvement, fit si prompte diligence, qu'il en porta la nouvelle à Paris douze heures avant celui du roi. On aurait, pendant cet intervalle, pu soustraire beaucoup de papiers, surtout dans sa maison de Saint-Mandé, où étaient les plus intéressans. L'abbé Fouquet, son frère, homme d'expédition, voulait que, sans s'amuser à en faire la recherche et à les trier, on mît le feu à la maison et qu'on anéantît ainsi, bons ou mauvais, jusqu'au moindre brouillon.

Cette étrange manière de rendre les comptes aurait été fort utile à plusieurs personnes. Le surintendant avait la mauvaise habitude de garder toutes les lettres qu'il recevait, projets, demandes, remercîmens, propositions, billets galans : on devine ce qui pouvait se trouver en ce genre dans le cabinet d'un dissipateur des finances, ambitieux, prodigue et voluptueux. Quantité de personnes des deux sexes furent compromises : « Car, dit madame de Motteville, il y en » avait peu à la cour qui n'eussent sacrifié au veau d'or. »

Il n'y eut d'abord aucune modération dans les jugemens qui se portèrent sur Fouquet : les malheureux ne manquent jamais de crimes. On disait qu'il révélait les secrets de l'état aux Anglais ; qu'il voulait se faire, par leur aide, une souveraineté de Belle-Isle et du duché de Penthièvre qu'il avait acheté. Ses défenseurs disaient, au contraire, qu'à la vérité il avait eu dessein d'y bâtir une ville, d'en rendre le port sûr, mais que c'était pour y attirer tout le commerce du Nord, priver Amsterdam de ce trafic, et rendre par là un grand service à la France. En effet, son génie élevé et capable de grands desseins donnait assez de vraisemblance à ce projet.

Ce qui lui fit le plus de tort fut une instruction dans laquelle il ordonnait ce que ses amis, qu'il nommait l'un après l'autre, devaient faire en cas qu'il fût arrêté : on la trouva à Saint-Mandé derrière un miroir, toute couverte de poussière, comme un papier méprisé et abandonné. C'était une rêverie, mais qu'il avait autorisée de quelque apparence de vérité en la conservant. Or, comme ce qu'il demandait à ses amis étaient des crimes de lèse-majesté, il les mit tous dans le cas d'avoir besoin de la clémence du roi, qui pouvait croire qu'il n'avait pas ainsi assigné à chacun son poste sans leur consentement. Cette imprudence, qui mit dans l'embarras beaucoup de personnes, aigrit d'abord les esprits contre lui ; mais, comme il n'avait jamais été méchant, insensiblement l'indignation se changea en pitié, surtout quand on vit que ses ennemis s'acharnaient à le décrier dans le public, pendant qu'une chambre de justice, érigée à l'Arsenal, lui faisait son procès à la rigueur.

La gloire des lettres a tiré un nouveau lustre de l'attachement généreux que lui conservèrent et que ne craignirent point de manifester dans son malheur quelques écrivains renommés, auxquels il avait été utile dans sa fortune. On connaît les liaisons que continua d'entretenir avec lui mademoiselle de Scudéri, les intéressantes lettres de madame de Sévigné à M. Pomponne sur son procès, l'ode et la touchante élégie de La Fontaine sur sa détention (1), et surtout les plaidoyers éloquens de Pélisson, son ami et son premier commis. Arrêté avec le surintendant, il avait été transféré comme lui à la Bastille. De sa prison, Pélisson trouva moyen de faire percer dans le public des apologies si bien écrites, si sages, si touchantes, qu'elles firent revenir beaucoup de personnes en faveur de Fouquet. On reconnut le style, et l'auteur fut resserré plus étroitement. Dans cet état, et malgré la gêne où il était retenu, on rapporte qu'il vint

---

(1) Nymphes (de *Vaux*) qui lui devez vos plus charmans appas,
Si le long de vos bords Louis porte ses pas,
Tâchez de l'adoucir, fléchissez son courage.
Il aime ses sujets, il est juste, il est sage :
Du titre de clément rendez-le ambitieux ;
C'est par là que les rois sont semblables aux dieux.
Du magnanime Henri qu'il contemple la vie :
Dès qu'il put se venger il en perdit l'envie.
Inspirez à Louis cette même douceur ;
La plus belle victoire est de vaincre son cœur.
Oronte est à présent un objet de clémence ;
S'il a cru les conseils d'une aveugle puissance,
Il est assez puni par son sort rigoureux :
Et c'est être innocent que d'être malheureux.

à bout de rendre un service essentiel à son bienfaiteur. Il savait quelques secrets dangereux renfermés dans des papiers dont il avait eu connaissance. Il appréhenda que le surintendant, interrogé sur ces secrets, et ignorant que ces papiers avaient été détruits, ne fît des aveux qui auraient pu lui être préjudiciables. Dans cet embarras, il imagina de révéler lui-même aux juges quelque chose de ces secrets. Comme il ne se montrait qu'imparfaitement instruit, ils ne purent, d'après lui, faire à l'accusé que des questions incertaines, qui le déterminèrent à nier les faits qu'on lui opposait. La procédure sur cet article fut portée jusqu'à la confrontation; c'est ce que Pélisson désirait. Il paraît devant Fouquet, et répète ce qu'il avait avancé. Le surintendant, consterné de l'infidélité de son ami, hésitait; mais Pélisson, reprenant la parole d'un ton ferme et élevé, lui dit : « Vous ne nieriez pas si hardiment, monsieur, si vous ne saviez que » tous ces papiers ont été brûlés. » Ce fut un coup de lumière pour le malheureux qui, par l'ingénieuse adresse de Pélisson, évita de faire un aveu qui aurait pu le perdre.

La diversité d'opinion fut grande entre les juges de Fouquet. Les uns le crurent digne de mort, les autres à peine d'une flétrissure. On ne le trouva pas coupable de crime capital, si ce n'en est pas un que d'abuser de son état et de prodiguer l'argent des peuples pour son ambition et ses plaisirs. Les juges, n'étant guidés par aucune loi touchant le genre de punition que mérite un pareil abus, adoptèrent la plus douce. Par arrêt du 20 décembre 1664, ils le condamnèrent à un bannissement perpétuel, avec confiscation de tous ses biens. Les ministres ne furent pas contens d'un jugement qui n'exterminait pas le coupable qu'ils redoutaient, et apparemment ils ne s'en cachèrent pas, puisqu'ils donnèrent lieu à cette réponse tranchante de Turenne. On blâmait devant lui l'emportement de Colbert contre Fouquet, et on louait la modération de Le Tellier : « Effecti- » vement, dit-il, je crois que M. Colbert a plus d'envie qu'il soit » pendu et que M. Le Tellier a plus de peur qu'il ne le soit pas. » On représenta au roi que la sûreté de l'état courrait des risques si le surintendant restait libre, parce qu'il pourrait en porter les secrets chez l'étranger. Pour éviter cet inconvénient, qui n'était pas certain, le roi commua la peine du bannissement en une prison perpétuelle, et le malheureux Fouquet fut condamné à traîner une vie d'ennui et d'amertume dans la citadelle de Pignerol.

L'époque de la mort de Fouquet est encore un problème. Selon les uns il mourut en prison; selon d'autres, ce fut au sein de sa famille qu'il expira dans l'obscurité, et il aurait même été enterré aux Filles Sainte-Marie de la rue Saint-Antoine; il en est enfin, tel que Gourville dans ses Mémoires, qui le font s'évader de Pignerol et mourir en pays étranger. M. Fantin-Désodoards, continuateur de Velly, rapporte qu'à la prise de la Bastille, en 1789, il reconnut, entre divers monumens qui eussent pu être utiles à l'histoire, et qui devinrent la proie d'une multitude ignorante, des cartes qui contenaient des notes sur quelques prisonniers détenus en cette forteresse, et qui étaient signées par des ministres ou autres agens du pouvoir, et que l'une de ces cartes, portant le numéro 89,000, qu'il ne put obtenir de celui qui venait de la trouver, mais qu'on lui permit seulement de copier, renfermait ces mots : « Fouquet arrivant » des îles Sainte-Marguerite avec un masque de fer. » Suivaient *trois XXX*, et au-dessus, *Kersadion*. Ainsi s'expliquerait, par Fouquet, la longue énigme du Masque de fer, sauf les particularités romanesques rapportées par Voltaire, et qu'il n'a pu constater : telles que le perpétuel usage du masque et le respect des ministres devant le prisonnier. Ainsi cet évènement si singulier n'offrirait plus rien que de naturel, si en effet le gouvernement après l'évasion de Fouquet, l'ayant fait passer pour mort, et l'ayant fait arrêter depuis en terre étrangère, a cru de sa dignité de ne pas laisser démentir son assertion.

La charge de surintendant des finances fut supprimée lors de la disgrace de Fouquet; et Colbert, homme sévère, mis à la tête des finances, sous le titre de contrôleur-général, commença à faire regretter la douceur de Fouquet: mais Colbert, dur pour les courtisans avides, Colbert, dont l'œil perçant, le regard austère, *le pli de front* étaient si redoutables à ceux qu'il abordaient, procura au peuple une remise de trois millions sur les tailles. Ce bienfait, venu à propos, donna une grande idée de son administration, et attira au monarque des remercîmens qui chatouillèrent doucement son cœur très sensible à la louange.

Il ne l'était pas moins aux atteintes qu'on portait aux prérogatives de sa couronne. Le baron de Batteville, ambassadeur d'Espagne à Londres, avait usé de ruse et de violence à l'entrée solennelle d'un ambassadeur de Suède, pour prendre le pas sur le comte d'Estrades, ambassadeur de France. Ses gens avaient coupé les traits des chevaux de l'ambassadeur français; et, pour éviter une pareille mésaventure, lui-même avait fait doubler les siens avec des chaînes de fer, ce qui prouvait que l'injure était préméditée. Il y eut des coups portés et des hommes blessés et tués. Louis XIV demanda réparation publique et l'obtint. Philippe IV envoya à son gendre un ambassadeur extraordinaire, qui, dans une grande audience, à laquelle furent invités tous les ambassadeurs étrangers, déclara que le roi son maître « avait notifié à ses ambassadeurs et ministres d'évi- » ter la concurrence, en ne se présentant pas dans les lieux où des » difficultés de préséance pourraient s'élever entre eux et les mi- » nistres et ambassadeurs de France ». Le roi, se tournant alors vers les ministres étrangers, leur dit d'écrire à leurs cours ce qu'ils venaient d'entendre. C'était dans le temps qu'il mortifiait ainsi son beau-père, que Marie-Thérèse, son épouse, lui donnait un fils, par la naissance du dauphin Monseigneur.

Une réparation non moins éclatante fut exigée d'Innocent X, à l'occasion d'une rixe entre les gens du duc de Créqui, ambassadeur de France à Rome, et les Corses de la garde du pape. Les hôtels des ambassadeurs et même les rues adjacentes étaient alors à Rome des asiles inviolables qui favorisaient l'impunité du crime. Par une morgue déplacée, les puissances étrangères tenaient à honneur de perpétuer cet abus, que les papes depuis long-temps s'efforçaient en vain de détruire : des difficultés à ce sujet même existaient déjà entre la France et le pape, lorsque le nouvel ambassadeur, en tolérant avec affectation l'insolence et les désordres des nombreux Français qui formaient sa suite, aigrit encore les dispositions fâcheuses des deux parties. Dans ces circonstances, la garde corse ayant arrêté quelques Français qui troublaient la tranquillité publique, se les vit arracher des mains par les laquais du duc. Un renfort arrivé à la garde les força à leur tour de se réfugier dans leur hôtel, et dans la rixe il y eut de part et d'autre du sang répandu. Jusque-là rien n'était répréhensible dans la conduite des Corses ; mais dans la fureur dont ils étaient animés, rencontrant à leur retour l'ambassadrice qui rentrait au palais, ils tirèrent sur le carrosse, tuèrent un page et blessèrent plusieurs domestiques. Le duc de Créqui sortit de Rome et demanda justice. Quatre mois se passèrent en négociations. Le pape crut beaucoup accorder en faisant pendre un Corse et un sbire, et en destituant le cardinal Imperiali, gouverneur de Rome, comme coupable de négligence dans cette affaire : mais le roi de France ne fut pas satisfait. Il s'empara d'Avignon et du Comtat, et menaça de faire passer une armée en Italie. Le souverain pontife, voyant l'empereur et Venise occupés contre les Turcs, et l'Espagne par le Portugal, reconnaissant qu'il n'avait aucun secours à attendre de ces puissances, et craignant de se voir assiéger dans Rome, s'engagea à tout ce qu'on voulut. Le traité fut conclu à Pise. Le pape fut obligé de promettre, moyennant la restitution de ses avances, la réintégration du duc de Parme dans les duchés de Castro et de Ronciglione, d'exiler son frère, Mario Chigi, général de ses troupes, de casser la garde corse, d'élever dans Rome une pyramide avec une inscription contenant le récit de l'offense et de la réparation, et enfin d'envoyer en France le cardinal Flavio Chigi, son neveu, faire ses excuses au monarque. Ce fut, remarque un historien, le premier légat de la cour romaine qui ait été envoyé pour demander pardon.

Le roi travaillait tous les jours avec ses ministres, soit ensemble, soit séparément; se levait à huit heures, paraissait à dix, tenait conseil, en sortait à midi. Après la messe, ce qui restait de temps jusqu'au dîner, il le donnait au public, ou aux reines dans leur appartement. A la suite du repas, des conversations, et encore quelques audiences. Il écoutait patiemment et très attentivement, et congédiait avec un air de bonté. Certains jours la chasse, d'autres la comédie et des concerts, peu de jeu et jamais de ceux auxquels le hasard préside. Le souper était son repas de préférence, il le prolongeait volontiers, et, selon la saison et les circonstances, il le faisait suivre de petits bals.

Ils n'étaient pas difficiles à former, parce qu'il y avait à la cour une troupe de *filles d'honneur*, attachées aux maisons des reines et des princesses. Entre elles se trouvait mademoiselle de La Vallière, « La Vallière, si touchante, si intéressante, si tendre, dit madame » de Sévigné, et si honteuse de l'être. » Le roi en fit la connaissance chez Henriette d'Angleterre, sa belle-sœur, à laquelle elle était attachée. Il y avait entre Henriette et le monarque son beau-frère une grande intimité, qui, sans passer les bornes d'une galanterie délicate, inspira de la jalousie à Monsieur, au point que la reine-mère jugea à propos d'en faire des remontrances au roi son fils. Henriette était enjouée, pleine de graces, et liée avec la comtesse de Soissons, qui savait faire naître et assaisonner les plaisirs. La jeune reine réservée, dévote et assidue auprès de la reine-mère, sa tante, se trouvait rarement dans cette compagnie folâtre, où Louis se plaisait de préférence. Les deux dames qui la présidaient furent long-temps persuadées qu'elles seules attiraient les soins du monarque. Ainsi que son épouse, elles ne s'aperçurent du vrai motif de son assiduité à leur cercle que les dernières de la cour. En blâmant la faiblesse de La Vallière, si tendre, et si malheureuse par sa passion, on doit dire qu'elle ne s'y livra jamais, sans être rappelée à la vertu par des scrupules qu'elle ne craignait pas de rendre publics, comme pour se punir elle-même par les éclats de son repentir.

La passion de Louis ne l'occupait pas tellement qu'il ne songeât à sa gloire : on peut mettre entre les moyens qu'il employait pour y parvenir la protection éclatante qu'il accorda aux savans. Non-seulement il fit des gratifications considérables à ceux de son royaume ; mais il étendit sa libéralité jusque sur les étrangers, dont quelques uns, sans s'y attendre, reçurent des présens aussi honorables pour lui que pour eux. Les sciences circulaient assez dans le royaume pour qu'en général on fût devenu curieux d'en suivre les progrès. Ce goût trouva à se satisfaire dans un journal (le Journal des Savans), dont un conseiller au parlement de Paris, nommé Denis Salo, fut le créateur; il a été le modèle de ceux qui l'ont suivi. Colbert, qui favorisait volontiers les entreprises utiles, établit ou encouragea des manufactures ; on lui doit celles des tapisseries des Gobelins, des draps fins de Louviers, des points de France de Paris, et des glaces de Cherbourg, puis de Saint-Gobin. Il se prêta aussi au goût de Louis pour les constructions, et fit commencer le canal de Languedoc, l'Observatoire, l'hôtel des Invalides, le Jardin des Plantes, la façade du Louvre et le château de Versailles, ce lieu ingrat, où des millions employés avec une magnificence digne du monarque, de son siècle et de sa nation, ont été le prétexte de bien des déclamations, peut être aussi erronées dans leurs motifs que dans leurs calculs (1).

L'économie, et principalement les vues saines du ministre sur tout l'ensemble de l'administration pourvurent non seulement à ces coûteuses entreprises, mais encore, et à l'acquisition de Dunkerque, qui se fit au même temps, et dont le commerce prodigieux répandit la vie et l'abondance dans le royaume, et à des achats considérables de blés, qui furent distribués aux malheureux dans un instant de disette, et enfin à la dépense des carrousels et des fêtes, dont un roi jeune et magnifique amusait alors ses loisirs. Rien cependant n'était plus déplorable que l'état des finances, lorsque Colbert fut appelé à en prendre la direction. Depuis la retraite de Sully, tous les ministres qui l'avaient remplacé n'avaient connu d'autre méthode pour subvenir à de nouveaux besoins que d'établir de nouveaux impôts, sans s'inquiéter d'ailleurs s'ils nuisaient au commerce ou à l'industrie, et s'ils ne tarissaient pas quelque autre source du trésor public. Mais c'était peu que ce premier désordre : toujours pressés d'argent, à peine les édits étaient-ils rendus, que les surintendans en trafiquaient à vil prix avec les traitans, ou que, sans égard à la disparité future des besoins et de la recette, ils abonnaient l'impôt à grand marché aux villes ou aux provinces qui voulaient bien s'en rédimer. Par le cours naturel des choses, il résulta de ces opérations qu'à mesure que les impôts s'accrurent la recette du trésor diminua. Ainsi l'on reconnut, en 1660, que, bien que les droits des douanes fussent augmentés depuis trente ans de soixante pour cent, leur produit était moindre qu'avant l'augmentation; que les tailles, montées à cinquante millions, rendaient moins qu'en 1620, lorsqu'elles n'étaient portées qu'à vingt; et qu'enfin, quoique la totalité des recettes allât à quatre-vingt-dix millions, le revenu de deux années était absorbé d'avance.

A ce chaos, qui menaçait de tout engloutir, le nouveau ministre opposa d'abord une chambre de justice, qui recherca la conduite des financiers, et qui, les poursuivant dans tous les subterfuges dont ils usèrent pour dérober la connaissance de leurs malversations, leur fit restituer des sommes considérables. Les douanes presque généralement reculées aux frontières, des taxes calculées sur les besoins de l'industrie, une protection particulière accordée au commerce national, qui fut déchargé des droits imposés aux navigateurs étrangers; la suppression d'une foule de charges inutiles, qui enlevaient des contribuables à la taille; la réduction des rentes acquises à vil prix, réduction qui suscita des clameurs et des haines que mé-

(1) Si l'on en croit un manuscrit possédé, au rapport de l'abbé de Saint-Pierre, par un M. Guillaumot, architecte, et qui aurait été fait sur des arrêtés de la chambre des comptes pendant les vingt-trois années des grands travaux de Louis XIV, depuis 1664 jusqu'en 1687, ces bâtimens ont coûté trois cent sept millions, à 26 livres le marc; ce qui ferait actuellement le double. Un tel résultat parait peu croyable; aussi a-t-il été contesté, il y a quelques années, dans les papiers publics, et réduit au dixième.

prisa le ministre ; l'ordre enfin qui bannit toutes les transactions ténébreuses usitées jusqu'alors, firent le reste, et augmentèrent tout d'un coup la fortune de l'état, sans augmenter la charge des peuples. Le roi, percevant la totalité de son revenu, et n'acquittant que les obligations exactement dues, se trouva un excédant de recette qui monta à quarante-cinq millions en 1662, à cinquante-un millions en 1663, et qui s'accrut ainsi d'année en année jusqu'en 1676, que les contributions montèrent à cent millions, et les charges à vingt-six seulement, il y eut un excédant de recette de soixante-quatorze millions : alors les rentes sur l'état se trouvèrent aussi réduites à sept millions.

La guerre, à laquelle s'opposait le ministre économe, et qu'appelait au contraire l'ambitieux Louvois, fils de Le Tellier, à qui son père avait fait passer son emploi, vint interrompre cette prospérité : dès 1671, la dépense surpassa la recette de neuf millions, et ni les impôts que Colbert avait fait supprimer, et que la force des circonstances contraignit de rétablir, ni huit millions de rentes qu'il créa sur la ville pendant la durée de son ministère, ne purent ramener l'équilibre. Une erreur d'administration, erreur que favorisaient les préjugés du temps, au dessus desquels il ne put s'élever, contribua peut-être encore à accroître les difficultés et à neutraliser ses grandes vues d'améliorations : ce fut le défaut de liberté où il laissa le commerce intérieur des blés. Le laboureur malaisé, parce qu'il trouvait peu de débouchés, cultiva peu, et ne put rendre qu'un prix modique de ses fermages ; le propriétaire, forcé ainsi à l'économie, ne put seconder par la consommation les efforts de l'industrie, et l'état, par une conséquence nécessaire, ne put imposer que des taxes médiocres, qui furent payées avec difficulté.

Au temps même de ces utiles réformes et de ces vastes entreprises, l'ardeur du soldat français était entretenue par diverses petites expéditions militaires. Le duc de Lorraine, toujours livré à la mobilité de son caractère inconstant, avait à peine été réintégré dans ses états que, par un traité qu'il fit avec Louis XIV, il l'institua son héritier, moyennant que les princes lorrains seraient héritiers eux-mêmes de la couronne de France, à défaut des Bourbons ; et, pour gage de l'exécution de cet engagement, il convint de livrer Marsal. Mais le neveu de Charles, d'une part, et les princes légitimés de France, d'une autre, protestèrent contre cet accord, en sorte que le parlement ne le vérifia pour avoir son exécution que sous la condition que les parties intéressées y auraient accédé. Charles, qui se repentait déjà de la résolution qu'il avait prise, profita de cette ouverture pour se ressaisir de Marsal. Mais le roi, piqué de ce procédé violent, se rendit lui-même en Lorraine pour se mettre en possession de cette place. Le siége en durait depuis onze jours, lorsque le duc, transigeant de nouveau avec le roi, donna ordre de lui livrer la ville, et rentra à ce prix dans le reste de ses états.

La faveur dont Colbert se proposait d'investir le commerce national avait déjà fait conclure avec les Hollandais une alliance protectrice du commerce des deux peuples. Dans les mêmes vues, on résolut de purger la Méditerranée des corsaires barbaresques qui l'infestaient. Cette opération fut confiée au duc de Beaufort, qui battit deux fois leur flotte, la resserra dans leurs ports, et s'empara même de Gigeri, dans le royaume d'Alger. On se proposait d'y former un établissement : le défaut de vivres et de munitions fit avorter ce projet.

A la sollicitation de l'empereur Léopold, une expédition plus brillante fut dirigée contre les Turcs. Les Français qui en firent partie, sous les comtes de Coligny et de La Feuillade, eurent une grande partie de l'honneur de la campagne de 1664. A la journée décisive de Saint-Gothard, où Montécuculli défit complètement le grand-visir Ahmed-Koupouli, ils repoussèrent les Turcs des bords du Raab, et soutinrent le centre des Allemands près d'être enfoncé. De la gauche qu'ils occupaient, ils se portèrent sur ce point, et tombant avec furie sur les janissaires, ils leur arrachèrent une victoire que ceux-ci proclamaient déjà. Par le détail que Montécuculli nous a laissé de cette action dans ses Mémoires, on peut juger à combien peu tient souvent le sort des combats. Il avoue en effet que, sans la valeur éprouvée des Français et de quelques régimens de l'empereur, qui permit d'opposer l'art et le courage aux efforts de la multitude, l'armée était prise en flanc sur les ailes, et la bataille infailliblement perdue. Si même elle eût duré plus long-temps, on eût manqué de poudre; et, faute de vivres, on ne put profiter de la victoire, autant que les circonstances en offraient l'occasion. Elle amena cependant une trêve de vingt ans entre la Turquie et l'Autriche. Au reste, les Français furent mal récompensés de leur bravoure : les ministres impériaux leur donnèrent les plus mauvais quartiers d'hiver, et ils les fatiguèrent de telle sorte, par des marches et des contre-marches, que d'un corps de six mille hommes il en revint peu en France; preuve de la secrète inimitié que, malgré l'alliance et la paix, les maisons de France et d'Autriche nourrissaient entre elles.

Il n'y en avait pas une moindre entre les Anglais et les Français. Aussi, malgré la bonne intelligence des deux rois, liés entre eux par le mariage de Monsieur, on apercevait chez les insulaires des symptômes de jalousie à l'occasion de l'établissement des compagnies des Indes orientales et occidentales, établissement qui annonçait, sur le commerce, des vues dont ils commençaient à s'inquiéter.

Pour des causes assez frivoles, les Anglais étaient alors en guerre avec les Hollandais. Ceux-ci, en vertu de leur alliance, réclamèrent les secours du roi contre l'Angleterre. Louis avait intérêt de ménager Charles, pour qu'il ne s'opposât point à des projets qu'il avait formés sur les Pays-Bas. Mais le texte du traité était formel; Louis déclara donc la guerre : mais, par un accord secret entre les deux monarques, ce fut un acte illusoire; et, soit politique de laisser affaiblir les deux marines l'une par l'autre, soit honte de mêler les faibles embarcations françaises aux vaisseaux de ses alliés, le duc de Beaufort, qui devait rejoindre les Hollandais après l'expédition de la Méditerranée, ne parut pas dans l'Océan, et les laissa vider eux-mêmes leurs différens par des combats qui firent la gloire des généraux opposés : le duc d'York, le prince Robert et le duc d'Albemarle, du côté des Anglais; Opdam, Corneille Tromp, fils du célèbre Martin, et surtout Ruyter, du côté des Hollandais. Ce dernier porta l'alarme sur toutes les côtes de la Grande-Bretagne, menaça Londres en remontant la Tamise jusqu'à Chatam, à quatre lieues de cette capitale, et fit brûler, par Corneille de Wit, plusieurs vaisseaux anglais, jusque sous ses murs mêmes. Ces expéditions, aussi hardies qu'heureuses, amenèrent, en 1667, la paix de Breda, qui termina, après trois ans d'hostilités sans résultats, une guerre entreprise sans motifs. La France, par les stipulations du traité, recouvra l'Acadie, dont les Anglais s'étaient emparés quelques années auparavant.

Ces diverses opérations étaient trop peu importantes pour détourner le monarque des plaisirs et des améliorations de la paix. Parmi ces dernières, on ne doit point oublier les colonies de Cayenne et du Canada, la police de la capitale et son éclairage, l'institution des académies de peinture, de sculpture et des sciences, l'exacte discipline établie parmi les troupes, qui reçurent alors l'uniforme, et qui cessèrent d'être la terreur du citoyen; l'ordonnance enfin de 1667 sur la procédure civile, ordonnance qui illustra ses rédacteurs (1), et qui fut suivie, en 1669, de celle des eaux et forêts, pour la conservation des bois et le service de la marine; et en 1670, de celle qui règle la procédure en matière criminelle.

Pendant le cours de ces travaux, Louis perdit Anne d'Autriche, sa mère, qui mourut le 20 janvier 1666. Depuis trois ans sa santé s'altérait. Une humeur viciée, qui courait dans ses veines, s'était fixée sur le sein, et avait produit un cancer. Cette princesse était d'une délicatesse singulière pour tout ce qui concernait le soin immédiat de sa personne. On avait de la peine à trouver de la batiste assez fine pour lui faire des chemises et des draps à son gré. Le cardinal Mazarin, la plaisantant sur ce défaut, lui disait que, « si elle était » damnée, son enfer serait de coucher dans des draps de toile de » Hollande. »

Elle avait éprouvé bien des vicissitudes dans sa vie : tantôt tourmentée par un ministre impérieux, et alors l'objet de la compassion du peuple; tantôt outragée par ce même peuple, devenu frondeur et mutin. Malgré ces excès, qui auraient dû l'aigrir contre la nation,

(1) Le chancelier Séguier, le maréchal de Villeroy, MM. Colbert, d'Aligre, Lezeau, de Machault, de Sève, Ménardeau, de Morangis, Poncet, Boucherat, de la Marguerie, Pussort, oncle de Colbert, Voisin, Hotman et Marin.

elle fit la guerre à l'Espagne comme si elle ne l'avait pas aimée ; aussi eut-elle la satisfaction de voir la nation détrompée rendre à la fin justice à ses qualités estimables.

Anne d'Autriche passa les dernières années de sa vie dans le calme de la vertu, uniquement occupée à faire le bien et à le procurer, sans se mêler en rien du gouvernement ; modération admirable après une si longue habitude de commander. Ses aumônes étaient très abondantes. Pendant sa maladie elle montra la plus grande patience. Les personnes qui l'approchaient ne s'apercevaient de ce qu'elle souffrait que par des mouvemens involontaires, et trouvaient toujours sur son visage le sourire de la bienveillance. Elle s'acquitta des devoirs de la religion avec une ferveur qui édifia toute la cour. Le roi, la reine, Monsieur et Madame ne la quittèrent pas, et jusqu'au dernier moment elle fit connaître par ses regards attendris combien leurs soins assidus lui étaient agréables. Les larmes de ses enfans la consolèrent. Elle ne montra quelque attachement à la vie que pour eux, et elle fit bien sentir que le sacrifice de la royauté n'était pas celui qui lui coûterait le plus. Qu'est-ce qu'une couronne quand on meurt ?

Le roi la regretta sincèrement et avec raison. Aucune femme n'a porté plus loin les attentions maternelles. Malgré les embarras que lui donnaient les guerres civiles pendant l'enfance de son fils, elle ne se déchargea sur personne de ce qu'elle pouvait faire elle-même. Elle présidait aux leçons de son premier âge, y joignait des instructions particulières, veillait assidument à ne point souffrir auprès de lui des personnes capables de lui faire prendre des habitudes vicieuses. Reboulet remarque qu'elle eut beaucoup de peine à le corriger de celle de jurer. Elle n'en eut pas moins à lui faire perdre ce qu'elle appelait la sécheresse, qu'il tenait de son père, et elle réussit à lui donner, sinon la douceur de caractère et l'aménité qu'elle possédait plus qu'aucune autre femme, du moins cette fleur d'urbanité qui le rendait, quand il voulait, le plus aimable des monarques. Tout en lui inspirant des sentimens nobles et élevés, elle l'accoutumait à ne pas se laisser éblouir par l'éclat de la couronne ; elle grava dans son cœur un respect sincère pour la religion, qu'il révéra toujours, lors même qu'il s'éloignait de ses principes ; heureuse si elle avait pu modérer la fougue de sa passion voluptueuse, qui ne fit au contraire que s'accroître, et qui l'entraîna dans des égaremens que l'histoire, protectrice des mœurs, ne doit pas dissimuler !

La Vallière subjuguée n'était plus cette fille timide qui n'osait se montrer, et croyait que chaque regard qui tombait sur elle était un reproche. Moins à la vérité par goût que pour obéir à son amant, et par tendresse pour ses enfans, elle avait accepté le titre, le rang et les honneurs de duchesse, et mademoiselle de Blois et M. de Vermandois s'élevaient publiquement sous ses yeux.

Mais pendant qu'elle se croyait assurée de la tendresse de son amant, une rivale lui enlevait secrètement son cœur, de toute sa fortune le seul bien qu'elle estimât. Cette rivale était Françoise-Athénaïs de Mortemar, duchesse de Montespan. Elle prit insensiblement l'habitude, étant dame du palais, de tenir compagnie à la reine lorsqu'elle attendait le roi après le jeu ou d'autres amusemens de la soirée. Celui-ci s'accoutuma aussi à causer avec elle quand il rentrait. Elle était mordante, caustique, conteuse spirituelle, et contrefaisait très plaisamment. On crut quelque temps que le roi ne la recherchait que pour ses agrémens; la reine elle-même en était persuadée, et n'avait pas le moindre soupçon d'un autre motif de liaison avec son mari, parce que madame de Montespan était de toutes ses dévotions; mais le public malin ne pensait pas favorablement de sa vertu.

Son intelligence avec le roi, d'abord très réservée, devint insensiblement plus libre. La Vallière ne manqua pas de s'en apercevoir; elle en fit des plaintes qui furent mal écoutées. Dans son dépit, elle prit brusquement le parti de quitter la cour, et alla s'enfermer dans le couvent des filles de Sainte-Marie à Chaillot. Louis lui envoya Colbert et Lauzun, qui jouait à la cour le rôle de favori; Colbert, qu'il supposa avoir du crédit sur son esprit, parce qu'il était chargé du soin de ses enfans; Lauzun, apparemment parce qu'il était singulièrement doué du talent de la persuasion. Ils réussirent en effet et la ramenèrent. La Vallière reprit des chaînes dont elle sentit alors la pesanteur, sans pouvoir encore les haïr, et elle continua de les traîner douloureusement à la cour, jusqu'au moment où, par un élan généreux, elle vint à bout de les rompre.

Ces intrigues se passaient à Saint-Germain que le roi habitait, à Versailles qu'il bâtissait, et dans ses voyages sur la frontière de Flandre. Il y était appelé par la guerre qu'il avait entreprise contre l'Espagne. Une des conditions expresses du traité des Pyrénées était que la France ne donnerait aucun secours à la maison de Bragance rétablie sur le trône de Portugal, et qui faisait tous ses efforts pour s'y maintenir contre ceux de Philippe IV, roi d'Espagne, pour la renverser. On observa que la lutte entre ces deux puissances fut l'origine et l'occasion des établissemens des Anglais hors de chez eux. Le Portugal, déjà mal secondé par la France avant la paix de celle-ci avec l'Espagne, l'était encore plus faiblement depuis cette paix, par l'espèce de honte qu'eut Louis XIV de manquer si tôt à un de ses principaux articles. Les secours qu'il y fit passer se bornèrent à cinq ou six cents officiers, destinés à discipliner les Portugais, et à la tête desquels était un Allemand, le comte Schomberg, qui fut depuis maréchal de France, et à qui sa qualité d'étranger permettait de prendre de semblables engagemens. Mais quelques talens qu'eût ce général, et quoiqu'il fût dirigé par les conseils que lui transmettait Turenne, à qui le roi avait confié la suite et les détails de cette opération, il fallait des moyens plus efficaces pour sauver le Portugal ; et la régente les chercha en Angleterre. Charles II demanda ou accepta en 1662 la main de Catherine de Bragance, sœur du jeune Alphonse, que ses vices ne tardèrent pas à précipiter du trône. Catherine apporta à Charles II la ville de Tanger en Afrique, à laquelle on ajouta presque aussitôt la ville de Bombay en Asie. De leur côté les Anglais donnèrent au Portugal un million de crusades et lui envoyèrent une escadre et des troupes. Ainsi, moyennant cette cession et la conquête de la Jamaïque qu'ils avaient faite sur les Espagnols en 1654, au temps de Cromwel, les Anglais, qui jusqu'alors n'avaient eu aucun établissement hors de chez eux, se trouvèrent posséder en dix ans de temps des points d'appui respectables dans les quatre parties du monde.

Philippe IV, roi d'Espagne, était mort à la fin de 1665, quelques mois avant sa sœur, et laissant un fils de quatre ans, Charles II, prince d'une santé fragile, qui commença à régner sous la tutelle de sa mère. Tant que vécut Anne d'Autriche, Louis, par égard pour elle, manifesta faiblement le projet qu'il avait conçu de s'approprier, à titre d'héritage, quelques portions de la monarchie espagnole. Mais lorsqu'elle fut morte, la hauteur de ses prétentions ne tarda pas à amener la guerre. Celle-ci avait été prévue dès la paix des Pyrénées. Elle trouvait ses motifs dans les deux clauses principales du contrat de mariage du roi : savoir, dans la renonciation de Marie-Thérèse à tous biens et successions de leurs majestés catholiques, et dans le paiement de la dot, sur lequel la renonciation était fondée. Or, quant au second article, malgré les instances faites par le roi, les trois termes fixés par le contrat de mariage pour le paiement étaient plus qu'échus, sans qu'on eût seulement songé à entrer en compte; et, disaient les Français : *point de paiement, point de renonciation*. De plus, ajoutaient-ils, quand même le défaut de paiement n'annulerait pas la renonciation, quelque généralité qu'on se soit efforcé de lui donner, elle n'envelopperait pas les biens de la maison d'Espagne situés en Brabant, à cause d'une coutume particulière du pays, conçue en ces termes : « Si un homme et une femme » ont des enfans, et que l'un d'eux vienne à mourir, la propriété » des fiefs venant du côté du plus vivant passe à l'enfant ou aux en- » fans provenant de ce mariage, et le plus vivant n'a plus aux mê- » mes fiefs qu'un usufruit héréditaire. » Or, Marie-Thérèse, épouse de Louis XIV, était le seul enfant restant du premier mariage de Philippe IV avec Elisabeth de France, fille de Henri IV. Du moment de la mort de sa mère, elle se trouvait donc saisie des fiefs du Brabant, dont son père n'était qu'usufruitier héréditaire. Ces fiefs, quelque étendue qu'on eût donnée à la renonciation, ne pouvaient pas y entrer, puisque, dans les temps de son mariage, elle en était déjà en possession, et que la clause du contrat de mariage ne la faisait renoncer qu'aux héritages et successions de leurs majestés **catholiques**.

Louis XIV demandait donc à Charles II, son beau-frère, la succession entière du duché de Brabant et de ses annexes, la seigneurie de Malines, la Haute-Gueldre, Namur, Limbourg, les places au-delà de la Meuse, l'Artois, le Cambrésis, le Hainaut, le duché de Luxembourg, enfin tout ce qui était de la coutume de Brabant. Quant au reste de la succession provenant de la maison de Bourgogne, il prétendait que son épouse, seul rejeton du premier lit de Philippe IV, devait partager avec son frère Charles II, et sa sœur Marguerite-Thérèse, du second lit, sans qu'on pût lui opposer sa renonciation, puisqu'elle était annulée par défaut de paiement.

Louis XIV appuya ces raisons de trois armées qu'il fit passer en Flandre au milieu de l'année 1667. Il se mit à la tête de la plus nombreuse, commandée par Turenne, que le roi avait fait maréchal général dès l'an 1662. Le galant monarque mena à cette expédition, qui reçut le nom de *prise de possession*, la reine son épouse, avec une cour leste et brillante. On y allait gaîment, comme des collatéraux et trop souvent des héritiers directs vont pour recueillir une succession. Les troubles de la minorité de Charles II, la guerre de Portugal qui absorbait la majeure partie des forces de la monarchie, et la recette précaire des galions, épiés sans cesse par les flibustiers qui parurent alors, et qui désolaient toute l'Amérique espagnole, neutralisèrent tout moyen de résistance en Flandre. Aussi n'y en eut-il point : aucune armée n'y tenait campagne pour protéger les villes menacées, qui furent toutes abandonnées aux faibles ressources de leurs garnisons. Il n'y eut qu'une seule action de cavalerie, où le marquis de Créqui, frère de l'ambassadeur de Rome, battit Marsin, resté au service de l'Espagne, et le prince de Ligne, qui avait essayé de ravitailler Lille. En deux mois le roi prit Charleroy, Binch, Mons, Ath, Douai, le fort de Scarpe, Tournay, Oudenarde, Lille, Armentières, Courtray, Furnes et leurs dépendances. Pourvu de ces nantissemens, le vainqueur s'arrêta et retourna à Paris à la fin d'août, laissant aux nations étonnées à réfléchir sur ce qu'elles avaient à craindre d'un jeune conquérant si actif et si heureux. En revenant il remit aux ministres espagnols un plan de pacification, qui contenait l'alternative de lui laisser ce qu'il avait pris ou de lui accorder d'autres places qu'il spécifiait.

Ces propositions donnèrent lieu à une négociation, dans laquelle les Hollandais, qui commençaient à craindre le voisinage trop prochain du conquérant, se montrèrent plutôt arbitres impérieux que médiateurs. Pour hâter la décision, le roi, ayant sous lui le prince de Condé, remis en activité par la jalousie de Louvois, le maréchal de Turenne et Bouteville, devenu duc de Luxembourg, ami et élève du prince, s'était porté lui-même, au cœur de l'hiver, en Franche-Comté, dont il s'empara en un mois. La crainte que ses succès inspirèrent détermina leurs hautes-puissances à faire avec l'Angleterre et la Suède un traité qu'on appela *la triple alliance*.

Ces puissances réunies s'engageaient à forcer Louis XIV à ne pas pousser plus avant ses conquêtes en Flandre, ou à accepter des compensations qu'on lui fixait; et, s'il ne consentait pas à ces arrangemens, elles s'obligeaient à lui faire la guerre par terre et par mer.

Louis fut très piqué de ce complot menaçant, tramé principalement par les Hollandais : il les aurait volontiers brusqués en faisant irruption sur leurs terres, dont il n'était pas loin; mais il craignit que la marine qu'il formait, exposée dans son enfance à la marine plus qu'adulte de trois puissances, ne pérît en naissant. Il accepta donc la paix. Elle fut signée à Aix-la-Chapelle le 2 mai 1668. Des neuf articles qui composent le traité, il n'y en a que trois à remarquer, savoir : le troisième, portant cession à la France de toutes les villes conquises par elle; le quatrième, qui restitue la Franche-Comté à l'Espagne; et le huitième surtout, qui conserve aux parties contractantes tous les droits résultant du traité des Pyrénées. Ce qui fut accordé au roi en Flandre était bien inférieur à ce qu'il s'était promis; aussi garda-t-il un vif ressentiment contre les Hollandais, qui le forçaient de s'en contenter.

L'époque de la paix d'Aix-la-Chapelle fut aussi celle de la paix dite de Clément IX, qui mit fin pour trente ans aux discordes religieuses qui, depuis plus de vingt, agitaient l'église de France. En 1640 avait paru un ouvrage posthume de Jansénius, évêque d'Ypres, lequel l'avait décoré du nom d'Augustinus, comme renfermant la doctrine de ce père de l'église sur l'accord impénétrable de la grace et de la liberté. Son système, suivant Bergier, se réduit à ce point capital, que le plaisir, mobile unique de l'homme depuis sa chute, inévitable quand il vient et invincible quand il est venu, porte l'homme à la vertu s'il vient du ciel ou de la grace, et au vice s'il vient de la concupiscence; et que la volonté est nécessairement entraînée par celui des deux qui est le plus fort : d'où il résulte que l'homme fait invinciblement, quoique volontairement, le bien ou le mal, selon qu'il est dominé par la grace ou par la cupidité, et qu'il ne résiste jamais ni à l'une ni à l'autre. Le pape, au jugement duquel l'auteur lui-même avait déféré son livre, le condamna en 1642 comme renouvelant les erreurs de Baïus, proscrites soixante ans auparavant; mais ni l'ouvrage ni la condamnation n'avaient fait de sensation en France, lorsque l'abbé de Saint-Cyran, ami de Jansénius, et après lui le jeune Arnauld, disciple de l'abbé, essayèrent de faire goûter les opinions de l'évêque, sans qu'on voie trop quel avantage il en pouvait résulter pour l'homme, ni quelle gloire pour Dieu. Au reste, s'ils firent des adeptes, ils rencontrèrent aussi des adversaires (1).

Nicolas Cornet, syndic de la faculté de théologie de Paris, dé-

---

(1) De Beausset, Hist. de Fénélon. D'Avrigny, Mém. dogm.

nonça en 1649 l'affectation de la plupart des candidats à préconiser un ouvrage condamné par l'autorité apostolique, et dont il réduisit toute la substance à cinq propositions (1), qui en sont l'âme, selon l'expression de Bossuet. Mais la faculté ne put prononcer, à cause de l'appel comme d'abus qui fut interjeté au parlement par quelques uns des jeunes docteurs; appel inconvenant s'il en fut jamais, les magistrats ne pouvant prononcer sur une matière de doctrine. Quatre-vingt-huit évêques écrivirent au pape afin de prévenir les suites d'un pareil scandale, et lui demandèrent de prononcer sur les cinq propositions. Innocent X, à cet effet, établit une congrégation en 1651; et, après un examen de deux ans, après la vérification d'une multitude de mémoires donnés par les deux partis, après des conférences où furent entendus leurs défenseurs, après avoir

---

(1) Ces cinq propositions sont les suivantes ; le bruit qu'elles ont fait les rend historiques, et exige qu'elles soient citées au moins en note.

I. Quelques commandemens de Dieu sont impossibles aux justes, lors même qu'ils font leurs efforts selon les forces présentes qu'ils ont, et la grâce par laquelle ils peuvent leur devenir possibles leur manque.

II. Dans l'état de la nature déchue, on ne résiste jamais à la grâce.

III. Pour mériter et démériter dans l'état de la nature déchue, il n'est pas nécessaire qu'il y ait dans l'homme une liberté qui soit exempte de contrainte.

IV. Les semi-pélagiens admettaient la nécessité de la grâce intérieure et prévenante pour chaque action, même pour le commencement de la foi ; et ils étaient hérétiques, en ce qu'ils voulaient que cette grâce fût telle que la volonté de l'homme pût lui résister ou lui obéir.

V. Il est semi-pélagien de dire que Jésus-Christ est mort pour tous les hommes sans exception.

A ces vains efforts de l'orgueil ou de l'inquiétude de l'esprit humain pour scruter des mystères dans la profondeur desquels il ne peut que s'égarer ou se perdre, on aime à opposer l'aveu franc et naïf de notre ignorance, tel qu'il est exprimé dans la lettre suivante de M. de Beauveau, évêque de Comminges en 1664, et de Tournai en 1671.

« Je crois que la grâce de Jésus-Christ nous est nécessaire pour toutes les actions de piété et de vertus chrétiennes ; je crois qu'il faut la demander à Dieu.

» Je crois que tous les commandemens de Dieu nous sont possibles avec la grâce, et que sans elle nous ne pouvons rien de bien, ni persévérer dans le bien sans un secours spécial.

» Je crois que cette grâce prévient et aide notre volonté ; que nous devons notre salut à Dieu ; que nos chutes nous doivent être imputées.

» Je crois que la grâce fortifie notre libre arbitre, et ne le détruit pas.

» Je crois que notre libre arbitre, en coopérant à la grâce, ne doit pas se glorifier, mais se tenir dans l'humiliation, reconnaissant son impuissance s'il était abandonné à lui-même.

» Hors ces vérités, j'avoue mon ignorance sur cette matière; et, quand on me demandera comment la grâce est alliée avec notre liberté, comment Dieu agit en nous, pourquoi il tire les uns de la masse de perdition et y laisse les autres, pourquoi les uns persévèrent et les autres non, j'avouerai franchement que je ne le sais pas. Je crois même que personne ne le sait, et que ces mystères sont inconnus de tous les hommes. Mais notre orgueil est si grand, que nous ne saurions avouer que nous ignorons les choses mêmes dont Dieu s'est voulu réserver la connaissance. Humilions-nous-en, en reconnaissant l'impénétrabilité de ses secrets et de ses jugemens. »

enfin confronté les cinq propositions avec le livre même de Jansénius, il prononça un jugement définitif qui les déclarait hérétiques. La bulle fut reçue en France, acceptée par l'assemblée du clergé, et revêtue de lettres-patentes.

On devait s'attendre que la contestation était finie : mais Arnauld, forcé de reconnaître que les cinq propositions étaient justement condamnées, éluda ce jugement en prétendant qu'il n'avait aucun rapport à la doctrine de Jansénius ; et il se fondait sur ce que, à la première proposition près, on ne les trouvait pas mot pour mot dans l'Augustinus. Cette distinction, qui blessait évidemment la bonne foi, en ce qu'il n'est pas nécessaire pour qu'un extrait soit fidèle qu'il conserve les expressions mêmes de l'original, fut trouvée sans réplique ; car tel est l'esprit de parti, qu'il obscurcit, même en des hommes vertueux et éclairés, les notions les plus simples et les plus incontestables.

Cet incident, qu'on appelle la distinction du fait et du droit, nécessita une nouvelle répression ; et le pape Alexandre VII, qui avait succédé à Innocent X, approuvant le sentiment de trente-huit évêques réunis à Paris en 1655 par le cardinal Mazarin, déclara, par une nouvelle bulle de 1657, « qu'ayant assisté comme cardinal à » toutes les congrégations qui avaient eu lieu sous Innocent X pour » l'examen des cinq propositions, il attestait qu'elles étaient tirées » du livre de Jansénius, et qu'elles avaient été condamnées dans le » sens auquel cet auteur les avait expliquées. » Sollicité depuis par le roi et par les évêques, qui avaient cru devoir forcer la résistance dans ses derniers retranchemens par des mesures de précautions personnelles qui parurent vexatoires pour n'être pas assez autorisées, il donna son assentiment à l'idée d'un *formulaire* proposé à l'assemblée du clergé de 1661, et il obligea tous les ecclésiastiques, les religieuses, les docteurs de toutes les facultés et les instituteurs, sous peine d'être procédé contre les réfractaires par les voies canoniques, à condamner les cinq propositions extraites de Jansénius dans le propre sens du même auteur.

Les religieuses de Port-Royal, guidées par les chefs des opinions condamnées, ne croyant pas pouvoir se déterminer de confiance, sur l'assurance de l'église, à dire anathème à un livre condamné par elle, alléguèrent leur ignorance, qui les mettait dans l'impossibilité de vérifier les textes de Jansénius, et s'en firent un prétexte et une espèce de prérogative pour se dispenser de signer. Hardouin de Péréfixe, archevêque de Paris, épuisa tous les moyens de condescendance pour les amener à la soumission, et leur envoya vainement Bossuet, qui n'était pas encore évêque, mais qui jouissait déjà d'une grande considération. Cet incident a valu à l'église la lettre précieuse que ce prélat leur adressa en cette circonstance, chef-d'œuvre de logique et de clarté, qui réunit en quelques pages tout ce qui a jamais été dit ou écrit de plus décisif en des milliers de volumes sur la question du silence respectueux, que l'école de Port-Royal tâchait alors de mettre en crédit.

Quatre évêques entreprirent aussi de renouveler dans leur souscription même la distinction du fait et du droit, que le formulaire était destiné à proscrire. Ce furent Pavillon, évêque d'Aleth; Caulet, évêque de Pamiers; Choart, évêque de Beauvais, et Arnauld, frère du docteur, évêque d'Angers. Ils donnèrent des mandemens, où ils établirent que l'église, infaillible dans son jugement sur telle ou telle proposition qu'elle condamne comme hérétique, peut errer dans celui qu'elle porte, en attribuant certaines erreurs à un auteur ou à un livre, et que c'était le cas de donner alors à sa décision le simple acquiescement du silence respectueux. Assertion bizarre, qui réduisait l'église à l'impossibilité de juger d'un livre pernicieux, et de prévenir les fidèles contre son venin.

Louis XIV, choqué de cette résistance, pria le pape de déléguer une commission de douze évêques pour faire le procès aux quatre réfractaires. Cette mesure n'était pas entièrement selon les règles canoniques. Les prévenus étaient distraits de leurs juges naturels, les évêques de leurs provinces; et le pape se trouvait investi d'une cause dont il ne pouvait connaître que par appel. Les quatre évêques essayèrent d'alarmer le roi sur l'atteinte donnée aux libertés de l'église gallicane, et l'épiscopat sur celle qui était portée à sa juridiction. Le monarque fut peu sensible aux démonstrations de leur zèle; mais une vingtaine d'évêques soumissionnaires prirent parti pour eux. De là de nouvelles difficultés qui de part et d'autre firent désirer un accord amiable. César d'Estrées, évêque de Laon, et depuis cardinal, l'archevêque de Sens, Gondrin, et Félix de Vialart, évêque de Châlons sur-Marne, se portèrent pour médiateurs, et se concertèrent avec le nonce du nouveau pape Clément IX, pour aviser à quelque expédient qui pût concilier toutes les oppositions. On le trouva, au moyen de ce que l'on fit la part de l'amour-propre et des préjugés, en n'exigeant point la rétractation des mandemens; et celle des règles, en enjoignant la souscription sincère du formulaire.

Soit que cette indulgence satisfît les évêques, soit que l'acquiescement sincère exigé d'eux ne leur parût pas synonyme d'un acquiescement pur et simple; pressés d'ailleurs d'une part par les commissaires nommés, et d'une autre part par les remontrances de leurs amis, ils se rendirent à ces conditions, et ils écrivirent au pape que, pour contribuer à la paix de l'église, ils avaient cru devoir changer de mode sur la manière d'exiger le formulaire, et imiter à cet égard l'exemple des autres évêques.

Cependant un bruit sourd se répandit que cette nouvelle soumission avait encore été accompagnée de réserves, et on les donnait comme le motif de la promptitude avec laquelle avait été vaincue l'opiniâtreté des prélats. Des deux parts, en effet, on s'est depuis accusé de restrictions coupables, et le soupçon a plané sur les évêques, sur les médiateurs et sur le nonce. C'est même un fait donné pour constant par les écrivains du parti, pour sauver l'honneur de leurs prélats, qu'ils y furent autorisés par le pape lui-même, comme s'il eût été moins flétrissant pour eux d'user d'une tolérance qui eût été un véritable subterfuge, et qui les eût mis en opposition avec des actes publics et authentiques, que de faire franchement le sacrifice de leur opinion particulière au sentiment général de l'église; mais le pape, loin de se prêter à une pareille condescendance, faisait faire au contraire des informations à ce sujet, et ce ne fut que sur l'assurance donnée par l'un des médiateurs que les quatre évêques avaient satisfait sincèrement aux intentions du saint siége, et qu'ils lui avaient rendu l'obéissance qui lui appartient à l'égard des livres condamnés, que le pontife leur fit tenir un bref approbatif de leur conduite, en date du 19 janvier 1669, où, en applaudissant à leur soumission, il fait mention expresse du résultat de ses recherches : « Car, dit-il formellement, nous n'aurions jamais admis sur cet objet » ni exception ni restriction quelconque. »

Tout Port-Royal, qui avait pris part à l'accord, imita l'exemple des prélats; les religieuses, reléguées partie à leur maison des champs, et partie en d'autres monastères, rentrèrent dans leur maison de Paris. Le roi, à qui le pape avait mandé que les évêques s'étaient soumis à leurs obligations envers lui, déclara que le pape étant satisfait, il l'était aussi; et non seulement il arrêta les poursuites commencées contre les quatre prélats, mais il voulut encore se faire présenter le docteur Arnauld, qui avait été leur conseil et le premier mobile de toutes leurs démarches. Ainsi fut rétabli le calme au sujet de ces fastidieuses discussions, jusqu'à l'époque fatale où l'affaire du cas de conscience, en 1702, vint les renouveler avec le plus scandaleux éclat, pour durer encore un demi-siècle.

Pendant l'année qui suivit la paix d'Aix-la-Chapelle, le roi se mit en état de faire repentir les Hollandais de leurs intrigues et de leur fierté. Ils étaient jaloux de la prospérité qui commençait à poindre pour le commerce français, de l'exécution du droit de fret accordé aux navires nationaux, et du surhaussement des tarifs à l'égard des étrangers. Piqués de n'avoir pu les faire alléger en leur faveur, ils prohibèrent les denrées de la France, supposant que la disproportion entre le nombre des vaisseaux de celle-ci et la quantité de ses exportations, forcerait, par l'engorgement qui allait en résulter dans les ports, à recourir à eux aux conditions qu'ils voudraient bien faire. Ils se méprirent; et cette mesure, qu'ils avaient crue si politique, se vit frappée d'impuissance par les traités qu'elle fit entamer avec les négocians de Hambourg et de la Baltique, traités qui auraient bien mieux puni les Hollandais que le recours à la voie des armes. Mais, de part et d'autre, l'humeur s'en mêla, et ne permit pas de calculer froidement les chances d'une rupture. En ce temps, les Hollandais dominaient sur la mer et regorgeaient de richesses. Présomptueux comme des républicains et de nouveaux enrichis, ils ne surent pas jouir modestement de leur puissance. Ils se donnèrent, dans des inscriptions fastueuses, « la gloire d'avoir » pacifié l'Europe, et d'être les arbitres des rois ». C'était déjà trop qu'un pareil étalage de vanité aux yeux du monarque français. Ils fatiguèrent de plus sa patience, tantôt en refusant, de la manière la plus dure et la plus inconvenante, toutes ses demandes justes ou indifférentes, comme celle, par exemple, qu'il leur fit au sujet de la tolérance du culte privé des catholiques; tantôt en souffrant qu'il fût répandu des écrits dans lesquels ils se vantaient d'avoir mortifié son ambition et borné ses conquêtes dans les Pays-Bas; et enfin, en permettant à leurs écrivains, peintres et graveurs, des caricatures et des allusions piquantes, auxquelles Louis XIV se montra trop sensible.

Son premier soin pour le succès de la guerre qu'il méditait contre eux fut de les réduire à leurs propres forces, en leur ôtant le concours de *la triple alliance*. Charles II, roi d'Angleterre, fut le premier qu'on chercha à en détacher. Ce prince avait vendu Dunkerque à Louis XIV pour cinq millions. Cet achat faisait connaître qu'on pouvait obtenir beaucoup de choses de lui avec de l'argent. On en proposa, non seulement à lui, mais à ses ministres. Colbert de Croissy, frère du contrôleur-général, dans un voyage qu'il fit à Londres, présenta à ceux-ci cette illusion, qu'en se prêtant à l'abaissement de la Hollande leur roi réussirait à se rendre plus puissant en Angleterre, ce qui augmenterait leur autorité à eux-mêmes. Ils se laissèrent surprendre à ce prestige, appuyé de bonnes sommes d'argent, ou ils en firent le semblant.

Pour déterminer Charles II à une guerre qui déplaisait à la nation, outre l'argent, on employa les sollicitations de Henriette, duchesse d'Orléans, sa sœur. Ils avaient été malheureux ensemble, après le détrônement et le supplice de Charles I, leur père. Cette ressemblance donnait à la princesse beaucoup de crédit auprès de son frère. On dit qu'elle l'appuya par les complaisances d'une belle Bretonne, mademoiselle Keroual, depuis duchesse de Portsmouth, qui ne fut pas inutile pendant la négociation, et qui, restée auprès du roi d'Angleterre, servit à l'entretenir dans ses bonnes dispositions pour la France.

La négociation de la princesse fut un grand mystère auquel son époux ne fut pas admis, parce qu'on craignait son indiscrétion. Turenne et Louvois étaient seuls instruits, et cependant le secret fut éventé. Monsieur, qui l'avait su par le chevalier de Lorraine, son favori, second fils du fameux comte d'Harcourt, en parla au roi, qui prit le parti de lui tout avouer, mais qui, déjà singulièrement étonné, le fut encore davantage, lorsqu'il sut de son frère par quel canal les détails lui étaient parvenus. Assuré de la discrétion de Turenne, le roi fut tenté de croire Louvois coupable. Cependant

ayant fait venir le premier : « Parlez-moi, lui dit-il, comme à votre
» confesseur. Avez-vous dit à quelqu'un ce que je vous ai confié de
» mes affaires sur la Hollande et sur le voyage de Madame en An-
» gleterre ? » Si le cœur de ce grand homme fut jamais combattu
entre la vérité et la honte d'avouer sa faiblesse, ce fut en cette occasion : cependant la vérité l'emporta, et ce fut un des grands combats et des plus embarrassans où se soit trouvé ce grand capitaine.
« Comment! sire, répliqua Turenne en bégayant, quelqu'un sait-il le
» secret de votre Majesté? — Il n'est pas question de cela, reprit le roi
» en le pressant; en avez-vous dit quelque chose? — Je n'ai point parlé
» de vos desseins sur la Hollande certainement, répondit Turenne;
» mais je vais tout dire à votre majesté. J'avais peur que madame
» de Coetquen, qui voulait faire le voyage de la cour, n'en fût pas ;
» et, pour qu'elle prît ses mesures de bonne heure, je lui en dis
» quelque chose, et que Madame passerait en Angleterre pour voir
» le roi son frère : mais je n'ai dit que cela, et j'en demande pardon
» à votre majesté, à qui je l'avoue. » Le roi se prit à rire et lui
dit : « Monsieur, vous aimez donc madame de Coetquen? — Non
» pas, sire, tout-à-fait, répondit Turenne, mais elle est fort de mes
» amies. — Oh bien! dit le roi, ce qui est fait est fait, mais ne lui en
» dites pas davantage ; car si vous l'aimez, je suis fâché de vous
» dire qu'elle aime le chevalier de Lorraine, auquel elle rend compte
» de tout, et le chevalier de Lorraine en rend compte à mon
» frère. »

Il n'y eut d'égal à la confusion de Turenne, en cette rencontre,
que la naïveté de son neveu, qui ajouta à l'estime du roi pour lui.
C'était la seconde fois que les séductions de l'amour avaient fait dé-
vier ce grand homme du sentier du devoir; l'on devait d'autant
moins s'y attendre, qu'il avait passé l'âge des passions, et que des
pensées plus graves qui venaient d'opérer sa conversion à la religion
catholique, abandonnée par son père, étaient alors l'aliment ordinaire de son esprit. La honte qu'il en ressentit fit sur lui une telle impression, que long-temps après le chevalier de Lorraine l'étant
venu voir, et la conversation étant tombée sur ce sujet : « Chevalier,
» lui dit-il, si vous voulez parler de cela, commençons par éteindre
» les bougies. »

Le voyage n'en eut pas moins lieu : il fut très splendide et très
gai, excepté pour Madame, qui fut presque toujours malade. Selon
les arrangemens pris, elle passa de Calais à Douvres, où le roi son
frère s'était rendu. Elle resta quelques jours avec lui, le laissa dans
de bonnes dispositions, et revint satisfaite et en meilleure santé.
Mais la malheureuse princesse portait dans son sein le germe de la
maladie qui l'enleva bientôt ; ou bien la main exécrable qui devait
la précipiter dans le tombeau préparait déjà son crime. Henriette
arriva au commencement de juin, et le 29 éclata subitement à Saint-
Cloud, sa demeure, ce cri effrayant : *Madame se meurt!* et huit

heures après : *Madame est morte* ! Le mal se déclara par des douleurs affreuses au moment qu'elle achevait de boire un verre d'eau de chicorée; sa première exclamation fut qu'elle était empoisonnée. Elle se rétracta cependant, quand son confesseur lui fit connaître le danger des soupçons que cette accusation allait occasionner. Mais, en considérant ce qui se passa pendant la courte durée de sa maladie et immédiatement après, on ne sait que conjecturer. Cette princesse a été assez intéressante pour qu'on se permette quelque détail sur cet évènement.

Mademoiselle, qui y courut des premières avec le roi, rapporte des circonstances qui sont précieuses. « En arrivant à Saint-Cloud, » dit-elle, nous ne trouvâmes quasi personne qui parût affligé. » Monsieur semblait fort étonné. Nous vîmes Madame sur un petit » lit qu'on avait fait à sa ruelle, tout échevelée : elle n'avait pas » eu assez de relâche pour se faire coiffer de nuit, sa chemise dé- » nouée au cou et au bras, le visage pâle, le nez retiré; elle avait » la figure d'une morte. On causait, on allait et venait dans cette » chambre; on y riait, comme si elle eût été dans un autre état. La » malade voyait avec peine cette tranquillité de tout le monde. Le » roi voulut raisonner avec les médecins. Ils ne savaient que lui ré- » pondre. Valot avait décidé que c'était une colique qui se passerait » en peu de temps. » Les autres n'osaient parler autrement. « Mais, » disait le roi, on ne laisse pas ainsi périr une personne sans aucun » secours. » Ils se regardaient, et ne disaient mot.

Ce détail dénote, sinon une mort procurée, du moins une mort précédée de bien peu de mesures propres à la prévenir. M. d'Argenson raconte, dans ses *Essais*, qu'entre les officiers de bouche de Henriette, il y en eut un qui se trouva assez riche, après sa mort, pour ne pas désirer comme les autres d'entrer au service de la seconde femme de Monsieur. « Comme celle-ci lisant la liste de ses » officiers, et voyant que celui-ci manquait, en témoignait de l'é- » tonnement, et demandait s'il était mort : — Oh ! non, dit Mon- » sieur, mais je compte qu'il ne vous servira jamais. On a remar- » qué, ajoute le même écrivain, que cet homme ne parlait jamais » de Monsieur, que jamais il n'allait au Palais-Royal ni à Saint- » Cloud. On prétend même qu'il se troublait quand on parlait de- » vant lui de son ancienne maîtresse. »

Enfin, les médecins qui assistèrent à l'ouverture du corps ne s'accordèrent point sur l'état des parties nobles, que les uns trouvèrent saines et les autres viciées autrement qu'elles ne doivent l'être par une maladie : contradiction très favorable aux jugemens que se permet la malice humaine dans ces occasions. D'un autre côté, on a pu remarquer que Henriette était languissante depuis quelque temps. Des accidens survenus pendant ses grossesses et des plaisirs pris sans ménagement avaient épuisé son tempérament. Ajoutez à ses chagrins domestiques la jalousie de Monsieur, l'insolence de ses favoris, peut-être des remords qui n'ont pas besoin de grandes fautes pour naître dans les belles ames; ces causes réunies ont pu occasionner l'irruption subite d'un mal long-temps caché, et qui se serait montré plus fort que les remèdes, quand même ils auraient été administrés.

Elle laissa deux princesses : l'une, mariée ensuite au duc de Savoie, fut heureuse; l'autre, comme nous le verrons, a retracé les charmes et les malheurs de sa mère.

Veuf à peine depuis un an, Monsieur songea à se remarier. Il jeta d'abord les yeux sur Mademoiselle, la plus riche héritière de France; et cette circonstance fit rompre le mariage agréé un instant par le roi entre cette princesse et Antoine Nompar de Caumont, marquis de Péguillain, puis duc de Lauzun. Mais, constante dans son premier projet, Mademoiselle épousa secrètement Lauzun; ce qui fut cause qu'il fut arrêté et détenu dix ans à Pignerol. Monsieur tourna alors ses vues sur Elisabeth-Charlotte, fille de l'électeur palatin. Il y eut de la politique dans ce mariage; et le roi voulut s'assurer par là de la neutralité de l'électeur pendant la guerre qu'il méditait contre les Hollandais.

La mort de Henriette n'interrompit pas la négociation avec son frère. Le 10 décembre 1670, il y eut entre les deux rois un traité qui stipulait ce que chacun fournirait de troupes de terre, de vaisseaux et d'argent : l'Angleterre six mille hommes pour la guerre de terre, cinquante gros vaisseaux et six brûlots. Louis XIV joignait à la flotte anglaise, commandée par le duc d'York, une division de trente vaisseaux de ligne et dix brûlots, sous le maréchal d'Estrées. C'était le fruit du zèle de Colbert pour la restauration de la marine française; zèle qui, dans l'intervalle qui s'était écoulé depuis la paix d'Aix-la-Chapelle, lui avait permis de porter le nombre des constructions navales à soixante gros vaisseaux et quarante frégates. Quant aux troupes de terre, le roi ne se bornait pas, et il donnait encore trois millions par an au roi d'Angleterre pour les frais. A ces clauses on joignit, pour satisfaire le peuple anglais, la promesse de lui céder, après la conquête, quelques îles de la Hollande et de la Zélande.

Le roi de Suède, Charles XI se laissa aussi séparer de la triple alliance par un subside, et même amener à une ligue offensive et défensive, et à un engagement de fournir des secours. Le même appât gagna l'évêque de Munster, Bernard Van Galen, prélat guerrier, qui s'était déjà mesuré avec les Hollandais; celui de Cologne, et quelques autres princes de l'empire, leurs voisins, qui tenaient les bords du Rhin, et entre lesquels on s'engagea de partager les dépouilles des républicains. Le roi s'assura encore, dans le cours de la guerre, de la neutralité de l'empereur, en faisant avec lui un partage très secret de la monarchie d'Espagne, quand la mort de Charles II qu'on regardait comme très prochaine, arriverait. Mais les instances de Louis XIV pour engager l'Espagne à abandonner à leur sort les Hollandais qui l'avait sauvée, et les offres même qu'il fit faire de lui restituer tout ce qu'il avait acquis sur elle par la paix d'Aix-la-Chapelle, échouèrent également contre sa reconnaissance.

Tout étant prêt, le 6 avril 1672 parurent les déclarations de guerre des rois de France et d'Angleterre contre les états généraux des Provinces-Unies. Toutes les deux se ressemblent. Les deux rois se plaignent « d'inscriptions injurieuses et pleines de fausseté contre » eux et leurs sujets, de peintures et de médailles de ce genre » exposées en public par le commandement même des états. » Louis ajoutait des reproches sur les services rendus par ses prédécesseurs aux Hollandais et si mal reconnus; Charles, des plaintes de peu d'égard pour son pavillon, de pêches prohibées sur ses côtes, et de contraventions de commerce : et c'est sur ces motifs frivoles que fut allumée une guerre qui embrasa toute l'Europe.

Les armées de Louis étaient brillantes : on y comptait plus de cent mille hommes, presque tous jeunes gens, parce qu'on avait congédié les vieux soldats, incapables de se prêter à la discipline pénible qu'on voulait introduire. Cette réforme n'était pas du goût de tout le monde ; et c'est peut-être ce qui fit dire par Despréaux à M. le Prince, qui lui montrait son armée et lui demandait ce qu'il en pensait : « Je crois qu'elle sera fort bonne quand elle sera majeure. » Cependant on peut penser qu'il y a de l'exagération dans ce qu'ajoute madame de Sévigné, « que le plus âgé n'avait pas dix-» huit ans ». Mais ces pupilles, sous des tuteurs tels que Condé, Turenne, Luxembourg et Créqui, ne connaissant ni difficultés, ni obstacles, ni périls, firent des choses prodigieuses.

Les généraux étaient puissamment secondés par Louvois, qui commença pendant cette guerre à se rendre célèbre par la prévoyance, l'esprit d'ordre et d'intelligence dans les détails, et surtout par le soin qu'il prit de la subsistance et de la santé du soldat; la première presque toujours incertaine jusqu'alors, et la seconde tellement négligée, que les armées, sans hôpitaux et sans charrois pour les blessés, laissaient mourir ces infortunés sur la place où ils avaient été frappés, ou s'en arracher péniblement eux-mêmes en arrosant les routes de leur sang. Cette capacité bien reconnue de Louvois dans toutes les parties de son ministère, il la dut à l'ardeur de s'instruire de tout ce qui concerne la guerre tant de siége que de campagne. Pour la première fois, Vauban lui-même fut son maître. « Il me » demanda, dit cet habile ingénieur, quelque chose sur l'attaque des » places qu'il pût étudier. Là-dessus je m'enfermai, et, rappelant » toutes mes idées, je fis un gros volume d'écriture. Rien ne m'a jamais » été si utile à moi-même que cette considération attentive et exacte, » la plume à la main, de tout ce que j'avais jamais eu dans l'esprit » sur cette matière ; et ce fut par cette réflexion que je me fixai à la

» manière d'attaquer que je pratique aujourd'hui. » Ainsi cette curiosité de Louvois donna de l'instruction au ministre, et à l'ingénieur l'idée de s'élever au dessus des règles communes. La même curiosité fit descendre Louvois dans les mines de Tournai, qu'il parcourut, regardant, examinant, s'informant de tout; et si on rassemblait ce qu'ont rapporté ses contemporains sur son désir d'apprendre et ses efforts pour y réussir, on trouverait que peu de ministres ont autant fait que lui pour acquérir les talens nécessaires à leur place.

La paix qui subsistait entre la France et l'Espagne ne permit pas de gagner le cœur de la Hollande par le chemin le plus court. Le rendez-vous des troupes fut indiqué à Charleroi, sur la Sambre, et le théâtre des premières opérations militaires s'établit entre la Meuse et le Rhin. Le roi, le prince de Condé et Turenne commandaient chacun une armée, et se réunissaient au besoin. La première opération importante fut tentée par Turenne. Ce fut le siége de Mascik, dont la prise, en coupant la communication de Maëstricht avec le reste du territoire hollandais, dispensait de la nécessité de perdre du temps et des hommes à l'attaque de cette place. Moins bien pourvues de soldats et de munitions, Rhinberg, Orsoy, Burick, et tout vis à vis, Wesel, qui appartenait à l'électeur de Brandebourg, mais où les Hollandais tenaient garnison, furent assiégées à la fois par le roi, par Monsieur, par Turenne et par Condé, et cédèrent plutôt aux menaces qui leur furent faites qu'aux hostilités dirigées contre elles. La campagne avait commencé en mai, et au commencement de juin tout l'entre Meuse et Rhin était au pouvoir du roi. Il proposa dès lors le passage de l'Yssel, derrière lequel était retranché le jeune prince d'Orange, Guillaume III, qui, âgé seulement de vingt-deux ans, avait été revêtu du commandement général des troupes hollandaises.

Toute l'activité des Hollandais, tournée vers la marine, leur avait fait négliger leur armée de terre, et les menaces de Louis XIV ne les avaient point tirés de leur assoupissement à cet égard. A peine avaient-ils à lui opposer cinquante mille hommes de mauvaises troupes, dont les trois quarts encore étaient enfermés dans les places fortes. C'était avec le dernier quart que le prince se voyait contraint de faire tête à la nombreuse armée française. La profondeur de l'Yssel et l'escarpement de ses bords le lui permettaient en ce moment. Mais Turenne et Condé, qui eurent bientôt reconnu la difficulté du passage, y firent renoncer le roi, et lui proposèrent de pénétrer dans l'île fertile de Betaw, ou des Bataves, formée par les deux bras du Rhin connus sous les noms du Leck et du Wahl. Le comte de Guiche, fils du maréchal de Grammont, avait découvert un endroit presque entièrement guéable, à la naissance même des deux branches, et sous le canon d'ailleurs du petit fort de Tolhuis, bâti sur leurs bords. Le passage y fut résolu, et la direction en fut confiée au prince de Condé.

L'incertitude du prince d'Orange, incertitude qui lui fit plusieurs fois munir et dégarnir ce poste, ajouta à l'irrésolution du peu de soldats laissés à la défense de la rive. On n'y comptait que cinq cents cavaliers et quatre mille fantassins mal retranchés et sans artillerie, lorsque la maison du roi, protégée par quelques batteries, entra dans le fleuve : aussi éprouva-t-elle à peine de la résistance. S'étant formée à l'autre bord au nombre de quinze mille hommes, Condé ne crut pas devoir attendre l'infanterie pour sommer de se rendre une troupe toute disposée à mettre bas les armes. Il s'avançait dans ce dessein, lorsque le jeune duc de Longueville, son neveu, encore tout échauffé, soit d'une débauche de la veille, soit d'une course en parti qu'il venait de faire du côté de l'Yssel, accourt, le pistolet à la main, jusque sur le bord des retranchemens, et lâche son coup en s'écriant : « Point de quartier à cette canaille. » La nécessité de la défense force les Hollandais à une décharge. Le jeune prince en fut la première victime, et Condé ne dut qu'à un mouvement involontaire de recevoir dans le poignet un coup dirigé contre sa tête. Un carnage affreux suivit de près ce double accident ; et ainsi fut ensanglantée cette manœuvre qui devait coûter à peine quelques amorces. Le jeune duc possédait de brillantes qualités, qui avaient engagé, dit-on, les Polonais, mécontens de leur faible roi Koribut, à jeter les yeux sur lui ; et l'on prétend que des envoyés, chargés de lui porter les vœux de la nation, arrivèrent au camp une heure après sa mort. Quoi qu'il en soit, l'intempérance dont il fit preuve la veille de sa catastrophe, cette bravoure insensée, qui mettait de la gloire à faire couler un sang inutile à répandre, et surtout ce mépris insultant de l'humanité que respirait le cri féroce qui lui valut la mort, durent peut-être le leur faire peu regretter. Tel fut au reste ce fameux passage du Rhin immortalisé par les vers de Boileau, plus célèbre par ce qu'il eût pu être que par ce qu'il fut en effet, et que l'ignorance des particularités qui l'accompagnèrent firent si mal à propos d'abord comparer au passage du Granique.

La blessure de Condé, assez sérieuse pour obliger ce prince à quitter le commandement, le fit remettre à Turenne. Ayant jeté des ponts sur le Leck, celui-ci pénétra du Betaw dans les provinces d'Utrecht, de Gueldres et d'Over-Yssel, dont toutes les places s'empressèrent de capituler, et des partis s'avancèrent même jusqu'aux portes d'Amsterdam. On eût pu s'emparer de ses écluses, et le pays était irrévocablement conquis. Des lenteurs permirent aux bourgeois de revenir de leur premier étourdissement, et de prendre des mesures de défense. Plusieurs fautes de Louis achevèrent de les sauver.

La première fut de n'avoir pas écouté les conseils de la modération. Les états consternés avaient fait des démarches de soumission, et envoyé au roi une députation à la tête de laquelle était le fils du célèbre Grotius. Ils venaient savoir la volonté du monarque sur le sort futur de la république. Satisfaits, s'ils pouvaient sauver leur religion, leur liberté et leur souveraineté, ils offraient de l'argent, Maëstricht, et toutes les villes non comprises dans le territoire proprement dit des Sept-Provinces. Mais Louis, dont l'amour-propre avait été profondément ulcéré, Louis, victorieux et fier de ses succès, environné de courtisans adulateurs, et bien éloigné de soupçonner qu'un jour viendrait où il éprouverait douloureusement les mêmes humiliations, dans le même pays et dans des circonstances semblables, reçut dédaigneusement leurs prières, rejeta leurs demandes, et fit rédiger par Pomponne et par Louvois les conditions auxquelles son mécontentement pouvait être apaisé. Ce n'était pas moins que le rétablissement du libre exercice de la religion catholique, l'abandon des temples pour l'usage du culte romain, l'engagement d'en défrayer les ministres, vingt millions pour les frais de la guerre, la cession de tout ce que les Provinces-Unies possédaient en Flandre et en Brabant, et en général au delà du Wahl et du Rhin, qui devaient désormais leur servir de limites, et enfin des médailles satisfactoires qui, chaque année, seraient présentées au roi en leur nom, et en signe que les Sept-Provinces tenaient de lui leur existence et leur liberté.

La dureté de ces articles, l'espèce de vassalité qu'ils faisaient contracter à la république, le zèle de leur religion, que les Hollandais crurent menacée par la concurrence, les secours actuels de l'Espagne, ses promesses pour l'avenir, les mouvemens que commençait à se donner l'empereur, et les secours effectifs qu'amenait l'électeur de Brandebourg, ranimèrent le courage des républicains. Il fut surtout excité par les exhortations du jeune Guillaume, que la faveur du peuple et les dangers de la patrie venaient de porter au stathoudérat, malgré les efforts opposés du grand-pensionnaire (1) Jean de Witt, qui quelques années auparavant avait fait abolir cette dignité par un édit perpétuel. En vain celui-ci et l'amiral Corneille, son frère, effrayés tous deux des progrès de l'ambition de Guillaume, essayèrent de ramener les esprits à des dispositions pacifiques, et de prévenir les suites d'une guerre également funeste dans ses revers et dans ses succès : dans le premier cas, par l'accroissement de prétentions qu'ils feraient naître au monarque, et dans le second par l'augmentation de pouvoir dont

---

(1) Le stathouder, premier magistrat des Provinces-Unies, était capitaine-général des forces de terre et de mer, et chef de la justice, qui s'administrait en son nom. Le grand-pensionnaire de Hollande était le premier conseil de la noblesse du pays, son président, le premier ministre des états de cette province, et même des six autres, à cause de la prépondérance de celle-ci, l'agent enfin de la république pour les affaires étrangères. Sa commission n'était que pour cinq ans, mais se renouvelait d'ordinaire à l'expiration de ce terme, et jusqu'à la mort de celui qui en était pourvu.

ils investiraient le stathouder. Leur zèle fut mal interprété; ils furent soupçonnés d'être vendus à la France, et la populace, dont ils avaient été long-temps les idoles, les massacra. Ruyter et Grotius pensèrent être enveloppés dans leur disgrace. Au même temps, Amsterdam et les autres villes de la province de Hollande prirent le parti désespéré d'ouvrir leurs écluses et de percer leurs digues; et, inondant ainsi les campagnes environnantes, au prix de leurs bestiaux et de leurs récoltes, de leurs maisons de plaisance et même de plusieurs villages, ils mirent à l'abri leur liberté. Les vaisseaux des Hollandais purent alors défendre les remparts de leurs villes, et les innombrables soldats de Louis se virent inhabiles à poursuivre leurs conquêtes.

Le roi y avait en quelque sorte contribué lui-même, par deux fautes graves qui lui furent suggérées par Louvois, contre l'avis de Turenne et de Condé. La première fut d'avoir rendu une armée aux Hollandais, en leur vendant, au prix modique de quatre écus par tête, vingt-cinq mille prisonniers, que les deux généraux conseillaient d'envoyer creuser le canal du Languedoc; la seconde, d'avoir au contraire anéanti la sienne par les garnisons que l'on fut forcé de laisser dans les places conquises, places que Turenne et Condé exhortaient encore à démanteler. Louvois, pour augmenter, dit-on, son département, conseilla de conserver les fortifications, et son opinion fut suivie. Il en arriva le malheur que ces habiles généraux avaient prévu. Les armées diminuées, à peine en état de soutenir leurs conquêtes, furent bien éloignées de les pouvoir couvrir par d'autres; et la guerre, qui, de la manière dont elle commençait, aurait dû finir en une campagne, se prolongea plusieurs années, parce que bientôt les affaires changèrent de face. Hors d'état d'avancer au delà, le roi laissa sa petite armée à Turenne et revint à Paris, où le vain trophée de la porte Saint-Denis célébra la prise de trois provinces et de quarante villes, conquises en deux mois, et qui furent évacuées avant que le monument fût achevé.

Les premiers efforts de la marine française ne furent pas aussi brillans que les succès sur terre. Néanmoins le combat naval de Soultsbay, livré sur les côtes d'Angleterre par le comte d'Estrées, joint au duc d'York, contre l'amiral Ruyter, fit honneur à la bravoure et à l'habileté des Français, encore qu'ils aient été accusés par leurs alliés de s'être politiquement ménagés. Le duc d'York, qui commandait les deux flottes combinées, combattit deux heures bord à bord contre Ruyter, et fut si maltraité sur le sien, qu'il se vit obligé de faire passer son pavillon sur un autre. Cependant les deux partis s'attribuèrent la victoire. Mais un avantage réel qui resta aux Hollandais, fut d'avoir mis leurs côtes hors d'insulte et de pouvoir faire entrer en sûreté leurs convois dans leurs ports. Il y eut encore, en 1673, trois actions qui n'eurent pas plus de résultats : mais la gloire de ces combats maritimes, et surtout la conquête subite de la moitié des provinces bataves, répandirent l'alarme dans toute l'Europe, et suscitèrent des protecteurs à la Hollande.

Le premier qui se déclara fut l'électeur de Brandebourg, Frédéric-Guillaume, dit le grand-électeur, le fondateur des illustres destinées de sa maison. Intéressé aux évènemens de la guerre, par le mélange de ses possessions de Gueldre avec celles des Hollandais, il s'était engagé envers eux, dès les derniers jours de mai, à leur fournir vingt-cinq mille combattans; et au mois de septembre il s'avançait pour satisfaire à sa promesse. Turenne, par l'effet des mesures impolitiques de Louvois, n'avait que douze mille hommes à lui opposer; aussi ne lui fit-on pas un devoir de mettre obstacle au passage du Rhin par l'ennemi. Une défensive honorable, qui pût empêcher les alliés de prendre au delà du fleuve de fortes positions, fut toute l'injonction qu'il reçut; et, dans l'appréhension même de quelque échec, le prince de Condé, guéri de sa blessure, était en seconde ligne pour lui porter du secours.

Turenne jugea autrement des circonstances; et, pour mieux observer l'ennemi, il crut devoir traverser lui-même le Rhin à Wesel, et entrer dans le comté de La Mark, où il reçut un renfort de quatre mille hommes. C'était un secours peu proportionné à celui dont se fortifiait l'électeur, et par les troupes du duc de Lorraine, et par celles que lui amenait encore Montécuculli, au nom de l'empire et de l'empereur. Ce dernier, en qui la santé meilleure du roi d'Espagne avait fait évanouir l'espoir de partager sa succession, venait d'épouser d'autres intérêts, et de se liguer avec lui contre son copartageant, auquel il avait promis de rester neutre. Il faisait marcher en conséquence ses troupes et celles de l'empire sur le Rhin, tandis que l'Espagne aidait d'un autre côté les Hollandais avec ses forces des Pays-Bas. L'habileté de Turenne, cette habileté caractéristique qui le distingue entre tous les généraux, et qui, quelque faibles que fussent ses ressources, le rendait toujours supérieur sur chaque point particulier d'attaque, le servit en cette occasion. Par elle, il retint long-temps désunies les forces de l'ennemi, et lorsque leur jonction se fut opérée, trois mois s'étaient écoulés en vaines tentatives pour passer le fleuve, en sorte qu'ils ne purent songer désormais qu'à prendre des quartiers d'hiver en Westphalie.

Mais il était à craindre qu'ils ne détachassent de l'alliance du roi les princes de ces contrées. Louis XIV, s'estimant trop heureux de l'issue de la campagne, en faisait volontiers le sacrifice au salut de son armée, et fit mander à Turenne de repasser le Rhin avant que la saison, devenue plus fâcheuse, rendît le fleuve impraticable. On était à la fin de décembre. A cet ordre, et à d'autres plus pressans qui le suivirent, le général français ne fit aucune réponse; et, plus à portée de juger sur les lieux de l'importance de son séjour, il y demeura et chercha même l'ennemi, auquel il présenta la bataille. Montécuculli était malade. Il avait recommandé d'éviter une action:

on suivit son conseil, et les impériaux firent retraite. Turenne les poursuivit sans relâche, surprit leurs postes, fit des siéges, quoiqu'en plein hiver, et réduisit enfin les alliés à se séparer. Il enleva alors sans difficulté toutes les possessions brandebourgeoises dans la Westphalie, et par le dégât qu'il y fit il contraignit l'électeur à solliciter sa neutralité.

Cependant on n'entendait point parler à la cour de l'armée française. Le violent Louvois ne se possédait plus : le roi, plus modéré, commençait à s'impatienter d'ignorer ce qu'était devenu Turenne. Les envieux du vicomte en prenaient occasion d'annoncer des malheurs ou de les présager, lorsqu'il donna enfin de ses nouvelles en faisant part de ses succès. Les murmures dès lors se convertirent en éloges, et le roi, pour témoigner à Turenne sa propre satisfaction, crut devoir lui adresser des pleins pouvoirs pour traiter avec l'électeur de sa neutralité. Elle fut reconnue, moyennant la renonciation que fit ce prince à toute alliance avec les Hollandais; et, à ce prix, on lui restitua encore les places qui avaient été conquises sur lui.

De son côté, le duc de Luxembourg, confiné à Utrecht par l'inondation, après avoir inutilement tenté de lui donner cours par des saignées dont les Hollandais rendaient l'effet nul en faisant rentrer l'eau au moyen de leurs écluses, essaya d'en tirer parti, et de profiter de la rigueur de l'hiver, pour pénétrer sur la glace jusqu'à La Haye, et y forcer les états généraux à condescendre aux volontés de son maître. Au moment d'atteindre son but, un dégel inattendu lui enleva cet espoir, et le mit lui-même dans un danger imminent. Tombé avec douze mille hommes au milieu d'une mer factice, il n'avait de ressource que dans une chaussée étroite, fangeuse, coupée par un fort qui lui barrait la retraite, et devant lequel l'armée française sans artillerie devait périr faute de vivres. Par un bonheur inespéré, le commandant du fort abandonna lâchement son poste, et le retour n'éprouva plus d'obstacle. Il fut signalé d'ailleurs par le pillage et l'incendie de deux riches villages qui se trouvèrent sur la route, et dont le désastre laissa de longs souvenirs de haine contre la France dans le cœur des Hollandais. Louvois, qui prévoyait l'évacuation nécessaire du pays, affectait de ne le pas ménager; il en faisait intimer les ordres au prince de Condé, qui osait à peine se plaindre d'être l'intermédiaire de ces rigueurs, ainsi que de se voir réduit à l'inutilité dans la contrée où on le confinait, et où l'inondation ne lui laissait rien à faire.

Cependant le prince d'Orange, profitant de l'éloignement des généraux français, fortifié d'ailleurs de dix mille Espagnols commandés par le comte de Marsin, et persuadé que pour faire évacuer son territoire il fallait attaquer celui de l'ennemi, faisait une diversion hardie sur Charleroi; il l'investit, après avoir donné le change aux Français, et laissé croire successivement qu'il se proposait de joindre l'électeur de Brandebourg, puis d'assiéger Tongres ou Maseik. Trompé par ses mouvemens, Montal, gouverneur de Charleroi, renommé pour la défense des places, avait abandonné la sienne pour se jeter dans Tongres. Il en sortit, lui soixantième, pour rentrer à Charleroi, et il y réussit. Son activité et l'âpreté du froid contraignirent Guillaume à lever le siége; mais de cette tentative, le prince retira toujours l'avantage précieux de relever la confiance de ses compatriotes par l'éclat d'une manœuvre offensive.

Elle lui réussit mieux l'année suivante devant Bonn, résidence de l'électeur de Cologne, qu'il assiégea avec le concours des troupes espagnoles et impériales. Montécuculli, cette année, avait passé le Rhin à Coblentz; et les talens de Turenne n'avaient pu parer à la défection de l'évêque de Wurtzbourg et de l'électeur de Trèves, qui avaient livré leurs ponts, l'un sur le Mein et l'autre sur le Rhin. Cette conquête des alliés termina la campagne. Elle eût été plus que balancée par la prise de dix villes impériales en Alsace et par celle de Maëstricht, dont le roi, ayant sous lui Vauban, s'empara en personne, si la nécessité des circonstances et le besoin de reformer une armée n'eussent forcé d'évacuer toutes les places conquises en Hollande, où l'on ne garda que Grave et Maëstricht. La retraite se fit sur les Pays-Bas catholiques, le roi n'ayant pas cru devoir ménager plus long-temps l'Espagne qui lui déclara formellement la guerre.

Cependant on négociait la paix à Cologne, sous la médiation de la Suède. Mais l'exaspération de l'empereur qui fit arrêter l'un des plénipotentiaires, le prince Guillaume de Furstemberg, comme étant né son sujet, et la saisie qu'il ordonna des chariots des envoyés français et des sommes qui y étaient renfermées, sous prétexte qu'ils en devaient faire un moyen de corruption, firent cesser les conférences, et amenèrent la rupture la plus complète avec la France. Presque tout l'empire y prit part : les neutres renoncèrent à leur neutralité; et les alliés de Louis XIV, désespérant de recevoir ses secours, rompirent les traités qu'ils avaient conclus avec lui. L'Angleterre avait donné l'exemple de la défection. Les émissaires des états généraux avaient effrayé le parlement sur les liaisons de Charles et du roi de France. Il n'en devait pas moins résulter, suivant eux, que le rétablissement de la religion catholique, et la résurrection du pouvoir absolu. Le parlement prit l'alarme. D'abord il passa l'acte du *Test*, qui obligeait tous les agens de la chose publique à abjurer la foi en la présence réelle, ce qui fit perdre l'amirauté au duc d'York; et il voulut ensuite tourner contre la France même les forces qui agissaient pour elle : mais, n'ayant pu obtenir de Charles qu'il portât la complaisance jusque-là, il le contraignit du moins, en le privant des subsides nécessaires à la continuation de la guerre, à faire la paix avec les états généraux. Elle fut signée à Londres le 19 février. La Suède, piquée du mépris qui avait été fait de sa médiation, resta seule fidèle à la France; mais l'empereur lui ayant opposé le Danemarck, ce fut contre l'Europe presque entière que Louis eut à soutenir la lutte. La force réelle de son état, l'unité d'intérêt et de mesures, et l'habileté de ses généraux et de ses ministres, l'en firent sortir vainqueur.

Ses premiers succès eurent lieu en Franche-Comté. Les égards mutuels des puissances belligérantes pour la Suisse, qui désirait voir éloigner de ses frontières le théâtre des hostilités, maintenaient ordinairement cette province dans un heureux état de neutralité. Les alliés voulurent y faire pénétrer leurs troupes, dans l'intention d'attaquer ensuite la Bourgogne, qui n'offrait aucune défense; et, à cet effet, ils demandèrent passage aux Suisses. La vieille alliance de ceux-ci avec la France, les représentations de Louis XIV, son argent, et surtout le voisinage de son armée, que Turenne fit approcher de Bâle, rompirent cette négociation. Mais le vieux duc de Lorraine ayant trouvé moyen de faire pénétrer en Franche-Comté, par une autre voie, un corps de troupes sous le commandement du prince de Vaudemont, son fils, qu'il avait eu de la princesse de Cantecroix, le roi en prit occasion de regarder comme rompue la neutralité de cette province et se détermina à l'attaquer. Le duc de Navailles, lieutenant général de Bourgogne, reçut l'ordre d'y entrer. Il s'empara, dès les premiers jours de la campagne, de la plupart des petites places. Il restait à soumettre Besançon, Dôle, Salins, Pontarlier et Dormans, lorsque le roi partit de Saint-Germain pour achever cette conquête. Il avait avec lui Vauban. Par les travaux de cet habile ingénieur, Besançon ne tint que neuf jours, et le reste de la province passa sous l'obéissance de la France en six semaines. Turenne, posté vers Montbéliard pendant toute la durée de l'expédition, ne contribua pas peu à la favoriser, en mettant obstacle au passage des secours que le duc de Lorraine, établi à Rhinfeld, de l'autre côté du Rhin, épiait l'occasion de faire pénétrer. Le roi ne laissa pour garder sa conquête qu'une partie des troupes qui avaient été employées à la terminer, et fit passer le reste en Flandre.

A l'aide de ce renfort et des garnisons de Hollande, Condé se trouvait à la tête de quarante-cinq mille hommes. Mais le prince d'Orange, par la réunion des Espagnols et des Impériaux, que Turenne n'avait pu empêcher l'année précédente de passer le Rhin, en comptait soixante mille. Condé crut devoir se tenir sur la défensive, et il observa seulement l'ennemi dans l'intention de profiter de la première faute qu'il pourrait faire. En conséquence, il abandonna Grave à ses propres forces, et couvrit Charleroi, sur lequel le prince d'Orange renouvela ses vues.

Guillaume, en s'approchant, recherchait l'évènement d'une bataille que l'avantage du nombre lui promettait devoir être favorable. Mais la forte position de Condé, près du village de Senef, le dissuada de l'attaquer. Après de vains mouvemens pour essayer de l'en faire sortir, le 9 août il se détermina lui-même à décamper et à gagner Ath, à travers plusieurs défilés dangereux, qui permettaient de l'attaquer en détail. Condé laissa déboucher tranquillement par l'un de ceux-ci, voisin de Mons, et les impériaux, qui formaient l'avant-garde, et les Hollandais, qui composaient le corps de bataille. Mais avec toute son armée il tomba sur l'arrière-garde, formée par les Espagnols, qui étaient commandés par le marquis d'Assantar. Ce fut au moment que le prince faisait sonner la charge que le jeune Villars, dont il avait démêlé les talens, quoiqu'il n'eût que vingt-trois ans, et qu'il ne fût encore que simple capitaine de cavalerie, s'écria, dans un transport d'enthousiasme : « Ah! voilà » ce que j'avais toujours désiré, de voir le grand Condé l'épée à la » main. » En moins d'une heure, et sans perdre plus de cent hommes, les Français tuèrent deux mille hommes, firent trois mille prisonniers, enlevèrent les bagages des Hollandais et des Espagnols, et s'emparèrent de leur caisse militaire.

Au bruit de cette attaque, le prince d'Orange fit avertir le comte de Souches, Rochelois au service de l'empire, qui commandait l'avant-garde, de revenir sur ses pas, et lui-même se forma au-delà du défilé sur une hauteur, où une nombreuse infanterie, protégée par des haies et des jardins, favorisait la retraite de l'arrière-garde vaincue. Malgré la position formidable de l'ennemi, emporté par son courage, et se flattant d'ailleurs que la terreur qu'avait dû répandre son premier succès pourrait en entraîner un second, Condé marche en avant avec intrépidité. Dans ce moment, Fourilles, un de ses meilleurs officiers, et à qui l'arme de la cavalerie devait une discipline nouvelle, ainsi que l'infanterie à Martinet, voulut lui faire quelques observations sur un ordre d'attaque qu'il reçut du prince. « Ce ne sont » point des conseils que je vous demande, mais de l'obéissance », répondit le prince, dont la bouche n'était pas assez fermée aux paroles d'outrage et d'impatience; « ce n'est pas d'aujourd'hui que je » sais que vous aimez mieux raisonner que de combattre. » Fourilles ne méritait pas un tel reproche : il obéit en frémissant de rage, et disperse tout devant lui. Mais il est frappé d'un coup mortel; il tombe, et encore sensible à son affront : « Je ne demande à Dieu, » dit-il en expirant, qu'une heure de vie, pour voir comment M. le » Prince se tirera d'affaire. » Il l'aurait vu victorieux ; mais parce que Condé, à la tête des gardes-du-corps, paya de sa personne, et vainquit l'opiniâtreté de ses adversaires autant que leur courage. Le marquis d'Assantar, frappé de six blessures, refusa de quitter le champ de bataille, et une septième lui enleva la vie. Imitant son exemple, la plupart des autres officiers furent tués ou grièvement blessés, et le soldat, presque sans chefs, fut poursuivi jusqu'au village de Faï, où arrivait le comte de Souches.

Le prince d'Orange s'y fortifia avec hâte derrière des bois et des marais dominés par les hauteurs, où il plaça son artillerie; et conservant toujours l'avantage du nombre, il se donna encore celui de la position. Mais la déroute complète de l'ennemi ne pouvait étancher dans Condé la soif de la gloire : il forme sans délai son plan d'attaque, l'exécute à l'instant, et ne se rebute ni par les pertes qu'il éprouve ni par les renforts de troupes fraîches par lesquelles l'ennemi remplace celles qu'il a détruites. Un régiment d'infanterie plie à ses côtés ; il descend de cheval pour se mettre à sa tête. Mais sa présence ne peut arrêter la fuite, et il se trouve presque livré à l'ennemi. « Sauvez-vous, monseigneur, lui crie-t-on, » courez, ou vous allez être pris. » Maître de lui-même au milieu du danger: « On ne court pas, répondit-il gaîment, faisant allusion à » la goutte dont il était rongé, ou ne court pas avec mes mauvaises » jambes. » Cependant il ordonne un mouvement décisif à deux bataillons suisses qu'effraie l'entreprise, ou qui, la regardant comme impossible, haussent les épaules, et n'obéissent point. Il fallait qu'il y eût quelque chose d'excusable dans leur refus, car, au lieu de s'emporter, ainsi qu'on pouvait l'attendre de son naturel violent, Condé se contenta de dire froidement : « Cherchons-en d'autres, car ceux-ci » n'iront jamais. » La nuit qui survint n'arrêta point l'acharnement des soldats. La lune éclaira jusqu'à minuit un combat qui durait depuis dix heures du matin, et au retour de l'aurore le prince voulait le renouveler : mais lui seul avait encore envie de se battre ; et l'on prétend même qu'à ce moment les deux armées, frappées d'une terreur mutuelle, s'éloignèrent simultanément du champ de bataille. Vingt-sept mille morts furent enterrés dans un espace de deux lieues, et la perte des Français fut à peu près égale à celle des ennemis. On n'eut de signe positif que la victoire était restée au prince de Condé que par le nombre des prisonniers qu'il fit, et l'état de faiblesse où furent réduits les alliés, qui ne purent rien entreprendre de considérable de la campagne. Le prince d'Orange, en la rendant presque indécise par sa fermeté, après la faute de sa retraite, annonça dans un guerrier de vingt-trois ans toute l'expérience d'un vieux général. Cependant, le jour même de cette bataille, il disait avec modestie, « Sans guide, et obligé de me former moi-même par mes hasards, » je donnerais la moitié de ce que je possède pour faire quelques » campagnes sous le prince de Condé. »

On a blâmé celui-ci d'avoir en cette occasion prodigué, plus qu'en aucune autre, le sang de ses soldats et le sien propre, car il eut trois chevaux tués sous lui, et de ne s'être point arrêté à son premier succès. Mais on n'observe point que, si le prince d'Orange n'eût fait preuve d'un talent supérieur, qui n'était point encore connu, Condé pouvait, sans présomption, se promettre de nouveaux avantages; qu'il devait même les chercher pour réduire l'ennemi à l'impuissance d'exécuter ses projets d'envahissement, et non pas se contenter, en général vulgaire, du stérile honneur de l'avoir battu. Il remplit son but, mais il acheta chèrement son succès, parce qu'il trouva une résistance à laquelle on ne pouvait pas s'attendre. Ce fut à son retour à la cour que, montant lentement, à cause de sa goutte, les degrés de l'escalier au haut duquel le roi voulut le recevoir: « Sire, lui dit-il, » je demande pardon à votre majesté de la faire attendre si long-» temps. — Mon cousin, reprit gracieusement Louis, quand on » est chargé de lauriers comme vous, on ne peut que difficilement » marcher. »

Pendant que ces choses se passaient en Flandre, Turenne donnait en Alsace et en Lorraine le spectacle d'une campagne non moins brillante dans un autre genre, et qui eut le même résultat. Des environs de Bâle, d'où il avait protégé l'expédition de la Franche-Comté, il avait gagné Saverne, avec le dessein apparent de couvrir la Lorraine contre l'invasion projetée du comte Enée de Caprara, général des armées des Cercles, et du duc de Lorraine, qui, réunis près d'Heidelberg, n'attendaient pour agir qu'un renfort de Hongrois amené par le duc de Bournonville. Turenne jugea instant de prévenir cette jonction; et, tandis qu'on le croyait fort tranquille à vingt lieues de Philisbourg, il y passe le Rhin, et arrive à portée des deux généraux. Ceux-ci, décidés à ne pas combattre avant l'arrivée du duc de Bournonville, se dirigent aussitôt sur Heilbron, pour y passer le Necker; mais, le 16 juin, Turenne les atteignit à moitié chemin, près de la petite ville de Sintzheim. Les deux armées étaient à peu près égales en nombre, et montaient l'une et l'autre à neuf ou dix mille hommes. Mais l'avantage de la position doublait les forces des impériaux. Retranchés sur une hauteur qui tenait à la ville, et où l'on ne pouvait parvenir que par un défilé étroit, il était périlleux de s'en approcher. Les savantes combinaisons du général français leur enlevèrent une partie des défenses sur lesquelles ils avaient compté : l'audace et le courage firent le reste. Turenne s'empara d'abord de la ville, délogea ensuite l'ennemi de sa hauteur, lui tua deux mille hommes, lui fit six cents prisonniers, et ce ne fut qu'au prix de ce sacrifice que le reste, à la faveur des nuages de poussière qui en dérobèrent la vue, put gagner le Necker et se mettre en sûreté au delà. L'armée française fut étonnée de son propre succès, et les officiers se réunirent pour en complimenter leur chef. L'avantage n'était cependant pas très important en lui-même, et les nombreux renforts qu'attendait l'ennemi devaient bientôt compenser sa perte; mais il fut considérable dans l'opinion, qui dès lors accorda à Turenne, au sentiment des siens comme de l'ennemi, l'avantage de l'égalité avec des forces manifestement inférieures de moitié. C'est ce dont on ne tarda pas à avoir la preuve.

Il avait fait passer le Rhin à ses troupes pour leur procurer quelques rafraîchissements dont elles avaient besoin. Le duc de Bournonville joignit le comte de Caprara, dont il doubla les forces, et les deux généraux se fortifièrent sur le Necker, en attendant de nouveaux secours promis par les Cercles. Turenne, renforcé seulement de quinze ou seize cents hommes, n'hésita pas à repasser le Rhin, pour prévenir cette jonction. Mal instruits de ses forces et redoutant ses talens, les deux généraux reculent, et ne se croient en sûreté qu'après avoir mis le Mein entre eux et lui. Ainsi le Palatinat fut livré à la merci des Français.

L'électeur, après avoir tenu le parti de la France, s'était tourné contre elle. Pour l'en punir, et pour empêcher encore l'ennemi de subsister dans ce pays, l'armée y vécut à discrétion, et y détruisit toutes les espérances de récolte. Le paysan au désespoir vengea sa ruine par des atrocités qu'il se permit sur quelques maraudeurs tombés en son pouvoir; et surtout sur quelques Anglais des régimens de Douglas et d'Hamilton, qui, malgré la paix entre l'Angleterre et les états-généraux, avaient refusé, par estime pour Turenne, de quitter son armée. Ceux-ci, ayant rencontré leurs camarades mutilés de la manière la plus barbare, massacrèrent à leur tour tout ce qui se présenta sous leurs pas, et marchant comme des furieux le fer et la flamme à la main, ils incendièrent plusieurs villes, bourgs et villages, avant qu'on eût pu prendre connaissance de ce désordre.

Dans la douleur et l'indignation dont fut pénétré l'électeur, il fit porter à Turenne, par un trompette, une lettre piquante où, lui attribuant l'ordre formel de ces embrasemens, il en faisait ironiquement honneur au changement opéré en lui depuis sa conversion à la religion catholique; et, après lui avoir rappelé que ce pays désolé par ses troupes avait autrefois servi d'asile à son père, il finissait par lui demander l'heure et le lieu pour tirer de lui une satisfaction qu'il ne pouvait obtenir à la tête d'une armée. Turenne, dans sa réponse, passa respectueusement sous silence l'article du cartel; il nia d'avoir donné les ordres odieux que lui imputait l'électeur; lui rendit compte, avec sa simplicité et sa véracité accoutumées, des causes qui avaient amené ces malheurs imprévus, et ne put que lui promettre de les punir. Conformément d'ailleurs à son plan, il continua, sur l'une et l'autre rive du Rhin, à priver le Palatinat de toutes les ressources qu'il pouvait offrir à l'armée des Cercles. Celle-ci, portée alors à trente-cinq mille hommes, paraissait se disposer à venir à lui. Il alla l'attendre dans l'abondance, aux environs de Landau et de Weissembourg.

Il y avait peu de temps qu'il y était retiré, lorsque l'armée combinée, ayant passé le Rhin à Mayence, malgré la neutralité de l'électeur, déborda en effet dans le Palatinat. L'alarme fut générale en France : on crut voir la Lorraine et la Champagne envahies; et, pour les défendre spécialement, Turenne reçut l'ordre d'abandonner l'Alsace. Mais celui-ci n'obéissait pas, persuadé qu'il serait toujours temps d'en venir à cette extrémité, et que c'était donner d'emblée à l'ennemi un avantage qu'on pouvait lui faire acheter par des efforts qui consumeraient au moins son temps, et qui permettraient peut-être de gagner la saison du repos. Louvois lui fit réitérer l'ordre de la retraite, de la main même de Louis XIV. Turenne ne laissa pas de demeurer dans sa position ; mais il en expliqua ses motifs au roi. « Les ennemis, lui dit-il, quelque grand nombre de troupes qu'ils » aient, ne sauraient, dans la saison où nous sommes, penser à au- » cune autre entreprise qu'à celle de me faire sortir de la province » où je suis, n'ayant ni vivres ni moyens pour passer en Lorraine » que je ne sois chassé de l'Alsace. Si je m'en allais de moi-même, » comme votre majesté me l'ordonne, je ferais ce qu'ils auront peut- » être de la peine à me faire faire. Quand on a un nombre raison- » nable de troupes, on ne quitte pas un pays, encore que l'ennemi » en ait beaucoup davantage. Je suis persuadé qu'il vaudrait mieux, » pour le service de votre majesté, que je perdisse une bataille, que » d'abandonner l'Alsace et de repasser les montagnes ; si je le fais, » Philisbourg et Brisack seront bientôt obligés de se rendre, les » impériaux s'empareront de tout le pays depuis Mayence jusqu'à » Bâle, et transporteront peut-être la guerre d'abord en Franche- » Comté, de là en Lorraine, et viendront ravager la Champagne. » Je connais, ajoutait-il en finissant, la force des troupes impé- » riales, les généraux qui les commandent, le pays où je suis : je » prends tout sur moi, et je me charge des évènemens. » Ce ton d'assurance, à l'égard d'incidens futurs, n'était point présomption en Turenne. Jamais personne ne fut plus exempt que lui de ce défaut : mais c'était cette confiance naturelle et irrésistible d'un bon joueur d'échecs contre un médiocre qu'il est sûr de gagner, même en lui faisant des avantages. Le roi, persuadé par les raisons de son général, le laissa maître de ses opérations, et lui fit passer un secours de six mille hommes, qui porta son armée à vingt-deux mille.

L'ennemi cependant, qui ne tarda pas à reconnaître l'incommodité de sa position et la difficulté de forcer les Français dans la leur, repassa le Rhin ; mais il avait gagné les magistrats de la ville neutre de Strasbourg, et, à l'aide du pont que cette place possédait sur le fleuve, il déconcerta les sages précautions du général français, et pénétra sans difficulté en Alsace. La position de Turenne devenait d'autant plus critique, que l'électeur de Brandebourg, à la tête de vingt-cinq mille hommes, était en pleine marche pour se joindre aux trente-cinq mille du duc de Bournonville. Mais, comme la saison était déjà avancée, et que l'électeur n'avait plus d'autre projet pour cette année que d'établir ses quartiers en Alsace, il marchait à très petites journées. Turenne profita de cette connaissance pour attaquer le duc de Bournonville avant la jonction, et pour choisir d'ailleurs, sans se hâter, le moment le plus opportun pour la réussite. Au jour fixé par lui, et lorsqu'on pouvait ne le croire occupé que de sa propre sûreté dans son camp, il se mit en mouvement pour attaquer celui de l'ennemi. Malheureusement une pluie affreuse contraria sa marche, le retarda, et lui fit trouver en bataille, et même retranché en partie derrière Ensheim, près de Strasbourg, un ennemi qu'il eût surpris sans ce contre-temps.

La pluie qui ne discontinuait pas, et qui même, dans le cours du combat, redoubla avec une violence qui força l'une et l'autre armée à une trève de quelques instans, ne permit point de ces évolutions qui décident souvent de la victoire; et dans la forte position des impériaux sur leur gauche, il n'y avait que le courage du soldat et l'exemple même du général qui pussent les en déloger. Tout l'effort du combat se porta de ce côté, qui, fortifié et couvert par un petit bois, avait résisté à quatre attaques vigoureuses de l'infanterie. Il céda à une cinquième que conduisit Turenne lui-même, qui, s'exposant comme un simple soldat, eut son cheval tué sous lui. Ce succès entraîna le gain de la bataille. Elle eut lieu le 4 octobre. Les ennemis laissèrent trois mille hommes sur la place, et se retirèrent en assez bon ordre sous le canon de Strasbourg. Turenne demeura maître du champ de bataille; et, quoiqu'il fît retraite peu après, ce nouvel avantage d'opinion lui suffit pour retenir l'ennemi dans l'inaction jusqu'à l'arrivée de l'électeur. Turenne, après sa victoire, se rapprocha de Saverne et de Haguenau; et, dans la nouvelle position qu'il occupa, profitant des munitions et des fourrages des environs, il protégeait encore ces deux villes, et s'en faisait un moyen de retraite en cas de nécessité.

L'électeur arriva enfin avec une armée qui à elle seule était supérieure en nombre à celle de Turenne. L'alarme se renouvela dans toute la France. Son général seul était tranquille. Il parut tellement défier l'ennemi dans son poste, que celui-ci hésitait à l'y attaquer. Il s'y résolut enfin; mais au moment qu'il faisait ses dernières dispositions, Turenne, par une retraite habile, lui échappait et prenait un nouveau poste à Dettweiler, à quatre lieues plus loin, et dans une position forte et choisie de longue main, d'où il couvrait ou protégeait également Haguenau, Saverne et la Lorraine. Dans cette espèce de fort, il reçut six mille hommes de cavalerie de l'arrière-ban, que la cour effrayée avait convoqué; secours que l'indiscipline rendait plus imposant que réel, et que Turenne renvoya comme incommode, après avoir su néanmoins en tirer parti pour rendre l'ennemi plus circonspect. Il fit plus d'usage de quelques bataillons et escadrons détachés de l'armée de Flandre, qui était entrée de bonne heure dans ses quartiers; mais il refusa une division de quatorze mille hommes de la même armée que lui amenait le comte de Saulx, et il le pria de la cantonner dans la Lorraine allemande.

Ce refus, qu'on ne pouvait expliquer, tenait au même motif qui lui avait déjà fait ostensiblement renvoyer l'arrière-ban. La saison était avancée; une trop grande réunion de troupes, en tenant les ennemis dans l'inquiétude, les eût éloignés de la sécurité que le général français croyait qu'il était temps de leur inspirer. Bientôt, en effet, ils se retirèrent pour prendre des quartiers, mais sans négliger cependant les précautions que la proximité d'un général fécond en ressources les obligeait à prendre. Turenne se hâta de les en délivrer, en quittant la basse Alsace et traversant les Vosges pour établir lui-même ses quartiers en Lorraine. Telle paraissait être la fin de la campagne. La réputation du général, quoiqu'il n'eût fait qu'à l'extrémité cette retraite qui lui avait été ordonnée dès le commencement, souffrait et paraissait s'éclipser par son espèce de fuite, et par la disparité des évènemens et de ses promesses; mais, dans les plans de Turenne, on n'était alors qu'au commencement de la véritable campagne.

L'ennemi, maître de toute l'Alsace, ayant enfin banni toute crainte, et remettant au retour de la belle saison les grands coups qu'il devait porter, s'étendit paisiblement dans toute la province pour y établir ses cantonnemens. Il y jouissait avec sécurité d'un repos nécessaire, lorsqu'à la fin de novembre, et par un froid qui rendait invraisemblable toute marche d'armée, Turenne met en mouvement tous ses quartiers, ainsi que la division demeurée dans la Lorraine allemande; ils marchent pendant un mois à l'insu les uns des autres, par des chemins divers et crus impraticables, au travers des Vosges, et le 27 décembre il les réunit, à leur grand étonnement, dans la plaine de Béfort, et au milieu des quartiers du duc de Lorraine, lesquels furent enlevés sur le champ. Le duc refusait d'ajouter foi aux premiers avis qui lui en furent donnés, et la nouvelle de l'apparition de Turenne trouva les généraux allemands aussi incrédules que lui : ils n'en furent persuadés que lorsque leurs pertes journalières les forcèrent à y croire. A chaque instant, en effet, des partis ennemis, ignorant la position et la proximité de l'armée française, tombaient ou s'égaraient au milieu de ses divisions; les quartiers les plus éloignés purent seuls se soustraire à cette espèce de filet, qui enveloppa successivement tous les autres. Ils se réunirent avec assez de promptitude à Turkheim, près de Colmar, quartier de l'électeur de Brandebourg; mais le 5 janvier trente mille Français, pleins de confiance, se trouvèrent en présence et disposés à attaquer un ennemi découragé par ses pertes et par sa surprise. Turenne, bien pénétré des dispositions qui agitaient si diversement les deux armées, attendit la chute du jour pour lâcher bride à la sienne. Il comptait sur le succès, et il voulait que l'obscurité de la nuit, inspirant aux impériaux le conseil timide de la retraite, pût faire mollir encore leur résistance. Il ne se trompa point : les ennemis cédèrent et firent en effet retraite. De Colmar ils gagnèrent Benfed, et de Benfed Strasbourg, où, le 11 janvier, diminués de plus de moitié, ils repassèrent le Rhin et évacuèrent enfin l'Alsace, ainsi que l'avait promis Turenne.

Cette campagne, méditée depuis long-temps, et dont le plan avait été tracé et envoyé au ministre dès le mois d'octobre et du camp même de Dettweiler, n'a pas besoin d'éloges : l'Europe entière jeta un cri d'admiration, et en France il s'y joignit de plus un sentiment de vénération pour le modeste vainqueur qui l'avait préservée de l'invasion. A son retour à Paris, partout sur son passage, et surtout en Champagne, le paysan attendri venait lui témoigner sa reconnaissance, et de la récolte qu'il avait faite cette année, et de celle qu'il espérait encore faire l'année suivante.

La France n'avait pas été aussi heureuse du côté de l'Espagne : le lieutenant-général Le Bret avait été battu en Roussillon et avait perdu deux mille hommes. Mais la révolte de Messine, qui se mit en ce temps sous la protection du roi, compensa cet échec; et, forçant les Espagnols à une diversion qui dégarnit la Catalogne, permit l'année suivante au comte de Schomberg, le même qui avait achevé de soustraire le Portugal à la domination de l'Espagne, de faire des progrès dans cette province.

Soixante mille Français, sous les ordres du roi, du prince de Condé et des maréchaux de Luxembourg et de Créqui, s'étendaient alors du Brabant à la Moselle, et comptaient non seulement faire échouer les desseins du prince d'Orange sur Maëstricht, mais se promettaient encore de grands succès. Liège, Dinant, Huy, Limbourg, se rendaient en effet à leurs armes, mais non d'ailleurs sans des chicanes multipliées, suites de marches et contre-marches inquiétantes du prince d'Orange pour essayer de sauver ces places. Il fallut, sur ces entrefaites, envoyer des secours en Alsace, ce qui affaiblit l'armée et arrêta encore le cours de ses lentes expéditions. Le roi, accoutumé à enlever des provinces, s'ennuya d'une défensive qui humiliait sa fierté, et laissa à Condé le soin de la poursuivre. Ce n'était pas non plus le genre de guerre qui convenait le mieux à l'humeur emportée du prince; mais son génie, se ployant à toutes les circonstances, ne s'y montra pas moins propre, et balança la supériorité de l'ennemi.

Turenne, en Alsace, n'avait plus à combattre cette réunion de princes, dont les vues souvent discordantes avaient aidé à ses succès. Le grand-électeur, le duc de Brunswick, l'évêque de Munster, réunis cette année au roi de Danemarck, attaquaient le roi de Suède, allié de la France, dans ses possessions d'Allemagne. Un seul homme dirigeait les opérations sur le Rhin; et cet homme était Montécuculli, le vainqueur de Saint-Gothard, et le seul capitaine que l'on pût opposer à Turenne, avec lequel il avait plusieurs points de conformité. Il commandait une armée nombreuse et aguerrie, et c'était pour le ministère une raison de ne pas laisser Turenne dans une trop grande infériorité.

Montécuculli se proposait d'envahir l'Alsace et d'y pénétrer par le pont de Strasbourg. Cette ville, malgré les assurances données de mieux garder sa neutralité cette année que la précédente, n'y persistait que par crainte, et se fût livrée aux Allemands sans la terreur que la proximité du général français lui inspirait. Pour éloigner celui-ci, Montécuculli usa en vain de mille feintes; il descendit le fleuve jusqu'à Spire, le passa en ce lieu, et s'approcha de Landau, mais toujours avec aussi peu de fruit. Turenne profita de son éloignement, et des facilités que lui offrirent plusieurs îles du Rhin couvertes de bois, pour jeter un pont à Ortenau, à quatre lieues au dessus de Strasbourg, d'où, gagnant le poste important de Willstedt, à une lieue de Kelh, tête du pont de Strasbourg, il interrompit entièrement la communication de cette ville avec Montécuculli : celui-ci, pour faire évacuer ce poste, menaça à son tour le pont d'Ortenau; mais Turenne, se multipliant par l'activité sans relâche de ses troupes, se trouva toujours le plus fort sur tous les points, et n'en abandonna aucun. Cependant, comme ces mouvemens ne laissaient pas de fatiguer extrêmement l'armée, il rapprocha son pont d'une lieue, et l'établit à Altenheim, sans que l'ennemi s'aperçût des travaux nécessaires à ce transport.

Certain de lui avoir fermé le passage de Strasbourg, Turenne ne s'occupa plus dès lors que de l'en éloigner tout à fait, en faisant naître la disette autour de lui. Il y parvint par l'occupation de certains postes éloignés par où arrivaient ses vivres, et mit ainsi en défaut la prévoyance de Montécuculli, qui avait trop compté sur leur distance. Ce général fut obligé de reculer, et s'établit vers Bade, appuyant sa droite au village de Salsbach, poste avantageux par sa situation à l'entrée des montagnes. Turenne, qui en avait reconnu l'importance, avait projeté de s'y loger; mais prévenu par les impériaux, il se proposa de les attaquer le lendemain. Ce jour, 27 juillet, après avoir entendu la messe et communié de bonne heure, il disposa son ordre de bataille : sa gauche et son centre prirent position au lieu qu'ils devaient occuper dans le combat, et sa droite n'eut plus qu'un mouvement à faire pour s'y placer. Ce fut dans ce moment que, considérant l'ordonnance de l'ennemi, et ne pouvant, malgré sa réserve ordinaire, contenir l'excès de sa confiance, il s'écria : « Je » les tiens, et je vais recueillir les fruits d'une si pénible campagne. » Il y avait déjà quatre mois qu'elle durait, et que les deux chefs épuisaient l'un contre l'autre toutes les combinaisons de la tactique la plus savante.

Cependant les officiers de la droite, inquiets du mouvement d'une colonne ennemie, ne cessaient de députer vers le maréchal pour avoir ses ordres, et pour qu'il vînt même prendre connaissance par ses yeux de cette manœuvre. Il se rendit à leurs instances, et prit pour les joindre un chemin creux à l'abri du feu ; « car, disait-il au » comte Hamilton, je ne veux pas être tué aujourd'hui ». Près d'arriver, il reconnut sur une éminence le marquis de Saint-Hilaire, lieutenant-général de l'artillerie, et s'approcha de lui pour avoir quelques renseignemens sur la colonne dont on lui parlait. Le marquis la lui indiquait de la main, lorsque deux pièces de campagne tirant sur quelques bataillons français mis en mouvement pour parer à celui de l'ennemi, un des coups emporta un bras à Saint-Hilaire, et alla frapper Turenne, qui fit encore une vingtaine de pas sur son cheval et tomba mort. Le boulet ne pénétra pas, et Turenne reçut seulement une contusion terrible qui l'étouffa dans l'instant. Ainsi mourut, à soixante-quatre ans, ce grand capitaine dont les vertus morales égalaient les talens militaires, et qui, suivant Montécuculli, dans sa dépêche à l'empereur, faisait honneur à l'humanité. Louis ajouta à sa propre gloire par les honneurs qu'il fit rendre à la mémoire de ce grand homme, et par la sépulture qu'il lui fit décerner à Saint-Denis parmi les tombeaux des rois.

Le fils du marquis de Saint-Hilaire, qui a laissé des Mémoires, et qui rapporte les détails de cette catastrophe à laquelle il était présent, se jeta dans ce moment sur son père, et cherchait en lui avec inquiétude un reste de vie qu'il craignait de ne plus trouver, lorsque le blessé lui adressa ces paroles sublimes, comparables à tout ce que l'antiquité a consacré de plus héroïque : « Ce n'est pas » moi, mon fils, c'est ce grand homme qu'il faut pleurer » ; et, grand lui-même dans ses paroles et dans ses actions, il ordonna à ce même fils de le quitter et de courir au service des batteries.

Montécuculli avait été presque aussitôt averti de la mort du maréchal, et par la cessation du mouvement de la droite, et par un Allemand, valet de chambre du comte de Boufflers, qui déserta pour l'en instruire. Dans la consternation où se trouvait l'armée française, c'était le moment peut-être de l'attaquer; mais le général ennemi, que Turenne avait forcé à recevoir la bataille, ou à faire une retraite hasardeuse au travers des montagnes, s'étant donné quelques avantages de position qu'il eût fallu perdre pour aller chercher l'armée française demeurée immobile, préféra manœuvrer de manière à lui faire passer le Rhin. A cet effet il détacha le lendemain le comte de Caprara, qui, à la tête de la cavalerie, longeant les montagnes, se dirigea sur Willstedt, et menaça le pont d'Altenheim, si important à l'armée, et pour tirer ses vivres de l'Alsace, et pour y rentrer.

Avec Turenne avaient péri ses plans sur cette journée; et, pour comble de malheur, les deux lieutenans-généraux, qui servaient sous lui, le comte de Lorges, son neveu, et le marquis de Vaubrun, ne s'accordaient pas, et prétendaient chacun au commandement. Cependant le mouvement de Montécuculli obligeait à prendre un parti. Les officiers subalternes firent convenir les deux chefs d'alterner chaque jour, et la retraite fut résolue pour la nuit suivante. Un violent orage en déroba heureusement la connaissance aux impériaux, et ce ne fut qu'à la pointe du jour que Montécuculli put se mettre en marche pour rejoindre l'armée française. Il s'en tint toujours hors de vue, dans l'espoir de la surprendre en désordre au passage de quelque rivière, ce qui devait lui être d'autant plus facile, que contre toutes les règles de l'art, c'était un corps d'infanterie qui faisait l'arrière-garde des Français, et que, pour reconnaître l'ennemi, la portée de la vue ne pouvait suppléer la cavalerie.

L'avant-garde, en majeure partie, avait déjà repassé le Rhin, sans qu'on eût d'information sur la proximité ou l'éloignement des impériaux. La seconde ligne, entre le fleuve et le ruisseau de la Schuttern, attendait, les armes posées, la fin du passage de la première ligne ; et enfin, la brigade de Champagne, qui formait l'arrière-garde, était encore postée au delà du ruisseau, lorsque Montécuculli parut tout à coup avec son armée et dissipa facilement la brigade. Cependant, n'ayant pas eu le temps de reconnaître la position exacte de l'ennemi, il hésita à passer outre. Ce moment perdu par lui fut mis à profit par les Français. Excités par la seule vue de leurs adversaires, et avant d'avoir pu recevoir aucun ordre de leurs chefs, ils reprennent leurs armes à la hâte, et, sans penser s'ils sont appuyés par une seconde ligne, ils se portent spontanément sur le bord du ruisseau, soutiennent sans se rompre cinq charges consécutives de l'ennemi, et font encore en partie volte-face, pour tenir tête à une division de cavalerie qui, ayant passé la rivière sur leur flanc, était venue les attaquer par derrière. Une si vigoureuse résistance donna le temps à l'avant-garde de repasser le Rhin : le marquis de Vaubrun, qui la commandait, fut tué à la première charge, et sa mort fut un bonheur pour l'armée qui n'eut plus qu'un chef. La réunion des deux lignes amena la fin du combat, et cette journée, plus meurtrière pour l'ennemi que pour les Français, permit à ceux-ci de repasser le Rhin sans être inquiétés. Mais les habitans de Strasbourg, que le grand nom de Turenne ne contenait plus, offrirent leur pont à Montécuculli, et le théâtre de la guerre s'établit en Alsace.

La cour ne vit que Condé capable de suppléer Turenne. Le vainqueur de Rocroy, laissant donc Luxembourg pour le remplacer lui-même en Flandre, quitta ce pays, où il faisait une guerre plus utile que brillante, et gagna l'Alsace qui devait le voir, avec une armée moindre que celle de son adversaire, se résigner à demeurer encore sur la défensive. Il n'eut point de honte de reculer quelquefois, d'éprouver de petits échecs, de se retrancher enfin ; « et jugez, dit » madame de Sévigné, ce que c'est que le grand Condé qui se re-» tranche. » Mais enfin des manœuvres dignes de Turenne, avec l'ombre duquel il aurait voulu causer, disait-il, pour être instruit de ses vues, firent lever successivement à Montécuculli les sièges de Saverne et de Haguenau, et de poste en poste le repoussèrent tout-à-fait hors de l'Alsace. Cette campagne importante fut le terme de la carrière militaire de trois grands généraux : de Turenne, par sa mort ; de Montécuculli et de Condé, par leurs infirmités. Le dernier passa les dix dernières années de sa vie à sa maison délicieuse de Chantilly, faisant des voyages peu fréquens à la cour, où, par souvenir de la fronde, il était ordinairement reçu avec un sérieux qui tenait de la froideur. Dans sa retraite, revenu des illusions de la jeunesse, et désabusé des vains systèmes de l'incrédulité, dont longtemps il fut un des ardens fauteurs, il ne calcula plus que les grands intérêts du ciel. Telles furent surtout les occupations de ses deux dernières années. C'est ce qui a fait dire que durant celles-ci il ne fut que son ombre, et que même il ne resta rien de lui. Mais à ce jugement passionné on reconnaît la prévention de Voltaire qu'offusquait l'idée de la religion, et qui, la calomniant dans plusieurs des grands hommes dont l'humanité s'honore, fit de Turenne un hypocrite, de Bossuet un ambitieux, et de Fénélon un incrédule.

Parmi les élèves que formèrent ces grands capitaines, et qui désormais vont occuper la scène, Créqui, l'un des plus marquans, emporté par son impétuosité, vint avec une faible division affronter, à Consarbruck, le vieux duc de Lorraine et celui de Lunebourg qui assiégeaient Trèves. Sa témérité fut punie par une défaite entière : ce fut avec peine que, lui quatrième, il gagna Trèves, où il ne chercha plus qu'à ensevelir son affront. Sourd à toute proposition de se rendre, ses officiers dressèrent malgré lui une capitulation où il refusa d'être compris, et, au grand hasard de sa vie, il fut pris dans une église où il se défendait encore. Il ne lui manquait que cet échec, disait de lui Condé, pour se placer au rang des grands généraux. La prise de Trèves fut le dernier exploit du vieux et bizarre duc de Lorraine. Il mourut sur ces entrefaites, laissant ses droits et ses espérances à Charles V, son neveu, beau-frère de l'empereur, dont il avait épousé la sœur, et déjà connu par divers exploits militaires, qui n'étaient que le prélude d'autres plus considérables. Ce fut lui qui commanda les impériaux en Alsace pendant la campagne suivante.

Dès les premiers jours de celle-ci, les Français s'ouvrirent une nouvelle carrière de gloire sur un élément qui leur était encore peu familier. A peine formés à la tactique navale, ils résistèrent seuls à Ruyter, qui, pour seconder les efforts des Espagnols contre Messine et Agouste, était entré dans la Méditerranée. Le marquis Duquesne déconcerta leurs desseins, le 8 janvier, au combat de Stromboli, et le 21 avril à celui d'Agouste, qui coûta la vie à l'amiral hollandais. Enfin, le 3 juin, le maréchal de Vivonne, quoique avec moins de vaisseaux que n'en comptait la flotte hollandaise, l'ayant attaquée comme elle sortait de Palerme, acheva de la détruire.

Cependant le roi, ayant sous lui Monsieur et plusieurs des maréchaux de France, qu'il avait créés récemment, et que madame de Cornuel nommait plaisamment *la monnaie de M. de Turenne*, était entré en Flandre, et menaçant plusieurs villes à la fois, prit Condé avant que le prince d'Orange pût le secourir. Mais celui-ci arriva devant Bouchain en même temps que le roi. Les deux armées se trouvèrent en présence près de Valenciennes, et si proche l'une de l'autre qu'une bataille paraissait inévitable. Le prince, qui la désirait, quoique inférieur en nombre, était contrarié par les Espagnols qui en redoutaient les suites, et du côté des Français les avis étaient partagés. Le maréchal de Lorges insistait avec vivacité pour le combat; mais Louvois, à qui on a prêté le motif de perpétuer la guerre pour continuer à se rendre nécessaire, s'opposait à une bataille qui pouvait, dit-on, la terminer; ce qui n'est pas très sûr. Quoi qu'il en soit, il représenta qu'elle était parfaitement inutile au dessein de prendre Bouchain, et que l'issue, qui en était incertaine, pouvait être funeste à l'état et au roi. Le monarque ayant laissé apercevoir quelques signes d'approbation, les maréchaux de Schomberg, d'Humières et de La Feuillade, amis de Louvois, se rangèrent à son avis, et il n'y eut point de bataille. Mais l'année suivante, lorsque Monsieur eut battu le prince d'Orange à Cassel, on prétend que le roi regretta d'avoir négligé l'occasion de s'acquérir un honneur pareil, et qu'il ne s'en crut point dédommagé par celui d'avoir pris Bouchain en présence du prince.

Mais ces campagnes de Flandre, qui s'ouvraient d'une manière si brillante, étaient destinées à finir toujours languissamment par les secours que réclamait l'Alsace. C'est ce qui arriva cette année comme les précédentes, et ce qui fit que le roi, abandonnant encore l'armée, la confia au comte de Schomberg. Le prince d'Orange cerna presque aussitôt Maëstricht. Cette ville était défendue par Calvo, l'un des quatre braves dont Louis XIV disait que ses ennemis les respecteraient toujours dans ses places. Les trois autres étaient Montal, Chamilly, et du Fay. Calvo ne manqua point à sa réputation, et cinquante jours de résistance, pendant lesquels le prince d'Orange perdit douze mille hommes, permirent à Schomberg de le dégager.

Luxembourg, si entreprenant lorsqu'il commandait en sous-ordre, parut timide lorsqu'il commanda en chef. A la tête de cinquante mille hommes en Alsace, il était opposé au nouveau duc de Lorraine, qui en avait à la vérité soixante mille. Supposant à son ennemi l'intention de percer en Lorraine, Luxembourg se retrancha dans les Vosges, à la hauteur de Saverne, et donna occasion au duc d'investir Philisbourg. Le prince en couvrit le siége en se fortifiant sur la Lauter, et il n'en abandonna les bords devant les nombreux bataillons de renfort envoyés à Luxembourg, que pour se retrancher de nouveau et d'une manière inattaquable dans un coude formé par le Rhin au devant même de Philisbourg. Du Fay commandait dans la place; mais six mois de blocus et soixante-dix jours d'attaques ayant épuisé ses ressources de tout genre, il ne perdit rien de sa gloire pour avoir été forcé de se rendre. Une diversion de Luxembourg dans le comté de Montbéliard et dans le Brisgau, forçant d'ailleurs les impériaux d'y courir, les empêcha d'avancer en Alsace, et ils se virent obligés de prendre encore leurs quartiers d'hiver sur la droite du Rhin. Dans le Roussillon, les Français et les Espagnols restèrent également sur la défensive; mais dans le nord de l'Allemagne le roi de Suède fut battu et dépouillé par les alliés.

Les états généraux cependant commencèrent à se lasser d'une guerre qui n'était entretenue que par leurs subsides; et, entre les autres puissances belligérantes, celles-ci, dans l'espoir de consolider leurs conquêtes, et celles-là, de recouvrer leurs pertes, aspiraient également à la fin de la guerre. De là un sentiment commun à accepter la médiation offerte par l'Angleterre. Louis XIV, avant de nommer des plénipotentiaires, demandait la liberté du comte de Furstemberg, ainsi que la restitution des sommes enlevées, à Cologne, à ses ambassadeurs, et refusait surtout d'agréer, pour le lieu du congrès, un pays qui fût dans la dépendance de l'empereur. Des termes moyens lui donnèrent satisfaction sur les premiers points. Il l'eut entière sur le dernier, et les plénipotentiaires se réunirent à Nimègue. Le chevalier Temple était à la tête de ceux d'Angleterre; le maréchal d'Estrades, le marquis de Croissy, et le comte d'Avaux, neveu du plénipotentiaire de Munster, étaient ceux de la France. Mais, si le désir de la paix était le vœu général, les prétentions trop divergentes des parties s'opposaient à sa conclusion, et, avant d'y parvenir, il fallut que le sang coulât encore pendant la durée de deux campagnes. Elles firent la gloire du maréchal de Créqui, dont les manœuvres, source d'une grande instruction pour les militaires, rappelèrent celles de Turenne, et firent concevoir la possibilité de le remplacer.

Créqui avait succédé en Alsace au maréchal de Luxembourg, et avec vingt-cinq mille hommes seulement il devait résister aux soixante mille du duc de Lorraine, qui, maître des ponts de Strasbourg et de Philisbourg, attaquait à la fois, cette année, l'Alsace et la Lorraine. Le roi, qui sentait le besoin de faire passer des secours à son général, voulait s'assurer en Flandre de quelques points d'appui qui lui permissent d'y réduire sans inconvénient le nombre de ses troupes. Au moment où on le croyait le plus occupé des plaisirs du carnaval, il part subitement de Versailles, et le 4 mars il était à la tête de son armée. Il investit aussitôt Valenciennes, avant que le prince d'Orange eût pu songer à la secourir, et s'en empare le 17, avant de se douter lui-même que les premiers ouvrages extérieurs fussent emportés. Ce succès inespéré fut dû en grande partie à la conduite aussi prudente que courageuse des mousquetaires, qui avaient été commandés avec d'autres corps pour monter à l'assaut d'un des ouvrages. Cet assaut, par le conseil de Vauban, fut livré en plein jour, contre l'usage ordinaire, contre l'avis du ministre et contre celui des cinq maréchaux qui accompagnaient le roi. Au lieu de se loger simplement après la prise, les mousquetaires pénètrent de ce premier poste dans un autre plus intérieur, baissent le pont-levis qui de celui-ci communique aux autres, et, suivant toujours l'ennemi de retranchement en retranchement sur un premier bras de l'Escaut, puis sur un second plus considérable, s'introduisent avec lui dans la ville. Là, au lieu de se disperser, ainsi qu'on eût pu l'attendre de leur jeune et bouillant courage, ils se retranchent derrière des charrettes, s'emparent des maisons voisines, s'y établissent de manière à n'en pouvoir être chassés, et imposent tellement par leur audace, que le corps de ville intimidé, après avoir donné et reçu des otages, députe vers le roi pour traiter de la reddition de la place.

Sans perdre de temps le roi se porta sur Cambrai, et fit investir Saint-Omer par Monsieur et par le maréchal d'Humières. Le prince d'Orange, qui n'avait pu faire assez de diligence pour secourir Valenciennes, et qui trouva trop de difficulté à s'approcher de Cambrai, marcha vers Saint-Omer. Il était déjà à Cassel, lorsque Monsieur quitta ses lignes pour aller au devant de lui. Guillaume ne redoutait pas l'évènement d'une bataille, et la désirait même. Dans le dessein de s'y préparer, il s'arrêta sur une colline, et fit avancer seulement une partie de sa première ligne pour défendre un ruisseau qui séparait les deux armées, et qui, par les broussailles dont ses bords étaient couverts, masquait le mouvement d'un corps de la droite destiné à ravitailler Saint-Omer. Mais le duc de Luxembourg, que le roi, instruit de la marche du prince d'Orange, venait d'envoyer à son frère, ayant pénétré le dessein de l'ennemi, ne lui laissa pas le temps de l'exécuter; et, faisant attaquer brusquement les détachemens qui gardaient le ruisseau, il les mit dans un désordre qui ne put être réparé par le reste de la ligne, à cause de son éloignement, et qui se communiqua même à la seconde aussitôt que toute l'armée française eut passé le ruisseau. Le prince fit de vains efforts pour les rallier. La perte de quatre mille morts et trois mille prisonniers, c'est à dire de près du quart de son armée, le contraignit à abandonner le champ de bataille. Monsieur donna dans cette action, qui eut lieu le 11 avril, des preuves de courage et de présence d'esprit, qui contrastaient avec les habitudes de mollesse qu'on lui avait données. On prétend que le roi en fut jaloux, et que ce fut la raison pour laquelle son frère n'eut plus de commandement. Quoi qu'il en soit, Saint-Omer s'étant rendu huit jours après, et la citadelle de Cambrai ayant capitulé dans le même temps, le roi et son frère quittèrent l'armée, et le commandement fut laissé au maréchal de Luxembourg.

Créqui, avec une partie de la sienne, observait alors le duc de Lorraine, qui, après avoir gagné Trèves, se dirigeait sur Metz. Par d'habiles manœuvres il embarrassa sa marche, intercepta ses vivres, et l'arrêta trois mois sur les bords de la Sarre et de la Moselle, sans que le prince Charles pût remplir son objet ni trouver l'occasion de le forcer au combat. Le duc tourna alors vers la Meuse, pour seconder au moins le prince d'Orange, qui, ayant refait son armée, avait investi Charleroi, toujours convoitée par lui : mais, dans l'intervalle, Luxembourg fit lever le siége; en sorte que le duc, prévenu dans ses entreprises, se vit contraint de regagner l'Alsace avec une armée harassée de fatigues. Le marquis de Montclar, pendant l'absence de Créqui, avait forcé le prince de Saxe-Eisenach à l'évacuer; et le maréchal eut bientôt le même avantage sur le duc de Lorraine, après qu'il eut battu à Kochersberg, près de Strasbourg, un petit corps de troupes mis en avant par celui-ci dans l'intention d'engager une action générale, que le maréchal eut encore le talent d'éviter. Créqui passa alors lui-même le fleuve, et termina la campagne par la prise de Fribourg.

Louis, que ses triomphes même affaiblissaient, désirait une paix honorable : le prince d'Orange au contraire, malgré les revers des alliés, voyait dans la continuation de la guerre l'affermissement de la puissance stathoudérienne, que cette même guerre lui avait procurée. Louis, devinant sa politique, recommandait dans ses instructions à ses négociateurs à Nimègue, comme une chose de première et absolue nécessité, d'employer tous leurs efforts, caresses, flatteries, espérances, pour le gagner; mais le sombre Guillaume ne se laissa pas prendre à ces amorces. Le roi, dit-on, avait révolté sa fierté en lui faisant proposer, par forme d'insinuation, d'épouser mademoiselle de Blois. Il répondit qu'une fille légitime ne serait pas trop pour lui, et jamais il ne pardonna ce projet au roi de France, dont la gloire d'ailleurs blessait ses yeux jaloux. A la vérité, il eut raison de rejeter cette alliance, puisqu'il s'en procura une plus honorable en recherchant la main de la princesse Marie, fille aînée du duc d'York, nièce de Charles II, et héritière présomptive du trône d'Angleterre, Charles n'ayant point d'enfans, et le duc point d'enfans mâles : alliance bien funeste pour ce dernier, ainsi que pour Louis XIV, qui, sitôt qu'elle fut conclue, en ressentit les fâcheux effets. Le nouvel époux, en effet, détacha d'abord Charles II des intérêts de la France, et l'obligea de se prêter, contre son inclination, à un traité d'alliance avec la Hollande. Ce traité, qui fut signé à Londres le 19 janvier 1678, contenait un plan de paix bien opposé aux intentions de Louis. Celui-ci devait rendre toutes ses conquêtes sur la Hollande, l'empereur et l'empire, et restituer aux Espagnols Ath, Oudenarde, Charleroi, Courtrai, Tournai, Condé, Valenciennes, Saint-Guillain et Binch. Ce plan devait lui être proposé avec l'alternative d'une guerre fédérative contre l'Allemagne, l'Espagne, le Danemarck, la Hollande et l'Angleterre, s'il ne s'y soumettait.

L'effet immédiat de ce projet fut l'évacuation précipitée de Messine par les Français, dont le retour eût peut-être été hasardeux, si les flottes anglaises fussent entrées dans la Méditerranée. A cette mesure près, Louis voulut prouver que, loin d'être dans une situation à recevoir la loi, il était lui-même en état de la donner. A cet effet, partant de Versailles encore plus tôt que l'année précédente, il se rend en Lorraine, menace Luxembourg; et, lorsqu'il a fortement attiré l'attention de l'ennemi de ce côté, une marche accélérée le porte en Flandre, où il investit Gand, point central de la réunion qui devait se faire des alliés, l'emporte en cinq jours, rabat sur Ypres et s'en empare aussi rapidement. Alors il prend l'initiative, fait lui-même des propositions ; et si, par prévention ou par hauteur, elles sont d'abord repoussées, la crainte de progrès plus considérables ne tarde pas à les faire recevoir pour bases au moins d'une négociation, surtout par les Hollandais, les moins intéressés alors à la guerre. Louis, persuadé que de leur permanence dans la ligue dépendait la durée de cette coalition, n'hésita pas, après avoir eu connaissance du traité de Londres, à faire tous les sacrifices qui pourraient le réconcilier avec ses premiers ennemis.

On remarquera que ce traité du 10 janvier, qui devait resserrer davantage le nœud des difficultés, fut précisément ce qui aida à le relâcher. Le roi, s'il attendait qu'on le lui signifiât de la part des puissances coalisées, appréhendait d'être forcé à une paix désavantageuse ou à la continuation d'une guerre qui lui était fort à charge. Les états-généraux, de leur côté, assujettis par le traité à des subsides très considérables, envisageaient que, par là, le principal poids de la guerre allait tomber sur eux ; ils considéraient de plus avec une crainte bien fondée la puissance que le mariage du stathouder allait lui donner dans la république, surtout si la guerre durait. Ils écoutèrent donc avec avidité la proposition que firent les plénipotentiaires français, de rendre à la république ce qui lui avait été pris, et demandèrent, pour travailler plus efficacement à la paix, une suspension d'armes de six semaines.

Dès le premier moment, tous furent d'accord ; mais ils convinrent de ne point laisser pénétrer dans leur bonne intention, dans la crainte que ceux d'entre les coalisés que l'intérêt ou la passion excitait à continuer la guerre, ne missent des obstacles à la conclusion. Et en effet, de peur que les Français et les Hollandais, à force d'explications, ne vinssent à s'accommoder, les alliés firent fixer un terme assez court, après lequel la guerre serait continuée, si la paix n'était pas signée dans cet intervalle ; et ce terme fatal était le 10 août.

Les plénipotentiaires hollandais, qui n'avaient plus à s'occuper sérieusement de leurs intérêts, employèrent leur loisir à faire consentir les Espagnols aux sacrifices qu'on exigeait d'eux. Louis, sous prétexte qu'il avait été attaqué, voulait conserver les conquêtes qu'il avait faites sur eux. C'étaient la Franche-Comté, Valenciennes, Bouchain, Condé, Cambrai, Aire, Saint-Omer, Ypres, Warwick, Warneton, Poperingue, Bayeul, Cassel, Bavay et Maubeuge, avec toutes les appartenances, dépendances et annexes de leurs territoires. Il consentait à rendre Charleroi, Binch, Oudenarde, Courtrai, Saint-Guillain, et Puycerda en Catalogne, dont le maréchal de Navailles, déjà vainqueur du comte de Monterey, dans la campagne précédente, au col de Bagnols dans le Lampourdan, venait de s'emparer au commencement de celle-ci. Mais Louis mettait à cette restitution la réserve d'en faire le gage des Suédois, jusqu'au recouvrement de ce qu'ils avaient perdu eux-mêmes par les armes du Danemarck et de l'électeur de Brandebourg. Cette restriction pensa faire tout rompre, ou plutôt fut encore une politique des plénipotentiaires français, qui circonscrivirent toute la négociation autour de ce point, afin de dérouter ceux des alliés qui voulaient la continuation de la guerre, et qui n'insistaient plus que sur ce seul article, parce qu'ils le jugeaient suffisant pour amener la rupture. Mais quand il ne resta effectivement à transiger que sur ce point, les Suédois, persuadés qu'ils trouveraient dans la puissance de Louis XIV d'autres moyens de restitution, levèrent eux-mêmes la difficulté, en renonçant à l'espèce d'hypothèque que leur avait ménagée le roi. Les Espagnols ne signèrent néanmoins leur traité que six semaines après les Hollandais.

Le secret entre ceux-ci et les Français avaient été si bien gardé, que les autres coalisés, voyant toujours les Français exiger, dans les conférences publiques, les conditions impérieuses que les Hollandais ne devaient jamais accorder, restèrent tranquilles, persuadés que l'obstination réciproque des principales parties causerait la rupture du congrès. Pour fortifier leur crédulité et prévenir les efforts des malintentionnés, les Français imaginèrent de présenter eux-mêmes des conditions qu'ils seraient maîtres de faire disparaître quand il leur conviendrait ; ce qu'ils exécutèrent fort adroitement.

Le premier août, après avoir ratifié avec les Hollandais toutes leurs conventions, les plénipotentiaires français déclarent qu'il leur reste encore deux conditions, dont ils ne peuvent jamais se départir : la première, que leurs hautes puissances feront faire actuellement par le Danemarck à la Suède des restitutions sur lesquelles celle-ci avait paru se relâcher ; la deuxième, que la république enverra une ambassade solennelle au roi de France, qui était à Gand, pour lui faire compliment sur la paix.

Les plénipotentiaires hollandais, qui croyaient tout fini, furent frappés d'étonnement. Ils répondirent qu'après être tombés d'accord sur ce qui les regardait personnellement, ils ne se sont point attendus à se voir arrêtés par des intérêts étrangers qu'on pourra concilier dans la suite. Quant au voyage de Gand, ils déclarent qu'ils le regardent comme un hommage humiliant, auquel il ne se prêteront jamais.

Les alliés, informés de cet incident, ne manquent pas de fortifier cette répugnance. Les Français insistent, montrent beaucoup de mécontentement de ce qu'on s'obstine dans un refus qu'ils qualifient d'injurieux. Les Hollandais continuent à se montrer très irrités d'une demande faite, disent-ils, pour les avilir ; et les alliés, triomphans de la rupture qui va arriver sans aucun effort de leur part, regardent avec satisfaction une lutte qui assure le succès de leurs intentions hostiles.

Tous les jours, depuis le premier août, se passent donc en agitations, en démarches de conciliateurs empressés, qui se fatiguent à trouver des expédiens et portent de l'un à l'autre des moyens conciliatoires ; mais toujours même obstination de chaque côté. Le 9 août arrive ; rien ne s'arrange, même opiniâtreté, plus d'espérance de paix ; on ne songe qu'à se séparer. Les ordres sont donnés pour le départ. Demain, se disent les alliés de Londres en se félicitant, le fatal traité sera signifié à l'orgueilleux Louis XIV. Demain, se disent tristement les hommes de l'assemblée sensibles aux maux de l'humanité, demain seront continuées pour long-temps toutes les horreurs de la guerre.

Le 10, vers neuf heures du matin, les plénipotentiaires français se rendent en grand cortège chez les Hollandais. On croyait qu'ils allaient faire leurs adieux. Après les premiers complimens, après quelques plaintes sur leur persévérance à ne pas vouloir leur accorder le peu qu'on leur demande : « Vous ne tenez donc qu'à cela ? » ajoutent-ils. — Oui, répondent fermement les Hollandais. — « Eh bien ! reprennent gaîment les Français, n'en parlons plus et » signons. »

Aussitôt la joie se répand dans la ville. On ordonne de transcrire les traités. Les secrétaires se mettent diligemment à l'ouvrage. Pendant ce travail, les plénipotentiaires français, ou par égard pour la médiation de l'Angleterre, ou pour jouir de l'embarras du chevalier Temple, chef de l'ambassade anglaise, et le plus ardent à traverser la paix, vont lui proposer de signer le traité chez lui. Il se dit incommodé, les reçoit en malade, les remercie de l'honneur qu'ils lui font, et les prie de l'exempter de cette fatigue. Ils retournent chez les Hollandais, pressent les copistes. Ceux-ci font tant de diligence, que les traités se trouvent prêts avant la fin du 10 août. Ils furent signés entre onze heures et minuit à l'hôtel de France, où les Hollandais s'étaient rendus.

Le prince d'Orange prit sa part du mécontentement des Anglais. Il était alors près de Mons, et se proposait de faire lever le blocus que le maréchal de Luxembourg avait mis devant cette ville. Si près de Nimègue, il ne se pouvait qu'il ignorât le 14 août que la paix avait été signée le 10 ; mais il fit semblant de n'en être pas instruit, et attaqua, près de l'abbaye de Saint-Denis, le maréchal qui se reposait tranquillement sur la notification de la paix que lui avait fait parvenir le comte d'Estrades. Guillaume comptait le battre en le surprenant ; mais il fut battu lui-même, et il ne lui resta que la honte et le remords d'avoir sacrifié inutilement à son dépit la vie de plusieurs milliers d'hommes qui restèrent sur le champ de bataille.

Il y eut deux traités signés à Nimègue avec les Hollandais : l'un, intitulé *de Paix et d'Alliance*, qui leur restituait tout ce qui leur avait été pris, et donnait main-levée au prince d'Orange de la saisie des biens qu'il possédait en France ; le second, intitulé de *Commerce, Navigation et Marine*. Il est composé de trente-huit articles, et peut être regardé comme un code maritime, pour sa précision, sa prévoyance et son exactitude; il mérite d'être mis à côté des règlemens des Rhodiens, qui ont servi de lois aux navigateurs, jusqu'au temps des Romains qui les ont adoptés.

Débarrassés de soins pour eux-mêmes, les Hollandais s'appliquèrent à concilier les puissances belligérantes, et firent à leur tour l'office de médiateurs, sans en avoir le titre. De là naquit une série de traités, dont le plus important pour la France eut lieu entre elle et l'empereur. Celui-ci avait refusé, ainsi que le Danemarck et l'électeur de Brandebourg, d'accéder à la paix. Mais trois combats, où Créqui battit le prince de Bade et le duc de Lorraine, qui s'était approché de Fribourg avec l'intention de reprendre cette ville, l'incendie du pont de Strasbourg, qui avait si souvent donné passage aux impériaux, la prise du fort de Kelh qui le couvrait, et celle de divers autres sur les bords du Rhin, l'invasion enfin de la Westphalie même, pendant que les maréchaux de Luxembourg et de Schomberg s'emparaient du territoire de Clèves et le mettaient à contribution, ramenèrent ces puissances à des dispositions plus pacifiques ; et un traité avec l'empereur fut enfin signé à Nimègue le 5 février. La possession de l'Alsace, que Léopold s'était flatté d'enlever à la France, y fut confirmée à celle-ci, et les plénipotentiaires eurent l'adresse d'éluder toutes les propositions qu'on leur fit au sujet de la restitution des dix villes impériales de cette province dont le duc de La Feuillade s'était emparé, en partie par force, en partie par abus de confiance. Fribourg, ancien domaine de la maison d'Autriche, resta aussi à la France, mais en échange de Philisbourg qui demeura à l'empire. Enfin l'empereur, stipulant pour le duc de Lorraine, abandonnait au roi Nancy et quatre chemins militaires dans la province ; mais le duc ayant protesté contre cet abandon, Louis garda le tout. L'électeur de Brandebourg et le roi de Danemarck furent les derniers à se rendre à une réconciliation qui leur enleva presque toutes leurs conquêtes sur la Suède ; il suffit cependant du peu qu'ils en retinrent, pour que les Suédois mécontens se crussent sacrifiés par la France. Dans ces traités, on se jura *une amitié vraie et sincère*, amitié de traités, dont on jugera bientôt la sincérité par la durée

Dans les années qui ont suivi de près la paix de Nimègue, il s'est passé peu d'évènemens dignes de mémoire, si ce n'est des faits particuliers que l'histoire ne recueillerait pas, s'il ne convenait du moins de les indiquer. Tel fut, par exemple, le mariage du dauphin avec la fille de l'électeur de Bavière, alliance qui fut l'occasion de la disgrace du ministre des affaires étrangères, Arnaud de Pomponne. Le roi attendait avec impatience la nouvelle de cet accord, qui importait autant à sa politique qu'à ses finances. Le courrier qui l'apporta remit ses papiers au ministre, qui était alors à la campagne, et qui y resta encore deux jours. La nouvelle s'ébruita dans l'intervalle, et le roi, en ayant été instruit par une autre voie que par celle de son ministre, lui fit insinuer d'avoir à se défaire de sa charge. Elle fut donnée au négociateur même du mariage, au marquis de Croissy, frère de Colbert. M. de Pomponne était généralement estimé, même par le roi; mais il tenait aux jansénistes, que le roi n'aimait pas; d'ailleurs, depuis la paix de Nimègue, où Louis s'était vu l'arbitre de l'Europe, la vanité du monarque s'était exaltée, et il ne supportait plus qu'avec peine la réserve polie des dépêches et des instructions de son ministre.

« Tout ce qui passait par lui, dit-il dans ses Mémoires, perdait » de la grandeur et de la force qu'on doit avoir en exécutant les » ordres d'un roi de France. »

Mais, parmi les faits que nous recueillons, nous ne noircirions point nos pages du récit qui va suivre, si des personnages importans ne s'y trouvaient impliqués. En 1676, une femme, jeune et belle, de bonne famille, la marquise de Brinvilliers, sans motif de haine et de vengeance, empoisonnait époux, parens, amis, domestiques, et jusqu'à des pauvres à elle inconnus, auxquels, sous prétexte de charité, elle portait dans les hôpitaux des friandises qui devaient leur donner la mort. On n'a jamais su le vrai motif de cette affreuse manie. Elle fut punie par le supplice du feu.

On crut voir renouveler, en 1680, le crime de la marquise de Brinvilliers, par la Vigoureux et la Voisin, deux femmes de mœurs plus que suspectes, dont le manège attira l'attention de la police. Elles vendaient des essences, des poudres, des pommades, des breuvages souverains, disaient-elles, pour la guérison de plusieurs maladies réfractaires à la médecine. Elles se mêlaient aussi de deviner et de prédire l'avenir. Avec ces talens, elles virent arriver chez elles une foule de gens de tous les états, de la cour et de la ville. Leur maison devint un refuge d'intrigue et de séduction. On découvrit que leur commerce ne se bornait pas à des mélanges sains et utiles; qu'il y en avait dont on pouvait faire un très mauvais usage, et que l'amour mécontent, l'ennui d'un long hymen, les fureurs de la rivalité, le désir ardent des richesses, l'appât enfin d'un héritage qui se faisait trop attendre, pouvaient trouver dans leur arsenal des armes très dangereuses. Elles furent arrêtées, et avec elles beaucoup de personnes, tant des premiers rangs que de la lie du peuple. On créa, pour suivre cette affaire, un tribunal qui siégea à l'Arsenal, et qu'on nomma *chambre ardente,* parce qu'il connaissait d'un crime dont la peine du feu devait être la punition. Mais, par les interrogatoires, les juges reconnurent que les griefs reprochés n'étaient la plupart que des questions indiscrètes, tantôt badines, tantôt sérieuses, et excitées plutôt par la curiosité que par l'envie de mal faire. Il se trouva beaucoup plus de personnes abusées que de coupables. On ne punit de ceux-ci avec éclat que quelques misérables sans nom ; mais plusieurs personnes qualifiées subirent la peine de la disgrace ou de l'exil, déchargées du crime à la vérité, mais justement honteuses d'être compromises dans une affaire peu honorable avec des aventuriers, des femmes perdues et la compagnie la plus méprisable.

Deux personnes célèbres eurent part à cette ignominie, le maréchal de Luxembourg et la comtesse de Soissons. Luxembourg, illustré par des victoires, subit l'humiliation de la prison. Il y demeura peu, mais il éprouva la disgrace et l'exil. La comtesse de Soissons, admise autrefois à l'intimité de Louis XIV avec Henriette sa belle-sœur, à la nouvelle que la Voisin venait d'être arrêtée, se sauva en Espagne. La reine, récemment mariée à Charles II, et fille de la malheureuse Henriette, reçut bien l'ancienne amie de sa mère, et lui marqua de la confiance, malgré les conseils de son époux qui s'en défiait. En effet, après avoir bu une jatte de lait que la princesse lui présenta, elle mourut presque subitement, en 1689, dans de grandes douleurs. Très fortement soupçonnée, la comtesse se retira promptement en Allemagne, où elle traîna une vie obscure, et vint mourir à Bruxelles dans le plus grand délaissement, méprisée de tout le monde, et fort peu considérée du prince Eugène son fils.

Elle fut, dit-on, portée à ce crime contre une jeune princesse aimable qui la comblait de bienfaits, par l'ambassadeur de l'empereur Léopold à la cour d'Espagne. Ce chef de la maison d'Autriche allemande ne voyait qu'avec un extrême dépit la prépondérance que la reine, très estimée et aimée de son époux, obtenait à la France dans le conseil de Charles II ; et on a cru que l'ambassadeur, persuadé que son maître lui en saurait gré, jugea à propos de se débarrasser, par l'empoisonnement de la reine, des difficultés qu'elle opposait à la liaison trop intime des deux branches autrichiennes.

Entre les évènemens politiques de la même époque, on doit remarquer l'affaire de la régale. On appelait de ce nom le droit que possédaient les rois de France, à l'exclusion de tous les autres souverains, de jouir, pendant la vacance des sièges épiscopaux, et jusqu'à l'enregistrement du serment des nouveaux évêques, des revenus qui y étaient attachés, et de conférer encore quelques bénéfices qui en dépendaient à des sujets qui n'étaient point tenus de solliciter l'institution canonique des grands-vicaires. Cet usage, purement honorifique pour nos rois, qui, depuis Charles V, abandonnaient ce revenu à la Sainte-Chapelle, et depuis Louis XIII aux successeurs mêmes des évêques décédés, était si ancien, que son origine et ses motifs étaient à peu près inconnus. Mais, par la raison même de son antiquité, et du privilége particulier aux rois de France à cet égard, il était arrivé que ce droit n'atteignait pas certaines églises, qui, autrefois étrangères au royaume, y avaient été depuis réunies. C'était le cas où se trouvaient notamment les archevêques et évêques des provinces de Languedoc, de Guyenne, de Dauphiné et de Provence. Louis XIV, présumant que sa qualité de roi de France lui donnait les mêmes droits sur toutes les églises de sa domination, et s'appuyant d'ailleurs de l'exemple de ses prédécesseurs, et entre autres de celui de François Ier, qui avait assujetti la Bretagne à la régale sans opposition, rendit, en 1673, un édit qui y soumettait toutes les églises de son royaume sans exception (1).

Si quelques évêques, parmi ceux dont les églises étaient exemptes de la régale, crurent pouvoir renoncer sans scrupule à leur privilége, et céder, pour le bien de la paix, à un prince entier dans ses désirs, qui témoignait d'ailleurs une bonne volonté prononcée à l'égard des ministres des autels, d'autres virent dans cette condescendance l'abandon des principes les plus sacrés, et se crurent obligés de les défendre. Tels furent les évêques d'Aleth et de Pamiers, déjà célèbres dans les querelles du jansénisme. Le dernier alla jusqu'à refuser de reconnaître les membres de son chapitre que le roi venait de pourvoir en régale, attendu que l'évêque n'avait point encore fait enregistrer son serment, et même à les excommunier. L'autorité civile appelait comme d'abus de ces mesures violentes, lorsque le pape Innocent XI, respectable par sa piété et par la pureté de ses intentions, mais embrasé d'un zèle austère qui allait jusqu'à la dureté, vint au secours des deux prélats par une bulle qui enchérissait sur les rigueurs de ceux-ci à l'égard des régalistes et de leurs fauteurs. Le parlement en ordonna la suppression, et de là une guerre ouverte entre Rome et la France. Louis XIV ayant consulté sur ce sujet une assemblée du clergé convoquée en 1681, celle-ci émit le vœu d'un concile national, comme la seule autorité qui pût forcer le pape à quelque circonspection; mais le roi ne goûta pas entièrement cet avis, et se borna à convoquer une assemblée générale du clergé, qui fut arrêtée pour le 9 novembre suivant.

Elle était composée de trente-cinq prélats, de deux agens-généraux du clergé, et de trente-cinq députés du second ordre. Bossuet fit le sermon d'ouverture, dans lequel, après avoir établi les fondemens de la prééminence de l'église de Rome et de la préférence qui lui est due, il exposa « l'application constante de l'église gallicane
» à maintenir le droit commun et la puissance des ordinaires, sui-
» vant les conciles généraux et les institutions des saints pères » ;
et proposa à la fin des remèdes qui pussent prévenir les moindres commencemens de division et de trouble.

(1) D'Avrigny, *Mém. dogm.* Choisy, *Hist. ecclés.*

Le 3 février, la nouvelle assemblée adhéra unanimement à l'extension de la régale, moyennant surtout l'abandon que fit le roi, dans un édit du mois de janvier, de toute prétention ultérieure à ce que ces élus en régale fussent dispensés de requérir l'institution canonique. Les évêques, dans la lettre qu'ils adressèrent au pape pour justifier leur adhésion, firent beaucoup valoir cette condescendance comme essentielle, en ce qu'elle touchait à la juridiction spirituelle, et y opposèrent, comme une faible compensation, les nouveaux droits que s'arrogeait le monarque. Ils ajoutèrent, sur l'autorité de plusieurs docteurs et même de divers papes, qu'il était des circonstances où le maintien de la paix devait s'acheter par des sacrifices; que c'était le cas de les faire, lorsqu'ils n'exigeaient qu'un simple changement dans la discipline qui n'intéressait en rien la foi; et qu'enfin ils avaient cru expédient d'éviter, par leur acquiescement aux volontés du monarque, de commettre sa sainteté avec le plus grand des rois, dont la bienveillance d'ailleurs pour l'église et le zèle pour l'extirpation de l'hérésie méritaient qu'on ne regardât pas de si près avec lui. Innocent, peu sensible à ces considérations, cassa et annula tout ce qui avait été arrêté dans l'assemblée, à laquelle il contesta le droit de représenter l'église de France, et témoigna aux évêques qu'il attendait de leur honneur et de leur conscience une rétractation formelle de leur décision.

Mais déjà ceux-ci, prévoyant la réponse du saint siège et l'inutilité de leur démarche auprès de lui, loin de penser à se rétracter, s'étaient engagés plus avant par les quatre fameux articles de la déclaration du 13 mars 1682, portant en substance : « 1° Que le pape » n'a aucune autorité directe ni indirecte sur le temporel des rois, » et qu'il ne peut délier leurs sujets du serment de fidélité; 2° que » la plénitude de la puissance accordée au siège apostolique ne dé- » roge point à ce que le concile de Constance, confirmé par les » papes, par l'église en général, et par celle de France en particu- » lier, a prononcé sur l'autorité des conciles généraux, dans sa » quatrième et sa cinquième session, et que l'église gallicane n'ap- » prouve point ceux qui révoquent en doute l'autorité de ses dé- » crets, ou qui en éludent la force, en disant que les Pères de » Constance n'ont parlé que pour un temps de schisme; 3° que l'u- » sage de la puissance apostolique doit être tempéré par les canons » et par les usages reçus par les églises particulières; 4° enfin, » qu'il appartient principalement au pape de décider en matière » de foi, et que ses décrets obligent toutes les églises; mais qu'ils » ne deviennent cependant *irréfragables* que lorsque l'église les a » adoptés. »

Le roi fit enregistrer aussitôt les quatre articles dans tous les parlemens. Il fut ordonné qu'ils seraient spécialement enseignés dans les écoles de théologie, et les professeurs de ces écoles furent tenus de les souscrire. Le pape, à cette mesure de rigueur, répondit par une mesure d'inertie qui n'en fut pas moins sensible. Ce fut de refuser des bulles à tous ceux qui avaient été membres de l'assemblée du clergé de 1682. Soit que le roi n'eût pas nommé d'autres sujets aux évêchés vacans, soit que ceux qui n'en avaient pas fait partie, et qui furent nommés, eussent défense de se pourvoir de bulles avant les autres, ou qu'ils ne voulussent pas en demander, ainsi que le dit l'abbé de Choisy, il résulta de cette obstination réciproque qu'à la mort du pontife il y avait trente-cinq sièges privés de pasteurs. Les évêques élus par le roi ne laissèrent pas d'administrer leurs diocèses, mais en vertu des pouvoirs qui leur furent conférés par les chapitres; et cet expédient, suggéré par Bossuet, pourvut aux besoins de l'église de France, et prévint le schisme funeste qu'avait fait craindre un différent qui se perpétua pendant douze ans.

L'attention du roi se porta alors sur les régences barbaresques de la Méditerranée : elles infestaient cette mer, et mettaient des entraves au commerce français, qui seul, pouvait guérir les plaies que la guerre avait faites à l'état. Duquesne, chargé du soin de les réprimer, s'en acquitta avec gloire et succès. Alger, deux fois bombardée par lui, à l'aide des galiotes à bombes que venait d'inventer le chevalier Renau, remit entre ses mains les esclaves chrétiens qu'elle possédait encore, reste précieux échappé à la férocité des barbares, qui, dans la rage que leur inspirait le spectacle de destruction répandu autour d'eux, essayèrent de reporter à leur tour la terreur dans l'ame de leurs ennemis, en lançant sur leurs bords, à l'aide de leurs mortiers, les membres épars des malheureux captifs et du consul même.

Gênes éprouva l'année suivante un désastre semblable à celui d'Alger. La république, pendant la dernière guerre, avait fourni secrètement des secours aux Espagnols, et c'était chez ces républicains que les pirates, quoique leurs ennemis, trouvaient, par l'avidité des commerçans, les munitions dont ils avaient besoin. Tout récemment, à la demande du roi, qui désirait avoir un magasin de sel à Savone, pour l'approvisionnement de la ville de Casal qu'il venait d'acheter du duc de Mantoue, elle avait répondu par un refus formel, dans l'appréhension que le monarque, qui semblait s'arroger alors tout ce qui était à sa convenance, n'en prît peut-être occasion de s'assurer de la ville même. Dans cet état mutuel de défiance, un armement de quatre galères, que la république prétendit n'avoir fait que pour la sûreté de ses rivières, et que le roi soupçonna être un secours préparé au roi d'Espagne, qui avait avec lui quelques difficultés et qui avait déjà envoyé une garnison dans la ville, fut le signal de la vengeance de Louis. Le marquis de Seignelai, fils de Colbert, et ministre de la marine, se présenta devant Gênes à la tête d'une escadre formidable que commandait sous lui Duquesne, et, peu satisfait des réponses évasives des magistrats aux demandes faites par lui au nom du roi, il ordonna un bombardement qui dura dix jours, et qui détruisit une partie des édifices fameux qui avaient mérité à la ville le nom de *Gênes la Superbe*. La fierté naturelle aux républicains et l'appui des Espagnols lui firent supporter cette attaque avec courage; mais la menace d'une seconde entreprise fit mollir sa résolution, et la porta à rechercher la médiation du pape. Le crédit du pontife semblait devoir être bien faible à la cour de France; mais le roi, qui fut bien aise de l'obliger, dans l'espoir de l'amener lui-même par ses égards à des sentimens de modération, accueillit ses propositions, et rendit ses bonnes graces à la république, moyennant qu'elle désarmerait ses galères, que la garnison espagnole évacuerait Gênes, et que le doge, nonobstant la loi fondamentale de l'état, qui lui interdisait de sortir du territoire de la ville, serait envoyé, accompagné de quatre sénateurs, porter à Versailles l'assurance de sa soumission. Ils y furent reçus avec une majesté tenant de la hauteur, mais aussi avec toute sorte de politesse et d'égards. Comme on les promenait dans les jardins et les appartemens, dont on leur faisait remarquer la magnificence, Seignelai ayant demandé au doge ce qu'il trouvait de plus extraordinaire à Versailles : « C'est de m'y voir » répondit-il.

A cette même époque, des intérêts plus importans occupaient le roi; il s'agissait d'un arrangement dont les bases avaient été posées dans le traité de Nimègue. « Il y était dit, comme nous l'avons remar-
» qué, que les cessions seraient accompagnées de toutes leurs ap-
» partenances, dépendances et annexes. » Les négociateurs s'étaient flattés que ces réunions se feraient de concert et à l'amiable; mais le roi de France se crut en droit de les régler seul; en conséquence, au commencement de 1680, il établit une chambre souveraine à Besançon, et deux conseils aussi souverains, l'un à Brisach, l'autre à Metz, chargés d'examiner quelles étaient ces appartenances, dépendances et annexes, et de prononcer sans appel sur leur sort. Sitôt que ces cours avaient jugé que tel fief, ville ou province, entrait dans le cercle des cessions, les troupes françaises partaient et s'en emparaient. Le roi de Suède, comme duc de Deux-Ponts, l'électeur Palatin, celui de Trèves, le duc de Wirtemberg et beaucoup d'autres princes moins puissans, furent ainsi dépouillés d'une partie de leurs domaines, et cités à rendre hommage pour d'autres. Le roi d'Espagne se vit inquiété sous ces deux rapports, Louis ayant réclamé sur lui, et l'hommage du duché de Luxembourg, et la propriété même de la ville d'Alost et de son territoire, qu'il prétendit faire partie des concessions de Nimègue.

Cette procédure brusque et presque arbitraire excita les réclamations des souverains et des vassaux qui se croyaient lésés. Pour apaiser les premières clameurs, Louis XIV consentit à une espèce de congrès et à des conférences qui eurent lieu à Courtrai en 1681; mais il n'en poursuivit pas moins ses formules de réunion, qui lui donnèrent pacifiquement, en moins de quatre ans, plus de pays qu'il n'en aurait obtenu par la guerre la plus heureuse.

On doit mettre au nombre de ces conquêtes, ou de ces usurpations importantes, la ville de Strasbourg. Cette ville, ainsi que les dix autres villes impériales de l'Alsace conquises par le duc de La Feuillade, avaient refusé jusqu'alors de reconnaître la souveraineté accordée à la France sur cette province par le traité de Munster. Les dernières avaient cédé enfin en 1680; Strasbourg seule se maintenait encore dans son indépendance. Au moment où elle s'y attendait le moins, Louvois se présente devant la place, à la tête d'une armée de vingt mille hommes, commandée par le marquis de Montclar, et formée de divers détachemens qui avaient été répandus aux environs, sous prétexte de travailler aux fortifications des villes acquises par le traité de Nimègue. La surprise, les menaces et la séduction, employées de concert, l'eurent bientôt amenée à une capitulation. Elle avait eu lieu le 30 septembre 1681. Un gouvernement municipal fut conservé aux habitans, ainsi que leur religion et leurs temples, sauf l'église de Notre-Dame, qui fut rendue aux catholiques.

Les Hollandais, voisins du théâtre de ces invasions, firent pour en arrêter le cours une ligue avec l'empereur, l'Espagne, la Suède et les cercles de l'empire les plus exposés. Elle fut signée le jour même de la prise de Strasbourg. Toutes ces puissances se contentèrent de s'allier sans agir, et aussi sans cesser de murmurer et de se plaindre. Un nouveau congrès fut indiqué à Francfort, puis transféré à Ratisbonne. Mais les Espagnols, outrés de voir les Français lever, sous prétexte de dépendances, des contributions jusqu'aux portes de Bruxelles, repoussèrent à main armée les exacteurs, et les hostilités commencèrent. Le maréchal d'Humières s'empara de Courtrai et de Dixmude à la fin de 1683, et le maréchal de Créqui de Luxembourg au commencement de l'année suivante. L'Espagne était trop faible pour se mesurer seule avec la France, et l'empereur, assez embarrassé à défendre sa capitale contre les Turcs qui la menaçaient, était pour elle un allié inutile. Ces circonstances ramenèrent les négociations et portèrent l'Espagne à faire de nouveaux sacrifices. Elle crut mettre son honneur à couvert en consentant à une trêve de vingt ans, à laquelle accédèrent la Hollande et l'empereur. Celle-ci fut signée à Ratisbonne au mois d'août, et autorisa Louis XIV à conserver, pendant sa durée, Luxembourg, Strasbourg, et toutes les réunions prononcées par ses chambres souveraines jusqu'au premier août 1681.

Les Turcs n'avaient pas attendu l'expiration de la trêve de vingt ans, conclue après la journée de Saint-Gothard, pour pénétrer de nouveau en Hongrie. Près de trois cent mille hommes, sous le commandement du présomptueux grand-visir Kara Mustapha, l'inondèrent de toutes parts, et pénétrèrent même jusqu'à Vienne, dont ils firent le siège. La vigoureuse résistance du comte de Stahremberg, pendant neuf semaines, permit au roi de Pologne, Jean Sobieski, aux électeurs de Saxe et de Bavière et à l'armée des Cercles, de joindre le prince Charles de Lorraine, qui avait été contraint de reculer devant ce torrent. Ils arrivèrent lorsque la place était réduite aux dernières extrémités. Mais ils agirent aussitôt, et il suffit presque des seules dispositions des généraux pour opérer la délivrance de la capitale de l'Autriche. En effet, le combat qui se livra sous les murs de Vienne, le 12 septembre 1683, et où les Turcs furent mis dans une déroute complète, coûta peu d'efforts et de sang. Six cents chrétiens seulement et huit cents Turcs y perdirent la vie. La guerre néanmoins se perpétua encore seize ans, et ne finit que par le traité de Carlowitz, en 1699. Quelques jeunes seigneurs français, malgré les démêlés entre l'empereur et la France, voulurent, en cette occasion, essayer leur courage contre les infidèles. De ce nombre fut le jeune prince Eugène de Savoie, âgé alors de dix-sept ans, fils de la comtesse de Soissons, et petit-fils du prince Thomas. Sur le refus que lui avait fait Louis XIV d'abord d'une abbaye, lorsqu'il portait le petit collet, puis d'un régiment lorsqu'il le quitta, il s'attacha au service de l'empereur. « Ne trouvez-vous pas, dit à » cette occasion Louis XIV à quelques uns de ses courtisans, que » j'aie fait là une grande perte? » C'est ce que l'avenir lui apprit à ses dépens.

La reine eut le désagrément de voir s'élever et s'échauffer, entre son frère et son mari, les contestations sur les réunions dont le traité de Nimègue était plutôt le prétexte que le motif, et n'eut pas la consolation d'en voir la fin; elle mourut en 1683. Ornée de toutes les vertus de son sexe, Marie-Thérèse a été surtout un modèle de patience à souffrir les infidélités de son époux, qu'elle ne cessa d'aimer tendrement. Louis XIV dit au moment de sa mort : « Jamais » elle ne m'a causé d'autre chagrin. »

Elle descendit dans le tombeau au moment le plus brillant de Louis XIV. Monté sur le trône en 1643, on ne doit cependant commencer l'histoire de son règne, quant à l'administration, comme nous l'avons dit, qu'à la mort de Mazarin, en 1661. C'est dans ces vingt-trois années, jusqu'à 1684, que se place ce qu'il a fait de plus mémorable pour la gloire et l'utilité de son royaume. Le commerce languissait; il le porta jusqu'en Asie et en Amérique, par l'établissement des compagnies des Indes et les secours donnés à nos colonies naissantes des Antilles et au Canada; il le fit circuler librement dans l'intérieur du royaume, par les rivières qu'il rendit navigables, et les grandes routes qu'il ouvrit; il creusa le canal de Languedoc, qui réunit les deux mers; établit des manufactures en tout genre; enleva à Venise ses glaces, à la Flandre ses tapisseries, à la Turquie ses tapis superbes; créa la marine, rendit sa protection utile au commerce et sa force redoutable aux ennemis; encouragea l'agriculture, procura l'abondance, réforma le droit français, corrigea les lois, en établit de nouvelles ; réprima la fureur des duels, et rendit les dignités ecclésiastiques le prix de la capacité et de la vertu.

Les académies des belles-lettres, des sciences, de peinture, de sculpture et d'architecture, lui doivent leur origine. Il fit venir à grands frais des modèles de Rome, et il fonda une école où ses sujets, jugés dignes de cette faveur, allaient se perfectionner. De leurs ateliers sortirent des chefs-d'œuvre qu'il payait noblement, et dont il embellissait ses palais et ses jardins. Il favorisa les savans, tant régnicoles qu'étrangers, leur assigna des récompenses, voulut être le protecteur des académies française, des belles-lettres et des sciences. Enfin l'astronomie lui doit l'Observatoire, le Louvre son péristyle, Paris sa police, les troupes leur discipline, nos côtes des ports sûrs, nos frontières des forteresses, et la nation entière l'hôtel des Invalides, monument d'humanité, où les victimes du dévoûment à la patrie, entretenues dans un repos honorable, bénissent encore aujourd'hui sa mémoire. Colbert, enlevé à la France la même année que la reine, a des droits sans doute à la louange que méritent tant d'utiles établissemens, qui, en grande partie, furent l'ouvrage de son zèle et de ses méditations ; mais la gloire qu'il en doit recueillir ne saurait effacer celle qui revient au monarque pour l'acquiescement ferme et éclairé qu'il y donna, et qui seul pouvait procurer la vie aux spéculations du ministre.

Si on ajoute à ces faits la préséance assurée à la France, et solennellement reconnue par l'Espagne, Alger bombardée, ses corsaires et ceux de Tunis réprimés et punis, le royaume agrandi, des entreprises nobles et hardies couronnées du succès, des alliances utiles obtenues ou exigées, des victoires et des conquêtes éclatantes, on ne sera pas surpris qu'après la paix de Nimègue, l'époque la plus glorieuse de son règne, ses peuples lui aient décerné le nom de *Grand*. Quant aux puissances étrangères, les unes l'adoptèrent et les autres le rejetèrent selon leurs dispositions favorables ou contraires. La postérité l'a confirmé, si c'est le confirmer que de l'employer.

En rendant justice au monarque, il convient de ne pas dissimuler les faiblesses de l'homme. Le roi n'avait rompu avec madame de La Vallière que pour se rengager dans les fers plus pesans de madame de Montespan. La première avait été insensiblement abandonnée ; et, à l'époque de la guerre de Hollande, Louis ne tenait plus à elle que par un reste d'habitude et par le lien de leurs enfans. Elle s'en apercevait, et l'amour qu'elle ne pouvait encore arracher de son cœur lui faisait supporter avec patience, d'abord l'égalité, ensuite la préférence accordée sous ses yeux à sa rivale. L'aveu de ses chagrins lui échappa en présence d'une personne témoin, comme elle, de quelques preuves d'une mutuelle tendresse que se donnaient les objets de sa jalousie : « Quand j'aurai de la peine aux Carmélites, lui » dit-elle, je me souviendrai de ce que ces gens m'ont fait souffrir. »

Tel était en effet le dessein qu'elle avait formé d'ensevelir dans un cloître ses chagrins, ses plaisirs, et jusqu'à leurs souvenirs, s'il eût été possible. Ce ne fut pas une résolution subite ; elle y pensait depuis long-temps ; mais au moment de l'exécution elle éprouva des combats, causés en partie par la diversité des opinions. Les plus dévots de la cour, à la tête desquels était le duc de Beauvilliers, l'exhortaient à donner un grand exemple. D'autres, moins sévères, lui conseillaient de se retirer simplement dans une communauté, pour y vivre religieusement, mais sans engagement. Sa mère aurait désiré qu'elle eût tenu son rang et sa maison avec elle, et qu'elle eût élevé ses enfans sous ses yeux : mais le roi n'estimait point cette femme, qu'il ne croyait pas propre à sauver la réputation de sa fille des dangers d'une pareille situation ; et celle-ci pensait elle-même qu'il lui fallait des liens qui l'attachassent irrévocablement à la vertu. On lui proposa donc de choisir, en prenant le voile, un ordre où elle pourrait parvenir aux dignités que le cloître n'exclut pas. Elle répondit modestement que, « n'ayant pu se conduire elle-» même, elle ne devait pas songer à conduire les autres ». Il se présenta des mariages ; mais Saint-Simon soupçonne à Louis cette pensée orgueilleuse : « Qu'après avoir été à lui, il ne devait souffrir » qu'elle pût être à personne qu'à Dieu ; et, dit le même auteur, » s'il ne prononça pas, il vit avec plaisir son sacrifice, et la victime » se dévoua avec un entier abandon. »

Le 19 avril 1674, elle reçut les adieux de la cour chez madame de Montespan, y soupa, entendit le lendemain la messe du roi, monta dans son carrosse, et s'ensevelit pour toujours, à l'âge de trente ans, dans le couvent des Carmélites de la rue Saint-Jacques, où elle fit profession, le 4 juin de l'année suivante, en présence de la reine et de toute la cour, sous le nom de sœur *Louise de la Miséricorde*. Elle y a vécu trente-six ans, dans les exercices les plus exacts et les plus pénibles de la vie religieuse, dont elle eut aussi les consolations. Madame de Montespan les allait quelquefois chercher auprès d'elle. « Est-il vrai, lui dit-elle un jour, que vous » soyez aussi aise qu'on le dit ? — Je ne suis pas aise, lui répondit » la vertueuse carmélite, mais je suis contente. » Expression qui marque le calme d'une bonne conscience, même sous le poids de l'affliction.

Madame de La Vallière laissa une fille, mademoiselle de Blois, mariée depuis au prince de Conti, et Louis de Bourbon, comte de Vermandois. Ce jeune prince, livré après la retraite de sa mère à des instituteurs peu capables, devint hautain, présomptueux, libertin, au point que le roi le bannit de sa présence. Il commençait cependant à rentrer en grace, lorsqu'une maladie aiguë l'emporta, en 1683, au camp de Courtrai, dont on faisait le siège. Bossuet, qui, dans le discours prononcé à la profession de madame de La Vallière, l'avait exhortée à son premier sacrifice, fut encore chargé de la préparer à la mort de son fils. » Hélas ! dit l'humble pénitente en l'apprenant et en se prosternant devant son crucifix, faut-il, mon Dieu, que je pleure sa mort avant que d'avoir assez pleuré sa naissance ! »

Depuis la retraite de madame de La Vallière, Louis XIV était toujours en proie à sa malheureuse passion pour madame de Montespan, mais puni par cette passion même de ses excès. Echappé à l'effervescence de la jeunesse, arrivé à l'âge où la fougue des passions s'amortit, et ne laisse de vigueur que celle qui commence à s'accorder avec la tempérance et dispose aux réflexions, Louis XIV, toujours fidèle à la religion, malgré ses écarts, éprouvait auprès de madame de Montespan des alternatives de tendresse et de repentir. Quelquefois ils se rencontraient l'un et l'autre dans le dessein de mener une vie plus réglée, et il en arrivait des séparations assez marquées pour que la cour en fût édifiée ; quelquefois le remords cédait à l'appas du plaisir, et le scandale recommençait. A la fin, la honte des rechutes saisit le roi, et madame de Montespan, pour ne pas déplaire au père de ses enfans, fut obligée de dérober aux yeux du public la naissance des deux derniers qu'elle eut de lui, avec autant de soin qu'elle en avait employé à cacher celle des premiers.

Elle était aidée dans ces pénibles précautions par la veuve Scarron, à laquelle elle avait confié la garde et l'éducation de ses enfans. Cette femme étonnante, petite-fille de Théodore-Agrippa d'Aubigné, également distingué comme guerrier et comme écrivain satirique, naquit en prison, où son père, dissipateur infatigable, était retenu pour dettes. Traînée de France en Amérique, ramenée d'Amérique en France par sa mère, femme respectable qu'elle perdit de bonne heure, et toujours poursuivie par la misère, elle fut réduite à l'âge de seize ans à épouser pour vivre le poète Scarron, célèbre par ses ouvrages burlesques, accablé d'infirmités, contrefait, podagre, toujours cloué sur un fauteuil de douleur, et toujours gai dans cet état de souffrance continue. Rarement elle quittait le pauvre paralytique, comme elle l'appelait. Quand il se portait mal, elle était sa servante, et, quand il était rétabli, sa compagne, son secrétaire ou son lecteur. Elle prit auprès de lui l'habitude de bien compter et d'écrire avec la plus grande facilité : elle apprit le latin, l'italien, l'espagnol, et on aurait dit qu'elle ne savait que sa langue.

Scarron la laissa veuve à l'âge de vingt-cinq ans, absolument dénuée de tout bien et dans l'éclat d'une beauté parfaite. Madame de Montespan la rencontra sollicitant une pension. Elle l'avait connue dans la société, et ne put la revoir sans se rappeler son mérite. Alors elle cherchait une personne à qui elle pût confier le fruit de ses amours avec le roi. Nulle ne lui parut plus propre à ce ministère que cette veuve, et elle l'établit gardienne de ses enfans. Le roi les allait voir quelquefois. Il trouvait auprès d'eux la gouvernante, et ne goûtait pas d'abord ce qu'il appelait sa pruderie. Son air d'improbation, à la vue des empressemens qui échappaient quelquefois aux amans en sa présence, lui déplaisait. Cependant il s'y accoutuma, s'habitua aussi à s'entretenir familièrement avec elle des bourrasques d'humeur qu'il éprouvait de sa maîtresse, et à en entendre même des remontrances. La fonction de garde des enfans, qui étaient appelés de temps en temps auprès de leur père, introduisit insensiblement leur conductrice à la cour. Elle avait quarante ans quand elle y parut pour la première fois, en 1675, sous le nom de madame de Maintenon, que lui donna publiquement le roi, de celui d'une terre, près de Chartres, qu'elle avait acquise des gratifications du monarque.

Il se détachait insensiblement de madame de Montespan. Une nouvelle inclination qu'il forma hâta leur séparation. Il parut à la cour une fille de condition, parfaitement belle, âgée de dix-huit ans, ornée de tous les talens agréables. Louis XIV en fut épris jusqu'à oublier près d'elle la gravité de son âge et de son rang. A quarante-deux ans, il s'abaissa au personnage d'un jeune amoureux, se remit dans les fêtes, monta à la favorite une maison superbe, et lui donna le titre de duchesse de Fontanges. Elle eut un fils qui mourut peu après sa naissance, et la mère tomba elle-même dans une langueur mortelle.

L'exemple de cette infortunée, s'attachant à la vie à mesure qu'elle lui échappait, s'excitant au remords et pouvant à peine se persuader qu'elle dût en avoir, est une leçon pour la jeunesse éblouie qui se laisse égarer, et un reproche aux corrupteurs opulens qui abusent de l'inexpérience. Ses derniers momens furent mêlés de larmes, de retours amers sur le passé, et de ces espérances que laisse une faute qui ne provient pas du vice. Elle demanda, près de mourir, à voir le roi. Il refusait, de crainte d'attendrissement: cependant il céda. Dans quel état il la trouva! pâle, décharnée, à peine reconnaissable. Elle l'envisage avec une espèce d'avidité, lui fait un adieu touchant, et le prie de marier sa sœur, pour qui elle craignait apparemment un sort pareil au sien. Le roi le promit, et à sa promesse il vit le visage de la mourante se colorer des derniers rayons de la joie. Elle lui serra la main, et expira à peine âgée de vingt ans, le 28 juin 1681.

Madame de Montespan, qui en était jalouse, montra une joie indécente. Le roi en fut choqué. Il l'avait déjà répudiée dans son cœur, il la força, par ses froideurs, à s'éloigner de sa présence. La mort de la reine marqua l'époque de cette rupture. On dit que la pieuse princesse mit en mourant sa bague au doigt de madame de Maintenon, et qu'elle sembla indiquer ainsi au roi un choix qui était déjà fait dans son cœur. Pour madame de Montespan, elle vécut à Paris, rejetée de son mari qui ne voulut pas la voir. On la rencontrait quelquefois dans les hôpitaux, où elle répandait les aumônes; mais on met encore en problème si la publicité de cette espèce d'amende honorable marquait dans la marquise délaissée un repentir aussi vrai que l'austère retraite de La Vallière.

Un autre problème, qui n'est pas encore résolu sans objection, c'est de savoir quand Louis XIV a épousé madame de Maintenon. Les plus fortes raisons font croire que ce mariage a existé, et qu'il a été célébré à la fin de 1685, sans doute sous le sceau du plus grand secret : et ce n'est pas un petit sujet de louange pour madame de Maintenon de l'avoir si bien gardé qu'il n'en est resté aucun témoignage positif. Comme son époque coïncide à peu près avec la révocation de l'édit de Nantes, on a présumé que, jouissant du plus grand empire sur l'esprit du monarque, elle eut une grande part à cet évènement ; mais les détails qu'on est obligé de donner sur un fait aussi important, vont faire connaître que cette résolution était prise depuis long-temps, et l'on a des preuves qu'elle conseilla toujours, au contraire, les voies de douceur. « Soyez favorable aux
» catholiques, écrivait-elle à d'Aubigné, son frère, et ne soyez point
» cruel aux huguenots ; ils sont dans l'erreur, mais dans une erreur
» où nous avons été nous-mêmes, où a été Henri IV, où sont en-
» core plusieurs grands princes. Jésus-Christ a gagné les hommes
» par la douceur : c'est aux prêtres à convertir ; Dieu n'a pas donné
» aux soldats charge d'ames. »

Louis XIV, en montant sur le trône en 1646, confirma en général les priviléges des réformés ; mais dès lors on y mit toutes les restrictions que Louis XIII y avait apportées. En partant de ce point, Louis XIV alla beaucoup plus loin ; d'abord par des degrés insensibles, ensuite par des coups de vigueur plus ou moins précipités, qui, sans bruit et sans éclat, amenèrent la dernière catastrophe.

Tout ce que la cour put imaginer pour faire, parmi les protestans, des prosélytes à la religion catholique, fut employé : faveurs de toute espèce aux nouveaux convertis ; exemptions de tailles, de tutelle, de contributions locales et autres sujétions ; surséances pour le paiement des dettes ; affranchissement même du droit paternel, et permission aux enfans convertis de se marier sans le consentement de leurs parens calvinistes ; préférences pour l'admission aux charges et aux emplois dans la robe, la finance et le commerce, et même pour les grades militaires.

A ces priviléges pour les nouveaux convertis, succédèrent les exclusions pour ceux qui persistaient dans leur religion. Dans les commencemens, on se contenta de défendre qu'ils fussent admis à des fonctions publiques lucratives, ou simplement honorables, fonctions municipales, judiciaires, doctrinales et même mécaniques ; ensuite on ordonna à ceux qui y avaient été admis auparavant d'y renoncer. Ainsi ils furent exclus des corps de métiers, des maîtrises, des apprentissages, du barreau, et il ne leur fut plus permis d'être sergens recors, huissiers, greffiers, procureurs, à plus forte raison, juges et avocats. Les chambres de l'édit furent supprimées; on leur interdit aussi les fermes du roi et tout ce qui y a rapport, même les emplois subalternes; leurs noms furent rayés des matricules des universités, des rôles de la maison du roi, de celles des princes et de toute la famille royale. On retrancha non seulement aux officiers, mais aux veuves et à leurs enfans opiniâtres, les pensions, les honneurs, le droit de noblesse, et les autres distinctions ordinairement attachées à ces places. Enfin il ne leur fut plus permis de pratiquer la médecine, la chirurgie, la pharmacie, ni même d'exercer l'état de sage-femme.

C'était peu d'inquiéter le troupeau, si on ne frappait les pasteurs; mais le temps n'était pas encore venu de les proscrire. On les gêna seulement dans leurs personnes et dans leurs fonctions; le ministère fut interdit aux étrangers; on défendit aux pasteurs de s'entremettre d'affaires publiques, de porter l'habit ecclésiastique, de s'intituler *ministres de la parole de Dieu;* d'appeler leur religion *réformée*, sans y joindre le mot *prétendue*; de faire corps, et d'aller en cette qualité saluer et haranguer les personnes de distinction, d'avoir dans les temples des bancs élevés pour les magistrats de leur religion, de les orner de tapis aux armes du roi ou de la ville, et de leur faire cortège en entrant dans le temple ou en en sortant. Il ne leur fut plus permis de faire le prêche ailleurs que dans le lieu ordinaire de leur résidence, ou de le faire en plus d'un lieu, sous prétexte d'annexe; d'exercer hors des temples, et plus de trois ans dans le même endroit; d'entrer chez les malades, de peur qu'ils ne les empêchassent de se convertir; de visiter les prisons, de rien laisser échapper dans leurs sermons contre la religion catholique, et de célébrer les baptêmes, les mariages, les enterremens, avec un éclat qui pût attirer de la considération à leur ministère.

Quant aux consistoires et aux synodes, la cour diminua leur pouvoir en les rendant moins fréquens, en y envoyant des commissaires, en se faisant instruire des délibérations, et en interdisant la connaissance de certaines affaires. Elle sapa encore mieux leur autorité, en ôtant à ces assemblées la collecte, le maniement et l'application des deniers, et en transférant aux hôpitaux catholiques les legs ou donations qui se faisaient aux consistoires. Le crédit que donne la science fut aussi retranché, autant qu'il se peut, par la défense à leurs maîtres d'enseigner les langues, la philosophie et la théologie, par la destruction de plusieurs écoles fameuses, entre autres du collège de Sedan, où les belles-lettres fleurirent long-temps, et d'où sont sortis des savans célèbres.

Assujettis dans les villes à respecter les rites catholiques, à s'abstenir du commerce et du travail les jours de fêtes, à saluer le saint Sacrement lorsqu'on le portait aux malades ou à se cacher, et à beaucoup d'autres pratiques qu'ils prétendaient blesser leur conscience, les calvinistes se réfugiaient dans les campagnes, où les seigneurs de leur religion les admettaient aux prêches dans leurs châteaux; mais la cour les priva bientôt de cette ressource, en fixant le nombre et la qualité de ceux qui pouvaient être reçus à ces prêches, et en disputant même à plusieurs seigneurs le droit d'en avoir, ce qui menait à interdire les ministres, à les chasser comme inutiles, et à abattre les temples. On en comptait déjà plus de sept cents détruits, par différentes raisons, avant la révocation de l'édit de Nantes.

Par ces ruines on peut juger de l'édifice. Quelque bien ordonné qu'il fût, quelque solidement qu'il eût été construit, tant de coups l'avaient ébranlé; il ne subsistait plus qu'à l'aide d'un faible étai, que la politique de la cour n'avait conservé que pour saper le reste avec plus de sûreté. Cet unique appui était l'édit de Nantes, dont le nom servait à autoriser les restrictions faites aux priviléges des calvinistes et les nouvelles lois qu'on leur imposait. Il n'y eut presque aucun des règlemens cités dont le préambule n'assurât qu'il était fait en interprétation de l'édit de Nantes: mais, sitôt que le moment de ne plus employer cette ruse fut venu, Louis XIV le révoqua, le 22 octobre 1685 par un autre édit enregistré le même jour, et composé de onze articles.

Le premier supprime tous les priviléges accordés aux prétendus réformés par Henri IV et Louis XIII. Le deuxième et le troisième interdisent l'exercice de leur religion par tout le royaume, sans exception. Le quatrième ordonne à tous les ministres de sortir de France sous quinzaine. Le cinquième et le sixième fixent des récompenses pour ceux qui se convertiront. Par le septième il leur est défendu de tenir des écoles; et par le huitième il est enjoint aux pères, mères et tuteurs, de faire élever leurs enfans et leurs pupilles dans la religion catholique. Les neuvième et dixième promettent amnistie et restitution de leurs biens aux émigrans qui reviendront sous quatre mois. Enfin le onzième renouvelle la menace des peines afflictives déjà prononcées contre les relaps, et permet néanmoins aux calvinistes de demeurer dans leurs maisons, de jouir de leurs biens, de faire leur commerce sans qu'on puisse les inquiéter sous prétexte de religion, pourvu qu'ils ne s'assemblent pas pour l'exercer.

Cette dernière concession, qui accordait une espèce de liberté de conscience, fut étrangement violée par le zèle outré de quelques personnes en place; il occasionna les vexations auxquelles on donna le nom de *dragonnades*. Comme le roi, en envoyant son édit dans les provinces, recommandait aux commandans, gouverneurs et intendans, la plus grande fermeté dans l'exécution, plusieurs se crurent autorisés à employer la violence, comme un moyen plus court, plus facile et peut-être plus efficace que l'instruction. Dans cette idée, ils faisaient accompagner les missionnaires par des soldats nommés *dragons*. Ceux-ci, sous prétexte de chercher les calvinistes pour les mener aux catéchismes et à la messe, se répandaient dans les maisons, s'y établissaient comme en pays ennemi, pillaient les meubles, consommaient les provisions, et se portaient souvent aux derniers excès d'indécence et de cruauté. Ces mauvais traitemens persuadèrent aux réformés qu'on avait résolu de les exterminer, et cette idée leur fit prendre en foule la fuite hors du royaume. On compte qu'il en sortit plus de deux cent mille, malgré les ordonnances qui interdisaient l'émigration sous peine des galères et de confiscation de biens, et qui annulaient les ventes faites par les émigrans un an avant leur fuite.

La France gémit encore de la désertion de ses enfans. La perte qu'elle fit alors est certaine, au lieu que la guerre civile et les autres maux qu'on a voulu prévenir pouvaient ne pas arriver. On peut dire même qu'immédiatement avant la révocation, le calvinisme était presque réduit à n'être plus en France que l'ombre de lui-même, et qu'il avait été amené à ce point, autant par les faveurs que le monarque, libre dispensateur des graces, accordait aux convertis, que par les entraves mises de temps en temps à l'exercice de la réforme. Il suffisait donc à la politique du prince de suivre patiemment ce plan pacifique, qui aidait la volonté sans la contraindre, pour continuer à affaiblir le calvinisme par de perpétuelles désertions. Les voies de rigueur, au contraire, si déplacées en matière de conscience, réveillèrent un zèle qui commençait à s'assoupir, détruisirent tout espoir de rapprochement entre des frères dont peu de générations auparavant les ancêtres professaient une croyance uniforme, croyance qui, par le privilége de la vérité d'être une et constante, pouvait encore les réunir : elles ajoutèrent enfin aux préventions et à la haine des nations protestantes contre la France, et justifièrent par un exemple contagieux les vexations dont elles usèrent à leur tour contre les catholiques. Au reste, à balancer les espérances par les craintes, tant de précautions employées inutilement pendant cent cinquante ans pour procurer la paix, tant de traités rompus, tant de calamités, suites funestes d'une division toujours existante, de quelque côté qu'en soit la faute, ou des catholiques trop intolérans, ou des réformés qui voulaient trop s'étendre, montrent bien que, sans une habileté peu commune dans le gouvernement, ces deux religions ne pouvaient subsister ensemble avec une égale solennité.

Il y eut beaucoup de variations dans les édits qui suivirent la révocation. Les uns permettaient de sortir du royaume, d'autres le défendaient et l'accordaient de nouveau. Quelques uns statuaient des peines sévères contre les opiniâtres, et presqu'en même temps il en paraissait qui accordaient des graces et donnaient des espérances. Il semblait qu'on ne suivît ni règle ni système : cependant, ou le moment fut habilement saisi, ou les mesures furent bien prises, puisqu'il n'y eut aucune émeute considérable. Les réformés cédèrent à l'autorité armée de la force, et cessèrent dans toutes les villes leurs assemblées religieuses. Ils ne se réunirent plus que dans des lieux sauvages, des bois épais, des grottes inaccessibles, où quelques ministres échappés à la vigilance des magistrats venaient faire la cène, et exhorter leurs prosélytes à la persévérance. C'est ce qu'on a nommé les *assemblées du désert*.

Elles se multiplièrent dans les provinces éloignées de la capitale, et surtout dans les endroits de ces provinces hors de la portée des villes. La guerre qui a suivi la révocation, et pendant laquelle Louis XIV a eu presque toute l'Europe contre lui, ralentit à cet égard l'attention de la cour, soit qu'elle fût distraite par des objets plus importans, soit qu'elle appréhendât que trop de gêne ne portât les calvinistes à la révolte. Quoi qu'il en soit, cette tolérance volontaire ou forcée apaisa peu à peu le ressentiment des classes aisées de la société; mais l'ancien fanatisme ne cessa de couver dans le sein des classes inférieures; et, vingt ans après la révocation, on le vit éclater dans les montagnes des Cévennes, limitrophes du Languedoc, parmi des frénétiques furieux connus sous le nom de *camisards*, parce que, dans leurs expéditions, ils portaient des chemises par dessus leurs habits. Endoctrinés par des ministres enthousiastes, ils s'imaginaient être inspirés, se croyaient prophètes, et autorisés par la voix intérieure de l'esprit à prendre les armes pour la défense de leur religion. Ils déclarèrent surtout la guerre au clergé. Comme c'étaient des paysans brutaux, il n'y a point de cruautés qu'ils ne se permissent contre les prêtres et les religieux. Ils en mutilèrent et massacrèrent un grand nombre, pillèrent les abbayes, brûlèrent les églises, et renouvelèrent toutes les horreurs des premières guerres de religion. Les Anglais et les Hollandais leur fournirent des munitions, et firent passer des officiers pour les discipliner. Après avoir inutilement tenté de les retenir par des punitions exemplaires, Louis XIV envoya contre eux, en 1703 et en 1704, des troupes réglées qui n'eurent que des succès médiocres; il les soumit enfin, mais plutôt par des graces que par des châtimens.

Depuis ce temps, et jusqu'à l'époque où la révolution leur a rendu leurs droits, les réformés sont restés tranquilles; et, quoique sollicités à plusieurs reprises par les ennemis de la France, ils n'ont pas cherché à s'affranchir de la gêne que la loi leur imposait. Sans pasteurs, sans ministres avoués, ils ont vécu dans le sein de la France, non comme tolérés, mais comme ignorés; et ils ont joui de tous les droits utiles de citoyens, tant qu'ils n'ont pas troublé l'ordre civil: quoique confondus dans la foule, l'œil du prince est toujours resté ouvert sur eux, autant pour les garantir des fureurs du faux zèle, que pour les réprimer eux-mêmes, s'ils se fussent écartés de la soumission.

L'Europe se taisait en présence de Louis XIV, mais c'était un silence de dépit. Il souffrit que la flatterie du maréchal de La Feuillade lui érigeât, sur la place qu'on a appelée *des Victoires*, un monument dans lequel la Renommée le couronnant semblait le proclamer monarque de l'univers. Les nations voisines se crurent représentées par les esclaves enchaînés aux pieds du monarque. Les Hollandais, qui autrefois avaient autorisé des satires contre lui et qu'il en avait punis par la guerre, s'en formalisèrent les premiers et s'en vengèrent aussi par une guerre dont leur stathouder fut le promoteur.

La mort de Charles II, arrivée le 6 février 1685, mit sur le trône d'Angleterre Jacques II, son frère, non moins attaché que Charles au monarque français; mais elle en approcha Guillaume le stathouder, son gendre. Dès le commencement de son règne, les prétentions de Jacques au pouvoir absolu, son zèle mal réglé pour la religion catholique, et ses rigueurs contre le duc de Monmouth, fils naturel de son frère, et contre les partisans de sa révolte, aliénèrent ses peuples. Cette conduite malhabile n'échappa point à l'œil attentif de Guillaume, et lui fit concevoir le projet hardi de supplanter son beau-père. Le principal obstacle qu'il entrevoyait à l'exécution de ses desseins était la protection que pouvait offrir à ce dernier Louis XIV, ami de Jacques : Guillaume résolut en conséquence d'occuper le monarque sur le continent, de manière qu'il ne pût songer aux affaires d'Angleterre, ou du moins y faire de grands efforts. Telle a été la cause secrète de la confédération formidable connue sous le nom de *ligue d'Augsbourg*, parce qu'elle fut conclue dans cette ville.

Le stathouder y réunit, soit en personne, soit par leurs ambassadeurs, tous les alliés de la dernière guerre, en qui la hauteur et la cupidité toujours croissantes de Louis XIV alimentaient contre lui un ferment de haine et de jalousie, et il les émut d'abord par un intérêt qui devait les toucher tous, savoir : l'imputation déjà sourdement avancée contre le monarque français, mais répandue alors avec la plus grande publicité, qu'il ambitionnait la monarchie universelle ; ensuite Guillaume s'appliqua à présenter à chacun des intéressés des craintes et des appâts.

Par exemple, à l'électeur Palatin, le premier du rameau de Neubourg, l'appréhension de voir ses états morcelés, conformément aux prétentions que le mariage de la sœur du dernier électeur du rameau de Simmeren avec le duc d'Orléans, frère de Louis XIV, donnait à celui-ci sur toutes les parties de la succession palatine qui n'étaient point l'électorat. A l'électeur de Bavière on inspira la crainte de ne pas réussir à placer son frère sur le siège de Cologne, étant traversé par le roi de France, qui voulait y élever le cardinal de Furstemberg, évêque de Strasbourg. Le roi d'Espagne, le roi de Suède, les ducs de Brunswick et de Hanovre, et tous les petits princes du Rhin, eurent chacun leurs alarmes. Quant à l'empereur, il eut pour amorce un article secret qui portait que, arrivant la mort du roi d'Espagne, sa succession serait assurée à la maison d'Autriche, à l'exclusion de celle de Bourbon ; et on faisait une part de cette monarchie au duc de Savoie, comme représentant Catherine, fille de Philippe II, roi d'Espagne, et sa grand'mère. Cette ligue, concertée à Augsbourg en 1686, avec toutes les conditions financières et militaires qui pouvaient la rendre solide, fut signée, en 1687, à Venise, par la plupart des confédérés, qui se rendirent à cet effet dans cette ville, sous prétexte des plaisirs du carnaval. Le pape n'y accéda pas ouvertement, mais il fut la cause indirecte qui lui donna l'action.

Les ambassadeurs des puissances chrétiennes possédaient à Rome, dans leurs palais et même dans leurs quartiers, un droit d'asile ou de *franchises*, qui mettait à l'abri de la police pontificale tous les malfaiteurs qui parvenaient à s'y réfugier. Cet abus, qui n'était profitable qu'au crime, avait fixé depuis long-temps l'attention des papes, dont les mesures pour l'abolir avaient été jusqu'alors infructueuses. Innocent XI reprit leurs projets, et crut avoir concilié les droits de son autorité et les déférences dues aux autres princes, en respectant l'exercice du privilége dans les ambassadeurs qui s'en trouvaient actuellement investis, mais en déclarant qu'il ne recevrait plus d'ambassadeurs à l'avenir, qu'ils n'eussent renoncé à cet odieux privilége. La Pologne, l'Espagne, l'Angleterre et l'empire entrèrent dans ses vues. Mais Louis, mécontent du pape, fier et prétendant qu'à lui seul appartenait de poser des bornes à l'exercice de ses droits, s'y refusa, et répondit au nonce, qui, à la mort du duc d'Estrées, dernier ambassadeur de France à Rome, le pressait de suivre à cet égard l'exemple des souverains, qu'il ne s'était jamais réglé par l'exemple d'autrui, et que Dieu l'avait établi au contraire pour servir d'exemple aux autres.

Ce fut en conséquence d'une réponse si hautaine que Henri-Charles de Beaumanoir, marquis de Lavardin, nommé en 1687 pour remplacer à Rome Annibal d'Estrées, fut spécialement chargé de défendre les franchises. Le pape, sur l'avis qu'il en eut, fit dresser une bulle qui déclarait excommuniés tous ceux qui prétendaient se conserver dans cette possession, et ordonna en outre à tous les gouverneurs de l'état ecclésiastique de refuser au marquis, à son passage, les honneurs dus à son caractère, et défendit aux cardinaux de communiquer avec lui. Mais la suite de l'ambassadeur, composée de huit cents officiers ou gardes-marines, n'en donne pas moins à son entrée dans Rome tout l'air d'un triomphe; et la conduite postérieure du marquis répondit à cette première bravade. Le pape y opposa d'abord le refus d'une audience publique, demandée pour la forme, et peu après un interdit qu'il jeta sur l'église de Saint-Louis, où l'ambassadeur avait fait ses dévotions la nuit de Noël, et qu'il motiva sur ce qu'on y avait reçu à la table sainte un excommunié notoire. Le marquis fit afficher aussitôt dans Rome une protestation contre cette entreprise du pape; et, sitôt qu'elle fut connue en France, le procureur-général de Harlay et les gens du roi rendirent plainte contre la bulle, et requirent d'en être reçus appelans au premier concile général.

Denis Talon, fils d'Omer, qui portait la parole, après avoir représenté la nullité de l'intervention de la puissance spirituelle pour le maintien des droits purement civils et profanes, reproché au pape ses liaisons avec les partisans de la doctrine condamnée de Jansénius, son inertie à l'égard des quiétistes, et les entraves que ses procédés apportaient au zèle du monarque pour l'extirpation de l'hérésie, saisit encore cette occasion de se plaindre de la vacance de trente-cinq sièges, auxquels l'opiniâtre pontife refusait des pasteurs, et il prétendit que le refus obstiné du pape de légitimer, par le concours de son autorité, les choix faits par le prince, entraînait une espèce de dévolution temporaire, qui autorisait les métropolitains à conférer eux-mêmes l'institution canonique, ainsi qu'il était d'usage avant le concordat. Il conclut enfin à la convocation d'un concile national, qui pourvoirait au désordre résultant de la vacance, et le parlement donna un arrêt conforme aux conclusions.

Mais le roi, retenu par ses sentimens pieux, désirait ne pas pousser les choses à l'extrémité. Il écrivit au pape de sa propre main, lui dépêcha un agent secret pour traiter à l'amiable ; et, mêlant la menace aux bons procédés, lui fit entendre que, distinguant toujours en lui la qualité de chef de l'église de celle de prince temporel, il pourrait, tout en respectant le premier, agir hostilement contre le second, le dépouiller d'Avignon, et soutenir les prétentions du duc de Parme, son allié, sur Castro et Ronciglione. Mais rien n'était capable de faire fléchir l'inébranlable Odescalchi, une fois qu'il avait pris une résolution à laquelle il croyait son devoir attaché. Il refusa de prendre connaissance de la lettre du roi, méprisa ses menaces, et le blessa même d'un nouveau coup par la détermination qu'il prit dans l'affaire de l'archevêché de Cologne : détermination impolitique, cause presque immédiate de la ruine de Jacques II, et par suite encore des espérances que le saint-siège avait alors conçues de regagner l'Angleterre à son obédience.

L'archevêché de Cologne, possédé depuis un siècle par la maison de Bavière, était devenu vacant cette année. Deux prétendans aspirèrent à ce siège, dont le titulaire acquérait l'importante dignité d'électeur de l'empire. L'un était le cardinal Egon de Furstemberg, protégé de Louis XIV, évêque de Strasbourg, chanoine et déjà coadjuteur de Cologne ; l'autre, le prince Joseph Clément, évêque de Ratisbonne et de Freysingen, frère de l'électeur de Bavière, et porté par l'empereur, qui comptait s'en faire un utile allié. Or, suivant le concordat germanique, il fallait, pour occuper ce siège, être Allemand de nation, chanoine de la cathédrale, avoir vingt-un ans, ne posséder aucun bénéfice incompatible avec lui, et réunir enfin la majorité des suffrages du chapitre. A défaut de l'une quelconque de ces qualités, et c'était le cas des deux prétendans, il fallait avoir recours à la voie de postulation, c'est-à-dire solliciter, sur la présentation des deux tiers des suffrages, l'approbation du pape, auquel était réservé le droit de confirmer l'élection. Des vingt-quatre voix du chapitre, le cardinal en eut quatorze et le prince neuf ; en sorte que ni l'un ni l'autre n'en réunirent un nombre suffisant pour être élu. Le pape, sans bien connaître ses véritables intérêts, releva le prince de Bavière de ce défaut par un bref d'éligibilité, et ce fut cette dernière faveur, que Louis considéra comme un acte révoltant de partialité et auquel il se montra trop sensible, qui lui fit prendre à lui-même l'impolitique résolution de commencer les hostilités. Mais d'abord il prit possession d'Avignon, fit interjeter d'avance appel au futur concile de tout ce que le pape, dont on craignait en représailles un interdit sur le royaume, pourrait oser à cet égard : en même temps, et à l'effet de tranquilliser les consciences timorées, il fit déclarer qu'il n'entendait se soustraire par cette mesure ni au respect ni à l'obéissance qui étaient légitimement dus au père commun des fidèles. Le pape répondit à cette voie de fait avec une modération qu'on n'attendait pas de sa part, et qui rendit ces prévoyances inutiles. Il se borna en effet à réfuter les divers articles du manifeste par lequel le roi essayait de légitimer sa prise de possession ; prétendit refuser avec raison des bulles à des prélats qui, sans droit et de leur propre autorité, avaient consenti à l'extension de la régale contre la disposition du concordat ; et, quant à l'audience refusée au marquis de Lavardin, il fit observer que nul ne pouvait se dire ambassadeur auprès d'une puissance, qu'il n'eût été agréé par elle, et que déjà il en avait trop souffert lorsqu'il avait toléré que le marquis entrât en armes dans sa capitale.

La mort du pontife, qui eut lieu l'année suivante, mit fin aux alarmes que l'on avait conçues de son opiniâtreté, et à celle d'un schisme qui eût pu en être la suite. Le successeur d'Innocent XI, Alexandre VIII (Pierre Ottoboni), fut remis en possession d'Avignon, moyennant qu'il se relâchât sur l'article de la régale ; mais, également inflexible sur celui des franchises, il amena enfin le roi à y renoncer.

Louis XIV aurait peut-être pu rendre les projets des confédérés inutiles, et tromper la maligne adresse de Guillaume, en se tenant sur une défensive respectable qui l'aurait fort embarrassé, dans le moment surtout où, sous l'apparence de faire rendre aux Anglais la plénitude de leurs droits et de venger le protestantisme opprimé par Jacques II, il ne songeait, à l'aide des forces de sa république, qu'à usurper le trône de son beau-père, trône dont l'expectative, qu'il tenait de sa femme, venait de lui être enlevée par la naissance importune d'un prince de Galles. Aucun des alliés n'aurait osé porter le premier coup. Mais agacé, pour ainsi dire, par de petites attaques, piqué par le refus de l'archevêché de Cologne au cardinal de Furstemberg, par celui que fit la diète germanique de convertir la trève de Ratisbonne en une paix définitive, et irrité enfin des réclamations un peu audacieuses de l'électeur Palatin, le monarque prend feu, et envoie une grande armée en Allemagne.

A défaut du maréchal de Créqui, que la mort avait enlevé l'année précédente, et du maréchal de Luxembourg, que Louvois ni le roi n'aimaient pas, elle fut commandée par le dauphin, ayant sous lui Jacques-Henri de Durfort, maréchal de Duras, Catinat, alors lieutenant-général, et Vauban, qui devait diriger le siège de Philisbourg.. « Mon fils, lui dit le roi à son départ, en vous envoyant » commander mes armées, je vous donne les occasions de faire « connaître votre mérite; allez le montrer à toute l'Europe, afin » que, quand je viendrai à mourir, on ne s'aperçoive pas que le » roi est mort. » Philisbourg, abandonné à ses propres forces, parce qu'on était loin de s'attendre en Allemagne à la rupture d'une trève si favorable à la France, ne tint qu'un mois, et se rendit vers la fin d'octobre. Les Français, qui à cette époque étaient déjà maîtres de Kayserslautern, de Kreutznach, d'Oppenheim, d'Heidelberg et de Mayence, s'emparèrent encore, avant la fin de la campagne, de Trèves, de Spire et de Worms, et mirent enfin garnison française dans toutes les places de l'électorat de Cologne, qui leur furent livrées par le cardinal de Furstemberg. Ainsi, dès le commencement de la guerre, la majeure partie du Palatinat et des trois électorats ecclésiastiques tomba au pouvoir de Louis XIV.

Mais, tandis qu'il s'engageait dans ces conquêtes peu solides, Guillaume, plus habile, qui l'observait, quittait les ports de la Hollande, et cinglait vers l'Angleterre avec vingt mille hommes de débarquement. Il avait compté opérer sa descente dans le nord ; mais des vents contraires le poussèrent dans la Manche, où stationnait la flotte anglaise, qui ne le vit point ou qui feignit de ne point le voir; et, le sixième jour, il débarqua à Torbay. De ce point il gagna Exeter, puis Salisbury, et Londres enfin, quand les intelligences nombreuses qu'il avait dans tout le royaume eurent achevé de consommer la désertion universelle des troupes royales. Jacques eut la liberté de se retirer à Rochester. Il en profita pour se sauver en France, à la grande satisfaction du prince d'Orange, qui désirait ardemment son évasion, et qui la favorisa par l'assentiment qu'il s'empressa de donner au choix de la retraite fait par son beau-père. Cette importante révolution, qui mit fin à la dynastie des Stuarts en Angleterre, et qui porta le prince d'Orange sur le trône, fut l'ouvrage de moins de six semaines. Guillaume avait abordé le 15 novembre à Torbay, et Jacques s'embarqua à Rochester le 23 décembre.

Les conquêtes des Français en Allemagne furent suivies d'une dévastation que l'on crut malheureusement nécessaire pour tenir l'ennemi éloigné des frontières du royaume. On ordonna aux infortunés habitans des villes et des campagnes du Palatinat d'emporter ce qu'ils pourraient de leurs maisons, qu'on allait renverser et réduire en cendres; et, sans égard aux vicissitudes de la guerre et aux représailles possibles qui pourraient s'exercer sur nos provinces, la menace fut exécutée avec toute la rigueur qui pouvait la rendre révoltante. Quarante villes et tous les bourgs et villages de cette malheureuse contrée devinrent la proie des flammes et du pillage, et la sépulture même des morts, celle des anciens empereurs germains, ne fut pas respectée. L'Allemagne poussa un cri d'horreur, et l'indignation dont elle fut saisie mit enfin sur pied trois armées destinées à repousser ses barbares envahisseurs. La première, sous le commandement du prince de Waldeck, général des Cercles, s'unit dans les Pays-Bas aux Hollandais, aux Espagnols et à onze mille Anglais commandés par Churchill, si fameux depuis sous le nom de comte, puis de duc de Marlborough, et qui, favori du roi Jacques, avait déserté son parti. La seconde, que conduisait le duc de Lorraine, le vainqueur des Hongrois et des Turcs, devait agir sur le Haut-Rhin, tandis que la troisième, qui avait pour chef le grand électeur de Brandebourg, attaquerait plus bas l'électorat de Cologne. Malgré les efforts du maréchal de Duras, le duc reprit Mayence, défendue pendant deux mois avec autant d'intelligence que de courage par le marquis d'Uxelles, qui fit vingt-une sorties, et ne se rendit que parce qu'il manqua de poudre, et fut hué néanmoins par les Parisiens à son retour. Plus juste appréciateur de ses talens, Louis XIV lui adressa ces mots flatteurs : « Vous vous êtes défendu en homme de cœur, » et vous avez capitulé en homme d'esprit. » Le duc donna ensuite la main à l'électeur de Brandebourg, pour achever la reddition de Bonn dont la défense était aussi opiniâtre que celle de Mayence, et il força les Français à hiverner sur leur propre territoire; il se flattait de poursuivre ses succès et de rentrer enfin dans le domaine de ses ancêtres, lorsqu'une maladie, au commencement de la campagne suivante, vint mettre un terme à ses exploits et à ses espérances.

Les Français avaient été moins heureux encore en Flandre que sur le Rhin. Le maréchal d'Humières, qui y commandait, ayant fait poursuivre à Walcourt, entre Sambre et Meuse, les fourrageurs du prince de Waldeck, y laissa imprudemment engager un combat important par les nombreux renforts qui furent envoyés de part et d'autre, et perdit deux mille hommes. Cet échec fit confier à Luxembourg, l'année suivante, le commandement de la grande armée. Le duc de Noailles, envoyé en Catalogne avec six à sept mille hommes, moins pour faire des conquêtes que pour empêcher les Espagnols de porter ailleurs des secours, battit les Miquelets, montagnards des Pyrénées, et s'empara de Campredon.

Dès le mois de mars cependant quelques frégates avaient porté le roi Jacques en Irlande, où la population catholique et le vice-roi Tyrconel lui étaient demeurés fidèles. Quelques semaines après, le comte de Château-Renaud, avec une flotte de douze vaisseaux de ligne, lui amena un renfort de six à sept mille Français, commandés par Lauzun, rentré en grace auprès de son maître pour avoir conduit en France la reine d'Angleterre et le prince de Galles. A son retour, et en sortant de la baie de Bantry, le comte fut attaqué par l'amiral anglais Herbert, qu'il battit complètement. Cet avantage ne put empêcher le vieux duc de Schomberg, que la révocation de l'édit Nantes avait banni de la France et attaché à la fortune de Guillaume, de descendre en Irlande avec une armée qui, sans faire de grands progrès, tint en échec, pendant tout le reste de l'année, celle du roi Jacques. Ce prince avait eu d'abord des succès; mais des rigueurs impolitiques, et le dessein mal dissimulé de punir ceux qui l'avaient offensé, nuisirent à sa cause, en multipliant les résistances.

Guillaume, l'année suivante, descendit lui-même en Irlande; et, le 11 juillet, son armée et celle de Jacques se trouvèrent en présence à Drogheda, sur la Boyne, au nord de Dublin. Celle du prince d'Orange montait à trente-six mille hommes de bonnes troupes, parmi lesquelles se trouvaient plusieurs régimens de Français réfugiés. Les milices irlandaises étaient presque aussi nombreuses, mais beaucoup moins aguerries; elles n'avaient même pas les qualités qui font le vrai soldat, que ce qui fait perdre les batailles, beaucoup d'intrépidité, plus de présomption, et point d'obéissance. Le roi néanmoins témoigna pour le combat une ardeur égale à celle de Guillaume. Ses généraux lui conseillaient la retraite, et l'invitaient à attendre l'effet de la promesse de Louis XIV, qui devait envoyer des frégates dans le canal de Saint-Georges, pour détruire les convois qui entretenaient l'armée de Guillaume, et le réduire ainsi peu à peu sans coup férir. Il fut sourd à ces représentations et le courage de la poignée de Français que commandait Lauzun n'ayant pu suppléer à l'inexpérience du reste, l'honneur de la journée, après quelques vicissitudes qui firent pencher un instant la balance en faveur de Jacques, telles que la mort de Schomberg, resta en définitive aux troupes les plus exercées. Les affaires du roi, malgré ce désavantage, n'étaient pas désespérées, et la réunion de ses garnisons pouvait lui former une nouvelle armée égale à celle de Guillaume; mais Jacques, qui plus d'une fois avait fait preuve de capacité et de valeur, sembla en manquer alors, ou du moins de ce courage d'esprit que réclamait la circonstance. Il quitta l'Irlande pour retourner en France, et laissa à ses partisans, que sa retraite devait décourager, le soin de défendre une cause qu'il abandonnait personnellement; exemple contagieux, et que Lauzun suivit de près.

Cependant le ministre de la marine, l'ardent Seignelai, tout dévoué à Jacques II, avait espéré le salut du prince, de l'incident qui semblait devoir consommer sa ruine, de la descente même de Guillaume en Irlande. Au moment où l'usurpateur y mettait le pied, Seignelai s'était promis de lui interdire le retour en Angleterre. A cet effet, il se proposait de diriger les opérations d'une flotte de quatre-vingts vaisseaux de ligne qui, sous lui, commandée par Tourville et Château-Renaud, devait sortir du port de Brest, dont la construction était encore une création de son génie. Il comptait, à l'aide d'un si formidable armement, détruire les flottes de Hollande et d'Angleterre, cerner ensuite l'Irlande à l'est et à l'ouest, et tenter enfin en Angleterre même une descente aisée, que devaient seconder les partisans nombreux de Jacques en Ecosse et dans le nord du royaume. Une indisposition empêcha le ministre de monter sur la flotte, et Tourville fut chargé de remplir ses intentions.

Tourville reconnut à Beachy, sur la côte de Sussex, et à l'est de l'île de Wight, la flotte des alliés, forte de soixante voiles: l'amiral anglais Herbert voulait faire retraite; mais les Hollandais, qui se croyaient invincibles sur mer, s'engagèrent malgré lui et en furent mal secondés. Tourville crut toucher au moment d'exécuter à la lettre la première partie de ses instructions, celle qui était relative à la destruction de la flotte ennemie. La présence d'esprit de l'amiral hollandais Hervetzen la sauva; il donna ordre à tous ses vaisseaux maltraités de jeter l'ancre, et les empêcha ainsi de dériver, par l'effet de la marée, sur les vaisseaux français qui eussent achevé de les détruire, et qui, faute de la même précaution, furent entraînés eux-mêmes loin du théâtre du combat. Cette bataille se livra la veille de celle de la Boyne, et coûta quinze vaisseaux à l'ennemi, qui fut contraint de chercher son salut dans la retraite; l'amiral anglais fit la sienne dans la Tamise et les Hollandais dans leurs ports. Tourville, à peine mouillé au Havre pour réparer ses avaries, regagna les côtes d'Angleterre pour achever d'y remplir sa mission. Il brûla à Tingmouth, près de Torbay, douze petits bâtimens, et y tenta une descente avec dix-huit cents hommes. Mais n'ayant remarqué sur la côte aucune apparence de mouvement en faveur de Jacques, il présuma que l'intérieur n'était pas mieux disposé, et rentra à Brest, chargé de dépouilles et de trophées qui excitèrent un enthousiasme général. Seignelai ne le partagea pas, et reprocha même assez durement au vainqueur, non point de n'avoir pas été brave et habile, mais de n'avoir pas été plus téméraire, et d'avoir perdu une occasion qui ne se retrouverait plus.

Déjà en effet Guillaume avait donné ses ordres pour réparer les pertes de sa flotte; et jugeant même bientôt que le péril était passé, il ne quitta l'Irlande qu'au commencement de septembre, et après avoir tenté le siège de Limerick, que fit échouer la valeur du capitaine français Boisseleau qui y commandait. Ainsi la victoire de Beachy, qui avait fait presque oublier aux Irlandais les désastres de la Boyne, trompa leurs espérances, et Marlborough, qui vint remplacer Guillaume, soumit avant la fin de l'année Cork, Kinsale et tout le midi de l'Irlande. L'ouest seul resta aux jacobites : mais la mésintelligence se mit entre Sarsfield qui les commandait et le lieutenant-général Saint-Ruth, que la France, au commencement de 1691, avait envoyé pour remplacer Lauzun ; et cette funeste division influa sur la journée malheureuse de Kilconnel. Cette bataille gagnée par Ginckle, comte d'Athlone, presqu'à l'anniversaire de celle de la Boyne, et où fut tué le général français, eut des suites encore plus funestes à la cause du roi Jacques, dont elle ruina le parti sans retour. Limerick se rendit peu après, et la capitulation de cette place fut une espèce de charte qui régla les droits et le sort définitif des catholiques d'Irlande. Quinze mille d'entre eux, par attachement pour Jacques, ou par aversion pour Guillaume, refusèrent d'en profiter, et, s'exilant volontairement, montèrent sur la flotte qui ramenait les Français, et se choisirent une nouvelle patrie en France.

Dix jours avant la bataille de la Boyne, la Flandre était le théâtre d'un engagement bien plus important sous le rapport du nombre de troupes qui y prirent part, beaucoup moins si l'on considère les résultats : on a vu comment la défaite de Walcourt valut au maréchal de Luxembourg le commandement de la grande armée de Flandre. Une autre moins considérable, laissée au maréchal d'Humières, couvrait les places de la Moselle. Le prince de Waldeck, avec des forces supérieures, tenait sur la Sambre, près de Fleurus, la première en échec, et attendait l'électeur de Brandebourg pour attaquer et pour détruire successivement les deux armées. Luxembourg, qui l'avait pénétré, fit avorter ses desseins en le gagnant de vitesse. Avant que l'électeur pût le joindre, un renfort tiré secrètement de l'armée de la Moselle ayant rendu la supériorité au maréchal, celui-ci se hâta d'en profiter, et le premier juillet il offrit la bataille. Le prince l'accepta d'autant plus volontiers, qu'il ignorait l'arrivée du secours, et qu'à loisir il s'était choisi une excellente position qu'il ne voulait pas quitter. Mais le maréchal, qui déjà lui avait dérobé la connaissance de ses forces, lui enleva encore le dernier avantage par une de ces inspirations subites qu'il semblait tenir de Condé dont il était l'élève.

Il marchait à découvert et sur un front égal à celui que présentait l'ennemi, quand, à l'une de ses ailes, il observe une légère éminence qui devait, pendant quelques instans, dérober la vue de ses mouvemens. A la faveur de ce rideau, il porte toute la cavalerie de son aile sur le flanc de l'armée hollandaise, comble en même temps le vide de sa ligne par les troupes venues de la Moselle, et, sans laisser à l'ennemi le temps de soupçonner sa manœuvre, il l'attaque aussitôt et de front et en flanc. Waldeck, étonné de se voir débordé par une armée qu'il croyait inférieure, essaie d'y remédier par un changement de position ; mais il ne put l'exécuter sans un désordre qui se convertit bientôt en déroute. Six mille morts qu'il laissa sur le champ de bataille, onze mille prisonniers et la perte de presque toute son artillerie, signalèrent sa défaite. L'infanterie hollandaise résista long-temps, et son intrépidité coûta trois mille hommes aux Français. Mais cette victoire si brillante, et qui semblait devoir être décisive, n'eut aucune suite. Les restes de l'armée battue se réunirent sous Bruxelles aux troupes de l'électeur, et à divers corps d'Anglais, de Hollandais et de Liégeois, qui lui rendirent sa première supériorité, tandis que le vainqueur, privé par le ministre d'une partie de ses forces, se vit réduit au contraire à éviter une action avec autant de soin qu'il l'avait recherchée.

Au delà du Rhin, la campagne fut purement d'observation. Le dauphin, ayant sous lui le maréchal de Lorges, commandait encore l'armée, et c'était le duc de Bavière, son beau-père, qui remplaçait le duc de Lorraine à la tête des troupes impériales. Le duc était supérieur en forces à son gendre ; néanmoins il s'épuisa en marches et en contre-marches, sans pouvoir le joindre, ni lui enlever la moindre place.

Malgré celles que possédait la France en Italie, et qui semblaient lui préparer les voies à la conquête du Milanais, la difficulté d'alimenter une armée, à travers les gorges des Alpes, des munitions de tout genre qui lui étaient nécessaires, rendait cette entreprise impraticable sans le concours du duc de Savoie, et c'est ce qui le faisait rechercher avec empressement par la France. Intermédiaire entre elle et l'Autriche, il pouvait favoriser à son gré l'une ou l'autre puissance. Dans l'embarras du choix, la considération de la Lorraine envahie par la France pour s'assurer un passage en Alsace, et la crainte de subir un pareil sort, fixèrent son esprit incertain, et lui firent resserrer ses liaisons avec la cour de Vienne. Pour l'en punir, vingt mille hommes commandés par Catinat, et feignant de se rendre dans le Milanais, se présentent à l'improviste devant Turin, somment le duc de livrer ses meilleures places de guerre, et de mettre encore à la disposition du roi trente mille hommes de ses troupes. Obtempérer à cette demande, c'était se dépouiller soi-même ; et pour s'y refuser, il eût fallu des dispositions que le duc n'avait pas faites : cependant c'était au bout de quarante-huit heures qu'il devait rendre réponse. Victor-Amédée, fidèle à la vieille tactique de son bisaïeul Charles-Emmanuel, profite de ce délai pour entamer une négociation, et la prolonge avec adresse durant un mois. Pendant ce temps il prend des mesures de défense avec ses alliés, se réconcilie avec les Barbets, paysans calvinistes de ses montagnes, qu'il avait vexés à l'exemple de Louis XIV, croit alors pouvoir changer de langage, et intime à son tour à Catinat, qui s'attendait à une tout autre issue, l'ordre d'évacuer lui-même son territoire et de payer le dégât que ses troupes y avaient commis. Enfin pour appuyer d'effet cette notification imprévue, il se met lui-même en marche et se propose d'enlever l'arrière-garde française qui était encore sur une des rives du Pô, tandis que le reste de l'armée avait passé le fleuve sur le pont de Carignan. Sur l'avis de ce mouvement, Catinat rétrograde vers Saluces et rencontre le duc, le 18 août, près de l'abbaye de Staffarde. Les dispositions du prince étaient mauvaises, les ailes mal appuyées furent tournées sans difficulté, et la déroute de son armée en fut la suite; il laissa trois mille hommes sur la place, et les Français seulement trois cents. La perte de la Savoie et de la plupart des places du Piémont suivit de près cette action, et l'année suivante il ne restait à Amédée que Turin, Coni et Verue. Mais une guerre de chicane, que le duc entendait fort bien, et à laquelle prêtait admirablement un pays coupé et hérissé de montagnes, lui permit d'attendre les secours de l'Autriche. Le prince Eugène, avec mille hommes, fit lever le siége de Coni, et l'armée française, laissée dans l'état de faiblesse où la réduisaient ses propres triomphes, et battue en détail par le duc de Bavière qui était passé en Italie avec des renforts, fut contrainte de repasser les Alpes.

La campagne de 1691 ne fut guère profitable qu'à Guillaume, qui, ainsi qu'on l'a vu, abattit le parti du roi Jacques en Irlande. Sur le Rhin, le maréchal de Lorges et l'électeur de Saxe continuèrent la guerre d'observation. L'empereur avait réservé la majorité de ses forces pour le Piémont, d'où il fit reculer les Français, et pour la Hongrie, où le prince de Bade, son général, battit les Turcs à Salankemen. En Espagne, le maréchal de Noailles prit Urgel, qui lui ouvrait l'Aragon, et le comte d'Estrées bombarda Barcelone. Ce fut en Flandre qu'eurent lieu les plus grands efforts de la France et des alliés, et ils se réduisirent à peu de chose. Le roi, ayant sous lui les maréchaux de Luxembourg et de La Feuillade, s'empara de Mons. Guillaume s'en approcha en vain pour le secourir. Plus heureux devant Liège, il interrompit les progrès du marquis de Boufflers, qui avait bombardé cette ville, en punition de sa partialité pour les ennemis. Après ces exploits réciproques, les deux rois abandonnèrent leurs armées. Celle de France, sous Tournay, resta au maréchal de Luxembourg, et celle de Hollande, à Leuse, au prince de Waldeck. L'idée que la campagne était terminée, et la distance de quatre ou cinq lieues entre les deux armées, firent négliger au prince des précautions de sûreté dans un mouvement qu'il fit pour changer son camp. Luxembourg, instruit à temps de sa manœuvre, attaqua son arrière-garde comme il passait la petite rivière de la Catoire. Elle était composée de soixante-quinze escadrons; les Français n'en avaient que vingt-huit, mais c'était l'élite de la cavalerie française de la maison du roi et de la gendarmerie. La surprise, le désavantage du lieu, et la nécessité de battre en retraite, commencèrent la déroute de l'ennemi, et la valeur des assaillans l'acheva. Ce fut à peu près d'ailleurs tout le fruit d'une campagne qui fut plus glorieuse qu'utile.

Mais, quoique la guerre commençât avec assez de succès, le roi ne pouvait se cacher la peine qu'il aurait à la soutenir, pour peu qu'elle durât. Les finances, épuisées par les bâtimens et les autres dépenses de luxe, se trouvèrent en si mauvais état, qu'il fallut, dès le commencement des hostilités, songer à des expédiens. Depuis Colbert elles avaient été administrées par Claude Le Pelletier, qui, dans l'espace de six ans, créa pour six millions de rentes, et qui, accablé du fardeau de sa place, demanda sa retraite en 1689. Louis Phelipeaux de Pontchartrain, depuis chancelier, lui fut donné pour successeur. Le nouveau ministre, fertile en ressources, changea le mode de remplir le vide du trésor public; et, si l'on excepte la capitation qu'il établit en 1695, et qui rapporta vingt-deux millions, ce fut en majeure partie par des impôts indirects qu'il pourvut aux énormes dépenses d'une guerre qui employait quatre ou cinq armées, et quatre cent cinquante mille soldats. On créa des charges, et on obligea les financiers les plus opulens de les prendre; espèce de taxe plus honnête, dit un auteur du temps, que celle qu'on imposa à d'autres nouveaux enrichis, dont on tira beaucoup d'argent. Les villes firent des présens considérables; Toulouse commença et donna cent mille écus, Rouen autant, Paris quatre cent mille francs, et les autres en proportion. Le roi recevait ceux qui venaient annoncer ces dons avec une affabilité qui les payait de leur offrande; il s'exécuta lui-même, et envoya à la monnaie tous les précieux meubles d'argent massif qui ornaient la galerie, les grands et petits appartemens de Versailles, et qui faisaient l'étonnement des étrangers. Rien ne fut réservé; mais le profit qu'on en tira ne peut se comparer à la perte des façons inestimables, plus chères que la matière. Ils avaient coûté dix millions, et on n'en retira que trois. La publicité du sacrifice excita la raillerie des ennemis, et ne fit que les encourager contre une puissance si tôt forcée à une ressource qui annonçait l'urgence des besoins, sans pouvoir y satisfaire.

Sur ces entrefaites mourut Louvois. Le bombardement de Liége, le ravage du Palatinat, et d'autres excès qui se commirent dans ce temps, furent attribués à ce ministre dur et inflexible, qui commandait froidement les massacres et les incendies; on lui reprochait encore le défaut d'approvisionnement de Mayence, la levée du siége de Coni, les hauteurs enfin qui avaient aliéné le duc de Savoie. On prétend que le roi, naturellement juste et clément, en prit de l'éloignement pour lui, et que ce fut le chagrin qu'éprouva le ministre, du pressentiment de sa disgrace, qui l'enleva d'une manière presque subite. « Il était né, dit le président Hainault, avec de grands
» talens, qui avaient principalement la guerre pour objet. Il réta-
» blit l'ordre et la discipline dans les armées, ainsi qu'avait fait
» Colbert dans les finances. Mieux informé souvent que le général

» lui-même, aussi attentif à récompenser qu'à punir, économe et
» prodigue suivant les circonstances, prévoyant tout et ne négligeant
» rien, joignant aux vues promptes et étendues la science des détails,
» profondément secret, formant des entreprises qui tenaient du
» prodige par leur exécution subite, et dont le succès n'était ja-
» mais incertain. Mais il eût été à souhaiter qu'il n'eût pas porté
» trop loin la gloire de son maître, et que, se contentant de voir le
» roi devenu l'objet du respect de l'Europe, il n'eût pas voulu
» encore qu'il en devînt la terreur. » Louis, qui vit sa mort avec
indifférence, n'en donna pas moins son emploi au marquis de Barbezieux, son troisième fils, qui n'était âgé que de vingt-quatre ans,
et qui parut avoir hérité à la fois des vertus et des vices de son père.
Seignelai était mort l'année précédente, et sa charge de secrétaire
de la marine avait passé à Louis Phelipeaux de Pontchartrain,
déjà contrôleur-général des finances, lequel recueillit ainsi presque toute la part d'autorité des Colbert, ses ennemis, depuis l'inflexibilité qu'il avait montrée dans l'affaire de Fouquet, dont il
avait été juge.

Les fêtes succédèrent aux combats; deux mariages qui furent cri-
tiqués, et par lesquels la cour se renouvela, en furent l'occasion.
Louis XIV fit épouser mademoiselle de Blois, sa fille légitimée, au
duc d'Orléans son neveu, et Louise Bénédicte de Bourbon, fille du
prince de Condé d'alors, au duc du Maine, né, comme mademoiselle de Blois, de madame de Montespan. Ces mariages ne furent
point heureux; les deux princesses fières, l'une d'appartenir au
roi, quoique ce fût par les honteux liens d'un double adultère, et
l'autre, au contraire, d'être le fruit d'une union légitime, eurent
un égal mépris pour leurs époux. Le duc d'Orléans, prince sans
mœurs, en tint peu de compte; mais le duc du Maine en fut
martyr.

Barbezieux signala le commencement de son ministère par d'immenses préparatifs pour la campagne des Pays-Bas. Le roi, à la
tête de quatre-vingt mille hommes, ayant sous lui le marquis de
Boufflers, investit Namur. Ce siège est remarquable par deux particularités intéressantes: premièrement par la lutte qui s'établit entre les deux premiers ingénieurs de l'Europe, Vauban, qui dirigeait
les assiégeans, et le Vauban des Hollandais, Cohorn, qui conduisait les assiégés, et qui fut blessé grièvement à l'attaque d'un fort de
son nom qui couvrait la citadelle, et après la prise duquel il fallut
capituler; secondement, par la savante position que Luxembourg,
qui couvrait le siège, prit sur la Mehaigne. Elle fut telle que Guillaume et le duc de Bavière, qui avaient réuni cent mille hommes
à l'autre bord, se trouvèrent dans l'impossibilité d'attaquer ou les
lignes ou lui-même, sans un désavantage évident; en sorte que,
malgré l'immensité de leurs forces, ils eurent la douleur et la honte
de voir tomber la ville sans avoir pu en approcher. Louis, après

avoir pris possession de la place, retourna triomphant à Versailles, et enjoignit au maréchal, à qui il laissa le commandement de l'armée, de borner ses soins à la conservation des conquêtes.

Luxembourg, selon ses ordres, s'attachait purement à éclairer de près les mouvemens du prince. Comme il le suivait ainsi pied à pied, et qu'il était posté entre Steinkerque et Enghien, séparé de l'ennemi par un chemin couvert et tellement rempli de défilés qu'il paraissait impossible qu'une action pût s'engager entre les deux armées, Guillaume découvrit entre ses secrétaires un espion du général français. Avant de le livrer à la mort, il l'obligea de mander, en sa présence, au maréchal, que le lendemain se ferait un grand fourrage, et que, dans l'intention d'en protéger le retour, on devait occuper les défilés avec l'infanterie et l'artillerie, ce dont, par conséquent, il ne devait point s'alarmer. Un partisan français, qui avait reconnu la tête des défilés, et qui avait aperçu ce mouvement, en ayant fait part au général, la conformité des rapports ajouta à la foi que Luxembourg avait en son espion, et le confirma dans la pensée qu'il n'était question en effet que d'un fourrage.

L'inutile effusion de sang qu'il en eût coûté pour troubler une opération sans importance et protégée avec tant de soin, lui fit prendre le parti de demeurer tranquille. C'est ce qu'avait espéré Guillaume, qui, le 4 août, à la faveur de la sécurité qu'il avait inspirée, déboucha de toutes parts hors des défilés, se forma en bataille, s'étendit sur tout le front du camp, et dispersa d'abord une brigade qui occupait un poste avancé. Luxembourg était malade, et même alors dans l'effet des remèdes. Mais c'était pour les momens critiques que son génie semblait approprié : en un moment l'armée eut pris les armes, et se trouva en bataille à la tête du camp avec la même célérité. La brigade maltraitée reçoit du secours, et fait reculer à son tour l'ennemi. Quelques broussailles avaient retardé la marche des Hollandais sur le reste du front. Le général français, qui ne perdait aucun des avantages dont il pouvait profiter, porta sans délai en avant sa première ligne, et donna ainsi à la seconde l'espace nécessaire pour se former. Alors il presse les assaillans avec vigueur ; et, sur ces entrefaites, le marquis de Boufflers étant survenu à la tête des dragons, ils achèverent ensemble de repousser l'ennemi dans ses défilés. Ce fut le combat le plus sanglant de la guerre, et l'on croit qu'il coûta sept à huit mille hommes à chacune des armées. Presque tous les princes français s'y trouvèrent, et y payèrent de leur personne avec une résolution qui fit exemple, et qui contribua au gain de la bataille. Elle n'eut pas d'ailleurs d'autres résultats que les précédentes. Le prince d'Orange, battu, reculait de quelques lieues, et n'en était pas moins redoutable. Cette fois il se retira sous Bruxelles ; Luxembourg fut contraint d'en faire autant sous Courtray, et la Flandre resta encore à conquérir. Furnes et Dixmude seulement tombèrent au pouvoir du marquis de Boufflers.

Sur le Rhin, la faiblesse des moyens rendit la campagne languissante. Vers la fin cependant, Frédéric-Charles, administrateur de Wirtemberg pendant la minorité de son neveu, et général de l'empereur, fut battu à Pfortzeim, dans le marquisat de Bade-Dourlach, par le maréchal de Lorges, et fait prisonnier de la main de Villars; mais les modiques avantages qu'on recueillit en cette contrée et en Flandre furent plus que contrebalancés par les revers qu'on éprouva du côté de la Savoie et sur l'Océan. On avait renoncé à faire une guerre offensive en Piémont, et Catinat s'y maintenait entre Suse et Pignerol avec une faible armée d'observation. Victor-Amédée, au contraire, fortifié du secours de l'empereur, de l'Espagne et de l'Angleterre, se vit en état de diviser ses forces et d'attaquer de divers côtés. Une partie fut destinée à tenir en échec Casal; une autre le maréchal de Catinat; et lui-même avec le reste, accompagné du comte Enée Caprara, du prince Eugène et du duc de Schomberg, fils de celui qui fut tué à la Boyne, pénétra dans le Dauphiné qui était sans défense, et y suivit les funestes exemples donnés par les Français dans le Palatinat. Embrun, Gap, Sisteron, tombèrent en son pouvoir; le fer et la flamme désolèrent le pays, et le butin qu'y firent les Piémontais fut immense. La petite-vérole, qui attaqua Amédée sous Embrun, ralentit heureusement ses progrès, et la mauvaise saison depuis, les maladies et la désertion, le firent aviser à la retraite.

Mais le plus grand désordre eut lieu sur l'Océan. Le roi n'avait pas encore désespéré de replacer Jacques sur son trône; un débarquement de vingt mille hommes devait être protégé par une flotte de soixante-cinq voiles, lorsque toutes les réunions des escadres seraient effectuées. Une partie était dans la Méditerranée; les vents et les tempêtes l'empêchèrent de joindre à temps, et la protection que l'on s'était promis de donner aux troupes irlandaises rassemblées dans le Cotentin se réduisit à quarante-quatre vaisseaux, commandés à la vérité par Tourville.

Le roi Jacques avait ou croyait avoir sur la flotte anglaise des intelligences qui lui conseillaient de la faire attaquer avant la jonction des Hollandais. Ce fut le motif qui fit sortir Tourville de Brest avec hâte, et avec l'ordre mal conçu d'aborder l'ennemi, quelle que fût sa force, et sans qu'on eût prévu le cas de la réunion des deux flottes. Aussitôt que le roi en eut connaissance, et qu'il sut que la flotte combinée montait précisément au double de celle de Tourville, on dépêcha à ce dernier jusqu'à dix corvettes pour contremander les premiers ordres; mais elles ne parvinrent pas ou parvinrent trop tard. Le lord Russel, qui commandait les Anglais, était sorti de Portsmouth peu de jours après que Tourville avait mis en mer, et le 29 mai les deux flottes se rencontrèrent. On prétend que l'intention de Russel n'était pas de combattre : les instructions absolues de Tourville ne lui permirent pas de profiter de ses dispositions; et, malgré le désavantage du nombre et du vent, il fallut qu'il se déterminât au combat le plus inégal. Il le fit avec une résolution qui étonna l'ennemi : le premier il lâcha sa bordée à l'amiral anglais ; et l'action, engagée ainsi à dix heures du matin, ne cessa entièrement qu'à dix heures du soir. Malgré la longueur du combat et la supériorité qui permit aux Anglais de doubler la ligne des vaisseaux français, aucun d'eux n'amena, aucun ne fut mis hors de combat. Plusieurs cependant avaient eu à lutter contre trois ou quatre vaisseaux à la fois. Le *Soleil Royal*, que montait Tourville, fut de ce nombre, et, dans l'impossibilité de le réduire, six brûlots, qu'il eut le bonheur d'écarter ou d'éviter, furent successivement dirigés sur lui. Voyant leurs efforts inutiles, les vaisseaux anglais qui avaient doublé la ligne regagnèrent leur flotte, et osèrent le faire en passant dans les intervalles des vaisseaux français, dont ils essuyèrent toute la bordée. Ce fut le dernier acte de ce combat naval, le plus glorieux pour la France, en ce qu'il parut indécis jusqu'au moment de la retraite. Elle seule décela l'avantage des Anglais; les vaisseaux français, inégalement maltraités, ne purent faire route de concert, et se dissipèrent en divers ports de la Normandie et de la Bretagne. Ceux qui accompagnaient Tourville, pressés par l'ennemi, auquel la lenteur de leur marche ne leur permit pas de se dérober, se virent contraints de relâcher dans les ports sans défense de la Hogue et de Cherbourg, où les Anglais les brûlèrent au nombre de treize, à la vue du camp des Irlandais, et sous les yeux même du roi Jacques. Les Anglais essayèrent de profiter de la consternation répandue par leur victoire pour tenter un débarquement sur quelques uns des ports de France ; mais leur tentative fut inutile ; et, à peine leur escadre fut-elle rentrée, que les vaisseaux français, revenus de leur première stupeur, recommencèrent à désoler leur commerce. La gloire de Tourville, loin de souffrir d'un échec qui ne put être imputé qu'à ses instructions, en reçut un nouvel éclat; et Louis XIV, juste appréciateur d'une habileté et d'un courage vraiment extraordinaires, qui avaient balancé des forces avec lesquelles celles de son amiral ne pouvaient entrer en comparaison, crut ne pouvoir moins faire pour lui que de le comprendre dans la promotion qui procura l'année suivante au duc de Villeroy, au marquis de Boufflers, au duc de Noailles et à Catinat, le bâton de maréchal de France.

Le roi ne borna pas la distribution de ses faveurs aux seuls généraux qui conduisaient ses armées, il l'étendit encore aux officiers qui commandaient sous eux, au moyen de la création qu'il fit en ce même temps de *l'ordre militaire de Saint-Louis*. Cette institution eut un effet prodigieux sur une nation sensible à l'honneur, et contribua sans doute aux succès de la France pendant cette année.

Louis, accompagné de toute la cour, rejoignit au mois de mai son armée, rassemblée à Gemblours, entre Namur et Bruxelles. La campagne semblait s'annoncer comme une partie de plaisir; mais l'approche du prince d'Orange la rendit plus sérieuse. On prétend qu'il s'était assez imprudemment avancé pour se trouver engagé entre les corps d'armée du roi et du maréchal de Luxembourg, et qu'il ne pouvait se retirer sans échec, s'il était attaqué. Mais, soit alarmes de la part de madame de Maintenon sur les dangers personnels que pourrait courir le roi, ou sur la santé altérée du monarque, qui fut en effet retenu quelque temps au Quesnoy pour cette cause, soit opinion du roi, différente de celle de son général, il résista aux instances du maréchal pour attaquer Guillaume. Il se détermina même à retourner à Versailles après avoir fait deux détachemens de son armée : l'un pour l'Allemagne, sous le dauphin; l'autre pour l'Italie, où des renforts étaient nécessaires; et ce fut la dernière fois que le roi parut en campagne.

Luxembourg, demeuré avec quatre-vingt mille hommes, rechercha l'occasion qu'il avait été contraint de laisser échapper. Le prince d'Orange était campé sous Louvain, et y occupait une position inexpugnable. Pour l'en tirer, Luxembourg fit mine de menacer Liège, où étaient les magasins de l'ennemi; et le stratagème eut son effet. Guillaume s'affaiblit d'abord de deux détachemens qu'il destina pour cette ville, et se rapprocha ensuite du théâtre des opérations. Instruit de ce mouvement, Luxembourg se porta rapidement au devant de lui, dans l'espérance de le surprendre. Il le joignit le 28 juillet; mais il le trouva fortement retranché en avant de la Ghète, près de Landen, et ayant son front couvert en partie par le village de Neerwinde. Il ne laissa pas de l'attaquer le lendemain, et le fort du combat se porta d'abord sur le village, dont il était nécessaire de s'emparer pour pouvoir aborder le front de l'ennemi dans sa totalité. Deux fois le village fut pris et repris : le maréchal de Boufflers opinait à la retraite; mais Luxembourg, que les difficultés ne faisaient qu'animer davantage, voulut conduire lui-même une troisième attaque. Il y employa la maison du roi et une partie de l'infanterie de la droite, commandée par Villeroy, qui s'achemina avec elle, et qui le premier sauta dans les retranchemens. Neerwinde fut encore une fois emporté, et il ne s'agissait plus que de s'y maintenir. Déjà l'ennemi dégarnissait sa gauche pour essayer de reprendre le village. Deux fois il avait impunément fait cette manœuvre. Mais, à celle-ci, le marquis de Feuquières, habile officier, à qui l'on doit des mémoires militaires très estimés, et qui se trouvait commander la droite par l'absence du maréchal, fit attaquer le renfort dans sa route, et perça en même temps dans les retranchemens dégarnis qui lui étaient opposés. Ce mouvement et un dernier effort de la gauche donnèrent, après douze heures de combat, la victoire aux Français. Elle leur coûta sept à huit mille hommes, et les alliés en laissèrent près du double sur la place. Le défaut de ponts et de vivres empêcha d'ailleurs qu'on ne les poursuivit; et la prise de Charleroy, seul fruit de cette coûteuse victoire, termina la campagne de ce côté.

Elle était aussi brillante en Italie : le maréchal Catinat, repoussé d'abord jusqu'au delà de Pignerol par le duc de Savoie, ayant reçu les renforts qui lui arrivaient de l'armée de Flandre, déboucha de la vallée de Suse, et prit poste à la Marsaille, où il interceptait la communication du duc avec Turin. Le prince avait prévu cet inconvénient ; mais il ne voulait pas perdre de vue Pignerol, qu'il avait déjà fait bombarder; et de plus, ses premiers succès l'avaient tellement enflé, que, ne faisant aucun doute de battre les Français, il ne tint nul compte d'un obstacle qui ne devait durer que jusqu'à leur défaite. Cette première faute fut suivie des dispositions les plus défavorables pour le combat, et il en résulta que Victor Amédée fut battu ainsi qu'il l'avait été à Staffarde, et par la même cause. Pignerol et Casal, déjà investies, furent délivrées; et toute la campagne de Turin fut livrée au pillage, en représailles des dégâts du Dauphiné.

Cette malheureuse guerre avait pris un caractère de férocité qui n'était ni d'un siècle ni d'une nation civilisé. Le Palatinat était encore le théâtre de nouveaux excès : les cruautés les plus affreuses eurent lieu à la prise d'Heidelberg par le maréchal de Lorges; la moindre des horreurs qui y furent commises fut la violation des tombeaux des électeurs, dont les cendres furent dispersées dans les rues. Mais c'est à l'exagération de la haine sans doute que l'on doit l'imputation d'avoir dépouillé quinze mille habitans, et de les avoir poussés, sans vêtemens, sans vivres, et exposés à l'inclémence de l'air et au feu des bombes, sous les murs du château, dans le dessein d'en hâter la reddition. Le prince de Bade, chargé de la gloire qu'il s'était acquise sur le Danube, fut envoyé cette année remplacer dans ces contrées désolées les généraux sans moyen que l'empereur y avait entretenus jusqu'alors : mais, les seuls renforts qu'amenait le dauphin surpassant la totalité de ses forces, il se retrancha dans une défensive savante; et posté sous Heilbron, d'où il fut impossible de le déloger, il arrêta le torrent qui menaçait de se déborder sur l'Allemagne.

Roses, en Catalogne, se rendit au maréchal de Noailles. Il fut puissamment secondé dans ce siège par l'escadre du comte d'Estrées. En général, et si l'on en excepte la prise de Pondichéry par les Hollandais, toutes les opérations maritimes de cette année parurent ne se ressentir en rien du désastre de l'année précédente : toutes prospérèrent aux Français, tandis que toutes les entreprises des Anglais tournèrent à leur confusion. Telles furent celles qu'ils tentèrent sur la Martinique, sur Terre-Neuve, et spécialement sur Saint-Malo, dont les armateurs désolaient leur commerce, et qu'ils se proposèrent de détruire de fond en comble. Leur moyen était un énorme brûlot, qui, maçonné au dedans, était chargé de cent barils de poudre, recouverts de fascines, de paille, de poix, de soufre, et de carcasses remplies de boulets, de chaînes, de grenades et autres substances combustibles ou destructives. La ville avait répondu au canon de la flotte; et depuis, le feu ayant cessé de part et d'autre pendant vingt-quatre heures, on se flattait que l'ennemi allait se retirer, lorsque la nuit qui précéda le 1ᵉʳ décembre la machine s'avança à pleines voiles vers le mur où elle devait être attachée. Elle n'en était qu'à cinquante pas, lorsqu'un coup de vent la détourna et la porta sur un rocher, où elle s'ouvrit : néanmoins le conducteur y mit le feu ; mais, l'eau l'ayant gagnée, la majeure partie de l'artifice ne prit point, et l'explosion partielle et hors de portée ne fit tort qu'aux toits et aux fenêtres de la ville.

Les Anglais avaient éprouvé un tort plus réel de la part de Tourville, qui, à la fin de juin, avait cerné, près du cap de Saint-Vincent, à la pointe de Portugal, une flotte marchande de quatre cents voiles, qui se rendait dans la Méditerranée, et qui était escortée par vingt-sept vaisseaux de guerre. L'amiral Rooke, qui la commandait, n'eut pas plutôt reconnu celle de Tourville, forte de soixante-onze vaisseaux, qu'il prit le parti de la retraite, mais non sans laisser deux de ses vaisseaux entre les mains des Français. De la flotte marchande vingt-sept furent pris, quarante-cinq brûlés, et la dispersion des autres les mit à la merci des armateurs. Tourville ne jugea point à propos de suivre Rooke à Madère; mais, côtoyant l'Espagne, il fit essuyer de nouvelles pertes à l'ennemi dans les ports de Cadix, de Gibraltar et de Malaga.

Cette année, si heureuse pour la France, vit encore la fin de ses démêlés avec Rome. Le successeur d'Innocent XI avait donné des espérances d'une réconciliation entière ; mais il était mort sans les avoir remplies, et ce ne fut qu'Innocent XII (Antoine Pignatelli), élevé sur le trône pontifical en 1691, qui les réalisa. Les cardinaux d'Estrées et de Janson ménagèrent cet accommodement, qu'un peu de condescendance de part et d'autre fit réussir. Il fut convenu que les évêques élus écriraient séparément au pape qu'ils ressentaient une vive douleur des choses qui, dans l'assemblée de 1682, avaient pu blesser le siège pontifical, et qu'ils tenaient pour non avenu tout ce qui avait pu y être statué au préjudice de sa légitime autorité. Moyennant cette espèce de désaveu, qui n'infirmait pas essentiellement la déclaration, les bulles leur furent expédiées : l'année précédente, le roi les avait déjà envoyés en possession du temporel de leurs évêchés.

Louis XIV prit occasion de ses avantages pour faire porter des paroles de paix. Dès le commencement de la guerre, en 1690, Charles XI, roi de Suède, s'était offert pour médiateur. Les alliés ne le refusèrent pas absolument, de sorte qu'il continua ses bons offices, mais sans succès. Le roi de France chargea le comte d'Avaux, son ambassadeur à Stockholm, de suivre la négociation. Elle n'avança pas : les parties belligérantes n'étaient point assez lasses. Une autre négociation, tentée en Suisse, n'eut pas un succès bien marqué ; cependant on commença à s'expliquer sur la succession éventuelle de l'Espagne, sur l'invasion de l'Angleterre, sur les réunions à conserver ou à restituer, sur le sort de la Lorraine, et sur d'autres articles importans; ce qui était un acheminement à la paix.

Cette année, Louis employa l'ambassadeur de Danemarck à Londres, et l'électeur de Bavière lui-même, pour essayer de gagner Guillaume. Instruits de ces avances, les Hollandais tâchèrent d'attirer à eux la négociation, et firent savoir au roi qu'ils entreraient volontiers en pourparlers, s'il voulait faire passer un agent à Liège. Il y envoya les sieurs de Callières et de Harlay. Leurs hautes puissances en députèrent aussi; mais, par la mauvaise volonté de Guillaume, rien ne réussit, et le roi se vit contraint à faire de nouveaux efforts pour conquérir la paix.

L'épuisement de la France en hommes et en argent secondait mal ses désirs. L'armée de Flandre était de beaucoup inférieure à celle de Guillaume. Le dauphin la commandait, mais c'était Luxembourg qui en dirigeait tous les mouvemens. Ses instructions le réduisaient à la défensive, genre de guerre qui semblait peu approprié à son caractère peu entreprenant, et qui n'en contribua pas moins à sa gloire. Déguisant sa faiblesse à l'ennemi, il eut l'art, tantôt de l'inquiéter par les démonstrations audacieuses d'un assaillant, tantôt de se maintenir en des postes importans beaucoup plus long-temps qu'on ne l'attendait de la nature de ses ressources. Il fit avorter ainsi les espérances de victoire que les alliés avaient conçues d'une retraite assez hasardeuse; et lorsque Guillaume, désespérant de le battre, l'eut abandonné dans le dessein de passer les villes maritimes de la Flandre entre son armée et les flottes d'Angleterre, l'actif Luxembourg fit échouer encore ses plans par une marche célèbre de quarante lieues, depuis son camp de Vignacourt, proche Louvain, jusqu'au pont de l'Épine sur l'Escaut; marche faite en quatre jours, malgré de nombreux défilés et le passage de cinq rivières. Toute son armée, transportée de l'autre côté du fleuve, y devança l'ennemi, qui ne fut pas médiocrement étonné de l'y trouver fortifié, et occupant tous les postes dont il croyait lui-même s'assurer.

Les maréchaux de Lorges et de Joyeuse, sur le Rhin, poussèrent jusqu'au Necker, comme l'année précédente. Mais la difficulté de subsister dans ce malheureux pays qu'ils avaient ravagé eux-mêmes, et les renforts qui arrivaient au prince de Bade, les forcèrent de rentrer en Alsace. Ils y furent suivis par le prince, qu'ils ne purent empêcher d'y pénétrer, mais qui, pressé par la saison, n'y séjourna pas long-temps, et se hâta de repasser le Rhin, après avoir levé quelques contributions.

Pareille stagnation se faisait remarquer en Savoie. Deux causes y contribuaient : la faiblesse de Catinat et les incertitudes du duc de Savoie. Il était recherché par le roi, qui lui faisait offrir la restitution de la Savoie et du comté de Nice, l'abandon de Pignerol, quatre millions de dédommagemens, et de plus l'alliance du duc de Bourgogne, fils aîné du dauphin, avec l'aînée de ses filles. Les confédérés pénétrèrent ces négociations, et en prirent de l'ombrage contre le duc, qui se défia d'eux à son tour, et dès lors le concert manqua à leurs opérations.

Il n'y eut qu'en Espagne que les avantages furent caractérisés. Le maréchal de Noailles, qui jusqu'alors avait marché pied à pied en Catalogne, osa passer le Ter en présence de l'ennemi, le battit à Vergès sur les bords du fleuve, et s'empara, à la suite de sa victoire, de Girone, de Palamos et d'Ostalric. Il s'avançait même vers Barcelone, et l'approche de Tourville, du côté de la mer, lui donnait le plus juste espoir de s'en rendre maître, lorsque l'arrivée de l'amiral Russel, avec quatre-vingt-huit vaisseaux de ligne, fit évanouir ses espérances. Tourville n'avait que soixante vaisseaux à lui opposer; et la cour, devenue circonspecte depuis le combat de la Hogue, lui fit donner ordre de rentrer à Toulon.

Les Anglais promenaient une autre escadre sur les côtes de France baignées par l'Océan, et essayaient d'y effectuer des descentes. La plus considérable fut celle qu'ils tentèrent à Brest. Mais Vauban, que la cour instruite de leur dessein, venait d'y envoyer, avait fait de telles dispositions, et les reçut si vigoureusement, qu'ils se rembarquèrent aussitôt. Leurs tentatives de bombardement et leurs machines infernales n'eurent pas un meilleur succès à Dunkerque et à Calais. Ils firent plus de mal au Havre, et détruisirent presque entièrement Dieppe. Mais les armateurs français leur rendirent ces pertes au centuple, et une tempête dans la Méditerranée sembla conspirer avec eux. Sept ou huit vaisseaux de guerre de l'escorte d'un convoi considérable furent brisés contre les rochers, et tout le convoi fut dispersé. Dans le même temps, du Causse, gouverneur de Saint-Domingue, ruinait, à l'aide des flibustiers, les sucreries de la Jamaïque, et Jean Bart, près du Texel, avec six frégates et deux flûtes, attaquait huit vaisseaux hollandais qui s'étaient emparés d'un convoi de grains destiné pour la France, en enlevait deux à l'abordage, mettait le reste en fuite, et ramenait glorieusement la flotte dans nos ports.

Cependant le trésor et l'armée tombaient dans un égal dépérissement. Pour subvenir aux besoins du premier, depuis long-temps on usait, entre autres expédiens, de la refonte des monnaies. La valeur du marc d'argent, accrue de 26 livres 15 sous à 29 livres 4 sous, fit monter celle des écus de 3 livres à 3 livres 6 sous; mais ceux-là seulement qui étaient de nouvelle fabrique. Les anciens, qui furent décriés sous divers prétextes, furent fixés à 3 livres 2 sous. Cette différence de quatre sous ou d'un quinzième, produisit, en quatre ans, sur la masse de l'ancien numéraire qui fut porté à la monnaie, un bénéfice de quarante millions. On y ajouta cette année une nouvelle ressource qui ne devait durer que jusqu'à la paix. Ce fut la *capita-*

tion, ainsi nommée de ce qu'elle était établie sur la tête de tous les chefs de famille, répartis, pour son assiette, en vingt-deux classes; nul privilége n'en exempta, et le roi lui-même voulut y être compris. Cette manière de s'identifier avec ses peuples leur allégea le poids de l'impôt, et la réalité du besoin, qui était manifeste pour tous, le fit même payer avec joie. Il rendit près de vingt-deux millions.

Quant à l'armée, on pourvut à en remplir les vides par des recrutemens forcés. Mais le plus habile des chefs qui lui imprimaient le mouvement n'existait plus. Une attaque d'apoplexie avait enlevé Luxembourg dans les premiers jours de janvier, et les anciens triomphes de Louis XIV disparurent avec lui. Le penchant du monarque pour le maréchal de Villeroy, fils de son gouverneur, décida le choix de son successeur en Flandre. Cette année Guillaume y avait séparé son armée en plusieurs corps, afin de masquer son véritable point d'attaque. L'électeur de Bavière observait les lignes des Français, entre l'Escaut et la Lys; le prince de Wirtemberg menaçait le fort de Knoke : enfin le soin de couvrir la Flandre espagnole était confié au prince de Vaudemont, pendant que Guillaume lui-même, avec le reste de l'armée, investissait Namur, le véritable objet de ses mouvemens. L'électeur et le prince de Wirtemberg furent repoussés dans leurs attaques, et le prince de Vaudemont, surpris à la chute du jour par Villeroy, dut son salut et la gloire d'une retraite vantée au délai de la nuit, que l'imprévoyance du général français lui donna, en remettant au lendemain à l'écraser. Tous trois rejoignirent Guillaume, qui, sur les bords de la Mehaigne, et malgré quatre-vingt mille hommes réunis par Villeroy, couvrit le siége de Namur, ainsi que trois ans auparavant l'avait fait devant lui Luxembourg, lorsque le roi s'était emparé de la même ville. Le maréchal de Boufflers, qui s'y était jeté avant son entier investissement, ne put, malgré ses talens, son courage et une garnison de quinze mille hommes, prolonger sa défense au delà d'un mois. Il soutint un premier assaut, et ne crut pas devoir courir les risques d'un second. Cohorn dirigeait le siége sous l'électeur de Bavière. On prétend que, piqué du mépris qu'avait fait paraître Vauban pour plusieurs de ses ouvrages, en négligeant de les attaquer lors du premier siége, comme inutiles à la défense de la place, il affecta à son tour de négliger la plupart de ceux par lesquels l'ingénieur français s'était proposé de rendre la ville imprenable, et qu'il prouva également qu'ils n'étaient pas plus nécessaires que les siens. Mais le détail des deux siéges semble démentir cette anecdote.

La mauvaise santé des deux généraux opposés sur le Rhin maintint à peu près leurs troupes dans l'inaction. D'un autre côté, sous prétexte de maladie, le maréchal de Noailles, jalousé, suivant Saint-Simon, par Barbesieux, fut rappelé de Catalogne, et son commandement fut donné au duc de Vendôme, Louis-Joseph, arrière-petit-fils de Henri IV. Jusque-là, ce prince, âgé de quarante ans, et distingué à l'armée par plusieurs actions d'éclat, n'avait pas commandé en chef. Sa popularité et ses manières franches, qui rappelaient celles de son bisaïeul, le faisaient adorer du soldat. Une activité inusitée se fit remarquer dans son armée. Cependant il ne fit pas mieux que n'avait fait son prédécesseur, et ses exploits se bornèrent à faire échouer les desseins des Espagnols sur Ostalric et Palamos, que leur avait enlevés le duc de Noailles dans la campagne précédente.

Casal, dans le Montferrat, tomba au pouvoir des confédérés. Ce fut un acte de politique du duc de Savoie, qui eût pu vivement presser Catinat, et qui, négociant avec la France, força ses alliés de diriger leurs coups perdus sur une ville qui lui était déjà secrètement abandonnée. Elle devait être rendue au duc de Mantoue, lorsque les fortifications en seraient démolies, et ce fut à cette stérile opération que l'astucieux Amédée occupa l'armée pendant le reste de la campagne.

Les Anglais secondèrent en vain par mer les dispositions des Espagnols pour reprendre Palamos. Une ruse de Vendôme, qui fit croire à Russel l'arrivée de Tourville, l'éloigna de ces parages pour aller au devant de lui. Il le chercha en vain : et Louis XIV, retranché sur mer à la plus sévère défensive, n'opposa aux bombardemens des Anglais à Saint-Malo, à Calais et à Dunkerque, que la voie des représailles sur Bruxelles. Les chefs de quelques petites escadres et des nuées d'armateurs continuèrent d'ailleurs à inquiéter leur commerce. De Gennes, Forbin, Nesmond, entre les premiers, du Gay-Trouin, Porée et Cassart, parmi les autres, firent les prises les plus considérables.

Des démonstrations pacifiques se mêlèrent aux opérations militaires. Il y eut encore cette année des conférences pour la paix à Utrecht. On y convint, en six articles principaux, de conditions presque les mêmes qui ont constitué la paix de Riswick : de sorte qu'elle aurait pu dès lors être conclue. Mais ces mouvemens n'aboutirent qu'à faire accepter publiquement, par toutes les parties, le roi de Suède comme médiateur, ce qui eut lieu au commencement de 1696.

Au hasard cependant d'irriter les passions haineuses qui pouvaient mettre des obstacles à ces bonnes dispositions, ou peut-être irrité par ceux qu'on y apportait en effet, Louis renouvela encore en faveur de Jacques des tentatives d'invasion. Sous l'apparence d'une autre destination, des flottes furent équipées dans tous les ports et des troupes rassemblées à Calais. Jacques au moment de l'exécution se rendit aux environs de cette ville, et le duc de Berwick, son fils naturel, qu'il avait eu d'Arabella Churchill, sœur du duc de Marlborough, osa s'aventurer incognito en Angleterre, où il pratiqua de nombreuses intelligences. Mais Guillaume avait pressenti le but de ces armemens déguisés; et la subite apparition de l'amiral Russel dans la Manche, à la tête d'une flotte de cinquante vaisseaux, suffit pour éventer un projet que les vents contrarièrent d'ailleurs, et pour ruiner les dernières espérances de Jacques.

Quelque humeur que pût concevoir Guillaume d'une expédition dirigée personnellement contre lui, la lassitude des puissances belligérantes ne lui permit pas d'écouter son ressentiment. Partout l'épuisement était le même, et la guerre se faisait avec une langueur qui annonçait la paix. Un traité particulier, sous le nom de neutralité de l'Italie conclu à Turin, le 4 juillet, entre la France et le duc de Savoie, aux conditions précédemment offertes, fut un pas décisif pour s'y acheminer. Cependant, comme les alliés se montraient récalcitrans à y accéder, le duc se déclara ouvertement contre eux; et, en conséquence d'un traité d'alliance du 29 août, qui interprétait sa première convention, revêtu du titre de généralissime des troupes françaises, il assiégea Valence, sur la frontière du Milanais. Cette démarche tranchante eut son effet : elle amena, le 7 octobre, le traité de Vigevano, qui mit fin aux hostilités dans ces contrées, qui, tour à tour fatiguées et rançonnées par les impériaux et les Français, bénirent Amédée comme leur libérateur. Les troupes allemandes évacuèrent l'Italie, et le prince Eugène, qui les commandait, alla s'ouvrir une autre carrière de gloire sur le Danube. L'acquiescement des alliés à la neutralité dans cette portion du théâtre de la guerre rendit l'activité aux négociations entamées en Hollande, et Louis XIV, délivré des embarras du Piémont, les seconda encore, au moyen des forces plus imposantes qu'il put réunir l'année suivante en Flandre.

Le roi y eut en effet trois armées commandées par les maréchaux de Catinat, de Boufflers et de Villeroy. Les opérations militaires néanmoins s'y bornèrent à la prise d'Ath par Catinat; et sur le Rhin le maréchal de Choiseul et le prince de Bade persistèrent dans l'état passif d'observation où ils étaient déjà demeurés l'année précédente. La guerre ne fut active qu'en Catalogne, où le duc de Vendôme, projetant de faire le siége de Barcelone, fut obligé de dissiper d'abord plusieurs corps de troupes espagnoles, qui lui en interdisaient l'approche.

La grande affaire, celle qui absorbait toutes les attentions, qui occupait même les généraux à la tête de leurs armées, était la paix et les négociations qui devaient la préparer. L'espèce de désertion du duc de Savoie fit craindre aux autres alliés que chacun d'eux, pour être mieux traité, ne recourût à une paix particulière; ce qui leur fit prendre le parti d'accepter, au commencement de 1697, des articles préliminaires présentés par le sieur de Callières au baron de Lilienroot, ambassadeur du jeune roi de Suède Charles XII, lequel venait de succéder à son père, et avait été agréé comme lui pour médiateur par tous les partis. Les Trois-Evêchés, l'Alsace, la Franche-Comté, et une partie des Pays-Bas étaient assurés à la France; Fribourg et Philisbourg demeuraient à l'empereur; Strasbourg retournait à l'empire, à moins d'équivalens, entre lesquels la France indiquait la Lorraine, dégagée des servitudes apposées dans les traités des Pyrénées et de Nimègue. Enfin Louis XIV renonçait à diverses réunions effectuées par les chambres de Metz et de Brisach, et consentait à reconnaître Guillaume pour roi d'Angleterre. Les conférences, pour convertir ces articles en un traité définitif, s'ouvrirent en mai au château de Riswick, près de la Haye.

Pendant les pourparlers, les hostilités continuaient. Les alliés qui avaient déjà essayé de diverses chicanes évasives, et qui ne trouvaient point que la restitution du Luxembourg et de la Lorraine dans son intégrité fût un équivalent de Strasbourg, demandèrent un armistice; Louis XIV le refusa, persuadé qu'ils ne le proposaient que comme des plaideurs désespérés qui comptent, faute de meilleure ressource, sur le bénéfice du temps. Pendant qu'ils traînaient la négociation en longueur, arriva la nouvelle que le duc de Vendôme avait pris Barcelone. Il n'y eut plus alors à hésiter; et, pour recouvrer cette capitale de la Catalogne, possession de la maison d'Autriche, Strasbourg, possession de l'empire, fut abandonnée; l'empereur et les Espagnols se déterminèrent aux sacrifices que le roi exigeait d'eux, en compensation de ceux qu'il faisait lui-même, et la paix fut conclue. Le marquis de Croissy, qui l'avait préparée, n'en vit pas la conclusion. Il était mort l'année précédente. Le roi, qui choisit pour le remplacer le marquis de Torcy, son fils, donna à ce dernier pour guide le vieux Pomponne, alors presque octogénaire, dont il lui fit épouser une des filles.

Il y eut trois traités signés le 20 septembre à Riswick. La convention avec les états-généraux était un traité de commerce très avantageux aux Hollandais. Ils furent reconnus, comme à Nimègue, exempts du droit d'aubaine; et, dans l'introduction de certaines marchandises, comme le tabac, ils étaient plus favorisés que les Français eux-mêmes. Ces priviléges devaient durer vingt-cinq ans; ils servaient, en quelque sorte, de rançon à Pondichéry, qu'ils rendirent. En prenant cette ville, ils avaient donné l'exemple de porter les guerres européennes au delà de nos mers.

Le roi d'Espagne rentra dans une grande partie de ses anciens domaines des Pays-Bas, notamment dans Courtray, Mons, Ath, Charleroy, et le pays de Luxembourg, ainsi que dans toutes les places qui lui avaient été enlevées en Catalogne. Peut-être fut-il si bien traité en considération de ce qu'il n'exigea pas de Louis XIV la renonciation à la monarchie d'Espagne, qui avait été insinuée dans les préliminaires.

Le prince d'Orange fut reconnu roi d'Angleterre, et Louis XIV s'engagea à ne le pas troubler dans la possession de ses royaumes.

Le traité avec l'empereur, qui, comme chef du corps germanique, avait toujours tant d'intérêts compliqués à démêler, exigea des discussions qu'on ne put régler que provisoirement par un acte en date du 30 octobre, et qui ne finirent qu'au commencement de 1699. La France fut confirmée dans la possession de Strasbourg; elle abandonna à l'empereur et à l'empire, Kelh, Philisbourg, Fribourg et Brisach ; elle s'obligea de raser les fortifications d'Huningue et de Neuf-Brisach, sur la droite du Rhin, et rendit toutes les réunions hors de l'Alsace; l'électeur de Trèves rentra dans sa ville, le Palatin dans toutes ses terres et possessions, le duc de Lorraine enfin dans son duché, mais démantelé de toutes ses forteresses, diminué des villes de Longwi et de Saar-Louis qui demeurèrent à la France, et chargé de la servitude du passage des troupes françaises. On convint d'arbitres pour régler les objets de constestation qui demandaient trop de temps. Le roi de Suède, comme duc des Deux-Ponts, les maisons de Bade, Wirtemberg, Linange, l'Ordre Teutonique, eurent chacun leur part. Des petites villes et forts le long du Rhin furent annexés à la France et à l'empire ; le tout, disait-on, selon le traité de Westphalie, qu'on violait toujours sous prétexte de l'interpréter. Ainsi on mettait de la cendre sur le feu, non pour l'éteindre, mais pour le conserver, et de tous côtés on ramassait les matières combustibles, qui, deux ans après, ont embrasé l'Europe.

Charles II, roi d'Espagne, de Naples et de Sicile, souverain de la Flandre, d'une partie de l'Italie, de plusieurs îles dans l'Océan et la Méditerranée, des Philippines dans la mer des Indes, empereur du Mexique et du Pérou ; Charles II, sans enfans, languissait menacé d'une mort prochaine. Il plut aux Anglais et aux Hollandais, qui n'avaient aucun droit à cet héritage, d'en faire le partage, ou plutôt ce fut Guillaume, prince d'Orange, stathouder de Hollande et roi d'Angleterre, l'ame, pour ainsi dire, de ces deux nations, ce fut ce politique, toujours ennemi de Louis XIV, qui imagina de démembrer la succession, de peur que les enfans de ce prince et de Marie-Thérèse, son épouse, sœur aînée de Charles, n'eussent cet héritage tout entier. Par un traité signé à la Haye, le 16 octobre 1698, les républicains et les insulaires donnaient la couronne d'Espagne à Joseph-Ferdinand-Léopold, prince électoral de Bavière, petit-neveu du monarque espagnol par Marie-Thérèse, son aïeule, première épouse de l'empereur Léopold, et sœur cadette de Marie-Thérèse, reine de France. Au dauphin, fils de cette dernière, à qui la succession appartenait de droit, les distributeurs des états de Charles II abandonnaient les royaumes de Naples et de Sicile, des îles situées sur la côte de Toscane, et quelques villes d'Espagne et d'Italie à la convenance de la France; ils donnaient enfin à l'archiduc Charles d'Autriche, second fils de l'empereur Léopold et d'Eléonore de Neubourg, le duché de Milan.

Ce partage avait été minuté à Londres, sous les yeux de Guillaume, et en présence d'un ambassadeur français, qui paraît n'avoir été là que simple témoin. Quand il fut question de la signature à La Haye, le roi d'Angleterre, stathouder, fit en sorte qu'il s'y trouvât des ambassadeurs de plusieurs puissances, que ses agens étaient allés solliciter jusque dans leur palais; mais, excepté les représentans des Anglais et des Hollandais, il n'est pas certain que les autres aient donné un consentement formel.

Charles II apprit cette convention, quoiqu'on se fût efforcé de la lui cacher. Il fût piqué que l'on démembrât ses états de son vivant et fit, en 1698, un testament par lequel il instituait le prince électoral de Bavière son héritier, non partiellement comme faisait le traité de La Haye, mais en totalité. Malheureusement ce prince mourut âgé de sept ans, au commencement de 1699.

Aussitôt nouveau partage, qui donne à l'archiduc toute la monarchie d'Espagne, confirme au dauphin ce que le premier lui accordait, et y ajoute même la Lorraine, qui serait échangée contre le Milanais. Léopold, auquel ce traité fut communiqué, témoigna beaucoup d'humeur de ce qu'on n'accordait pas le tout à lui-même, ou du moins les parties qu'il désirait principalement; aussi, après bien des tergiversations, il refusa nettement d'accéder au traité, malgré les instances pressantes de Louis XIV. Charles II fut aussi choqué du démembrement du royaume, prononcé par cette convention, qu'il l'avait été la première fois. Au même mal il opposa le même remède. Après bien des doutes et des consultations, tant auprès des universités d'Espagne qu'auprès du pape, il écouta la voix du sang, et fit un nouveau testament par lequel il appela à sa succession totale Philippe, duc d'Anjou, second fils du dauphin, et petit-fils de Marie-Thérèse, sa sœur aînée. Si Philippe devenait roi de France, le duc de Berry, son frère, lui était substitué, et après eux l'archiduc Charles, petit-fils de Marie-Anne d'Autriche, sœur de son père, morte femme du premier empereur Ferdinand III. Ceux-ci mourant ou exclus par la possession acquise, soit du sceptre impérial, soit de la couronne de France, incompatibles avec le trône d'Espagne, le testateur y appelait le duc de Savoie, descendant d'une fille de Philippe II ; et il ne permettait, en aucun cas, le démembrement de la monarchie espagnole.

Le testament est du 2 octobre 1700, et le roi d'Espagne mourut le 1er novembre. La junte nommée par lui pour administrer pendant la vacance se hâta de faire part du testament au conseil de Versailles. En cas de tergiversations, de propositions de démembrement, de refus enfin d'une acceptation pure et simple, l'ambassadeur espagnol avait ordre de se rendre à Vienne, et d'y porter les offres que l'on rejetait en France. L'embarras du conseil fut extrême. Se contenterait-on des beaux états que le traité de partage ajoutait à la France, ou décorerait-on la maison régnante de plusieurs couronnes qui seraient peut-être disputées ? Si l'on s'en tenait au par-

tage, on ne pouvait éviter la guerre avec l'empereur, qui, en vertu du testament, se verrait légitimement autorisé à conserver la totalité de l'héritage à son fils; et si on le rejetait, non seulement il faudrait l'avoir avec le même empereur, qui se verrait frustré de ses espérances, mais encore avec l'Angleterre et la Hollande, blessées sans doute de l'oubli des engagemens contractés avec elles. « Si la
» guerre était inévitable, dit le marquis de Torcy dans ses Mémoi-
» res, il fallait la faire pour soutenir le parti le plus juste; certai-
» nement c'était celui du testament, puisque le roi d'Espagne rap-
» pelait ses héritiers naturels à sa succession, dont ils avaient été
» injustement exclus par ses prédécesseurs. Dès qu'on rejetait le
» testament, au contraire la guerre devenait injuste. Quelle raison
» pour la déclarer à l'Espagne? à quel titre s'emparer d'une partie
» de ses états? Quel tort son dernier maître avait-il fait à la France,
» en reconnaissant un de ses princes pour son héritier universel?
» et quelle injustice faisait la nation espagnole de se soumettre et de
» se conformer aux volontés équitables de son roi? » N'y avait-il pas même une ingratitude coupable à traiter en ennemis des peuples qui témoignaient une bonne volonté aussi généreuse, et à démembrer, par la voie des armes, un pays qui s'offrait lui-même tout entier avec un abandon si absolu? Ces considérations puissantes, et la nécessité de prendre parti sur le champ, qui excluait les moyens termes, firent incliner pour ce qu'on a durement et injustement appelé le conseil de la vanité. Il est certain que Louis sacrifia les intérêts de son propre royaume; et, si les autres puissances n'eussent point été aveuglées sur les leurs, elles auraient reconnu que le nouvel ordre de choses leur était beaucoup plus avantageux que celui qu'elles avaient imaginé. « Mille exemples devaient leur avoir ap-
» pris qu'on n'est point ami pour être du même sang, et qu'une
» maison peut acquérir des royaumes pour ses princes, et n'en être
» pas plus redoutable à l'Europe (1). » Quoi qu'il en soit, le testament fut accepté le 11 novembre, et Philippe, proclamé à Madrid le 24 du même mois, partit le 4 décembre pour se rendre dans son royaume.

Jamais acquisition ne s'annonça d'une manière moins contestée que celle qui donnait les vastes états de la monarchie espagnole à la maison de Bourbon. L'Angleterre, la Hollande, le Portugal, le duc de Bavière et toute l'Italie reconnurent Philippe V. L'empereur seul fit des protestations. Les Espagnols acquiescèrent avec une espèce d'enthousiasme à la volonté de leur défunt roi ; et partout, dans les garnisons et les armées, ils se joignirent aux Français.

Ce fut dans les Pays-Bas d'abord que se fit remarquer cette union intime des deux nations. L'électeur de Bavière, confirmé dans le gouvernement des Pays-Bas pour l'Espagne, y ayant mis toutes les

(1) Mably, Paix d'Utrecht.

places fortes au pouvoir des Français, on en fit sortir vingt-deux bataillons hollandais, que les états-généraux, toujours en défiance de la France, avaient obtenu d'y établir, sous prétexte de leur propre sûreté. Les alarmes que conçurent les Provinces-Unies de cette mesure, le mécontentement de l'empereur et les appréhensions de Guillaume sur le concert des deux gouvernemens de France et d'Espagne, réveillèrent aisément leur haine commune, et le 11 septembre fut signée entre eux une nouvelle ligue ayant pour objet de s'emparer des Pays-Bas espagnols, du duché de Milan, des royaumes de Naples et de Sicile et des ports de Toscane. L'article 6 est remarquable, en ce qu'il indique les motifs que les Hollandais et les Anglais surtout avaient de s'immiscer dans une querelle de famille qui ne les regardait pas. Il porte que les possessions dont ils s'empareront au delà des mers sur la France et l'Espagne leur resteront, et que jamais les confédérés ne souffriront que les royaumes de France et d'Espagne soient réunis.

Louis XIV donna lieu à cette clause, parce que, après le départ du duc d'Anjou pour l'Espagne, il envoya à son petit-fils des lettres patentes, par lesquelles son droit à la couronne de France lui était conservé au défaut du duc de Bourgogne et de ses descendans, ce qui exposait les deux royaumes à passer un jour sous le même sceptre, contre la volonté expresse du testateur. Cette précaution impolitique du roi de France servit beaucoup à l'empereur et à ses deux alliés pour en attirer d'autres, par la crainte des forces immenses dont la France allait disposer.

Les contractans étaient convenus qu'il serait libre aux autres puissances d'accéder à leur alliance, et les efforts qu'ils firent pour les attirer ne furent pas infructueux. Presque tous les cercles de l'Allemagne, effrayés du fantôme de la monarchie universelle, à laquelle Louis XIV fut accusé d'aspirer, épousèrent leur querelle, et l'empereur mit particulièrement dans ses intérêts l'électeur de Brandebourg, Frédéric Ier, en lui conférant le titre et la dignité de roi de Prusse. Ainsi, dix ans auparavant, il s'était attaché le duc de Brunswick-Lunebourg-Hanovre, qui penchait pour la France, en érigeant pour lui, non sans beaucoup d'oppositions, un neuvième électorat. Non seulement les princes d'Allemagne, auparavant nos alliés, s'alarmèrent, mais l'Italie encore trembla; et Victor-Amédée, auquel on eut la maladresse de refuser le duché de Milan, qu'on lui avait d'abord promis, d'allié infidèle devint bientôt ennemi déclaré.

La reconnaissance par Louis XIV du prince de Galles pour roi d'Angleterre, après la mort de Jacques II, n'entra pour rien, ainsi qu'on l'a répété souvent, dans les motifs qui poussèrent Guillaume à cette alliance, attendu que cet acte est antérieur de cinq jours à la mort de Jacques; mais, comme le traité n'était point encore public, Guillaume laissa croire que ce pouvait être la cause de sa rupture, et il s'en autorisa, comme d'une infraction au traité de Ryswick, pour rappeler son ambassadeur.

Contre tant d'ennemis, la France se fortifia de l'alliance du roi de Portugal, de celle de l'électeur de Bavière, qu'on flatta du gouvernement héréditaire des Pays-Bas, de celle de l'électeur de Cologne, son frère, et enfin de celle du duc de Savoie, dont on crut s'être assuré par le mariage de sa fille cadette avec le jeune roi d'Espagne, mariage qui établissait un double lien entre la maison de Savoie et celle de Bourbon. Le nord de l'Europe fut étranger à cette guerre; la cupidité le retenait engagé dans d'autres débats. L'apparence d'une spoliation facile avait uni le Danemarck, la Pologne et la Russie contre le jeune roi de Suède Charles XII, qui, héros à dix-huit ans, venait de forcer le Danemarck à une paix séparée, et de battre, avec vingt mille Suédois seulement, quatre-vingt mille Russes qui, sous le czar Pierre, assiégeaient Narva.

La guerre, commencée en Italie, s'étendit bientôt sur les deux continens, dans les îles, et partout enfin où les Français et les Espagnols avaient des établissemens. Louis XIV fit des efforts prodigieux, recruta promptement ses armées et restaura la marine, que les victoires mêmes de la dernière guerre avaient affaiblie. Il créa dix maréchaux de France, et trouva de dignes successeurs des Condé, des Turenne et des Luxembourg, dans les Catinat, les Berwick, les Villars, les Vendôme, et beaucoup d'autres qui, malgré quelques défaites, soutinrent avec l'éclat l'honneur de la France pendant cette guerre. Elle dura onze ans, toujours également animée, avec des alternatives de succès et de revers qui la rendirent très ruineuse dans tous les lieux où elle porta ses fureurs : et ces lieux sont toute l'Espagne, toute l'Italie, tous les Pays-Bas, une très grande partie de l'Allemagne, quelques côtes du Portugal, de la Hollande, de la France même, l'Amérique, l'Asie, l'Afrique sur plusieurs points, et enfin presque tout l'univers, où les Anglais envoyaient la dévastation et l'incendie, tranquilles eux-mêmes dans leur île, où ils furent à peine inquiétés par des descentes peu fréquentes et sans suites.

L'empereur, comptant d'avance sur les secours de ses alliés, n'avait pas attendu la conclusion de la ligue pour agir hostilement. Le prince Eugène, à la tête de trente mille hommes, sans égard à la neutralité de Venise, déboucha des gorges du Trentin sur son territoire, et suivit la gauche de l'Adige. Une armée double de la sienne, composée de Français, d'Espagnols et de Piémontais, commandés par Catinat, par le prince Thomas de Vaudemont, fils de celui qui était au service de l'empereur, et par le duc de Savoie, généralissime de toutes les troupes, l'attendait sur les frontières du Milanais. L'exemple des impériaux les autorisant à s'avancer sur le territoire neutre, ils se disposèrent à défendre le passage du fleuve. On prétend que déjà le duc, dévoué secrètement à la cause qu'il semblait combattre, faisait part aux ennemis des résolutions des alliés. A l'aide de ces renseignemens, il fut facile au prince Eugène de forcer le poste de Carpi, et de traverser l'Adige et le Mincio. Catinat soupçonna de bonne heure la cause de ses succès et en fit part au roi. Mais cet avertissement n'aboutit qu'à le faire rappeler et à lui faire donner pour successeur le maréchal de Villeroy, qui, aussi prévenu que la cour contre les avis de Catinat, débuta par se concerter avec le duc de Savoie pour attaquer le camp du prince Eugène, à Chiari, dans le Bressan. Il n'était pas même besoin de trahison pour que cette entreprise fût téméraire : aussi Catinat, qui n'avait pas encore quitté l'armée, se fit-il répéter l'ordre de marcher en avant. L'avis qu'en reçut d'ailleurs le prince Eugène fut une nouvelle raison d'échouer, et l'on fut repoussé, malgré les preuves de courage dont le duc de Savoie masqua son intelligence avec lui. Catinat blessé rendit néanmoins l'important service de diriger la retraite, et la fit de l'autre côté de l'Adda. L'hiver sépara les armées : les impériaux le passèrent dans le Mantouan, et s'emparèrent, pendant sa durée, de Guastalla et de la Mirandole.

Le roi avait eu deux autres armées sur pied, l'une en Flandre et l'autre sur le Rhin. Mais la première, sous les ordres du maréchal de Boufflers, n'ayant point d'ennemis à combattre, se borna à creuser, pour couvrir les Pays-Bas, des lignes qui s'étendaient depuis Anvers jusqu'à Huy, aux environs de Namur. La seconde se tint également en observation sur la frontière. Ce n'était plus Barbesieux qui dirigeait les opérations de la guerre. Il était mort dans les premiers jours de l'année. Le marquis de Chamillard, contrôleur-général, depuis que M. de Pontchartrain avait été promu à la dignité de chancelier, en 1699, réunit alors les deux emplois. Simple conseiller au parlement, son adresse au billard l'avait introduit à la cour. Ayant un grand fonds de modestie, de douceur et d'intégrité, il fut goûté de madame de Maintenon et ensuite du roi, qui le fit d'abord passer de l'intendance de Rouen à celle des finances, et qui, se méprenant depuis sur la nature et l'étendue de ses talens, le nomma ministre. Louis, espérant même obtenir plus d'unité d'action dans les opérations de la guerre et des finances en cumulant les deux ministères sur une même tête, fit choix de lui pour l'investir de ce double emploi. Mais Chamillard, déjà trop faible pour porter le premier fardeau, fut écrasé par la surcharge, et les affaires s'en ressentirent.

Le prince Eugène ouvrit la seconde campagne par l'entreprise hardie de la surprise de Crémone, où était le quartier-général de l'armée française. Quatre cents hommes, après avoir jeté la nuit un pont sur le fossé, entrèrent par un égout qui communiquait à la maison d'un des curés de la ville, attaché au parti de l'empereur. Ils ouvrirent une des portes à quatre mille hommes, dont le prince avait dérobé la marche aux généraux français, et tous ensemble ils se dirigèrent sur le quartier du maréchal de Villeroy Celui-ci était monté à cheval au premier bruit qui s'était fait entendre; et, comme il en recherchait la cause, il se trouva investi de toutes parts, et fut fait prisonnier. Heureusement deux régimens irlandais qui se trouvèrent prêts firent résistance, et donnèrent à la garnison le temps de s'armer. Elle n'aurait pu néanmoins tenir contre le surcroît de forces qui arrivait au prince par le pont du Pô, défendu seulement par cent hommes, si le guide des Allemands dans la ville n'eût été tué comme il les conduisait sur le même point. Privés de son secours, ils s'égarèrent dans les rues, ce qui permit à un régiment de la garnison de les prévenir et de couper le pont après avoir repoussé les assaillans. Eugène, devenu ainsi inférieur aux troupes de la ville, ne s'obstina point à combattre, et prit le parti de la retraite, emmenant avec lui un grand nombre de prisonniers.

Vendôme, envoyé pour remplacer Villeroy, fut joint par Philippe V, qui, après avoir passé d'Espagne à Naples, où il se fit reconnaître, vint ranimer encore l'armée par sa présence. D'heureux succès signalèrent leur réunion, et leurs premiers efforts firent lever à Eugène le blocus de Mantoue. Poursuivant leurs avantages, ils se disposaient à lui couper la communication de Guastalla et de la Mirandole, en se plaçant entre ces villes et le Pô, lorsque le prince, traversant lui-même le fleuve à leur insu, se cacha dans l'entre-deux de sa rive droite et de la digue du Zéro, près de laquelle les alliés vinrent imprudemment asseoir leur camp, sans avoir exploré le terrain au delà. Il s'était proposé de les attaquer au moment où, les fourrageurs étant aux champs et l'infanterie à la recherche de la paille et de l'eau, il lui serait aisé de forcer le camp, et de s'emparer des armes en faisceaux et de la majeure partie des chevaux au piquet. L'accomplissement de ce hardi projet eût entraîné la ruine totale de l'armée : un hasard en prévint l'exécution. Les sinuosités du Zéro et de la digue élevée pour contenir ses eaux se trouvèrent en un point tellement rapprochées du camp, qu'un officier, par désœuvrement, et sans autre but que de satisfaire sa curiosité, s'avisa d'y monter pour jeter un coup d'œil sur le pays d'alentour. Quel fut son étonnement d'apercevoir toute l'infanterie impériale en ordre de bataille, couchée ventre à terre, et la cavalerie par derrière pour la soutenir! Il donna aussitôt l'alarme, et le combat ne tarda pas à s'engager. Les impériaux n'eurent qu'à monter sur la digue pour mettre sous leur feu l'armée combinée qui n'était point formée en bataille. Bientôt ils la franchirent pour s'approcher davantage; mais le terrain embarrassé de haies et de buissons les empêcha d'aborder tout de front, et donna le temps aux alliés de se former peu à peu. Quand l'armée fut en ligne, l'attaque devint sans objet, et les assaillans se couvrirent de nouveau de la digue. Telle fut cette bataille de Luzara, livrée le 15 d'août, et dont chaque parti s'attribua le gain; mais la prise presque immédiate de Luzara même et de Guastalla par l'armée des deux couronnes prouva de quel côté était l'avantage.

Guillaume, veuf depuis plusieurs années de Marie Stuart, mourut au commencement de celle-ci. On crut un instant que cet évènement pourrait introduire quelque changement dans la politique des cours ; mais la reine Anne, belle-sœur de Guillaume, et qui lui succéda, entra avec ardeur dans la confédération, et se piqua de remplir avec exactitude les conditions du traité signé par son prédécesseur. En conséquence, le comte de Marlborough, qui avait étudié la guerre sous Turenne, et qui, par sa femme, exerçait la plus grande influence sur la reine Anne, et par ses alliances sur le ministère, fut envoyé dans les Pays-Bas avec le titre de généralissime.

Les hostilités, sans déclaration de guerre, y avaient prévenu son arrivée. Cohorn, des environs de l'Ecluse, était entré dans la châtellenie de Bruges, et y avait levé des contributions, tandis qu'un autre corps de troupes hollandaises et anglaises, stationnées vers Clèves, sous le commandement du comte d'Athlone, couvrait, sur le Rhin, le siège de Kayserswerth, dirigé par le prince Walrad de Nassau-Sarbruck, général de l'empereur. L'armée française, commandée par le duc de Bourgogne, ayant sous lui le maréchal de Boufflers, s'avança de ce côté, et poussa jusqu'à Nimègue, qu'on se flattait de détruire ; mais la retraite du comte d'Athlone sous les murs de la ville rendit l'entreprise impossible. Ce fut sur ces entrefaites qu'arriva Marlborough avec des renforts. Le duc de Bourgogne, inférieur en nombre, ne put que se tenir sur une défensive timide, qui lui fit perdre beaucoup de terrain. Enfin, las de reculer devant un ennemi qui chaque jour lui offrait la bataille qu'il ne pouvait accepter, il retourna à Versailles. Le maréchal de Boufflers fit retraite aussitôt sur le Brabant, et vit Venloo, Ruremonde et Liège tomber successivement au pouvoir du général anglais, qui affranchit ainsi le cours de la Meuse de la domination espagnole.

Les villes du Bas-Rhin, dans l'électorat de Cologne, avaient pareillement succombé sous les derniers efforts du prince de Nassau, et dans le même temps l'archiduc Joseph, roi des Romains, dirigé par le prince de Bade, assiégeait Landau, que l'art de Vauban venait de porter au rang des places fortes de premier ordre. Aussi le siège dura-t-il trois mois, et plus qu'on ne l'avait présumé. Catinat, qui commandait en Alsace, trop faible pour le traverser, fut contraint d'être tranquille spectateur de cette prise, ainsi que de celle de Haguenau. Il se retira sous le canon de Strasbourg, laissant trop apercevoir le dessein et la nécessité de s'en tenir à une défensive qui permettait à l'ennemi de troubler la jonction projetée de l'électeur de Bavière avec l'armée française.

La cour avait résolu pourtant de l'opérer ; et Villars, lieutenant-général sous Catinat, et connu pour son caractère entreprenant, fut chargé de l'effectuer avec une division de l'armée. Dans ce dessein, il s'approche d'Huningue, fait relever les fortifications d'une île du Rhin qui était en face, lesquelles avaient été démolies à la paix de Ryswick, y place l'artillerie, et, à la faveur de son feu, établit un pont au delà malgré la résistance du prince de Bade, posté de l'autre côté sous le canon de Friedlingue. Un des officiers de Villars s'emparait dans le même temps de Neubourg, à quatre lieues au dessous d'Huningue, et faisait mine d'y construire un autre pont. Le prince en prit de l'inquiétude; et, craignant d'être attaqué sur ses deux flancs, il se disposa, le 14 octobre, à gagner les montagnes auxquelles il était adossé, ce qui le laissait toujours interposé entre l'électeur et les Français. Se flattant d'achever ce changement de position avant de pouvoir être atteint, il négligea de soutenir son infanterie et sa cavalerie l'une par l'autre, et leur assigna des routes différentes. Mais la promptitude des Français à passer le Rhin trompa ses calculs. L'infanterie française, escaladant les hauteurs par lesquelles se retirait l'infanterie impériale, parvint à l'atteindre, et, après une légère résistance, la poussa dans la vallée, où le combat finit. Quelques Français, emportés par leur courage, se hasardèrent de l'y poursuivre; mais, reçus par le gros des ennemis, ils furent mis en fuite à leur tour, et communiquèrent un tel effroi aux troupes victorieuses, qu'elles rétrogradèrent avec un désordre dont heureusement l'ennemi ne put s'apercevoir, et que Villars eut bien de la peine à arrêter.

La véritable bataille eut lieu dans la plaine entre les deux corps de cavalerie. Celle des impériaux, déjà engagée en partie dans un défilé, où ses flancs étaient protégés d'un côté par la montagne, et de l'autre par le fort de Friedlingue, se voyant atteinte, rebroussa chemin; et, trompée par une feinte retraite de la part de la cavalerie française, déboucha imprudemment dans la plaine, où elle perdit la protection du fort qu'elle laissa derrière elle. C'était à ce moment que l'attendait la cavalerie française. Profitant de l'embarras de l'ennemi dans sa nouvelle formation sur un terrain plus étendu, elle l'attaqua avec avantage et le poursuivit même dans le défilé, sans redouter le canon du fort, qui eût tiré également sur les impériaux et sur les Français. Les soldats saluèrent Villars en qualité de maréchal de France sur le champ de bataille, et le roi confirma le vœu qu'ils manifestèrent. Louis, depuis quelques mois, ne recevait que des dépêches décourageantes. Cette victoire en interrompit le cours, et fit sur lui une impression de soulagement, dont il fut bien aise de témoigner sa reconnaissance à celui qui la lui faisait éprouver. « Je suis Français autant que roi, disait-il au » général, et ce qui ternit la gloire de la nation m'est plus sensible » que tout autre intérêt. »

Cette victoire d'ailleurs n'eut pas immédiatement les suites qu'on s'en était promises. L'électeur, qui avait pris Ulm et Biberach, pour faciliter l'accès des Français jusqu'à lui, et qui se disposait même à faire une partie du chemin, voyant les succès de l'archiduc et l'inaction de Catinat, réfléchit sur sa position isolée au milieu de l'empire, et, commençant à trembler pour lui-même, prêta l'oreille au propositions de l'empereur. De là son immobilité en Souabe, au moment du triomphe de Villars. Mais l'empereur s'étant rendu difficile sur les propositions de l'électeur, la négociation se rompit, et la France s'attacha le dernier par des liens plus fermes, en lui concédant, au nom de Philippe, la souveraineté des Pays-Bas espagnols. Il est probable que, si cette cession eût été faite plus tôt, les Hollandais, désintéressés dans les chances de la guerre, n'y eussent point pris part, non plus que l'Angleterre, et que la France, supérieure alors à Léopold, qui n'avait d'ailleurs aucune voie pour porter la guerre en Espagne et dans les colonies espagnoles, l'aurait aisément forcé à la paix. Cependant il n'était plus temps pour les Français de se hasarder, sans munitions et sans vivres, dans les passages difficiles de la Forêt-Noire. Le prince de Bade, en s'éloignant et en suivant le cours du Rhin, semblait y inviter Villars; mais celui-ci se défia de cette complaisance, et jugea plus prudent de regagner l'Alsace.

Louis XIV avait besoin de la victoire de Villars pour compenser le chagrin qu'il dut ressentir au même temps du désastre des flottes françaises et espagnoles dans le port de Vigo. L'amiral Rooke et le duc d'Ormond, trompés par de fausses intelligences, s'étaient présentés devant Cadix, avec une flotte de soixante-dix vaisseaux et des troupes de débarquement. Frustrés dans leurs espérances, et instruits que les galions de la Havane, convoyés par le comte de Château-Renaud, venaient d'entrer à Vigo, en Galice, ils formèrent le projet de s'en emparer. Deux mille cinq cents hommes qu'ils mirent à terre près du port surprirent le fort qui le protégeait, et qui dès lors le foudroya. La flotte anglaise força en même temps, par la seule impulsion de ses vaisseaux, une estacade par laquelle on avait cru fermer le port; et quand elle y fut entrée, sa supériorité ne permit pas de penser à autre chose qu'à lui soustraire le plus qu'on pourrait de sa proie, soit en déchargeant les galions, soit en livrant les vaisseaux aux flammes. Il ne fut possible d'exécuter ce plan qu'en partie. Les Anglais prirent dix vaisseaux de guerre et onze galions, et on ne put en brûler ou en faire échouer que douze. Cette expédition fit éprouver à la marine des deux couronnes un dommage irréparable pendant la guerre, et assura l'empire de la mer aux Anglais.

L'électeur de Bavière, confirmé dans l'alliance de la France, fit preuve pendant l'hiver d'une activité qui malheureusement se démentit bientôt. Non seulement il battit à Scharding, près de Passau, le comte de Schlyck, général de l'empereur, et de l'autre côté du Danube, près d'Amberg, capitale de son palatinat de Bavière, le comte de Styrum, général des Cercles, il s'empara encore de Ratisbonne et de Neubourg; en sorte que, depuis Ulm jusqu'à Passau exclusivement, il se trouva maître de tous les passages du Danube. Villars, qui, à la tête de vingt mille hommes, n'attendait que la fonte des neiges pour essayer de le joindre, ne demeura pas oisif. Passant le Rhin à Huningue, il descendit le fleuve, fit replier les quartiers du prince de Bade, enleva une partie de ses bagages et de ses munitions, le prévint sur la Kintzig, le força de rétrograder dans ses lignes de Stolhoffen, près de Bade, et investit Kelb, sans que l'ennemi pût s'y opposer. Pressé d'emporter ce fort, il rejeta les plans d'une attaque régulière, qui avaient été dressés par Vauban, et, « persuadé qu'à la guerre tout dépend d'en imposer à son ennemi, » et, dès qu'on a gagné ce point, de ne plus lui donner le temps de » reprendre cœur », il établit le sien sur la connaissance qu'il avait de l'ardeur de ses troupes, et sur la mollesse au contraire qu'il ne tarda pas à reconnaître dans la défense. S'écartant des règles ordinaires, hasardant plus qu'il n'eût été prudent en d'autres circonstances, négligeant d'attaquer certains ouvrages qui tombaient ensuite d'eux-mêmes par la prise des autres, ne quittant pas la tranchée afin de veiller à la stricte exécution de ses ordres, mettant quelquefois la main à l'œuvre pour l'exemple, et se familiarisant avec le soldat dont il exaltait le courage par ses éloges, il réussit en treize jours à prendre une des plus fortes places de l'Europe, et il eut encore le temps de rentrer en Alsace, et d'y donner à ses troupes une quinzaine de jours de repos dont elles avaient besoin.

Villars, reprenant au commencement d'avril son grand projet, se proposa d'attaquer d'abord dans son camp le prince de Bade, qui pouvait inquiéter sa marche. Les ordres étaient donnés pour s'en approcher, lorsque ses officiers généraux prétendirent avoir rencontré des impossibilités imprévues. Cet incident le força à assembler un conseil, où, contre son opinion et à son regret, il fut décidé de ne pas attaquer. Laissant donc au maréchal de Tallard le soin de tenir le prince en échec, il s'enfonça dans la vallée de la Kintzig, et après douze jours de travaux et de combats dans cette route difficile, défendue à chaque pas par des abattis, des retranchemens et des forts, il déboucha enfin à Villingen, près de la source du Danube. La jonction avec l'électeur s'effectua quelques lieues plus loin à Dutlingen, et de ce moment commencèrent entre les deux chefs des dissensions perpétuelles, qui firent perdre tous les fruits que l'on devait attendre de la réunion de leurs forces.

Dès l'abord, et par la considération mesquine de s'approprier, comme chef des armées réunies, les contributions imposées par Villars, l'électeur voulait qu'on marchât immédiatement à l'armée des Cercles, postée derrière le Neckre. Il colorait son motif de l'espoir qu'en battant le comte de Styrum on amènerait les Cercles à la neutralité. Villars opposa l'impossibilité d'obtenir ce résultat par une simple défaite, la facilité d'ailleurs de le prévenir de la part du comte par un simple déplacement, et la nécessité enfin de donner du repos à la cavalerie, harassée de fatigue, et qui ne pouvait risquer de gagner le Neckre en franchissant les montagnes intermédiaires, dites les *petites Alpes*, sans courir la chance de perdre tous les chevaux. Il opina donc à laisser d'abord reposer l'armée, et il proposa, quand elle serait refaite, qu'une partie demeurant en observation à Dillingen sur le Danube, le reste, avec les troupes de l'électeur, marchât rapidement sur Passau et sur Lintz, qui ne devaient opposer qu'une médiocre résistance, et de là droit à Vienne, dégarnie de troupes en ce moment, et où l'on pouvait se flatter de conquérir la paix.

Villars eut la satisfaction de voir goûter ce plan par l'électeur, et l'exécution en fut fixée aux premiers jours de juin. Mais l'époque arrivée, le prince, qui, selon les apparences, voulait garder quelques ménagemens avec l'empereur, annonça l'impossibilité de marcher, dans la nécessité où il se trouvait de courir au secours de son château de Rotemberg, dans le haut Palatinat, château qui était menacé par le comte de Styrum. Villars lui représenta en vain l'inconvenance de sacrifier à la conservation d'une bicoque l'exécution d'un plan qui devait être son propre salut et celui de ses alliés : rien ne put ébranler l'électeur. L'ennemi cependant tremblait dans Vienne : l'empereur voulait l'abandonner, et le prince Eugène ne l'y retint que par cette considération que, si par hasard les alliés n'avaient pas effectivement la pensée d'y marcher, il fallait se garder de la leur inspirer par la fuite. A la paix de Rastadt, Eugène avouait à Villars que, si en effet son plan eût été suivi, la paix probablement se fût faite dix ans plus tôt et à l'avantage de la France.

Villars, au désespoir, se réduisit à tenter l'électeur par l'attaque du Tyrol, sur lequel il avait de vieilles prétentions. Il espérait de cette démarche que les impériaux en Italie rétrograderaient à la défense des pays héréditaires; que Vendôme, en les suivant, leur fermerait le retour en Lombardie, qu'il pourrait même se joindre à l'électeur, et que du concours de leurs forces, quoique plus lentement, on obtiendrait les mêmes résultats. Villars eut la consolation de voir l'électeur non seulement adopter le nouveau projet, mais même l'effectuer. Le Tyrol fut envahi avec une facilité à laquelle on ne s'attendait pas; le comte de Staremberg, qui commandait en Italie, regagna les gorges du Trentin, et Vendôme le suivit exactement, ainsi que l'avait prévu Villars; tout enfin prospérait à souhait, lorsque deux incidens, l'un au nord et l'autre au midi, vinrent arrêter tout à coup ses brillans succès.

Au midi, ce fut la défection du duc de Savoie. Dès le commencement de l'année, il avait pris des engagemens avec l'empereur, qui lui abandonnait le Montferrat. Il n'était cependant pas encore déterminé à changer de parti ; et l'on croit qu'il laissa transpirer cet accord pour exciter la jalousie de la France, et parvenir à l'échange de la Savoie contre le Milanais, objet capital de ses désirs. Une négociation était ouverte sur ce sujet; on était même d'accord sur les articles importans, et l'on ne différait plus que sur des minuties que le duc était disposé à sacrifier pour obtenir le principal, lorsque, malheureusement pour lui et pour la France, sa ruse dévoilée eut un effet opposé à celui qu'il en avait attendu. Irrité de sa duplicité, Louis XIV ordonna trop tôt de le traiter en ennemi. Sept à huit mille Piémontais, mêlés dans les rangs des troupes françaises, furent arrêtés prisonniers, et la Savoie fut envahie. Mais ce qui restait encore de troupes au duc, et ses places fortes du Piémont, formèrent une diversion suffisante pour obliger Vendôme à revenir sur ses pas. Dans le même temps, par suite de ce mouvement, les Tyroliens, revenus de leur première terreur, se rassemblent : presque tous chasseurs, et aidés de quelques troupes réglées qui les dirigent, ils assaillent avec avantage les Bavarois, qui se défendent assez mal, et ils les expulsent de leur territoire. L'électeur, qui s'était déjà établi à Inspruck, se vit contraint de l'évacuer avec hâte, et courut des dangers personnels dans sa retraite.

Au nord, le maréchal de Tallard avait laissé échapper le prince de Bade; et, au lieu de réparer cette faute en suivant la route que Villars lui avait ouverte, il s'amusa au siège de Brisach, dont il se rendit maître, et jeta encore ses vues sur Landau. De ces opérations décousues il résulta que le prince de Bade rejoignit Styrum; que, devenu supérieur à Villars, il put se rapprocher de lui sans risque; qu'il assit un camp fortifié en présence de celui de Dillingen; et que, le laissant à la garde de Styrum, avec une partie suffisante de ses troupes, il peut s'attacher avec l'autre à remonter le Danube pour le traverser, et se trouver ensuite à portée, soit de prendre les Français à dos, soit d'envahir la Bavière.

Dans ce péril imminent, Villars renouvela à l'électeur les instances qu'il lui avait déjà faites pour s'assurer d'Augsbourg, dont la possession avait le double avantage de protéger les derrières de l'armée française et de couvrir la Bavière. Il détacha en même temps une division considérable de son armée pour observer le prince, et pour l'obliger à remonter au moins le plus loin possible, afin de se procurer à lui-même plus de loisir pour faire ses dernières dispositions. Au moyen de ces mesures, l'ennemi ne put traverser le fleuve qu'au dessus d'Ulm. Nouvelles instances alors de Villars à l'électeur pour qu'il se rapprochât au plus tôt d'Augsbourg. Mais, comme s'il ne se fût point agi de lui-même et de son propre salut, il fallut le presser sans relâche pour prendre cette détermination. Il partit, mais il mit huit jours pour faire les quinze lieues de Munich à Augsbourg; et, lorsqu'il y arriva, la ville était depuis un jour au pouvoir du prince de Bade. Il restait encore la ressource d'une bataille ; mais l'électeur se refusa absolument à l'engager. Les Français criaient à la trahison, et Villars ne savait trop qu'en penser. D'une part, la tranquillité de l'électeur, qui, dans ces momens difficiles, faisait de la musique et l'entretenait de ses bâtimens et de ses jardins; et d'une autre, les ménagemens excessifs du prince de Bade, qui ne levait aucune contribution sur la Bavière, semblaient indiquer en effet entre eux de l'intelligence. Humilié et outré des fautes qu'on lui faisait commettre malgré lui, et inquiet des dangers qui en résultaient pour l'armée, Villars ne put supporter cet état violent, et demanda son rappel, qui était également sollicité par l'électeur.

Dans ces entrefaites, il apprit que le maréchal de Styrum décampait, et qu'il se dirigeait sur Donawert, avec un équipage de bateaux. Il expose aussitôt à l'électeur l'urgence de l'attaquer dans sa route, et n'en reçoit pour réponse que ses refus accoutumés. « Eh bien! » j'y marcherai seul avec les Français », reprit Villars, et il donne l'ordre du départ. Il fallut ses manières tranchantes pour entraîner l'électeur. Styrum fut atteint à Hochstedt et complètement battu. Il laissa cinq mille hommes sur le terrain, et on lui fit sept mille prisonniers. L'électeur ravi embrassa Villars sur le champ de bataille, et retomba dans ses précédentes irrésolutions.

Ce fut, pour ainsi dire, un malheur que cette victoire. On crut en France que l'armée n'avait plus aucun besoin de secours, et Tallard, au lieu d'aller à son aide, s'attacha au siège de Landau. L'électeur partageait la même opinion; et, ne s'occupant que de ce qu'il croyait la sûreté de son propre pays, il voulait y concentrer les forces des alliés. C'était précisément le moyen d'y attirer l'ennemi, et de fermer toute issue au retour de l'armée française. Villars, au contraire, proposait d'étendre l'armée de Bavière jusqu'aux montagnes, afin d'être toujours à portée des secours de la France ; mais cet avis éprouva les plus vives réclamations de la part de l'électeur, qui se crut abandonné. Dans l'impossibilité de le ramener par des raisons, le général français, qui jugeait de l'imminence du danger, signifia seulement que, dès le lendemain, l'armée française marcherait sur Memmingen. A cette parole, le rouge monta au visage de l'électeur, et jetant de dépit sur la table son chapeau et sa perruque : « J'ai commandé, dit-il, l'armée de l'empereur avec le duc de Lor» raine, assez grand général, et jamais il ne m'a traité ainsi. — Feu » M. de Lorraine, reprit Villars, était un grand prince et un grand » général ; mais moi, je réponds au roi de son armée, et je ne l'expo» serai pas à périr par les mauvais conseils qu'on s'obstine à suivre. » Et pour la seconde fois en semblable circonstance, il donne l'ordre du départ. Subjugué pareillement par le même genre de fermeté, l'électeur l'ayant fait mander deux heures après : « Quels ordres » me donne votre altesse? lui demanda Villars. — C'est vous qui » me les donnez, répondit-il, et c'est moi qui suis obligé de les » suivre. Je marcherai où il vous plaira. » On marcha en effet dans la direction de Memmingen, et il suffit de ce premier mouvement pour dégager Augsbourg. Il ne fallait plus qu'attaquer le prince de Bade pour achever; mais, comme fatigué du premier effort qu'il avait fait, il fut impossible d'amener l'électeur à un second; et Villars, poussé à bout, signifia son congé qu'il avait reçu. Quelque désiré qu'il pût être des deux parts, la résolution du général, dans les circonstances où l'on se trouvait, produisit de la consternation dans le conseil du prince ; mais comme Villars fut inflexible sur la condition qu'il mettait à demeurer, et qu'il ne put vaincre à cet égard la volonté ou l'irrésolution de l'électeur, il partit décidément, et rencontra à Schaffouse son successeur, le comte de Marsin, fils de celui qui s'était dévoué à la cause de Condé. Le roi proposa à Villars une armée en Italie ; mais le duc de Vendôme y commandait en chef, et Villars, qui venait de connaître à ses dépens les inconvéniens d'un commandement partagé, refusa, et préféra même la commission obscure d'aller réduire les Camisards des Cévennes.

Il y avait un mois que Tallard était devant Landau, lorsque le prince Frédéric de Hesse-Cassel, qui avait épousé la sœur de Charles XII, et qui lui succéda sur le trône de Suède, ayant été détaché des Pays-Bas, et s'étant joint vers Spire au prince de Nassau-Weilbourg, général des troupes palatines, s'avança au secours de la place. Tallard, n'ayant laissé devant la ville que la garde de la tranchée, marcha au devant de l'ennemi, qu'il rencontra achevant de se mettre en bataille au delà de la seconde branche du Spirebach. Il avait la vue faible : cette infirmité, qui le mettait dans la nécessité de voir par les yeux d'autrui, lui fit prendre le mouvement d'une division ennemie qui prenait position, pour un mouvement de crainte; et croyant instant de saisir l'occasion, il donna immédiatement l'ordre de charger, quoique l'armée fût encore en colonne, et que la totalité même ne fût pas réunie sur le champ de bataille. La vigueur de l'attaque suppléa au vice de la disposition, et la faute que commirent ensuite les ailes de l'ennemi en se jetant sur leur centre, où elles portèrent le désordre, au lieu de prendre les Français en flanc, et de les empêcher de s'étendre et de se former, acheva leur perte, et procura au maréchal le gain d'une bataille qu'il aurait dû perdre. Funeste avantage, qui lui fit une réputation qu'il était loin de mériter, et dont la France paya chèrement la méprise l'année suivante. Landau capitula le lendemain de la bataille.

Trop inférieur à Marlborough, descendu cette année en Flandre avec le titre de duc, Villeroy ne put que borner ses progrès, et les diversions qu'il fit mine de tenter sur diverses villes ne purent prévenir la prise de Bonn, dernière place de l'électeur de Cologne, non plus que celle de Huy et de Luxembourg. Cohorn et le baron d'Opdam, du côté d'Anvers, forcèrent les lignes de Waës; mais le maréchal de Boufflers et le marquis de Bedmar, qui y coururent, les obligèrent de se retirer sous le canon de l'Ecluse, après les avoir battus au combat sanglant d'Ekeren.

Le Portugal était prêt à manquer aussi à la France : le roi, amorcé par quelques concessions en Galice et en Estramadure, et par le mariage qui lui fut proposé de sa fille avec l'archiduc Charles, en faveur duquel l'empereur et le roi des Romains renoncèrent à leurs droits sur l'Espagne, ouvrit ses ports à son gendre futur et aux Anglais, qui s'y transportèrent l'année suivante. A cette occasion fut conclu, entre l'Angleterre et le Portugal, ce fameux traité de commerce, par lequel les laines de la première et les vins du second sont déclarés l'objet d'un échange perpétuel entre les deux peuples; traité que l'on prétend avoir non seulement fait passer en Angleterre la majeure partie de l'or du Brésil, mais assujetti même le Portugal, son allié. La France n'en avait plus qu'un seul, et elle y comptait si peu, qu'avant la bataille d'Hochstedt, le roi, dans une lettre adressée à l'électeur, par le canal de Villars, et que celui-ci ne jugea pas à propos de remettre après l'action, laissait à ce prince la faculté de faire son accommodement avec l'empereur, pourvu que son armée n'en souffrît pas. La victoire en effet changea ses pensées, et, au moment où l'on croyait la campagne finie, l'électeur, qui n'avait pu vivre avec Villars, profitant au moins tardivement de ses conseils, s'empara le 13 décembre d'Augsbourg, et de Passau le 13 janvier. Mais ces conquêtes intempestives n'offraient plus alors que des avantages partiels, qui ne devaient point avoir de suites.

La situation de l'empereur, pressé d'un côté par les rebelles de Hongrie, et de l'autre par l'électeur, devenait critique, Marlborough vint à son secours. Laissant dans les Pays-Bas le général Owerkerk sur la défensive, il traversa le Rhin à Coblentz, passa le Neckre, joignit le prince de Bade près d'Ulm, et s'approcha avec lui de Donawert et des lignes de Schellenberg, derrière lesquelles était retranché le maréchal bavarois d'Arco. Ils l'y forcèrent après un combat sanglant, s'emparèrent successivement de Donawert, de Neubourg, d'Aicha, se présentèrent devant Augsbourg où était avantageusement posté l'électeur, et coururent tout le pays jusqu'à Munich. Ils espéraient, par les ravages qu'ils y commirent, ébranler la fidélité de l'électeur, et ils ouvrirent à cet effet une négociation avec lui. Mais déjà Louis XIV avait donné ordre à Tallard de lui conduire une armée de trente-cinq mille hommes, et le maréchal était en route. Tous les défilés des montagnes étaient gardés. Dans l'embarras de s'ouvrir un passage, Tallard demanda aux Suisses la permission de traverser leur territoire; et, malgré leur refus et leur neutralité, il s'achemina vers leur pays. L'alarme y fut générale; on y fit des dispositions de défense, et les généraux de l'empire portèrent toute leur attention et toutes leurs forces sur les issues de la Suisse. C'était ce qu'attendait le maréchal. Aussitôt qu'il les sut dépostés, il marcha rapidement vers Fribourg, entra dans la vallée de Saint-Pierre, qui était à peine gardée; et, ayant rejoint le duc, qui s'était avancé jusqu'à Biberach, ils firent repasser le Danube aux alliés.

Dans le même temps, le prince Eugène, qui occupait les lignes de Stolhoffen, échappait à la vigilance du maréchal de Villeroy, et, ne laissant dans son camp que les troupes nécessaires à la défense, suivait Tallard de près, et l'observait de l'autre côté du Danube. Il était à la hauteur de Hochstedt, et réuni à Marlborough, lorsque l'électeur et le maréchal traversèrent le fleuve pour porter les alliés à s'en éloigner. De toutes les tentatives c'était la plus inutile. Les alliés ne pouvaient plus se hasarder en Bavière, sans courir le risque d'être coupés de leurs magasins, qui étaient à Nuremberg et à Nordlingen, et cette circonstance devait même les obliger sous peu à quitter leur position. Ce qu'un peu de patience eût fait naturellement obtenir aux généraux français et bavarois, en se bornant à inquiéter les convois ennemis, ils prétendirent l'avoir par la force, et choisirent le moment où le prince de Bade était occupé au siège d'Ingolstadt. Mais il était accouru sur l'avis des deux autres généraux, qui, ayant de meilleures raisons pour accepter le combat que les Bavarois et les Français n'en avaient pour le livrer, s'étaient rapprochés de ces derniers.

On ignorait cette réunion dans l'armée opposée. Les généraux y étaient persuadés que le mouvement des alliés n'était qu'une ruse pour masquer celui qu'ils projetaient vers leurs magasins, et peut-être faut-il attribuer à cette opinion la négligence extrême qu'ils apportèrent dans leur ordre de bataille. Il offrait l'aspect de deux armées placées l'une à côté de l'autre. Celle du maréchal Tallard, appuyée à droite sur le Danube; celle de l'électeur et du maréchal de Marsin appuyée à l'armée de Tallard; chacune ayant son infanterie à son centre, et sa cavalerie aux deux ailes; en sorte que c'était un corps de cavalerie qui formait le centre de l'armée totale. Pour comble de bizarrerie, vingt-sept bataillons de l'infanterie de Tallard étaient enfermés dans le village de Bleuheim, où ils ne pouvaient agir, et l'armée, restant en bataille à la tête de son camp, laissait encore un intervalle immense entre son front et un ruisseau profond et fangeux, à la vérité, qui la couvrait. Chaque armée comptait à peu près quatre-vingt mille combattans.

Le 13 août au matin, et presqu'à l'anniversaire de la victoire qu'avait remportée Villars au même lieu, le prince Eugène, qui commandait la droite des ennemis, passa sans obstacle le ruisseau, et attaqua Marsin et l'électeur. Toujours préoccupés par l'idée de la retraite des alliés, ils avaient pris d'abord ce mouvement pour une feinte, et ils s'attendaient si peu à combattre que leurs fourrageurs étaient sortis le matin comme à l'ordinaire; mais, malgré leur surprise, ils repoussèrent le prince jusqu'au point d'où il était parti; et une seconde charge n'eut pas un meilleur succès.

Tallard, au premier bruit, au lieu de rester à son aile pour observer l'ennemi de son côté, avait couru à la gauche s'informer inutilement par lui-même de ce qui s'y passait. Pendant son absence, Marlborough passait le ruisseau et se formait au delà, dans l'espace qui lui était laissé. Les officiers généraux, qui attendaient Tallard à chaque instant, n'osèrent prendre sur eux de donner des ordres pour troubler ce mouvement, en sorte que le général anglais put, avec son infanterie, aborder sans obstacle la cavalerie française, la charger, la faire reculer, et rompre ainsi la ligne de bataille. Dans ce moment, Tallard revenait à son aile. La faiblesse de sa vue le fit donner dans l'un des escadrons ennemis qui soutenaient l'infanterie anglaise, et il fut fait prisonnier. Personne depuis ce temps n'ayant donné d'ordres, ce ne fut que confusion dans son armée, et la déroute ne tarda pas à y devenir totale. Marsin et l'électeur, malgré l'avantage qu'ils avaient eu d'abord, craignant d'être pris en flanc, repassèrent le Danube; et, brûlant leur pont derrière eux, firent retraite sur Ulm, sans penser à retirer de Bleinheim le corps d'infanterie qui y était enfermé avec quatre régimens de dragons, et qui, entouré de tous côtés, se vit forcé, par une fatalité inconcevable, et qui n'était jamais arrivée, à mettre bas les armes sans avoir pu rendre de combat. Malgré tant de fautes et de malheurs, les vaincus firent chèrement acheter la victoire. Les alliés laissèrent douze mille morts sur la place; et ce ne fut qu'à ce prix qu'ils achevèrent la ruine de la moitié de l'armée qui leur était opposée. Les fuyards, en recueillant leurs garnisons sur le Danube, réunissaient encore quarante-cinq mille hommes, et si Villeroy, qui eût prévu peut-être cette catastrophe en suivant de près le prince Eugène, eût passé en ce moment les montagnes, ils pouvaient tenir tête encore à l'armée victorieuse. Mais, soit que Villeroy n'avançât pas, soit que l'électeur et Marsin ne se crussent pas en état de l'attendre, ils gagnèrent eux-mêmes l'Alsace, et abandonnèrent cent lieues de pays aux alliés. L'électeur, cruellement puni de s'être privé des conseils et de l'activité de Villars, perdit toute la Bavière, et l'électrice, qui avait toujours soutenu le parti de l'empereur, obtint à peine, par composition, qu'on lui laisserait Munich et son bailliage pour son entretien et celui de ses enfans. Les impériaux suivirent les fuyards sur le Rhin, et finirent la campagne par la prise de Landau et Trarbach, dont s'emparèrent le prince de Bade et le roi des Romains.

Quelques légers succès obtenus en Italie furent loin de compenser les pertes immenses que l'on faisait en Allemagne. Le duc de Vendôme s'était emparé du duché de Modène, de Verceil et d'Yvrée; et le duc de La Feuillade, gendre du ministre Chamillard, qui avait soumis la Savoie l'année précédente, prit encore pendant le cours de celle-ci Suze et Pignerol : mais, de leur côté, les impériaux dépouillèrent le duc de Mantoue et celui de la Mirandole.

Il y eut peu d'évènemens marquans en Flandre, où les armées, affaiblies de part et d'autre, s'en tinrent à peu près à la défensive; mais la guerre s'était étendue sur les frontières de l'Espagne et du Portugal. Les Anglais, au commencement de l'année, avaient transporté l'archiduc Charles à Lisbonne avec douze mille hommes de troupes anglaises et hollandaises, commandées par le duc de Schomberg. Les Espagnols et les Français avaient pour chef le duc de Berwick. Les derniers eurent l'avantage de la campagne, avantage qui d'ailleurs se réduisit à peu de chose. Schomberg, mécontent des Hollandais et de la reine de Portugal, demanda sa retraite, et fut remplacé par un autre Français, le comte de Galloway, connu auparavant sous le nom de Ruvigny. Agent des protestans à la cour, la révocation de l'édit de Nantes l'avait exilé de son pays, et il en était sorti avec un ressentiment qui lui fit prendre la part la plus active à toutes les guerres contre la France.

Dans le cours de la campagne, l'amiral Rooke se présenta devant Gibraltar, poste important, qui, par une négligence impardonnable, n'avait alors que cent ou cent cinquante défenseurs. La force de leur position leur permit de résister néanmoins pendant trois jours aux bordées de la flotte, qui tira quinze mille coups de canon, et aux efforts de deux mille cinq cents Anglais ou Allemands qui furent mis à terre sous les ordres du prince de Hesse-Darmstadt. Mais ils ne purent tenir plus long-temps; et l'Angleterre prit possession de ce roc impénétrable, qu'elle a toujours conservé depuis, et qui a bravé en effet des armées entières. Instruit de cette perte, Philippe affaiblit son armée de huit mille hommes pour investir sur le champ la même place, tandis qu'une flotte de cinquante vaisseaux, conduite par le maréchal de Cœuvres (d'Estrées), sous le comte de Toulouse, fils naturel de Louis XIV et de madame de Montespan, s'approchait pour seconder les opérations de terre. Mais, d'une part, les Portugais profitèrent de cette diversion pour recouvrer les pertes qu'ils avaient faites jusqu'alors; et de l'autre, l'amiral Rooke, avec soixante-cinq vaisseaux et plusieurs galiotes à bombes, vint traverser les efforts de la flotte, qu'il attaqua à onze lieues au sud de Malaga. Les Anglais, malgré la supériorité du nombre et du vent, ne remportèrent aucun avantage. Les Français ne perdirent pas un seul vaisseau, et le vice-amiral hollandais sauta en l'air. Au contraire, le corps de bataille des alliés plia, et fut contraint à la retraite après avoir épuisé presque toutes ses munitions. Les Français, qui avaient perdu quinze cents hommes, et qui ignoraient la perte plus considérable des Anglais, et surtout leur disette de poudre, négligèrent de rengager le lendemain un combat dont l'issue n'eût pu être douteuse. Ce fut le dernier exploit maritime d'une certaine importance dont les Français purent s'applaudir, et de cette époque commença le déclin de leur marine. Une trop faible portion de l'escadre fut envoyée à Gibraltar pour y être de quelque utilité: surprise même l'année suivante par une flotte deux fois plus considérable, elle fut réduite, après un combat inégal, à s'échouer ou à se brûler elle-même, ce qui fit convertir dès lors le siège de Gibraltar en un blocus tout aussi inutile.

Villars, pendant ce temps, employant tour à tour la fermeté et la clémence, faisant la guerre, et entamant des négociations, pacifiait les Cévennes. L'impôt de la capitation avait donné naissance aux troubles qui désolaient ces malheureuses contrées : les rôles dressés par l'intendant Lamoignon de Baville sur les renseignemens qui lui avaient été fournis par les curés allumèrent contre ceux-ci et contre les percepteurs la fureur depuis long-temps concentrée des montagnards protestans. Les excès auxquels ils se portèrent, comprimés par d'autres excès, livrèrent le pays à un état de guerre et de ravages, dont la violence s'était accrue des rigueurs mêmes du maréchal de Montrevel envoyé pour y mettre fin. Villars changea de méthode; et, facile sur toutes les condescendances qui pouvaient ramener l'ordre, il offrit tout ce qu'il pouvait accorder, amnistie entière, liberté de sortir du royaume et faculté de vendre ses biens. Il parlementa, consentit à donner des otages et à en recevoir, procura aux chefs la gloriole d'être traités en égaux, et négocia avec les principaux un traité par lequel ils proposaient au roi, qui avait le plus urgent besoin de troupes pour réparer l'échec de Hochstedt, de former quatre régimens de leurs soldats. Ils ne demandaient qu'à être traités à l'instar des troupes étrangères pour la liberté du culte. On acceptait leurs propositions, lorsque des émissaires des alliés vinrent troubler cet accord. Un seul chef y fut fidèle. Il se nommait Cavalier, et était fils d'un boulanger. Il obtint une pension et le brevet de colonel. Ses compagnons passèrent furtivement en Hollande, où ils formèrent des régimens dont le courage fut exalté par le plus violent fanatisme ; Cavalier lui-même, mal vu à la cour, où il osa se présenter, et où on le méprisa, passa au service de la Hollande, puis de l'Angleterre, et mourut officier général à Jersey.

Aux malheurs qui commençaient à accabler la France se joignirent des querelles théologiques, qui ne causèrent pas moins d'embarras à Louis XIV que les soins de la guerre. On ne cessait de combattre pour ce malheureux livre de Jansénius, qui avait déjà occasionné tant de troubles. Ses défenseurs étaient appelés *jansénistes*, et ses adversaires *molinistes*, du nom de Molina, jésuite espagnol, qui avait aussi essayé d'expliquer l'accord de la grace et de la liberté. Ainsi c'était pour les opinions de deux étrangers que l'église de France se voyait troublée sans cesse par des disputes toujours renaissantes.

Rome, pendant trente-quatre ans qui s'étaient écoulés depuis la paix de Clément IX, ne put ignorer sans doute les restrictions qui l'avaient procurée ; mais elle jugea à propos de s'en tenir aux actes authentiques, abandonnant les auteurs d'actes secrets au reproche de leur conscience. L'habileté de l'archevêque de Paris, de Harlay, et la modération du P. La Chaise, confesseur du roi, avaient contribué à entretenir le calme, lorsque les jansénistes renouvelèrent avec éclat ces fastidieuses discussions.

En 1702 on imprima le fameux *Cas de conscience*. C'était une consultation supposée d'un confesseur embarrassé de sa conduite à l'égard d'un ecclésiastique de province, et obligé en conséquence de s'adresser à des docteurs de Sorbonne. Outre divers scrupules qu'il se faisait d'absoudre son pénitent, à raison des sentimens particuliers qu'il témoignait sur diverses matières concernant la grace, sur la moralité des bonnes œuvres, sur le culte des saints, et la lecture de divers livres suspects, tels que les Lettres de Saint-Cyran, la Fréquente communion d'Arnauld, la Morale de Grenoble, les Conférences de Luçon, le Rituel d'Aleth, le Nouveau Testament de Mons, etc., le principal motif roulait sur la nature de la soumission due aux constitutions des papes contre le jansénisme, soumission à laquelle acquiesçait bien l'ecclésiastique, mais sous la réserve du silence respectueux. L'avis portait que ces sentimens n'étaient ni nouveaux ni condamnables, et quarante docteurs de Sorbonne souscrivirent cette décision sans trop faire de réflexion aux conséquences. Clément XI, qui n'en jugea pas comme eux, la condamna au contraire par un bref du 13 février 1705, et tous les évêques de France s'empressèrent d'adhérer à ce jugement. Des mandemens qui parurent à ce sujet, nul ne jeta un plus grand éclat que celui de Fénélon ; et aucun pasteur n'avait plus d'autorité que lui pour défendre la cause de la soumission, après l'acte authentique de déférence qu'il avait donné lui-même à sa propre condamnation en 1699, dans la malheureuse affaire du quiétisme où il se laissa entraîner, et où il rencontra Bossuet pour adversaire. Un langage toujours net et facile porta la lumière dans ces disputes embrouillées qui se perpétuaient sans doute par la présomption de la vanité, mais faute aussi de s'entendre.

Sur la paix de Clément IX, il observe « qu'il faut mettre à part
» les lettres missives des particuliers, tous les raisonnemens des
» négociateurs, tous les motifs imputés aux personnes qui ont eu
» part à cette affaire, et qu'on doit se renfermer uniquement dans
» les actes ecclésiastiques, qui sont les seules preuves de droit et
» les seules formes par lesquelles l'église déclare authentiquement
» ses intentions. » Il remarque « que tous les actes authentiques
» prouvent évidemment que Clément IX et ses successeurs ont
» exigé une souscription pure et simple du formulaire, sans aucune
» restriction ni distinction ; et que les réfractaires s'étaient conformés,
» dans tous leurs actes publics, à l'intention bien connue de
» l'église. » Enfin il termine en prouvant « que le silence respectueux
» autorise l'hypocrisie, le parjure et l'attachement aux erreurs
» les plus monstrueuses dans ceux qui voudraient en faire usage
» pour se jouer de l'église et de ses décisions. »

Comme les clauses extérieures du bref du pape le rendaient peu susceptible d'être enregistré en France, le roi demanda au souverain pontife une bulle qui fût dégagée de ces formes incompatibles avec les usages du royaume. Le pape l'accorda volontiers, et la fit passer en projet, pour savoir si rien ne pourrait contrarier les maximes de l'église gallicane. Elle fut approuvée, et le pape alors la publia le 15 juillet 1705. C'est la bulle *Vineam Domini Sabaoth*. Elle confirme toutes les précédentes sur le même sujet, déclare l'insuffisance du silence respectueux, et exige au contraire l'adhésion de bouche et de cœur. Louis XIV l'adressa d'abord à l'assemblée du clergé qui l'accepta, mais qui auparavant posa en maxime : premièrement, que les évêques ont droit, par une institution divine, de juger des matières de doctrine; secondement, que les constitutions des papes obligent toute l'église lorsqu'elles ont été acceptées par le corps des pasteurs; et troisièmement, que cette acceptation, de la part des évêques, se fait toujours par voie de jugement. Des lettres-patentes furent expédiées en conséquence de l'acceptation, et enregistrées le 4 septembre.

Cependant la France, autrefois si triomphante, était réduite cette année à se trouver heureuse de se soutenir. La funeste journée d'Hochstedt avait fait ressouvenir de Villars, si heureux dans ces plaines fatales, et un commandement lui avait été destiné pour couvrir la frontière. L'ennemi se croyait tellement certain du succès de ses projets d'invasion, qu'il n'en faisait pas mystère, et on n'ignorait de ses desseins que le point qu'il se proposait d'attaquer. Villeroy lui était opposé en Flandre, Marsin en Alsace, et Villars entre eux deux sur la Moselle. Le rassemblement des alliés à Trèves ne tarda pas à faire connaître que c'était au dernier qu'ils en voulaient, et que leur plan était de percer par la Champagne et surtout par la Lorraine, où ils comptaient sur des intelligences. Leur armée montait à près de cent mille hommes, et Villars n'en avait pas soixante. Son rôle défensif lui fut dicté par cette inégalité, et il fit ses dispositions en conséquence. Posté à Sirk, et dans une position déjà forte par elle-même, entre les trois villes de Luxembourg, de Thionville et de Sarrelouis, qu'il était à portée de secourir aisément, au moyen des communications qu'il s'était tracées dans les bois, il travailla encore à fortifier de plus en plus son camp, mais sans faire d'ailleurs de retranchemens, qui, dit-il, inquiètent les Français. Ces préparatifs étaient achevés, quand Marlborough et le prince de Bade, ayant franchi la Sare, se trouvèrent, le 13 juin, en présence des Français. « Ils s'étaient flattés, dit Villars, de m'avaler comme un grain de » sel. » Et en effet Marlborough avait publié partout qu'il le ferait reculer, ou qu'il le battrait. Mais la première vue du camp lui fit pressentir qu'il s'était trop avancé, et une inspection plus exacte le fit renoncer tout à fait à l'attaquer. Dans la nuit du 16 au 17 il décampa dans le plus grand secret, et alla chercher en Flandre un côté plus faible à percer. Il s'excusa de sa retraite sur la mauvaise volonté du prince de Bade, qui, soit prévention religieuse, soit rivalité de talent, était accusé de mal seconder le général anglais. Le duc s'en expliqua sur ce ton à Villars même, auquel il écrivit que, s'il ne l'avait pas attaqué, ce n'était pas sa faute, et qu'il se retirait pénétré de douleur de n'avoir pu se mesurer avec lui.

Villars, selon sa maxime, que sitôt que l'on cesse de se défendre, il faut prendre l'offensive, attaqua les traîneurs, et jeta une telle alarme dans le pays abandonné par l'ennemi, que Trèves et Sarbourg lui ouvrirent leurs portes sans faire de résistance, et lui livrèrent d'immenses magasins. Cette incursion couvrait encore un autre projet, et lui procura, en tenant en échec une partie des forces de l'ennemi de ce côté, la facilité de le devancer sur la Lauter, où, par ordre de la cour, il rejoignit le maréchal de Marsin. Ils forcèrent ensemble les lignes de Weissembourg; mais ils ne purent déloger le prince de Bade de son camp fortifié de Lauterbourg. Il y attendait les contingens de l'empire. Ils arrivèrent dans le moment même où Marsin était appelé en Flandre au secours de Villeroy, dont les lignes avaient été entamées. Villars, demeuré seul, et moins fort de moitié que le prince, ne put l'empêcher d'investir le fort Louis, de forcer les lignes de Haguenau, et de s'emparer même de cette ville assez mal fortifiée. Le marquis de Péry, qui, malgré le délabrement de la place, s'était offert à la défendre, sommé de se rendre prisonnier, perça au travers de la circonvallation, et eut le bonheur de rejoindre le maréchal. La saison était avancée; les armées s'observaient néanmoins, mais ce n'était plus que pour savoir qui céderait le premier le terrain, et toutes deux, en détachant successivement en quartier des divisions proportionnées à leurs forces, se fondirent enfin tout à fait.

Dans les Pays-Bas, l'électeur avait pris d'abord la ville d'Huy; mais lorsque les alliés, après avoir quitté Villars, se furent portés de ce côté, non seulement la ville retomba en leur pouvoir, mais ils forcèrent encore les lignes défendues par le prince et par Villeroy. Une position plus concentrée sous Louvain les rendit plus respectables, et la prise de Tillemont et de Leuve fut tout le fruit de l'avantage des alliés.

En Italie, le duc de Savoie défendait péniblement le Piémont contre Vendôme, qui venait de lui enlever Verue, et contre le duc de La Feuillade, qui s'était emparé de Nice, de Villefranche et enfin de Chivas. Leurs forces réunies se tournaient sur Turin, lorsque le prince Eugène arriva sur la gauche de l'Adda, se disposant à marcher au secours de la ville. Vendôme accourut aussitôt sur l'autre rive pour s'opposer au passage. Les deux armées restèrent quelque temps en présence sans faire de mouvement. Enfin le prince descendit le fleuve pour profiter des gués et des ponts qui s'y trouvaient, et Vendôme en fit autant pour continuer à l'observer. Mais la gauche était couverte de telle manière, que les mouvemens du prince ne pouvaient s'apercevoir, tandis que la droite était coupée par des ruisseaux qui interrompaient la communication des diverses portions de l'armée qui suivait les bords du fleuve. Ce fut sur cette connaissance que le prince médita une attaque.

Vendôme, d'après cette disposition des lieux, obligé d'agir un peu en aveugle, avait embrassé dans sa marche une trop grande étendue de terrain. Son centre passait vis-à-vis du pont de Cassano, que son avant-garde était à une lieue au delà, et son arrière-garde à pareille distance en deçà. Dans ce moment et heureusement un peu plus tôt que ne l'avait projeté le prince, qui avait compté couper l'arrière-garde, son infanterie se présente à l'extrémité du pont, et tente le passage tant par cette voie que par des gués voisins. La surprise mit d'abord en désordre les bataillons français qui défilaient sans soupçon d'être si près de l'ennemi, et leur fit perdre un terrain dont profita le prince pour se former. Mais les vaincus, revenus de leur première terreur, et secondés tant par la portion du centre que sa position avancée n'avait pas engagée dans le combat, que par l'arrière-garde qu'on n'attendait pas encore, reprirent l'offensive et culbutèrent dans le fleuve tout ce qui ne fut pas tué ou fait prisonnier. Vendôme eut un cheval tué sous lui, le prince Eugène fut blessé, le duc de Savoie ne fut pas secouru, et néanmoins on chanta un *Te Deum* à Vienne; mais le champ de bataille qui resta aux Français, et l'impuissance où fut le prince Eugène de passer le fleuve, attestèrent évidemment que l'avantage ne lui était pas demeuré.

Pendant ce temps, les amiraux Leake et Showel, avec l'une des plus formidables flottes que l'Angleterre et la Hollande eussent encore réunies, et portant des troupes de débarquement sous le commandement du comte de Pétersborough, conduisaient l'archiduc Charles de Lisbonne sur les côtes de la Catalogne, dont la population, toute dévouée à la maison d'Autriche, n'attendait qu'un effort pour se déclarer. Le siège de Barcelonne amena cet évènement. La garnison, déjà trop faible, et investie pour ainsi dire au milieu d'une ville mal disposée, se vit bientôt forcée de céder à la nombreuse artillerie de la flotte et de l'armée. Charles y entra le 9 octobre; il y fut proclamé roi des Espagnes, et toute la province ainsi que les royaumes d'Aragon et de Valence suivirent peu après cet exemple. La capitulation de Barcelonne fut marquée par une singularité digne du caractère extraordinaire du général qui commandait le siège. Pendant qu'il parlementait à une porte avec le gouverneur, des cris d'effroi et de désespoir se font entendre tout à coup dans la ville. « Vous nous trahissez, s'écrie le gouverneur, pendant que nous par-
» lementons de bonne foi. — Non, répond Pétersborough, et si quel-
» ques uns, à la faveur de la cessation d'armes, ont pénétré dans
» votre ville, ce ne peuvent être que les Allemands du prince de

» Darmstadt. Mais laissez-moi entrer avec mes Anglais, je les chasse
» et je reviens capituler. » Le ton de vérité avec lequel il parle
persuade le gouverneur. Celui-ci ouvre la porte. Tout se passe
ainsi que l'avait annoncé Pétersborough, et il revient achever la
capitulation.

L'empereur Léopold était mort au commencement de l'année. Joseph, son fils aîné, d'un caractère plus ardent, se montra encore plus dévoué à la ligue, et ses premières démarches furent de mettre au ban de l'empire les électeurs de Bavière et de Cologne. Les infortunés Bavarois, supportant impatiemment le joug autrichien, se soulevèrent, sans considérer assez s'ils pourraient être efficacement secourus, et ne recueillirent de leurs vains efforts que de se voir courbés sous une verge plus sévère. L'électrice se réfugia à Venise, et ses enfans, qu'elle ne put emmener avec elle, furent détenus à Inspruck.

Le malheur qui poursuivait le duc de Bavière, et qu'il semblait communiquer aux armes de son allié, accumula, dans la campagne suivante, les revers sur la France. Toujours joint au maréchal de Villeroy, il avait quitté avec lui de nouvelles lignes construites le long de la Dyle; et lorsque le système général des opérations militaires conseillait le repos et la défensive en Flandre, soit ordre de la cour, soit de leur propre mouvement, et dans le dessein de prévenir la jonction des troupes danoises et prussiennes, ils s'étaient postés en avant sur la Ghète, avec le projet mal conçu de chercher l'occasion d'une bataille. Ils la trouvèrent plus tôt qu'ils n'avaient cru. Ils marchaient avec une telle négligence qu'ils ne se doutaient pas que les alliés, qui s'étaient réunis entre Tongres et Maëstricht, étaient eux-mêmes en marche, et le 23 mai, ce fut avec le plus grand étonnement qu'ils les découvrirent tout à coup de l'autre côté de la rivière. Villeroy se forma aussitôt en bataille, mais avec une imprévoyance et une incapacité qui se ressentaient de la surprise qu'il avait éprouvée.

Espérant arrêter et fatiguer l'ennemi par un premier obstacle, il fit occuper le village de Ramillies en avant de sa ligne; mais elle en était si éloignée, que le village put être attaqué, cerné et enlevé avant que les secours y arrivassent. Sa gauche, couverte par les marais impraticables de la petite Ghète, était inattaquable, mais ne pouvait non plus attaquer. Marlborough, qui le remarqua, fit passer à sa gauche toutes les forces qui devenaient ainsi inutiles à droite, et pendant cinq heures que dura cette manœuvre à la vue de l'armée française, Villeroy, malgré l'avis de tous ses généraux qui lui conseillaient d'imiter ce mouvement, demeura dans l'inaction la plus complète. La droite de l'armée, faute de troupes suffisantes dans le village de Tavières sur la Mehaigne, fut mal appuyée à cette rivière, et enfin les bagages, qu'on n'avait pas cru avoir le temps de rejeter sur les derrières, demeurèrent entre les lignes et en empêchèrent la communication.

De tant de dispositions vicieuses il résulta qu'il ne fallut qu'un quart d'heure de combat pour mettre en déroute une armée de quatre-vingt mille hommes. Cependant quatre mille morts laissés sur la place, et l'abandon du champ de bataille, n'étaient presque qu'une perte d'opinion, et en regagnant les lignes de la Dyle, l'ennemi, malgré sa victoire, eût fait peu de progrès. Mais les fautes commises jusqu alors furent les moindres. Ce fut la retraite qui combla les malheurs, et qui les rendit irréparables. Le défaut d'ordres donnés laissant disséminer les corps dans toutes les directions qu'ils voulurent prendre d'eux-mêmes pour se mettre en sûreté, l'encombrement et la confusion furent bientôt extrêmes. L'ennemi, qui en fut instruit, se remit en mouvement, et vingt mille hommes en furent victimes. La totalité des Pays-Bas espagnols tomba au pouvoir des alliés, et l'armée française ne trouva de repos et de sûreté que sous le canon de Lille.

Des fautes à peu près semblables eurent des résultats pareils en Piémont. La campagne y avait commencé par des succès. Le duc de Vendôme avait battu, à Calcinato, dans le Bressan, les impériaux, commandés, en l'absence du prince Eugène, par le général danois Rewentlau, et il les avait contraints de repasser l'Adige à Roveredo dans le Trentin. Turin, d'une autre part, était pressé par le duc de La Feuillade, avec une activité que lui pouvait permettre l'immensité des munitions de guerre dont son beau-père l'avait mis à portée de disposer, et qu'aiguillonnait encore l'espoir de conquérir le bâton de maréchal de France, juste récompense d'un exploit qui devait finir la guerre d'Italie. Tout présageait cette issue, lorsque Eugène arriva à Roveredo, fortifié d'une foule de contingens de l'Allemagne. Vendôme, qui avait trop négligé de détruire le noyau de l'armée impériale, était devenu inférieur à celle-ci. Il avait bien fortifié tous les passages du Bressan, du lac de Garde et le cours même du haut Adige; mais il n'avait pu étendre ce genre de défense sur le reste du fleuve, qu'il crut suffisamment garanti d'ailleurs par son éloignement. Or, ce fut précisément la route que prit Eugène, qui, s'acheminant vers la Polésine de Rovigo, traversa sans obstacle d'abord l'Adige et ensuite le Pô, sur lequel il s'établit. Cependant la multitude de rivières qui se déchargent dans ce fleuve donnait encore à Vendôme l'espoir de disputer assez long-temps les passages, pour que Turin tombât avant l'arrivée des impériaux, lorsque les désastres du nord, l'arrachant à une contrée où il était si nécessaire, le firent appeler en Flandre, comme le seul général qui pût rendre quelque confiance à l'armée battue. Le jeune duc d'Orléans et le maréchal de Marsin, destinés à le remplacer, reculèrent devant Eugène, qui, le 7 septembre, arriva dans les lignes de circonvallation. Le duc d'Orléans, suivant les bonnes maximes, voulait qu'on abandonnât le siège quelques instans pour aller au devant de l'ennemi, et c'était l'avis de tous les officiers généraux, lorsque Marsin exhiba un ordre supérieur pour ne point hasarder de bataille. Cette mesure de circonspection, qu'avait pu inspirer la défaite de Ramillies, était d'une fausse application dans les circonstances où l'on se trouvait devant Turin, parce que l'étendue des lignes qu'il fallait garder ne permettait nulle part une résistance suffisante. Aussi furent-elles forcées sur plusieurs points. Marsin y reçut un coup mortel, et le duc d'Orléans y fut blessé. Il fallut aviser à la retraite; et, tandis qu'on aurait pu la diriger sur Chivas et couvrir encore le Milanais, le malheur voulut qu'on la fît sur Pignerol, ce qui livra toute l'Italie. Une victoire que le comte de Medavi-Grancey remporta deux jours après à Castiglione sur le prince de Hesse fut tout à fait inutile, et l'on se crut heureux de pouvoir capituler en masse, l'année suivante, pour toutes les places isolées que l'on possédait encore en Italie, et d'en faire la rançon des garnisons qui les occupaient.

La France essuya des revers pareils en Espagne, où Philippe et le maréchal de Tessé, qui assiégeaient l'archiduc dans Barcelonne, et qui se flattaient de finir la guerre par la prise de ce prince, levèrent honteusement le siège, après que la ville eut été ravitaillée par l'amiral Leake, dont la supériorité contraignit la flotte du comte de Toulouse à s'éloigner. Peu après, Carthagène, Ciudad-Rodrigo, Salamanque, tombèrent au pouvoir des alliés, et lord Galloway entra enfin dans Madrid, où il fit proclamer l'archiduc. Mais la résistance des Castillans, la disette des vivres, et l'approche de Philippe et du maréchal de Berwick le forcèrent bientôt à la retraite.

Le seul Villars soutenait en Alsace la gloire des armes françaises. Le maréchal de Marsin était encore avec lui lorsqu'il dégagea le fort Louis, investi dès l'année précédente par le prince de Bade. Marsin refusait de marcher avec sa division, prétextant un demi-quart de lieue d'inondations qui couvraient la plaine. Villars, qui pouvait lui donner des ordres, aima mieux le déterminer par l'exemple, et, sans autre précaution que de faire marcher vingt grenadiers devant lui, il entra dans l'eau immédiatement après eux, et se fit suivre par le corps d'armée de son collègue. L'ennemi, qui s'était cru bien couvert, fit une faible résistance, et prit bientôt la fuite de l'autre côté du Rhin. « Convenez, dit alors Villars à Marsin, » que ce qu'on veut croire quelquefois impossible n'est pas même » bien difficile. » L'occupation de Lauterbourg, de Drusenheim et de Haguenau fut la suite de cet avantage. Villars méditait les plus hauts desseins; il se proposait d'enlever les lignes de Stolhoffen, et de se répandre ensuite en Allemagne. A cet effet, il s'empara de de l'île du Marquisat; mais la funeste bataille de Ramillies devait étendre son influence sur tous les points où l'on faisait la guerre. Une partie des bataillons de Villars lui furent retirés, les actions décisives lui furent interdites, et il se trouva réduit à voir passer et repasser les troupes impériales devant son camp sans oser les affronter. Il ne laissa pas néanmoins de faire un bon nombre de prisonniers, qui furent échangés pour ceux de Hochstedt, et il fit conseiller au petit nombre qui restait de prendre du service dans les troupes de l'empereur, comptant sur leur désertion pour les recouvrer sans échange.

Cependant il ne perdait pas de vue les lignes de Stolhoffen ; et, à la sortie des quartiers d'hiver, le duc de Vendôme lui ayant renvoyé sa division, Villars fit des propositions pour s'en emparer. Ces lignes, regardées comme imprenables, et par les fortifications que l'on n'avait cessé d'y faire depuis la guerre, et par les inondations qui en couvraient une partie, s'étendaient de Philisbourg à Stolhoffen, jusqu'en face de Drusenheim, et retournaient de là en équerre par Bihel jusqu'aux montagnes. Elles étaient défendues en ce moment par quarante mille hommes aux ordres du margrave de Bareith, qui avait succédé au prince de Bade, mort pendant l'hiver. Villars laissait croire qu'il attendait la pousse de l'herbe pour entrer en campagne, lorsque le 22 mai, à cinq heures du soir, et presqu'à la sortie d'un bal qu'il avait donné à Strasbourg, afin de mieux couvrir ses desseins, trois attaques furent commencées contre les lignes le long du Rhin, tandis qu'une quatrième était conduite par lui-même vers Bihel, de l'autre côté du fleuve. Une seule était véritable, celle de Neubourg, petite île entre Lauterbourg et Hagenbach, derrière laquelle avaient été réunis des bateaux que l'on avait conduits par terre, afin de dérober à l'ennemi la connaissance des préparatifs qui se faisaient contre lui. Villars, qui de son poste entendait le canon de Neubourg, mais qui ne pouvait en avoir de nouvelles, parce qu'il fallait remonter jusqu'à Strasbourg et faire vingt lieues pour lui en donner, attendait avec anxiété le résultat de l'attaque, lorsque l'ennemi, mal instruit du nombre d'assaillans qu'il avait à craindre, commençant bientôt à mollir dans son feu, se retira précipitamment le 23 au matin, et abandonna des munitions de tout genre dans ses lignes dont l'occupation ne coûta pas un homme. Villars les combla immédiatement ; et, pénétrant aussitôt en Allemagne sur les pas de l'armée des Cercles, il mit à contribution la Souabe et la Franconie ; il poussa même des détachemens jusqu'à Hochstedt, à l'effet d'y détruire une pyramide que l'on disait y avoir été élevée à la gloire des vainqueurs et à la honte des Français.

Le succès qu'obtint Villars étendit ses plans. Il fit proposer secrètement à Charles XII, qui, après avoir fait élire Stanislas Leczinski roi de Pologne, en 1704, venait encore de forcer Auguste, par le traité d'Alt-Randstatd, à renoncer au trône, de joindre ses troupes aux siennes à Nuremberg, et de profiter de la chance heureuse qui s'offrait à lui de s'agrandir solidement. Mais déjà Marlborough avait pris les devans auprès de ce prince, pour l'engager à tourner ses armes contre les Russes, et Charles, pour son malheur, s'était fixé à ce parti. D'autres incidens arrêtèrent alors les progrès du général français. D'une part, c'était la privation de divers détachemens qu'on lui enlevait pour les porter dans la Provence, envahie en ce moment, et par le duc de Savoie, à qui, l'année précédente, il ne restait qu'une place, et par le prince Eugène, qui ne faisait que trop souvenir les Français qu'il avait été élevé à la cour de Louis XIV, et qu'il y avait été méconnu. C'était, d'une autre part, l'accroissement de l'armée des Cercles, par les contingens de la Saxe et les Hanovriens, et surtout l'activité de son nouveau chef, l'électeur de Hanovre, Georges-Louis, qui fut depuis roi d'Angleterre. La rapidité avec laquelle il se porta sur Philisbourg força Villars à rétrograder, pour prévenir le danger d'être coupé. Par ce mouvement, le théâtre de la guerre se rétablit sur la droite du Rhin; et le reste de la campagne se passa à peu près dans un pur état d'observation. Mais Villars, qui se faisait un point d'ambition de prendre ses quartiers au delà du fleuve, se vit contraint, par l'infériorité où l'on continua de le laisser, à les aller chercher en Alsace.

L'invasion en Provence ne répondit pas aux mesures de prudence avec lesquelles elle avait été concertée. Une flotte anglaise secondait l'armée de terre, et s'était chargée du transport de la grosse artillerie qu'il eût été difficile d'opérer par la voie des montagnes. L'ennemi, qui ne pouvait être arrêté par des places fortes, pénétra sans obstacle au cœur de la Provence, et s'approcha de Toulon vers la fin de juillet. Trois mille hommes heureusement purent s'y jeter en ce moment même, et commencer à réparer des fortifications que l'imprévoyance d'une attaque avait trop fait négliger. L'espérance de défendre efficacement ce poste important s'accrut par l'arrivée du maréchal de Tessé, qui, avec quelques divisions que la lenteur des alliés lui avait permis de rassembler, prit poste près de la ville, dans une forte position qui tenait l'ennemi en échec. Cette lenteur des alliés provenait de divers mécontentemens donnés au duc de Savoie par les Anglais, qui n'avaient pas été fidèles à fournir les subsides qu'ils lui avaient promis pour cette expédition. Le défaut de concert qui en résulta, les renforts qui arrivèrent au maréchal, un léger succès qu'il remporta dans l'attaque d'un poste, la résistance des assiégés, et les maladies enfin qui se mirent dans l'armée combinée, lui firent prendre de bonne heure le parti de la retraite. Vers la fin du mois d'août, et après six semaines seulement de séjour en France, elle l'exécuta avec une telle vitesse qu'elle ne put être atteinte, et le stérile avantage d'avoir brûlé quelques maisons et deux vaisseaux de guerre avec les bombes des Anglais, fut payé par une perte de quatorze mille hommes que lui coûta cette infructueuse tentative. Les alliés furent plus heureux à Naples, qu'ils enlevèrent à Philippe. Cette dernière expédition fut le salut de la Provence, qui peut-être eût succombé à la réunion des forces qui furent employées séparément.

La perte de Naples fut compensée en Espagne par les succès importans du duc de Berwick. Accouru dès le commencement de la campagne pour secourir Villena, sur la frontière de la Castille et du royaume de Valence, il battit Galloway à Almanza, et réduisit à moitié l'armée anglo-portugaise, dont les débris gagnèrent la Catalogne et l'Aragon. Dans le cours de l'année, le royaume de Valence et d'autres parties de l'Espagne repassèrent sous la domination de Philippe; et, sur la fin, le duc d'Orléans s'empara de Lérida, et s'acquit par cette prise une gloire qui avait manqué au grand Condé. Cette ville, réputée imprenable, était devenue un dépôt de richesses immenses, dont les vainqueurs firent leur proie.

Vendôme, qui avait été choisi pour rendre à l'armée de Flandre l'esprit de force et d'audace si naturel à la nation française, ne trompa point l'espoir qu'on avait fondé sur lui. Aidé par la diversion de Villars en Allemagne, diversion qui affaiblit les alliés par les secours qu'ils y envoyèrent, il tarda peu à se reporter en avant; et, sans compromettre le salut de l'armée par des actions hasardeuses, il eut le bonheur de faire reculer Marlborough. Ce général, à qui ses victoires avaient inspiré une audace qui allait jusqu'au mépris pour les Français, ne crut pas pouvoir se commettre encore avec Vendôme; et, si celui-ci ne put reporter les désastres de la guerre au delà des possessions espagnoles, il obtint au moins l'avantage de les éloigner du territoire de la France.

Cette année est remarquable par l'introduction du *papier-monnaie* en France, remède destiné à guérir une plaie qu'il devait rendre plus profonde. Ce fut en effet l'époque de l'émission des *billets*, dits *de monnaie*, en quantité suffisante du moins pour faire quelque effet dans la circulation, car ils étaient connus dès l'année 1701. Ils durent la naissance à la refonte des monnaies. Dans l'impossibilité d'acquitter sur le champ le prix des matières apportées aux hôtels, on délivrait aux particuliers ces sortes de billets à terme, qui furent scrupuleusement acquittés pendant les premières années, et que l'on négociait comme des lettres de change. En 1704, à l'occasion d'une nouvelle refonte, on en émit de nouveaux auxquels on attribua un intérêt de 7 et demi pour cent; et, à la fin, comme on en fit ressource, ils abondèrent en telle quantité qu'ils perdirent jusqu'à 75 pour cent, quoiqu'on pût les convertir soit en rentes au denier 18, soit en billets des fermiers et receveurs-généraux, payables dans cinq ans. Ils disparurent en partie en 1709 et en 1712, par l'échange qui en fut fait contre un nouveau papier destiné aux mêmes usages.

Au milieu de cette pénurie de moyens, et malgré le délabrement de la marine, et les efforts que Louis XIV était obligé de faire sur tant de points, il rassemblait encore à Dunkerque des vaisseaux de transport pour une armée de sept mille hommes, et une flotte de huit vaisseaux de guerre et de vingt-quatre frégates, destinés à transporter en Ecosse Jacques III, connu sous le nom de chevalier de Saint-Georges. L'Ecosse, récemment incorporée à l'Angleterre, se voyait avec peine assimilée à une simple province, et regrettait sa dignité, son titre, son parlement, son indépendance. Elle était alors dénuée de troupes, et des intelligences y avaient été ménagées. La flotte était commandée par un des plus intrépides marins de l'époque, le comte de Forbin, qui, de concert avec Dugay-Trouin, avait, à la fin de l'année précédente, battu l'escorte d'un convoi considérable destiné à réparer l'échec d'Almanza, et dispersé le convoi lui-même. Le vent favorisa la flotte française, en rejetant sur leurs côtes les vaisseaux anglais qui l'épiaient. Le secret de l'expédition avait en effet transpiré, et lorsqu'à la fin de mars les Français jetèrent l'ancre devant Edimbourg, une forte garnison pouvait la défendre. Forbin, qui répondait du prince, voyant que ses signaux restaient sans réponse, ordonna aussitôt de forcer de voiles pour le retour. Cette prompte détermination sauva la flotte, qui fut poursuivie de près par quarante vaisseaux anglais aux ordres de l'amiral Bing; mais tous les frais de l'armement furent d'ailleurs perdus, et le prétendant alla finir la campagne en Flandre.

Les intelligences qu'on y avait promettaient cette année des progrès dont le roi voulut faire honneur au duc de Bourgogne, son petit-fils. Cette espèce de fantaisie causa dans tous les commandemens une mutation qui nuisit partout au succès des opérations. Le duc de Vendôme, l'un des tenans d'une cabale opposée au jeune prince, et les conseils de celui-ci qui ne commandait qu'à condition d'obéir, furent constamment d'avis contraire, ce qui produisit une inaction presque complète. L'électeur de Bavière, qui ne pouvait agir en second sous le prince son neveu, fut envoyé sur le Rhin contre le prince Eugène, auquel ce n'était pas trop d'opposer Villars; et celui-ci fut destiné pour le Dauphiné et la Provence, que menaçait encore le duc de Savoie. L'armée de Villars était si faible, et la ligne qu'il avait à défendre si étendue, qu'il lui était impossible de se livrer à son caractère entreprenant. Cependant les mouvemens plus prononcés du duc de Savoie vers le Mont-Cenis lui firent enfin concentrer vers ce point les forces qu'il avait été obligé de disséminer jusqu'au moment où il pourrait juger des projets de l'ennemi. Déjà le duc n'était plus qu'à une demi-lieue de Briançon, lorsque Villars emporta sous ses yeux les deux petites villes de Sézannes, et par suite de cet avantage le contraignit à faire retraite sur Exiles. Villars comptait le cerner vers ce point, lorsque la lâcheté du gouverneur de ce roc, qui jugea mal de la cause du mouvement des Piémontais vers lui et vers Suze, livra le passage, et le fort même qu'il avait un ordre spécial de défendre jusqu'à la dernière extrémité. Villars, dans le même temps, eut la douleur de voir une faiblesse presque aussi condamnable céder pareillement à l'ennemi les forts de La Pérouze et de Fenestrelles, et contrarier de nouveau ses plans. Enfin la chute des neiges, en rendant toutes opérations ultérieures impossibles dans les montagnes, vint terminer une campagne où l'amour-propre exalté du général français fut souvent humilié, mais dans laquelle néanmoins il atteignit le but pour lequel il avait été envoyé.

Sur le Rhin, le prince Eugène avait évité la rencontre de l'électeur à qui l'on avait donné le maréchal de Berwick pour second : et, du confluent du Rhin et de la Moselle, où il avait rassemblé son armée, et d'où il devait remonter vers Trèves, et pénétrer en Lorraine, selon ce qu'il publiait, il avait marché rapidement vers la Flandre, où Marlborough, inférieur au duc de Bourgogne, n'avait pu prévenir la chute de Gand, livrée d'ailleurs d'avance par les intelligences que les Français y entretenaient. Cependant la division qui était dans le conseil de ceux-ci, et les incertitudes qui en résultaient dans les mouvemens de l'armée, promenée inutilement sur le Dendre, et reportée ensuite à l'Escaut pour faire le siège d'Oudenarde, permirent à Eugène d'effectuer sa jonction avec Marlborough, et d'attaquer aussitôt les Français. Cette action, qui eut lieu le 14 juillet, ne fut point une bataille rangée, mais une multitude de combats et d'affaires de postes qui n'eurent rien de décisif. Vendôme, à qui le duc de Bourgogne se crut fondé à reprocher d'avoir engagé l'armée dans une situation où il était impossible de vaincre, voulait coucher sur le champ de bataille pour recommencer le combat le lendemain, et imposa même assez durement silence au prince qui s'y opposait. Sur l'avis de la plupart des officiers généraux, qui se rangèrent à l'opinion très bien motivée du duc de Bourgogne, la retraite fut pourtant ordonnée; mais, exécutée dans l'obscurité, elle devint aussi funeste aux Français qu'elle fut avantageuse aux alliés, auxquels elle procura dans l'opinion l'honneur de la victoire. Cette espèce de fuite fut dirigée sur Gand, et elle était achevée quand le duc de Berwick parut avec une partie de l'armée du Rhin.

La mésintelligence s'accrut à un tel point entre les chefs de l'armée française, que les généraux ennemis purent tout oser et cependant réussir. Ce fut ainsi qu'ils se permirent d'entreprendre le siège de Lille, contre toutes les règles de la guerre : ils avaient en effet des villes fortes derrière eux, et ils ne tiraient leurs vivres que d'Ostende, au risque perpétuel de se voir enlever leurs convois. Mais ceux-ci ne furent point attaqués, ou le furent malheureusement : on laissa l'armée qui couvrait le siège se retrancher paisiblement sans l'inquiéter, et tandis que, suivant la maxime de Turenne, pour sauver les places de première force, il eût fallu attaquer l'ennemi tout retranché qu'il était, sous peine d'avoir à livrer des batailles dans la suite pour des places de second rang, on respecta, pour ainsi dire, les lignes des alliés, et ce fut même l'avis formel du ministre de la guerre, qui vint plusieurs fois au camp pour essayer de concilier les esprits. Le maréchal de Boufflers, qui s'était jeté dans la place, et qui s'attendait chaque jour à voir forcer les retranchemens, tint vainement quatre mois, en attendant quelque secours. Sa longue résistance et le brillant exemple qu'il donnait ne purent inspirer un généreux effort; et il fut réduit à capituler quand il n'eut plus dans la citadelle pour subsister qu'un quartier de cheval, qu'il invita le prince Eugène à partager avec lui.

Quand la ville fut prise, les Français s'emparèrent de quelques postes intermédiaires entre Lille et Ostende, et l'électeur tenta sur Bruxelles une diversion qui eût sauvé Lille si elle eût été faite plus tôt. Mais la mauvaise fortune devait continuer d'affliger la vieillesse de Louis : il suffit à Eugène de paraître pour faire lever le siège; et peu après, Gand, Bruges et quelques autres villes qu'on avait enlevées aux alliés, retombèrent en leur pouvoir. Vendôme, outré de la conduite que la timidité des conseils lui avait fait tenir, et plus encore peut-être des contrariétés qu'il avait éprouvées, quitta l'armée à la fin de la campagne, et alla se confiner à Anet, où il resta près de deux ans inactif.

Les chances de la guerre étaient moins heureuses pour les alliés en Espagne. Le duc d'Orléans joignait Tortose à ses premières conquêtes, et le comte de Mahoni, qui commandait cette année les troupes des deux couronnes, poursuivait dans le royaume de Valence les premiers succès qu'on y avait eus. Mais les Anglais, à qui leur marine toujours croissante permettait un libre accès sur toutes les côtes et dans toutes les îles, se dédommagèrent des pertes qu'ils faisaient sur le continent par la conquête de l'île de Sardaigne et de celle de Minorque.

La guerre commençait à peser presque sur toutes les puissances belligérantes. Les princes d'Allemagne, qui avaient embrassé la cause du chef de l'empire avec tant d'ardeur, fatigués de la longueur des hostilités, reprenaient leurs anciennes préventions contre la maison d'Autriche pour laquelle ils épuisaient leurs principales ressources. L'Angleterre, qui contribuait aux subsides que leur payait la Hollande, et qui avait encore avec la Savoie et le Portugal d'autres engagemens indépendans de ses énormes dépenses pour la Péninsule, s'apercevait également que ses profusions avaient un but tout à fait étranger à sa prospérité particulière. Pour la France, l'accumulation des revers qu'elle éprouvait, et l'embarras de ses finances, l'avaient disposée de longue main à tous les sacrifices qui pourraient lui obtenir une paix tolérable. Un hiver désastreux, qui commença le 5 janvier 1709 à faire sentir sa rigueur, et qui, détruisant dans les semences confiées à la terre les espérances de la récolte prochaine, fit naître d'avance, par la terreur de la famine, **une disette dont le fléau n'eût dû menacer que l'année suivante, se joignit à ces premières causes de détresse pour faire désirer la paix.** A cette fin, et pour essayer d'en poser les bases, Louis XIV fit passer successivement en Hollande le président Rouillé et même le **marquis de Torcy, ministre des affaires étrangères. C'était en effet en**

Hollande que l'on croyait à tort devoir la solliciter. L'éloignement où se trouvaient ses frontières du théâtre des hostilités promettait à ses heureux négocians un commerce immensément lucratif, qui fournissait presque seul aux dépenses de guerre, et procurait aux Hollandais une considération prodigieuse, qui les faisait estimer les arbitres de l'Europe. Comme ils ne souffraient point, ils prenaient peu de part aux souffrances du continent, et leur orgueil ne trouvait pas la France assez humiliée pour lui accorder le repos. De plus, leur grand pensionnaire Heinsius, encore ulcéré d'un ancien mépris du ministère français, au temps de Louvois, Eugène, le général et l'agent de l'ambitieux Joseph, et surtout Marlborough, qui gouvernait encore l'Angleterre, mais dont le crédit s'usait, et qui, pour le soutenir, avait besoin de l'éclat de la victoire, formaient une espèce de triumvirat qui conspirait à perpétuer la guerre, et dont la malveillance, alimentée par l'ambition, par la haine et par la vanité, ne put être vaincue ni par les soumissions les plus humiliantes ni par les concessions les plus coûteuses.

Déjà Louis XIV, après les déroutes d'Hochstedt, de Ramillies et de Turin, avait offert d'abandonner à l'archiduc la couronne d'Espagne et ses états dans le Nouveau-Monde, à condition que le royaume de Naples et de Sicile, et les possessions des Espagnols en Italie, ainsi que la Sardaigne, resteraient à son petit-fils. Les malheurs de 1707 et 1708 firent offrir de plus Milan et les ports de Toscane, retenus dans les premières propositions. Enfin, au commencement de cette année 1709, dont les premiers mois faisaient prévoir les affreuses suites, Louis XIV, abandonnant toute la monarchie d'Espagne, le Milanais, les ports de Toscane, les Pays-Bas, l'Amérique, îles et continent, ne retenait que Naples, la Sicile et la Sardaigne; encore ne se montrait-il pas fort attaché à cette dernière possession. Aux Hollandais il offrait une barrière qui les séparerait de la France; il leur remettait en dépôt, jusqu'à un arrangement définitif, et comme un gage assuré de l'intention sincère qu'il avait de remplir ses engagemens, telles places des frontières qui leur conviendraient; et enfin il consentait à tel traité de commerce qu'ils voudraient faire.

Les conférences où ces propositions étaient discutées se tenaient assez secrètement à La Haye. Le roi de France avait eu assez de peine à y faire recevoir ses négociateurs. Le prince Eugène et le duc de Marlborough trouvèrent moyen de s'y introduire. Des généraux avides de gloire et d'argent, et que la paix va rendre inutiles, sont rarement tentés d'y concourir. En effet, ils obtinrent qu'on n'accorderait à la France, non pas la paix, mais une simple suspension d'armes, et encore sous la condition de préliminaires repoussans, qui devaient être acceptés dans un court délai, et qui furent signifiés impérieusement et avec l'insolence du dédain, le 28 mai 1709. Ils comprenaient quarante articles. Le trente-huitième est ainsi conçu:

« L'archiduc sera reconnu roi de la monarchie d'Espagne, sans en
» rien distraire, telle que la possédait le roi Charles IV. Tout ce qu'en
» retient actuellement le duc d'Anjou sera remis sous deux mois au
» roi catholique; et si le duc d'Anjou ne consent pas à l'exécution
» de la présente convention, le roi très chrétien et les princes et
» états stipulans prendront de concert les mesures convenables pour
» en assurer l'entier effet. » Les autres articles regardent les intéressés dans cette guerre, et sont tous à l'avantage de ceux qui ont
tenu le parti des alliés. L'empereur et l'empire obtiendront en Alsace et le long du Rhin les cessions qu'ils réclament contre la
France; savoir : Strasbourg, Brisach, Landau, les forteresses sur
le Rhin, depuis Brisach jusqu'à Philisbourg, et même la Franche-
Comté, la Lorraine et les trois Evêchés. Le Portugal, en rentrant
dans les villes qu'il a perdues, conservera la navigation de l'Amazone et les forts qui bordent ce fleuve, toutes choses que les alliés
lui avaient garanties pour l'attirer à eux. On rendra au duc de Savoie
le duché et le comté de Nice, et les villes et vallées qu'il n'avait pas.
L'électeur de Brandebourg sera reconnu roi de Prusse, le duc de
Hanovre électeur. Les alliés ne rendront rien actuellement aux électeurs de Bavière et de Cologne qui ont perdu leurs états; ils sont
renvoyés à la paix générale; mais l'électeur Palatin, partisan de
l'empereur, jouira dès à présent des terres, rang et dignités dont il
a été gratifié pendant la guerre. Quant aux prétentions de la Hollande et de l'Angleterre, elles sont renfermées dans une condition
qui leur était commune; savoir : que la France consentira à un
traité de commerce avec chacune de ces puissances. L'Angleterre
savait déjà, et a encore éprouvé depuis l'avantage qu'elle sait tirer
de son habileté mercantile : elle ajouta cependant que la France
lui céderait l'île de Terre-Neuve, nouveau point d'appui conquis
pour l'utilité de sa pêche; que la succession à la couronne d'Angleterre serait garantie dans la ligue protestante, et que les fortifications de Dunkerque seraient rasées, et son port comblé. Toutes ces
concessions étaient indépendantes de l'abandon immédiat des places
frontières qui couvraient la Picardie, lesquelles devaient rester au
pouvoir des alliés, si dans deux mois on n'était pas généralement
d'accord.

Louis XIV, malgré sa détresse, refusa ces durs préliminaires.
« Puisqu'il faut la guerre, dit-il dans le conseil, j'aime mieux
» la faire à mes ennemis qu'à mes enfans. » Il rendit publiques les
propositions qu'il avait faites, et les demandes des ennemis. Cette
communication produisit un grand effet. « On se récria, dit un
» historien, sur l'injustice et sur l'arrogance des alliés, et on résolut de
» se sacrifier pour la gloire du roi. La famine qui désolait le royaume
» fut une ressource pour la guerre. Ceux qui étaient peu sensibles
» à l'honneur de leur souverain se firent soldats pour avoir du pain;
» d'autres, animés par de plus nobles motifs, réduits à la misère

» et à moitié morts de faim, résolurent de verser la dernière goutte
» de leur sang pour soutenir le roi. De pareils sentimens mirent la
» France en état de faire des efforts qui étonnèrent ceux qui la
» croyaient expirante. »

Villars, qui plus qu'un autre ressentait cette généreuse indignation, alla commander en Flandre une armée moins forte de quarante bataillons que celle d'Eugène et de Marlborough, qui montait à près de cent mille hommes ; mais l'armée de Villars était pénétrée des mêmes sentimens que son chef. La disette avait recruté cette armée, où l'on espérait trouver plus de ressources en alimens que dans les campagnes désolées de l'intérieur : cependant les vivres n'y étaient guère plus assurés : d'ordinaire les approvisionnemens n'étaient faits que pour un jour, et souvent que pour une demi-journée. Les troupes envoyées en détachemens n'avaient de subsistance certaine qu'aux dépens de celles qui restaient au camp et qui y jeûnaient; et le général était contraint de s'occuper davantage de la subsistance de ses troupes que des mouvemens de l'ennemi. On ne pouvait essayer de joindre celui-ci, dans l'impossibilité de s'éloigner des magasins en petit nombre, que l'activité et les réquisitions des intendans voisins pourvoyaient à grand'peine et non sans faire beaucoup de mécontens. La supériorité des alliés était encore une autre cause de circonspection; et quoique, dans l'opinion de Villars, une bataille pût seule changer la situation des choses, l'inquiétude de la cour et la sienne propre l'éloignaient de la rechercher, et lui faisaient restreindre ses désirs à la recevoir.

Par ces motifs, Villars, dont le principal corps d'armée était rassemblé entre Douai et Denain, traçait, dans la plaine de Lens et en face des ennemis réunis sous Lille, des lignes qui s'étendaient de Saint-Venant à Douai, et qui se liaient à d'autres lignes conduites de Condé à la Sambre. De cette manière il couvrait la frontière française, en abandonnant à leurs propres forces les places des Pays-Bas espagnols. Ainsi le voulait la dureté des circonstances ; et il ne put que bien munir les villes qui paraissaient menacées. Tournay était de ce nombre, et il espérait que ses défenses pourraient occuper les alliés pendant toute la campagne. Mais ses calculs furent trompés. Cette place, qui fut bien défendue, mais non pas autant qu'elle aurait pu l'être, suivant le maréchal, se rendit le 5 septembre, et l'ennemi se dirigea sur Mons, qui n'était pas à beaucoup près aussi bien approvisionnée. Villars quitta ses lignes pour courir au secours ; et, marchant aussi vite que l'approche de ses vivres le lui put permettre, il se posta à la vue des ennemis au delà du village de Malplaquet, et dans l'intervalle étroit qui se trouvait entre deux petits bois, qui appuyèrent ses flancs. Il fut trois jours dans cette position, et pendant les deux premiers, il aurait pu, en se portant en avant, prendre l'offensive avec d'autant plus d'avantage que les alliés avaient laissé des forces nombreuses dans Tournay. Mais Villars, malgré sa propre conviction, hésita à adopter une mesure dont l'influence pouvait être décisive sur les destinées de la France. Il laissa passer le moment favorable pour attaquer, et le troisième jour, 11 juillet, il fut attaqué lui-même par les alliés, qui avaient réuni toutes leurs forces. L'irrésolution du général français, entre le parti de se porter en avant pour livrer bataille et celui de reculer pour la recevoir avec avantage, à cause du front étroit par lequel les assaillans auraient été contraints de l'aborder, le retint dans la position resserrée où il eût dû placer l'ennemi, et où il ne put que se fortifier par des abatis et de doubles retranchemens. Sa gauche d'ailleurs n'était pas si fortement appuyée au petit bois de Blangy qui la couvrait, qu'on ne pût la prendre en flanc, en pénétrant par le bois même, et, c'est ce qui arriva. Marlborough, ayant donné de ce côté avec cinq lignes d'infanterie, fit reculer la gauche que commandait Villars lui-même, et pénétra dans la plaine. Villars, à la faveur d'un corps d'infanterie qu'il tira de son centre, et qui recueillit en bon ordre les bataillons déplacés, s'étant reformé à cinquante pas du bois, se reporta bientôt en avant. Sa charge vigoureuse, l'une des plus sanglantes qui aient été faites, rétablit le combat, repoussa l'ennemi dans le bois et finit par l'en chasser; mais dans l'action même il reçut une balle qui lui fracassa le genou. Il commanda néanmoins encore quelque temps assis sur une chaise; mais bientôt une défaillance le mit hors d'état d'agir, et força de le transporter au Quesnoy sans connaissance.

Pendant ce temps, la droite avait non seulement résisté avec avantage aux vives attaques des Hollandais, mais elle les avait encore poursuivis sur leur propre terrain avec un grand carnage, malgré la valeureuse résistance du jeune prince d'Orange, Jean-Guillaume de Nassau-Diest-Frison, qu'on vit porter lui-même ses drapeaux sur les retranchemens français, pour y ramener son infanterie, et que l'on suppose avoir cherché, par quelque action d'éclat, à faire revivre la dignité de stathouder, que la défiance républicaine avait supprimée après la mort de Guillaume III, son grand-oncle. Il s'était trouvé en tête le maréchal de Boufflers, véritable citoyen, qui, plus âgé que Villars, n'en avait pas moins postulé de servir sous lui en qualité de volontaire. Par une vue pour ainsi dire prophétique, le ministère, faisant part de cette détermination au général français qu'il craignait de choquer, la lui présenta comme un moyen de ressource, pour le cas possible où une blessure le mettrait hors d'état de commander; mais la noble fermeté de Boufflers à refuser à Villars même d'entrer avec lui dans le moindre partage d'autorité, fut un moyen encore plus sûr pour tenir fermement unis ces deux hommes généreux.

La retraite forcée de Villars fit retomber sur Boufflers le poids du commandement dans un moment bien critique. Le prince Eugène, qui s'était aperçu que le centre avait été dégarni, l'attaqua avec une infanterie supérieure, emporta les retranchemens, et s'y établit avec du canon. Boufflers y était accouru; et si dans ce moment la droite victorieuse, sortant de ses lignes, fût tombée sur le centre de l'ennemi, la victoire était aux Français. Son inaction la leur enleva, et le défaut de communication entre les deux ailes leur fit prendre séparément le parti de la retraite, la gauche sur Valenciennes, la droite sur le Quesnoy. Elle se fit d'ailleurs avec un tel ordre, que ni un seul prisonnier ni une seule pièce de canon montée ne tombèrent au pouvoir de l'ennemi, et que les vaincus mêmes purent faire trophée d'une trentaine de drapeaux qu'ils enlevèrent aux vainqueurs.

Aucune action depuis le commencement de la guerre n'avait été ni si disputée ni si meurtrière. L'ardeur des Français y fut telle, qu'on en vit qui n'avaient pas mangé de la journée jeter le pain qui leur arrivait, pour courir plus librement à l'ennemi. Ils perdirent huit mille hommes, mais les alliés, de leur propre aveu, en laissèrent vingt mille sur la place. « Si Dieu nous fait la grace de perdre » encore une pareille bataille, écrivait Villars au roi, votre ma- » jesté peut compter que ses ennemis sont détruits. » Ils ne surent même qu'ils l'avaient gagnée que le lendemain, par l'évacuation d'un terrain qu'ils croyaient au pouvoir des Français, et où effectivement ils auraient dû être encore. Aussi Villars voulait-il que l'armée se reportât en avant; mais, livré à la douleur de son mal et à celle des opérations qui en furent la suite, il ne put vouloir efficacement. On demeura, et les conseils timides prévalurent: on se retrancha dans le jour même derrière des lignes, et l'ennemi put se présenter sans obstacle devant Mons qui ne tint qu'un mois. Mais c'était tout l'effort dont il était encore capable pour masquer son épuisement, et il lui fallut ajourner à d'autres temps ses projets d'invasion en France.

Ils avortèrent également en Alsace, où l'électeur de Hanovre ne doutait pas de pénétrer. Il devait même, de cette province, gagner la Franche-Comté, et y donner la main au duc de Savoie, qui s'y rendait par Lyon. Ces plans si bien concertés s'évanouirent par la victoire que le comte du Bourg, l'un des élèves de Villars, remporta à Rumersheim, le 26 août, sur le comte de Mercy. Ce dernier, pendant que l'électeur de Hanovre occupait le maréchal d'Harcourt devant les lignes de la Lauter, avait fait passer le Rhin à son infanterie sur un pont jeté à Neubourg, et il rejoignait tranquillement sa cavalerie, qui, sans respect pour la neutralité de Bâle, avait traversé le même fleuve sur son territoire, lorsqu'il fut rencontré et battu par le comte du Bourg, que le maréchal d'Harcourt avait détaché contre lui. Cet incident rompit les mesures du duc de Savoie, qui était déjà tout près de Briançon, et qui rebroussa chemin vers l'Italie.

L'empereur y était tout-puissant et y dominait avec hauteur. Le pape Clément XI, qui avait armé quelques milices pour assurer son indépendance, fut forcé de les congédier et de reconnaître Charles VI pour roi d'Espagne.

Les succès étaient partagés dans la Péninsule : et si le marquis du Bay battait lord Galloway à Badajoz, sur les frontières de Portugal, le maréchal de Bezons était battu en Catalogne par le comte Stahremberg, qui s'empara de Balaguer. Cette balance au reste était plus profitable à la France que ne l'eût été un avantage décidé, par la nécessité où elle continuait à mettre les alliés de porter dans cette contrée des secours dispendieux, qui, avec moins de frais, eussent eu ailleurs une bien autre influence. Le duc d'Orléans n'y commandait plus les troupes françaises. Ce prince, de même nom que le roi d'Espagne, et qui, à défaut des enfans de Louis XIV, pouvait, du chef d'Anne d'Autriche, son aïeule, femme de Louis XIII, réclamer des droits sur la succession de Charles IV, avait formé des brigues avec divers grands d'Espagne pour les faire valoir, dans le cas où la situation désespérée des affaires de Philippe lui conseillerait d'abandonner le continent, et d'aller régner en Amérique. Ce projet fut éventé. Philippe repoussa avec indignation un parent qu'il considéra comme un usurpateur, et il fut question à Versailles de lui faire son procès. Le vertueux duc de Bourgogne osa seul prendre sa défense dans le conseil, et présenter sous leur véritable point de vue des intentions qui n'étaient que conditionnelles.

Ce n'était plus Chamillard qui dirigeait la guerre : sa probité seule avait soutenu son incapacité, et la nécessité qui fit réclamer sa démission ne lui fit rien perdre de l'attachement du monarque. Il fut remplacé par M. de Voisin, qui depuis fut chancelier. Dès l'année précédente, Chamillard s'était déjà déchargé du contrôle des finances, et le roi l'avait confié à Nicolas Desmarets, fils d'une sœur de Colbert. Mais, dans ces temps orageux, les fautes étaient comme inévitables, et les plans de guerre comme les plans de finances devaient être également malheureux. Lorsque Desmarets parvint au ministère, la dette consolidée était de plus de deux milliards, et l'on avait encore à solder près de cinq cents millions de billets échus de toute nature, indépendamment de la dépense de l'année courante, qui montait à deux cents millions. Pour suffire à tant de charges, on n'avait qu'un revenu qui n'allait qu'à cent vingt millions. Cependant la famine de 1709, qui porta la dépense des vivres de l'armée à quarante-cinq millions, et la misère des peuples qui réduisit les revenus des deux tiers, accrurent les embarras du ministre, dont les talens doivent être jugés sur les obstacles qu'il eut à vaincre, et non sur les succès qu'il eut en effet, si toutefois ce n'en est point un bien extraordinaire que d'avoir pu soutenir les finances pendant les désastreuses années de la fin du règne de Louis XIV. Des anticipations, des emprunts, des tontines, des constitutions de rentes, l'impôt du dixième qui ne rapporta que dix millions, et des lingots pour la somme de trente millions, que des armateurs de Saint-Malo amenèrent du Pérou, en 1709, et dont le gouvernement s'empara moyennant un intérêt de dix pour cent, dans la vue d'essayer encore de la ressource d'une refonte, furent son secret. Quoiqu'il ne fût pas nouveau, il faut louer le ministre d'avoir eu le talent de le pouvoir mettre encore en usage, de ne s'être pas perdu dans le labyrinthe inextricable de ses moyens, et enfin d'avoir pu laisser les finances, après sept ans d'une gestion toujours contrariée par la guerre, dans une situation qui n'avait pas empiré.

La mort du P. La Chaise, confesseur du roi, fut aussi une espèce de révolution dans le ministère des affaires ecclésiastiques ; et la France ne se ressentit que trop tôt, par les troubles religieux qui l'agitèrent long-temps, de l'humeur atrabilaire du P. Le Tellier, son successeur.

Malgré la perte des ennemis à Malplaquet, l'état de la France ne s'était pas amélioré, et le désir de poursuivre la paix était toujours dans le cœur du monarque français. Il essaya de renouer ses négociations au commencement de cette année. Ce ne fut qu'avec un air de complaisance dédaigneuse que les Hollandais permirent qu'il envoyât chez eux des plénipotentiaires. C'étaient le maréchal d'Huxelles, homme froid et taciturne, et l'abbé de Polignac, des lèvres duquel coulait d'ordinaire la persuasion. Ils ne furent point admis à La Haye, et leur séjour leur fut assigné à Gertruydemberg, ville du Brabant hollandais, où ils furent mal logés et traités avec peu de considération.

Les propositions faites à La Haye, remises sur le tapis, n'excitèrent pas de grands débats, parce que les Français étaient décidés à tout accorder; mais les difficultés se renouvelèrent sur l'article 38, dont il fallut enfin fixer le sens. La fin était conçue en ces termes :
« En cas que le roi très chrétien exécute tout ce qui a été dit ci-
» dessus, et que toute la monarchie d'Espagne soit rendue et cé-
» dée au roi Charles V, comme on en est convenu par ces articles,
» dans le terme stipulé, on a accordé que la cessation d'armes, en-
» tre les armées des hautes parties en guerre, continuera jusqu'à
» la conclusion et la ratification des traités à faire. »

» Et en quel cas le roi très chrétien sera-t-il censé n'avoir pas
» exécuté ce qui a été dit ci-dessus? » demandaient les Français. Les alliés repondaient : « C'est si la monarchie d'Espagne n'est pas rendue
» et cédée au roi dans le terme stipulé, qui est deux mois. » « Mais, re-
» prenaient les Français, si Philippe ne veut pas céder? » Les alliés répliquaient : « Alors ce sera à Louis XIV à le forcer. » Cette proposition de faire agir ses troupes contre son petit-fils révoltait le monarque. Néanmoins, contraint par sa détresse, il offrit de donner un million par mois aux alliés pour soudoyer les troupes qu'ils em-

ploieraient contre Philippe ; mais ils rejetèrent avec mépris cette humiliante condescendance. Ce n'est qu'un détour, disaient-ils. Louis a bien pu d'un mot placer Philippe sur le trône, d'un mot il peut l'en faire descendre; et si, seul, il ne se trouve pas assez fort, nous voulons bien que les troupes que nous avons en Espagne et en Portugal se joignent aux siennes, pour opérer le détrônement dans le terme stipulé : « faute de quoi, la suspension » d'armes entre les armées des hautes puissances en guerre sera » rompue. »

Les alliés s'en tinrent opiniâtrément à cette condition. Après bien des efforts pour la faire adoucir, les plénipotentiaires français la déclarèrent « impossible dans l'exécution », surtout à l'égard du terme de deux mois qui y était fixé. « Impossible, ré- » pondirent les alliés d'un ton moqueur; eh bien ! la continuation » de la guerre contre la France ne l'est pas. » Telle était leur arrogance accoutumée, fondée sur l'état de détresse irrémédiable où ils croyaient le royaume. Les députés des états disaient tout haut, et s'en prévalaient, que les troupes du roi n'étaient point payées et qu'elles manquaient de pain. « Si ce que vous dites est vrai, ré- « pondit avec indignation un officier français, témoin de ce propos, » comment donc ne tremblez-vous pas de faire la guerre contre » des armées qui ne s'embarrassent ni de pain ni de solde ? » Après de semblables discours, il était clair qu'ils ne voulaient pas la paix, mais ne voulaient pas non plus avoir encore l'odieux de la rupture. Les plénipotentiaires français s'en donnèrent enfin l'honneur. Dans leur lettre d'adieu on lit ces paroles remarquables, applicables à plus d'une circonstance : « Dieu sait humilier, » quand il lui plaît, ceux qu'une prospérité inespérée élève, et » qui, ne comptant pour rien les malheurs publics et l'effusion du » sang chrétien, continuent les guerres qu'ils pourraient ter- » miner. »

Louis XIV s'était bien trouvé l'année précédente d'avoir fait connaître, par des proclamations publiques, la grandeur des sacrifices qu'il faisait, et la morgue insultante des alliés qui les rejetaient. Cette espèce d'appel à la nation réussit encore en cette circonstance. La connaissance des nouvelles propositions, répandue dans le peuple, redoubla son énergie. Il reprit courage. Le traitement hautain et méprisant fait aux plénipotentiaires pendant les conférences piqua aussi l'honneur national ; les armées se recrutèrent avec diligence, et les alliés ne tardèrent pas à se repentir d'avoir laissé échapper l'occasion de faire une paix qui était toute à leur avantage.

Villars, malgré sa blessure, qui lui rendait l'exercice du cheval extrêmement douloureux, fut destiné à commander encore l'armée de Flandre. Il avait dressé le plan de la campagne de concert avec le ministre, dans le palais même de Versailles, où le roi lui avait fait préparer un appartement aussitôt qu'il fut transportable, et où il lui rendit à son arrivée une longue et flatteuse visite. Villars insistait toujours pour une bataille, comme le seul remède à la situation fâcheuse des affaires. Il pensait que l'armée ayant ses flancs bien appuyés, la victoire ne dépendait plus que de la valeur, et que par suite elle resterait aux Français, en dépit des talens d'Eugène et de Marlborough ; mais, quelque confiance que lui témoignât le roi, ce prince ne put se résoudre à lui laisser à cet égard toute la latitude qu'il eût désirée, et il n'eut permission d'affronter l'ennemi qu'avec égalité de forces. Peut-être Villars outrepassa-t-il ses instructions au siège de Douai, pendant lequel, tant pour essayer de sauver la place que dans l'espoir de relever un peu le courage des plénipotentiaires de Gertruydemberg, il s'approcha tellement du camp fortifié des alliés, qu'une bataille eût été inévitable si les Hollandais ne s'y fussent refusés. Extrêmement maltraités l'année précédente, ils étaient devenus aussi circonspects que Louis XIV, et témoignaient un éloignement égal pour une action décisive. Leur influence l'emporta sur l'inclination de Marlborough et d'Eugène, et ils firent réduire les opérations de la campagne à de simples sièges, dont la grande supériorité de leur armée d'observation, toujours retranchée avec un excès de précaution qui la rendait inattaquable, assurait la réussite. Ce système d'immobilité leur livra, dans le cours de cette année, Douai, Béthune, Saint-Venant et Aire, sans que l'impatient Villars y pût mettre obstacle. Ses manœuvres, ses campemens, ses lignes, n'eurent d'autre résultat que de faire la part de l'ennemi plus petite, et l'on regarda comme un succès qu'il eût pu couvrir encore l'Artois et la Picardie. Dans l'état de souffrance où il était, il fallut toute son activité pour suffire au travail que lui occasionna cette campagne; il ne put même la terminer, l'état de son genou ayant empiré au point de l'obliger à demander un successeur, et à se rendre aux eaux de Bourbonne.

Les hostilités sur le Rhin furent absolument nulles; les contingens de l'empire y étaient si faibles, que l'électeur de Hanovre dédaigna de les commander, et de part et d'autre on ne fit que s'observer. Une grande partie des troupes allemandes avait été embarquée pour l'Espagne, où se porta tout l'intérêt de la guerre. Des levées de milices nationales y remplaçaient les troupes aguerries, que la France avait été forcée de rappeler pour sa propre défense. Malheureusement l'instruction leur manquait, et leur zèle pour Philippe, qui les commandait lui-même, ne pouvait y suppléer, d'autant qu'elles avaient à lutter contre de vieilles bandes allemandes conduites par le comte de Stahremberg, dont la réputation ne le cédait qu'à celle du prince Eugène. L'avantage du nombre cependant leur procura d'abord quelques succès; mais des renforts que les Anglais débarquèrent à Tarragone, et une diversion sur le port de Cette en Languedoc, qui obligea le nouveau duc de Noailles à quitter le Lampourdan pour y courir, donnèrent une supériorité décidée au parti de l'archiduc.

A la fin de juillet, la cavalerie du prince Charles battit celle de Philippe à Almenara, sur la frontière de l'Aragon, et le 20 août un engagement plus général eut lieu à Saragosse, où Philippe avait pris position, pour fermer le passage de la Castille. Le marquis du Bay, récemment arrivé des frontières du Portugal, commandait son armée. La nécessité de laisser des garnisons dans les places fortes l'avait réduite à dix-sept mille hommes, tandis que celle des alliés montait à trente mille, par la réunion du comte de Stahremberg et de lord Stanhope. Cependant la victoire fut quelque temps douteuse; mais le nombre ayant permis de déborder une des ailes de l'armée espagnole, elle fut complètement battue. Philippe se vit contraint de quitter sa capitale, où entrèrent peu après les alliés; et sa ruine paraissait inévitable, lorsque des vœux bien prononcés des Espagnols en sa faveur et l'habileté du duc de Vendôme le sauvèrent. Philippe, malgré les divisions du duc avec son frère, et ses propres préventions contre un prince sans respect pour les mœurs et la religion, et un guerrier à qui l'on pouvait reprocher des négligences impardonnables, mais qui savait les réparer en un jour de combat, l'avait demandé à son aïeul, à défaut des armées qu'il ne pouvait plus en obtenir. Les espérances qu'il avait fondées sur lui ne furent point trompées.

En effet, la présence seule du prince français fut suffisante pour lui rendre une armée. Ce fut une émulation générale pour s'enrôler sous ses drapeaux et pour subvenir aux dépenses de la guerre. En peu de temps il réunit seize mille fantassins et onze mille cavaliers, avec lesquels il se mit à la recherche des ennemis. Ceux-ci avaient dépassé Madrid, et attendaient sur les bords du Tage la jonction des Portugais; mais le marquis du Bay, avec les débris de l'armée de Saragosse, tenait les derniers en échec. L'ennui de les attendre en vain, la crainte d'être attaqués sur leurs derrières, et plus encore la disette qu'éprouvaient les alliés dans les deux Castilles, où la malveillance des habitans à leur égard allait au point de brûler leurs vivres pour n'être pas dans la nécessité de les leur livrer, les firent rétrograder vers l'Aragon. Vendôme rétablit dès lors Philippe dans Madrid, aux vives et sincères acclamations de ses habitans. Mais c'était peu de ce premier succès, il fallait le rendre durable. Munis de provisions, Philippe et Vendôme suivent les traces de l'ennemi, qui ne leur soupçonnait pas tant d'audace; et, traversant l'Hénarès, ils attaquent son arrière-garde à Brihuega, ville fermée, où le général Stanhope avait cru pouvoir s'arrêter sans danger. Vendôme l'y fait assaillir sans délai; il le presse si vigoureusement, qu'il le force à se rendre prisonnier avec cinq mille hommes qu'il commandait; et le lendemain, 10 décembre, Stahremberg accouru pour le dégager, contraint lui-même de combattre à Villaviciosa, laisse trois mille hommes sur la place, deux mille prisonniers, son artillerie, et ne doit son salut qu'à la nuit. Ce fut après cette bataille que Philippe, excédé de fatigue, témoignant le besoin de dormir : « Sire, » lui dit Vendôme, je vais vous faire préparer le plus beau lit où » jamais roi ait couché », et il fit étendre à l'ombre d'un arbre les drapeaux enlevés à l'ennemi.

La victoire de Villaviciosa, aussi complète que celle de Saragosse, fut bien autrement décisive : de trente mille combattans qui avaient conduit l'archiduc à Madrid, huit mille restaient à peine, et il ne put trouver dans un peuple sans affection pour lui les ressources qui rétablirent la fortune de son concurrent. La Catalogne seule lui demeura, et elle était ouverte de toutes parts : la couronne au contraire fut affermie sur la tête de Philippe. Une révolution si étonnante et si entière fut l'ouvrage de deux mois : tant est quelquefois puissante l'influence d'un seul homme.

Dans le même temps, des évènemens aussi inattendus vinrent au secours de la France, et la sauvèrent de l'abîme où elle s'enfonçait, et d'où toute la prudence humaine était devenue inhabile à la retirer. Il y avait deux factions en Angleterre. Les whigs, ayant beaucoup contribué à la révolution qui avait mis en 1688 Guillaume sur le trône, jouissait, depuis ce temps, de la prépondérance dans le gouvernement. Ils professaient assez ouvertement les principes républicains. Marlborough leur était intimement attaché, et sa femme était favorite de la reine Anne. On a dit que l'époux, enflé de ses victoires, et l'épouse, fière de son crédit, n'avaient pas assez ménagé l'esprit de la princesse. Les torys s'insinuèrent dans sa confiance, en lui montrant des sentimens plus favorables que ceux des whigs au maintien de la puissance souveraine. Des tracasseries domestiques se mêlèrent aux opinions politiques ; l'épouse fut disgraciée. Marlborough accourut pour fortifier du moins le crédit de sa faction, s'il ne pouvait soutenir sa femme à la cour; mais qu'est-ce qu'un général séparé de son armée ? Il fut lui-même privé de toutes ses charges, et ne conserva que son commandement, qu'on ne jugea pas à propos de lui enlever, mais dont on limita beaucoup les prérogatives.

Cette disgrace célèbre arriva presqu'en même temps qu'un autre évènement très avantageux à la France. L'empereur Joseph mourut à la fleur de son âge, le 17 avril, trois jours après Louis, dauphin de France, dit Monseigneur ou le Grand Dauphin, et de la même maladie, la petite-vérole. Joseph laissait à son frère Charles, décoré par les alliés du titre de roi d'Espagne, ses dignités et ses couronnes. Les raisons qu'on avait alléguées contre la maison de Bourbon pour exclure le duc d'Anjou de la monarchie espagnole devenaient concluantes contre l'archiduc, qui allait réunir en sa personne l'empire et les vastes possessions de la maison d'Autriche. Ces considérations déterminèrent la reine Anne à écouter des propositions de paix de la part de la France ; et, malgré les alliés, elles furent présentées et agréées à Londres le 8 octobre.

Ces préliminaires ne contiennent que sept articles, qui ne détaillent rien et paraissent tous de confiance. Il n'y est plus question de la renonciation de Philippe à la couronne d'Espagne. On statue seulement qu'elle ne sera jamais réunie à celle de France, qu'on accordera une barrière sûre à la Hollande ; « qu'il sera fait un traité » de commerce avec la Grande-Bretagne »; que la succession dans la ligne protestante sera garantie, et Dunkerque démoli. Quant à l'adoption définitive de ces articles fondamentaux, et à la manière de les exécuter, ce devait être l'objet d'un congrès général, qui fut indiqué à Utrecht pour le 12 janvier de l'année suivante, et auquel la reine fit consentir les états-généraux, ainsi que le nouvel empereur. Ils n'osèrent pas désobliger une puissance qui mettait un si grand poids dans la balance des intérêts communs ; mais ils se promirent de rendre les effets du congrès aussi inutiles que l'avaient été ceux des conférences de La Haye et de Gertruydemberg.

Les hostilités ne laissaient pas de continuer pendant ces opérations pacifiques, mais d'une manière languissante. Auxiliaires très actifs en Espagne, les Français firent rentrer sous l'obéissance de Philippe la Catalogne et l'Aragon, qui les premières s'étaient données à Charles, et réduisirent ce prince ou plutôt son épouse, restée en Espagne, à la seule ville de Barcelonne. Partout ailleurs, la conduite de la guerre était subordonnée aux considérations politiques que faisait naître la nouvelle face des affaires. Le duc de Savoie, qui déjà n'agissait plus que pour se donner l'apparence de ne pas recevoir en vain les subsides qu'on lui accordait, mécontent d'ailleurs d'un manque de foi de l'empereur Joseph, ne se mit point à la tête de ses troupes, et il laissa au général Thaun le soin de tenter sur le Dauphiné une faible invasion, contre laquelle le vigilant Berwick s'était précautionné de bonne heure. De même, le prince Eugène observait l'électeur de Bavière sur le Rhin, avec moins de soin qu'il n'en mettait à couvrir Francfort et à favoriser par là l'élection de l'archiduc Charles. Enfin Villars et Marlborough, toujours opposés en Flandre, avaient chacun des instructions ministérielles uniformes pour ne pas troubler, par leurs entreprises, les négociations pacifiques qui avaient été entamées. On prétend que Marlborough y fut peu fidèle, et que, s'il résista auprès de Cambrai à la tentation de livrer une bataille, que le rapprochement fortuit des deux armées semblait devoir rendre inévitable, et que Villars d'ailleurs, malgré des courriers réitérés envoyés à Versailles, n'obtint pas la liberté d'accepter, il ne put résister au désir de s'emparer de Bouchain. Il l'investit par une manœuvre habile, dont Villars ne put prévenir l'effet, et contraignit la place de se rendre, malgré les tentatives de tout genre du général français pour la sauver. Ce fut le dernier exploit de Marlborough, qui fut rappelé alors, et que l'on dépouilla d'un commandement que son opinion politique, opposée à la paix, rendait dangereux entre ses mains.

Dans le cours de cette même année les marins français se mesurèrent avantageusement avec les Anglais : ils leur prirent une grande partie d'une riche flotte venant de la Virginie, et soutinrent à la vue de Gênes un combat qui fut sans utilité, mais non pas sans gloire. Enfin les insulaires échouèrent dans une entreprise sur Québec, tandis que du Guay-Trouin causa une perte immense aux Portugais dans le Brésil, où il força l'entrée étroite du Rio-Janeiro défendue par trois cents pièces de canon, plusieurs vaisseaux de guerre et des îles fortifiées, mit à rançon la ville de Saint-Sébastien et enrichit les armateurs français de ses dépouilles.

Le deuil qui avait couvert la France à l'occasion de la mort du grand dauphin se renouvela au commencement de cette année, et d'une manière bien plus lugubre, par celle du duc de Bourgogne, qui avait pris le titre de dauphin, celle de l'aimable princesse de Savoie, son épouse, et celle enfin du duc de Bretagne, l'aîné des deux enfans qu'ils laissaient après eux, et qui tous trois succombèrent en moins d'un mois aux atteintes d'une rougeole extrêmement maligne. Une telle accumulation de pertes dans la famille royale ne fut pas crue naturelle, et l'irréflexion publique en accusa avec indignation le duc d'Orléans, qui malheureusement, par le mépris affecté de toutes les bienséances et l'ostentation la plus effrontée du vice, prêtait à tous les soupçons de la haine ou de la douleur.

Elève de Beauvilliers et de Fénélon, le duc de Bourgogne avait mieux profité de leurs leçons que son père n'avait fait de celles de Montausier et de Bossuet. Une régularité qui semblait la critique des courtisans du grand dauphin, qui l'aimait peu et qui le livrait à leurs plaisanteries, le retint long-temps dans un état de timidité et de concentration qui voilait ses éminentes qualités. Mais lorsque la mort du fils de Louis XIV eut tourné vers lui les empressemens, et que la bienveillance de son aïeul l'eut mis plus à son aise et lui eut permis de développer son naturel aimable, on fut étonné de rencontrer en lui un tout autre homme que l'on ne s'était imaginé. Le public se reprocha son erreur, et dès lors ce fut dans toute la France un concert unanime pour lui payer, en surcroît d'amour, l'hommage tardif rendu à ses vertus. Elle attendait de lui, selon l'expression de Fénélon, un demi-siècle de bonheur, lorsqu'il fut enlevé à ses vœux; aussi la douleur fut-elle universelle. « Jamais la France, dit d'Avri-
» gny, de concert avec tous les auteurs contemporains, jamais la
» France n'a eu de prince dont elle ait conçu de plus hautes espé-
» rances. A un esprit vif, pénétrant, élevé, il joignait une applica-
» tion continuelle à ses devoirs, et il regardait comme le plus essen-
» tiel de s'instruire à fond de tout ce qui pouvait contribuer à faire

» fleurir le royaume et à rendre ses peuples heureux. Il avait donné
» des preuves incontestables de sa grande équité, de sa compassion
» pour les pauvres, et de son éloignement pour les guerres, où
» l'ambition, l'avarice, la haine et la vengeance sont plus consul-
» tées que la justice. Sa religion passait de bien loin tout ce qu'on
» peut attendre d'une personne de sa naissance; et pour trouver des
» exemples de ses pratiques de piété, il faudrait remonter jusqu'au
» temps de Saint-Louis. Jamais enfin la France n'a versé de larmes
» plus abondantes ni plus sincères sur le tombeau d'aucun de ses
» princes, et tout l'art des panégyristes ne fera passer à la postérité
» qu'une faible marque de ses regrets. »

Dans le même temps, à la fin de janvier, quatre-vingts *excellen-
ces*, sous les noms de plénipotentiaires, ambassadeurs, députés, agens, chargés d'affaires, et autres plus ou moins honorables, étaient rassemblés à Utrecht. Ils étaient envoyés de toutes les parties de l'Europe, fournis de prétentions et de demandes, bien munis de diplômes, d'argumens, et aiguillonnés du désir de les faire valoir. Qu'on se représente les plénipotentiaires de France, qui n'étaient qu'au nombre de trois, le maréchal d'Huxelles, l'abbé de Polignac et le sieur Ménager, continuellement harcelés par ces représentans de tant de princes, et on aura une idée de la difficulté de leur position.

Il est vrai qu'ils trouvaient de l'aide dans la bonne volonté des plénipotentiaires anglais, l'évêque de Bristol et le comte de Strafford. Le prince Eugène, général de l'empereur, eut avec ce dernier, à l'ouverture du congrès, un démêlé assez vif au sujet des secours en vaisseaux, en hommes et en subsides que les alliés demandaient à l'Angleterre pour la continuation de la guerre. Strafford objectait qu'il y avait de l'injustice à faire peser le fardeau presque entier de la guerre d'Espagne sur l'Angleterre, pendant que les autres parties intéressées n'y contribuaient que très peu, et l'empereur presque point. Le prince répondit : « La guerre d'Espagne est proprement la
» guerre d'Angleterre. C'est elle qui a excité l'empereur Léopold à
» s'y engager, et on doit compter pour beaucoup que l'empereur ac-
» tuel, Charles VI, y ait exposé sa personne. » Aveu précieux, qu'on peut appliquer à d'autres guerres.

Les Anglais n'admettaient pas cette compensation des dangers affrontés en Espagne par l'archiduc en personne, pour la perte de leur argent. Ils trouvaient aussi mauvais que les Hollandais se plaignissent de ce qu'on leur avait fait fournir, en troupes, en vaisseaux et en argent, un contingent supérieur à la proportion de leurs forces avec celles de l'Angleterre. Ces reproches, provenant d'un mécontentement sourd entre les trois puissances qui étaient les arcs-boutans de la ligue, mettaient les négociateurs français dans une position bien différente de celle où ils s'étaient trouvés aux conférences de Gertruydemberg. Sûrs du penchant de la reine

Anne pour la paix, dont les conditions les plus essentielles étaient convenues, ils traitaient avec plus d'assurance, et la fermeté qu'ils montrèrent leur obtint, dès les premières conférences, un point très important.

L'article VIII du traité de la grande alliance, signé en septembre 1701, était ainsi conçu : « La guerre étant une fois commencée, » aucun des alliés ne pourra traiter de paix avec l'ennemi, si ce » n'est conjointement et avec la participation et le conseil des au- » tres puissances ». Les alliés prétendaient que par le mot « con- » jointement » on devait entendre « traiter tous ensemble, et par » un seul acte. » Les Français voulaient que « traiter conjointe- » ment » ce fut « traiter dans le même temps, mais par des actes » séparés ». Les Anglais approuvèrent leur interprétation, et ils décidèrent que chaque allié ferait ses propres demandes, « avec » la liberté de s'entr'aider si on voulait obtenir une satisfaction » juste et convenable, chacun en conformité de ses alliances ». C'était déclarer implicitement que la grande alliance se trouvait réduite à une réciprocité de bons offices, sans conserver l'engagement onéreux d'une guerre nécessaire en cas de non-satisfaction juste et raisonnable. Aussi le comte de Sinzendorff, plénipotentiaire de l'empereur, au moment où cette manière de procéder fut décidée, s'écria-t-il dans l'assemblée : « Cette journée sera fatale à » la grande alliance. »

« Louis XIV en effet, observe Pfeffel, contenta ceux d'entre » les alliés dont les prétentions furent les plus raisonnables. Il les » détacha de la ligue, et l'empire, qui persista seul dans les » intérêts de la maison d'Autriche, sortit d'une guerre la plus heu- » reuse qu'il eût jamais soutenue, un peu plus maltraité qu'il n'y » était entré. »

Mais parce que c'est précisément au moment de la crise salutaire qui doit sauver le malade que l'abattement est le plus extrême, ainsi le roi, déjà accablé par ses peines domestiques et par le poids de ses années, était livré alors aux anxiétés les plus vives sur les dangers auxquels le royaume était toujours exposé. Les intérêts de l'Europe avaient changé, il est vrai, et il était sans doute plus expédient à celle-ci que Philippe demeurât paisible possesseur de l'Espagne et de ses dépendances, que de laisser l'archiduc les réunir aux domaines de la maison d'Autriche et à l'influence de la dignité impériale ; mais la prévention et la haine paraissaient l'aveugler encore sur ses propres intérêts. La paix avec l'Angleterre était plus que probable ; mais elle n'était pas certaine, et une décision définitive semblait dépendre des négociations d'Utrecht que traversait la malveillance. La guerre enfin se faisait mollement ; mais l'ennemi gagnait toujours du terrain : il n'était plus arrêté que par des places de seconde ligne, et une journée malheureuse pouvait lui ouvrir le royaume et l'amener jusqu'à la capitale. La faiblesse ou la terreur présageaient cette possibilité, et l'on osait conseiller au roi de prendre des mesures pour sa sûreté personnelle.

Villars était prêt à partir pour l'armée, lorsque le roi l'entretint à ce sujet. « Vous voyez mon état, monsieur le maréchal, lui
» dit-il; il y a peu d'exemples de ce qui m'arrive, et que l'on perde
» dans la même semaine son petit-fils, sa petite-fille et leur fils,
» tous de grande espérance et très tendrement aimés. Dieu me
» punit; je l'ai bien mérité: j'en souffrirai moins dans l'autre
» monde. Mais suspendons mes douleurs sur les malheurs domes-
» tiques, et voyons ce qui peut se faire pour prévenir ceux du
» royaume.

» La confiance que j'ai en vous est bien marquée, puisque je
» vous remets les forces et le salut de l'état. Je connais votre zèle
» et la valeur de mes troupes, mais enfin la fortune peut leur être
» contraire. S'il arrivait ce malheur à l'armée que vous comman-
» dez, quel serait votre sentiment sur le parti que j'aurais à pren-
» dre pour ma personne? »

Villars hésitait de répondre, craignant d'affliger un vieillard par des conseils rigoureux, qui pourraient lui paraître au dessus de son courage, lorsque le roi reprit : « Je ne suis pas étonné que vous
» ne répondiez pas bien promptement à une question aussi délicate;
» mais, en attendant que vous me disiez votre pensée, je vais vous
» apprendre la mienne.

» Presque tous les courtisans veulent que je me retire à Blois et
» que je n'attende pas que l'armée ennemie approche de Paris, ce
» qui lui serait possible si la mienne était battue. Mais je ne consen-
» tirai jamais à laisser approcher ainsi l'ennemi de ma capitale.
» Je sais que des armées aussi considérables ne sont jamais assez
» défaites pour que la plus grande partie de la mienne ne pût
» se retirer sur la Somme. Je connais cette rivière, elle est dif-
» ficile à passer, et il s'y trouve des places qu'on peut rendre
» bonnes.

» En cas de malheur donc, je compte me rendre à Péronne ou à
» Saint-Quentin, ramasser tout ce qui me restera de troupes, faire
» un dernier effort avec vous, et périr ensemble ou sauver l'état. »

Telle fut la généreuse résolution du vieux monarque; heureusement il ne devint pas nécessaire de la mettre à exécution, et l'année 1712, si fatale à la famille royale, marqua l'époque du salut du royaume. Les Anglais avaient tiré de la guerre tous les avantages qu'ils pouvaient en désirer; il se trouvaient, par la prise de Minorque et de Gibraltar, maîtres du commerce du Levant, et ils possédaient encore divers beaux établissemens dans les Antilles, et des forteresses et des comptoirs en grand nombre dans l'Inde. Ils songèrent qu'il était temps de s'assurer, par un traité, des dépouilles qu'ils avaient arrachées à une succession où ils n'avaient rien à prétendre, et de laquelle ils n'auraient effectivement rien séparé, s'ils n'avaient eu l'adresse de brouiller les héritiers.

A la mi-juillet, le duc d'Ormond, qui avait remplacé Marlborough, eut ordre de se séparer des alliés, et de se retirer à Dunkerque, que le roi abandonnait en dépôt aux Anglais. Mais le duc ne put obtenir des troupes étrangères, qui étaient à la solde de l'Angleterre, de quitter l'armée du prince Eugène; il n'y eut que les Anglais qui obéirent. Les autres, désormais soldés par la Hollande, passèrent sous les drapeaux de l'empereur, en sorte que l'armée des confédérés, forte de cent quatre-vingts bataillons au commencement de la campagne, ne fut affaiblie que de dix-huit, et de deux mille chevaux, et qu'elle comptait encore vingt bataillons de plus que l'armée française.

Eugène, accoutumé à l'offensive, et qui s'était déjà emparé du Quesnoy au commencement de la campagne, tourna alors ses vues sur Landrecies. Il y avait alors trois partis à prendre pour secourir cette ville: empêcher la circonvallation, battre l'armée qui couvrait le siège, ou enfin forcer le camp retranché de Denain, sur l'Escaut, lequel servait de communication avec Marchiennes, d'où l'ennemi tirait les provisions de guerre et de bouche nécessaires à la continuation du siège. Les travaux de la circonvallation furent poussés avec tant d'activité, et l'armée d'observation était si bien couverte de toutes parts par les trois rivières de l'Escaut, de la Sambre et de la Seille, que le dernier parti, qui avait été suggéré par le maréchal de Montesquiou, était le seul praticable. Mais pour y réussir il fallait avoir l'air de penser exclusivement aux deux autres. C'est ce que fit si adroitement Villars, par les ordres qu'il donna pour préparer des ponts comme pour passer la Sambre, et des fascines pour combler la circonvallation, qu'il trompa amis et ennemis, et que ses préparatifs lui valurent, de la part de ses officiers généraux, des remontrances sévères sur le danger de l'entreprise.

Eugène, persuadé comme eux qu'il allait être attaqué sous Landrecies, avait fait approcher l'armée d'observation de cette ville, lorsque le 23 juillet, au jour tombant, Villars dirigea trente bataillons vers l'Escaut, avec des pontons qu'on devait jeter en arrivant, à quelque heure que ce fût, entre Bouchain et Denain. Il fit porter en même temps ses ordres au reste de l'armée pour suivre la même route, ce qui surprit tellement les officiers supérieurs, qu'ils crurent un instant qu'il y avait méprise, et qu'ils hésitèrent à obéir. Cependant le détachement qui était parti d'abord avait été découvert à la pointe du jour. Il n'éprouva néanmoins, non plus que le reste de l'armée, aucune opposition au passage de l'Escaut. Le duc d'Albermale, général des Hollandais, fortement retranché dans ses lignes, ne crut point devoir abandonner son importante position pour l'attaquer, et se borna à en donner promptement avis au prince Eugène. Les Français continuèrent donc d'avancer, malgré un marais profond qu'ils rencontrèrent au delà du fleuve, et où le soldat, qui avait de l'eau et de la boue jusqu'à la ceinture, ne laissa pas de suivre son chef avec son ardeur ordinaire. Enfin l'on arriva à ces fameuses lignes, que les ennemis appelaient insolemment *le chemin de Paris*. C'était un double retranchement de deux lieues de longueur, qui aboutissait au camp de Denain, et au milieu duquel passaient les convois qui venaient de Marchiennes. Quoique défendu par des redoutes, il fut emporté sans peine, et l'infanterie put se mettre en bataille dans l'entre-deux des lignes, pour se disposer à l'attaque du camp de Denain.

Elle était prête à se porter en avant, lorsqu'on aperçut la tête de l'armée du prince Eugène, qui accourait en plusieurs colonnes de l'autre côté de l'Escaut. Dans ce même instant quelqu'un propose à Villars de commander des fascines pour combler les retranchemens de Denain. « Croyez-vous, répondit-il en montrant l'armée » ennemie, que ces messieurs nous en donnent le temps? Nos fas- » cines seront les corps des premiers de nos gens qui tomberont » dans le fossé; marchons. »

En effet, il n'y avait pas un moment, pas une seule minute à perdre. L'infanterie, s'avançant sur quatre lignes, fut saluée, à cinquante pas des retranchemens, par un feu énorme qui ne causa pas le moindre désordre. Il redoubla à vingt pas, et deux bataillons seulement firent le coude. Le reste continua de marcher avec le même ordre, descendit dans le fossé, et emporta le retranchement avec une valeur remarquable. D'Albemarle est fait prisonnier sous les pieds mêmes du cheval de Villars, qui, à peine entré dans Denain, ordonne au comte de Broglie de courir à Marchiennes, tandis qu'il poursuit de son côté l'ennemi fuyant sur l'Escaut. Malheureusement pour celui-ci, les ponts se rompirent sous la multitude des chariots des fuyards, en sorte que les vingt-quatre bataillons qui défendaient les lignes et les retranchemens furent entièrement pris ou tués, sans qu'il en eût coûté aux Français plus de cinq cents hommes. La tête de l'armée d'Eugène touchait en ce moment à l'Escaut; mais la rupture des ponts et la quantité des troupes qui bordaient le fleuve l'arrêtèrent. Marchiennes, investie pendant le combat, se rendit six jours après, et livra encore quatre mille prisonniers, deux cents pièces de canon de tout calibre, et toutes les provisions que l'ennemi n'eut pas le temps de jeter dans la Scarpe.

Cette brillante journée délivra Landrecies, avança les négociations d'Utrecht, et acheva de sauver la France. L'armée française, si long-temps réduite à se défendre, reprit enfin l'offensive. Dans le reste de la campagne, le talent et l'audace firent retomber en son pouvoir Douai, le Quesnoy et Bouchain; et le prince Eugène, changeant aussi de rôle, fit d'inutiles efforts pour s'y opposer. A l'exemple des Hollandais qui avaient fait cette année en Champagne, et jusque dans le Soissonnais, une course marquée par des ravages, des partisans français se hasardèrent loin des frontières, et, inquiétant les Hollandais aux portes de Rotterdam, commencèrent à les faire trembler à leur tour pour leur propre territoire. Cinq places emportées en moins de trois mois, cinquante-trois bataillons prisonniers de guerre, cent pièces de gros canon, cinquante mortiers et quatre cents milliers de poudre, tels furent les résultats de cette campagne célèbre, le plus beau fleuron de la gloire de Villars. Ce ne fut pas d'ailleurs sans bien des contrariétés qu'il obtint ces succès : les Albergotti, les Montesquiou, et d'autres officiers supérieurs, anciens compagnons de ses travaux, semblaient cette année, par un dénigrement perpétuel de ses plans taxés par eux d'inexécutables, avoir pris à tâche de faire échouer toutes ses opérations; et il ne fallut pas moins que le caractère tranchant et décidé du général pour se roidir contre l'opposition, et ne pas céder à des considérations d'égards qui eussent été funestes aux intérêts de la patrie.

La suspension d'armes entre la France et l'Angleterre, assurée par un acte solennel après la cession de Dunkerque ; une nouvelle renonciation de Philippe au royaume de France pour lui et ses enfans, que la mort du Dauphin et de son fils aîné avaient rapprochés du trône, acte qui se fit à Madrid en présence des commissaires anglais envoyés pour en être témoins et des principaux seigneurs espagnols convoqués pour cet objet, et qui étendit l'armistice sur l'Espagne et le Portugal ; les succès de Villars, et le fardeau de la totalité des subsides, qui retomba dès lors sur les Hollandais, ramenèrent enfin ces derniers à des dispositions plus pacifiques, et les négociateurs d'Utrecht purent travailler avec l'espérance du succès aux différens traités qui devaient ramener la paix générale.

Le 11 avril 1713 il y eut sept traités signés à Utrecht, tous très importans, parce qu'ils ont fixé pendant presque tout le reste du siècle l'état de l'Europe.

Par le traité avec la Savoie, on rend à Victor-Amédée la Savoie, le comté de Nice et leurs dépendances. Tout ce qui est dans les Alpes, à l'eau pendante du côté du Piémont, lui appartiendra. Tout ce qui est du Dauphiné et de la Provence appartiendra à la France. Les sommités seront partagées. L'île et le royaume de Sicile sont cédés au duc, et les couronnes d'Espagne et des Indes lui appartiendront au défaut de descendans de Philippe V. Toutes les possessions enfin que Léopold lui avait montrées en 1703 pour l'attirer dans la grande alliance, savoir : une partie du Montferrat et des provinces d'Alexandrie et de Valence, toutes les terres entre le Pô et le Tanaro, la Lomeline, la vallée de la Sesia, le Vigevanasque, le droit sur le fief des Langhes, possessions que l'empereur avait promises, quoiqu'elles ne lui appartinssent pas, sont assurées au duc; ce qui le rendait très puissant en Italie.

Dans le traité avec le Portugal, il n'y a d'important que la cession faite par la France de la navigation de l'Amazone, et des forts qui avoisinent cette rivière dans un espace indiqué d'une manière qui a rendu cette cession très avantageuse aux Portugais. On y observe de plus cette clause singulière, qu'il ne sera permis aux vaisseaux de guerre français d'entrer dans les grands ports de Portugal qu'au nombre de six, sans que les autres nations soient, par le traité, assujetties à la même réserve.

Par le troisième traité, l'électeur de Brandebourg eut l'utile et l'agréable : l'utile, par la cession de la haute Gueldre, du pays de Kessel, de la principauté de Neufchâtel, du Valengin et de ses dépendances ; l'agréable, en ce que la France et l'Espagne le reconnurent roi de Prusse avec tous les honneurs rendus aux têtes couronnées.

Il y eut deux traités avec la Hollande, l'un de commerce, peu différent de celui de Nimègue : liberté de transit, faveur sur les douanes, et autres arrangemens semblables ; de plus, un article pour se procurer aussi en Espagne les mêmes avantages que la France pouvait avoir. Le traité politique fixe les villes d'où sortiront sur le champ les Français, et où les Hollandais tiendront garnison pour leur servir de barrière, avec la clause expresse que jamais ces villes ne pourront appartenir à aucun prince ou princesse de la maison de Bourbon. C'étaient Namur, Tournai, Menin, Furnes, Dixmude, Ypres, le fort de Knok, et quelques autres de moindre importance. On rend à la France Lille, Orchies, Aire, Béthune, Saint-Venant, le fort Saint-François et leurs dépendances. Enfin les Pays-Bas sont cédés à l'électeur de Bavière, dont l'empereur occupait encore le pays, et cela jusqu'à ce qu'il ait été rétabli dans son électorat et mis en jouissance, à titre de dédommagement, du royaume de Sardaigne.

Comme pour la Hollande, il y eut deux traités pour l'Angleterre. Celui de commerce est neuf dans son genre, par le détail où il entre sur la qualité des marchandises, leur espèce, le taux des droits auxquels elles sont assujetties, les prohibitions, l'affranchissement. Toutes ces choses sont expliquées en trente-neuf articles. Ils paraissent mettre assez d'égalité entre les droits commerciaux des deux nations. Cependant, en y regardant de près, on croit apercevoir, au sujet de l'introduction des marchandises anglaises en France, des conditions qui préparaient pour la suite des avantages à l'Angleterre.

Mais ils sont bien plus marqués ces avantages dans le traité intitulé *de paix et d'amitié*. La France y garantit la succession au trône anglais dans la ligne protestante, renonce à tout droit sur la monarchie d'Espagne, et à toute innovation en matière *de commerce et de navigation* qui, dans ce royaume, pourrait favoriser exclusivement la maison de Bourbon. Les fortifications de Dunkerque et les ouvrages de mer seront rasés et ruinés aux dépens de la France, et les écluses qui servaient à nettoyer le port détruites. La baie d'Hudson appartiendra à l'Angleterre. Elle aura encore la Nouvelle-Écosse, autrement dite l'Acadie, suivant ses anciennes limites, qu'on négligea de spécifier autrement, ce qui, quarante ans après, fut la cause d'une nouvelle guerre ; la pêche exclusive sur ses côtes, l'île de Terre-Neuve et les îles adjacentes, où les Français ne pourront conserver que quelques plages sans fortifications. Dans ces parages mêmes il ne leur sera permis de pêcher qu'à des distances spécifiées. Ils garderont l'île royale du cap Breton, mais laisseront aux Anglais seuls l'île de Saint-Christophe, qu'ils possédaient auparavant en commun dans les Antilles. Enfin, dans un traité fait entre l'Angleterre et l'Espagne, celle-ci assure à l'autre la possession de Gibraltar et de l'île Minorque, avec le Port-Mahon, sa forteresse.

Ainsi finit la guerre entre la France, l'Espagne, la Savoie, le Portugal, la Prusse, la Hollande et l'Angleterre. On a dit que la reine Anne rendit alors un grand service à Louis XIV : cela est vrai ; mais aussi que pouvait-elle gagner de plus en continuant la guerre ? L'Angleterre, en effet, qui n'avait aucun droit à la succession de Charles II, acquérait, des domaines de ce prince, deux beaux ports sur la Méditerranée, forçait les Français de détruire eux-mêmes une citadelle qui lui portait ombrage, s'emparait de la plus riche pêche de la mer, recevait en Amérique un pays illimité dont elle pouvait étendre les bornes à son gré, et d'où elle pourrait envahir dans la suite le commerce des fourrures, et gênait enfin celui des Français dans les états d'Europe par les faveurs qu'elle faisait accorder au sien. Elle aurait pu, en ne cessant pas si promptement les hostilités et en ne retirant pas ses troupes, faire obtenir à l'empereur les conditions qu'il exigeait pour conclure aussi la paix ; mais ces conditions ne regardaient que des arrangemens dans le continent qui intéressaient peu les insulaires. Ils avaient ce qu'ils désiraient : c'était à leur allié à se tirer d'embarras comme il le pourrait ; n'ayant plus besoin de lui, ils l'abandonnèrent.

Pendant le cours des négociations d'Utrecht, les Français firent tous leurs efforts pour engager l'empereur à conclure aussi la paix. On lui offrait à peu près tout ce qu'il pouvait raisonnablement désirer : la paix de Ryswick pour base du traité, le Rhin de part et d'autre pour limite jusqu'à Strasbourg, la cession de Landau, des Pays-Bas espagnols, du royaume de Naples, du duché de Milan et de quatre places sur la côte de Toscane. Pour tant d'abandons, on ne demandait que le rétablissement des électeurs de Cologne et de Bavière. Mais l'empereur ne pouvait se résoudre à renoncer à la monarchie espagnole, et ne s'accommodant d'aucun des dédommagemens qu'on lui offrait, les hostilités se prolongèrent encore, et le théâtre s'en établit sur le Rhin.

Le prince Eugène avait réuni cent mille hommes derrière les

lignes d'Etlingen, moins étendues, et par cela même beaucoup plus fortes que celles de Stolhoffen. Villars les menaçait sans le moindre dessein de les attaquer, et, étant parvenu par ses feintes à y attirer l'ennemi, il s'étendit rapidement sur la gauche du Rhin, depuis Lauterbourg jusqu'au delà de Landau, qu'il investit après s'être emparé de tous les passages du fleuve au dessus de Mayence, ou les avoir masqués. Ce fut le fruit d'une marche de seize lieues en vingt heures. Le maréchal encourageait le soldat par ses paroles, et le soutenait encore de son exemple en marchant lui-même à pied. Cette diligence lui livra Spire, Worms et d'autres villes sur le Rhin. Dans la première, on s'attendait si peu à voir arriver les Français, que l'on en prit l'avant-garde pour celle de l'armée impériale, qu'on supposa avoir passé le Rhin à Philisbourg, et qu'on lui offrit des logemens pour le prince de Savoie.

Mais, si le soldat secondait l'ardeur du général, l'officier était toujours mû par un esprit de contrariété. Cette course en offrit un exemple assez remarquable. Au nombre des mesures de sûreté que Villars avait prises pour l'accomplissement de ses plans, il avait arrêté l'attaque d'un fort devant Manheim, d'où l'ennemi, qui y avait un pont de bateaux, aurait pu former des entreprises inquiétantes. Albergotti, chargé de l'enlever, se borna à le bloquer, sous prétexte que les ouvrages en étaient trop forts pour céder suivant ses désirs. Instruit de l'inexécution littérale de ses ordres, Villars se rend sur les lieux et en donne de nouveaux : « Attaquez, dit-il à » Albergotti ; et quand vous serez maître du fort, vous serez étonné » et peut-être honteux de l'avoir trouvé si bon. » La prédiction se vérifia d'une manière accablante pour Albergotti ; car, à son extrême confusion, il n'y eut pas même de défense, et le fort se trouva évacué. « Messieurs, dit alors sèchement Villars aux officiers, apprenez » à régler une autre fois vos idées avec plus de soumission sur celles » de votre général. »

Le 25 juin la tranchée fut ouverte devant Landau par le maréchal de Bezons, qui commandait le siège. Mais comme tout allait trop lentement au gré de l'impatient Villars, il s'y transporta vers la mi-juillet ; et, ne quittant plus la tranchée, il accéléra les opérations en brusquant les attaques. Trop de déférence encore pour les conseils des ingénieurs, auxquels il sacrifia les siens, pensa être fatale aux assiégeans ; et, s'il eût tenu davantage à ses avis expéditifs, on eût évité l'effet de plusieurs mines que les assiégés n'auraient pas eu le temps de charger. Enfin son activité et son opiniâtreté l'emportèrent sur la constance de la garnison que commandait le prince de Wurtemberg ; et il la contraignit à capituler le 20 d'août, et à se rendre prisonnière de guerre, malgré la répugnance du prince à accéder à cette condition.

Landau n'était pas rendu, que les vues du maréchal s'étaient portées sur Fribourg, vers l'autre extrémité de l'Alsace. Il inquiéta encore les lignes d'Etlingen ; et à la faveur de ce jeu, il investit Farbourg comme il avait investi Landau. Mais il fallut déloger d'abord le général Vaubonne de la hauteur du Roscoff, montagne escarpée où il était retranché, et d'où il couvrait Fribourg. Le comte du Bourg, chargé de l'attaque, demandait des outils, des pioches, des fascines. « Rien de tout cela, répond Villars, des hommes! » Et payant toujours d'exemple, il met pied à terre, et, après avoir grimpé péniblement la hauteur, accompagné de deux princes du sang et d'une noblesse ardente, il culbute en effet l'ennemi. Une partie se jeta dans Fribourg, et le reste dans les gorges de la Forêt-Noire. Ils y furent poursuivis par un détachement qui pénétra jusqu'au Danube, et jeta l'alarme dans l'empire, où l'on crut voir arriver toute l'armée française.

La saison était trop avancée pour oser tenter une pareille incursion, et la difficulté de rassembler des vivres ne permit même d'ouvrir la tranchée devant Fribourg que le 30 septembre. C'était tard pour une place de première force, qui contenait dix-neuf bataillons, et qui avait un château et des forts à peu près imprenables par leur situation. Villars commença par se fortifier, tant du côté des montagnes que de celui de la plaine, afin de n'être pas troublé lui-même par le prince Eugène, qui en effet s'approchait et rebroussa chemin aussitôt. Au bout d'un mois de travaux et de combats meurtriers, la brèche fut praticable, et l'on se disposait à l'assaut, lorsqu'un drapeau blanc annonça la reddition de la ville. Il avait été arboré par l'ordre des magistrats, le gouverneur, le baron Harsch, s'étant retiré dans le château avec ses vivres et la meilleure partie de sa garnison.

Le premier soin de Villars fut de se porter à la brèche, et de la faire garder, pour prévenir tout désordre. Il réunit ensuite dans un couvent cinq mille soldats laissés par le gouverneur, et les femmes des officiers que, toujours attentif à ne rien diminuer des inquiétudes qui pouvaient accélérer la reddition de la place, il avait refusé de laisser sortir, malgré les sollicitations galantes et généreuses de ses propres officiers. Il imposa enfin la ville à un million pour se racheter du pillage, et sous la condition expresse qu'on ne tirerait pas du château un seul coup de canon; déclarant que, dans le cas contraire, il ferait tout passer au fil de l'épée. Il signifia de plus au gouverneur, qui croyait avoir fait un coup de partie en se déchargeant de la nourriture de cinq mille hommes qui lui étaient inutiles, qu'il ne tromperait pas sa confiance à l'égard des malheureux abandonnés à sa discrétion, mais qu'il le prévenait qu'ils n'auraient d'autre subsistance que celle qu'ils recevraient du château. Sur cet avis auquel il s'attendait peu, le baron lui adressa une lettre pathétique, où il observait que son honneur lui défendait une mesure qui lui ôterait les moyens de suivre les ordres de son général et de son maître, et qu'il ne pouvait croire que la religion du général français lui permît de faire mourir de faim des chrétiens qui étaient en son pouvoir. Mais Villars lui répondit que son honneur, sa religion, et ce qu'il devait à son maître et aux Français, ne lui permettaient pas davantage de laisser du pain à un ennemi qui n'en voulait que pour tuer les Français. « Ainsi, ajouta-t-il, vous en» verrez du pain aux soldats que vous abandonnez, ou c'est vous-» même qui répondrez à Dieu de ceux qui périront à vos yeux. » Et pour rendre cette réponse plus efficace, deux jours après il fit porter aux portes du château une vingtaine de soldats épuisés par la faim. La garnison, également touchée et effrayée de ce spectacle, obligea son gouverneur de fournir du pain et de la viande aux prisonniers.

Celui-ci cependant, que ses instructions forçaient de tenir jusqu'à la dernière extrémité, ayant sollicité et obtenu de Villars de députer vers le prince Eugène, pour lui faire connaître sa situation et en obtenir une modification de ses ordres, il en résulta une espèce d'armistice, pendant lequel le général français disposa ses batteries sans obstacle contre le château. Mais il comptait davantage sur la disette qu'il avait commencé à y faire naître par sa fermeté. Elle fut blâmée dans les cercles de la cour comme une cruauté. Cependant Villars prouva par l'évènement que, loin de mériter d'être taxée si durement, elle avait au contraire épargné l'effusion du sang. Le 13 novembre, en effet, sans qu'on eût brûlé une seule amorce, les forts capitulèrent, sur la permission qui en fut accordée par le prince Eugène.

Mais déjà les chefs des deux armées étaient chargés de missions plus consolantes. Dans le cours même de la campagne, des ouvertures de paix avaient été faites par l'intermédiaire de quelques uns des princes de l'empire, et les deux généraux avaient été munis de pleins pouvoirs pour la traiter. Ils convinrent, à cet effet, de se réunir le 26 novembre à Rastadt. Entre deux guerriers qui s'estimaient, et qui par état et par caractère avaient un égal éloignement pour les subtilités des diplomates ordinaires, les négociations ne devaient être ni longues ni difficiles ; aussi n'éprouvèrent-elles d'autres longueurs que celles qui provenaient de la discordance de leurs instructions. Lorsqu'ils furent convenus des principaux articles, ils les envoyèrent dans leurs cours respectives pour y être approuvés; et, pendant l'examen, ils se promenèrent chacun de leur côté chez les princes voisins.

Les consentemens étant arrivés, Eugène et Villars se rejoignirent encore à Rastadt ; et, le 6 mars 1714, ils signèrent un traité qui ne devait cependant avoir sa pleine sanction que quand l'empereur aurait pu faire connaître aux princes de l'empire les conditions qui les regardaient, ce que l'urgence des circonstances ne permettait pas dans ce moment : mais, tant pour cette considération que pour des explications de détail auxquelles les conférences militaires de

Rastadt étaient peu propres, il fut indiqué une diète à Bade en Suisse pour le milieu de l'année. Eugène et Villars y reparurent, accompagnés de plénipotentiaires, ministres et agens de toutes les parties de l'Allemagne et de l'Italie, et le 7 septembre la paix définitive avec l'empereur et l'empire y fut solennellement signée. Les parties contractantes s'y firent des restitutions réciproques. Fribourg et tous les forts sur la droite du Rhin furent rendus à l'empire, Landau et toute la gauche du fleuve restèrent à la France. L'électeur de Trèves, le prince Palatin, le grand-maître de l'ordre Teutonique, les évêques de Spire et de Worms, et les maisons de Bade et de Wurtemberg rentrèrent dans les états que la France leur avait enlevés, et la maison de Bavière fut rétablie dans la totalité de ses droits et de ses dignités. Les Pays-Bas, que l'électeur possédait jusqu'à la paix, retournèrent à la maison d'Autriche, excepté les portions qui en avaient été distraites pour le roi de Prusse. Enfin l'empereur obtint les royaumes de Naples et de Sardaigne, avec le duché de Milan, ainsi que l'état des Présides sur les côtes de Toscane.

On ne put obtenir de Charles de transiger avec Philippe, et ce fut moins pour ce qu'il en eût coûté à sa fierté en abdiquant un titre qu'il avait porté dans la capitale même de l'Espagne, que pour ne pas avoir l'air d'abandonner les Catalans, qui s'étaient si généreusement dévoués à sa cause, et qui combattaient encore pour lui. Mais, par le trentième article du traité de Bade, il déclarait n'entendre interrompre à l'avenir pour aucun sujet la paix établie par le présent traité, ce qui était un engagement tacite de ne point attaquer Philippe. Outre la nullité absolue de contact entre eux, qui le garantissait déjà suffisamment, l'empereur le promit encore par l'organe du prince Eugène, qui en donna sa parole à Villars.

On doit observer que Charles VI, qui prit le titre de *roi Catholique* dans le traité de Rastadt, ne le garda pas dans celui de Bade, et qu'il le reprit dans celui qu'il conclut à Anvers le 15 novembre de l'année suivante avec les états-généraux. C'est le traité dit *de la Barrière*, qu'on peut regarder comme le complément de ceux d'Utrecht, de Rastadt et de Bade, et qui régla définitivement les villes de la Flandre espagnole dont la défiance hollandaise crut devoir se faire un rempart contre la France, en obtenant le droit d'y tenir des garnisons payées par l'empereur.

Ainsi cette guerre, si féconde en calamités de tout genre, et qui durait depuis le commencement du siècle, finit précisément par les stipulations mêmes qui avaient été mises en avant dans le traité de partage pour la prévenir.

Louis XIV avait besoin du repos que lui donna la paix pour régler les affaires de son royaume. Pendant que la guerre cessait dans l'état, elle continuait dans l'église. Les querelles du jansénisme, que l'on croyait assoupies, se rallumèrent à cette époque avec un nouveau scandale et une fureur qui devait se prolonger un demi-siècle. La faiblesse et les tergiversations du cardinal de Noailles, archevêque de Paris, y donnèrent lieu. Inconséquent dans presque toutes ses démarches, obstiné à ne pas revenir sur ses pas, quand il était temps de le faire encore avec honneur, favorisant enfin secrètement les jansénistes sans s'avouer janséniste lui-même, de fausses mesures contribuèrent à verser le mépris sur un caractère vertueux, qui eût jeté au contraire le plus grand lustre si la sagesse et la prudence l'eussent dirigé (1).

Le père Quesnel, de la congrégation de l'Oratoire, disciple d'Arnauld, et écrivain qui, dans le cours des disputes théologiques de ce temps, s'était assez constamment expliqué sur toutes les autorités avec une âcreté de style qui devait appeler une suspicion involontaire sur lui, avait fait paraître, en 1671, des *Réflexions morales* sur l'Evangile. Elles étaient courtes, et ne formaient alors qu'un seul volume avec le texte. L'onction qui y était répandue les fit goûter d'abord assez généralement. En 1687, une seconde édition en trois volumes, renfermant tous les livres du nouveau Testament, avec des réflexions, eut encore plus de vogue que la première. Une troisième en 1693, portée à quatre volumes, reçut l'approbation spéciale de M. de Noailles, alors évêque de Châlons-sur-Marne, et plusieurs évêques, à son exemple, la répandirent dans leurs diocèses. Enfin, en 1699, on en prépara une quatrième, et c'est celle-ci qui devint le sujet de tous les troubles.

Cependant l'empressement que depuis long-temps témoignaient les jansénistes pour cette production éveilla le soupçon sur la doctrine qui y était contenue. Plusieurs crurent y reconnaître non seulement une allusion perpétuelle à ce qui s'était passé au sujet de Jansénius, et une affectation particulière à représenter les disciples de l'évêque flamand comme des martyrs de la vérité, mais encore une insinuation adroite de la doctrine condamnée dans son ouvrage. L'orage enfin commençait à gronder sourdement contre le livre, lorsque ses partisans espérèrent le conjurer par un suffrage imposant, celui même de Bossuet, à qui on avait demandé un avertissement pour cette dernière édition, et qui ne s'y refusa pas. Il y avait mis à la vérité la condition de changer ou de corriger cent vingt propositions; et, moyennant cette suppression, il justifiait les propositions équivoques qui restaient et qui pouvaient être expliquées favorablement. Cet expédient, qui eût étouffé tant de troubles dans leur naissance, fut malheureusement éludé, et l'ouvrage fut imprimé sans les suppressions proposées, et, par une suite nécessaire, sans l'avertissement promis. Cette conduite éclaira Bossuet sur les motifs peu sincères qui avaient inspiré la demande. Néanmoins, pendant les quatre années qu'il vécut encore, il ne dénonça pas l'ouvrage, n'osant atta-

---

(1) De Beausset, *Vie de Fénélon.* D'Avrigny, *Mém. dogm.*

quer juridiquement peut-être un livre sur lequel on eût pu lui opposer une justification de sa main ; et il se contenta de s'expliquer hautement contre la doctrine qui y était renfermée.

Cette apologie de Bossuet, que de son vivant on n'eût pas osé faire paraître isolée, fut livrée au public six ans après sa mort, et précisément après un premier décret rendu par le pape Clément XI, en 1708, contre le livre du P. Quesnel. On trouva piquant, et on regarda même comme un coup de parti, de mettre en opposition le jugement du souverain pontife et le sentiment d'un prélat à qui la voix publique, « parlant d'avance le langage de la postérité », avait assigné un rang parmi les pères de l'église. Mais outre l'inconvenance de paraître attribuer à Bossuet une espèce d'infaillibilité que l'on disputait au pape, on cachait surtout les circonstances qui rendaient son approbation conditionnelle. Au reste, sur des matières si délicates, la dernière pensée de l'évêque de Meaux, comme de tout autre, ne pouvait se trouver dans un simple manuscrit, toujours susceptible de correction, tant que l'auteur lui-même ne l'a pas mis au jour. Et de plus, quelque juste réputation que Bossuet se fût acquise par ses grands talens, il suffisait qu'il fût homme pour être passible de l'erreur, et pour que son opinion, en supposant qu'elle fût véritablement opposée à une décision reçue par l'église, fût en ce cas ce qu'elle eût été de la part de tout autre, entièrement dénuée de toute autorité.

Loin d'en imposer en effet aux évêques de Luçon et de La Rochelle, ils publièrent en 1711, contre le livre des Réflexions, des mandemens qui étaient des espèces de traités dogmatiques sur la grace. L'annonce de ces ouvrages, affichée aux endroits accoutumés de la capitale, le fut aux portes de l'archevêché. Le cardinal s'en tint pour offensé, et demanda justice au roi qui, malgré son opinion personnelle, voulut bien entrer dans la peine du prélat. Mais, après cette démarche, le cardinal, au lieu d'attendre la justice du monarque, se la fit lui-même, en obligeant le supérieur du séminaire de Saint-Sulpice de renvoyer deux neveux de ces évêques qui n'étaient pour rien dans cette affaire. Cette démarche lui fit tort. Les deux évêques en prirent occasion de noter le cardinal comme favorisant les nouveautés, et celui-ci, qui eût pu faire encore son profit d'une accusation dont la violence nuisait à ses auteurs, récrimina maladroitement par un mandement qui, contre l'évidence des faits, dénonçait l'instruction des évêques comme janséniste. Le public vit dans cette accusation ou un acte de folie manifeste, ou une finesse de parti assez maladroite, qui consistait à vouloir faire entendre qu'il était facile de trouver du jansénisme dans les ouvrages même les plus opposés à cette doctrine.

Cependant le père Le Tellier, confesseur du roi, antagoniste déclaré de l'ouvrage, et par ce motif beaucoup moins prévenu que son prédécesseur en faveur du cardinal, cherchait à soulever le corps épiscopal contre lui. Ce projet fut découvert par une lettre qu'intercepta le cardinal, et qu'il envoya au roi et au duc de Bourgogne, nommé arbitre par son aïeul entre l'archevêque de Paris et les deux évêques. Le moins qu'on supposait qu'il en pût arriver, était le renvoi du père Le Tellier; mais le prélat gâta encore sa cause en se faisant toujours justice, et toujours sur des innocens. Il retira tout à coup les pouvoirs à la plupart des jésuites de son diocèse, sous le prétexte qu'ils enseignaient une mauvaise doctrine et qu'ils soulevaient le troupeau contre le pasteur. L'accusation et la punition étaient publiques; les preuves seules ne l'étaient pas : aussi ce procédé parut-il tyrannique; et, en supposant que quelques jésuites fussent entrés dans une intrigue contre lui, on trouva mauvais qu'il en fît un crime à tout le corps, qui n'en pouvait être responsable.

Pendant que ces choses se passaient, le duc de Bourgogne, travaillant avec les conseillers qu'il s'était adjoints à réconcilier les prélats, serait parvenu à leur faire goûter sa décision comme un jugement en leur faveur, si l'un des articles essentiels de la médiation n'eût porté que le cardinal s'expliquerait dans une forme authentique sur la doctrine des Réflexions. Après les éloges qu'il leur avait donnés, il regarda ce point comme une contradiction, ce qui n'était pas absolument constant, l'histoire ecclésiastique offrant plus d'un exemple d'ouvrages accueillis d'abord et condamnés ensuite. Il demanda un délai au duc, espérant que le temps apporterait des changemens; mais le duc mourut, et le roi, plus absolu, ne lui laissa que l'option, ou de souscrire aux conditions de la médiation, ou de se soumettre au jugement du pape.

L'amour-propre du cardinal se trouva moins humilié de ce second parti, et il écrivit au roi que « si le pape jugeait à propos de censurer
» le livre du père Quesnel dans les formes, il recevrait sa constitution
» et sa censure avec tout le respect possible; qu'il serait le premier
» à donner l'exemple d'une parfaite soumission d'esprit et de cœur,
» et qu'il se ferait une vraie joie de profiter des instructions de sa
» sainteté, et d'apprendre de lui à parler correctement sur des ma-
» tières si importantes. »

En conformité des vœux du cardinal, Louis XIV requit le pape Clément XI de porter son jugement. Rome fut près de trois ans à le prononcer; et, parce que les jésuites avaient été considérés comme les promoteurs de la condamnation, on n'en vit qu'un seul parmi les théologiens formant la commission, encore était-il théologien en titre du saint siège : les autres étaient pris dans les ordres et les écoles les plus opposés à cette société. Après les conférences préparatoires des commissaires, toutes les propositions furent longuement et scrupuleusement examinées, en présence d'un grand nombre de prélats, de neuf cardinaux et du pape, qui fit même un travail sur cette matière. Ce ne fut que le 8 septembre 1713 que parut enfin la bulle du souverain pontife, par laquelle cent et une propositions, dans le livre des *Réflexions morales*, furent condamnées ensemble, sans spécification particulière, et, comme on dit, *in globo*, sous les qualifications d'hérétiques, suspectes d'hérésie, téméraires, malsonnantes, etc.; de sorte qu'on ne pouvait appliquer à chacune sa véritable imputation, vice radical aux yeux de ceux qui furent bien aises de trouver un motif pour éluder la censure. C'est la fameuse constitution *Unigenitus*, constitution qui a été la cause ou le prétexte de tant de troubles.

Aussitôt qu'elle fut arrivée en France, et avant qu'elle y fût acceptée, le cardinal se pressa de donner un mandement où il proscrivit le même livre. Mais le calme que promettait cet incident fut trompeur. Le roi présenta d'abord la bulle aux évêques qui se trouvaient à Paris pour l'assemblée du clergé. Ils étaient au nombre de quarante-neuf. Louis XIV pria le cardinal d'Estrées, ancien du cardinal de Noailles, de s'absenter de l'assemblée, pour laisser à ce dernier l'honneur de la présider. Elle se tint dans son palais, et dura trois mois. On lui laissa le choix des commissaires qui devaient faire le rapport, et l'on accumula toutes les déférences, tant par égard pour ses vertus que pour essayer de le regagner; mais toutes ces avances furent perdues. Le rapport conclut à accepter la bulle, et ce fut le vœu qu'émirent aussi, le 13 janvier 1714, quarante évêques de l'assemblée. Ils se réunirent encore dans la publication d'une instruction pastorale, pour éclaircir le sens captieux de certaines propositions, qui n'avaient rien de condamnable en elles-mêmes, mais qui avaient été notées pour les conséquences que le parti voulait en déduire. Telle était celle-ci : « La crainte d'une excommunication injuste ne doit pas nous empêcher de faire notre devoir », par laquelle on prétendait légitimer le mépris des censures qui avaient été portées dans l'affaire de Jansénius. Quant au cardinal, qui, lors de la condamnation de Fénélon, avait dit si nettement : « Pierre a parlé par la bouche d'Innocent », il refusa cette fois de se joindre au sentiment de la majorité, et, d'accord avec sept autres évêques, il prétendit devoir recourir au pape, pour lui proposer leurs peines et leurs difficultés.

Après l'assemblée du clergé, le roi fit présenter la bulle au parlement, où elle fut enregistrée le 15 février 1714, sans autre opposition que les réserves ordinaires à l'égard de tous les rescrits venant de la cour de Rome, et quelques observations conservatrices sur les conséquences à tirer contre l'autorité des rois, de la proscription de la maxime citée ci-dessus, au sujet des excommunications. Le parlement, il est vrai, n'avait plus alors la voie des remontrances avant l'enregistrement. Louis XIV la lui avait enlevée en 1673 : mais le parlement n'était point absolument passif pour cela dans la législation, et le roi consultait toujours d'avance à cet égard les têtes les plus judicieuses de la cour. De ces communications préalables il sortait des résolutions beaucoup plus sages que lorsque la marche du gouvernement était perpétuellement entravée par les oppositions des magistrats. Le chancelier de Lamoignon observait à ce sujet que nos meilleures lois ont été portées dans l'intervalle où le parlement a été privé du droit de remontrances.

Malgré le concert des quarante évêques de l'assemblée, l'adhésion déjà connue de la plupart des autres, auxquels le roi avait fait parvenir sa déclaration, et l'acceptation enfin du parlement, le cardinal, dix jours après l'enregistrement de celui-ci, publia un nouveau mandement, par lequel, tout en renouvelant la condamnation du P. Quesnel, il défendait, sous peine de suspense, d'accepter la bulle. Quelque bizarre que fût cette démarche, elle ne laissa pas que d'embarrasser beaucoup de docteurs de Sorbonne convoqués en ce moment pour l'acceptation; et elle donna lieu, avant et après la conclusion, à des scènes tumultueuses dans l'assemblée, et ensuite à des exclusions, des exils, des enlèvemens même, qui, suivant Saint-Simon, pensèrent atteindre jusqu'au cardinal, et qui furent comme le prélude des rigueurs exercées depuis, durant le cours du règne suivant.

Quant aux évêques auxquels le roi fit tenir la bulle après l'enregistrement, cent dix l'acceptèrent purement et simplement. Douze ou treize suivirent l'exemple du cardinal, ou du moins n'acceptèrent qu'avec des explications; mais tous d'ailleurs, à l'exception de l'évêque de Mirepoix, condamnèrent le P. Quesnel.

Après avoir essayé en vain de ramener à l'unité, par les voies de la douceur, les évêques récalcitrans, et surtout le cardinal, Louis XIV pensa aux voies de rigueur, et il fut question de les déposer. Mais, pour parvenir à ce but, le choix des moyens était difficile. Fénélon, qui s'était déjà fait remarquer par son mandement pour l'acceptation, composa un mémoire à ce sujet. La voie des commissaires du pape, toujours odieuse à l'église de France, aurait éprouvé de l'opposition de la part des tribunaux du royaume. Les conciles provinciaux étaient plus canoniques, mais ils présentaient encore de grandes difficultés. Il restait la voie d'un concile national, et c'est celle que préférait Fénélon, comme rappelant l'ancienne discipline, conciliant mieux tous les droits, et pouvant vaincre plus facilement toutes les résistances. Ce fut aussi celle à laquelle s'arrêta le roi, et il avait envoyé Amelot à Rome, pour se concerter à cet égard avec le pape, lorsque la mort qui surprit le monarque changea entièrement la face des affaires.

Le prince passait une vieillesse triste, dans l'intimité de madame de Maintenon, plus vieille que lui. La cour, autrefois si gaie, participait à cette apathie mélancolique. Les plaisirs ne s'y présentaient que rarement, et comme à la dérobée, à l'occasion de quelques fêtes majestueuses que la dignité du trône exigeait encore; mais le sérieux de la dévotion y dominait.

En contraste s'élevait une nouvelle cour, celle de Philippe, duc

d'Orléans, fils de Monsieur, dont la jeune société professait assez hautement une vie licencieuse. Le roi ne le croyait pas si perverti dans ses mœurs qu'il voulait le paraître, et il disait de lui que c'était un fanfaron de vices. Cependant il voyait avec regret que le gouvernement du royaume allait tomber entre ses mains. A cet égard, il éprouva des sollicitations importunes qui affligèrent ses derniers momens. Déjà il avait donné au duc du Maine et au comte de Toulouse, tous deux enfans de madame de Montespan, le pas sur tous les seigneurs du royaume. Par un édit enregistré le 2 août 1714, il les appela à la couronne de France, eux et leurs descendans, à défaut de princes légitimes; mais les amis du duc du Maine, et à leur tête madame de Maintenon, qui l'avait élevé, pressèrent le moribond de faire un testament par lequel il assurerait d'une manière plus positive le sort du duc, et enleverait au duc d'Orléans le pouvoir de priver le fils légitimé des avantages que la faiblesse du père lui décernait. C'était un conseil de régence qu'on lui demandait, afin de borner la puissance du régent. Il fit son testament sur ce principe; mais, en le remettant clos entre les mains du premier président, pour n'être ouvert qu'en présence des pairs assemblés, il lui dit, suivant Saint-Simon : « Voici mon testament. L'exemple des rois mes
» prédécesseurs et du roi mon père ne me laisse pas ignorer ce que
» celui-ci pourra devenir; mais on l'a voulu, on m'a tourmenté;
» on ne m'a donné ni paix ni patience qu'il ne fût fait. J'ai donc
» acheté mon repos. Prenez-le, emportez-le. Il deviendra ce qu'il
» pourra; mais au moins je serai tranquille, et je n'en entendrai
» plus parler. »

Après cet acte de sa dernière volonté, il ne fit plus que languir; et l'année suivante, à la fin d'août, croyant ressentir en lui les premières atteintes d'une mort prochaine, il s'y disposa en chrétien. Il gémit sur les désordres de sa jeunesse, en fit un aveu public, demanda pardon des scandales qu'il avait causés, repassa dans l'amertume de son cœur les erreurs de sa vie, et reçut les derniers sacremens avec des sentimens de résignation qui édifièrent toute la cour appelée à ce spectacle. Louis XIV mourut le 1er septembre, âgé de soixante-dix-sept ans, après un règne de soixante-douze, le plus long dont il soit fait mention dans les fastes de l'histoire.

Madame de Maintenon, à quatre-vingt-deux ans, à cet âge où l'affaiblissement du corps permet à peine l'exercice des facultés de l'ame, parut ranimer sa vigueur pour sentir tous les déchiremens d'une douleur qui, pour être douce et tranquille, n'en était pas moins grande. Le maréchal de Villeroy, témoin des agitations qu'elle éprouvait entre le désir de demeurer jusqu'au dernier moment et la crainte d'en être spectatrice, la conjura de se retirer d'auprès du roi : « Non, lui répondit-elle, c'est à moi de recevoir ses derniers
» soupirs, et je m'en sens la force. Il vit encore, il peut désirer

» me voir : si ses derniers regards me cherchaient et ne me trou-
» vaient pas ! » Cependant, sur de nouvelles instances, et l'assurance
qu'on lui donna de l'avertir, elle se laissa entraîner à Saint-Cyr,
superbe fondation destinée à l'éducation de trois cents jeunes personnes nobles et pauvres, et qui honorera à jamais sa mémoire,
quoique la destination en soit changée. En entrant dans cet asile
qu'elle s'était ménagé, elle s'écria : « Je ne veux que Dieu et mes
» enfans. » On les fit tous passer devant elle, et en les voyant elle
s'attendrit comme une mère à laquelle on présente les gages chéris
d'une douce union. Elle mourut en 1719, à l'âge de quatre-vingt-
quatre ans, infirme de corps, mais saine d'esprit presque jusqu'au
dernier soupir.

L'aversion de quelques écrivains passionnés pour tout ce qui blesse
l'humanité leur a montré Louis XIV sous le jour le plus défavorable, relativement à ses guerres. En quarante-huit ans, depuis
1667 jusqu'en 1715, ce prince a eu dix-neuf années de paix et vingt-
neuf de guerres, qui ont coûté environ douze cent mille hommes
et quinze cent millions. Ils font naître uniquement ces guerres du
dédain du roi pour les princes voisins, de sa conduite hautaine à
leur égard, de son caractère entreprenant, de sa condescendance
pour les conseils de quelques ministres intéressés à l'occuper du
fracas des armes afin de se rendre nécessaires, enfin de l'habitude
de se complaire dans les flatteries de ses courtisans, qui l'enivraient
de l'amour de la fausse gloire des conquêtes.

Mais, dans sa première guerre au sujet des conventions matri-
moniales, Louis XIV avait pour lui la *coutume de Brabant*, express-
sément favorable aux prétentions de Marie-Thérèse, son épouse ; il
avait aussi l'inexécution du paiement de la dot, stipulé dans le contrat de mariage : deux motifs de procès entre particuliers, et par
conséquent de guerre entre souverains.

Les Hollandais, à la paix d'Aix-la-Chapelle, se vantèrent de l'avoir
forcé à désarmer, et joignirent à leur affectation de triomphe des écrits
moqueurs et des médailles insolentes. « Louis oublia, dit l'abbé de
» Saint-Pierre, qu'un prince sage doit agir indépendamment de la
» conduite bizarre et folle des princes ses voisins, et aller toujours
» d'un pas égal aux solides intérêts de sa nation, en faisant sem-
» blant de ne pas s'apercevoir des extravagances des autres. » Mais
il était jeune, provoqué et puissant ; la pétulance de l'âge l'emporta sur la prudence ; et, pour quelques insolences qu'il aurait dû
mépriser, il entreprit une guerre qui dura dix ans, et qui coûta à
son royaume plus de quatre-vingt mille hommes et plus de quatre
cents millions.

Si sa conduite despotique dans l'affaire des réunions est blâmable,
du moins doit-on convenir qu'il avait des droits, et qu'il finit la guerre
le plus tôt qu'il lui fut possible. Il fit même des sacrifices dont il aurait pu se dispenser en prolongeant les hostilités.

La guerre que la ligue d'Augsbourg enfanta fut l'œuvre du jaloux Guillaume. Louis, aussitôt après ses premiers exploits, proposa la paix, ne cessa de l'offrir malgré ses succès, et la conclut par l'abandon de conquêtes importantes qu'il pouvait retenir.

Quant à la guerre de la succession, quel est l'homme qui, appelé à un magnifique héritage par le double droit du sang et d'un testament authentique, en abandonnerait une partie considérable à des prétendans sans titre, pendant qu'il se verrait des forces suffisantes pour s'approprier le tout?

Cependant Louis XIV ne se fit pas grace à lui-même sur ses guerres, et il est difficile de ne se pas sentir ému en se représentant ce monarque, long-temps l'admiration de l'univers, illustre par tant de hauts faits glorieux et avantageux à sa nation, couché sur son lit de mort, faisant à sa cour, pressée autour de lui, l'aveu solennel de ses fautes, par ces paroles qu'il adressa au dauphin : « Mon
» fils, je vous laisse un grand royaume à gouverner ; je vous recom-
» mande surtout de travailler autant que vous pourrez à diminuer
» les maux, à augmenter les biens de vos sujets ; et pour cet effet,
» je vous demande avec instance de conserver toujours précieuse-
» ment la paix avec vos voisins, comme la source des plus grands
» biens. Ne faites donc jamais la guerre que pour vous défendre, ou
» pour défendre vos alliés. Je vous avoue que de ce côté-là je ne vous
» ai pas donné de bons exemples. Ne m'imitez pas : c'est la partie de
» ma vie et de mon gouvernement dont je me repens davantage. »

Plusieurs panégyristes se sont essayés à célébrer les grandes qualités de Louis XIV, mais aucun n'a réussi à rassembler les traits épars de sa gloire, et ne l'a loué plus noblement, sous un air de simplicité, que M. l'abbé Maury, depuis cardinal, le jour de sa réception à l'Académie française, le 1er janvier 1785. « Ce monarque, dit-
» il, eut à la tête de ses armées Turenne, Condé, Luxembourg,
» Catinat, Boufflers, Créqui, Montesquiou, Vendôme et Villars.
» Château-Renaud, Duquesne, Tourville, Duguay-Trouin com-
» mandaient ses escadres. Colbert, Louvois, Torcy, étaient appelés
» à ses conseils. Bossuet, Bourdaloue, Massillon, lui annonçaient
» ses devoirs. Son premier sénat avait Molé et Lamoignon pour
» chefs, Talon et d'Aguesseau pour organes. Vauban fortifiait ses
» citadelles ; Riquet creusait ses canaux ; Perrault et Mansard
» construisaient ses palais ; Puget, Girardon, Le Poussin, Le
» Sueur et Le Brun, les embellissaient ; Le Nôtre dessinait ses
» jardins ; Corneille, Racine, Molière, Quinault, La Fontaine,
» La Bruyère, Boileau, éclairaient sa raison et amusaient ses loi-
» sirs ; Montausier, Bossuet, Beauvillers, Fénélon, Huet, Fléchier,
» l'abbé Fleury, élevaient ses enfans. C'est avec cet auguste cor-
» tége de génies immortels que Louis XIV, appuyé sur tous ces
» grands hommes, qu'il sut mettre et conserver à leur place, se
» présente aux regards de la postérité. »

Si quelqu'un disait que tant d'avantages vinrent d'un concours fortuit de circonstances, d'un heureux hasard qui lui produisit cette multitude d'hommes célèbres en tout genre, je répondrais en appliquant à Louis-le-Grand cette réflexion de Sully touchant le Grand Henri : « C'est au monarque que retourne de droit la plus » grande partie de la louange qui est due à une bonne administration; » car ce ne sont jamais les bons sujets qui manquent aux rois, mais » les rois qui manquent aux bons sujets (1). »

Ici finit la splendeur de la monarchie. Aux grands intérêts qui jusqu'alors avaient occupé la nation au dedans et au dehors, succédèrent des querelles théologiques; une lutte de puissance entre les magistrats et le monarque, entretenue par tous les moyens d'une chicane minutieuse; des finances mal administrées; des guerres sans but, et soutenues sans énergie ; des traités honteux et avilissans. On ne vit plus de ces faits héroïques qui avaient illustré même les règnes malheureux. L'amour de la gloire, cet aiguillon si puissant chez les Français, émoussé par l'indolence du prince, ne stimula plus l'activité naturelle des sujets. Les mœurs, peu respectées à la cour, se dégradèrent chez le peuple; une multitude de livres, aussi contraires à l'autorité souveraine qu'à la religion, inonda la France. On s'accoutuma à mettre les principes en problème ; à mesurer, pour ainsi dire, ce qu'on devait d'obéissance aux anciennes lois, et enfin à se persuader que le temps était venu de les abroger et d'en créer de nouvelles. Tel est le triste aperçu du règne que nous allons parcourir, et qui a préparé la dernière catastrophe.

Louis XV, âgé de 5 ans et demi.

Le lendemain de la mort de Louis XIV, le duc d'Orléans se rendit à dix heures du matin au parlement, accompagné des princes et des pairs, et d'un cortége d'officiers, qu'on eût cru rassemblés pour emporter les suffrages par la crainte, s'ils n'avaient pas été gagnés par l'insinuation ; il paraît que la nuit fut employée à des négociations et à prodiguer des promesses dont les grands, dans le besoin, ne sont jamais avares. Sitôt que l'assemblée fut formée, le duc prit la parole; et, après avoir payé un léger éloge à la mémoire du dernier monarque, et parlé de sa propre fidélité envers le jeune roi que Dieu avait réservé à la France : « Ces sentimens, ajouta-t il, » connus du feu roi, m'ont attiré sans doute les discours pleins de » bonté qu'il m'a tenus dans les derniers instans de sa vie, et dont » je crois devoir vous rendre compte. — « Mon neveu, me dit-il, » j'ai fait un testament où je vous ai conservé tous les droits que vous

(1) *Mém. de Sully*, par l'Ecluse, in-8, liv. I, p. 572.

« donne votre naissance ; je vous recommande le dauphin, servez-
» le aussi fidèlement que vous m'avez servi ; s'il vient à manquer, la
» couronne vous appartient. J'ai fait les dispositions que j'ai crues les
» plus sages ; mais comme on ne saurait tout prévoir, s'il y a quel-
» que chose qui ne soit pas bien, on le changera. » — Ce sont ses
» propres termes. Je suis persuadé que, suivant les lois du royaume,
» la régence m'appartient ; mais je ne serai satisfait qu'autant que
» vos suffrages se réuniront en ma faveur. Je vous demande de ne
» point confondre mes différens titres, et de délibérer également,
» et sur le droit que ma naissance m'a donné, et sur celui que le
» testament pourra y ajouter. Je suis persuadé même que vous ju-
» gerez à propos de commencer par délibérer sur le premier ; mais,
» à quelque titre que j'aie droit à la régence, j'ose vous assurer,
» messieurs, que je la mériterai par mon zèle pour le service du
» roi, et par mon amour pour le bien public, surtout étant aidé
» par vos conseils et par vos sages remontrances ; je vous les de-
» mande par avance, en protestant, devant cette auguste assem-
» blée, que je n'aurai jamais d'autre dessein que de soulager les
» peuples, de rétablir le bon ordre dans les finances, de retrancher
» les dépenses superflues, d'entretenir la paix au dedans et au de-
» hors du royaume, de rétablir surtout l'union et la tranquillité
» de l'église, et de travailler enfin avec toute l'application qui
» me sera possible, à tout ce qui peut rendre un état heureux et
» florissant. »

Le parquet était tout dévoué au prince. Il était composé des trois avocats généraux Guillaume de Lamoignon, Pierre Gilbert de Voisins, Henri-François d'Aguesseau, chancelier en 1717, et du procureur-général Guillaume-François Joly de Fleury. Les conclusions de celui-ci furent conformes au désir du prince, et le parlement les adopta. On ouvrit donc le testament, et on fut très étonné de voir que le duc, qui s'était cru si sûr des intentions du monarque, n'était nommé que chef du conseil de régence qui devait administrer le royaume pendant la minorité du roi. A chaque article, le premier président de Mesme, très attaché au duc du Maine, s'écriait : « Ecoutez, messieurs ; observez, c'est là notre loi. » Mais on n'en jugea pas ainsi. Outre les séductions particulières employées à l'égard du parlement, il avait été gagné, et par l'adresse avec laquelle le duc avait flatté son oreille, en insinuant le retour au droit des remontrances, dont la cour était privée depuis plus de quarante ans, et par la secrète satisfaction d'annuler les volontés d'un monarque absolu, et enfin par le motif politique de saisir et de s'assurer le droit de dispenser, pour ainsi dire, le pouvoir. Aussi le duc fut-il déclaré régent tout d'une voix. Dans le transport de sa joie d'un succès si prompt et si entier, il laissa échapper des promesses qui allaient certainement au delà de ce qu'il voulait tenir. Un homme habile, dévoué à ses intérêts, qui observait froidement dans la foule

ce qui se passait, lui fit parvenir un billet où étaient ces mots :
« Vous êtes perdu si vous ne rompez la séance. » Il le crut, et en
fit ajourner la continuation à l'après-midi (1).

On acheva, dans cette soirée, d'infirmer le reste des dispositions
de Louis XIV. Louis-Henri de Bourbon, par exemple, arrière-petit-
fils du Grand-Condé, et connu sous le nom de M. le Duc, qui, âgé
de vingt-trois ans, ne devait entrer au conseil de régence, suivant
le testament, que lorsqu'il aurait atteint sa vingt-quatrième année,
non seulement y fut appelé dès ce moment, mais en fut même déclaré le chef. Les membres en avaient été désignés par le dernier
roi, et devaient se compléter par eux-mêmes. Le régent demanda au
parlement, et en obtint la faculté de les nommer lui-même, comme
étant les agens de sa propre administration. Enfin le duc du Maine,
ce fils chéri du vieux monarque, pour lequel on lui avait fait prendre
tant de précautions, et à qui étaient confiés, indépendamment de
l'éducation du roi, la garde de sa personne et le commandement de
toutes les troupes de sa maison, fut privé de cet utile privilége, et
réduit à la simple surintendance de l'éducation, qu'on n'osa pas lui
enlever.

Parvenu si heureusement à surmonter cette première difficulté,
le régent se montra généreux, et appela au conseil de régence la
plupart de ceux dont Louis avait fait choix. Il fut composé du duc de
Bourbon, le chef du conseil, du duc du Maine et du comte de Toulouse, son frère, du chancelier Voisins, des maréchaux de Villars,
de Villeroi, d'Huxelles, d'Harcourt, de Bezons, du duc de Saint-
Simon, et des marquis de Torcy et d'Effiat. Les ministres en furent
exclus. Les ministères même furent supprimés, et le régent, suivant
une idée qui eut de la faveur, parce qu'elle avait été celle du duc de
Bourgogne, y substitua des conseils au nombre de six, savoir : celui de la guerre, présidé par le maréchal de Villars ; des finances,
par le maréchal de Villeroi, gouverneur du roi, et par le duc de
Noailles, qui faisait le travail ; de la marine, par le comte de Toulouse et le maréchal d'Estrée ; des affaires étrangères, par le maréchal d'Huxelles ; de l'intérieur, par le duc d'Antin, fils légitime de
la marquise de Montespan ; celui de conscience enfin, sous la
présidence du cardinal de Noailles, pour toutes les affaires de
religion, et surtout pour la nomination aux bénéfices. Le 12 septembre, le régent amena le jeune roi au parlement pour tenir son
lit de justice, où tout ce qui avait été réglé jusqu'alors fut enregistré et publié (2).

Ce n'est pas que tout le monde approuvât des changemens si
prompts et si multipliés. Le maréchal de Villars, quoique nommé
président du conseil de guerre, remontra « que, dans les premiers

(1) Berwick, t. II, pag. 238. — *Mém. rég.*, page 13.
(2) Villars, tom. II, p. 358.

» momens d'une nouvelle administration, il y avait peut-être du
» danger à renverser l'ordre anciennement établi ; que, s'il y avait
» des changemens à faire, il convenait de ne les faire qu'à mesure, de
» se borner à ôter ce qui était reconnu certainement mauvais, et d'y
» substituer petit à petit ce qui serait estimé meilleur, sans tout
» bouleverser à la fois. »

Mais il importait au régent de donner d'abord de son gouvernement une idée qui flattât les peuples, et il y réussit, tant par la création de ces conseils où il fit entrer des personnes de plusieurs ordres de l'état, et la plupart honorées de l'estime publique, que par d'autres changemens, établissemens ou projets qui obtinrent le suffrage de la nation (1).

Il rendit au parlement le droit de remontrances, pourvut au paiement des troupes, qu'il rendit exact et régulier, assura celui des rentes sur l'hôtel de ville, et fixa le prix jusqu'alors vacillant des espèces d'or et d'argent. Il se montra disposé à attaquer les traitans, chose qui réjouit toujours le peuple, et promit de faire servir leurs dépouilles à acquitter et enrichir l'état. Dans le pouvoir attribué aux intendans, autre objet de jalousie, il fit des changemens désirés, et ordonna des visites dans les prisons royales, pour écouter les plaintes de ceux qui étaient détenus. Beaucoup d'entre eux furent mis en liberté. Des évêques, des prêtres, et jusqu'à des laïcs exilés pour les affaires de l'église, revinrent en triomphe dans leurs maisons, et eurent le plaisir de voir éloignés et bannis à leur tour le père Le Tellier et les plus hautains de ses confrères. Enfin le régent fit circuler dans le public une lettre par laquelle il demandait des instructions sur les moyens à prendre, tant pour la diminution des impôts que pour en rendre la levée moins onéreuse aux contribuables. Il y eut aussi une réforme dans les dépenses de la cour, et le duc d'Orléans combla de joie les Parisiens, en promettant de ramener au plus tôt dans la capitale le jeune monarque qui était élevé à Vincennes.

Depuis long-temps le régent était lié par les plaisirs avec les lords Stairs et Stanhope. Ces deux hommes, dont l'un était déjà ambassadeur en France, mirent à profit, pour l'intérêt de leur nation, le crédit que la conformité de goûts et de penchans leur donnait auprès du prince. Ils commencèrent par lui offrir les forces de l'Angleterre, si l'Espagne, comme il y avait lieu de le craindre, songeait à l'inquiéter dans sa régence. En reconnaissance, il leur sacrifia le chevalier de Saint-Georges, que Louis XIV, généreux même dans ses revers, ne voulut jamais abandonner. Long-temps le jeune prince s'était flatté de recevoir l'héritage de ses pères par la seule bienveillance que lui gardait la reine Anne, sa sœur. Mais la mort prématurée de cette princesse, qui arriva le 12 août 1714,

(1) *Mém. rég.*, t. I, p. 12 et 17.

et avant qu'elle eût commencé à saper les lois parlementaires qui appelaient la maison de Hanovre à lui succéder, ruina les espérances du prétendant, et ne lui laissa ouverte que la voie de la force. Sous la protection du vieux monarque, Stuart avait préparé une invasion, qui aurait pu réussir si elle avait été secondée. Mais le régent ne se crut pas obligé de tenir les engagemens de son oncle, et le projet, d'ailleurs assez mal concerté, échoua faute de secours. Les insulaires, non contens de voir l'entreprise manquée, poursuivirent le prince avec acharnement. Ils mirent sa tête à prix, et on arrêta en France un Anglais, plus que soupçonné d'avoir tenté de gagner la récompense promise. L'ambassadeur d'Angleterre n'eut pas honte de le réclamer, et le régent eut la faiblesse de le rendre. C'est ainsi que ce prince, trop prévenu d'estime pour une nation rivale, qui ne perd jamais de vue ses intérêts, se pénétra, pour ainsi dire, de ses maximes, et adopta ses opinions et ses systèmes. Cette espèce d'admiration qu'on a depuis nommée *anglomanie*, et dont les grands, faits pour donner l'exemple, devraient surtout se préserver, influa bientôt dans les affaires, par l'ascendant que prit sur le régent l'abbé Dubois, vendu aux Anglais qui le soudoyaient (1).

Dubois avait été précepteur du jeune duc d'Orléans. Né avec un esprit fin, délié, propre aux affaires, il avait cherché à capter la bienveillance de son élève en lui ouvrant la carrière des vices. Il était devenu de plus en plus nécessaire au prince qui, parvenu au faîte de la puissance, s'amusait de son cynisme, et employait ses talens, sans toutefois être entièrement dupe de ses fourberies habituelles. Lorsqu'il le fit conseiller d'état, en lui annonçant cette grâce, qui surprit et mortifia les amis du prince, sensibles pour lui à l'opinion publique, il embrassa Dubois affectueusement, et lui dit : « L'abbé, un peu de droiture, je t'en prie. » Entré dans la carrière des affaires, le nouveau conseiller d'état chercha une sphère dans laquelle on ne pût se passer de lui dès qu'il y serait une fois entré ; et, d'après ses liaisons déjà formées, et le caractère du prince qu'il se proposait de gouverner, il n'en trouva pas de plus convenable à ses intérêts que la politique.

Il y avait deux partis à la cour : l'un attaché au système de Louis XIV, et qui aurait voulu que, si on ne le suivait pas entièrement, du moins on n'en adoptât pas un directement contraire. L'autre parti, soit haine, soit malin plaisir de rendre sans effet les volontés d'un monarque si absolu, s'opposait avec ardeur à tout ce qu'il avait pu désirer. Jamais, comme nous l'avons dit, il n'avait perdu de vue le projet de remettre les Stuarts sur le trône d'Angleterre ; et, malgré la teneur positive à cet égard des traités de Ryswick et d'Utrecht, il entretenait à cet effet dans ce royaume des intelligences qui, même après sa mort, ne laissèrent pas d'alarmer le roi Georges.

(1) Villars, t. II, p. 352. Dangeau, 19 novembre 1715.

Quoique le prétendant n'en eût point profité, c'était toujours un objet d'inquiétude tant que la France pourrait être disposée à ranimer le feu mal éteint. Pour se tranquilliser de ce côté, Stairs et Stanhope ne trouvèrent d'autre moyen que de travailler à donner la supériorité entière au parti opposé à l'ancienne cour, et y réussirent en gagnant l'ex-précepteur.

Lui-même avait un grand intérêt à bouleverser tout le système politique de la France, parce que, s'il restait tel qu'auparavant, on n'aurait besoin ni de ses conseils ni de ses négociations; au lieu que, si on en changeait, il faudrait prendre d'autres mesures pour lesquelles il pourrait se faire employer. On avait déjà donné au duc d'Orléans des craintes du côté de l'Espagne pour sa régence, on lui en inspira de nouvelles pour la succession au trône, en lui insinuant que, si Louis XV, dont la santé paraissait très faible, venait à manquer, Philippe V pourrait bien ne se pas croire lié par sa renonciation; et comme alors l'Espagne, sous le gouvernement d'Alberoni, ministre actif et entreprenant, paraissait vouloir sortir de son inertie, et se mettait en force, on persuada au régent que ces préparatifs avaient pour but certain d'appuyer les droits du petit-fils de Louis XIV, en cas d'évènement.

On n'aurait certainement pu blâmer le duc d'Orléans de prendre d'avance ses précautions pour cet objet; et c'est ce que reconnaissait le maréchal de Villars, parlant à lui-même dans le conseil. « Nous sommes très persuadés, lui disait-il, que vous désirez la vie » du roi comme nous la désirons tous tant que nous sommes; mais » il n'y a personne qui puisse s'étonner que vous portiez vos vues » plus loin. Comment les mesures qu'il est libre à tout particulier » de prendre dans sa famille pour ne pas laisser échapper une succession qui le regarde, pourraient-elles être blâmées dans un » prince auquel la couronne de France doit naturellement tomber! » Mais Villars concluait qu'il fallait se contenter de savoir bien certainement quelles étaient les vues de l'Espagne dans ses armemens, et, quand on aurait été sûr qu'ils ne menaçaient pas la France, lui souhaiter un bon succès et ne s'en pas mêler (1).

En prenant ces informations, on aurait su en effet que le but d'Alberoni était de réunir à l'Espagne les états d'Italie, qui en avaient été démembrés dans la guerre de la succession, pour en faire des souverainetés aux enfans de la princesse Farnèse, qu'il avait mis sur le trône après la mort de Gabrielle de Savoie, et que, pour empêcher les Anglais d'aider l'empereur, à qui ces états étaient échus, le ministre espagnol comptait les retenir chez eux en y faisant passer le prétendant avec de puissans secours. « Eh bien ! ajoutait Villars, » si l'Espagne veut s'agrandir, aidez-la au lieu de la contrarier. » Plus vous contribuerez à son agrandissement, moins elle sera ten-

(1) Villars, t. II, p. 391.

» tée de vous troubler dans vos prétentions à la couronne ; et si Phi-
» lippe V avait cette tentation, il verrait toute l'Europe s'élever
» contre un prince qui vous aurait obligation de sa puissance. »
Villars finit par une espèce de prédiction qui frappa le régent.
« L'Angleterre, dit-il, au moins en partie, est disposée à recevoir
» son roi légitime; suivons ces vues que la gloire de la nation et la
» proximité du sang vous inspirent, plutôt que celles qui à la fin
» vous mèneront à faire la guerre au roi d'Espagne. » Le prince,
ému, le regarda fixement et lui dit : « Vous visez au grand. » Mais il
était subjugué.

Et comment ne l'aurait-il pas été, en se livrant comme il faisait
aux Anglais, avec un abandon justement suspect aux personnes
moins persuadées que lui de leurs bonnes intentions? « Venant un
» jour au Palais-Royal, raconte encore Villars, je trouvai que le
» prince avait été enfermé trois heures avec milords Stairs et Stan-
» hope. Quand ils sortirent de la longue audience qu'il leur avait
» donnée, je lui dis : Monseigneur, j'ai été employé en diverses cours,
» j'ai vu la conduite des souverains; je prendrai la liberté de vous
» dire que vous êtes l'unique qui veuille s'exposer à traiter seul avec
» deux ministres du même maître. Il me répondit : Ce sont mes amis
» particuliers. Selon les apparences, répliquai-je, ils sont encore
» plus amis de leur maître, et deux hommes bien préparés à vous
» parler d'affaires peuvent vous mener plus loin que vous ne vou-
» driez. (1) » Malgré cette remontrance très bien fondée, il continua
son intime liaison avec eux, et ses négociations, dont l'abbé Dubois
était l'ame et avait seul le secret. Celui-ci même, à la fin de l'année, fut envoyé à La Haye, en qualité d'ambassadeur extraordinaire;
et l'objet de sa mission était d'aider les Anglais à faire entrer les
Hollandais dans un traité d'alliance dirigé contre l'Espagne, traité
qui fut signé le 4 janvier 1717, sous le nom de la triple alliance. Les
parties s'y garantissaient la succession aux trônes d'Angleterre et de
France, suivant les stipulations du traité d'Utrecht; mais le régent
eut la faiblesse d'acheter cette garantie par l'expulsion du chevalier
de Saint-Georges hors du royaume, et par la démolition du port de
Mardick. Louis XIV y avait fait commencer des travaux qui promettaient de dédommager un jour la France du sacrifice qu'elle avait été
obligée de faire de celui de Dunkerque. L'ambassadeur d'Angleterre, lord Stairs, s'en était plaint au monarque lui-même en termes
peu ménagés, comme éludant l'esprit du traité d'Utrecht. « M. l'am-
» bassadeur, lui répondit le roi quand il eut fini sa harangue, j'ai
» toujours été maître chez moi, et quelquefois chez les autres : ne
» m'en faites pas souvenir. » Et les travaux continuèrent, quoique
avec peu d'activité. Mais l'abandon de Mardick et celui du préten-

(1) Villars, t. II, p. 395, Saint-Simon, t. V, p. 300. Berwick, t. II, p. 46. Dangeau,
27 novembre.

dant ne devaient être que les moindres atteintes portées aux dispositions de Louis XIV.

Une année n'était pas encore écoulée depuis la mort de ce prince, lorsque le duc de Bourbon présenta requête au parlement, tendante à priver le duc du Maine et le comte de Toulouse du rang et des prérogatives de princes du sang, et entre autres de l'expectative de la couronne, que leur avait accordée Louis XIV. C'était une mortification gratuite qu'on cherchait à leur donner, les princes légitimés n'étant appelés à régner qu'à défaut des légitimes. Cette procédure s'engageait de concert avec le régent, qui, au mépris des liens qui l'attachaient au duc du Maine, poursuivait en lui l'agent intéressé des intrigues de Philippe V, qui, sur son trône d'Espagne, regrettait la perspective de régner en France. Le régent, en effet, était beau-frère du duc du Maine dont il avait épousé la sœur; et le duc de Bourbon était doublement son neveu, comme fils d'une autre sœur du même duc et du frère de la duchesse. Les ducs et pairs, à la tête desquels était le duc de Saint-Simon, intervinrent dans cette affaire pour aggraver encore le sort des malheureux princes. Ils réclamèrent contre le rang que Louis XIV leur avait donné au dessus d'eux, et demandèrent qu'ils fussent réduits à celui de l'érection nouvelle de leurs pairies. Malgré tant de motifs d'égards, malgré les efforts des amis des princes légitimés, et les recherches d'érudition de la cour spirituelle de Sceaux, et de la duchesse elle-même, pour faire prévaloir la cause de la bâtardise, il y eut, le 2 juillet 1717, une déclaration du conseil de régence qui les privait des noms, droits et priviléges de princes du sang, leur réservant cependant au parlement le rang de séance dont ils étaient en possession. Quand la duchesse du Maine vit son mari après cette décision, fière du sang de Condé dont elle perdait les prérogatives, elle lui dit en le regardant avec indignation : « Il ne me reste donc plus » que la honte de vous avoir épousé. » Le duc conserva dans cet affaire un sang-froid et une tranquillité qui déconcertèrent ses ennemis. Sur des propositions de s'accommoder en faisant quelque sacrifice, il avait constamment répondu « qu'il ne faut pas se dégra- » der de son consentement; mais souffrir ce que la loi du plus fort » veut faire, et y revenir en temps et lieu ». Il recommanda beaucoup de sagesse et de circonspection dans les actions et les paroles à ceux qui lui appartenaient ou qui s'intéressaient à lui.

Pendant que cette affaire tenait la cour en mouvement, Paris et la province n'étaient pas moins agités par la recherche qu'on exerçait sur les financiers. En mars 1716, le régent avait établi une chambre de justice, composée de présidens et conseillers au parlement, d'officiers de la chambre des comptes, de la cour des aides et de maîtres des requêtes. Elle devait tenir ses séances aux Grands-Augustins. Le roi rendait justiciables de cette chambre « les officiers de nos finances, disait-il, les comptables, traitans, sous-

» traitans et gens d'affaires, leurs clercs, commis et préposés, et
» autres qui ont vaqué et travaillé, tant en la levée, perception et
» régie de nos droits et deniers de nos recettes, qu'autres levées et
» recouvremens ordinaires et extraordinaires, traités, sous-traités,
» entreprises ou marchés pour étapes, fournitures de vivres aux
» troupes, hôpitaux, munitions de guerre et de bouche aux villes,
» garnisons et armées de terre et de mer, ou en l'emploi et distri-
» bution desdits deniers, soit pour les dépenses de la guerre, de
» nos maisons royales et autres charges de notre état, ensemble
» tous ceux qui ont exercé l'usure à l'occasion et au détriment de
» nos finances, tant sur les papiers que sur les espèces. » Et enfin,
pour inviter les *bons et fidèles sujets* à l'éclaircissement de ces faits,
on donnait à ceux qui voudraient se rendre et déclarer dénonciateurs
de ces personnes le cinquième des amendes et confiscations, et à
ceux qui découvriraient les effets célés, le dixième ou plus grande
récompense, selon les diligences, qualités et circonstances de leur
avis (1).

Par cette énumération du nombre de personnes qui se trouvaient
exposées aux recherches, on peut juger de l'alarme que la publication d'un pareil édit dut jeter parmi tous ceux qui avaient pris la
moindre part aux affaires du roi. Les procédures furent d'abord
vives et rigoureuses. La Bastille et les autres prisons se remplirent
de gens accusés ou simplement soupçonnés : plusieurs furent gardés
dans leurs maisons. Il y eut défense de donner des chevaux de poste
à ceux qui voulaient se sauver, et favoriser en aucune manière leur
évasion. Le peuple, toujours ennemi de ce qu'on appelle en France
maltôtiers, voyait avec plaisir traîner devant ce tribunal, dépouiller,
flétrir ceux dont la richesse et quelquefois l'insolence avaient excité
l'envie et l'indignation publiques. Il y en eut de condamnés au pilori,
aux galères, à de grosses amendes; un seul fut condamné à la
mort dans une province éloignée : peut-être n'était-ce pas le plus
grand voleur.

Après les premiers exemples, on en vint à des taxes qui, imposées sur environ quatre cents personnes, produisirent plus de
cent quatre-vingts millions, dont quatre-vingts à peu près furent
employés à retirer des billets d'état et à rembourser le capital des
rentes. Madame de Maintenon nous apprend dans ses lettres ce que
devint le reste, lorsqu'elle dit : « On nous annonce tous les jours
» quelque nouveau don de monsieur le régent sur les taxes; et l'on
» murmure beaucoup de cet emploi de l'argent des gens d'affaires. »
Quand on sait d'ailleurs qu'il y avait alors des courtisans de la première noblesse assez bas pour solliciter, à titre de gratification,
des taxes sur les carrosses de remise et sur les juifs, on ne doit pas
trop craindre de se tromper, en présumant que plusieurs d'entre

---

(1) Dangeau, mars 1716. *Mém. rég.*, t. I, p. 91 et 103.

eux tendaient la main au régent, dont la facilité y laissa tomber les millions qui n'auraient dû être employés qu'au paiement des dettes de l'état et au soulagement du peuple (1).

Mais il ne tira aucun profit de l'abaissement des financiers, et c'est ce qui donna lieu à des plaintes assez générales. Comme on ne cessait pas de faire des recherches, qu'on saisissait chaque jour de nouveaux accusés, et qu'on citait au tribunal des marchands et négocians de bonne réputation, qui, pour fait de fournitures, étaient obligés d'entrer en justification et de montrer le fond de leurs affaires, ceux mêmes qui avaient applaudi d'abord à l'érection de la chambre de justice appréhendaient d'y être appelés à leur tour, et leur innocence ne les rassurait pas. Ces craintes firent resserrer l'argent et languir le commerce. Aussi, quand on eut tiré des bourses financières à peu près ce qu'on voulait, la chambre de justice fut supprimée, et la poursuite des affaires qui restaient à finir fut attribuée à la cour des aides (2).

Alors se préparait l'accomplissement de la prophétie de Villars, savoir : « que le penchant du régent pour les Anglais le menèrait à » faire la guerre au roi d'Espagne. » Ce royaume était gouverné par Albéroni, qui, de l'état de curé de campagne, porté au ministère, se trouva un véritable homme d'état. Après la mort de la première femme de Philippe V, il avait beaucoup contribué à lui faire épouser Elisabeth Farnèse. Elle avait des enfans, mais qui étaient repoussés du trône par ceux du premier lit. Albéroni chercha d'autres états à procurer aux puînés. Ses regards, comme nous l'avons dit, tombèrent sur l'Italie, dont plusieurs parties avaient été détachées de la couronne d'Espagne, et cédées à l'empereur par le traité d'Utrecht, traité qui, n'ayant pu mettre d'accord Charles VI et Philippe V, avait laissé chacun d'eux dans toute l'intégrité de ses prétentions. Le dessein d'Albéroni était entouré de difficultés; mais son génie triompha de tous ces obstacles.

De ce royaume épuisé il fit sortir un armement qui étonna l'Europe. La Sardaigne avait été envahie au mois d'août de l'année précédente par le marquis de Leede; et, sous le commandement du même officier, trente mille Espagnols descendirent cette année en Sicile, d'où, avec l'assentiment réel ou supposé du duc de Savoie, ils devaient tenter la conquête de Naples : des vaisseaux s'armèrent dans tous les ports, et une escadre plus formidable que les autres se préparait à Cadix. En même temps le ministre redonnait à l'Espagne, dans toutes les cours, la considération qu'elle avait perdue depuis si long-temps. Il se fit des alliés dans le Nord, s'assura le secours des Turcs; et, trop certain par le traité de la triple alliance, conclu entre la France, l'Angleterre et la Hollande, pour garantir

(1) *Lettres de Maintenon*, t. VI, p. 254. Dangeau, 4 et 16 janvier 1716. — (2) *Mém. rég.*, p. 106.

à l'empereur ses états d'Italie, trop certain qu'il ne pourrait pas même espérer la neutralité de ces puissances, Albéroni résolut d'occuper les Anglais, en faisant passer dans leur île le prétendant avec des troupes qui devaient être secondées par les Suédois et les Russes réconciliés par ses soins ; et enfin il ne se proposa rien moins que d'opérer dans le gouvernement de la France une révolution par la destitution du régent.

Le moment était assez bien choisi : il y avait alors, non pas une insurrection décidée ni des plaintes éclatantes, mais des mécontentemens sourds, et, si on peut s'exprimer ainsi, une espèce de malaise du corps politique, une inquiétude vague causée parce qu'on sentait en général qu'il se passait des choses qui déplaisaient. Par exemple, on voyait avec peine les Anglais, quatre ans auparavant ennemis de la France au point de risquer de se ruiner eux-mêmes pour l'écraser, maintenant admis à la familiarité du régent, dominer dans le conseil et y prescrire des lois. Les Anglais, nation incapable, disait-on, de se modérer dans ses succès, et abusant de la fortune ; républicains superbes, implacables comme les Romains dans leurs vengeances, et n'ayant pas eu honte d'arracher au duc d'Orléans, contre le prétendant, ce qu'un roi n'exigeait pas d'un autre roi, le sacrifice d'un malheureux. Ce renversement du système de Louis XIV choquait ceux mêmes qui n'y tenaient que par habitude; et, pour cette partie de son gouvernement, le régent trouvait peu d'approbateurs (1).

On était aussi revenu des espérances d'une administration sage, économique, approchant de l'administration paternelle : espérances fondées sur l'établissement des conseils au commencement de la régence, et sur le droit de remontrances rendu au parlement. Les conseils, où le régent trouvait quelquefois des opinions contraires aux siennes, lui déplaisaient, et les gens qui cherchent à deviner les évènemens par leurs causes prévoyaient qu'ils n'avaient pas long-temps à subsister. Les remontrances ne furent pas interdites ; mais le duc d'Orléans prétendit qu'elles ne devaient pas toucher à certains objets. Il voulut en circonscrire étroitement et la matière et la forme; et ces limites posées, à ce que l'on crut alors, pour éloigner la lumière et envelopper les opérations du ministère d'une obscurité dangereuse, donnèrent lieu à des conjectures d'où naquirent des soupçons et des craintes. La magistrature s'effaroucha surtout de l'appui donné par le régent à la prétention des ducs et pairs de primer les présidens au parlement ; et, à défaut de satisfaction, ou pour l'obtenir, elle mit au jour un mémoire extrêmement mortifiant pour l'orgueil de plusieurs des familles élevées à l'honneur de la pairie.

Le respect dû aux mœurs entra aussi pour quelque part dans les

---

(1) *Mém. rég.*, t. II, p. 9, 22, 109 et 135.

causes du mécontentement général. Sans être rigoriste, on n'aime point de voir fouler aux pieds les bienséances. Plusieurs de ceux qui avaient désapprouvé les scrupules de Louis XIV blâmèrent encore plus le libertinage effréné qui y succéda, et qui gangréna presque toute la jeunesse de la cour. Si les personnes qui s'amusent de tout riaient quelquefois des plaisanteries peu mesurées du duc d'Orléans, les gens sages, qui voient les conséquences, ne pouvaient approuver la légèreté insultante avec laquelle le premier homme de l'état traitait la religion et ses ministres. On fut indigné aussi du rôle important que commençait à jouer alors le vil, le méprisable Dubois, présumant assez de la facilité de son ancien disciple pour aspirer ouvertement aux premières dignités de l'église.

Il contribua, au moins de ses conseils, à la persécution qui se renouvela alors contre le duc du Maine. Il lui en voulait fortement pour s'être opposé dans le conseil au traité de la quadruple alliance, nouvel accord conclu à Londres, le 2 août, entre l'empereur, les rois de France et d'Angleterre, auquel le roi d'Espagne était sommé d'accéder sous trois mois, et dont Dubois avait été l'instrument. Dubois joignit son ressentiment à la haine de M. le Duc, qui avait toujours eu pour son oncle une véritable antipathie, dont on ne peut rendre raison, et que la perte d'un procès contre lui avait encore fortifiée. Il y persévérait avec une obstination inconcevable, quelque effort que fît la duchesse du Maine, sa tante, pour lui faire souffrir son époux. Le régent donnait du moins un motif de ses démarches; il disait « savoir de science certaine que le duc du Maine était dans
» le dessein de mener le roi au parlement, de le faire déclarer ma-
» jeur, et par là d'anéantir la régence ». « Je ne le crois pas, répon-
» dit le maréchal de Villars, à qui le duc d'Orléans racontait ce pro-
» jet; je ne crois pas le duc du Maine assez déterminé pour
» prendre une pareille résolution. » En effet, la conduite faible de ce prince dans une occasion si importante confirme ce jugement. Comme le maréchal fut témoin oculaire de ce qui se passa, nous le rapporterons dans ses termes.

« Le 26 août, à six heures du matin, les conseillers de régence
» furent avertis qu'il y aurait un conseil de régence extraordinaire,
» qui serait suivi d'un lit de justice aux Tuileries. En entrant dans
» le cabinet, je trouvai le régent qui se promenait avec un air assez
» agité. Le duc du Maine vint à moi, et me dit : « Il va se passer
» quelque chose de violent contre mon frère et moi. » — J'ai peine
» à le croire, lui répondis-je; il répliqua seulement : « Je le sais. »
» Le comte de Toulouse arriva. Le régent le mena à une fenêtre,
» et lui dit peu de paroles, après lesquelles le comte de Toulouse
» alla trouver le duc du Maine, et ils sortirent tous deux. Là-dessus
» je dis au marquis d'Effiat : Ils s'en vont; qui quitte la partie la
» perd. »

On lut ensuite les édits qui devaient être portés au lit de justice.

Le premier défendait au parlement de prendre connaissance des affaires d'état, et cassait deux arrêts, non seulement contraires à la banque de Law, dont on attendait la restauration des finances, mais par l'un desquels Law lui-même avait été décrété de prise de corps. Un second déclarait que, dès qu'un édit aurait été présenté à la cour pour être enregistré, l'enregistrement serait censé fait huit jours après. Celui qui regardait le duc du Maine et le comte de Toulouse portait qu'on leur ôtait, à la sollicitation des pairs, le rang qui leur avait été donné au parlement et ailleurs par le feu roi, et par conséquent qu'ils n'auraient séance qu'après tous les pairs de France, excepté ceux d'une création postérieure à l'édit de 1694. Néanmoins, par une considération particulière pour le comte de Toulouse, le roi lui conservait ses honneurs, rang et prérogatives, mais pour sa personne seulement.

M. le Duc fit ensuite lecture d'un mémoire où il disait au roi : « Sire, le feu roi ayant paru désirer que M. le duc du Maine fût » chargé de l'éducation de votre majesté, quoique cette place dût » m'appartenir par le droit de ma naissance et suivant les exemples » des anciens, je ne m'y opposai pas, par la considération de ma » minorité. Mais toutes les raisons d'alors étant présentement ces- » sées, je demande que cet honneur me soit déféré suivant la justice » de mon droit. »

Tout ce qui venait d'être lu le fut de nouveau au parlement assemblé dans une pièce voisine pour le lit de justice, et convoqué d'une manière aussi brusque et aussi inopinée que l'avaient été les membres du conseil. Saisi d'un pareil effroi, il agréa tout, comme eux. Le premier président, à la vérité, demanda à délibérer ; mais le garde des sceaux, d'Argenson, après s'être approché de la personne du roi comme pour recevoir ses ordres, et faisant les fonctions du nouveau chancelier d'Aguesseau, exilé pour son opposition au système, répliqua seulement : « Le roi veut être obéi, et sur le champ. » Quant à la demande de M. le Duc, le régent conseilla tout haut au jeune monarque de l'accorder.

« Quelques pairs furent surpris de ce qu'ils étaient nommés » dans l'édit qui remettait le duc du Maine à son rang de pair, et » dans celui qui distinguait le comte de Toulouse de ce traitement. » Il paraissait que l'un et l'autre édit étaient à la réquisition des » pairs, ce que la plupart ignoraient ; mais, comme plusieurs étaient » peinés de voir un des fils du feu roi dégradé, tous consentirent » volontiers au traitement différent que recevait son frère.

» Ils s'étaient retirés tous deux dans l'appartement du duc du » Maine ; mais, s'ils avaient eu la fermeté de demeurer pendant le » lit de justice et de représenter avec force le tort qui leur était fait, » surtout au duc du Maine, en lui ôtant la surintendance de l'édu- » cation du roi, et le soin de veiller à sa conservation, lequel lui » était plus justement confié qu'aux héritiers présomptifs de la

» couronne, il n'était pas possible qu'ils n'eussent mis des obsta-
» cles aux projets formés contre eux. La crainte d'être arrêtés fit
» impression sur des cœurs remplis de bonnes qualités, mais dans les-
» quels on n'était pas persuadé que la fermeté fût la vertu dominante.
» Mais le duc du Maine, bien éloigné de faire des efforts pour
» conserver une place qui lui était au moins indifférente, disait
» avant cette disgrace au maréchal de Villars, qu'il était si ennuyé
» des tribulations qu'il avait à essuyer, que, malgré l'honneur de
» la surintendance de l'éducation du roi, il donnerait de bon cœur
» dix mille écus à celui qui lui apporterait une lettre de cachet
» pour aller passer cinq ans dans ses terres. Vraisemblablement
» la duchesse du Maine tenait davantage à cet honneur, et lors-
» qu'on lui apporta l'ordre de céder à M. le Duc l'appartement que
» son mari occupait aux Tuileries, comme surintendant de l'éduca-
» tion, elle répondit avec fureur : « Oui, je le céderai. » En même
» temps elle ordonna qu'on le démeublât ; et, pour qu'on eût plus
» tôt fait, elle brisa elle-même les glaces, les porcelaines, et tout
» ce qui lui tomba sous la main. »

Si cette princesse forma des liaisons suspectes, si elle se prêta à des projets capables de troubler la tranquillité du royaume et de devenir des crimes d'état, on peut croire qu'elle ne commença de le faire qu'à cette époque. Comme on la jugeait fort irritée, et qu'on ne doutait pas qu'elle ne fût très disposée à se venger si elle en trouvait l'occasion, tous les mécontens se rassemblèrent autour d'elle, et ils n'étaient pas en petit nombre (1).

Outre la manière dure avec laquelle le parlement avait été traité au lit de justice, le régent fit enlever et conduire en prison trois conseillers qui, dans la séance du lendemain, où le parlement avait protesté contre les évènemens de la veille, s'étaient permis de manifester des craintes sur les dangers que courait la personne du roi par l'éloignement du duc du Maine. Cet acte d'autorité excita une grande fermentation tant dans la compagnie que dans Paris, étonné d'une rigueur qui n'avait pas été tentée depuis les barricades. Pareilles sévérités exercées sur d'autres parlemens, principalement sur celui de Bretagne, jetèrent aussi l'alarme dans les provinces. Le duc d'Orléans supprima en même temps les conseils établis au commencement de sa régence pour y substituer des départemens, à la tête desquels il mit des secrétaires d'état plus dépendans de lui. Le comte de Maurepas, petit-fils du chancelier Phelippeaux de Pontchartrain, fut appelé au département de la maison du roi; Louis Phelippeaux, marquis de la Vrillière, et, en survivance, le comte de Saint-Florentin, son fils (2) ; à celui du clergé ; Claude Leblanc à la

(1) *Mém. rég.*, t. II, p. 25.
(2) Le comte Maurepas et le comte de Saint-Florentin étaient beaux-frères, le premier ayant épousé la sœur du second ; ils descendaient d'ailleurs du même quadrisaïeul, Louis Phelippeaux, conseiller au présidial de Blois.

guerre ; Fleuriot d'Armenonville à la marine ; Dubois aux affaires étrangères ; et le garde des sceaux d'Argenson demeura chargé à la fois de la direction de la justice et des finances. Ce fut un nouveau sujet de critique, et presque toutes les grandes familles, ainsi que les compagnies souveraines, qui, par leurs membres appelés aux conseils supprimés, se regardaient comme admises au gouvernement du royaume, ne se virent pas sans chagrin et sans murmure privées d'une prérogative si précieuse à leurs yeux.

Enfin il se faisait des pertes immenses dans les familles, par le discrédit et l'instabilité des effets publics, représentatifs et cautions des dettes de l'état. Dès les premiers jours de la régence, on avait converti en une seule espèce de créance toutes celles qui, à l'exception des rentes sur l'hôtel de ville, avaient été créées à divers titres, en divers temps et sous divers noms, pendant le règne de Louis XIV, et qui avaient considérablement perdu de leur valeur primitive. On prit occasion de cette conversion pour les vérifier ; et, de six cents millions à quoi elles se montaient, on en annula deux cent cinquante ; le reste fut soldé en billets, dits *billets d'état*, que l'on devait rembourser successivement, et qui, en attendant, portaient un intérêt de quatre pour cent. On les recevait d'ailleurs en paiement de certaines parties d'impositions, et de quelques portions de domaines qui furent aliénées ; en acquisition de rentes viagères créées au denier seize ; et enfin aux hôtels des monnaies, où se faisait alors une nouvelle refonte. Sur une somme totale de sept mille livres, deux mille pouvaient être payées en billets d'état. Mais, comme le marc fut porté de quarante à soixante livres, il arrivait que le gouvernement, en rendant une somme pareille de sept mille francs en monnaie nouvelle, gagnait effectivement un quinzième sur les matières réelles, et retirait encore ses billets *gratis*. C'était une espèce de vol. Il excita les réclamations du parlement, ainsi que toutes les autres opérations financières du conseil ; et ce furent en partie ses plaintes à cet égard, et même les défenses d'obéir, qu'il se permit d'opposer aux arrêts du conseil, qui lui valurent les mortifications qu'il éprouva dans le lit de justice dont il vient d'être fait mention.

C'est dans cette occurrence qu'avait paru l'Ecossais Jean Law, homme à calculs et à projets, qui s'était offert au régent pour libérer la France de sa dette. Malgré les avis de Desmarets, auquel il fut adressé et qui le jugea, ses plans furent agréés. Le premier pas qu'il fit dans la carrière où il osa entrer, fut l'érection d'une banque, dont l'étendue très limitée ne devait pas faire présumer la part qu'il lui destinait dans son grand œuvre. Bornée en effet dans son origine au soin obscur de faire les affaires des particuliers sous la modique rétribution d'un quart pour mille, ce fut de là qu'elle partit pour s'acheminer à l'état incroyable de splendeur où elle parvint en trois ans de temps. Son premier fonds, lors de son établissement en mai

1716, était de six millions seulement, divisés en douze mille actions de cinq cents francs chacune, payables moitié en argent et moitié en billets d'état. C'était un bien léger soulagement de la dette publique, que le petit nombre de billets qu'elle enlevait ainsi à la circulation; mais cette idée fut un germe qui, étant développé, produisit le fameux système.

On avait donné d'abord, ainsi qu'on l'a vu, des débouchés avantageux aux billets d'état, à l'effet de les soutenir; il entra désormais dans la politique du gouvernement de les décréditer. La modicité des premiers remboursemens, et une déclaration qui portait qu'on cesserait incessamment d'en payer l'intérêt, atteignirent rapidement ce but. Dans le même temps, le gouvernement accordait au contraire une faveur particulière à la banque. Il ordonnait que les billets qu'elle avait émis, et qu'elle devait réaliser en argent à volonté fussent reçus comme numéraire dans toutes les caisses royales. Cette déclaration, et des dividendes augmentés à propos, donnèrent aux actions de la banque une valeur d'opinion bien supérieure à celle des billets d'état.

La comparaison qui s'en faisait naturellement offrait un moyen facile d'éteindre la dette publique par un simple échange des billets en actions de la banque, pour peu que celles-ci eussent été en quantité proportionnelle avec les billets de l'état. Law trouva un prétexte plausible à cette augmentation. En 1717 il fit ériger et adjoindre à la banque une compagnie de commerce, dite d'*Occident*, parce qu'elle devait faire le commerce du Mississipi, dont on promettait des profits merveilleux. On y attacha encore la propriété du Sénégal, et le privilège exclusif du commerce des Indes et de la Chine. Ce fut l'occasion naturelle d'une création de vingt-cinq millions en actions et d'une émission proportionnelle de billets de banque, qui, avant ces réunions, avaient déjà été portés jusqu'à cent dix millions. Qu'on juge de la somme dont elles autorisèrent alors l'émission, et l'année suivante encore, lorsque le gouvernement abandonna pour quelques millions à la banque, et le profit des monnaies pour neuf ans, et l'adjudication des fermes! On fut obligé de créer, pour satisfaire l'avidité publique, trois cent mille nouvelles actions qui ne furent concédées qu'à des personnes privilégiées, et qui, passant de main en main, toujours en augmentant de valeur, montèrent jusqu'à dix ou douze mille livres. Non seulement les billets d'état se fondirent, dans l'empressement de chacun à se défaire d'un papier presque sans valeur pour acquérir quelques droits à la mine précieuse; mais les rentes sur l'hôtel de ville, l'or, l'argent, les terres eurent le même sort. Telle était, à la fin de 1719, la confiance qu'inspirait la banque.

Cependant ses billets, qui, suivant les arrêts de fabrication, ne devaient monter qu'à six cent quarante millions, avaient été frauduleusement portés par le gouvernement jusqu'à trois milliards. Le soupçon que quelques personnes conçurent de cette émission désordonnée, non seulement sans proportion avec les fonds en caisse, mais avec les valeurs même que la banque pouvait réaliser, leur fit convertir leurs billets en numéraire. L'embarras qui en naquit à la banque donna lieu à des arrêts qui interdirent la conversion des billets en argent; et dès lors un coup irrémédiable fut porté au système. En vain le gouvernement déclara vouloir faire ses rentrées en billets exclusivement à toute autre espèce; en vain il fixa la valeur du papier à un taux supérieur à celui que le cours donnait à l'argent; en vain il défendit dans les transactions particulières l'emploi de la monnaie, dont il restreignit l'usage aux seuls appoints : les plus sages, et les étrangers surtout, s'obstinèrent à l'envi à échanger leur papier, quelque perte qu'ils dussent subir, et augmentèrent le discrédit, qu'il fut dès lors impossible d'arrêter.

Pour afficher la confiance, le gouvernement ordonna une nouvelle fabrication de billets; puis un dividende de quarante pour cent par action; enfin une remise à ceux qui paieraient les droits des fermes en billets, remise qui donnait au papier un avantage de vingt-cinq pour cent sur l'argent : mais la défiance ne fit que s'accroître de la faveur étrange accordée aux billets; les denrées triplèrent de valeur, et chacun se pressa de convertir son papier en perles, diamans, bijoux et effets de toute espèce.

Déchu des espérances qu'il s'était promises de son adresse, le gouvernement crut devoir recourir aux mesures de rigueur. Il défendit d'abord de garder de vieilles espèces. Elles devaient être confisquées au profit des dénonciateurs. Bientôt il proscrivit aussi les nouvelles. On ne pouvait avoir chez soi pour plus de cinq cents livres de monnaie ou de matières d'or et d'argent. Des visites domiciliaires furent ordonnées, et la dénonciation fut encouragée. Ces vexations et cette immoralité indignèrent, et ne rétablirent point le crédit. Alors le gouvernement supprima d'autorité la moitié des billets, en les réduisant à la moitié de leur valeur; mais l'autre partie, menacée par cet exemple d'un sort pareil, n'en perdit que davantage. Sur les représentations du parlement, l'arrêt fut révoqué; mais la confiance fut éteinte, et la révocation n'empêcha pas les billets de tomber encore. Enfin, le premier novembre 1720, le gouvernement, convaincu que tout moyen désormais était superflu pour rendre de la valeur au papier, ordonna que les billets de banque ne seraient plus reçus que de gré à gré, c'est-à-dire, en d'autres termes, qu'ils n'auraient plus aucune valeur. Cependant le gouvernement, qui avait été le véritable banquier, comprit qu'il devait les liquider. Vérification faite de la valeur originaire de tous les effets nouveaux qui se trouvaient entre les mains des particuliers, la dette fut reconnue de dix-sept cents millions. Le gouvernement s'acquitta par des billets dits de liquidation, qui, convertis en rentes perpétuelles et viagères sur l'hôtel de ville et sur les tailles, et en acquisitions de maîtrises et d'offices municipaux, charges la plupart inutiles et érigées seulement pour fournir un débouché aux billets, grevèrent le trésor royal de quarante millions de rente. Telle fut l'issue de ce fameux système de Law, qui laissa l'état plus endetté qu'il ne l'était auparavant, qui produisit dans les fortunes particulières un bouleversement absolu, et dans la morale publique une subversion de principes qui corrompit dès lors toutes les classes de la société, et les infecta de cet esprit vil et cupide d'agiotage, l'un des caractères distinctifs du dix-huitième siècle. Telle est l'esquisse de ce fameux système, que, pour le mieux saisir, on a cru devoir présenter ici dans son ensemble, et dépouillé d'une foule d'accessoires qui ne font que l'obscurcir et le rendre presque aussi mystérieux qu'à cette époque. Dans la suite, on reviendra, s'il y a lieu, sur les détails, selon que l'occasion s'en présentera.

Comme les billets d'état ne tombèrent pas tout d'un coup au dernier degré de non-valeur, et qu'il y eut des cascades dans leur chute; comme les actions de la banque n'acquirent pas non plus subitement une valeur très supérieure à la première mise, il se trouva des observateurs qui spéculèrent et établirent une espèce de jeu ou de commerce. Quand les billets d'état descendaient à un bas prix, sur l'espérance qu'ils se relèveraient, ils en acquéraient; et le moment d'une légère augmentation étant arrivé, ils en achetaient des billets de banque, dont le surtaux donnait encore une valeur considérable, proportion gardée avec le prix qu'ils avaient mis à l'acquisition des billets d'état. Quand, au contraire, les effets de la banque languissaient, les joueurs recherchaient avec une ardeur effrénée les billets d'état, et par là leur procuraient une faveur momentanée, qui servait à acheter les effets languissans de la banque, qu'ils prévoyaient devoir bientôt recouvrer une nouvelle vigueur. Et il est à remarquer que ces alternatives variaient de la veille au lendemain, du soir au matin, et se répétaient souvent plusieurs fois dans le même jour. C'est cette même espèce de commerce ou de jeu qui a été appelé l'*agiot*, nom dont on ignore l'origine, à moins qu'on ne veuille le tirer du mot latin *agere*, agir; parce qu'en effet il n'y a pas de personnes plus actives, plus éveillées sur tout ce qui se passe, que celles qui travaillent en finance (1).

Law, qui tenait la balance de ce commerce, et qui devint contrôleur-général des finances en 1720, ne s'oublia pas dans ces vicissitudes. « En moins d'un mois il acheta du comte d'Evreux, pour huit
» cent mille livres, le comté de Tancarville en Normandie. Il offrit
» au prince de Carignan quatorze cent mille livres pour son hôtel de
» Soissons. Il présenta, peu de jours après, à la marquise de Beu-
» vron, la somme de cinq cent mille livres pour une terre. Presque
» en même temps il était en marché avec le duc de Sully pour le mar-
» quisat de Rosny (2). »

(1) *Mém. rég.*, t. II, p. 111 et 143. — (2) *Mém. rég.*, p. 111.

Des sommes aussi considérables, amassées en très peu de temps et dépensées avec tant de facilité, excitèrent beaucoup de murmures et des plaintes de la part des familles ruinées. Le parlement les reçut et donna contre Law un décret d'ajournement personnel, qui, faute par lui de comparaître, fut converti en décret de prise de corps. Mais le régent le prit sous sa sauvegarde; et Law, à l'aide de cette protection, continua de faire, par son système, des heureux et des malheureux, et de ceux-ci beaucoup plus que des autres.

Alberoni examinait avec attention ce qui se passait en France. Le régent et les Anglais le pressaient de compléter la quadruple alliance par l'accession de l'Espagne; mais il mettait toute son application à se procurer des délais, pendant lesquels l'adroite éminence tâchait d'établir solidement en Sicile les Espagnols qu'elle y avait fait passer; et en même temps que, par cet artifice, le cardinal retenait les Anglais prêts à attaquer la flotte qu'il faisait sortir de Cadix, il se flattait de suspendre les efforts du duc d'Orléans par les embarras qu'il se préparait à lui susciter (1).

Que le projet qui éclata alors soit venu du ministre d'Espagne ou des mécontens de France, c'est ce qu'il n'est pas aisé de décider; mais du moins ils se devinèrent aisément, ou ils s'entendirent du premier mot. On présume bien que la duchesse du Maine ne fut pas des dernières à saisir les moyens de nuire au régent, et même de les faire naître. « Par ses premières démarches à la cour de Madrid,
» elle ne voulut, dit madame de Staal (2), qu'engager le roi d'Es-
» pagne à soutenir le duc du Maine et sa famille opprimée. Son
» envoyé devait voir le cardinal Alberoni, et pressentir jusqu'à
» quel point il voudrait prendre les intérêts dont il s'agissait, et y
» affectionner le roi son maître par les motifs de la proximité du
» sang et du respect pour les volontés du feu roi son aïeul, enfreintes
» sans aucun ménagement. Elle recommanda bien à celui qu'elle
» chargeait de cette commission de ne point aller au delà. »

Cependant, soit que ces instructions ainsi restreintes ne fussent données que pour sonder le terrain avant que d'y prendre confiance, soit que la solidité qu'elle crut apercevoir l'engageât à avancer plus qu'elle ne projetait d'abord, elle se mit en commerce réglé, mais très secret et très mystérieux, avec l'ambassadeur d'Espagne. « Je
» me dispense, ajoute la même confidente (3), d'expliquer leur
» plan : car je n'y ai jamais rien compris, et peut-être n'en avaient-
» ils point. Tout ce que j'en ai pu démêler, c'est qu'on voulait dé-
» tourner le roi d'Espagne d'accéder au traité de la quadruple allian-
» ce, trop favorable au duc d'Orléans, et l'engager à demander la
» tenue des états généraux, pour borner l'autorité du régent et ré-
» primer les abus de son gouvernement. »

(1) *Mém. rég.*, t. II, p. 153, 288, 330 et 393. Saint-Pierre, p. 655. Dangeau, sous 1718, p. 546, 575, 584 et 605. Staal, t. II. Fragmens, t. I, p. 208 et 228. — (2) Tome II, p. 4. — (3) Staal, t. II, p. 10.

Ce but est assez clair, et c'est apparemment l'obscurité des moyens qui empêchait madame de Staal d'en comprendre le plan. Elle dit que la duchesse du Maine n'insista d'abord que sur le premier article, c'est-à-dire sur la nécessité « de détourner le roi d'Espagne d'ac-
» céder au traité de la quadruple alliance »; mais, quand la duchesse vit ensuite que le prince de Cellamare était disposé à faire demander par son maître la tenue des états généraux, « elle obli-
» gea ses deux principaux confidens, Malézieux, habitué de sa
» cour, et le cardinal de Polignac, de travailler au modèle des lettres
» que ce monarque courageux écrirait pour ce sujet, tant au jeune
» roi son neveu, qu'au parlement et aux états généraux eux-mê-
» mes. » Or, ces lettres devaient demander, non seulement que la quadruple alliance fût rejetée par la France, mais, en termes exprès, que la régence fût ôtée au duc d'Orléans, à cause des abus qu'il y commettait, et transférée au roi d'Espagne, qui y avait le droit principal.

L'ambassadeur sentit bien qu'il ne pouvait réussir dans une pareille entreprise sans un parti considérable. Il se mit donc à intriguer, tant par lui-même que par ses émissaires, avec des gens de toute sorte d'état, grands seigneurs, militaires, prêtres, moines, gentilshommes, magistrats. Peu lui importait quels fussent leurs intérêts, qu'ils eussent les mêmes vues, qu'ils concourussent ou non au même dessein, bien persuadé que, quand il s'agirait d'éclater, la haine contre le régent, l'amour de la nouveauté ou la crainte de se trouver seuls, les réuniraient à la faction qu'on leur indiquerait. Il s'en formait beaucoup qui avaient chacune leurs mystères, et qui s'efforçaient de grossir le nombre de leurs associés. Selon la coutume des gens ardens, qui se flattent toujours de réussir, ces conspirateurs, surtout les subalternes, s'imaginaient avoir pour zélés coopérateurs tous ceux qu'ils ne trouvaient pas ouvertement contraires à leurs sentimens, et les inscrivaient sur leurs listes. Cellamare, qui ne doutait plus, rendait compte de ses succès à Alberoni, et celui-ci, sur la parole de l'ambassadeur, croyait déjà le régent destitué.

Le ministre d'Espagne avait besoin de faire une révolution en France; il devenait d'autant plus pressant, que les Anglais, impatientés de ses délais au sujet de la jonction de l'Espagne à la quadruple alliance, se déterminèrent à l'attaquer. Quoiqu'ils n'eussent que vingt vaisseaux dans la Méditerranée, ils cherchèrent la flotte espagnole qui avait envahi la Sicile, et qui en comptait vingt-sept. L'amiral Byng la rencontra le 11 août à la hauteur du cap de Passaro, au sud de l'île, et prit ou détruisit vingt-trois vaisseaux, ce qui porta un coup mortel à la marine espagnole. Le cardinal, outré de cet échec, et se voyant en même temps menacé par la France, écrivit à l'ambassadeur « de mettre le feu aux mines. »

Pendant que cet ordre venait à Paris, le prince de Cellamare envoyait à **Madrid** le modèle des lettres, et les autres pièces sur lesquelles il voulait consulter le ministre avant que de les employer. Il crut avoir trouvé une voie très sûre de les faire parvenir en les confiant à l'abbé Porto-Carrero, neveu d'un cardinal de ce nom, qui s'en allait en Espagne avec Montéléon, fils de l'ambassadeur d'Espagne en Angleterre. Ils avaient une chaise à double fond, où les papiers furent mis.

Les messages, les rendez-vous, les conférences entre les personnes du complot, ne pouvaient avoir lieu sans des mouvemens qui donnèrent des soupçons. La duchesse du Maine était observée. On épiait toutes ses démarches. Personne ne fréquentait sa maison, de jour ou de nuit, travesti ou sans déguisement, qui ne fût connu. Cependant, malgré ces soins et cette surveillance, peut-être le duc d'Orléans n'aurait-il rien découvert, sans un hasard qu'on raconte de deux manières.

La première, qui fut généralement crue, parce que les mœurs du régent et de ses confidens lui donnaient de la vraisemblance, « c'est
» que le secrétaire de l'ambassadeur d'Espagne, pour s'excuser d'un
» rendez-vous manqué chez une femme célèbre dans les annales du
» libertinage, lui dit qu'il avait eu tant de dépêches à faire à cause
» du départ de l'abbé Porto-Carrero, qu'il s'était trouvé dans l'im-
» possibilité de tenir sa parole. Cette femme, qui était en relation
» intime avec le régent, lui rapporta ce propos, qu'elle crut ne de-
» voir pas lui être indifférent. En effet, il expédia un courrier avec
» des ordres pour fouiller les voyageurs (1). »

La seconde manière, moins singulière et peut-être plus vraie, se trouve dans les mémoires de Dangeau (2). Il dit que les deux abbés, munis de passeports pour eux et pour leur suite, s'étaient laissé accompagner par un banquier espagnol, fugitif de Londres, où il avait fait une grosse banqueroute. Les Anglais intéressés le suivaient, porteur d'une permission de le faire arrêter partout où ils le trouveraient. Ils l'atteignirent à Poitiers, et, en cherchant ses papiers dans la chaise de ses protecteurs, on trouva ceux de l'ambassadeur d'Espagne dont on s'empara. Une troisième version veut que le copiste même des dépêches ait dénoncé les voyageurs au cardinal Dubois, avec lequel il était depuis long-temps en relation, et qui les fit arrêter à coup sûr.

Quoi qu'il en soit, on laissa l'abbé Porto-Carrero continuer tranquillement sa route. Il avait déjà dépêché au prince de Cellamare un courrier qui lui apprit cette nouvelle avant l'arrivée de celui qui portait les papiers au régent. Ce dernier arriva la nuit. « Mais du
» moment où l'heure du souper venait, dit Saint-Simon, tout était
» tellement barricadé au dehors, que, quelque affaire qui pût sur-
» venir, il était impossible de parvenir au régent; et non seulement

(1) Staal, t. II, p. 49. — (2) Dangeau, p. 545, sur le 9 décembre.

» pour les affaires inopinées, mais pour celles même qui eussent le » plus dangereusement intéressé l'état et sa personne. » L'ambassadeur eut donc le temps de faire disparaître les papiers les plus dangereux, et il osa le lendemain aller réclamer ceux qui avaient été saisis : on ne lui répondit qu'en le consignant sous bonne garde dans son hôtel, d'où on le transféra à Blois, où il resta jusqu'à ce que le duc de Saint-Aignan, ambassadeur en Espagne, fût revenu en France. La duchesse du Maine fut arrêtée à Paris le 29 décembre, le duc à Sceaux ; ils furent aussitôt envoyés, elle à la citadelle de Dijon, lui dans le château de Dourlens, et on mit à la Bastille beaucoup de leurs domestiques ou affidés. De ce nombre était le jeune duc de Richelieu, déjà célèbre à vingt-deux ans par son courage et par ses succès auprès des femmes. Il s'indignait à son âge de n'avoir encore aucune influence dans le gouvernement. On suppose que l'envie de jouer un rôle le rendit factieux, et qu'il promit en effet à Alberoni de livrer Bayonne, où était son régiment. Le régent disait de lui qu'il y avait sur son compte de quoi faire tomber quatre têtes, s'il les avait. Mais les femmes vinrent à la traverse, et il dut une prompte délivrance aux puissantes intercessions de mademoiselle de Charolais, sœur du duc de Bourbon, et surtout de mademoiselle de Valois, depuis duchesse de Modène, fille du régent.

Celui-ci, pour justifier aux yeux de la nation ces coups d'autorité, fit imprimer les trois lettres qui s'étaient trouvées dans les papiers enlevés à Porto-Carrero, et destinées à être adressées par le roi d'Espagne, l'une au roi de France, l'autre au parlement, la troisième aux états généraux, quand ils seraient assemblés, et une quatrième, intitulée *requête des états à sa majesté catholique*, pour l'engager à venir prendre la régence du royaume, ou à y pourvoir, s'il ne venait pas lui-même (1). Il y avait dans ces pièces des choses sur lesquelles il aurait été important au régent de ne pas donner trop à réfléchir. En parlant du parlement, les écrivains disaient (2) :
« Cette compagnie, dans laquelle on a reconnu le pouvoir de dé-
» cerner la régence, à qui on s'est adressé pour la recevoir, avec
» laquelle on a stipulé en la recevant de ses mains, à laquelle on a
» promis publiquement et avec serment que l'on ne voulait être
» maître que des seules graces, et que la résolution des affaires se-
» rait prise à la pluralité des voix dans le conseil de régence, non
» seulement on ne l'écoute pas dans ses plus sages remontrances,
» mais on exclut des conseils les sujets les plus dignes, d'abord
» qu'ils représentent la vérité ; non seulement on ne l'écoute pas,
» mais la pudeur empêche de répéter à votre majesté les termes
» également honteux et injurieux dans lesquels on a répondu,
» lorsqu'on a parlé aux gens du roi en particulier ; les registres du

(1) *Mém. rég.*, t. II, p. 170 et 184. — (2) *Idem*, t. II, p. 186.

» parlement en feront foi jusqu'à la postérité la plus reculée. »

Ces écrivains disaient encore (1) : « Le public n'a ressenti aucun
» fruit, ni de l'augmentation des monnaies, ni de la taxe des gens
» d'affaires. On exige cependant les mêmes tributs que le feu roi a
» exigés pendant le fort des plus longues guerres ; mais, dans le
» temps que le roi tirait d'une main, il répandait de l'autre, et
» cette circulation faisait subsister les grands et les peuples. Au-
» jourd'hui les étrangers qui savent flatter la passion dominante
» consument tout le patrimoine des enfans. » Enfin on ajoutait, en
termes assez amers : « Il semble que le premier soin du duc d'Or-
» léans ait été de se faire honneur de l'irréligion. Cette irréligion
» l'a plongé dans des excès de licence dont les siècles les plus
» corrompus n'ont point eu d'exemple; ce qui, en lui attirant le
» mépris et l'indignation des peuples, nous fait craindre à tout
» moment pour le royaume les châtimens les plus terribles de la
» vengeance divine. »

La même imprudence du régent, qui avait fait publier ces écrits
dans la première chaleur, les fit précéder d'un avis qui portait :
« Que quand le service du roi et les précautions nécessaires pour
» la sûreté et le repos de l'état permettraient de rendre publics les
» autres projets, manifestes et mémoires, on y verrait toutes les
» circonstances de cette *détestable conjuration* (2). »

Mais, quand on eut interrogé les prisonniers, au lieu de crimes
d'état énormes, comme seraient de noirs complots, des projets de
dévastation et d'assassinats, que ces expressions semblaient indiquer, on n'entrevit que le dessein de faire assembler les états généraux; encore ce dessein, répréhensible par la raison que ceux qui le
tentaient n'avaient aucun droit pour cela, punissable même à cause
de liaisons avec un prince étranger, quoique parent, ce dessein se
trouva dénué de preuves concluantes contre les personnes soup-
çonnées. A la vérité, les papiers enlevés à Porto-Carrero inculpaient
l'ambassadeur d'Espagne, comme ayant abusé de son ministère pour
exciter des troubles en France, mais l'inculpaient seul ; car ces papiers n'étant que des copies, les personnes nommées et désignées
pouvaient nier, et nièrent en effet qu'elles y eussent aucune part.

Après avoir promis au public des preuves d'une *abominable conspiration*, après avoir fait fulminer tous les parlemens du royaume
contre les écrits de Cellamare, comme séditieux, insolens, calomnieux, on était encore à chercher ce qu'il y avait de si horrible dans
cet affreux complot. Il paraît que les conseillers du duc d'Orléans,
ceux qui l'avaient excité à ces éclats, auraient fort souhaité de trouver le duc du Maine coupable. On poussa ce désir jusqu'à l'injustice;
« car un des prisonniers ayant écrit dans sa déposition que, lors-
» qu'il traitait d'affaires avec la duchesse du Maine, elle rompait la

Mém. rég., t. II, p. 18. — (2) Staal, p. 69

» conversation dès que le duc du Maine paraissait, le commissaire,
» blessé de ce qui tendait à justifier ce prince, lui dit : Ce n'est pas
» l'apologie du duc du Maine qu'on vous demande; rayez cet article.
» Il le raya, et ne fit pas sentir au magistrat que c'était prévariquer
» dans son ministère, de ne pas recevoir également ce qui était à
» charge et à décharge (1). »

Mais, malgré cette affectation de partialité, l'innocence du prince perçait de tous côtés. Il n'y avait point d'accusé, non seulement qui ne la reconnût, mais même qui ne la préconisât sans en être requis. Dans l'écrit qu'on exigea de madame de Staal, comme condition nécessaire de sa liberté, après la relation des liaisons assez indifférentes formées et entretenues avec quelques intrigans par ordre de la princesse, et après avoir dit : « Voilà les seules choses où j'aie
» quelque part et dont j'aie été informée », elle ajouta, quoiqu'elle sût que par là elle ne faisait pas sa cour : « Au surplus, j'ai entrevu
» que madame la duchesse du Maine se donnait des mouvemens, et
» qu'elle était embarrassée dans quelques affaires dont je n'ai point
» su le détail ; j'ai seulement remarqué l'extrême frayeur où elle
» était que M. le duc du Maine en eût la moindre connaissance. »

Ces confessions par écrit étaient un moyen qu'on avait imaginé pour terminer cette affaire, et donner un air de grâce à la liberté que la justice accordait. « Le régent était décidé à ne relâcher ni les
» chefs ni leurs adhérens, sans un aveu de leur part qui servît d'a-
» pologie de sa conduite. »

Ainsi la duchesse du Maine en fit un et tous les prisonniers à son exemple; mais ce qu'il y a de singulier, c'est qu'il n'y eut aucune de ces déclarations qui ne fût auparavant concertée. Malgré les verrous, les geôliers et les gardes, les prisonniers se communiquaient leurs idées, convenaient de ce qu'ils diraient ou tairaient, se répondaient, se répliquaient; jusqu'aux expressions, tout était minuté auparavant; et ils ne livraient leurs prétendues dépositions qu'après les avoir fait cadrer bien exactement les unes avec les autres. Le régent les lisait dans le conseil, non sans doute qu'il les regardât comme des pièces probantes contre les prévenus du crime, mais comme une espèce de justification de l'éclat qu'il avait donné à cette affaire (2).

La duchesse du Maine, après sa confession, qui ne laissa pas que de compromettre bien du monde, surtout en Bretagne, eut permission de revenir à Sceaux. Elle comptait y trouver le duc son époux; mais il refusa de s'y rendre, irrité de la captivité qu'elle lui avait attirée par son imprudence. Cependant il se laissa ensuite fléchir, et revint auprès d'elle. Il y eut aussi un raccommodement avec le duc d'Orléans. La duchesse voulait entrer en explication. Tout est oublié, lui dit-il; et en effet il ne s'en souvint plus.

(1) Staal, t. II, p. 130 : t. III, p. 48.— (2) Staal, t. II, p. 276.

Alberoni continua à inquiéter la France par des préparatifs d'invasion en Angleterre. Mais déjà le chef de cette expédition romanesque n'était plus. Charles XII, plus soldat que général, avait été tué par son imprudence à la fin de l'année précédente, au siège de Fridericks-Hall en Norwège; et, cette année, la flotte qui devait porter en Irlande le prétendant et le duc d'Ormond, son fidèle assistant, fut dispersée par la tempête. Le cardinal avait formé encore des liaisons intimes avec des seigneurs de notre Bretagne, qui devaient lui livrer des places au moyen desquelles il comptait tenir toutes les côtes le long de l'Océan en respect, et empêcher le régent de porter des secours à ses alliés. Celui-ci envoya une armée dans le Roussillon, avec ordre de pénétrer en Espagne, et déclara en même temps dans un manifeste « que c'était au seul ministre ennemi du repos de » l'Europe qu'il en voulait (1) ».

Philippe s'était flatté qu'une désertion générale allait lui livrer une armée presque entièrement composée d'officiers et de soldats mécontens, et qu'il connaissait tous, pour ainsi dire, par leurs noms, pour avoir autrefois combattu sous lui et pour lui. Mais pas un Français ne dévia du devoir : tous imitèrent leur chef, le maréchal de Berwick, l'un de ceux qui avaient le plus efficacement soutenu le trône de Philippe V, et qui, tout en conseillant à son fils aîné, le duc de Liria, de rester fidèle au service d'Espagne, montrait un semblable dévouement à la cause de la France. Ses succès en Espagne, malgré les intérêts opposés du malheureux prétendant son frère, furent rapides : toute la province du Guipuscoa tarda peu à être envahie, et une partie de la marine espagnole fut détruite dans ses ports, par le concours politique des Anglais à des opérations dont le dommage devait rejaillir un jour sur la France. Mais, quels que fussent les avantages des alliés, Alberoni n'en donnait pas moins de grandes inquiétudes. Tous les jours on découvrait *des mines* qui auraient produit de grands bouleversemens, si elles n'avaient été éventées.

C'était en Bretagne surtout que les trames les plus dangereuses avaient été ourdies. Cette province, accoutumée à voter ses charges avec une apparence de liberté, se voyait dépouillée en ce moment de ce précieux privilège, et en conservait un ressentiment qui, aigri par l'Espagne, alla jusqu'à la révolte. Les forces envoyées pour la réduire étaient presque gagnées par la même puissance : vingt-deux colonels avaient, dit-on, promis d'arrêter le régent lui-même si son humeur guerrière l'amenait parmi eux, et de le livrer à une flotte espagnole qui croisait sur les côtes. Soit que ces desseins eussent été découverts par les papiers qui furent saisis, soit qu'on en eût connaissance par les révélations des conspirateurs arrêtés, une chambre de justice établie à Nantes fut chargée de faire le procès à

(1) *Mém. rég.*, t. II, p. 227, 248, 301, 346, 335 et 342.

plusieurs seigneurs bretons qui se trouvèrent compromis. Quatre d'entre eux eurent la tête tranchée; les autres se sauvèrent, et la Bretagne resta tranquille. Le ministère de France, à force de négociations dans le Nord, réussit à détacher de l'Espagne les rois de Suède et de Danemarck, ainsi que la Russie, qu'Alberoni avait gagnés; il s'était même étayé du Turc, qui devait envoyer une flotte dans la Méditerranée. Le régent ne trouva pas de meilleur expédient pour détruire ces trames que d'en couper les fils, en remontant à la main qui les dirigeait, et pour cela de pousser vivement la guerre en Espagne, de pénétrer jusqu'au centre s'il le fallait, et de forcer ainsi la reine, qui conduisait le roi, à abandonner le ministre qui la conduisait elle-même. Ce moyen réussit. L'empereur seconda ces plans de son côté, en faisant passer seize mille hommes en Sicile. Ceux-ci, sous la conduite du comte de Mercy, petit-fils du fameux général de ce nom, qui trouva la mort dans les champs de Nordlingue, pressèrent de poste en poste le marquis de Leede, à qui la catastrophe de la flotte espagnole avait enlevé tout espoir de retraite, et ils le forcèrent, sous Palerme, à traiter de l'évacuation de l'île.

Leurs majestés catholiques, voyant que la guerre se faisait sérieusement, que déjà Fontarabie et Saint-Sébastien étaient pris, et la Catalogne menacée, prêtèrent l'oreille à des propositions de paix. Elles ne furent autres que les conditions du traité de la quadruple alliance, dont les principales étaient « que l'empereur renoncerait à
» ses prétentions à la couronne d'Espagne, et reconnaîtrait Phi-
» lippe V pour légitime roi des Espagnes et des Indes; que, de son
» côté, le roi catholique renoncerait, en faveur de l'empereur, aux
» états démembrés de la monarchie espagnole tant dans l'Italie que
» dans les Pays-Bas; que la Sicile et la Sardaigne seraient cédées à
» l'empereur, qui gratifierait de celle-ci le duc de Savoie; que, si les
» ducs de Toscane et de Parme venaient à mourir sans postérité
» masculine, le fils aîné du roi d'Espagne et de la reine sa seconde
» femme, et, à son défaut, les autres enfans mâles, hériteraient de
» ces duchés; et que dès à présent le roi d'Espagne pourrait entre-
» tenir à ses ordres dans ces duchés six mille hommes non espa-
» gnols, pour la sûreté de l'héritage. Enfin il y avait un article se-
» cret, par lequel Philippe V devait confirmer sa renonciation à la
» couronne de France », et, à ce qu'on peut présumer, un autre article encore plus secret, par lequel le roi d'Angleterre promettait de restituer Gibraltar à l'Espagne. Telles furent les conditions auxquelles souscrivit Philippe, le 25 janvier 1720.

En les lisant, on est surpris que l'Espagne ait préféré, sous Alberoni, de se procurer par les armes presque tout ce qu'elle pouvait auparavant obtenir par un traité; mais, outre que Philippe V ne devait pas voir avec indifférence la Sicile, la Sardaigne et les Pays-Bas arrachés à sa puissance, et ajoutés à celle de l'empereur en récompense d'une simple renonciation au royaume d'Espagne, où

Charles. VI ne possédait plus rien, il est hors de doute qu'Alberoni lui fit encore sentir que les promesses faites pour la Toscane et Parme, et pour la restitution de Gibraltar, étaient illusoires. Car, si on avait eu véritablement dessein d'assurer ces états aux enfans de la reine, pourquoi exiger que les garnisons qu'on lui accordait d'y mettre ne fussent pas des troupes espagnoles? Et, si on voulait sincèrement rendre Gibraltar, pourquoi ne le pas faire sur le champ? ou du moins pourquoi ne pas joindre à la lettre du roi d'Angleterre un engagement authentique?

De plus, la renonciation à la couronne de France, demandée de nouveau, ne devait pas être agréable à Philippe V, si l'on en croit Saint-Simon, qui, ayant été ambassadeur en Espagne, connaissait à fond ses dispositions scrupuleuses. « Ce prince, dit-il (1), ne pou-
» vait s'ôter de la tête la force des renonciations de la reine sa
» grand' mère, épouse de Louis XIV. Quant au testament de Char-
» les II, il ne pouvait comprendre que ce roi eût été en droit de
» disposer d'une monarchie dont il n'était qu'usufruitier. Il se regar-
» dait donc comme un usurpateur; et, pour s'étourdir sur ses
» scrupules, il conservait toujours un esprit de retour vers la France,
» et ne voulait pas se fermer entièrement le chemin au trône
» de ses pères, s'il arrivait malheur à son neveu. On ne peut nier
» que tout cela ne fût mal arrangé dans sa tête ; mais enfin cela
» y était. »

Par toutes ces considérations, Alberoni n'aura pas eu de peine à persuader au roi et à la reine que, dans la circonstance où ils se trouvaient, avec de fortes armées et beaucoup d'alliances, une bonne et franche guerre valait mieux qu'un traité captieux. En effet il ne fut d'aucune utilité à l'Espagne, et les Anglais seuls en tirèrent de l'avantage par les faveurs qu'ils procurèrent à leur commerce. Au reste, l'accomplissement des conditions de la quadruple alliance éprouva de longs délais. La forme à donner à tous les actes qui devaient constater et affermir les cessions et les échanges présenta de grandes difficultés. Pour les lever, on convint d'un congrès qui fut indiqué à Cambrai, et qui ne fut en activité qu'en 1722.

Une des principales conditions de la paix avait été la disgrace d'Alberoni, qui quitta l'Espagne le 5 décembre 1719. Ce prélat, doué des vrais talens de ministre, qui semblaient devoir être si étrangers à son éducation et à sa naissance, montra, pendant le court espace de son administration, ce qu'on pouvait attendre de l'Espagne bien gouvernée. Quoique tout puissant, il essuya quelquefois des dégoûts de la part des seigneurs espagnols, dont la fierté ne plie pas aisément. Il semble que la reine ne lui fit pas rendre, dans son malheur, ce qu'elle devait à un serviteur fidèle, plutôt sacrifié que puni. Il sortit d'Espagne en fugitif et en banni ; « mais il soutint sa

(1) Tome V, p. 71.

» disgrace et les persécutions qui en furent les premières suites en
» grand homme, et en effet c'en était un. Il prouva qu'il était vic-
» time des circonstances, et non d'aucune faute de conduite. Albe-
» roni avait voulu servir son maître comme Richelieu avait servi le
» sien; mais le temps, les lieux et le maître même étaient bien
» différens (1).

En sortant d'Espagne, il traversa les frontières de France accompagné d'un officier chargé par le régent, non de lui faire honneur, mais de le tenir sous sa garde comme un prisonnier. Gênes refusa de lui donner un asile; Rome le rejeta aussi. Il fut contraint de se cacher quelques années dans les états de l'empereur, d'où un nouveau pape le tira enfin, et lui donna la légation de la Romagne. « Ce cardinal trouva encore moyen de faire parler de lui dans le
» monde en entreprenant pour le saint siège la conquête de la petite
» république de Saint-Marin, village situé à la vue de Rimini, sur
» une hauteur. Cette entreprise d'Alberoni, remarque un auteur de
» mémoires, eut tout l'air de la parodie des *comédies héroïques*
» qu'il avait jouées en Espagne vingt ans auparavant. » Tant il est vrai que le désir de dominer ne fait que s'assoupir dans un repos forcé, et qu'à la moindre occasion il se réveille !

C'est pendant le cours de ces évènemens que la banque se remplissait paisiblement de l'argent des Français, et payait avec cet argent les billets de l'état et autres engagemens royaux qu'elle retirait. Lorsqu'à force d'en acquitter ils commencèrent à disparaître, et que par là ce moyen de répandre avantageusement les billets et les actions de la banque vint à manquer, Law en imagina un autre non moins industrieux, ce fut de baisser l'argent, en tenant toujours l'écu de banque à son premier taux : de sorte qu'on s'empressa de porter à la banque l'argent qui tombait, et de recevoir en échange des billets qui se soutenaient. Quand le ministère, soit honte de son abondance, soit besoin d'une autre manœuvre, voulait empêcher une chute de l'argent trop rapide, il en haussait la valeur ; alors on le resserrait dans les bourses comme un effet qui allait devenir précieux, et il y restait immobile jusqu'à ce qu'un nouveau décri le fît encore couler vers la banque.

Il serait difficile de dépeindre l'espèce de frénésie qui s'empara des esprits à la vue des fortunes aussi énormes que rapides qui se firent alors. Tel qui avait commencé avec un billet d'état, à force de trocs contre de l'argent, des actions et d'autres billets, se trouvait avoir des millions au bout de quelques semaines. La rue Quincampoix, rue longue et étroite, était, on ne sait pourquoi, le rendez-vous des actionnaires et le théâtre de leur manie. On y vit des domestiques, arrivés le lundi derrière le carrosse de leur maître, s'en retourner dedans le samedi. La foule s'y pressait au point que plusieurs personnes y furent étouffées (2).

(1) *Essais d'Argenson*, p. 144. — (2) *Mém. rég.*, t. II, p. 130.

Il n'y avait plus dans Paris ni commerce ni société. L'artisan dans sa boutique, le marchand dans son comptoir, le magistrat et l'homme de lettres dans leur cabinet, ne s'occupaient que du prix des actions. La nouvelle du jour était leur gain ou leur perte. On s'interrogeait là-dessus avant que de se saluer. Il n'y avait point d'autre conversation dans les cercles, et le jeu des actions remplaçait tous les autres.

A l'exemple des joueurs, on était cruel et impitoyable. Celui qui venait d'être ruiné par la baisse subite des papiers dont il était porteur, ne craignait pas d'égorger son ami en l'engageant à les prendre avant qu'il en connût la défaveur. Aussi y eut-il des suicides, des assassinats, et tout ce que la cupidité et le désespoir peuvent enfanter de crimes.

Lorsque tout prospérait aux actionnaires, lorsque, satisfaits de contempler des richesses immenses dans leurs portefeuilles à côté de leurs coffres vides, ils se repaissaient encore d'espérances de plus grandes fortunes, le 21 mai 1720, parut, au moment où on s'y attendait le moins, un édit qui réduisait les actions à moitié. Cette opération était devenue nécessaire, parce que, profitant de l'enthousiasme et se jouant de la crédulité publique, Law et le régent, à l'insu même l'un de l'autre, n'avaient pas craint de mettre sur la place infiniment plus de papier que l'argent réuni dans la banque n'en pouvait payer. Ce coup imprévu tira la nation de son assoupissement et fit disparaître les illusions de ses rêves agréables. A la confiance et aux espérances succédèrent les craintes et les réflexions douloureuses. Le parlement fit des remontrances, et le régent parut les accueillir (1).

Cette démarche du parlement, les raisons qui fondaient ses remontrances, dessillèrent les yeux, et firent une plaie mortelle au système. En vain, pour le soutenir, Law, déclaré contrôleur-général des finances, employa-t-il les ressources de son génie, et le régent toute son autorité : leurs efforts furent inutiles. On fit frapper de nouvelles espèces plus légères, auxquelles seules on donna cours. Il y eut ordre de porter les anciennes à la monnaie ; mais le public s'obstina à les garder. Sous prétexte que les capitalistes resserraient leur argent pour entraver l'échange et la circulation des billets, on défendit à tout particulier d'avoir chez soi plus de cinq cents livres en argent comptant, et chacun n'en fut que plus attentif à le garder soigneusement. Comme le volume d'une grosse somme pouvait la déceler, il y en eut qui convertirent leur argent en perles et en diamans ; et cette adresse fut encore défendue, mais inutilement. En vain aussi présenta-t-on un nouvel appât en redonnant aux billets leur première valeur, personne ne s'y laissa plus prendre.

(1) *Mém. rég.*, t. II, p. 402 ; t. III, p. 5. Villars, t. II, p. 430.

Les particuliers trouvaient dans le dépérissement de leur fortune des motifs puissans de ne plus se laisser éblouir par des chimères, et ils étaient encore excités à se tenir en garde par la résistance du parlement, qui refusait d'enregistrer les édits que le ministère présentait à l'appui du système. Fatigué de ces obstacles, qui *détraquaient* sa machine, Law obtint que le parlement serait exilé, et il fut envoyé à Pontoise le 2 juillet. Alors parut une multitude d'édits, déclarations, arrêts du conseil de finance, pour fixer le taux de l'or, celui de l'argent, borner l'argenterie et la bijouterie, augmenter le numéraire, donner les moyens de partager les actions, prescrire la manière de les couper, de les transmettre, de tenir les registres, d'ouvrir et de fermer les comptes en banque. Enfin, en huit mois on compte trente-trois édits de cette espèce, souvent destructifs les uns des autres; vrai tour de force, décelant dans ceux qui donnaient ce spectacle beaucoup d'embarras et peu de ressources (1).

On a écrit que le régent avait enrichi l'état. Peut-être le crut-il lui-même, puisqu'il répandit un compte sommaire, dans lequel il annonçait au public qu'il avait payé, depuis la mort de Louis XIV, pour un milliard sept cent vingt-deux millions de dettes. Or, disaient ceux qui réfléchissaient avec maturité sur le système, pendant cet intervalle de cinq ans, la terre n'a pas vomi de son sein des monceaux de métaux précieux; elle n'a pas donné des récoltes doubles et triples; il n'est pas tombé, comme du temps des fées, des pluies de perles et de diamans; on n'a pas vu d'économies importantes; de nouvelles découvertes en industrie et en commerce n'ont pas fait couler en France, à grands flots, les trésors des autres royaumes; c'est donc d'elle-même et de sa propre substance que la nation a tiré une somme si prodigieuse. C'est un tort fait à chaque citoyen, auquel on a enlevé par fraude, par artifice, par séduction, les gages et cautionnemens des avances qu'il avait faites au gouvernement dans sa détresse; or, appauvrir et ruiner chaque particulier, ce n'est « ni payer les dettes de l'état, ni l'enrichir ».

Cette vérité n'est que trop prouvée par la peinture de l'état où la France se trouva réduite, quand le renversement de la banque eut fait cesser l'illusion qui ne s'était pas bornée à Paris, mais qui s'était étendue dans toutes les provinces. La peste venait de ravager Marseille et une partie de la Provence. Un incendie affreux venait de dévorer la moitié de la ville de Rennes. Le régent, qu'on accusa méchamment d'avoir attiré ces fléaux pour occuper les esprits, crime dont il n'était pas capable, exhorta les évêques, par une lettre circulaire, de contribuer au soulagement des malheureux par des quêtes dans leurs diocèses. Voici ce que répondit celui de Castres : « Tous les soins en faveur des diocèses affligés de la con-
« tagion n'ont pu produire dans le mien que cent pistoles en es-

(1) *Mém. rég.*, t. III, p. 3.

» pèces, et cinq mille livres en billets. L'inondation de ces papiers
» a fait presque autant de mal dans nos cantons que les flammes en
» ont pu faire en Bretagne. Si le spectacle n'est pas si affreux, les
» effets n'en sont pas moins funestes. Nos maux sont plus cachés,
» mais ils n'en sont pas moins réels, et n'en sont que plus incu-
» rables. Qu'importe que nos maisons n'aient pas été réduites en
» cendres, si de tout ce que nous avions de plus nécessaire il ne nous
» reste qu'une matière qui n'est que propre à être jetée au feu (1)?
» Quel changement, en six mois de temps, ces billets n'ont-ils
» pas apporté aux fortunes qui paraissaient les mieux établies? on
» ne saurait le comprendre sans le voir, et on ne saurait le voir
» sans être accablé de douleur. Plus de commerce, plus de travail;
» plus de confiance, ni dans l'industrie, ni dans la prudence, ni
» dans l'amitié, ni dans la charité même. Le commerce entière-
» ment interrompu rend l'industrie ou oisive ou inutile. La con-
» fiance détruite détruit l'amitié ou en suspend les effets, en
» persuadant aux particuliers qu'il est désormais de la prudence de
» ne se fier à personne, et de ne prêter ni à leurs amis ni à leurs
» proches. La charité, toujours ingénieuse, ne saurait l'être à pré-
» sent que pour découvrir des besoins extrêmes, partout où elle
» était en possession de trouver des ressources; réduite à pleurer
» avec ceux qui pleurent, sans trouver aucune occasion de se ré-
» jouir avec quelqu'un, ni les moyens d'essuyer les larmes des pau-
» vres et des affligés. » Il ajoute: « Ce ne sont point ici des exagé-
» rations, c'est l'expression la plus simple d'une vérité connue de
» tous. » Ce tableau d'une misère réelle, et que toute la France
éprouva, est une preuve que l'extinction d'une si grosse dette, si
elle a eu lieu, n'a point *enrichi l'état*, à moins qu'on ne distingue
l'état de ceux qui le composent, et que, par une erreur familière aux
ministres courtisans, on ne croie que peu importe la misère du peuple, pourvu que le trésor du prince soit rempli.

Mais d'autres maux produits par le système, maux plus grands
que la misère qui ne frappe que l'individu, ce furent un luxe effréné
qui gagna toutes les conditions, la désertion des campagnes, le surhaussement excessif du prix des ouvrages et des denrées, et, le
pire de tous, la passion des richesses substituée à l'amour de l'honneur et de la vertu.

Les fêtes somptueuses de Louis XIV avaient à la vérité inspiré le
goût de la magnificence, mais qui ne s'étendait guère au delà de la
cour; au lieu que l'exemple des nouveaux enrichis, leur facilité
à prodiguer l'or comme ils l'avaient gagné, leur profusion pour
la table, les équipages, les ameublemens, leur prodigalité à payer
les commodités et les plaisirs qu'on leur présentait, communiquèrent une espèce de frénésie de parure, de bonne chère, de jeu

(1) *Mém. rég.*, t. III, p. 107.

et de bâtimens. « Tandis qu'on voyait la misère au plus haut degré
» et la France ruinée, il y avait des gens qui faisaient abattre,
» comme insuffisans, des palais où le plus magnifique des rois s'é-
» tait trouvé parfaitement bien logé avec toute sa cour, pour en
» faire de plus beaux. » Les denrées haussaient, baissaient, selon
les variations de l'argent et des billets, et elles restèrent à la fin à
un taux qui rendit la main d'œuvre plus chère, et empêcha souvent
nos manufactures de soutenir la concurrence avec celles de nos rivaux. Les villes engloutirent les campagnes, c'est-à-dire que l'appât d'une fortune romanesque attira dans leurs murs les gens aisés,
qu'une modestie et une frugalité héréditaires rendaient auparavant
la ressource des pauvres cultivateurs. Enfin il n'y eut plus de proportion ni de délicatesse dans les alliances ; l'opulence égalisa tout.
L'homme de robe, le gentilhomme, le grand seigneur même ne rou-
girent pas de savoir que la personne qu'ils allaient faire entrer dans
leurs familles en approcherait ses vils parens, et y introduirait des
mœurs vicieuses ou au moins grossières (1).

Il ne sera pas inutile de faire observer que dans le même temps
l'épidémie de l'agiotage infecta aussi d'autres contrées. « La com-
» pagnie de la mer du Sud et l'allée du Change à Londres valaient
» bien la compagnie du Mississipi et la rue Quincampoix de Paris.
» Il en était de même en Hollande. Les projets en idées s'y multi-
» pliaient partout. Qu'il passât par la tête d'un homme d'en proposer
» un au hasard et même en badinant, les meilleures bourses s'y
» livraient. On a vu, sur un simple exposé de cette nature, souscrire
» pour plus de douze millions en deux heures de temps, et la foule
» de ceux qui couraient à l'endroit indiqué, avec autant d'ardeur
» que si on y eût distribué des trésors, était telle, qu'on aurait
» trouvé cent millions dans la journée avec autant de facilité. On
» sait qu'un projet a gagné cent pour cent en deux jours avant
» qu'on sût s'il aurait lieu, de sorte que, dans ce court espace de
» temps, ceux qui avaient seulement prêté leurs signatures ont gagné
» réellement le fonds de ce qui n'était qu'imaginaire (2). »

Law, cette espèce de magicien qui avait, comme d'un coup de
baguette, fait passer tout l'argent de la France dans les coffres de la
banque, ne profita pas des richesses qu'il avait d'abord accumulées.
Le régent, obligé de l'arracher plus d'une fois à la fureur du peuple,
finit par le faire sauver en Flandre, d'où il passa à Venise avec sa
famille, qui ne s'était préparé comme lui qu'une faible planche
pour le naufrage. On rapporte qu'il y passa sa vie dans les réduits
où se tiennent les banques, occupé de gageures, de chances, de
loterie, et des jeux auxquels le hasard préside.

Marseille, dont la sage défiance avait constamment repoussé les
trompeuses ressources de la banque, se vit livrée à un fléau plus

(1) Villars, t. II, p. 433. — (2) Mém. rég., t. II, p. 334.

terrible, par la négligence des officiers de santé préposés à son lazaret. A la fin de mai, leur imprudence donna lieu à la communication prématurée de l'équipage et de la cargaison d'un vaisseau venant de Syrie et infecté de la peste. La honte d'avouer leur incurie les rendit long-temps opiniâtres à s'aveugler sur la nature de l'épidémie ; mais les progrès effrayans qu'elle avait faits au mois de juillet ne permettant plus de la méconnaître, de tardives mesures furent prises alors pour fermer le port, cerner la ville et la pourvoir de vivres dont elle se trouvait manquer.

Pendant quelque temps on put rendre à la terre, non sans de grands dangers, et aux prix des sommes les plus considérables, les dépouilles mortelles de ceux qui succombaient. Mais, lorsque l'on en compta jusqu'à cinq cents moissonnés dans un seul jour, l'appât du gain devint insuffisant pour dérober aux yeux l'affreux spectacle de tant de pertes, et des monceaux de cadavres entassés dans les rues ajoutèrent à la malignité du fléau qui avait déjà fait tant de victimes. Ce fut alors que, par un dévouement au dessus de tout éloge, le bailli de Langeron, chef d'escadre, dont la prudence avait su isoler de la ville toutes les dépendances de la marine militaire, accepta la dangereuse mission d'y établir l'ordre que réclamaient ses besoins de tout genre. Aidé du chevalier Rose et des généreux échevins Estelle et Moustier, il fit déblayer par des forçats, et ensevelir dans des fosses profondes, la multitude des cadavres qui encombraient les rues, les ruisseaux et le port même. L'évêque de Marseille, Belzunce, secondait leur zèle de ses exhortations pieuses; et, invulnérable comme eux à une contagion qu'il bravait avec le même dévouement, il était par lui-même, et par les autres ministres de la religion qu'il encourageait de son exemple, le consolateur des mourans et le soutien de ceux qui survivaient. Courbé sur le lit de douleur des premiers, à toute heure et en tout lieu, il administrait les secours de la religion, sans redouter leur haleine meurtrière ; et, à la tête des autres, il offrait au ciel, dans des processions expiatoires, les vœux les plus touchans d'un peuple consterné sous le poids de son infortune.

Le ciel écouta leurs prières. A la fin de septembre, un vent du nord commença à dissiper les miasmes putrides qui planaient sur la ville, et qui avaient réduit presque à moitié une population de cent mille ames. Les grands ravages cessèrent à cette époque ; mais les derniers symptômes ne disparurent qu'un an après la première invasion. Aux désastres de l'épidémie succéda l'appréhension de la famine dans cette malheureuse cité, que la contagion avait privée de la ressource de son port. Touché de ses besoins, le **pape Clément XI**, par une sollicitude digne du père commun **des chrétiens**, fut des premiers à y pourvoir, et il y fit **parvenir** deux bâtimens chargés de grains, que l'évêque distribua **aux** indigens.

C'était contre ce chef vénérable de l'église, qui termina sa carrière dans les premiers mois de l'année suivante, après un pontificat de vingt ans, que s'élevaient, depuis le commencement de la régence, les prélats opposés à la bulle *Unigenitus*. Suivant leurs partisans, elle ne menaçait rien moins que les libertés de l'église gallicane, elle proscrivait évidemment l'amour de Dieu, la nécessité de la grace, la doctrine de saint Paul et de saint Augustin. Des contes ridicules, qui se détruisaient d'eux-mêmes, étaient propagés avec habileté pour faire croire qu'elle avait été arrachée à la faiblesse du pontife; et une affectation de rigorisme, cachet assez ordinaire de l'esprit de secte, donnait du poids à ces assertions, et tendait à faire oublier les vertus éminentes qui se trouvaient aussi dans les défenseurs de l'autorité.

Les jansénistes, mal vus de Louis XIV, étaient entrés naturellement dans les intérêts du duc d'Orléans. C'était la cause de la protection qu'ils avaient éprouvée dans les premiers jours de la régence. Leur haine contre la bulle s'accrut de cette faveur, et, après une guerre d'écrits, les uns graves et savans, les autres aigres et piquans, une guerre d'instructions pastorales et de mandemens entre les évêques acceptans et opposans, le premier mars 1717, quatre évêques, du nombre desquels était Soanen, évêque de Sénez, que ces disputes ont rendu célèbre, appelèrent solennellement de la constitution au futur concile. Ils vinrent en Sorbonne notifier leur appel dans une assemblée nombreuse de la faculté de théologie, qui y adhéra; celles des arts, de droit et de médecine s'y joignirent. Les facultés de théologie de Reims et de Nantes, un très grand nombre d'ecclésiastiques séculiers et réguliers, beaucoup de chapitres et de communautés, se pourvurent par la même voie contre la constitution. Les quatre évêques eurent plusieurs imitateurs parmi leurs confrères, entre autres le cardinal de Noailles.

Les acceptans, qui étaient en plus grand nombre, jetèrent un grand cri contre cette atteinte portée à un décret enregistré, qu'ils regardaient comme loi de l'église et de l'état : leurs plaintes pressantes et réitérées parvinrent au régent, qui en fut très embarrassé. Il tergiversa, tâcha de calmer les esprits, et promit d'envoyer à Rome chercher des explications et des moyens de concorde. En attendant, il écrivit aux acceptans une lettre qu'il rendit publique, et par laquelle il défendait d'appeler de la constitution sans nécessité. Ce mot était, à ce qu'on dit, une interpolation du chancelier d'Aguesseau, l'idole et l'espérance alors du parti, après le cardinal de Noailles. On supposa qu'il avait espéré de cette adresse concilier peut-être toutes les opinions. Il ne fit que refroidir à son égard le régent, qui fut obligé de prendre la faute sur lui, mais qui commença à retirer l'appui qu'il avait donné d'abord aux jansénistes. Ses premières nominations avaient toutes été en leur faveur, et c'est à cette occasion qu'il dit plaisamment au sortir du conseil : « Les jansénistes » ne se plaindront pas de moi ; j'ai tout donné à la grace et rien » au mérite. » Il s'en repentit, quand il vit son choix repoussé par le pape. Cependant il tint bon pour l'honneur de l'autorité royale ; mais il se promit dès lors de ne la plus commettre pour contenter un parti qui, malgré des soutiens éminens, était trop visiblement celui de la minorité. Dans la circonstance présente, la circulaire déplut et aux opposans, parce qu'elle prohibait l'appel, et aux acceptans, parce qu'elle le permettait dans le cas de nécessité, dont chacun serait juge selon sa conscience droite ou erronée. Aussi l'acharnement continua-t-il à se manifester entre les deux partis par des écrits pleins d'amertume.

On ne prévoyait pas comment finirait cette querelle, lorsque l'ambition d'un homme procura une surséance, qu'on eut droit alors de regarder comme une véritable paix. L'abbé Dubois s'était déjà fait donner l'archevêché de Cambrai ; et, malgré ses principes et ses mœurs, il tendait encore à la pourpre. L'embarras de Rome, par rapport à sa bulle, dont l'état précaire en France lui donnait de grandes inquiétudes, fit croire à l'archevêque que, s'il pouvait soulager le pape de ce fardeau, ce serait pour lui un acheminement sûr au cardinalat.

Deux choses étaient nécessaires pour parvenir à ce but : tirer des évêques opposans une acceptation, et du parlement, qui était exilé à Pontoise pour les affaires de finance, un nouvel enregistrement qui imposerait nécessité à tout le monde ; deux moyens qui paraissaient comme impraticables dans la chaleur où étaient les esprits. Cependant Dubois le tenta et y réussit, car c'est à lui qu'on attribue le succès de cette affaire.

Le cardinal de Noailles appuyait son appel sur ce qu'il prétendait que la bulle, en condamnant certaines propositions du livre de Quesnel, dont un sens était très catholique, n'attaquait pas moins que des dogmes positifs, des principes moraux, et de plus les libertés de l'église gallicane. En paraissant entrer dans les idées du prélat, Dubois l'entoura de théologiens qui lui remontrèrent que tout ce qu'il pouvait désirer était que ces vérités fussent mises en sûreté, de manière que l'acceptation de la bulle ne les effleurât même pas. Cette acceptation, lui répétait-on sans cesse, est nécessaire pour la paix de l'église ; or, un avantage si grand que cette paix méritait bien quelque condescendance. On le fit donc consentir à dresser un écrit qu'il nomma *corps de doctrine*, dans lequel tous les points discutés, et qui paraissaient entamés par la bulle, étaient munis de preuves qui les mettaient hors d'atteinte de toutes les conséquences dangereuses qu'on pourrait tirer de la bulle contre eux. Noailles présenta son écrit à quarante de ses confrères assemblés en présence du régent ; ils le signèrent et acceptèrent la constitution, *conformément au corps de doctrine*. Il fut envoyé dans différens diocèses, et un grand nombre d'évêques y souscrivirent : c'est ce qu'on a appelé *l'accommodement des quarante*.

Cependant tous les obstacles n'étaient pas levés. Il restait encore un petit nombre d'évêques opposans, et la Sorbonne même fit des protestations. Le cardinal en prit occasion de retarder le mandement qu'il avait promis, sous les explications et interprétations consignées au *corps de doctrine*. Faisant même assez maladroitement dépendre ses sentimens de ceux d'une assemblée laïque, il en refusa la publication, jusqu'à ce que la déclaration du roi pour l'acceptation de la bulle, et la défense d'en appeler au prochain concile, fussent enregistrées au parlement, qui témoignait en général un éloignement prononcé pour la constitution, et qui prétendait lui-même attendre l'exemple de son pasteur. Cette espèce de collusion fut punie par la formation d'un nouveau conseil de conscience, dont le cardinal fut exclu, et par la menace qui fut faite au parlement d'être relégué à Blois. Ce corps, déjà ennuyé de son exil à Pontoise, commença à s'effrayer. On parlait d'ailleurs de lui donner d'autres et de plus importans déboires : il était question de diminuer son ressort, et de lui substituer dans l'enregistrement des lois le grand conseil, qui, dans une espèce de lit de justice, auquel les pairs avaient assisté, venait d'accepter la bulle. L'Ecossais Law, qui était encore dans le ministère, et qui trouvait l'occasion de se venger du parlement, proposait même d'en rembourser les offices avec son papier décrié, et de reconstituer des magistrats qui n'eussent d'autres fonctions que celles d'administrer la justice. D'Aguesseau enfin tremblait pour un corps auquel il était tendrement attaché, et il hésitait de se prêter à sceller les mesures violentes que l'on projetait. Dans ces dispositions favorables à un accommodement, des négociations officieuses le procurèrent. Villars, comme autrefois Turenne en des circonstances presque semblables, s'y entremit avec zèle et obtint enfin du cardinal et du parlement le sacrifice d'une opinion particulière, qu'on leur donna le mérite de faire les uns et les autres au noble motif de la paix de l'église et de l'état. Dans leur commune soumission, le cardinal prévint le parlement, et celui-ci enregistra la déclaration, le 4 décembre 1720, « conformément aux » règles de l'église et aux maximes du royaume sur les appels au » futur concile », réserve qui lui fut permise pour sauver au moins son honneur. Ainsi la constitution *Unigenitus* devint pour la seconde fois loi de l'état, et la paix parut être rendue à l'Eglise de France. Le parlement revint à Paris, et Dubois fut fait cardinal l'année suivante par le pape Innocent XIII.

Le régent avait eu un intérêt personnel dans cette affaire. Il voulait marier sa fille au prince des Asturies, et faire épouser au roi Marie-Anne-Victoire, infante d'Espagne. Ce dernier mariage était mal assorti pour l'âge, la princesse n'ayant que quatre ans, et le roi, dont la constitution s'était extrêmement fortifiée, en ayant bientôt treize. Aussi cette disproportion fit-elle hésiter la cour d'Espagne, dirigée alors par le jésuite d'Aubenton, dont la cour de France avait employé le crédit pour ruiner celui d'Alberoni. On dit que, pour se faire payer de ce service, lui et ses confrères, dirigés par leur général et par le pape, déterminèrent le roi, la reine et les membres du conseil, leurs pénitens, à ne consentir au mariage que sous la condition que la bulle *Unigenitus* serait reçue en France et enregistrée au parlement, et que la conscience du roi serait remise à la direction d'un jésuite.

Malheureusement l'enregistrement de la bulle ne rendit pas encore la paix à l'église de France. Il ne lui procura qu'une trêve passagère, et le vieux levain d'aigreur et de révolte continua de fermenter. Deux ans n'étaient pas écoulés depuis l'accommodement, que le cardinal de Noailles, se reprochant peut-être ses ménagemens comme une faiblesse, donna de nouveaux témoignages d'humeur, en refusant des pouvoirs au père de Linières, jésuite, homme droit et sans intrigue. Dans la vue de satisfaire l'Espagne, on l'avait donné au roi pour confesseur, sur la démission du modeste abbé Fleury, auteur de l'Histoire ecclésiastique, ancien sous-précepteur du duc de Bourgogne, et alors plus qu'octogénaire, que le duc d'Orléans, au commencement de sa régence, avait choisi sur ce motif « qu'il n'était ni janséniste, ni moliniste, ni ultra-» montain ». A sa retraite, et d'après l'obstination de l'archevêque, le roi, pour profiter du ministère du père de Linières, se vit contraint de se rendre à Saint-Cyr, qui dépendait du diocèse de Chartres.

Ces mouvemens dans le clergé et le barreau, dont il a fallu suivre les minutieuses intrigues, déplaisaient singulièrement au régent, qui aurait voulu n'avoir qu'à traiter le fond des affaires, et en abandonner le détail à quelqu'un plus fait que lui pour ces objets. Dubois, dont il avait éprouvé la capacité, et dont il croyait la soumission à ses volontés assurée, était celui qu'il avait choisi pour cet emploi ; et c'était aussi afin de le proportionner insensiblement au rang qu'il lui destinait, qu'il l'avait, dit-on, décoré de la mitre de Cambrai, et enfin du chapeau de cardinal. Mais avant de se décharger entièrement du détail des affaires, le régent se proposa de mettre un dernier ordre dans les finances.

Afin de constater la véritable dette de l'état, masquée par la valeur idéale du papier, le 26 janvier, sur l'avis des frères Pâris, auxquels on devait la première liquidation faite en billets d'état au commencement de la régence, fut rendu un édit du conseil, portant qu'il serait fait une représentation générale de tous les effets publics alors en circulation. Les propriétaires devaient donner en même temps des déclarations de leur origine, et du prix auquel ils les avaient acquis, en produisant les titres ou contrats par lesquels ils en étaient devenus possesseurs. On y apposait alors un timbre, et c'est ce qui s'appelait *viser*, d'où est venu le nom de *visa*. Sur plus de trois milliards d'effets qui devaient être en circulation, deux milliards deux cents millions seulement furent visés ; le reste demeura dans le portefeuille de capitalistes qui s'obstinèrent à ne pas vouloir subir de réduction, et qui perdirent la totalité de leurs créances. La faveur de l'agiotage soutint quelque temps de plus ces effets non visés, et l'année suivante on trouvait encore soixante francs d'une action des Indes ou d'un billet de banque de mille livres. Mais ils ne tardèrent pas à s'anéantir absolument. Quant aux effets visés, il ne s'opéra sur leur montant qu'une réduction de cinq cents millions, en sorte que la dette fut liquidée à dix-sept cents millions environ. Le Pelletier de la Houssaye, contrôleur-général des finances après Law, déclara l'impossibilité de faire honneur en totalité à une pareille créance, et pour y satisfaire, au moins en partie, il proposa la création de quarante millions de rentes sur l'hôtel de ville, et l'érection de quantité de charges ou offices lucratifs ou honorifiques, propres, sous ces deux rapports, à tenter la cupidité des particuliers. Quelques minces que fussent ces placemens, on dut se trouver encore trop heureux, à ce prix, de voir disparaître enfin cette masse énorme de papier sous laquelle la France avait pensé être abîmée.

L'expédient du *visa*, malgré son utilité reconnue, ne pouvait manquer d'entraîner bien des inconvéniens. D'abord il était très désagréable de se trouver forcé de déclarer qu'on avait vendu l'héritage de ses pères. Ensuite ceux qui s'étaient vus contraints de recevoir des billets, les uns pour des marchandises, d'autres pour des meubles, ne pouvant prouver qu'ils venaient de propriétés foncières, restaient avec des papiers sans valeur. A l'égard même des agioteurs de profession, c'était une injustice de les priver, par une formalité, du prix de leur industrie. Le ministère y mit même une violence honteuse ; car plusieurs d'entre eux étant revenus se présenter au *visa*, on ne se contenta pas de ne point timbrer leurs effets, auxquels les préposés ne trouvèrent pas les conditions requises; mais on retint les billets, et on renvoya les porteurs les mains vides. D'autres eurent ordre, sous peine d'exécutions, d'apporter à la banque une certaine quantité d'actions pour être brûlées. On envoya garnison chez ceux qui n'obéissaient pas, on saisit leur or et leurs bijoux, et plusieurs furent mis en prison, « quoiqu'ils protestassent » que ce n'était point un crime d'être devenus riches par les moyens » inventés par la cour ».

D'où il est clair que cette opération du *visa*, dont on se promit d'abord de grands avantages, n'en eut que pour le fisc, qu'elle débarrassa d'une multitude prodigieuse de billets qu'il aurait fallu payer, et qu'elle ne fut utile qu'à un petit nombre de ceux qui avaient été contraints, par les circonstances, d'échanger leurs fonds contre du papier, encore se fit-il des malversations dans la manière même d'opérer le *visa*. Des commis infidèles reçurent de l'argent pour reconnaître acquis avec des fonds des billets qui n'avaient pas cette origine, et pour leur procurer ainsi la faveur du *visa*. Les plus riches actionnaires, sans s'amuser à corrompre des commis, allèrent droit aux favoris et favorites du régent, et « leur offrirent des millions, » moyennant que le reste de leur bien demeurât à couvert, ce qui » leur fut promis et tenu »; c'est-à-dire que, moyennant un sacrifice, qui n'entrait pas dans les coffres du roi, on visa et valida les effets d'une acquisition suspecte. Ainsi le *visa* péchait dans le fond et dans la forme.

Le duc d'Orléans, qui, tenant en main la balance du système, aurait pu en incliner le bassin de son côté, et verser dans sa maison des trésors immenses, n'y gagna rien, à la différence d'autres princes, dont les grands biens datent de cette époque. Mais, s'il n'en profita pas, tous ceux qui étaient autour de lui s'enrichirent, soit par les graces que leur importunité obtint pour ceux qui les payaient, soit pas les dons qu'ils arrachaient pour eux-mêmes.

La première fois que Dubois entra au conseil-d'état avec la dignité de cardinal, qui lui donnait le pas sur les membres laïcs, le chancelier, les pairs et maréchaux de France s'en absentèrent. Le duc de Noailles, un des mécontens, le rencontrant le soir, lui dit : « Cette journée sera fameuse dans l'histoire, monsieur : » on n'oubliera pas d'y marquer que votre entrée au conseil en a » fait déserter tous les grands du royaume. » Le prélat montra dès ce moment comment il comptait user de l'autorité. Il fit exiler sans ménagement ceux qui avaient marqué par leur absence leur improbation ; ceux qui s'étaient d'avance retirés dans leurs terres reçurent ordre d'y rester, et on leur signifia que leurs pensions ne seraient plus payées. D'autres personnes attachées au régent, plus confidentes de ses plaisirs que de ses affaires, furent aussi éloignées, par la seule raison qu'elles portaient ombrage au favori.

Cette inflexibilité du cardinal devait faire craindre au prince ce qui pouvait lui arriver à lui-même, lorsque Dubois se trouverait premier ministre, au moment où le roi, qui approchait de treize ans, serait déclaré majeur. On présenta au régent ces conséquences; il les sentit. Mais, comme nous l'avons insinué, la lassitude des affaires, l'espérance de se livrer plus facilement et sans inquiétude à ses plaisirs, le firent passer par dessus ces considérations; et, le 22 août 1722, Dubois fut nommé premier ministre.

Louis XV, qui avait été sacré à Reims le 26 octobre 1722, fut déclaré majeur au parlement dans un lit de justice le 22 février 1723. Il vit aussi arriver, pour être élevée à la cour de France, l'infante d'Espagne, qui lui était destinée en mariage.

En prenant les rênes du gouvernement, le cardinal Dubois montra des dispositions louables. Il parut qu'il cherchait à se réhabiliter dans l'opinion publique ; il fit des règlemens sages, montra de l'ordre et de l'application. On commençait à croire avec étonnement qu'on pourrait être heureux sous son ministère, lorsqu'un ancien mal long-temps caché se déclara avec violence au commencement du mois d'août. C'était un abcès dans la vessie. Le danger fut bientôt si pressant, qu'il fallut décider le malade à cette fâcheuse alternative, de subir l'opération ou de mourir; encore les médecins ne promettaient-ils pas que l'opération aurait une issue heureuse. En effet, le 10 août, vingt-quatre heures après avoir été opéré, Dubois mourut à l'âge de soixante-six ans, avec le cynisme qu'il avait affiché toute sa vie, et sans recevoir les sacremens de l'église, qu'il éluda, sous le prétexte qu'il y avait pour l'administration d'un cardinal un cérémonial particulier sur lequel il fallait d'abord consulter ses confrères.

« On lui trouva des richesses immenses, une extrême quantité
» de vaisselle d'argent et de vermeil la plus admirablement tra-
» vaillée, les meubles les plus précieux, les bijoux les plus rares,
» des attelages parfaits de tous pays, et les plus somptueux équipa-
» ges. » Il laissa onze cent mille livres d'argent comptant ; c'était presque une année de son revenu connu, que Saint-Simon fait monter à quatorze cent cinquante-quatre mille livres, et dont les deux tiers étaient formés par une pension de l'Angleterre. Il se proposait de joindre à ses nombreuses abbayes celles de Prémontré, de Cîteaux, de Cluny et des autres chefs d'ordre, et de devenir par là une espèce de patriarche en France, projet renouvelé de Richelieu.

Au moment où Dubois ferma les yeux, le duc d'Orléans reprit le ministère. Comme si cette mort eût rompu le charme qui le retenait dans l'oisiveté, on le vit s'occuper des affaires; renoncer, sinon au libertinage, du moins aux éclats les plus scandaleux de la débauche, se borner à un seul attachement, espèce de modération que la dépravation des mœurs fait trop souvent chez les grands regarder comme une vertu.

Ce prince était affable, complaisant ; il écoutait avec un air de bonté qui charmait. Jusqu'aux refus, il avait l'art de les faire supporter sans peine. On voyait qu'il souffrait quand il ne pouvait pas renvoyer content. Son regard, quoique perçant, était doux et flatteur. Aussi malgré les malheurs causés par le système qui avait renversé tant de fortunes, il était, non pas aimé, mais adoré des Parisiens. Quand il sortait du Palais-Royal, quand il y rentrait, ils se jetaient en foule au devant de lui; on courait aux spectacles où on espérait le voir. Les ministres étrangers se louaient de sa politesse et de ses égards; ils admiraient la justesse de son esprit, sa pénétration, la sagesse et l'adresse de sa politique, son discernement exquis, sa facilité à traiter, à tourner, à démêler les affaires, sa netteté dans l'exposition, sa réserve dans les interrogations, son aisance et sa finesse dans les réponses. Le jeune roi, touché de son respect inaltérable, de son attention à lui plaire, de sa franchise, de la gaîté qu'il mêlait à l'instruction, n'en a jamais parlé (et il en parlait souvent) qu'avec estime et affection tant qu'il vécut, et avec regret quand il l'eut perdu.

La véridique histoire, en lui rendant la justice qu'il mérite, et en l'absolvant des crimes qu'il n'a pas commis, doit s'armer cependant de sévérité pour achever de le peindre. Le respect dû à la morale, qui fait tout l'homme, doit appeler à jamais le mépris sur un prince qui, bon par tempérament, pervertit les heureux dons qu'il avait reçus en partage; qui, indifférent entre le vice et la vertu, eut la honte et le malheur de ne pas croire à la dernière; et qui enfin, par les funestes exemples de dépravation et d'athéisme qu'il donna sur les marches du trône, doit être considéré comme l'auteur de la vaste et profonde corruption où nous sommes aujourd'hui plongés. Une attaque d'apoplexie, qui le surprit dans un accès de débauche, et qui, selon les affreux désirs qu'il avait manifestés quelquefois, lui ôta tout d'un coup la connaissance, l'emporta en six heures (le 2 décembre), à l'âge de quarante-neuf ans.

Sitôt que le duc d'Orléans eut fermé les yeux, le prince de Condé, duc de Bourbon, et qu'on nommait, ainsi qu'on l'a vu, M. le Duc, se présenta au roi et demanda la place vacante. Le jeune monarque, assez embarrassé, jeta les yeux sur M. de Fleury, ancien évêque de Fréjus, son précepteur, qui était auprès de lui, comme pour le consulter. Le prélat baissa les siens, ne fit aucun signe, et Louis consentit. Le brevet était tout prêt, il le signa. Aussitôt le duc prêta serment et fut proclamé premier ministre; Ces petites circonstances font voir que la place fut plutôt enlevée qu'obtenue; aussi le duc n'en jouit-il pas long-temps. Le conseil d'état fut composé de quatre personnes seulement : du roi, du premier ministre, de l'évêque de Fréjus, et du maréchal de Villars, du nom duquel on était bien aise de s'autoriser, mais auquel on communiquait peu de choses.

Le duc de Bourbon n'avait pas trente ans, n'était connu que par l'intérêt qu'il avait pris pendant le système aux affaires de finances, qui ne lui avaient pas été infructueuses, et par son acharnement contre le duc du Maine, son beau-frère; deux choses peu propres à lui attirer l'estime du public. Il était d'ailleurs dur, rude dans ses manières, privé d'un œil, ce qui rendait son regard incertain et son abord rebutant. Enfin il était gouverné par une maîtresse, madame de Prie, femme aussi habile que dissolue, à laquelle on attribue toutes les opérations politiques de son ministère. Dès les premiers jours il eut lieu de s'apercevoir, par la part exclusive que se réserva le précepteur dans les affaires ecclésiastiques, à quel degré celui-ci possédait la confiance de son élève; mais il ne désespéra pas de la partager.

Il se présentait une circonstance favorable à ce dessein. Le mariage du roi avec l'infante, mariage d'un prince de seize ans avec une princesse de six, n'était pas approuvé, parce qu'il faisait envisager des fruits trop tardifs. Malheureusement, l'infante ayant été amenée en France, il était plus fâcheux de la renvoyer qu'il ne l'aurait été de rompre son mariage de loin ; mais la résolution en fut prise, et de peur d'éprouver à cet égard de la cour d'Espagne des représentations qui causeraient des lenteurs, on n'en prévint le roi et la reine qu'en faisant partir la princesse. Il est vrai qu'on accumula auprès d'eux les excuses, les représentations, les motifs même de religion, tirés du danger de précipiter leur neveu dans l'habitude du libertinage, si on prétendait l'amuser long-temps d'espérances. On joignit à ces raisons l'attention de faire reconduire l'infante avec les plus grands honneurs. Elle a été depuis reine de Portugal.

Le roi d'Espagne, au commencement de l'année précédente et par suite de ses anciens scrupules, avait abdiqué en faveur de Louis Ier, son fils aîné, âgé de seize ans seulement. Mais le jeune prince mourut la même année. Le mépris que la junte de gouvernement avait fait des dispositions de Philippe lui rendit le désir de reprendre les rênes de l'état. Les grands et son propre confesseur, le père Bermudès, lui opposèrent une décision théologique, qui déjà le déterminait à regagner son palais de Saint-Ildephonse, lorsque le nonce du pape, se joignant aux sollicitations de la France, vint l'absoudre du prétendu vœu de ne remonter jamais sur le trône, et dissiper ainsi les terreurs qui l'agitaient. Aussitôt qu'il reçut la nouvelle du renvoi de sa fille, il fit partir de son côté la jeune veuve de son fils aîné, ainsi que mademoiselle de Beaujolais, destinée à l'infant don Carlos, toutes deux filles du régent. Il rappela en même temps ses plénipotentiaires de Cambrai ; et, dans l'ardeur de son ressentiment, il ordonna au baron de Ripperda, Hollandais, son envoyé à Vienne, de traiter directement avec l'empereur, et paya du rang de premier ministre la paix que le négociateur conclut avec lui.

Pour remplacer la princesse, le ministre aurait pu donner au roi mademoiselle de Vermandois, sa sœur ; mais, détourné, dit-on, de ce choix par madame de Prie, qui redoutait pour elle-même la sévérité de mœurs de cette princesse, il proposa au conseil Marie-Charlotte Leczinska, fille unique de Stanislas Leczinski, qui, porté par Charles XII sur le trône de Pologne, avait été forcé d'en descendre lors des disgraces de ce prince, et qui, depuis sa mort, vivait sous la protection de la France à Wissembourg, en particulier peu aisé. Marie était plus estimable par ses vertus que remarquable par sa beauté, et avait près de sept ans de plus que le roi. Quand, au conseil, M. le Duc demanda au précepteur son avis, il répondit qu'il ne se mêlait pas de mariage. Les autres conseillers approuvèrent ; le roi consentit et épousa la princesse le 4 septembre 1725.

Les premières années du mariage de Louis XV ne furent pas,

comme celles de Louis XIV, marquées par des tournois, des bals, des fêtes publiques, qui réjouissent le peuple, et font quelquefois diversion à des réflexions tristes. Il vivait retiré avec son épouse, qu'il chérissait alors; il ne la quittait que pour aller de Versailles à Rambouillet, château du comte de Toulouse, où la comtesse, femme douce, polie, prévenante et vertueuse, rassemblait une société assortie à son caractère, et très agréable au roi, qui, né un peu sauvage, se plaisait dans un cercle étroit. C'était presque tous amis de l'ancien évêque de Fréjus. Le prélat voyait avec grand plaisir son élève s'habituer dans cette compagnie; de son côté, le duc n'en prenait pas d'ombrage, parce que, pendant que le roi se complaisait dans cette douce inertie, il gouvernait à sa volonté; mais ce n'était pas selon celle du public.

Une de ses premières opérations, qui souleva le mécontentement, fut une déclaration contre les protestans, qui enchérissait sur les anciennes rigueurs de Louis XIV contre eux. La médiation des Hollandais en faveur de leurs coreligionnaires, et surtout les dispositions que faisaient déjà les étrangers pour profiter une seconde fois des mesures impolitiques du gouvernement, éclairèrent celui-ci. Des édits explicatifs atténuèrent d'abord la déclaration, et peu à peu l'opinion publique lui fit partager l'oubli où commençaient à tomber à cet égard les lois de Louis XIV.

Les finances étaient toujours un objet d'embarras pour le ministère, quoique les frères Pâris, qu'il avait appelés à son aide, contribuassent de tous leurs talens à y rappeler l'ordre. Quant au duc de Bourbon, il s'en occupait de manière à faire croire qu'il songeait moins à soulager le peuple qu'à consolider l'état de ceux qui s'étaient enrichis. Tel fut l'édit par lequel le roi déchargeait la compagnie des Indes, qui avait été liée à la banque, de tous les comptes que la première pouvait avoir à rendre à la seconde. Ce privilège parut n'être statué qu'en faveur du duc de Bourbon et de ceux qui, comme lui, s'étaient enrichis par l'union de la banque à la compagnie. Avec l'édit présenté au parlement sur cet objet, et dans le temps même qu'on percevait sans enregistrement, partiellement à la vérité et avec difficulté, le prétendu droit de *joyeux avènement*, qui fut affermé pour vingt-trois millions, il fut porté un deuxième édit qui, sans aucune exception de personnes, imposait un cinquantième denier sur tous les fruits de la terre, blés, vins, bois, et sur ceux de l'industrie, édit qui révolta toutes les classes de citoyens; le clergé et la noblesse, par l'atteinte donnée à leurs privilèges, et le peuple, par la crainte d'une inquisition dans l'évaluation du revenu net sur lequel devait se percevoir le droit. Pour prévenir la résistance ordinaire des jeunes conseillers, un troisième édit ôtait à ceux qui n'avaient pas dix ans de service le droit de délibérer sur les affaires générales. Moyennant cette précaution, les édits furent enregistrés dans un lit de justice de l'exprès commandement du roi, qui, à son retour du parlement, put juger, par le morne silence du peuple, de son extrême mécontentement.

Ces signes d'improbation s'adressaient moins au jeune monarque qu'au premier ministre. Le duc de Bourbon n'avait pas la familiarité, l'espèce de bonhomie, la popularité, qui faisaient supporter les défauts et les fautes du régent. Il n'était pas non plus, comme ce prince, agréable au roi, prévenant, patient dans le travail. Louis se plaisait bien davantage avec son précepteur, qu'il trouvait complaisant, auquel il était accoutumé, et qu'il estimait pour sa modération et pour l'attachement qu'il portait à sa personne; aussi était-il toujours admis en commun avec le premier ministre, au lieu qu'il y avait certains travaux, comme les affaires de l'église, dont celui-ci était exclus.

Il vint en tête au duc de Bourbon de rendre la pareille au précepteur, et de travailler aussi avec le roi sans lui. Le projet se fit de concert avec la reine, qui, devant tout au premier ministre, ne pouvait se refuser à ses désirs. Sous quelques prétextes, on engagea le roi à tenir de temps en temps le conseil dans l'appartement de son épouse. Après y avoir été plusieurs fois admis sans difficulté, le précepteur se présente un jour comme à l'ordinaire : l'huissier lui refuse l'entrée; sans insister, l'ancien évêque va se renfermer à Issy, sa maison de campagne. Pareille éclipse lui avait réussi sous le régent. Le roi l'avait fait revenir, en montrant l'impatience d'un enfant contrarié : ici il manifesta la colère d'un souverain presque insulté; il envoya à Fleury ordre de reprendre sa place auprès de lui. Les conseils chez la reine cessèrent, et le train des affaires ne fut pas interrompu.

On dit que le duc de Bourbon ne prévit pas sa disgrace, ce qui est difficile à croire. Le 11 juin, le roi, partant pour Rambouillet, parla comme à l'ordinaire au duc de Bourbon, et lui dit « Ne me » faites pas attendre pour souper. » Sitôt qu'il l'eut quitté, le duc de Charost, qui avait des ordres dès la veille, lui remit une lettre conçue en ces termes : « Je vous ordonne, sous peine de désobéis- » sance, de vous rendre à Chantilly, et d'y rester jusqu'à nouvel » ordre. » La reine, malgré son état de grossesse, reçut aussi une lettre mortifiante, par laquelle le roi lui commandait de faire tout ce que l'évêque de Fréjus lui dirait, comme si c'était lui-même, et il en fut envoyé de pareilles aux ministres.

Les dispositions qui avaient accompagné le renvoi de M. le Duc firent deviner facilement d'où partait le coup, et les changemens qui allaient arriver. Le plus important, et qui les renfermait tous, est que le roi déclara qu'il n'aurait plus de premier ministre, et qu'il gouvernerait par lui-même; et, pour gouverner par lui-même, il ne vit plus que par les yeux, n'agit plus que par l'influence de l'ancien évêque de Fréjus, son précepteur, qu'il fit aussitôt cardinal.

« S'il y a jamais eu quelqu'un d'heureux sur la terre, dit un histo-
» rien, c'est sans doute le cardinal de Fleury. On le regarda comme
» l'homme le plus aimable et de la société la plus délicieuse jusqu'à
» l'âge de soixante-treize ans; et lorsqu'à cet âge, où tant de vieil-
» lards sont obligés de se retirer du monde, il eut pris les rênes du
» royaume, il fut regardé comme un des plus sages. » Le gouvernement qui commence est ordinairement le contraste de celui qui finit.
Aussi vit-on des hommes nouveaux dans le ministère, des disgraces,
des exils, des emprisonnemens, et même des libertés et des rappels.
Le duc du Maine rentra en faveur. Les maréchaux d'Huxelles et de
Tallard furent admis au conseil. Michel Robert Le Pelletier-des-
Forts, neveu de Claude, successeur de Colbert, fut fait contrôleur
général à la place du président Dodun, qui avait succédé lui-même
à Le Pelletier de la Houssaie; enfin le ministre de la guerre Leblanc,
que le duc de Bourbon avait retenu à la Bastille, et mis en jugement
pour dilapidation, fut rappelé au ministère. Le chancelier d'Aguesseau rentra même en fonction l'année suivante : mais il n'eut point
les sceaux; ils furent donnés à M. de Chauvelin, qui eut en même
temps le portefeuille des affaires étrangères en remplacement du
comte de Morville.

Une des premières opérations du cardinal fut de supprimer l'édit
du cinquantième, de diminuer quelques autres impôts et de faire
des remises sur l'arriéré. L'augmentation des recettes générales,
qui furent portées à soixante millions, et des fermes à quatre-vingts
permit ces actes de générosité. Ils se trouvèrent joints à des actes
moins honorables, tels que la réduction des rentes viagères, sous
prétexte qu'à la chute du système elles avaient été acquises à vil
prix. On attribua aux intendans des fonds pour faire des distribu-
tions dans les provinces et soulager le peuple. Enfin le roi plaça en
différentes villes, sous des officiers expérimentés, six compagnies
de cadets gentilshommes; établissement qui a été le prélude de
l'*Ecole militaire*.

Le commencement du nouveau ministère fut encore marqué par
une fixation des monnaies qui termina enfin la longue fluctuation où
elles avaient été depuis Louis XIV. Le marc d'argent qui de quarante
francs, à la mort de ce monarque, avait monté en 1720 jusqu'à cent
trente, et qui quatre ans après était descendu à quarante-quatre,
fut définitivement fixé à cinquante et un, par une déclaration
du 18 juin 1726. Depuis ce temps, le marc n'ayant pas sensiblement
varié, les espèces frappées alors ont continué jusqu'à la fin du
siècle, et au delà, à circuler pour la même valeur nominale qu'elles
reçurent d'abord. Les espèces d'or seules ont éprouvé quelque augmentation du changement de rapport qui s'est introduit dans le
commerce entre la valeur de l'or et celle de l'argent; rapport qui,
par la déclaration du 21 novembre 1725, a été fixé à quinze et demi,
au lieu de quatorze et demi que l'on comptait auparavant.

L'Europe était alors en paix, à l'aide de négociations entamées, suspendues, reprises pendant plusieurs années dans toutes les cours. L'aperçu qu'il est nécessaire d'en donner fera connaître l'état respectif des puissances, et les intérêts qui ont causé les guerres suivantes. La quadruple alliance signée à Londres en 1718, ouvrage du cardinal Dubois, qui avait rompu le projet formé par le cardinal Alberoni de rejoindre à la couronne d'Espagne les états que les paix d'Utrecht, de Rastadt et de Bade en avaient détachés, ce traité, forcément accepté par les Espagnols dès la fin de 1719, n'était pas encore exécuté en 1720. Les principales conditions en étaient que l'empereur Charles VI renonçait à tous les états de la monarchie d'Espagne, et Philippe V, de son côté, abdiquait toute prétention sur les états d'Italie et des Pays-Bas qui avaient autrefois appartenu à la monarchie espagnole. Arrivant la mort du dernier mâle de la maison de Médicis, qu'on regardait comme prochaine, l'empereur s'engageait de donner l'investiture de la Toscane avec ses côtes et les îles adjacentes à don Carlos, fils aîné de Philippe V et d'Elisabeth Farnèse ; à ses frères cadets, s'il n'avait pas d'enfans, et successivement à leurs héritiers ; de manière qu'aucun d'eux ne pût jamais être en même temps roi d'Espagne, et que la Toscane ne pût jamais non plus devenir partie du royaume d'Espagne. Par ce même traité de Londres, la Sicile, que les traités, suites de celui d'Utrecht, donnaient au duc de Savoie, et où il s'était fait couronner, était adjugée à la maison d'Autriche, et le duc devait recevoir et reçut en échange, bien à contre-cœur, l'île de Sardaigne, à laquelle on appliqua les honneurs de la royauté.

Un temps considérable se passa à libeller les actes et diplômes de ces échanges et cessions ; à chaque point, à chaque virgule, nouvelles difficultés de la part des contractans, qui ne se souciaient pas de finir, car Philippe V ne se dessaisissait qu'à regret des états d'Italie et de Flandre, qui auraient fait de si beaux établissemens pour les enfans de sa seconde femme ; et il était pénible à Charles VI de renoncer à la couronne d'Espagne qu'il avait portée. Pour arriver enfin à une décision, on était convenu, en 1720, d'un congrès qui s'assemblerait à Cambrai ; mais il n'eut lieu qu'en 1722, et n'eut même de l'activité qu'en 1724.

En attendant l'accommodement, les confédérés de la quadruple alliance, qui se portaient pour médiateurs entre Charles VI et Philippe V, suppléèrent aux formalités dont les rivaux différaient de convenir, en garantissant à chacun d'eux le partage du traité de Londres, par un acte signé à Paris, le 21 septembre 1721. C'était un moyen d'arrêter tout d'un coup, par un effort commun, l'incendie que leur obstination voudrait allumer.

On voit dans les discussions que l'empereur présenta au congrès de Cambrai le germe d'une guerre générale : guerre de mer, pour des intérêts de commerce ; guerre de terre, pour des partages de famille. Ce prince venait d'accorder à une association de commerçans le droit d'aller trafiquer dans les Indes orientales sous sa protection. On l'appela la *Compagnie d'Ostende*, parce qu'elle s'établit dans cette ville; les Hollandais en furent jaloux. Ils prétendirent qu'elle nuirait à leur commerce, surtout à celui d'Amsterdam; que d'ailleurs elle était contraire aux stipulations expresses du 26ᵉ article du traité de Bavière, et du 5ᵉ de celui de Westphalie; lequel défendait aux Espagnols d'étendre leur commerce dans les Indes orientales, à l'ouest des îles Philippines. La république des États-Unis montrait l'intention de traverser le commerce de la compagnie par la force, et Charles VI celle de la soutenir par le même moyen.

L'empereur jeta encore un autre point de discussion embarrassante entre les plénipotentiaires de Cambrai. Il était le dernier prince de la maison impériale d'Autriche. Se voyant sans enfans mâles, il avait fait, en 1718, sous le nom de *Pragmatique*, un règlement par lequel il appelait à sa succession, au défaut d'enfans mâles, Marie-Thérèse, sa fille aînée, ensuite ses autres filles, puis ses nièces et leurs enfans, selon l'ordre de primogéniture. Il demanda au congrès que cette pragmatique fût garantie par les puissances qui avaient des plénipotentiaires à cette assemblée. Les puissances maritimes y consentaient, à condition qu'il supprimerait la compagnie d'Ostende. Cette condition ne lui convint pas, et il rappela de Cambrai ses ambassadeurs. Philippe en ayant fait autant à l'occasion du renvoi de sa fille, le congrès se dissipa de lui-même, et les deux principaux adversaires, l'empereur et le roi d'Espagne, qui s'étaient pour ainsi dire constitués plaidans devant cette espèce de tribunal, prirent le parti de finir eux-mêmes leurs contestations.

Il le firent le 30 avril 1725, par un traité signé à Vienne, dans lequel l'empereur assurait le partage de don Carlos en Italie, et le roi d'Espagne garantissait à Charles VI sa pragmatique et la sûreté de la compagnie d'Ostende. Il se glissa aussi dans le traité des insinuations de secours mutuels, qui auraient lieu si l'Espagne tentait de recouvrer sur l'Angleterre Gibraltar et le Port-Mahon, et si la Hollande voulait détruire la compagnie d'Ostende. La France et l'Angleterre s'alarmèrent d'une alliance si étroite entre deux puissances jusqu'alors si ennemies. Elles y opposèrent le contre-traité de Hanovre, du 3 septembre de la même année, et entraînèrent dans leur parti la Hollande, la Suède et le Danemarck. La cour de Vienne attira à elle la Prusse et la Russie, deux puissances qui commençaient à mettre un poids dans la balance de l'Europe.

En même temps qu'on traitait de tous côtés, on armait aussi. Au milieu des nuages et de l'obscurité des négociations le tonnerre de la guerre grondait, et l'orage paraissait prêt à éclater. Les Espagnols avaient investi Gibraltar, et les Anglais bloquaient les galions à Porto-Bello. Fleury offrit sa médiation. La cour d'Espagne fit des difficultés pour l'accepter. Depuis le renvoi de l'infante il régnait entre elle et celle de France, entre l'oncle et le neveu, un froid très marqué. Le cardinal, à force d'égards et de prévenances, réussit à rapprocher les esprits. Louis XV, à l'occasion de la naissance d'un enfant, écrivit à Philippe V une lettre soumise et presque suppliante, mêlée de complimens et d'excuses. L'oncle, toujours Français sur le trône d'Espagne, et qui souffrait de son état d'inimitié avec son ancienne patrie, charmé d'être prévenu, fit la réponse la plus affectueuse et la plus tendre, et aussitôt la bonne intelligence fut rétablie, au moins entre les chefs des deux états, que des liens de parenté réunissaient quand la politique les séparait encore. Il ne manquait plus au prélat ministre que le suffrage de l'Espagne, quand il commença ses démarches auprès d'elle : les autres puissances, gagnées par son caractère de douceur et de modération, lui avaient donné leur confiance. Il leur proposa donc et en obtint des articles préliminaires de paix, qui furent signés à Paris le 31 mai 1727, quelques jours avant la mort de Georges I, lequel eut pour successeur Georges II, son fils.

Les principales conditions étaient un armistice de sept ans; suspension pendant cet intervalle de la compagnie d'Ostende, et la convocation d'un congrès général qui fut indiqué à Aix-la-Chapelle. Sa destination changea avant qu'il fût assemblé, et on le porta à Cambrai ; mais, sur le vœu du cardinal, qui voulait s'y trouver en personne, et par complaisance pour lui, il fut enfin fixé à Soissons, où il commença le 14 juin 1728.

Les députés de presque toutes les puissances de l'Europe s'y étaient rendus avec empressement; on donna à l'ouverture beaucoup de solennité. Le cardinal y parut comme un arbitre investi de la confiance générale ; arbitre dont l'habileté et la prudence allaient concilier tous les intérêts et calmer toutes les passions. Il distribua des complimens et en reçut. Les plénipotentiaires l'imitèrent entre eux; les harangues, les visites, on pourrait dire les repas et les plaisirs firent presque l'unique occupation de cette assemblée. Elle dura un an, languissante, incertaine autant sur les matières à traiter que sur l'ordre et la forme à leur donner. L'inaction la tua, et elle se sépara en juin 1729, un an juste après son ouverture.

Elle était devenue parfaitement inutile : en effet, pendant que le prélat fixait l'attention des peuples sur le congrès de Soissons livré avec affectation à leurs regards, il s'occupait secrètement de moyens plus efficaces de procurer une paix générale. Le principal obstacle qui s'y opposait était l'obstination de l'empereur à mettre en activité sa compagnie d'Ostende, malgré ses anciens engagemens, et à faire garantir sa pragmatique. En même temps qu'il exigeait ces avantages, il suscitait des difficultés par lesquelles il paraissait vouloir éloigner l'établissement solide de don Carlos dans les états d'Italie qui lui étaient cédés. La reine d'Espagne, née Farnèse, et nièce du duc de Parme qui n'avait pas d'enfans, était passionnée pour cet établissement. Le cardinal saisit habilement cette occasion de réconcilier tout à fait la cour de France avec celle d'Espagne. Il offrit à la reine de faire concourir l'Angleterre à sa satisfaction. Des soins qu'il se donna provint entre les trois couronnes un traité d'alliance qui fut signé à Séville, en novembre 1729. Il garantissait à don Carlos le droit de succession aux duchés de Parme et de Plaisance, après la mort du dernier souverain qui ne pouvait pas tarder. Pour assurer ce droit, les Anglais s'obligeaient à favoriser par mer le passage d'un corps de troupes espagnoles, qui devait tenir d'avance garnison dans les principales villes de ce duché. Enfin les Hollandais accédèrent au traité de Séville, sous la promesse qui fut faite par les alliés de leur procurer une entière satisfaction touchant la révocation de la compagnie d'Ostende.

L'empereur fut très choqué de ce qu'on prétendait lui imposer la loi au sujet de cette compagnie. Il fit même passer des troupes en Italie, pour empêcher le débarquement des garnisons espagnoles qu'il disait prématuré, puisque le duc de Parme, Antoine Farnèse, vivait encore. Mais ce duc mourut au commencement de 1731, et Charles VI ne put dès lors empêcher d'entrer en jouissance un prince que l'ancien traité de Vienne et le testament du défunt appelaient à la succession.

Que reste-t-il à faire, disent les ambassadeurs d'Angleterre et de Hollande à l'empereur, pour terminer la guerre de la succession qui tourmente l'Europe depuis trente ans, et pour en prévenir une non moins désastreuse; que reste-t-il à faire, sinon de confirmer les arrangemens que vous avez déjà pris plusieurs fois avec la cour de Madrid, et d'assurer vos états à vos filles par la force qui serait donnée à votre pragmatique? C'est en effet sur cette base que Charles, l'Angleterre et la Hollande signèrent une seconde fois à Vienne, en mars 1731, un traité par lequel les puissances contractantes renouvelèrent leurs alliances. Les états généraux garantirent la pragmatique; l'empereur s'engagea à faire cesser le commerce des Pays-Bas autrichiens aux Indes, souscrivit à tous les engagemens pris à Séville pour la succession des duchés de Parme et de Plaisance qui était ouverte, et pour celle du duché de Toscane qui ne tarderait pas à s'ouvrir, et dont le traité de Vienne promettait l'investiture aux enfans de la princesse Farnèse, reine d'Espagne. Le grand-duc, quoique peu content de voir disposer si impérieusement de ses états, lui vivant, confirma ces arrangemens par un acte particulier signé à Florence la même année 1731. Il y reconnut don Carlos pour son successeur.

La paix, que le cardinal s'efforçait de maintenir au dehors, était toujours troublée au dedans par les malheureuses querelles de religion. Le régent s'était flatté de les avoir terminées par l'enregistrement de l'édit qui ordonnait de recevoir la constitution *Unigenitus*, et défendait d'en appeler : mais il s'était toujours fait depuis, entre les acceptans et les appelans, une petite guerre qui tourmentait les esprits. Le cardinal crut pouvoir mettre fin à toutes ces disputes par un coup d'autorité éclatant. Entre les quatre évêques appelans en 1727, se trouvait Jean Soanen, évêque de Sénez, prélat concentré dans son diocèse, sans habitude ni protection à la cour. Il fut choisi pour faire un exemple. On assembla, le 16 août 1727, à Embrun, métropole de Sénez, un concile composé de treize évêques, sous la présidence de l'archevêque Guérin de Tencin. Jean Soanen y fut cité et comparut. Il était dénoncé comme auteur d'une instruction pastorale entachée d'erreurs capitales, injurieuse à la bulle *Unigenitus*, et recommandant la lecture des Réflexions morales du père Quesnel, défendue par cette bulle. Soanen avoua l'ouvrage, le défendit, et, quoique âgé de quatre-vingts ans, répondit avec une fermeté qui étonna ses juges. Il n'en fut pas moins suspendu de ses fonctions, malgré son appel de la sentence au futur concile, et même, à cause de cet appel, il fut exilé dans l'abbaye de la Chaise-Dieu, où sa vie se prolongea jusqu'à l'âge de quatre-vingt-quatorze ans. Il ne signait plus que « Jean, évêque de Sénez, prisonnier de Jésus-Christ »; et le parti recevait ses lettres comme celles d'un martyr.

Au commencement de l'année suivante, le cardinal de Noailles, appuyé de onze évêques, écrivit au roi une lettre dans laquelle il se plaignait du jugement du concile d'Embrun. En même temps partit de tous les coins de la France une multitude d'adhésions à la cause de l'évêque condamné; et enfin cinquante avocats de Paris s'élevèrent contre le même jugement, qu'ils attaquèrent sur le fond et sur la forme : ainsi le barreau commença à s'immiscer dans la querelle.

La consultation fut supprimée par arrêt du conseil, comme opposée à la doctrine de l'église, injurieuse à son autorité, et contraire aux lois de l'état. De nombreuses lettres de cachet punirent en même temps d'exil les ministres du second ordre qui signalèrent leur révolte contre l'épiscopat, et enfin cent docteurs en théologie furent exclus de la Sorbonne en 1729, pour la même cause, malgré un appel comme d'abus qu'ils interjetèrent au parlement, trop occupé alors de ses propres intérêts pour faire droit à leur plainte. Quant aux évêques, on les attaqua dans la personne de leur chef, auquel il fut fait de nouvelles avances pour le détacher d'eux. On y réussit, et sa défection fut due aux vives représentations du duc de Noailles, son neveu, de la maréchale de Grammont, sa nièce, et du cardinal de Fleury lui-même. Vaincu par leurs sollicitations, le cardinal de Noailles donna, le 11 novembre 1728, et six mois seulement avant de mourir, un mandement par lequel il accepta enfin purement et simplement la constitution *Unigenitus*, et révoqua tout ce qui avait été écrit en son nom au sujet du quesnellisme. Alors aussi il rendit aux jésuites les pouvoirs qu'il s'était obstiné à leur refuser jusque-là. Ce fut ainsi que, mettant un terme à ses longues variations, et rentrant dans l'humble voie de la soumission à l'autorité de l'église, il déserta un parti qu'il avait fait naître par trop d'attachement à son propre sentiment, mais qu'il ne lui fut pas donné de dissiper par son abandon. Rome mettait tant de prix à obtenir son adhésion, pour les suites qu'on se flattait qu'elle pourrait avoir, que Benoît XIII en fit part au sacré collège, et qu'il en ordonna de solennelles actions de graces.

Mais le souverain pontife lui-même, pour avoir mal saisi l'esprit du moment, suscitait alors de nouveaux sujets de querelles, en rendant général à toute l'église l'office particulier de Grégoire VII, ce fameux Hildebrand, qui s'était proclamé supérieur à tous les rois, et distributeur de toutes les couronnes, et que Grégoire XIII avait placé, en 1584, dans le martyrologe romain. La légende était accompagnée d'une bulle, que le parlement condamna avec des qualifications flétrissantes. Rome se plaignit, et à cette occasion renouvela ses instances pour le soutien de la constitution *Unigenitus*. Le roi voulut faire droit au pape, au moins sur ce dernier article, à défaut du premier, et, le 3 avril 1730, il donna une déclaration qui renouvelait l'obligation de la signature pure et simple du formulaire qui ordonnait l'exécution de la bulle *Unigenitus* et des autres constitutions des papes à ce sujet. Il la fit enregistrer dans un lit de justice et défendit en même temps de délibérer sur l'enregistrement. Ce fut un nouveau sujet de négociation qui fit écarter l'appel des docteurs de Sorbonne, qui tenait à cœur au gouvernement. Mais, pour satisfaire aussi le parlement, le 22 juillet, il adressa une circulaire aux évêques, pour les exhorter à ne point donner à la bulle la dénomination de règle de foi, mais seulement de jugement de l'église universelle en matière de doctrine ; expédient qui ne satisfit personne. Il en fut de même de l'invitation qu'on fit à tous les partis de demeurer dans un silence charitable, qui ne fut gardé par aucun.

Une consultation peu mesurée de quelques avocats de Paris, en faveur d'un curé du diocèse d'Orléans, interdit par son évêque, commença à ressusciter les troubles, en soulevant le zèle de M. de Vintimille, nouvel archevêque, qui avait remplacé le cardinal de Noailles, et dont l'opinion était tout l'opposé de celle de son prédécesseur. Le corps des avocats, embrassant la cause de ses confrères, prétendit fixer l'étendue de la juridiction de l'archevêque. Onze d'entre eux furent exilés. Les autres cessèrent de plaider, et intéressèrent le parlement à leur cause. Celui-ci, sans être mandé par la cour, se transporte jusqu'à Marly pour présenter des remontrances. Le cardinal est en ce moment à Issy. Le roi, privé de son conseil, refusa de voir le parlement, dont la démarche inconsidérée tourna à sa honte. Le prompt rappel des exilés modéra l'aigreur réciproque ; mais bientôt elle reparut plus vive que jamais à l'occasion d'un mandement de l'archevêque, du 27 mars 1732. Il était dirigé contre les *Nouvelles ecclésiastiques*, journal satirique qui avait la plus grande vogue, et qui, rédigé par des jansénistes inconnus, était distribué régulièrement, malgré toute la vigilance de la police. Vingt-deux curés de Paris refusèrent de publier le mandement de leur évêque; et, suivant la mode du temps, en appelèrent comme d'abus au parlement, qui affecta d'être révolté des principes ultramontains qu'il contenait. Un arrêt du conseil retira cette affaire au parlement. Celui-ci revendique opiniâtrément son droit de haute police sur tous les objets qui peuvent nuire à la tranquillité du royaume; deux conseillers, accusés d'avoir parlé trop librement dans une députation faite au roi à Compiègne, sont arrêtés. L'un d'eux, l'abbé Pucelle, neveu de Catinat, jouissait d'une réputation méritée d'éloquence et de vertu. Le parlement cesse ses fonctions, et ne les reprend un instant, à la sollicitation de la cour, que pour déclarer abusif le mandement de l'archevêque de Paris. Un arrêt du conseil casse celui du parlement, réserve à la grand'chambre la connaissance des appels comme d'abus, et, de l'avis même du chancelier d'Aguesseau, quatre nouveaux membres sont enlevés. Les conseillers des enquêtes et des requêtes, qui formaient la plus nombreuse partie du corps, donnent leur démission, disant que, puisque les membres du parlement ont à craindre de se faire arrêter et exiler en opinant, ou de se déshonorer en gardant le silence, ils remettent leurs charges au roi.

La grand'chambre, composée des plus âgés, était restée, et négocia la réintégration de ses jeunes confrères. Ils reprirent leurs provisions, et sur le champ se rassemblèrent et firent de nouvelles remontrances. Convocation d'un lit de justice à Versailles, et nouvelles protestations des enquêtes et requêtes. Ils sont tous exilés en différentes villes du royaume. La grand'chambre seule reste encore et négocie de nouveau. D'Aguesseau, l'instrument forcé de tant de rigueurs, et Villars, qui avait beaucoup de relations avec le parlement, s'emploient l'un et l'autre à rapprocher les esprits, en les portant d'un côté à la douceur, et de l'autre à la soumission. Les exilés furent rappelés, et, dans les derniers jours de l'année 1732, la cour et le parlement étaient au même point dont ils étaient partis, sans que toutes les discussions, les coups d'autorité, la résistance, le retour à la soumission, eussent amené une décision qui pût faire espérer le rapprochement des esprits et la tranquillité pour la suite.

La même fermentation qui régnait dans le parlement, renforcé par le *corps* des avocats, qui prit alors le nom d'*ordre*, se répandait, par les suppôts du barreau, dans toutes les classes du peuple. Les ecclésiastiques acceptans et appelans s'y firent chacun un parti; ils se combattaient par des écrits aigres et mordans, qu'ils tâchaient, pour s'attirer des lecteurs, de rendre amusans, en y semant des anecdotes plaisantes, vraies ou fausses, contre leurs adversaires. La palme en ce genre est restée long-temps aux *Nouvelles ecclésiastiques*, ce pamphlet des jansénites, qui a duré plus d'un demi-siècle ; les molinistes prenaient leur revanche, en livrant à la risée publique ce qui se passait dans le cimetière de Saint-Médard, paroisse de Paris.

Là avait été enterré un diacre nommé Pâris, qui n'eut rien d'éclatant dans sa vie qu'un zèle ardent contre la constitution. Mort en 1727, appelant, réappelant, adhérent à l'évêque de Sénez, il fut préconisé comme un saint. Le bruit se répandit qu'il se faisait des miracles à son tombeau ; des malades et des estropiés de tout genre y accoururent. Les patiens n'étaient point rebutés, et les curieux, au contraire, étaient fort encouragés par ce qui s'opérait de merveilleux à ce tombeau. Les malades, appelés par l'appât de la guérison, éprouvaient des convulsions extraordinaires, signes de grandes douleurs qui leur arrachaient souvent des gémissemens et des cris, symptômes assez étranges de la bienfaisante influence du prétendu saint invoqué. L'un se retirait plus clairvoyant, disait-il, que quand il s'était approché du tombeau ; la jambe de l'autre, raccourcie auparavant, mesurée en quittant le tombeau, se trouvait alongée de quelques lignes. La contagion de la sympathie et l'ébranlement de l'imagination produisirent, dit-on, des effets réels. On criait miracle à pleine voix. C'est l'*œuvre de Dieu*, disaient les appelans ; c'est l'*œuvre des démons*, disaient les acceptans ; c'est l'*œuvre des hommes*, l'œuvre des prêtres toujours fourbes, et séducteurs intéressés de la populace, s'écriaient ceux qui furent appelés *philosophes* et qui, ne redoutant plus les oppositions du clergé divisé d'opinions, se servant même des uns pour combattre les autres, faisaient croître dans le champ de l'église leurs systèmes destructeurs de la foi qui est due aux mystères. Le délire était au point que l'archevêque de Paris fut forcé de motiver la défense d'adresser un culte public au diacre Pâris, sur ce qu'il n'était pas canonisé. Des avocats fanatiques se trouvèrent pour en appeler comme d'abus, et le parlement ne rejeta pas l'appel. Le désordre cependant qui résultait du concours perpétuel des illuminés, des curieux et des filous, qui se pressaient à toute heure autour du tombeau, fit prendre au gouvernement, en 1732, la résolution de fermer le cimetière. Les adeptes furent réduits à poursuivre, dans les maisons voisines, le cours de leurs prodiges ; et le dernier excès du ridicule où ils donnèrent fut la juste peine d'un orgueil insensé, qui avait trop secoué les rênes de la dépendance.

Excepté ces démêlés, le cardinal vivait dans une tranquillité parfaite. Sûr de la confiance excessive de son élève, il passait son temps dans sa maison de campagne d'Issy, n'en sortait que pour se rendre à Versailles ou au conseil, ou à des conférences particulières avec le roi ; sa compagnie ordinaire était un supérieur de séminaristes qu'on appelait *Sulpiciens*, et des évêques. La vie du roi, son élève n'était pas moins monotone : timide par caractère, et religieux par les principes que lui avait inculqués son instituteur, il ne connaissait d'autre société habituelle que celle de la reine, qui lui avait déjà donné plusieurs princesses, et, le 4 septembre 1729, un dauphin ; la chasse, qu'il aimait passionnément, et des voyages fréquens à Rambouillet, dans son cercle chéri du comte et de la comtesse de Toulouse, occupaient tous ses momens. Point de plaisirs bruyans, point de fêtes que celles qu'exigeaient des circonstances impérieuses, comme la naissance du dauphin. Encore ne s'y livrait-il que comme entraîné, et non avec cette activité qui répandait la gaîté dans toute la France pendant la jeunesse de Louis XIV.

Cette égoïste quiétude fut interrompue par la mort d'Auguste I, électeur de Saxe et roi de Pologne, arrivée le premier février 1733. Stanislas Leczinski avait été élevé sur ce trône en 1704, sous la protection de Charles XII, et il fut forcé d'en descendre lorsque le roi de Suède cessa de pouvoir le soutenir. Il était naturel que Louis XV souhaitât d'y voir remonter son beau-père. Mais ce prince, désabusé depuis long-temps des illusions de la grandeur, eût abandonné volontiers des prétentions dont il connaissait tout le vide ; et il est à croire que la crainte seule de faire soupçonner que son courage pût être au dessous de sa fortune le rengagea dans la carrière de l'ambition. La plus grande partie de la Pologne penchait pour lui. Il se rendit à ses vœux ; et, à l'aide d'un déguisement, parvenu à Varsovie le 8 septembre, il y fut proclamé le 12. Mais déjà, pour soutenir le fils d'Auguste, une armée russe était entrée en Pologne, sous le commandement du comte de Munich. Né en Westphalie, au pays d'Oldenbourg, ce dernier, par estime pour Luxembourg et Catinat, avait fait sous eux ses premières armes, et, au temps de la guerre de la succession, il avait suivi les drapeaux d'Eugène. Prisonnier à Denain, il reçut les consolations de Fénélon, et c'est du commerce de cet homme si aimable et si poli qu'il passa, à la paix d'Utrecht, à celui du czar Pierre, et au service d'un pays encore demi-barbare dont il adopta les mœurs. Son armée parvint sans obstacle jusqu'au lieu de l'élection, força les partisans de Stanislas à se dissiper, et, le 5 octobre, il fit élire Frédéric-Auguste II pour roi de Pologne.

Ce prince, époux de l'aînée des filles de l'empereur Joseph, et qui, à ce titre, pouvait élever des prétentions à l'héritage d'Autriche, avait eu le soin de se concilier Charles, par la promesse de garantir sa pragmatique. Aussi, aux troupes saxonnes qu'il avait fait entrer en Pologne pour appuyer ses prétentions, l'empereur en avait-il joint d'auxiliaires, sous le prétexte d'appuyer l'élection la plus légitime, et sa bienveillance avait encore contribué pour beaucoup aux secours divers que l'électeur avait obtenus de la czarine.

Celle-ci, Anne Ivanovna, nièce de Pierre-le-Grand, veuve du duc de Courlande, Frédéric Kettler, et sous laquelle les Moscovites commencèrent à influer sur la politique de l'Europe, était le troisième souverain qui occupait le trône russe depuis la mort du czar, arrivée en 1725. Catherine, veuve de ce prince, lui avait succédé d'après la dernière volonté même du monarque, suivant le bruit, du moins, que cette princesse en fit répandre; et, à sa mort, en 1727, Pierre II, petit-fils de son mari, et fils du malheureux Alexis, condamné à mort par son propre père, la remplaça. Pierre fut enlevé au bout de trois ans par la petite-vérole, n'étant encore âgé que de quinze ans; et ce fut alors que les grands du pays décernèrent la couronne à la nièce de Pierre-le-Grand, au préjudice de sa fille, et la lui firent acheter par des concessions et des promesses qui n'eurent aucun effet.

Stanislas, réfugié à Dantzick, y attendait les secours qui lui avaient été promis par la France, lorsque la place fut investie par les Russes. Le courage des Dantzickois, exalté par l'amour qu'ils portaient à leur prince, leur faisait supporter depuis trois mois les privations et les travaux de tout genre, suites de leur situation, lorsque, le 13 mai, parut, à l'embouchure de la Vistule, le secours disproportionné de quinze cents Français, que le cardinal de Fleury faisait passer au roi de Pologne. C'était tout ce que l'éloignement des lieux et la jalousie de l'Angleterre avaient pu permettre de transporter sur des vaisseaux. Leur chef, le brigadier de La Mothe, mesurant d'un coup d'œil ses forces et celles de l'ennemi, rebroussa chemin sans balancer; mais, arrivé à Copenhague, le jeune comte de Brébant de Plelo, envoyé de France en Danemarck, s'indigne d'une résolution qu'il croit flétrir l'honneur du nom français; et, se mettant lui-même à la tête de l'expédition, quoique pénétré de la certitude de n'en pas revenir, il ramène, au bout de quinze jours, sa petite troupe à la vue des murs de Dantzick. Il attaque sans délai une première ligne russe qui s'opposait à son introduction dans la ville, et la force en effet aux dépens de sa vie. C'était tout l'effort qu'on pouvait attendre d'une poignée de braves opposée à toute une armée; ils ne purent franchir la seconde ligne. Réduits à se cantonner dans un poste avantageux, ils s'y soutinrent pendant un mois, et firent une capitulation honorable. Ils devaient être renvoyés en France; mais, sur l'avis qu'un vaisseau français venait de capturer un vaisseau russe, ils furent transportés à Pétersbourg; ils y furent d'ailleurs traités avec une urbanité qui les surprit, et qu'ils s'attendaient peu à rencontrer dans un pays qu'ils supposaient encore barbare.

Les forces toujours croissantes des Saxons et de leurs alliés, les progrès nécessaires du siège, la trahison ou la lâcheté qui livra le fort de Wechselmunde, le blocus de la flotte russe, enfin le bombardement de la ville, la réduisirent, après quatre mois d'investissement, à l'impossibilité de tenir davantage. La circonstance la plus affligeante de sa position, c'est que la tête de Stanislas était mise à prix, et qu'on n'apercevait aucun moyen de le soustraire à la rigueur de son sort sitôt que la ville serait rendue. Dans cette situation désespérante, le monarque concerte avec l'ambassadeur de France, Monty, le projet d'une évasion qui lui permettrait de rendre aux fidèles Dantzickois, qui se sacrifiaient pour lui, les moyens de traiter au moins de leur propre salut.

Le dimanche 29 juin, déguisé en paysan, et accompagné de trois guides grossiers, sur la fidélité desquels on n'avait pas eu le temps de prendre des renseignemens bien certains, il s'éloigne à la nuit close des remparts de la ville; et, à l'aide d'une nacelle, il s'efforce, avec ses compagnons, de gagner la Vistule à travers une inondation qui avait empêché les approches de l'ennemi de ce côté. Il espérait, avant la prompte renaissance du jour et la reddition de la place, qui ne devait avoir lieu que le lendemain, mettre au moins ce fleuve entre lui et les Russes. Mais l'incertitude de sa course au milieu des ombres de la nuit ne lui avait permis, lorsque le jour commença à poindre, de ne s'être éloigné encore que d'un quart de lieue. Réfugié dans une cabane abandonnée, il y attendait avec impatience le retour de la nuit, également tardive et courte en cette contrée pendant l'été, lorsqu'une décharge générale de l'armée et de la flotte russe lui annonça que la ville avait capitulé, et que désormais la sollicitude des alliés allait se réduire à la poursuite d'un seul ennemi.

La nuit arriva enfin, sans qu'ils eussent soupçonné que l'objet de leurs avides recherches était presque sous leurs mains. Stanislas, après deux heures d'une navigation pénible aux travers des roseaux qui résistaient à la nacelle, gagna enfin la chaussée d'une rivière; mais ce n'était point encore la Vistule. Il fut contraint de s'arrêter pendant le jour dans une chaumière habitée, où les Moscovites venaient souvent se rafraîchir, et où vinrent en effet quelques Cosaques, qui mangèrent avec ses compagnons de route, pendant que lui-même, séquestré dans un grenier, était couché sur une botte de paille où il feignait un sommeil qui était loin de ses yeux. Ce ne fut qu'à la troisième nuit qu'il gagna la Vistule; mais il n'y rencontra point de bateau. Il fallut s'éloigner du fleuve, et chercher encore un nouvel asile. Dans celui-ci le monarque fut reconnu. Le confiant aveu du prince devant son hôte fut payé de retour par un zèle aussi vif qu'intelligent, qui prépara les voies au passage. La nuit arrivée, le roi, à la clarté des feux de divers partis russes qui battaient la campagne à sa recherche, se remit en marche, guidé par son hôte; et, après une lieue de chemin, qui ne se fit pas sans l'appréhension de plus d'une funeste rencontre, il arriva pour la seconde fois sur le bord du fleuve, et eut le bonheur de le traverser dans une barque due aux soins de l'honnête paysan qui l'avait reçu.

Les plus pressans périls étaient dès lors passés; mais Stanislas était toujours en pays ennemi pour lui, et, pour gagner le territoire neutre du roi de Prusse, il restait à franchir le Nogat, branche orientale de la Vistule, qui se décharge dans le Frisch-Haff. Ce fut l'ouvrage de deux jours qui eurent encore leurs alarmes. L'indiscrétion des guides, qui se crurent trop tôt hors de danger, l'occupation de plusieurs villages sur la route par les Saxons et les Moscovites, et l'enlèvement de tous les bateaux sur le Nogat, faillirent renouveler les anxiétés où le monarque s'était trouvé. Une bienveillance inattendue, que la providence lui ménagea de la part de tous ceux auxquels il s'adressa, leva ces derniers obstacles; et le samedi, 2 juillet, ayant gagné Marienwerder, première ville frontière de la Prusse ducale, il put y goûter enfin une entière sécurité.

Les Moscovites étaient trop éloignés de la France pour attirer sur eux la vengeance de celle-ci. Elle fut donc dirigée contre l'empereur; et Louis XV s'empara d'abord de la Lorraine, patrimoine du duc François-Etienne, qui devait épouser l'archiduchesse Marie-Thérèse, fille aînée de Charles VI. Il s'allia en même temps avec l'Espagne, qui éprouvait des obstacles de la part de l'empereur pour le parfait établissement de don Carlos en Italie, et enfin avec le roi de Sardaigne, qui avait aussi des sujets de plainte contre le même prince, et qui se flattait d'obtenir de cette alliance le Mantouan et le Milanais, en échange de la Savoie.

Ce n'était plus le politique et guerrier Victor-Amédée qui donnait des lois à cette dernière contrée. Il avait abdiqué volontairement, à la fin de 1730, en faveur de son fils Charles-Emmanuel III. Mais les illusions qu'il s'était faites des douceurs de la vie privée s'étaient bientôt évanouies, et des tentatives sourdes pour remonter sur le trône avaient été punies par une détention violente qui révolta toute l'Europe, excepté Louis XV, son petit-fils. Le cardinal de Fleury, du moins, pensa que la cause d'un prince qui avait combattu ses deux gendres méritait peu de compromettre la paix du royaume, et l'aïeul du roi ne dut qu'au retour des sentimens de pitié filiale dans Emmanuel d'être rendu enfin à la liberté. Il mourut d'ailleurs peu après son élargissement, et deux ans seulement après son abdication.

L'empereur fit ce qu'il put pour engager l'Allemagne dans sa querelle, et faire déclarer cette guerre, qui lui était personnelle, guerre de l'empire. Il y réussit, mais n'y gagna que d'ouvrir un plus vaste champ aux victoires des Français. Les cours de Londres et de La Haye, intéressées par le voisinage à la tranquillité des Pays-Bas, obtinrent un traité de neutralité pour ces provinces; en sorte que les principaux efforts se portèrent sur le Rhin. Le 12 octobre le maréchal de Berwick passa le fleuve, s'empara de Kelh, et s'assura de trois passages pour la campagne suivante. Pendant le même temps, le vieux Villars, uni au roi de Sardaigne, poursuivant le plan d'invasion qu'il avait proposé au conseil dès le mois de juin, s'emparait de Pavie, Lodi, Pizzighitone, et enfin de Milan et de son château, qui capitula le 30 décembre. Ce général expérimenté, persuadé que, pour couvrir une conquête, il faut conquérir au delà, voulait pousser les impériaux jusque dans le Trentin, et leur fermer le retour en Italie; mais le roi de Sardaigne rejeta cette seconde partie de son plan, et, ne voyant aucun intérêt pour lui dans des acquisitions qu'il ne devait pas garder, il préféra se fortifier dans un pays dont il voulait rester propriétaire incommutable.

Le marquis de Maillebois, fils du contrôleur-général Desmarets, fut donc employé pendant l'hiver à soumettre le reste des villes du Milanais; et, à la faveur de cette faute grossière, quarante mille impériaux, au retour du printemps, purent se trouver rassemblés sur la frontière. La campagne s'ouvrit favorablement pour eux. Le 2 mai ils surprirent un gué sur le Pô, et firent courir le plus imminent danger à Villars et au roi, qui, sans autre escorte que leurs gardes et une cinquantaine de grenadiers, s'étaient éloignés de l'armée pour observer l'ennemi. Cernés par quatre cents hommes, une captivité inévitable paraissait les menacer, lorsque Villars, rappelant son ancienne vigueur, charge à la tête de sa petite troupe, disperse celle des impériaux, et leur fait encore des prisonniers. Mais c'était le dernier effort que pouvait se permettre son courage; il ressentait une défaillance générale de ses forces, et les contrariétés qu'il éprouvait contribuaient encore à en accélérer le déclin. A la fin du mois il quitta l'armée pour s'acheminer vers la France, et ne put aller au delà de Turin. Il y acheva sa carrière le 17 juin, et dans la même chambre, dit-on, où il était né quatre-vingt-trois ans auparavant, pendant que son père était ambassadeur en Piémont. Il eut encore le temps d'apprendre la mort du maréchal de Berwick, qui, le 12 juin, avait été tué d'un coup de canon dans la tranchée devant Philisbourg. Comparant l'agonie pénible qui le retenait dans son lit à la mort brusque obtenue par Berwick au champ d'honneur : « Cet homme-là, dit-il, a toujours été heureux. » Ainsi finirent ces deux grands hommes, restes précieux du siècle de Louis XIV, et les derniers dépositaires de ce feu sacré qui fait éclore tant de grandes pensées et de grandes choses.

L'armée du maréchal de Berwick recélait dans son sein des hommes destinés à le remplacer un jour sous le rapport des talens militaires. C'étaient les deux Belle-Isle, petits-fils de l'infortuné Fouquet, et surtout le comte Maurice de Saxe, fils naturel du dernier roi de Pologne. Il avait fait ses premières armes en Flandre sous Eugène, servi sous le czar à Riga, combattu Charles XII à Stralsund, mérité d'être élu à la principauté de Courlande, dont l'exclut la jalousie des Russes, et s'était définitivement fixé en France, où il servait alors avec le grade de maréchal-de-camp. L'armée opposée, commandée par Eugène, comptait dans ses rangs des guerriers non moins illustres, entre autres le prince royal de Prusse, depuis le grand Frédéric, qui, âgé de vingt-un ans, avait suivi son père à l'armée. Ce dernier, ennemi de la France comme membre de l'empire, offrait alors, comme prince indépendant, un noble asile à Stanislas, dans sa ville de Kœnigsberg.

Le duc de Noailles, qui au commencement de la campagne avait forcé les lignes d'Etlingen, et le marquis d'Asfeld, qui avait investi Philisbourg, élevés l'un et l'autre à la dignité de maréchal de France, partagèrent, après la mort du duc de Berwick, le commandement de l'armée d'Allemagne, tandis qu'en Italie le marquis de Coigny et le comte de Broglie, promus au même grade, remplacèrent Villars. Les premiers poursuivirent le siège de Philisbourg. D'Asfeld couvrit le camp français de lignes inexpugnables, qu'Eugène jugea impossible de forcer; en sorte que la ville, après cinquante jours de tranchée ouverte, se vit contrainte de capituler. C'était un grand exploit en présence d'un général tel qu'Eugène. Les Français s'y bornèrent, ou du moins, et, malgré l'avantage du nombre, toutes leurs tentatives pour faire un pas de plus furent rendues inutiles par les savantes précautions du prince. Ce fut son dernier exploit militaire; et le rival de Villars mourut deux ans après lui.

Le comte de Mercy, qui avait recueilli en Italie les débris des armées impériales, fut moins heureux qu'Eugène. Battu le 29 juin à Parme par le maréchal de Coigny, il laissa la vie sur le champ de bataille, ainsi que son aïeul à Nordlingue. Le comte de Kœnigseck, envoyé pour lui succéder, surprit le maréchal de Broglie sur la Secchia, le 14 septembre; et cinq jours après, poursuivant son premier avantage, il attaqua de nouveau les alliés, réunis sous Guastalle et Luzara, et aussi empressés que lui de combattre pour laver la honte de leur échec. Kœnigseck fut battu; mais il ne perdit guère que le champ de bataille, et son habileté rendit la victoire sans résultat.

A la faveur de cette puissante diversion des alliés sur le Rhin et dans le Milanais, don Carlos abordait à Naples, et repoussait le vice-roi Visconti, trop faible pour lui résister. Les impériaux se retirèrent sur la Pouille, et gagnèrent Bitonto, près de Bari, où ils se retranchèrent. Le général espagnol, comte de Montemar, les y suivit, et, les ayant forcés à mettre bas les armes le 25 mai, en reçut le glorieux surnom de duc de Bitonto. Don Carlos, sans permettre aux Autrichiens de respirer, descend au mois d'août avec une partie de ses troupes en Sicile, où le joug allemand était odieux, et où tout, à l'exception de Messine et de Syracuse, s'empressa de se soumettre.

L'année suivante ces deux villes se rendirent. Kœnigseck, appréhendant de perdre ses communications avec l'Allemagne, fut contraint de fuir vers l'Adige; et de faibles avantages du comte de Seckendorff sur le Rhin n'y améliorèrent pas la position de l'empereur. Attaqué si violemment de tous côtés, il chercha à négocier sous la médiation des Anglais et des Hollandais, qui ne voyaient pas sans inquiétude les triomphes de la France et de l'Espagne. Ils proposèrent des préliminaires qui furent signés à Vienne le 3 octobre 1735, et suivis d'une suspension d'armes qu'on proclama le même mois en Italie. Don Carlos avait été couronné à Palerme roi de Sicile, dès le 3 juillet de cette année.

Par les préliminaires de Vienne, Stanislas renonce au royaume de Pologne, n'en conservant que le titre sa vie durant. En dédommagement on lui accorde les duchés de Lorraine et de Bar, qui seront réversibles en pleine souveraineté à la France après sa mort; et au duc François-Etienne on assure, en échange, la possession du grand-duché de Toscane, sitôt que la mort de Jean Gaston, dernier mâle de la maison de Médicis, qui ne devait pas tarder, ouvrirait cette succession. L'infant don Carlos, en échange de Parme et de Plaisance, obtient de l'empereur la cession de Naples et de la Sicile, ainsi que les ports de Toscane, pour lui, pour ses descendans, et à leur défaut pour les autres enfans d'Elisabeth Farnèse, reine d'Espagne, et pour leurs descendans, selon l'ordre de primogéniture. Le roi de Sardaigne a pour sa part le pays de Tortone et de Novarre, ainsi que les fiefs des Langhes, voisins de ses états du Piémont. L'empereur rentre dans les duchés de Milan et de Mantoue, que le sort des armes lui avait enlevés, et les rois d'Espagne et de Naples renoncent à toutes les prétentions qu'ils pouvaient avoir sur Parme et Plaisance, ainsi que sur la Toscane et ses dépendances. Les choses furent rétablies sur le Rhin comme elles l'étaient avant les hostilités.

Enfin, et c'est ce qui contribua encore à rendre l'empereur facile, la France se rendit garante de la pragmatique autrichienne et de la succession par elle établie. L'article est conçu en ces termes : « La France accepte la pragmatique telle qu'elle existe par l'acte « solennel publié le 19 avril 1719, promet de la défendre, main- » tenir, et, comme on dit, garantir de toutes ses forces contre qui » que ce soit toutes les fois qu'il en sera besoin. » L'Espagne, qui regrettait toujours les possessions enlevées à son sceptre par le traité d'Utrecht, refusa d'abord de souscrire à ces préliminaires; mais, hors d'état de faire valoir seule ses prétentions, elle y consentit enfin l'année suivante. La rédaction des traités définitifs, auxquels prirent part presque toutes les puissances de l'Europe pour les intérêts divers qu'elles avaient à ces transactions, éprouva encore de longs retards. Le traité de Vienne ne fut signé qu'en 1738, et l'Espagne n'y accéda même qu'en 1739. Dès 1737 cependant Stanislas avait été investi de la Lorraine, et le prince lorrain était entré en possession de la Toscane, dont il hérita cette année par la mort du grand-duc.

Ce fut durant l'oisiveté de ces années de paix que des courtisans corrupteurs, spéculant sur les vices et les faiblesses du maître, s'essayèrent à corrompre les mœurs d'un prince que son apathie seule eût défendu de l'erreur des passions. Des intrigues, préparées avec un art infernal, y firent coopérer jusqu'aux vertus de la reine, et, triomphant de l'attachement exclusif qu'aimait à lui garder le monarque, le firent enfin tomber dans les pièges qui lui étaient tendus. La comtesse de Mailli, Louise-Julie de Nesle, fut la première qui lui fit oublier ses devoirs : mais sa faveur fut courte ; et, bientôt supplantée par ses propres sœurs, et notamment par la plus jeune, qui fut créée duchesse de Châteauroux, cette première maîtresse, sans prendre le voile comme madame de La Vallière, expia dans les exercices d'un repentir religieux le crime de sa séduction.

Vers ce même temps se déclarèrent les premiers symptômes des troubles qui, en agitant la Corse, préparèrent son union avec la France ; union qui, en rendant Français les habitans de cette île, a influé sur la destinée de l'Europe, et en a changé toute la face. La lassitude d'un joug pesant, des privilèges abolis, des assassinats tolérés, des impositions maintenues après l'engagement solennel de les supprimer, tels furent les griefs mis en avant par les Corses pour se soulever contre l'autorité génoise qui depuis quatre siècles dominait dans l'île. Impuissans à comprimer cette insurrection, les Génois recoururent à l'empereur, qui avait intérêt de fermer à l'Espagne cette porte de l'Italie. Six mille impériaux, accordés par lui, et commandés par le prince de Wurtemberg, eurent bientôt reconquis la plaine sur l'inexpérience des insulaires, mais les montagnes leur rendirent l'indépendance ; et Louis Giafferi, leur chef, y fit même éprouver un échec considérable aux Allemands. Cette perte et celles qu'éprouvèrent encore les impériaux par les maladies inspirèrent au prince des pensées de conciliation. Il offrit aux Corses la médiation de l'empereur pour le rétablissement de la paix, ainsi que pour le maintien de leurs droits, et il parvint à la leur faire accepter.

Mais à peine elle était agréée que quatre des chefs corses sont arrêtés par ordre du sénat de Gênes. La guerre se rallume aussitôt ; et déjà les insurgés appelaient la domination de l'Espagne, lorsque l'empereur, garant des stipulations violées, fit rendre les chefs, mais ne put obtenir du gouvernement génois de traiter les Corses en concitoyens. Cette impolitique obstination ramena les hostilités, avec d'autant plus d'avantages pour les insurgés, que les troupes autrichiennes, appelées à la défense de leur propre territoire pendant la guerre de la succession de Pologne, évacuèrent le pays.

Sur ces entrefaites débarque en Corse, en 1736, un baron de Neuhoff, aventurier westphalien, qui amenait aux insulaires, sur un petit vaisseau, dix pièces de canon, quatre mille fusils et quelque argent, obtenus par lui du dey d'Alger, qu'il avait leurré de la perspective de soumettre l'île à son pouvoir. L'enthousiasme habilement excité par le baron, qui faisait parade d'un crédit imaginaire dans toutes les cours de l'Europe, se propage avec une telle activité, qu'une acclamation générale le proclame souverain de l'île, sous le nom du roi Théodore, et il entretient le prestige par des succès sur les Génois. Cependant ses moyens pécuniaires, épuisés en peu de mois par une représentation politique, le forcent de quitter l'île pour aller chercher de nouvelles ressources. Il intéresse à sa fortune une compagnie de commerçans d'Amsterdam, qu'il flatte de la possession exclusive du commerce de la Corse; et, des fonds qu'il en obtient, il équipe une frégate et quelques bâtimens chargés d'armes et de poudre, avec lesquels il reparaît à l'improviste devant Ajaccio assiégée par les siens. Il se proposait de tenir la place resserrée par mer, ainsi qu'elle l'était par terre, lorsqu'un coup de vent le jeta dans le golfe de Naples, où ses vaisseaux avariés furent saisis, et où lui-même fut arrêté. Il parvint à s'échapper de prison; mais son crédit était épuisé, et ne lui permit plus de donner suite à ses premiers desseins.

Gênes, dans l'intervalle, avait réclamé l'intervention de la France, comme quelques années auparavant celle de l'empereur. Un plan de pacification, dressé sous les yeux du cardinal de Fleury, fut destiné à être porté en Corse par le comte de Boissieux, neveu de Villars. Il partit dans les premiers jours de 1738, et on lui donna cinq régimens pour appuyer sa médiation. Ces forces devinrent suspectes aux habitans, surtout quand on leur demanda leurs armes. Ils feignirent de se résigner à leur sort, et profitèrent de la sécurité qu'ils avaient inspirée pour surprendre les Français et les repousser dans Bastia. Le comte de Boissieux, déjà malade, en mourut de chagrin, et fut remplacé en 1739 par le marquis de Maillebois. Les bonnes dispositions de celui-ci soumirent l'île en trois semaines; mais cette conquête fut sans aucun fruit, parce que les évènemens d'un plus grand intérêt qui agitèrent l'Europe l'année suivante forcèrent la France de retirer presque aussitôt ses troupes. Ainsi les Corses reprirent la supériorité sur les Génois; et, s'ils eussent pu étouffer leurs propres discordes, il est probable qu'à la faveur des longues hostilités où se trouvèrent engagées les puissances prépondérantes de l'Europe, ils auraient invariablement affermi leur indépendance.

L'empereur avait peu joui des avantages de la paix. Les préliminaires du traité de Vienne étaient à peine signés, qu'il se vit engagé dans une nouvelle guerre contre la Turquie. Une alliance, contractée en 1726 avec la Russie, le mettait dans l'obligation de donner des secours à cette puissance, qui s'était laissé gagner aux sollicitations perfides de l'usurpateur du trône de Perse, Thamas

Kouli-Kan, lequel avait besoin d'occuper les Turcs pour vaquer sans trouble à une expédition qu'il méditait dans l'Inde. Eugène n'était plus : l'Autriche s'en aperçut à ses revers. Une paix honteuse et précipitée vint y mettre un terme par le sacrifice des conquêtes de ce grand général. Temeswar, Belgrade, et toute la partie de la Servie dont il avait accru l'héritage de la maison d'Autriche à la paix de Passarowitz, en furent détachés par celle de Belgrade, du 1er septembre 1739. Mais, à ce prix même, Charles s'estimait heureux de pouvoir assurer à sa fille l'intégrité du reste de ses domaines. Depuis vingt ans, c'était le but de toutes ses transactions politiques, et il se flattait de l'avoir atteint, lorsqu'il mourut le 20 octobre 1740. Il descendit au tombeau avec cette ferme confiance que, par la garantie de sa pragmatique, jurée par les prinpales puissances de l'Europe, l'archiduchesse Marie-Thérèse, sa fille aînée, allait entrer dans la possession paisible de tous les états de la maison d'Autriche; mais à peine avait-il les yeux fermés, qu'il se présenta une foule de prétendans, et que se vérifia ce mot du prince Eugène : « Que la meilleure de toutes les garanties » serait une armée de cent mille hommes. »

Les électeurs de Bavière et de Saxe réclamaient la succession entière : le premier, comme descendant d'une fille de l'empereur Ferdinand I, à laquelle elle était substituée *à défauts d'hoirs mâles*, selon lui, et *à défaut d'hoirs de ses fils*, selon la cour de Vienne; le second, ce roi de Pologne que Charles avait mis sur le trône, comme époux de la fille aînée de l'empereur Joseph. Le roi d'Espagne faisait aussi revivre des droits surannés sur les royaumes de Hongrie et de Bohême, comme descendant de la branche aînée, par son aïeule, femme de Louis XIV, et par la mère de celui-ci, non qu'il visât directement à la possession de ces royaumes, mais afin de se faire de ses prétentions le droit de ménager, aux dépens de la maison d'Autriche, un établissement en Italie pour l'infant don Philippe, qui venait d'épouser la fille de Louis XV. Le roi de Sardaigne réclamait, de son côté, le duché de Milan, du chef d'une trisaïeule, et le roi de Prusse différentes portions de la Silésie, auxquelles les électeurs de Brandebourg avaient un droit de réversion par des pactes de famille et de confraternité avec les princes silésiens, portions qu'il soutenait avoir été injustement enlevées à sa maison par celle d'Autriche, sous le prétexte que ces pactes violaient les lois féodales, et en vertu de renonciations équivoques qui avaient été extorquées par la violence. « En un mot, disait-il dans l'ex- » position de ses droits, je demande, par la force et les armes à la » main, ce que la force et la supériorité des armes m'ont ravi et » me retiennent. »

Rien n'était moins prouvé que ces titres; mais toute prétention est bonne quand on a une armée nombreuse et bien disciplinée, un trésor bien fourni, de la capacité et de l'audace ; or, tels étaient les moyens du jeune Frédéric II, électeur de Brandebourg et roi de Prusse, par la mort de son père, arrivée cette même année. Aussi songea-t-il moins à raisonner qu'à agir. Il ne négligea pas pourtant la voie de la négociation; et, au prix de l'abandon qu'il sollicitait, il promettait d'accepter la pragmatique et de la soutenir. Marie, qui n'avait pu être conseillée encore par l'infortune, rejette ses propositions. Dès lors il entre en Silésie. C'était à la mi-décembre que ses demandes étaient ainsi rejetées, et à la fin du même mois il était maître de Breslau, capitale de la province, et de plusieurs places susceptibles de fortifications, qu'il mit en bon état de défense.

Mais, dès le mois de mars de l'année suivante, le comte de Neuperg, le négociateur infortuné de la paix de Belgrade, tiré de sa captivité par Marie-Thérèse, débouchait de la Moravie, et faisait reculer le roi de Prusse au delà de la Neisse. Grotkau retomba entre les mains des Autrichiens, et Olhau, le magasin de l'armée prussienne, était menacé du même sort, lorsque Frédéric se détermina aux hasards d'une bataille pour le sauver. Elle se livra, le 9 avril, dans les champs de Molwitz. Les Prussiens avaient l'avantage de l'infanterie; les Autrichiens celui de la cavalerie. Le baron de Romer, qui commandait la gauche de ceux-ci, profitant de sa supériorité, accable par un vigoureux effort la droite des ennemis, conduite par le roi de Prusse lui-même. Il la dissipe et tourne aussitôt sur le flanc de l'infanterie, où il jette quelque désordre. Frédéric juge la bataille perdue; et soit de son propre mouvement, soit de l'avis de son général, le maréchal de Schwerin, qui se chargeait de la retraite, il prend le parti de se mettre en sûreté par la fuite. Il était à trois lieues du champ de bataille, lorsque la fortune du combat changea. Depuis son départ, Schwerin avait obtenu sur les Autrichiens à son aile les mêmes succès que Romer à l'aile opposée; et, celui-ci ayant été tué dans sa quatrième charge contre l'inébranlable infanterie prussienne dirigée par le prince d'Anhalt, le sort de la bataille fut fixé. Neuperg se retira sur Neisse, que sa présence maintint encore quelque temps, et qui succomba comme les autres places de la Silésie, lorsque la reine de Hongrie rappela son armée à la fin d'octobre, pour l'opposer à des dangers plus imminens.

Pendant que Frédéric agissait, on délibérait à Versailles. Le cardinal de Fleury, soit lassitude des affaires, bien excusable à quatre-vingt-huit ans, soit confiance absolue dans la capacité du comte de Belle-Isle, lui avait laissé prendre un grand ascendant dans le conseil. On ne peut décider si le désir de se rendre considérable par la guerre suggéra au comte le parti qu'il proposa, ou si ce fut une vraie conviction et l'avantage de la France qui lui firent représenter au conseil que l'exécution de la pragmatique devant donner à la maison d'Autriche, dans l'Europe, une prépondérance que la maison de Bourbon avait toujours redoutée, il fallait profiter, pour l'abattre, de l'occasion qui se présentait de former contre elle une ligue puissante. Le cardinal était retenu par la garantie si solennelle jurée à la pragmatique dans le traité de Vienne, et sans doute par la crainte d'une guerre qui allait fatiguer ses dernières années. Quant à Louis XV, on sait comment il se comportait dans le conseil: il écoutait, jugeait solidement, disait son avis, mais avec tant d'indifférence, qu'il n'imposait nullement la nécessité de partager son opinion. On assure qu'après avoir manifesté son sentiment, et indiqué le meilleur parti à suivre, il lui est arrivé de dire : « Vous » verrez qu'ils prendront le plus mauvais. »

C'est ce qui arriva dans cette circonstance : on décida de s'opposer à la pragmatique, mais point assez ouvertement pour être publiquement convaincu d'infidélité à une promesse qui devait être sacrée. Le comte de Belle-Isle fut chargé de cette affaire. Il prit le biais de faire avec l'électeur de Bavière une alliance offensive et défensive, qui obligeait à le secourir dans les guerres qu'il pourrait avoir; ce qui donnait à la France le droit de choquer la pragmatique, sans pouvoir être accusée directement de mauvaise foi. Le négociateur fit entrer dans son plan la jonction de l'Espagne, et les deux cours signèrent de concert à Versailles, le 28 mai 1741, une alliance avec l'électeur de Bavière, à laquelle se joignirent successivement les rois de Prusse et de Sardaigne, celui de Pologne comme électeur de Saxe, et les électeurs Palatin et de Cologne.

La réunion de tant de forces fit croire que le partage de la succession de Charles VI serait l'affaire d'un coup de main. Voici comme on en assignait les diverses parties : à l'électeur de Bavière, la couronne impériale, le royaume de Bohême, la Haute-Autriche et le Tyrol ; à l'électeur de Saxe, la Moravie et la Haute-Silésie, le surplus au roi de Prusse; enfin les possessions autrichiennes d'Italie au roi d'Espagne, pour y former un établissement à l'infant don Philippe, frère de don Carlos, sauf quelques districts pour le roi de Sardaigne. L'électeur Palatin et celui de Cologne n'avaient point de partage, mais trouvaient dans le traité d'alliance l'avantage d'avoir des sauvegardes pour leurs états pendant la guerre. On laissait à Marie-Thérèse la Bohême, la Hongrie, les Pays-Bas, la Basse-Autriche et les duchés de Carinthie et de Carniole. Dans cette espèce de conjuration générale contre cette princesse, il lui restait l'électeur de Hanovre, roi d'Angleterre, les subsides du parlement de ce pays, et surtout le désir ou plutôt la passion des Anglais de susciter des embarras à la France, dont l'intention de protéger les Espagnols, alors en guerre avec la Grande-Bretagne, avait été pressentie ; d'anéantir en conséquence sa marine, déjà détériorée par les ménagemens pusillanimes du cardinal à leur égard, et par ses économies mal entendues; et enfin, d'envahir telles de ses colonies qui seraient à leur convenance, ou du moins de placer dans l'étendue des mers des stations fortifiées, comme des balises dans un chenal difficile, pour arriver au commerce universel.

Tel était depuis long-temps le but presque unique de la politique de l'Angleterre, et c'était aussi la cause qui venait de la constituer en guerre avec l'Espagne. Peu satisfaite, et du privilége qu'elle avait obtenu au traité d'Utrecht, de l'*assiento* des nègres, accord qui lui donnait le droit de pourvoir de nègres, durant trente ans, les colonies espagnoles, et de la permission qui y avait été jointe de commercer librement dans les mêmes colonies avec un vaisseau de cinq cents tonneaux, elle avait frauduleusement étendu cette concession, d'abord en doublant les dimensions du bâtiment, et peu après en faisant suivre à quelque distance des bâtimens inférieurs qui ne laissaient pas désemplir *le vaisseau* dit *de permission*; en sorte que ce navire équivalait lui seul à toute une flotte. Le besoin que l'Espagne eut quelque temps de l'Angleterre lui fit fermer les yeux d'abord sur une contravention extrêmement préjudiciable à son commerce, et dont l'usage tarda peu à être considéré comme un droit par les négocians anglais qui s'y livraient. De là des résistances, lorsque les gardes-côtes espagnols reçurent des ordres formels pour empêcher la contrebande, et de là encore, de la part de ceux-ci, des insultes, des voies de fait et même des cruautés. Le capitaine anglais Jenkins, arrêté par eux en pleine mer, eut une oreille coupée et fut menacé même d'un sort plus funeste. Interrogé à la barre du parlement sur cette barbarie et sur des paroles outrageantes du capitaine espagnol à l'égard du roi d'Angleterre, il provoqua au plus haut degré l'indignation de l'auditoire par l'éloquente simplicité de sa narration. « Quand on m'eut mal» traité ainsi, dit ce marin, on me menaça de la mort. Je recomman» dai alors mon ame à Dieu et ma vengeance à ma patrie. » Les deux nations étant également exaspérées, l'une de l'audace de la contrebande, l'autre des traitemens qui en furent la suite, le cardinal de Fleury interposa en vain ses bons offices pour les concilier. Il parvint bien à leur faire signer un accord, mais aucune des parties ne fut fidèle à l'observer. Les hostilités s'engagèrent d'elles-mêmes en 1739, et au commencement de 1740 l'amiral Vernon s'était emparé de Porto-Bello.

En exécution du traité de Versailles, une armée de quarante mille Français, auxquels on donna le nom de troupes auxiliaires, passa le Rhin sur la fin d'août, sous les ordres du comte de Belle-Isle, devenu maréchal de France; et, ayant gagné Donawert, elle s'embarqua sur le Danube pour se rendre à Passau, dont l'électeur venait de s'emparer. Dans le même temps, le maréchal de Maillebois, avec une armée aussi forte, se portait en Westphalie, et arrêtait un corps de trente mille hommes que Georges II, roi d'Angleterre, menait au secours de la reine de Hongrie. La supériorité des Français, prêts à s'emparer de son électorat de Hanovre, le força de renoncer à ce projet, et de signer un traité de neutralité, le 27 septembre 1741.

L'armée combinée de France et de Bavière pénétra sans obstacle dans la Haute-Autriche. L'électeur se fit couronner à Lintz, en qualité d'archiduc, occupa Ens par un détachement, poussa même au delà, et envoya jusqu'aux portes de Vienne des partis qui semblaient annoncer à cette capitale un siège prochain. C'était le plan d'invasion qu'avait tracé Villars, quarante ans auparavant, et qu'il avait en vain conseillé au père de l'électeur. Le fils commit la même faute que son père. Tandis que l'on tremblait à Vienne des simples apparences d'un siège, l'électeur appréhendait de son côté la longueur dont il pourrait être, longueur qui permettrait aux secours de Hongrie de traverser ses projets, et aux Saxons de conquérir peut-être pour leur propre compte cette Bohême sur laquelle il avait jeté son dévolu. Ainsi la jalousie commençait déjà à diviser sourdement les alliés. La France d'ailleurs ne voulait qu'affaiblir la maison d'Autriche, et il n'était pas de son intention d'en dépouiller entièrement l'héritière. Du concours de ces vues différentes sortit la résolution de diriger immédiatement l'armée sur la Bohême. Elle quitta donc les bords du Danube à la fin d'octobre, sous la conduite de l'électeur et du maréchal de Broglie, qui remplaçait le maréchal de Belle-Isle, nommé plénipotentiaire à Francfort, pendant l'élection de l'empereur ; et, à l'exception de quinze mille hommes, qui furent laissés à Lintz au marquis de Ségur, pour la garde du pays, elle se dirigea en plusieurs colonnes sur Prague, sous les murs de laquelle on arriva le 23 novembre.

Le grand-duc, époux de Marie-Thérèse, qui n'avait pu empêcher le roi de Prusse de conquérir la Moravie, profitant d'un armistice qu'il venait de conclure avec lui, accourut au secours de la place, et coupa les communications des alliés avec le Danube. Il ne leur restait de salut, aux approches de l'hiver, que dans la prise de Prague : mais, dans la proximité où se trouvait le grand-duc, qui n'était plus qu'à cinq lieues, ce ne pouvait être que le résultat d'un coup de main. Il fut arrêté pour la nuit du 25 au 26 novembre, et l'exécution en fut confiée au comte de Saxe, alors lieutenant-général. Le comte disposa trois attaques, et assigna la principale à Chevert, simple lieutenant-colonel du régiment de Beauce, mais l'un des hommes les plus fermes et les plus intrépides de l'armée, doué surtout d'un ton particulier pour inspirer sa confiance au soldat. On n'oubliera jamais l'ordre qu'il donna en cette occurrence à l'un de ses grenadiers. « Vois-tu cet enfoncement ? lui dit-il, en lui montrant l'angle rentrant d'un bastion ; » tu monteras par là ; on te criera qui vive, une fois, deux fois, » trois fois ; ne réponds pas et avance toujours : la sentinelle te » mettra en joue, tirera, te manquera ; tu fondras aussitôt sur elle, » et je suis là pour te soutenir. » Soit habitude d'une soumission qui n'admet point de réplique, soit conviction que les choses doivent se passer ainsi que l'a prévu son chef, le soldat, sans faire la moindre objection, monte avec tranquillité, exécute de point en point sa consigne, et Chevert se trouve effectivement sur ses pas pour le secourir. Le rempart est occupé, les portes sont ouvertes, et la ville est prise sans le moindre désordre et sans qu'il en ait coûté plus d'une cinquantaine d'hommes. Le 19 décembre, l'électeur est couronné roi de Bohême, dignité fatale à sa maison; et un mois après il est encore élu empereur à Francfort, sous le nom de Charles VII. Ce fut le terme de ses succès. Les Espagnols, sous les ordres du duc de Bitonto, débarquaient en même temps en Italie. Ils y avaient été transportés sous l'escorte d'une flotte française et espagnole. Soit respect pour la neutralité de l'Angleterre, soit égard pour la France, soit cause d'infériorité, l'amiral anglais Haddock, qui croisait dans la Méditerranée, ne troubla point le passage. Ces troupes traversèrent les états du grand-duc, qui, pour conserver son territoire intact, fut contraint de se déclarer neutre dans la cause de sa femme et de son fils.

Mais déjà le roi de Sardaigne se repentait de ses engagemens avec les alliés. Les prétentions trop affichées de l'Espagne à la totalité des possessions autrichiennes en Italie contrariaient trop les vues qu'il avait toujours manifestées lui-même sur la Lombardie, pour qu'il pût entrer sincèrement dans les intérêts de Philippe. Il en fut détaché entièrement avant la fin de l'année, par le sacrifice de quelques parties de cette province, auquel se résigna sagement Marie-Thérèse; et, d'ennemi de cette princesse, il devint un de ses plus utiles défenseurs, par le double service qu'il lui rendit de fermer les Alpes aux Espagnols et aux Français, et de remettre à sa disposition, pour les employer en Allemagne, la majeure partie des troupes destinées par elle à défendre l'Italie.

Un autre secours lui arrivait encore de Hongrie. Réfugiée dans ce royaume, lorsqu'elle vit menacée la capitale d'Autriche, elle assembla ses états; et, s'y présentant avec son fils, depuis Joseph II, qu'elle portait dans ses bras, et qui était âgé de quelques mois : « Abandonnée, dit-elle, de mes amis, persécutée par mes ennemis » et attaquée par mes plus proches parents, je n'ai de ressource que » dans votre fidélité et dans ma constance. Je remets en vos mains la » fille et le fils de vos rois, qui attendent de vous leur salut. Gardez » vous de trop craindre mes adversaires. Parjures à leurs engage- » mens envers mon père, ils le seront à ceux qu'ils ont pris entre » eux. Ils se diviseront pour le partage des dépouilles d'une femme » et d'un enfant, qui ne sont rien pour eux, mais qui sont beau- » coup aux yeux du Dieu protecteur de l'innocence et vengeur des » traités. Puisse ce enfant que je vous présente et que je vous » confie croître pour vous aimer et pour vous défendre un jour, » ainsi qu'il aura été défendu par vous ! » Attendris par le touchant abandon de ces paroles, que Marie prononça en latin, l'idiome des états, les magnats, oubliant leurs vieux griefs contre les précédens monarques, tirent leurs sabres et s'écrient avec enthousiasme : « Mourons pour notre roi, Marie-Thérèse. »

Ce noble élan fut suivi de prompts effets : une cavalerie nombreuse et une nuée de troupes légères, sous les noms de Hussards, Croates, Pandours et Talpaches, sortirent de cette contrée et des contrées voisines, et portèrent par toute l'Allemagne la terreur de leurs armes et de leur indiscipline. Avec leur aide, dès la fin de l'année, ou dès les premiers jours de l'année suivante, le général Kevenhuller et le partisan Mentzel avaient reconquis l'Autriche, envahi la Bavière, et forcé le marquis de Ségur, après une longue et inutile résistance, à capituler à Lintz, au moment même où l'électeur était proclamé empereur à Francfort. Vaine compensation qui ne pouvait le dédommager de la perte de ses états.

La Russie n'avait pu porter de secours à sa fidèle alliée. Les intrigues de la France avaient su lui susciter au dehors et au dedans des embarras qui l'en détournèrent. Par les instigations de celle-ci, et à l'aide de ses subsides, la Suède venait de déclarer la guerre à la Russie, que travaillait encore une fermentation sourde, occasionnée par les prétentions de la famille de Pierre-le-Grand au trône. Sept jours seulement après la mort de Charles VI, la czarine Anne Ivanovna l'avait suivi au tombeau, et avait institué pour lui succéder Ivan de Brunswick, son petit-neveu, âgé de deux mois, fils d'Antoine Ulric, frère du duc régnant de Brunswick et d'Anne de Mecklembourg, sa nièce, laquelle était fille elle-même de Catherine Ivanovna, sœur aînée de la czarine. Au préjudice du père et de la mère de l'enfant, elle avait établi pour régent son favori Biren, duc de Courlande. Ce fut une première cause de dissensions, dont Biren ne tarda pas à être victime. Au bout d'un mois, il était relégué en Sibérie, et le duc et la duchesse de Brunswick étaient reconnus régens. Mais, étrangers l'un et l'autre au pays par la naissance, et dirigés par d'autres étrangers, Ostermann et Munich, leur gouvernement fut vu d'un œil d'envie ; un parti se forma bientôt pour la princesse Elisabeth, seconde fille de Pierre-le-Grand, et évincée déjà trois fois de la succession paternelle. Assurée, par ses émissaires, du régiment des gardes, elle se transporte, dans la nuit du 5 au 6 décembre 1741, à leur caserne ; et de là au palais, où furent arrêtés à la fois le jeune czar, son père, sa mère, leurs ministres et leurs conseils. Elisabeth fut proclamée avec lui, sans que cette révolution eût coûté une goutte de sang, présage heureux d'un règne débonnaire qui ne vit pas une seule exécution. Dans le cours de l'année, elle fit reconnaître pour son successeur, par tous les corps de l'état, Charles-Pierre Ulric de Holstein-Gottorp, fils de sa sœur aînée.

Cependant le duc d'Harcourt, envoyé par la France au secours de la Bavière, ayant passé le Rhin le 10 mars, arriva assez tôt pour faire lever le siège de Straubing. Dans le même temps, le comte de Saxe prenait Egra sur la frontière occidentale de la Bohême, poste important qui fut le salut de l'armée française, en lui donnant une communication avec la Bavière. Le roi de Prusse, de son côté, après s'être emparé du comté de Glatz, avait pénétré en Bohême, et battait, à Czaslaw, le prince Charles de Lorraine, frère du grand-duc, pendant que le maréchal de Broglie remportait à Sahay un avantage pareil sur le prince de Lobkowitz : la fortune enfin de l'empereur semblait reprendre le dessus, lorsqu'une nouvelle défection vint le replonger dans un abîme plus profond. Ce fut celle du roi de Prusse. Ses victoires diminuèrent l'éloignement de Marie-Thérèse à traiter avec lui, et les pressantes sollicitations de l'Angleterre, en obtenant pour Frédéric l'abandon de la Silésie, détachèrent facilement un prince à qui les irrésolutions, la faiblesse et les négociations du cardinal faisaient craindre d'être sacrifié. Le 11 juin, la paix fut signée à Breslau entre les deux puissances. Les Saxons y étaient compris ; en sorte que les Français, réduits en Bohême à trente mille hommes, se virent comme livrés aux efforts de deux armées qui, réunies, comptaient le double de soldats, et qui pouvaient encore se recruter.

De Budweiss, sur la frontière méridionale de la Bohême, où le maréchal de Broglie avait poussé le prince de Lobkowitz, et où il attendait un renfort qui fut coupé, il rétrograda à la hâte, et non sans quelque perte, derrière la Blanitz où il arrêta l'ennemi, et d'où, à la faveur de la nuit, gagnant une marche, il arriva sans être entamé davantage jusqu'à Prague; mais sans pouvoir s'opposer non plus à l'investissement de la ville et de son camp par le comte de Kœnigseck. Le maréchal de Belle-Isle vint prendre part aux dangers qu'avait appelés son imprudente exaltation ; et, muni de pleins pouvoirs, il joignit aux faits d'armes les artifices de la négociation. Pour prix de la liberté de l'armée française, il offrait d'abandonner la Bohême; et il permettait au cardinal de Fleury de rejeter sur lui tout le blâme de l'agression, dans des lettres où le prélat déclarait avoir été entraîné à la guerre malgré lui. Soit aveuglement du succès, soit conseil de sa propre sûreté, la reine de Hongrie livra au mépris de l'Europe la faiblesse du cardinal en faisant imprimer ses lettres, et exigea qu'au préalable de toute stipulation l'armée française se rendît prisonnière; condition déshonorante que ne pouvaient accepter deux maréchaux. La tranchée fut donc ouverte : mais, lorsqu'on croyait les assiégés abattus par le découragement et la disette, une sortie de douze mille hommes, commandés par le duc de Biron, détruisit en un seul jour les longs ouvrages des assiégeans; et l'avis de l'arrivée prochaine du maréchal de Maillebois, chargé de faire lever le siège, ranima encore leur courage. A son approche d'Egra, les Autrichiens abandonnèrent en effet leurs lignes, et le maréchal de Broglie put marcher au devant de lui jusqu'à Tœplitz. Mais le grand-duc et son frère tenaient les défilés intermédiaires avec des forces si imposantes, que Maillebois crut inutile d'essayer de les forcer. Pensant avoir atteint le but de son expédition par la levée du blocus qu'il avait procurée, et considérant qu'il n'avait plus de vivres que pour peu de jours, il se rapprocha du Danube ; et, en menaçant l'Autriche, il fit évacuer la Bavière. Cependant on fut mécontent de lui, et son armée fut donnée au maréchal de Broglie, qui, pour la rejoindre, s'échappa de Prague habillé en courrier.

Contraint de se réfugier de nouveau dans cette ville, privé désormais de toute espérance de secours, et menacé encore de la disette qui, malgré toutes les précautions prises pendant la levée du siège, devait bientôt assaillir une population de cent mille ames, Belle-Isle ne prolongeait plus sa résistance que dans l'espoir de saisir quelque heureuse occasion d'échapper à la vigilance de l'ennemi. L'hiver vint la lui offrir: Les environs de la ville ravagés par les Autrichiens à l'époque du premier siège les forçaient de tenir leurs cantonnemens éloignés. Ils n'avaient laissé que des troupes légères sur la gauche de la Moldau qui traverse la ville, et la crainte des glaces que charriait la rivière leur avait même fait lever les ponts par lesquels communiquaient leurs quartiers. Le maréchal profite de ces circonstances, et, la nuit du 16 au 17 décembre, muni de vivres pour douze jours, il sort en silence à la tête de douze mille hommes de pied et trois mille chevaux, et se dirige sur Egra, éloignée de trente-huit lieues. Le temps nécessaire au rétablissement des ponts conservant au maréchal l'avance qu'il s'était donnée, il put continuer sa route, sans être presque inquiété que par les troupes légères. Les grands obstacles vinrent de l'extrême rigueur de la saison. Des otages enlevés de Prague moururent de froid dans les voitures du maréchal. Les longues nuits qu'il fallait passer au bivouac au milieu de la glace et de la neige, et sans rencontrer toujours le bois nécessaire pour allumer des feux, enlevèrent à l'armée un monde prodigieux. La terre était jonchée de pelotons d'officiers et de soldats dont les membres avaient été saisis par la gelée, qui traçaient de la manière la plus lamentable la route de l'armée. A peine cinquante hommes tombèrent sous le fer de l'ennemi, et douze cents périrent de froid dans le chemin. Le dixième jour enfin on gagna Egra, et cinq cents hommes périrent encore à l'hôpital des suites de cette pénible retraite. Elle fit un juste honneur à la sagacité, à la résolution, à l'intelligence et à la conduite du maréchal; mais on eut tort dans le temps de la comparer à celle des dix mille. Cinq cents lieues de pays, depuis les environs de Babylone et à peu de distance du Golfe Persique, jusqu'à la colonie grecque de Trébizonde, sur le Pont-Euxin, parcourues en cinq mois par un moindre nombre de guerriers, malgré les défilés, les montagnes et les fleuves qui les arrêtaient à chaque pas, malgré les pluies, le froid la neige, qui les assiégeaient, et la faim surtout qui les minait, malgré enfin des armées innombrables qui ne cessaient de les harceler, c'est là un fait unique dans l'histoire, et qui n'a pas encore son pendant.

Chevert, demeuré à Prague avec cinq à six mille malades, ne s'en montra pas plus disposé à se rendre prisonnier. Egalement pressé par la ville et par l'armée, il contint l'une et l'autre, en menaçant, si on ne lui accordait une capitulation honorable, de mettre le feu aux quatre coins de la ville et de s'ensevelir sous ses ruines. Sa fermeté connue imposa ; et, le 2 janvier, il obtint du prince de Lobkowitz, conformément à ses désirs, de rejoindre ses compagnons d'armes à Egra. L'armée regagna les frontières de la France, et il ne fut laissé dans Egra qu'une simple garnison qui, isolée au milieu de l'Allemagne évacuée par les Français, fut réduite à se rendre à la fin de l'année.

En Italie, le roi de Sardaigne et les Autrichiens faisaient reculer les Espagnols, et s'étaient emparés de Modène, quand l'apparition en Savoie des Français et de l'infant don Philippe appela le roi de Sardaigne à la défense des Alpes. Les efforts des deux nations se brisèrent contre les obstacles qu'il leur opposa ; mais ses derrières pouvaient être inquiétés par la réunion des Espagnols et des Napolitains, lorsqu'un évènement inattendu vint l'affranchir de cette crainte.

Renonçant à leur neutralité, les Anglais forcèrent don Carlos, avec lequel ils n'étaient point en guerre, à s'y soumettre lui-même, et à rappeler les troupes dont il aidait les Espagnols. Ce fut l'effet de la brusque expédition du capitaine Martin, détaché par l'amiral Matthews, qui avait remplacé Haddock dans la Méditerranée. Le 12 août, il se présente à l'improviste avec douze vaisseaux dans le port de Naples, qui n'était point préparé à une attaque ; et, nouveau Popilius, il donne au roi une heure pour accéder à ses propositions. La menace de réduire la ville en cendres, en cas de refus, ne permit pas au prince de délibérer. Les Anglais s'étaient flattés en Amérique d'un succès plus directement profitable à leurs intérêts, et ils furent trompés dans leur attente. Trente vaisseaux de ligne et douze mille hommes de débarquement attaquèrent Carthagène et furent repoussés. Ils cherchèrent à s'en dédommager en Allemagne ; et, au mépris de leurs engagemens, ils y firent passer des troupes qui hivernèrent dans le pays de Liège.

Le maréchal de Noailles, également recommandable comme administrateur et comme guerrier, avait été chargé de les observer sur le Mein, où ils s'étaient avancés au retour de la belle saison. Ils y étaient réunis aux Hanovriens et à un corps de troupes de la reine de Hongrie. Le comte de Stairs, élève de Marlborough, le même qui était ambassadeur en France à la fin du règne de Louis XIV et au commencement de la régence, les commandait. Georges II, et le duc de Cumberland, son second fils, s'étaient rendus à l'armée.

De l'avis exprès du roi, elle s'était enfoncée jusqu'à Aschaffenbourg, au dessus de Hanau, entre les montagnes du Spessart et le Mein, dont le cours et les passages, tant au dessus qu'au dessous de l'armée anglaise, étaient au pouvoir des Français. Dans cette imprudente position, elle tarda peu à ressentir les inconvéniens de la disette, et à se voir menacée même du sort plus fâcheux d'être contrainte à mettre bas les armes. Le plus prompt retour pouvait seul prévenir ce malheur; mais le maréchal avait fait des dispositions propres à le rendre extrêmement hasardeux. Non seulement dans un passage étroit par où l'armée anglaise devait défiler, le corps de bataille et l'arrière-garde devaient être foudroyés par des batteries disposées de l'autre côté du Mein; mais un autre danger attendait en même temps la tête de l'armée dans le village de Dettingen. Le duc de Grammont, neveu du maréchal, lieutenant-général et colonel des gardes-françaises, y était caché avec toute la maison du roi, derrière un ravin profond où il fallait que descendît l'armée anglaise, et où elle devait être attaquée avec avantage. Enfin un corps de troupes était destiné à passer le Mein à Aschaffenbourg, sur les derrières de l'ennemi, pour le presser dans le défilé et lui interdire la retraite. De ces habiles dispositions, louées par le roi de Prusse, bon juge en pareille matière, devaient résulter et la destruction de l'armée anglaise et la prise peut-être du roi, ce qui eût pu amener la paix. Un courage déplacé ruina tant de belles espérances.

Le 26 juin, dans la nuit, et par le plus grand silence, le roi avait levé son camp. Mais il était observé, et le maréchal n'attendait, pour donner l'ordre de l'attaque, que l'instant où l'ennemi serait engagé de toutes parts, lorsque le duc de Grammont, par une impatience, une audace, ou une présomption également inexcusables, quitte son poste et marche en avant du ravin. L'armée anglaise se forme aussitôt dans l'espace étroit dont elle peut disposer, sous la protection d'une artillerie formidable, avantageusement postée sur une colline. Le duc ne laisse pas de l'assaillir, et engage un combat d'autant plus inégal que, masquant par cette nouvelle imprudence l'artillerie qui devait rompre les rangs ennemis, ce second moyen de victoire fut encore perdu.

Contraint de renoncer à ses habiles combinaisons, le maréchal se voit réduit à aviser aux moyens de seconder la témérité de son neveu, et fait passer l'armée de l'autre côté du Mein, dans un champ resserré qui ne pouvait la contenir. Mais ni ses dispositions nouvelles, ni la présence et l'exemple de cinq princes du sang et d'une noblesse nombreuse, ne purent réparer tant de fautes. On vit un régiment d'élite, celui des gardes-françaises, repasser le Mein à la nage, d'où leur vint le sobriquet de *Canards du Mein*, qui a fait verser bien du sang dans des combats particuliers. Après trois heures d'une mêlée sanglante et inutile, le maréchal fit sonner la retraite,

et, repassant sur la gauche du Mein, il laissa le champ et le passage libres aux Anglais. Le roi d'Angleterre et le duc de Cumberland ne s'étaient pas moins distingués que les princes français, et le dernier eut la jambe percée d'une balle. Comme on se disposait à le panser, ses yeux s'arrêtèrent sur un mousquetaire grièvement blessé, qui avait été porté près de sa tente. « Commencez, dit-il aux chi-
» rurgiens, par panser cet officier français, il est plus blessé que
» moi; il pourrait manquer de secours, et moi je n'en manquerai
» pas. » Le roi d'Angleterre ne s'arrêta sur le champ de bataille que le temps d'en prendre possession, et d'y réparer ses forces par quelque nourriture; il continua sa marche sur Hanau, recommandant ses blessés à la générosité française.

Pendant ce temps, le maréchal de Broglie, trop faible pour se soutenir sur le Danube devant le prince Charles, qui se trouvait à la tête d'une armée nombreuse, se retirait avec peine, lorsqu'un corps de douze mille hommes que lui avait fait passer le maréchal de Noailles, sous la conduite du marquis de Ségur, lui facilita sa retraite sur le Rhin. Le prince l'y suivit, mais il fit de vains efforts pour franchir cette barrière, qui lui fut fermée par le maréchal de Coigny, comme celle de la Basse-Alsace le fut au roi d'Angleterre par le maréchal de Noailles. Rebuté de ces inutiles tentatives, le prince prit de bonne heure ses quartiers dans le Brisgau, et le roi d'Angleterre dans les Pays-Bas. Le barbare Mentzel, qui avait trouvé le moyen de percer en Lorraine, fut tué d'un coup de fusil sur les remparts de Saarbruck.

L'évacuation de la Bavière par les Français la fit tomber sous la puissance de l'Autriche. Le malheureux Charles VII, obligé encore une fois d'abandonner sa capitale, se vit réduit à intéresser à la compassion de celle qu'il s'était imprudemment promis de dépouiller. Elle écouta enfin des propositions qu'elle avait long-temps rejetées; et, le 27 juin, jour même de la bataille de Dettingen, l'empereur obtint un traité par lequel il renonçait à ses prétentions sur l'Autriche, s'engageait, ainsi que l'empire, à demeurer neutre pendant la continuation de la guerre, et laissait la Bavière sous la main de Marie-Thérèse, jusqu'à la conclusion de la paix générale. Ainsi la France se trouva avoir à supporter tout le poids d'une guerre dans laquelle elle avait paru n'entrer que comme auxiliaire. Feignant encore de n'être que partie secondaire, elle donna une déclaration pour retirer ses troupes d'Allemagne, puisque les parties intéressées semblaient être d'accord. La véritable raison, c'est qu'elles ne pouvaient plus s'y soutenir.

Le cardinal de Fleury ne vit pas cette révolution. Il était mort à la fin de janvier, âgé de quatre-vingt-dix ans moins quelques mois, et après avoir tenu seize ans, malgré son grand âge, le timon de l'état. Plein d'urbanité dans ses manières, de simplicité dans ses mœurs, ennemi du faste et étranger à la cupidité, ce ministre trouva dans les qualités qui faisaient le fond de son caractère les deux bases sur lesquelles il établit son administration : la paix au dehors et l'économie au dedans. A l'aide de ces deux moyens aussi puissans que modestes, il cicatrisa peu à peu les plaies qu'avaient faites à la France et les guerres de Louis XIV et les folies du système. Le royaume lui doit encore la réunion de la Lorraine, qui avait été inutilement tentée depuis plusieurs siècles; et les sciences, l'important voyage des astronomes français Bouguer, Godin et La Condamine à Quito, sous l'équateur; et celui de Maupertuis, Clairault, Camus et Le Monnier à Torneo, sous le cercle polaire, pour mesurer dans ces latitudes extrêmes un degré du méridien, et vérifier la théorie de Newton sur l'aplatissement des pôles de la terre, et sur l'accroissement de la longueur des degrés terrestres, à mesure qu'on s'éloigne de l'équateur.

L'objet primitif de la guerre avait disparu, et rien dès lors ne semblait plus aisé à conclure que la paix. Elle était offerte par la France et repoussée par Marie-Thérèse, qui était aveuglée à son tour par l'ivresse du succès, et qui se flattait de trouver dans la continuation de la guerre des dédommagemens aux cessions qu'elle avait faites en Silésie et dans le Milanais, et peut-être même l'occasion de rentrer dans ces provinces et dans le royaume de Naples. Elle était entretenue dans cet espoir par un nouveau traité d'alliance qu'elle venait de contracter à Worms avec l'Angleterre et le roi de Sardaigne; en sorte que la France se vit contrainte de renoncer, malgré son inclination, au rôle d'auxiliaire, et de déclarer franchement la guerre à des puissances avec lesquelles elle se trouvait depuis long-temps dans un état trop réel d'hostilité.

Les premiers jours de cette année avaient même été témoins de deux entreprises spécialement dirigées par la France contre l'Angleterre. Le délabrement de la marine n'avait pas été si complet que, par les soins du ministre de ce département, Jean Frédéric Philippeaux, comte de Maurepas, petit-fils du chancelier de Pontchartrain, quatorze vaisseaux ne se trouvassent alors équipés dans le port de Toulon pour seconder seize vaisseaux espagnols qui, après avoir transporté des troupes et des munitions à don Philippe, y étaient bloqués par trente-quatre vaisseaux de ligne anglais, aux ordres de l'amiral Matthews.

Le 22 février, la flotte combinée osa, malgré son infériorité, braver l'expérience des Anglais; et le résultat d'un combat indécis fut à l'avantage des alliés, en ce qu'ils purent gagner Carthagène pendant que l'amiral anglais allait se réparer à Minorque. De Court, âgé de quatre-vingts ans, commandait les Français, et don Joseph de Navarro les Espagnols. Malgré mille preuves de bravoure qu'avait données l'amiral anglais, l'orgueil national, humilié de ce qu'il n'avait pas vaincu, le traduisit devant une cour martiale, qui le jugea au moins incapable de servir; et le vieux

De Court, qui avait sauvé l'amiral espagnol d'une ruine certaine, accusé par lui de l'avoir laissé dans cette détresse par un secours tardif, fut relégué dans ses terres. Le seul Navarro, qui à la vérité avait résisté à cinq vaisseaux anglais, mais qui, blessé au commencement de l'action, n'y avait eu de part que celle que lui firent prendre ses lieutenans Girardin et de l'Age, officiers français, en recueillit toute la gloire, et fut comblé d'honneurs dans sa patrie.

Dans le même temps vingt-six autres vaisseaux français, sous le comte de Roquefeuille, sortaient de Brest, et gagnaient en plusieurs divisions les côtes de l'Angleterre. Ils y transportaient vingt-quatre mille hommes et le prince Charles-Édouard, fils du chevalier de Saint-Georges. Courageux, entreprenant, secret, indifférent à la fatigue, ferme dans l'adversité, modéré dans le succès, on pouvait tout attendre de son caractère ; et il avait encore le comte de Saxe pour guide et pour appui. Aucun moment d'ailleurs ne pouvait être plus favorable pour une semblable expédition. La majeure partie des troupes anglaises était sur le continent, et la plupart des vaisseaux anglais en commission. Mais il ne faut qu'un coup de vent pour rompre les opérations maritimes les mieux concertées. Souvent cette cause avait ruiné les espérances des Stuarts. Cette fois encore elles subirent la même fatalité. Déjà on touchait aux côtes de Kent, lorsque le 6 mars un ouragan violent rejeta la flotte sur les côtes de France, où plusieurs bâtimens se perdirent.

Ce ne fut qu'après cette agression formelle, agression légitimée par une foule d'autres dans lesquelles les Anglais avaient assailli les vaisseaux français sous le prétexte mensonger de les prendre pour des vaisseaux espagnols, que la guerre fut solennellement déclarée. On prit en même temps des mesures pour la pousser avec vigueur. L'impôt du dixième, qui avait été levé durant la guerre de Pologne, avait déjà été rétabli. Le contrôleur-général Orri, qui avait succédé à Des Forts en 1730, y joignit les ressources dont il alimentait depuis ce temps le trésor royal, savoir : des rentes sur les gabelles, sur les aides, les tailles, les postes, des tontines, des emprunts viagers, une loterie royale, des créations d'offices nouveaux et des taxes sur les anciens. On essaya d'autre part d'ébranler la fidélité du roi de Prusse aux engagemens qu'il avait contractés à Breslau ; et ce prince, qui croyait avoir des motifs pour soupçonner quelques regrets à la reine de Hongrie sur l'abandon de la Silésie, promit en effet une diversion. Enfin don Carlos, que la nécessité seule avait retenu dans la neutralité, fut excité à la rompre ; et les Génois, qu'avait aliénés le traité de Worms, par lequel Marie-Thérèse mettait au nombre des cessions faites par elle au roi de Sardaigne les droits qu'elle prétendait avoir sur le marquisat de Final, quoiqu'il eût été vendu par son père à la république, furent encore invités à faire cause commune avec la France.

Quant au plan de campagne qui fut adopté, le prince de Conti, digne petit-neveu du grand Condé, devait commander les Français dans les Alpes et y seconder don Philippe et les Espagnols, le maréchal de Coigny demeurer sur la défensive en Alsace, et les hostilités principales être portées dans les Pays-Bas. Le maréchal de Noailles devait s'attacher au siège des places fortes, et le comte de Saxe, promu à la dignité de maréchal de France, en couvrir les opérations. Le roi se rendit à l'armée; et la duchesse de Châteauroux, dame d'honneur de la reine, osa prendre congé de cette princesse pour le suivre.

Contre les cent mille Français qui envahissaient les Pays-Bas, les alliés n'opposaient que soixante-dix mille hommes commandés par Wade, élève de Marlborough, et le comte d'Aremberg, élève d'Eugène. Les Hollandais devaient se joindre à eux, et s'étaient déjà avancés dans les plaines de Lille; mais la promptitude de l'invasion déconcerta leurs desseins. Le roi arriva à Lille le 12 mai, et le 10 juillet Menin, Ypres, Knoque et Furnes étaient déjà en son pouvoir. On se flattait de conquérir le reste de la Flandre avec la même rapidité, lorsqu'on apprit que le prince Charles, à la tête de quatre-vingt mille hommes, avait passé le Rhin à Spire le 1er juillet ; qu'il s'était emparé des lignes de Weissembourg, et avait repoussé au-delà de Saverne le maréchal de Coigny, trop faible pour lui résister. Il fallut changer de plan, porter les principales forces en Alsace, et se tenir au contraire en Flandre sur la défensive. On en donna le soin au maréchal de Saxe, à qui on ne laissa que quarante-cinq mille hommes; mais les savantes manœuvres de ce général, pendant le reste de la campagne, suppléèrent au petit nombre, et fixèrent sa place au rang des premiers capitaines.

Le maréchal de Noailles, avec le reste de ses forces, se dirigea sur le Rhin. Le roi l'y suivait, lorsqu'il fut arrêté à Metz par une maladie. Pendant ce temps le roi de Prusse, jugeant l'armée autrichienne suffisamment occupée par l'armée française, et inquiétée encore sur ses derrières par les troupes de Bavière et de la régence de Hesse-Cassel, entra de nouveau en Moravie et en Bohême, et en treize jours fit capituler, le 16 septembre, à Prague, une garnison de dix-huit mille hommes, qui à la vérité ne s'attendait guère à y être attaquée. Mais déjà, le 24 août, le prince Charles avait repassé le Rhin sans avoir été entamé par les Français qui, au lieu de le suivre et d'essayer de l'arrêter par une action, quel qu'en pût être l'évènement, se bornèrent à investir Fribourg, dont les châteaux tinrent deux mois, et ne se rendirent, faute de vivres, que le 23 novembre. Le roi, qui était venu au siège après son rétablissement, repartit pour la capitale aussitôt après la reddition de la ville, qui avait capitulé le 1er novembre.

Cependant le prince Charles se hâtait vers la Bohême. Aidé par la diversion de vingt-cinq mille Saxons, que le roi de Pologne venait de mettre à la disposition de la reine, sous la promesse d'une partie de cette Silésie qu'elle ne possédait plus, il harcela et fatigua tellement les Prussiens, en les tenant dans de continuelles alarmes pour leurs magasins, que le 27 novembre ils évacuèrent Prague après en avoir fait sauter les fortifications. L'empereur seul gagna à tous ces mouvemens : la Bavière se trouva évacuée, et pour la troisième fois il put rentrer à Munich, mais dans un état de détresse et de dénuement que sa dignité rendait encore plus sensible, et qui dut diminuer pour lui les amertumes de la mort, qui le surprit dans les premiers jours ds l'année suivante.

En Italie, le prince de Conti et don Philippe avaient ouvert la campagne dès le 1er avril, qu'ils avaient passé le Var, et s'étaient emparés de Nice sans combat. Avec plus de fatigue et de gloire, ils s'étaient rendus maîtres de Villefranche, où le roi de Sardaigne, retranché dans les montagnes avec vingt mille hommes, avait été battu et forcé de s'embarquer sur la flotte de l'amiral Matthews, qui le transporta à Vado avec ses troupes. Les deux généraux se proposaient de suivre les côtes de la mer, mais la menace de l'amiral anglais de considérer la violation du territoire de Gênes comme une infraction de sa neutralité, les força de renoncer à ce projet. Ils remontèrent en conséquence jusqu'à Château-Dauphin, à l'entrée de la vallée de la Sture. Le bailli de Givry et le brave Chevert escaladèrent le roc le 19 juillet; et, malgré l'artillerie des Piémontais et la présence du roi de Sardaigne, ils en atteignirent le sommet et l'emportèrent après un combat sanglant qui coûta deux mille hommes aux assiégés et le double aux alliés. L'acharnement fut égal de part et d'autre ; tous les défenseurs du fort y périrent : il fallut en arracher le roi de Sardaigne qui voulait se faire tuer dans les retranchemens, et, du côté des Français, on vit des grenadiers profiter du recul des pièces d'artillerie pour se jeter dans le fort à travers les embrasures.

Mais ce n'était pas assez de cet exploit pour pénétrer en Piémont : il fallait emporter encore le poste des barricades, triple retranchement de quelques toises dans la largeur de la vallée, entre deux montagnes dont la cime se perdait dans les nues ; et, au débouché, enlever le fort de Démont. On trouva heureusement le moyen de détourner le premier obstacle : et Démont, incendié par un boulet rouge qui porta dans un magasin de mèches, se rendit à discrétion le 17 août. Dès lors le Piémont fut mis à contribution, et la tranchée fut ouverte le 13 septembre devant Coni. Une bataille, que le roi de Sardaigne, renforcé de dix mille Autrichiens, hasarda pour secourir la place, ne remplit pas son objet ; mais le gouverneur, confiant en l'approche de la mauvaise saison, ne laissa pas de tenir. Sa constance fut payée de succès. Au bout de trois semaines, la chute des neiges et le débordement de la Sture avertirent les assiégeans de faire une prompte retraite, ce qu'ils exécutèrent en Dauphiné et en Savoie, après avoir fait sauter les fortifications de Démont.

Des évènemens moins importans en eux-mêmes et plus considérables par leurs résultats avaient occupé la scène au centre de l'Italie. Le comte de Gages, qui, dès l'année précédente, avait remplacé le duc de Bitonto, s'était joint dans les états romains aux troupes de don Carlos. Le prince de Lobkowitz, d'autre part, s'était avancé au delà de Rome. Il avait pénétré dans l'Abruzze, saisi Aquilée, et publié sans effet un manifeste par lequel les Napolitains étaient invités à changer de maîtres. Pendant que les deux armées s'observaient, don Carlos pensa être fait prisonnier dans Velletri, dont le comte de Brown s'empara le 11 août par un coup de main. Gages recueillit les fuyards, et, calmant bientôt la terreur qui se répandait de toutes parts, il s'attacha à couper la retraite aux Autrichiens. Il en résulta un combat assez vif, où les derniers furent repoussés. Cet échec, et les pertes que les maladies, dues aux chaleurs d'un climat étranger, leur faisaient faire chaque jour, les déterminèrent à regagner le Bolonais, et ainsi finit la campagne.

C'était le 4 août que le roi était arrivé à Metz, où le maréchal de Schmettau, envoyé par le roi de Prusse, venait concerter avec lui le mouvement des armées. Le 8, le roi fut attaqué d'une fièvre putride, et six jours après il était à l'extrémité. La duchesse de Châteauroux et le duc de Richelieu ne quittaient pas le roi. Le duc, premier gentilhomme de la chambre, et familier du monarque, avait contribué à l'élévation de la favorite, et en attendait en échange la continuation de sa faveur. Leurs soins réunis tendaient à éloigner tout le monde de la personne de Louis XV, et ils affectaient de ne point croire à son danger, pour repousser les secours que la religion offrait au prince, et se faire un jour un mérite auprès de lui, s'il en réchappait, de lui avoir épargné les inutiles terreurs de la mort. Mais le duc de Chartres, en qualité de représentant du premier prince du sang, et stimulé par les avis de son père, força des consignes qu'il n'eût pas été donné à d'autres de pouvoir lever, et, assisté de François de Fitz-James, évêque de Soissons, fils du maréchal de Berwick, et premier aumônier du roi, il lui annonça son état, et le remit entre les mains du prélat. Celui-ci fit goûter au monarque les consolations célestes; mais il y mit un prix, celui de faire cesser le scandale d'un attachement illégitime. Le moribond s'y résigna et donna l'ordre du renvoi de la duchesse. Mille opprobres de la part du peuple accompagnèrent son départ et son voyage. Pendant le même temps la reine arrivait pour prodiguer ses soins a son époux. Elle le retrouva donnant l'espoir d'une guérison prochaine, et disposé à réparer ses injustices envers elle. Le peuple, ravi de voir son prince rendu à la fois à la vie et à la vertu, le proclama le *Bien-Aimé*, et se livra dans toute la France à un enthousiasme inexprimable. Accablé de toutes parts de témoignages de sensibilité, le roi demandait ce qu'il avait pu faire pour mériter tant d'amour; et le peuple lui savait gré, comme d'un acte de modestie, de la naïveté de sa question. Mais, poursuivi bientôt par des conseils corrupteurs, il se lassa d'un empressement qui imposait des efforts à sa faiblesse. Des remontrances qui semblaient fortuites, et qui étaient ménagées par l'adresse de la séduction, le rengagèrent dans ses coupables liens. La duchesse fut rappelée avec éclat, et le prélat, qui n'avait fait que remplir les obligations étroites de son ministère, fut exilé dans son diocèse. Ce triomphe du vice fut de courte durée, et quelques jours s'étaient à peine écoulés depuis le retour de la favorite à la cour, qu'elle se sentit frappée des atteintes de la mort. Moins heureuse que le monarque, elle y succomba, et cette funèbre et effrayante leçon fut encore perdue pour lui.

L'aigreur réciproque qui avait gagné les puissances belligérantes leur fit négliger la nouvelle occasion de terminer leurs différens, que leur offrait la mort de Charles VII, arrivée le 20 de janvier. L'Angleterre, piquée des tentatives de la France pour rétablir Charles Édouard sur le trône de ses pères, maintenait de tout son pouvoir, par d'immenses subsides, les anciennes prétentions de la reine de Hongrie. Celle-ci en formait de nouvelles à la dignité impériale pour son époux, et la France, au contraire, se proposait de l'assurer dans la maison de Bavière et d'en décorer le jeune électeur Maximilien-Joseph. Mais ce prince, poussé jusqu'à Augsbourg par les troupes autrichiennes, qui étaient rentrées en Bavière, et éclairé par les malheurs de son père sur les illusions du diadème, fit sa paix avec Marie-Thérèse, lui promit sa voix pour le grand-duc, et reconnut la légitimité du vote de Bohême, que la force avait rejeté lors de l'élection de Charles VII.

Trompée encore une fois dans ses espérances de paix, la France se vit forcée à de nouveaux efforts pour la conquérir. On résolut de se tenir sur la défensive en Allemagne, et de porter les grands coups en Italie, et surtout en Flandre. Le maréchal de Saxe y commandait encore cette année. Le premier mai, après avoir donné le change aux ennemis, il investit Tournai, qui, en vertu du traité de la Barrière, tenait garnison hollandaise. L'armée alliée, commandée par le duc de Cumberland, s'ébranla pour la secourir. Déjà elle était proche, lorsque le maréchal, laissant quinze mille hommes dans ses lignes pour contenir la garnison, se forma dans une plaine au delà de l'Escaut, ayant le village de Fontenoy devant son centre, celui d'Antoin à sa droite, et le bois de Bari à sa gauche, tous ces postes hérissés de canons qui les rendaient inabordables. Le 11 mai cependant il fut attaqué dans cette position par l'armée combinée. Les Anglais occupaient le centre; les Autrichiens, sous le comte de Kœnigseck, tenaient la droite; les Hollandais, qui s'étaient enfin prononcés, formaient la gauche sous le prince de Waldeck. Les deux armées étaient à peu près égales, et chacune comptait environ quarante-cinq mille hommes. Le roi, ainsi que le dauphin qui sortait à peine des fêtes de l'hyménée, s'étaient rendus à l'armée sur l'apparence prochaine d'une bataille.

L'action s'engagea sur les neuf heures du matin, par une canonnade long-temps prolongée, qui n'offrit point de résultat sensible. Kœnigseck donnait le conseil de s'en tenir à ce genre d'attaque, qui suffisait pour interrompre les travaux du siège, mais l'impatience des Anglais s'en irrite, et avec une rare intrépidité ils s'avancent contre le village de Fontenoy. Cependant, toujours repoussés par l'artillerie formidable qui les foudroie, ils renoncent à aborder les Français par ce point, et s'engagent, pour parvenir jusqu'à eux, entre le village et le bois. Mal secondés par leurs auxiliaires, qu'une résistance opiniâtre empêcha de marcher d'un pas égal, seuls ils se portent en avant, exposés à tout le feu des batteries de Fontenoy et des redoutes de Bari. C'est alors que, pour essayer d'y dérober leurs flancs, la nécessité les fit se resserrer en une épaisse et redoutable colonne, qui, par sa masse et son feu toujours roulant, écrasait les faibles corps d'infanterie successivement opposés à son attaque. Dans sa marche lente mais continue, cette espèce de forteresse ambulante perça deux lignes d'infanterie française. Il ne lui restait plus qu'à dissiper la réserve de cavalerie; alors, hors de la portée des batteries, elle eût pu rabattre sur la gauche et enlever Antoin, où le maréchal avait marqué le quartier du roi et du dauphin. Déjà l'alarme s'y répandait, et l'on avait conseillé au roi le parti prudent de la retraite. Il s'y refusait, craignant de porter peut-être le découragement dans l'armée, lorsque le maréchal, survenant, confirma le monarque dans sa résolution, en lui annonçant une victoire qui ne pouvait plus tarder. Les pertes, en effet, que l'artillerie ne cessait de faire éprouver à la colonne, diminuaient de plus en plus sa consistance, et le moment approchait où elle devait la perdre tout à fait. On le hâta, sur l'avis de Richelieu, à l'aide de quatre pièces de canon qui avaient été réservées pour couvrir, en cas de nécessité, la retraite du monarque, et qui, inutiles à l'effet du combat, furent livrées par lui pour coopérer au succès de la journée. Pointées sur le front même de la colonne, elles en éclaircissent les rangs, et mettant obstacle à ce qu'ils pussent se reformer, un vide considérable tarda peu à s'y faire remarquer. Aussitôt le signal de la charge est donné à une cavalerie d'élite, qui fond avec rapidité sur cette masse imposante, et qui, la pénétrant de toutes parts, la dissipe en moins d'un quart d'heure, comme par enchantement. Ce qui échappe à un massacre affreux fait une retraite périlleuse sous le feu des batteries de Bari, et n'est hors de danger qu'après avoir laissé neuf mille hommes sur le champ de bataille. Les vaincus ne furent point poursuivis. Un plus grand intérêt ramena l'armée victorieuse dans les lignes de Tournai, qui, dix jours après, devint le prix de cette importante victoire.

Elle fit d'autant plus d'honneur au maréchal de Saxe, qu'il était mourant alors, et qu'incapable de monter à cheval, c'était en litière qu'il se faisait transporter partout où sa présence était nécessaire. Le roi, au milieu des cris de triomphe qui retentissaient sur le champ de bataille, fixa l'attention de son fils sur le spectacle déchirant du carnage; et, en lui faisant envisager avec horreur à quel prix s'achète une victoire, il lui donna l'utile leçon de ménager le sang de ses peuples. Le jeune prince, dans un transport de bravoure qu'il avait fallu réprimer, avait mis l'épée à la main lors de la dernière charge contre la colonne, et avait voulu donner avec les braves qui la dissipèrent. Le maréchal de Noailles renouvela en cette occasion l'exemple de patriotisme et de générosité donné par le maréchal de Boufflers à la campagne de Malplaquet. Il n'hésita point à agir en second sous le maréchal de Saxe, qui non seulement était son cadet, mais presque son ouvrage. Un boulet de canon lui enleva dans cette journée l'imprudent neveu qui lui avait ravi une victoire certaine, et qui n'avait pas cessé de lui être cher. Lorsqu'on apprit au roi cette mort : « Combien d'autres, dit-il en soupirant, nous aurons à pleurer ce soir! » Les ennemis, affaiblis par leurs pertes, ne purent mettre obstacle aux rapides progrès de l'armée française; le reste de la campagne vit tomber en son pouvoir, Gand, Bruges, Oudenarde, Dendermonde, Ostende, Nieuport, Ath, toute la Flandre en un mot; et enfin, au cœur de l'hiver, et lorsque l'on croyait la campagne terminée, la capitale du Brabant, Bruxelles, où l'on trouva des munitions pour nourrir l'armée pendant quatre mois.

Les succès n'étaient pas moindres en Italie. Gênes, bravant les menaces des Anglais, avait adhéré à l'alliance française et espagnole, et, malgré le bombardement de ses places, y avait persisté. Elle avait joint dix mille hommes et un train d'artillerie à l'armée de don Philippe et du maréchal de Maillebois, qui remplaçait le prince de Conti, mécontent de son collègue, et qu'on avait cette année envoyé en Allemagne. Tandis qu'ils entrent par le ponant dans l'état de Gênes, le comte de Gages y arrivait par le levant, et tous ensemble ils descendent dans le Montferrat. Ils s'emparent de Serra-Valle, en présence des Piémontais et des Autrichiens, réunis à Novi, et ensuite de Plaisance, de Parme et de Pavie. Le roi de Sardaigne et le comte de Schullembourg, réfugiés sous le canon de Tortone, ne s'y croient point en sûreté, et, mettant le Tanaro entre eux et les ennemis, ils se couvrent tout à la fois de cette rivière et du Pô, vers le point où le premier se jette dans le second. L'adresse du comte de Maillebois, fils du maréchal, qui feint de marcher sur Milan, les sépare. Aussitôt le Tanaro est franchi, et les Piémontais, battus à Bassignano, reculent jusqu'à Casal, qui tombe bientôt au pouvoir des alliés, ainsi que les villes d'Alexandrie, de Valence, d'Asti, et enfin de Milan, où don Philippe reçut au mois de décembre le serment de fidélité du sénat et du peuple. Toutes les possessions autrichiennes d'Italie, à quelques citadelles près, étaient conquises, et le roi de Sardaigne était presque réduit à sa capitale, menacée d'un siège.

L'armée d'Allemagne, dont le but était de s'opposer à l'élection du grand-duc, réduite par les renforts qu'on en tirait pour la Flandre, devint incapable de remplir son objet. Le grand-duc lui-même, avec une armée supérieure, couvrit Francfort, et força même le prince de Conti à repasser le Rhin. Dès lors rien n'empêcha l'effet de la majorité des suffrages que l'impératrice s'était assurée, et le 15 septembre son époux fut élu empereur, malgré les protestations du roi de Prusse, et même malgré ses victoires. Le 4 juin, en effet, il avait battu le prince Charles à Friedberg en Silésie, et acquitté, ainsi qu'il l'écrivait à Louis XV, la lettre de change tirée sur lui à Fontenoy. Depuis, quoique surpris et inférieur de moitié, il le battit encore à Sohr ou Prandnitz en Bohême, et le 15 décembre enfin, une nouvelle défaite des Autrichiens et des Saxons, à Kesseldorff, sous les murs de Dresde, lui livra cette capitale de la Saxe, d'où s'éloigna le roi de Pologne, et où entra aussitôt Frédéric en vainqueur plein d'aménité. Mais déjà le roi d'Angleterre interposait de nouveau sa médiation pour le réconcilier avec l'impératrice. D'une part, le peu d'avantages que tirait le roi de Prusse de la diversion de la France en Flandre, où il prétendait que les victoires de Louis XV ne lui profitaient pas plus que si elles eussent été remportées sur le Scamandre, et, d'une autre part, le désir naturel à l'impératrice de sauver un allié dépouillé de ses états et de porter en Italie les forces que réclamait la défense de la Bohême, facilitèrent le rapprochement; et dès le 25 décembre, moyennant la cession du comté de Glatz, ajoutée par l'impératrice à celle de la Silésie, et un million d'écus d'empire que se soumit à payer le roi de Pologne, le roi de Prusse fut rendu à sa neutralité.

Les Anglais s'étaient emparés, au mois de juin, de Louisbourg et de toute l'île Royale ou du cap Breton, voisine de l'Acadie, conquête importante, qui les rendait à peu près maîtres exclusifs des pêcheries de Terre-Neuve, et qui interrompait en partie les communications de la France avec le Canada. Mais, presque dans le même temps, l'Angleterre eut à trembler pour ses propres foyers. Le prince Edouard, que n'avait pu porter l'année précédente en Angleterre une flotte de vingt vaisseaux de ligne, osa confier sa fortune à une petite frégate de dix-huit canons, frétée par un négociant de Nantes, et qui portait sept officiers, quelques fusils et peu d'argent. Avec ce faible appareil, il débarque au mois d'août sur une des îles occidentales de l'Ecosse, gagne la côte voisine de Loch-Aber, et publie un manifeste où il s'annonce pour revendiquer ses droits, avec l'aide seule de ses concitoyens. Cette déclaration lui donne aussitôt une armée de trois mille montagnards, avec lesquels il s'avance jusqu'à Perth. Le 15 décembre, il est déclaré régent des trois royaumes pour son père; et, quatre jours seulement après, fortifié des secours qu'il reçoit dans cette ville, des nobles écossais et de leurs vassaux qui s'attachent à sa cause, il est proclamé de nouveau à Edimbourg.

Cependant sir John Cope, général des troupes anglaises dans le nord de l'Ecosse, qui avait refusé d'abord de croire à la nouvelle du débarquement du prince, rassemble les troupes régulières qui sont à sa disposition, ainsi que les Ecossais attachés à la maison régnante, s'embarque avec quatre mille hommes à Aberdeen, descend à Dumbar près d'Edimbourg, et s'approche de cette ville jusqu'à Preston-Pans. Le jeune Edouard n'hésite point à l'y attaquer avec trois mille montagnards seulement, et il ne fallut à leur courage que dix minutes pour triompher du nombre et de l'expérience de leurs ennemis. De ceux-ci cinq cents furent tués, neuf cents blessés, et quatorze cents faits prisonniers. Les munitions, les armes, les bagages, l'artillerie, tombèrent au pouvoir des vainqueurs, et leur procurèrent les moyens offensifs qui leur manquaient. Le prince, dont la tête avait été mise à prix par la régence d'Angleterre, s'en vengea avec grandeur, par l'humanité dont il usa envers les prisonniers; et sa clémence rehaussa l'éclat de sa victoire.

L'Ecosse cependant était loin de lui être entièrement dévouée, et une grande partie suivait par choix les drapeaux de son adversaire. Sans laisser aux siens le loisir de calculer leur faiblesse, Edouard profite de la confiance que leur inspire leur succès, pour les diriger sur Londres même. Il entre dans le Northumberland, s'empare de Carlisle, descend jusqu'à la hauteur de la principauté de Galles; et, ne pouvant y pénétrer faute de ponts, se rabat sur Derby, à trente lieues de Londres, où la consternation commençait à se répandre. Mais déjà le duc de Cumberland avait été rappelé du continent avec des troupes réglées, et il avait pris poste à Stafford, près de Derby. Edouard ne s'était avancé d'une manière si hasardeuse au cœur de l'Angleterre que pour donner l'occasion de se déclarer aux nombreux partisans qu'on l'avait flatté d'y rencontrer. Mais, soit qu'il eût été abusé, soit que l'arrivée du duc de Cumberland eût comprimé les volontés, personne ne remua. Une bataille pouvait seule ouvrir au prétendant le passage jusqu'à la capitale, mais la modicité de ses forces lui défendait de la tenter. Sa position devenait d'autant plus critique qu'il était encore observé par le général Wade qui, demeuré stationnaire à l'est pendant l'invasion du prince, se trouvait à portée de lui couper la retraite. C'était pourtant le seul parti qui lui restât. Il le prit dix jours après son entrée à Derby, et l'exécuta malgré toutes les difficultés de la saison, avec un secret et une activité qui mirent en défaut ses adversaires, et en même temps avec un respect des personnes et des propriétés qu'on était loin d'attendre de ses montagnards, et qui eût fait honneur à l'armée la mieux disciplinée et la mieux pourvue. Rentré en Ecosse, il y trouva quelques faibles secours en hommes et en argent qui lui venaient de la France et de l'Espagne, mais qui, disproportionnés avec ses besoins, n'avaient pour but que d'occuper les Anglais hors du continent. La politique de quelques puissances du Nord, qui voyaient cette expédition de mauvais œil, enchaînait la bonne volonté de la France, qui craignait d'accroître le nombre de ses ennemis.

Poursuivi avec mollesse, le jeune prince n'eut pas plus tôt gagné l'Ecosse, qu'il s'attacha à la prise du fort de Stirling. Sans expérience des sièges, et sans artillerie que le canon de bataille dont il avait pu s'emparer en battant ses ennemis, il se consumait devant cette place, lorsque le général Hawley s'avança pour la dégager. Hawley s'était vanté de dissiper l'insurrection avec deux régiments de dragons. Il en avait davantage quand, arrivé le 24 janvier à Falkirk, les montagnards se présentèrent fièrement à sa rencontre. Au choc de sa cavalerie ils opposèrent une décharge à bout portant qui la rompit. Dans sa fuite elle porta le désordre dans les rangs de l'infanterie, déjà incommodée du vent et de la pluie qui la frappaient au visage ; et la déroute des Anglais fut complète, sans que leur perte fût considérable.

Un renfort de six mille Hessois amenés par le duc de Cumberland, qui succéda à Hawley dans le commandement de l'armée, délivra Stirling. A son approche, Edouard fit retraite à Inverness, pour être à portée des secours qu'on pourrait lui faire passer. Le duc ne l'y suivit point, et s'établit à Aberdeen, s'attachant d'abord à enlever les postes épars de l'ennemi. Il quitta enfin ses quartiers vers la fin d'avril, passa sans obstacle la rivière de Spey, qu'Edouard aurait pu disputer avec avantage, et s'approcha d'Inverness. De son côté, le prétendant marchait au devant de lui, avec le désir de le combattre et l'espoir de le surprendre ; mais, arrivé à la vue des Anglais, ses gens se trouvèrent tellement excédés de fatigue et de faim, qu'ils étaient incapables de combattre, et il crut devoir se retirer sur Culloden, pour leur faire prendre du repos et de la nourriture. Ils se livraient avec excès et sécurité à la satisfaction de ce double besoin, lorsqu'ils furent surpris à leur tour par les Anglais. Edouard eut peine à ranger ses troupes en bataille : son artillerie mal servie fut sans effet, tandis que celle des Anglais faisait d'énormes ravages parmi les siens. En vain, fatigués du spectacle de leurs pertes, cinq cents montagnards s'élancent sur les batteries qui les causent ; en vain ils fondent avec la même impétuosité sur les colonnes ennemies, ils s'épuisent dans leurs succès, par les résistances nouvelles que la supériorité du nombre permet de leur opposer, et une charge de cavalerie achève leur défaite. La moitié demeura sur le champ de bataille, et le reste se divisa en pelotons qui ne purent plus se rallier.

Blessé, mais échappé aux fureurs de cette journée, où l'on vit l'impitoyable vainqueur explorer le champ de bataille, non pas pour sauver les mourans, mais pour les massacrer, Édouard marcha cinq jours et cinq nuits sans pouvoir se reposer, suivi d'une vingtaine de compagnons de son infortune, qui furent bientôt contraints de l'abandonner, pour ne pas éveiller par leur nombre l'attention de ceux qui le cherchaient. Il ne lui en resta que deux, dont il fut encore obligé de se séparer de temps en temps. Avec eux il se rend dans un petit port où ses partisans de France étaient convenus de faire aborder les vaisseaux chargés des secours qu'ils pourraient lui fournir. Il les y attend; mais, presque reconnu, il est forcé de fuir. Il passe la nuit dans les boues d'un marais, et s'éloigne au point du jour de ce lieu funeste. Cependant les vaisseaux qui paraissaient au loin envoient un canot sur le rivage; le prince n'arrive pas à temps, et les vaisseaux gagnent le large. L'infortuné se rejette dans ces pays sauvages : il y marche à l'aventure, ne sachant à qui se fier, sans asile, sans gîte fixe; tantôt il erre sur des montagnes inaccessibles, tantôt enfin sur une mer orageuse; il est ballotté d'île en île dans les plus frêles embarcations, et toujours il est livré aux rigueurs de la température et au tourment de la faim. Travesti en paysan, et caché même sous des habits de femme, il donne le change à l'avide recherche d'un ennemi barbare, qui a dévasté et brûlé vingt lieues de pays autour de lui pour lui enlever tout asile. Contraint cent fois de confier son sort à la discrétion du pauvre, qui n'ignore pas qu'une somme de trente mille livres sterling est promise à qui le livrera, aucun n'est tenté de devenir riche au prix d'une telle lâcheté. Un jour, exténué par la fatigue, et affamé jusqu'au désespoir, il se détermine à frapper à la porte d'une cabane ennemie. Le maître paraît : « Le fils de votre roi, lui dit le jeune prince en
» l'abordant, vous demande du pain et des habits. Je sais que vous
» êtes mon ennemi; mais je vous crois assez de vertu pour ne pas
» abuser de ma confiance et de mon malheur. Prenez les haillons
» qui me couvrent, gardez-les; peut-être pourrez-vous un jour me les
» rendre sur le trône de la Grande-Bretagne. » Attendri et pénétré à la vue d'une infortune si auguste, le paysan prodigue à son hôte tous les secours que lui permet sa pauvreté, et lui garde un secret fidèle. Enfin, après cinq mois de courses, languissant et affaibli, succombant à la maladie par l'excès des fatigues et des inquiétudes, à peine couvert d'habits en lambeaux, Édouard est recueilli, le 29 septembre, par un corsaire de Saint-Malo, qui avait abordé secrètement à la côte de Locnanagh, et qui le débarque à Roscof, près de Morlaix, le 10 octobre, non sans avoir couru le nouveau danger de tomber dans une croisière anglaise.

Mille atrocités suivirent en Angleterre la défaite du prétendant.

Les prisons se remplirent des défenseurs de sa cause, et les échafauds furent inondés de leur sang. Pendant ce temps, plongé dans les délices de Paris, et à l'abri de ces catastrophes cruelles, Edouard en apprit les détails avec indifférence. Telle est du moins l'assertion de quelques écrivains. Mais, pour l'honneur de l'humanité, il faut repousser une imputation qui n'est pas croyable, qui fut peut-être l'ouvrage de la politique, et qui, si elle n'était une calomnie, laisserait à demander ce que c'est donc que l'héroïsme. Appliquons ici plutôt cette noble sentence d'un historien de nos jours (M. Lacretelle) : « Ayons de la foi pour les belles » actions, et réservons le doute et l'incrédulité pour les mau- » vaises. »

La ruine absolue du jeune prince et la défection du roi de Prusse changèrent la perspective flatteuse que la fin de la dernière campagne avait offerte à la France. Des négociations avec le roi de Sardaigne furent entamées pour ramener l'équilibre rompu par l'accroissement des forces que l'Autriche allait avoir en Italie. Charles Emmanuel s'y prêta volontiers : mais l'Espagne, qui, pour le satisfaire, devait se départir d'une partie de ses prétentions, y persistait avec inflexibilité. Louis néanmoins, se portant fort pour cette puissance, qu'il se proposait d'amener à ses désirs, continuait à vouloir traiter. Emmanuel ne s'y refusait pas; mais sous la condition de pouvoir masquer aux Autrichiens, par des apparences d'hostilités, les négociations pacifiques qui existaient entre la France et lui. Suivant ces termes, il se présente devant Asti, que défendaient neuf bataillons français. Leur chef, secrètement instruit du mystère que l'on fait aux Espagnols et aux Autrichiens des dispositions amicales des deux nations, épargne le sang humain, et, après une résistance simulée, livre une garnison que la paix va rendre à ses foyers. Les Espagnols crient à la trahison; la division s'introduit dans le conseil entre eux et les Français, et elle est telle, que le maréchal de Maillebois, inquiet pour sa propre sûreté au milieu des Espagnols, s'en sépare, et les met ainsi dans la nécessité d'évacuer eux-mêmes Alexandrie, dans la crainte d'y être forcés, comme les Français l'avaient été à Asti.

Le roi de Sardaigne signifie alors la rupture des négociations, et, dans le même temps, trente mille Autrichiens, sous le jeune prince de Lichtenstein, descendent en Lombardie. Ils font évacuer Milan à don Philippe, et par d'autres succès partiels enlèvent tous les points d'appui des Français et des Espagnols. Le danger commun rapproche ceux-ci, mais sans mettre plus d'unité dans leurs conseils. Le maréchal voulait qu'on se hâtât de regagner l'état de Gênes, dont la défense eût été facile; mais, follement entêté de son duché de Parme, don Philippe ne peut se résoudre à le perdre de vue. L'armée combinée y est atteinte par les Autrichiens, et un engagement opiniâtre s'y livre le 15 juin sous les murs de Plaisance. La victoire, après neuf heures de combat, demeura aux Autrichiens. Les Français y perdirent dix mille hommes, et compensèrent faiblement cette perte par la fierté d'une retraite qui fit honneur au comte de Maillebois fils du maréchal, et qui permit à l'armée de rentrer dans l'état de Gênes. Mais neuf mille Espagnols et sept mille Français, qui restaient d'une armée naguère si florissante, ne se crurent point en état de le défendre, et gagnèrent, les uns la Savoie, et les autres la Provence. Gênes, mal pourvue de vivres, déjà bloquée par une escadre anglaise, se trouva ainsi dans la nécessité d'ouvrir ses portes aux Autrichiens, qui y entrèrent le 6 septembre, pendant que le roi de Sardaigne, de son côté, faisait capituler Savone et Final, recouvrait le comté de Nice, et pénétrait en France.

Antibes fut d'abord investie par les alliés. Pour en pousser le siège, il fallait de l'artillerie; elle leur manquait. Ils se résolvent à la tirer de Gênes. Les Autrichiens en ordonnent l'extraction, et poussent l'oubli des convenances jusqu'à forcer les bourgeois de la descendre de leurs remparts. Déjà ulcérés par des contributions exorbitantes qui, exigées sans délai, avaient tari les trésors de la banque, et épuisé ensuite les trésors des particuliers, dont les plaintes étaient punies par de nouvelles taxes, ceux-ci, avec un dépit concentré, se résignaient à ce surcroît d'humiliation, lorsqu'un coup de canne donné par un officier autrichien à l'un des malheureux conducteurs de l'artillerie, fut comme une étincelle électrique qui, en un moment, fit passer tout le peuple de l'extrémité de l'abjection à toute l'exaltation du courage et de la vengeance. Tous les Autrichiens répandus par la ville, et bien loin de la pensée d'un soulèvement, sont massacrés sur l'heure. Le marquis de Botta, leur chef, qui partageait leur sécurité, avait son quartier dans un faubourg : les portes de la ville lui sont fermées. L'arsenal est enfoncé, le tocsin sonne, les paysans d'alentour affluent au secours de la populace armée, et cette troupe inexpérimentée, suppléant par son énergie à ce qui lui manquait sous le rapport de l'art, pousse le marquis, non seulement hors de ses murs, mais hors même du territoire de la république.

Cet évènement eut une influence immédiate sur la Provence, où les Autrichiens menaçaient Toulon et Marseille. Déjà le comte Brown, qui avait tout rançonné et dévasté jusqu'à la Durance, commençait à manquer de vivres, qu'il tirait auparavant de Gênes, lorsque le maréchal de Belle-Isle, savant dans la guerre de chicane, arriva avec quelques troupes, rassura la province et arrêta dès le premier moment les progrès de l'ennemi. Aidé depuis d'un renfort d'Espagnols, envoyé par le nouveau roi d'Espagne, Ferdinand IV, qui venait de succéder à Philippe V, son père, il fit craindre aux Autrichiens d'être cernés, et les détermina ainsi à une prompte retraite; elle eut lieu dans les premiers jours de l'année suivante.

La France était plus heureuse en Flandre qu'en Italie. Le roi, qui s'y était rendu, fut témoin d'une partie des conquêtes du maréchal de Saxe et du prince de Conti. Celui-ci avait été rappelé d'Allemagne, où sa présence était inutile depuis la neutralité des Cercles, qui avait été procurée par le roi de Prusse. Louvain, Malines, Arschot, Anvers, Mons, Saint-Guillain, Charleroi, Namur enfin, furent le fruit et des coups de vigueur et des savantes manœuvres du maréchal. Le mois d'octobre était arrivé. Il fit proposer au prince Charles, qui commandait les alliés, de prendre l'un et l'autre leurs quartiers. Mais le prince, qui se rappelait peut-être la prise de Bruxelles au cœur de l'hiver dernier, se défiant d'une proposition qui n'avait été suggérée que par amour de l'humanité, répondit qu'il n'avait pas de conseils à recevoir de ses ennemis. « Puisqu'il s'y refuse, dit » Maurice, il faut donc l'y forcer », et il lui présenta la bataille, qui fut acceptée. Le prince Charles, adossé à la gauche de la Meuse, était posté entre Liège et Maëstricht, couvrant cette place, objet des ardens désirs du maréchal, qui, maître de ce point important, eût inondé la Hollande sans obstacle. Les villages de Liers, de Warem et de Raucoux, munis d'une artillerie nombreuse, étaient sur le front des alliés. Il fallait les emporter pour parvenir jusqu'aux ennemis, et les Français étaient dans la même position où se trouvèrent les Anglais à Fontenoy. Mais ils furent plus heureux dans leur manœuvre. Les postes de Warem et de Raucoux, emportés à la baïonnette, permirent à leur impétuosité de se déborder dès lors avec moins de danger. La victoire en fut le fruit; mais la brièveté des jours, à l'époque du 21 octobre, leur déroba une partie des avantages qu'ils en devaient attendre. Le prince Charles, de tous les généraux le moins déconcerté par une défaite, repassa la Meuse à la faveur de la nuit, et put protéger encore Maëstricht.

Les Anglais inquiétèrent les côtes de Bretagne, et firent une tentative inutile contre la ville de Lorient, dépôt de la compagnie française des Indes orientales. Le 3 octobre, ils débarquèrent au nombre de cinq mille hommes; mais, soit terreur panique, soit crainte des avaries que pouvait éprouver leur flotte en cette saison sur une côte découverte, ils se rembarquèrent cinq jours après. Ils ignoraient alors les pertes que leur propre compagnie faisait en ce moment au centre même de sa puissance. La Bourdonnaie, gouverneur de l'île de Bourbon, dont la colonie nouvellement formée l'avait été des débris d'une colonie plus ancienne dans l'île voisine de Madagascar, et Dupleix, gouverneur de l'établissement de Pondichéry, sur la côte orientale de la presqu'île de l'Inde, leur portaient ces coups funestes.

La Bourdonnaie, qui avait prévenu sans succès le ministère qu'en vain l'on se flattait de maintenir dans un état de neutralité les établissemens commerciaux des deux nations dans cette partie du monde, et qui n'avait pu l'amener à lui confier des forces suffisantes pour y protéger les propriétés françaises, avait suppléé par son industrie à la négligence du gouvernement. Il construisit lui-même des navires, arma des bâtimens marchands, et se forma ainsi une escadre de neuf petits vaisseaux, avec laquelle il affronta et battit, à la hauteur de Negapatnam, la flotte anglaise de l'amiral Peyton, lui enleva pour un temps l'empire de ces mers, et en profita pour mettre le siège devant Madras, chef-lieu des établissemens anglais sur la côte de Coromandel. Il s'en empara le 21 septembre; mais, astreint par ses instructions à ne point garder de conquêtes, il mit la ville à rançon, moyennant onze cent mille pagodes, environ dix millions de nos livres. Dupleix, que l'on soupçonne de préventions jalouses à l'égard de La Bourdonnaie, refusa de ratifier cette convention et prit possession de la ville. Il prétexta que le traité n'était point assez avantageux à la compagnie, dont les intérêts avaient pu être sacrifiés à ceux du général, et il dénonça au gouvernement, comme un traître, un guerrier plein de zèle et de lumières, qui, au lieu des honneurs et des graces qu'il semblait devoir attendre dans sa patrie à son retour, n'y trouva que des fers. Ce ne fut qu'après trois ans de souffrances à la Bastille que son innocence fut reconnue, et il ne sortit de son cachot que pour succomber aux infirmités qu'il y avait contractées.

L'année 1747 s'ouvrit à Versailles par des fêtes à l'occasion du second mariage du dauphin. L'année précédente, au mois de juillet, il avait perdu l'infante Marie-Thérèse, sa première épouse : elle était morte en couche d'une fille qui ne survécut que deux ans à sa mère. Sa seconde femme, Marie-Joseph, fut choisie chez les alliés mêmes des ennemis de la France. Elle était fille de l'électeur de Saxe, qui avait évincé Stanislas du trône de Pologne, et lui avait fait courir tant de dangers à Dantzick; mais la gloire du maréchal de Saxe, son oncle naturel, avait commencé à écarter des préventions que les qualités personnelles de la princesse achevèrent de dissiper. Dès les premiers jours de son mariage elle donna des preuves de l'agrément et de la solidité de son esprit. Le dauphin avait conservé pour la mémoire de l'infante un attachement profond, que trahirent ses larmes au milieu même des apprêts de l'hymen. La dauphine s'en aperçut : « Laissez couler vos pleurs en liberté, » monsieur, lui dit-elle; ils m'apprennent ce que je dois attendre » de votre estime si j'ai le bonheur de la mériter. » L'étiquette exigeait encore que l'un de ses plus brillans atours fût un bracelet orné du portrait de son père. La reine n'osait y porter les yeux : elle crut cependant devoir s'y résigner. « Ma fille, lui dit-elle, voilà donc le » portrait de votre père?—Oui, maman, répond la dauphine; voyez » comme il est ressemblant » : en même temps elle l'approche de ses yeux, et lui fait reconnaître Stanislas.

Gênes avait peu tardé à voir reparaître sous ses murs les Autrichiens et les Piémontais, et les excès qui avaient accompagné sa délivrance lui avaient fait une nécessité de se défendre. Mais, de quelque dévoûment que fussent animés ses citoyens, ils auraient bientôt succombé, si la France n'eût trouvé moyen de leur faire passer, avec quelques secours en argent, quatre à cinq mille hommes, qui, sous le commandement du duc de Boufflers, digne héritier du mérite militaire de son père, parvinrent à tromper la vigilance de la flotte anglaise. Fortifiés de cette troupe expérimentée, les Génois attaquent avec avantage les postes les plus rapprochés des assiégeans, et les forcent de s'éloigner de plus en plus de leur enceinte. Dans le même temps le maréchal de Belle-Isle passait le Var, et, rentrant dans le comté de Nice, il obligea le roi de Sardaigne à abandonner Gênes, pour courir à la défense de ses propres états. Les Autrichiens délaissés par lui, ne se croyant plus assez forts pour réduire cette ville, se retirèrent, et la flotte anglaise levant dès lors un blocus devenu inutile, Gênes fut entièrement délivrée. Attaqué de la petite-vérole, le duc de Boufflers, dont l'habileté et la constance avaient amené ce succès, ne vit pas l'heureuse issue de ses travaux, et ce fut le duc de Richelieu, envoyé pour le remplacer, qui en recueillit les fruits. Inscrit au livre d'or de la noblesse de Gênes, et honoré d'une statue placée parmi celles des grands hommes qui avaient bien mérité de la république, la reconnaissance génoise s'acquitta envers lui de ses services et de ceux de son prédécesseur.

Le véritable auteur du salut de Gênes, qu'il avait opéré par sa diversion, le maréchal de Belle-Isle, toujours livré à son caractère entreprenant, imagina d'inquiéter alors le roi de Sardaigne pour le Piémont même, et fit remonter à cet effet le comte de Belle-Isle, son frère, jusqu'au delà de Briançon, pour forcer le col de l'Assiette, sur le chemin d'Exiles. Quatorze mille hommes, partagés en trois divisions, devaient l'attaquer en tête et en revers. Le comte, arrivé le premier au rendez-vous avec sa colonne, ne juge point à propos d'attendre les deux autres, et, sans artillerie, avec une témérité que le succès même ne pouvait excuser, il aborde des retranchemens épais, construits sur un roc presque inaccessible, garnis d'une artillerie formidable, et défendus en partie par des déserteurs qui n'avaient pas de quartier à attendre, et par d'autres troupes, dont le nombre encore, problématique, a été enflé ou diminué, selon qu'on a voulu flétrir ou justifier l'entreprise du général français. Deux heures d'inutiles efforts, et pendant lesquelles les Piémontais purent choisir leurs victimes à leur gré, coûtèrent aux Français deux mille blessés, quatre mille morts, presque tous leurs officiers, et parmi eux le chef imprudent qui les guidait, et qui planta en vain un drapeau dans les retranchemens ennemis. Privé par ses blessures de l'usage de ses mains, il essayait encore, avec plus de désespoir que de véritable courage, d'arracher, dit-on, les palissades avec ses dents, lorsqu'il reçut le coup mortel. Après cet affreux désastre, qui arriva le 22 juillet, on se trouva trop heureux de pouvoir hiverner encore dans le comté de Nice.

Les Hollandais, qui, sous la qualité de simples auxiliaires des ennemis de la France, faisaient à celle-ci une guerre trop réelle, espéraient toujours, de leur apparence de neutralité, que leur territoire continuerait à être affranchi des calamités de la guerre, et en étaient d'autant moins ardens à voir finir les démêlés où leur commerce trouvait à bénéficier. Mais, désabusé de l'espoir d'en faire des médiateurs d'un accommodement, le roi changea de politique à leur égard, et forma la résolution de les amener, par leurs propres périls, à des dispositions sincèrement pacifiques. Sans leur déclarer toutefois la guerre, il leur fit signifier que, de même que trois ans auparavant vingt mille Hollandais avaient pris poste près de Lille sans prétendre faire la guerre au roi, de même il comptait entrer cette année sur leur territoire, sans aucun dessein hostile contre la république, et avec la seule intention de priver l'Autriche et l'Angleterre des ressources que ces puissances en retiraient. A cette notification, l'alarme se répandit dans les Provinces-Unies, et le peuple, se croyant dans les mêmes circonstances où l'avait placé l'invasion de Louis XIV, voulut recourir aux mêmes moyens de salut, et força ses magistrats à proclamer stathouder, et stathouder héréditaire, le prince d'Orange, Guillaume-Charles-Henri Frison, de la branche de Nassau-Diest, fils de celui qui se distingua à Malplaquet, et arrière-petit-fils d'Albertine de Nassau-Dillembourg, seconde sœur du fameux Guillaume III, et son héritière par testament.

Le duc de Cumberland, qui cette année commandait les alliés en Flandre, et qui, au grand détriment de la santé de ses soldats, avait levé ses quartiers de bonne heure, était repassé sur la gauche de la Meuse, dans l'intention de couvrir Maëstricht, par où le maréchal de Saxe paraissait s'obstiner à commencer les opérations contre la Hollande. Ce dernier essaya de l'effet d'une bataille, pour parvenir à investir la place; elle fut présentée et acceptée le 2 juillet à Laufeld, village occupé par les alliés, en avant de la ville. Ce fut aussi le point sur lequel se dirigèrent les efforts qui devaient décider de la victoire. Trois fois les Français en furent chassés : ce ne fut qu'à la quatrième attaque qu'ils en demeurèrent les maîtres, et que la journée se déclara pour eux. L'armée battue repassa le fleuve; mais, cantonnée dans le duché de Limbourg, elle fut toujours à portée de défendre Maëstricht. Dans l'impossibilité de la déloger de ses positions, le maréchal avisa aux moyens de l'y retenir, et de faciliter ainsi la conquête du Brabant. A la faveur de ce plan, les forts de l'Ecluse, du Sas de Gand, de la Perle, de Liefskenhoek, de Zantberg, les villes d'Axel et de Terneuse, passèrent en peu de temps sous la main des Français, qui prétendirent ne les garder qu'à titre de dépôt; mais la plus brillante conquête fut celle de Berg-op-Zoom.

Cette ville, qui avait résisté au duc de Parme et à Spinola, où depuis Cohorn avait épuisé toutes les ressources de son art, que ses marais défendaient d'une circonvallation entière, à qui ses communications avec la mer offraient la ressource des ravitaillemens de toute espèce, et qui était protégée enfin par une armée campée au milieu des inondations qui les couvraient l'une et l'autre, passait pour imprenable, et semblait devoir l'être. Cependant elle fut investie par le comte de Lowendahl. Du service de Russie, qu'il avait quitté à l'avènement d'Elisabeth, ainsi que Keith et Lasci, dans la crainte de partager le sort de Munich, Lowendahl, né à Hambourg, du petit-fils d'un bâtard du fameux Frédéric III, roi de Danemarck, avait passé au service de France en qualité de lieutenant-général. Malgré ses talens, deux mois de travaux opiniâtres, un feu perpétuel et des pertes considérables, avaient permis à peine de faire une brèche médiocre au corps de la place. Mais la valeur française y trouva un accès suffisant pour l'emporter d'assaut, le 16 septembre, au moment où la mauvaise saison allait rendre impossible la prolongation du siège. Cet exploit important valut au comte le bâton de maréchal.

On tremblait à Amsterdam, et l'on n'était pas sans inquiétude à Londres. Cependant les Anglais obtenaient sur mer d'immenses avantages, et ils achevaient de détruire les restes de la marine française, qui, depuis le commencement des hostilités, luttait avec quarante vaisseaux contre cent vingt que comptait alors l'Angleterre. Le 24 juin, le marquis de la Jonquière, se rendant aux Indes orientales avec six vaisseaux qui escortaient un convoi, tomba, à la hauteur du cap Finistère, dans une escadre de dix-sept vaisseaux anglais commandés par les amiraux Warren et Anson, et ne put sauver que l'honneur. Quatre mois après, huit vaisseaux, derniers débris de notre puissance navale, destinés pour l'Amérique et commandés par M. de l'Étanduère, se trouvant également interceptés près de Belle-Isle par l'amiral anglais Hawke, fort de quatorze vaisseaux, on se battit avec le même courage qu'à Finistère, et à peu de chose près avec la même fortune. Cependant un convoi de deux cent cinquante voiles fut sauvé : mais, des vaisseaux de guerre, deux seulement, *le Tonnant*, monté par l'Étanduère, et *l'Intrépide*, par le comte de Vaudreuil, purent rentrer à Brest, et formèrent alors toute la marine de la France. Ce combat est célèbre dans les annales de la marine française pour la résistance que fit *le Tonnant*, attaqué quelque temps par la ligne entière des Anglais : fatigués de leurs efforts, ceux-ci, le considérant comme une proie qui ne pouvait les fuir, le laissent respirer un moment ; mais, trompés dans leur attente, ils recommencent un combat aussi inutile que le premier. Il parvint à leur échapper, remorqué par *l'Intrépide*, qui était venu partager ses dangers, et qui eut également part à sa gloire.

La lassitude de cette guerre, qui durait depuis huit ans, la difficulté de fournir au recrutement des armées, les dévastations et les contributions qui frappaient les pays envahis, la ruine des commerçans de toutes les nations belligérantes, le désir des rois de Prusse et de Sardaigne de consolider leurs acquisitions par une paix générale, l'appréhension surtout des Hollandais sur leur propre existence, et leurs instances auprès de leurs alliés, étaient de grands acheminemens à une pacification, pour laquelle un congrès avait déjà été ouvert à Bréda, et tenu depuis à Aix-la-Chapelle. Mais, malgré le vœu général, les dispositions présentes étaient plus hostiles que jamais; les alliés attendaient même un secours de trente mille Russes qui avaient déjà atteint la Moravie, et il ne fallait pas moins qu'un grand coup pour donner une impulsion décisive aux velléités pacifiques. Le maréchal de Saxe, qui ne cessait de répéter que la paix était dans Maëstricht, se prépara à le porter. Menaçant à la fois Bréda et Luxembourg, il inquiéta les alliés sur son véritable dessein; et quand ceux-ci, toujours incertains de son point d'attaque, se furent enfin déterminés à abandonner les bords de la Meuse, rabattant à l'improviste sur ses deux rives, il parvint enfin à cerner Maëstricht. Sa prédiction se vérifia avec une exactitude singulière: car cette ville fut investie le 15 avril, et le 30 les préliminaires si désirés étaient signés à Aix-la-Chapelle, entre la France, l'Angleterre et la Hollande. Les autres puissances belligérantes y accédèrent successivement; et dès le 18 octobre ils furent convertis en une paix définitive, avec une précipitation d'ailleurs et une incurie impardonnables, et qui, d'un moyen de rétablir la bonne intelligence entre les peuples, firent naître au contraire la cause d'une nouvelle guerre.

Jamais, après des hostilités aussi longues, et auxquelles tant de puissances avaient pris part, on ne vit de moindres mutations dans leurs domaines. L'Espagne ne perdit rien, elle consentit seulement à accorder aux Anglais la continuation de l'*assiento* des nègres pour quatre ans, dont ils auraient eu le droit de jouir encore, si la guerre ne fût survenue. Ce qui regardait l'Allemagne avait été presque définitivement réglé dans l'accord de la reine de Hongrie avec le roi de Prusse: ainsi il n'y eut pas grand travail à ce sujet. Les difficultés ne furent pas non plus considérables pour l'Italie, qui demeura à peu près partagée comme elle l'était auparavant. A l'exception de l'état de Plaisance et du marquisat de Final, le roi de Sardaigne demeura en possession de ce qui lui avait été concédé au traité de Worms par la reine de Hongrie, savoir, du Vigévanasque et de la partie du Pavesan entre le Pô et le Tésin. Le marquisat de Final fut reconnu aux Génois, et les duchés de Parme, de Plaisance et de Guastalle furent donnés à don Philippe, frère cadet de don Carlos, en reconnaissance de ce que la France rendait les Pays-Bas à l'impératrice, la Savoie et Nice au roi de Sardaigne.

Les Anglais, qui avaient essayé en vain de recouvrer Madras, et aussi vainement de s'en dédommager sur Pondichéry, assiégée par l'amiral Boscawen, et glorieusement défendue par Dupleix et par Bussy, son lieutenant, furent rétablis dans l'Inde sur le pied où ils étaient avant la guerre. De leur côté, ils restituèrent Louisbourg et l'île Royale ou le cap Breton ; mais ils se firent accorder l'Acadie d'une manière indéfinie, abandonnant la fixation des limites à des discussions amicales qui auraient lieu à ce sujet, et suivant cette stipulation insignifiante, « que toutes choses seront remises sur le » pied qu'elles étaient ou devaient être avant la guerre ». On a droit de conjecturer, par les suites de cette clause suspensive, qu'ils dévoraient d'avance la totalité des possessions françaises dans ces climats, pour s'approprier exclusivement la pêche de la morue et le commerce des pelleteries ; et que, s'ils soumirent leurs prétentions à des conférences, ce n'était que pour mûrir en quelque manière les moyens de l'invasion projetée. On rendit aux Hollandais tout ce qu'on leur avait pris ; de sorte qu'après huit ans d'une guerre sanglante et ruineuse, qui accrut de douze cents millions la dette de l'état, il ne resta rien à la France, pas même la satisfaction de secouer l'opprobre de Dunkerque, et de rendre à cette ville l'avantage de son port.

On croit qu'il y eut dans le traité d'Aix-la-Chapelle un article secret touchant le prétendant. Le jeune prince, retiré à Paris, reçut en effet du roi d'abord des insinuations, ensuite des exhortations pressantes, puis des ordres de quitter la France. Persuadé que, s'il s'éloigne, il sera oublié pour toujours, il s'obstine à rester; mais il est enlevé et transporté au delà des frontières, non sans qu'un cri d'indignation s'élevât de toutes les parties de la France contre la faiblesse du monarque, qu'on accusait d'obéir servilement à l'Angleterre, et d'oublier la noble prérogative de son royaume d'être l'asile des rois malheureux. Depuis ce temps et jusqu'à sa mort, arrivée en 1788, Charles-Edouard a mené en différens pays une vie obscure, mais avec la gloire de ne s'être pas refusé aux occasions, de les avoir recherchées, et de s'être exposé à tout pour recouvrer la couronne de ses pères.

Louis XV s'était montré dans plusieurs occasions de cette guerre d'une manière qui lui mérita quelque gloire militaire; mais, peu sensible à ses triomphes, on le vit souvent les abandonner brusquement, pour revenir se livrer, dans l'indolence de sa cour, aux désordres qui ont fait le déshonneur de sa vie. A la duchesse de Châteauroux avait succédé dans l'intimité du roi une femme des dernières classes du peuple, à qui sa beauté avait procuré l'alliance du sieur Le Normand d'Étioles, sous-fermier, et qui fut connue depuis sous le nom de la marquise de Pompadour. Une mère dépravée avait bercé son enfance de la pensée coupable de captiver le cœur du monarque, et ses artifices y réussirent. Mais, politique dans ses projets la passion n'y entra pour rien. Aussi n'eut-elle aucune des jalousies de l'amour ; au contraire, au temps de sa plus grande faveur, et indubitablement par ses soins, puisque rien dans l'état n'était réglé que par elle, on vit le monarque français, le roi très chrétien, au mépris des mœurs et des regards de l'Europe, se former, à l'exemple des potentats musulmans de l'Asie, un véritable sérail de beautés vulgaires qui ne pouvaient prétendre à la domination, et y prodiguer des sommes qui eussent suffi pendant des années entières à l'entretien de flottes nombreuses et d'armées considérables. On estime que cent millions d'*acquits au comptant*, billets qui, sans spécification du service auquel ils étaient affectés, n'avaient besoin que de la signature du monarque pour être acquittés, défrayaient en majeure partie ces honteuses dépenses. Par un contraste fort bizarre, au milieu de ses plus grands dérèglemens, Louis XV conserva toujours beaucoup de respect pour la religion, et l'on remarque qu'alors même il était de la plus grande exactitude à en remplir certaines pratiques. Il ne souffrait pas qu'on y portât atteinte dans les discours ; et il a souvent témoigné que les disputes de l'église lui faisaient moins de peine pour les embarras qu'elles lui causaient que pour le triomphe qu'elles procuraient aux incrédules.

La doctrine de ceux-ci, doctrine qui menaçait et qui devait ébranler le trône et l'autel, faisait alors de rapides progrès. C'était la suite d'un débordement d'écrits et de pamphlets prétendus philosophiques, dont les sarcasmes nombreux, moins aiguisés par le bon goût que par l'oubli grossier de toutes les bienséances, n'outrageaient pas moins la morale et l'autorité que la religion. Voltaire, que l'éminence et la variété de ses talens littéraires eussent environné d'une gloire pure et non contestée, s'il n'eût trop souvent prostitué sa plume à ce mauvais genre de composition, enivré alors d'une espèce de fureur contre le christianisme, s'était fait chef et patriarche de la nouvelle secte. Diderot et d'Alembert étaient comme ses lieutenans ; d'Argens, Boulanger, Freret, de Prades, La Mettrie, et autres adeptes moins connus, tenans factieux des sociétés d'Helvétius et d'Holbach, en étaient pour ainsi dire le corps d'armée. Quelques noms plus illustres méritèrent à certains égards d'enfler cette liste scandaleuse : tels furent ceux de Buffon, de Montesquieu, de Condillac, qu'on ne saurait cependant y agréger sans injustice. Le paradoxal et inconséquent J.-J. Rousseau fit bande à part : un ton plus décent, un style parfait, une élocution entraînante, l'air surtout de la persuasion, lui acquirent plus d'estime, quoiqu'il fût presque aussi peu estimable, et conquirent au philosophisme les esprits d'un caractère plus doux, que révoltaient l'âcreté et le cynisme de l'école de Voltaire.

Ce fut en cette occurrence que parut en 1749 l'édit de *main-morte*, qui interdisait au clergé, déjà privé de la faculté d'aliéner ses biens, celle d'en accumuler de nouveaux. Ce fut le dernier que scella le chancelier d'Aguesseau, qui, âgé alors de quatre-vingt-un ans, demanda et obtint sa retraite l'année suivante. Il eut pour successeur dans sa dignité Guillaume de Lamoignon de Blancmesnil ; mais les sceaux furent donnés à l'auteur de l'édit, au contrôleur-général de Machault, qui depuis 1745 remplaçait Philibert Orry, trop économe au gré de madame de Pompadour. La favorite avait eu le crédit de faire congédier de même, en 1749, le comte de Maurepas, fort aimé du roi, et qui tenait depuis vingt-sept ans le ministère de la marine, mais qui s'était permis de sanglantes épigrammes contre la marquise. Son emploi passa à Antoine Rouillé, auquel on n'accordait aucune notion en marine, dont le court ministère néanmoins fut marqué par d'utiles progrès dans le nombre et la forme des constructions, et par l'émulation des connaissances qu'il fit naître parmi les marins. Le seul comte d'Argenson, ministre de la guerre, second fils du garde des sceaux de même nom, et dernière créature du cardinal de Fleury, qui l'avait élevé au ministère quelques jours avant sa mort, résistait à la marquise, par le besoin qu'on croyait avoir de lui. Ce fut lui qui fit instituer, en 1751, l'Ecole militaire, pour l'instruction de cinq cents gentilshommes dépourvus de fortune. On lui devait déjà d'avoir fait accorder la noblesse au mérite des militaires parvenus au grade d'officier-général, et même à ceux qui, n'ayant atteint que celui de capitaine, comptaient un père et un aïeul dans le même grade.

Les dispositions de l'édit de main-morte étaient si évidemment sages, qu'il n'avait éprouvé aucune contradiction. Il n'en fut pas de même de la tentative nouvelle que fit l'année suivante le contrôleur-général pour obtenir du clergé une estimation de ses biens, afin de les faire concourir aux charges publiques dans la même proportion que ceux des autres citoyens. Plus heureux que les autres ordres de l'état, le clergé avait su se maintenir jusqu'alors dans le droit de discuter l'impôt qui lui était demandé, et de l'accorder librement, d'où était provenu le nom de *don gratuit*. On ne pouvait lui faire un crime d'avoir su se conserver son droit ; mais ce fut à lui une maladresse de le vouloir défendre, en alléguant ses immunités, et même un malheur d'y réussir. Il y parvint à l'aide de quelques légers sacrifices, dont il accrut son don gratuit, et eut même le crédit de faire transférer à la marine le ministre dont il redoutait la fermeté dans le contrôle. M. de Sechelles, et après lui M. de Moras, son gendre, que la marquise lui donna pour successeur, ne pouvaient inquiéter la chose publique que par leur insuffisance. Peu avant cette translation, M. de Machault avait fait rendre le 17 septembre, le fameux arrêt pour la liberté du commerce des grains dans l'intérieur du royaume, disposition qui devait donner une nouvelle vie à l'agriculture. M. Rouillé, son prédécesseur au ministère de la marine, passa alors à celui des affaires étrangères, vacant par la démission du marquis de Puisieux.

Le triomphe du clergé parut odieux à la philosophie. Plus que jamais il devint en butte à ses traits, et malheureusement il prêtait alors au mépris et à la calomnie par le scandale de nouvelles dissensions religieuses, qui affaiblirent son autorité en le commettant avec la magistrature. L'indiscrétion des jansénistes avait souvent donné lieu à ces résurrections soudaines de troubles que l'on croyait étouffés. Cette fois on ne put la reprocher qu'à leurs adversaires. M. de Beaumont était alors établi sur le siége épiscopal de la capitale. Orthodoxe dans sa foi, instruit, désintéressé, charitable, il possédait toutes les vertus de son ministère; mais il ignora peut-être la mesure de condescendance dont la prudence lui faisait une loi. C'est un principe reconnu qu'il y a des tolérances nécessaires à l'égard de certains esprits, qui ne sont pas assez forts pour supporter toute vérité; et il n'est pas moins constant que cette tolérance doit aussi avoir des bornes, pour n'être pas complice du vice ou de l'erreur. La limite d'ailleurs qui sépare à cet égard le bien du mal est si difficile à déterminer, qu'on ne saurait faire un crime à la bonne foi de l'avoir méconnue, et c'est le cas où se trouva l'archevêque de Paris. On peut croire qu'il se méprit sur la nature des circonstances où il se rencontra, et on pourrait même l'assurer, sur l'autorisation de l'illustre Benoît XIV, que le roi fit intervenir dans ces tristes démêlés.

La bulle *Unigenitus* excommuniait les adhérens du quesnellisme. Mais alors, ensevelis sous le ridicule des scènes de Saint-Médard, déchus de l'estime qu'ils s'étaient long-temps acquise, dépourvus des bénéfices qui auraient pu leur rendre de l'influence, ils végétaient dans un silence presque absolu, où ils achevaient de s'éteindre, et où ils se seraient éteints en effet, si l'on ne fût venu stimuler de nouveau l'opiniâtreté de leurs sentimens. L'archevêque conçut le scrupule de profaner les sacremens de l'église en les accordant à des mourans suspects de jansénisme; et au lieu de supposer charitablement que ceux qui les réclamaient en étaient apparemment dignes, ou qu'ils avaient abjuré les erreurs qui pouvaient les empêcher de l'être, il crut que sa conscience ne lui permettait pas de tolérer des sacriléges possibles, et qu'elle lui faisait un devoir de s'assurer par toutes les voies que les réclamans étaient en effet en communion avec l'église par leur orthodoxie. Le moyen qu'il imagina, ou plutôt qu'il remit en vigueur, fut celui des billets de confession, qui attestaient le nom du directeur des malades, ainsi que la foi des requérans à l'égard de la bulle *Unigenitus*. On l'avait employé autrefois contre les protestans, et depuis contre les appelans; et même en quelques diocèses, tels que celui de Sens, on en avait étendu l'usage à la communion pascale.

Le célèbre Coffin, successeur de Rollin à l'Université de Paris, le duc d'Orléans, dit le dévot, et plusieurs autres personnages plus ou moins marquans, se trouvèrent ainsi privés, à l'article de la mort, de la consolation des secours spirituels. Le parlement, qui ne reconnaissait pas d'excommunication notoire, et qui exigeait qu'elle fût signifiée pour être constante, jugea qu'il y avait lieu à l'appel comme d'abus, et décréta le curé de Saint-Etienne-du-Mont, Bouettin, qui avait refusé les sacremens. Le clergé vit dans cet acte de rigueur une prétention à dispenser les choses spirituelles, et se plaignit que l'autorité judiciaire empiétait sur la juridiction ecclésiastique et mettait la main à l'encensoir. Le conseil du roi entra dans ses sentimens, et cassa le décret du parlement. Aux remontrances de la cour, le roi répondit qu'il se chargeait de faire justice de l'indiscrétion des pasteurs, et témoigna le désir qu'on assoupît ces querelles. Mais, au mépris de son vœu, le parlement rendit, le 18 avril 1752, un arrêt solennel portant défense de faire refus des sacremens, faute de billets de confession, et sous prétexte du respect qui était dû à la constitution *Unigenitus*. Un nouvel arrêt du conseil annula celui du parlement, déclara la volonté du monarque de se faire rendre compte de ces différens avant que ses cours en connusssent; enjoignit de respecter la bulle comme loi de l'église et de l'état, et ordonna enfin le silence sur les contestations. Mais, pour l'obtenir, les esprits étaient trop échauffés; les évêques, comme le parlement, continuèrent de se faire une guerre sans relâche, dans laquelle le roi interposa sa médiation et la compromit.

Au commencement de 1753 surtout, et au sujet d'un refus de sacremens à une religieuse, l'aigreur fut portée à son comble, et eut des suites bien graves. Le parlement mit l'archevêque lui-même en cause, saisit son temporel et convoqua les pairs. Le roi fait défense à ceux-ci de se rendre à l'appel des magistrats, et ordonne aux derniers de surseoir à toutes poursuites pour refus de sacremens. Le parlement fait des remontrances que le roi refuse d'entendre. Alors, se livrant à une espèce de révolte déclarée, et oubliant qu'il n'était qu'une création des rois dont il avait reçu toutes ses attributions, le parlement déclare ne pouvoir obtempérer et ne vouloir se départir en conséquence de ses poursuites. Le roi ne pouvait mollir sans que son autorité cessât d'exister. Par le conseil du comte d'Argenson, le 9 mai, les membres des enquêtes et des requêtes furent exilés. La grand'chambre, de laquelle on avait attendu plus de déférence, parut livrée au même fanatisme, et fut envoyée d'abord à Pontoise, et ensuite à Soissons. Une chambre royale, composée de conseillers d'état et de maîtres des requêtes, fut installée aux Grands-Augustins, pour suppléer au défaut que laissait le parlement dans la distribution de la justice; mais elle ne put le suppléer, parce que les avocats, procureurs, greffiers et autres officiers subalternes, refusèrent de faire le service. Cet état de choses dura quatorze mois.

Enfin, le 23 août 1754, la naissance du duc de Berry, trop connu depuis sous le nom de l'infortuné Louis XVI, parut au roi une occasion favorable de se relâcher de sa sévérité; et, par ses ordres, le contrôleur-général, de Machault, ennemi du comte d'Argenson, entama une négociation qui, le 5 septembre, amena la réintégration du parlement. Il fut convenu qu'on ne donnerait pas de suite aux procédures commencées, et que le silence le plus absolu serait gardé sur ces matières. Le parlement fut même chargé d'y tenir la main. Malheureusement le roi ne s'était pas suffisamment assuré de la discrétion des évêques. Les refus recommencèrent, le parlement les punit par des bannissemens et des amendes ; et, comme il n'ordonna pas d'administrer les sacremens, le roi l'appuya, et exila même l'archevêque de Paris et les évêques d'Orléans et de Troyes, qui avaient soutenu leurs inférieurs dans ces actes.

La faveur accordée au parlement le rendit entreprenant à son tour; et, à l'occasion de quelques nouveaux refus qu'il réprima, il reçut le procureur-général appelant comme d'abus de la bulle *Unigenitus* elle-même, en ce « qu'aucuns ecclésiastiques lui attri- » buaient le caractère et les effets de règle de foi ». C'était un peu tard s'en apercevoir. Le conseil se vit contraint de réprimer cette nouvelle entreprise, qui pouvait tout replonger dans le chaos, et rappela comment maintes fois la bulle avait été reconnue loi de l'église et de l'état. Cette déclaration rendit quelque énergie au clergé qui, depuis le retour du parlement, avait été retenu dans l'humiliation.

Dans son assemblée ordinaire de l'année 1755, pour voter sur le don gratuit accoutumé, il profita de la réunion d'une partie de ses membres pour aviser aux moyens de rendre le calme aux esprits et aux consciences. Mais les évêques se divisèrent sur ce point : seize furent pour une opinion et dix-sept pour un autre; ils ne purent s'accorder que dans une consultation qu'ils adressèrent au pape pour recevoir ses instructions. C'était une œuvre digne de Benoît XIV, pontife plein de charité, qui avait su se concilier l'estime et le respect de tous les dissidens de la communion romaine, et auquel on attribua des projets de réunion pour les différentes sectes séparées de l'église. Il répondit aux demandes des prélats, et aux instances mêmes du roi, par une lettre angélique, faite pour rapprocher les partis, mais qui, par sa sagesse même, ne pouvait être encore appréciée par des esprits trop émus. Rappelant les constitutions apostoliques de ses prédécesseurs sur l'autorité de la bulle, règle de foi qu'on ne pouvait enfreindre sans crime, il déclarait indignes en effet de sacremens, et assimilés aux pécheurs publics, ceux dont la révolte était ouverte et notoire ; mais, quant aux malades qui étaient simplement soupçonnés, il voulait, afin de prévenir tout scandale, qu'ils fussent seulement avertis du danger où ils mettaient leur salut en persistant dans des sentimens réprouvés par l'église, et qu'ils fussent administrés d'ailleurs à leurs risques et périls. Ce bref, du 16 octobre 1756, fut supprimé le 17 novembre par le parlement, sous le prétexte qu'il contrevenait à la loi du silence, prétexte misérable qui décela peu de bonne foi dans le désir d'étouffer les troubles, et qui, au contraire, manifestait une mauvaise humeur dont les suites funestes tardèrent peu à se faire sentir, et à inspirer enfin aux magistrats de tardifs et inutiles regrets.

On entrait alors en guerre avec l'Angleterre, et les hostilités menaçaient de s'étendre en Allemagne. Il fallait des impôts, et, pour les rendre légitimes, on avait besoin de l'enregistrement du parlement. Ce corps s'était promis de faire acheter son acquiescement. La cour espéra éluder ses projets par un lit de justice qui fut convoqué à Versailles pour le 21 août. Le parlement refusa d'opiner, et protesta à son retour à Paris. Dans le même temps il se liguait avec les autres parlemens du royaume contre les atteintes du grand conseil, qu'il soupçonnait le monarque de vouloir lui substituer; et, à l'effet d'offrir plus de résistance, il essayait de former de toutes les cours supérieures un seul corps de magistrature, un parlement unique, distingué seulement en différentes classes.

A ces prétentions, dont le chancelier de Lamoignon exposa le danger dans le conseil, le roi opposa le 13 décembre un nouveau lit de justice, dans lequel il fit enregistrer trois déclarations. Par la première, on renouvelait l'injonction du respect dû à la bulle, mais celle-ci n'était plus qualifiée de règle de foi; le jugement des refus de sacremens était renvoyé aux tribunaux ecclésiastiques, mais l'appel comme d'abus était réservé au parlement: faibles restrictions, trop insuffisantes pour atténuer l'amertume de ce qui restait à faire connaître. La seconde déclaration était relative à la police du parlement: les chambres ne pouvaient plus s'assembler sans la permission de la grand'chambre; aucune dénonciation ne devait se faire que par l'organe du procureur-général: point de voix délibérative avant dix ans de service: ordre d'enregistrer les édits après la réponse du roi aux remontrances permises: défense enfin d'interrompre le cours de la justice, sous peine de désobéissance. La troisième déclaration compléta la stupeur par la suppression de la majeure partie des chambres des enquêtes et des requêtes, foyer ordinaire de toutes les résolutions extrêmes. Les magistrats demeurèrent quelque temps étourdis de ce coup inattendu; mais, revenus à eux-mêmes, et outrés de n'avoir pu faire prévaloir leurs systèmes, ils crurent aussi honorable pour eux qu'embarrassant pour la cour d'offrir leurs démissions: trente et un membres seulement de la grand'chambre eurent la fermeté de ne pas céder à la séduction de l'exemple, et de braver l'opinion de passer pour des lâches.

Il faut l'avoir vu pour concevoir l'espèce de frénésie qui s'empara des Parisiens, que les remontrances sur les impôts, adroitement mêlées aux représentations sur les affaires de l'église, attachaient fortement au parlement. On savait que les résolutions vigoureuses contre les édits vexatoires partaient presque toujours de la jeunesse, et le règlement du lit de justice l'excluait presque entière. De là des regrets pour ceux qui étaient supprimés par force, des louanges et des applaudissemens pour les démissionnaires volontaires qui s'attachaient au sort des exclus, et de violens reproches à ceux qui ne les imitaient pas. On se regardait de mauvais œil, on se contrariait dans les conversations; le schisme régnait dans le clergé, la discorde régnait dans les familles. Les propos contre le gouvernement, et même contre le roi, propos qui se tenaient surtout dans les maisons des magistrats démis, étaient violens, et malheureusement trop capables d'ébranler des têtes faibles.

On en eut la preuve dans ce qui arriva à Versailles le 5 janvier 1757. Le roi, montant en carrosse, fut frappé d'un coup de couteau par Robert-François Damiens, scélérat sombre, débauché, et poursuivi pour vol. Le coup ne fut pas mortel. On voit par son procès qu'il n'avait pas de complices, et qu'il fut porté à ce crime par le mécontentement général, qui s'exhalait en plaintes et en discours peu ménagés sur la conduite du roi. L'assassin lui-même déclarait n'avoir pas eu le dessein de le tuer, mais seulement de l'avertir de mieux gouverner. Il n'en fut pas moins condamné, par le petit nombre de magistrats qui restaient encore de la grand'chambre, au supplice des criminels de lèse-majesté. Le zèle qu'ils marquèrent en cette rencontre et l'abattement du peuple touchèrent le roi. Il est vrai qu'il se fit une révolution subite dans les esprits. On était comme étonné de s'être livré à des excès dont l'effet avait pensé être si funeste. Cette disposition engagea les plus opiniâtres à ne point trop chicaner sur les conditions d'un accommodement. Il ne fut pas moins équivoque que les précédens : toujours quelques clauses pour l'un et l'autre parti : rétablissement de la plupart des conseillers démis, mais non pas de tous : liberté de reparaître accordée à quelques uns des évêques qu'un zèle trop ardent pour la bulle avait fait confiner dans leurs diocèses ou ailleurs, et exil au fond du Périgord de l'archevêque de Paris, dont on fit envisager au roi l'obstination à refuser les sacremens comme l'une des causes du danger qu'il avait couru : enfin injonction nouvelle de garder le silence sur les matières controversées : pardon, amnistie et oubli général du passé. A ces conditions, le parlement fut rétabli le premier septembre, et tel fut le dernier acte des querelles religieuses dont le jansénisme fut la cause avouée.

Dans le premier moment de la catastrophe, dans celui où l'on avait cru devoir trembler pour la vie du monarque, la favorite avait été écartée, et le dauphin, qui, avec les qualités de son aïeul, le duc de Bourgogne, était retenu comme lui par la défiance dans la contrainte et l'inutilité, avait été appelé au conseil. Il n'y demeura qu'un moment; les alarmes dissipées ramenèrent madame de Pompadour triomphante. M. de Machault, l'homme selon le cœur du roi, mais qui avait comme intimé à la favorite l'ordre de s'éloigner, et le comte d'Argenson, qui avait hautement triomphé de sa disgrace, lui furent sacrifiés, et le ministère fut désormais sans vigueur. Le département de la guerre fut confié au neveu du comte, associé à son oncle depuis 1751, à M. de Paulmy, fils du marquis d'Argenson, qui avait eu la direction des affaires étrangères de 1744 à 1747, et l'auteur des *Considérations sur le gouvernement.* Quant à M. de Machault, il fut remplacé par le contrôleur-général Périne de Moras, qui cumula les deux emplois, et qui s'y trouva aussi insuffisant que Chamillard l'avait été autrefois pour celui des finances et de la guerre. Le reste du miniètsre se composait du comte de Saint-Florentin, que sa souplesse conserva dans son emploi, et de l'abbé de Bernis, comte de Lyon, et depuis cardinal, qui n'avait encore de réputation que celle qu'il s'était acquise par des vers agréables; mais qui, protégé par la marquise, fut porté par elle au département des affaires étrangères.

Pendant qu'avec une surabondance de zèle les docteurs traitaient des affaires de l'église, des commissaires français et anglais commencèrent, à la fin de septembre 1750, à discuter à Paris, avec une patience de négociateurs, les intérêts que les stipulations mal définies de la paix d'Aix-la-Chapelle avaient laissé à régler entre la France et l'Angleterre. Ces intérêts étaient: 1° les limites de l'Acadie ou Nouvelle Ecosse, que les Anglais étendaient jusqu'au fleuve Saint-Laurent, et que les Français, au moyen des forts de Beau-Séjour et de Gasparaux, qu'ils avaient bâtis dans l'isthme, vis à vis de ceux qu'y avaient les Anglais, resserraient dans la péninsule entre Terre-Neuve et la Nouvelle Angleterre; 2° les îles Caraïbes, de Sainte-Lucie, la Dominique, Saint-Vincent et Tabago, dont les deux nations se disputaient la propriété.

Il n'est pas étonnant que pour de pareils objets, qui demandaient des vérifications sur les lieux, par conséquent des voyages et des délais, qui en sont une suite nécessaire, les conférences se soient prolongées. Pendant les controverses, qui durèrent cinq ans, tantôt animées, tantôt languissantes, les deux nations se tenaient comme dans un état de guerre. Les Français bâtissaient des vaisseaux et renforçaient leur marine; les Anglais virent dans ces précautions, non seulement l'intention de se défendre, mais même le dessein formé d'attaquer; et croyant devoir trancher par l'épée le nœud des difficultés, dont ils craignaient peut-être que la solution ne fût pas à leur avantage, ils prirent brusquement le parti de prévenir leurs adversaires, et portèrent, en 1754, les hostilités sur les confins des provinces objets de la querelle.

Ils avaient franchi les montagnes des Apalaches, qui séparaient leurs colonies des colonies françaises du Canada et de la Louisiane, prétendant qu'un espace de mille ou douze cents lieues interposé entre ces deux provinces, ne pouvait en faire partie, et qu'ils y avaient un droit égal aux Français. Ceux-ci, qui avaient le plus grand intérêt à ne pas laisser interrompre la communication de leurs établissemens, alléguaient la possession, et apportaient en preuve une chaîne de forts qu'ils avaient construits dans ces déserts, tant sur les lacs d'où coule au nord le fleuve Saint-Laurent, que sur l'Ohio, qui, prenant sa source près des mêmes lacs, descend au midi dans le Mississipi, et par ce fleuve dans le golfe du Mexique. Mais cette preuve était le grief même dont se plaignait l'Angleterre, qui méditait la ruine de ces points d'appui, et qui, dans ce dessein, cherchait à s'en donner à elle-même de semblables dans ces contrées. De là la construction furtive de divers forts, et entre autres de celui de la *Nécessité*, dans le voisinage du fort Duquesne, que les Français avaient sur l'Ohio.

Instruit de cette entreprise, le commandant des établissemens français sur l'Ohio députe au fort de la Nécessité un officier nommé Jumonville, chargé d'une lettre par laquelle les Anglais étaient invités à ne point troubler la paix par leurs sourdes usurpations. Mais, tandis que l'envoyé, croyant se rendre à une conférence pacifique, se détachait avec une escorte de cinquante hommes qui l'accompagnait, il est assassiné d'un coup de fusil, et sa troupe est arrêtée prisonnière. Le chef qui commandait les Anglais en cette circonstance était le major Washington, qui depuis s'est rendu si célèbre par des exploits d'un autre genre.

Cet évènement était du 24 mai, et, dès le 8 juillet, Villiers, frère de Jumonville, envoyé pour punir les violateurs du droit des gens, recevait à capitulation le fort de la Nécessité, qu'il eût pu emporter d'assaut, s'il eût été moins généreux. A l'étonnement extrême des sauvages, qui ne pouvaient comprendre sa modération, il sacrifia sa vengeance particulière à la satisfaction de rompre les liens des compagnons de son frère. La promesse lui fut donnée de les faire revenir de Boston, où ils avaient été conduits; mais elle ne fut jamais entièrement exécutée.

L'échec éprouvé par Washington éveilla la sollicitude du cabinet de Londres, qui fit passer de nombreux renforts dans ses colonies, et qui, sans déclaration de guerre, se crut autorisé à concerter des plans d'invasion contre les établissemens français. L'expédition la plus considérable, dirigée contre le fort Duquesne, fut confiée au général Braddock, officier désigné par le duc de Cumberland lui-même comme également recommandable et sous le rapport du courage et sous celui des connaissances militaires. Mais cette tactique de manœuvres et de déploiemens, dont Braddock pouvait être fier en Europe, était un talent inutile dans les forêts épaisses et infréquentées de l'Amérique. Cependant il lui donna de la présomption, et elle s'accrut encore par la comparaison qu'il fit de la supériorité de ses troupes, montant de cinq à six mille hommes, avec le petit nombre de ses adversaires. Parti du fort de Cumberland, sur la fin de juin 1755, et instruit que les Français attendent un renfort, il se hâte de prévenir cette jonction, et, plein de la pensée que l'ennemi doit trembler à son approche, il ne s'occupe que de l'atteindre, et néglige d'explorer les voies qui conduisent à lui. Le 9 juillet, il touchait presqu'à son but, et s'applaudissait à la fois de son habileté, de sa diligence et de la rectitude de son jugement, lorsqu'au milieu d'une gorge étroite, et au plus épais d'un bois presque impraticable, une décharge inattendue, partant d'ennemis invisibles, jette une terreur panique dans sa troupe qui se débande aussitôt. Braddock essaie en vain de la rallier, l'officier seul entend sa voix; mais ce faible support ne peut rappeler la fortune du combat, et l'imprudent général, honteux de reculer, et s'obstinant à tenir ferme, ne fait qu'assurer sa ruine. Cet heureux coup de main fut le fruit du courage de deux cent cinquante Français seulement, et de cinq à six cents sauvages qui les secondaient, et qui, montés sur des arbres, ou tapis derrière des broussailles, portaient dans les rangs anglais, avec une adresse merveilleuse, des coups certains, qui s'adressèrent principalement aux officiers. Le général Braddock fut du nombre de leurs victimes, et ce fut Washington qui fit la retraite. On trouva sur Braddock tout le plan de l'invasion du Canada, tracé en pleine paix par son gouvernement, qui sans doute s'était proposé de faire concorder les opérations maritimes avec celles qu'il projetait sur terre.

Le 10 juin, en effet, au moment que Braddock se mettait en mouvement pour son expédition, l'escadre anglaise de l'amiral Boscawen attaquait et enlevait, à la hauteur de Terre-Neuve, deux vaisseaux de guerre français, séparés d'une escadre qui avait porté des renforts au Canada; et, immédiatement après, trois cents bâtimens marchands qui, sur la foi de la paix, parcouraient les mers avec sécurité, furent enlevés comme l'eussent été par des forbans des navires sans défense. Cette perte fut immense pour la France, qui, forcée à une guerre maritime, se vit ainsi privée de l'expérience irréparable de cinq à six mille matelots.

Le cabinet de Versailles ne pouvait se méprendre sur l'impossibilité d'éviter la guerre; mais, ses dispositions pour la soutenir n'étant pas encore faites, il continua de négocier, et demanda réparation des brigandages commis à l'égard de sa marine marchande. Un refus positif d'y satisfaire tant que subsisterait la chaîne de forts au delà des Apalaches, signifié le 13 janvier 1756 par Henri Fox, depuis lors Holland, et alors ministre des affaires étrangères, amena enfin des deux parts les déclarations de forme qu'on ne pouvait plus différer. La France avait à cette époque soixante-trois vaisseaux de ligne, mais quarante-cinq seulement étaient en état d'être équipés. M. de Machault eut le talent de distribuer de telle sorte ce petit nombre de bâtimens, qu'il tint en échec toute la marine anglaise. Une démonstration de descente préparée sur les côtes de Normandie, une flotte tout armée dans le port de Brest, disposée à la favoriser, une autre à Toulon, dont la destination était inconnue, quelques vaisseaux en divers parages de l'Amérique, et l'envoi du marquis de Montcalm en Canada, opérèrent cet effet. L'Angleterre, qui s'était flattée de tout envahir sans obstacle, se vit réduite, dès les premiers jours de la guerre, à trembler pour ses foyers ; et, tandis qu'elle appelait à son aide des troupes prises sur le continent, la France, profitant de son erreur, débarquait, le 17 avril, à Minorque, une armée de douze mille hommes, qui, sous le commandement du duc de Richelieu, entreprit le siège du fort Saint-Philippe, la plus forte place de l'Europe après Gibraltar.

Ses fortifications, tracées sur les dessins de Vauban, et à l'épreuve de la bombe et du canon, étaient taillées dans un roc, qui au dedans recélait des casemates où le soldat trouvait un abri sûr, et au dehors offrait une croûte impénétrable qui ne permettait pas d'ouvrir des tranchées. Enfin, des mines nombreuses pouvaient engloutir à chaque instant les braves que leur courage, malgré tant d'obstacles, eût rendus maîtres de quelques points importans des défenses de la place. Depuis deux mois on travaillait avec assez peu de progrès à établir des batteries d'attaque, lorsqu'on signala une escadre anglaise de quatorze vaisseaux de ligne, arrivant au secours des assiégés. Elle était commandée par l'amiral Byng, fils du vainqueur de Passaro. Quoique inférieure de trois vaisseaux, l'escadre française, sous les ordres du marquis de La Galissonière, n'hésita pas à se porter en avant pour faire échouer le projet des Anglais, et, le 20 mai, il s'engagea entre les deux escadres un combat célèbre, où l'art et le courage eurent une égale part, mais qu'une artillerie servie avec la plus grande activité décida en faveur des Français. Byng, extrêmement maltraité, et après d'inutiles efforts pour s'approcher de la ville et la ravitailler, fut obligé de gagner la baie de Gibraltar, conduisant plusieurs de ses vaisseaux à la remorque.

Malgré l'échec de la flotte anglaise, l'issue du siège était incertaine, et les maladies qui gagnaient l'armée semblaient même présager une retraite. Le maréchal crut devoir essayer dès lors de se procurer par un assaut ce qu'il désespérait d'obtenir des moyens méthodiques qu'il avait employés jusque-là. L'ordre en fut donné pour le 27 juin. Le soldat, descendu dans des fossés de vingt et de trente pieds de profondeur, sembla un instant réduit à l'impossibilité de gravir le roc, parce que les échelles se trouvèrent trop courtes. Mais, parvenus au dernier échelon, les officiers et les soldats s'élancent à l'envi sur les épaules les uns des autres, et, malgré un feu terrible, gagnent par ce moyen le sommet du rocher. Ainsi furent emportés trois des cinq forts extérieurs qui soutenaient la place. Frappé d'épouvante, le lieutenant-général Blakeney demande à capituler, et cette place, réputée imprenable, tombe au pouvoir des Français.

Ceux-ci, en y entrant, et en considérant la force de ses défenses et les dangers qu'ils avaient courus, furent effrayés à leur tour de leur audace, et essayèrent en vain de répéter de sang-froid la manœuvre hardie qui leur avait livré cette forteresse. Ce coin de terre, témoin de tant d'exploits glorieux au nom français, vit encore un moyen de discipline qui fait honneur à la sagacité du général. Celui-ci, après mille défenses sévères et toujours inutiles pour extirper l'ivrognerie de son armée, s'avisa de mettre à l'ordre que tout soldat qui serait trouvé ivre serait privé de l'honneur de monter à l'assaut, et de ce moment il ne fut plus question de ce vice dans l'armée.

L'amour-propre de l'Angleterre fut encore plus humilié de cette expédition qu'il ne l'avait été au commencement de la guerre précédente ; mais, plus malheureux que l'amiral Matthews, Byng en fut la victime. On ne pouvait disconvenir qu'il n'eût été brave, et qu'il n'eût fait de véritables efforts pour remplir sa mission ; mais il n'avait point été heureux ; on trouva qu'ils avaient été insuffisans ; et, en torturant le Code pénal, Byng fut déclaré coupable et condamné à la peine capitale. L'infortuné amiral avait reconnu de bonne heure la violence des préventions élevées contre lui et l'impossibilité de les vaincre ; aussi disait-il à ses amis : « Cessez de me » défendre ; mon procès est une affaire de politique, et non pas » l'examen de ma conduite. »

L'Angleterre ne chercha point alors à s'assurer l'aide de l'Autriche, autrefois sa fidèle alliée. Elle craignit que la seule conquête des Pays-Bas par les Français ne la contraignît à restituer celles que la supériorité de sa marine lui promettait en Amérique et dans les Indes. La France, qui de son côté pouvait concevoir la pensée d'établir des compensations par l'invasion de l'électorat de Hanovre, en était détournée par un examen plus réfléchi de sa position : une guerre continentale devait diminuer d'autant ses ressources pour soutenir la guerre maritime. Ces deux puissances néanmoins se trouvèrent entraînées malgré elles par l'ambition de l'Autriche. Marie-Thérèse regrettait toujours la Silésie, et faisait des armemens qui inquiétaient le roi de Prusse. Elle s'était même unie, pour le dépouiller, à la Russie et à l'électeur de Saxe, et elle cherchait, par des offres séduisantes, et surtout par des prévenances multipliées envers madame de Pompadour, à engager encore la France dans sa querelle.

Frédéric eut connaissance de ces menées par l'Angleterre, qui jeta sur lui les yeux pour défendre l'électorat en cas d'attaque. Leur intérêt mutuel leur fit signer à Londres, le 16 janvier 1756, une alliance qui avait pour but d'empêcher l'entrée des troupes étrangères en Allemagne. Cette convention ne faisait aucun tort aux intérêts bien entendus de la France ; mais son amour-propre fut piqué d'une mesure qui semblait lui imposer une loi ; et le dépit, joint aux séductions de l'Autriche, donna lieu à une contre-alliance du 1er mai, qui, après les longs efforts des deux maisons l'une contre l'autre, parut une monstruosité. Un secours de vingt-quatre mille hommes était stipulé par ce traité en faveur de celle des deux puissances qui serait attaquée sur le continent, et cette clause, très inutile à la France qui n'était menacée par personne, tarda peu à l'entraîner dans d'autres engagemens plus considérables, qui paralysèrent tous ses efforts sur mer, et finirent par causer la destruction entière de sa marine.

Cependant le roi de Prusse, menacé d'un orage qui semblait devoir l'anéantir, ne s'effraya pas, et essaya de compenser, par sa célérité à prévenir les desseins de ses ennemis, la disproportion de ses forces avec les leurs. Quoique toutes les dispositions fussent à la guerre, partout on était encore en pleine paix. Au mépris de cet état de choses, mais contraint par la nécessité de sa propre conservation, Frédéric, dont le trésor était abondant, l'armée toujours prête et parfaitement instruite, fait entrer à l'improviste en Saxe le prince Ferdinand de Brunswick, son beau-frère, qui, le 20 d'août, s'empara de Leipsick. Un mois après, lui-même était entré à Dresde, d'où le roi de Pologne, pris au dépourvu, venait de sortir, faisant porter à son ennemi des propositions de paix, auxquelles celui-ci ne répondit que par ces paroles sèches et accablantes : « Tout ce que vous me proposez ne me convient pas. » Plus ferme que son mari, la reine de Pologne, fille de l'empereur Joseph, était demeurée à Dresde. Frédéric y était à peine arrivé, qu'il se transporte au palais et de là aux archives. La reine lui en ferme l'entrée de sa propre personne : mais, sans respect pour sa dignité, on l'écarte par la force, et Frédéric extrait le fatal traité qui justifie son invasion.

L'armée saxonne, montant à dix-sept mille hommes, s'était rassemblée à Pirna sur l'Elbe, à peu de distance de Dresde, dans un camp inattaquable par sa disposition, mais mal pourvu de vivres, où elle attendait avec sécurité la jonction de ses alliés. Frédéric la bloque avec une partie de ses troupes, et avec le reste il marche vers la frontière de Bohême, au devant du maréchal de Brown, commandant une armée de cinquante mille Autrichiens que Marie-Thérèse envoyait contre lui après lui avoir fait faire une vaine sommation d'évacuer l'électorat. Brown avait déjà passé l'Éger, et, suivant le cours de l'Elbe, il approchait de Pirna, lorsque, le 1er octobre, il rencontra à Lowositz la faible armée de Frédéric, moins forte que la sienne de moitié. Mais l'habileté du monarque, l'enthousiasme qu'il inspire à ses soldats, et l'arme terrible de la baïonnette, triomphent du nombre, et forcent Brown à repasser l'Éger. Frédéric revole aussitôt à Pirna, dont les défenseurs, consternés de sa victoire et abattus par la faim, sont contraints de capituler.

Aussi habile politique que savant guerrier, il tente alors de se faire un allié du prince même qu'il vient de dépouiller : mais rebuté des défiances du vaincu, il retire ses offres, lui permet de gagner la Pologne, agit dès lors en souverain dans sa conquête, et s'y procure les ressources qu'il avait attendues des négociations, en y recrutant son armée, et en y incorporant l'armée saxonne elle-même tout entière. Ainsi s'ouvrit la guerre dite de *sept ans*, de la même manière à peu près et par le même prince qui avait donné le signal de celle qu'avait terminée la paix d'Aix-la-Chapelle.

Du reste, cette guerre ne ressemble pas à celle de la pragmatique, qui a été entremêlée de traités perpétuels : celle-ci fut non seulement très sanglante, mais encore très opiniâtre, sans presque aucune proposition d'accommodement, parce que les trois puissances ne pouvaient se persuader que du moins à la longue elles ne parvinssent à réduire un prince dont les forces étaient si inférieures, et que lui au contraire, soutenu par son courage et un génie fécond en ressources, ne se laissait ni abattre par les revers, ni endormir par les succès. Une défaite était pour lui le prélude d'une victoire : il multipliait ses troupes en les faisant pour ainsi dire voler d'une extrémité de ses états à l'autre. Vaincu, poursuivi, il se représentait en force là où on l'attendait le moins. Il perdit sa capitale et la reprit, fit face au roi de Suède, qui, de bonne heure, grossit la ligue de ses ennemis ; à la France, qui envoya contre lui des forces imposantes ; aux Russes et aux Autrichiens enfin, qui, commandés par d'habiles généraux, l'investirent, percèrent ses états, et séparèrent ses armées. Mais ces échecs multipliés deviennent pour Frédéric un moyen de triomphe plus éclatant ; il concentre ses efforts, rentre dans ses places, pénètre chez ses ennemis, leur fait désirer la paix, et, à force de constance et de talens, obtient et mérite à la fois et le repos et le surnom de *Grand*. Tel est le tableau général de cette guerre, dont les détails ne sont pas plus glorieux pour la France que ses motifs pour la faire n'étaient justes, et que la politique qui la dirigea n'était prudente.

Le soldat français se montra, comme à l'ordinaire, brave, intrépide, jaloux de la gloire de sa nation ; mais il fut souvent mal commandé. L'intrigue des familles, l'ascendant d'une favorite, la considération du nom et de la naissance, plus que la capacité, donnèrent des chefs aux armées. Il y eut dans celle de terre des trahisons connues et non punies ; dans les flottes, des lâchetés dissimulées. Nos escadres, ou exposées imprudemment ou mollement défendues, disparurent de dessus la mer, pendant que nos ennemis y promenaient insolemment leur pavillon à la vue de nos côtes qu'ils insultèrent quelquefois. A la vérité on gagna des batailles autant qu'on en perdit, et nos efforts sur le continent de l'Europe furent assez heureux ; mais ils ralentirent nos opérations maritimes. Les Anglais s'emparèrent de presque tous nos établissemens dans les autres parties du monde, ruinèrent ainsi la compagnie des Indes, et anéantirent notre commerce.

Frédéric n'avait aucun tort à l'égard de la cour de Versailles, si ce n'est quelques plaisanteries qu'il s'était permises sur la faiblesse du monarque dans son conseil, où il ne se donnait pas la peine de dominer, et sur ses attachemens peu relevés, qui devinrent plus vils encore dans la suite. Le monarque prussien ne cherchait qu'à conserver la Silésie : la France aurait dû l'aider, parce que c'était autant de forces arrachées à la maison d'Autriche, qui n'était que trop puissante. Mais le ressentiment de Louis XV, les flatteries de l'Autriche envers madame de Pompadour, traitée *d'amie* et de *bonne cousine* dans des lettres confidentielles de Marie-Thérèse, et les supplications de la jeune dauphine, que l'on fit intercéder pour son père, en ordonnèrent autrement, et amenèrent cette fatale détermination dont tous les inconvéniens avaient été prévus.

La France ne se contenta plus d'être auxiliaire; et, au lieu de livrer seulement les vingt-quatre mille hommes qu'elle s'était si gratuitement engagée à fournir, et que commandait le prince de Soubise, elle fit passer en Allemagne une autre armée de soixante mille hommes, destinée à conquérir le Hanovre, et à en faire la compensation des conquêtes de l'Angleterre hors du continent. Le maréchal de Saxe n'existait plus alors pour la conduire à la victoire : cet illustre guerrier, qui ne fut grand d'ailleurs qu'à la tête des soldats, était mort en 1750 des suites funestes d'une intempérance habituelle. Mais c'était un de ses élèves, le maréchal d'Estrées, qui tenait sa place. Dans un temps où la marquise distribuait tous les emplois, et où il fallait l'aduler pour y parvenir, le maréchal, petit-fils de Louvois, et neveu par sa mère du dernier maréchal d'Estrées, du nom et des biens duquel il avait hérité, n'avait dû qu'à son mérite le choix qui avait été fait de lui. Aussi, à peine était-il nommé, que déjà l'on s'occupait de son successeur, et que l'intrigue faisait espérer de pouvoir l'être à plusieurs officiers généraux de son armée. Dans le nombre, on citait particulièrement le comte de Maillebois, petit-fils de Desmarets, et gendre du ministre de la guerre.

Le duc de Cumberland, trop faible pour résister aux soixante mille Français qui envahissaient l'électorat, n'avait opposé au passage du Rhin et à l'occupation de la Hesse, qu'une retraite nécessaire, mais prudente, qui ne laissait pas que d'exiger de la circonspection de la part du maréchal. Les envieux de ce dernier en prenaient occasion de le calomnier. Ce n'était pas avec cette timide réserve qu'on devait, disaient-ils, conduire des Français; et, mieux dirigés, depuis long-temps ils auraient dû avoir dissipé l'ennemi. A ces plaintes dictées par la jalousie, le maréchal répondit, le 20 juillet, en attaquant l'armée hanovrienne à Hamelen, sur la droite du Weser. Le général anglais, fortement retranché derrière un bois, avait sa droite appuyée à la ville, et sa gauche au village d'Hastemberg, au pied des montagnes qui séparent la Westphalie du pays de Hanovre, et qui, couvertes de bois, étaient coupées de ravins et garnies d'artillerie. L'intrépide Chevert, chargé de tourner cette gauche et de la forcer, s'acquitta de sa mission avec son intelligence et sa bravoure accoutumées, et de là se porta sur le centre de l'ennemi, imaginant que le comte de Maillebois, qui commandait la droite et dont l'habileté était connue, allait faire occuper le poste qu'il abandonnait; mais la lenteur de celui-ci à se mouvoir permit au prince héréditaire de Brunswick de le prévenir, et de couper le retour à Chevert. L'inaction du comte, après cette première faute, et même ses dispositions de retraite, faillirent rendre inutiles les succès de Chevert, et compromettre le salut d'une armée victorieuse, qui ce jour-là devait anéantir l'armée anglaise. Trompé par les fausses mesures et les faux avis même de son lieutenant, le maréchal allait ordonner qu'on cédât le champ de bataille, lorsqu'il reconnut que l'ennemi était lui-même en pleine retraite. Il le poursuivit jusqu'à Hanovre, qui lui ouvrit ses portes, et ce fut là le terme de ses progrès. Une cabale, pendant qu'il battait l'ennemi, venait de lui donner le maréchal de Richelieu pour successeur, et elle eut la honte de déplacer, dans l'éclat de tout son triomphe, un général habile, que la trahison même n'avait pu priver de la victoire. Ainsi du moins fut taxée la conduite du comte de Maillebois. Traduit au tribunal des maréchaux de France, des égards pour son père et la faveur d'une protection puissante parurent avoir arrêté le cours de la justice; on ne connut de son procès et de son jugement que la courte détention qu'il subit au château de Dourlens, et après laquelle il reparut à la cour.

Le maréchal de Richelieu, suivant les plans de son prédécesseur, qui, après les lui avoir communiqués en bon citoyen, était parti en héros (*Lettres du maréchal de Richelieu*), pressait l'armée battue avec une activité que l'on comparait, avec peu de justice, à la lenteur du maréchal d'Estrées. Dans les premiers jours de septembre, il avait tellement acculé les Hanovriens aux environs de Stade, sur l'Elbe, qu'ils devaient être contraints de subir sous peu le sort des troupes saxonnes au camp de Pirna. Dans cette situation presque désespérée, le duc de Cumberland eut recours à la médiation du roi de Danemarck; et, sous cette faible garantie, fut conclue, le 8 septembre, la fameuse et équivoque convention de Closterseven, qui renvoyait une partie de l'armée hanovrienne dans ses foyers, confinait le reste dans Stade, mettait l'électorat, jusqu'à la fin de la guerre, sous la main de la France; et par laquelle enfin le maréchal se félicitait d'avoir tout à la fois et dissous l'armée anglaise, et enlevé au roi de Prusse l'appui qu'il s'était promis de ce côté pour couvrir ses états.

Ce prince, dès le commencement de la campagne, laissant un faible corps sous les ordres du vieux général Lehwald, opposé aux Russes qui s'approchaient lentement, avait pris l'offensive en Bohême, se flattant d'anéantir par sa célérité deux armées que l'impératrice formait dans ce royaume, la première aux ordres du prince

Charles de Lorraine, et la seconde sous ceux du maréchal de Daun. Frédéric, après avoir repoussé le comte de Kœnigseck, qui défendait la frontière, pénètre sans obstacle jusqu'à Prague, et y rencontre le prince Charles. Une égale ardeur de combattre, qui enflammait les deux chefs, leur fait supporter avec impatience, et même avec mépris, les avis plus prudens ou plus timides de leurs habiles lieutenans, Schwerin d'une part, et Brown de l'autre, et le 6 mai le signal de la destruction de quarante mille hommes est donné. Telle fut en effet la suite de l'acharnement mutuel des combattans, qui rendit cette bataille la plus meurtrière de toutes celles qui furent livrées dans le cours du dix-huitième siècle. Schwerin demeura sur le champ de bataille, et Brown mourut peu de jours après des blessures qu'il y reçut. La victoire resta au roi de Prusse; et, quoique ses pertes fussent presque égales à celles du vaincu, il osa investir dans Prague quarante mille Autrichiens qui avaient échappé au carnage.

Cependant le maréchal de Daun, ayant reçu ses renforts, s'avançait au secours de la place. Frédéric forme le dessein de le surprendre; et, laissant le maréchal Keith avec vingt mille hommes seulement dans ses lignes, il s'échappe avec le plus grand secret. Daun recule devant lui, et semble céder à l'ascendant d'un monarque victorieux. Frédéric, sourd aux représentations de ses généraux, qui soupçonnent une feinte dans cette retraite, ne l'en presse que plus vivement. Le maréchal s'arrête enfin le 18 juin sur l'Elbe, vers Kolin et Chotzemitz, où il s'était choisi un champ de bataille sur la croupe d'une colline, et où échouèrent, contre ses habiles dispositions et contre l'immobilité de ses soldats, sept assauts furieux des Prussiens, et tout l'art et toute la tactique savante et nouvelle dont Frédéric était l'inventeur. La perte de vingt-cinq mille soldats que firent en cette occasion les Prussiens, en morts, blessés et déserteurs, et une sortie heureuse de la garnison de Prague, à la nouvelle de la bataille, forcèrent Frédéric à lever le siège et à évacuer même la Bohême. Ce fut à l'occasion de la bataille de Chotzemitz, et pour récompenser les braves qui s'y distinguèrent, et ceux qui suivraient leur exemple, que l'impératrice institua son ordre de Marie-Thérèse.

A ce premier revers qu'éprouvait le roi de Prusse succédèrent coup sur coup la défaite de son allié Hastembeck, celle du général Lehwald à Welau, sur la Pregel en Prusse, par le général russe Apraxin, un avantage du prince Charles sur le prince de Brunswick-Bevern et sur le maréchal Keith dans la Silésie, et enfin la capitulation de Closterseven, plus sensible pour lui qu'une bataille perdue. Dans le même temps les Russes étaient entrés à Mémel, les Suédois en Poméranie, et le général autrichien Haddick avait mis Berlin à contribution. Frédéric, retranché dans la Saxe qu'il ravageait, mais tenu en échec par le maréchal de Daun, et entouré d'ennemis puissans et victorieux, semblait destiné à être enveloppé bientôt dans l'immense filet tendu autour de lui. Personne ne doutait de sa ruine prochaine, et lui-même y crut quelques instans. Il avouait, dans des lettres confidentielles, ne voir que dans la mort un remède à sa position désespérante. Peu à peu la gaîté soulagea son ame, et la confiance enfin s'y établit. Ses ennemis la firent renaître en partie par leurs fausses mesures. Apraxin, maître de pénétrer en Silésie après sa victoire, se retira ; ce qui permit à Lehwald de se porter en Poméranie et d'en chasser les Suédois. Le maréchal de Richelieu, d'une autre part, attendait dans l'inaction la ratification de sa convention avec le duc de Cumberland, et se laissait prévenir à Magdebourg par le prince Ferdinand de Brunswick, qui mit cette place hors d'atteinte.

Vingt-cinq mille Français cependant, sous les ordres du prince de Soubise, avaient quitté la Hesse ; et, réunis à l'armée des Cercles, forte de trente mille hommes, et commandée par le prince de Saxe-Hildburghausen, menaçaient d'aller chercher le roi de Prusse en Saxe, lorsque celui ci, forcé de battre ses ennemis séparément, pour leur échapper, jugea à propos de frapper les premiers coups de ce côté. Par une habileté admirable, il se dérobe avec vingt mille hommes à la surveillance du maréchal de Daun, et vient renforcer un faible corps de ses troupes, qui ne pouvait qu'observer les mouvemens des impériaux. Mais on était alors à la fin d'octobre, et déjà les alliés, renonçant à leur premier projet, repassaient la Sala pour prendre des quartiers d'hiver. C'était précisément ce que désirait prévenir Frédéric, qui ne voulait point avoir à trouver cet ennemi en tête au retour du printemps, et qui avait besoin d'ailleurs d'exploits éclatans pour rétablir sa réputation et l'influence de ses armes. Pour amener donc les alliés au combat, il cesse de dissimuler son infériorité, affecte de la crainte, et même avec une précipitation hasardeuse, mais qui était nécessaire à son dessein, il se retire vers Mersebourg, et se cache pour ainsi dire à Rosbach. Les alliés, qui avaient laissé échapper le moment favorable de le poursuivre, se ravisent quand il est hors de danger ; et le 5 novembre, se flattant de lui couper la retraite sur la Saxe, ils s'approchent de son camp et se mettent en devoir de le tourner. Frédéric entretient leur sécurité par un repos absolu, et laisse tranquillement défiler leurs colonnes le long de ses retranchemens. Mais quand il juge qu'elles sont suffisamment fourvoyées, et hors d'état de pouvoir se reformer, tout à coup ses tentes s'abaissent et offrent à l'ennemi en désordre une armée rangée en bataille et protégée par des batteries élevées qu'il leur est impossible de faire taire. Les premières décharges dissipent les troupes stupéfaites des Cercles, déjà à demi vaincues par la surprise ; et cette armée nombreuse, qui s'était promis de tourner la faible armée de Frédéric est tournée elle-même. La cavalerie prussienne tombe par des chemins inaperçus sur la cavalerie française, qui est prise à dos, et l'infanterie, qui se croit trahie, se débande en un clin d'œil. Le combat ne dura pas un quart d'heure; la réserve, commandée par le comte de Saint-Germain, n'eut pas le temps d'arriver, et ne put que recueillir les fuyards, qui regagnèrent, les uns la Hesse, et les autres la Franconie. Ils avaient laissé trois mille morts et sept mille prisonniers, tandis que le roi de Prusse perdit à peine cinq cents hommes.

Le maréchal de Richelieu tarda peu à ressentir, en Westphalie, le contre-coup de la défaite de Rosbach, et à reconnaître l'insuffisance des précautions qu'il avait prises pour s'assurer de l'armée hanovrienne. Sitôt, en effet, que la force qui la contenait dans Stade, plutôt que le respect pour ses engagemens, vint à se relâcher par suite de l'échec éprouvé par les Français, les prétextes abondèrent pour éluder la capitulation; et, sous un nouveau chef, le prince Ferdinand de Brunswick, qui se prétendit étranger à ces transactions, elle reparut en campagne, couvrant de nouveau les états du roi de Prusse et les conquêtes de ce monarque. En vain le maréchal rappela au prince les stipulations du duc de Cumberland; en vain il menaça de mettre tout à feu et à sang dans le pays qu'il occupait, si l'Angleterre persistait à méconnaître ses engagemens; en vain, avec une sévérité outrée, il mit à exécution ses menaces dans le Hanovre, qu'il garda encore tout l'hiver, le prince n'en continua pas moins de suivre sa pointe; et, par d'habiles manœuvres, semant l'inquiétude parmi les quartiers du maréchal, auxquels il fit craindre de se voir coupés, il parvint, malgré un léger échec, à rejeter les Français de l'autre côté de l'Aller.

De Rosbach Frédéric avait revolé en Silésie, où, pendant son absence et sept jours après sa victoire, le prince de Bevern avait été battu et fait prisonnier par le prince Charles, à Breslau. Cette ville et celle de Schweidnitz étaient même tombées au pouvoir des Autrichiens, et la Silésie paraissait sur le point d'échapper à la Prusse. Il fallait encore un coup de témérité pour prévenir cette perte. Frédéric le tenta : le soldat, que son absence avait découragé, applaudit à sa résolution, et, quoique inférieur de moitié, il aspire à se retrouver en présence du prince Charles. Fier de ses derniers succès, celui-ci s'indignait de la réserve de Daun, qui conseillait d'attendre l'ennemi; il voulut lui épargner une partie du chemin, et se priva des avantages d'une position choisie. Les deux armées se rencontrèrent le 8 décembre dans les plaines de Lissa, près de Breslau. A peine Frédéric avait aperçu l'ennemi, qu'il le jugea vaincu : mais ce ne fut pas d'ailleurs sans employer un art profond et des mouvemens énigmatiques qui trompèrent la sagacité du maréchal, et qui procurèrent aux Prussiens une victoire plus complète encore que celle de Rosbach. Les Autrichiens jonchèrent de leurs corps le champ de bataille, et perdirent plus de vingt mille prisonniers, dont la majeure partie s'était réfugiée à Breslau. Telles furent sur le continent les opérations importantes de cette campagne célèbre : au dehors, la lutte resta circonscrite entre la France et l'Angleterre.

Elle fut à l'avantage de la France dans le Canada, où MM. de Montcalm et de Vaudreuil s'emparèrent du fort d'Oswego ou de Chouaguen, sur le lac Ontario, et du fort Georges ou Guillaume-Henri, l'un des boulevarts des établissemens anglais sur le lac du Saint-Sacrement, au sud de celui de Champlain. Ils détruisirent ce dernier, ce qui déconcerta les projets des Anglais sur les colonies du Canada et de la Louisiane. Plusieurs escadres, dirigées de divers points sur Louisbourg, déjouèrent une autre invasion méditée par l'Angleterre et confiée à l'amiral Holbourne, qui commandait quinze vaisseaux de ligne. Mais lorsqu'il approchait de la rade pour mettre son plan à exécution, dix-huit vaisseaux qu'il aperçut l'y firent renoncer. Cependant ayant reçu un renfort, il se disposait à une attaque, lorsqu'une tempête furieuse désempara tous ses bâtimens et le força de relâcher à Halifax. La flotte française, qui avait été très avariée par la même tempête, ne se crut pas en état de le poursuivre, et l'amiral, M. Dubois de La Mothe, crut devoir regagner Brest, où quatre mille malades qu'il débarqua en arrivant parurent le justifier; mais ce funeste départ livra Louisbourg sans défense à une nouvelle attaque des Anglais l'année suivante; et, faute de secours, cette importante colonie fut perdue pour le royaume. Quelques tentatives de descente sur les côtes de France, faibles diversions aux premiers succès des Français en Allemagne, n'eurent aucun effet et ne tournèrent qu'à la honte des Anglais. Ils ne furent heureux cette année que dans les Indes orientales.

La paix d'Aix-la-Chapelle n'y avait point interrompu les hostilités entre les deux compagnies. Auxiliaires des divers princes de l'Inde, Dupleix d'un côté, et Saunders de l'autre, avaient continué de s'affronter sous les enseignes des soubas, nabas et rajahs, qui, dans la décadence du puissant empire du Mogol, se disputaient les royaumes, les provinces et districts, dont la politique ou la faiblesse du prince investissait souvent plusieurs concurrens à la fois. Les Anglais dans le Tanjaour, et les Français dans le Décan et dans la nababie d'Arcate, où se trouve Pondichéry, avaient recueilli les effets de la reconnaissance du parti qu'ils avaient fait triompher. Mais, dans cette distribution, les Français avaient été les plus favorisés, et, outre un vaste territoire autour de Pondichéry et de Karikal, ils avaient encore acquis, au sud et sur la frontière du Tanjaour, l'île de Chéringham, formée par les diverses branches du Caveri ; et au nord, Masulipatam, et Chicacol, avec quatre ou cinq provinces qui procuraient deux cents lieues de côtes à leur commerce. Enfin Dupleix avait eu le crédit de se faire offrir la nababie du Carnate par la cour de Delhi. Mais, soit que la France fût effrayée de la puissance de son propre agent, soit jalousie des ministres, soit crainte d'en inspirer aux Anglais, on lui enjoignit de renoncer à une dignité qui devait assurer aux Français la prépondérance dans l'Inde, et on lui refusa les secours qu'il sollicitait pour la rendre inexpugnable. Les Anglais, au contraire, faisaient passer Clive dans la presqu'île avec des renforts. Cette différence de conduite amena une révolution dans l'Inde. L'audace de Dupleix ne put suppléer à sa faiblesse; il éprouva un échec dont les suites, à l'immense préjudice de la France, firent passer la nababie d'Arcate des mains de Chanda-Saeb, qui la tenait de la protection des Français, en celles de Méhémed-Ali-Kan, son rival, l'ami et le protégé des Anglais. Ces évènemens furent le prétexte du rappel de Dupleix; et cet homme, qui avait joué dans l'Inde le rôle d'un souverain, arrivant à Paris lorsque La Bourdonnaie sortait de la Bastille, se vit oublié, et réduit à disputer les restes de sa fortune aux représentans de la compagnie. M. Godeheu, qu'on lui donna pour successeur, homme dénué de toute ambition et appliqué aux seuls intérêts commerciaux de la compagnie, ménagea une trève avec Saunders, et renonça, d'accord avec lui, à toutes les dignités indiennes, et à prendre part désormais aux querelles des princes du pays. Telle était la situation des affaires dans l'Inde lorsque la guerre éclata.

La compagnie française avait scrupuleusement exécuté le traité; et sous l'administrateur pacifique qui tenait les rênes du gouvernement, des hostilités, qui s'élevèrent entre les Anglais et le souba du Bengale, n'avaient pas été pour elle une occasion de chercher à reconquérir la supériorité qu'elle avait laissé perdre. Mais peut-être y pensait-elle, lorsque la guerre se ralluma entre les métropoles. L'occasion était favorable; le souba venait de s'emparer du fort de Calcutta, qui protégeait le principal établissement des Anglais sur le Gange. Ce fut en cette occasion que cent quarante-six Anglais, qui en formaient la garnison, furent entassés dans un caveau qui n'avait que dix-huit pieds en carré et deux petites ouvertures seulement, par où l'air pouvait à peine s'introduire. On n'osa éveiller le souba pour lui transmettre les supplications des malheureux captifs, qui, périssant faute de pouvoir respirer, sollicitaient d'être transférés ailleurs. Le lendemain, vingt-trois seulement étaient en vie, et de ceux-ci, plusieurs moururent encore des suites de la contagion qu'ils contractèrent dans cette affreuse nuit.

Mais déjà une flotte anglaise sous l'amiral Watson, après avoir châtié les brigandages du pirate Angria, près de Bombay, arrivait à la fin de 1756 dans ces parages, et descendait à terre l'heureux Clive. Il ne lui fallut que deux heures pour reprendre Calcutta; et deux mille Européens suffirent pour détruire l'armée du souba, forte de soixante mille Indiens. Jaffer-Ali-Kan, ministre du vice-roi, sourdement incité par les Anglais, profita de ses revers pour le supplanter, et paya ses protecteurs de retour par des concessions qui acheminèrent rapidement les Anglais à la souveraineté du Bengale, que leur abandonna un empereur détrôné. Affranchi d'inquiétude de ce côté, Clive tourna ses armes contre l'établissement français de Chandernagor, sur le Gange, au dessus de Calcutta : il s'en empara en cinq jours, au mois de février, malgré cent soixante bouches à feu et une garnison de cinq cents Français et de sept cents Cipayes ; et par cette conquête, les Anglais se virent encore délivrés d'une concurrence qui long-temps leur avait enlevé la moitié du commerce de cette riche contrée.

La légèreté du maréchal de Richelieu à l'époque de la convention de Clostersewen, ses dévastations dans le Hanovre, et la ruine de la discipline parmi les troupes, favorisée par sa connivence, ou au moins par son insouciance, avaient occasionné son rappel, et l'on jugea même qu'il ne fallait pas moins que le double ascendant de la naissance et de la dignité réunies en un prince du sang pour réorganiser l'armée, et imposer à l'esprit de rapine et de licence qui en avait infecté tous les rangs. Le comte de Clermont oncle du prince de Condé, et frère de M. le Duc et du comte de Charolais, prince qui s'était distingué en différentes occasions, fut celui sur qui l'on jeta les yeux pour remplir cette tâche difficile. Le châtiment de quelques fournisseurs infidèles, et le renvoi de cinquante-deux officiers qui furent cassés pour cause d'insubordination, signalèrent son arrivée à l'armée. Il s'occupa ensuite d'en resserrer les cantonnemens, qui, disséminés sur un front de cinquante lieues, prêtaient aux entreprises de l'ennemi pour les couper les uns des autres. Mais sa prévoyance ne put prévenir ce malheur. Des ordres conditionnels mal interprétés firent évacuer Verden, et ouvrirent par cette ville un passage sur l'Aller au prince Ferdinand, qui se trouva ainsi au centre des quartiers français. Une marche rétrograde et l'évacuation du Hanovre furent la suite obligée de ce malentendu ; mais une position respectable derrière le Weser, entre Minden et Hamelen, permettait de tenir encore l'ennemi en échec, lorsque la première de ces villes, capitulant au bout de cinq jours, quoique renfermant huit bataillons et autant d'escadrons, découvrit la gauche de l'armée, et la mit dans une nouvelle nécessité de reculer, sans pouvoir se donner d'autre ligne d'appui que le Rhin. La Westphalie fut donc entièrement évacuée, et les Français se cantonnèrent dans la Gueldre, de l'autre côté du fleuve.

Mais une nouvelle négligence de la part d'un officier-général permit au prince Ferdinand de passer le Rhin à Emmerick, en sorte qu'il se rencontra encore une fois au milieu des divisions françaises. Le comte de Clermont ne parvint à les réunir qu'à la hauteur de Crevelt, près de Dusseldorf, où il attendit l'ennemi, et où s'engagea, le 23 juin, un combat qui fut encore à la honte des Français. L'aile gauche, commandée par le comte de Saint-Germain, fut presque la seule portion de l'armée qui fit quelque résistance, et le salut même en fut gravement compromis par la retraite hâtive et malheureuse de tout le reste sur Cologne. Sept mille morts du côté des Français demeurèrent sur le champ de bataille, et parmi eux se trouva le comte de Gisors, fils du maréchal de Belle-Isle, jeune guerrier de la plus grande espérance. Dusseldorf, Neuss, Ruremonde, tombèrent au pouvoir des Hanovriens et des Prussiens, dont les troupes légères portèrent l'effroi jusqu'à Bruxelles. Le comte de Clermont, qui prétendait pour la troisième fois avoir été mal obéi, demanda lui-même son rappel, et fut remplacé par le marquis de Contades, depuis maréchal de France. Le dauphin avait sollicité en vain de paraître à l'armée, pour rendre quelque confiance au soldat. « Votre lettre, mon fils, lui répondit le roi, m'a touché » jusqu'aux larmes; je suis ravi de reconnaître en vous les senti- » mens de nos pères; mais il n'est pas encore temps que je vous » sépare de moi. »

Le salut vint d'où on ne l'attendait pas : d'une diversion que tentait alors le maréchal de Soubise, qui, parti des bords du Mein, rentrait dans la Hesse, et dont l'avant-garde, aux ordres du duc de Broglie, défit à Sonders-Hausen, proche Cassel, et un mois précisément après la bataille de Crevelt, huit mille Hanovriens commandés par le prince d'Isembourg. Cet incident, qui rétablit les Français dans le Hanovre, rappela le prince Ferdinand de l'autre côté du Rhin, où s'était aussi porté le maréchal de Contades, et devint pour le prince de Soubise l'occasion de réparer l'affront de Rosbach. Le 10 octobre, en effet, il battit de nouveau les Hessois, unis aux Hanovriens, à Lutzelberg, près Cassel; mais la saison déjà avancée pour les opérations militaires ne lui permit pas de profiter de son avantage, et il reprit ses quartiers sur le Mein d'où il était parti : ainsi sa dernière victoire ne fut guère profitable qu'à lui-même, par le bâton de maréchal de France qu'elle lui acquit.

Le roi de Prusse, de son côté, avait ouvert la campagne par la prise de Schweidnitz, et de là s'était porté en Moravie, province que n'avait pas encore désolé le fléau de la guerre. Il espérait enlever Olmutz avant que le temporiseur Daun pût la secourir; mais, d'une part moins d'habileté dans la tactique de siège que dans celle de bataille, et de l'autre, la brave résistance du gouverneur, trompèrent les calculs du monarque. Daun eut le temps d'arriver; mais, toujours prudent, il évita les occasions d'une affaire générale, dont il redoutait l'évènement, et appliqua tous ses soins à couper les convois de l'ennemi, ce qui devait le conduire au même but. La sagesse des plans qu'il concerta, et l'activité de Laudhon à les exécuter, obtinrent l'effet qu'il s'était proposé; et Frédéric, privé de vivres, fut obligé de décamper. Mais il entra en Bohême, dans le dessein de rompre au moins les communications entre les Autrichiens et les Russes, qui, déjà maîtres de la Prusse, pénétraient au cœur du Brandebourg, et qui, sous les ordres du nouveau général Fermer, assiégeaient alors Custrin sur l'Oder.

C'était le point qu'il était le plus urgent de secourir. Laissant donc le prince Henri, son frère, avec une partie de son armée, opposé à Daun, Frédéric, avec le reste et les troupes du comte de Dohna, qu'il rappela du blocus de Stralsund, se porta au devant des Russes. Le 25 août il était en leur présence à Zorndof, presque sous les murs de Custrin, et il y donna le signal d'un combat à outrance. Irrité des atrocités gratuites commises sur ses sujets par les Russes, il avait donné ordre de ne faire aucun quartier, et ne pénétra que trop les troupes de son indignation. Aussi la fureur plus que l'art dirigea-t-elle les combattans dans cette bataille meurtrière, qui eut trois reprises dans le même jour. Les Prussiens perdirent onze mille hommes, et les Russes le double, outre trois mille prisonniers. La nuit, qui sépara les combattans presque sur le champ de bataille, leur laissa la vaine gloire de se proclamer vainqueurs les uns et les autres; mais les Russes, effectivement plus affaiblis, levèrent le siège et regagnèrent la Pologne.

Tranquille de ce côté, Frédéric, condamné à une activité dont il ne pouvait se relâcher sans périr, revole vers son frère que Daun pressait aux environs de Dresde. Celui-ci tenait le prince en échec, pendant qu'un corps d'Autrichiens assiégeait Neiss en Silésie. Le roi de Prusse se proposait de secourir cette place, et se promettait d'en venir à bout à l'aide de l'habituelle circonspection de l'Autrichien. Daun en effet n'apportait aucun changement à sa prudente tactique; mais, en y restant fidèle, il n'épiait pas moins l'ennemi, pour profiter de la moindre négligence qu'il se permettrait. Cette occasion, qu'il attendait avec patience et persévérance, il crut l'avoir trouvée enfin le 14 d'octobre à Hochkirchen, en Lusace, près de Budissin. Après une journée où, par des mesures de précaution excessives, il avait affecté plus de défiance de ses forces qu'à l'ordinaire, il pénètre la nuit par un bois épais jusqu'au camp prussien, l'attaque à l'improviste dans les ténèbres, s'empare des batteries et disperse les bataillons, qui essaient en vain de se rallier. L'intrépide Laudhon surtout renverse tout ce qui tente de résister. Keith et le prince François de Brunswick, frère du prince Ferdinand, sont tués; le prince d'Anhalt est blessé, et Frédéric enfin, après des efforts qui ne firent qu'ajouter à ses pertes, est contraint à la retraite. Mais ce qui fut un sujet d'admiration pour toute l'Europe, c'est que ce monarque, après avoir perdu son artillerie et tous ses équipages, osa camper à une demi-lieue du champ de bataille, et y défier le vainqueur. Il y attendit les munitions qui lui manquaient pour suivre ses premiers desseins sur Neiss, et cette ville fut effectivement sauvée. Le général autrichien espérait se dédommager sur Dresde; mais, à la vue des flammes dont le gouverneur de Schmettau embrasa les superbes faubourgs de la ville, préjugeant une défense désespérée de la part des Prussiens, et les malheurs qui retomberaient sur une cité populeuse, où résidait encore la famille du roi de Pologne, il cessa de la presser par respect pour l'humanité, et prit ses quartiers en Bohême, évitant le roi de Prusse qui revenait en Saxe.

En Angleterre, un nouveau ministère à la tête duquel était M. Pitt, depuis lord Chatam, donnait une nouvelle énergie aux opérations maritimes mal combinées jusqu'alors, et s'attachait surtout à celles qui avaient pour but la conquête du Canada. Vingt mille hommes, cette année, commandés par le général Abercrombie, menaçaient le fort Duquesne, sur l'Ohio, et celui de Carillon ou de Ticonderago, au nord du lac Saint-Georges ou du Saint-Sacrement; et, dans le même temps, l'amiral Boscawen, avec vingt-trois vaisseaux de ligne, débarquait seize mille hommes, sous le général Amherst, à Louisbourg. Presque toutes les escadres que les Français avaient mises en mer cette année, pour communiquer avec cette colonie et celle du Canada, avaient été interceptées, ou forcées à demeurer stationnaires dans les ports.

C'était avec quatre mille hommes seulement que le marquis de Montcalm au fort de Carillon attendait les vingt mille du général Abercrombrie. Un retranchement de troncs d'arbres, enlacés les uns dans les autres, et dont les branches, taillées en pointe, offraient comme un rempart de piques et de chevaux de frise, venait à peine d'être achevé lorsque l'ennemi parut. Les Anglais, comptant sur leur nombre, et se proposant de faire parade de leur courage, n'attendent point leur artillerie et donnent un assaut précipité. Mais l'obstacle qu'ils rencontrent, plus difficile à surmonter qu'ils ne l'avaient imaginé, les livres au feu des remparts sans qu'ils puissent s'y dérober. Néanmoins leur fureur aveugle se soutint pendant cinq heures, et ce ne fut qu'au bout de ce temps qu'ils se retirèrent, avec une perte de quatre mille hommes. Ils abandonnèrent même totalement leur entreprise, quoiqu'ils eussent encore des forces plus que suffisantes pour réussir. La prise du fort Duquesne sur l'Ohio, et de celui de Frontenac ou Cataraconi, au nord du lac Ontario, et surtout la conquête de Louisbourg, les dédommagèrent de cet échec. Cette malheureuse ville abandonnée à ses seules forces, mais espérant toujours des secours, tint jusqu'à la dernière extrémité, et ne se rendit, le 27 juillet qu'à la veille d'un assaut qu'elle n'eût pas pu soutenir. Pendant le siège on vit madame de Drucourt, femme du gouverneur, animer le soldat, sur le rempart, de sa présence et de sa bourse, et même de son exemple, en tirant chaque jour plusieurs coups de canon. Quelques vaisseaux parvenus dans la rade, mais en trop petit nombre pour pouvoir se défendre, avaient été brûlés avant la reddition de la place, et ainsi commencèrent les désastres qui devaient anéantir de nouveau notre marine.

Cependant une escadre française, aux ordres du comte d'Aché, destinée pour les Indes-orientales, avait été plus heureuse que celles que l'on avait tenté de faire passer en Amérique, et elle avait débarqué, à la fin d'avril, à Pondichéry, un renfort de deux mille hommes, à la tête desquels était le comte de Lally, qui devait prendre le commandement en chef dans l'Inde. Outre cette mission, le général avait encore celle de surveiller les agens de la compagnie, et les membres du conseil souverain qu'on avait eu l'imprudence de lui représenter, avant son départ, comme des hommes sans honneur, et ne songeant qu'à s'enrichir. Avec un caractère dur, bouillant, absolu, accoutumé au commandement militaire, qui ne souffre aucune réplique, cette funeste attribution ne manqua pas de lui faire bientôt de nombreux ennemis. Le militaire du pays voyait d'ailleurs avec peine ravir à l'habile Bussy, le bras droit de Dupleix, une dignité à laquelle ses talens diplomatiques et l'expérience qu'il avait de la tactique militaire particulière à ce pays semblaient également l'appeler. Enfin la désunion la plus complète existait entre M. de Lally et M. d'Aché, et présageait la ruine d'une colonie qui ne pouvait se soutenir que par leur concert.

Les premières opérations néanmoins furent heureuses. Après avoir brûlé deux frégates anglaises à Goudelour, enlevé ce fort, et soutenu avec égalité un combat naval contre l'amiral anglais Pocock, on débarqua à Pondichéry, et aussitôt commencèrent les apprêts du siège du fort Saint-David, la plus forte place des Anglais sur la côte. Dès lors commença aussi à se manifester la mésintelligence des deux chefs. L'amiral Pocock s'était mis en mer dans l'espoir de faire avorter les desseins des Français; et cependant M. d'Auché demeura tranquille à Pondichéry, sous prétexte d'infériorité. Il fallut que M. de Lally le menaçât de le faire arrêter s'il n'appareillait sur le champ. Ce procédé violent eut le plus heureux effet. A peine l'amiral avait pris le large, que la flotte anglaise disparut, ce qui amena la reddition du fort, où l'on trouva d'immenses munitions de guerre. M. de Lally ordonna la démolition de tous les ouvrages, et ce fut peu après le prétexte d'une terrible représaille sur Pondichéry. Divicorté, à dix lieues de Saint-David, où l'on conçut quelque temps l'espoir de creuser le seul port qui se fût trouvé sur la côte de Coromandel, tomba également au pouvoir des Français.

Tant de succès donnaient la confiance de s'emparer de Madras, le chef-lieu des établissemens anglais, et M. de Lally se proposait d'y marcher. Mais il lui fallait le concours de l'amiral; il fut impossible de l'obtenir, et, apparemment à l'abri du renouvellement des voies de fait du général, M. d'Aché alla établir une croisière aux attérages de Ceylan, sous prétexte de favoriser l'arrivée des secours qu'il attendait de l'île de France. Forcé de renoncer à une expédition dont l'issue heureuse était presque certaine, M. de Lally en tenta une autre au midi contre le raja de Tanjaour, allié des Anglais. Les secours de ceux-ci firent échouer les Français devant la capitale du raja, et les obligea à une retraite pénible et dangereuse sur Karikal. La prise d'Arcate, capitale de la nababie, dédommagea de ce revers. Mais bientôt une nouvelle apparition de l'escadre de l'amiral Pocock fit craindre pour Karikal et même pour Pondichéry. Une sommation du conseil fut envoyée à M. d'Aché, pour qu'il eût à se hâter de venir protéger la capitale des établissemens français sur la côte. Il obéit ; mais il parut vouloir éviter de se commettre avec la flotte anglaise. Peut-être avait-il des ordres d'en agir ainsi, et de ne pas compromettre sans nécessité une escadre dont la présence dans ces parages suffisait pour déjouer les desseins de l'ennemi : mais l'amiral anglais ne lui laissa pas le choix de suivre ses instructions ou ses plans à cet égard ; et la menace de l'attaquer dans la rade même força, le 3 août, M. d'Aché à accepter, à la vue de Négapatnam et de Karikal, un second combat, qui fut aussi indécis que le premier. L'amiral Pocock étant rentré à Madras, il semblait que ce dût être à l'amiral français un motif pour demeurer à Pondichéry. Cependant il parti aussitôt pour l'Ile de France, malgré les instances du général et du conseil, et quoiqu'il s'en fallût encore de six semaines que les vents de la mousson pussent favoriser sa route. Il allégua l'épuisement des Anglais, qui ne leur permettait plus d'être un objet de terreur, et son propre épuisement, qui lui faisait une loi d'assurer sa jonction avec trois vaisseaux qu'on lui envoyait de France, et qui devaient faire de sa flotte le salut de l'Inde française.

Indépendamment de leurs expéditions lointaines en Amérique, en Asie et en Afrique, où ils s'emparèrent de l'établissement français du Sénégal, les Anglais avaient encore tenté trois descentes sur les côtes de France, moins sans doute dans le dessein d'y faire des progrès, que dans l'intention de tenir en échec des forces qu'on eût pu envoyer en Allemagne. La première eut lieu à Saint-Malo. Quinze mille hommes y débarquèrent le 5 juin, canonnèrent la ville et se rembarquèrent au bout de six jours, à l'approche des secours qui arrivaient. La seconde se fit à Cherbourg, le 8 août ; elle n'eut pas plus de durée et encore moins de résultats que la première. La troisième eut des suites plus fâcheuses, mais pour les Anglais. De Saint-Brieux, où ils descendirent le 3 septembre, ils s'acheminèrent sur Saint-Malo, et le 11 ils entraient sans difficulté à Saint-Cast, où la flotte avait rendez-vous, lorsqu'ils rencontrèrent le duc d'Aiguillon, gouverneur de la province, qui les y attendait. A cette vue ils ne pensèrent qu'à se rembarquer, mais ils ne purent y parvenir sans une perte de près de cinq mille hommes tués, noyés ou prisonniers.

Le ministère avait totalement changé à la fin de l'année. M. de Moras, qui, accablé de son double fardeau, avait déjà cédé le contrôle l'année précédente à M. de Boulogne, résigna encore celle-ci la marine à M. Berryer, qui de la police passa à cet emploi. Le marquis de Paulmy eut pour successeur le maréchal de Belle-Isle, qui, par la sagesse de ses règlemens et sa fermeté à les faire observer, eût rétabli peut-être la discipline dans l'armée, si sa carrière eût été plus longue. Enfin le cardinal de Bernis, que ses instances pour la paix avaient ruiné dans l'esprit de sa protectrice, toujours dévoué à Marie-Thérèse, fut remplacé par le duc de Choiseul, dont le père avait été membre du conseil aulique de l'empereur, son grand-chambellan et son plénipotentiaire en France. Lui-même était ambassadeur à Vienne, et il en revenait en ce moment. Agréable à cette cour, il fut proposé par la favorite, malgré sa réputation de frondeur et de philosophe; deux titres à la malveillance du monarque, mais qui passaient alors pour les gages d'une grande capacité. La première opération diplomatique du nouveau ministre répondit à l'attente de ses protecteurs : ce fut une convention secrète, en date du 30 décembre, confirmative de l'alliance de 1756, et bien plus onéreuse pour la France, en ce qu'on rendait obligatoire pour elle, et toujours sans équivalent, le secours immense qu'elle fournissait depuis la guerre, mais qu'elle accordait au moins librement. Une confirmation d'alliance en date du 7 décembre, entre les cours de Londres et de Berlin, avait été le motif ou le prétexte de celle-ci.

Au commencement de la campagne de 1759, le maréchal de Contades était sur la gauche du Rhin; le duc de Broglie, qui venait de succéder au prince de Soubise, appelé au conseil, avait ses quartiers sur le Mein; l'armée des Cercles, à sa droite en Franconie, était observée par le prince Henri; enfin le roi de Prusse, toujours en Saxe, épiait à la fois le maréchal de Daun en Bohême, et les Russes, qui, sous le nouveau général Solticow, approchaient de Brandebourg. Le prince Ferdinand avait projeté d'enlever Francfort, de séparer ainsi les deux portions de l'armée française, et d'établir le théâtre des hostilités entre le Mein et le Danube, contrées que n'avait pas encore dévastées la guerre. Mais arrivé le 13 avril avec quarante mille hommes près de Berghen, il reconnut que le duc de Broglie, y ayant rassemblé ses quartiers avec célérité et réuni vingt-cinq mille hommes, était disposé à le recevoir. Frustré de l'espérance de le surprendre, il l'attaqua néanmoins; et, malgré l'avantage du nombre, il fut battu et repoussé jusqu'à Cassel. Le maréchal de Contades passe alors le Rhin, et, réuni au duc, il pénètre en Westphalie, s'empare de Munster et de Minden, et se flatte de chasser le prince au delà du Weser, et de cerner peut-être encore une fois l'armée hanovrienne. Mais à Minden même le prince cessa de reculer; il avait apprécié son ennemi; et, tout en ayant l'air de le fuir, il l'attendit près de cette ville le 1er août. Il lui avait offert, comme une amorce, un faible corps qui paraissait posté pour protéger sa retraite et n'être pas soutenu; mais au fort de la mêlée, survenant tout à coup, il fond sur l'armée française, dont la disposition vicieuse entraîna la défaite, et amena une déroute aussi honteuse que celles de Rosbach et de Crevelt. Les Français rebroussèrent à leur tour jusqu'à Cassel, abandonnant tous les magasins qu'ils avaient en Westphalie. Le maréchal de Contades se plaignit vainement d'avoir été mal secondé par le duc de Broglie, qu'il accusait d'avoir attaqué trop tard ; il fut rappelé, et le commandement fut laissé à son collègue, qui fut encore décoré, à quarante et un ans, du bâton de maréchal de France.

Le roi de Prusse de son côté, voulant prévenir la jonction des Autrichiens et des Russes, avait envoyé au devant de ceux-ci le comte de Dohna, qui, avec trente mille hommes, avait la mission d'en arrêter le double. Il ne put la remplir, et fut forcé le 23 juillet, à Palzig ou Zullichau, près de Crossen sur l'Oder, à un combat inégal, après lequel aspiraient les Russes, impatiens de se venger des cruautés des Prussiens à Zorndorf. Cette action livra aux Russes Crossen et Francfort, où ils firent leur jonction avec Laudhon. Mais déjà le 11 août Frédéric, qui n'avait laissé que vingt mille hommes en Saxe, en avait soixante mille à leur opposer sous les murs de la dernière ville, et le lendemain s'engagea une nouvelle bataille à Kunersdorf, sur la droite de l'Oder. Elle commença à midi, et à six heures du soir Frédéric avait détruit la gauche des Russes, emporté leurs retranchemens et enlevé cent pièces de canon. Solticow éprouvait une perte qui le forçait à la retraite. Mais Frédéric, voulant l'anéantir, l'obligeait depuis une heure à continuer le combat, lorsque Laudhon, qui n'avait pu donner encore, survint et chargea si vigoureusement la cavalerie prussienne, qu'il la mit dans une déroute complète, et ramena la victoire du côté des Russes. Frédéric passa la nuit à deux lieues du champ de bataille avec cinq mille hommes seulement ; et le lendemain, recueillant ses débris, il prit une position pour couvrir Berlin. Mais Solticow était trop affaibli par une perte de vingt mille hommes, et double de celle des Prussiens, pour penser à se porter en avant. Il essaya seulement de se rapprocher de Daun : mais, par les dispositions de Frédéric, cette jonction ne put s'opérer, et la disette des vivres, dans un pays ruiné par tant d'armées, contraignit encore une fois les Russes à retourner sur leur pas.

Débarrassé de ce redoutable ennemi, Frédéric revient sur Dresde, dont l'armée des Cercles, commandée par le duc de Deux-Ponts, s'était emparée pendant les mouvemens des grandes armées, et forme même l'audacieux dessein de couper au maréchal de Daun la retraite sur la Bohême. Il échoua partout ; et le général Finck, détaché par lui avec dix-huit mille hommes dans les montagnes de Maxen, près de Pirna, y fut cerné par le maréchal, et, après un combat sanglant, forcé de mettre bas les armes le 29 novembre. Mais Daun, qui savait vaincre, ne savait tirer aucun profit de ses victoires, et la fin de trois campagnes, plus meurtrières qu'aucune de celles des guerres précédentes, trouva les puissances belligérantes dans la même position à peu près que quand elles avaient levé leurs quartiers.

Avec moins d'éclat, les Anglais avaient des succès plus réels sur mer et dans les colonies. Quarante mille hommes qu'ils avaient portés sur divers points dans le Canada devaient leur assurer la conquête d'un pays où la France ne pouvait faire passer de renforts. Cependant le siège de Québec, l'une des expéditions projetées par eux, pensa échouer par le courage et l'intelligence du gouverneur Ramsay et de sa garnison; et les Anglais, échappés au danger de voir détruire leur flotte dès l'abord par huit brûlots qui ne furent pas dirigés avec assez de sang-froid pour opérer leur effet, ne surent longtemps qu'incendier la ville par leurs bombes, sans oser en approcher : ce ne fut qu'au bout de deux mois, et lorsque la saison déjà avancée rendait plus problématique que jamais l'issue du siège, que le général Wolfe, qui commandait l'expédition, et qui avait à soutenir la réputation qu'il s'était faite à la prise de Louisbourg, se décida à un véritable effort, en essayant de gagner des hauteurs qui commandaient la ville. Les Français avaient négligé de les occuper, les croyant suffisamment protégées par une ceinture de rochers escarpés qui les environnaient. Le marquis de Montcalm, accouru au secours de la place avec trois mille cinq cents hommes, ne s'aperçut de son erreur que lorsque les Anglais eurent gravi ce poste important. Il résolut de les en déloger, et il s'ensuivit une bataille, moins célèbre par le nombre des combattans que par l'influence qu'elle eut sur les destinées de ce pays, et particulièrement aussi par la mort des deux généraux, également dignes d'estime l'un et l'autre pour leurs talens, mais surtout pour les sentimens d'humanité qu'ils rappelèrent en ces déserts, où la fréquentation des sauvages les faisait trop oublier. Wolfe, plus heureux que son rival, vit fuir les Français découragés de la perte de leur chef, et put prévoir la reddition de Québec, qui eut lieu en effet le 10 septembre, six jours après la bataille. Le fort de Niagara, entre les lacs Érié et Ontario, après une vigoureuse résistance, qui avait coûté la vie au général anglais Prideaux, avait cédé pareillement aux efforts de Johnson, son successeur, et le général Amherst, le conquérant de Louisbourg, envoyé contre le fort Carillon, le trouva évacué et détruit. Ainsi le Canada, privé de tous ses points d'appui, semblait devoir être assujetti. Mais quelques braves, sous le commandement de MM. de Vaudreuil et de Lévis, et toujours soutenus par l'espoir d'un secours de la métropole, disputèrent encore un an cette possession aux Anglais. Peu s'en fallut même qu'ils ne reprissent Québec au retour du printemps. Un contre-temps impossible à prévoir fit manquer la surprise qu'ils avaient méditée, et ce ne fut qu'à la fin de la campagne de 1760 que, cernés à Montréal et privés de toute espérance ultérieure, ils capitulèrent pour toute la colonie. Une partie des Antilles françaises avait également succombé à la supériorité des forces anglaises dans ces parages.

Dans l'Inde, M. de Lally, privé, pour attaquer Madras, de la flotte du comte d'Aché, essaya de s'en passer, et attendit le départ de l'amiral Pocock pour mettre à exécution le projet qu'il méditait depuis long-temps. Au commencement de décembre 1758, quatre mille Européens, et trois mille Cipayes ou fantassins indiens, se mirent en marche pour cette expédition, et le 14 on pénétra dans la ville Noire, qui reçoit son nom de la couleur de la majeure partie de ses habitans, et qui est proprement le faubourg de la ville Blanche, ou fort Saint-Georges, réservés aux seuls Anglais. Dans une sortie que firent ceux-ci le même jour, ils firent prisonnier le comte d'Estaing, commandant le régiment de Lorraine; mais ils y furent d'ailleurs assez maltraités pour ne pas essayer de troubler l'établissement des batteries. Elles commencèrent à jouer le premier janvier 1759, et avec assez de succès pour faire brèche aux remparts. Cet avantage fut de courte durée : faute de poudre, le feu se ralentit ; les Anglais ranimèrent le leur pour démonter nos pièces, et au bout de six semaines l'artillerie de l'ennemi, les maladies et la désertion avaient emportée le tiers de l'armée. Sur ces entrefaites, l'apparition d'une escadre de six vaisseaux, qui venait de Bombay, et qui mouilla le 17 février dans la rade de Madras, détermina une retraite précipitée sur Arcate. Les Anglais firent de vains efforts pour la troubler ; ils furent battus à Vandavachi : mais une révolte qui s'éleva soudainement parmi les troupes françaises, auxquelles on devait une année de solde, ne permit pas de poursuivre ce succès, et donna au contraire à l'ennemi le temps de se fortifier. A défaut d'argent dans les caisses, il fallut que les officiers de Lally se cotisassent pour satisfaire le soldat, qu'une amnistie solennelle et exigée acheva de rendre à l'obéissance, mais non à la bonne volonté, et trop tard d'ailleurs pour rien entreprendre de salutaire.

Cependant M. d'Aché, qu'on n'attendait plus, tant la saison était déjà avancée, reparut enfin dans les premiers jours de septembre avec un renfort de trois vaisseaux. Privé à l'île de France de la ressource des vivres sur laquelle il avait compté, il s'était vu forcé de s'en pourvoir jusqu'au cap de Bonne-Espérance, et telle était la cause de son retard. Mais à peine arrivé dans les mers de l'Inde, il y fut attaqué, le 10 septembre, par l'amiral Pocock, à la hauteur de Négapatnam, et rendit contre lui un troisième combat, que sa supériorité laissa néanmoins aussi indécis que les deux autres. Pocock rentra à Madras ; quant à l'amiral français, il se prétendit battu, ou du moins trop maltraité pour demeurer à Pondichéry, qu'il supposa privé des moyens de radoub nécessaires à sa flotte. Malgré des instances plus pressantes encore que celles de l'année précédente, malgré la promesse de lui fournir tout ce dont il pourrait avoir besoin pour se réparer, malgré enfin une nouvelle protestation formelle, qui le rendait responsable de la perte de la colonie, il fut inflexible ; et, fidèle apparemment à des instructions positives, il fit voile pour l'île de France, après avoir débarqué le peu de troupes et de munitions dont il était chargé pour l'Inde. Cet incident augmenta le découragement qui naissait déjà de la pénurie des ressources, du peu d'accord des chefs, de l'indiscipline du soldat, et de la dispersion de l'armée en divers corps éloignés les uns des autres; ce qui facilita aux Anglais, plus concentrés, les moyens de reprendre l'offensive, et d'enlever plusieurs des forts qui couvraient au loin Pondichéry.

La France, qui ne connaissait pas encore toute l'étendue de ses désastres, faisait mine alors de vouloir venger, au sein même de la Grande-Bretagne, ceux dont elle était instruite. Deux armées, l'une en Bretagne, sous le duc d'Aiguillon, l'autre à Dunkerque, sous Chevert, menaçaient l'Angleterre d'une descente. M. de la Clue, avec douze vaisseaux, abandonnant le port de Toulon, devait rejoindre à Brest le maréchal de Conflans, qui en commandait vingt et un, et protéger avec lui cette expédition. Mais bientôt le commodore Boys, devant Dunkerque, et les amiraux Hawke et Boscawen, le premier devant Brest et l'autre devant Toulon, tinrent étroitement bloquées les flottes françaises. Cependant un coup de vent force Boscawen à quitter sa station, et à se radouber à Gibraltar. La Clue, qui eût pu le suivre et mettre à profit son désastre, tarda à se mettre en mer, en sorte que son adversaire était réparé lorsque lui-même, passant par le travers de Gibraltar, fut signalé dans la nuit du 16 au 17 août, et atteint le lendemain par quatorze vaisseaux anglais, sur la côte de Portugal, près de Lagos et du cap Saint-Vincent. Pour comble de malheur, une bourrasque, ou une fatalité qu'on craignait d'approfondir, avait séparé de lui pendant la nuit cinq de ses vaisseaux, et ce fut avec sept seulement qu'il eut à soutenir l'effort de l'ennemi. L'issue du combat répondit à la disproportion des forces : trois vaisseaux français furent pris, deux brûlés sur la côte, les deux derniers se sauvèrent à Lisbonne.

L'amiral Hawke devant Brest avait éprouvé le 12 octobre le même contre-temps que Boscawen devant Toulon, et le maréchal de Conflans avait commis, par une timide prudence, la même faute que M. de la Clue. Il ne mit en mer qu'à la mi-novembre, et rencontra le 20 au sud de Belle-Isle la flotte anglaise toute réparée, et forte de vingt-trois vaisseaux de ligne. L'action était engagée entre les deux partis, lorsqu'un coup de vent, ou une fuite honteuse, ou une manœuvre malhabile de l'amiral français, sépara les combattans. M. de Conflans, au moyen de ses pilotes-côtiers, s'était flatté d'une retraite facile au milieu des écueils qui bordaient la côte, et qui devaient être une cause de perte pour les Anglais. Mais son arrière-garde, livrée par cette mesure aux efforts réunis de l'ennemi, la défection de l'avant-garde, qui se dirigea sur l'île d'Aix, et l'entrée inattendue de l'une de ses divisions dans la rivière de Vilaine, d'où elle ne put ressortir, firent de cette journée, connue sous le nom de *la bataille de M. de Conflans*, une journée d'opprobre, dans le désordre de laquelle un vaisseau fut pris, deux furent brûlés, et trois autres s'échouèrent ou s'engloutirent.

Tant de revers s'accroissaient de l'embarras du trésor public, dont les administrateurs, déplacés chaque année, ne pouvaient rien opérer d'utile. Aussi stérile en ressources, que son prédécesseur, M. de Boulogne avait cédé le portefeuille à M. de Silhouette, maître des requêtes, dont on attendait des merveilles, d'après la restauration des finances du duc d'Orléans due à son intelligence. Sa première opération parut justifier le choix qu'on avait fait de lui. Réduisant à moitié les profits des fermiers généraux, il créa soixante-douze mille actions de mille livres chacune, auxquelles il attribua le bénéfice de l'autre moitié, appât qui produisit en effet soixante-douze millions en vingt-quatre heures. Quelques économies dans les dépenses, et la suspension de divers privilèges concernant la taille, ajoutèrent au concert de louanges dont on chargeait déjà le nouveau ministre. Mais bientôt celles-ci commencèrent à décliner lorsque, par des retranchemens sur les pensions, il vint à s'attaquer aux classes plus relevées de la société, et elles se convertirent même tout à fait en sentimens de haine, à l'occasion d'un édit de subvention territoriale, que, le 22 septembre, il fit enregistrer en lit de justice à Versailles. Cet édit soumettait à l'impôt, sans exception, tous les corps qui jusque-là s'étaient fait un privilège, et même une gloire de s'y soustraire. La magistrature fut par sa position la première à réclamer, et son opposition fut si vive que l'édit ne put avoir d'exécution. Les bourses des grands capitalistes se refermèrent en même temps, et la pénurie reparut.

M. de Silhouette aurait dû se retirer alors. Il avait indiqué dans l'égale répartition des charges entre les citoyens le seul fonds qui pût former la base d'un système régulier de finances, et suppléer aux expédiens, toujours petits, précaires et désastreux, des imaginations fiscales. Ce n'était point sa faute, si la cour, par sa prodigalité, et les riches, par une cupidité mal entendue, mettaient un égal obstacle au rétablissement de cette partie de l'administration qui donne la vie à toutes les autres. Il demeura, et comme il se trouva privé des moyens énergiques qu'il avait médités, il se réduisit lâchement et honteusement aux mesquines inventions de ses prédécesseurs. La suspension d'une partie des paiemens exigibles sur le trésor royal, et une exhortation aux citoyens de porter leur argenterie à la monnaie, pour être convertie en espèces, ne produisirent que des murmures, peu de ressources, et, ce qu'il y eut de pis, détournèrent l'Angleterre de traiter avec une puissance dont elle crut toutes les ressources épuisées. Poursuivi par le mécontentement et par le ridicule, M. de Silhouette se vit contraint de résigner son emploi, et M. Bertin, son successeur, remplaça sa subvention inexécutée par l'établissement d'un troisième vingtième, par un doublement de capitation, et par des emprunts de diverses natures, que le parlement, l'année suivante, se montra moins difficile à enregistrer.

Le maréchal de Broglie justifia par de nouveaux succès la dignité qui venait de lui être conférée. Quittant ses cantonnemens sur le Mein, pour se porter de nouveau sur la Hesse, le 10 juin, il battit le prince héréditaire de Brunswick, Charles-Guillaume, à Corback, à quelques lieues à l'ouest de Cassel, et prépara ainsi la prise de cette dernière ville, et de celle de Minden, par le prince Xavier de Saxe, frère de la dauphine. Le prince de Soubise s'avançait en même temps du Rhin vers la Hesse. A cette double attaque le prince Ferdinand opposa une diversion sur le Bas-Rhin, et il en confia le commandement au prince héréditaire, son neveu, qui commençait à se faire une réputation militaire, que de fréquentes défaites ne lui ont pas enlevée. Clèves et Rhimberg tardèrent peu à tomber en son pouvoir, et Wesel était bloqué par lui, lorsque le marquis de Castries, détaché par le maréchal de Broglie, vint faire face au prince héréditaire, et s'établit à Clostercamp, près de Rhimberg, sur la gauche du fleuve. Il fut attaqué le 16 octobre, et remporta une victoire qui délivra Wesel, et força le prince de se replier sur l'armée de son oncle. Un dévoûment sublime a rendu cette journée mémorable. Le chevalier d'Assas, capitaine au régiment d'Auvergne, envoyé pendant la nuit à la découverte, tombe dans un détachement de grenadiers hanovriens, tout près de surprendre le camp. « Si tu parles, tu meurs, » lui dit-on en le saisissant, et vingt baïonnettes sont sur sa poitrine. Il se recueille un moment, puis s'écrie de toute sa force : « A moi, Auvergne, voilà les ennemis. » Il tombe mort à l'instant ; mais le camp ne fut pas surpris. Le combat de Closter-camp finit la campagne de ce côté, et permit aux Français de prendre leurs quartiers dans la Hesse et dans la Westphalie.

Le roi de Prusse, posté sur l'Elbe au dessous de Dresde, observé par l'armée des Cercles, par le maréchal de Daun, et toujours menacé chaque année par les Russes, se voyait à la veille de perdre la Silésie. L'entreprenant Laudhon, après avoir forcé à se rendre prisonnier à Landshut le corps du général Fouquet, que le courage le plus opiniâtre et la résistance la plus désespérée ne purent soustraire à son sort, s'était porté sur Breslau. Mais ses efforts furent inutiles ; les Russes arrivèrent trop tard pour le soutenir, et le prince Henri, par d'habiles manœuvres, fit lever le siège, et prévint encore la jonction ; cependant il n'aurait pu se maintenir long-temps avec cet avantage, si son frère ne fût arrivé à son secours. Frédéric avait pris possession à Leignitz ; bientôt il s'y trouva pressé par Daun, par Laudhon et par Lascy, qui devaient l'attaquer de concert. Le 15 août, instruit de leur plan, Frédéric décampe la nuit même, et tombe sur Laudhon, qui s'avançait pour le surprendre, et qui se trouva surpris et investi lui-même au milieu d'une armée. Moins d'audace et de présence d'esprit dans ce dernier, et sa division entière était perdue. Au lieu de reculer d'abord, il se précipite sur la gauche des Prussiens qu'il enfonce, couvre pendant ce mouvement une partie de son artillerie par un ruisseau qu'il lui fait passer ; puis à l'aide de son feu, et pendant que les Prussiens se reforment, il traverse lui-même le ruisseau, et sauve au moins les deux tiers de son monde. Cette brillante retraite obtint les éloges du vainqueur. « Je n'ai point » vu, dit-il, de manœuvre plus belle dans toute la guerre, et le » plus beau jour de Laudhon est celui où je l'ai battu. »

Le monarque marche aussitôt sur Breslau. Ce mouvement détermina les Russes à repasser l'Oder, et à chercher, pour pénétrer en Brandebourg, quelque point moins défendu. Ils le rencontrèrent vers Francfort, et parvinrent même, le 9 octobre, jusqu'à Berlin, qui fut mis une seconde fois à contribution, et où les Cosaques mutilèrent une foule de monumens des arts. Mais cette irruption de barbares en eut la faible consistance; et Frédéric quittait la Silésie pour voler à la défense de sa capitale, que déjà ils avaient repassé l'Oder et gagné la Pologne, comme il leur était ordinaire.

Daun, qui l'avait suivi en Saxe, était plus difficile à éloigner. Le 3 novembre, Frédéric l'attaqua près de Torgau sur l'Elbe. A huit heures du soir, Daun était victorieux et le mandait à sa cour. A dix heures, et malgré les ténèbres de la nuit, le général prussien Ziethen s'étant emparé des hauteurs de Supplitz, le combat changea de face, et Frédéric, qui pensait à la retraite, força Daun de la faire. Celui-ci avait été blessé grièvement à la jambe, et le roi de Prusse avait reçu une légère contusion à la poitrine. O'Donnell, qui, au défaut de Daun, commanda la retraite, la fit sous Dresde, où les Autrichiens prirent leurs quartiers, et le résultat d'une bataille qui coûta trente mille morts aux deux partis fut de reculer les cantonnemens autrichiens d'une douzaine de lieues.

Les Anglais poursuivaient pendant ce temps leurs progrès dans l'Inde, et une nouvelle bataille à Vandavachy en hâta le cours. Le colonel Coote, Irlandais comme M. de Lally, battit ce dernier, fit prisonnier M. de Bussy, enleva immédiatement Arcate, puis tous les forts qui protégeaient de plus près Pondichéry, et enfin, avec quatre mille Anglais et dix mille Indiens, mit le siège devant cette ville, qui renfermait quatre-vingt mille habitans, mais qui ne comptait effectivement que sept cents défenseurs. L'amiral anglais Stevens interceptait en même temps ses communications par mer, et elle attendit en vain que M. d'Aché vînt la dégager de ce côté. Accoutumé à braver les protestations, il venait d'en agir à l'île de France comme il avait fait à Pondichéry ; et les plus vives réclamations du gouverneur et des habitans, qui pressaient son départ, sur le motif qu'ils étaient affamés par la présence de son escadre, n'avaient pu lui faire changer de résolution. Enchaîné apparemment par des instructions positives pour protéger l'île, menacée à ce qu'on supposait par les Anglais, ce qui était peut-être une adresse de leur politique, il demeura stationnaire sur un point qui ne fut pas attaqué, et abandonna entièrement celui qui ne pouvait se soutenir que par ses secours. Leçon frappante du danger des instructions trop absolues dans des parages si éloignés.

Forcé de se renfermer dans les murs de Pondichéry, le seul des établissemens indiens qui restât à la France sur la côte, M. de Lally se vit entouré de tous les ennemis que la fatalité de sa mission, l'âpreté de son commandement, la dureté de l'ironie et ses propos lui avaient suscité, et qui étaient intéressés à le faire échouer. Il demanda des vivres, et chacun cacha les siens; de l'argent, il n'y en avait point dans les caisses; du soulagement à ses soldats, excédés de gardes et de corvées, et personne des habitans ou des employés de la compagnie ne se prêtait à les suppléer, ou ne s'y prêtait qu'à regret et à force de contraintes. Un secours négocié chez les Marattes par le marquis de Bussy manqua faute d'argent, en sorte qu'il ne resta d'espoir que dans les pluies abondantes de l'arrière-saison, et la violence des orages dans ces mers à la même époque. Mais ni les pluies ni les orages ne purent vaincre l'obstination des Anglais, qui étaient soutenus par la perspective d'anéantir sans retour dans l'Inde, avec un peu de constance, la puissance des Français. Ils persistèrent sept mois dans un blocus incommode pour eux, par l'intempérie de la saison, mais cent fois pire pour les assiégés, par les horreurs de la disette. La garnison, exténuée par la faim, n'avait pas la force de tenter des sorties, et elle était découragée encore par l'impossibilité de réparer ses pertes. Le général, aigri par les contrariétés qu'il éprouvait au dedans et au dehors, et également prévenu contre le citoyen et contre l'ennemi, n'attendait aucun secours du premier qu'il taxait de malveillance, et refusait de traiter avec le second qu'il accusait de mauvaise foi. Il arriva ainsi, sans avoir pu s'arrêter à aucune détermination avec les uns ou avec les autres, jusqu'à l'époque où il n'y eut plus de vivres dans la ville que pour un jour. Sommé alors par le conseil souverain de demander une suspension d'armes, il persista à ne vouloir point capituler en forme, et se borna à ne pas s'opposer à l'occupation de la place, qui le 15 janvier 1761, fut ainsi livrée comme à discrétion. Le vainqueur au reste ne prétendait pas lui faire d'autres conditions, et il abusa de sa fortune d'une manière déplorable. Non seulement les fortifications furent rasées; mais les magasins, les églises, et le palais du gouverneur, l'édifice le plus magnifique de l'Inde, furent encore abattus. On prétend que ce fut une espèce de représailles, et que les instructions données par la compagnie aux comtes de Lally et d'Aché, interceptées par l'ennemi, défendaient à ces généraux d'accorder aucune composition aux établissemens anglais dont ils pourraient s'emparer.

Les officiers de l'armée et tous les agens de la compagnie furent transportés en Angleterre. M. de Lally, sur des bruits défavorables à son honneur que l'on faisait circuler en France, demanda et obtint la permission de passer de Londres à Paris. Mais ses nombreux ennemis reçurent la même faveur, et tardèrent peu à le dénoncer, comme la cause des malheurs de l'Inde. Des inculpations particulières on en vint à un procès. Le conseil de Pondichéry en corps présenta requête au parlement, et le procureur-général rendit plainte contre le comte de Lally, comme « coupable de vexations, » concussions, trahisons et crime de lèse-majesté. »

Ses amis, témoins de l'animosité de ses parties et des manœuvres employées pour le perdre, lui conseillaient de quitter la France. « Moi ! s'écria-t-il, frémissant de colère, moi ! que je fuie, taché » du soupçon d'une infame trahison ! j'y perdrai plutôt la vie. » Fort au contraire du sentiment de son innocence, il offre de se constituer prisonnier à la Bastille; et cette généreuse requête fut déloyalement accueillie. Il demeura quinze mois dans le cachot de La Bourdonnaie avant de subir son premier interrogatoire, fut ballotté ensuite des tribunaux, et renvoyé enfin à celui de la grand'chambre du parlement. Captif, et privé du secours d'un conseil, que les lois du temps, préjugeant le crime dans le simple prévenu, refusaient aux accusés de haute trahison, et réduit à ses seules écritures, que la prudence ne dictait pas toujours, contre des ennemis adroits, libres et opulens, il succomba dans cette lutte inégale; et le 6 mai 1766, il fut condamné, après dix-huit mois de procédures, à être décapité, « comme dûment atteint et convaincu d'avoir trahi les inté- » rêts du roi, de l'état et de la compagnie des Indes, d'abus d'au- » torité, vexations et concussions. » On fut étonné de ce que la sentence ne portait pas expressément qu'il avait *vendu la ville*. Ces mots, *avoir trahi les intérêts du roi*, ne paraissaient pas l'équivalent de ceux qu'on aurait dû employer pour caractériser une vile et basse perfidie, qu'il fallait nommer en propres termes si elle était prouvée, ne fût-ce que pour justifier la rigueur d'une pareille sentence contre un officier-général qui, à la tête d'un régiment de son nom, avait combattu pour la France dans huit batailles rangées, assisté à dix-huit sièges, dont plusieurs avaient réussi sous sa direction, reçu quatorze blessures, et qui était recommandable enfin par la science des marches et des campemens, par son activité, et par une continuité de services aussi utiles que brillans.

Des procédés despotiques, qui furent prouvés, mais qui pouvaient trouver leur excuse dans des momens difficiles où l'obéissance était urgente ; des discours peu mesurés, mais que le sentiment de l'honneur et du devoir arrachait à un homme vif et emporté, qui ne voyait autour de lui qu'indifférence, lâcheté ou trahison ; des rigueurs enfin, mais employées contre des révoltés, attestaient plus tous les torts de son caractère que de sa conduite ; mais, présentés jusqu'à satiété aux yeux du public, ils avaient offusqué son jugement, détourné l'attention de son véritable objet, et formé contre l'accusé un préjugé confus, dont les magistrats ne surent peut-être pas se défendre. Pour lui, il était loin de se croire coupable. Aussi, au prononcé du jugement, tout son être se révolta-t-il contre l'injustice, et il ne put se retenir de la reprocher à ses juges avec toute la véhémence de son caractère. Ce fut le prétexte d'une nouvelle barbarie : le magistrat chargé de l'exécution d'une sentence déjà trop rigoureuse, ne rougit pas de flétrir d'un bâillon infâme, et de traîner au supplice dans un humiliant tombereau, un militaire chargé d'honorables cicatrices, qu'il pouvait être dans l'intention du faible monarque de laisser conduire à la mort, mais du moins sans ignominie. Voltaire osa le premier appeler de cette sentence au tribunal de l'opinion publique, en observant, du comte de Lally, que « c'était un homme sur lequel tout le monde avait « droit de mettre la main, excepté le bourreau. » La faveur qu'il avait commencé à donner à cette cause eut des suites heureuses ; et, cinq jours avant sa mort peut-être put-il éprouver quelque satisfaction de savoir l'arrêt juridiquement infirmé par le conseil, qui, le 25 avril 1778, réhabilita la mémoire de l'infortuné général, et accorda ce triomphe aux efforts réunis de l'éloquence et de la piété filiale.

Tant de pertes que la France avait éprouvées depuis quelques années ne pouvaient être réparées par elle seule, dans l'état de délabrement où était sa marine. Le duc de Choiseul, qui, à la mort du maréchal de Belle-Isle, arrivée au commencement de cette année, venait d'être investi du ministère de la guerre, et qui, sans avoir le titre de premier ministre, en exerçait réellement le pouvoir, tenta, en mars 1761, des négociations avec l'Angleterre. Georges II était mort à la fin de l'année précédente, et les dispositions de Georges III, son petit-fils, dirigé par lord Bute, qui désapprouvait une guerre ruineuse pour l'Angleterre, malgré ses conquêtes, offraient une chance de succès. Mais M. Pitt conservait encore assez de crédit pour les faire échouer. Louis ordonna que les conditions équitables et même déjà un peu humiliantes qu'il offrait fussent mises sous les yeux du public, pour ranimer l'énergie de la nation, comme avait fait Louis XIV après les infructueuses conférences de Gertruydenberg ; mais Louis XV ne réussit pas. Pendant son règne qui était déjà long, il ne s'était pas, comme ce grand monarque, acquis l'estime des Français. On ne le croyait pas, ainsi que son bisaïeul, touché des maux du peuple, sensible à la gloire de la nation : on imita son apathie et son insouciance. L'écrit fut lu tranquillement, sans qu'on montrât la moindre indignation de la superbe indifférence de l'ennemi, ni aucun empressement pour abattre son orgueil.

Le ministre, dans l'impossibilité de remuer cette masse devenue inerte, tenta d'émouvoir les Espagnols, et imagina d'associer à la marine française, si déchue, celle de l'Espagne, qui était dans un état de vigueur respectable. Ce n'était plus Ferdinand VI qui régnait sur cette contrée, mais Charles III, son frère ; roi des Deux-

Siciles, fils comme lui de Philippe V, mais de la seconde femme de ce prince. Ne pouvant, aux termes du traité d'Aix-la-Chapelle, réunir les deux couronnes sur sa tête, après avoir fait constater l'imbécillité de son fils aîné, il avait fait reconnaître Ferdinand, son troisième fils, pour lui succéder à Naples, et était passé en Espagne avec le second, Charles-Antoine, destiné à y régner après lui. Charles accueillit les propositions de Louis XV, et se liant généreusement à sa fortune, il en résulta le traité célèbre, connue sous le nom du *pacte de famille*, lequel fut signé à Paris le 16 août 1761, et trois mois après les offres de paix faites à l'Angleterre. Cet acte, qui avait été négocié avec le plus grand secret, stipulait des secours respectifs entre toutes les branches de la maison de Bourbon, pour le maintien de leurs états, et déclarait ennemi de chacune des puissances contractantes quiconque à l'avenir le deviendrait de l'une d'entre elles : il ne devait d'ailleurs avoir d'application, suivant le deuxième article, que lorsque la paix aurait terminé la guerre subsistante entre la France et l'Angleterre. Mais, parce qu'il était sensible que plus d'un incident pouvait hâter l'effet de ces stipulations, on jugea convenable de faire en constructions maritimes des efforts qui pussent réparer le vide de trente-sept vaisseaux de ligne et de cinquante-six frégates que l'on avait perdus depuis la guerre, et de donner ainsi à l'Espagne une garantie de ne pas soutenir la lutte avec les seules forces qu'elle avait à fournir. De là des offres multipliées de vaisseaux de diverses grandeurs faites par des provinces, des villes, et des corporations, dont on eut le talent d'exciter le patriotisme. De là encore la concentration des ministères de la guerre et de la marine entre les mains du duc de Choiseul, qui dès lors se déchargea, pour la forme de celui des affaires étrangères, en faveur de César-Gabriel comte de Choiseul, depuis duc de Praslin, son parent, ou du moins issu d'un même aïeul, tige commune, vers la moitié du quinzième siècle, des branches de Beaupré et de Praslin. Le ministre de la marine Berryer fut dédommagé de son emploi par celui de garde des sceaux, dont le roi n'avait pas disposé depuis la retraite de M. de Machault.

L'inutilité des démarches pour amener la paix avait rendu nécessaire la continuation des hostilités. Le prince Ferdinand ouvrit la campagne par l'investissement de Cassel, où s'était enfermé, avec dix mille hommes, le comte de Broglie, frère du maréchal, et il fit couvrir le siège par le prince héréditaire. Mais un avantage que le maréchal remporta sur celui-ci à Grunberg fit lever le siège et rétablir les armées dans leurs quartiers. Elles en sortirent de nouveau à la fin de juin; les maréchaux de Soubise et de Broglie effectuèrent même une jonction à Sœst, près de la Lippe; et, plus forts d'un tiers que les princes de Brunswick, ils semblaient devoir les écraser à Filingshausen, où ils les attaquèrent le

16 juillet, le lendemain de leur réunion. Le défaut de concert entre les généraux français leur firent éprouver à eux-mêmes la honte d'une défaite, et les replaça l'un et l'autre aux points d'où ils étaient partis. Le maréchal de Broglie se plaignit d'une jalousie envieuse, qui, pour lui dérober la victoire, ne l'avait pas soutenu dans ses premiers succès; et le prince de Soubise, d'une vanité coupable, qui, pour acquérir une gloire sans partage, s'était abstenu de concerter l'attaque, et de lui en indiquer le moment, ce qui avait permis au prince Ferdinand de porter la presque totalité de ses troupes sur l'aile du maréchal. Dans cette espèce de procès entre les deux chefs de l'armée, le public fut pour le maréchal; mais la favorite fut pour le prince, et le premier fut exilé.

Le roi de Prusse eut encore à combattre cette année l'armée des Cercles et le maréchal de Daun en Saxe; Laudhon, et les Russes, sous le feld-maréchal Butturline, en Silésie. Il opposa le prince Henri aux premiers, et marcha lui-même contre les autres. Laudhon gêna tellement sa marche, qu'il ne put empêcher les Russes de passer l'Oder, au dessous de Breslau, et de se réunir aux Autrichiens entre Javer et Hohenfriedberg. On s'attendait à une bataille, et la supériorité des alliés leur en promettait une issue favorable; mais Frédéric, qui ne voyait aucun avantage pour lui, même dans une victoire, laquelle ne pourrait manquer de l'affaiblir considérablement, changea sa tactique accoutumée, et mit tous ses soins à se retrancher d'une manière inexpugnable. Il réduisit ainsi l'ennemi à l'inaction, et la disette qui, dans un pays foulé par tant d'armées, devait inévitablement se faire bientôt sentir, sépara ses adversaires. Les Russes quittèrent les premiers leur position et descendirent l'Oder, pour protéger une division de leur armée, qui, sous le comte de Romanzow, assiégeait Colberg sur la Baltique. Frédéric leva alors son camp dans l'intention de traverser leurs desseins. Mais son éloignement laissa à Laudhon la liberté de se présenter devant Schweidnitz, qu'il savait dégarnie de troupes : il attaqua à l'improviste et si vivement, qu'il était dans la place avant que le commandant eût pu proposer une capitulation. Cet incident, qui donnait des quartiers d'hiver aux Autrichiens dans la Silésie, força Frédéric à se rapprocher de Breslau, et livra par suite Colberg aux Russes, qui s'en emparèrent le 16 décembre, et qui se procurèrent les moyens d'alimenter désormais leur armée par mer, et de commencer leurs opérations de meilleure heure. Ainsi non seulement la campagne fut défavorable au roi de Prusse, mais tout faisait présager que la suite serait sa ruine, lorsqu'un évènement inattendu vint le sauver.

Cet évènement était la mort de l'impératrice Elisabeth Petrowna, qui eut lieu le 5 de janvier 1762. Pierre III, son neveu et son successeur, admirateur fanatique du héros prussien, voyait avec peine les Russes concourir à la destruction de son idole. Sa première démarche fut de rappeler ses troupes, et peu après il en mit une partie à la disposition de Frédéric. Dans le même temps, les Suédois, mal payés des subsides que leur avait promis la France, et hors d'état de suffire par eux-mêmes aux dépenses de la guerre, firent aussi la paix; en sorte que le monarque prussien, que l'on avait cru réduit à la position défensive la plus alarmante, se vit en état au contraire de reprendre l'offensive. Trompant la pénétration du maréchal de Daun, il investit Schweidnitz vers la mi-juillet; mais cette ville, qui avait été enlevée l'année précédente par un coup de main, munie alors de nombreux défenseurs, exigea un siège d'autant plus long que le maréchal s'efforçait d'y mettre obstacle. Pendant sa durée, une nouvelle révolution pensa changer encore une fois la fortune du roi de Prusse.

Pierre III, livré au délire des innovations, changeait et brusquait tout en Russie, sans égards aux opinions religieuses du peuple, aux mœurs et aux préjugés de la nation, malgré les sages avis de Frédéric, qu'il faisait profession de considérer comme son ami et comme son maître, et qui, tout philosophe qu'il était lui-même, se gardait bien d'appliquer ses principes particuliers au gouvernement de son état. Le mécontentement inévitable que souleva de toutes parts une conduite si irréfléchie, suggéra l'idée de le supplanter à Catherine d'Anhalt-Zerbst, son épouse, menacée d'être répudiée et de voir déclarer son fils illégitime. Le sénat, qui avait essuyé des duretés du monarque, lors des remontrances qu'il avait hasardé de lui présenter au sujet de ses nouvelles institutions, et la garde impériale, qu'humiliait le régime prussien qu'on voulait lui faire adopter, entrèrent facilement dans les vues de Catherine; une journée lui suffit pour se rendre maîtresse de la personne de l'imprévoyant empereur, que l'on força d'abdiquer le 10 juillet, et qui mourut le 17.

Catherine, reconnue solennellement par l'empire, et bien aise néanmoins d'appuyer son autorité de la présence de ses troupes, voulut rester neutre dans les débats de l'Europe, et rappela son armée de la Silésie. Mais la lenteur du comte de Czernichef à exécuter ses ordres sous divers prétextes, retenant encore quelque temps en échec une partie des forces du maréchal de Daun qui ignorait cette révolution, permit à Frédéric de poursuivre ses approches et de reprendre enfin Schweidnitz le 4 octobre, après deux mois et demi d'un siège célèbre par le talent des ingénieurs qui dirigeaient l'attaque et la défense: l'un était l'ingénieur prussien Lefevbre, et l'autre le comte de Gribeauval.

Frédéric et Daun demeurèrent le reste de la campagne dans un état mutuel d'observation; mais les secours que le premier envoya au prince Henri son frère, qui avait été forcé de reculer devant le comte de Stolberg, cette année général de l'armée des Cercles, lui rendirent, le 29 octobre, à la journée de Freyberg, près de Dresde, la supériorité qu'il avait perdue, et forcèrent le comte de rétrograder à son tour dans la basse Saxe.

Les généraux français n'avaient pas été plus heureux sur le théâtre ordinaire de leurs opérations. Le vieux maréchal d'Estrées, qui avait commencé la guerre par la victoire d'Hastembeck, rappelé au commandement par la disgrâce du maréchal de Broglie, la termina d'une manière moins glorieuse. Passant la Dimmel à Wilhemstadt, dans le dessein de se rapprocher de Cassel, et d'en prévenir le siège, lui et le prince de Soubise, furent attaqués à leur désavantage, le 24 juin, par le prince Ferdinand. Ils gagnèrent néanmoins Cassel ; mais peu après ils reculèrent jusqu'à Francfort. Le prince de Condé prit, le 30 octobre, la revanche de cet échec à Johannesberg, près de Fridberg, au nord de Francfort, où il battit le prince héréditaire, et rétablit, sinon les progrès, l'honneur au moins des armes françaises. Le prince Ferdinand, en effet, se rendit maître de Cassel le 1er novembre ; mais ce fut le dernier exploit de cette guerre, les préliminaires ayant été signés, le 3 novembre, à Fontainebleau, entre les cours de France, d'Angleterre et d'Espagne.

Cette dernière puissance s'était impliquée pour son malheur dans le dernier acte de cette sanglante tragédie. L'Angleterre, à qui les articles du *pacte de famille* n'étaient pas bien connus, en prit de l'ombrage. Elle en demanda communication, et la demanda d'un ton qui choqua la fierté espagnole. Son ambassadeur devait faire expliquer la cour de Madrid sur la résolution de joindre ou non ses armes à celles de la France, et prendre la moindre tergiversation pour une déclaration de guerre. Charles répondit que la rupture était l'ouvrage même des ministres anglais, lorsqu'ils s'étaient permis de hasarder une question si inconsidérée, et dès lors la guerre fut allumée. La marine anglaise, à qui la réduction de presque toutes les colonies de la France laissait le champ libre à de nouvelles conquêtes, fut dirigée dès lors contre les colonies espagnoles ; et Cuba, Manille, douze vaisseaux de ligne et cent millions de prises, devinrent, dans le cours de l'année, la proie des Anglais. Une faible diversion sur le Portugal, que la France et l'Espagne attaquèrent sans trop de justice, dans la vue d'en faire un objet de compensation, eût pu être vaine, selon les apparences, sans les dispositions pacifiques du lord Bute qui était parvenu à éloigner enfin M. Pitt d'un cabinet qu'il ne gouvernait plus. Les Espagnols, qui, dès 1760, s'étaient portés pour médiateurs, et qui avaient même fait convenir les parties belligérantes d'un congrès à Augsbourg, remirent alors leurs offres en avant par la médiation de la Sardaigne, et elles furent agréées. On s'envoya de part et d'autre des ambassadeurs, et les hostilités cessèrent enfin par les préliminaires de Fontainebleau.

Il n'était plus question que de la Prusse et de la reine de Hongrie. Cette princesse avait armé l'empire contre Frédéric. Pour accélérer la paix, il crut devoir forcer l'empire à la neutralité. Dans cette intention, il y fit entrer un corps d'armée, qui s'avança jusqu'à Ratisbonne. Les électeurs de Bavière et de Mayence, et les cercles voisins menacés demandèrent la paix, et s'engagèrent à retirer leurs contingens de l'armée de l'empire. La France, de son côté, refusa tout secours à l'impératrice. Elle se trouva ainsi seule avec la Saxe contre le roi de Prusse. N'ayant rien pu gagner sur Frédéric quand elle avait toute l'Europe pour elle, Marie-Thérèse ne pouvait se flatter de réussir quand elle en était abandonnée ; de sorte qu'après avoir marchandé avec le Prussien, offert de partager entre eux le différent, de lui laisser la Silésie, mais de retenir le comté de Glatz, ce qu'il ne voulut pas accorder, elle fut obligée de conclure la paix aux conditions qui plurent au monarque. Elle fut signée à Hubertsbourg, le 15 février 1763, entre lui, l'impératrice-reine et l'électeur de Saxe, roi de Pologne. Par ce traité, tout fut rétabli entre les trois puissances comme il était avant la guerre, sans presque aucun changement. Un article séparé assura la voix du roi de Prusse à l'archiduc Joseph, qui fut élu roi des Romains l'année suivante, et qui, à ce titre, succéda à l'empire le 18 août 1765. Tel fut le résultat de sept campagnes aussi meurtrières que dispendieuses.

Cinq jours auparavant, c'est-à-dire le 10 février 1763, la paix définitive avait été signée à Paris entre la France et l'Angleterre, l'Espagne et le Portugal. Il faut, quoi qu'il en coûte à la fierté française cruellement outragée, faire connaître en détail ce honteux traité de Paris et ses funestes effets.

La France cède aux Anglais (art. II et III) l'Acadie et la Nouvelle-Ecosse, le Canada et ses dépendances, « le Canada, la plus « ancienne des colonies françaises, et toute peuplée de Français! » l'île du Cap-Breton et toutes les autres îles dans le golfe et fleuve de Saint-Laurent. On laisse à la France la liberté de la pêche dans le golfe, à trois lieues des îles, et hors du golfe, à quinze lieues du Cap-Breton. Les pêcheurs pourront barraquer et sécher leur poisson dans les îles de Saint-Pierre et de Miquelon que leur cède l'Angleterre, mais sans pouvoir y élever de fortifications. « Tout » cet article sur la pêche est écrit en général d'un style qui sou- » lève contre la morgue du vainqueur. » La Martinique, la Guadeloupe, Marie-Galante, la Désirade et Belle-Isle (art. VII) seront restituées à la France, la Grenade et les Grenadins à l'Angleterre, et elle aura en entier les îles Caraïbes de Saint-Vincent, de la Dominique et Tabago, dont la jouissance était auparavant commune aux deux nations. Par l'article V, Dunkerque dut être remis dans l'état d'inutilité fixé par le traité d'Aix-la-Chapelle, « et en « conséquence un commissaire anglais revint y présider à la dé-

« molition des ouvrages de défense et au comblement du port. »
Le fleuve de Mississipi dans toute sa longueur devint (art. VI) la
limite de la Louisiane et des établissemens anglais dans le nord de
l'Amérique, la Nouvelle-Orléans demeurant néanmoins à la France.
L'Angleterre (article IX) gardera le Sénégal en Afrique, et la France
seulement l'île de Gorée, « île stérile, sans eau, éloignée du com-
» merce de la poudre d'or, de l'ivoire et des autres richesses afri-
« caines; commerce que les Français avaient fondé. » Enfin les
possessions anglaises et françaises, sur les côtes de Coromandel, de
Malabar, du Bengale et dans toutes les Indes orientales, sont remises (art. X) à ceux qui les possédaient avant la guerre, à condition que les Français n'y enverront pas de troupes : « clause qui
» dispense de toute réflexion. »

L'île de Minorque et le fort Saint-Philippe sont restitués à l'Angleterre, et la France rend aussi au roi son électorat de Hanovre;
et aux alliés de ce prince en Allemagne tout ce qu'elle avait pris
sur eux. La paix d'Espagne se fit encore aux dépens de la France,
parce qu'elle accorda aux Espagnols la Louisiane, en échange de la
Floride et de la baie de Pensacola, qu'ils abandonnèrent aux Anglais, comme aussi le droit de couper du bois de campêche dans la
baie de Honduras. Elle confirma aussi aux Portugais la cession déjà
faite de la navigation de l'Amazone, ainsi que les terres et les forts
qui l'approchaient.

Les Anglais eurent soin de faire rappeler nommément, dans ce
traité de Paris, ceux de Westphalie, de Nimègues, de Riswick,
d'Utrecht, de Bade, de la triple et quadruple alliance, de Vienne
et d'Aix-la-Chapelle. Cette mention leur était nécessaire pour leur
garantir les acquisitions faites en un siècle dans les quatre parties
du monde.

A la paix de Westphalie, en 1648, ils ne possédaient hors de chez
eux que les îles de Jersey et Guernesey; et, à la paix de Paris, en
1763, c'est à dire dans l'espace de cent quinze ans, ils se sont trouvés
posséder :

En Europe, outre Jersey et Guernesey, Gibraltar, Minorque, et
l'avantage de rendre Dunkerque inutile;

En Afrique, Sainte-Hélène, et des forts et des comptoirs dans les
rivières de Sénégal et de Gambie, et les côtes de la Guinée ou
Nigritie;

En Asie, le port de Bombay et l'île de Salcette, le fort Saint-
David, la ville de Gondelour, le fort Saint-Georges, Madras, le
Bengale, avec la ville de Calcutta, le fort William, Bancouli, etc.;

En Amérique, la Barbade, Saint-Vincent, l'Anguille, la Bar-
boude, Saint-Christophe, Newis, Antigoa, Montferrat, la Dominique, la Grenade et les Grenadins, les Bermudes, la Jamaïque,
Bahama, les côtes du continent septentrional, garnies de villes opu-
lentes depuis la Caroline jusqu'à l'Acadie, ou la nouvelle Écosse,

presque toutes les îles de ces mers, et enfin le Canada, la baie d'Hudson et des privilèges pour couper des bois dans la baie de Honduras.

C'est alors aussi que la marine de France étant presque anéantie, les Anglais ont pu se flatter de posséder l'empire des mers. Sans doute Louis XV sentit la honte du traité de Paris. S'il connut les moyens que le royaume lui fournissait de se soustraire à cette humiliation, on croit qu'il ne les mit pas en œuvre, parce qu'il voyait dans leur emploi des sollicitudes, des embarras, et qu'il lui aurait fallu des efforts et de l'activité; ce à quoi il ne pouvait se résoudre : et le duc de Choiseul, ministre ardent, se plia à la volonté du maître, peut-être jusqu'à l'occasion de la revanche.

Après les guerres, deux évènemens signalèrent le règne de Louis XV; l'expulsion des jésuites et la destruction des parlemens, deux corps qui, après avoir long-temps combattu l'un contre l'autre, ont disparu de l'arène presque ensemble.

On se rappelle les querelles élevées dans l'église de France à l'occasion du formulaire et de la constitution, les signatures exigées, les refus de sacremens, les discussions aigres et violentes qui, du clergé, passèrent au barreau, l'interruption de la justice, l'exil enfin des magistrats, précédé par celui des prêtres, des curés et d'autres ecclésiastiques respectables. Un grand nombre de personnes dans toutes les classes également vexées, attribuant ces maux aux jésuites, à leur ambition, au moins à leur faux zèle, en gardaient un profond ressentiment, et n'attendaient que l'occasion de se venger. Elle se présenta en 1760 avec des circonstances propres à déterminer contre eux l'opinion publique, qui leur était déjà très défavorable.

Depuis long-temps on les accusait de songer plus dans les missions à leur profit qu'à l'avantage de la religion, et de faire sous ce voile un commerce immense, qui leur procurait les richesses avec lesquelles ils gagnaient les créatures dans les cours des princes, et gouvernaient les royaumes catholiques. Que cet emploi des produits du commerce soit vrai ou faux, il est certain qu'ils en faisaient un très considérable. Un de leurs pères, nommé La Valette, visiteur-général et préfet apostolique des missions établies à la Martinique, y emmagasinait des marchandises, chargeait des vaisseaux, tenait une banque publique, des commis et des comptoirs dans les autres îles, et répandait son papier qui avait un grand crédit dans toutes les villes commerçantes de France, et même de l'Europe entière.

Ses navires comblés de richesses parcouraient les mers avec sécurité, lorsque les Anglais, se permettant des hostilités inattendues, en saisirent plusieurs adressés aux frères Lionay et Gouffre, qui tenaient une maison de banque considérable à Marseille. Dans l'attente de deux millions de marchandises, ils avaient accepté pour un million et demi de lettres de change. Quelques unes pressaient.

Les banquiers ont recours au père de Sacy, procureur-général des missions, qui tenait à Paris la correspondance de La Valette. Il écrit à ses supérieurs de Rome. Il y eut une fatalité dans cette affaire. Le général venait de mourir; l'élection d'un successeur demanda du temps. Il ne fut pas plutôt en charge qu'il envoya ordre de fournir des fonds aux Lionay. Le courrier arrive le 22 février 1756, et ils avaient déposé leur bilan le 19. N'ayant pu sauver l'éclat, les jésuites crurent devoir retirer leur appui à ceux qui, en quelque sorte, n'étaient que leur prête-nom.

Quatre ans se passèrent d'abord en démarches soumises des banquiers auprès des religieux, en supplications de les aider, ensuite en menaces de les mettre en cause. Les jésuites font quelques efforts; mais, soit mauvaise volonté, soit impuissance, ils suspendent les secours périodiques qui étaient promis. Les paiemens cessent. Il paraît une multitude de créanciers, et les tribunaux retentissent de leurs plaintes. Les jésuites obtiennent des lettres-patentes qui réunissent toutes les contestations à ce sujet par devant la grand'chambre du parlement à Paris. Ils avaient, dit-on, le dessein d'éviter la plaidoirie et de faire appointer le procès pour le rendre interminable par les écrits qui résulteraient de cette marche; mais, contre leur attente, il fut décidé que la cause serait appelée. Toutes ces manœuvres durèrent quatre ans, comme nous l'avons dit, et ce ne fut qu'à la fin de 1760 que le procès commença véritablement.

Les jésuites y firent la plus grande faute que l'on puisse commettre en affaires, qui est de varier dans les défenses. Toute la société était intimée. Ils prétendirent d'abord que les négociations du P. La Vallette ne devaient intéresser que la maison de la Martinique; ensuite ils dirent que ce n'était pas même la maison, mais le P. La Vallette seul qui devait être inculpé, comme violateur des canons de l'église, qui défend le commerce aux religieux, comme coupable par conséquent d'un délit personnel. Or, comme en fait de crime personnel il n'y a point de garant, la dette du P. La Vallette ne pouvait retomber même sur la maison de la Martinique, moins encore sur toute la société.

Les Lionay répondaient : Dans le gouvernement des jésuites, tout est soumis au pouvoir du général; il est le seul propriétaire et dispensateur des biens de la compagnie; le P. La Vallette n'a pu être que l'agent et le préposé du chef, et ils prouvaient cette assertion par les constitutions de la société qu'ils invoquaient et qu'ils citaient. Les jésuites offrent de démontrer par ces mêmes constitutions que la société en général n'est propriétaire de rien ; que les biens appartiennent à chaque collège ou maison, et qu'elles ne sont point solidaires l'une pour l'autre. Leur offre est acceptée; en conséquence, arrêt du 17 avril 1761, qui ordonne que leurs constitutions seront déposées au greffe pour y subir un examen.

Il ne fut pas long quant à la solidarité. Dès le 8 mai parut l'arrêt

qui condamnait le général, et en sa personne la société, à acquitter les lettres de change, et à tous les dépens, dommages et intérêts. Ils se soumirent : ils trouvèrent moyen de payer en six ou sept mois plus de douze cent mille livres, sans toucher aux biens de la société; et il est probable qu'en peu d'années ils auraient acquitté le reste, sans le nouveau coup que le parlement leur porta. Depuis longtemps une conjuration était ourdie contre eux. « C'est propre-
» ment la philosophie, dit d'Alembert, qui devait savoir à quoi s'en
» tenir à cet égard; c'est proprement la philosophie qui, par la
» bouche des magistrats, a porté l'arrêt contre les jésuites; le jan-
» sénisme n'en a été que le solliciteur. » Déjà, sous un prétexte de complicité de quelques-uns de leurs membres avec l'assassin d'un roi débauché, sur qui un père et un mari offensé avaient tenté de venger son injure, Carvalho, marquis de Pombal, et ministre de confiance du roi Joseph I, avait eu le crédit, en 1759, de l'expulser du Portugal : on devint jaloux en France de suivre cet exemple.

La société des jésuites se composait de cinq classes : 1° des novices, qui étaient admis à faire des vœux simples après deux années de noviciat; 2° des frères convers, livrés aux occupations serviles des maisons religieuses; 3° des écoliers approuvés, ainsi nommés de ce qu'ils étaient envoyés dans les collèges pour y apprendre les langues savantes et pour les y enseigner ensuite; 4° des profès, qui, âgés au moins de trente-trois ans, ayant régenté sept ans et fait une troisième année de noviciat, prononçaient les trois vœux ordinaires de pauvreté, de chasteté et d'obéissance, et devenaient alors capables de posséder les charges de l'ordre jusqu'à celle de recteur de collège; 5° enfin des profès des quatre vœux, dont les talens distingués étaient mis en œuvre, moyennant un quatrième vœu d'obéissance particulière au pape, en tout ce qui concernait le salut des ames et la propagation de la foi. Sur tous les membres de la société dominait un chef unique qui portait le nom de général. Sa dignité était à vie. Il était assisté d'un conseil formé d'un profès de chacune des nations dans lesquelles les jésuites étaient établis; mais il n'était pas tenu de déférer aux avis du conseil. Seul il avait le droit de faire de nouvelles constitutions, d'assembler le chapitre général, de dissoudre et d'admettre dans la société, et d'en exclure sans être tenu de rendre compte de sa conduite. Tel était l'institut des jésuites, et ce régime célèbre qui a été considéré par quelques uns comme le modèle d'une monarchie tempérée.

Mais que ce mérite en soi fût un titre à la louange ou au blâme,
« de l'examen des constitutions résulta, dit un écrivain, un tableau
» admirable et effrayant tout à la fois de cet ordre, dont tous
» les membres, unis ensemble par la conformité de la morale et
» par la ressemblance de la doctrine et des mœurs, et avec leur
« chef, par les liens d'une soumission aveugle et d'une obéissance

» ardente et prompte, étaient ainsi pénétrés du même esprit, gou-
» vernés par une seule ame, et formaient dans l'état un corps abso-
» lument distinct, ne recevant de lois que celles d'un étranger, son
» général, absolu sur les volontés, sur les cœurs, sur la morale,
» sur les biens, sur le régime extérieur et sur l'institut même. »
Tel fut du moins l'exposé du rapporteur, l'abbé Chauvelin, ardent
janséniste, qui rapprocha historiquement la naissance et les progrès
de la société de son état actuel, la présenta « comme un colosse re-
» doutable, qui de ses bras embrassait les deux mondes et affectait
» l'empire de l'univers. » Il n'oublia pas de lui reprocher l'attachement aux maximes ultramontaines réprouvées en France, les maximes
régicides répandues dans les livres de plusieurs de ses casuistes,
qu'il prétendit être la doctrine du corps. Il ajouta que les jésuites
n'avaient été reçus en France que pour enseigner comme des particuliers; qu'ils en avaient même été exclus comme ordre religieux; que leur existence dans le royaume était l'effet de la tolérance et non le fruit de l'adoption; qu'il n'y avait pas de contrat
formé entre l'état et ces religieux, et qu'il n'y avait d'autre formalité à suivre à leur égard, pour les détruire, que de dégager des
liens de l'ordre ceux qui voudraient rester en France, et de renvoyer les autres.

Cette conclusion aurait eu aussitôt son effet, si les partisans nombreux que les jésuites avaient à la cour n'eussent fait entendre au
roi qu'il ne fallait pas précipiter cette affaire, ni laisser les accusés
entièrement à la discrétion des magistrats, qui avaient d'anciennes
injures à venger. Le roi défendit en conséquence, par une déclaration du 2 août 1761, que pendant un an il fût rien statué, définitivement ni provisoirement, sur tout ce qui pouvait concerner l'institut, les constitutions et les établissemens de la société; et en même
temps il nomma une commission de son conseil pour réviser les
pièces de ce procès.

Les commissaires s'adjoignirent des évêques au nombre de douze.
On réduisit l'examen à ces quatre propositions : De quelle utilité
sont les jésuites en France ? Quel est leur enseignement sur les
opinions ultramontaines, et la doctrine régicide des casuistes ?
Quelle est leur conduite intérieure, et quel usage font-ils, à l'égard
des évêques et des curés, des privilèges qui leur sont accordés par
les papes ? Enfin, comment peut-on remédier aux inconvéniens de
l'autorité excessive que leur général exerce sur eux ? Ce fut principalement ce dernier article qui fixa l'attention des commissaires.
Mais, sur leur propre demande et préalablement à toute décision,
le roi convoqua encore, à la fin de 1761, une assemblée extraordinaire d'évêques pour avoir leur avis, et sur l'institut des jésuites, et sur l'utilité de ces religieux dans le royaume. Sur cinquante et un prélats qui se trouvèrent chez le cardinal de Luynes,
quarante-cinq furent entièrement favorables à la société, et

DE FRANCE. — 1764. 337

l'assemblée ordinaire du clergé de l'année suivante lui donna de nouveaux témoignages de l'intérêt qu'elle prenait à sa conservation en France.

De ces suffrages honorables, et de ceux de plusieurs autres évêques qui n'avaient pas fait partie de ces réunions, la commission établie par le roi conclut enfin à la nécessité, non d'éteindre la société, mais de modifier l'existence des jésuites en France. On dressa en conséquence un plan d'accommodement qui fut envoyé au pape et au général de l'ordre, Ricci; mais ce dernier, dit-on, répondit, avec hauteur : *Sint ut sunt, aut non sint*; « Qu'ils soient ce qu'ils sont, ou ne soient point. » Ce fut l'arrêt de leur proscription.

Le 6 août 1762 parut l'arrêt qui, sans attendre le vœu du monarque, tant sur le fond que sur les accessoires, dissout la société, fait défense aux jésuites d'en porter l'habit, de vivre sous l'obéissance du général, d'entretenir avec lui, ou autres supérieurs nommés par lui, aucune correspondance directe ni indirecte, leur enjoint de quitter leurs maisons, leur fait défense de vivre en commun, réservant d'accorder à chacun d'eux, sur leur requête, des pensions alimentaires, qui furent fixées à quatre cents livres. Des vieillards, respectables par leurs travaux dans l'éducation ou leur capacité dans les sciences et la littérature, furent traités avec la même parcimonie que les autres, et on ne leur épargna aucune tribulation.

Les jésuites s'élevèrent avec force contre cet arrêt de destruction. Ils se plaignirent avec assez de justice de n'avoir pas été entendus; réclamèrent contre les assertions tronquées, recueillies de leurs casuistes, et qui, lors même qu'elles eussent été exactes, étaient perfidement imputées à la société; demandèrent enfin où était le corps de délit constaté qui les faisait proscrire; et, pour dernière apologie, purent présenter le vœu de quelques parlemens en leur faveur, et l'accueil de tous ceux qui, bien loin de les croire coupables des principes anti-sociaux motifs de leur condamnation, s'empressèrent de toutes parts, et à la cour même, de leur offrir un asile, et de les mettre ainsi à l'abri tout à la fois et du besoin et du parjure. « Ce qu'on doit regarder en effet comme le dernier
» excès de la persécution, c'est qu'on mit leur subsistance au prix de
» l'infamie, et qu'on les forçait de mentir à leur propre conscience,
» en leur prescrivant une formule de serment, par lequel ils décla-
» reraient, sous peine d'être privés de la pension, qu'ils abjuraient
» comme abominable un ordre et un institut qu'ils avaient embrassé
» comme saint, et qu'ils regardaient encore comme tel. » Il est à remarquer qu'un grand nombre de ceux qui leur imposèrent ces tyranniques obligations étaient passés des bancs de leurs classes sur les fleurs de lis, et que la plupart leur devaient les talens qu'ils avaient acquis. L'autorité royale fit entendre enfin sa voix protec-

T. IV. 22

trice. Par son édit du 26 novembre 1764 elle annula ces tortures odieuses de la conscience ; et, tout en confirmant par sa déclaration la dissolution de la société en France, elle permit néanmoins à ceux qui la composaient d'y vivre en particuliers, sous l'autorité spirituelle des ordinaires et en se conformant aux lois.

Entre les moyens employés auprès du roi, afin de le déterminer pour ou contre les jésuites, on doit distinguer, d'un côté, les vœux souvent manifestés en faveur de ces religieux, de la part de la reine, du dauphin, de la dauphine, des princesses leurs sœurs, et de toutes les personnes qui faisaient profession de piété à la cour; de l'autre, les craintes perpétuellement inspirées au monarque, à l'égard d'une société ambitieuse, dominante, et professant, disait-on, ouvertement le régicide. Souvenez-vous, lui répétait-on sans cesse, des troubles de l'église ; ce que vous ont causé d'embarras le formulaire, la constitution, les refus des sacremens, la fermentation du peuple, l'agitation de la magistrature, le schisme entre les évêques, les lits de justice, les chambres royales ; enfin, la nécessité d'employer, contre votre propre caractère, la réclusion, l'exil, les proscriptions : ces querelles, qui ne sont qu'assoupies, peuvent se réveiller et troubler de nouveau le repos de votre vie. Menace effrayante pour un homme qui mettait tout son bonheur dans la sécurité des jouissances privées.

On ne peut guère douter que M. de Choiseul, qui sacrifiait beaucoup au désir de capter l'opinion publique, que dirigeait alors le philosophisme, n'ait contribué à l'expulsion des jésuites ; s'il ne l'a pas provoquée. On croit qu'il en conçut le projet à Rome, où il eut occasion, pendant une ambassade, d'approfondir leur gouvernement et leur politique. Sa pénétration leur déplut, ils lui suscitèrent quelques désagrémens. Il résolut de s'en venger, et il y réussit. Mais, en se donnant le plaisir d'une vengeance personnelle, il priva, sans le prévoir, l'autorité royale d'une ressource dans des temps difficiles.

Sans avoir le titre de premier ministre, ainsi que nous l'avons remarqué, M. de Choiseul réunissait sous sa main, ou dans celle de ses protégés, tous les genres d'administration. Habile à inventer, hardi à entreprendre, fécond en moyens, prompt à exécuter, il soulageait admirablement Louis, en ne lui montrant dans les affaires que ce qu'il y avait de plus facile.

Placé entre son ministre et sa favorite, Louis n'avait pas la préoccupation du travail ni celle du plaisir. La carrière de celle-ci finit en 1764, le 15 avril. La famille du roi, retenue jusqu'alors dans l'éloignement, osa se rapprocher de lui, et conçut quelques jours l'espoir de l'arracher à ses anciennes faiblesses; et la crainte de subir l'humiliation de voir la du Barri à ses côtés, ou de déplaire à son père, détermina Madame Louise à prendre le voile, en 1770, dans l'ordre austère des Carmélites.

Louis avait perdu le dauphin, son fils, la dauphine et la reine, lorsqu'il donna ce nouveau scandale. L'indifférence et la défiance même qu'éprouvait le premier de la part de son père, l'isolement où il était retenu et par la favorite qui le haïssait, et par le duc de Choiseul qui osait le braver, l'intérêt qu'il portait aux jésuites, dont ses vœux n'avaient pu prévenir la chute, la perte enfin du duc de Bourgogne, son fils aîné, jeune prince qui, à l'âge de dix ans, donnait des témoignages précoces d'une ame aussi généreuse que sensible, étaient pour lui des sources de chagrin qui, peu à peu, minèrent une constitution robuste, et finirent par affecter sa poitrine. Le goût des exercices militaires, penchant sur lequel il avait toujours été contrarié, parut ranimer un peu sa santé, lorsqu'à l'occasion d'un camp de plaisance et d'instruction formé à Compiègne, il lui fut permis d'aller étudier dans un simulacre de guerre les opérations dont il lui avait été interdit de courir les hasards. Mais le zèle avec lequel il se livra au commandement des manœuvres, et la fatigue qu'il éprouva, accélérèrent extrêmement les progrès d'un mal incurable; et il succomba le 20 décembre 1765, âgé de trente-six ans et demi. Privé de toutes les occasions de paraître, et gêné par une situation difficile, ce prince ne put qu'être deviné : mais l'austérité de ses mœurs, la fermeté de ses principes religieux, et surtout son application au travail et à l'étude de ses devoirs, annonçaient le pendant du duc de Bourgogne son aïeul, et une perte égale pour la France. Ce fut aussi le même deuil et la même douleur par tout le royaume.

Entre plusieurs traits qui peuvent aider à peindre le dauphin, nous citerons les deux suivans. Il avait eu le malheur de blesser à la chasse un de ses écuyers; dans le désespoir qu'il en éprouvait, on essayait de le calmer par cette considération, que la plaie ne serait peut-être pas mortelle. « Eh quoi! s'écria-t-il, faudrait-il donc que j'eusse tué un » homme pour être dans la douleur? » Inconsolable de cet accident, il se promit de se sevrer d'un plaisir qui lui avait été si funeste, et sa résolution fut inébranlable. En 1761, peu après la mort du duc de Bourgogne, ayant fait suppléer les cérémonies du baptême à ses autres enfans, le duc de Berry (depuis Louis XVI), le comte de Provence (Louis XVIII), le comte d'Artois (Charles X) et Elisabeth, leur sœur, il se fit apporter les registres de la paroisse, et les ayant ouverts sous leurs yeux : « Vous voyez votre nom placé, leur dit-il, à la » suite de celui du pauvre et de l'indigent. La religion et la nature » mettent ainsi tous les hommes de niveau; la vertu seule apporte » entre eux quelque différence, et peut-être que celui qui vous » précède sera plus grand aux yeux de Dieu que vous ne le serez » jamais aux yeux des peuples. »

Tels étaient les sentimens que ce vertueux prince essayait de faire germer dans le cœur de ses fils. La dauphine, digne d'être sa compagne par les exemples qu'elle donnait à la cour, ne lui survéeut que quinze mois. Déjà elle avait altéré sa santé par les soins assidus qu'elle avait prodigués à son mari avec un zèle que rien n'était capable de rebuter, et qui l'avait fait prendre pour une garde précieuse par un médecin qui ne la connaissait pas. Elle acheva de la détruire par l'amertume de ses regrets et par la fatigue de l'éducation de ses enfans. C'était un soin que l'inquiétude d'un père mourant sur les dangers qui environnaient ses fils dans une cour et dans un siècle si corrompus avait légué à sa sollicitude, et dont elle ne se déchargeait sur personne, parce que ses connaissances lui permettaient d'y vaquer elle-même. Un même tombeau réunit les cendres des époux, non point à Saint-Denis, mais à Sens, où le dauphin avait désiré que reposât sa dépouille mortelle.

Le vieux roi Stanislas, l'amour des Lorrains, auxquels pendant trente ans il avait rappelé la paternelle administration de leurs derniers ducs, venait aussi de périr, le 23 février 1766, victime d'un accident. Le feu de sa cheminée avait gagné sa robe de chambre dans un moment où il était seul, et ses cris n'avaient pas été entendus. Enfin la reine, sa fille, succombant à son tour à l'âge, aux coups sensibles dont tant de pertes affligeaient son cœur, et au chagrin d'un long délaissement, acheva sa pieuse carrière en 1768, après six mois d'une maladie extraordinaire, qui suspendait les facultés de son ame, et qui, tout en veillant, lui donnait l'apparence d'être livrée à un sommeil inquiet et douloureux.

Ce fut dans l'intervalle de ces évènemens funèbres que le duc de Choiseul ménagea la réunion de la Corse à la France. Les troupes françaises appelées dans cette île par la république de Gênes avaient reçu une autre direction, à l'époque où la mort de Charles VI arma toute l'Europe. Leur retrait de l'île et la situation fâcheuse où peu après tomba la république avaient permis aux Corses, guidés par Gafforio, de reprendre une partie de leurs anciens avantages. Ce chef étant mort assassiné en 1753, Pascal Paoli, âgé de trente ans, fut élu l'année suivante pour le remplacer, et ce général tarda peu à réduire la possession des Génois à celle de leurs villes maritimes. Quatre mille Français, commandés successivement par le marquis de Castries et par le comte de Vaux, vinrent les occuper en 1756, avec l'agrément de la république, sur le soupçon qu'avait conçu le cabinet de Versailles de quelques projets hostiles des Anglais contre cette île, depuis la perte qu'ils avaient faite de celle de Minorque. Mais dès 1759 les besoins de la guerre d'Allemagne les firent rappeler. Délivré de ces hôtes redoutables, Paoli pressa les places des Génois, dont plusieurs tombèrent en son pouvoir. Malheureusement des dissensions fomentées dans son propre parti donnèrent lieu à une guerre intestine qui dura deux ans, et qui retarda ses progrès. Pendant ce temps néanmoins il formait ses concitoyens à la discipline militaire, organisait parmi eux un gouvernement régulier, établissait un système de finances, constituait des tribunaux, fondait une université, et, pliant sa nation au joug salutaire des institutions sociales, en adoucissait le caractère et diminuait sensiblement parmi elle un penchant trop commun aux vengeances particulières.

Gênes reconnut en 1763 l'inutilité de ses efforts contre un ensemble si bien lié. Mais la voie de la conciliation ne lui réussit pas mieux, et les Corses ne répondirent à ses offres que par un serment solennel de ne jamais traiter avec elle. Dès lors elle avisa de remettre ses places maritimes en dépôt, pour quatre ans, entre les mains des Français, et de réserver ses forces pour la conquête du centre. En conséquence du traité conclu dans cet esprit, sept bataillons, sous la conduite du comte de Marbeuf, occupèrent à la fin de 1764 Bastia, San-Fiorenzo, Calvi et Ajaccio. Leur mission n'était que conservatrice, et ils agirent même en médiateurs. Ils offraient au nom de Gênes, toujours impuissante dans ses tentatives, de confirmer la nouvelle constitution de l'état, et d'en subordonner seulement l'inspection à l'autorité circonscrite et modérée d'un résident génois. Mais les succès de Paoli dans l'île, et au dehors même, où il s'empara de Caprara et des nombreux magasins qu'y tenaient les Génois, le rendirent d'autant plus sourd à toutes les propositions d'accommodement qu'il comptait encore sur les secours de l'Angleterre. Ce fut à ce moment que le duc de Choiseul proposa à la république, trop convaincue que le départ prochain des troupes françaises serait le signal de la cessation de l'autorité génoise dans l'île, de céder ses droits à la France. Le traité réussit : il fut signé le 15 mai 1768, et le 15 août le roi rendit un édit de réunion de la Corse à la France.

En vertu de cette déclaration, M. de Chauvelin, descendu dans l'île à la fin d'août, ayant fait proclamer Louis XV comme roi de Corse dans les places maritimes dont il disposait, ce fut dans toute l'île un cri général d'indignation. Les états réunis à Corte se préparèrent à la défense, et se plaignirent, dans un manifeste véhément, que la France, qui, au terme de sa médiation, n'avait cessé de les considérer comme un peuple libre et indépendant, affectait aujourd'hui, sans respect pour leurs droits et sans égard pour leur volonté, la prétention insultante de les acquérir comme un vil troupeau de moutons. Leur exaspération était encore alimentée par les bruits sourdement répandus que l'accord même de la France avec Gênes n'était qu'un accord simulé, et que la première n'allait entreprendre de conquérir l'île que pour la rendre soumise à la république. Paoli était trop éclairé pour partager un fanatisme qui aveuglait ses concitoyens sur l'inutilité de la résistance; mais il eût couru des dangers en essayant de les désabuser, et, pour sa sûreté comme pour sa gloire, il continua d'en diriger les mouvemens.

Le premier acte d'hostilité eut lieu dans les montagnes de l'isthme, entre les villes de Bastia et de San-Fiorenzo, dont le marquis de

Chauvelin voulut assurer la communication. Paoli fut chassé de ce poste et de celui d'Oletta, à la pointe de l'isthme, mais ce ne fut pas sans une résistance obstinée qui coûta cher au vainqueur; encore ce succès ne fut-il que d'un instant, et le chef corse reparut bientôt en mesure de disputer le terrain pied à pied. Soit conviction, soit désir de se justifier, le général français, en faisant part de ces échecs à Louis XV, représenta la conquête de l'île comme une entreprise folle, qui ne dédommagerait jamais du sang et des trésors qu'elle devait coûter, et même comme impossible, pour peu que les Anglais aidassent les Corses. Mais la honte de reculer, l'idée d'enlever aux Anglais la possibilité d'un établissement si important dans la Méditerranée, et l'avantage surtout des bois de construction qu'on se proposait d'en tirer pour le service de la marine, exposés avec force par le ministre, décidèrent à continuer les efforts qu'on était sur le point de cesser. Le comte de Marbeuf, envoyé pour relever le marquis de Chauvelin, donna d'abord quelque espoir de réussite, à l'aide des renforts qu'il avait amenés; mais peu après on reconnut qu'il fallait une véritable armée pour soumettre l'île complètement. Cinquante bataillons et une artillerie formidable furent donnés en conséquence au comte de Vaux, qui débarqua en Corse au commencement d'avril 1769, ayant sous lui deux lieutenans-généraux et trois maréchaux de camp. L'Angleterre fit passer à Paoli quelques secours en armes et en argent, mais ils étaient à peu près nuls. L'attention de cette puissance se dirigeait alors presque exclusivement sur ses colonies d'Amérique, et les inquiétudes qu'elle commençait à concevoir de leur soulèvement enchaînaient également sa libéralité et ses bonnes intentions. La division, née de l'impuissance et du découragement, vint encore affaiblir les Corses : en moins de deux mois la plupart de leurs postes furent enlevés les uns après les autres, presque sans coup férir, et il ne resta à Paoli de ressource que la fuite. Il s'y détermina le 13 juin 1769, et son embarquement à Porto-Vecchio, sur un vaisseau qui le transporta à Londres, fut le signal de la soumission de l'île : mais régie en pays d'état, elle conserva, dans le droit de régler ses subsides et d'en opérer le recouvrement, des formes libres et républicaines qui lui allégèrent le poids de la dépendance.

Il est remarquable que deux mois après le départ de Paoli, le 15 août 1769, et précisément à l'anniversaire de l'édit de réunion de la Corse, naissait dans cette île un enfant destiné par la providence à venger pour ainsi dire son pays, à dominer Gênes et à s'asseoir même sur le trône de la France ; à prévenir surtout la dissolution de ce dernier royaume, attaqué au dedans par l'anarchie, et au dehors par une conjuration de l'Europe entière; à reculer ses limites au delà de celles que Charlemagne avait données à son empire; et à assujettir enfin, dans le cours de dix ans, soit à sa domination immédiate, soit à sa protection suprême, plus de provinces et d'é=

tats que la fortune des Capétiens n'avait pu leur permettre d'en réunir dans le cours de huit siècles.

L'ignorance, propagée autrefois dans toute l'Europe par les invasions des peuples du Nord, avait circonscrit le peu de lumières qui y restait dans la classe des ecclésiastiques, dévoués par leurs fonctions à l'étude, et particulièrement à celle de la morale. Juges exclusifs en matières spirituelles et déjà arbitres de la plupart des différens des particuliers, par l'estime qu'on faisait de leur vertu, ils tardèrent peu à se voir investir par les princes eux-mêmes d'une partie de leur propre juridiction, que, presque seuls, ils étaient capables d'exercer. Plusieurs abus résultèrent de cette confusion de pouvoirs. Le clergé s'accoutuma à considérer comme un droit un privilège essentiellement révocable : les immunités naquirent ; et enfin il s'opéra un mélange intime des deux juridictions, qu'il fut difficile de débrouiller dans la suite, lorsque le renouvellement des études ayant étendu le progrès des lumières jusqu'aux laïcs, ceux-ci revendiquèrent les droits imprescriptibles du prince. Ce fut l'objet d'une discussion formelle entre Pierre de Cugnières et Paul Bertrandi, à l'avènement des Valois au trône des Capétiens ; mais comme cette conférence eut peu de suites, et que depuis ce ne furent que des occasions particulières qui, de temps à autre, permirent d'éclaircir certains faits relatifs à la distinction des deux puissances, il en arriva que de nos jours même cette espèce de départ n'était point encore fait, ou ne l'était pas généralement, et qu'en certaines contrées Rome exerçait encore des droits plus ou moins étendus, dont en d'autres lieux elle avait depuis long-temps perdu l'usage. Benoît XIV, qui avait apprécié ces vieilles prétentions, savait au besoin y renoncer noblement ; de là aussi l'attention des princes temporels à ne les réclamer jamais de lui qu'avec des égards qui mettaient toujours sa dignité à l'abri. Il n'en fut pas de même sous Clément XIII (Charles Rezzonico), qui lui succéda en 1758. Ce pontife avait toutes les vertus de son prédécesseur ; mais il lui manquait son aménité et son esprit de conciliation, qualités précieuses dans un temps où les doctrines philosophiques minaient sourdement l'autorité pontificale, et persuadaient aux princes qu'il n'était plus de leur dignité de négocier et de composer avec elle, mais de tout enlever de haute lutte, et sans s'arrêter à douter de la justice de leurs désirs. Ainsi, par un contraste frappant, si les papes autrefois avaient affiché la prétention de tout juger, au temporel comme au spirituel, sous prétexte de conscience, les princes à leur tour, sous prétexte de police, étaient excités à élever des prétentions non moins tranchantes à tout régir, sans intervention étrangère. Tels furent les préjugés opposés qui firent naître un nouveau démêlé entre le pape et les diverses branches de la maison de Bourbon.

Poursuivant les plans de réforme de son père qui, trois ans au-

paravant, avait soumis aux charges publiques les ecclésiastiques de
ses duchés, le duc de Parme, don Ferdinand, ou plutôt le conseil
de ce prince qui n'était âgé que de dix-sept ans, avait fait publier,
au mois de janvier 1768, une pragmatique, qui défendait à ses sujets de porter aucune cause à des tribunaux étrangers, et de solliciter au dehors, sans permission expresse, aucun bénéfice dépendant de ses états; elle interdisait de plus ces bénéfices aux étrangers,
et déclarait nuls tous rescrits venant de Rome qui ne seraient pas
munis du *regium exequatur*, ou approbation royale. Clément XIII,
blessé par cette attaque, et se souvenant trop et des maximes du
temps passé, et de l'ancienne vassalité des ducs de Parme, cassa non
seulement cette ordonnance, mais déclara encore tous ceux qui y
avaient concouru soumis aux censures portées par la bulle *In cœnâ
Domini*, comme violateurs des immunités ecclésiastiques. Le jeune
prince, membre de la maison de Bourbon, neveu du roi d'Espagne, et
petit-fils de Louis XV, avait une importance supérieure à celle qu'il
tirait de ses petits états; et, certain de faire partager son injure, il
pouvait oser davantage pour la repousser. Aussi supprima-t-il le bref,
encouragé par l'exemple que lui en donna le parlement de Paris;
exemple qui fut imité en Espagne, à Naples, en Portugal, et même
à Vienne. Mais d'abord, et avec assez peu de justice, se vengeant
sur ses propres sujets des mécontentemens qu'il éprouvait du pape,
il expulsa tous les jésuites de ses états. Il ne pouvait au reste porter
un coup plus sensible au cœur du pontife, qui, pénétré de l'utilité de
ces religieux, les soutenait de tout son pouvoir. C'était une mesure
concertée entre les ministres qui gouvernaient dans les cours de la
maison de Bourbon, Choiseul à Paris, d'Aranda à Madrid, Tanucci
à Naples, et Felino à Parme. Dès l'année précédente tous les jésuites avaient été arrêtés en un même jour en Espagne, et jetés sur
les côtes de l'état ecclésiastique, et ils avaient subi le même sort à
Naples, où le conseil du jeune roi, de même âge et de même nom
que le duc de Parme, se trouvait alors sous l'influence du conseil
d'Espagne. La France fut encore le pays où les jésuites éprouvèrent le moins de persécutions, et où leurs compatriotes ne craignirent point de les avouer pour tels. Le ministère d'ailleurs, de
concert avec les autres cabinets, n'en sollicita pas moins, avec le
zèle le plus ardent, l'extinction même de l'ordre; et ce fut à cette
condition qu'ils offrirent la restitution d'Avignon, de Bénévent et
de Ponte-Corvo, qui avaient été séquestrés par les rois de France
et des Deux-Siciles. Mais Rezzonico était un autre Odescalchi, que
nulle considération ne pouvait faire fléchir; et un prix mis à sa condescendance était à ses yeux un appât suspect, qui, bien loin de
l'amorcer, devait éloigner toute conciliation. Déjà brouillé avec
le Portugal et avec Venise, il ne vit pas d'un œil moins ferme
la nouvelle conjuration qui s'élevait contre lui. Son inflexibilité pouvait avoir les suites les plus funestes, lorsque sa mort

au commencement de l'année suivante, et l'élection de Clément XIV (Laurent Ganganelli), cordelier, le seul régulier qui fût alors dans le sacré collège, vinrent rendre l'espoir de quelque rapprochement.

Il était fondé sur les dispositions connues du nouveau pape à l'égard des mesures rigoureuses de son prédécesseur, et sur son caractère personnel, gai, vif, aimable, conciliant, et rappelant celui de Benoît XIV, pour la mémoire duquel il faisait une profession déclarée d'estime et de vénération. Son premier soin fut de lever les censures de Clément XIII; et peu après il donna un gage remarquable de son éloignement pour les prétentions exagérées de la tiare, en faisant cesser l'usage annuel de la publication de la bulle *In cœnâ Domini*, dont plusieurs dispositions étaient incompatibles avec les droits des souverains. Mais ces témoignages d'égards et de considération ne purent le délivrer des instances importunes de ceux-ci au sujet de l'extinction des jésuites. En vain il temporisa, sous prétexte de prendre des renseignemens qui pussent autoriser et justifier sa conduite; en vain il allégua le besoin de consulter le vœu de toutes les puissances catholiques : la politique aplanit les difficultés, fit disparaître les prétextes, et l'amena au point de ne pouvoir reculer. Pressé par elle, il se rendit enfin, et signa, le 21 juillet 1773, le fameux bref qui éteignait l'ordre. Mais, soit qu'il se reprochât une déférence opposée à sa propre conviction, et quelques rigueurs qui en avaient été la suite; soit qu'il partageât les appréhensions d'une vengeance dont les ennemis des jésuites les supposaient capables, de ce moment des terreurs multipliées assiégèrent son esprit, et le poursuivirent jusqu'à sa mort, qui eut lieu quatorze mois après. Le roi de Prusse et l'impératrice de Russie, qui tous deux, à titre de non catholiques, pouvaient méconnaître l'autorité d'un bref du pape, et qui ne partageaient pas la prévention des autres princes à l'égard de la doctrine régicide attribuée aux jésuites, conservèrent ces religieux dans leurs états; et deux mois avant sa mort, Clément, par un rescrit particulier, les maintint dans le *statu quo* où ils se trouvaient. Pie VI, son successeur, confirma cette disposition en 1777, et accorda même aux jésuites de Russie la faculté de se choisir un vicaire général. Enfin Pie VII les réintégra en 1804 à Naples, sur la demande du même Ferdinand IV, au nom duquel ils avaient été expulsés pendant sa minorité ; mais les évènemens presque immédiats, qui renversèrent le trône de ce prince, entraînèrent avec lui cet essai de rétablissement.

Il entrait dans la destinée de Louis XV, qu'adorateur du repos, jamais il ne pût sacrifier tranquillement à son idole. Les impôts, qui s'étaient multipliés pendant la guerre, ne furent pas diminués ou retirés à la paix, comme le roi l'avait promis. Le parlement de Paris négocia avec la cour pour alléger le fardeau, ne pouvant le repousser tout entier; mais le parlement de Besançon, n'entendant pas ces ménagemens, refusa; les membres récalcitrans furent exilés. Presque tous les parlemens du royaume prirent parti pour celui de Besançon. Celui de Paris, comme chef des autres, présenta des remontrances; le roi répondit que cette affaire lui était étrangère. Le parlement répliqua qu'elle lui était personnelle, parce que tous les parlemens n'en composaient qu'un seul, divisé en différentes classes. Ce système, qui parut nouveau, fut discuté dans des écrits longs et multipliés. Le roi en détourna l'attention par la satisfaction qu'il donna au parlement de Besançon, en retirant l'intendant de la province, M. de Boynes, qui était en même temps premier président, et en rappelant les exilés. Quant aux impôts, sur lesquels les chefs du parlement de Paris transigeaient secrètement avec les ministres, il fut convenu que, pour sauver son honneur aux yeux du peuple, l'enregistrement ne paraîtrait pas volontaire, mais forcé. En conséquence, le roi tint, le 31 mai 1763, un lit de justice, dans lequel le second vingtième, qui devait finir avec les hostilités, fut continué, ainsi que d'autres impôts. On y ajouta de prétendues restrictions ou adoucissemens, enveloppés dans des opérations financières, qui paraissaient les alléger sans diminuer le produit, tels que l'établissement d'une caisse d'amortissement, et le projet d'un cadastre.

Pour remercier le parlement de sa complaisance, et en attirer de nouvelles, le roi établit, par lettres patentes du 1er décembre 1763, une commission composée de magistrats chargés d'examiner les moyens de parvenir à une meilleure administration des finances; et afin de leur marquer tout l'abandon de la confiance qu'il avait en eux, il nomma M. de Laverdy, l'un d'entre eux, contrôleur-général. Dans le même temps, René-Charles de Maupou, premier ancien président, venait de recevoir les sceaux, avec le titre de vice-chancelier; et René-Nicolas, fils de celui-ci, destiné sous peu à jouer un rôle majeur, fut revêtu de la première présidence.

Loin de la cour et de ses graces, les autres parlemens avaient montré beaucoup plus de fermeté à l'égard des impôts. Ils opposèrent la plupart une résistance courageuse à l'enregistrement qu'on voulait exiger, et bravèrent les menaces des commandans envoyés pour les contraindre. Le duc de Fitz-James, commandant en Languedoc, fit mettre aux arrêts, dans leurs maisons, les membres du parlement de Toulouse. Cependant, comme la justice ne se rendait plus, et que le peuple murmurait, il fallut les relâcher. Leur première opération, quand ils se trouvèrent réunis, fut de décréter le commandant de prise de corps. Il était duc et pair, et il réclama son privilège d'être jugé par les pairs; le parlement de Toulouse n'en continua pas moins ses procédures, et les envoya au parlement de Paris, pour le procès être « continué, fait et parfait, par la » cour des pairs, dans le lieu où elle serait convoquée ». Les ministres intéressés à diviser les parlemens, insinuèrent à celui de

Paris que par les mots, « continuer et parfaire », celui de Toulouse semblait vouloir faire entendre qu'il avait droit de procéder contre un pair; et qu'il ne devait pas laisser mettre en doute que la cour des pairs pût siéger ailleurs que dans son sein. Le roi se prêta au désir que ces magistrats montrèrent de s'assurer ce privilège, et il voulut bien reconnaître le parlement de Paris pour être « éminem- « ment et essentiellement la cour des pairs ». En conséquence ils appelèrent comme de droit les pairs en séance, cassèrent, à la fin de 1763, tout ce qui s'était fait à Toulouse, recommencèrent le procès, et, par surcroît de complaisance pour la cour, donnèrent un arrêt équivoque qui ne justifia le duc de Fitz-James ni ne le condamna, mais ne l'*entacha* point. Les autres parlemens firent presque tous des arrêtés contre le privilège qu'affectait celui de Paris d'être seul *la cour des pairs*, et rappelèrent le système des *classes*. Les magistrats de Paris, honteux de s'être privés de cet appui, déclarèrent que leur dignité de seule et unique cour des pairs ne devait point rompre la confraternité entre les membres d'un même corps. Les parlemens parurent se contenter de ce palliatif; mais la morgue de celui de Paris offensa celle des autres, et mit entre eux de la froideur.

Cependant le besoin commun les réunit à l'occasion de ce qu'on a appelé l'*affaire de Bretagne* : voici comme on la raconte. Elle doit être présentée avec quelque détail, parce qu'elle est liée à la catastrophe du parlement de Paris, qu'elle a amenée. Le duc d'Aiguillon avait été nommé commandant en Bretagne. Arrivé dans la province, cet arrière-petit-fils d'un petit-neveu du cardinal de Richelieu prétendit y être maître. Il fit des règlemens durs et vexatoires, tant au sujet des corvées qu'à l'égard d'autres parties d'administration attachées à son commandement, et voulut les faire exécuter avec hauteur. Il s'éleva des plaintes contre lui; le parlement, auquel elles parvinrent, en prit connaissance. Le procureur-général, nommé La Chalotais, porta la parole à ce sujet avec véhémence. C'était le même qui avait fait contre les jésuites le rapport fougueux d'après lequel fut prononcée au parlement la dissolution de la société. Elle avait de nombreux partisans dans la province : beaucoup de nobles affiliés, et même membres de la compagnie de Jésus, y vivaient, retirés chez leurs parens ou chez leurs amis, après leur expulsion de Paris. Ils joignirent leur ressentiment à celui du commandant. Fort de cet appui, le duc d'Aiguillon en agit sans ménagement avec le parlement, croisa son autorité, et s'opposa à l'exécution de ses arrêts. Les magistrats se plaignirent à la cour; et, n'obtenant pas ce qu'ils demandaient, par dépit donnèrent leur démission.

La province se trouva sans justice. Tout y était en confusion. On s'attaquait les uns les autres par des écrits très animés. Il parut des libelles diffamatoires contre le commandant, injurieux même à la personne du roi; ces pamphlets, tant en vers qu'en prose, étaient tournés de manière qu'ils paraissaient être l'ouvrage des partisans des magistrats. Ceux-ci se récrièrent contre cette perfidie, qu'autrefois, en circonstances semblables, on avait reprochée aux jésuites, savoir, de décrier dans les mêmes satires eux et le gouvernement, afin de faire croire, en confondant ainsi leur cause avec celle de la cour, qu'ils n'étaient haïs que parce qu'ils soutenaient invariablement l'autorité royale. Les prétendus coupables, privés, par l'inaction de leur parlement, d'un tribunal où ils pussent porter leurs plaintes, les adressèrent à celui de la capitale, qui commença à s'en occuper.

Pendant l'examen des pièces, la nuit du 11 novembre 1765, MM. de La Chalotais père et fils, et trois autres conseillers, furent enlevés et jetés dans les cachots de la citadelle de Saint-Malo, où on envoya des commissaires tirés du conseil, chargés de faire le procès à ces magistrats, à défaut du parlement qui n'existait plus. Les lettres-patentes adressées à la commission, datées du 16 novembre, accusaient les prisonniers d'avoir tenu des assemblées illicites, entretenu des correspondances criminelles, répandu des libelles diffamatoires contre les personnes attachées au gouvernement, et d'avoir porté l'audace jusqu'à faire parvenir à la cour et au roi lui-même des billets anonymes, injurieux à sa personne, et attentatoires à son autorité. Charles-Alexandre de Calonne, alors jeune, maître des requêtes, était leur dénonciateur, et prétendait avoir reconnu leur écriture.

Afin de donner à la violence un air de justice, on offrit au parlement de Bretagne de le rétablir pour juger ses confrères; mais on l'offrit sans lui accorder satisfaction sur les points qui avaient déterminé ces magistrats à donner leur démission. Ils refusèrent la plupart de reprendre leurs charges. Ceux qui les acceptèrent enregistrèrent, le 16 janvier 1766, des lettres-patentes qui non seulement les autorisaient à rentrer dans leurs fonctions ordinaires, mais encore leur enjoignaient de vaquer sans délai à l'instruction du procès criminel commencé à Saint-Malo. Quand ces conseillers se furent installés, presque tous, ou par parenté avec les prisonniers, ou par haine et affaire litigieuse avec ces mêmes détenus, se trouvèrent dans le cas de se récuser, et la cour arrêta « qu'attendu les
» motifs de récusation de la plupart de ses membres, que la com-
» pagnie jugeait valables, et qui la mettaient hors d'état de prendre
» connaissance de ce procès, le roi serait supplié de retirer ses
» lettres-patentes ». C'est ce qu'on désirait.

L'affaire fut reportée à Saint-Malo, et suivie avec tant d'ardeur, tant de violation des formes ordinaires, et tant de traitemens rigoureux, qu'il était difficile de n'y pas voir la main de la vengeance. Le duc d'Aiguillon avait mis en mouvement tous ses amis à la cour; ils étaient nombreux: à leur tête paraissait le ministre qui avait la Bretagne dans son département; de toutes parts on soufflait au roi que les Bretons étaient une race turbulente, contrariante, rebelle, et qu'il fallait faire chez eux un exemple frappant pour les contenir. La condamnation des magistrats était, dit-on, résolue à Versailles avant que la commission partît; il ne s'agissait plus que de se procurer des preuves propres à fonder un jugement de mort. On a dit que, faute d'autres, et afin de tirer par les tourmens des aveux des accusés, on fit venir de Paris le bourreau avec ses instrumens de torture, comme s'il ne s'en trouvait pas en Bretagne. Mais le parlement de Paris, réveillé par le danger de laisser juger ses confrères par d'autres que par leurs pairs, faisait remontrances sur remontrances. Elles touchèrent le roi, qui était bon, quand elles lui firent connaître que l'activité de la procédure allait mener à la mort des magistrats dont le crime commençait à lui paraître douteux. Excité par le duc de Choiseul, qui s'affichait pour le protecteur des parlemens, il se hâte de suspendre les pouvoirs de la commission de Saint-Malo et de renvoyer l'affaire à ses juges naturels.

Les accusés déclinèrent la juridiction de leur parlement, sur ce qu'étant à peine assez nombreux pour juger des particuliers, il était inhabile à prononcer sur le sort de magistrats qui ne devaient être jugés que par toutes les chambres assemblées. Ils demandèrent à être renvoyés par devant le parlement de Bordeaux : des difficultés élevées exprès les empêchèrent d'y paraître. L'affaire fut évoquée au conseil le 22 novembre 1766, et les prisonniers furent transférés à la Bastille. Mais lorsqu'on croyait que cette affaire allait être suivie avec la plus grande activité, le roi se l'étant fait présenter dans son conseil, où les honteuses manœuvres qu'on avait employées furent dévoilées, il déclara ne vouloir point trouver de coupables, ni qu'il y eût de jugement, et prononça, par un arrêt du 22 décembre 1766, l'extinction de tous délits et accusations, et interdit toutes poursuites. Les prisonniers sortirent de la Bastille, mais ne furent pas rétablis dans leurs fonctions : au contraire, ils furent exilés. Le roi, tout en les déclarant innocens, crut n'être pas injuste à leur égard en infligeant cette peine à des hommes coupables, au moins envers lui, de réflexions indiscrètes, consignées en des lettres particulières qui avaient été interceptées. Mais le parlement de Paris, qu'il ne mit point et qu'il ne pouvait mettre dans sa confidence, remontra que ce traitement était une vraie punition qui compromettait l'honneur des magistrats; le roi se borna à répondre qu'il n'était pas *compromis*, et le duc d'Aiguillon, qui était violemment inculpé, fut renvoyé dans son gouvernement avec une autorité plus grande qu'il ne l'avait eue, et un plus grand désir de la faire valoir.

Revenu dans la province avec les honneurs de la victoire, pendant que ses victimes languissaient hors de leurs foyers, d'Aiguillon signala son triomphe par des dégoûts qu'il donna au parlement à l'occasion de nouvelles entreprises à la charge du peuple, quoique très utiles en elles-mêmes, comme la continuation ou la confection de nouveaux grands chemins très coûteux. Voulant aussi donner des preuves de sa reconnaissance à la cour, qui l'avait si bien servi, il résolut de priver les Bretons des privilèges dont ils s'enorgueillissaient, et qui avaient toujours déplu aux chargés des ordres du roi, que ces prérogatives gênaient. Il présenta aux états de la province des règlemens qui, sous ombre d'un meilleur ordre à établir dans l'administration, annulaient, entre autres droits dont ils avaient toujours joui depuis leur concordat avec Louis XII, celui de fixer et de lever les impôts. Les états rejetèrent avec horreur le règlement, et envoyèrent à la cour un mémoire de plaintes si concluant et si touchant, que les ministres n'osèrent le laisser parvenir au roi, dont ils craignaient le jugement sain et le cœur sensible; il fallut cependant lui faire connaître l'état des choses, parce que la fermentation augmentait dans la province, et que tout y tendait à la révolte.

Louis XV envoya à la fin de 1769 le président Ogier, homme éclairé et pacifique. Sur son rapport, le roi retira le duc d'Aiguillon ; mais, pour que son rappel n'eût pas l'air d'une disgrace, il lui donna le commandement des chevau-légers de sa garde, place d'honneur et de confiance. D'Ogier soumit, pour la forme, le règlement, cause du mécontentement des états, à leur discussion. On lisait les articles, ils étaient biffés à mesure; il n'en resta rien, et le règlement fut supprimé. Le président rétablit aussi le parlement dans son intégrité, y rappelant les exilés, sauf cependant MM. de La Chalotais, qu'on ne put parvenir à faire désister de la poursuite éventuelle de leur affaire personnelle.

Quand les magistrats se virent bien constitués dans leurs pouvoirs, ils ordonnèrent une enquête pour découvrir quels avaient été les auteurs et investigateurs des troubles de la province. Les dépositions se réunirent en grande masse contre les jésuites. Traités d'abord avec des égards en Bretagne, ils s'y étaient réfugiés en grand nombre, mais très ulcérés contre ce parlement qui les avait proscrits même avant celui de Paris. Par ressentiment, ils avaient embrassé chaudement le parti du duc d'Aiguillon, qu'ils étaient accusés d'aider de leurs intrigues et de leurs plumes. Peut-être aussi, plus par vengeance que par justice, le parlement renouvela l'arrêt de leur proscription, et l'aggrava en ordonnant que tous ceux qui refuseraient de signer le serment, par lequel ils étaient mis dans l'alternative de mourir de faim ou d'agir contre leur conscience, seraient contraints de sortir sur le champ de la province.

Mais dans le cours de l'enquête on trouva, ce qui en était peut-être le but, des délits à la charge du duc d'Aiguillon, abus de pouvoir, vexations en tout genre, séduction pour se procurer, contre les magistrats qu'il voulait perdre, des preuves de mépris de l'autorité du roi et de rébellion; enfin, portait l'acte d'accusation, le soupçon du crime le plus énorme, par où on voulait faire entendre des projets d'assassinat ou de poison médités. Sur ces fondemens commença un procès criminel qui se poursuivait très rapidement, lorsque le roi ordonna, *vu qu'un pair y était inculpé*, qu'il serait fait par la cour des pairs séante à Paris, et déclara que, comme il voulait y être présent, les séances se tiendraient à Versailles. Le roi s'était déterminé à ce parti sur l'avis du premier président de Maupeou, devenu chancelier en 1768, par la double démission du chancelier de Lamoignon et du vice-chancelier son père. Il avait fait entendre au roi que le seul moyen de terminer cette affaire était de laisser un libre cours à la justice ; et que, soit par le peu de fondement de l'inculpation, soit par l'influence nécessaire du monarque sur la cour des pairs, le duc d'Aiguillon ne pouvait manquer de sortir triomphant de cette épreuve.

La première séance eut lieu le 4 avril 1770 ; elle se passa en discours. La deuxième, du 7, entama l'affaire. Le parlement fut très content des séances suivantes, dans lesquelles plusieurs conseillers brillèrent par leur éloquence. Ils s'applaudirent de voir que le roi les remarquait, et ne furent peut-être pas sans espérance qu'il leur arriverait quelque avantage de cette distinction. Mais à l'occasion des vexations reprochées au commandant de la Bretagne, quelques uns des orateurs se permirent des observations critiques sur les ordres qui lui avaient servi d'autorisation. Les partisans du duc d'Aiguillon profitèrent de cette occasion pour dégoûter le roi de ces séances auxquelles il semblait se plaire : ils y réussirent en lui représentant qu'il serait possible qu'il fût amené à être forcé de justifier ses ordonnances et à rendre compte de son gouvernement : perspective effrayante par les suites qu'une pareille discussion pouvait avoir.

Entraîné par cette crainte, le roi convertit la séance des pairs en lit de justice. Il se tint à Versailles le 27 juin 1770. Le monarque, par la bouche du chancelier, raconta tout ce qu'il avait fait pour apaiser les troubles de la Bretagne et pacifier les esprits ; il observa que c'était encore dans cette intention et celle de s'éclairer lui-même qu'il avait appelé cette affaire à la chambre des pairs, pour y être délibéré devant lui ; qu'il avait vu avec étonnement que dans la discussion on s'ingérait de soumettre à l'examen et à la critique des ordres émanés du trône ; « qu'il régnait dans cette
» cause une animosité révoltante ; que plus on la sondait, plus on y
» trouvait d'horreurs et d'iniquités, dont sa majesté, dit le chance-
» lier, veut détourner ses yeux. Il lui plaît donc de ne plus enten-
» dre parler de ce procès. Il arrête par la plénitude de sa puissance
» toute procédure ultérieure, et impose un silence absolu sur
» toutes les acusations réciproques. »

Le parlement sortit outré du lit de justice. Le 2 juillet 1770 il rendit un arrêt qui portait que le duc d'Aiguillon étant gravement inculpé de faits qui entachaient son honneur, ce pair était suspendu de ses fonctions, jusqu'à ce que, par un jugement rendu dans la cour des pairs avec les formes solennelles prescrites par les lois, il fût pleinement purgé et réintégré. Des commissaires furent nommés pour faire sur le champ imprimer l'arrêt dans le plus grand nombre d'exemplaires possible. On croit qu'il en partit ce jour même plus de dix mille pour les provinces.

Le lendemain, 3 juillet, un arrêt rendu par le roi dans son conseil cassa celui du parlement, et enjoignit au duc d'Aiguillon de continuer ses fonctions de pair de France. Sur cet arrêt, remontrances du parlement pour justifier le sien et le maintenir. D'autres parlemens suivirent l'exemple de celui de Paris. Les vacances vinrent et donnèrent relâche aux parties belligérantes.

On sut qu'à la rentrée les hostilités devaient recommencer, et que le parlement se proposait de continuer le procès; le roi en fit enlever les pièces du greffe. Dans une séance royale ou lit de justice qu'il tint le 7 décembre à Versailles, les magistrats eurent la mortification de voir siéger le duc d'Aiguillon. Il fut défendu aux enquêtes et requêtes de provoquer l'assemblée des chambres, et au parlement de Paris de se servir du terme de classes, en parlant des autres parlemens, de leur envoyer des mémoires dont on pourrait induire une association entre eux, de cesser le service et de donner leur démission. De retour à Paris, les magistrats firent des remontrances; n'étant pas écoutés, ils suspendirent leurs fonctions; ils eurent néanmoins la complaisance de les reprendre pour juger un procès qui intéressait fortement le prince de Condé. Le chancelier, qui avait engagé le prince à demander l'audience, espérait que le parlement ayant recommencé le service, le continuerait; mais il fut trompé : les magistrats rentrèrent dans leur inaction, ou ne s'occupèrent que des affaires publiques, et traitèrent surtout avec affectation de la cause de la cherté des blés.

La doctrine des *économistes*, secte de philosophes qui reconnaissait pour son fondateur et pour son patriarche le docteur Quesnay, médecin de madame de Pompadour, et qui, dirigeait ses spéculations vers l'administration publique, embrassait plus particulièrement l'agriculture et le commerce, avait fait prévaloir depuis peu une liberté illimitée dans la circulation des grains, tant au dedans qu'au dehors. Tel était à peu près l'esprit d'un édit rendu en 1764, sur le rapport du contrôleur-général Laverdy, lequel crut devoir néanmoins imposer le droit d'un pour cent à l'entrée et à la sortie des grains, et même prohiber celle-ci quand la valeur du froment atteindrait le prix de douze livres dix sous par quintal. Mais cet encouragement que l'on supposait avoir donné à l'agriculture, ainsi que la sécurité que devaient concevoir désormais pour leurs subsistances les provinces frappées de disette et de stérilité, s'évanouirent bientôt par les calculs honteux d'une cupidité non surveillée. Au lieu d'un commerce utile et honorable, il s'établit un coupable agiotage. On spécula sur la subsistance des peuples comme sur les actions de la place : le prix du grain varia comme celui des papiers, et il finit par enchérir d'une manière alarmante, qui ne permit plus au pauvre d'y atteindre. Les économistes attribuèrent ce mauvais succès et à l'infériorité des récoltes et aux restrictions légères apportées au développement entier de leur système, qui se résumait en ces deux mots : « laissez faire et laissez passer ». Mais la clameur publique étouffa leur voix : l'exportation fut interdite en 1770, et l'on rétablit en principe qu'une affaire qui touche de si près à l'existence même du peuple ne devait pas être abandonnée tout à fait aux chances trop hasardeuses de la liberté du commerce.

Dans ce moment de crise, le parlement perdit le plus ferme de ses appuis par la disgrace du duc de Choiseul. On persuada au roi que le ministre travaillait à l'engager dans une guerre avec les Anglais, en appuyant le mécontentement de leurs colonies américaines qui commençait à éclater. Louis XV regarda ce projet comme un attentat médité contre sa tranquillité ; et, pressé par les instances de la favorite, que Choiseul méprisait assez hautement, le 24 décembre il l'exila, ainsi que le duc de Praslin. Le duc de Choiseul fut remplacé à la guerre par le marquis de Monteynard; aux affaires étrangères par le duc d'Aiguillon, son rival; et la marine fut confiée à M. de Boynes. L'impossibilité de défrayer une cour toujours prodigue, malgré l'embarras des finances, avait fait renvoyer M. de Laverdy en 1768, quand il fut au terme de ses expédiens. Mainon d'Invau, que le duc de Choiseul lui donna pour successeur, ne pouvant faire adopter ses plans de réforme au conseil, donna sa démission au bout de quinze mois. Son court ministère fut marqué par l'extinction de la compagnie des Indes, qui avait été érigée par Colbert, et qui, n'ayant pu se relever des revers qu'elle avait essuyés dans la guerre de sept ans, remit au roi son actif, sous l'engagement de satisfaire à ses dettes. Il fut remplacé, à la fin de 1769, par l'abbé Terray, conseiller-clerc au parlement, qui ne craignit pas de se jeter au travers du chaos des finances. Son caractère ferme et impassible, connu du chancelier, l'avait fait recommander par celui-ci, qui se proposa d'en faire son second dans la révolution qu'il méditait.

Le chancelier, qui dans les affaires précédentes n'avait pas donné au parlement toute la satisfaction qu'il désirait, en était vu de mauvais œil ; de son côté, il saisissait volontiers l'occasion de mortifier la compagnie. La disgrace de M. de Choiseul le débarrassa d'un observateur dont les réflexions dans le conseil l'obligeaient quelquefois de réprimer sa fougue, et il s'y abandonna sans réserve. La nuit du 19 janvier 1771, tous les membres du parlement sont réveillés en même temps chacun par deux mousquetaires qui leur présentent l'ordre de reprendre leurs fonctions, et de signer leur consentement ou leur refus par ce seul mot *oui* ou *non*, sans explication ni commentaire. Dans l'étourdissement d'un réveil si brusque, plusieurs signent *oui*; mais, réunis le lendemain au palais avec les refusans, ils rétractent leur consentement. La nuit suivante, notification par un huissier de la chaîne que leurs charges sont confisquées, et nouvelle ambassade de mousquetaires porteurs de lettres de cachet, qui les exilent tous dans des lieux éloignés, différens chacun les uns des autres.

Le chancelier avait espéré que ceux qui auraient dit *oui* lui serviraient à former ce qu'on appelait le *noyau d'un autre parlement*. Leur rétractation lui ôtait cette ressource. Il y supplée par des conseillers d'état et des maîtres des requêtes qu'il va installer lui-même, passant, sans paraître ému, au milieu d'une foule frémissante répandue autour du palais. Pendant que ce tribunal provisoire entendait quelques causes et entretenait une ombre de justice, le chancelier travaillait à l'exécution totale de son grand projet, qui était, en remplissant les places des exilés, de leur ôter tout moyen de les recouvrer. Il leur trouva des suppléans dans le grand conseil, dans l'ordre des avocats, et dans des jurisconsultes bien ou mal famés qu'il tira tant de Paris que des provinces.

Quand il eut ainsi composé son parlement, il vint une seconde fois au palais l'installer lui-même. Les Parisiens, que le sérieux fatigue assez promptement, au lieu de leur sombre silence, s'égayèrent en propos sur la figure, la contenance, le caractère des nouveaux conseillers. On fit même des chansons, et en France, quand on rit, tout s'arrange. L'adroit chancelier d'ailleurs, tout en captant la cour par l'appât de la délivrer d'un corps tracassier qui ne cessait d'entraver la marche du gouvernement, et qui, par son nouveau système des classes, eût été conduit rapidement à l'indépendance, avait su se ménager d'autre part le suffrage imposant alors de la philosophie. Il réalisait en effet les vœux qu'elle formait depuis long-temps au sujet de la vénalité des charges, de l'administration gratuite de la justice, de la refonte des lois criminelles, que l'on promettait comme prochaine, et de la réduction enfin de l'immense ressort du parlement de Paris, dans lequel on trouva encore place pour six conseils supérieurs. A l'aide de ces utiles réformes, le chancelier se fit pardonner par elle le despotisme qui les introduisait, et qui ne frappait d'ailleurs que sur les juges mal famés de l'imprudent Lally, de l'innocent Calas, et de l'infortuné La Barre : Calas, condamné à Toulouse en 1762, comme accusé d'avoir, par prévention religieuse, assassiné son fils qui s'était fait catholique ; et La Barre, à Paris, en 1766, comme « véhémentement soupçonné d'avoir brisé une croix » sur un pont d'Abbeville.

Le roi vint tenir, le 13 avril, son dernier lit de justice. Il y porta trois édits : l'un cassait l'ancien parlement, l'autre créait le nouveau, et le troisième cassait la cour des aides, qui avait seule osé porter des remontrances au pied du trône. Le roi termina la séance en ordonnant aux nouveaux magistrats de commencer leurs fonctions dès le lendemain, en défendant toutes délibérations sur ce qui s'était passé, et toutes représentations en faveur de l'ancien parlement : « Car, dit-il d'un ton ferme et élevé, je ne changerai jamais. » En effet, il tint ferme jusqu'à la fin de sa vie, et le chancelier eut le plaisir de voir que son parlement, qu'on appela le *parlement Maupeou*, se recruta insensiblement de quelques personnes même estimées dans le barreau ; il les recevait avec plaisir, comme attestant la bonté de son opération.

Pendant l'orage, les autres parlemens restèrent tranquilles, ou du moins se bornèrent à quelques plaintes très modérées qui ne furent point écoutées. Le chancelier avait eu l'art de leur faire croire qu'il n'aspirait qu'à les remplacer, et qu'il n'attendait que l'occasion qu'ils lui en fourniraient eux-mêmes, soit par l'offre de leurs démissions, soit par la discontinuation de leurs fonctions. Pour contrarier le plan qu'on supposait qu'il s'était fait, les tribunaux supérieurs redoublèrent au contraire de zèle dans l'administration de la justice, et donnèrent ainsi le temps au chef suprême de la magistrature d'organiser ses nouvelles cours, et de les assujettir eux-mêmes ensuite à des réformes. Dans le cours du mois d'août au mois de novembre, en effet, chacun des parlemens de province, gagné par ses insinuations ou par ses menaces, enregistra l'édit de suppression et de remboursement de ses offices, et le lendemain celui qui les recréait avec gages et appointemens ; en sorte qu'à la rentrée de la Saint-Martin 1771, le nouvel ordre judiciaire était en activité dans toute la France. Le chancelier le consolida par le remboursement effectif des charges parlementaires, qu'il parvint à faire réclamer à la longue par les magistrats supprimés.

Le contrôleur général maintenait les finances par des moyens non moins violens. Il avait trouvé, en entrant au ministère, un déficit de plus de soixante millions : pour le combler, il était impossible, sans exciter la clameur publique, d'imposer de nouvelles charges ; et c'était déjà beaucoup d'avoir pu proroger les anciennes. Une réduction dans la dépense était dès lors l'unique ressource pour y parvenir. On s'y arrêta : mais, au lieu de la faire tomber sur le luxe effréné de la cour, on la porta sur les créanciers de l'état, qu'on ne paya pas, ou qu'on ne paya qu'en partie. Supposant que la plupart s'étaient illégitimement enrichis de ses désastres et à ses dépens, et s'autorisant de l'exemple du *visa*, qui, plus d'une fois, avait réduit leurs créances, on suspendit en 1770 le paiement des billets des fermes et les assignations semblables sur divers autres exercices : les rentes perpétuelles furent en même temps réduites, les unes d'un cinquième, les autres d'un quart, quelques unes de moitié ; les rentes viagères subirent un pareil sort ; les tontines furent converties en rentes viagères ; et les pensions enfin furent assujetties à des retranchemens qui allèrent depuis un dixième jusqu'à trois. A l'aide de ces moyens et d'une foule d'édits bursaux qui suivirent et qui masquèrent plus ou moins habilement l'impôt, d'une part on réduisit de treize millions la dette constituée, et, d'une autre, la recette générale fut accrue d'un vingtième. Tels étaient les expédiens immoraux auxquels réduisait ses agens un monarque de plus en plus apathique et dissolu, et qui se dissimulait trop que ce n'était point pour subvenir aux besoins de l'état, mais pour fournir à la prodigalité capricieuse d'une prostituée, qu'on ruinait ainsi une multitude de ses sujets.

Le duc d'Aiguillon, dans son ministère, n'eut pas même cet avantage d'un odieux succès; et le défaut absolu d'énergie dans le caractère du prince produisit au dehors des effets encore plus honteux qu'au dedans. La mort de l'électeur de Saxe, roi de Pologne, arrivée en 1763, ouvrit en ce pays une nouvelle carrière à l'intrigue. Mais déjà l'impératrice de Russie y avait pris un tel ascendant, que ses troupes pouvaient impunément y séjourner; et ce fut sous leurs baïonnettes que se tint l'année suivante la diète d'élection, qui appela au trône Stanislas-Auguste Poniatowski, stolnik ou grand-panetier de Lithuanie, et l'un de ses anciens favoris. Le roi de Prusse, à la vérité, connivait à ces mesures, et c'était d'accord avec lui qu'on avait écarté les prétendans qui, par eux-mêmes ou par leurs alliances, eussent eu des moyens extérieurs de défendre leur couronne. Par le même motif, les deux puissances s'opposèrent encore à l'abrogation du *veto*, qui donnait à un seul opposant à la diète le pouvoir de paralyser un vœu d'ailleurs unanime, et perpétuait dans ce pays un état habituel d'anarchie, qui devait peu à peu, et malgré le courage de ses habitans, le livrer à la merci de ses voisins. Ils soutinrent dans les mêmes vues les dissidens, ou non catholiques, qui avaient été privés du droit de suffrage; et, s'autorisant de la garantie de la paix d'Oliva, ils réclamèrent en faveur de ceux-ci, avec une hauteur qui seule eût été un motif de refus. On ne rejeta pas néanmoins leur requête, mais on la soumit à des délais. C'en fut assez à l'impératrice pour se regarder comme insultée; et agissant déjà comme si la Pologne eût obéi à son autorité, elle fit arrêter l'évêque de Cracovie et huit autres sénateurs, et les fit conduire en Sibérie. L'indignation qu'en ressentirent les Polonais en souleva un grand nombre, qui s'emparèrent de Cracovie et de la forteresse de Bar, où, en 1768, ils se confédérèrent pour affranchir leur pays du joug étranger.

Les confédérés recherchèrent l'appui de la France; mais l'embarras des finances et l'appréhension de se rengager dans une guerre continentale firent borner les secours à un médiocre subside de soixante mille francs par mois, et à un faible envoi de quinze cents hommes commandés par un jeune officier, nommé Dumouriez, destiné vingt-cinq ans après à une certaine célébrité dans la guerre de la révolution française. Aussi, mal secondés au dehors, et plus mal unis encore au dedans, chacun des principaux seigneurs prétendant commander et agissant séparément pour ne pas obéir, les Polonais furent battus partout par les Russes. Ceux-ci, en poursuivant un parti polonais sur le territoire ottoman, y brûlèrent la ville de Balta, où il s'était réfugié. Ce fut l'occasion de la guerre malheureuse qu'à l'instigation du comte de Vergennes, ambassadeur de France à Constantinople, la Porte déclara à la Russie à la fin de 1768, en la sommant, conformément à divers traités, de retirer ses troupes de la Pologne.

Mais Chotzim, sur la frontière de la Moldavie, enlevée dès 1769 par le prince Gallitzin, et le reste de la province conquis par le comte de Romanzow; la flotte ottomane détruite en 1770, à Tchesmé, près de Scio, par l'amiral Spiridow; la prise de Bender enfin en 1771, l'isthme de Précop forcé par le prince Dolgoroucki, et la conquête de la Crimée, qui en fut la suite, portèrent la Porte Ottomane à chercher des médiateurs qui pussent lui procurer avec la Russie une paix tolérable. La Prusse, qui avait un intérêt politique à se ménager la Turquie, pour l'opposer au besoin à l'Autriche, et cette dernière puissance qui, de son côté, devait craindre le contact de la Russie, se prêtèrent à ses désirs; mais ils trouvèrent l'impératrice singulièrement récalcitrante à la proposition de borner ses conquêtes. La cour de Vienne se montre alors disposée à faire cause commune avec la Turquie : elle arme, et semble vouloir se rapprocher du théâtre des hostilités, en occupant en Pologne le petit territoire de Zyps, sur lequel elle prétend avoir des droits. Ce fut un trait de lumière pour Catherine et pour Frédéric. « La cour » de Vienne, dit la première au prince Henri qui se trouvait alors » à Pétersbourg, en entamant le territoire de Pologne, invite sans » doute les autres puissances à suivre son exemple. » Dès lors le plan d'un partage en Pologne, où la Russie trouvât un dédommagement aux sacrifices qu'on exigeait d'elle à l'égard de ses conquêtes entre le Niester et le Danube, devint le sujet d'une négociation entre les trois cours; et le 5 août 1772 il fut arrêté, ainsi qu'il suit : à l'impératrice, toute la partie de la Pologne à la droite de la Dwina et à la gauche du Niéper; au roi de Prusse, la Pomérélie jusque et même un peu au delà de la Netze, et toutes les dépendances de la Pologne éparses dans le royaume de Prusse, à l'exception de Thorn et de Dantzick; à l'Autriche, enfin, toute la droite de la Vistule jusqu'à Sandomir, et la même rive du Niester, en y comprenant les palatinats de Betz et de Léopold. La prise de possession, fixée au premier septembre, est mise à exécution à cette époque; et cette usurpation effrayante, qui enlevait à la Pologne un tiers de son territoire, fut encore ratifiée l'année suivante dans une diète asservie, et convoquée exprès à cet effet : « Ah! si Choiseul eût été ici, dit » le roi en l'apprenant, cela ne serait pas arrivé. » On peut ajouter que, si ce premier partage n'eût pas eu lieu, ceux de 1793 et de 1795, qui ont achevé d'effacer la Pologne du nombre des puissances, n'auraient pas même été tentés.

L'espoir qu'on avait conçu de pacifier les parties belligérantes, au moyen du partage, ne se réalisa pas; et un armistice conclu en 1772, ainsi qu'un congrès réuni à Fockiani, sur les limites de la Moldavie et de la Valachie, furent sans effet. L'obstination de la Russie à réclamer Azof, au fond de la mer de ce nom, les forts de Kersch et de Génikalé, en Crimée et sur le détroit de Taman, à l'autre extrémité de la même mer, Kinburn sur la mer Noire, à l'embouchure du Niéper, et l'indépendance surtout de la Crimée, fit rompre les négociations. Les hostilités recommencèrent; mais, à cette reprise, la fortune abandonna les Russes. Repnin fut battu sur le Danube, Romanzow à Silistrie, Dolgoroucki à Varna; Potemkin, Soltikow et Souvarow furent rejetés sur la droite du fleuve, et au même temps le rebelle Pugatchew, qui se donnait pour Pierre III, faisait trembler Moscou. La France enfin, armant à Toulon, paraissait disposée à une diversion en faveur de la Porte Ottomane, et se proposait d'ajouter aux embarras de la Russie, qui menaçait le jeune Gustave, roi de Suède, son allié. Ce jeune prince, aidé des conseils du comte de Vergennes, venait d'affranchir son pays de la tyrannie d'un sénat qui le dominait depuis la mort de Charles XII, et qui, par les intrigues de la Russie, se trouvait lui-même asservi à cette puissance. Tel était, au commencement de 1774, l'état respectif des Turcs et des Russes, état qui ne présageait rien d'heureux aux derniers, lorsqu'il changea tout à coup, par une victoire inattendue du comte de Romanzow. Ce général, osant se reporter à l'improviste sur la droite du Danube, surprit et anéantit, le 20 juin, l'armée turque, et força le grand-visir à signer dans son camp de Kaïnardgi, le 2 juillet, une paix qui abandonna aux Russes toutes les concessions refusées à Fockiani.

Les troubles de la magistrature, l'embarras des finances et la dégradation avilissante de notre politique, n'empêchaient pas les divertissemens et les fêtes quand les circonstances les faisaient naître. Louis XV maria ses trois petits-fils: le dauphin à Marie-Antoinette, fille de l'impératrice Marie-Thérèse; les comtes de Provence et d'Artois à deux sœurs, princesses de Savoie. On n'oubliera de longtemps le funeste accident arrivé le 30 mai 1770, à la fin de la fête que la ville de Paris donna pour le mariage du dauphin. Des mesures mal prises, la négligence de débarrasser les issues de la place Louis XV, où se tira le feu d'artifice, et d'y mettre une garde assez nombreuse, le rassemblement des filous faisant presse afin de voler plus facilement, toutes ces circonstances concoururent à former un engorgement dans lequel trois cents personnes furent étouffées sur la place. On porte à plus de douze cents le nombre de ceux qui, foulés aux pieds ou trop comprimés, restèrent estropiés, ou moururent en peu de semaines des suites de cet accident qui mit en deuil beaucoup de familles. Le dauphin et sa jeune épouse se montrèrent très sensibles à ce malheur, et consolèrent les affligés autant qu'ils purent par des largesses et des marques de bonté.

Louis XV se trouva ainsi au milieu d'une cour renouvelée. En pareille circonstance, Louis XIV s'était rendu le centre de la société; il rassemblait ses petits-fils, leurs épouses et leurs cours autour de lui, s'informait de leurs habitudes, s'intéressait à leurs plaisirs; sa sollicitude inspirait la réserve; l'attention à ce qu'on appelle étiquette, la gravité du cérémonial, un peu de gêne, gardienne de la décence, empêchaient des écarts licencieux : rien de secret ni de mystérieux dans la vie commune entre le père et les enfans, parce qu'ils avaient les mêmes affections dont ils pouvaient s'entretenir sans craindre le blâme ou l'ennui ; aussi ils se recherchaient, ou se rencontraient avec plaisir : au lieu que Louis XV, dominé par des passions qui devinrent toujours plus libidineuses avec l'âge, aimait à se renfermer dans le cercle des victimes et des complices de sa débauche; il s'isolait ou pour jouir plus librement, ou par la honte de laisser paraître ses excès. Il n'eut cependant pas toujours cette louable retenue, et on doit buriner comme une note d'ignominie ineffaçable, que, dans le premier repas qu'il donna à la dauphine, il fit placer à table avec distinction son impudente Phryné.

Les quatre années qui se sont écoulées depuis la dispersion du parlement jusqu'à la mort de Louis XV ne présentent point d'évènemens qui méritent de figurer dans l'histoire ; ce ne serait qu'une répétition de petites intrigues, d'anecdotes de cour, auxquelles la proximité des temps donne de l'importance, mais que la postérité dédaignera. On dit que le roi avait un trésor particulier ; qu'il le grossissait par le jeu des actions et des effets royaux, comme un particulier; mais avec moins de risque, parce que, instruit de l'état du trésor public, il pouvait prévoir et même procurer ce qu'on appelle *la hausse et la baisse*, selon le thermomètre de son intérêt. Il portait même ses spéculations jusque sur le commerce des blés; ce qui le fit accuser des coupables monopoles auxquels on attribua la disette et le renchérissement qui affligèrent les dernières années de son règne. Cependant on lui doit cette justice de dire qu'il désirait que le peuple fût heureux, qu'il était touché de sa misère, qu'il aurait voulu y apporter remède ; mais il croyait n'être pas capable de le faire par lui-même, et il s'imaginait n'être pas entouré de coopérateurs assez honnêtes gens pour le tenter. Louis XV avait le malheur de ne pas croire à la probité. Etait-ce d'après sa propre conscience, ou à force d'avoir été trompé ? Il craignait les affaires, et en montrait ouvertement le dégoût. Les plaisirs mêmes l'ennuyaient s'ils n'étaient aiguisés par une variété difficile à inventer. Tout ce qui ne lui était pas personnel lui était, pour ainsi dire, comme étranger.

Ce prince a laissé à son petit-fils, qui lui a succédé, une cour livrée à un faste dévorant, des finances en désordre, un royaume intérieurement troublé par des mécontentemens sourds. Le murmure, l'inquiétude générale, annonçaient des orages; le relâchement des liens entre le peuple et le souverain faisait craindre la dissolution totale de l'état. Le monarque, dit-on, prévoyait ces malheurs; mais, au lieu de travailler à les prévenir, craignant la peine, et tout entier à sa jouissance, il semblait dire à la révolution : « Attendez » que je n'y sois plus. »

Louis XV passait pour avoir eu la petite-vérole au mois d'octobre 1728, et n'être plus en danger de la redouter, lorsqu'au mois de mai 1774 il fut attaqué de cette même maladie, dont le dégoût augmente les douleurs. Il les souffrit avec patience et résignation. De lui-même il appela les secours spirituels et fit éloigner la comtesse du Barri. Le cardinal de La Roche-Aymon, archevêque de Reims et grand-aumônier de France, qui lui administra les derniers sacremens, demanda publiquement, par son ordre et en son nom, pardon des scandales qu'il avait donnés.

Il mourut le 10 mai, âgé de soixante-quatre ans. Son corps fut emporté sans pompe à Saint-Denis, sous prétexte de l'odeur fétide qu'exhalait le cercueil; et le peuple, parsemé sur la route, ne montra point les regrets que lui promettait le surnom de *Bien-Aimé*.

Louis XV, dans son intérieur, était bon maître, patient, doux, aisé à contenter. S'il fut mari infidèle, il a toujours marqué à la reine, dans tout le reste, les égards qui lui étaient dus. Il avait des principes de religion que sa passion effrénée pour les plaisirs et l'empire qu'ils prenaient sur lui n'effacèrent jamais. Entouré de l'éclat des sciences rendues brillantes sous Louis XIV, il ne s'en laissait pas éblouir; il les favorisait avec discernement. Un sens droit lui faisait juger sainement les auteurs et leurs ouvrages; mais les écrivains en tout genre, trop multipliés alors, comme ils le sont à présent, ne trouvaient pas toujours auprès de lui un accès encourageant : il protégeait néanmoins noblement les grandes entreprises littéraires dont on lui démontrait l'utilité; mais ce ne fut qu'avec répugnance qu'il permit la publicité de ce recueil énorme qui devait enseigner toutes les sciences, et dont le moindre tort est d'avoir fait une multitude de demi-savans.

Ce monarque aimait de préférence la géographie, l'astronomie, la mécanique et l'histoire naturelle. La première a occupé sa jeunesse. On a de lui un petit traité sur les rivières de France. Il pourvut généreusement aux dépenses des astronomes célèbres qu'il envoya en diverses parties du monde mesurer un degré du méridien terrestre, observer le passage de Vénus sur le soleil, ce qui donna la distance de ce dernier astre à la terre, et faire d'autres observations applicables à la marine. Les mécaniciens qui présentaient des inventions utiles et agréables ne sortaient jamais d'auprès de lui sans récompense. Il augmenta le Jardin des Plantes, l'enrichit et l'embellit. Pendant son règne, M. Poivre, intendant de l'Ile-de-France, apporta et naturalisa dans nos colonies les plantes à épiceries, qui prospèrent. On me permettra de citer ici, comme remarquable dans un autre genre, mon frère Anquetil-Duperron, qui a été dans l'Inde étudier les anciennes langues du pays, inconnues en Europe, et qui en a rapporté des manuscrits dont il a enrichi la bibliothèque royale.

La France a l'obligation à Louis XV de l'Ecole militaire, émule des Invalides, où l'apprentissage des vertus guerrières était placé à côté de la récompense; et de l'Ecole de chirurgie, dont les élèves sont supérieurs en cette science à ceux de toutes les autres nations. On peut aussi le mettre au rang des législateurs; et il l'a mérité par l'édit de main-morte, par ses lois sur les testamens, les substitutions, les hypothèques, le traitement des curés, et par l'affermissement de plusieurs règlemens caducs qui avaient besoin de restauration.

Louis XVI, âgé de 20 ans.

Louis XVI, élevé dans l'ignorance absolue des affaires, parvenu à la couronne à l'âge de vingt ans, sentit qu'il avait besoin d'un guide dans le dédale du gouvernement où il allait entrer. Fit-il bien, fit-il mal de prendre pour mentor le comte de Maurepas, éloigné de la cour par une disgrace de vingt-trois ans? N'y avait-il pas à craindre que, rentré dans la carrière du gouvernement, un vieillard amolli par un si long repos, et déjà porté, par la frivolité de son caractère, à traiter les affaires avec légèreté, ne songeât plutôt à jouir tranquillement du crédit et des honneurs de sa nouvelle dignité de principal ministre qu'à se livrer au travail actif qu'exigeaient les circonstances? On prétend qu'une intrigue de cour l'appela à cet emploi peu fait pour lui, et que le roi, sur des notes qu'il avait trouvées dans les papiers de son père, l'avait destiné d'abord à M. de Machault, homme habile, austère et même religieux, malgré ses entreprises contre le clergé, mais que sa fermeté, qui effrayait les courtisans, fit éconduire.

Un des principaux embarras de Louis XV, pendant son long règne, avait été sa lutte perpétuelle contre les parlemens. Souvent, comme on l'a vu, ils avaient molesté et fatigué le monarque par des remontrances pressantes, des cessations de service et des coalitions menaçantes; Louis XV leur avait bien rendu la pareille en les humiliant, en cassant leurs arrêts, en les exilant, et ils étaient sous l'anathème quand ce prince mourut, puisqu'il les avait dissous.

On se détermina à ressusciter ces compagnies; mais il aurait sans doute été d'une bonne politique de profiter de l'occasion pour mettre un frein à leur autorité, soit en consolidant les changemens que Louis XV avait introduits à plusieurs reprises dans leur régime, soit en ne leur rendant le pouvoir qu'avec des restrictions plus ou moins atténuantes. C'était l'avis que donnèrent au roi, et le maréchal Du Muy, ancien ami du dauphin son père, qu'il avait appelé au ministère de la guerre, refusé par lui sous Louis XV, et M. Turgot, ancien intendant de Limoges, successivement promu aux départemens de la marine et des finances, et qui, pénétré de la doctrine des économistes dont il avait fait des essais dans son intendance, voyait dans le retour des parlemens un obstacle aux immenses réformes qu'il projetait dans toute l'administration. Mais le vieux ministre trouva plus commode de les rétablir presque comme ils étaient auparavant, que de s'embarrasser dans un labyrinthe de négociations qui auraient nui à sa tranquillité : il se délivra donc le plus tôt qu'il lui fut possible de ce sujet d'inquiétude, et l'impolitique rappel du parlement, réinstallé le 12 novembre 1774, fut une des premières opérations du règne de Louis XVI.

Elle plut au peuple, surtout au peuple de Paris, très attaché à ses magistrats. Le jeune monarque avait fait précéder cette grace par l'exemption du droit de *joyeux avènement*, dont il aurait pu tirer de très grosses sommes. Cette remise fut son premier édit. Par un second, il affranchit les serfs des terres domaniales; en même temps il annula la loi rigoureuse qui rendait les taillables solidaires pour le paiement de l'impôt, et abolit la question préparatoire. Ces témoignages de bienfaisance par lesquels ce prince s'annonçait donnèrent des espérances d'un bon gouvernement.

Il songea aussi à s'entourer de bons ministres : ceux qu'il choisit par les conseils du comte de Maurepas, le principal d'entre eux, étaient assez généralement investis de l'estime publique; mais quelques uns étaient ce qu'on appelle des hommes à systèmes, trop amateurs de nouveautés. L'un d'entre eux, M. Turgot, à peine installé dans ses fonctions, fit rétablir la liberté du commerce intérieur des blés, dans un temps qui parut peu favorable aux règlemens sur cette matière, bien que la médiocrité de la récolte, que l'on apportait en motif de blâme, dût justifier au contraire l'expédient le plus propre à favoriser l'approvisionnement des provinces menacées de la disette. Son tort fut d'avoir avancé, dans les préambules de ses édits, des propositions dures, et même fausses, capables d'effrayer les citoyens qu'il se proposait d'éclairer. Telle était celle qui réclamait, pour le commerçant en grains, et alors même que les angoisses du besoin se faisaient le plus sentir, un droit de propriété si absolu sur sa denrée, qu'il pût à son gré l'enlever à la circulation, et même la laisser perdre et avarier. Il en arriva des émeutes partielles, qui, à la vérité, n'eurent point de suite, mais qui accoutumèrent le peuple à s'agiter. On soupçonne au reste qu'elles eurent d'autres causes que les appréhensions du peuple pour sa subsistance, et que le désir de discréditer un ministre, dont les plans de restauration menaçaient les privilèges, mit en mouvement l'intrigue, soudoya cette foule de bandits qu'on vit pulluler à cette époque, et qui étaient si peu pressés de la faim, qu'ils brûlaient les granges et jetaient les grains dans la rivière. Un autre ministre, le comte de Saint-Germain, chargé du département de la guerre à la mort du maréchal Du Muy, après avoir fatigué l'armée par une discipline allemande, mal assortie au caractère de la nation, fit retrancher au monarque, sous prétexte d'économie, une partie de sa maison militaire, sans faire réflexion que c'était diminuer l'éclat qui impose à la multitude, et qui est quelquefois nécessaire. Les mousquetaires, en cessant d'exister, obtinrent d'attacher leurs drapeaux à la voûte de l'église de Valenciennes, de cette ville qu'un siècle auparavant leur courage et leur conduite avait acquise à la France. Le reste du ministère était composé du premier président du parlement de Rouen, Hue de Miromesnil, à qui le roi confia les sceaux; du comte de Vergennes, que sa prudence dans ses ambassades à Constantinople et en Suède avait appelé à la direction des affaires étrangères; de M. de Sartine, qui passa, comme M. Berryer, de la police à la marine, et de M. de Lamoignon de Malesherbes, fils du chancelier de Blanc-Mesnil, ami de Turgot, dont il partageait les opinions philanthropiques, et déjà célèbre comme premier président de la cour des aides. Il eut pour département la maison du roi et la dispensation de ces rigueurs extrajudiciaires, de ces détentions, qui avaient leur motif dans la sûreté de l'état et l'honneur des familles, mais dont l'abus, trop voisin d'une utilité contestée, était la terreur et l'effroi du citoyen.

M. de Malesherbes travaillait à soumettre à une espèce de règle l'exercice pleinement arbitraire jusqu'alors de cette dangereuse autorité, dans le même temps que M. Turgot, de son côté, préludait, par la suppression des corvées, à l'équitable répartition des charges publiques entre tous les citoyens. Cet impôt pesait exclusivement sur le malheureux habitant des campagnes, qui n'avait que ses bras pour ressources, et qui employait pourtant chaque année plusieurs journées d'un travail gratuit et forcé à la confection de ces routes superbes dont les grands profitaient presque seuls. L'injustice d'une charge restreinte à une classe de citoyens, et à la plus malheureuse de toutes, était si évidente, qu'on ne supposait pas qu'il pût être apporté le moindre obstacle à la réparation d'un abus si criant. Cependant la défiance qu'inspirait à un grand nombre d'hommes sensés une suite de projets dont le secret avait été éventé, et dont une philosophie suspecte paraissait avoir suggéré l'idée; l'avarice, qui appréhendait le retranchement de ses jouissances, et l'orgueil surtout, qui se croyait avili d'acquitter le remplacement d'un impôt tenu pour roturier, réunirent leurs efforts contre la loi et contre son auteur. Le parlement refusa de l'enregistrer. Il fallut un lit de justice pour l'y contraindre, et l'intrigue n'en prit que plus de force. Tous ceux qui entouraient le roi, le vieux et frivole Maurepas à leur tête, l'obsèdent de perfides insinuations contre ce qu'ils appellent l'esprit systématique : on lui déguise l'assentiment presque unanime des peuples; on lui prouve que, sous le nouvel administrateur, le déficit annuel n'a point diminué, et l'on n'observe pas que la dépense du sacre et l'acquittement des dettes arriérées, trop négligées jusqu'à lui, ont absorbé les économies de sa gestion ; enfin la reine est gagnée à cette cabale, et son empire sur son époux qui l'aime obtient de lui la disgrace de ce ministre, *le seul qui aimait le peuple avec moi*, disait quelquefois le vertueux monarque. Malesherbes, qui avait pressenti la chute de son ami et la sienne propre, l'avait prévenue par sa démission : Turgot, plus ferme, ne voulut cesser d'être utile que lorsqu'il lui serait impossible de l'être plus long-temps, et se laissa signifier son renvoi. Ainsi se perdit, par la faute d'une cour légère, et assez mal conseillée pour laisser douter de la générosité de ses sentimens, l'occasion de faire partir du trône des réformes utiles, qui étaient appelées par la voix de l'opinion publique, et qui ne purent s'établir depuis qu'en ébranlant et renversant enfin le trône même.

M. Turgot fut remplacé par M. de Clugny, intendant de Bordeaux, qui mourut dans la même année. Il signala sa courte administration par le rétablissement de de l'impôt funeste de la corvée, par l'établissement de la loterie, autre impôt dont la morale accuse les conséquences, et dont la justification la plus plausible est le besoin de prévenir l'écoulement des capitaux qui, sans ce préservatif, iraient se perdre dans des loteries étrangères. On doit encore à M. de Clugny l'érection d'une caisse d'escompte, projet médité par Turgot, pour faciliter les transactions du commerce, et qui avait déjà reçu sous lui un commencement d'exécution. Les premiers fonds de cette banque, qui devait payer à bureau ouvert les billets émis par elle, furent de deux millions. M. Taboureau des Réaux, autre intendant, qui succéda à M. de Clugny, reçut un adjoint destiné à l'éclipser. C'était le banquier génevois Necker, décoré alors du titre d'envoyé de sa république. Il s'était fait une réputation en finances, à l'occasion de diverses discussions au sujet de la compagnie des Indes, et il l'avait accrue depuis, et par son *Éloge de Colbert*, récemment couronné à l'Académie française, ouvrage dans lequel il annonçait trop bien connaître les devoirs austères d'un ministre des finances pour n'être pas jugé digne de les remplir lui-même, et surtout par un mémoire particulier adressé au comte de Maurepas, sur la libération des finances et le comblement du déficit, évalué alors à vingt-quatre millions. L'opinion générale le portait au ministère ; et le roi, séduit par les idées morales dont il faisait la base d'un système de finances, et par les éloges de M. de Maurepas, l'y appela l'année suivante. Il reçut le titre de directeur général des finances et non de contrôleur, parce que, ne professant pas la religion catholique, il ne pouvait ni être revêtu de cette dignité, ni avoir entrée au conseil, deux distinctions qui exigeaient alors un serment de catholicité. On remarqua qu'il eut l'orgueil ou la générosité de refuser les émolumens de sa place.

Mais, dès l'abord, il fut accusé d'avoir dérogé aux principes qu'il affectait de proclamer, par le recours aux emprunts viagers, destructifs des relations morales qui lient les membres d'une même famille. Un reproche plus communément répandu et beaucoup plus injuste, c'est celui d'avoir accru la dette publique par des emprunts multipliés, et de n'avoir pas établi concurremment des impôts, gages du paiement des intérêts et du remboursement des capitaux. En effet, les dépenses énormes de la guerre maritime où la France se trouva engagée dans le cours de son ministère, non seulement le justifient pleinement sous le premier rapport, puisque les emprunts étaient alors le seul moyen de fournir aux fonds immenses nécessaires pour la soutenir, mais prêtent même à son éloge, en ce que, par le seul effet de son caractère, il put rétablir la confiance si souvent trompée des prêteurs : et quant aux intérêts, certainement c'est encore un autre sujet d'éloge d'avoir pu les asseoir non point sur des impôts, mais sur des économies qui en dispensent. Tel fut même le but positif qu'il se proposa dans son administration, tâchant d'éloigner, autant qu'il serait possible, le moment où la continuation des dépenses de la guerre, et la garantie des prêteurs, nécessiteraient enfin un impôt, et des débats peut-être avec les parlemens.

Louis XV avait sévèrement maintenu la prohibition des livres qui portaient atteinte à la religion, et par contre-coup à l'autorité civile : leurs systèmes, décorés du beau nom de philosophie, lui déplaisaient souverainement. Il avait même interdit le séjour de son royaume à leurs auteurs, quoique recommandables d'ailleurs par divers ouvrages qui les ont justement rendus célèbres. Louis XVI, plus véritablement religieux que son aïeul, mais dont le cœur, ouvert à toutes les affections bienveillantes, était disposé à une tolérance presque philosophique, fut engagé à lever ces arrêts de proscription. Voltaire, le chef de ces écrivains, rentra en France, et fut accueilli avec enthousiasme par la multitude de ceux qui croyaient se faire une réputation d'esprit en professant ses opinions.

Elles devinrent le sujet ordinaire des conversations. On s'accoutuma à discuter les droits du peuple dans le sens de ces ouvrages, qui n'étaient rien moins que favorables aux souverains ; et l'insurrection des Américains, d'un peuple qui s'armait pour la liberté, et que nous crûmes pouvoir nous permettre de secourir, répandit et accrédita les principes républicains, qui étaient le motif de cette guerre.

Les mécontentemens qui y donnèrent lieu datent de l'époque de la paix de 1763. L'Angleterre, abîmée de dettes, conçut la pensée d'en faire acquitter une partie par ses colonies d'Amérique. Mais celles-ci, accoutumées à se taxer elles-mêmes, et à voir consommer au dedans de leur territoire les dépenses de leur administration, virent dans cette prétention une injure à leurs droits ; et la publication d'un acte du parlement de 1765, qui introduisit en Amérique l'usage du papier timbré, fut le signal d'une émeute à Boston. La révolte s'étendit dans toute la province de Massachusset'sbay dont cette ville était la capitale, et il y fut arrêté, dans une assemblée générale des francs-tenanciers, que, nonobstant l'acte du parlement, il serait légal de contracter sur papier libre et non timbré.

Cette audace, jointe à des remontrances plus conformes à l'esprit de soumission, obtint l'année suivante la révocation de l'acte du timbre, mais pour faire place à un autre encore plus inquiétant. Il était enjoint en effet aux provinces américaines, non seulement de recevoir les troupes qui leur seraient envoyées par la métropole, mais encore de leur donner gratuitement logement, chauffage, bière et autres menues fournitures. Les plaintes de la province de New-York furent punies par la suspension de son pouvoir législatif. Les Bostoniens se signalèrent encore en cette occasion, d'abord en repoussant de leur ville deux régimens qui avaient fait feu sur le peuple, et ensuite en organisant un soulèvement général. Ce fut l'ouvrage d'un comité particulier qu'ils créèrent en 1760, et qui, par sa réunion à divers députés des autres provinces, forma un comité général, dit de *Convention*, dont les avis furent bientôt respectés comme des lois. Le gouvernement mollit contre ces mesures de révolte, et retira ses actes en 1770. Sa faiblesse accrut dans les Américains le sentiment de leur force, favorisa l'émission d'une multitude d'opinions politiques nuisibles à l'autorité, et amena enfin un relâchement considérable dans les sentimens d'amour pour la mère-patrie.

Telles étaient les dispositions générales, lorsqu'en 1773 le gouvernement se ravisa, et, revenant à son premier plan de soumettre les colonies à l'impôt, chargea de droits exorbitans divers objets de commerce importés en Amérique, et particulièrement le thé, dont la Nouvelle-Angleterre faisait une immense consommation. Mais, toujours éveillés sur leurs intérêts, les Bostoniens repoussent cette taxe indirecte à laquelle on veut les soumettre, en refusant de laisser décharger les marchandises frappées de l'impôt : ils somment même le gouvernement d'en faire évacuer le port, et, sur son refus, la populace se porte sur les vaisseaux, et jette le thé à la mer. En même temps la confédération des provinces prend une nouvelle consistance par un assentiment opiniâtre et unanime à rejeter les denrées perfides sous l'envoi desquelles la politique anglaise masquait ses premiers projets.

Le gouvernement résolut alors de punir les Bostoniens; et, sous le prétexte de l'impossibilité de percevoir avec sécurité les droits dans une ville en insurrection, il arrête l'interdiction de son port et la translation de sa douane. Cette mesure ne pouvait manquer en effet d'être très sensible dans une cité singulièrement commerçante, où une multitude de familles ne vivaient que du mouvement et des transactions du négoce. En représaille, les Bostoniens proclament un embargo sur les vaisseaux anglais qui se trouvaient dans le port.

et font appel au commerce étranger pour s'y rendre. Mais pour valider cette résolution, il fallait user de la force, et le général Gages, gouverneur de la ville, bien déterminé à l'employer aussi de son côté pour en empêcher l'effet, avait dix régimens à ses ordres pour servir ses desseins.

Le 1ᵉʳ juin 1774, jour indiqué pour l'interdiction du port, Gages le fait bloquer sans obstacle par les bâtimens dont il dispose, et transfère de même la douane à Plymouth, au sud, et l'assemblée de la province à Salem, au nord. Mais, hors de l'inspection immédiate du gouverneur, les résolutions de celle-ci en devinrent plus hardies. Un comité représentatif s'unit encore une fois aux députés des comités établis à l'instar de celui-ci dans les autres provinces; il fixe, d'accord avec eux, au terme d'une année, la tolérance du commerce avec l'Angleterre, et émet enfin le vœu d'un congrès général. Des députés sont nommés de toutes parts, et au mois de septembre ils se rassemblent à Philadelphie, capitale de la Pensylvanie, et le centre à peu près de l'Amérique anglaise. Peyton-Randolph, élu président, commença la session par la rupture d'une couronne en douze parties égales qui furent distribuées aux représentans d'autant de provinces qui formaient alors la confédération. Le congrès rédigea ensuite une déclaration des droits, type de toutes celles qui ont été faites depuis, mais qui n'excita en Amérique aucune de ces méprises intéressées et de ces violences particulières dont elles ont été le prétexte en France. Il déclara la cessation des pouvoirs et des fonctions des employés anglais, autorisa les représailles en cas d'opposition, et ordonna enfin la levée des milices pour la défense du pays. Un dénombrement les fit évaluer à quatre cent mille hommes. Mais, indépendamment de la quantité de royalistes qu'il fallait compter dans ce nombre, l'enthousiasme et non la coaction qui réunissait les autres sous les drapeaux, et qui ne les y retenait que passagèrement, et toujours sous un engagement limité et subordonné à leurs affaires ou à leur bonne volonté, ne permit pas de long-temps d'en tirer un grand parti. Cependant un faible corps de cette milice, sous la conduite du général anglais Charles Lee, qui s'était dévoué à la cause des Américains, ayant pris immédiatement d'assaut le petit fort de Portsmouth, fixa sans retour, par ce succès, les résolutions hostiles des Américains.

Le premier évènement militaire que présente cette guerre fut à leur avantage. Le 19 avril 1775, leurs milices, surprises à Lexington, près de Boston, reculèrent d'abord et se dispersèrent. Mais bientôt, accrues de quelques renforts, elles se rallient et surprennent à leur tour les Anglais qui, croyant n'avoir plus d'ennemis à combattre, s'étaient débandés eux-mêmes, portant le fer et la flamme dans les environs. Ceux-ci, battus et poursuivis jusque dans la ville, y sont forcés et regagnent avec perte Boston, qui tarda peu à être investie par le général Putnam, à la tête de vingt-cinq mille Américains.

Mais, dans le même temps, les généraux Burgoyne et William Howe, envoyés par l'Angleterre, débarquaient dans cette ville, amenant avec eux cinq mille hommes de troupes réglées, qui firent lever le siège. Ce ne fut d'ailleurs qu'après une résistance opiniâtre qui présageait bientôt d'autres succès. Dès la fin de l'année, deux partis américains, sous le commandement du général Montgommeri et du major Arnold, pénétrèrent dans le Canada par deux voies différentes, malgré des chemins réputés impraticables, et, ayant enlevé Ticonderago et Montréal, vinrent mettre le siège devant Québec. Ils avaient essayé de séduire les habitans par les amorces de la liberté. Mais peu s'y laissèrent surprendre : ces peuples, nés dans les habitudes de la monarchie, demeurèrent fidèles, et, secondant le courage de leur gouverneur Gui Carleton, firent des sorties vigoureuses dans lesquelles Montgommeri fut tué et Arnold blessé, ce qui amena la levée du siège.

Immédiatement après la levée de celui de Boston, George Washington, ce même officier qui fut ou l'ordonnateur, ou le simple témoin du forfait qui priva Jumonville de la vie, forfait qui fut l'un des motifs de la guerre de sept ans, avait été élevé au grade de généralissime des armées américaines. La modération connue de son caractère l'avait fait juger le plus propre à défendre avec sagesse la révolution qui s'opérait ; il justifia l'opinion de son pays, et on lui doit sans doute d'avoir prévenu bien des crimes. Des échafauds ne s'élevèrent que rarement pour venger des trahisons constatées, et les royalistes n'eurent d'autres injustices à reprocher à leurs concitoyens que des détentions arbitraires et des spoliations qui étaient des représailles.

Au retour du printemps, le généralissime reprit le siège de Boston. Cette ville était mal fortifiée, mais les Américains la ménageaient par égard pour ses habitans. La disette qu'ils y firent naître avança leurs opérations, et surtout l'occupation d'un poste important d'où l'on foudroyait la flotte anglaise, et d'où l'on pouvait gêner l'embarquement de la garnison, si elle était réduite à cette extrémité. La commission du général Howe portait en ce cas de brûler la ville avant de l'évacuer. Le moment en était arrivé ; car il n'y avait plus que la retraite qui pût soustraire la flotte à une destruction inévitable. Mais les dangers de l'embarquement, et la crainte d'abandonner à la vengeance des Américains une partie de son arrière-garde, portèrent le général anglais à composer et à renoncer à l'acte de barbarie qui lui était commandé. Il se retira à Halifax, dans la Nouvelle-Ecosse, et y attendit de nombreux renforts que l'Angleterre faisait passer en Amérique, et qu'elle avait recrutés avec son or chez les divers petits princes d'Allemagne.

La prise de Boston éleva au comble l'enthousiasme des Américains. La Georgie accéda alors à la confédération, et le congrès fit publier, le 4 juillet 1776, un acte d'indépendance, par lequel il se constituait puissance libre et affranchie de la domination anglaise. Dans l'intention de se faire reconnaître pour tel par les puissances européennes, il nomma des agens diplomatiques qui furent envoyés en Espagne et en France. Benjamin Franklin, non moins célèbre par ses découvertes en physique que par les talens avec lesquels il avait défendu ses concitoyens à Londres, et dirigé depuis leur résistance, accompagna en France l'envoyé américain public; et, quoique sans caractère lui-même, l'espèce d'engouement que firent naître sa personne et la simplicité de ses mœurs et de son costume le rendit le principal agent de la négociation et en procura le succès. Il fit en France une véritable révolution, et la nation était toute gagnée à la cause de ses compatriotes avant que le gouvernement se prononçât en leur faveur. Celui-ci avait néanmoins toléré les communications lucratives de ses commerçans avec les colonies américaines, et les approvisionnemens d'armes et de munitions qui se faisaient dans ses ports pour le compte des insurgés. Enfin il fermait les yeux sur la disparition d'une jeunesse avide de gloire et folle de liberté, qui s'échappait de la cour et des armées pour s'associer à la cause des Américains et former à la discipline et à la victoire leurs bataillons inexpérimentés. Lord Chatam, l'implacable ennemi de la France, voulait qu'on lui déclarât la guerre sur ces indices; mais le ministère, ne les trouvant pas assez prononcés pour qu'on en pût conclure le dessein formel de prendre une part active dans ces démêlés, jugea inutile et même dangereux de provoquer ce surcroît d'embarras.

Cependant quarante mille Allemands, Hanovriens, Hessois et autres, étaient descendus en Amérique. Lord Howe, frère du général, commandait la flotte qui les avait amenés, et la facilité qu'il avait de transporter rapidement ces troupes sur divers points d'attaque affaiblissait l'ennemi, en le forçant, par l'incertitude où il le tenait, de disséminer ses nombreuses milices. Les Anglais échouèrent néanmoins devant Charles-Town, capitale de la Caroline méridionale, habilement et vigoureusement défendue par le général Lee. Ils réussirent mieux à New-York, où néanmoins ils éprouvèrent un léger contre-temps. Ils avaient espéré la conquête de cette ville, d'une intelligence qu'ils y avaient pratiquée avec le maire, avec le commandant même de la province, un des fils de Benjamin Franklin, et enfin avec la maîtresse de Washington, qui trahissait ce général. Cette trame fut découverte, et les Anglais furent réduits à employer ouvertement la force. Leur nombre décida du succès. New-York fut évacuée à leur approche, et Washington, battu encore par le chevalier Howe à Kingsbridge, fut contraint d'abandonner les bords de l'Hudson, et de se retirer sur la Delaware, pour couvrir Philadelphie. Cette ville, où se tenait le congrès, était l'un des points de mire des Anglais. Lord Cornwallis reçut l'ordre de s'y diriger. En y marchant, il rencontra Washington vers Prince-

Town. Il espérait atteindre son but en écrasant ce dernier, lorsqu'à la faveur de la nuit celui-ci lui échappa sans qu'il s'en aperçût, et fit une retraite vantée qui termina la campagne.

Au commencement de la suivante, le chevalier William Howe, reprenant les projets auxquels la saison avait mis obstacle, se fit porter à l'embouchure de la Delaware, remonta le fleuve et prit terre à peu de distance de Philadelphie. Washington se proposait de lui opposer les moyens de temporisation, qui seuls pouvaient lui réussir avec une armée trop novice ; mais le congrès lui ordonna de combattre. L'action eut lieu le 11 septembre 1777, à Brandywine. Le jeune marquis de La Fayette, l'un des premiers Français qui offrirent leurs services aux Américains, s'y distingua ; mais une blessure qu'il reçut dans l'action ne lui permit pas d'inspirer toute sa résolution aux brigades qu'il commandait. Les Américains furent battus, et recueillirent néanmoins de cette journée un avantage, celui d'avoir privé l'armée anglaise d'un grand nombre de combattans difficiles à remplacer. Les Anglais entrèrent à Philadelphie, que le congrès avait quitté pour aller s'établir à York-Town ; mais pendant qu'ils triomphaient dans le midi, ils éprouvaient dans le nord un échec honteux qui contre-balançait et au delà ce faible succès.

A l'exemple des Américains, le général Burgoyne avait essayé de se frayer une route dans les déserts épouvantables qui séparent les Etats-Unis du Canada. Après s'être emparé plus heureusement qu'il ne pouvait l'espérer du fort de Ticonderago, il suivait la rivière d'Hudson, se proposant de se réunir au général Henri Clinton, qui, partant de New-York, s'avançait lui-même sur cette rivière, et d'isoler ainsi les provinces du nord de celles du midi. Mais il avait à peine quitté le fort, qu'il était coupé sur ses derrières. Cependant il poussait toujours en avant, se raidissant contre les obstacles que lui offrait à chaque pas un pays affreux et stérile, où il perdait à la fois son temps, ses vivres et ses soldats. Dans un état lamentable d'épuisement, il touchait à Albany, lorsqu'il rencontra les généraux américains Gates et Arnold. Une attaque infructueuse lui fait connaître l'impossibilité de passer outre et la nécessité de rétrograder. Mais, arrivé à Saratoga, cette dernière ressource lui est enlevée. Cerné de toutes parts, et dans un dénuement de vivres auquel la victoire même ne pouvait apporter de remède, il fut réduit à capituler le 17 octobre, et à mettre bas les armes avec six mille hommes, reste de douze mille avec lesquels il était entré en campagne. Précisément dans le même temps, le marquis de La Fayette enlevait un convoi considérable que lord Cornwallis conduisait à Philadelphie, et cet avantage entra pour quelque chose dans les motifs qui firent évacuer cette ville aux Anglais l'année suivante.

Louis XVI ne voyait pas avec indifférence la position difficile où se trouvait l'Angleterre, mais sa probité l'éloignait d'en profiter, et de venger, ainsi qu'il y était excité, les anciennes injures de la France, couvertes, à son avis, par le traité solennel qui avait réconcilié les deux peuples. Tout ce que put arracher en faveur des Américains l'imprévoyance qui s'efforçait de l'entraîner dans une guerre si funeste pour lui par ses conséquences, et tout ce qu'il crut pouvoir se permettre, comme une mesure de précaution, fut un simple traité d'alliance et de commerce, signé le 6 février 1778, et qui ne devait avoir d'effet défensif et offensif qu'en cas de rupture de l'Angleterre avec la France. Mais, dans la disposition des esprits chez les deux nations, c'était un évènement qui ne pouvait plus tarder. Depuis long-temps les Anglais se plaignaient des secours particuliers donnés par quelques militaires et négocians français, tant en Amérique à leurs colons insurgés, que dans l'Inde au nabab Ayder-Ali-Kan, leur ennemi mortel. Les Français répondaient que le zèle chevaleresque de quelques individus n'avait jamais été considéré comme une agression nationale, et récriminaient d'ailleurs, et sur les injustices et sur les violations non moins criantes exercées envers une multitude de bâtimens de commerce, et sur le manque d'égard des Anglais pour les côtes de France, où les navires américains se voyaient poursuivis, et brûlés même jusque dans les ports. On ignorait alors qu'on avait des reproches bien plus graves à faire aux Anglais, et que leur ministère, ne doutant pas de l'issue de ces accusations réciproques, avait fait passer par la voie de Suez des ordres absolus pour attaquer les établissemens français dans l'Inde ; que déjà Chandernagor, Masulipatam, Karical, étaient au pouvoir des Anglais, et que le général Monro, parti de Madras, allait se diriger sur Pondichéry. Plus généreux, Louis XVI se fût reproché de commencer les hostilités ; il crut devoir même ne pas faire un mystère aux Anglais des engagemens qu'il venait de prendre avec leurs colonies, et le 13 mars il les fit notifier par son ambassadeur, à l'effet de prévenir les inductions erronées qu'on pourrait en tirer. Mais la prévention anglaise y vit une déclaration de guerre. Le ministère surtout affecta de n'en pas douter ; et, rappelant aussitôt son ambassadeur auprès de la cour de France, il accueillit avec empressement un prétexte aussi opportun de couvrir la déloyauté des ordres prématurés qu'il avait donnés dans l'Inde.

A la mi-avril, une flotte de douze vaisseaux de ligne appareilla de Toulon pour se rendre en Amérique. Elle portait des troupes de débarquement et un agent de la France auprès du congrès, M. Gérard, premier commis des affaires étrangères. Le comte d'Estaing commandait la flotte avec le titre de vice-amiral, quoiqu'il n'eût pas commencé dans la marine sa carrière militaire, circonstance qui lui occasionna, de la part des officiers trop peu subordonnés de ce corps, des contrariétés funestes. Il servait dans l'Inde, en 1759, avec le grade de brigadier, lorsqu'il fut fait prisonnier par les Anglais durant le siège de Madras. Relâché sur sa parole, et supposant qu'il avait été échangé, il mit en mer à la fin de l'année avec deux vaisseaux de la compagnie des Indes, et détruisit, dans le golfe de Perse et aux îles de la Sonde, divers établissemens anglais, dont il fit passer les richesses à l'Ile-de-France. Mais, retombé dans le cours de ses expéditions au pouvoir des Anglais, ils prétendirent le traiter en pirate, comme infracteur des lois de la guerre ; le jetèrent en conséquence à Londres dans un cachot, et se disposaient même à lui faire son procès. Les instances pressantes du dauphin, auquel il était attaché, le sauvèrent de la peine capitale dont il était menacé, et, de retour en France, il trouva, dans le grade de lieutenant-général de la marine qui lui fut accordé, un dédommagement à ses longues souffrances. Son activité connue, et la haine qu'il avait vouée au nom anglais, depuis les mauvais traitemens auxquels il avait été exposé, le firent choisir en cette occasion comme l'homme le plus propre à servir les desseins de la France contre l'Angleterre. Sa destination fut pour la Delaware. Il devait resserrer Howe par mer, pendant que Washington, qui s'était rapproché de Philadelphie, continuerait à le presser du côté de terre, et l'on se flattait de réduire le général anglais au sort humiliant de Burgoyne. Mais dès le mois de mai, pressentant la possibilité d'un tel désastre, Howe faisait ses dispositions pour se retirer à New-York, et elles furent exécutées à la fin de juin par le général Clinton qui lui succéda dans le commandement en chef. Il y eut à cette époque une affaire à Monmouth, où chaque parti s'attribua l'avantage, et qui, en résultat, n'interrompit point la retraite de Clinton.

Huit jours seulement après, le comte d'Estaing arriva à l'entrée de la Delaware, et sa présence n'y étant plus nécessaire, il se dirigea sur New-York. Il avait l'intention d'y attaquer la flotte de lord Howe, avant que celui-ci eût reçu les renforts que lui amenait le commodore Byron. Mais il fallut encore remettre ce dessein, parce que les vaisseaux français se trouvèrent tirer trop d'eau pour s'approcher suffisamment du port. Dès lors une autre expédition fut concertée contre Rhode-Island, l'une des places d'armes des Anglais. Neuf mille Américains, commandés par le général Sullivan et par le marquis de La Fayette, et quatre mille Français de l'escadre, prirent terre dans l'île, et marchèrent sans délai contre New-Port, qui en est la forteresse. On en croyait la prise si infaillible, que l'amiral avait menacé la garnison de la faire passer au fil de l'épée, dans le cas où elle se permettrait d'endommager les fortifications de la place. Les approches, secondées par l'artillerie de la flotte, donnaient en effet une espérance fondée de réussite, lorsque l'amiral Howe, malgré son infériorité, se hasarda dans les parages de l'île pour essayer de lui porter quelques secours en hommes et en munitions.

Ravi d'avoir trouvé enfin l'occasion de le combattre, le comte d'Estaing quitte sa station pour le joindre ; mais au moment où il l'atteignait une tempête furieuse sépare les deux armées, et les maltraite à tel point qu'elles sont forcées d'aller se réparer, l'une à Boston et l'autre à New-York. La flotte anglaise, radoubée la première, reparut devant New-Port, et décida la levée du siège. Les assiégés, qui avaient eu vent de son approche, avaient repassé la veille le bras de mer qui les séparait du continent.

Cependant les amiraux Howe et Byron étaient parvenus à se réunir et menaçaient Boston même. L'amiral français les en éloigna par une diversion sur les Antilles. A peine arrivé à la Martinique, il apprend que les Anglais venaient de s'emparer de Sainte-Lucie, au sud de cette île. Il appareille aussitôt, et trouve dans le port l'amiral Barington, avec six vaisseaux seulement, mais embossé d'une manière inabordable. Il est réduit à une attaque de terre, dont son courage lui dissimule le danger, sans pouvoir en triompher. Une perte considérable qu'il éprouve, et l'arrivée de l'amiral Byron dans le canal, contribuèrent également à lui faire hâter son retour à la Martinique, pour attendre les renforts que lui amenait M. de Grasse. Ainsi sa campagne se consuma en tentatives, dont aucune ne lui réussit. Plus heureux, le commandant de la Martinique, le marquis de Bouillé, ayant sous lui le marquis du Chilleau et le vicomte de Damas, colonels des régiments de Viennois et d'Auxerrois, s'était emparé, le 7 septembre, et sans perdre un seul homme, de l'île de la Dominique, l'île la plus voisine au nord de la Martinique; et par cet exploit, il avait jeté la terreur parmi les négocians anglais, qui craignirent pour toutes leurs autres possessions aux Antilles.

Non seulement le commerce anglais, mais la marine militaire même devaient commencer à concevoir quelques inquiétudes de l'audace et de l'expérience françaises. Tel fut du moins le sentiment que dut faire naître le résultat inattendu du combat d'Ouessant, livré le 27 juillet à l'entrée du canal de la Manche. Trente vaisseaux de ligne, de part et d'autre, se mesurèrent sous les ordres du comte d'Orvilliers pour la France, et de l'amiral Keppel pour l'Angleterre; et, après une journée entière de combat, tous furent contraints de se retirer respectivement dans leurs ports pour se radouber, sans qu'il y eût perte d'un seul vaisseau d'aucun côté. Ce fut pour les Français l'équivalent d'une victoire, par la confiance qu'elle leur rendit contre un ennemi habile sans doute, mais dont on exagérait trop peut-être la capacité pour la contre-balancer avec avantage ; les Anglais, au contraire, regardèrent l'issue de ce combat comme une véritable défaite, par la certitude qu'ils eurent d'avoir trouvé enfin des égaux dans leur art. Le duc de Chartres, depuis si tristement célèbre sous le nom de duc d'Orléans et sous celui d'Égalité, y commandait l'arrière-garde assisté du brave du Chaffaut. Le courage du prince, vanté d'abord avec excès, fut dénigré peu après sans retenue, et l'on supposa que sa conduite irrésolue durant le combat avait privé l'armée d'une victoire qu'elle devait espérer. Quoi qu'il en soit, la cour satisfit au vœu des marins, en l'éloignant du service de mer, par la charge de colonel-général des hussards dont elle le gratifia, et qui était incompatible avec ce service. On prétend que cette espèce d'affront, auquel le prince ne se méprit pas, fut le premier germe de la haine, si fatale à la France, qu'il manifesta depuis contre la famille royale.

Si, d'après la journée d'Ouessant, la France pouvait se promettre de disputer désormais la victoire à l'Angleterre, elle ne douta plus de la lui enlever sans retour, lorsque son alliance avec l'Espagne lui permit l'année suivante de doubler ses forces. Après quelques efforts inutiles pour concilier les différens de l'Angleterre avec ses colonies et avec la France, l'Espagne, liée à cette dernière puissance par le pacte de famille, se déclara ouvertement pour elle, et se hâta de prévenir, par une prompte coopération, la faute de son intervention tardive dans la guerre précédente. Gibraltar fut bloqué par terre et par mer, et trente-quatre vaisseaux de ligne, sous don Louis de Cordova, se joignirent dans l'Océan à trente-deux vaisseaux français, toujours commandés par le comte d'Orvilliers. L'amiral anglais Hardy, avec trente-huit vaisseaux, n'osa ou ne put empêcher la jonction qui se fit le 25 juin 1779; il recula devant cette formidable flotte de soixante-six vaisseaux, qui paraissait destinée à favoriser une descente en Angleterre. Une multitude de bâtimens de transport, disposés sur les côtes de Bretagne et de Normandie, étaient prêts à recevoir quarante mille hommes rassemblés dans ces deux provinces; et, à cet appareil de forces imposantes, l'Angleterre en ce moment n'avait guère que des milices à opposer. Le maréchal de Vaux était désigné pour commander la descente, et entre les officiers-généraux qui servaient sous ses ordres on distinguait le marquis de La Fayette, revenu de l'Amérique pour prendre part à cette expédition. Sa présence semblait en garantir la réalité; mais, à l'étonnement général, et soit contrariété des vents, ou effet de la politique conservatrice des cours alliées, qui prétendirent seulement neutraliser par cette démonstration les efforts extérieurs de l'Angleterre, la flotte combinée, après avoir tenu trois mois la mer, s'être approchée de Plymouth, où elle jeta la terreur, et avoir chassé pendant vingt-quatre heures la flotte de l'amiral Hardy, qu'elle ne put atteindre, rentra à Brest au mois de septembre, après avoir perdu sans combat cinq mille hommes qui périrent sur les vaisseaux, victimes d'une épidémie qui s'y manifesta.

Une tactique semblable avait lieu en Amérique, où le comte d'Estaing servait la cause des Etats-Unis par des diversions sur les îles anglaises des Antilles. Détaché par lui, le chevalier de Rumain venait d'enlever aux Anglais l'île caraïbe de Saint-Vincent, et lui-même, accru des renforts amenés par les comtes de Grasse et de La

Motte-Piquet, ainsi que par le marquis de Vaudreuil, qui, au commencement de l'année, avait détruit les établissemens anglais du Sénégal, fit voile avec vingt-cinq vaisseaux de ligne pour la Grenade, y débarqua le 2 juillet, et s'en rendit maître en deux jours. Cette expédition, qui excita un enthousiasme général parmi les Français, eut un éclat supérieur à son importance. Ce n'était qu'un coup de main, brillant à la vérité, où une petite armée de quinze cents hommes et sans canon en força sept cents dans un fort, mais qui reçut un nouveau lustre, et de la double fonction du chef, comme amiral et comme général, et de l'intrépidité avec laquelle il sauta des premiers dans les retranchemens ennemis, et enfin de l'engagement naval qui suivit la prise. Le jour même où lord Macartney se rendait aux Français, l'amiral Byron, informé de l'attaque de la Grenade, avait appareillé de Sainte-Lucie avec vingt et un vaisseaux de ligne et quatre mille hommes de débarquement. Il ne fut en vue de l'île que le 6, et se dirigea sur le port, où il fût entré et où sa flotte eût couru le risque de se livrer elle-même, si l'on ne se fût trop pressé d'arborer le pavillon français sur le fort. Il reconnut son erreur assez tôt pour prévenir sa ruine, mais non pour éviter le combat. Plusieurs de ses vaisseaux furent désemparés, mais il n'en perdit d'ailleurs aucun. Il fit retraite à Saint-Christophe, où il se refusa à un nouvel engagement dont l'amiral français lui offrit l'occasion.

Ce ne fut qu'après ce double exploit que le comte d'Estaing se montra enfin sur les côtes des États-Unis, dont les habitans se plaignirent d'être oubliés par leurs alliés. Pendant tout le cours de cette année ils s'étaient maintenus avec assez d'égalité sur le continent, où ils avaient aussi souvent battu les Anglais qu'ils en avaient été battus eux-mêmes dans des combats partiels et dans des affaires de postes qui ne décidaient rien, et qui, par cela seul, étaient au désavantage des Anglais. Cependant, à la fin de l'année précédente, ceux-ci s'étaient emparés de Savannah, capitale de la Georgie. Le comte d'Estaing, secondé par le général Lincoln, résolut de leur arracher cette place, en disposa le siège et ouvrit la tranchée le 16 septembre. Mais, d'un côté, la négligence des Américains, suite d'une certaine prévention qu'on était parvenu à leur inspirer contre leurs alliés, ayant laissé pénétrer des renforts, les assiégés furent bientôt plus nombreux que les assiégeans; et, d'une autre part, la flotte, dans une rade découverte, éprouvait de temps à autre des coups de vent plus ou moins pernicieux à ses agrès. Dans cette situation critique, l'amiral ne vit d'espoir de succès que dans la chance d'un assaut. Il le fixa au 9 octobre, et lui-même conduisit une colonne. Mais, si l'attaque fut vigoureuse, la défense du gouverneur Prévost ne fut pas moins opiniâtre, et les Français et les Américains, vingt fois près de planter leurs drapeaux sur les remparts, furent autant de fois repoussés. La perte qu'ils éprouvèrent, et une blessure que reçut le comte d'Estaing, déterminèrent dès le lendemain la levée du siège et le départ de la flotte. Byron avait divisé son armée en trois escadres; l'amiral français, à son imitation, fit trois divisions de la sienne. La première se rendit à Saint-Domingue sous M. de Grasse ; la seconde eut pour chef M. de La Motte-Piquet, et pour destination la Martinique ; la troisième, commandée par le marquis de Vaudreuil, alla croiser dans la baie Chesapeack. Pour lui, il revint en France avec le seul vaisseau *le Languedoc*, qu'il montait. Ce qu'il y eut de très particulier dans l'expédition infructueuse de la Géorgie, c'est qu'à trois cents lieues de là elle opérait l'évacuation de Rhode-Island, que les forces combinées des Américains et des Français n'avaient pu obtenir l'année précédente. Clinton l'avait ordonnée sur l'avis de l'approche des Français, en sorte que les Américains s'en emparèrent sans coup férir : le pavillon britannique, qu'ils y laissèrent flotter quelque temps encore, leur valut de riches prises, qui entrèrent sans défiance dans le port.

Cette même année vit le traité de Teschen, qui mit fin à une courte guerre qui pensa embraser l'Europe, et qui fut arrêtée par la sagesse du comte de Vergennes. Le 30 décembre 1777, la mort du fils de l'empereur Charles VII, l'électeur de Bavière, Maximilien-Joseph, le dernier de la branche cadette de cette maison, appela à sa succession l'électeur palatin Charles-Théodore, qui réunit les possessions des deux branches, séparées depuis près de cinq cents ans. Mais déjà l'empereur, en vertu de titres peu concluans, formait des prétentions sur cet héritage. Il obtint de l'électeur effrayé une reconnaissance de ses prétendus droits, et les appuya par des bataillons qui prirent possession d'une partie de l'électorat. Les états de Bavière, et, comme plus proche agnat de l'électeur, le duc Charles de Deux-Ponts, le même que nous voyons aujourd'hui roi de Bavière, appelent de cette voie de fait, et trouvent dans le roi de Prusse un protecteur de leurs droits et un défenseur des lois de l'empire. A ce titre, celui-ci fait passer une armée en Saxe et une autre en Silésie. L'empereur réclame de son côté les secours de la France, stipulés par le traité de 1756 ; et l'embrasement de l'Allemagne dépendait de la réponse du cabinet de Versailles. Elle fut que, l'empereur ayant été l'agresseur par l'occupation de la Bavière, il n'y avait pas ouverture au cas de l'assistance promise par le traité. Dans le même temps, l'impératrice de Russie, quitte par la médiation de la France de ses nouveaux démêlés avec la Porte, au sujet de l'élection du kan de Crimée, signifie à la cour de Vienne qu'elle sera dans la nécessité de satisfaire à ses engagemens avec la Prusse, si l'empereur persiste dans ses prétentions. Celui-ci se détermine dès lors à des négociations plus sérieuses que celles qui avaient accompagné jusqu'alors les escarmouches entre les deux armées. Aucune action notable n'avait heureusement eu lieu entre elles, lorsqu'un congrès fut ouvert à Teschen en Silésie, sous la médiation de la France et de la Russie. La paix y fut signée le 3 mai 1779 : l'héritage de la Bavière fut confirmé à l'électeur palatin et aux princes de sa maison, et l'honneur impérial fut sauvé par la cession du cercle de Burghausen, à la droite de l'In et de la Salza.

L'impératrice Marie-Thérèse, qui vivait encore, ne s'était pas dessaisie du gouvernement de ses états ; elle avait seulement appelé son fils, en 1765, à la qualité de co-régent. Dans cette dernière occasion, elle avait contraint l'humeur belliqueuse de celui-ci à céder. Sa mort, qui arriva les derniers jours de l'année suivante, après quarante ans d'un règne qui la place au rang des plus grands princes de sa maison, laissa liberté à Joseph II de donner carrière à son caractère remuant, et aux innovations par lesquelles en voulant améliorer le sort de ses peuples il ne fit que les tourmenter. Quant à Marie-Thérèse, un des éloges les plus flatteurs qu'on ait faits de son gouvernement, est ce mot d'un pauvre agriculteur de Bohême : « Je ne suis qu'un paysan, disait-il ; mais je parlerai à notre » reine quand je voudrai, et elle m'écoutera comme elle écoute les » plus grands seigneurs. »

L'Angleterre vit diminuer, en 1780, les immenses profits dont s'enrichissaient ordinairement ses corsaires. Sous prétexte que les neutres transportaient chez leurs ennemis des munitions prohibées, ou qu'ils se rendaient dans des ports qu'elle déclarait bloqués sans qu'ils le fussent effectivement, elle s'arrogeait le droit de visiter leurs bâtimens, et le plus souvent de les confisquer. Fatiguées de ces vexations, les puissances du Nord crurent les circonstances favorables pour s'en affranchir ; et, sous le nom de *neutralité armée*, elles formèrent une ligue pacifique destinée à protéger leur commerce. Elles armèrent en effet, sans dessein hostile, mais avec celui de repousser par la force les perquisitions insolentes que se permettaient à leur égard les moindres bâtimens de guerre. Elles déclarèrent d'ailleurs ne reconnaître pour munitions prohibées que les objets moyens immédiats d'attaque ou de défense, tels que poudre, boulets, canons et autres semblables, mais nullement les madriers, planches, poutres, cordages, fers et goudrons, matières ordinaires de leur commerce. La signification qu'elles firent de cet acte aux puissances belligérantes fut accueillie en France et en Espagne, comme s'accordant avec les plans de leur politique ; mais l'Angleterre en conçut un vif ressentiment contre Catherine, qu'elle supposa avoir été l'instigatrice de ce projet.

Le comte de Guichen, qui remplaçait M. d'Estaing aux Antilles, était parti dès le mois de janvier avec quinze vaisseaux pour se rendre à sa station. Sir Georges Rodney, destiné à être son rival de gloire dans les mêmes parages, avait mis à la voile quelques jours plus tôt des ports d'Angleterre avec vingt-un vaisseaux de ligne et un convoi qu'il devait, chemin faisant, conduire à Gibraltar. Cet

officier était retenu en France par ses dettes, lorsque la guerre s'alluma entre les deux couronnes. Un jour, dînant chez le maréchal de Biron, il s'éleva avec assez de jactance sur la conduite également malhabile de ses compatriotes et des Français, et prétendit que, s'il eût été libre, il eût voulu détruire successivement les forces des deux alliés. Le maréchal se fit un point d'honneur de punir cette espèce d'insulte à sa patrie, par un acte de générosité dont il était loin de soupçonner toute l'influence. Il paya les dettes de Rodney, et en le lui annonçant : « Partez, monsieur, lui dit-il, essayez de
» remplir vos promesses ; les Français ne veulent pas se prévaloir
» des obstacles qui vous empêchent de les accomplir ; c'est par leur
» bravoure qu'ils mettent leurs ennemis hors de combat. »

Le commission dont il avait été chargé était difficile à remplir : vingt-quatre vaisseaux de ligne, tant espagnols que français, sous le commandement de don Gaston, devaient sortir incessamment de Brest et se rendre à Cadix, à sa poursuite ; la nombreuse escadre de don Louis de Cordova, et celle de l'amiral Barcello, chargé du blocus de Gibraltar, croisaient à l'entrée du détroit sur les caps Spartel et Trafalgar ; et enfin don Juan de Langara, avec neuf vaisseaux de ligne, avait sa station en avant de Cadix, vers le cap Sainte-Marie. C'était à travers ces nombreux ennemis qu'embarrassé encore par son convoi il devait essayer de pénétrer à Gibraltar. Un premier coup de vent dispersa à trente lieues de Brest la flotte de don Gaston. Un autre désempara la croisière du détroit, et la força à aller se réparer à Cadix. Le seul Langara fut épargné, mais pour tomber entre les mains de Rodney. Le 16 janvier, faute d'avoir envoyé à la découverte de l'ennemi, il ne put l'éviter et l'attendit dès-lors en bataille. Son courage ne put le soustraire au sort inévitable qu'appela son infériorité. Un de ses vaisseaux brûla, quatre autres furent pris : tous cependant ne furent pas perdus. L'un d'eux, trop faible d'équipage pour manœuvrer par un gros temps, s'étant vu sur le point d'échouer ou de périr, les Anglais qui l'occupaient voulurent forcer les prisonniers espagnols qu'ils avaient à fond de cale de les aider à sauver le vaisseau ; tous répondirent « qu'ils étaient prêts
» à périr avec leurs vainqueurs, et qu'ils ne donneraient aucune
» assistance qu'ils n'eussent la liberté de conduire le vaisseau dans
» un port d'Espagne ». La nécessité força les Anglais d'y consentir, et les Espagnols ramenèrent les vainqueurs prisonniers à Cadix. Pour Rodney, après un mois de séjour dans la rade de Gibraltar, ayant réparé avant les Espagnols, il repassa le détroit sans obstacle, et gagna sa destination aux Antilles.

Il y était à peine rendu, que trois combats livrés dans le cours d'un seul mois contre le comte de Guichen attestèrent l'égale habileté des chefs et des équipages. Cependant les vaisseaux de Rodney furent plus maltraités, et le temps dont il eut besoin pour les remettre en état lui donna une infériorité momentanée. M. de Guichen en profita pour protéger l'arrivée d'une escadre espagnole de douze vaisseaux de ligne, que don Solano conduisait à la Havane, avec douze mille hommes de débarquement, et sur laquelle l'amiral anglais avait assez publiquement jeté son dévolu. L'amiral français avait espéré de cette jonction quelque tentative heureuse sur les îles anglaises ; mais les instructions précises de l'Espagnol, qui se proposait la conquête de la Jamaïque, ne lui permirent point de ralentir sa marche ; et les maladies qui gagnèrent les deux escadres achevèrent encore de paralyser leurs forces.

Cependant leur réunion instantanée avait inquiété Rodney. Craignant également et pour la Jamaïque et pour le continent, il fit deux divisions de sa flotte, envoya l'une à Kingstown, et avec l'autre se rendit sur les côtes des Américains. C'était à la fois une méprise et une imprudence ; mais toujours heureux, il y gagna d'avoir dérobé ses vaisseaux à un ouragan terrible qui se fit sentir aux Antilles le 10 octobre et les jours suivans, et qui brisa quatre cents vaisseaux à la Barbade, à Saint-Christophe et à Sainte-Lucie. Bridge-Town, la principale cité de la première de ces îles, devint un monceau de ruines, et cinq mille habitans périrent sous ses décombres.

M. de Guichen, qui épiait les démarches de Rodney pour régler les siennes, n'ayant plus à le redouter dans ces mers, envoya dès-lors à Cadix la flotte marchande de Saint-Domingue. C'était la première flotte française de commerce qui fût parvenue en Europe sans échec. En général, le soin d'escorter les bâtimens marchands avait été trop négligé par le gouvernement, et un préjugé malheureusement trop répandu parmi les officiers de la marine le leur faisait trouver au dessous de leur dignité. Cette prévention donna un nouveau mérite au zèle que marquèrent à cet égard quelques officiers distingués, et entre ceux-ci le brave La Motte-Piquet, dont la réputation s'est particulièrement établie sur le dévoûment, le courage et l'habileté avec lesquels il sut protéger divers convois. Parmi plusieurs exploits de ce genre, on cite comme un exemple mémorable la journée du 28 décembre 1779. Il était à la Martinique avec six vaisseaux délabrés, dont trois étaient en carène, lorsqu'une flotte de vingt-six voiles, qui se trouvait poursuivie dans le canal de Sainte-Lucie par quatorze vaisseaux aux ordres de l'amiral Hyde-Parker, fut signalée par les vigies. *L'Annibal* seul était prêt à mettre à la voile. La Motte-Piquet appareille sans hésiter, il engage le combat le plus inégal, débarrasse quelques bâtimens, et, une heure après, soutenu par les deux autres vaisseaux, qui, pour faire plus de diligence, s'étaient donné à peine le temps de recevoir la moitié de leurs équipages, il manœuvre avec tant d'art et de bonheur, qu'il sauve dix-sept navires et la frégate qui les escortait. L'amiral anglais ne put s'empêcher d'admirer hautement les grands talens de son adversaire, et de lui en adresser une lettre de félicitation.

On renouvelait cependant en Espagne les immenses préparatifs de la campagne précédente. Le comte d'Estaing y avait été appelé par le roi Charles, qui le nomma généralissime de ses troupes de terre et de mer; et une armée de débarquement était toujours stationnée sur les côtes de Flandre, de Normandie et de Bretagne. Mais ce ne fut encore qu'un épouvantail, et soixante-trois vaisseaux de ligne espagnols et français, sortis de Cadix sous le commandement du comte, n'eurent d'autre destination que de ramener dans les ports de France la riche flotte marchande de Saint-Domingue. Peut-être, au reste, ne fallait-il pas moins que cette formidable escorte pour la soustraire à la capture de quarante-cinq vaisseaux de ligne qui l'épiaient, et que l'amiral Darby promenait à cet effet dans ces mers.

En Amérique, Clinton et l'amiral Arbuthnot avaient fait au printemps l'importante conquête de Charles-Town, capitale de la Caroline méridionale, et ils dominaient dans cette province et dans la Géorgie avec une férocité dont malheureusement les Anglais donnèrent trop d'exemples dans le cours de cette guerre. Impolitiquement, à la vérité, quelques provinces avaient formé des listes de proscrits, dont les biens furent confisqués, et dont la vie même était menacée s'ils venaient à rompre leur exil, et à la tête de ces listes se trouvait inscrit le nom de Henri Clinton. Le congrès autorisa des représailles qui, heureusement pour l'humanité, n'eurent point d'exécution.

A ces progrès de l'Angleterre dans le midi du continent américain, la France opposa une diversion dans le nord. Le lieutenant-général comte de Rochambeau fut porté par le chevalier de Ternay, avec six mille hommes de débarquement, à Rhode-Island, et dans le cours de l'automne il reçut un nouveau renfort de six mille hommes, amené par le comte de La Touche-Tréville. Clinton, qui dut se repentir alors de l'évacuation de ce poste, se concerta avec Arbuthnot pour le reprendre; mais la résistance qu'ils y trouvèrent, et un mouvement de Washington sur New-York, demeuré sans défense, les firent presque aussitôt renoncer à leur projet. Les Espagnols agissaient de leur côté avec succès dans le Yucatan, où ils expulsèrent les Anglais de leurs établissemens de Campêche, et dans la Floride occidentale, où ils s'emparèrent du fort Mobile et de Pensacola.

Ce fut durant cette campagne qu'eut lieu la défection d'Arnold, l'un des généraux américains les plus estimés. Soupçonné d'avoir détourné à son profit une partie du butin fait sur l'ennemi, il avait perdu la confiance du congrès. Il s'en aperçut, et résolut de s'en venger en désertant la cause de la liberté, dont il avait été jusque-là l'un des plus chauds apôtres. Clinton accueillit son changement, mais voulut qu'il lui en livrât pour gage le fort où il commandait. Le major André, jeune officier anglais de la plus grande espérance, dépêché vers lui pour concerter les dispositions nécessaires à l'exécution de ce projet, est arrêté, déguisé en paysan, comme il venait de prendre avec lui les dernières mesures, et les preuves de l'intelligence sont saisies dans ses bottes. Arnold, qui en est instruit par hasard, s'échappe; et l'infortuné major, tout en pénétrant ses juges du plus vif intérêt, est condamné à mort comme espion. Arnold servit depuis contre ses compatriotes, et pensa être fait prisonnier dans une action. « Qu'eussiez-vous fait de moi, demanda-t-il à un Américain, » si vous m'eussiez pris ? — Nous aurions séparé de ton corps, ré» pondit celui-ci, cette jambe qui fut blessée pour le service de la » patrie, et nous aurions pendu le reste » ; réponse qu'il faut se garder de trouver sublime, en ce qu'elle pèche à la fois et contre la générosité et contre la justice des compensations.

Cependant l'Angleterre, luttant avec peine contre la marine de France et d'Espagne, réclamait depuis long-temps, et en vertu des traités de 1678 et 1716, l'assistance de la Hollande. Ce pays était partagé en deux factions : celle des républicains, qui refusait de se commettre avec la France, et celle du stathouder, dévoué à l'Angleterre par ses alliances avec la maison de Brunswick, qui le gouvernait. La première prévalut et répondit par un silence obstiné aux demandes de l'Angleterre. De nouvelles réclamations et des plaintes sur l'asile donné à des corsaires américains, au fameux Paul Jones, n'eurent pas plus de succès, ou du moins les mesures qui en furent la suite parurent des actes de connivence. Dès-lors le commerce des Provinces-Unies fut livré à la rapacité des corsaires anglais. L'accession que méditait la Hollande à la neutralité armée semblait devoir y porter remède; mais l'Angleterre, qui eût été frustrée de son espérance par cette mesure, déclara nettement la guerre aux Hollandais le 21 décembre, se flattant de compenser sur les possessions sans défense de cette puissance les pertes que pourraient lui faire éprouver les autres. Telle était la situation des puissances belligérantes au commencement de 1781.

Les espérances si légitimes et si souvent déçues de la France firent soupçonner que les ministres de la guerre et de la marine, Montbarey et Sartine, étaient au-dessous de leurs emplois. On prétend que M. Necker, qui avait besoin de la victoire pour entretenir la confiance des capitalistes, fit suggérer à la reine de les remplacer l'un et l'autre par les marquis de Castries et de Ségur, recommandables tout à la fois et par leurs talens militaires et par les vertus qu'ils joignaient à ces talens. Présentés par elle, ils furent agréés par le roi vers la fin de 1780, et, sous leur direction, la guerre, dès l'année suivante, prit une nouvelle activité.

Tandis qu'ils s'appliquaient à justifier l'opinion que l'on avait de leur capacité, celui qui avait préparé les voies à leur élévation, et qui s'en promettait peut-être une ample moisson de gloire pour lui-même, ruinait ses espérances et préparait l'occasion de sa chute, dans les combinaisons mêmes d'un travail qu'il supposait devoir ajouter sans doute à sa consistance. Des réformes qu'il avait poursuivies avec une fermeté salutaire à l'état n'avaient point manqué de lui faire déjà beaucoup d'ennemis. Il en accrut le nombre par l'apparition d'un *compte rendu* qui mit sous les yeux du public, dans les premiers jours du mois de janvier 1781, l'état des recettes et des dépenses du royaume, et qui, pour résultat, offrait en recette un surcroît de dix millions.

C'était un phénomène inouï en France que la publicité d'un pareil état. La constitution politique du royaume, qui mettait le trône dans l'indépendance des sujets pour l'assiette et l'emploi de l'impôt, en avait toujours éloigné jusque-là les monarques, et ils eussent craint de compromettre leur autorité en se prêtant à rendre, pour ainsi dire, un compte de clerc à maître. Mais Louis XVI, toujours séduit par les idées philanthropiques, était peu jaloux de sa puissance, et il entra facilement dans les vues de son ministre, dont le système financier reposait tout entier sur la puissance de l'opinion, opinion qu'il flattait le prince de diriger doucement par des procédés de condescendance et de franchise, qu'il savait être dans son cœur. Le roi consentit donc à la publication de cet ouvrage, dont le but était de prouver que l'état avait un excédant de revenu qui lui permettait d'offrir un gage à la confiance des prêteurs, sans qu'il fût besoin de recourir encore à la voie pénible des impôts. Sous ce rapport, le compte rendu atteignit pleinement son but, et deux nouveaux emprunts viagers, l'un de soixante millions, et l'autre de trente, ouverts à un mois de distance l'un de l'autre, furent aussitôt remplis.

Mais, d'autre part, un faste de vertu disséminé dans toute la contexture de l'ouvrage du ministre, et dont le moindre inconvénient eût été de le rendre ridicule; ce *moi* haïssable, si importun à l'amour-propre d'autrui, qui revenait sans cesse, et qui semblait appeler sur lui seul la reconnaissance des peuples; enfin un étalage de réformes utiles, les unes exécutées, les autres jetées seulement en avant comme pour préparer l'opinion, et sur lesquelles s'alarmèrent les corps privilégiés, eurent bientôt soulevé tous les courtisans contre l'auteur. Le vieux Maurepas, indigné de se voir éclipsé par sa créature, s'appliqua à la replonger dans le néant, et n'eut pas de peine à décréditer un ministre dont les essais tendaient à assimiler l'état d'un roi de France à la nullité d'un roi d'Angleterre. On se fit un système de contrarier ses plans dans le conseil. Il demanda d'y être admis pour les défendre; on le refusa : dès lors il comprit que son rôle était fini, et le 25 mai il offrit sa démission. Mais l'enthousiasme qu'il avait excité parmi les Français, qui se crurent appelés, par son compte rendu, à la discussion des principaux intérêts de l'état, et qui en conçurent peut-être le désir effectif; l'excellente situation où il laissait le trésor royal, muni des fonds nécessaires à la brillante et importante campagne de 1781; les avantageuses réformes qu'il avait commencé à introduire dans l'administration de quelques provinces appelées par lui à une espèce de régime municipal, et dont les heureux essais faisaient désirer aux autres le même sort, firent généralement considérer sa retraite comme une calamité publique.

Cependant il a été considéré depuis comme un charlatan politique, moins puissant en œuvres qu'en paroles, comme un empirique tout au plus propre à pallier les maladies de l'état; et qui, par les nombreux emprunts qu'il eut l'art de faire réussir, a commencé à creuser cet abîme des finances qui a amené le chaos et les crimes de la révolution. De son aveu, il augmenta le passif du trésor royal d'un capital de cinq cent trente millions, produisant quarante-cinq millions de rente. Mais la justice veut qu'on observe que ce fut véritablement la guerre, ce fléau de tous les empires, qui endetta la France de cette somme, et que d'ailleurs l'état même n'en fut pas plus surchargé, en ce que, sous l'administration de ce ministre, les revenus s'accrurent d'une quotité supérieure à l'accroissement des charges. L'extinction nécessaire d'une partie des créances viagères, le remboursement de quelques autres, la réduction du nombre des régies et des bénéfices des régisseurs, la diminution des fermiers-généraux et des intérêts de leurs fonds, la suppression des receveurs-généraux, l'augmentation des baux de quelques administrations, la vérification des vingtièmes, la sévérité sur les décharges, la réforme dans les loteries, les dons gratuits du clergé, la suppression d'une multitude de charges inutiles, une grande réduction sur l'article des dépenses imprévues, et une foule d'autres améliorations moins sensibles, portèrent cet excédant à près de quatre-vingts millions, ce qui couvrit non seulement les quarante-cinq millions de rente que le directeur-général des finances avait ajoutés à la dette du royaume, mais encore les vingt-quatre millions de *déficit* que présentait l'état de M. de Clugny, son prédécesseur. Ainsi il laissa la recette et la dépense dans une balance à peu près exacte. C'est à la vérité ce que lui ont contesté ses ennemis, mais ce qu'il paraît avoir prouvé par le relevé des emprunts opérés, et les bonifications survenues depuis sa retraite, et dont la balance offre précisément ce déficit effrayant qui fit recourir, en 1787, à l'assemblée des notables.

Aussitôt que Rodney eut reconnu son erreur sur les projets des Français et des Espagnols, il revola vers les Antilles, et seule puissance alors dans ces mers, il se hâta d'en profiter pour mettre quatre mille hommes à terre à Saint-Vincent. Mais sept cents Français, qui formaient la garnison de Kingstown, suffirent pour lui enlever l'espérance qu'il avait conçue de s'en rendre maître. Informé vers ce temps de la déclaration de guerre entre l'Angleterre et la Hollande, il tourna ses efforts vers des conquêtes plus faciles et plus lucratives. S'étant présenté dans les premiers jours de janvier devant Saint-Eustache, le major-général Robert Vaughan força cent trente soldats sans défiance, et unique garnison de l'île, de se rendre à discrétion. Le major ne démentit point, en cette occasion, la réputation de barbarie qu'il s'était acquise sur le continent américain par l'incendie de la ville d'Æsopus, qu'il livra aux flammes comme il marchait inutilement au devant du général Burgoyne. Par ressentiment de quelque résistance de la part du capitaine d'une frégate, il voulait faire éprouver le même sort aux malheureux habitans de Saint-Eustache, que leur innocence et leur faiblesse eussent dû également protéger, et qui furent spoliés avec aussi peu d'égards que si on les eût enlevés d'assaut. Rodney, qui s'opposa à la destruction proposée par Vaughan, ternit d'ailleurs sa gloire par l'assentiment qu'il donna aux autres violences. Trente-deux bâtimens chargés des dépouilles des négocians hollandais furent expédiés en Europe sous l'escorte de quatre vaisseaux de ligne. Mais, à la vue de l'Angleterre, et à la hauteur des Sorlingues, ils furent rencontrés par une escadre supérieure, aux ordres de La Motte-Piquet, qui en enleva vingt-six.

Cependant le comte de Grasse, parti de Brest à la mi-mars avec vingt-un vaisseaux de ligne et un nombreux convoi, ayant fait remorquer les plus mauvais voiliers, arriva aux Antilles après trente-six jours seulement de traversée. Rodney, occupé à Saint-Eustache à la vente des effets capturés par lui, détacha le vice-amiral Hood avec dix-huit vaisseaux pour l'observer et lui fermer l'entrée du port de la Martinique. Le 29 avril, M. de Grasse, étant en vue du Fort-Royal, en reçut encore un renfort de quatre vaisseaux. Hood, malgré son infériorité, ne refusa pas le combat, et ne prit chasse qu'après quatre heures d'engagement. Les plans de l'amiral français ne lui permirent point de s'attacher à le poursuivre.

Une diversion sur Sainte-Lucie, en trompant les Anglais sur son véritable dessein, lui permit de descendre à Tabago sans y être attendu. Le marquis de Bouillé, déjà en réputation par la prise de la Dominique, conduisit les attaques, et fit capituler les forces de cette île importante et par ses productions et par son voisinage du continent méridional de l'Amérique. Quant à M. de Grasse, les dépêches qu'il reçut alors de Rhode-Island par la frégate *la Concorde*, qui lui amenait des pilotes américains, lui firent quitter ces parages et gagner d'abord Saint-Domingue. Rodney, jugeant la campagne finie dans les Antilles, repassa en Angleterre avec une partie des dépouilles de Saint-Eustache, et laissa le commandement des forces anglaises au vice-amiral Hood.

M. de Grasse ne fit que toucher à Saint-Domingue, où il prit des troupes de débarquement, et de cette île il gagna le rapide et dangereux canal de Bahama, pour se rendre plus tôt sur les côtes de l'Amérique, où il était attendu avec impatience. Dans sa route, il pensa intercepter, à la pointe de l'île de Cuba, une riche flotte qui venait de sortir de la Jamaïque, et qui y rentrant aussitôt jeta l'alarme dans toute l'île. Enfin le 18 août, l'amiral français jeta l'ancre à l'entrée de la baie de Chesapeack, et commença à exécuter, pour sa part, le plan concerté à Rhode Island par Washington et le comte de Rochambeau, et auquel la frégate dépêchée aux Antilles l'avait invité à concourir. Il consistait à enfermer tellement lord Cornwallis dans la presqu'île d'York-Town, qu'il fût contraint de subir le sort de Burgoyne.

Le général anglais, après des succès par lesquels il avait fait rentrer en partie sous l'obéissance du roi d'Angleterre les provinces méridionales du continent, était remonté vers la Virginie, où ses progrès furent plus disputés. Déjà contrarié dans sa marche par le marquis de Lafayette, qui, avec un faible corps de milice, ne cessait depuis long-temps de l'observer et de le harceler, il se vit forcé de rétrograder vers la mer, lorsque la jonction du marquis avec les généraux américains Wayne et Greene accrut pour lui la difficulté de subsister dans un pays qu'il avait ruiné par ses dévastations. Il gagna York-Town, dans la presqu'île étroite formée par les rivières James et York, dans la baie de Chesapeack. Il y était en communication avec la flotte de l'amiral Arbuthnot, qui lui fournissait des vivres, et qui devait même lui amener des renforts. Mais Clinton, qui les lui promettait, changea de résolution, sur l'avis certain qu'il crut avoir, par une lettre interceptée, que les généraux Washington et Rochambeau se proposaient de marcher contre lui. Cette lettre était une feinte des deux généraux; ils lui donnèrent un nouveau crédit par un mouvement prononcé qu'ils firent sur New-York. Dès lors Clinton rappela encore Arbuthnot, ce qui permit à M. de Grasse d'entrer sans obstacle dans la baie, et de couper toute retraite à lord Cornwallis du côté de la mer, ainsi qu'on s'appliquait à la lui enlever du côté de la terre, mais insensiblement, pour le mieux abuser.

Trois mille hommes, amenés par la flotte et commandés par le marquis de Saint-Simon, se réunirent aussitôt au marquis de Lafayette, et quinze jours après Washington et Rochambeau, terminant une marche de près de trois cents lieues, arrivaient à Baltimore, à l'autre extrémité de la baie, où l'officier chargé de leur annoncer l'arrivée de l'amiral à sa station les attendait depuis une heure, concours bien extraordinaire dans une entreprise d'une exécution si longue et concertée de si loin. Ils furent transportés par les frégates de l'escadre à Williamsbourg, où, le 24 septembre, toutes les troupes de l'expédition se trouvèrent réunies au nombre de vingt mille hommes, dont la moitié étaient Français. Le comte de Custines, le baron de Vioménil, le marquis de Chastellux, en étaient les principaux officiers. On y remarquait encore le duc de Biron, alors connu sous le nom de Lauzun, qui avait achevé la conquête du Sénégal; le vicomte de Noailles, qui s'était déjà distingué à la prise de la Grenade; le comte de Rochambeau, fils du général, et colonel du régiment d'Auvergne; le vicomte de Mirabeau, colonel de celui de Touraine; Duportail, depuis ministre; le commissaire ordonnateur Villemanzy, Charles de Damas, Robert de Dillon, Charles de Lameth, Matthieu Dumas, Alexandre Berthier, et une foule d'autres, tous unis alors de sentimens, et qui depuis, par l'effet de nos dissensions domestiques, ont combattu sous des drapeaux divers, mais ont tous également conservé pure et intacte la gloire de l'honneur français.

Dans le temps même qu'ils arrivaient à Baltimore, les amiraux Graves et Hood réunis essayèrent de troubler les opérations combinées en pénétrant dans la baie. M. de Grasse sortit au devant d'eux avec vingt-quatre vaisseaux de ligne; les Anglais n'en avaient que dix-neuf. Malgré cette disproportion, l'importance des résultats et la confiance en leur tactique leur firent engager le combat. La circonstance du vent et la nature des évolutions ne permirent guère qu'aux avant-gardes de s'engager sérieusement. Celle de la flotte française était commandée par le fameux navigateur de Bougainville. Les Anglais furent les plus maltraités, et disparurent au bout de deux jours, laissant le champ libre aux opérations des alliés.

Lord Cornwallis, endormi long-temps sur le danger de sa situation, tant par la politique lenteur de son investissement que par les avis même du général en chef Clinton, qui se croyait toujours l'objet des manœuvres de l'ennemi, avait partagé sept à huit mille hommes qui lui restaient entre les deux villes d'York-Town et de Glocester, et avait négligé de donner aux fortifications de ces places tout le soin qu'il y eût apporté, sans doute, s'il n'eût été entretenu dans une funeste sécurité. Aussi les opérations qui devaient décider de son sort furent-elles peu prolongées. Le 28 septembre, les troupes se mirent en mouvement de Williamsbourg, et le lendemain les deux villes étaient investies au plus près. La tranchée fut ouverte le 7 octobre devant York-Town, et le dixième jour du siège, après quelques exploits brillans de part et d'autre, lord Cornwallis demanda une suspension d'armes pour régler une capitulation qui fut signée le 19. La veille, à l'aide de quelques bateaux, il avait essayé sur Glocester une fuite qui eût été inutile, mais qui fut dérangée par un orage. Six mille hommes de troupes réglées et quinze cents matelots mirent bas les armes et furent faits prisonniers. Cette expédition, qui décida de la fortune de l'Amérique, ne coûta pas cent hommes aux alliés. La générosité et l'affabilité françaises se signalèrent en cette occasion à l'égard des prisonniers. Elle ne crut pas pouvoir se permettre cependant de sauver au général anglais une légère humiliation, celle de remettre à Washington lui-même l'épée qu'il offrait à MM. de Rochambeau et de Lafayette, qui se déclarèrent auxiliaires.

Peu auparavant, l'actif Bouillé profitait de l'absence de toute escadre dans les Antilles pour reprendre Saint-Eustache et les petites îles qui en dépendent. Des douze cents hommes qu'il avait destinés à cette conquête, huit cents ne purent aborder à temps; les quatre cents autres, commandés par Arthur Dillon, colonel du régiment de ce nom, surprennent la garnison, qui en était sortie et qui faisait l'exercice sur l'esplanade. Celle-ci rentre dans le fort, mais les Français y pénètrent avec elle, s'emparent des ponts-levis et font capituler, le 16 juillet, huit cents soldats qui, trompés par l'audace des assaillans, ne doutent pas qu'ils n'aient affaire à une avant-garde prête à être soutenue par le corps d'armée. Une somme de seize cent mille livres, appartenant à Rodney et à Vaughan, provenant de la vente de leurs prises, et qui était encore déposée à Saint-Eustache, devint le partage de l'armée; en sorte que l'avarice anglaise profita peu de ses dures exactions.

L'océan qui baigne les côtes de l'Europe donna encore, cette année, l'imposant spectacle de la réunion des flottes française et espagnole, sous M. de Guichen et sous don Louis de Cordova. Les cinquante vaisseaux qui la composaient croisèrent à la hauteur des Sorlingues, forcèrent à se blottir dans Torbay la flotte de l'amiral Darby, jetèrent de nouveau l'alarme sur toutes les côtes de l'Angleterre, puis rentrèrent, au mois de septembre, dans leurs ports respectifs, sans avoir rien exécuté des grands desseins qu'ils paraissaient destinés à accomplir, et qu'on suppose avoir été pour le moins d'empêcher le retour des flottes marchandes de la Grande-Bretagne. Il n'y eut d'engagement dans les mers d'Europe que celui du Doggersbank, dans la mer du Nord, entre les côtes d'Angleterre et celles du Jutland. Sept vaisseaux anglais, sous le vice-amiral Peter Parker, revenaient de la Baltique, lorsqu'ils firent rencontre d'une flotte hollandaise de même force, qui, sous le commandement du contre-amiral Zoutman, escortait un convoi destiné pour la même mer. Le combat s'engagea entre eux le 5 août, et fut soutenu avec une telle vivacité de part et d'autre, que les deux escadres, également désemparées, furent contraintes l'une et l'autre de gagner leurs ports. L'un des vaisseaux hollandais périt en s'y rendant.

Dans le même temps que la grande flotte sortait de Cadix, une expédition en appareillait pour la Méditerranée. Contrariée par les vents, il lui fallut près d'un mois pour aborder à Minorque, l'objet de sa destination. Le 21 août, cent voiles y débarquèrent douze mille Espagnols : le duc de Crillon, général au service d'Espagne, les commandait. Toute l'île se soumit immédiatement, à l'exception du fort Saint-Philippe. Le général Murray eut le bonheur d'y réunir toutes les troupes dispersées en divers postes, montant à trois mille hommes, tourmentés à la vérité par la dyssenterie et par la discorde. Les fortifications en avaient été considérablement accrues depuis 1756. Toutes étaient taillées dans le roc : les murailles avaient soixante pieds de hauteur, et les fossés presque autant de profondeur. Les demi-lunes et les contre-gardes qui couvraient le corps de la place, le chemin couvert et les glacis, enfin divers petit forts en avant, étaient également creusés dans le roc, minés et contre-minés comme le corps de la place, pourvus de souterrains de communication impénétrables à la bombe, et coupés encore de puits à bascules propres à arrêter l'ennemi dans le cas où il parviendrait à s'y introduire. Pour vaincre tant d'obstacles, des renforts étaient nécessaires; la France y fit passer une division, composée des régimens de Lyonnais, de Bretagne, de Bouillon, de Royal-Suédois; et dès-lors commencèrent les opérations du siège. Mais le succès en était réservé à l'année suivante.

Dans l'Inde, où dominaient encore les Anglais, les possessions hollandaises tombaient les unes après les autres. Une partie des établissemens des Hollandais à Sumatra et au Bengale, ceux de Mazulipatnam et de Paliacate sur la côte de Coromandel au nord de Madras, de Sadras au sud, et de Négapatnam vers la pointe de la presqu'île, furent perdus pour eux cette année; et ils étaient menacés de tout perdre, et même le cap de Bonne-Espérance, si la France ne se fût chargée de le protéger. Le soin de sauver ses alliés lui donna une activité qu'elle n'avait pas eue pour elle-même.

On a vu comment les Anglais lui faisaient la guerre dans l'Inde, avant qu'elle fût déclarée en Europe. Pondichéry, dont les pertes étaient loin d'être réparées, et dont les fortifications n'étaient point achevées, vit se déployer devant ses murs, au mois d'août 1778, une armée anglaise, partie de Madras à la fin de juillet. Le commodore ou chef d'escadre Vernon arrivait en même temps avec un vaisseau de ligne et quatre frégates, pour cerner la ville du côté de la mer. M. de Tronjoli, qui commandait dans la rade, sortit le 10 août au devant de lui avec une escadre de pareille force. Le combat fut indécis. Chacun fut obligé de se réparer, mais ce fut à l'Ile-de-France que se rendit pour cet objet M. de Tronjoli. Pondichéry, cerné de toutes parts, n'avait aucune ressource à lui offrir à cet égard, et des renforts qui arrivaient au commodore eussent pu l'exposer d'ailleurs à demeurer bloqué dans la rade et à subir le sort de la ville. Son départ, en permettant à la flottille anglaise de pourvoir les assiégeans, sans obstacle, de toutes les munitions nécessaires au siège, livra à la merci des Anglais le gouverneur de Pondichéry, M. de Belle-Combe, qui, après quarante jours de tranchée ouverte, se trouva dans la nécessité de capituler le 18 octobre. Aïder-Ali-Kan accourait au secours des Français, mais il ne put arriver assez tôt.

Cet Aïder était fils de l'un des généraux du souba du Décan. Les avantages remportés par le père contre les Marattes, au pays de Mysore, dans le midi de la presqu'île, lui valurent l'honneur d'y devenir feudataire de l'empire, et d'assister désormais le souba avec des troupes dépendantes de lui seul. Le jeune Aïder surpassa les exploits de son père : appréciateur de la tactique européenne, il y forma ses troupes par les soins du déserteur Lalley, simple sergent, mais d'une capacité peu commune pour toutes les parties que comprend l'art militaire. A l'aide de cet homme, et de quelques autres Français qui, dans les revers de leur patrie, vinrent chercher un asile auprès de lui, il se trouva en 1767 à la tête de la meilleure armée indienne qu'on eût encore vue dans la presqu'île. Il se proposa dès-lors de l'affranchir du joug des Anglais, et parvint à faire trembler Madras; mais n'ayant pu déterminer le gouverneur de Pondichéry, qui était lié par les traités, à le seconder, il fit avec eux la paix en 1769, et ne se reposa d'ailleurs que pour reprendre haleine. La guerre entre la France et l'Angleterre fut une occasion pour lui de revenir à ses anciens projets.

Si l'éloignement de la côte du Malabar, où était le siège principal de sa domination, avait permis aux Anglais de s'emparer de Pondichéry sans obstacles, ce ne fut pas impunément qu'ils en triomphèrent; et les terribles ravages qu'exerça le conquérant indien, à la tête de deux cent mille hommes, dans toutes leurs possessions, durent leur faire regretter peut-être d'avoir commencé les hostilités. Après avoir dévasté long-temps le Carnate, Aïder se présenta, au mois d'août 1780, devant Arcate, capitale de la province et résidence du nabab, créature des Anglais. Celui ci appela à son secours dix mille hommes que commandait Monro à Madras. Mais, quelque disciplinés qu'ils fussent, le général anglais, estimant leur nombre insuffisant pour s'exposer au choc des forces innombrables d'Aïder, se tint sur la défensive, et donna ordre au colonel Baillie, qui commandait sur la Crischna, de venir le joindre. A son approche Aïder se porte entre les deux chefs, et fait attaquer Baillie par Tipoo-Saïb, son fils, qui deux fois est repoussé. Il renonce dès-lors à vaincre l'Anglais de vive force, semble lui laisser le passage libre, et lui tend une embuscade. Le 10 septembre, Baillie s'y laisse surprendre : l'explosion de ses caissons, due à une négligence des conducteurs, ajoute à ses pertes et consomme sa ruine. De douze cents Européens et de cinq mille Cipayes qu'il commandait, il ne se sauva qu'un petit nombre, et lui-même fut fait prisonnier. Monro profita de l'épuisement où la victoire même avait jeté Aïder pour faire sa retraite sur Madras, où il rappela jusqu'à la garnison laissée à Pondichéry. Les Français se remirent aussitôt en possession de leur ville : mais sir Eyre Coote, que le gouverneur-général des établissemens anglais dans le Bengale, Warren-Hastings, fit passer sur la côte de Coromandel, à l'aide de l'escadre de l'amiral Hughes, y rentra aussitôt, et avant que les habitans pussent être secourus par Aïder, encore occupé devant Arcate, qu'il emporta enfin d'assaut le 3 novembre.

Au commencement de 1781, Aïder tourna ses efforts sur Vandavachi. L'approche de sir Eyre lui fit lever le siège, mais pour marcher au devant de lui. Les deux armées se tinrent en observation jusqu'au mois de juillet. Coote attendait alors un secours qui lui venait du Bengale par Goudelour. Aïder se posta sur la route, et bientôt ce fut l'occasion d'un engagement entre les deux armées. Celle d'Aïder consistait en quatre cents Français commandés par Lalley, nouvellement décoré de la croix de Saint-Louis et promu au grade de lieutenant-colonel, en vingt-cinq bataillons d'infanterie disciplinée, cinquante mille chevaux, cent mille mauvais fantassins, sous le nom de Mathelocks, Péons et Polygars, et quarante pièces de canon. L'armée anglaise, incomparablement moins nombreuse, tirait sa principale force de cinq mille Européens qui en faisaient partie, et qui, après huit heures de combat, mirent les Indiens en pleine déroute. Cette action eut lieu le 1er juillet. Le 29 août, Aïder et Tipoo, ayant tenté un nouvel effort, éprouvèrent une nouvelle défaite, et sur le champ même où, l'année précédente, ils avaient triomphé du colonel Baillie. Un troisième et un quatrième échec, à peu de distance des deux premiers, leur firent évacuer tout-à-fait le Carnate ; mais ils le laissèrent d'ailleurs dans un tel état de dévastation, que de long-temps les Anglais ne purent se promettre d'en retirer le moindre profit.

Il eût fallu dans l'Inde une escadre pour seconder Aïder, en enlevant aux Anglais la ressource qu'ils tiraient de leur flotte pour le transport de leurs soldats. Celle que commandait le comte d'Orves à l'Ile-de-France était trop faible pour oser se montrer dans ces parages. L'année précédente, le ministère avait essayé de lui faire passer, par le capitaine du Chilleau de la Roche, un renfort de deux vaisseaux de ligne, d'une frégate et de douze bâtimens de transport. Mais, dans le voisinage de Madère, il tomba dans l'escadre de Rodney, qui, après avoir ravitaillé Gibraltar, se rendait aux Antilles. Le capitaine français ne put préserver son convoi qu'en attirant l'ennemi sur lui, et il fut contraint de se rendre, après avoir long-temps combattu contre cinq vaisseaux, qui rasèrent toutes ses manœuvres. Ce fut le premier vaisseau français qui, dans cette guerre, tomba au pouvoir des Anglais. La frégate, qui avait pris chasse de bonne heure, périt en rentrant à Brest, et les secours pour l'Inde furent encore ajournés.

Ils ne furent guère plus efficaces cette année ; mais les mesures qui purent être exécutées préparèrent les voies aux triomphes des années qui suivirent. Le bailli de Suffren était parti le 22 mars de Brest avec cinq vaisseaux de ligne, chargé de la double mission de conduire un renfort de vaisseaux dans l'Inde au comte d'Orves, et d'assurer en même temps le cap de Bonne-Espérance aux Hollandais contre le commodore Johnstone, qui venait d'appareiller de la Méditerranée, avec l'ordre de l'attaquer. Parvenu aux atterages de Saint-Yago, l'une des îles portugaises du cap Vert, il rencontra Johnstone et forma aussitôt le projet de le réduire à l'impossibilité d'exécuter sa mission. Dans ce dessein, il pénètre, suivi de deux vaisseaux seulement, dans la baie de la Praya, à travers une multitude de bâtimens qui la remplissaient, et, par un feu nourri et soutenu pendant une heure, il leur cause d'immenses dommages : lui-même avait beaucoup souffert, et ce ne fut qu'avec peine qu'il sortit de la baie. Mais il remplit son but. Moins maltraité que son adversaire, qui demeura seize jours à se réparer, il put le prévenir au Cap, où il déposa quelques troupes et le marquis de Bussi, célèbre par ses exploits et ses négociations dans l'Inde. Ce général devait rester momentanément au Cap pour en diriger les moyens de défense et y attendre de nouveaux renforts envoyés d'Europe. Divers obstacles s'opposèrent à cet envoi, et forcèrent à remettre à un temps plus favorable les coups décisifs que, dès cette année, l'on s'était proposé de porter dans ce pays. Bussi ne put donc remplir de sa destination que ce qui concernait le Cap ; mais il s'en acquitta si bien, que le commodore, ayant paru devant la place et reconnu sa situation, n'essaya pas même de l'insulter et reprit la route de l'Angleterre.

Aux avantages près des Anglais dans l'Inde sur Aïder, avantages qu'ils achetèrent de la perte de beaucoup d'Européens, cette campagne fut malheureuse pour eux. Ils la terminèrent par un incident qui fit honneur à leur amiral Kempenfeld, mais dans lequel la fortune entra aussi pour sa part. Il croisait sur les côtes de France avec douze vaisseaux de ligne, dans l'espérance d'intercepter peut-être un riche convoi de trente-cinq bâtimens, venant de Saint-Domingue, et qui entra heureusement à Brest le 7 décembre, lorsqu'il fut rencontré le 12, à cinquante lieues au sud d'Ouessant, par M. de Guichen. Ce général commandait une escadre d'égale force, et, se rendant à Cadix, escortait, chemin faisant, deux vaisseaux de ligne et un convoi destiné pour l'Inde, et sept autres vaisseaux de ligne, avec cent dix-huit transports chargés de neuf mille hommes, que le marquis de Vaudreuil conduisait aux Antilles ; en sorte qu'il avait une immense supériorité sur l'Anglais. Un coup de vent d'abord, et une tempête terrible ensuite, l'empêchèrent d'en profiter, et séparèrent le convoi de la flotte. A la vue de l'escadre française, dispersée à la vérité, l'amiral Kempenfeld eut l'heureuse audace de couper quinze bâtimens, et il en eût amariné davantage, si M. de Vaudreuil, avec deux vaisseaux seulement, ne l'eût arrêté d'abord dans ses progrès et déterminé ensuite à une retraite prudente, par l'appréhension d'avoir à résister bientôt peut-être à toute la flotte ralliée. Plusieurs des bâtimens du convoi furent jetés à la côte, et M. de Vaudreuil n'en put conduire qu'une partie à la Martinique.

MM. de Grasse et de Bouillé l'y attendaient pour former une tentative sur la Jamaïque. Cette expédition en Amérique, le siège de Gibraltar en Europe, et le recouvrement de l'Inde en Asie, tels étaient les résultats que l'on espérait des efforts immenses que faisaient encore cette année la France et l'Espagne, dans la vue d'amener la paix. Les généraux français, aux Antilles, avaient préludé à ces grands projets par la prise de Saint-Christophe. L'amiral français, fort de vingt-huit vaisseaux, y avait débarqué, le 11 janvier, six mille hommes, que commandaient le marquis de Bouillé, et sous lui les marquis du Chilleau et de Saint-Simon, le comte de Dillon, le vainqueur de Saint-Eustache, et le vicomte de Damas. Toute l'île se soumit immédiatement, à l'exception de la forteresse de Brimstone-Hill, où le général anglais Frazer avait réuni ses détachemens montant à douze cents hommes. Pendant qu'on en faisait l'investissement, M. d'Albert de Rioms présidait à la pénible extraction de l'artillerie de siège, engloutie contre la côte avec le vaisseau qui la transportait. Ses soins eurent le plus heureux succès, et déjà les batteries commençaient à jouer, lorsqu'on aperçut la flotte de l'amiral Hood, forte de vingt à vingt-deux vaisseaux, qui s'approchait du fort.

M. de Grasse quitta aussitôt son mouillage dans la rade pour aller au devant de lui. Le 25 et le 26, il y eut entre les escadres deux engagemens peu importans ; mais ils se terminèrent par la plus habile manœuvre de la part des Anglais, qui, donnant le change au comte de Grasse, eurent l'adresse de s'embosser au mouillage même qu'il venait de quitter, et de contraindre le général français à tenir lui-même la mer à leur place. Un coup de vent pouvait l'éloigner tout à fait, et alors la position des assiégeans, entre la flotte et la forteresse, serait devenue fort critique. Ceux-ci, par un redoublement d'efforts et d'activité, triomphèrent du désavantage de leur position. Ils repoussèrent les troupes débarquées par l'amiral Hood à la Basse-Terre, éloignèrent ses frégates de Brimstone-Hill, et à l'aide de l'artillerie auxiliaire du *Caton*, que le comte de Framont mit à leur disposition, ils parvinrent à faire capituler la place le 12 février. Durant cet intervalle, non seulement M. de Grasse n'essaya point d'attaquer l'amiral Hood, que l'immobilité de son embossement à une certaine distance de la terre rendait très vulnérable, mais il eut encore à se reprocher de l'avoir si peu surveillé après la capitulation, que, malgré le temps qui fut nécessaire aux Anglais pour lever leurs ancres, ils lui échappèrent. Il eut cruellement à se repentir, dans la suite, de cette double faute. L'amiral Hood rentra heureusement à Sainte-Lucie, où les vaisseaux amenés par Rodney portèrent l'escadre anglaise à trente-huit vaisseaux, tandis que celle de France, après la réunion du marquis de Vaudreuil, n'en comptait que trente-cinq.

Mais dix-sept vaisseaux espagnols l'attendaient à St-Domingue, et devaient lui rendre la prépondérance nécessaire à la conquête de la Jamaïque. Le 8 avril, M. de Grasse partit de la Martinique pour effectuer cette jonction. Rodney l'épiait de Sainte-Lucie : tous ses vaisseaux doublés en cuivre avaient une marche supérieure à celle de l'escadre française, que retardait encore le convoi qui portait les troupes de débarquement. Aussi dès le soir même fut-il en vue, et le lendemain son avant-garde, commandée par Hood, atteignit l'escadre française. M. de Grasse, ayant fait signal au convoi de continuer sa route, sous l'escorte de deux de ses vaisseaux, engagea le combat avec l'avant-garde anglaise, la maltraita, et, au bout de deux heures, continua de faire voile sur la Guadeloupe. Le 10, deux de ses vaisseaux, *le Caton* et *le Jason*, se trouvèrent séparés de la flotte. Mais, justement convaincu de l'importance d'éviter Rodney tant qu'il n'aurait pas opéré sa jonction, il les abandonna sagement et poursuivit sa route. Que ne se souvint-il, le surlendemain, des motifs qui l'avaient déterminé alors? Presqu'au moment de mettre l'ennemi dans l'impossibilité de l'atteindre, non seulement il s'arrête, mais il rebrousse chemin, pour dégager *le Zélé*, que des avaries dans ses manœuvres faisaient dériver sur la flotte anglaise. Il sauve en effet le vaisseau, qui fut remorqué jusqu'à la Guadeloupe, où s'étaient rendus *le Caton* et *le Jason*, mais sa flotte est rejointe par Rodney, entre les Saintes et la Dominique, et se trouve dans la funeste impossibilité de refuser un combat inégal, qu'il eût suffi d'éviter pour dominer dans ces mers.

M. de Grasse restait avec trente vaisseaux, qui n'étaient pas encore bien formés en ligne, lorsque l'action commença à sept heures du matin. Aussi l'avant-garde commandée par M. de Bougainville fut-elle bientôt séparée, malgré la vigoureuse résistance du *Sceptre*, monté par le brave et infortuné La Peyrouse. Dès-lors l'issue du combat fut prévue, par la facilité qu'eurent les Anglais d'attacher plusieurs de leurs vaisseaux sur un seul. *La Ville de Paris*, de cent dix canons, que montait l'amiral, fut surtout en butte à cette rude épreuve. Après une résistance qui se prolongea jusqu'à six heures et demie du soir, totalement désemparé, et dans la nécessité d'amener son pavillon, ce vaisseau eut au moins l'honneur de succomber noblement sous les efforts réunis de dix à douze bâtimens qui s'acharnèrent contre lui. Quatre autres presque aussi maltraités, et dont par cette raison les Anglais purent à peine profiter, furent pris dans le même combat, et sept jours après *le Caton* et *le Jason*, qui ignoraient cet évènement, subirent le même sort, en se rendant à Saint-Domingue. M. de Vaudreuil, en y ramenant dix-neuf vaisseaux sans obstacle, et M. de Bougainville sa division, qui avait relâché à Saint-Eustache, accrurent le regret que l'amiral n'eût pas poursuivi sa route. Les transports y étaient arrivés heureusement, mais la tardive réunion qui se fit alors n'offrant plus même d'égalité avec l'ennemi, qui gagna la Jamaïque, il fallut renoncer à l'expédition projetée contre cette île. Les Espagnols regagnèrent leurs ports, et M. de Vaudreuil, après avoir croisé quelque temps entre la Jamaïque et Saint-Domingue, puis escorté jusqu'au débouquement les flottes marchandes des îles, gagna le continent de l'Amérique, pour y passer l'hivernage et s'y fournir des bois nécessaires à la réparation de ses bâtimens.

Avant son départ, il avait détaché de sa flotte une petite escadre commandée par M. de La Peyrouse. Elle était composée d'un vaisseau de ligne et de deux frégates, l'une desquelles était montée par le chevalier de Langle, l'ami et, depuis encore, le compagnon des tristes destinées de son chef. Cette expédition, qui avait trois cents hommes de débarquement, aux ordres de MM. de Rostaing et de Monneron, avait pour but de détruire les riches entrepôts de pelleteries que les Anglais tenaient dans la baie d'Hudson. Il suffit à l'habile navigateur de paraître sur ces plages désolées pour faire capituler les forts de la baie, et il eut moins à se défendre contre les hommes que contre les vents, les écueils et les glaces, qui, plus d'une fois, pensèrent le faire renoncer à son entreprise, dans la crainte de ne pouvoir effectuer son retour. Arrivé au commencement d'août, il remit à la voile le 1er septembre. On estime que la ruine de ces établissemens porta aux Anglais un dommage de douze millions. On remarque d'ailleurs, au soulagement de l'humanité, que, dans l'embrasement général auquel furent dévoués ces riches magasins, le généreux Français épargna ceux qui contenaient les vivres, afin que les infortunés que la crainte avait fait fuir dans les bois, à son approche, pussent trouver encore des moyens d'existence après son départ.

L'apparition de M. de Vaudreuil sur les côtes du continent inquiéta les Anglais qui l'occupaient encore, et qui y faisaient à peine une guerre défensive. L'évacuation de Savannah et de Charles-Town en fut peut-être la suite, et New-York, toujours menacée par Washington et Rochambeau, était disposée, pour peu qu'elle fût pressée, à suivre cet exemple. Le général en chef Guy-Carleton, l'ancien gouverneur du Canada, qui venait de succéder à Clinton, avait des instructions pacifiques, qui lui enjoignaient de négocier plutôt que de combattre; mais ses efforts pour obtenir une paix séparée, qui ne pouvait être qu'un leurre, n'eurent aucun succès. Rodney avait également été remplacé par l'amiral Pigot. Sa conduite à Saint-Eustache avait été le motif de son rappel : mais son bonheur voulut qu'il parût une injustice, en ce que, arrêté par la cour de Saint-James avant le combat du 12 avril, il ne s'exécuta qu'après la victoire, dont le cabinet ne pouvait être encore instruit. On essaya de le dédommager en l'élevant à la pairie. M. de Grasse l'avait devancé en Angleterre. Cet illustre prisonnier était accueilli partout avec des distinctions flatteuses, mais quelquefois incommodes, de la part du peuple, qui, en l'appelant sur son balcon et en applaudissant à sa bravoure, satisfaisait peut-être autant au besoin de manifester sa vanité qu'à celui de consoler un ennemi respectable.

Les escadres française et espagnole, réunissant quarante-cinq vaisseaux de ligne, après avoir balayé l'océan d'Europe, comme les années précédentes, et assuré la rentrée de leurs flottes marchandes, regagnèrent la Méditerranée, et, le 12 septembre, jetèrent l'ancre devant Algésiras, pour seconder les opérations dirigées contre Gibraltar. Le duc de Crillon, qui s'était emparé du fort Saint-Philippe au mois de février, semblait avoir donné la garantie de la conquête de Gibraltar. Ce roc était menacé du côté de terre, c'est-à-dire du côté de sa plus haute élévation, par deux cents bouches à feu qui le foudroyaient vainement au plus près; et du côté de la mer, par dix batteries flottantes, de l'invention du colonel d'artillerie d'Arçon. C'étaient des vaisseaux rasés, recouverts d'un triple toit à l'épreuve de la bombe, et garnis d'un bordage épais, recélant des moyens d'y entretenir une humidité suffisante pour les préserver de l'effet des boulets rouges. Elles présentaient contre le môle, le seul point qu'on pût raisonnablement tenter d'escalader, un front de cent cinquante pièces de canon, et complétaient l'investissement formé par la nombreuse flotte combinée, qui serrait la place du côté de la mer, et fermait tout accès aux secours dont elle avait le plus grand besoin en vivres, en munitions et en soldats.

Le 13 septembre, époque marquée pour le jeu de ces formidables moyens de destruction, le feu commença sur les dix heures du matin. A quatre heures du soir, celui des batteries de la place paraissait éteint, et son brave gouverneur Elliot semblait se résigner à la pénible nécessité de céder à la fortune. Mais alors même il faisait de nouvelles dispositions, et il tournait la majeure partie des forces de sa garnison au service des boulets rouges dirigés contre les batteries flottantes. Sur six mille boulets qu'il y fit tomber, sa persévérance en adressa un avec succès dans le bordage de la *Tailla-Pedra*, commandée par l'aventureux prince de Nassau. La crainte de laisser endommager les poudres par l'humidité avait fait négliger une partie des mesures de précaution indiquées contre l'incendie par l'ingénieur français, qui s'y refusa d'abord, mais qui s'y résigna ensuite par complaisance, et vaincu d'ailleurs par l'enthousiasme que témoignaient les braves qui voulaient bien en courir les risques. Le boulet fit des progrès qui furent long-temps insensibles, et qu'ensuite l'on ne put arrêter, quand on s'en aperçut au milieu des ténèbres. Pour comble de malheur on avait oublié, en cas de pareil accident, de se réserver les moyens d'éloigner promptement les bâtimens incendiés de ceux qui avoisinaient. Les chaloupes qu'on envoya tardivement à cet effet se remplirent de ceux qui craignirent pour eux-mêmes l'explosion de la machine. Deux autres batteries prirent feu après la première, et les équipages de celles qui n'étaient point encore endommagées, craignant le même sort, se hâtèrent de les abandonner; enfin l'appréhension qu'elles ne tombassent entre les mains des Anglais porta les Espagnols à les dévouer assez inconsidérément aux flammes, en sorte qu'on perdit l'espérance de renouveler cette épreuve. Douze cents hommes, dans cette nuit fatale, périrent ou furent faits prisonniers par les Anglais, qui mirent diverses embarcations à la mer pour sauver ce qu'ils purent. Le prince de Nassau s'échappa à la nage.

Après cette funeste expérience, on s'opiniâtra encore à une conquête dont l'infructueuse tentative avait paralysé, pendant toute la durée de la guerre, des moyens immenses qui eussent décidé la querelle en d'autres lieux. Mais on ne l'espéra plus que d'un blocus étroit, qui minerait les ressources de la place. Il était assuré du côté de la terre, et quarante-six vaisseaux semblaient le rendre presque aussi certain du côté de la mer. Cependant lord Howe, qui s'était retiré sur les côtes d'Irlande à l'approche des flottes réunies, arrivait avec trente-quatre vaisseaux seulement dans la Méditerranée pour rompre ce dessein. Parti de Plymouth le 11 septembre, il était le 9 octobre à la hauteur du cap Saint-Vincent. Don Louis de Cordova, instruit de son approche, se préparait à le recevoir, lorsque le 11 un coup de vent sépara ses vaisseaux et en chassa une partie dans la Méditerranée. Ce même coup de vent, favorable à l'Anglais, l'y fait entrer et le porte sur Gibraltar, où le 18, à la faveur d'un temps brumeux qui empêchait de l'apercevoir, il ravitaille la forteresse, et le lendemain il avait repassé le détroit. Le 20 il fut poursuivi, mais la marche inégale des vaisseaux espagnols ne permit qu'à trente-deux de l'atteindre. L'avant-garde, aux ordres de La Motte-Piquet, engage le combat. Howe feint de vouloir l'accepter; mais à la nuit il se couvre de voiles, et le lendemain toute espérance de le joindre est perdue. Il avait rempli sa mission, et son escadre, dernière ressource de la Grande-Bretagne, lui était trop nécessaire pour en compromettre le salut.

Il n'y eut que dans l'Inde que les alliés eurent des succès, et la France à elle seule les obtint. Le bailli de Suffren avait à peine déposé au Cap le secours qu'il était chargé d'y porter, qu'il s'était rendu à l'Ile-de-France. Le comte d'Orves mit aussitôt en mer, et déjà fort de douze vaisseaux, il accrut son escadre d'un treizième, qu'il prit en chemin. Mais étant mort au commencement de février comme il atteignait la côte de Coromandel, le commandement en chef se trouva dévolu au bailli de Suffren, qui, dès le 15, se présenta devant Madras. Sir Edward Hughes, récemment arrivé de Ceylan, où il venait d'enlever Trinquemale aux Hollandais, était dans la rade avec dix vaisseaux qui étaient embossés d'une manière inattaquable. L'amiral français se dirigea dès-lors vers le sud; mais à peine était-il parti, que sir Edward, jugeant opportun de profiter de l'embarras que le convoi joint à l'escadre apportait à sa marche, se mit à la poursuite, et enleva en effet les transports. Suffren revint aussitôt sur lui, et engagea le 17, à la hauteur de Sadras, un combat dont l'issue fut indécise, mais qui força les Anglais à aller se réparer à Ceylan. Pondichéry étant en leur pouvoir, le bailli débarqua trois mille hommes qu'il amenait avec lui à Porto-Novo, qui appartenait à Aïder.

Réuni à l'armée du prince indien, M. du Chemin, qui commandait les troupes françaises, s'empara de Goudelour le 8 avril, et procura ainsi un poste dans l'Inde aux Français, qui n'y possédaient plus un pouce de terre. Aïder voulait marcher immédiatement sur Madras. Suffren, malgré son caractère entreprenant, retint son ardeur, lui conseillant d'attendre la seconde division promise et l'artillerie de siège qui en faisait partie. Pour lui, gagnant les attérages de Ceylan, à la recherche de l'escadre anglaise, qui venait d'être accrue de deux vaisseaux, il la rencontra, le 12 avril, près de l'île de Provédierne, à peu de distance de Trinquemale, et la combattit depuis une heure jusqu'à six, sans autre résultat que de contrarier les opérations de l'ennemi. La flotte anglaise se répara à Trinquemale, et le bailli un peu plus au sud à Tranquebar, place qui appartenait aux Hollandais. Il y fut joint par trois vaisseaux de cette nation et par deux vaisseaux de ligne français, qui escortaient la seconde partie du convoi.

Sans aucun délai, il se dirigea aussitôt sur Négapatnam, dans l'espérance de surprendre cette place, et de la rendre aux Hollandais. Mais sir Edward, qui l'avait deviné, venait de ravitailler la garnison, et de cette démarche il ne résulta qu'un combat naval, qui fut offert et accepté le 6 juillet. Un vent violent sépara les deux escadres avant que l'action eût pu se terminer à l'avantage d'aucune des deux parties. Les Anglais se retirèrent entre Naour et Négapatnam, et les Français à Karikal, puis à Goudelour. Le bailli en partit au commencement d'août, pour tenter une surprise qui fut plus heureuse. Le 23, il mouilla dans la baie de Trinquemale, et le 30 il avait fait capituler la place. Il y avait quatre jours qu'elle s'était rendue, lorsqu'on signala sir Edward, qui arrivait trop tard au secours. Ce fut, le 3 septembre, l'occasion d'un quatrième combat aussi indécis que les précédens. La saison de l'hivernage suivit de près cette dernière action. Les Anglais, extrêmement maltraités par un ouragan qui leur fit perdre plusieurs vaisseaux, se hâtèrent de gagner Bombay, où devait les joindre une nouvelle escadre aux ordres de l'amiral Bickerton; et M. de Suffren, qui ne se crut pas assez en sûreté à Trinquemale, alla s'établir au port d'Achem, à la pointe septentrionale de l'île de Sumatra.

De retour au mois de janvier, il y avait croisé pendant deux mois, lorsqu'il fut rejoint, le 10 mars, à Trinquemale, par M. de Peynier, qui lui amenait quatre vaisseaux de ligne et deux mille cinq cents hommes, avec le marquis de Bussi. Il avait d'autant plus besoin de ces secours, qu'un double accident avait réduit à onze le nombre de ses vaisseaux, tandis que l'escadre de sir Edward venait d'être portée à dix-huit, et que, d'une autre part, la mort d'Aïder, arrivée à la fin de l'année précédente, avait privé l'armée française de la coopération de celle de ce prince sur la côte de Coromandel.

Les Anglais établis à Bombay, espérant de grands avantages d'un changement de règne, et ayant encore fait à ce dessein la paix avec le Maratte Scindiah, pénétrèrent dans le Canada, où le général Matthews fit des progrès rapides, mais marqués par des atrocités qu'on aurait crues impossibles à un Européen. Des milliers d'Indiens sans défense étaient massacrés sans pitié : Omanpore, près d'Onore, qu'il assiégeait, ville presque ouverte, et dans laquelle étaient enfermées quatre cents femmes d'Aïder et de Tipoo, éprouva ce sort funeste, et la destruction universelle s'étendit jusqu'aux infortunées captives, que ni leurs richesses offertes à leurs farouches vainqueurs, ni leur beauté, ni leurs larmes, ne purent soustraire à cette affreuse destinée. Bednore ou Aïder-Nagur (ville d'Aïder), capitale des états de ce prince, capitula pour prévenir un assaut. Les propriétés du nabab et ses riches trésors, capables d'assouvir la plus vaste cupidité, furent abandonnés aux Anglais, sous la réserve de respecter les propriétés particulières. Au mépris de cette solennelle convention, les principaux habitans sont bientôt recherchés, vexés, emprisonnés, et menacés même d'une ruine que prévient heureusement l'approche de Tipoo. De la côte de Coromandel il accourait au secours de ses états, amenant avec lui deux mille Français que la reconnaissance des généraux lui avait accordés, malgré les besoins urgens qui les pressaient eux-mêmes. Le 19 février, il attaqua les Anglais près de sa capitale, les battit, et leur enleva leur artillerie et leurs bagages. Ils se retirèrent dans la citadelle, où, le 28 avril, la faim les contraignit de capituler. Ils devaient rendre tous les effets publics et particuliers dont ils s'étaient emparés, et à ce prix demeurer libres et être reconduits à Bombay. Matthews, poussé par une avarice qui lui devint funeste, éludant le traité, chargea son frère de conduire à Bombay, par des chemins détournés, une immense quantité de diamans qu'il avait soustraits à la surveillance du vainqueur. Mais le larcin fut découvert : les conducteurs ayant été arrêtés, le frère de Matthews eut la tête tranchée, et après lui Matthews lui-même, et quarante-cinq de ses principaux officiers, qu'une cour martiale condamna, subirent la même peine en expiation de leurs atrocités. Tipoo retint en outre le reste de l'armée anglaise prisonnier.

Pendant les désastres des Anglais à la côte de Coromandel, le major Stuart, successeur de sir Eyre Coote qui venait de mourir, investissait Goudelour à la tête de cinq mille Européens et de neuf mille Cipayes. Les Français, privés, par leur générosité et par les maladies, d'une partie de leurs forces, avaient été contraints de se retirer sous ses murs, en attendant le retour de Tipoo. A l'époque du 7 juin, que parut le major Stuart, M. de Bussi n'avait en troupes disponibles, pour défendre les dehors de la place, que deux mille cinq cents Français et huit mille Cipayes, dont trois mille que venait de lui faire passer Tipoo. Mais ceux-ci, qui faisaient la droite du camp, ayant mal soutenu l'effort des Anglais à l'attaque qu'ils en firent le 13, non seulement plièrent, mais se débandèrent et entraînèrent avec eux le reste des Cipayes; en sorte que les Français, malgré les pertes qu'ils firent éprouver aux Anglais dans cette journée, furent contraints d'abandonner les ouvrages extérieurs.

Au danger qui menaçait la place, Suffren accourt avec ses quinze vaisseaux, et, suppléant à l'infériorité du nombre par la supériorité des équipages, il les accroît de douze cents hommes tirés de la garnison, et cherche dès-lors l'occasion d'écarter les dix-huit vaisseaux de sir Edward, qui amenait l'artillerie de siége. Pendant plusieurs jours les deux amiraux manœuvrèrent pour se donner l'avantage du vent. Enfin le 20 juin, à quatre heures après midi, le bailli parvint à engager l'action à la vue de Goudelour. La nuit sépara les combattans, mais l'escadre anglaise ayant été forcée de se rendre à Madras pour se réparer, non seulement le bailli remit à terre les douze cents hommes qui lui avaient été prêtés, mais il y ajouta encore douze cents soldats de marine. Ce renfort permit des sorties heureuses, et tout présageait que l'issue du siége serait favorable aux Français, lorsqu'une frégate parlementaire apporta l'heureuse nouvelle que les préliminaires de la paix avaient été signés en Europe.

Elle s'y négociait dès le mois de septembre, et au milieu des dispositions les plus formidables des alliés, qui avaient encore quarante-six vaisseaux de plus que les Anglais. L'échec de la campagne précédente n'avait fait que réveiller l'énergie des Français; et, pour remplacer les sept vaisseaux qui avaient été perdus, il avait été fait par les particuliers, les corps et les provinces, des soumissions généreuses d'en fournir le double. De nouveaux renforts pour l'Inde, ainsi que huit mille hommes et neuf vaisseaux de ligne pour le continent de l'Amérique, venaient de partir de Brest, et un nouvel armement s'y préparait encore, et devait joindre sous peu la flotte espagnole. Le comte d'Estaing, désiré par les deux nations, était destiné au commandement général. Il s'était mis en route au mois de décembre pour se rendre en Espagne; l'escadre était prête à faire voile de Cadix, et l'on se proposait de conquérir Gibraltar et la Jamaïque, lorsque les préliminaires de paix entre toutes les puissances belligérantes, signés le 20 janvier, rendirent ces préparatifs superflus.

C'était le fruit des changemens qui s'étaient opérés, au commencement de l'année précédente, dans le ministère d'Angleterre. Lord North, qui le dirigeait vers la guerre, avait été obligé de céder aux attaques que provoqua la défaite de lord Cornwallis. Le marquis de Rockingham, le comte de Shelburne, lord Keppel, Charles Fox, second fils de lord Holland, Edmond Burke, et d'autres membres du parti de l'opposition, qui s'étaient signalés dans les violens débats du parlement, furent appelés à composer la nouvelle administration. Le jeune William Pitt, second fils de lord Chatam, qui ne s'était pas moins distingué dans ces discussions, et qui, à vingt-deux ans, avait déjà la conscience de ses forces, refusa d'y jouer un rôle trop secondaire. Il n'en fit partie que trois mois après, lorsque la mort du marquis de Rockingham, premier lord de la trésorerie, ayant investi le comte de Shelburne de l'emploi de premier ministre, on lui offrit, par le titre de chancelier de l'échiquier, la surintendance générale des finances du royaume.

La supériorité qu'obtient le parti de l'opposition en Angleterre annonce ordinairement dans les nouveaux ministres des dispositions différentes de celles de leurs prédécesseurs. C'est ce que prouva encore l'administration récemment formée, en déterminant le roi à reconnaître l'indépendance des États-Unis, dont la morgue de l'ancien ministère avait provoqué la rébellion. Des plénipotentiaires se rendirent à Paris, et négocièrent, sous la médiation de l'empereur, avec ceux de France, d'Espagne, de Hollande et des États-Unis.

Il sortit, de ces conférences, d'abord des préliminaires en janvier 1783, et, le 3 septembre suivant, trois traités définitifs entre l'Angleterre d'une part, la France, l'Espagne et les États-Unis de l'autre. Le traité avec la Hollande ne fut conclu que le 20 mai 1784.

Les États-Unis furent reconnus indépendans. Les limites de leur territoire, avec celles du Canada et de l'Acadie, au nord, furent fixées. A l'ouest, elles sont établies par les lacs et par le cours du Mississipi, dont la navigation demeure commune aux deux nations. Les Américains conservent l'usage de la pêche sur le banc de Terre-Neuve et dans le golfe de Saint-Laurent.

Le roi d'Espagne est maintenu dans la possession de Minorque et des deux Florides; il rend à l'Angleterre les îles de Bahama, et lui accorde un territoire dans le Yucatan, pour l'extraction et l'emmagasinage des bois de Campêche.

La Hollande fut moins heureuse dans ses conventions; elle fut obligée de céder Négapatnam aux Anglais, et de consentir à la libre navigation des sujets britanniques dans toutes les parties de la mer des Indes que la compagnie hollandaise s'était jusqu'alors exclusivement réservées. Elle porta ainsi la juste peine de l'inactivité qu'elle avait montrée dans la défense des intérêts communs, et où l'avaient retenue les factions qui la divisaient.

Quant à la France, tout entière au soin de procurer satisfaction à ses alliés, elle retira peu de fruit pour elle-même de ses victoires. Le traité qu'elle conclut confirme à l'Angleterre en Amérique (art. 4) la propriété de Terre-Neuve et des îles adjacentes, à l'exception de Saint-Pierre et de Miquelon, qui appartiendront à la France. Les bornes des endroits où commencera et finira la pêche des deux nations sur le grand banc, et dans le fleuve Saint-Laurent, sont réglées (art. 5 et 6) d'une manière un peu moins désavantageuse pour la France qu'en 1763. Le roi d'Angleterre restitue et garantit à la France les îles de Sainte-Lucie et de Tabago (art. 7); et le roi de France à l'Angleterre (art. 8) les îles de la Grenade, les Grenadines, Saint-Christophe, Newis et Montferrat.

En Afrique, la Grande-Bretagne (art. 9) cède et garantit à la France la rivière du Sénégal et ses dépendances, qui consistent en quatre forts et l'île de Gorée; et réciproquement la France garantit à l'Angleterre (art. 11) le fort James sur la rivière de Gambie; mais les Français consentent à se restreindre pour la traite entre l'embouchure de Saint-Jean et le fort de Portendic, « à condition » même de ne pouvoir faire dans ladite rivière de Saint-Jean, sur » la côte, ainsi que dans ladite rivière de Portendic, aucun établis- » sement permanent, de quelque nature qu'il puisse être ».

L'Angleterre rend à la France (art. 13) quelques établissemens qui lui appartenaient au commencement de la guerre sur la côte d'Orixa et dans le Bengale; permet d'entourer Chandernagor d'un fossé pour l'écoulement des eaux, et s'engage à assurer dans l'Inde la liberté du commerce aux sujets de la France, soit qu'ils le fassent individuellement ou par compagnies. Elle rend (art. 14) Pondichéry et Karikal, avec promesse d'un arrondissement de territoire qui est spécifié, et conserve à la France, à la côte de Malabar (art. 15), Mahé et le comptoir de Surate. Les puissances contractantes s'interdisent réciproquement (art. 16) tout aide ou secours à ceux de leurs alliés dans l'Inde qui n'entreraient pas dans le présent accommodement. Mais la paix fut rétablie en 1784 entre les Anglais et Tipoo : les nombreux prisonniers que retenaient ce prince décidèrent la compagnie à la faire. Ils devinrent la rançon des villes de Calicut, Mangalor, Onore et autres, que lui restituèrent les Anglais.

Enfin, par l'art. 18, les parties contractantes doivent nommer des commissaires pour travailler à de nouveaux arrangemens de commerce entre les deux nations, sur le fondement de la réciprocité et de la convenance mutuelle.

L'exécution de cet article entraîna plus de deux années de travaux, et il en sortit enfin le fameux traité de commerce de 1786. Sous les dehors de l'équité et de l'égalité les plus strictes, les Anglais eurent l'adresse de s'en procurer tout l'avantage. Pour s'en convaincre, il suffit de considérer l'art. 6, qui contient le tarif des droits sur les marchandises exportables et importables entre les deux royaumes.

Il ne fixe que de légers droits sur nos marchandises de luxe admissibles en Angleterre; en récompense il ne soumet aussi qu'à un impôt très modéré les marchandises anglaises admissibles en France. Voilà toute l'apparence de l'équité et de l'égalité. Mais parce que les marchandises de luxe, comme vins de dessert, batistes, linons, blondes, dentelles de soie, parfumeries, ganterie, fleurs artificielles, tabletteries, meubles, bijouteries, etc., ne conviennent qu'à un petit nombre d'acheteurs, et qu'au contraire les marchandises communes, telles que la bonneterie, les cotonnades, le gros et le menu fer, les outils, lainages, poteries, faïence et autres objets semblables, conviennent au pauvre comme au riche, il s'ensuivit, au détriment de plusieurs de nos manufactures précieuses et d'un grand nombre d'ouvriers dans la classe nécessiteuse, qu'on acheta beaucoup plus de marchandises communes que de marchandises de luxe, et qu'en résultat la balance fut pour l'Angleterre. Aussi M. Pitt, dans le tableau des finances qu'il mit sur le bureau de la chambre des communes au mois de juillet de cette année, plaça-t-il, parmi les moyens sur lesquels sa nation pouvait compter pour subvenir à l'excédant des dépenses publiques, « les heureux résultats de ce » traité en faveur de la Grande-Bretagne ».

Cependant cet accord n'essuya pas moins de critiques en Angleterre qu'en France, et dans les deux pays les négociateurs Eden et Gérard de Rayneval furent également taxés de s'être laissé abuser, chacun par l'adresse de son adversaire. Au reste, dans les traités de cette nature, il est impossible de peser tellement les conséquences de leurs dispositions, qu'il en résulte une balance absolument exacte entre la quotité des importations et des exportations; et, à cet égard, l'avantage peut être obtenu sans surprise, et manqué sans incapacité.

L'intervention de la France entre la Russie et la Turquie donna lieu, à la fin de 1783, à une transaction non moins importante que celle qui avait terminé les différens entre l'Angleterre et ses colonies. Elle fut occasionnée par l'abandon que fit de ses états à l'impératrice Catherine II le kan des Tartares de Crimée, Schahim-Gueray. L'occupation d'Oczakow, de la presqu'île de Crimée et du Cuban, qui en fut la suite, fut sur le point de rallumer entre les Russes et les Turcs une nouvelle guerre, dans laquelle l'empereur Joseph II devait agir comme allié de la Russie. La cour de Versailles, réclamée en qualité de médiatrice, prévint les hostilités, et, trop officieuse peut-être en faveur des deux cours impériales, obtint de la Porte-Ottomane, par l'acte d'Ainali-Lavak, du 28 décembre, qu'elle consentirait à reconnaître ces provinces comme une dépendance de la Russie. Cet acte de faiblesse, que l'on a reproché à la France, lui était malheureusement commandé, et par la certitude qu'elle avait que les Turcs succomberaient s'ils étaient abandonnés à leurs propres forces, et par l'impossibilité où la mettait l'embarras de ses finances de leur fournir des secours efficaces.

Louis XVI avait reçu, à son avènement au trône, le trésor public en mauvais état, et son premier vœu avait été de le rétablir. Dans son édit pour la remise des droits de joyeux avènement, il s'exprimait ainsi : « Entre les différentes dépenses qui sont à la » charge du trésor public, il en est de nécessaires qu'il faut concilier avec la sûreté de nos états; d'autres qui dérivent de libéralités

» peut-être susceptibles de modération, mais qui ont acquis des
» droits dans l'ordre de la justice par une longue possession, et
» qui dès lors ne présentent que des économies partielles ; il en est
» enfin qui tiennent à notre personne et à la magnificence de notre
» cour ; pour celles-ci, nous pouvons suivre plus promptement les
» mouvemens de notre cœur. »

Peut-être ne les suivit-il que trop à cet égard, en se privant d'une garde nombreuse, que son amour pour son peuple lui fit envisager comme inutile à sa sûreté. Il la sacrifia, ainsi qu'une multitude d'autres objets de dépense plus ou moins utiles, au désir ardent de combler le *déficit* qui faisait son tourment, et qui a fait tous ses malheurs. Mais l'exemple de sa modération, de sa simplicité personnelle, n'apporta aucune réforme dans une cour livrée au plus grand faste, et il n'eut pas la force de l'y amener d'autorité.

Les ministres qui furent successivement chargés des finances commençaient tous par insinuer la nécessité de ces réformes, comme le moyen le plus propre à égaliser la dépense et la recette ; mais s'apercevant que ce moyen, qui déplaisait à toute la cour, excepté au monarque, pouvait entraîner leur disgrace par la faiblesse du prince, ils en revenaient aux impôts ou à des emprunts, qui sont des impôts déguisés. Le fonds de la dette se grossissait par les arrérages, qui ne s'acquittaient que par des emprunts nouveaux.

M. Necker, ainsi qu'on l'a vu, prétendait avoir balancé les charges par les améliorations, lorsqu'il sortit du ministère. La continuation des besoins contraignit son successeur, M. Joly de Fleury, conseiller d'état, à recourir aux mêmes expédiens pour se procurer des fonds nécessaires ; mais il ne put également trouver des réformes pour les hypothéquer. Il établit à la vérité des sous pour livre sur quelques objets de consommation, et fit renouveler le troisième vingtième. Mais le premier impôt était trop faible pour amortir une dette de près de quatre cent cinquante millions qui se forma de ses emprunts ; et le second, devant cesser trois ans après la signature de la paix, ne put être considéré que comme une ressource passagère de vingt millions par chacune des quatre années qu'il fut en recouvrement ; ressource qui devait profiter davantage aux successeurs du contrôleur-général qu'à lui même. Fatigué d'une administration qui avait épuisé tous ses moyens, le 29 mars il en résigna la direction, mais d'ailleurs après avoir atteint heureusement le terme honorable de la paix. M. d'Ormesson, qui succéda à M. de Fleury, ne put gagner celui de l'année. Un embarras qu'il ne sut pas prévenir dans les paiemens de la caisse d'escompte, subitement assaillie de demandes en remboursement de ses billets, décela son insuffisance, et le 4 novembre on lui substitua M. de Calonne, intendant de Metz, dont personne ne contestait les talens.

Il eut en effet celui de trouver encore des appâts pour amorcer les prêteurs, et grossir le capital de la dette. Il en combla la mesure. Le jeu de la machine s'arrêta entre ses mains, et il fut contraint d'en découvrir le mal : mais, s'il avait contribué à l'accroître, il en indiqua aussi le remède, et ce ne fut point sa faute si l'état ne fut pas sauvé.

Cet embarras de finances réagit sur toutes les opérations diplomatiques de cette époque. La France, lors de la paix d'Aix-la-Chapelle, ayant fait raser quelques unes des places fortes des Pays-Bas autrichiens, où les Hollandais, en vertu du traité de Barrière de 1718, entretenaient des troupes, la cour de Vienne en prit occasion de se décharger du subside d'un million de florins qu'elle payait aux Provinces-Unies pour l'entretien de ces garnisons. Joseph II, ayant fait démolir depuis le reste des forteresses des Pays-Bas, à l'exception d'Anvers, d'Ostende et de Luxembourg, se crut autorisé, non seulement à expulser de son territoire les garnisons étrangères, mais à redemander encore, le long des frontières hollandaises, une lisière qui avait été accordée par le même traité pour les arrondir, et, entre autres dépendances, la ville de Maëstricht, qu'il prétendait en faire partie. Le but qu'il s'était proposé dans cette signification, qu'il fit faire en 1784, était d'obtenir par compensation la navigation de l'Escaut ; mais, les Hollandais persistant dans la ferme résolution de s'en maintenir possesseurs exclusifs, on arma des deux côtés. La France, toujours conciliatrice, intervint entre les deux puissances, et prévint les hostilités. Ce ne fut d'ailleurs qu'en continuant à sacrifier ceux qu'elle protégeait. Par ses instances elle détermina les Hollandais à céder, ou à consentir du moins à une rectification de limites, et à racheter le droit prétendu sur Maëstricht moyennant une somme de neuf millions et demi de florins (vingt millions de France), dont elle leur allégea le poids en prenant sur elle la moitié de cette charge. Elle compara cette dépense à celle qui fût résultée d'une guerre, et elle crut y trouver un bénéfice. L'accord qui se conclut sous sa médiation eut lieu le 10 novembre 1785.

L'inquiet Joseph n'avait pas terminé cette affaire, que, dans les premiers jours de 1785, il manifesta de nouveau ses anciennes vues sur la Bavière. Il proposait alors de donner en échange les Pays-Bas, et de les décorer du titre de royaume d'Austrasie. La Russie, qui avait lié l'Autriche à l'exécution des plans qu'elle avait formés pour expulser le Turc de l'Europe, secondait par reconnaissance les desseins de la cour de Vienne, et l'électeur, qui n'avait pas d'enfans, les voyait avec assez d'indifférence. Mais le duc de Deux-Ponts, héritier présomptif de Charles-Théodore, sonna de nouveau l'alarme. La France écouta ses réclamations, et se borna à de vaines exhortations, pour dissuader l'empereur de son projet. Le vieux Frédéric y parvint plus efficacement en formant entre les provinces du nord de l'Allemagne, et pour le maintien de la constitution germanique, une ligue qui fut signée à Berlin le 22 juillet. Avec les desseins des deux cours impériales sur la Turquie, elles ne pouvaient laisser subsister une semence de division aussi nuisible à leurs succès. Joseph renonça donc encore une fois au projet qui lui tenait si fort à cœur, et ce fut aux démonstrations vigoureuses d'une puissance secondaire que revint l'honneur de l'y avoir contraint. Frédéric, par cette démarche, s'égala au chef de l'empire, et se plaça, par son influence au moins, au rang des puissances de premier ordre.

Mais le comble de l'avilissement pour la politique extérieure de la France fut l'abandon du parti républicain en Hollande. La bonne volonté de ceux-ci pour la France, durant la guerre d'Amérique, avait été neutralisée par les menées du parti stathoudérien dévoué à l'Angleterre; et l'on avait dû à cette cause l'inaction d'une flotte de dix vaisseaux qui devait se réunir aux escadres combinées de France et d'Espagne. Ce fut après la paix le sujet d'une enquête qui ne s'établit pas sans difficulté. L'amiral Beyland, commandant la flotte, fut destitué de ses emplois, et le prince Louis Ernest de Brunswick, oncle du duc alors régnant, et qui, sous le nom du stathouder, son élève, gouvernait impérieusement en Hollande, et avait empêché Beyland de remplir sa mission, fut forcé d'abdiquer les fonctions de feld-maréchal au service des Provinces-Unies, fonctions qui lui donnaient surtout une grande influence sur les troupes. Enfin la province particulière de Hollande alla jusqu'à priver le stathouder lui-même du commandement à La Haye, ainsi que des charges qu'il possédait dans la province, et elle entraîna dans son parti celles de Groningue et d'Over-Yssel.

Guillaume V se retira à Nimègue. Il avait pour lui la majorité des voix dans l'assemblée des sept provinces, sans avoir une prépondérance réelle, attendu que la province de Hollande était à elle seule supérieure en puissance aux six autres. Mais le stathouder balançait d'autre part cette influence par le dévoûment de la populace qui était toute à lui, et par l'obéissance des troupes, qui, pour la plus grande partie, le considéraient comme leur chef. De là, entre le pouvoir légal et la puissance réelle, un conflit indécis et confus, qui semblait ne pouvoir se terminer que par des moyens violens. On armait de part et d'autre : bientôt il y eut des engagemens partiels : et le 9 mai 1787, d'Averhoult, un des régens d'Utrecht, battit à Juphatz, dans le voisinage de la ville, un détachement des troupes du stathouder. Celui-ci avait déjà invoqué le secours de la Prusse. Frédéric, dont il avait épousé la nièce, était disposé à l'appuyer; cependant il penchait pour les mesures conciliatrices, et semblait se refuser à hasarder une démarche hostile qui pourrait étendre plus au loin l'incendie de la guerre. La France en effet, dont la médiation avait été éludée par le stathouder, se proposait de rassembler, aux environs de Givet et de Valenciennes, une armée dont le commandement était destiné au prince de Condé. Mais le vieux monarque étant mort le 17 août 1786, les choses furent considérées d'un autre œil par l'ardent Frédéric-Guillaume II, son neveu.

Au mois de juin 1787, par les conseils du chevalier Harris, depuis lord Malmesbury, la princesse d'Orange, sœur du nouveau roi de Prusse, voulut se rendre à La Haye pour essayer de concilier les esprits. Mais les états lui soupçonnant d'autres desseins, et particulièrement celui d'ameuter au contraire la populace contre les magistrats, elle fut arrêtée sur la frontière de la province, et forcée de rétrograder. Elle regarda comme une violence l'opposition apportée à la poursuite de son voyage, et s'en plaignit comme d'un outrage à sa dignité et à celle de son frère. Le jeune prince l'envisagea de la même manière; et, bien assuré que les menaces de la France n'avaient été qu'un épouvantail, et qu'il n'y avait pas l'ombre d'une armée au prétendu camp de Givet, il porta rapidement en Hollande vingt-cinq mille hommes rassemblés depuis quelque temps à Clèves sous le duc régnant de Brunswick, et le 20 septembre, après vingt jours de campagnes, les Prussiens étaient dans Amsterdam. Les républicains s'étaient proposé de rompre leurs digues et d'inonder leurs campagne, comme au temps de Louis XIV; mais, quelque fanatisme qui régnât parmi eux, l'amour des jouissances avait corrompu dans les riches le désintéressement des temps passés. Le désir d'épargner leurs splendides habitations suggéra des mesures partielles, et par suite inutiles. Le stathouder fut réintégré dans toutes ses prérogatives, et elles furent accrues au point de l'assimiler à un véritable souverain. Le parti français tomba en même temps dans l'oppression, et l'Angleterre saisit cette circonstance pour nouer avec les Provinces-Unies une alliance avantageuse, qui annula tout l'effet d'un traité antérieur de même nature que la république avait conclu avec la France; traité qui, s'il eût subsisté, eût tenu en bride l'ambition de l'Angleterre, et n'eût jamais permis à sa marine d'affronter celle que lui eussent opposée la France, l'Espagne et la Hollande.

Ce qui avait stimulé davantage l'audace de la Prusse et les intrigues de l'Angleterre, c'était la révélation de la plaie des finances de la France, donnée en spectacle à toute l'Europe. M. de Calonne, qui les dirigeait alors, s'était acquis une certaine célébrité dans la magistrature. Malheureusement ses talens et la connaissance de son caractère souple l'avaient fait choisir pour diriger le tribunal établi par Louis XV, à Saint-Malo, contre les magistrats bretons. Il arriva donc au contrôle général, chargé dans l'opinion publique de l'odieux de cette affaire; mais ce préjugé ne lui fit aucun tort à la cour, où il se fit un système de se montrer complaisant, facile, prévenant, tel à peu près qu'avait été Fouquet dans la même place, lorsqu'il distribuait les trésors du royaume à la foule des courtisans dont il captait la bienveillance. Dans la situation la plus fâcheuse des finances, agissant pour conserver le crédit avec les apparences trompeuses de l'aisance et de la sécurité, on le vit mettre à jour tous les remboursemens exigibles, et même un semestre arriéré des rentes. Il consomma à cet emploi, et à subvenir à l'accroissement rapide des dépenses dans tous les départemens, six cents millions d'emprunts ou d'anticipations qui se firent durant le cours de son ministère. Aussi, quoiqu'il n'y eût plus de guerre, la dette publique augmentait dans une progression effrayante; et, trois ans après le commencement de l'administration de M. de Calonne, il portait lui-même à cent dix millions la différence de la recette à la dépense.

Il prétendit que ce déficit était autant l'ouvrage de ses prédécesseurs que le sien, et que les comptes qu'il s'était fait rendre à son entrée au contrôle le portaient déjà à quatre-vingts millions. M. Necker se crut indirectement attaqué par cette assertion; et, pour maintenir la foi à donner au compte rendu, il se mit en devoir d'y répondre. Il observa que soixante-dix millions d'arrérages des emprunts, la plupart viagers, faits depuis sa sortie du ministère, cinquante millions, suivant l'évaluation même de M. de Calonne, de remboursemens obligés pendant plusieurs années, et soixante millions d'accroissement de dépenses dans les divers départemens, formaient un surcroît de charges de cent quatre-vingts millions; et que, si l'on en déduisait soixante-dix millions pour les bonifications opérées depuis le même temps par l'extinction naturelle des rentes viagères, l'annihilation des arrérages des remboursemens exécutés, les sous pour livre imposés, et l'augmentation des baux des fermes, aides et domaines, portée de deux cent quinze millions à deux cent cinquante et un, il restait précisément cet excédant de cent dix millions qui formait le déficit. Cet écrit fit exiler M. Necker. On en donna pour prétexte que ses répliques et son crédit, soutenus de sa présence, gênaient les nouvelles opérations financières.

Ce débat s'était élevé entre les deux administrateurs à l'occasion de l'assemblée des notables, que le contrôleur-général avait suggéré au roi de convoquer, pour concerter avec eux les moyens de remédier au mal, ou pour faire adopter ceux qu'il présenterait. Les séances commencèrent à Versailles le 22 février; et c'est dans le discours d'ouverture que se trouvaient les assertions contre lesquelles réclama M. Necker. Au reste, de quelque part que vînt le déficit, il était instant d'y subvenir. « Mais par quel moyen ? » disait M. de Calonne. Toujours emprunter serait aggraver le mal » et précipiter la ruine de l'état; *imposer plus*, serait accabler les » peuples que le roi veut soulager; *anticiper encore?* on ne l'a que » trop fait, et la prudence exige qu'on diminue chaque année la » masse des anticipations actuelles; *économiser?* il le faut, sans » doute; mais l'économie seule serait insuffisante, et ne peut être

» considérée que comme un moyen accessoire ; *manquer enfin à*
» *ses engagemens ?* c'est ce que l'immuable fidélité du roi ne per-
» met pas d'envisager comme possible. Que reste-t-il donc ?.... LES
» ABUS... C'est dans les abus que se trouve un fonds de richesses
» qui doit servir à rétablir l'ordre ; c'est dans la proscription des
» abus que réside le seul moyen de subvenir à tous les besoins. »
Entre ceux qu'il signala était surtout celui des privilèges pécuniaires, et ce fut en conséquence de cela qu'il proposa une extension de l'impôt du timbre, et la conversion des vingtièmes en une *subvention territoriale* qui atteindrait sans exception toutes les propriétés foncières, et celles même du clergé. Pour essayer cependant de concilier les grands à son système, il proposa de décharger les nobles de la *capitation*, comme d'un impôt incompatible avec la dignité de leur état.

L'assemblée était composée de princes, de la haute noblesse, du haut clergé, des premiers présidens et procureurs-généraux des parlemens, et des députés des principales villes, distingués par leurs charges ou leurs richesses, presque tous jouissant des privilèges des deux premiers ordres, c'est-à-dire accoutumés à voir leurs propriétés foncières atteintes le moins possible par l'impôt, qui retombait presque tout entier sur le peuple. Presque tous ne virent, dans le projet de M. de Calonne, que l'exploitation prochaine de la noblesse et du clergé ; ils critiquèrent amèrement ses plans, le tourmentèrent par des questions insidieuses, et rejetèrent ses défenses avec une mauvaise volonté si marquée, qu'il résigna sa place et prit la fuite le 20 avril. L'archevêque de Toulouse le remplaça.

Tout le ministère avait été renouvelé quelque temps auparavant. M. de Vergennes était mort au commencement de l'année. MM. de Castries et de Ségur donnèrent leur démission. Ce fut M. de Montmorin qui dirigea les affaires étrangères, M. de La Luzerne la marine, et le comte de Brienne la guerre. La maison du roi avait, depuis 1783, le baron de Breteuil pour ministre. M. de Miroménil avait cédé les sceaux à M. de Lamoignon, même avant le renvoi de M. de Calonne dont il essayait depuis quelque temps d'ébranler le crédit. Quant aux finances, MM. Bouvard de Fourqueux, Laurent de Villedeuil et Lambert, successivement contrôleurs-généraux après M. de Calonne, agirent secondairement et sous la surintendance de M. de Loménie de Brienne, frère du ministre de la guerre et archevêque de Toulouse, que ses lumières vantées en administration firent appeler à la dignité de chef du conseil des finances et principal ministre ; ce qui fut cause de la retraite des maréchaux de Castries et de Ségur, qui se refusèrent à travailler sous lui. Il négocia quelque temps avec les notables, afin de tirer d'eux quelque espèce d'acquiescement aux principales parties du plan de M. de Calonne qu'il avait lui-même blâmé. L'assemblée ne se décida clairement ni pour ni contre, et se sépara le 25 mai. Le nouveau ministre, de qui l'on attendait un système lumineux de finances, auquel il travaillait, dit-on, depuis long-temps, se rabattit à celui de son prédécesseur : impôt du timbre, subvention territoriale de quatre-vingts millions et quelques édits bursaux. Le parlement, auquel ils furent portés, et que l'on suppose avoir été opposé aux édits par le motif de son propre intérêt, donna à son refus une couleur favorable, en demandant qu'avant de les enregistrer on lui justifiât de la légitimité des besoins par la communication de l'état actuel des finances. Il fut refusé : alors il refusa à son tour d'enregistrer les impôts, et déclara même que les états généraux seuls y étaient compétens. Ce moyen, tout dangereux qu'il était, s'il eût été mis à exécution sur le champ, aurait peut-être sauvé l'état. Mais le ministre, qui avait fait promettre leur réunion par le roi pour le 5 juillet, en recula l'époque, sous le motif de recueillir plus de lumières au sujet de leur convocation, et il appela imprudemment tous les citoyens à donner leur avis, ce qui tarda peu à jeter la plupart des esprits hors des limites. Par une autre bizarrerie, l'archevêque revint à la charge pour l'enregistrement de ses édits. Il avait espéré l'obtenir de sa complaisance à céder au vœu des magistrats ; mais ceux-ci, qui s'étaient lié les mains en invoquant l'autorité des états généraux, se montrèrent plus conséquens en persistant dans leur refus. Dès lors le ministre prétendit ravir de haute lutte ce qu'on refusait d'accorder à sa condescendance, et il força l'enregistrement dans un lit de justice tenu à Versailles. De retour à Paris, les magistrats protestèrent, et les édits ne s'exécutèrent pas. Le parlement fut exilé à Troyes le 15 août, et rappelé le 20 septembre, sous la condition *tacite*, et de ne point donner suite à un arrêté qu'il avait pris pour informer des malversations commises dans l'administration des finances, et de consentir à un édit portant création d'emprunts graduels et successifs, jusqu'à la concurrence de quatre cent vingt millions.

Nous avons appelé cette condition *tacite*, parce qu'elle ne fut point communiquée à la jeunesse du parlement, mais seulement aux chefs et aux plus modérés des chambres, qui se flattèrent et promirent d'amener les autres à leur sentiment dans une séance royale qui serait tenue pour l'enregistrement des emprunts successifs. Dans cette séance, qui eut lieu le 19 novembre, alors qu'un silence général paraissait indiquer l'acquiescement de l'assemblée, deux conseillers, Fréteau et Sabatier, élèvent la voix, non seulement contre l'édit, mais encore contre la forme de l'enregistrement, dont ils prétendent que la présence du roi gênait la liberté. Le duc d'Orléans, dont les anciens ressentimens s'étaient encore aigris de l'opposition de la reine au mariage presque conclu de la fille de ce prince avec le fils aîné du comte d'Artois, seconda les magistrats, et le fit avec tant de véhémence que le monarque fut tenté de le faire arrêter sur le champ. Le 21, le roi se fit apporter le registre sur lequel avaient été inscrites des protestations après la séance. Il exila les deux conseillers, et confina le duc d'Orléans dans un de ses châteaux; mais tous trois furent bientôt rappelés.

Cette prompte indulgence donna de l'assurance aux membres du parlement, qui, soit par zèle pour les intérêts du peuple, soit pour mortifier le ministre, dont les intentions touchant la compagnie leur étaient suspectes, suscitaient des obstacles à ses opérations, surtout en matière d'impôts. Les difficultés qui en survenaient étaient portées au roi qu'elles fatiguaient. On peut présumer, sans trop hasarder, que Louis XVI n'était pas à se repentir d'avoir recréé un corps avec lequel il fallait sans cesse négocier ou combattre, que par conséquent il ne fut pas difficile à l'archevêque de Toulouse et au nouveau garde des sceaux, Chrétien François de Lamoignon, qui venait de succéder à M. de Miroménil, de faire agréer au monarque un plan qui le délivrerait pour toujours des chicanes de cette compagnie, représentée comme ingrate.

Pour l'exécution de ce plan, il fallait des mesures vigoureuses et du secret. Ces mesures, on les prit en donnant ordre aux intendans de se rendre chacun dans leur département, et aux commandans de partir pour leurs provinces, où ils trouveraient les uns et les autres des lettres cachetées, qu'ils ouvriraient à jour fixe. On fit aussi approcher, comme par hasard, des troupes à portée des villes où siégeaient les parlemens. Quant au secret, le ministre y pourvut en investissant de gardes l'imprimerie royale, où l'on travaillait jour et nuit aux édits, déclarations et lettres circulaires, qui devaient paraître en même temps. Outre que les ouvriers étaient largement payés, ils avaient chacun auprès d'eux un surveillant, pour les empêcher de soustraire quelqu'un de ces papiers importans. Mais, malgré la rigueur des précautions, un conseiller au parlement, M. Duval d'Esprémenil, en prodiguant l'or, obtint une *épreuve*.

Le 3 mai, les chambres sont assemblées; on y lit ces papiers surpris à la vigilance du ministre; ils contenaient des édits portant création d'une assemblée composée des princes, des pairs, des maréchaux de France, et de personnages distingués choisis dans le clergé, la noblesse, la magistrature, avec toute l'autorité dont jouissaient *les cours plénières sous Charlemagne*. Cette cour enregistrait les lois de police générale et les édits, qui ne seraient plus soumis à l'examen des parlemens, bornés désormais aux affaires des particuliers. Il serait établi dans l'étendue du parlement de Paris quatre *conseils souverains*, nommés *grands bailliages*, qui auraient chacun un ressort déterminé, et dont les attributions devraient circonscrire étroitement celles qui resteraient au parlement, déchu par là du privilège d'être désormais cour des pairs. Ces dispositions générales, et quelques autres mesures particulières qui y étaient jointes, équivalaient à la cassation prononcée quinze ans auparavant par Louis XV.

Contre un danger qui n'était connu que d'une manière indirecte, le parlement ne put prendre que des mesures hypothétiques. Il exposa donc que, « justement alarmé des évènemens funestes dont
» une notoriété trop constante paraissait menacer la constitution
» de l'état et de la magistrature : considérant que les ministres ne
» voulaient anéantir les lois et les magistrats que parce que ceux-
» ci ne cessaient de se montrer inébranlables dans la résolution de
» ne point enregistrer les impôts onéreux, et qu'ils sollicitaient la
» tenue des états comme le seul remède applicable aux maux du
» royaume, il avait désiré, avant tout évènement, poser les prin-
» cipes d'une manière positive, et qu'en conséquence il déclarait
» que la France était une monarchie dans laquelle le roi gouverne
» par des lois fixes ; qu'au nombre des lois fondamentales sont
» celles qui assurent la couronne à la maison régnante, de mâle
» en mâle, par ordre de primogéniture ; aux états-généraux légi-
» timement convoqués, le droit de consentir les impôts ; à la ma-
» gistrature son immuabilité ; à chacun la jouissance invariable de
» ses propriétés et de la liberté individuelle. Que dans le cas où la
» magistrature, subjuguée par la force, se trouverait dans l'impos-
» sibilité de veiller par elle-même à la conservation des principes
» établis ci-dessus, elle la recommande au roi, aux princes, aux
» pairs du royaume, aux états légitimement assemblés, et géné-
» ralement à tous les citoyens. Il déclarait de plus que, dans le cas
» où, contre ces principes, on prétendrait établir un corps quel-
» conque pour représenter la cour des pairs, aucun membre de
» ladite cour actuelle n'y prendra séance, ne reconnaissant pour
» telle que celle qui existe. »

Le prélat fut très piqué de voir son secret découvert ; il voulut faire arrêter d'Esprémenil et Monsabert ; ce dernier, coupable, aux yeux du ministre, d'être dénonciateur opiniâtre des monopoleurs : on les chercha inutilement dans leurs maisons ; ils s'étaient réfugiés dans la grand'chambre, où beaucoup de leurs confrères les avaient joints. Le 5 mai, au milieu de la nuit, un fort détachement du régiment des gardes traverse Paris, tambour battant, précédé de ses sapeurs, la hache sur l'épaule. Ils se rendent au palais, frappent à la porte, déterminés à l'enfoncer ; mais elle s'ouvre sans attendre la violence. Les soldats entrent. Celui qui les commandait ne connaissait pas ceux qu'il avait ordre d'arrêter. Il les demande. Plusieurs s'écrient : Nous sommes tous Monsabert et d'Esprémenil ; mais, pour ne pas exposer leurs confrères, ceux qu'on cherchait se présentent eux-mêmes : ils sont emmenés et transportés, le premier à Pierre-en-Cise, près de Lyon, et le second aux îles Sainte-Marguerite. Les magistrats restaient dans la chambre, le commandant leur donne ordre de se retirer. Ils défilent entre les soldats, reçus avec applaudissement par le peuple que le son du tambour avait attiré, et qui se montrait plus irrité que consterné.

Le 8 mai, se tint à Versailles un lit de justice, dans lequel les édits travaillés dans le secret avec tant de soin furent enregistrés d'autorité. Les princes, les pairs et les grands officiers de la couronne y avaient été appelés, et donnèrent, par leur rassemblement, une idée de la *cour plénière* qu'on prétendait leur faire représenter. Mais ce ne fut qu'un simulacre, un fantôme, qui disparut promptement.

Le parlement prit contre les opérations de ce lit de justice les précautions d'usage, protestations et remontrances. L'opinion publique se prononça fortement. M. de Loménie, devenu principal ministre, lutta trois mois contre elle; mais, soit qu'effrayé du danger de son entreprise il ne se sentît pas le courage de la continuer, soit qu'il ne trouvât pas dans le monarque la fermeté qu'il avait espérée, ne voulant cependant pas subir aux yeux de toute la France la honte d'être forcé d'abandonner son projet, il fit donner, le 8 août, un édit qui suspendait l'établissement de la *cour plénière* jusqu'à la tenue des états généraux, que ce même édit fixait au 1er mai de l'année suivante. Huit jours après, il fit rendre un arrêt sur l'ordre et la forme des paiemens du trésor royal. Soixante-seize millions de remboursemens étaient suspendus, et les autres parties devaient être acquittées, pendant dix-huit mois, en tout ou en partie, suivant leur nature, en billets du trésor royal, portant intérêt à cinq pour cent, et qui devaient être reçus de préférence dans le premier emprunt qu'on ouvrirait. Cet arrêt, conséquence nécessaire de l'impossibilité de pourvoir, à cause de la résistance des parlemens, à l'inégalité de la recette et de la dépense, après avoir répandu un moment la consternation, souleva tous les esprits. Le ministre, déjà contraint de se dédire sur la *cour plénière*, convaincu depuis, par l'éclat de l'édit du 16 août, qu'il ne pourrait se promettre aucun succès dans son ministère, donna sa démission le 25. Comme il était nommé cardinal, il se retira à Rome sous prétexte d'y aller recevoir le chapeau. On dit que, dans sa dernière conversation avec le roi, il lui conseilla de rappeler M. Necker à l'administration des finances. Ce conseil fut suivi, et, deux jours après son départ, M. Necker entra au conseil le 14 septembre. M. de Lamoignon donna aussi sa démission, et fut remplacé par M. de Barentin, premier président de la cour des aides.

Il serait difficile de peindre l'ivresse de joie qui saisit les Parisiens à la nouvelle de la démission du principal ministre. Une troupe de jeunes gens, presque toute composée de clercs du palais, s'assembla dans la place dauphine, y brûla l'effigie du cardinal, s'empara du Pont-Neuf, et força tous ceux qui passaient, soit à pied, soit en voiture, de saluer la statue de Henri IV. Tout cela se faisait gaîment, comme par divertissement; ces jeunes gens disaient en avoir obtenu la permission : on a cru même avoir reconnu parmi eux des conseillers à peu près de leur âge.

Mais la populace, qui prend volontiers part à tout ce qui a un air de désordre, imita celui-ci à sa manière. Elle se porta en foule dans la rue où demeurait le frère de l'ex-ministre, dans l'intention de piller sa maison et d'y mettre le feu. Des soldats, conduits par le commandant du guet, repoussèrent ces brigands, mais ne les mirent en déroute qu'après en avoir tué quelques uns. Leur fureur alors se porta contre le commandant lui-même : ils coururent à sa maison, le menaçant aussi de pillage et d'incendie. Ici, même succès contre eux; mais le carnage fut plus grand, parce qu'ils furent plus opiniâtres. Le parlement ordonna des enquêtes au sujet des massacres dans les deux rues. Les informations, par la manière dont elles furent faites, chargeaient principalement les chefs militaires. On les accusait d'avoir abusé de leur pouvoir en faisant tirer sur un attroupement qui pouvait être dissipé par des moyens moins violens. A la forme que prenaient les procédures, la cour sentit que le commandant du guet, plus inculpé que les autres, pourrait succomber; elle prévint le jugement, et lui donna un autre emploi hors de Paris. En accordant cette satisfaction à la populace, la cour ne vit point que c'était l'autoriser dans ses caprices, qui sont presque toujours féroces; et le parlement, indulgent pour une faute dans laquelle il avait quelque intérêt, ne prévit pas non plus le danger d'une première impunité.

La confiance que M. Necker avait toujours inspirée aux capitalistes lui fit trouver dans leurs bourses, et dans le retard des paiemens les moins pressés, les moyens de gagner l'époque des états généraux : en conséquence, les édits bursaux qui avaient excité la malveillance du parlement furent retirés, et celui-ci n'eut plus d'intérêts opposés à ceux de la cour. Le 27 septembre, il lui fut présenté l'édit pour la convocation des états généraux à Versailles. L'enregistrement qu'il en fit portait cette clause : « Qu'ils » seraient assemblés selon la forme observée pour les états de 1614. »

On y reconnaissait trois ordres, le clergé, la noblesse et le tiers-état. Les députés étaient élus par bailliages en nombre égal dans chaque ordre; de sorte qu'il n'y en avait pas plus pour l'un que pour l'autre. Dans le lieu indiqué pour l'assemblée était disposée une salle commune où tous se réunissaient pour entendre les propositions, faire entre eux des lois de police et conférer sur les affaires générales. Chaque ordre se retirait ensuite pour délibérer dans la chambre qui lui était assignée. Ils se députaient l'un à l'autre pour s'entendre sur les matières livrées à leur discussion, principalement sur les impôts. Quand chaque corps avait pris sa résolution, ils se rassemblaient tous trois dans la salle commune. Lorsque deux ordres se rencontraient dans le même sentiment, ils imposaient au troisième la nécessité d'adopter leur vœu, qui devenait alors le vœu, la conclusion, le statut des états; ainsi on ne délibérait par tête que dans chaque chambre, et par ordre dans la salle commune.

Cette forme était très favorable aux deux premiers ordres, surtout en matière d'impôts, parce que, jouissant des mêmes privilèges, ils n'adoptaient entre eux que les impositions qui, en vertu de ces privilèges, leur étaient les moins onéreuses, et que, réunis, ils imposaient au tiers l'obligation d'accepter celles que cet ordre du tiers aurait rejetées comme lui étant nuisibles dans le fond et dans la forme.

M. Necker, rentré en place, y rapporta son système, qui avait été aussi celui de MM. de Calonne et de Brienne ; savoir, de faire contribuer les privilégiés également avec le tiers. Il crut la circonstance des états propre à faire les mêmes tentatives, sans courir le risque de les voir rejeter de nouveau, et il y travailla avec ardeur. Il se répandit dans le public des écrits qui prouvaient que les privilèges pécuniaires étaient des abus à détruire; que pour y réussir il fallait cesser d'opiner par ordre, parce que dans cette forme les privilégiés étaient toujours deux contre un, et que, si on s'accordait à opiner par tête, il convenait de donner au tiers-état une double représentation, afin de le mettre en équilibre avec les deux autres.

Le contrôleur général pressait de faire adopter cette représentation, dont mille pamphlets, plus ou moins hardis, avaient fait l'opinion générale: mais le roi, ne voulant pas prendre sur lui la décision, convoqua pour le 8 octobre, à Versailles, les notables de l'année précédente. Ils se partagèrent en cinq chambres. Le roi leur proposa la question de la double représentation. Après deux mois de discussion, une seule chambre, présidée par Monsieur, frère du roi, se déclara pour le double vote. Le reste repoussa cette opinion. Les princes, les pairs et le parlement fortifièrent ce vœu par des adresses spéciales au roi, et essayèrent d'en adoucir l'amertume par un abandon formel de leurs privilèges pécuniaires.

Déchu de l'espérance qu'il s'était promise de l'assemblée des notables, le 27 décembre M. Necker fit au conseil un rapport sur la fixation des états, quant au lieu, au temps et au nombre des députés, et un édit absolument calqué sur son sentiment suivit son rapport. On y lisait que les états-généraux seraient tenus avant la fin d'avril 1789, à Versailles, ville trop voisine de la capitale pour n'en pas ressentir les dangereuses influences ; que le nombre des membres serait de mille, et que celui des représentans du tiers serait égal à celui des deux autres ordres réunis. Le rapport du ministre fut imprimé à la suite de l'édit : en sorte que le rapporteur paraissait être l'auteur de l'édit, ce qui lui concilia l'estime et l'attachement de la multitude.

Rien d'ailleurs n'était moins concluant, plus faible, plus entortillé que les motifs qu'apportait le ministre pour étayer son opinion. Ils tombaient tous devant cet argument sans réplique, que, si la double représentation était absolument dépourvue de dangers, à raison de la séparation des ordres, ainsi que l'insinuait le ministre, il était constant par cette raison-là même qu'elle était inutile ; et la chaleur que l'on mettait à emporter ce point trahissait visiblement, soit dans le rapporteur, soit dans ceux dont il était l'écho, le dessein formé et arrêté d'avance de parvenir à la réunion des ordres, et de donner par là toute la prépondérance au tiers. Cependant le conseil du roi l'approuva : il abonda dans le sens de la multitude, assez prévenue alors pour supposer à l'esprit de corps des deux premiers ordres un empire tellement irrésistible, qu'il pût paralyser dans les cœurs français l'élan généreux du dévoûment le plus absolu et des sacrifices les plus entiers aux intérêts bien entendus de la patrie ; de cette multitude trop peu éclairée surtout pour sentir que les obstacles apportés, en d'autres circonstances, par ce même esprit de corps et par la séparation des ordres, à l'unanimité des opinions, était une garantie de la stabilité des institutions sociales, tandis qu'une assemblée unique, dominée par l'enthousiasme, ne pouvait que se précipiter, et sans pouvoir s'en défendre, dans les partis les plus extrêmes et les innovations les plus inconsidérées. Il fallut apprendre de l'expérience, à nos dépens, et quand le mal était sans remède, que le salut de l'état tenait à cette séparation même des ordres qui était si décriée alors. On a beaucoup parlé des causes de la révolution : elles sont toutes dans le rapport du 27 décembre, et dans l'approbation qu'y donna le conseil, parce que, sans cette dernière mesure, elles étaient étouffées, sinon dans leur germe, au moins dans leurs effets.

Dans plusieurs provinces les deux ordres privilégiés firent des efforts pour empêcher la double représentation du troisième ; mais ils cédèrent à la fin : il n'y eut que la Bretagne, où la noblesse et le haut clergé aimèrent mieux ne point nommer de députés que de souffrir au tiers la duplication prescrite. Les curés bretons ne s'associèrent pas à cette opiniâtreté ; ils firent leurs choix, et leur nombre grossit dans l'assemblée générale le tiers-état en s'y joignant. Avant que de se séparer, la plupart des assemblées de provinces établirent des espèces de comités avec lesquels devaient correspondre leurs députés, pour leur donner connaissance de ce qui se passerait à Versailles, et prendre leurs avis sur les matières qui les intéresseraient. Ces comités furent comme des cadres tout préparés pour les *clubs*, quand on jugea à propos d'en établir. On nomme ainsi en Angleterre des assemblées où l'on s'entretient assez ordinairement des affaires d'état. Ce mot a été adopté en France pour signifier les rassemblemens destinés au même objet.

Le premier se forma à Paris, autour des députés de Bretagne, que ceux des autres provinces allèrent, à leur arrivée, féliciter de leur fermeté et de leur victoire. Des premiers complimens on passait aux questions qui occupaient alors les esprits ; on recherchait quelle était l'étendue de la souveraineté, si elle appartenait tout entière au roi, et quelle part le peuple pouvait y prétendre. A ces conférences n'était pas admis quiconque se présentait; il fallait faire preuve de ce qu'on a appelé depuis *patriotisme*, c'est-à-dire de dévoûment à la cause du peuple, ou plutôt au système de l'assemblée. Cette réunion se nomma le *club breton*. Alors furent, sinon inventées, du moins propagées, les qualifications d'*aristocrates* et de *démocrates*, la première signifiant les partisans de la noblesse, la seconde ceux du peuple.

Ce mot collectif *peuple* doit être bien distingué de celui de *populace*, qui en est la partie la plus basse, la plus vile, celle qu'on remplit le plus facilement de préjugés, parce qu'elle est bornée dans ses connaissances, et qu'on remue le plus aisément, parce qu'elle n'a rien à perdre, et qu'elle ne peut que gagner dans le trouble.

Tel était le rassemblement qui donna, le 28 avril, à Paris, le second spectacle d'un tumulte sanglant, dont le premier exemple s'était vu lorsque les maisons de Brienne et du commandant du guet furent assaillies. Du faubourg Saint-Marceau partit à l'improviste une troupe forcenée qui se porta sur la maison d'un manufacturier du faubourg Saint-Antoine, nommé Réveillon, la pilla, brisa les métiers, en jeta dans la rue les débris dont elle fit un bûcher. Depuis quelque temps il arrivait à Paris des hommes à figures atroces, armés de bâtons noueux. Ils y entraient par pelotons et par différentes barrières, logeaient dans les faubourgs, d'où ils se rassemblèrent à jour dit dans celui de Saint-Marceau. Ils faisaient l'avant-garde de la troupe qui pilla Réveillon. Dans les cris et les hurlemens qu'ils poussaient pendant leur marche, on démêlait que le motif de leur entreprise était de punir ce manufacturier, homme, disaient-ils, qui était dur à ses ouvriers, qui les maltraitait et avait montré de la joie de ce que le pain devenait cher, et de ce que la famine les contraindrait de travailler sans relâche.

C'était une calomnie inventée pour ameuter le peuple et l'engager à grossir et renforcer la troupe de ces brigands soldés. Dès le lendemain parurent des écrits rejetant ce tumulte sur la cour, et insinuant qu'elle préparait la famine et soudoyait la fureur du peuple, afin d'avoir un prétexte pour appeler et entretenir une armée entre Paris et Versailles, et, par ce moyen, maîtriser les états et dicter impérieusement les décisions; mais peu de personnes crurent à cette imputation; les soupçons au contraire tombèrent presque généralement sur le duc d'Orléans.

Il avait résisté en face au roi dans le lit de justice du 19 novembre 1787. Les cahiers de *doléances* qu'il fit distribuer dans ses terres, comme pour servir de modèles à ceux dont les députés seraient porteurs, annonçaient que ce prince méditait de grands changemens dans la constitution de l'état, dans le gouvernement, dans la religion.

Les états s'ouvrirent le 5 mai par une procession solennelle. On y voyait des évêques dont la dignité et les bienfaisantes fonctions inspirent le respect et la confiance; des curés, leurs aides, dignes du même hommage; des guerriers, défenseurs de la patrie, décorés du signe honorable de leur bravoure; enfin, dans le tiers, des jurisconsultes, organes de la justice; des médecins, dévoués au soulagement du pauvre comme du riche; ceux qui font fleurir le commerce par leur industrie, ceux qui fertilisent les campagnes par leurs soins et leurs travaux, ceux qui exercent et perfectionnent les arts, ceux dont les études secrètes propagent les lumières, tous représentant la nation et honorés de ses suffrages. Quel homme n'aurait pas conçu les plus grandes espérances pour le bonheur futur de la France? Le roi prononça avec sensibilité un discours plein de sagesse qui fut très applaudi. Ceux du garde-des-sceaux et du ministre des finances, parce qu'ils traçaient à l'assemblée la marche qu'elle devait suivre, parurent secs et impérieux. On apprit de celui de M. Necker que l'état des revenus et des dépenses fixes offrait un *déficit* de cinquante-six millions, facile à combler par divers moyens dont il donna l'aperçu : mais que les anticipations, montant à deux cent soixante millions, les soixante-seize millions de remboursemens suspendus par l'arrêt du conseil du 16 août, quelques autres dettes arriérées et quatre-vingts millions d'impositions en retard, formaient le véritable embarras des finances, et nécessitaient la ressource des emprunts.

Chaque ordre avait une chambre séparée pour ses séances particulières. Le tiers, au lieu de se retirer dans la sienne après les discours, resta dans la salle commune : petite circonstance qui n'était cependant pas indifférente, parce que cette permanence dans le local des assemblées générales donnait au tiers l'attitude de celui qui reçoit et admet, ce qu'on peut regarder comme un signe de possession, et ordinairement de prééminence.

Dans la séance suivante s'ouvrit une discussion, qui dès le commencement fut très animée, sur la manière de vérifier les pouvoirs donnés par les provinces à leurs députés. Le clergé et la noblesse voulaient que chaque ordre vérifiât ceux de ses membres, comme les connaissant mieux; le tiers, que cette opération fût faite par des commissaires délégués de tous, parce qu'ils avaient à travailler sur un objet d'importance commune. Si ce dernier mode de vérification était adopté, les privilégiés craignaient que ce ne fût un acheminement à faire décider qu'un acte commun ayant été passé entre tous les députés, il ne devait plus rien rester qui distinguât les uns des autres, qu'ainsi on devait voter non par ordre, mais par tête.

En effet, c'était le but du tiers : on y voyait des hommes habiles qui avaient déjà formé leur plan, et des orateurs propres à inspirer l'enthousiasme; entre eux se remarquait le comte de Mirabeau. Né noble, il s'était affilié au tiers-ordre de sa province, afin d'être élu député; ce qu'il n'osait se promettre de celui de la noblesse. Il paraît qu'il était dépositaire des secrets du duc d'Orléans, et qu'il dirigeait sa faction. Il soutint vigoureusement le système de la vérification en commun, et ne cessait d'en représenter à sa chambre l'importance. Aussi ne se laissa-t-elle pas ébranler par le sacrifice que le clergé fit le 21 mai de ses privilèges pécuniaires. Même indifférence pour celui de la noblesse, qui imita le clergé le 23. Ces abnégations, qui auraient pu être utiles quelques mois auparavant, ne servirent à rien dans ce moment.

Le tiers attendit dix jours l'issue des négociations qui s'ouvrirent pour concilier les prétentions respectives; mais, voyant qu'elles ne réussissaient pas, que les deux ordres résistaient même aux sollicitations du roi, qui, chagrin de ces délais, les exhortait à céder, le tiers prit le parti de brusquer l'affaire, se nomma le 3 juin un président, qui fut M. Bailli, homme de lettres célèbre, membre des trois académies, française, des belles-lettres et des sciences, et fit ensuite appeler par bailliages les députés des trois ordres indistinctement devant les commissaires qu'il nomma pour vérifier les pouvoirs. Le 11 juin, trois curés du Poitou répondirent à l'appel, et commencèrent la défection du clergé, qui alla en augmentant les jours suivans; et le 17, sur la proposition faite la veille, les députés, ainsi vérifiés, prirent la dénomination d'*Assemblée nationale*. Ce changement de nom était d'une importance majeure, en ce que ceux des députés qui auraient voulu s'opposer aux innovations qu'une partie d'entre eux méditaient, en trouvaient les moyens dans l'histoire qui fixe l'étendue et les bornes du pouvoir des états généraux; au lieu qu'une *Assemblée nationale*, institut tout nouveau, pouvait être douée à volonté de toute la puissance dont on aurait besoin.

Par le décret qui la constituait *Assemblée nationale*, elle statua « que les impôts et contributions, quoique *illégalement* établis,
» continueraient d'être levés de la manière dont ils l'avaient été
» précédemment, et jusqu'au jour seulement de la première sépa-
» ration de cette assemblée, de quelque cause qu'elle pût provenir;
» passé lequel jour l'Assemblée nationale entend et décrète que
» toutes levées d'impôts et contributions de toute nature qui n'au-
» raient pas été nommément, formellement et librement accordées
» par la nation, cesseront entièrement dans toutes les parties du
» royaume. » En décrétant que les impôts actuels ne dureraient que jusqu'au jour où « l'assemblée serait séparée, de quelque cause que
» cette séparation pût provenir », l'assemblée assurait sa propre durée, parce qu'il était difficile que le roi se portât à quelque violence contre elle, dans la persuasion où il serait qu'il tarirait tout d'un coup par cette action la source des finances du royaume.

Les intentions profondes indiquées par le changement du nom des états, et par la précaution prise pour opérer la permanence de

l'assemblée, même malgré le roi, n'échappèrent pas à l'attention de la cour. Elle jugea prudent de détourner ce torrent avant qu'il exerçât de plus grands ravages. Le conseil minuta une déclaration que le monarque devait faire lire devant les états, et qu'il se proposait de faire accepter par eux dans une séance royale. Sous prétexte des préparatifs à faire pour cette cérémonie, on fit fermer la grande salle commune. Quand les députés se présentèrent, le 20 juin, pour tenir leur séance ordinaire, ils trouvèrent à la porte des gardes qui les repoussèrent. Après un moment de délibération, le président, à la tête des députés rassemblés autour de lui, se transporta dans un jeu de paume, le seul local qu'on jugea suffisant pour contenir les membres et la multitude qui les suivait. « Ils statuèrent qu'envoyés pour
» fixer la constitution du royaume, opérer la régénération de l'or-
» dre public, maintenir les vrais principes de la monarchie, en
» quelque lieu qu'ils soient forcés de s'établir, là serait l'Assem-
» blée nationale; que les membres prêteront serment de ne jamais
» se séparer que la constitution du royaume et la régénération pu-
» blique ne soient établies et affermies. » Tous le firent avec enthousiasme; ils se pressaient autour du président, qui le prêta le premier; le peuple s'y joignit par acclamation. Dès le lendemain, cent quarante membres du clergé se réunirent à l'*Assemblée nationale*, et y firent vérifier leurs pouvoirs.

Le 23 juin, le roi porta aux états sa déclaration. Il était accompagné d'une cour nombreuse et brillante, et avait réuni autour de lui toute la majesté du trône. Louis XVI, vraiment touché, fit un discours affectueux qui émut; il recommanda avec effusion la paix et la concorde; il espérait, disait-il, que l'édit qu'il apportait serait la base d'une union inaltérable. Malheureusement le premier article de la déclaration n'était pas propre à faire passer ces sentimens dans le cœur des députés du tiers, que l'accession de plusieurs membres du clergé rendait déjà très prépondérant.

Le monarque commence par casser et annuler, comme *illégale et inconstitutionnelle*, la délibération du 17, celle qui faisait prendre aux états généraux le nom d'*Assemblée nationale*; exhorte cependant à délibérer en commun dans les affaires d'une utilité générale; de ces affaires il excepte la forme de la constitution à donner aux états généraux, qu'il regarde comme fixée par la tradition; les droits utiles et les prérogatives honorifiques des deux premiers ordres, qu'il confirme comme inhérens et essentiels à la monarchie. Au rang des propriétés qui doivent être constamment respectées, il met les dîmes, cens, rentes et devoirs féodaux. Ensuite viennent ses propres engagemens: il consent qu'aucun emprunt ne puisse être fait, ni aucun impôt établi sans le consentement des représentans de la nation. Les états généraux, ainsi que les états provinciaux, devront être convoqués à des époques fixes. Pendant ces intervalles, dans les cas pressans, le roi pourra emprunter jusqu'à la concurrence de cent millions. Il conserve en son entier, sous sa main, l'institution de l'armée, ainsi que toute autorité et police sur elle. Jamais enfin rien de ce qui regarde la liberté personnelle, l'égalité des contributions, l'établissement des états provinciaux, ne pourra être changé sans le consentement des trois ordres pris séparément ; et réciproquement, aucune disposition ne pourra acquérir force de loi sans l'approbation spéciale du monarque. Lecture faite, il ordonne aux trois ordres de se retirer chacun dans leur chambre, et la séance est levée.

Il régnait un grand silence dans l'assemblée : ceux qui avaient espéré s'ouvrir un longue carrière, et se rendre considérables par le travail d'une constitution, étaient consternés de n'avoir plus à s'occuper de ce qui avait été jusqu'alors l'objet des états généraux : la création et l'assiette des impôts ; la justice de la répartition, et les lois ou règlemens de grande police. Pendant qu'ils se voyaient assez tristement déchoir de leurs espérances, un d'entre eux, qu'on dit être Mirabeau, observe que, pendant que tous les sièges destinés aux ministres étaient remplis, celui de M. Necker restait vide ; d'un coup de coude et de l'œil il le fait remarquer à son voisin, celui-ci au suivant, et ainsi de proche en proche. Ce coup, dit un écrivain, fut comme un coup électrique. À la commotion succède l'espoir. Tout n'était donc pas désespéré, se disait-on en soi-même, puisque cette absence marquait improbation et division dans le conseil. Quand le roi fut sorti, la première opération de l'assemblée fut de désobéir au commandement de se retirer chacun dans la chambre de son ordre. Le tiers resta dans la salle commune. Le grand-maître des cérémonies vient le sommer de se retirer : « Vous, » qui n'avez ici ni place, ni voix, ni droit de parler, répond Mirabeau » au nom de tous, vous n'êtes pas fait pour nous rappeler le discours » du roi ; allez dire à votre maître que nous sommes ici par la puis- » sance du peuple, et qu'on ne nous en arrachera que par celle des » baïonnettes. »

Quand la déclaration lue à la séance royale se répandit dans les provinces, les habitans de ces lieux éloignés de la cabale et de l'intrigue, qui n'avaient vu dans la convocation des états généraux qu'un moyen prompt et décisif de pourvoir au bonheur de la France, et qui étaient fâchés que de simples formes, qu'ils regardaient comme des disputes de cérémonial, retardassent les affaires intéressantes, crurent que cette déclaration allait terminer tous les différens. Elle leur paraissait pleine de sagesse et de modération, fixant les bases de la monarchie reconnues jusqu'alors inviolables, et distribuant au souverain et au peuple, avec une juste proportion, ce qu'il fallait à chacun de puissance pour opérer le bien commun. Ils furent donc très étonnés d'apprendre que la mésintelligence entre les trois ordres n'avait pas cessé, et que les travaux qu'ils croyaient seuls utiles ne se commençaient pas.

En effet, le tiers exigeait toujours que les pouvoirs des députés indistinctement fussent vérifiés en commun; la majorité de la noblesse et la minorité du clergé continuaient à vouloir que cette vérification se fît par des commissaires pris dans chaque ordre séparément. Le roi eut, à cet égard, en présence des princes et d'un grand nombre de seigneurs, avec M. de Luxembourg, président de la noblesse, une conversation qu'on fixe au 27 juin, et dont il faut rapporter la plus grande partie, parce qu'elle établit clairement l'état de la question, et qu'elle fait prévoir ce qui est arrivé dans la suite.

« M. de Luxembourg, dit le roi, j'attends de la fidélité et de l'af-
» fection pour ma personne de l'ordre que vous présidez, sa réunion
» avec les deux autres. » Il répond : « Sire, l'ordre de la noblesse
» sera toujours empressé de donner à votre majesté des preuves de
» son dévoûment pour elle ; mais j'ose dire qu'elle ne lui en a ja-
» mais donné de plus éclatante qu'en cette occasion, car ce n'est
» pas sa cause, mais celle de la couronne qu'elle défend aujour-
» d'hui. — La cause de la couronne ! — Oui, sire, la noblesse n'a
» rien à perdre à la réunion que votre majesté désire. » Il fait voir ensuite, ce qui était vrai, que les nobles ne perdront rien de leur considération en se mêlant avec le tiers, qu'ils seront reçus avec plaisir et même avec transport. « Mais a-t-on fait observer à votre
» majesté les suites que cette réunion peut avoir pour elle? La
» noblesse obéira, si vous l'ordonnez ; mais, comme son président,
» et comme fidèle serviteur de votre majesté, j'ose la supplier de
» me permettre de lui présenter encore quelques réflexions sur
» une démarche aussi décisive. — Parlez, lui dit le roi, je vous
» écoute.

» Votre majesté n'ignore pas quel degré de puissance l'opinion
» publique et les droits de la nation décernent à ses représentans.
» Elle est telle, cette puissance, que l'autorité souveraine elle-
» même dont vous êtes revêtu demeure comme muette en sa pré-
» sence. Ce pouvoir sans bornes existe avec toute sa plénitude dans
» les états généraux, de quelque manière qu'ils soient composés ;
» mais leur division en trois chambres enchaîne leur action et con-
» serve la vôtre. Réunis, ils ne connaissent point de maîtres; divi-
» sés, ils sont vos sujets. Le *déficit* de vos finances, et l'esprit d'in-
» subordination qui a infecté l'armée, arrêtent, je le sais, la déli-
» bération de vos conseils; mais il vous reste, sire, votre fidèle
» noblesse. Elle a, dans ce moment, le choix d'aller, comme votre
» majesté l'y invite, partager avec ses co-députés l'exercice de la
» puissance légitime, ou de mourir pour défendre les prérogatives
» du trône. Son choix n'est pas douteux; elle mourra, et elle n'en
» demande aucune reconnaissance : c'est son devoir. Mais, en mou-
» rant, elle sauvera l'indépendance de la couronne, et frappera de
» nullité les opérations de l'Assemblée nationale, qui certainement

» ne pourra être réputée complète, lorsqu'un tiers de ses membres
» aura été livré à la fureur de la populace et aux fers des assassins.
» Je conjure votre majesté de réfléchir sur les considérations que
» j'ai l'honneur de lui présenter. — M. de Luxembourg, reprit le
» roi d'un ton ferme, mes réflexions sont faites; je suis déterminé
» à tous les sacrifices. Je ne veux pas qu'il périsse un seul homme
» pour ma querelle. Dites donc à l'ordre de la noblesse que je le
» prie de se réunir aux deux autres, et, si ce n'est pas assez, je le
» lui ordonne comme son roi : JE LE VEUX. » Dès ce jour, 27
juin, les deux ordres presque entiers se réunirent au tiers. L'archevêque de Paris restait fidèle à ses principes. Des assassins apostés l'assaillirent à coups de pierres. On eut de la peine à l'arracher de leurs mains. Le roi et la famille royale le conjurèrent de céder. Il se rendit.

Si les chefs du tiers, ceux qui entraînaient les autres, comme il y en a toujours dans les assemblées, connurent les dispositions de Louis XVI, il n'est pas étonnant qu'ils soient restés si fermes dans leur résolution, d'autant plus qu'ils le faisaient sans crainte. Quand, après la sortie du roi de la séance royale, Mirabeau eut déclaré au maître des cérémonies que le tiers ne quitterait pas la salle commune, on se regarda quelques momens en silence, comme pour se consulter sur ce qu'on allait faire. Une voix s'éleva, disant qu'il fallait persister dans les précédens arrêtés, ces arrêtés qui venaient d'être déclarés nuls et abusifs par le roi sur son trône. Aussitôt décret unanime qu'on y persistera. « Je bénis, s'écrie alors Mira-
» beau, je bénis la liberté de ce qu'elle nous mûrit de si beaux
» fruits dans l'Assemblée nationale ; assurons notre ouvrage en
» déclarant inviolable la personne des députés aux états géné-
» raux. Ce n'est pas manifester de la crainte; c'est agir avec pru-
» dence; c'est un frein contre les conseils violens qui assiègent le
» trône. »

Pareille proposition ne pouvait manquer de réussir. Quatre cent quatre-vingt-treize voix contre trente-quatre prononcèrent que la personne de chaque député était inviolable. Rien ne fut omis de ce qui pouvait donner au décret toute l'étendue et la force possibles. « Tout individu, porte l'arrêté, toute corporation, cour ou com-
» mission, qui oserait, pendant ou après la présente session,
» poursuivre, rechercher ou faire arrêter, détenir ou faire détenir
» un député, pour raison d'aucunes propositions, avis, opinions
» ou discours par lui faits aux états généraux, de même que toutes
» personnes qui prêteraient leur ministère à aucuns desdits atten-
» tats, de quelque part qu'ils soient ordonnés, sont infâmes et
» traîtres envers la nation, et coupables de crime capital. L'Assem-
» blée nationale arrête que, dans les cas susdits, elle prendra
» toutes les mesures nécessaires pour faire rechercher, poursuivre
» et punir ceux qui en seraient les auteurs, instigateurs ou exécu-

» teurs. » Ce n'était pas là seulement un bouclier pour mettre à l'abri des attaques, comme voulait le faire entendre Mirabeau dans sa dévote apostrophe à la *liberté*, mais un glaive pour percer ceux qui opposeraient de la résistance aux auteurs ou propagateurs des conseils audacieux.

Liberté! ce mot magique remuait tout Paris : on courait en foule dans les assemblées des districts, où des orateurs, les uns de bonne foi, les autres charlatans soudoyés, proclamaient les grandes vertus de ce remède contre tous les maux dont le pauvre peuple est affligé; à l'un elle donnerait des richesses, à l'autre des plaisirs, au troisième l'indépendance. On se plaisait singulièrement dans ces lieux où il était permis de parler gouvernement, politique, et de tout ce qu'on n'entendait pas, pourvu que ce fût dans le sens de l'assemblée. Les femmes y étaient admises et exprimaient leur sentiment. Des gardes-françaises s'y glissent ou y sont entraînés; leurs officiers, craignant qu'ils n'y prennent des principes peu conformes à l'esprit de la discipline, les consignent dans leurs casernes. Quelques uns s'évadent, courent aux assemblées, sont pris et conduits, le 30 juin, à l'Abbaye, prison militaire. Aussitôt concours immense au Palais-Royal ; motions pour les aller délivrer. La multitude se les fait rendre le 1er juillet, les ramène en triomphe, leur fournit abondamment vin, bonne chère, et les environne de gardes pour les défendre contre la force, si on tentait de l'employer.

Toute idée de subordination, quoique déjà fort atténuée dans les troupes, n'était pas encore détruite. Les coupables eux-mêmes, dans la crainte des suites, désiraient obtenir grace ; des députés de districts partent pour Versailles, et vont prier l'Assemblée nationale d'intervenir dans cette affaire. Elle arrête une députation au roi. Aux motifs d'indulgence, l'orateur joint des insinuations sur le danger du refus. Pour ne pas paraître s'intimider, la cour prit le biais de se faire aussi solliciter par l'archevêque, à qui le rôle de bienveillance convenait. Le 8 juillet, le prélat apporta la grace, dont les districts firent les honneurs à l'Assemblée nationale, qui en fut remerciée.

Cette émeute fut immédiatement suivie d'une autre, dans laquelle la populace développa d'une manière effrayante son penchant à la barbarie. La cour n'avait pas oublié l'absence de M. Necker à la séance royale, et restait persuadée que l'Assemblée nationale ne s'était montrée si constante dans ses principes que parce que cette marque d'improbation du ministre lui avait fait compter sur son appui. Le roi retira au Genévois le ministère, et lui ordonna de quitter le royaume sous vingt-quatre heures. Les personnes, tant de la cour que du conseil, qui lui étaient attachées, furent disgraciées avec lui; et à MM. de Montmorin, de Puységur, de La Luzerne et de Saint-Priest, succédèrent de nouveaux ministres : le baron de Breteuil à la présidence du conseil des finances, le duc de La Vauguyon aux affaires étrangères, le maréchal de Broglie à la guerre, et M. Foulon au contrôle général.

La nouvelle de cet évènement arriva à Paris le 11 juillet, et fut reçue comme une calamité publique; le peuple était déjà très alarmé du séjour de quelques troupes répandues entre la capitale et Versailles; on répandait le bruit que la cour les avait fait venir pour remplacer les gardes-françaises, sur la fidélité desquels elle ne pouvait plus compter. Mirabeau, trois jours auparavant, avait dénoncé à l'Assemblée nationale cette précaution du roi, comme un moyen de vengeance qui était dirigé contre elle et contre Paris. En un moment, de tous les quartiers de Paris, la foule accourt au Palais-Royal : des orateurs y sèment le désordre et la désolation : cent canons, disent-ils, sont braqués sur Montmartre, autant sur les hauteurs de Belleville; la Bastille est remplie de mortiers qui vont vomir sur la ville des bombes et autres feux meurtriers; les Invalides et l'Ecole militaire recèlent cinquante mille hommes; plus du double vont partir des Champs-Elysées, déboucher par tous les faubourgs, et mettre Paris au pillage. Hommes, femmes, enfans, personne ne sera épargné. « Nous n'avions qu'un protecteur, et on nous l'en- » lève. » A ces mots éclataient des sanglots, des cris, des hurlemens de désespoir. Les jeunes gens vont prendre deux bustes, l'un de M. Necker, l'autre du duc d'Orléans, les couvrent de crêpes en signe de deuil, et les promènent dans les rues, comme les châsses des saints dans les temps de calamité. Cette ridicule procession passant dans la place de Louis XV, où se trouvait le prince de Lambesc à la tête de son régiment de Royal-Allemand, il pousse ces dévots de nouvelle espèce, les disperse et poursuit les fuyards dans les Tuileries. Dans le tumulte, quelques bourgeois qui se promenaient paisiblement sont blessés.

Alors plus de doute, c'est à la vie des Parisiens que la cour en veut. Cet accident arriva le 12 juillet. La journée du 13 est employée à chercher des armes; les boutiques des armuriers sont enfoncées. Trente mille fusils sont enlevés aux Invalides sans résistance, avec les canons qui s'y trouvent. Une troupe des plus frénétiques bandits se porte aux barrières, les renverse, brûle les registres des préposés et les palissades. On conçoit comment le peuple s'empressait de détruire les bureaux des entrées, qu'il regarde toujours comme des vexations; mais on ignore encore pourquoi sa fureur s'exerça sur la maison de Saint-Lazare, remplie de pieux ecclésiastiques, particulièrement dévoués à l'instruction et au soulagement des pauvres. Ils la pillèrent avec une espèce de rage, sans but de s'enrichir, déchirant, cassant, saccageant tout comme chez Réveillon, et dansant autour des débris enflammés.

Paris était sans chef, sans gouvernement, dans la plus complète anarchie. Comme les assemblées électorales, formées pour choisir les représentans aux états généraux, n'étaient pas encore séparées, des députés pris dans leur sein se réunissent le 14 juillet à l'hôtel de ville, pour tâcher de trouver les moyens de mettre un frein à ces fureurs. Pendant qu'ils délibéraient, le tocsin sonne de tous côtés; le peuple se précipite vers la Bastille, le canon tonne contre elle. Il n'y avait ni poudre ni vivres, et, pour toute garnison, quelques invalides divisés, dont les uns voulaient tenir, et les autres céder. Ces derniers facilitent l'accès aux assaillans, et forcent le gouverneur à capituler. Tout d'ailleurs se passe avec désordre. Dans cette confusion, un coup de fusil part, on ne sait de quel côté, des assiégeans ou des assiégés; mais ceux-ci devinrent victimes de cette imprudence. Un grand nombre d'entre eux furent massacrés avant qu'on pût s'expliquer. Le gouverneur, qui avait demandé à être mené à l'hôtel de ville, est égorgé dans les rues. Le prévôt des marchands, qui venait d'apprendre ce tumulte à sa campagne, et qui accourait pour s'informer et donner des ordres, est tué d'un coup de pistolet sur les marches de l'hôtel de ville. On a cru que ces assassinats furent commandés, afin de pouvoir mettre dans ces deux places des hommes plus dévoués à la faction. En effet, le 15, M. Bailly, qui avait fini sa présidence à l'Assemblée nationale, fut nommé *maire de Paris*, et M. de La Fayette, qui avait combattu en Amérique pour la fondation de la république des États-Unis, reçut le titre de commandant général de la milice parisienne.

Le 15, elle n'existait pas cette *milice parisienne*, et le 16 elle se forma avec une rapidité étonnante. Tous les hommes, de quelque état qu'ils fussent, des vieillards même, sous le nom de *vétérans*, allaient se faire inscrire. Les pères présentaient leurs enfans à peine adolescens. Chacun arbora la cocarde : d'abord verte, elle fut bientôt rejetée, comme étant la couleur du comte d'Artois qu'on n'aimait pas, et remplacée par la tricolore, couleur du duc d'Orléans. Il n'était point permis de se dispenser de la porter. Les femmes même y furent contraintes. Le bourgeois dans ses promenades, le magistrat sur son tribunal, l'homme oisif dans les cercles, prirent un air militaire; et on vit le marchand dans sa boutique, revêtu d'un uniforme, paré de son hausse-col et de ses épaulettes, s'efforcer d'allier la souplesse mercantile à la fierté martiale.

Rien de plus singulier en ce genre que l'armement de tout le royaume en un seul jour et presque en un instant. Pendant que le canon tonnait contre la Bastille, des hommes sans aveu volent sur toutes les routes, paraissent dans tous les marchés, criant *aux armes* ! annoncent des brigands prêts à tout ravager, invitent tous les citoyens à s'armer pour les repousser, et lèvent en un clin d'œil, et au même moment dans toute la France, une milice innombrable. La légitimité d'une défense crue nécessaire y enrôla les plus honnêtes citoyens. Mais bientôt, sous le même prétexte, des troupes de bandits et d'assassins se réunissent sous les yeux des magistrats qui ne s'y opposent pas, et sous ceux des troupes encore fidèles, qui ne font aucun mouvement ; et ils trouvent des chefs qui les guident et les encouragent à tous les forfaits. Alors aussi commencèrent les violences contre les nobles, les attroupemens dans les villes et les campagnes, les pillages et les incendies des châteaux. Il arrivait à Paris des relations qui rejetaient sur les aristocrates ces affreuses exécutions. Les nobles piller, brûler leurs châteaux ! et le peuple le croyait. Il croyait aussi que les enlèvemens prodigieux de blé faits dans tous les marchés par des inconnus, et dont on ignorait la destination, étaient commandés par les aristocrates, pour mâter le peuple en lui montrant les horreurs de la famine, qui à la vérité commençait à se faire vivement sentir.

On cherche quel était le principe de ces mouvemens séditieux, et comment ils s'organisaient. On suppose qu'ils dérivaient principalement du mécontentement du duc d'Orléans, désirant à la fois se venger de l'amirauté, assouvir sa haine contre la reine, embarrasser le roi, trop facile peut-être à partager les impressions de son épouse, et éventuellement s'emparer du trône, ou du moins forcer son parent qui l'occupait à lui en céder l'autorité. On dit qu'il consacra à l'accomplissement de ce projet la plus grande partie de ses biens qui étaient immenses. On prétend aussi qu'il fut aidé de l'argent de l'Angleterre pour soudoyer la populace, et ce doute se fonde sur ce qu'au commencement de nos troubles le ministre Pitt demanda au parlement qu'il lui fût accordé un million sterling dont il ne serait pas tenu de rendre compte, et qu'il l'obtint.

La nouvelle de la prise de la Bastille et des assassinats, portée à Versailles, consterna la cour. L'assemblée n'en parut pas fort émue. Quand elle apprit le bannissement de M. Necker et la disgrace de ses amis, elle avait déclaré que lui et ses compagnons d'infortune emportaient l'estime et les regrets de la nation ; et ce même 14 juillet, pendant que tout était en combustion à Paris, elle composait tranquillement le comité qui devait s'occuper de la constitution. Ce travail se faisait dans la supposition qu'un royaume qui durait depuis onze cents ans, n'avait pas encore de constitution.

Cependant M. de Liancourt avait persuadé au monarque de faire cesser la cause des désordres, en condescendant aux désirs du peuple, et il l'avait déterminé à en instruire lui-même l'assemblée. Le 15, le roi s'y rendit sans faste, et accompagné seulement de ses frères : il annonça, dans un discours paternel, la résolution qu'il avait prise de renvoyer les troupes, et la confiance que le chef de la nation mettait en ses représentans pour l'aider à ramener le calme dans la capitale. Un enthousiasme général saisit l'assemblée à ces paroles, et tout entière elle se porta sur les pas du roi à sa sortie, et le reconduisit comme en triomphe jusqu'au château. Une députation de l'assemblée porta ces nouvelles à Paris, dans l'espoir qu'elles arrêteraient l'état furibond et anarchique d'une populace effrénée, et elle en rapporta au roi le vœu de la capitale : elle demandait que

Louis XVI vint dans ses murs nommer les magistrats que les circonstances rendaient nécessaires, accorder le rappel de M. Necker aux besoins de la nation, et recevoir la seule récompense que son cœur ambitionnait, les bénédictions du peuple.

Le roi, qu'on croit n'avoir jamais tremblé pour lui-même, se détermina à ce voyage et le promit. La reine, ses deux frères, ses plus affectionnés courtisans, frémirent à cette résolution et tâchèrent de l'en détourner. « Qu'ai-je fait, dit-il, à mon peuple, pour » qu'il me veuille du mal? J'ai promis, mes intentions sont pures, » je m'y confie; il doit savoir que je l'aime : il fera de moi ce qu'il vou-» dra. » Mais Louis, résigné sur tout ce qui pouvait lui arriver, craignit pour le comte d'Artois, son frère, menacé par la populace. Il l'exhorta, lui commanda même de quitter le royaume avec les personnes de sa cour qu'on savait lui être attachées. Ce fut le commencement de l'*émigration*, qui devint une mode. Il faut avouer que beaucoup de personnages, qui n'étaient pas d'un rang, d'une naissance ou d'un mérite à éveiller la crainte ou la jalousie de la faction orléaniste, crurent se donner de l'importance en s'associant à un prince et aux premiers de l'état. D'ailleurs c'était, à ce qu'on croyait, pour si peu de temps! et la faction, en blâmant extérieurement cette désertion, s'en réjouissait intérieurement, parce que c'était autant de partisans redoutables enlevés à ses adversaires.

Le roi arriva à Paris le 17 juillet; il y entra au milieu d'une cavalcade de trois mille jeunes gens, et un plus grand nombre de fantassins. Ses gardes du corps furent retenus à la barrière. Pendant la marche, qui était lente, il paraissait moins triste qu'étonné de cette milice bigarrée, diversement armée. Il passait entre des piques, des mousquets de toute forme pris dans les arsenaux, de longs bâtons garnis de baïonnettes qui se croisaient et faisaient voûte sur sa tête. Des acclamations tumultueuses interrompaient par élans un silence effrayant. Il entendit des discours aux barrières, il en entendit à l'hôtel de ville, répondit en peu de mots, toujours affectueux; confirma dans leurs charges le commandant général, le maire et le conseil de ville, qu'on avait élus provisoirement; annonça qu'il avait déjà envoyé des ordres pour faire revenir M. Necker, reçut la cocarde nationale, se montra au peuple décoré de ce signe, et entendit, presque pour la dernière fois, le cri de *vive le roi* retentir à ses oreilles. Si les orléanistes espérèrent, à l'aide des préjugés inspirés au peuple, retenir le roi à Paris pour le faire l'instrument de leurs volontés, ils se trompèrent; mais ce ne fut pas pour long-temps. On le laissa retourner à Versailles.

Pendant que M. Necker rappelé revenait sur ses pas, la populace allait chercher dans sa maison de campagne M. Foulon, qui avait été désigné pour lui succéder. Elle garrotte sur une charrette ce vieillard presque octogénaire, l'abreuve pendant la route d'humiliations douloureuses, et le suspend à la place du réverbère, devant l'hôtel de ville. M. Berthier, intendant de Paris, son gendre, qui venait avec confiance pour remplir dans ce moment critique les devoirs de sa charge, est saisi comme lui, et expire dans le même supplice. Ces atrocités se passèrent le 23 juillet, sous les yeux du conseil de ville, qui négligea ou qui n'eut pas la force de les empêcher. Le 28 juillet arrive triomphant M. Necker. Le 30, il se présente à l'hôtel de ville, escorté d'une foule de peuple qui trépignait de joie. Il donne de l'encens au conseil et en reçoit, obtient dans ce moment d'allégresse la liberté du commandant de la vicomté de Paris, M. de Besenval, auquel le sort de MM. Foulon et Berthier était destiné; mais le lendemain, exemple remarquable de la versatilité populaire, la grace est rétractée en présence du triomphateur; il fit en vain des efforts pour que la prison de son protégé restât ouverte, elle fut refermée, et il fallut un jugement hasardeux pour le rendre à la liberté.

Comme le ministère avait été changé au moment de la destitution de M. Necker, son retour fut aussi le signal de la création d'autres ministres. M. Champion de Cicé, archevêque de Bordeaux, fut nommé à l'emploi de garde des sceaux, et M. de Pompignan, archevêque de Vienne, à la feuille des bénéfices. Tous deux faisaient partie de l'Assemblée nationale, et ils lui écrivirent une lettre qui finissait pas ces mots : « Daignez, monsieur le président, être no- » tre interprète auprès de l'assemblée, et lui offrir en notre nom la » protestation sincère de ne vouloir exercer aucune fonction politi- » que qu'autant que nous pourrions nous honorer de son suffrage, et » conserver notre dévoûment à ses maximes. » MM. de La Tour-du-Pin et de Saint-Priest furent aussi appelés au ministère ; l'un à celui de la guerre, et l'autre à celui de la maison du roi, à la place de M. de Villedeuil. M. Necker se réserva le trésor royal, comme premier ministre des finances, et M. Lambert fut pourvu sous lui de l'office de contrôleur général.

Alors commença la discussion métaphysique de la déclaration des droits, qu'on voulut faire servir de préambule à la constitution et de guide à ses rédacteurs. Les jeunes militaires qui avaient fait la guerre d'Amérique furent les ardens promoteurs de cette réunion, dont ils avaient pris l'idée dans les constitutions des Etats-Unis. Mais, soit défaut réel d'intelligence pour comprendre ces maximes, soit volonté effective de n'en point saisir le véritable sens, ce fut pour la populace une nouvelle source de crimes. Paris, de ce moment, ne resta pas le théâtre exclusif des plus affreux assassinats. Presque toutes les villes furent inondées de sang; les campagnes étaient dévastées pendant le jour, et la nuit elles étaient éclairées par les feux qui consumaient les châteaux. Les impôts ne se payaient plus, ou ne s'acquittaient qu'avec des soustractions et des réserves qui diminuaient prodigieusement les recettes.

Ces fâcheuses nouvelles arrivaient journellement à l'assemblée.

Elle résolut de tenir une séance destinée à chercher les moyens de remédier à ces désordres. Indiquée pour le 4 août, elle commença à huit heures du soir. Quoiqu'on sache assez ce que sont ces assemblées du soir, celle-ci a été si singulière qu'elle mérite quelque détail. Un député qui a attaché son nom à la constitution qu'on préparait alors, et par les soins tout particuliers qu'il donnait à sa rédaction, et par les refus qu'il fit depuis d'en interpréter les dispositions, lorsqu'un honneur insigne, mais périlleux, l'appela à défendre la cause du monarque invoquant cette constitution, l'avocat Target venait de dire : « S'il est instant de donner au royaume » une constitution pour assurer son bonheur et sa gloire, il est en- » core plus urgent de protéger la vie et les propriétés des citoyens. » Ce sage début fut suivi d'un projet d'arrêté qui portait que les désordres et les violences qui agitaient différentes provinces, jetant l'alarme dans les esprits, étaient capables de ralentir les travaux de l'assemblée, à la grande satisfaction des ennemis du bien public ; qu'en conséquence chacun eût à rentrer dans l'ordre, et à payer les impôts existans, *les prestations et redevances accoutumées*. A l'occasion de ce texte si simple se lèvent des orateurs qui se mettent à le commenter, et finissent, comme il arrive souvent, par s'en écarter tout à fait.

Le premier, de la classe des nobles, le vicomte de Noailles, à l'occasion de ces mots, *prestations et redevances accoutumées*, qui avaient frappé son oreille, propose que les droits féodaux puissent être rachetés par les communautés, en argent ou échanges, et que les corvées seigneuriales, les mainmortes et autres servitudes personnelles, soient abolies sans rachat. Le second, de la même classe, le duc d'Aiguillon, prouve la justice de l'indemnité, parce que ces droits féodaux sont une vraie propriété, et fait arrêter qu'ils sont remboursables à la volonté des redevables. Le troisième, l'avocat Legrand, député de Bourges, le même à qui l'on devait la dénomination d'*Assemblée nationale*, qualification qui avait prévalu sur celles proposées par l'abbé Syeyes et par MM. Mounier et Mirabeau, fait une division scientifique de toutes ces vassalités : 1° servitudes personnelles, mainmortes, corvées, banalités forcées ; à détruire sans rachat ; 2° servitudes réelles, cens et rentes, redevances en grains ou argent, rachetables à un prix équivalent ; 3° servitudes mixtes qui grèvent en même temps les biens et les personnes, rachetables, mais à un moindre prix que les droits purement réels.

Un quatrième et un cinquième orateur, aussi du tiers, Leguen et La Poule, font une peinture affreuse des atteintes portées par les anciens nobles à la liberté des hommes, à la pudeur des femmes, quelquefois à la vie de leurs vassaux et vassales, sans faire observer que ces droits odieux étaient depuis long-temps abolis de fait, en supposant même constant que le délire passager de quelque seigneur leur eût jamais donné un moment d'existence dans quelque coin de terre ignoré. Un sixième, de la même caste, glisse un mot sur les dîmes, qui nuisent, dit-il, à l'agriculture. Cependant le marquis de Foucault, après avoir osé improuver tant d'offres inconsidérées, visant à quelques opulens pensionnaires, qui n'en étaient pas moins des chefs ardens de la révolution, désire que les sacrifices des droits pécuniaires soient principalement supportés par les grands de la cour, sur lesquels le prince verse en abondance des dignités lucratives et des pensions exorbitantes. Ah! certainement, s'écrie un gentilhomme étranger à la cour, ceux que cette observation touche s'empresseront de renoncer à ces avantages. Que n'avons-nous, dirent tumultueusement plusieurs autres, de pareils sacrifices à faire ! Un de ces généreux démissionnaires, le duc du Châtelet, observe qu'on devrait aussi mettre les dîmes au rang des servitudes rachetables. Mais, reprend le président Chapelier, le clergé n'a encore rien dit, et va sans doute faire aussi ses sacrifices. Le clergé, répond l'évêque de Nanci, M. de La Fare, adhère à tous ceux de la noblesse ; il désire seulement, non que le produit du rachat tourne au profit du propriétaire ecclésiastique actuel, comme il arrivera aux seigneurs laïcs, mais qu'il en soit fait des placemens utiles aux bénéfices mêmes, afin que les biens de l'église ne se fondent pas dans les mains de possesseurs passagers. Il conviendrait aussi, continue l'évêque de Chartres, M. de Lubersac, de détruire les colombiers, les garennes, de rendre la pêche libre, et de supprimer les lois tyranniques de la chasse. Ainsi les deux ordres se dépouillaient à l'envi l'un de l'autre, lorsqu'il arriva tout d'un coup une manie d'abandon beaucoup plus étonnante.

Le temps se consumait en paroles ; la nuit avançait, ou plutôt il était grand jour. Soit lassitude, soit beau mouvement d'une générosité commune, il s'élève à la fois, sur une foule d'institutions sociales respectées jusqu'alors, un cri de réprobation générale : « Plus » de servitudes, plus de cens et rentes, plus de dîmes ni de cham- » parts. » Le curé de Soupes, Thibault, au nom de ses confrères qui ne lui en avaient pas donné la commission, offre ce qu'on appelle le *denier de la veuve*, savoir : la remise du casuel. Aussi peu autorisé que lui par leurs commettans, et tout en l'avouant, les députés des provinces d'états renoncent à toutes prérogatives, à tous privilèges. Il n'y aura plus de distinctions en France : une seule loi, une seule nation ; tous seront égaux, tous ne s'honoreront plus que du nom de *citoyen français*. On en forme à la hâte un décret, comme on dit, *in globo*; tous se précipitent vers le bureau pour le signer, et l'on arrête qu'il sera chanté un *Te Deum* d'actions de graces, auquel le roi sera prié d'assister. Ainsi se termina cette séance, qui commença par assurer les *prestations et redevances accoutumées*, et finit par les proscrire toutes, résultat assez ordinaire des assemblées uniques, délibérantes et *parlantes*, si l'on peut s'exprimer ainsi.

La première opération ministérielle de M. Necker fut, comme ses anciennes opérations, un emprunt d'abord de trente millions, qui ne fut pas rempli; ensuite de quatre-vingts, qui ne le fut pas davantage : mais c'était moins sa faute que celle de l'assemblée, qui, en tolérant tous les désordres, éloignait naturellement la confiance. Enfin il proposa *le don patriotique*, qui devait être du quart du revenu de chacun. Mais comme cette offrande devait se faire sur une déclaration simple et non sujette à contrôle de la part de chaque individu, il n'en résulta qu'une modique somme de quatre-vingt-dix millions, qui ne fut même entièrement perçue qu'au bout de trois ans. On proposa dans le même temps d'assurer aux députés une rétribution journalière de dix-huit livres. Ce salaire ne fut pas positivement arrêté par un décret, mais il y eut dans les bureaux ordre de le payer. Cet expédient retint les députés les moins riches ; ils formaient le grand nombre, et leur départ aurait tellement affaibli l'assemblée qu'elle se serait peut-être dissoute d'elle-même. Enfin, le 27 août, fut décrétée la liberté indéfinie de la presse, qui était nécessaire pour mettre en sûreté les écrivains dont la plume gratuite ou mercenaire allait s'exercer en faveur des innovations qu'on méditait.

Les sacrifices de la nuit du 4 août, votés d'abord avec enthousiasme, avaient éprouvé plus d'un témoignage de regret et d'opposition dans les séances qui furent consacrées à leur rédaction. L'article sur les dîmes ecclésiastiques fut celui surtout qui excita les plus vives réclamations. Il avait été arrêté qu'elles seraient rachetables ; cependant, à la rédaction, MM. de La Côte, Chasset et autres, en proposèrent la suppression absolue, et commencèrent à agiter la question délicate de la propriété du clergé. Les réfutations des divers membres de ce corps et les observations péremptoires de l'abbé de Syeyes, au sujet de la dîme, n'ayant fait aucune impression sur l'assemblée qui paraissait décidée à enlever ce point de haute lutte, M. de Juigné, archevêque de Paris, mit fin au tumulte, par l'abandon formel qu'il fit de la dîme, au nom du clergé lui-même.

Toutes les résolutions de la fameuse nuit, ayant été rédigées, furent présentées au roi en dix-neuf articles ; il répondit qu'il les examinerait, et il envoya ses observations le 17 septembre. Sur les servitudes personnelles, il dit qu'ayant lui-même, en montant sur le trône, affranchi les serfs de ses domaines, détruit ses propres capitaineries, aboli les corvées et d'autres droits et abus qui gênaient les peuples, il n'a garde de s'opposer à l'affranchissement que l'assemblée demande ; que, puisque la noblesse y consent elle-même, il trouve bon que les droits féodaux, dîmes, rentes et prestations soient sujets au rachat ; mais qu'avant d'exécuter ce plan il faut prendre des mesures pour l'assurance des indemnités, surtout à l'égard des princes étrangers qui possèdent de ces sortes de droits en France ; que c'est une action louable aux curés de renoncer à leur casuel, et qu'il y consent, puisqu'ils l'offrent; qu'il applaudit pareillement au sacrifice de la dîme fait par le clergé; mais qu'il pense néanmoins que cet objet réclame encore l'attention de l'assemblée, d'abord parce que cette munificence gratuite de soixante à quatre-vingts millions eût pu être une ressource pour l'état, et ensuite parce qu'elle se trouvait dévolue à une seule classe de citoyens, les propriétaires de terre, indûment enrichis d'une redevance dont ils avaient fait déduction lors de la supputation du prix qu'ils avaient donné de leurs domaines. Quant à la vénalité des charges, qu'il y a d'excellentes raisons pour et contre, que l'assemblée doit peser dans sa sagesse avant que de statuer à cet égard. Que la finance des charges de magistrature était en effet une garantie de l'éducation honorable de ceux qui se présentaient pour les acquérir, et que leur remboursement accroîtrait inutilement l'embarras du trésor. Qu'il approuve en entier l'abolition de tout privilège en matière de subside, et l'abandon fait par les pays d'états de ceux qui les isolent et leur donnent une existence différente de celle du reste du royaume, et qu'il secondera de tout son pouvoir l'établissement d'une constitution commune, qui leur sera plus utile que des privilèges particuliers. Il suppose qu'avant de supprimer les justices seigneuriales, on prendra sans doute des mesures pour que le peuple ne reste pas sans juges et sans police. Le roi approuve que la pluralité des bénéfices soit abolie; mais il observe d'ailleurs que les annates étant une propriété de la cour de Rome, par le traité formel du concordat, il n'est point dans le pouvoir d'une seule des parties contractantes d'annuler ce droit, et qu'il négociera cette affaire avec les égards dus au souverain pontife. Quant aux pensions et aux graces, il déclare qu'il ne se refusera à aucun examen, à aucune des remontrances que l'assemblée jugera convenable de lui faire parvenir; mais qu'il croirait préférable d'adopter une réduction, plutôt qu'une inquisition interminable qui ferait naître une multitude d'alarmes. Ainsi le monarque ne refusait pas d'acquiescer aux vœux de l'assemblée, et il insinuait seulement le désir qu'elle voulût mûrir sa décision avant qu'il coopérât lui-même à leur exécution. Ces délais ne convenaient pas au parti qui dominait l'assemblée; il remontra, pressa, fit des instances si vives et si hardies (car il prétendit que le roi ne pouvait refuser son approbation, et qu'on n'en avait pas même besoin), que, le 20 septembre, deux jours après l'envoi de ces sages observations, Louis XVI se vit contraint de donner son consentement. On l'appelait *sanction*; elle s'exprimait par ces mots : *il nous plaît, nous consentons, nous le voulons*, ou autres équivalens, et le refus par ce seul mot : *veto, je défends*. Cette formule était imitée de la Pologne. où ce mot, prononcé par un seul membre dans l'assemblée générale des états, suspendait la délibération et empêchait la décision jusqu'à ce qu'il eût retiré son *veto*.

Depuis quelques jours, la définition précise du *veto* avait été l'objet des délibérations de l'Assemblée ; le comité de constitution, par l'organe du comte de Lally-Tolendal, avait présenté un plan de gouvernement. Il offrait un corps législatif, composé du roi, d'un sénat et des représentans de la nation. L'initiative appartenait aux deux chambres et la sanction au roi ; les deux chambres avaient le *veto* l'une sur l'autre, et le roi sur toutes les deux. Par des motifs différens, les membres qui professaient les opinions les plus opposées s'accordèrent pour rejeter les deux chambres. La discussion se prolongea davantage sur le *veto* et sur sa nature. On convenait assez généralement que le roi devait avoir le droit de sanction ; mais quelques uns prétendaient que c'était un acte purement matériel attaché à la loi faite, acte nécessaire seulement pour la déclarer ; les autres soutenaient que c'était une partie de la puissance législative qui donnait au roi ce droit de concourir à la confection de la loi par son adhésion, ou d'en empêcher l'effet par son refus. Mais ce refus devait-il être *absolu*, de manière qu'on ne pût reproduire une loi une fois rejetée, ou simplement *suspensif*, en sorte que le *veto* n'empêchât l'effet de la loi que pour cette fois seulement, et qu'on pût la représenter encore par la suite à la *sanction ?* et, en cas que cette reproduction eût lieu, combien de fois pourrait-elle être exercée ? Enfin, les délais étant épuisés, le monarque pourra-t-il soutenir perpétuellement son *veto*, ou sera-t-il forcé d'apposer sa *sanction ?* C'était donc de la souveraineté qu'il était question, car celui qui peut retenir le bras de ceux qui agissent est réellement le maître. Après plusieurs jours de débats assez vifs, l'Assemblée, sur un rapport qui lui fut envoyé par M. Necker, le 11 septembre, se décida pour le *veto* suspensif, fixant le terme de la suspension à la deuxième législature, c'est à dire à la deuxième assemblée générale qui suivrait la première demande de la *sanction*.

Le comte de Mirabeau s'était prononcé pour le *veto* absolu du monarque ; et ce fut dans le cours de son opinion qu'il émit cette apostrophe vigoureuse : « Un des opinans ne croit pas que, quand » le peuple a parlé, la sanction royale soit nécessaire, et moi, » messieurs, je crois le *veto* du roi tellement nécessaire, que j'ai-» merais mieux vivre à Constantinople qu'en France, s'il ne l'avait » pas. Oui, je le déclare, je ne connais rien de plus terrible que » l'aristocratie souveraine de six cents personnes, qui pourraient » se rendre inamovibles, après demain héréditaires, et fini-» raient, comme les aristocrates de tous les pays du monde, par » tout envahir. » Mais ni le sens profond de sa pensée, ni la vivacité de l'image sous laquelle il la présenta, ni sa popularité enfin, ne purent triompher de l'esprit de républicanisme qui perçait déjà dans l'Assemblée, et que, plus qu'un autre, il avait à se reprocher d'y avoir introduit.

La discussion sur le *veto* ne resta pas renfermée dans l'Assemblée ;

elle était devenue l'objet de disputes très animées, et d'une fermentation très grande dans la capitale. Si l'on accorde au roi le *veto* absolu, tout est perdu, s'écriaient les orateurs du Palais-Royal : plus de liberté, le despotisme va reprendre son empire plus tyrannique qu'auparavant. Répandus dans le jardin, ces dissertateurs expliquaient, dans leur sens, à la populace, ce que c'était que ce *veto*, dont ils lui faisaient un monstre prêt à la dévorer. S'il était laissé au monarque, disaient-ils, vous seriez accablés d'impôts, de corvées, exposés à des vexations de toute espèce. On insinuait que le roi, de lui-même, était assez porté à donner cette satisfaction au peuple, c'est à dire à se démettre du droit de *veto*; mais qu'il était retenu par les nobles, par le clergé, qui l'environnaient, et surtout par la reine, dont on commença à décrier la conduite et à blâmer l'ascendant qu'on lui croyait sur son époux. Le seul moyen, ajoutaient-ils, de soustraire le roi à ces séductions, c'est de l'avoir dans la capitale et au milieu de vous, où sa présence ramènera l'abondance et chassera la famine dont vous êtes tourmentés.

Le roi n'avait pas encore apposé sa sanction au *veto* suspensif; il différait, et ne paraissait pas non plus disposé à la donner au premier chapitre de la constitution, intitulé *des droits de l'homme*, qui lui fut présenté le premier octobre, et qui paraissait contenir le germe de maximes anarchiques, contraires à la subordination graduelle nécessaire au gouvernement. Le délai déplaisait au *côté gauche* de l'Assemblée, laquelle s'était divisée naturellement en deux partis, le droit, monarchique, le plus faible ; le gauche, républicain, le plus fort. Au mécontentement causé par ce délai se joignirent des inquiétudes. Les *meneurs*, c'est ainsi qu'on appelait ceux qui déterminaient les suffrages, les meneurs remarquèrent qu'au lieu de renvoyer, comme c'était la coutume, la partie des gardes-du-corps qui finissait son semestre le premier octobre, on la retenait, et que par cette réunion avec ceux qui arrivaient pour le service, la force ordinaire se trouvait doublée. Elle s'augmenta encore par le régiment de Flandre, que la cour fit venir à Versailles. Il est ordinaire qu'un corps militaire, quand il arrive dans une place, soit fêté par ceux qui y sont déjà. Selon cet usage, il parut convenable aux gardes du roi, pour célébrer la venue du régiment, de donner, le premier octobre, jour de la réunion des deux semestres, un repas auquel ils invitèrent les officiers de Flandre, ceux de la garde nationale de Versailles, et généralement tous les militaires distingués attachés à la cour.

La fête fut donnée dans le salon d'Hercule. Le coup d'œil en fut séduisant : les dames, placées dans les tribunes, applaudissaient à la joie des convives. Une des femmes de la reine, enchantée du spectacle, court la prier de s'en donner le plaisir, ou du moins d'en réjouir le jeune dauphin. La reine était triste, pensive, peu disposée à se divertir ; mais à force d'instances, on la détermine. Le roi arrivait de la chasse, elle l'engage à l'accompagner. Sitôt qu'ils paraissent à la porte de la salle, part un élan de joie. La reine prend dans ses bras son fils, le promène autour de la table. Les convives, tenant le verre d'une main, l'épée nue de l'autre, portent la santé du roi, de la reine et du dauphin en leur présence. Après leur retraite, la joie s'exhale sans retenue, les santés redoublent, les têtes s'échauffent, la musique joue les airs propres à les enflammer davantage. Les dames des galeries cessent d'être simples spectatrices. On leur propose des friandises; elles font signe qu'elles les acceptent. Des jeunes gens vifs et ardens se disputent le plaisir de les présenter eux-mêmes. Ils escaladent les tribunes; leur empressement folâtré y cause quelque trouble, et tout finit par un très beau bal.

La fête recommença le lendemain dans le Manège; l'affluence y fut grande, et ne se borna pas aux convives invités. La conversation, d'abord paisible, comme il arrive au commencement des repas, devint bruyante quand les vins fumeux circulèrent; ensuite emportée, mêlée de propos tendres pour le roi et sa famille, de protestations d'attachement inviolable pour leurs personnes, et, par une suite nécessaire, d'imprécations contre ceux qu'on prétendait être leurs persécuteurs. Le nom de l'Assemblée nationale échappa à quelques uns, des imprudens foulèrent aux pieds la cocarde tricolore et arborèrent l'ancienne. Le bruit, le tumulte, allèrent en croissant, et devinrent si grands, qu'on crut qu'ils s'égorgeaient, et que la garde nationale de Versailles courut aux armes dans l'intention d'empêcher le désordre de s'étendre.

L'Assemblée nationale, qui siégeait à côté de ce tumulte, ne parut pas s'en inquiéter. Elle s'occupait de la constitution et de ce premier chapitre des droits de l'homme, dont elle demandait au roi la sanction, ainsi que celle du *veto* suspensif; mais cette tranquillité n'était qu'apparente. Des émissaires partirent de son sein pour présenter ces scènes au peuple de Paris avec des couleurs propres à l'émouvoir. Des santés bues, une fidélité jurée l'épée à la main, la cocarde nationale profanée, sa rivale mise fièrement à sa place, l'Assemblée nationale insultée par des propos injurieux, ses membres menacés: quel beau texte à commenter! Aussi les orateurs ne manquèrent pas de s'en emparer et de l'amplifier de toute manière. Ils ajoutaient qu'il y avait certitude que les aristocrates étaient près d'enlever le roi; qu'ils devaient l'emmener sur la frontière; que quand ils le tiendraient éloigné, ils lèveraient en son nom une armée, qu'ils ramèneraient autour de Paris, qu'ils intercepteraient les vivres, et feraient mourir le peuple de faim. Il faut donc les prévenir, s'emparer de la personne du roi, se hâter; sa présence seule, répétaient-ils sans cesse, sa présence seule peut vous préserver des dernières horreurs de la famine que vous ressentez déjà.

L'émeute qui suivit ces préparatifs fut une répétition de celle du

14 juillet, mais elle eut des suites bien plus funestes. Le 5 octobre, des groupes de femmes, criant, chantant, pleurant, s'agaçant de propos, parcourent les rues, échevelées, semblables à des bacchantes, et la plupart dans un état qui leur méritait bien ce nom. Elles grossissaient leurs troupes de toutes les autres femmes que la curiosité ou leurs affaires faisaient sortir de leurs maisons ; elles les mettaient violemment au milieu d'elles, et les forçaient de les accompagner. Ces groupes se réunirent dans la place de Grève vers les huit heures du matin. A elles s'étaient joints ces hommes féroces de la précédente insurrection, armés de haches, de massues, et d'autres hommes moins affreux, déguisés en femmes, qui les encourageaient. Arrivées devant l'hôtel de ville, elles s'efforçaient d'y entrer pour présenter, disaient-elles, une requête au conseil, qu'elles croyaient assemblé. En effet, plusieurs membres attirés par le bruit y étaient déjà, d'autres s'y rendaient à la file. Paris était partagé en districts, qui avaient chacun son conseil et une compagnie de gardes nationales à ses ordres. Ces districts envoient des détachemens pour seconder ceux qui défendaient l'hôtel de ville. Déjà plusieurs femmes, à l'aide de leurs hideux champions, avaient enfoncé les portes et pénétraient dans les salles la torche à la main, pour chercher, disaient-elles, les armes qu'elles prétendaient cachées dans les souterrains, pour s'en emparer, et aller à Versailles délivrer le roi. On parvient à les faire sortir en employant la douceur, et par la promesse de les satisfaire.

M. de La fayette, le commandant général, posté sur la place, à la tête d'un corps de cavalerie, était pressé par cette foule, qu'il avait beaucoup de peine à contenir et à écarter. Qu'on nous mène à Versailles : à Versailles ! s'écriaient toutes les voix, et ce cri se prolongeait dans les rues voisines avec un tumulte épouvantable. Le général refusait de se prêter sans ordres à un désir dont l'exécution pouvait avoir des suites funestes, et dont il serait responsable ; il envoyait coup sur coup demander au conseil une décision. Elle arrive enfin. Le commandant la lit tout haut : non seulement le conseil consentait que cette troupe partît pour Versailles, mais encore il donnait au commandant l'ordre de la conduire et de la diriger. Aussitôt le corps principal des femmes se met en route, et donne à celles qui retournaient chez elles pour se préparer, le rendez-vous aux Champs-Elysées, où elles se réunissent vers dix heures du matin, au nombre de sept ou huit mille.

Elles couvraient le chemin de Versailles, le plus grand nombre à pied, d'autres sur des charrettes enlevées le long des rues à leurs conducteurs, et dans toutes sortes de voitures : la joie régnait parmi cette troupe parlante, chantante, délirante, et s'encourageant dans la fatigue de la marche, sur un terrain rendu glissant par un épais brouillard, qui se déchargea en flots de pluie à leur arrivée à Versailles. Ces diverses bandes se réfugièrent dans les maisons, les églises, partout où elles purent trouver des asiles, et jusque dans la salle de l'assemblée, où elles passèrent la nuit, couchées sur les bancs des députés, après y avoir quelque temps jeté l'effroi par leurs imprudentes vociférations. La garde parisienne, qui formait une armée, les suivait, afin de les défendre et de les diriger, conformément aux ordres du conseil. L'arrivée de M. de Lafayette à la tête d'une troupe disciplinée et formée en majeure partie de bourgeois amis de l'ordre, donna l'espérance de voir rétablir la tranquillité. En effet, ce général passa la nuit à poster des corps de garde, régler des patrouilles, et à tout disposer de manière qu'il arrivât le moins de désordre possible dans cette confusion. Le matin, excédé de fatigue, il alla prendre quelque repos.

C'était malheureusement l'heure fatale choisie par le crime qui veillait. Les premiers rayons du soleil rassemblent ces femmes, qui paraissent avoir donné la première impulsion à ce fatal rassemblement; des députés déguisés, entre lesquels on crut reconnaître Mirabeau, se mêlent à leur cortége ou le dirigent de loin; elles se présentent aux grilles du château. On refuse d'ouvrir. Les hommes atroces, porteurs de figures sinistres, qui les excitaient à Paris à mettre l'hôtel de ville en feu, les avaient accompagnées à Versailles. Ils pénètrent par des faux-fuyans dans les cours, et de là dans les appartemens. Plusieurs gardes, qui veulent s'opposer à l'irruption de ces cohortes, rendues furieuses par la résistance, sont assommés et égorgés aux portes même du roi et de la reine, qu'ils défendaient. Cette princesse, personnellement menacée, se sauva à peine habillée dans l'appartement de son époux. Toute la famille s'y réunit. Les meurtres continuaient avec un vacarme effroyable. Personne ne donnait d'ordre. On demandait à grands cris le général de l'armée de Paris, il parut enfin. Dès lors, un détachement de gardes nationales, faible, mais déterminé, suffit pour faire évacuer le château, et sauva une multitude de gardes du corps qui, enchaînés par les ordres qu'ils avaient reçus, étaient livrés sans résistance à leurs assassins. Le roi avait fait avertir de sa détresse l'Assemblée nationale, qui envoya au château une députation. Depuis plusieurs jours elle le pressait de mettre sa *sanction* au chapitre des *droits de l'homme*. Il avait donné son *accession;* ce mot ne paraissait pas suffisant. Les députés, consultés par le roi sur le parti à prendre dans le moment, répondent qu'il n'apaisera le peuple qu'en donnant franchement sa sanction. Il le promet. Après que cette complaisance fut divulguée, il y eut un moment de calme; mais tout à coup de la cour du château, où était restée la foule des femmes qui n'avaient pas pu entrer dans les appartemens ou qu'on venait d'en chasser, s'élève une voix : « Le » roi à Paris! — A Paris! » répètent toutes les autres. Louis résiste un instant, et ne consent que sous la condition qu'il pourra emmener sa femme et ses enfans. Le peuple veut entendre sa promesse de sa bouche. Il paraît sur le balcon. Ce ne sont plus des hurlemens de fureur, mais un trépignement de joie : « Vive le roi! vive la reine! vive le dauphin! » Les gardes se montrent aux fenêtres, déchirent la cocarde noire, prennent la tricolore, descendent dans la cour, se mêlent aux femmes, qui les coiffent de bonnets de grenadiers de la garde nationale, et la meilleure intelligence s'établit entre celles-ci et ces hommes qu'un moment auparavant elles dévouaient à la mort.

Le consentement du roi de se rendre à Paris fut le signal du départ de toute la troupe. L'avant-garde était composée des assassins et de leurs compagnes forcenées, qui portaient au bout des piques les têtes des gardes du corps massacrés. Au milieu de cette troupe ivre de vin et de fureur, se distinguait, dit un témoin oculaire, un fantôme gigantesque qu'on aurait cru vomi des enfers; c'était « le » *coupe-tête*, remarquable par sa longue barbe, un habit noir dé-» chiré, deux plaques blanches, l'une sur le dos, l'autre sur la poi-» trine, les bras nus jusqu'aux épaules, les mains ensanglantées, » armé d'une hache qu'il brandissait avec fureur, semblant provo-» quer des assassinats et appeler de nouvelles victimes. » Ce groupe précédait le roi à une longue distance, ou parce qu'il voulait faire preuve d'empressement, ou parce qu'on le fit partir d'avance pour épargner au monarque et à sa famille le chagrin de cet affreux spectacle.

La marche était ainsi ordonnée : « Un gros détachement de l'armée
» parisienne, des trains d'artillerie, une grande partie des femmes
» et des hommes armés de piques, la plupart à pied, d'autres dans
» des fiacres, sur des charrettes et sur les canons : la foule était
» suivie de cinquante à soixante voitures de farines et de blés en-
» levés à Versailles de différens dépôts. Ces voitures précédaient
» immédiatement celles de la cour. Un corps nombreux de cavalerie
» bourgeoise, entremêlé de femmes, de députés, de grenadiers, en-
» tourait les carrosses du roi. Suivaient pêle-mêle et confondus à
» pied et à cheval le régiment de Flandre, les dragons, les gardes-
» du-corps, les cent-suisses et enfin une multitude de bandits. On
» voyait aussi autour des chariots de farine les dames de la Halle et
» leurs robustes écuyers portant de hautes branches de peuplier;
» c'était l'image d'une forêt d'arbres entremêlés de fusils et de pi-
» ques, qui paraissait se mouvoir lentement vers Paris.

» Tout ce cortège remplissait l'air de ses cris. Les femmes qui
» précédaient les voitures du roi chantaient des airs allégoriques
» dont elles appliquaient du geste les piquantes allusions à la reine.
» Entrant dans Paris, elles montraient à la multitude, qui se pressait
» autour d'elles, les farines d'une main, le monarque et sa famille
» de l'autre. Courage! nos amis, s'écriaient-elles dans le jargon de
» leur état, vous ne manquerez plus de pain, nous vous amenons
» le boulanger, la boulangère et le petit mitron. Derrière les voi-
» tures, quelques gardes-du-corps humiliés, mais protégés et sau-

» vés, embrassaient fraternellement leurs libérateurs. Le corps
» d'armée divisé en compagnies, précédées chacune de leurs canons,
» terminait ce cortège, dont l'ensemble offrait à la fois le tableau
» touchant d'une fête civique, ou l'effet grotesque d'une saturnale.
» Le monarque pouvait être pris également pour un père au milieu
» de ses enfans, ou pour un prince détrôné promené en triomphe
» par ses sujets rebelles. »

Louis XVI fut magnifiquement reçu à l'hôtel de ville. Il essuya des harangues et y répondit avec sa bénignité ordinaire. Le général de l'armée le pria, à plusieurs reprises, de dire lui-même au peuple qu'il était résolu de faire son séjour à Paris : « Je ne refuse pas,
» répondit-il, de fixer mon séjour dans ma bonne ville de Paris;
» mais je n'ai encore pris à ce sujet aucune résolution, et je ne veux
» pas faire une promesse que je ne serais pas décidé à remplir. »
Il se retira à minuit aux Tuileries, où rien n'avait été préparé, et Monsieur et Madame, qui l'avaient suivi, allèrent au Luxembourg.

Dès le lendemain, le roi s'occupa, avec des commissaires de la commune, de l'approvisionnement de Paris. Ces soins paternels touchèrent le peuple. Il y eut aux Tuileries des députations de tous les corps, qui allaient assurer le monarque de leur obéissance. Condescendant lui-même au vœu général, il fit publier, à son de trompe, la promesse de « fixer dans la capitale son séjour le plus habituel ». Cet engagement solennel fut reçu avec des acclamations de joie. La tranquillité se rétablit en un jour dans Paris, comme s'il n'y avait jamais eu de troubles. Les approvisionnemens arrivèrent; les marchés se fournirent; les hommes de sang, qui avaient commis les meurtres de Versailles, voyant les dispositions de la capitale si changées, se hâtèrent d'en sortir et de retourner dans les provinces méridionales qui les avaient vomis; et le duc d'Orléans, plus que soupçonné d'avoir mis à prix leur rage et leur fureur, dut s'estimer heureux de n'éprouver qu'une disgrace.

Le roi se contenta de l'éloigner, et voulut même bien donner à son exil un prétexte honorable, en publiant qu'il l'envoyait auprès du roi de la Grande-Bretagne traiter une affaire très importante. Il partit le 14 octobre, au grand regret de ses partisans les plus zélés, qui firent tous leurs efforts pour le retenir, traitant de lâcheté sa condescendance au désir du roi. Comme le parlement était en vacances, le Châtelet fut investi du droit de connaître des crimes de lèse-majesté, et notamment de ce dernier attentat.

L'Assemblée nationale resta encore quelques jours à Versailles, incertaine si elle s'y fixerait ou si elle se transporterait à Paris. Beaucoup de députés appréhendaient que ce qui venait d'être fait à Versailles par un simple détachement de la populace de la grande ville, ne se renouvelât avec plus de fureur lorsque cette populace se trouverait réunie tout entière; ils hésitaient donc. Plusieurs, sous prétexte d'affaires de famille ou de santé, demandèrent des passeports pour se rendre dans leurs foyers, où ils pourraient se déterminer selon les évènemens. Un assez grand nombre déserta sans avertir ; le reste arriva à Paris le 10 octobre, et s'installa dans la chapelle de l'archevêché, en attendant que les préparatifs que l'on faisait au Manège, près des Tuileries, fussent achevés.

La constitution se continua à Paris dans le même esprit qu'elle avait été commencée à Versailles. Chaque article que l'Assemblée présentait à la sanction causait au monarque de nouvelles angoisses ; c'est la continuité de ces angoisses qui compose le reste de la vie de Louis XVI. Nous nous bornerons à en donner un journal sans prétendre assigner les causes des évènemens, si diversement vues et racontées. Nous ne nous permettrons pas non plus de prononcer sur les personnes ni sur les intentions. Les faits sont encore trop récens, les haines trop animées, pour espérer que l'impartialité même puisse trouver grace. Le plan de notre ouvrage nous engage nécessairement à esquisser les faits ; nous allons parcourir cette dernière carrière, en nous hâtant, et comme pressés de nous débarrasser de souvenirs pénibles.

Le conseil de la commune alla rendre respectueusement son hommage à l'Assemblée nationale, et lui représenta que, dans ces momens de fermentation, elle avait besoin d'une autorité et de moyens extraordinaires pour arrêter la première fougue du peuple. Une émeute partielle, dans laquelle avait été pendu un boulanger accusé de vendre à faux poids, avait donné lieu à cette demande, qui fut suivie du décret de la *loi martiale*. Il était statué qu'en cas d'attroupement jugé dangereux le canon d'alarme serait tiré ; qu'un drapeau rouge serait suspendu à l'une des fenêtres de l'hôtel de Ville, comme un signal et un ordre au peuple de se séparer ; que s'il n'obéissait pas sur-le-champ, le magistrat irait à la tête d'une force suffisante, précédé du drapeau rouge, commander au peuple de se retirer ; qu'il le sommerait trois fois, menaçant à chaque fois de le faire charger par les troupes, et qu'enfin, faute d'obéissance, il en donnerait l'ordre qui serait exécuté sur-le-champ. Le décret fut appuyé par Mirabeau et attaqué par Robespierre, dont la démagogie, déjà plus d'une fois manifestée, commença alors à se prononcer avec plus d'éclat. Le remède qu'il voulait opposer aux crimes de la populace était l'élection d'un tribunal qui jugerait les puissans adversaires de la révolution. Il voulait même que ce tribunal fût formé dans le sein de l'Assemblée. Il réussit en partie à faire prévaloir son opinion, et le Châtelet, seul tribunal existant alors, investi de quelque considération, fut chargé de la poursuite des crimes de lèse-nation. Déjà un *comité des recherches* avait été autorisé à faire toutes les démarches nécessaires pour découvrir les personnes suspectes de complots contre le gouvernement, et les dénoncer. Les inquisiteurs étaient au nombre de six.

L'Assemblée continua, en arrivant à Paris, un grand travail qu'elle avait commencé à Versailles; savoir, la division du royaume en départemens, districts, cantons et municipalités, supprimant les anciennes dénominations de gouvernemens, intendances, paroisses et limites des provinces, dont on effaça jusqu'aux noms, afin qu'il n'y eût plus ni Bretons, ni Picards, ni Bourguignons, ni Champenois, ni autres désignations de pays ou races, et qu'on ne connût plus que des Français. Cette opération ne fut terminée que le 15 janvier 1790, date du décret qui divisa la France en quatre-vingt-trois départemens. Alors fut proposée, comme une suite naturelle de ce partage, l'*inscription civique*, c'est-à-dire l'inscription de chaque habitant dans le registre des impositions ouvert pour son canton, sans distinction de rang ni de dignité : cette confusion était, à ce qu'on croit, un acheminement à la destruction des ordres privilégiés.

Le premier coup fut porté à l'ordre du clergé, comme le plus faible. La proposition formelle d'appliquer les biens de cet ordre à couvrir le déficit des finances fut faite le 10 octobre par M. de Talleyrand-Périgord, alors évêque d'Autun. Dans son plan, non seulement la vente des biens ecclésiastiques devait suffire à doter convenablement les membres nécessaires du culte, et à rétablir la balance entre les revenus et les dépenses de l'état, mais à libérer même celui-ci de sa dette. Une discussion solennelle s'établit sur cette mesure. Parmi les adversaires du clergé se distinguèrent Mirabeau, Barnave, Pétion, Chapelier, Thouret; et au nombre de ses défenseurs, M. de Boisgelin, archevêque d'Aix, le jeune abbé de Montesquiou, que ses talens, sa douceur et son impartialité port rent trois fois; malgré son opinion, à la présidence de l'Assemblée; MM. Camus et de Baumetz, et surtout l'abbé Maury, dont l'élocution facile, mais toujours malheureuse, devait briller dans presque toutes les questions soumises à la discussion de l'Assemblée. Dans celle-ci les opinions se partagèrent beaucoup sur la nature de la propriété du clergé. Mirabeau, qui le remarqua, évitant de faire prononcer l'Assemblée sur cette question même, gagna la majorité à son opinion; et, le 2 novembre, il fut décrété seulement sur sa rédaction que tous les biens du clergé étaient à la *disposition de la nation*, c'est-à-dire qu'elle en ferait tel usage que le besoin des finances exigerait.

Jusqu'alors on n'avait usé que de moyens ridicules. L'Assemblée avait laissé défiler devant elle des processions de citoyens et de citoyennes de tout âge et de toute profession, apportant et déposant sur son bureau, les hommes, les attaches d'or et d'argent nécessaires à leurs habillemens, les femmes les bijoux et ornemens propres à leur parure. Il y avait émulation à se dépouiller de ces bagatelles pour le salut de la patrie. Tout, jusqu'à la plus petite offrande, était accepté. Ces espèces de spectacles, ou spontanés, ou provoqués, déridaient de temps en temps le sérieux des législateurs.

Ils s'occupaient alors du soin d'écarter un des obstacles qui pouvaient nuire à l'autorité de leurs décrets. Les vacances des parlemens allaient finir ; il était à craindre que, reprenant leurs fonctions, ceux-ci ne contrariassent, tant les opérations de l'Assemblée déjà décidées, que celles qu'elle méditait encore. Pour obvier à cet inconvénient, elle décréta que les parlemens resteraient en vacances jusqu'à nouvel ordre, et que les chambres des vacations les suppléeraient en ce qui concernait les attributions ordinaires de la compagnie. Le roi ne s'opposa pas à cette interdiction des parlemens, dont l'intervention aurait pu lui être utile. Il blâma même quelques unes des chambres de vacations, qui refusèrent d'enregistrer la prolongation prononcée par l'Assemblée, et souffrit qu'elles fussent citées à la barre pour essuyer des réprimandes. On devine quelle activité des magistrats découragés donnaient à l'exercice de la justice. D'un autre côté, les chefs des corps militaires, mal soutenus par l'autorité royale, et craignant l'animadversion de l'Assemblée, trop portée à favoriser la classe inférieure du peuple, laissaient dépérir la discipline. Quelques uns d'entre eux, voulant tenir ferme, furent massacrés par leurs soldats. Il arrivait de tous côtés à l'Assemblée des nouvelles de révoltes et d'assassinats : des provinces entières étaient en combustion.

Ces troubles rendaient la recette des impôts difficile, et quelquefois nulle. Le trésor public se trouvait souvent vide, il ne fallait pas moins de 170 millions pour l'extraordinaire de 1789. Le reproche de stérilité d'invention fait au premier ministre des finances, pour y subvenir par des moyens légitimes, était souverainement injuste, au milieu de tant de désordres et dans la dépendance où il se trouvait des législateurs qui se faisaient un secret plaisir de lui enlever sa popularité et de contrarier ses opérations. Il n'appartenait qu'à l'Assemblée, qui pouvait tout oser, d'imaginer de grandes ressources. Elle en voyait une immense dans les biens du clergé ; l'embarras était d'en tirer un avantage présent et immédiat. Pour cela, il fallait rendre mobiles ces fonds immuables de leur nature, et changer en argent les maisons, les terres, les bois, les prés. On y parvint en créant des billets ou cédules, qui donnaient au porteur *assignation* sur le prix des biens ecclésiastiques qu'on vendrait. C'est ce qu'on a appelé *assignats*. Ils circulèrent dans le commerce comme monnaie. Dès lors on mit de ces biens en vente pour quatre cents millions. Les acheteurs se montrèrent d'abord en petit nombre ; mais on triompha bientôt des scrupules, des défiances et de la crainte par le bas prix qu'on mit à ces biens. Cependant, comme il fallait encore du temps pour préparer les ventes et fabriquer les assignats, la caisse d'escompte, qui déjà, en 1787, avait versé 70 millions de ses billets au trésor public, fut autorisée à créer vingt mille actions, et à émettre, en conséquence, cent millions de nouveaux billets, qui seraient déposés de même au trésor royal, et remboursés ainsi que les premiers en *assignats*. La faveur que les *assignats* acquirent dans le public encouragea ceux qui dirigeaient les finances, sous l'autorité de l'Assemblée, à multiplier le signe à proportion du nantissement, c'est-à-dire à faire des *assignats* indéfiniment, parce qu'on croyait les biens assignés infinis. Ils procurèrent dès l'abord l'effet qu'on désirait, c'est-à-dire l'avantage de donner une stabilité invariable à l'Assemblée nationale; et ce trésor fut encore augmenté, dans la suite, par l'aliénation des domaines de la couronne et par la confiscation des biens des nobles qui quittèrent la France. En même temps que cette opération ruinait le clergé, la proposition qui se fit à la tribune d'abolir tous privilèges et distinctions annonçait à la noblesse sa prochaine destruction.

La commune de Paris, avant même que cette égalité absolue fût prononcée, en provoqua un exemple remarquable. Le comité de recherches, entre autres mécontens suspectés d'agir contre le gouvernement, dénonça au Châtelet un gentilhomme nommé le marquis de Favras, comme coupable d'une conspiration qui tendait à dissoudre l'Assemblée. Il fut arrêté; quelques bruits perfides et dénués de toute vraisemblance tendaient à faire supposer que Monsieur, frère du roi, participait au complot. Des placards affichés avec profusion le proclamèrent chef de l'entreprise. La rumeur que cette accusation causait dans le public jeta l'alarme dans la cour du Luxembourg. Les craintes et les prières de ceux qui environnaient le prince le déterminèrent à une démarche désagréable qu'on jugeait nécessaire. Il parut à l'hôtel de ville, et, malgré les idées d'égalité généralement répandues, il fut reçu par le conseil assemblé avec les témoignages du plus profond respect. Le prince rappela dans son discours qu'à la première assemblée des notables il s'était déclaré pour le doublement du tiers. « Je n'ai pas cessé de croire, dit-il,
» qu'une grande révolution était prête; que le roi, par ses inten-
» tions, ses vertus et son rang, devait en être le chef. Que l'on me
» cite une seule de mes actions, un seul de mes discours, qui ait
» démenti ces principes. Jusqu'au moment où je serai convaincu du
» contraire, je dois être cru sur ma parole. » Son discours fut couvert d'applaudissemens, et un mémoire justificatif, qu'il envoya le lendemain, effaça toutes les préventions.

Il serait difficile de peindre l'espèce de rage que montra le peuple pendant le cours du procès criminel qui s'instruisait au Châtelet. Une multitude de forcenés assiégeaient les portes du tribunal; ils auraient voulu que l'accusé fût interrogé, condamné, exécuté sur le champ. Les délais nécessaires leur paraissaient une partialité en faveur du coupable, qu'on voulait sauver parce qu'il était noble. Ils menaçaient, pressaient le jugement, le demandaient avec des hurlemens effrayans. Favras se montrait tranquille au milieu de ce débordement de haine dont il n'ignorait pas les excès; il embarrassait ses juges par la justesse de ses réponses. Le complot dont on l'accusait était mal conçu, incohérent dans les moyens de conduite, impossible dans l'exécution; il le prouva, détruisit victorieusement les preuves qu'on lui opposait, et n'en fut pas moins condamné à une mort infâme. « Votre vie, lui dit le rapporteur en lui signifiant sa » sentence, votre vie est un sacrifice que vous devez à la tranquil- » lité et à la liberté publiques. » Ce rapporteur était M. Quatremère, qui a péri depuis sous le règne de la terreur; et, à ce sujet, l'on peut observer, avec l'auteur des *Essais sur la Révolution*, que « des ju- » gemens où l'on pouvait faire entrer de semblables considérations, » en préparaient d'atroces, qui devaient retomber sur la tête des » magistrats pusillanimes qui avaient pu prendre pour règle de leurs » devoirs une autre autorité que celle de leur conscience. » Quant à M. de Favras, il ne montra aucune crainte dans ce terrible moment, dicta sans se troubler son testament, qui est très long, le revit, et corrigea même des fautes d'écriture avec un soin scrupuleux. La place de Grève était pleine d'un peuple frénétique, qui demandait sa mort à grands cris. Il la traversa sans émotion, tout livré aux consolations de son confesseur, qui était son ami. Sur la fatale échelle, il dit au peuple d'une voix ferme : « Je meurs innocent. » L'exécuteur, espérant peut-être quelque compassion de ce peuple, que l'attente du dernier moment semblait un peu calmer, l'exhorta à parler plus haut. Il le fit, protesta jusqu'à trois fois de son innocence, et donna lui-même le signal de l'exécution. Sa protestation d'innocence et sa fermeté frappèrent d'une espèce de stupeur ce peuple tourmenté une minute auparavant de convulsions frénétiques, et il se retira triste et pensif.

Il est vraisemblable que le gibet auquel le marquis de Favras fut attaché était un signe patibulaire placé en perspective pour ceux qui seraient tentés de se mêler d'entreprises contraires à celles des dominateurs de l'Assemblée. Il leur fut aisé, pour opérer ce grand exemple, de soulever la multitude, non seulement en employant leurs moyens ordinaires, savoir, les préventions et les craintes semées par leurs déclamateurs dans les sociétés populaires, mais encore en répandant les assignats, qui valaient alors l'argent, et que leur abondance permettait de prodiguer. Par le même principe d'effrayer pour prévenir, l'Assemblée usait de sévérité contre les parlemens qui se montraient récalcitrans à ses décrets. La chambre des vacations de Bretagne, pour avoir refusé d'enregistrer sa prorogation, fut mandée à la barre. Elle obéit, mais aux ordres du roi, et osa défendre dans le sein même de l'Assemblée la légalité de sa conduite, et par les clauses du contrat de mariage d'Anne de Bretagne avec Louis XII, et par les capitulations de la province, et par la nullité même des lois nouvelles en Bretagne, jusqu'à leur acceptation par les trois états. A la suite de la séance la plus violente, où le vicomte de Mirabeau et son frère signalèrent surtout l'opposition constante de leurs opinions, on se borna à réprimander les magistrats et à leur imprimer, comme une flétrissure, la privation du titre et des fonctions de *citoyen actif*. Ils n'évitèrent de plus grandes peines que sur les instances du roi.

Ainsi s'énervait l'autorité suprême, privée du concours de ceux qui en étaient les organes ordinaires; on ne cessait de la présenter au peuple comme un joug insupportable, comme une servitude : « Quand on est pressé par cette servitude, disait un homme qui » avait alors du crédit, l'insurrection est le plus saint des devoirs. » Ce fut pour jeter de l'odieux sur l'exercice de cette autorité, surtout dans l'emploi des finances, qu'on livra à la curiosité et à la malignité du public le *livre rouge*, où se trouvait joint à diverses dépenses d'utilité publique le bordereau des pensions de faveur que la cour avait faites et faisait à différens particuliers. A la vérité, il s'en trouvait dont les professions et les services ne faisaient point honneur aux choix. Louis XVI n'ignorait pas que ses prédécesseurs avaient en ce genre excédé les bornes d'une munificence raisonnée; aussi n'abandonna-t-il ce *livre*, qu'on lui assurait être nécessaire pour réduire les dépenses inutiles, que sous la condition que les observations ne remonteraient pas au delà de son règne, condition qui fait voir combien sa conscience était nette à l'égard de ses libéralités, et qui prouve aussi sa délicatesse touchant ce qui pouvait jeter sur son prédécesseur le blâme d'une prodigalité aveugle ou déshonorante dans son principe.

Il est remarquable que quinze jours seulement avant qu'on eût produit aux yeux du public ce prétendu mystère de prodigalité, qui étonna quand il parut, par la raison qu'on s'était attendu à y trouver de bien autres profusions, le roi venait de donner à l'Assemblée des témoignages d'attachement, de bonté et de bienveillance qui eussent dû lui sauver les désagrémens que ne pouvaient manquer de lui faire éprouver, et la demande obstinée de ce registre, et la publicité qu'on lui donna. Le 4 février, en effet, il s'était rendu à l'Assemblée sans y être attendu; et là, dans l'espoir de calmer par une démarche non contrainte les préventions que l'ignorance et la méchanceté perpétuaient avec tant de constance au détriment de l'intérêt général et de la sûreté individuelle, il avait déclaré vouloir maintenir et défendre la liberté constitutionnelle, et préparer son fils au nouvel ordre de choses que les circonstances avaient amené. Dans le discours qu'il prononça en cette occasion se trouvaient ces touchantes paroles que quelques communes votèrent de conserver sur l'airain : « Vous qui pouvez influer par tant de moyens sur la confiance pu- » blique, éclairez sur ses véritables intérêts ce peuple qu'on égare, » ce bon peuple qui m'est si cher, et dont on m'assure que je suis » aimé quand on veut me consoler de mes peines. Ah! s'il savait à » quel point je suis malheureux à la nouvelle d'un injuste attentat » contre les fortunes, ou d'un acte de violence contre les personnes, » peut-être il m'épargnerait cette douloureuse amertume. » A peine le roi se fut retiré, qu'un membre, profitant de l'attendrissement qu'il croyait général, fit la proposition de délivrer tous ceux qui se trouvaient détenus pour cause de prétendues conspirations. Mais les cœurs froids, qui étaient en majorité, éludèrent sa demande : ils affectèrent de satisfaire aux vœux du monarque et d'entrer dans ses vues, en adhérant solennellement comme lui à ces nouvelles institutions, où lui seul faisait des sacrifices ; et à cette occasion, ils provoquèrent la première formule de ces sermens funestes qui, variant au gré des partis dominans, ont fait depuis la torture des Français, et ont anéanti en eux toute espèce de respect pour la sainteté religieuse de cet acte. A l'exemple de l'Assemblée, et dans toutes les parties du royaume, on jura dès lors fidélité à la nation, à la loi, au roi, et à une constitution qui n'existait pas encore.

Il y avait entre la France et l'Espagne, en vertu du pacte de famille, une obligation de secours mutuels en cas de rupture avec les autres puissances. Les Espagnols, qui dès long-temps étaient fatigués de la contrebande exercée par les Anglais dans leurs colonies, et qui s'attribuaient un droit de souveraineté sur toute la côte occidentale de l'Amérique septentrionale, venaient d'y attaquer un établissement anglais à Nootka-Sound, et d'y enlever deux vaisseaux. Il s'en était suivi des pourparlers entre les deux puissances, et des armemens de la part de l'Angleterre pour appuyer sa négociation. Le roi de France, à cette nouvelle, crut devoir équiper quatorze vaisseaux, et envoya en donner avis à l'Assemblée. Ce message ouvrit une discussion très animée sur cette question : « A qui appartient » le droit de faire la guerre et la paix ? » Un orateur, qui ne passa pas pour emphatique, parce qu'il flattait la vanité de la multitude, prononça ces grands mots : « Messieurs, jusqu'à présent vous avez dé- » libéré dans la France et pour la France ; aujourd'hui vous allez » délibérer dans l'univers et pour l'univers. » A la fin de son discours très virulent sur l'abus que les monarques avaient fait de ce droit pour leurs intérêts particuliers au préjudice des peuples, il demanda que ce droit fût attribué à la nation. Plusieurs orateurs parlèrent dans le même sens. Mirabeau, qu'on a cru être dès lors détaché du duc d'Orléans, dont il méprisait la pusillanimité, et rattaché à la cour par l'espérance de grandes faveurs, soutint l'opinion contraire. Les galeries étaient pleines de curieux, qui applaudissaient les premiers orateurs avec transport. Après la séance ils portèrent en triomphe le plus éloquent d'entre eux, le jeune Barnave. Le peuple au dehors était fortement échauffé et remué par les moyens ordinaires : « Et moi aussi, s'écria vivement Mirabeau, en » lançant un regard foudroyant sur ses adversaires ; et moi aussi, » on voulait, il y a quelques jours, me porter en triomphe ; et au- » jourd'hui l'on crie dans les rues : *La grande trahison du comte* » *de Mirabeau*. Je n'avais pas besoin de cette leçon pour savoir » qu'il n'est qu'un pas du Capitole à la roche Tarpéienne. » Espèce

« de menace qui est devenue une prédiction pour beaucoup de ceux qu'elle regardait. Les débats furent prolongés plusieurs jours. Il en sortit cette décision mitigée, que le droit de guerre et de paix appartenait à la nation, et que la guerre ne pourrait être déclarée que par un décret du corps législatif, rendu sur la proposition du roi et sanctionné par sa majesté.

Sa majesté était un mot qui choquait les oreilles républicaines ; elles ne souffraient pas plus patiemment les titres de *comtes*, de *marquis*, de *ducs* et autres semblables. Quelques uns de ceux qui les portaient crurent devoir encore ce sacrifice à l'opinion, et ils en demandèrent l'abolition, après avoir fait décider qu'il n'y aurait plus ni livrées ni armoiries. Ils voulurent aussi supprimer la dénomination de *monseigneur;* un d'eux accordait qu'elle fût conservée aux princes du sang. « Et pourquoi cette dénomination ? dit un
» autre. Dans un pays libre il n'y a que des citoyens et des officiers
» publics. Pourquoi donner le titre de princes à des hommes qui
» ne sont à mes yeux que des citoyens actifs, pourvu encore qu'ils
» aient les conditions demandées pour cette fonction honorable ? »
Tous les Français, ajouta un noble orateur, marchant sous le même étendard, tous les Français, décorés de la cocarde nationale (prescrite par un décret du 27 mai), doivent être égalisés par le même niveau. Cette séance ressembla en partie à celle du 4 août, en ce que ce furent les Saint-Fargeau, les Lameth, les Noailles, les Lafayette et les Montmorency qui s'empressèrent d'immoler eux-mêmes les distinctions qui les élevaient au dessus de leurs concitoyens.

La noblesse était détruite, et le clergé continuait de former un corps. L'Assemblée, qui, depuis l'envahissement de ses biens, se trouvait dans la nécessité de le salarier, chercha la diminution de ses charges dans le retranchement d'une partie des ministres. Un évêque parut suffisant par département ; et de là des éliminations sans autre forme, des suppressions, des dispositions nouvelles d'élection, une suite de lois enfin auxquelles on donna le nom de *Constitution civile du clergé*, et qui, loin de le constituer, le détruisait. Les droits de la hiérarchie y étaient méconnus, et l'hérésie même y frappait des yeux clairvoyans. Le roi prit du temps pour se prononcer sur l'acceptation ou le refus du décret, et il en profita pour soumettre à l'examen du pape cette production suspecte.

Au milieu de toutes ces ruines, la joie du peuple éclatait d'une manière étonnante pour ceux qui conservaient encore quelque sang-froid. Hommes, femmes, enfans, tous couraient au Champ-de-Mars travailler aux préparatifs d'une fête à laquelle furent appelés les députés de tous les corps de l'armée et de toutes les gardes nationales de France. On l'a appelée la *fête de la fédération*. Le roi y parut sur son trône, avec sa famille, environné de tous ceux qui, *grands* autrefois, n'étaient plus que de simples *citoyens*, mais qui resplendissaient encore de leur ancien éclat. Des prêtres, qu'on porte au nombre de deux cents, revêtus d'aubes blanches, serrées par des ceintures tricolores, couvraient les marches de l'*autel de la patrie*. La messe y fut célébrée. Elle attira peu l'attention dans cet étrange tumulte. L'évêque d'Autun, qui officiait, bénit l'oriflamme de l'armée de ligne et les bannières des quatre-vingt-trois départemens. Le roi prononça, de son trône, le serment de se soumettre lui-même aux lois, et de les faire observer par les autres. Le commandant-général de la milice parisienne, accompagné d'un corps d'officiers, partit du trône, traversa le Champ-de-Mars, l'épée nue à la main, la déposa sur l'autel, et tous jurèrent de défendre jusqu'à la dernière goutte de leur sang cette constitution qui n'était pas achevée. Au moment du serment du roi s'éleva un cri général d'applaudissement; le son des instrumens, le bruit du canon, le cliquetis des armes, l'ondulation des drapeaux, les trépignemens de la joie, l'affluence enfin des fédérés, qui étendaient les mains vers le trône, formaient un spectacle que ceux qui en ont été témoins ne se rappellent pas encore sans émotion, et dont l'Assemblée put être jalouse.

Le roi, espérant que cette réunion fraternelle assoupirait les haines, l'avait sollicitée lui-même; il donna l'exemple du pardon, en permettant que le duc d'Orléans revînt d'Angleterre. Cependant les procédures sur le tumulte de Versailles, le 5 octobre de l'année précédente, dans lesquelles le duc et Mirabeau, son conseil, paraissaient fortement impliqués, ces procédures n'étaient pas abandonnées : elles se continuaient devant le Châtelet. En les présentant à l'Assemblée, le 7 août, le rapporteur dit : « Nous venons, après six » mois de recherches, déchirer le voile qui couvrait les attentats » commis dans le palais de nos rois. » Ce début annonçait d'affreuses découvertes. L'examen en fut soumis à l'Assemblée. Mirabeau plaida sa cause avec sa véhémence ordinaire, mais parut faible dans la défense du duc d'Orléans. Il s'attacha beaucoup à démontrer les vices de la procédure, défaut qui, en procurant le succès, ne prouve pas l'innocence. Malgré le rapprochement qui semblait avoir eu lieu entre Louis XVI et l'Assemblée nationale lors de la fédération, celle-ci était au fond mécontente des lenteurs du monarque à faire exécuter ses décrets; le moment était donc mal pris pour obtenir justice d'un « attentat commis dans le palais des rois »; aussi l'Assemblée déclara-t-elle qu'il n'y avait pas lieu à accusation contre MM. d'Orléans et Mirabeau. L'attribution qui avait été donnée au Châtelet de Paris, de juger les causes révolutionnaires, lui fût ôtée, vraisemblablement sans regret des magistrats, qui n'en avaient retiré que des chagrins, et peut être de la honte.

Plusieurs personnes chargées de fonctions administratives ou judiciaires les quittèrent, voyant qu'il fallait ou se livrer aux factions, ou s'exposer à leur vengeance. M. Necker donna l'exemple. Il avait envoyé à l'Assemblée, le 4 septembre, sa renonciation au ministère des finances. La démission du *ministre adoré*, comme on l'appelait à l'apogée de sa gloire, fut reçue froidement. Quoique muni de passeports, les habitans d'une petite bourgade l'arrêtèrent comme fugitif. Il porta ses plaintes à l'Assemblée. Elle le fit relâcher : c'est toute la satisfaction qu'il eut. Il se retira en Suisse, d'où il a vainement essayé depuis, par ses écrits, d'influer encore sur les destinées de la France. A la place des ministres qui abdiquaient, rebutés par les contradictions qu'ils éprouvèrent, le roi en prit de plus patiens, qu'il crut pouvoir se concilier la confiance de l'Assemblée et écarter d'eux les soupçons de connivence avec les zélés de sa cour. C'étaient MM. de Fleurieu, Duportail, Duport-Dutertre et Valdec de Lessart, à la place de MM. de La Luzerne, La Tour du Pin, de Cicé, Lambert et Saint-Priest. Les rapports moins directs de M. de Montmorin avec l'Assemblée lui permirent de moins éveiller sa défiance et de conserver encore quelque temps son emploi. Comme tous les moyens de destruction devaient concourir, on avait insinué au trop faible monarque de renvoyer sa garde, celle qui avait encouru, disait-on, l'indignation du peuple par l'orgie de Versailles. Il la congédia, et en fut quitté avec des marques réciproques de regrets. Les gardes nationales firent quelque temps le service au château des Tuileries, moins pour ajouter à la majesté du trône que pour seconder une défiance ombrageuse.

Cependant le roi semblait mettre en oubli la constitution du clergé, que l'on avait eu soin de revêtir de l'épithète mensongère de *civile*, à l'effet de décliner le concours de l'autorité religieuse; le monarque au contraire désirait l'aveu de celle-ci, et il espérait l'obtenir moyennant quelques changemens qui auraient pu rendre le décret acceptable. Mais l'orgueil des factions, se croyant infaillible, dédaignait de composer, et voulait tout emporter de force. Le jansénisme conspirait pour cette œuvre avec le philosophisme. Camus, avocat du clergé, qui avait défendu la cause de cet ordre quand ses biens avaient été attaqués, et qui depuis fut son plus infatigable persécuteur, Camus, qui avait de la religion, mais la religion d'un sectaire, fut un de ceux qui excitèrent le plus activement l'Assemblée à presser le roi et à torturer sa conscience, en l'obligeant à donner une réponse hâtée qui lui répugnait. Un soulèvement excité dans la capitale à la même fin força le prince, le 27 décembre, d'accepter cette constitution, pour prévenir de plus grands maux. Ils ne pouvaient pas être pires qu'ils ne furent ! La presque totalité des membres du clergé fut tenue d'accepter individuellement le décret; et l'on appela *réfractaires* ceux qui s'y refusèrent. Non seulement ils perdirent leurs bénéfices, mais ils furent désignés à la haine du peuple comme mauvais citoyens.

Tous ces malheurs avaient été éloquemment annoncés par M. de Cazalès, dans la séance de l'Assemblée qui suivit immédiatement

l'acceptation du roi, lorsqu'elle voulut mettre le nouveau décret à exécution à l'égard des ecclésiastiques qu'elle renfermait dans son sein. « Je voudrais, dit-il avec énergie, que cette enceinte
» pût s'agrandir à ma volonté et contenir la nation individuellement
» assemblée ; elle nous entendrait, elle jugerait entre vous et moi.
» Je dis qu'une scission se prépare ; je dis que l'universalité des
» évêques de France et que les curés en grande partie croient que
» la religion leur défend d'obéir à vos décrets ; que cette persuasion
» se fortifie par la contradiction, et que ces principes sont d'un
» ordre supérieur à vos lois ; qu'en chassant les évêques de leurs
» sièges et les curés de leurs presbytères pour vaincre cette résis-
» tance, vous ne l'aurez pas vaincue : vous serez seulement au pre-
» mier pas de la carrière de la persécution qui s'ouvre devant vous.
» Doutez-vous que les évêques chassés de leurs foyers n'excommu-
» nieront pas ceux qui seront mis à leurs places ? Doutez-vous qu'une
» grande partie des fidèles ne restent attachés à ces anciens pas-
» teurs et aux principes de l'église ? Alors le schisme est introduit,
» les querelles de religion commencent ; alors les peuples douteront
» de la validité des sacremens ; ils craindront de voir fuir devant
» eux cette religion sublime qui, saisissant l'homme dès le berceau et
» le suivant jusqu'à la mort, lui offre des consolations touchantes dans
» toutes les circonstances de la vie ; alors les victimes se multiplieront,
» le royaume sera divisé : vous verrez les catholiques, errans sur la
» surface de l'empire, suivre dans les cavernes, dans les déserts,
» leurs ministres persécutés ; vous les verrez dans tout le royaume
» réduits à cet état de misère et de persécution dans lequel les
» protestans avaient été plongés par la révocation de l'édit de
» Nantes.
» Si vous vouliez sentir les maux incalculables que vous attirez
» sur notre patrie ; si vous vouliez montrer votre amour pour le
» peuple, vous temporiseriez, vous attendriez la décision de l'église
» de France. La question qui nous divise est une vile question de
» forme et d'orgueil : pourquoi craindriez-vous de dire que vous
» vous êtes trompés, quand l'exécution de la constitution civile,
» sans résistance, peut être la conséquence d'un tel aveu ? »

Il ne fut pas écouté. Il fallait un autre genre d'éloquence pour persuader alors l'Assemblée, et le lourd et farouche Camus l'emportait avec les exclamations suivantes : « On m'a montré des lettres
» de plusieurs évêques qui disent qu'ils attendent la décision du
» pape. Sentez-vous la conséquence d'une pareille conduite ? Dés-
» obéissance d'une part et soumission de l'autre. Comment des Fran-
» çais peuvent-ils croire que nous soyons soumis au *veto* d'un
» ultramontain, de celui qu'ils appellent le grand, le souverain
» pontife de l'église, comme si elle en avait un autre que Jésus-
» Christ ? »

Il n'est pas étonnant que la contrainte où vivait Louis, aperçue par des courtisans attachés au monarque et à sa famille, ait éveillé le zèle de quelques uns d'entre eux, et fait concevoir le dessein de le délivrer de cet esclavage. On a parlé d'une entreprise formée pour l'enlever et le conduire à Rouen par la rivière, entreprise qui ne fut peut-être qu'en projet; mais une autre, encore plus mal concertée, fut tentée par des jeunes gens de la cour; ils avaient transformé en arsenal les armoires du château, y avaient caché des pistolets, de courtes épées et jusqu'à des poignards. Les chefs de la garde nationale, soupçonnant quelque complot, vinrent se plaindre au roi de l'évasion méditée, qu'ils appelaient une trahison. Le monarque ne trouva d'autre moyen d'épargner à ces jeunes gens de plus grands malheurs que de les désarmer lui-même, et de les engager à se retirer; mais, forcés de passer entre deux haies de gardes nationaux, ils ne le firent pas sans essuyer des huées, des propos insultans, et même des coups; quelques uns de ceux qui les maltraitèrent, croyant ajouter le ridicule à l'insulte, les appelèrent *chevaliers du poignard*, et ils restèrent tachés de ce nom pour avoir tenté sans succès de soutenir les débris d'une monarchie qui s'écroulait de toutes parts.

On ne peut guère douter que le roi n'eût véritablement dessein d'échapper à ses geôliers. Monsieur eut vraisemblablement la même intention; on voulut en empêcher l'exécution. Une multitude ameutée se porta au palais du Luxembourg, et le prince ne se débarrassa des instances de la populace, devenues pressantes, qu'en annonçant qu'il n'avait point l'intention de quitter Paris. Les dames, tantes du roi, furent plus heureuses: on les vit avec indifférence abandonner la capitale. Leur départ, et la fuite de plusieurs autres personnes auxquelles le roi était accoutumé, le réduisirent à un délaissement pénible; il ne voyait presque plus que des visages nouveaux. Les désordres qui croissaient autour de lui, surtout le mépris qu'on s'efforçait de jeter sur la religion et ses ministres, pénétraient le pieux monarque de chagrins sans cesse renaissans.

Les religieux, tournés en ridicule et accablés d'injures jusque dans leurs monastères où on les poursuivait, furent contraints de les abandonner, et de quitter leurs habits avant le décret qui proscrivait les vœux. Les religieuses, arrachées de leurs couvens, furent jetées dans le monde qui les avait oubliées, et ne leur offrait point d'asile, ou ne leur en offrait que de dangereux. Des filles respectables, que la charité chrétienne retenait au milieu des pauvres, qu'elles nourrissaient en santé et qu'elles soulageaient malades, éprouvèrent de leur monstrueuse ingratitude des traitemens outrageans. Le clergé séculier n'était pas plus respecté. On vit des curés et leurs coopérateurs, dépositaires des aumônes secrètes des riches, échapper avec peine aux tentatives meurtrières de ceux qu'ils venaient de soulager. La hiérarchie de l'église était renversée; et ce furent les assemblées électorales des départemens qui pourvurent au remplacement des prélats et des pasteurs qu'on obligeait de fuir. Le pouvoir d'élection de ces assemblées, également applicable au sacré et au profane, donna aussi au peuple de nouveaux magistrats, pour lui tenir lieu des parlemens qui furent cassés par l'Assemblée nationale.

On agitait souvent le peuple. Les meneurs ne laissaient point échapper la plus petite occasion de soulèvement ; le plus mince évènement les servait comme l'eût fait celui qu'aurait amené un intérêt majeur. Vers la fin de l'année précédente, un duel eut lieu entre deux constituans : l'un, le marquis de Castries, resté royaliste ; l'autre, Charles de Lameth, devenu républicain. Celui-ci fut blessé ; aussitôt la populace, par vengeance contre le vainqueur, se porte en foule à son hôtel, le pille, le dévaste ; la garde arrive avec une apparence d'empressement, mais lorsqu'il n'y avait plus rien à protéger.

Ces résolutions soudaines, tenant du vertige, se prenaient ordinairement dans le club des *Jacobins*, qui les faisait passer aux autres. Cette réunion politique était une extension du club breton, qui en formait le noyau, et avait pris son nouveau nom du domicile où elle s'était établie dans la rue Saint-Honoré. Les anti-républicains en établirent une rivale aux *Feuillans*, de la même rue, nommée le *club royaliste*. La multitude rendit bientôt à celui-ci la concurrence inutile. Répandue autour du lieu de l'assemblée, elle couvrait la voix des orateurs par des hurlemens, montait aux fenêtres, brisait les vitres, lançait des pierres, contraignait souvent les délibérans de fuir, ou, s'ils prenaient des résolutions, des pamphlets semés avec profusion les rendaient ridicules.

Les discussions, les arrêtés des *Jacobins*, au contraire, étaient prononcés avec emphase. Les membres de l'Assemblée affiliés à ce club en apportaient ordinairement la décision toute faite ; mais il fallait user d'adresse, et il y avait un art, ce qu'on a appelé tactique, pour obtenir le décret minuté dans le club ; car, bien que le parti démocrate fût plus nombreux que le royaliste, il s'y rencontrait encore de fort honnêtes gens, plutôt séduits que factieux, qu'il fallait continuer à tromper, pour s'assurer de leur suffrage et conserver la prépondérance du parti. Tantôt donc on emportait le décret brusquement par un ton impératif qui entraînait les incertains et les chancelans ; tantôt on fatiguait l'auditoire par de longs discours, qui arrachaient à la lassitude la décision qu'on avait en vue. Faute de matière pour prolonger la séance, on employait des digressions : c'était l'oraison funèbre de Franklin, dont on porterait le deuil trois jours ; l'éloge de Jean-Jacques, auquel on érigerait une statue. On faisait ressource de tous les moyens. Un jour que la séance languissait, la porte s'ouvre, un vieillard de cent trente ans, appelé du fond des Vosges, se présente ; devant lui l'Assemblée entière se lève, découverte, par respect pour le doyen du genre humain. Du même genre était cette célèbre ambassade de toutes les nations du monde, qui, quelques jours avant la fédération, vinrent, chacune dans leur costume, admirer les sages de la France ! Cette farce, vue sérieusement par l'Assemblée, porta son illusion, sinon chez tous les Parisiens, du moins chez les personnes crédules des campagnes dans les provinces éloignées. Ceux qui payaient ces histrions engagés pour ce rôle savaient combien le peuple, celui même qui se distingue de la populace, une fois prévenu, est facile à tromper. Enfin une séance presque tout entière s'occupa de la destination de l'église de Sainte-Geneviève, que le culte catholique n'avait pas encore consacrée. Le décret fut prononcé pompeusement en ces termes : Elle se nommera Panthéon, recevra les cendres des hommes distingués par toute espèce de mérite, et portera sur le fronton cette inscription : « Aux » grands hommes la patrie reconnaissante. »

Le comte de Mirabeau y reçut le premier les honneurs funèbres. Un mois auparavant un orateur avait laissé échapper à la tribune des paroles qui exprimaient, à la vérité faiblement, le désir de voir changer la constitution de la France. Mirabeau se lève et dit avec force : « Je combattrai toute espèce de factieux qui voudraient porter » atteinte aux principes de la monarchie, dans quelque système que » ce soit et dans quelque partie du royaume qu'ils osent se montrer. » Sa mort, arrivée précisément peu après cette sortie vigoureuse, et précédée d'ailleurs de symptômes non équivoques, fut attribuée au poison. Mais fallait-il du poison pour tuer un homme consumé par tous les excès de travail et de débauche ? L'Assemblée nationale tout entière, la municipalité, les présidens des sections, les troupes, des milliers de citoyens vêtus de noir, accompagnèrent son convoi. On décréta la fermeture des spectacles, et un deuil de huit jours.

Sa mort en effet put être considérée comme une calamité publique. Il paraissait avoir pressenti enfin les dangers de la monarchie, et vouloir s'employer sérieusement à la sauver. Quelque temps avant sa mort, interrompu dans l'opinion qu'il émettait au sujet de l'émigration, où il se montra contraire aux mesures de rigueur qu'on avait forcé le comité de constitution de proposer, « Silence aux trente » voix », s'écria-t-il, en signalant à l'Assemblée, avec le geste du mépris, le petit nombre des orléanistes qui la tenaient dans leur dépendance. On peut juger, par les mémoires du marquis de Bouillé, qu'entièrement rallié à la cause du roi, il entrait dans les projets formés alors pour l'affranchir de l'esclavage de l'Assemblée. « J'em- » porte avec moi le deuil de la monarchie, disait-il dans ses der- » niers momens; les factieux, après moi, s'en disputeront les lam- » beaux. » Aussi fut-il sincèrement regretté de ceux mêmes qu'il avait le plus grièvement offensés.

S'il eût vécu, disposé sans doute comme il se montrait pour la monarchie, il n'aurait pas souffert sans réclamation l'affront qui fut fait au monarque à l'occasion d'une promenade qu'il se proposait sur les hauteurs de Saint-Cloud pour profiter des premiers beaux jours du printemps, et se dérober à l'œil observateur de ceux qui épiaient quelle serait sa conduite religieuse dans le temps de Pâques. Il en avertit l'Assemblée. De celle-ci la nouvelle passa dans le public. Aussitôt le tocsin sonne, le peuple se précipite en foule au château des Tuileries; la garde nationale y arrive de tous côtés, le commandant général se présente, parle au roi, qui était dans son carrosse avec sa famille, ordonne au peuple de se retirer, et à ses soldats de faire ouvrir un passage; il n'est point obéi.

Après deux heures d'attente, le triste monarque remonte dans ses appartemens. Il demanda la punition de quelques gardes nationaux coupables de propos insultans, et ne l'obtint pas. Le commandant général, mécontent de l'indiscipline de la troupe, porta sa démission à l'hôtel de ville; on la refusa: il insista pendant deux jours. Son état-major le supplie, le conseil fait de vives instances. Touché de tant de tendresse, M. de La Fayette se jette dans les bras du maire et de ses collègues, et reprend ses fonctions.

Louis se flatta d'endormir ses argus à force de complaisance. Il congédia les prélats et les prêtres de sa chapelle, renvoya les ministres qu'il crut désagréables à l'Assemblée, en reçut de la faction d'autres dont il souffrit qu'elle bornât le pouvoir, et se prêta à l'acceptation de plusieurs décrets qui lui déplaisaient.

Les émigrés, répandus dans les cours, faisaient jouer toutes sortes de ressorts pour les engager à armer contre la France. Leurs sollicitations, les apparences qu'ils montraient d'un succès prompt et facile, déterminèrent plusieurs puissances à se coaliser pour faire invasion, moins, à ce qu'il parut, dans l'intention de secourir un roi presque détrôné, que dans celle de se partager son royaume. Louis sentait le contre-coup de tant de fausses mesures: on lui fit un crime des bravades des émigrés qu'on prétendit n'agir que par ses ordres. En vain il montrait un sincère éloignement pour la guerre; il alla, pour calmer ces mouvemens étrangers, jusqu'à faire écrire dans les cours que la petite opposition mise à sa promenade de Saint-Cloud leur avait été mal racontée, et qu'il était parfaitement libre. Elles ne crurent point à cette protestation, ni l'Assemblée à ses efforts pour empêcher la guerre. La fermentation recommença parmi le peuple, aussi violente qu'elle eût jamais été. Un torrent de calomnies déshonorantes, de satires amères, de chansons d'une licence cynique, se déborda sur la reine, qu'on accusait des armemens de l'empereur, son frère. L'acharnement fut porté au point que son époux craignit pour sa vie. Cette appréhension trop fondée, ce qu'il avait déjà souffert pour le refus de sanctionner les décrets séparés, la persécution qu'il prévoyait lorsque arriverait le moment très prochain où la constitution, qui était la collection de ces décrets, lui serait présentée, enfin l'ennui, l'inquiétude de son sort, le déterminèrent à une démarche décisive.

Au milieu de la nuit du 20 au 21 juin, Louis sort furtivement de son palais, tenant par la main son jeune enfant ; Marie-Antoinette conduisait sa fille à peine adolescente ; madame Élisabeth, sœur du roi, princesse respectable par ses vertus, ne voulut pas les abandonner, et la gouvernante des enfans les accompagnait. La triste famille monte en voiture et part ; elle dirigeait sa route vers Montmédi, petite ville frontière assez forte. Le roi comptait, non pas solliciter les princes étrangers pour assembler, avec leur aide, une armée et dissoudre l'Assemblée ; mais, comme il le dit dans une lettre qu'il laissa, il comptait, arrivé en sûreté dans cet asile, présenter de là au peuple les modifications qu'il croirait devoir mettre à la constitution. Le voyage fut heureux jusqu'à un lieu nommé Varennes, peu distant de Montmédi. A Sainte-Ménéhould, le roi avait été reconnu par le maître de poste Drouet, qui n'osa pas l'arrêter, et qui dépêcha son fils à Varennes pour qu'on s'y opposât au passage du monarque. Drouet le fils parvint par des routes détournées à précéder les fugitifs, et il eut le temps et de faire embarrasser un pont qu'il fallait passer, et de faire sonner le tocsin dans tous les villages, dont les habitans accoururent en armes. L'escorte que devait envoyer M. de Bouillé, qui dirigeait la fuite, ne se trouva pas dans le lieu et le temps convenus. Le roi investi s'abandonna à cette milice agreste, qui le traita plus respectueusement que ne faisaient les citadins dans leurs émeutes. Monsieur, parti avec son frère, se sauva par une autre route, et arriva sain et sauf à Bruxelles. C'était celle que M. de Bouillé avait conseillée au roi comme plus courte. Cependant le détachement qui devait protéger le roi arriva au bout d'une heure ; mais les obstacles qu'il fallait vaincre pour aborder le monarque refroidirent le zèle des hussards qui le composaient, et qui bientôt même firent cause commune avec la garde nationale. M. de Bouillé, instruit de ce contre-temps, se mit dès lors en marche à la tête du régiment de Royal-Allemand, pour enlever le roi de vive force ; mais, quand il arriva à Varennes, il y avait déjà sept à huit heures qu'à la réquisition d'un aide-de-camp de M. de La Fayette, qui venait d'arriver, on avait fait partir le roi pour Paris. Il rebroussa chemin, et rentra avec assez de peine à Stenay, d'où il s'enfuit à Luxembourg, non sans avoir couru des dangers pour sa personne.

A la nouvelle du départ du roi, et malgré quelques membres du club des Cordeliers, qui essayèrent de faire assassiner M. de La Fayette qu'ils soupçonnèrent à tort d'avoir été dans la confidence du monarque, il y eut dans Paris un calme qui étonna tout le monde. Personne ne savait encore ce que cet évènement pourrait apporter d'heureux ou de malheureux dans sa destinée ; et, dans l'incertitude, on évitait de se prononcer. L'Assemblée nationale, obligée de prendre un parti, publia une proclamation en réponse aux plaintes consignées par le roi dans un écrit qu'il avait ordonné de lui remettre, fit déposer le sceau de l'état sur son bureau, déclara ses décrets exécutoires, quoique privés de la sanction royale, et requit de tous ses membres une nouvelle prestation de serment civique où le nom du roi fut omis. Dès lors toutes les enseignes et les écriteaux qui, dans la capitale, rappelaient quelque souvenir ou quelque emblème de la monarchie, furent enlevés, et on parut incliner au gouvernement républicain. Mais ni l'esprit national, ni l'Assemblée elle-même, n'y étaient encore préparés, et cette dernière fut soulagée quand elle apprit, le 24 au soir, que le roi avait été arrêté.

Elle envoya au devant du prince trois de ses membres, MM. de La Tour-Maubourg, Pétion et Barnave, qui eurent, dit-on, ordre de lui faire traverser dans un état d'ignominie la partie du royaume qu'ils parcouraient. Trois gardes-du-corps, habillés en courriers, qui l'avaient accompagné dans sa fuite, étaient liés sur le devant de la voiture comme des criminels. Le monarque, son épouse et sa sœur, séparés par les trois députés, ne pouvaient se communiquer leur chagrin que par les larmes et les soupirs. Il était défendu à la foule, que la curiosité ou l'intérêt amenait sur le chemin, de donner les marques ordinaires de respect. Arrivé aux Tuileries, les gardes nationales investirent Louis, les portes du jardin furent fermées, et son palais devint une prison.

Après l'arrivée du roi et sa réclusion, l'Assemblée se partagea en comités, pour résoudre ce qu'il y avait à faire dans la circonstance. Les objets de la discussion se réduisirent à ces deux questions : « Louis XVI doit-il être mis en cause? Son évasion est-elle un » délit?» Il y avait un parti pour déclarer sur le champ la *déchéance*. Mais l'immense majorité ne croyait pas prudent de décider dans un moment de chaleur une affaire si importante. Elle statua que le pouvoir exécutif serait seulement suspendu et lié entre les mains du roi jusqu'à ce qu'il eût sanctionné la constitution ; et le côté droit s'applaudit, comme de la plus grande victoire, d'avoir empêché que le roi ne fût frappé du décret de la déchéance. Il n'y eut que six ou sept membres, parmi lesquels étaient Pétion et Robespierre, qui osèrent défendre ce dernier avis. Adrien Duport, jusqu'alors l'un des plus ardens révolutionnaires, et qui avait été nommé avec MM. Tronchet et d'André pour recevoir les informations du roi et de la reine dans cette affaire, les Lameth, mais surtout Barnave, qui avait été irrévocablement gagné aux intérêts de l'auguste famille par l'aimable familiarité qu'elle lui avait témoignée pendant le retour de Varennes, se rallièrent à la cause de l'autorité royale, et la firent presque unanimement triompher.

Les clubs et les meneurs des sociétés populaires furent très mécontens du décret, parce qu'il laissait au roi la ressource de l'acceptation de la constitution pour s'affermir sur son trône. Ils ameutèrent la populace : elle courut au nombre de quatre à cinq mille, hommes et enfans, jurer au Champ-de-Mars, sur l'autel de la patrie, de ne point obéir au roi que tous les départemens ne l'eussent reconnu. C'était vouloir prolonger la suspension au delà de la durée marquée par le décret, puisqu'il pouvait arriver que les départemens fussent long-temps à se déterminer, ce qui tournerait la suspension en déchéance, et la déchéance en anarchie. En effet, ces fanatiques criaient : « Plus de Bourbons, plus de roi, plus d'Assem- » blée nationale, que l'on en crée une autre ! » Le maire de Paris fut autorisé à aller dissiper cet attroupement : il présente le drapeau rouge, les rebelles l'accablent d'injures, et des pierres sont lancées contre lui. Leur fureur s'accroît ; ils massacrent deux malheureux, dans la persuasion qu'ils s'étaient glissés sous l'autel pour le miner. Le maire, M. Bailli, fait alors tirer sur ces assassins obstinés. Ils tombent au nombre de dix ou douze. La frayeur s'empare de la troupe ; elle se disperse : mais une rancune furieuse couva dans le sein des démagogues, et la juste rigueur du maire fut depuis la cause de sa condamnation et de son supplice au même lieu.

Le vœu des séditieux, « qu'on nous crée une autre Assemblée », s'accomplissait alors. Dans toutes les provinces se faisaient les élections pour l'Assemblée *législative,* qui allait succéder à la *constituante,* et elles se faisaient presque toutes sous l'influence des clubs et des sociétés fraternelles, qui ne choisissaient que des *frères et amis.* Les membres de l'Assemblée expirante s'étaient exclus, par un décret du 17 mai 1791, de celle qui allait les remplacer ; et, quand ils ne s'en seraient pas fermé la porte, peu d'entre eux auraient été empressés d'entrer dans un corps turbulent qui annonçait à ses membres une lutte et des combats plus acharnés que les précédens. Ils se hâtèrent de finir la constitution, qui était le terme de leur existence politique. Ils la présentèrent au roi, qui donna sa sanction, et signa son acceptation dans l'Assemblée au bruit des fanfares et du canon. La reine y parut avec le dauphin, et reçut des applaudissemens mille fois répétés. Elle en marqua sa reconnaissance avec des graces qui charmèrent l'Assemblée.

L'acte constitutionnel fut publié dans les places publiques de Paris par le maire et ses adjoints. Ils firent leur dernière proclamation au Champ-de-Mars, où s'étaient rendus les corps administratifs et judiciaires de la capitale, de fortes divisions de la garde nationale, et une foule immense qui couvrait le glacis. Le maire monte à l'autel de la patrie, sur lequel était déposé l'acte constitutionnel. Il l'élève, le montre au peuple. A l'instant, des cris de joie éclatent de toutes parts. Comme le jour de la fédération, les épées sont tirées, les drapeaux saluent, un corps de musiciens choisis entonne un hymne patriotique que le peuple répète à grand chœur. A chaque strophe succédait une aubade guerrière, soutenue des décharges de cent trente pièces de canon. Aux yeux de cette multitude étonnée s'élève un ballon orné des couleurs de la nation ; on le fait planer sur l'Assemblée, et il est abandonné dans les airs comme pour aller annoncer cette fête auguste à l'univers. Elle se termina aux Champs-Elysées. Tout y avait été préparé avec soin pour le plaisir du peuple : baladins, mâts de cocagne, orchestres, salles de danses, feu d'artifice, illumination générale. La famille royale se promena entre les groupes, sous un ciel brillant d'étoiles, dans le calme d'une nuit paisible, plus belle qu'un beau jour, et elle emporta, après tant de chagrins, les félicitations bruyantes d'un peuple satisfait et joyeux.

L'Assemblée constituante se sépara sans laisser de grands regrets, pas même à ses membres, dont les uns étaient mécontens du bouleversement auquel ils avaient contribué souvent par force, les autres de n'en avoir pas fait assez. La plupart des premiers se retirèrent dans leurs foyers, ou reprirent leurs anciennes occupations, assez disposés à ne se plus mêler des affaires publiques. Les seconds cherchèrent des emplois qui ne les en écartaient pas, et s'attachèrent aux clubs où ils se rendirent assidus pour n'être pas oubliés du peuple, dominer ainsi la nouvelle Assemblée, quoiqu'ils n'en fussent pas membres, et réaliser enfin les projets qu'ils avaient conçus en entrant aux états et pendant la durée de l'Assemblée constituante. Ainsi disparut cette Assemblée, laissant à ses successeurs les élémens dont pouvait se composer le bien ou le mal, selon les intentions sages ou perverses de ceux qui les emploieraient.

La législative donna à sa première séance l'air d'une cérémonie liturgique. Elle choisit six vieillards qui allèrent tirer des archives le texte sacré de la constitution. L'archiviste le portait élevé au dessus de sa tête ; il le déposa sur la tribune. Le président et chaque membre appelé individuellement vinrent jurer, la main posée sur le livre, de le maintenir jusqu'au dernier soupir. Quelques jours après, quand les députés se furent sondés et jugés, qu'ils eurent conçu de la dignité de représentans du peuple l'idée qu'ils croyaient convenable, ils décrètent que, quand le roi viendra à l'Assemblée, le président aura un fauteuil semblable au sien, placé sur la même ligne ; que, quand on lui parlera, on ne l'appellera plus *sire*, mais *roi des Français*, et que le mot de *majesté* sera banni. Il est vrai que le lendemain ce décret fut rapporté. Telle a été la marche de l'Assemblée législative, tantôt progressive, tantôt rétrograde. Nous n'y distinguerons pas deux partis, parce que le petit nombre de ceux qui désiraient des décisions modérées est toujours resté inerte et passif, et qu'il n'y a eu de division, encore momentanée, que dans la faction républicaine, sur le plus ou moins d'excès à commettre.

L'Assemblée constituante avait vu la guerre civile prête à embraser le midi de la France. Des mécontens, sous le nom de *royalistes*, avaient formé dans le Haut-Languedoc un rassemblement considérable, connu sous le nom de *camp de Jalès*. On envoya des troupes, et il fut dispersé, non sans effusion de sang. En quittant ses fonctions, elle laissa à l'Assemblée législative le soin de se débarrasser d'une guerre qui existait dans le Poitou, la Saintonge, l'Anjou, le Maine, et qui atteignit les frontières de la Normandie et de la Bretagne, sous le nom de *guerre de la Vendée*, pris de celui que portait un des petits cantons insurgés. Comme ceux qui parcouraient les villages et les hameaux pour faire des prosélytes et lever des soldats ne marchaient pas de jour, on les nomma *chouans*, abrégé du mot *chat-huant*, oiseau de nuit. Beaucoup de ces enrôleurs étaient des fugitifs du *camp de Jalès*, et la plupart de leurs chefs, des émigrés jetés sur les côtes par les Anglais, qui leur fournissaient des munitions et de l'argent, non selon leurs besoins, mais à peu près suffisamment pour obtenir la guerre, sans mettre leurs soudoyés en état d'obtenir de grands succès qui pourraient la terminer.

On croirait que ce fut aussi le système de l'Assemblée législative. Elle avait besoin d'une guerre intestine, guerre qui parût tenir à la religion, afin d'entretenir les haines, rendre odieux le clergé, qui *fanatisait*, disait-on, et excitait à la révolte les peuples aveuglés. Elle décréta contre les *chouans* un envoi de troupes; mais le nombre ne fut jamais assez considérable pour mettre fin à cette guerre. On l'appela pour cette raison un *chancre politique*. En effet, il rongea ces malheureuses provinces. Pour parler sans figure, les incendies, les massacres, la famine, les ont ravagées successivement, et quelquefois toutes ensemble. Ce qui a surtout engagé les habitans des campagnes à protéger les *chouans* et à devenir *chouans* eux-mêmes, a été l'interdiction du culte catholique et de ses signes, la prohibition des processions, l'enlèvement des cloches, la persécution contre les curés et les prêtres réfractaires. Cependant on proclamait hautement la liberté des cultes. La municipalité de Paris crut donner un exemple efficace de la pratique de cette liberté, en assistant en corps au service que les protestans célébrèrent dans leur temple à l'occasion du triomphe de la constitution.

Les liaisons des émigrés avec les puissances étrangères éveillèrent la sollicitude des *législatifs*. Ils obtinrent du roi une déclaration menaçante contre les émigrés. Il exhorta ses frères, par une lettre très pressante, à revenir. Ils répondirent qu'ils ne reviendraient pas tant qu'il serait captif. Alors un décret, renouvelé d'un autre de la constituante, déclara Monsieur déchu de ses droits de premier prince du sang s'il ne rentrait sous deux mois. Les puissances étrangères, auxquelles avait été signifiée l'acceptation de l'acte constitutionnel, répondirent d'une manière équivoque, qui donna des soupçons à la *législature*. Afin de ne point laisser sortir de France un argent qui aurait pu servir contre elle, on séquestre les biens des princes français, et on lance contre les émigrés un arrêt de mort s'ils ne rentrent avant le 1er janvier. Louis XVI écrit à ses frères qu'il est parfaitement libre; et le même jour, voulant sortir de son appartement à neuf heures du soir, il est arrêté par la sentinelle et forcé de rentrer. Il oppose son *veto* au décret contre ses frères; mais en même temps il les prie de nouveau, et conjure avec les plus pressantes instances les émigrés de revenir dans l'intervalle indiqué. Tous persistent dans leur refus, comme sûrs des puissances étrangères qui continuaient à s'envelopper dans des réponses évasives.

Il avait été décidé que la garde du roi serait désormais prise dans les gardes nationaux des départemens. Le ministre chargé de la former prescrivit des informations sur ceux qui se présentaient, insinuant qu'on en désirait qui pussent s'attacher sincèrement au roi. Il demanda en même temps dans quelles dispositions étaient ces mêmes départemens à l'égard du clergé. Ces lettres inquisitoriales déplurent aux législateurs. Quoique le roi eût ordonné de les écrire, forcé de condescendre au désir de l'Assemblée, il renvoya son ministre, et un seigneur de la cour, qui devait être mis à la tête de cette garde, fut aussi éloigné.

Ce fut, à ce qu'on croit, la recherche sur l'intérêt que les provinces prenaient au clergé qui attira sur les prêtres *insermentés* le décret fulminant qui non seulement les privait de tout traitement et pension, mais encore les déclarait suspects, et les rendait responsables des troubles qui pourraient s'élever dans leurs résidences au sujet des opinions religieuses. Il ordonnait, ce décret, que les prêtres qui n'avaient pas prêté le serment civique fussent obligés de le prêter dans la huitaine devant leurs municipalités, sous peine de privation de leur traitement et d'une surveillance spéciale. Le directoire du département de Paris, composé de M. de Talleyrand-Périgord, ancien évêque d'Autun, du duc de La Rochefoucauld, et de MM. Anson, Desmeuniers, de Beaumetz, Thion de Lachaume, Germain Garnier et Brousse-Desfaucherets, tous hommes modérés, élus assez librement dans les sections, pria le roi d'opposer son *veto* à ce décret vexatoire. Il représenta, d'une part, que le libre exercice du culte était l'un des premiers droits de l'homme proclamés par l'Assemblée constituante, et d'une autre part, que le traitement fixé par elle aux ecclésiastiques, en remplacement de leurs biens, avait été mis au rang des dettes de l'état, en sorte que l'acquittement n'en pouvait être soumis à aucune condition de la part du débiteur. Mais la municipalité et le conseil de la commune, formés au contraire des plus fougueux anarchistes pris dans les clubs, et présidés par le maire Pétion qui venait de succéder à M. Bailli, demandèrent au monarque, du ton de l'exigence, sa sanction, qu'il refusa.

On a vu qu'il existait dans le couvent des *Feuillans* un club où se discutaient comme chez les *Jacobins*, mais dans un sens différent, les matières qui devaient être présentées aux législateurs. Ce club, où s'étaient ralliés une foule de membres de la constituante, qui faisaient autrefois partie de celui des *Jacobins*, commençait à jouir d'une considération qui inquiétait ses rivaux. Étonnés de la fermeté du roi dans la circonstance du décret contre les prêtres, ils crurent qu'elle lui était inspirée par sa confiance dans les forces croissantes de ce club, et demandèrent à l'Assemblée qu'elle le fît fermer. Pour ne pas se charger trop ouvertement du blâme de partialité, si elle détruisait les *Feuillans* pendant qu'elle laissait subsister les *Jacobins,* elle se contente d'ordonner aux inspecteurs, chargés de la police de la salle, de ne point souffrir d'assemblée populaire dans l'enceinte de leur juridiction ; or le cloître des Feuillans y était compris : ce fut au club qui y tenait ses séances à chercher un autre local, qu'on l'empêcha de trouver. La même municipalité usa de l'autorité qu'elle s'était arrogée pour interdire les journaux et autres écrits qui pouvaient répandre dans le public les opinions contraires à ses vues. Quand les auteurs n'obéissaient pas à la défense, des troupes d'hommes de la lie du peuple, ceux qu'on a depuis appelés *sans-culottes,* fondaient à l'improviste chez les imprimeurs, déchiraient les papiers, dispersaient les caractères et brisaient les presses. Ceux au contraire qui travaillaient pour le parti étaient favorisés ; les colporteurs faisaient en liberté retentir les rues de l'annonce d'écrits calomnieux et de libelles impurs, et des boutiques tapissées de caricatures, qui montraient à nu l'impiété et la prostitution, accoutumaient le peuple à l'oubli de tous les principes.

Il était tel cet oubli des principes, qu'on vit le peuple le plus sensible à l'honneur se décorer de l'emblème de l'opprobre. Au mois d'août 1790, les régimens du Roi, de Mestre-de-Camp et de Châteauvieux, suisse, auxquels on avait prêché *les droits de l'homme, la liberté et l'égalité,* s'étaient révoltés contre leurs officiers. M. de Bouillé, à la tête des gardes nationales des environs, fut envoyé à Nancy pour les réduire. Il était devant la ville ; on parlementait, on était même d'accord, lorsqu'une troupe d'insurgés pointe un canon contre ceux qui voulaient les rappeler à la discipline. Le jeune Desilles, officier du régiment du Roi, se jette à la bouche de l'instrument de mort, dans l'espoir d'imposer à ses soldats et de prévenir l'effusion du sang, et périt victime de son sublime dévoûment. La fureur s'empare aussitôt des assiégeans ; ils pénètrent avec leur chef dans la ville, au milieu d'une grêle de balles qui réduit leur nombre d'un tiers. Mais ils font éprouver un égal désastre à leurs adversaires, et les forcent à évacuer la ville. Après la perte déplorable de tant de Français, la clémence imposa silence à la justice. Les deux régimens français obtinrent leur grace, sous la promesse de rentrer pour toujours dans le devoir ; mais il n'en fut pas de même à l'égard du régiment suisse ; il eut beau protester de sa bonne volonté, son gouvernement se conduisait par d'autres principes : les coupables furent recherchés avec rigueur. Vingt-trois furent condamnés à mort, et quarante et un aux galères.

C'est de ces bons patriotes que la municipalité de Paris prit pitié.

Elle sollicita leur grâce, et ce fut à l'Assemblée qu'elle porta sa demande; car un décret précédent avait injurieusement ôté au monarque un droit qui était si bien selon son cœur. L'Assemblée l'accorda. Les forçats revinrent dans le costume de la chaîne, et coiffés du *bonnet rouge*, qu'il leur était ordonné de porter pour les distinguer des mercenaires qu'on leur adjoignait dans les travaux. Ils furent reçus en triomphe et promenés avec acclamation dans le jardin du Palais-Royal. Ce bonnet, type de leur humiliation, fut adopté par leurs protecteurs comme un signe honorable de persécution. Ils s'affublèrent du *bonnet rouge*. Cette coiffure tourna en mode, et il devint dangereux de ne point arborer ce signe de patriotisme, ainsi que de ne pas imiter l'extérieur malpropre et le langage grossier des forcenés démagogues.

Nous avons fait connaître la *tactique* employée pour faire passer dans l'Assemblée constituante les décrets anti-royalistes. Il convient d'exposer celle des républicains pendant l'assemblée législative. La ville de Paris était partagée en sections, qui avaient chacune leur lieu d'assemblée garni de gradins, et assez vaste pour contenir une grande multitude. Les femmes du peuple s'y rendaient comme à une partie de plaisir. Les plus ferventes y entraînaient leurs voisines, travaillaient, causaient, se mêlaient de la discussion, criaient au besoin pour appuyer une proposition, et étaient payées par jour à proportion de leur zèle. Les ouvriers, dans les habits de leur état, et les plus pauvres bigarrés de haillons, y entraient tête couverte, sortaient sans donner le moindre signe de respect, s'entretenaient tout haut, interrompaient la délibération, contredisaient, disputaient et ne s'épargnaient pas dans la querelle les apostrophes les plus grossières. Les gens sages se taisaient, dans la crainte d'être insultés. A travers ce tumulte, des orateurs gagés ou séduits, et apostés par les chefs de l'assemblée principale, qui était celle de la commune, proposaient, appuyaient leurs avis d'éclats de voix plus que de raisons, et faisaient adopter une résolution. Elle était portée par des députés aux sections voisines, et circulairement arrivait au conseil de la commune, d'où elle était secrètement partie. Les orateurs de celle-ci ne manquaient pas de faire remarquer cette conformité d'opinions, et en concluaient que le résultat devait en être transmis aux législateurs, comme le vœu unanime du peuple auquel ils étaient tenus de se conformer. On allait même quelquefois jusqu'à libeller le décret qui devait être prononcé. Les législateurs, entourés d'une populace menaçante qu'on avait eu soin d'amonceler autour de la salle, et qui remplissait les tribunes, rendait le décret qu'on voulait. Il était présenté au roi : s'il sanctionnait, c'était une victoire remportée, et un acheminement à d'autres triomphes; s'il refusait, sa résistance devenait un prétexte de violence. Ainsi, de manière ou d'autre, la faction anti-monarchique était sûre d'arriver à son but.

Le conseil de la commune de Paris devint tout puissant par sa correspondance avec toutes les sociétés populaires de France, que la même tactique dirigeait.

Le premier décret de 1792 déclare les frères du roi, le prince de Condé, d'anciens ministres et d'anciens magistrats en état d'accusation ; mais le tribunal qui devait les juger avait été placé par l'Assemblée constituante à Orléans, afin qu'il ne fût pas violenté par la populace, comme l'avait été le Châtelet de Paris dans l'affaire de Favras. Ce tribunal paraît aux jacobins trop éloigné pour obtenir la justice convenable à leurs principes. Ils tâchent de le faire rapprocher ; leurs efforts ne réussissant pas, ils font du moins décréter que Monsieur est déchu de la régence, afin qu'il ne puisse s'autoriser de ce titre, s'il le prenait, dans la supposition que le roi n'était pas libre. Louis XVI, sur l'indication des législateurs, venait de nommer deux maréchaux de France, MM. de Luckner et de Rochambeau, à chacun desquels, ainsi qu'à M. de La Fayette, il donnait une armée de cinquante mille hommes, et il avait encore pris des ministres à leur gré. Les uns et les autres viennent faire hommage de leur dignité à l'Assemblée, et les ministres s'engagent en particulier à suivre strictement, dans leur administration, la lettre de la constitution. C'étaient M. Bertrand de Molleville, ancien intendant de Bretagne, nommé à la marine, M. de Narbonne à la guerre, M. Tarbé aux finances, et M. Cahier de Gerville à l'intérieur. M. de Lessart avait passé aux affaires étrangères, sur la démission de M. de Montmorin, qui n'avait pu s'accommoder aux procédés des nouveaux législateurs : M. Duport du Tertre était encore ministre de la justice. Mais tous ces hommes tenaient encore trop aux sentimens de la modération pour agir au gré de l'Assemblée et demeurer long-temps en place. M. de Lessart surtout devint le point de mire de ses iniques persécutions.

Le département qu'il occupait était depuis long-temps d'une nullité presque absolue, par suite des embarras de tout genre qui assiégeaient la France de tous côtés. L'anarchie à laquelle elle était en proie lui permettait à peine d'apercevoir les grands mouvemens qui avaient lieu à l'extérieur. L'Angleterre en profitait pour lui débaucher ses alliés, et, sous la direction du jeune Pitt, elle devenait la puissance prépondérante en Europe. Pour se venger de la neutralité armée suggérée par Catherine, elle avait suscité, en 1788, la guerre que la Porte déclara à la Russie. La France, hors d'état de protéger dans cette lutte son ancienne alliée, s'adressa à l'empereur Joseph II, pour interposer sa médiation, et celui-ci répondit à cette invitation en s'alliant aux Russes. L'aventureux Gustave III, payant de sa personne en Finlande, et presque aux portes de Pétersbourg, où, par son courage, il échappa à une ruine presque certaine qui l'attendait dans le golfe de Wiborg et à Swenskasund, fit une diversion plus utile à la Turquie. La Prusse, d'autre part, contint le Danemarck, que la Russie essaya d'armer contre la Suède. De cette démarche, et de la situation fâcheuse où il mettait ainsi l'impératrice, Frédéric-Guillaume se promettait de pouvoir lui-même réaliser sans obstacle les projets qu'il formait depuis long-temps sur Thorn et sur Dantzick; et Catherine, qui le devina, offrit son alliance aux Polonais. Mais suspecte à ceux-ci, indignement vexés par elle, ils rejetèrent ses secours, et s'allièrent au contraire à la Porte et à la Prusse, qui ajourna ses desseins hostiles. Ils intimèrent alors aux troupes russes d'évacuer leur territoire, et conçurent l'espoir de briser les fers d'une puissance orgueilleuse qu'ils voyaient attaquée de tous côtés, et qui s'épuisait par les triomphes mêmes de Souvarow sur le Dniester, du prince de Nassau dans le Limen sur les Turcs, et à Wiborg sur Gustave, et de l'amiral Creigh enfin à Cronstadt, dans la Baltique, sur le duc de Sudermanie, qui menaçait Pétersbourg.

L'allié de Catherine, Joseph II, malgré les exploits du prince de Cobourg sur le Danube, et ceux du vieux Laudhon, qui avait terminé sa carrière militaire par la prise de Belgrade, s'affaiblissait aussi par les mécontentemens que son esprit réformateur avait excités en Hongrie et dans les Pays-Bas. Déjà obstiné à assujettir ces provinces à une uniformité de régime, préférable peut-être aux formes antiques de leur administration, mais qui était opposée à la lettre de leurs capitulations, il se donna le tort nouveau de les blesser dans l'endroit le plus sensible, par une suite de réformes de discipline ecclésiastique, qu'il fit de son chef, et sans le moindre égard aux droits inhérens à l'autorité spirituelle et épiscopale. De là l'insurrection brabançonne, et l'expulsion, sur la fin de 1787, des troupes autrichiennes hors de la Belgique. Le refus de la France de s'immiscer dans la querelle des insurgés, les divisions qui s'introduisirent parmi eux, et la mort de Joseph II, arrivée le 20 février 1790, commencèrent à étouffer ces troubles. Ils furent calmés tout à fait à l'aide des troupes que la paix donna moyen au successeur de Joseph de faire passer dans ce pays.

C'était le sage Léopold II, grand-duc de Toscane, et frère du dernier empereur. Ses dispositions pacifiques donnèrent une nouvelle direction à la politique européenne. Le roi de Prusse, qui avait levé deux armées pour s'opposer aux progrès des cours impériales, s'empressa de concourir aux vues conciliatrices du nouvel empereur; et le 27 juillet 1790 la paix fut conclue entre eux à Reichenbach. L'empereur y sacrifia les conquêtes qu'il avait faites sur le Danube et en Servie; mais il y trouvait l'avantage de disposer de ses troupes pour faire rentrer le Brabant dans le devoir (ce qui eut lieu sur la fin de l'année), et d'observer de ce point avec plus de sécurité les démarches de la France. Ce traité fut, pour ainsi dire, le signal de celui de Varelæ, le 10 août suivant, entre la Russie et la Suède; mais il fallut encore un an pour procurer la paix entre les Russes et les Turcs. Elle ne fut signée que le 9 janvier 1792, à Jassy en Moldavie, et les Turcs y abandonnèrent encore à la czarine Oczakow, le territoire situé entre le Bog et le Dniester. Le 4 août précédent les Autrichiens avaient fait leur paix particulière avec les Russes à Szistow en Bulgarie.

Les Polonais aussi avaient mis cette année à profit pour se donner une constitution moins turbulente que celle qu'ils avaient trop fanatiquement conservée depuis plusieurs siècles, et qui, garantie, non sans dessein, par les puissances voisines, entretenait la Pologne dans une dépendance absolue des états limitrophes, et l'acheminait insensiblement à sa destruction. La nouvelle constitution fut proclamée le 3 mai 1791, et la succession éventuelle de Stanislas Poniatowski fut offerte à l'infante de Saxe. Mais la perspective de faire asseoir sa postérité sur un trône occupé par ses ancêtres n'en imposa point à l'électeur, qui pressentait apparemment les projets ultérieurs de Catherine.

Cette princesse cependant les dissimulait avec habileté, et paraissait alors exclusivement occupée du soin de servir efficacement la cause des émigrés français. Son zèle politique échauffait celui du roi de Prusse et du jeune François II, fils de Léopold, qui venait de mourir le 1er mars 1792, et enfin du romanesque Gustave, qui s'était établi le généralissime de la coalition, lorsqu'un assassinat termina sa carrière le 20 mars, et dissipa l'espérance qu'il avait conçue de jouer le rôle de Charles XII. Mais lorsque Catherine vit les deux premiers potentats suffisamment engagés contre la France, elle dirigea ses forces, au mois de mai, contre la Pologne. Les négociations qu'essaya de nouer Stanislas en 1793 ne firent que paralyser la résistance des Polonais et les contraindre à de nouvelles concessions. L'indignation, en 1794, leur fit embrasser la ressource dernière d'une faible confédération, où le timide monarque ne fut admis que pour les honneurs, et dont le véritable chef fut le brave Kosziusko. Il chassa les Russes de Varsovie; mais Catherine ayant appelé à son aide et au partage le roi de Prusse et l'empereur, Kosziusko succomba sous leurs efforts réunis; et, le 4 octobre 1794, blessé sur le champ de bataille de Macejowice, il y fut fait prisonnier. Un mois après, Souvarow rentra à Varsovie. L'infortuné Stanislas fut envoyé à Pétersbourg, où il survécut peu à la perte de son trône, et la Pologne entière fut partagée. Par le traité conclu en 1795 entre les trois puissances, Brzesc devint le point central de leurs frontières. Varsovie échut à la Prusse, et la Pileza, qui tombe dans la Vistule, sépara cette puissance de l'Autriche. Le Bug marqua les limites entre celle-ci et la Russie, et le Niémen enfin entre les possessions russes et prussiennes.

Mais revenons à la révolution de France. L'embarras qu'éprouvait le commerce par la multiplication des assignats, et par les troubles des colonies, où les décrets imprudens des deux Assemblées avaient livré les blancs à la discrétion et à la férocité des hommes de couleur et des nègres, avait fait renchérir les denrées coloniales, telles que le sucre et le café. Le peuple croit, ou on lui persuade que l'augmentation du prix vient de ce que les marchands en font des amas et les cachent pour les vendre plus cher; il se précipite en troupes dans les boutiques, et emporte indistinctement tout ce qui s'y trouve. La municipalité, chargée de la police, ne s'oppose que faiblement et tardivement au pillage. De même, elle ne se presse pas d'arrêter un incendie qui éclate à la Force. Il alarme le quartier, mais il cesse de lui-même, après qu'un grand nombre de brigands, de mendians et de gens sans aveu qui étaient renfermés dans cette prison se sont évadés.

Un des ministres, qui avait juré de ne point s'écarter de la lettre de la constitution, s'appliquait à administrer selon les formes prescrites par les décrets; et il se trouvait que ces formes embarrassaient plus les affaires qu'elles ne les terminaient. On l'accuse devant l'Assemblée de les employer malignement pour en faire sentir le vice, et on demande sa destitution : le roi le disculpe. Mais, probablement pour sauver son ministre, et par une condescendance qu'on lui avait inutilement demandée, il permet que le décret qui séquestrait les biens des émigrés soit promulgué. Dans le même temps, le corps législatif ajoute de l'artillerie à la garde d'honneur qu'il s'était donnée, et, de son côté, le corps municipal ordonne la confection de cent mille piques pour armer la populace. Ces mesures sont prises dans la supposition que le roi se disposerait à quitter Paris : il écrit à l'Assemblée pour détruire ce soupçon. Le *bonnet rouge* commençait à devenir la coiffure distinguée. Beaucoup de personnes timides s'en servaient comme d'une sauvegarde. C'était une mode et même une nécessité de paraître *jacobin, cordelier, maratiste*, ou affilié tant aux *clubs* mêmes qu'aux factions qui partageaient ces clubs. Un législateur, effrayé de leur multiplicité et de l'empire qu'ils prenaient dans l'Assemblée, propose de les détruire tous, de défendre aux députés d'assister à aucun, et demande, pour y suppléer, qu'il en soit tenu un après la séance dans la salle même, comme conférence pacifique destinée à préparer et éclaircir les matières. Cette proposition, qui aurait rompu la chaîne des correspondances avec les Assemblées populaires, est rejetée.

Le pillage des boutiques, qu'on avait arrêté avec peine, devient comme autorisé à l'occasion d'un règlement de la municipalité qui fixait le *maximum*, c'est-à-dire le plus haut prix auquel devaient être vendues les marchandises d'épiceries les plus usuelles : or, ce plus haut prix étant souvent bien inférieur à celui que les marchands demandaient pour ne pas vendre à perte, ils refusaient; les acheteurs insistaient, et comme ils venaient en troupes, la marchandise qu'on ne voulait pas leur donner pour le *maximum* qu'ils offraient, ils l'emportaient de force sans laisser l'argent. Beaucoup de marchands, ou ruinés ou de peur de l'être, fermèrent leurs boutiques, et la crainte de faire disparaître totalement ces denrées de première nécessité fit supprimer l'ordonnance du *maximum*.

Cependant les démarches des émigrés auprès des cours étrangères, les engagemens connus de l'empereur et du roi de Prusse à Pilnitz en Saxe, au mois d'août 1791, pour s'immiscer dans les affaires de France, et les démonstrations hostiles qui en étaient la suite, avaient soulevé la fierté nationale contre les prétentions de l'étranger, et de là un cri de guerre immédiate, que l'exagération et la haine proclamaient dans l'Assemblée avec fureur, par l'organe des Brissot, des Vergniaux, des Danton et autres, connus sous les noms de *Cordeliers* et de *Girondins*. Quelques membres mieux intentionnés faisaient politiquement écho, mais autant seulement qu'il était nécessaire pour mettre sous la main du roi et des fonds et des troupes qui pussent lui rendre l'autorité constitutionnelle que lui ravissaient journellement les audacieux empiètemens des factieux.

Pour déjouer les efforts des députés fidèles à la monarchie, les jacobins accusent la reine de tenir aux Tuileries un *club autrichien*, c'est-à-dire un comité qui instruisait son frère des mesures qu'on prenait pour la conduite de cette guerre. Le roi justifie son épouse, et commande d'informer contre les auteurs de cette calomnie. Le juge de paix, chargé des premières recherches, suspect aux jacobins, est arrêté et envoyé à Orléans.

Quoique tous les membres du ministère fussent attachés au monarque, ils différaient dans la manière de le servir. M. de Narbonne penchait pour la guerre, et M. de Lessart, au contraire, conformément au vœu du monarque et aux intérêts mêmes du royaume, où l'on était loin d'être prêt à la faire, mettait tous ses soins à reculer cette catastrophe. Le roi, fatigué des dissentimens de son conseil, renvoya M. de Narbonne. L'Assemblée déclara qu'il emportait ses regrets, et M. de Lessart fut voué par elle à la vengeance publique. Le comité diplomatique fut chargé de faire un rapport sur ses opérations. La lenteur de celui-ci à s'expliquer était une justification du ministre. Dès lors Brissot prit sur lui d'établir divers chefs d'accusation, et le 10 mars, à l'aide de ses affidés, il parvint à faire rendre le décret qui, sans entendre le ministre, l'envoyait à la haute cour d'Orléans, comme prévenu du crime de lèse-nation.

L'effroi que les meneurs avaient voulu inspirer au ministère s'y communiqua en effet. Tous les ministres résignèrent leurs places, et le roi se vit dans la cruelle nécessité de choisir son conseil dans la société même des Jacobins. M. de Grave fut d'abord nommé ministre de la guerre, mais il eut presque aussitôt à céder sa place à M. de Servan; M. de La Coste fut appelé au ministère de la marine, Dumouriez à celui des affaires étrangères, Duranthon à la justice, Roland à l'intérieur, et le Genèvois Clavière aux finances. Cette composition eut un effet immédiat sur les affaires de l'Europe. Dès le 20 avril Dumouriez arracha au roi la déclaration d'une guerre qui a fait couler des torrens de sang pendant dix ans, et dont l'Europe était loin de prévoir les résultats.

L'Assemblée ne sut aucun gré au roi de sa complaisance, et, de plus en plus ombrageuse et exigeante, elle cassa, sous quelque prétexte d'incivisme, la garde constitutionnelle du monarque, qui n'était pas installée depuis plus de quatre mois, envoya son chef, M. de Brissac, à la cour d'Orléans, et réduisit ainsi le malheureux prince à ne pouvoir opposer la moindre défense aux coups qu'on se préparait à lui porter.

La conspiration contre lui s'ourdissait dans son conseil même, où il osait à peine ouvrir la bouche. Le ministre de la guerre, sans le consulter, ordonne qu'il soit formé un camp de vingt mille hommes auprès de Paris; le monarque, trop convaincu qu'il ne sera composé que des soldats les plus disposés à la rébellion, défend ce rassemblement, et non seulement casse le ministre qui l'avait ordonné, mais, poussé à bout, il destitue la plupart de ceux que l'Assemblée lui avait donnés. MM. de Chambonnas, de Lajard, Terrier de Montciel et de Beaulieu, remplacèrent Dumouriez, Servan, Roland et Clavière. L'Assemblée déclara que ces derniers emportaient les regrets de la patrie, et elle lança des décrets fulminans contre les princes, frères du roi, leurs adhérens, et les prêtres réfractaires. Le roi y opposa son *veto*; et ce fut le prétexte d'une insurrection.

Résolus d'arracher par la force ce qu'ils ne pouvaient obtenir volontairement, les jacobins rassemblent ce qu'il y a de plus factieux dans la populace des faubourgs. Il s'y entremêle des femmes, rebut des halles et du libertinage. Tous s'arment de piques, de haches, de tridens. Douze pièces de canon étaient traînées au milieu d'eux. Ils marchent vers les Tuileries en poussant des cris et des hurlemens. Le détachement de la garde nationale qui suppléait la garde du roi congédiée se préparait à quelque résistance; mais un canon, monté à bras dans les appartemens, était braqué devant la porte du roi; Louis la fait ouvrir. MM. de Bougainville, Acloque, Aubier et de Marcilly se serrent autour de lui et le font placer sur une estrade, qui l'empêchait d'être aussi immédiatement exposé aux insultes de l'immonde populace qui défila trois heures en sa présence. On lui demande avec audace une sanction, qu'il refuse avec affabilité. « Plu-
» tôt renoncer à la couronne, répondit-il d'ailleurs, que de parti-
» ciper à une semblable tyrannie des consciences. » Sa douceur et sa fermeté imposent aux furieux, et il commence à les calmer, en acceptant de boire à leur santé un verre de vin qu'on lui présente. « Il est
» empoisonné, lui dit tout bas un voisin. — Eh bien! je mourrai
» sans avoir sanctionné! — On n'a voulu qu'effrayer votre majesté,
» reprend un grenadier. — Touchez mon cœur, répond le roi en
« lui prenant la main, et voyez s'il est calme; on est tranquille en

» faisant son devoir. » Les brigands étonnés s'adoucirent : le roi achève leur défaite en se couvrant d'un *bonnet rouge* qu'ils lui offrent; et, venus avec des intentions menaçantes, ils se retirent, contre l'intention de leurs chefs, apaisés et presque repentans.

Cette troupe marchait, pour ainsi dire, sous l'étendard de la municipalité. Le maire, Jérôme Pétion, plus maître alors dans Paris que le roi et l'Assemblée, arrive au moment où la foule commençait à s'écouler; d'un coup d'œil il chasse le reste, et entre chez le roi. Louis, à ce qu'il paraît, lui ayant demandé le motif et le but de cette violente insurrection, et lui ayant reproché de n'avoir pas pris les mesures propres à l'empêcher, le maire, dit-on, répondit : « Le » peuple vous a fait ses représentations; il est tranquille et satis- » fait. La municipalité a fait ce qu'elle a pu et dû faire ; elle n'at- » tend pas, pour remplir ses devoirs, qu'on les lui rappelle. » Le département de Paris, composé d'hommes tirés de la magistrature, de la haute finance, du commerce et des anciennes familles de la capitale, prononça la suspension du maire, pour n'avoir pas employé contre l'insurrection populaire les moyens de répression que l'autorité et la force attachées à sa place mettaient dans sa main.

La reine, qui eût couru des dangers à se présenter dans les premiers instans, fut empêchée par toutes les personnes qui l'entouraient de se rendre auprès du roi, dont elle voulait partager les périls. Elle ne parut que vers la fin de cette scène de désordre, lorsque les esprits furent un peu calmés, et protégée d'ailleurs par le dauphin qu'elle tenait par la main, et par les grenadiers du bataillon des Filles-Saint-Thomas, dévoués dans tous les temps à la cause du monarque.

L'état des affaires se présenta, dans ce premier moment, sous un aspect désagréable à la faction jacobine. Louis XVI, rassuré par la facilité qu'il avait eue à se débarrasser des *pétitionnaires* armés, déclare et fait proclamer que jamais la violence ne lui arrachera sa sanction pour des décrets contraires à sa conscience et à l'utilité publique. Vingt mille habitans de Paris signent une lettre à l'Assemblée dans laquelle ils blâment avec indignation les excès commis dans le palais du roi, et en demandent le châtiment; de toutes les provinces arrivent des adresses dans le même sens. Enfin l'ancien général de la garde nationale parisienne, M. de La Fayette, quitta son armée, et eut le courage de se présenter seul à la barre, portant les mêmes plaintes au nom de ses troupes. La modération qu'il montrait l'avait déjà rendu odieux à la faction. Elle le punit de sa démarche en faisant brûler son effigie par le peuple. Il éprouva alors que la pratique *du plus saint des devoirs* n'était pas sans inconvénient. Dénoncé par le député Guadet comme un autre Cromwell, qui voulait donner des lois à l'Assemblée, il fut proposé de le décréter d'accusation. Une discussion violente s'établit à ce sujet. Trois cent trente-neuf voix contre deux cent vingt-quatre le déclarèrent absolument irrépréhensible. Dans le même temps les grenadiers de la garde nationale proposaient au général de les conduire aux jacobins, et d'anéantir le foyer des agitations et des troubles de la France. On ne sait ce qui empêcha M. de La Fayette de se prêter à une ouverture qui eût été le salut de la France. On suppose qu'il crut que ce parti n'en serait pas atterré, et que l'hydre subsisterait encore dans la majorité de l'Assemblée. Mais le décret qui le délivra de l'accusation prouvait le contraire ; et la relaxation des liens de la terreur y eût encore augmenté la majorité des hommes bien intentionnés.

Les jacobins ne plièrent pas dans cette circonstance; ils inondèrent la ville d'écrits et de pamphlets, les uns plaisans, les autres pleins d'amertume, contre la hardiesse du département, et contre l'indolence des législateurs qui la souffraient. Ils criaient que la patrie « était en danger » ; l'Assemblée répétait ce cri d'alarme. Le roi paraissait aussi, par des publications, partager la crainte commune. Pour l'augmenter on répandait des nouvelles sinistres, que l'ennemi approchait, que nos armées fuyaient devant lui. « C'est une trahison » du tyran, s'écrie un orateur dans la tribune; c'est lui qui com- » mande le déshonneur, qui dit à la nation : Je te défends de vain- » cre. » Il finit sa harangue séditieuse par cette apostrophe au roi comme s'il était présent : « Homme que le seul amour du despotisme » rend sensible, vous n'êtes plus rien pour cette constitution que » vous violez impunément, pour ce peuple que vous trahissez si lâ- » chement. » C'était annoncer assez clairement la disposition à violer soi-même cette constitution dont on avait juré le maintien, et dont le premier article était la stabilité de la monarchie. Le gant ainsi jeté, un autre orateur le ramasse et propose d'établir une *convention nationale*, pour examiner la conduite du roi, et soumettre sa personne même à la rigueur d'un jugement.

L'Assemblée écoute, sans s'émouvoir, et l'apostrophe et la proposition. Tout y était en confusion, point d'ordre, point de décence dans les délibérations ; on se contrariait, on disputait avec opiniâtreté, il semblait qu'on fût près d'en venir aux mains. L'évêque constitutionnel de Lyon, nommé Lamourette, se lève et fait un discours si pathétique sur les avantages de la concorde et de l'union, que tous les législateurs s'embrassent cordialement et jurent de renoncer, les uns au républicanisme, les autres au système des deux chambres. Les jacobins de l'Assemblée ne se refusèrent point au serment ; mais le public, qui, en France, rit volontiers dans les momens les plus sérieux, plaisanta sur le *baiser d'Amourette*.

Le roi profite de ce bon moment pour engager les législateurs à se serrer, pour ainsi dire, autour de la constitution, qui était la sauvegarde de sa couronne. On convient d'une nouvelle fédération au Champ-de-Mars, où le maintien de la constitution est juré sur l'autel de la patrie ; mais la suspension du maire est levée par un décret ; il reprend toute son autorité, et en même temps le projet de consommer l'entreprise du 20 juin, qui n'avait pas été terminée au gré de sa faction. Le vice de l'attaque dirigée contre le palais du roi était de n'avoir pas mis à la tête de la populace un corps de troupes réglées qui inspirât de la hardiesse à ce ramas inexpérimenté, et qui essuyât le premier feu si on en venait à cette extrémité. On se corrigea pour une autre expédition qui fut fixée au jour fatal qui devait décider du trône et du monarque.

Le roi pouvait ignorer l'instant précis marqué par les séditieux pour une nouvelle tentative, et les moyens qu'ils mettraient en œuvre pour mieux réussir ; mais quant à l'attaque même, tout le monde en était instruit. Aussi le roi cherchait-il de son côté tous les moyens de la faire avorter. De toutes parts il appelait des conseils ; mais flottant entre tous, il ne se détermina pour aucun. Il en chercha jusqu'au sein même de l'Assemblée, et il y rencontra des avis généreux qui l'eussent sauvé, suivant les apparences, en décidant pour lui les hommes timides de la législature et de toute la France, où l'indignation contre le jacobinisme était au comble, et où le moindre signal d'énergie eût encouragé les faibles et écrasé les factieux. On rapporte que M. de La Fayette offrit aussi au roi de le conduire à Compiègne ; mais, soit prévention contre lui, ou souvenir des funestes journées d'octobre, dans lesquelles la prévoyance du général s'était si cruellement trouvée en défaut ; soit enfin inconvéniens réels ou manque de résolution, Louis refusa, et dès lors il fut livré sans ressource à toute la fatalité de sa destinée.

Il s'était formé dans le midi de la France des phalanges composées d'hommes accoutumés au meurtre et au brigandage connus sous le nom de *Marseillais*, parce qu'ils avaient fait de Marseille le centre de leur puissance, et qu'ils y dominaient par la terreur que leur férocité inspirait. Aix et Arles avaient aussi éprouvé leur fureur ; mais leur rage s'était surtout déployée contre Avignon, qu'ils avaient contrainte, à force de massacres, à s'incorporer à la France. Ils parurent aux chefs des anti-royalistes propres à assurer le succès de leur complot. Ils les appelèrent à Paris. Les *frères et amis* les reçurent avec des transports de joie. Bien traités, commodément logés dans le faubourg Saint-Marceau, où demeurait celui qui devait être leur commandant, dès le lendemain de leur arrivée ils se promenèrent dans les rues : sur un de leurs drapeaux était écrit : *A bas le tyran*; sur l'autre : *La sanction ou la mort*. Un d'entre eux portait pour enseigne un cœur de veau sanglant au bout d'une pique. Ils défilent avec un cortège de populace devant la barre de l'Assemblée, où on leur accorde les honneurs de la séance, et le maire Pétion, sûr de ne point courir de risque après cette démonstration de sa force, vient demander, de la part des sections de Paris, la déchéance du roi. La demande n'est ni repoussée ni accueillie. Pour hâter la décision, les jacobins forment *un comité d'insurrection* qui s'assemble successivement en différens lieux, sous prétexte de repas fraternels. On y prend des mesures pour assaillir le château, et, afin de donner un motif à l'insurrection, on répand le bruit que le roi veut s'enfuir de nouveau.

Sur cette rumeur, la garde nationale est convoquée par le maire, et placée tant dans le Carrousel qu'aux portes extérieures et sur les avenues du palais, afin, disait-on, d'empêcher cette fuite. Mais le roi savait le motif secret de ces précautions, qui étaient de s'emparer de sa personne, et de pousser peut-être plus loin l'attentat, selon les circonstances. Au défaut de sa garde, qui lui avait été enlevée, il appelle auprès de lui plusieurs compagnies de Suisses. Toute la journée du 9 et pendant la nuit du 10, les appartemens du château se remplissent de gentilshommes et autres militaires, empressés de témoigner au roi leur fidélité dans ce moment décisif. Dix-huit cents gardes nationales, neuf cents Suisses et trois cents gentilshommes formaient sa défense.

A cinq heures du matin le roi descend du château, assigne aux Suisses leurs postes, passe en revue la garde nationale, cavalerie et infanterie, est reçu dans les rangs par tous avec respect, par un grand nombre avec acclamation. Il rentre assez satisfait, et exhorte cette troupe de noblesse qui l'environnait à modérer son zèle; et, dans la crainte sans doute que ce rassemblement ne portât ombrage à la garde nationale, on remarqua qu'il ne recevait leurs offres de service qu'avec réserve.

Vers les huit heures, les Marseillais, auxquels s'étaient joints les Brestois, leurs dignes compagnons, tirés du bagne de Brest, comme les premiers étaient la plupart échappés des galères de Marseille, s'annoncent de loin par les cris effrayans que poussait la populace immense qui les suivait. La première garde à laquelle ils se présentent refuse le passage : ils insistent. Quelques coups sont tirés. Les brigands, qui croyaient ne devoir pas éprouver de résistance, se déconcertent et reculent. Un ordre de charger, donné dans ce moment, les aurait mis tous en fuite. Le commandant général, M. Mandat, ancien officier aux gardes, avait cet ordre signé du maire Pétion; mais, au lieu d'en faire usage, apprenant que la municipalité venait d'être changée, il court à l'hôtel de ville pour s'informer s'il n'y a pas aussi quelque changement dans la destination de la garde nationale, et il est assassiné sur les marches.

La garde se trouve alors sans chef. Etonnée et incertaine, elle laisse passer entre ses rangs des troupes d'hommes et de femmes qui se disent *pétitionnaires*, et n'aller au château que pour présenter au roi leurs supplices. Pendant cette espèce d'armistice, les fuyards n'étant pas poursuivis reviennent et remplissent le Carrousel, où le Prussien Westerman, leur chef, les range en bataille. Le tumulte augmente. On se trouble dans le château. Chacun donne son avis. Le roi écoute et ne prend aucun parti. Dans ce moment de perplexité le procureur-syndic du département, qui avait été appelé la nuit au château avec le maire de Paris, pour être consulté sur la disposition des esprits, dit que la plus grande partie de la garde nationale est décidée pour les insurgés; que le reste est douteux; qu'il est impossible que les Suisses, même avec le secours de la noblesse qui garnit le palais, armée seulement d'épées et de pistolets, résiste à l'impétuosité d'une populace immense, qui a à sa tête des furieux exercés au meurtre, fournis de fusils, de baïonnettes, traînant après eux des canons; et que le seul parti à prendre pour la sûreté du roi et de sa famille est qu'ils se retirent dans le sein de l'Assemblée nationale.

Il paraît que Louis, naturellement enclin aux résolutions mitoyennes, avait déjà médité cet expédient. La reine s'y oppose avec vivacité : « Je me ferai plutôt, dit-elle, clouer aux murs du château » que d'en sortir. Allons, monsieur, s'adressant au roi, et lui pré-» sentant un pistolet, voilà le moment de vous montrer. » Le roi garde le silence. Le procureur-syndic reprend la parole : « Vous » voulez donc, madame, vous rendre coupable de la mort du roi, de » celle de votre fils, de votre fille, de la vôtre même; vous voulez » donc enfin voir périr tout ce qui vous est cher? » La reine, frappée de ce terrible tableau, n'objecte plus rien, et, accompagnée de son fils, de sa fille et de sa sœur, elle suit tristement son époux vers ce funeste asile. Cette noblesse rassemblée dans les appartemens voulait escorter le monarque. « Jamais, s'écriait-elle, jamais nous » n'abandonnerons le roi dans un si grand danger. — Voulez-vous » donc le faire tuer ? » reprend le magistrat. La reine tourne sur eux ses yeux baignés de larmes : « Restez », dit-elle, d'un ton affectueux; et elle ajoute, peut-être avec le pressentiment du contraire: « Nous reviendrons bientôt. »

Le roi ayant quitté le château, les gardes nationales et les gentilshommes accourus à sa défense le désertent : les Suisses étaient prêts à l'abandonner. Des Marseillais, s'approchant d'eux sous prétexte de fraterniser, en attirent cinq dans leurs rangs, et les massacrent inhumainement. En même temps un coup de pistolet tiré sur les Suisses excite leur fureur; sur l'ordre de leurs capitaines Turler et Castelberg, ils font partir des portes et des fenêtres un feu roulant, qui met en fuite cette multitude, non sans laisser sur la place beaucoup de morts et de blessés, et ils s'emparent des canons des Marseillais. L'alarme pénètre dans l'Assemblée; plusieurs membres entourent le roi, et le supplient de faire cesser le carnage. Après tant de fautes qui accéléraient la chute du monarque, son sort n'était pourtant pas désespéré. Il lui restait encore une lueur de salut dans le courage de ces braves étrangers, et la victoire qu'ils ramenaient à la cause de Louis pouvait même, sous quelques heures, lui reconquérir son royaume et mettre ses ennemis à ses pieds. Mais, toujours effrayé à la pensée de l'effusion du sang de ses sujets, et toujours malheureux dans ses mesures pour l'empêcher,

Louis acheva de se livrer et d'anéantir sa dernière ressource, en envoyant l'ordre aux Suisses victorieux de quitter le château, et de ne se permettre d'autre défense que celle qui serait nécessaire pour sauver leur vie sans effusion de sang. Cette restriction est aussitôt publiée : elle enhardit les lâches qui fuyaient auparavant. Sûrs de ne courir aucun risque, ils attaquent les Suisses. Ces braves soldats, fidèles à la discipline, ne se servent de leurs armes que pour parer les coups. Ceux qui étaient dehors rentrent dans le château et s'y barricadent. On amène contre eux du canon, ils sont foudroyés, dispersés, poursuivis avec acharnement, tirés des endroits où ils s'étaient cachés, et massacrés tant isolés que par bandes, avec tous les raffinemens d'une rage brutale. Leurs membres encore palpitans étaient traînés dans les rues, et leurs têtes promenées au bout des piques. Les femmes se montrèrent plus cruelles et plus féroces que les hommes. On en vit dépouiller les Suisses, les égorger, les désarmer, et faire trophées des mutilations auxquelles elles s'encourageaient réciproquement. Le château fut pillé et ravagé sans profit pour les furieux, et pour le seul plaisir de détruire. On eut beaucoup de peine à éteindre le feu qu'ils avaient mis en plusieurs endroits. On estime à cinq ou six mille le nombre des victimes de cette journée.

Le maire Pétion n'y parut pas. Le roi l'avait fait appeler pendant la nuit pour tirer de lui des lumières sur l'entreprise, et on croit que ce fut dans ce moment qu'il donna, comme malgré lui, au commandant général de la garde nationale l'ordre de repousser la violence par la force. Plusieurs personnes opinaient assez sagement de le garder au château comme otage ; mais il eut l'adresse de se faire demander à l'Assemblée par les membres jacobins, ses amis, sous le prétexte d'être instruits par lui de l'état où se trouvait Paris. Il s'en alla ensuite tranquillement chez lui, s'y fit renfermer par le conseil de la commune, avec des gardes, pour le soustraire, disait-on, aux assassins qui le cherchaient. On croit que ce fut afin qu'il ne restât point de témoins de sa conduite ténébreuse et à double intention, que le commandant général, qui seul pouvait en fournir la preuve, fut massacré. Le maire parut à l'Assemblée le soir, pénétré de chagrin, disait-il, de ce que ces différens incidens l'avaient empêché de remplir les devoirs de sa place dans cette circonstance périlleuse. Il avait en chemin arraché un malheureux filou à la fureur de la populace, qui, par un contraste singulier, l'accablait de coups. Il l'amenait dans son carrosse pour le livrer à la justice. On le plaignit. On loua son zèle dont il n'avait pas pu donner des preuves, et l'amour du premier magistrat de la ville pour le bon ordre fut exalté comme un acte héroïque de patriotisme.

Le roi et sa famille embarrassèrent d'abord l'Assemblée, qui resta quelque temps en silence. Un membre le rompit pour faire observer que la constitution ne permettait pas de délibérer en sa présence.

On le pria de quitter la place qu'il avait prise à côté du président, et on le mit avec sa famille dans une tribune. Dans la soirée fut donné le fameux décret, dont les deux premiers articles sont conçus en ces termes : « 1° Le peuple français est invité à former une » Convention nationale; 2° le chef du pouvoir exécutif est provisoi- » rement suspendu de ses fonctions, jusqu'à ce que la Convention » nationale ait prononcé sur les mesures qu'elle croira pouvoir » adopter pour assurer la souveraineté du peuple, le règne de la li- » berté et de l'égalité. » Les ministres Servan, Roland et Clavière furent rappelés au ministère, et on y fit entrer encore M. Monge pour la marine, Danton pour la justice, et Lebrun pour les affaires étrangères. Il fut aussi statué que le roi et sa famille habiteraient le palais du Luxembourg, et que la municipalité de Paris serait, sous sa responsabilité, chargée de les garder; mais elle représenta que les issues de ce palais étaient trop multipliées pour répondre d'un pareil dépôt; et, sur cette remontrance, ils furent renfermés dans le Temple.

Nous avons lu pendant plusieurs années, sur la porte du palais des Tuileries, cette espèce d'épitaphe : *Le 10 août la monarchie a été détruite*. Ici, par conséquent, devrait se terminer le travail que nous nous sommes imposé dans notre préface, *juqu'à la fin de la monarchie*; mais nous croyons que nous laisserions quelque chose à désirer, si nous ne faisions connaître, du moins le plus succinctement qu'il sera possible, quel a été le sort du monarque.

Outre ses regrets sur le passé, ses inquiétudes pour l'avenir, si Louis XVI a su dans sa prison ce qui se passait au dehors, sa vie de cinq mois a été un douloureux martyre. La frénésie du peuple, ivre, pour ainsi dire, du sang répandu, continuait; il abattit les statues de nos rois, celle même du bon, du brave, du populaire Henri. Des personnes de tout état furent emprisonnées, et on établit un tribunal pour juger les crimes du 10 août. Les arrêts de mort frappent, non les coupables, mais ceux qui avaient montré de l'attachement au roi : l'intendant de la liste civile, Delaporte, le major général des Suisses, Brachmann, et un journaliste royaliste, Durozoir, eurent la tête tranchée. Des honneurs funèbres sont rendus, dans le jardin des Tuileries, aux citoyens républicains qui avaient péri dans la mêlée du 10. L'inquisition la plus redoutable trouble les familles, et autorise à pénétrer dans les lieux les plus secrets des maisons pour découvrir les royalistes, qui sont arrêtés en grand nombre et jetés dans les prisons. Ainsi s'établissent les *visites domiciliaires*. Un orateur de la commune, Tallien, introduit à la barre de l'Assemblée, annonce « qu'elle a réuni dans un même lieu les prêtres perturba- » teurs », et il ajoute ambigûment, « que bientôt le sol de la liberté » sera délivré de leur présence. »

Cependant la journée du 10 août avait décidé les puissances étrangères à défendre la cause royale plus efficacement que par des négociations ou des menaces, et Frédéric Guillaume, à la tête de cinquante mille Prussiens, de trente mille Autrichiens, de sept mille Hessois et de quinze mille émigrés, que commandait sous lui le duc de Brunswick, était entré le 19 août dans les plaines de la Champagne. Longwi s'était rendu le 23, Verdun était investi, et l'espérance renaissait dans le cœur des royalistes. La même cause fit pénétrer la rage dans celui des anarchistes. Le 2 septembre, au son du tocsin, et sur une proclamation rédigée par le procureur de la commune, Manuel, une multitude effrénée est convoquée au Champ-de-Mars pour secourir Verdun. « Mais les plus dangereux ennemis ne sont pas » devant cette place, représentent les émissaires des factieux, ils sont » dans les prisons d'où ils vont s'échapper pour égorger les femmes et » les enfans des braves défenseurs de la patrie. » *Égorgeons nous-mêmes les prisonniers!* est le cri qui vole de bouche en bouche, et aussitôt ils marchent aux prisons, au couvent des Carmes et au séminaire de Saint-Firmin, où trois cents prêtres, destinés à être déportés, se trouvaient renfermés. Ils sont impitoyablement massacrés; les tigres les poussaient dehors, comme pour subir un jugement à la porte, et aussitôt des bourreaux apostés les assommaient à coups de hache ou de massues. La même cruauté s'exerçait dans les prisons, principalement à la Force et à l'Abbaye Saint-Germain, sur les citoyens de tout état qu'on y avait renfermés sur la réquisition des jacobins de leurs sections. Le peuple, voyant passer les cadavres sanglans, entassés dans les charrettes qui les menaient à des fossés creusés hors des murs, frémissait d'horreur et tremblait. Les prisonniers d'Orléans sont appelés à Paris, sous prétexte d'être plus promptement jugés par le nouveau tribunal révolutionnaire : à Versailles, on les tire des charrettes qui les transportaient, au nombre de plus de soixante, et ils sont poignardés ou assommés sur la place.

Pendant ces exécutions, les forcenés *sans-culottes* (ainsi se faisaient-ils honneur de s'appeler) promenaient au bout d'une pique la tête et le cœur de madame de Lamballe, princesse aimable, compagne ordinaire de la reine. Un des gardiens du malheureux Louis voulait le forcer d'approcher de la fenêtre de sa prison pour contempler cet affreux spectacle; un autre, moins atroce, l'en dispense. La municipalité de Paris, par l'organe d'un de ses membres, vient avouer et justifier à l'Assemblée législative ces *grandes mesures*, qu'elle dit avoir été nécessaires pour sauver la patrie. Une autre demande effrontément deux cent mille francs pour payer les assassins, et il ose ajouter : « S'il n'y a point d'argent, qu'on vende les bijoux de la cou-
» ronne. » On trouva plus court et plus facile de les faire voler dans le Garde-Meuble.

L'Assemblée législative ne dit mot : elle tremblait elle-même et expirait d'ailleurs. La Convention était formée, composée, tant à Paris que dans les provinces, de membres choisis entre les plus décidés républicains, que les jacobins indiquèrent aux départemens.

Ceux-ci n'étaient pas encore tous arrivés, lorsque les membres présens jugent à propos de ne pas les attendre. Au nombre de trois cent soixante-onze seulement, interprétant le vœu des trois cent soixante-quatorze autres députés qui formaient le complément de l'assemblée, ils se constituent *convention nationale* dans une salle des Tuileries. Ils envoient au Manège des commissaires qui disent sans préambule aux législateurs : « Citoyens, la Convention nationale est constituée. » Nous venons de sa part vous annoncer qu'elle va se rendre ici pour » commencer ses séances. » Les législateurs se lèvent, vont au château complimenter les conventionnels. Ceux-ci marchent vers la salle du Manège; Pétion prend le fauteuil de président : le secrétariat se forme de six membres, dignes auxiliaires de l'ancien maire. Dès cette première séance, le 21 septembre 1792, la royauté est déclarée abolie et la république décrétée par acclamation (1). Toutes les institutions se changent et sont ramenées à l'égalité républicaine : les titres de *monsieur* et de *madame* sont proscrits, et font place à ceux de *citoyen* et de *citoyenne*; enfin la Convention se donne pour garde une armée levée dans les départemens.

A la nouvelle des évènemens du 10 août, M. de La Fayette avait essayé de faire partager son indignation à l'armée qu'il commandait, et l'on croit que, s'il eût aussitôt marché sur Paris, peut-être il y eût opéré une révolution. Le temps qu'il perdit à se concerter avec les départemens environnans donna le loisir à la séduction de faire des prosélytes. En même temps l'Assemblée le décréta d'accusation et nomma Dumouriez pour le remplacer. Quoiqu'il eût eu encore assez d'autorité pour faire arrêter les députés chargés de lui notifier sa destitution, il tarda peu à reconnaître qu'il n'y avait plus de sûreté pour lui au milieu de ses troupes. Aussi, le 20 août, passa-t-il avec la majeure partie de son état-major sur le territoire étranger. Ils déclarèrent en y arrivant, qu'incapables de résister à l'oppression de leur patrie, ils avaient quitté le sol français, renonçant également et à combattre ses ennemis et à faire cause commune avec eux. A ce titre ils demandaient à être considérés comme de simples voyageurs, et sollicitaient seulement la liberté du passage pour se rendre dans un pays neutre. Ils ne l'obtinrent pas, et arrêtés près de Luxembourg, MM. de La Fayette, de La Tour-Maubourg, Bureaux de Puzy, et Alexandre de Lameth furent enfermés d'abord à Wesel, puis à Magdebourg, et enfin à Olmutz, sans que les preuves d'attachement qu'ils avaient données à la cause du roi depuis son retour de Varennes pussent leur faire trouver grace devant les potentats allemands. La reconnaissance américaine allégea par des secours pécuniaires les rigueurs de la détention du général, et madame de La Fayette, après

(1) Du lendemain 22 septembre 1792 commença l'ère républicaine, qui a duré jusqu'au 1ᵉʳ janvier 1806. Les ans 2, 3, 5, 6 et 9 ont commencé le 22 septembre. Les ans 4, 7, 8, 10, 13 et 14, le 23, et l'an 12 le 24. Les années 3, 7 et 11 ont été sextiles, ou de 366 jours.

d'inutiles supplications pour la faire cesser, ne put qu'essayer de l'adoucir en obtenant au moins de la partager avec ses deux filles. Les fers de son mari et ceux de ses compagnons d'infortune ne furent rompus qu'à la fin de 1797, par la paix de Campo-Formio.

Le roi de Prusse avait pris Verdun le 2 septembre, et s'avançait vers Sainte-Ménéhould. Il ne restait pas une seule place forte interposée entre lui et la capitale, dont il n'était pas à plus de quarante lieues, et la faible armée de Luckner, retirée sous Châlons et dénuée de tout, n'était pas un obstacle qui pût s'opposer à sa marche. Rien donc ne semblait devoir l'arrêter, lorsqu'on apprit avec étonnement que la réunion des gardes nationales et des troupes de ligne, sagement combinée par Dumouriez à Grandpré, avait jeté l'épouvante parmi les vieux soldats de Frédéric; que ceux-ci avaient été battus à Valmy, le 20 septembre, par le général Kellermann, et qu'enfin ils étaient en pleine retraite, fatigués et par la disette que faisaient naître autour d'eux les postes français détachés à cette fin, ainsi que les garnisons de Montmédi, de Metz et de Thionville, et plus encore par les maladies qu'un usage immodéré des fruits malsains de la saison avait engendrées parmi eux. Des opérations trop circonspectes, alors qu'il fallait marcher en avant pour imprimer la terreur, permirent aux Français de s'assurer de divers postes importans, tels que celui des Ilettes et du défilé d'Argonne. Par cette manœuvre l'armée alliée se trouva confinée dans la Champagne pouilleuse, et, par l'impossibilité de s'y procurer des vivres, elle fut bientôt dans la nécessité d'évacuer le territoire de la France. On a dit qu'un motif plus puissant avait occasionné cette marche rétrograde, et qu'elle était due à une invitation formelle de Louis XVI au monarque prussien; invitation qu'avaient obtenue, ajoute-t-on, de l'auguste prisonnier, Pétion, Manuel et Kersaint, qui lui garantissaient à ce prix son existence et celle de sa famille. Mais comment auraient-ils pu la lui garantir?

Du moment de la retraite des Prussiens, les Français se débordèrent hors de leurs frontières. M. de Montesquiou s'empare de la Savoie; mais, destitué dans le même temps, il est obligé de fuir. Le général Anselme occupe Nice. M. de Custines enlève de son côté les places germaniques sur le Rhin, emporte Mayence, et pénètre jusqu'à Francfort. Enfin Dumouriez, après avoir battu, le 6 novembre à Jemmapes, près de Mons, le prince de Cobourg, inondait la Belgique, et en chassait les Autrichiens, qui, le mois précédent, avaient inutilement bombardé Lille. M. de Rochambeau, qu'on ne voit point agir, avait donné sa démission, et le maréchal de Luckner, qu'on suspectait, était tenu en seconde ligne.

Mais un plus grand intérêt absorbait en France celui de ces évènemens militaires. Le roi avait été transféré, dans les derniers jours d'octobre, dans la grosse tour du Temple, sous prétexte qu'il y serait plus en sûreté contre l'irruption de la populace, et de ce moment tout accès auprès des prisonniers fut interdit. Ici les évènemens se pressent. Un décret ordonne que le roi sera désormais appelé Louis Capet. Merlin de Thionville, qu'on dit avoir eu le projet de poignarder le roi dans la tribune même de l'Assemblée au 10 août, demande qu'il soit mis en jugement ; enfin une commission de vingt-quatre membres est chargée de recevoir les dénonciations contre lui, et de compulser les papiers remis par le ministre Roland, et trouvés par lui au château dans l'épaisseur d'une muraille fermée par une porte de fer, papiers à peu près insignifians, mais auxquels une interprétation forcée donna des couleurs contre-révolutionnaires.

Ce fut le 6 novembre, jour même de la bataille de Jemmapes, que le rapport de la commission fut fait à la Convention. Le lendemain, au nom du comité de législation, l'avocat toulousain Mailhe en fit un autre sur la mise en accusation du monarque, ainsi que sur la forme de l'instruction et du jugement; la discussion sur cet important sujet fut remise au lundi suivant, 7 novembre.

Déjà le rapporteur Mailhe, au milieu même des membres de cette assemblée qui avait précipité Louis du trône, au milieu des vociférations d'une multitude d'autres députés, nouveaux venus, qui n'ouvraient la bouche sur le monarque que pour insulter à sa personne et provoquer sa destruction, avait osé mentir à la conscience publique, en articulant que le roi ne pouvait désirer des juges plus impartiaux que l'assemblée elle-même ; mais cette assertion, cruellement dérisoire, était modérée, en comparaison de toutes celles que devait applaudir encore l'effroyable assemblée. Saint-Just, jeune homme de vingt-quatre à vingt-cinq ans,« s'étonna de la barbarie
» d'un siècle où ce fut quelque chose de religieux que de juger un
» tyran, tandis que deux mille ans auparavant César fut immolé en
» plein sénat, sans autres formalités que trente coups de poignard,
» et sans autres lois que la liberté de Rome... Louis doit être jugé,
» disait-il, pour le crime d'avoir été roi. C'est un de ces attentats
» que l'aveuglement même de tout un peuple ne saurait justifier.
» Ce *peuple* est criminel envers la *nation* par l'exemple qu'il a don-
» né, et tous les hommes tiennent d'elle la mission secrète d'extermi-
» ner en tout pays la domination des rois. On ne peut régner inno-
» cemment : la folie est trop évidente.... Louis est un autre Catilina,
» hâtez vous de le juger; son meurtrier pourra jurer, comme Cicé-
» ron, qu'il a sauvé la patrie. »

Un autre, qui n'a parlé qu'en cette circonstance, trouve« sa mission
» petite, d'être réduit à descendre de la hauteur des sublimes
» fonctions d'un représentant du peuple, pour s'occuper... de quoi...
» d'un roi, c'est-à-dire d'un tigre, d'un anthropophage, d'un de ces
» êtres que l'humanité abhorre, que la raison repousse, et que la
» liberté exile à jamais de la terre des *vivans*. »

« Il fut roi, donc il fut coupable, dit Manuel; car les rois ont
» déshonoré les peuples. Dès l'enfance du monde, Homère a dé-

» posé contre les mangeurs d'hommes. Après qu'un Rousseau a
» paru sur la terre, quand toutes les nations se préparent à mettre
» bas les diadèmes, est-ce un roi de France qui espère couvrir ses
» forfaits par l'inviolabilité que lui donne une constitution ? O le
» plus imbécile, si tu n'étais le plus méchant des hommes ! toi qui,
» avec l'ame de Tibère et la stupide apathie de Claude, souriais au
» vœu que formait la fille des Césars : que la France n'eût qu'une
» tête pour la jeter sous la griffe d'un aigle. Oh ! si j'avais pu te croire
» inviolable, comme tous les représentans du peuple, ou je t'aurais
» poignardé comme Brutus, ou je me serais tué comme Caton. On
» ne doit pas vivre sous un homme comme toi, et ta vie est un argu-
» ment contre la providence. » Manuel voulut cependant sincèrement sauver Louis XVI; mais, comme tant d'autres qui eurent la
même intention, il avait trop vicié d'abord et trop exalté l'opinion
par son exemple et par ses discours, pour la pouvoir comprimer et
diriger ensuite à sa volonté; et il ne fit que s'immoler à la cause honorable qu'il embrassa trop tard. Secrétaire à l'époque du recen-
sement des voix, il mit tout en usage pour conserver les jours de
Louis, et faillit être assassiné par ses collègues. Le lendemain de la
condamnation il envoya sa démission, disant qu'il ne voulait point
coopérer à une pareille injustice. Le même jour, et en annonçant
les mêmes motifs, M. de Kersaint en fit autant; tous deux peu après
furent envoyés à l'échafaud.

La plupart de ceux qui furent favorables au monarque ne crurent
pouvoir faire passer leur opinion qu'à la faveur des injures dont ils
l'accablèrent. De ce nombre, les plus marquans furent l'abbé Fauchet et M. Mazuyer. Le premier proposait « que le tyran déchu fût
» condamné au supplice de vivre au milieu d'un peuple libre ». « Je
» demande, disait le second, que Louis le traître soit condamné à
» mort; mais je ne veux pas qu'il meure. C'est le vœu des aristo-
» crates et des émigrés, parce qu'ils y gagneraient une minorité,
» une régence pour Monsieur, une lieutenance générale pour le
» comte d'Artois. Si, en abattant cette tête, toutes ces têtes scélérates
» tombaient, point de difficulté : mais les têtes royales sont celles de
» l'hydre : coupez-en une, il en renaîtra une autre. Au lieu donc de
» la couper, il faut la chasser. En coupant la tête du père, que ferons-
» nous de celle du fils ? Ah! tel émigré, tel Français qui combattrait
» peut-être pour ce fils, ne fera rien pour le père. Il n'en vaut pas la
» peine; et tout le sang de cet homme ne vaut pas une goutte de sang
» d'un bon citoyen que sa mort mettra en péril. Je veux qu'on donne
» à toute l'Europe un grand exemple, un exemple vivant, parlant, un
» exemple terrible; je veux que Louis le traître dise à tous les peu-
» ples qu'il parcourra : Je fus un tyran imbécile et sanguinaire, do-
» cile aux fureurs d'une femme atroce; jouet des prêtres fanatiques
» de ma cour et d'un vil ramas de prétendus grands seigneurs fri-
» pons et scélérats. J'ai voulu opprimer une nation généreuse et

» magnanime, elle s'est levée tout entière. Trop fière, trop forte
» pour me redouter, elle m'a chassé ignominieusement, et je fuis de
» son sein chargé d'opprobre et d'exécration. » Mais, ô instabilité de
la frêle et inconséquente humanité! ce même homme qui vota avec
courage suivant l'opinion qu'il avait émise, ayant vu prévaloir la
peine de mort, vota ensuite pour qu'il n'y eût pas de sursis.

MM. Lanjuinais, Camus, Thomas Payne, Kersaint, opinèrent dans
le même sens, mais en se respectant davantage. Camus même eut le
courage de donner quelques éloges à l'infortuné captif. Nul d'ailleurs
n'eut celui de le déclarer innocent; et les plus hardis, au nombre
de sept à huit, savoir : Baraillon et Lafont de la Creuse, Morisson de
la Vendée, Henri de Larivière et Lomont du Calvados, Lalande de
la Meurthe, Valadi de l'Aveyron, et Vandelaincourt de la Haute-
Marne, furent ceux qui osèrent se récuser comme incompétens à
juger le monarque, et qui, par une délicatesse inopportune, le pri-
vèrent ainsi des suffrages qu'ils auraient pu lui donner.

Tous ceux au reste qui l'attaquèrent ne poussèrent pas l'inconsé-
quence au même degré, et quelques uns même mirent de l'art dans
leur agression, et un art spécieux. Ils avouèrent les principes constitutionnels sur lesquels se fondait l'inviolabilité du prince. Mais ils
s'efforcèrent d'en détourner l'application et d'en tirer des conséquences opposées au sens naturel qu'ils présentaient. Entre ceux qui
s'abandonnèrent à cette dialectique tortueuse, on distingua surtout
Condorcet, qui mit tous ses soins à faire prévaloir une distinction
fictive et cruelle entre le monarque et l'homme privé, et par laquelle,
en absolvant le premier, suivant la charte constitutionnelle, il livrait
le second, c'est-à-dire la personne réelle, à toute la vindicte des lois
particulières. Cependant, en qualité de philosophe, il ne vota point
la mort, qui dérogeait à ses systèmes; mais, en jugeant que l'accusé
en était digne, il le livra à la condamnation des consciences moins
timorées, en qui une opinion philanthropique ne pouvait faire naître
des scrupules.

La réponse à toutes ces arguties, et celle qui fit briller plus éminemment l'innocence du monarque, fut le discours même du tigre le
plus altéré de son sang.« Il n'y a point de procès à faire, s'écriait Ro-
» bespierre; Louis n'est point un accusé; vous n'êtes et vous ne pou-
» vez être que des hommes d'état. Vous n'avez point une sentence
» à rendre pour ou contre un homme, mais une mesure de salut pu-
» blic à prendre, un acte de providence nationale à exercer. Louis
» fut roi, et il a été détrôné. Dénonçant le peuple français comme
» rebelle, il a appelé pour le châtier les armes des tyrans ses con-
» frères; la victoire et le peuple ont décidé que lui seul était rebelle.
» Proposer à présent de faire le procès à Louis, c'est mettre son
» crime en problème ; c'est un pas rétrograde vers le despotisme,
» c'est une idée contre-révolutionnaire. En effet, si Louis peut être
» l'objet d'un procès, il peut être absous, il peut être innocent. Que

» dis-je? il est présumé l'être jusqu'à ce qu'il soit jugé. Et si Louis
» est innocent, tous les défenseurs de la liberté deviennent des ca-
» lomniateurs. Les rebelles étaient les amis de la vérité et les défen-
» seurs de l'innocence opprimée. La détention de Louis est une vexa-
» tion injuste. Les fédérés, le peuple de Paris, tous les patriotes de
» l'empire français sont des coupables.

» Vous vous laissez abuser par de fausses notions. Les peuples
» ne jugent point comme les cours judiciaires : ils ne rendent point
» de sentences, ils lancent la foudre; ils ne condamnent point les
» rois, ils les replongent dans le néant. On invoque la constitution
» en faveur du tyran. J'ajoute aux répliques qui ont été faites à cet
» argument, que la constitution vous défendait tout ce que vous avez
» fait. S'il ne pouvait être puni que de la déchéance, vous n'aviez
» point le droit de le retenir en prison; il a celui de vous demander
» son élargissement. La constitution vous condamne; vous n'avez
» plus qu'à aller vous jeter aux pieds de Louis XVI et à implorer sa
» clémence.

» Pour moi, ajoutait-il avec une hypocrite humanité, j'abhorre la
» peine de mort prodiguée par vos lois, et je n'ai pour Louis ni
» amour ni haine; je ne hais que ses forfaits. J'ai demandé l'aboli-
» tion de la peine de mort à l'Assemblée que vous nommez encore
» constituante, et ce n'est pas ma faute si les premiers principes de
» la raison lui ont paru des hérésies morales et politiques. Oui, la
» peine de mort est un crime quand elle n'est pas nécessaire à la
» sûreté du corps social. Or, dans les cas des délits ordinaires, la
» société peut toujours mettre le coupable dans l'impuissance de lui
» nuire. Mais un roi détrôné au milieu d'une révolution qui n'est
» pas cimentée, un roi dont le nom seul attire le fléau de la guerre,
» ni la prison ni l'exil ne peuvent rendre son existence indifférente
» au bonheur public. Je prononce donc à regret cette fatale vérité...
» Mais Louis doit mourir, parce qu'il faut que la patrie vive. La
» générosité dont on vous flatte ressemblerait trop à celle d'une so-
» ciété de brigands qui se partagent des dépouilles. »

Ainsi il n'était pas véritablement question de savoir si le prince était coupable ou non, mais si sa vie ou sa mort importait aux projets et à la sûreté de quelques scélérats. Robespierre, en osant mettre ouvertement de côté toute considération de justice, devait soulever l'indignation générale, ou tout glacer de terreur. Ce fut ce dernier sentiment qui prévalut sur toutes les ames. Il l'imprima profondément surtout dans le cœur des Girondins, qui se croyaient des hommes d'état, et qui, en provoquant la journée coupable du 10 août, donnèrent l'essor aux massacreurs de septembre, encore plus méchans qu'eux. En vain ils invoquèrent l'ordre, après avoir donné cours eux-mêmes aux violences les plus criantes, leur influence s'était évanouie; et, quoique des principes plus modérés leur conservassent encore la majorité dans la Convention, la domination de la commune et des brigands qu'elle faisait agir annihilait leurs résolutions. Pour regagner la popularité qu'ils avaient perdue, vainement ils recoururent aux moyens pervers qui seuls pouvaient capter alors une populace féroce ; mais ni la déportation des Bourbons non détenus, qu'ils firent décréter, ni la peine de mort qui fut portée à leur sollicitation contre les émigrés et les fauteurs du royalisme, ne purent la leur rendre ; ils ne firent que diminuer par là le nombre déjà rare de leurs défenseurs, et détachèrent de leur cause ceux qui se seraient encore pressés autour d'eux, comme partisans au moins d'un ordre social. Tout aussi infructueusement ils livrèrent ce roi qu'ils avaient voulu détrôner, mais qu'ils ne voulaient point perdre. Après avoir démontré l'inutilité ou le danger de sa condamnation, la plupart d'entre eux votèrent contre lui. Ils donnèrent à ses ennemis la majorité des voix qu'ils n'avaient pas, et par ce nouvel acte de faiblesse ils s'enlacèrent de plus en plus eux-mêmes dans les filets de leurs implacables adversaires.

La fin de la discussion amena le décret du 3 décembre, par lequel la Convention, au mépris des préventions haineuses solennellement manifestées dans son sein contre Louis, osa se constituer son juge. Robespierre proposait qu'elle le condamnât sur le champ à mort, en vertu d'une insurrection. Mais l'hypocrisie voulut y mettre des formes, qui ne trompèrent personne. Le 6, une commission fut chargée de dresser l'acte d'accusation, et le même jour il fut décrété que Louis subirait un interrogatoire à la barre de l'assemblée. Le 11, il y fut amené ; il y parut avec une contenance ferme et modeste. Il n'était prévenu sur aucun des griefs qu'on devait lui alléguer, et il répondit néanmoins avec beaucoup de clarté et de discernement, surtout avec beaucoup de calme et de sang-froid.

Le roi demanda alors des conseils pour discuter les charges et y répondre ; et ce ne fut pas sans de nombreuses contradictions que Pétion lui fit accorder une grâce que les nouvelles lois accordaient à tous les accusés, et qui ne devait rien changer d'ailleurs à son sort. Louis fit choix des deux constituans Tronchet et Target, comme devant avoir l'un et l'autre une connaissance plus parfaite de cette constitution, sur laquelle il croyait devoir faire reposer sa défense. Le dernier refusa et se couvrit d'opprobre aux yeux mêmes des ennemis du prince. M. de Malesherbes sollicita aussitôt de le remplacer : « J'ai été honoré de la faveur du roi pendant sa prospé-
» rité, dit-il, je ne dois pas l'abandonner dans son malheur. » La Convention l'agréa ; et, quelques jours après, elle consentit encore à ce que les deux défenseurs s'adjoignissent M. Desèze, jeune avocat au parlement de Bordeaux, plus en état qu'eux-mêmes de porter la parole.

Le 26 décembre, jour fixé par la Convention pour entendre la défense du roi, M. Desèze lut son plaidoyer. Ses moyens étaient péremptoires ; mais des esprits faux, prévenus, fanatiques et cruels, déterminés d'avance dans leur opinion coupable, n'en devaient pas être ébranlés, non plus que des paroles touchantes que le monarque y ajouta. « On vient de vous exposer mes moyens de défense, dit-il, » je ne les renouvellerai point en vous parlant peut-être pour la » dernière fois. Je vous déclare que ma conscience ne me reproche » rien, et que mes défenseurs ne vous ont dit que la vérité. Je n'ai » jamais craint que ma conduite fût examinée publiquement; mais » mon cœur est déchiré de trouver dans l'acte d'accusation l'imputation » d'avoir voulu faire répandre le sang du peuple, et surtout » que les malheurs du 10 août me soient attribués. J'avoue que les » preuves multipliées que j'avais données dans tous les temps de » mon amour pour le peuple, et la manière dont je m'étais conduit, » me paraissaient devoir prouver que je craignais peu de m'exposer » pour épargner son sang, et éloigner à jamais de moi une pareille » imputation. » L'air pénétré de Louis, sa douceur, la vérité qui s'exprimait par sa bouche, sans récriminations et sans reproches, touchaient une partie de l'assemblée; elle paraissait inclinée à surpendre le jugement, et à décréter qu'il suffisait de prendre des mesures de précaution jusqu'à ce que la nation eût émis son vœu sur le sort du prisonnier. Mais les plus outrés jacobins se précipitent au bureau, menacent, usent même de violence, et font décider que, toute affaire cessante, le jugement sera poursuivi jusqu'à décision définitive.

Robespierre et ses adhérens voulaient même qu'on allât immédiatement aux voix, lorsque le député Salles, le même qui, après le 20 juin, s'était élevé dans la constituante contre la déchéance, émit l'opinion de l'appel au peuple du jugement de la Convention. Il y eut une forte opposition à ce qu'elle fût discutée. Les Girondins, qui faisaient pencher la balance du côté où ils se portaient, firent cependant décréter qu'il en serait délibéré; mais, malgré l'éloquence de Vergniaux, qui défendit l'appel avec chaleur, après avoir eu le pouvoir de forcer l'assemblée à la discussion, ils n'eurent ni le courage ni la ténacité nécessaires pour faire triompher la cause de la justice.

Toutes les discussions furent fermées le 7 janvier. Le lendemain, le ministre des relations extérieures fit part à la Convention d'une supplique du roi d'Espagne pour obtenir la vie du roi. Si elle lui était accordée, le monarque prenait l'engagement de ne coopérer en aucune manière à la coalition des puissances liguées contre la France. La Convention passa à l'ordre du jour. Le ministre avait tenté lui-même une négociation à ce sujet avec la Prusse et l'Autriche, auxquelles il demandait la reconnaissance de la république. La rapidité de l'instruction d'une part, et la lenteur des réponses de l'autre, rendirent cette démarche inutile.

Enfin, le 15 janvier, la Convention commença à aller aux voix sur la série des questions qu'elle s'était fait présenter pour décider de

cette cause importante. C'étaient les suivantes : 1° Louis Capet est-il coupable ? 2° Y aura-t-il appel au peuple? 3° Quelle peine doit être infligée? L'affirmative fut décidée, sur la première question, à la majorité de 693 voix sur 719. Huit s'étaient récusés; dix-huit avaient opiné avec restriction; pas un seul n'avait osé prononcer l'innocence. Sur la seconde question, la négative prévalut à la majorité de 424 voix. Enfin le 17, après une séance de trente-six heures, et un tumulte impossible à décrire, Louis fut condamné à mort, à la majorité de 366 voix sur 727, c'est à dire à la majorité de 5 voix. Le duc d'Orléans, qui, pour son malheur et celui du monarque, n'avait pas été compris dans la déportation décrétée contre les Bourbons, parce que les anarchistes croyaient en avoir encore besoin, acheva de cumuler l'horreur sur lui, en votant la mort, et en entrant ainsi pour un cinquième dans la faible majorité qui fixa le sort funeste de Louis (1). Plusieurs *Girondins*, comme on l'a déjà observé, en votant contradictoirement à l'opinion qu'ils avaient émise, donnèrent aux *Jacobins*, leurs ennemis personnels, la majorité qui leur manquait ; et quoique cette épreuve même dût les avertir de leur force, ils n'en usèrent pas pour profiter de la dernière ressource du sursis qui fut proposé le 19, et, qui pour la négative, eut encore plus de voix que la condamnation même, puisque sur 690 votans, 380 le rejetèrent. Déchus de tout espoir de soustraire le monarque à son malheureux sort, ils mirent une pitié mal entendue à lui abréger au moins la pénible attente de la mort qui devait le frapper, et votèrent pour que l'exécution eût lieu dans les 24 heures. La sentence était conçue en ces termes : « La Convention nationale déclare Louis
» Capet, dernier roi des Français, coupable de conspiration contre
» la liberté de la nation, et d'attentats contre la sûreté générale de
» l'état; elle décrète que Louis Capet subira la peine de mort; dé-
» clare nul l'acte de Louis Capet, apporté à la barre par ses conseils,
» qualifié d'appel à la nation du jugement contre lui rendu par la
» Convention; défend à qui que ce soit d'y donner aucune suite, à
» peine d'être poursuivi et puni comme coupable d'attentat contre la
» sûreté générale de la république. »

Le 20 janvier le décret fut communiqué au roi par le ministre de la justice. M. de Malesherbes avait déjà instruit le monarque de la fatale décision, et dans ce moment Louis parut plus affecté de la douleur du vieillard que du sort qui l'attendait lui-même. Cependant en l'apprenant il ne put s'empêcher de s'écrier : « O mon Dieu!
» était-ce donc là le prix que je devais attendre de tous mes sacri-
» fices ? N'avais-je pas tout tenté pour le bonheur des Français ? »
Après avoir écouté sans altération la lecture du procès-verbal de la Convention, qui fut faite d'une voix mal assurée par le secrétaire du conseil Grouvelle, il remit au ministre un écrit par lequel il deman-

1) Il périt par le même supplice le 6 novembre 1793.

dait à la Convention un sursis de trois jours pour se préparer à la mort, la liberté de voir sa famille de laquelle il était séparé depuis le 16 décembre, et la faculté de mander librement le confesseur qui lui conviendrait. Les deux derniers points seulement lui furent accordés : avide de son sang, la Convention passa à l'ordre du jour sur le premier.

A huit heures et demie du soir, rapporte le fidèle Cléry, valet de chambre du roi, témoin et historien de ses souffrances pendant les cinq mois de sa détention au Temple, « la reine parut la première
» tenant son fils par la main ; madame Royale et madame Élisabeth
» la suivaient. Tous se précipitèrent dans les bras du roi. Un morne
» silence régna pendant quelques minutes, et ne fut interrompu que
» par des sanglots. Ils passèrent dans une salle destinée à leur en-
» trevue, et où ils pouvaient être observés par un vitrage. Le roi
» s'assit, ayant la reine à sa gauche, madame Elisabeth et madame
» Royale presque en face. Le jeune prince resta debout entre les
» jambes du roi. Tous étaient penchés vers lui, et le tenaient souvent
» embrassé. On voyait seulement qu'après chaque phrase du roi les
» sanglots des princesses redoublaient, duraient quelques minutes,
» et qu'ensuite le roi recommençait à parler. Il fut aisé de juger, d'a-
» près leurs mouvemens, que lui-même leur avait appris sa condam-
» nation. Cette scène de douleur dura sept quarts d'heures, pendant
» lesquels il fut impossible de rien entendre. A dix heures un quart
» le roi se leva le premier. Ils semblaient vouloir le retenir : Je vous
» assure, leur dit le roi, que je vous reverrai demain à huit heures.
» Et en même temps il leur dit adieu, mais d'une manière si expres-
» sive que les sanglots redoublèrent. Madame Royale s'évanouit. »

Après cette scène déchirante, il s'entretint avec son confesseur, M. Edgeworth de Firmont, de la journée du lendemain, et lui témoigna le désir d'entendre la messe et d'y communier. Il fallut encore négocier avec les municipaux pour avoir des hosties, qu'ils refusèrent d'abord, sous prétexte qu'elles pourraient être empoisonnées. Le roi fit alors sa confession, après laquelle l'abbé Edgeworth, qui remarquait sa fatigue, l'invita à prendre quelque repos. Il dormit cinq heures, se leva à six, et, pendant que Cléry préparait un autel, il s'entretint avec l'abbé. « Que je suis heureux, lui disait-
» il, d'avoir conservé mes principes de religion ! Où en serais-je en
» ce moment, si Dieu ne m'avait pas fait cette grace ? » Il entendit la messe, reçut la communion avec les sentimens de consolation que la religion inspire, et entra ensuite dans son cabinet. S'adressant alors à Cléry : « Mon cher Cléry, lui dit-il, je suis content de
» vos soins » : et il ajouta, après l'avoir chargé de ses adieux pour la reine, pour sa sœur et pour ses enfans : « Je vais demander que
» vous restiez auprès de mon fils. Un jour peut-être il pourra ré-
» compenser votre zèle. — Ah ! mon maître ! ah ! mon roi ! lui ré-
» pondit Cléry prosterné à ses pieds, si mon dévoûment, si mon

» zèle et mes soins ont pu vous être agréables, la seule récompense
» que je désire, c'est de recevoir votre bénédiction ; ne la refusez
» pas au dernier des Français resté près de vous. » Le roi la lui
donna avec bonté, et lui dit en le relevant : « Faites-en part à toutes
» les personnes qui me sont attachées. »

A neuf heures précises, le général Santerre, suivi de gendarmes, entra chez le roi. « Vous venez me chercher », leur dit-il. — « Oui, répondit sèchement Santerre. Louis passa alors un instant près de son confesseur, et se jetant à ses genoux : « Tout est consommé, » lui dit-il, donnez-moi votre bénédiction. » Mais l'abbé Edgeworth voulut l'accompagner jusqu'à l'échafaud, et pénétra le roi de reconnaissance par cet acte de dévoûment. Louis offrit alors son testament au municipal Jacques Roux, pour le remettre à la reine et à la commune : « Cela ne me regarde point, répondit cette bête féroce, je » ne suis chargé que de vous conduire à l'échafaud. » Un autre commissaire l'accepta. Un carrosse de place attendait le roi dans la cour : il en prit le fond avec l'abbé Edgeworth, deux gendarmes s'assirent sur le devant. Le bréviaire de l'abbé, sur lequel Louis eut toujours les yeux, lui déroba le spectacle de leurs sinistres regards.

Arrivé à la place Louis XV, entre les Tuileries et les Champs-Elysées, place que l'on avait marquée pour le lieu de son supplice, en souvenir des malheurs dont elle avait été le théâtre à l'époque de son mariage, il mit pied à terre au bas de l'échafaud, et recommanda son confesseur aux gendarmes. Il ôta lui-même son habit, et ses mains furent aussitôt saisies par les bourreaux pour être liées. Il ne s'attendait pas à cette violence, et il essaya de la repousser. « Sire, » lui dit l'abbé Edgeworth, c'est un trait de plus de ressemblance » entre votre majesté et le Dieu qui va être sa récompense. » Alors Louis les présenta lui-même, et monta ensuite d'un pas ferme sur l'échafaud. Ce fut dans ce moment que l'abbé Edgeworth lui adressa ces sublimes et consolantes paroles : « Fils de saint Louis, montez au » ciel. »

Le roi se tourna alors vers le peuple, ou plutôt vers la force armée qui remplissait la place, et d'une voix forte il s'écria : « Français, je » meurs innocent de tous les crimes qu'on m'a imputés. Je pardonne » à mes ennemis, et je prie Dieu qu'il leur pardonne. Je souhaite » que ma mort...... » Il ne put en dire davantage, un roulement ordonné par Santerre étouffa sa voix. Dans l'impossibilité de continuer, il se résigne à la mort et s'abandonne aux bourreaux. A dix heures un quart sa tête tombe, et la foule s'écoule en silence.

Louis XVI était âgé de trente-huit ans, et en avait régné dix huit.

RÉPUBLIQUE FRANÇAISE.

Depuis la mort de Louis XVI jusqu'au 9 thermidor.

La mort de Louis XVI brisa sans retour tous les liens politiques de la France avec les puissances européennes, et activa puissamment les haines intérieures. La stupeur fut grande en Europe. En Angleterre, wighs et tories flétrirent unanimement cette effrayante protestation contre la royauté : « Il n'est pas un Européen hors de France, s'écria » Fox, qui ne considère ce déplorable évènement comme l'acte le » plus révoltant de la cruauté et de l'injustice..... Le meilleur moyen » de punir les Français de ce meurtre exécrable est de les abandonner » à eux-mêmes, puisqu'une nation capable de souffrir une atrocité aussi » manifeste ne peut manquer d'en recueillir bientôt les fruits les plus » amers. » L'envoyé de France Chauvelin reçut ordre de sortir sous huit jours des îles britanniques. L'Autriche doubla ses armemens ; la Hollande se prépara à la guerre ; le 13 janvier, le secrétaire de la légation française à Rome, Basseville, avait été massacré par le peuple ; au dedans, les royalistes et les constitutionnels s'agitaient dans les départemens ; Lyon fermait de vive force son club de Jacobins.

La Convention ne faiblit pas un instant. Dominée déjà par le fougueux Danton et le systématique Robespierre qui gouvernaient la Montagne, électrisée par les déclamations véhémentes des Girondins, elle accepta sans hésiter la lutte avec toute l'Europe. « Citoyens, » s'écria Brissot, la cour d'Angleterre veut la guerre ; périsse plutôt » l'Angleterre que de voir la république française se consolider ! tel » est, n'en doutez pas, le vœu barbare du roi de la Grande-Bretagne ; » tel est le sens énergique de l'outrage qu'il a fait à notre ambassa- » deur et des armemens qu'il ordonne..... Il faut que le commerçant » oublie son commerce pour n'être plus qu'armateur ; que le capita- » liste consacre enfin ses fonds à soutenir nos assignats, à subvenir » aux besoins du numéraire ; que le propriétaire et le laboureur renon- » cent à toute spéculation et portent l'abondance dans nos marchés ; » il faut que tout citoyen soit prêt à marcher comme un soldat romain ; » il faut que tous les Français ne fassent qu'une grande armée, que » toute la France soit un camp ; il faut se préparer à un revers, s'ac- » coutumer aux privations ; l'instant approche où ce sera un crime » pour tout citoyen d'avoir deux habits si un seul de nos frères sol- » dats est nu..... »

L'assemblée tout entière déclara d'enthousiasme la guerre à l'Angleterre et à la Hollande, et vota des mesures pour venger d'une manière éclatante l'assassinat de Basseville. Les Girondins, par des discours ardens, avaient hâte de faire oublier leurs hésitations lors du procès de Louis XVI, et ils marchaient à grands pas dans la voie de la révolution, qui devait dévorer ses enfans comme Saturne, selon la poétique expression de Vergniaux. Le 1er février, 300 millions d'assignats nouveaux entrèrent dans la circulation, et en portèrent le nombre à 2 milliards 518 millions; le 26, un décret ordonna la levée en masse de 300,000 hommes, qui devaient être enrégimentés, exercés et envoyés immédiatement aux frontières, afin de faire face aux armées de la coalition. Le 1er mars, un second décret déclara que les émigrés étaient bannis à perpétuité du territoire français, morts civilement, que leurs biens étaient acquis à la république, et que leurs successions échues ou à échoir seraient recueillies par l'état pendant 50 ans.

Les Girondins avaient beau faire, leur énergie était toujours dépassée par celle de leurs adversaires; Danton et Robespierre déclamaient dans les clubs au nom de la *liberté*, de l'*égalité* et de la *fraternité*. Le cynique Marat improvisait dans l'*Ami du Peuple* d'effrayantes apostrophes aux *intrigans*, aux *Brissotins*, à tous les ennemis de la république : « On ne doit pas trouver étrange, écrivait-» il le 25 février, que le peuple, poussé au désespoir dans cette ville, » se fasse justice lui-même. Dans tout pays où les droits du peuple ne » sont pas de vains titres consignés fastueusement dans une simple » déclaration, le pillage de quelques magasins, à la porte desquels on » pendrait les accapareurs, mettrait fin aux malversations dont il est » victime. » Ces paroles furent entendues; la populace s'attroupa dans les rues en criant : *du pain, du pain;* et comme la commune la fit taire par une abondante distribution, elle changea de batterie et envahit les boutiques des épiciers pour taxer et piller à son gré le sucre, la chandelle et d'autres marchandises. La force armée la laissa faire; le commandant général Santerre remit au lendemain à dissiper l'émeute. Le lendemain, en effet, les troubles avaient cessé; la Convention était indignée; il n'y eut qu'une voix contre Marat, et on le décréta d'accusation. Barrère s'éleva avec force contre les attaques de la propriété dans le moment où les propriétaires couraient à la frontière; l'accusation n'eut pas de suite, et tout se borna à une déclaration belle, mais impuissante : « Marat, le matin, a prêché le pillage, et le soir » le pillage a eu lieu. » C'était victoire gagnée pour les Jacobins dont le rédacteur de l'*Ami du Peuple* était devenu l'idole.

Quelques jours après, la lutte devint plus sérieuse; le faubourg Antoine s'agita, et tout annonça une tentative plus hardie. Le bruit s'était répandu dans Paris que, le 10 mars, l'assemblée serait envahie, et les Girondins massacrés au milieu de leurs collègues de la Montagne. Le samedi 9 mars, il y eut une séance extraordinaire aux Jacobins et aux Cordeliers; puis, au sortir de là, des attroupemens nombreux se portèrent rue Ticquetonne, chez le député Gorsas, qui eut grand'peine à se sauver, et brisèrent les presses du *Courrier des quatre-vingt-trois départemens;* rue Serpente, ils commirent les mêmes excès à la *Chronique de Paris*, pendant qu'un rassemblement plus nombreux occupait les environs de la commune, et que des hommes à figure sinistre s'emparaient des tribunes de la Convention. Une partie des Girondins ne vint pas à la séance ; le député Kervélegan et le ministre Beurnonville se mirent à la tête des 500 Bretons qui formaient le bataillon du Finistère, et dissipèrent les factieux. Le 10 mars, Vergniaux, encore tout ému du danger de la veille, s'élança à la tribune, et dénonça les conspirateurs ; leur mise en accusation fut décrétée par acclamation, mais on y ajouta des clauses insidieuses qui annulaient d'avance le décret, et les coupables ne furent point poursuivis. Loin de là, l'assassinat de Lepelletier-Saint-Fargeau par le garde du corps Pâris fit établir le tribunal révolutionnaire, une des plus monstrueuses créations de cette époque. Carrier de Nantes, de sanglante mémoire, en fut le premier moteur ; Cambacérès, Amar, tous les Montagnards l'appuyèrent ; en vain Lanjuinais, Buzot, Vergniaux, s'y opposèrent avec fermeté. « Lorsque vous avez reçu des » pouvoirs illimités, s'écria Buzot, ce n'était pas pour usurper la » liberté publique ; et si vous les confondez tous, si tout est dans l'as- » semblée, dites-moi quel sera le terme de ce despotisme dont enfin » je suis las moi-même. » Barrère insista pour que le tribunal fût composé de jurés pris dans les quatre-vingt-trois départemens, et la séance allait être levée au milieu du tumulte, lorsque Danton parut à la tribune : « Je somme, s'écria-t-il, tous les bons citoyens de rester à » leurs places..... Il faut tout décréter sans désemparer. » La Gironde fut vaincue par la véhémence de ses paroles, et le décret fut porté en ces termes : « Il sera établi à Paris un tribunal criminel extraordinaire » révolutionnaire, pour juger les conspirateurs et les contre-révolu- » tionnaires. » Les membres du jury, les juges, l'accusateur public et ses deux substituts devaient être élus par la Convention à la pluralité relative des suffrages ; une commission de six membres de l'assemblée était chargée de l'examen préparatoire des pièces et de la haute surveillance des procédures.

La république s'était mis toute l'Europe sur les bras ; l'Autriche, la Prusse, l'Empire, l'Angleterre, la Hollande, l'Espagne, le Portugal, les Deux-Siciles, la cour de Rome, la Sardaigne, armaient avec activité. Quarante-cinq mille Austro-Sardes occupaient les Alpes ; cinquante mille Espagnols, les Pyrénées ; soixante dix mille Autrichiens campaient dans les Pays-Bas, et quarante mille Anglo-Bataves en Belgique ; cent douze mille Prussiens et Impériaux s'avançaient le long du Rhin. Jamais temps ne furent plus critiques pour un nouveau gouvernement ; la France avait huit armées, mais faibles, incomplètes, désorganisées ; car la levée des trois cent mille hommes n'avait pu s'opérer encore.

L'armée de Belgique était aux ordres de Dumouriez, l'habile et intrigant général ; l'armée des Alpes, aux ordres du brave Kellermann ; Valence, Beurnonville, Custine, Biron, Servan et Labourdonnaye, braves, mais peu capables, commandaient celles des Ardennes, de la Moselle, du Bas-Rhin, d'Italie, des Pyrénées et des côtes. Dumouriez, il est vrai, avait, dès le mois de novembre dernier, envahi la Belgique, avec l'aide des généraux Valence et Labourdonnaye, gagné la bataille de Jemmapes, pris Mons, Bruxelles, Liège, Namur, Anvers, et rejeté les Autrichiens derrière la Roër; mais la conquête de la Belgique ne couvrait pas les frontières du Rhin du côté de Mayence, et ne remplissait pas les cadres de l'armée. Dumouriez, d'ailleurs, avait vu à regret la mort de Louis XVI, et se plaignait vivement de l'inquisition des Jacobins, qui contrôlaient sans cesse ses actes administratifs en Belgique. La Convention, par son décret du 15 septembre, avait importé dans ce pays l'organisation démocratique de la France. De son côté, la société-mère y envoya des représentans, pour établir des clubs, à l'instar de Paris; mais ses agens, outre-passant leurs pouvoirs, frappèrent des réquisitions, encouragèrent le pillage, fomentèrent partout l'anarchie, et réduisirent enfin les Flamands à souhaiter le retour des Autrichiens. Le général vint à Paris se plaindre aux Girondins et aux Montagnards, à Gensonné et à Danton. Son air déplut à tout le monde; Marat, qu'il n'avait pas voulu voir, le traita de conspirateur; on lui fit un crime d'avoir voulu sauver Louis XVI, et il repartit mécontent pour ouvrir la campagne.

Son grand projet était de conquérir la Hollande, de rejeter les Autrichiens au-delà du Rhin, et de revenir à Paris, avec son armée victorieuse, pour mettre un terme à la puissance de la Convention. Il envahit donc la Hollande, et prit Bréda et Gertruydenberg. Mais en même temps les Autrichiens passèrent la Roër, battirent Miazinski à Aix-la-Chapelle, rejetèrent Miranda en-deçà de Maëstricht, et refoulèrent notre armée à Liège, entre Louvain et Tirlemont. Dumouriez fut rappelé de Hollande, pour prendre le commandement de l'armée de Belgique, et arrêter le prince de Cobourg. Son armée était démoralisée. Il essaya de lui rendre la confiance par quelques escarmouches sans résultat, puis attendit les Autrichiens, et perdit la malheureuse bataille de Nerwinde (18 mars). Ce revers l'aigrit encore plus. Sûr d'être dénoncé aux Jacobins, il entama des négociations avec les ennemis, afin de tenter avec eux ce qu'il ne pouvait plus accomplir sans leur aide. Peut-être eût-il réservé le trône au duc de Chartres, son favori, qui servait dans son camp. La trahison était déjà presque avérée, lorsque les députés des Jacobins, Proli, Pereira et Dubuisson, arrivèrent, et le sommèrent de déclarer ses intentions. Le général ne leur laissa rien ignorer : « La république est un vain » mot, leur dit-il, j'y ai cru trois jours; depuis Jemmapes, j'ai re- » gretté tous les succès que j'ai obtenus pour une aussi mauvaise » cause. Il n'y a qu'un moyen de sauver la patrie. C'est de rétablir la » constitution de 1791 et un roi »; et comme Dubuisson se récriait sur l'horreur des Français pour le nom de Louis : « Eh ! que m'importe que » ce roi s'appelle Louis, Jacques ou Philippe? — Mais votre projet com- » promet le sort des prisonniers du temple. — Le dernier des Bourbons

» serait tué, même ceux de Coblentz, que la France n'en aurait pas
» moins un roi, et si Paris ajoutait ce meurtre à ceux dont il s'est
» déjà déshonoré, je marcherais à l'instant sur Paris. » Dumouriez essaya tout aussitôt de s'emparer de Lille, de Condé et de Valenciennes; mais ses tentatives n'eurent aucun succès. La Convention le manda à sa barre, et, sur son refus, députa auprès de lui quatre de ses membres, Camus, Quinette, Lamarque, Bancal, et le ministre de la guerre Beurnonville. Le général offrit sa démission, mais cela ne suffisait plus.
» Citoyen général, lui dit Camus, voulez-vous obéir au décret de la
» Convention nationale, et vous rendre à Paris? — Pas dans ce mo-
» ment. — Eh bien! je vous déclare que je vous suspends de vos
» fonctions, vous n'êtes plus général, et j'ordonne qu'on vous sai-
» sisse. — Ceci est trop fort », s'écria Dumouriez, et il les fit arrêter par les hussards de Berchiny, qui les livrèrent aux Autrichiens. Le général parcourut alors les rangs pour décider l'armée en sa faveur, mais personne n'osa se décider à trahir la patrie pour un seul homme. Voyant l'insuccès de sa tentative, il s'échappa de son quartier général des bains de Saint-Amand, et se présenta aux avant-postes de l'ennemi, avec le duc de Chartres, le colonel Thouvenot et deux escadrons de Berchiny. Le reste de ses troupes alla se réunir à l'armée de Dampierre, qui campait auprès de Famars.

Une insurrection bien plus dangereuse par ses suites se préparait à l'intérieur sur les bords de la Loire, dans le pays connu sous le nom de Vendée. La Vendée, sans routes, sans industrie, sans communications avec les provinces voisines, contrée boisée et sauvage, avait conservé ses habitudes féodales. L'échelle sociale n'y avait encore que deux échelons, le seigneur et le paysan, qui vivaient dans une intimité patriarcale, comme si le premier n'eût été que le chef respecté d'une grande famille ; aussi la réaction de 89 s'y fit-elle peu sentir. Pas un château ne fut brûlé; pas un propriétaire noble ne fut insulté, car il n'y avait pas de classe moyenne, et personne n'avait à venger de vieux outrages. Les Vendéens laissèrent donc marcher la révolution qui les côtoyait, sans y prendre part, et se tinrent sur la défensive, dans une extrême défiance du nouvel ordre de choses. La lutte était inévitable entre les deux principes, celui de la féodalité sous le patronage de la monarchie, et celui de la démocratie. La persécution contre les prêtres insermentés fut exploitée par les gentilshommes royalistes, au profit du vieux régime, et les paysans apprêtèrent leurs armes. En 1792, le comte de la Rouairie avait proclamé la révolte; mais il s'était laissé prendre. La réquisition de trois cent mille hommes donna le signal de la guerre civile : les conscrits aimèrent mieux se battre chez eux que sur la frontière. A Saint-Florent, les gendarmes furent surpris et dispersés ; neuf cents paroisses se levèrent au son du tocsin; le voiturier Cathelineau, le garde-chasse Stofflet, l'officier de marine Charrette, se mirent à la tête des premiers révoltés; puis les gentilshommes eurent leur tour.

Bonchamps, d'Elbée, Lescure, La Rochejacquelein, Marigny, furent appelés à régulariser cette masse indisciplinée. L'ardeur était extrême : les Vendéens marchaient au combat sans ordre, sans théorie, et presque sans armes; mais ils se précipitaient à grands cris sur les canons, et se montaient avec les caisses et les munitions de l'ennemi. Les républicains étaient étourdis ; la garde nationale ne tenait pas contre ces intrépides tirailleurs. Le général Marci fut chassé de Saint-Vincent par Stofflet; Gauvilliers, de Beaupréau, par d'Elbée et Bonchamps; Quétineau, des Aubiers, par la Rochejacquelein ; Ligonnier, de Chollet; en quelques jours, cent mille hommes occupaient militairement toute la Vendée, délivrée des *bleus*, et trois armées se constituaient ; celle d'Anjou, aux ordres de Bonchamps, sur les bords de la Loire ; la grande armée, sous d'Elbée, au centre; l'armée du Marais, commandée par Charrette, dans la basse Vendée ; un conseil de guerre était déclaré en permanence, et Cathelineau avait le titre de généralissime.

A l'annonce de tous ces désastres, la Convention redoubla d'énergie; les mesures révolutionnaires se succédaient avec rapidité. Le 18 mars, une loi, rendue sur le rapport de Charlier, ordonna l'exécution dans les vingt-quatre heures de tout individu convaincu d'être émigré ou prêtre déporté. Le 19, Cambacérès en fit passer une seconde qui mettait *hors la loi* tous les émigrés nobles avec leurs agens et domestiques, tous les prêtres et fonctionnaires qui avaient pris part aux insurrections contre-révolutionnaires, et les condamnait à mort sans procédure; le 26, un troisième décret prescrivit dans toute la France le désarmement des prêtres et des nobles; le 27, Treilhard fit décréter la mise hors la loi des aristocrates et des ennemis de la révolution, et l'armement des citoyens; le 29, un cinquième décret ordonna que dans les villes au dessus de trois mille ames on serait tenu d'afficher à l'extérieur des maisons les noms, professions, etc., de leurs habitans. En même temps, on formait un comité de sûreté générale de vingt-cinq membres ; on créait ce terrible comité de salut public composé de neuf membres, qui devait remplacer le conseil exécutif, et dans lequel entrèrent à sa formation Jean de Bry, Danton, Guyton-Morveau, Treilhard, Barras, Delmas, Bréard, Cambon et Lacroix; on établissait auprès des armées des représentans du peuple pris dans la Convention et investis de pouvoirs illimités, dont l'incapacité militaire fut parfois funeste, dont l'énergie fut toujours utile. On lançait dans la circulation 1200 millions de nouveaux assignats pour subvenir aux dépenses extraordinaires; on imposait sur les riches seuls un emprunt forcé d'un milliard (20 mai); enfin dix armées allaient couvrir les frontières, anéantir la guerre civile. Custine commandait dans le nord; Houchard, sur la Moselle; Alexandre Beauharnais, sur le Rhin; Kellermann, aux Alpes; Brunet, en Italie; Defiers, aux Pyrénées-Orientales; Dubousquet, aux Pyrénées-Occidentales Canclaux, sur les côtes de La Rochelle; Wimpfen, sur les côtes de la Manche; et Westermann, à l'armée de l'Ouest.

Au milieu du danger, la lutte continuait vigoureuse et implacable entre les Girondins et les Montagnards; mais la balance n'était déjà plus égale. Débordés par l'exaltation de leurs adversaires, les premiers avaient perdu toute popularité. Accusateurs de Dumouriez, on voulait qu'ils eussent été ses complices. Vergniaux, Brissot, Guadet, Gensonné, Pétion, avaient tous les jours à se défendre des perfides interpellations de Robespierre, des atroces poursuites de Marat. Le vertueux Roland s'était retiré du ministère abreuvé de dégoûts. Le club des Jacobins était furieux; son président Marat écrivait une adresse aux départemens où il invoquait *le tonnerre des pétitions et des accusations contre les traîtres et les délégués infidèles qui avaient voulu sauver le tyran en votant l'appel au peuple ou la réclusion;* des motions incendiaires appelaient l'insurrection dans les sociétés populaires. La Gironde fit un acte de vigueur en décrétant Marat d'accusation. A cette nouvelle, trente-cinq sections se levèrent, et le maire Pache vint en leur nom et au nom de la commune demander l'exclusion de vingt-cinq députés. Alors Boyer Fonfrède, dans un moment d'enthousiasme, demanda l'addition de son nom à la liste des proscrits; les membres de la Plaine et de la droite s'écrièrent : *tous tous;* la Montagne eut un instant de peur.

Mais le tribunal révolutionnaire acquitta Marat, qui fut porté en triomphe, et dès ce moment les tribunes et les avenues de la Convention retentirent des vociférations des Jacobins et des *Filles de la guillotine*, Théroigne de Méricourt et autres. Guadet sentit le besoin de frapper un grand coup : « Citoyens, s'écria-t-il, pendant que les
» hommes vertueux se bornent à gémir sur les malheurs de la patrie,
» les conspirateurs s'agitent pour la perdre; comme César ils ont dit :
» *laissons-les parler et agissons.* Eh bien ! agissez aussi. Le mal
» est dans l'impunité des conjurés du 10 mars; le mal est dans l'anar-
» chie; le mal est dans l'existence des autorités de Paris, autorités à
» la fois avides d'argent et de domination. Citoyens, il en est temps
» encore; vous pouvez sauver la république et votre gloire compro-
» mise. Je propose de casser les autorités de Paris, de remplacer dans
» les vingt-quatre heures la municipalité par les présidens des sec-
» tions, de réunir les suppléans de la Convention à Bourges dans le
» plus court délai, et d'envoyer ce décret aux départemens par des
» courriers extraordinaires. » La Plaine, qui dominait dans les deux comités de salut public et de sûreté générale, et Barrère à sa tête, refusa son adhésion; et ce fut un bien, car si la commune était perdue, peut-être en était-ce fait de la France, qui n'aurait plus eu de centre d'action. Mais afin de protéger la Gironde contre ses ennemis, on institua une commission de douze membres chargée d'examiner la conduite de la commune, de rechercher les auteurs des attentats contre l'inviolabilité des conventionnels, et de s'assurer de leurs personnes;

Rabaut-Saint-Etienne, Henri Larivière, Mollevaut et d'autres modérés en faisaient partie. Son premier acte fut la découverte d'une vaste conspiration qui devait éclater le 22 mai contre les Girondins ; un des principaux conjurés, le procureur de la commune, l'obscène rédacteur du *Père Duchesne*, Hébert, fut mis en état d'arrestation et conduit à l'Abbaye. Ce fut le signal de l'insurrection. Le conseil général de la commune se réunit ; les Cordeliers, les Jacobins, les sections, se déclarent en permanence. Le 27 mai, une députation de la commune se rend aux Tuileries où siégeait l'assemblée depuis le 10 mai, et demande l'abolition de la commission des douze, et leur renvoi devant le tribunal révolutionnaire. Le courageux Isnard présidait. « Ecoutez,
» leur répond-il, ce que je vais vous dire : si jamais par une de ces
» insurrections qui se renouvellent si souvent depuis le 10 mars, et
» dont les magistrats n'ont pas su nous garantir, le fer était porté au
» sein de la représentation nationale, je vous le déclare au nom de la
» France entière, Paris serait anéanti ; oui, la France entière tirerait
» vengeance de cet attentat, et bientôt on chercherait sur quelle rive
» de la Seine Paris a existé. — Je vous le déclare aussi, s'écrie Dan-
» ton d'une voix tonnante, tant d'impudence commence à nous peser;
» nous vous résisterons. » Le tumulte était au comble ; les tribunes retentissaient de clameurs ; le bruit du dehors redoublait ; les députations se succédaient, et les membres de l'assemblée, qui avaient jeté un coup d'œil sur les environs des Tuileries, faisaient des rapports effrayans. Les sectionnaires du Mail et de la Butte des Moulins avec leur commandant Raffet se disposaient à défendre la Convention. Le ministre Garat, connu pour impartial, changea en entrant la physionomie de l'assemblée. Consulté sur l'état de Paris, il répondit que le peuple était calme, et ne demandait que la mise en liberté du procureur de la commune. Dès lors les Girondins, n'ayant plus en leur faveur le prestige du danger, furent perdus. Isnard fut remplacé au fauteuil par Hérault de Séchelles, qui répondit à de nouveaux pétitionnaires :
« La force de la raison et la force du peuple sont une même chose ;
» la résistance à l'oppression ne peut pas plus vous être enlevée que la
» respiration à un être vivant ; vous nous demandez un magistrat et
» la justice ; les représentans du peuple vous les rendront. » L'abolition de la commission des douze et l'élargissement des prisonniers furent décrétés à une heure du matin au bruit des applaudissemens.

Le lendemain, les Girondins revinrent sur le décret de la veille, et la Convention, qui n'était plus influencée, le rapporta à la majorité de 279 voix contre 238. La commission des douze fut réinstallée ; c'était une imprudence. Les Jacobins, qui portaient Hébert en triomphe, se réunirent le 30 à l'Evêché, présidés par Henriot; Marat y demanda du sang : « Tous les *appelans*, dit-il (les par-
» tisans de l'appel au peuple), ont voulu la guerre civile ; mon
» dernier mot est qu'il y a trois cents têtes de trop à la Conven-
» tion. » Au matin, le tocsin sonna à Notre-Dame, la générale fut

battue; Henriot se mit à la tête de la garde nationale, et enveloppa les Tuileries d'un réseau de quatre-vingt mille hommes. Le maire Pache, homme faible et dominé par les Montagnards, parut à la barre, et demanda au nom du peuple la suppression des douze : « Cassez la » commission des douze, s'écriait Danton, le canon a tonné; si vous » êtes législateurs politiques, loin de blâmer l'explosion de Paris, » vous la tournerez au profit de la république, en réformant vos er- » reurs, en cassant votre commission. » On tirait en effet le canon d'alarme; les scènes du 27 mai se renouvelaient. Les sans-culottes recevaient par jour deux francs de paie, et n'étaient pas prêts à se disperser. Barrère, au nom de la Plaine et du comité de salut public, demanda l'abolition de la commission; et pour cette fois elle fut définitive.

Danton était satisfait; il ne voulait pas la ruine des Girondins. En dépit des conclusions de Robespierre, qui venait d'accuser à la tribune tous les modérés, la commune n'avait pu obtenir que le décret de suppression. Marat, Robespierre et la commune n'avaient pas assez d'un demi-triomphe. La journée du 1er juin s'écoula en préparatifs d'insurrection, et la matinée du 2 s'annonça menaçante et terrible. Dès dix heures, les Tuileries étaient entourées par la force armée. Les Girondins n'étaient pas à leur poste. Lanjuinais seul avait osé affronter la fureur des Jacobins, et son courage fut sublime dans cette mémorable séance : cramponné à la tribune, d'où les cris et les menaces n'avaient pu le faire descendre, il s'écriait : « Je demande à parler sur » la générale qui bat dans Paris. — A bas! à bas! il veut la guerre ci- » vile; il veut la contre-révolution! il calomnie Paris! il insulte le » peuple! — Vous nous accusez de calomnier Paris; Paris est pur, » Paris est bon, Paris est opprimé par des tyrans qui veulent du sang » et de la domination; vous pouvez me faire tomber sous leur couteau » mais non pas à leurs pieds. » En ce moment, les délégués de la *puissance révolutionnaire centrale* venaient lire à la barre une insolente pétition, qui fut reçue aux applaudissemens de la Montagne. On demandait la mise hors la loi de vingt-deux députés. Barrère, au nom du comité de salut public, proposa un moyen conciliatoire, la suspension provisoire et volontaire des proscrits; cet appel fut entendu; quelques uns se démirent à l'instant même; mais l'intrépide Lanjuinais se refusa à tout : « On me demande un sacrifice. Les sacrifices » doivent être libres; suis-je libre pour en faire? l'êtes-vous vous- » mêmes pour en accepter? N'attendez donc de moi ni suspension ni » démission »; puis il demanda que les autorités révolutionnaires fussent cassées à l'instant même, et la Convention, électrisée par ses paroles, passa à l'ordre du jour sur la pétition. Mais l'artillerie était braquée sur les Tuileries; la garde constitutionnelle venait d'être chassée par les révoltés; aucun député ne pouvait sortir ni se montrer aux fenêtres. « La majesté nationale est outragée, » s'écria Danton. Lacroix déclare que l'assemblée n'est pas libre, qu'il vient d'être insulté; la représentation nationale se lève tout entière, son président en tête, et marche vers le Carrousel; Henriot était à cheval, le sabre en main, entouré d'un nombreux état-major : « Que demande le peu-» ple? lui dit Hérault de Sechelles, la Convention n'est occupée que » de son bonheur. — Le peuple n'est pas venu pour entendre des phra-» ses, répond le brutal commandant, il veut qu'on lui livre vingt-» quatre coupables. — Qu'on nous livre tous, s'écrient les députés. » Henriot fait pointer ses canons contre les représentans, ceux-ci reculent et vont chercher ailleurs une issue moins difficile; Marat se présente à eux à la tête d'une horde de septembriseurs, partout les baïonnettes forment un mur infranchissable. Cette imposante scène touchait au ridicule. Découragée, épouvantée de l'audace du peuple, la Convention rentra dans les Tuileries, et dès lors le triomphe des Jacobins fut assuré. Marat dressa lui-même la liste de proscription; trente-deux noms y figuraient : les Girondins Gensonné, Guadet, Brissot, Gorsas, Pétion, Vergniaux, Salles, Barbaroux, Chambon, Buzot, Birotteau, Lidon, Lasource, Lanjuinais, Grangeneuve, Cohardy, Lesage, Louvet, Valazé, les ministres Lebrun, Roland et Clavières, les membres des douze, Kervélégan, Gardien, Rabaut St-Etienne, Boileau, Bertrand, Vigée, Mollevaut, Henri Larivière, Lemaire et Bergoing. Le peuple s'écoula en silence, et les représentans purent sortir (2 juin 1793).

Vaincus dans la Convention, les Girondins en appelèrent aux départemens. Quelques uns des proscrits trouvèrent moyen de s'échapper: Pétion, Barbaroux, Guadet, Louvet, Buzot, Lanjuinais, étaient du nombre. Dans le midi, Lyon avait expulsé déjà les Jacobins, et rompu sans retour avec la Montagne par la mort de Châlier; à Marseille, les sections se réunirent, sous l'inspiration de Rebecqui, l'ami de Barbaroux, et armèrent dix mille hommes pour marcher sur Paris. Bordeaux, qui avait élu les Girondins, se constitua provisoirement indépendant de la Convention; Toulon, Nimes, Montauban, et d'autres villes méridionales, suivirent cet exemple. Au nord, Buzot révolutionna Caen, et la Bretagne envoya des députés qui prirent le nom d'*Assemblée des départemens réunis à Caen*. Le général Wimpfen, royaliste déguisé, qui correspondait avec le marquis de Puisaye, fut nommé commandant de l'armée, et l'on se disposa à marcher sur Paris. Les royalistes se montraient partout; profondément aigris depuis le 21 janvier, ils prenaient part à toutes les intrigues, à tous les soulèvemens. Ce fut de Caen que partit la belle Charlotte Corday, républicaine dévouée, ame ardente et généreuse, qui crut tuer l'anarchie en poignardant le sanguinaire Marat (13 juillet). Mais cet assassinat fut inutile; le buste de Marat fut porté en triomphe au Panthéon; Charlotte mourut sur l'échafaud avec une fermeté héroïque, et tout fut dit. Robespierre continua *la terreur.*

Le péril n'était pas moindre dans l'ouest pour la république. Enhardis par les premiers triomphes, les Vendéens s'étaient emparés de Bressuire, d'Argenson, de Thouars; maîtres de tout le pays, ils marchèrent sur Saumur au nombre de quarante mille, et l'emportèrent. Nantes n'était qu'à deux pas. Cathelineau, Lescure, Stofflet et La Rochejacquelein descendirent la Loire, surprirent Angers, et, feignant une marche forcée sur Tours et le Mans, se rabattirent sur Nantes par la rive droite, tandis que Charrette attaquait par la rive gauche. Aux frontières, mêmes revers. Dampierre, avec les débris de l'armée de Dumouriez, avait été tué au camp de Famars, et son armée était repliée en désordre sur Bouchain. Les généraux, pour la plupart Girondins, n'obéissaient qu'avec répugnance aux ordres de la Montagne. En vain Custine fut appelé de la Moselle à l'armée du Nord; en vain Houchard qui lui succédait arrêta les Autrichiens au combat d'Arlon. Valenciennes et Condé furent pris. Mayence capitula, après une longue résistance qui valut à ses défenseurs le nom de *Mayençais*; Aubert-Dubayet et Marceau avaient tenu quatre mois. L'armée du nord, vivement pressée, recula journellement devant l'ennemi, et n'osa prendre position que derrière la Scarpe, en s'appuyant sur Arras. Enfin la frontière fut entamée aux Pyrénées par la prise de Bellegarde, qui se rendit au général Ricardos.

Tel était l'état de la France au mois de juillet 1793 : le nord et le midi simultanément envahis, la guerre civile, les Vendéens victorieux sous les murs de Nantes, soixante départemens invoquant le fédéralisme et méconnaissant la Convention, un trésor épuisé d'argent et de crédit, plus une affreuse disette. La Convention fit face à tout. Son premier soin fut de publier la constitution de l'an III, œuvre démocratique s'il en fut jamais, théorie impraticable qui établissait le règne du peuple dans la plus large acception du mot, et réduisait le gouvernement à l'élection annuelle d'une chambre de représentans dans les assemblées primaires. Les quarante-quatre mille municipalités de France envoyèrent des députés à la barre, pour demander l'arrestation de tous les gens suspects et la levée en masse du peuple: « Eh bien! s'écria Danton, répondons à leur vœu. Les députés des
» assemblées primaires viennent d'exercer parmi nous l'initiative de
» la terreur.... C'est à coups de canon qu'il faut signifier la consti-
» tution à nos ennemis. C'est l'instant de faire ce grand et dernier
« serment, que nous nous vouons tous à la mort ou que nous anéan-
« tirons les tyrans. » On prêta le serment, mais la constitution fut suspendue aussitôt qu'acceptée, vu l'urgence des temps qui réclamaient la concentration des pouvoirs; le gouvernement resta dans les mains de la Convention et du comité de salut public. Bientôt Barrère, l'organe du comité, parut à la tribune et fit un rapport énergique:
« La liberté, dit-il, est devenue créancière de tous les citoyens....
» Ainsi tous les Français, tous les sexes, tous les âges, sont appelés
» par la patrie à la défense de la liberté..... Les jeunes gens com-
» battront; les hommes mariés forgeront les armes, transporteront
» les bagages et l'artillerie, prépareront les subsistances; les femmes

» travailleront aux habits des soldats, feront des tentes, et porteront
» leurs soins hospitaliers dans les asiles des blessés; les enfans met-
» tront le vieux linge en charpie, et les vieillards, reprenant la mis-
» sion qu'ils avaient chez les anciens, se feront porter sur les places
» publiques; ils y enflammeront le courage des jeunes guerriers; ils
» propageront la haine des rois et l'unité de la république : les mai-
» sons nationales seront converties en casernes, les places publiques
» en ateliers; le sol des caves servira à préparer le salpêtre; tous
» les chevaux de selle seront requis pour la cavalerie; tous les che-
» vaux de voiture pour l'artillerie; les fusils de chasse, de luxe,
» les armes blanches et les piques suffiront pour le service de l'inté-
» rieur. La république n'est plus qu'une grande ville assiégée; il
» faut que la France ne soit plus qu'un vaste camp. » Toutes ces mesures furent adoptées; la réquisition fournit des soldats, la réquisition fournit des vivres, et les assignats, monnaie forcée, bien que
dépréciée, suffirent à tout avec la garantie des biens nationaux. En
quelques jours la France eut quatorze armées et 1200 mille hommes.
Mais, avant de marcher aux frontières, les réquisitionnaires voulurent
être délivrés des ennemis de l'intérieur, et la fameuse loi des *suspects*, puis des gens *suspects d'être suspects*, jeta trois cent mille
hommes dans les prisons, pour être détenus jusqu'à la paix; les
modérés républicains firent les frais de cette réquisition d'un nouveau genre. D'autres décrets frappèrent les étrangers des nations
en guerre avec la France; ils furent arrêtés par précaution. Puis
on créa pour l'intérieur une armée de six mille hommes et mille canonniers; on délivra des certificats de *civisme*; on promit aux citoyens indigens quarante sous par jour pour qu'ils pussent se rendre
aux assemblées de section; on donna plein pouvoir aux clubs jacobins de surveiller les fonctionnaires; on établit des comités révolutionnaires, pour régulariser l'arrestation des *suspects*. Robespierre,
qui venait d'entrer au comité de salut public, avait la haute main
dans le gouvernement, et l'habile Barrère s'était déjà fait son séide.

L'enthousiasme révolutionnaire des Montagnards eut un plein
succès. Seize cents hommes surprirent, auprès de Vernon, l'armée du
Calvados aux ordres de Wimpfen, et la dispersèrent. Caen donna son
adhésion à la constitution de l'an III, et la rétractation volontaire
des insurgés prévint la vengeance des représentans. Dans le midi, le
général Cartaux vainquit l'armée des Marseillais, et pénétra dans
la ville même (25 août). Toulon n'eut pas d'autre ressource que de
se livrer aux Anglais pour échapper aux conventionnels. L'amiral
Hood entra dans le port, proclama Louis XVIII, et jeta sur les remparts huit mille Espagnols. Une magnifique flotte de cinquante vaisseaux tomba ainsi, sans coup férir, aux mains de l'ennemi. Bordeaux
fut de meilleure composition; le représentant Tallien n'eut qu'à se
présenter pour qu'on lui ouvrît les portes, pendant que Barras et
Fréron faisaient leur entrée à Marseille. Restèrent donc Lyon et Tou-

lon à réduire. Lyon, peuplé de républicains sincères, avait peur des vengeances de la Convention depuis le meurtre de Châlier; les sections se tenaient sur la défensive et attendaient. Un royaliste de cœur, Précy, ingénieur habile, avait fortifié les approches de la ville, et, quand les assiégeans approchèrent, il engagea le combat avec les plus ardens de ses compagnons. Force fut donc à Dubois-Crancé de commencer le siège; et Kellermann, général de l'armée des Alpes, vint l'activer par sa présence. La résistance fut opiniâtre, mais il fallut se rendre; les populations voisines renforçaient chaque jour l'armée de la Convention. Le 9 octobre, Précy s'enfuit en Suisse avec un millier de braves, et les républicains entrèrent dans cette malheureuse ville, où Collot-d'Herbois et Fouché de Nantes allaient commencer les mitraillades. Le 19 décembre, Toulon, défendu par le commodore Sydney-Smith, l'amiral Hood et le général O'Hara, se rendit à son tour. Le brave Dugommier commandait l'armée républicaine, et une idée heureuse du jeune Bonaparte, officier d'artillerie, avait décidé la victoire. Les Anglais se retirèrent, après avoir coulé bas vingt de nos plus beaux vaisseaux.

Dans la Vendée, Nantes, grace aux belles dispositions du général Canclaux, avait vu échouer tous les efforts de l'ennemi, et le généralissime Cathelineau avait été frappé d'une balle. Les insurgés repassèrent la Loire et rentrèrent dans leur pays, sans s'inquiéter davantage de Saumur. Le général Biron les poursuivit mollement; il fut remplacé par Canclaux et Rossignol, qui ne s'entendirent pas plus que les deux représentans, le modéré Philipeaux et le fougueux Bourbotte. Vint alors l'ignorant Léchelle, qui ne savait qu'une phrase militaire: « Il faut marcher majestueusement et en masse. » On lui donna pour renfort la garnison de Mayence, forte de 17,000 hommes, qui ne pouvait servir d'un an contre les coalisés; Kléber et Marceau suppléèrent à son inexpérience de la guerre. Les Mayençais étaient terribles dans l'action; quatre défaites consécutives démoralisèrent les Vendéens, deux à Châtillon, deux à Chollet. Lescure, Bonchamps, d'Elbée, se mouraient de leurs blessures. Quatre-vingt mille hommes se pressaient aux bords de la Loire, à Saint-Florent, pour aller insurger la Bretagne. L'Angleterre leur promettait des secours s'ils parvenaient à s'emparer d'un port de mer. Leur tentative sur Granville ne réussit pas, faute d'artillerie de siège. Les républicains les atteignirent au Mans, et firent dans leurs rangs de profondes trouées; ils furent écrasés à Savenay: à peine quelques mille hommes de cette grande émigration revirent la rive gauche. La Rochejacquelein périt obscurément. L'île de Noirmoutiers, dont Charrette s'était emparé, fut reprise, et ses troupes dispersées. La Vendée n'existait plus comme puissance; elle ne pouvait plus combattre en bataille rangée; elle était vaincue: restait à l'anéantir. Le général Thurreau l'entoura de seize camps retranchés, et douze colonnes mobiles, sous le nom de colonnes infernales, durent la parcourir en tous sens, traquant les révoltés, détruisant les récoltes, démolissant les maisons et incendiant les forêts.

Au nord, nos revers avaient cessé. Custine, qui ne put empêcher e blocus de Maubeuge et du Quesnoy, fut destitué et mis en jugement. Selon la coutume carthaginoise, tout général dut vaincre ou porter sa tête sur l'échafaud. Son successeur Houchard battit le duc d'York à Hondtschoot (8 septembre); puis, devenu suspect, il céda le commandement au Montagnard Jourdan. Le comité de salut public envoya ou maintint partout des généraux de son bord : Hoche et Pichegru à l'armée de la Moselle, Kellermann à l'armée des Alpes, et l'ennemi fut partout repoussé. Le 17 octobre, Jourdan força le prince de Cobourg dans son camp de Watignies, et reprit l'offensive. Pichegru marcha en avant, Kellermann défendit les Alpes, le brave Dagobert repoussa les Espagnols des Pyrénées. Carnot entrait au comité de salut public et commençait à organiser la victoire.

Les triomphes de l'extérieur ne firent que redoubler la terreur au centre. La malheureuse ville de Lyon fut livrée à toutes les horreurs d'une mitraillade quotidienne : « La terreur, écrivait Collot-d'Herbois, » est reçue à l'ordre du jour ; elle dépouille le crime de ses vêtemens » et de son or..... Nous sommes en défiance contre les larmes du re- » pentir. » Le canon, comme moyen plus expéditif d'extermination, remplaça la guillotine. Un jour Barrère monta à la tribune : « Le » nom de Lyon, dit-il, ne doit plus exister, vous l'appellerez *ville* » *affranchie,* et sur les ruines de cette infame cité, il sera élevé un » monument qui attestera le crime et la punition des ennemis de la » liberté. Ce seul mot dira tout : *Lyon fit la guerre à la liberté, Lyon* » *n'est plus.* » A Toulon, les massacres furent les mêmes; à Caen, à Marseille, à Bordeaux, le sang coula plus rarement, parce que la résistance avait moins coûté. A Paris, la mort de Marie-Antoinette fut un nouveau défi jeté à la face de l'Europe (16 octobre). Le duc d'Orléans, Philippe Égalité, de triste mémoire, expia sur l'échafaud l'apostasie de son nom (6 novembre). Le sage Bailly fut immolé comme un souvenir accusateur (11 novembre). Les vingt-un Girondins périrent victimes de leur *modérantisme* politique : Brissot, Vergniaux, Gensonné, Fonfrède, Ducos, Valazé, Lasource, Sillery, Gardien, Carra, Duprat, Beauvais, Duchatel, Mainvielle, Lacaze, Boileau, Lehardy, Antiboul, Vigée, Duperret, et Fauchet, évêque constitutionnel du Calvados. Ils moururent en criant Vive la république et en chantant la Marseillaise (31 octobre).

Les autres Girondins n'eurent pas une meilleure fin. Grangeneuve, Salles, Guadet et Barbaroux furent guillotinés à Bordeaux, Rabaut à Saint-Etienne, la belle madame Roland à Paris, Valady à Périgueux, Chambon à Lubersac. Pétion, Buzot et Roland se tuèrent dans les champs; Condorcet s'empoisonna. Barnave, Duport-Dutertre, les généraux Houchard, Custine, Biron, Beauharnais, furent immolés. Il n'y eut de sauvés que Louvet, Kervélégan, Lanjuinais, Henri Larivière et Laréveillère-Lépeaux.

C'est alors que fut constitué le gouvernement révolutionnaire, sur le rapport de Barrère (10 octobre). Les généraux, le conseil exécutif, les corps constitués, tout fut placé sous la surveillance immédiate du comité de salut public; tous les pouvoirs lui furent délégués. Dès lors Robespierre régna sans obstacle. Maître du comité par ses collègues Saint-Just, Couthon, Collot-d'Herbois, Billaud-Varennes, il neutralisa l'influence des Dantonistes, tels que Hérault de Séchelles et Robert-Lindet, gagna Barrère, relégua Carnot à la guerre, Cambon aux finances, Prieur de la Marne et Prieur de la Côte d'Or aux travaux administratifs; Saint Just s'occupait des dénonciations, Couthon de la rédaction des décrets, Barrère des rapports, Billaud-Varennes et Collot d'Herbois des missions départementales, et Robespierre avait l'œil à tout. C'était une dictature complète; aussi le gouvernement marcha-t-il vers son but avec un ensemble effrayant. « Il faut que
» le glaive des lois, disait Saint-Just, se promène partout avec ra-
» pidité, et que votre bras soit présent partout. » La guillotine parcourut donc la France, et les prisons reçurent deux cent mille nouveaux *suspects*. Le pain manquait, on décréta le *maximum*; l'argent ne paraissait plus, on émit de nouveaux assignats; la réquisition se ralentissait, on envoya de nouveaux représentans en province. Le club des Jacobins, où Robespierre n'avait pas de rival, maintenait une surveillance active et universelle.

Afin de rompre totalement avec le passé, le calendrier fut changé et le christianisme aboli. L'ère nouvelle data du 22 septembre 1792, de la fondation de la république. Il y eut douze mois de trente jours : *vendémiaire, brumaire, frimaire*, pour l'automne ; *nivôse, pluviôse, ventôse*, pour l'hiver ; *germinal, floréal, prairial*, pour le printemps ; *messidor, thermidor, fructidor*, pour l'été. Les cinq jours restans furent nommés *complémentaires*, ou *sans-culottides*, et durent être consacrés *au Génie, au Travail, aux Actions, aux Récompenses, à l'Opinion*. Chaque mois eut trois décades, chacune de dix jours, qui prirent le nom de leur rang d'ordre : *primidi, duodi, tridi, quartidi, quintidi, sextidi, septidi, octidi, nonidi, décadi*. Le décadi fut le jour du repos.

La commune n'eut pas assez de cette innovation, et fit décréter *le culte de la Raison et de la Nature*. C'était l'idée fixe du procureur de la commune Chaumette, de son substitut Hébert, du général Ronsin, du baron prussien Anacharsis Cloots, fanatique matérialiste, tous les idoles du bas peuple qui lisait avidement *le Père Duchesne*. Hébert parut à la barre de la Convention, avec l'évêque constitutionnel de Paris et son vicaire, qui abjurèrent le christianisme et proclamèrent le culte de la Raison ; on institua des fêtes, on porta en triomphe la déesse, qui était une belle jeune fille. Mais le triomphe de la commune ne fut pas long. Le régime municipal déplaisait à Robespierre, et il le laissa se perdre par ses folies. Le comité de salut public, placé entre les *ultra-révolutionnaires* de la trempe de Ronsin et d'Hébert et les *Dantonistes*, dont la fougue se modérait, résolut de les frapper tous. Danton et ses amis, Camille Desmoulins, Philipeaux, Lacroix, Fabre-d'Eglantine, Westermann, croyaient la république sauvée; ils réclamaient la proscription de la guillotine; ils voulaient rétablir l'ordre légal, casser le tribunal révolutionnaire, vider les prisons, dissoudre les comités. Camille Desmoulins, brillant et fougueux journaliste, commença à rédiger le *Vieux Cordelier*, où il attaquait sans ménagement le système de la terreur sous le voile de l'antiquité, et faisait un tableau effrayant du despotisme dictatorial. Danton, épris de sa femme, s'était retiré à Arcis-sur-Aube, on se hâta de le rappeler, et tout aussitôt la lutte fut engagée.

Robespierre, que personne n'inquiétait, dont la réputation de vertu était immense, ne s'était pas prononcé. Les modérés n'accusaient que Saint-Just, Billaud-Varennes et Collot d'Herbois. Danton le vit à son retour de la campagne, et tous deux parurent s'entendre. S'ils n'eussent été rivaux, le chef des Jacobins eût volontiers sacrifié la commune et les anarchistes défendus par ses collègues. Sa haine l'emporta; au lieu de s'unir à Danton, il fit cause commune avec le comité. Billaud, Collot et Saint-Just lui abandonnèrent les Hébertistes; il livra le parti dantonien. Quand le coup d'état fut préparé, il monta à la tribune de la Convention, et dénonça simultanément les deux partis. Saint-Just l'y suivit, pour déclamer contre les *Immoraux* (c'est ainsi qu'on appelait les Dantonistes, à cause de l'origine équivoque des richesses de Danton, de Chabot, de Fabre d'Eglantine), et contre les ultra-révolutionnaires; il mit la vertu et la probité à l'ordre du jour. La Convention accorda tout ce qu'on voulut; Hébert, Ronsin, Cloots, Vincent, Momoro, Dubuisson, Pereyra, Proly, arrêtés au sein des clubs, moururent en lâches (4 germinal). On licencia l'armée révolutionnaire; on obligea la commune à venir s'humilier à la barre; puis vint le tour des Dantonistes. Leur chef était prévenu. « Ils n'oseraient! » répondit-il, en répétant un mot célèbre dans l'histoire. Il ne fit rien pour se défendre. « J'aime mieux être guillotiné que guilloti-
» neur..... l'humanité m'ennuie. » On lui conseillait de fuir : « Est-ce
» qu'on emporte sa patrie à la semelle de son soulier? » Le 10 germinal ils furent arrêtés. La Convention, dans la stupeur, décréta leur accusation. Traduits devant le tribunal révolutionnaire, ils le firent trembler, tant leur parole était puissante sur le peuple; il fallut les mettre hors des débats. En entendant son arrêt de mort, Danton s'écria : « On nous immole à l'ambition de quelques lâches brigands;
» mais ils ne jouiront pas long-temps de leur victoire..... J'entraîne
» Robespierre ;.... Robespierre me suit. » Il fut guillotiné avec Camille Desmoulins, Philipeaux, Lacroix, Westermann, Chabot, Bazire, Fabre-d'Eglantine, Delaunay, Hérault de Séchelles, et quelques autres (16 germinal an II).

Les armes de la république prospéraient. Carnot avait essayé à Watignies la grande guerre, qui consistait à pousser une seule masse en avant, au lieu de disperser l'armée en une multitude de corps; Pichegru et Jourdan étaient chargés de l'exécution de son plan de campagne. Fidèles au vieux système, les Autrichiens marchèrent sur Péronne, sur Saint-Quentin, sur Arras, pour jeter l'alarme dans Paris. Pichegru les laissa faire, et envahit la Flandre à la tête de cinquante mille hommes, avec les généraux Moreau et Souham, tandis que l'armée de la Moselle, aux ordres de Jourdan, marchait à sa rencontre, vers Charleroi, par Arlon et Dinant. Cette manœuvre eut un plein succès. Clairfait et le duc d'York, vaincus à Courtrai et à Hoglède par Pichegru, se replièrent sur Anvers, puis sur Bréda, puis sur Bois-le-Duc, enfin au delà du Wahal. Jourdan gagna sur le prince de Cobourg la bataille de Fleurus, s'empara de Bonn, de Cologne, de Coblentz, et occupa le Luxembourg; Hoche, avec une autre division de l'armée de la Moselle, poussa devant lui Brunswick et Wurmser, les chassa de Haguenau, des lignes de la Lauter, et les rejeta au delà du Rhin, en faisant capituler Worms et Spire; il ne resta plus aux coalisés que Mayence et Manheim, sur la rive gauche du Rhin. Aux Alpes on resta sur la défensive; aux Pyrénées les Espagnols furent refoulés. Dugommier pénétra dans la Péninsule par la Catalogne, Moncey par la vallée de Bastan, et se rendit maître de Saint-Sébastien et de Fontarabie.

Tel était l'état de la guerre au commencement de thermidor an II (juillet 1794). Ainsi le comité de salut public avait eu beau jeu à l'intérieur. La terreur avait redoublé. Pour se débarrasser des détenus, on avait inventé les conspirations des prisons, et on guillotinait en masse. A Nantes, le proconsul Carrier; à Arras, Joseph Lebon; à Orange, Maignet, noyaient ou égorgeaient par milliers. « Il n'y a que les morts qui ne reviennent pas, disait Barrère. — Plus le corps social transpire, plus il devient sain, reprenait Couthon. » A Orléans, le massacre fut général; à Verdun, dix-sept jeunes filles expièrent par leur mort le crime d'avoir dansé avec les Prussiens. A Paris, les maréchaux de Noailles et de Maillé, le chimiste Lavoisier, le vénérable Lamoignon de Malesherbes, les ministres Machaud et Laverde, trois constituans, d'Éprémesnil, Thouret, Chapelier, Madame Elisabeth de France, ne purent échapper. On attendait avec impatience la fête de l'Etre-Suprême, comme le terme des exécutions, sur quelques vagues paroles de Robespierre. Comme il fallait quelque chose à la place de la Raison, la Convention, sur le rapport de Robespierre, avait reconnu l'existence de Dieu et l'immortalité de l'âme; on avait créé des fêtes décadaires à la *Vérité*, à la *Justice*, à la *Pudeur*, à l'*Amitié*, à la *Frugalité*, à la *Bonne Foi*, au *Malheur*. Le 20 prairial fut inauguré le culte de l'Etre-Suprême. Le dictateur fut élu président de l'assemblée : pontife improvisé, il s'avança vers l'autel dans un brillant costume, tenant des fleurs et des épis à la main; ses collègues marchaient à quinze pas derrière; la joie éclatait sur ses traits et dans son maintien : « Peuple, dit-il, livrons-nous aujourd'hui aux

» transports d'une pure allégresse, demain nous combattrons encore
» les vices et les tyrans. »

Le lendemain, Couthon présenta une loi épouvantable qui mettait la France entière sous le couteau de Fouquier-Tainville, en supprimant les défenseurs. « La loi donne pour défenseurs aux patriotes calomniés des jurés patriotes; elle n'en accorde point aux conspirateurs. » Ainsi la seule loi des jurés était leur conscience. La Convention essaya de résister : « Si cette loi passe, s'écria Ruamps, il ne nous reste plus qu'à nous brûler la cervelle : je demande l'ajournement. » Merlin et Bourdon de l'Oise l'appuyèrent. L'apparition de Robespierre à la tribune fit taire la Montagne. Tout fut adopté. Mais des symptômes de dissension s'introduisaient dans le comité de salut public : Robespierre, Saint-Just et Couthon formaient un triumvirat redoutable; Billaud-Varennes et Collot-d'Herbois voyaient s'amoindrir leur influence personnelle; les membres du comité de sûreté générale, Amar, Vadier, Vouland, regrettaient les Hébertistes. Dans la Convention, Tallien, Bourdon de l'Oise, Legendre, avaient à cœur de venger Danton et ses amis. Robespierre savait leurs menées, s'en irritait, et n'attendait que l'occasion de les envoyer à la guillotine. Ils résolurent de le prévenir. On commença pas l'accuser tout bas de tyrannie; on lui donnait le nom de Pisistrate; on se moqua de sa déification dans le club des Jacobins qui l'avaient surnommé *le bon génie de la république*, et dans les mystérieuses réunions d'une vieille fanatique, Catherine Théot, qui l'appelait son fils. Catherine et son apôtre, l'ex-chartreux dom Gerle, furent envoyés à la mort en dépit de lui. Le chef des Jacobins, profondément aigri, cessa de paraître au comité, se renferma dans le club de la société, et rappela des armées Saint-Just que les conjurés tâchèrent en vain de gagner. Le 8 thermidor, il dénonça à la tribune la politique des comités et les doubles intrigues du modérantisme et de l'anarchie; on l'écouta froidement. Au sortir de là, il se rendit aux Jacobins, et fut reçu avec enthousiasme. Tout se prépara pour le lendemain. Le 9 thermidor, la séance fut orageuse, mais décisive. « Oser, avait dit Saint-Just, avec son calme ordinaire, c'est tout le secret des révolutions. » Mais il était trop tard. Saint-Just voulut parler, Tallien l'interrompit avec violence. Billaud-Varennes attaqua Robespierre, qui voulut s'élancer à la tribune. Les cris : « *A bas le tyran! à bas le tyran!* » couvrirent sa voix: Tallien, un poignard à la main, menaçait *le nouveau Cromwell*, et faisait décréter l'arrestation d'Henriot et la permanence de la Convention. Le président Thuriot agitait sa sonnette : « Président des assassins, lui cria Robespierre, me donneras-tu la parole? » Ses efforts l'avaient épuisé, la droite et la Plaine, à l'équité desquelles il s'adressait, refusaient de l'entendre; son visage était livide sa bouche écumait. « Malheureux, lui dit un Montagnard, le sang de Danton t'étouffe. » Son arrestation fut votée à l'unanimité, avec celle de Couthon et Saint-Just; son frère et Lebas voulurent partager son sort.

Il se laissa emmener en disant : « La république est perdue, les brigands triomphent. » Le triomphe n'était complet qu'au dedans de la salle. Les Jacobins s'étaient déclarés en permanence ; le maire Fleuriot et l'agent national Payan délibéraient à la commune ; Henriot parcourait les rues, le sabre à la main, en criant *aux armes!* Deux conventionnels le firent saisir dans la rue Saint-Honoré par des gendarmes. Mais la commune fit délivrer Robespierre et ses collègues. Coffinhal, avec deux cents canonniers, enleva Henriot détenu au comité de sûreté générale. On marcha sur la Convention ; le péril était extrême, le président se couvrit en signe de détresse ; tous jurèrent de mourir à leur poste. Barras et Fréron, nommés commandans de la force armée, marchèrent au devant des insurgés : les canonniers refusèrent de tirer sur les Tuileries. Henriot, mis *hors la loi,* se replia sur l'hôtel de ville pour ranimer l'insurrection. En ce moment les sections arrivaient au secours de l'assemblée, et se dirigeaient en colonnes profondes sur la commune ; leur arrivée dispersa les révolutionnaires, et l'hôtel de ville fut cerné aux cris de *vive la Convention!* Partez, » avait dit le président aux sectionnaires, afin que le jour ne paraisse » pas avant que la tête des conspirateurs soit tombée. » La commune fut mise hors la loi ; il était minuit, on pénétra dans la salle des délibérations. Robespierre se fracassa la mâchoire d'un coup de pistolet ; Lebas plus heureux se tua, Robespierre jeune sauta d'un troisième étage sans pouvoir mourir ; Saint-Just attendit avec calme, Couthon se cacha sous une table, Coffinhal jeta Henriot dans un égout, en le traitant de lâche. Le lendemain, une foule immense les accompagnait au lieu du supplice ; Robespierre était hideux, à cause de sa blessure ; leurs têtes tombèrent au bruit des applaudissemens (10 thermidor an II, 28 juillet 1794).

Du 9 thermidor an II au 18 brumaire an VIII (9 novembre 1799).

La chute de Robespierre donna le signal de la réaction. Parvenu à son dernier terme, le mouvement révolutionnaire s'arrêta, et finit par se faire en sens inverse. Ce ne fut pas la vue du sang qui détermina le 9 thermidor, mais le bourreau social une fois mort, il fallut bien que l'instrument de meurtre se reposât. Quand le tyran fut abattu, la Convention se divisa en deux partis, les thermidoriens et les restes des comités, Tallien et Legendre, Billaud-Varennes et Collot-d'Herbois. Les premiers avaient pour eux les sections et l'opinion ; les seconds, le club des Jacobins épurés et les faubourgs. Les rôles changeaient ; jusqu'alors les révolutionnaires avaient attaqué pour marcher en avant, il leur fallut désormais attaquer pour se défendre.

Dans les premiers jours du triomphe, soixante-douze membres de la commune périrent sur l'échafaud ; on vida les prisons ; on destitua les membres du tribunal révolutionnaire ; on rapporta la loi du 22 prairial ; on réorganisa les deux comités, en diminuant leurs pouvoirs ;

on réduisit les assemblées quotidiennes des sections à une seule par décade; on retira aux indigens les quarante sous de solde, qui leur permettaient d'y assister; Lecointre de Versailles dénonça à la tribune Billaud, Collot, Barrère, Vadier, Amar et Vouland, et son accusation, bien que déclarée calomnieuse, prépara les esprits à des mesures violentes contre eux. « Le lion dort, disait dédaigneusement Billaud-Varennes aux Jacobins, mais son réveil sera terrible. » Déjà ce club célèbre ne pouvait plus entretenir des affiliations et des correspondances avec les sociétés secondaires ; la haine était grande contre lui, et le thermidorien Fréron s'était fait l'écho de l'indignation publique dans sa feuille de l'*Orateur du peuple*. Le journaliste ne marchait qu'entouré d'une jeunesse nombreuse, qui protestait par sa politesse, par l'élégance de ses vêtemens, par des cris furibonds contre les terroristes. Les Jacobins dominaient aux Tuileries, la jeunesse *dorée* au Palais-Royal. Le *costume à la victime* et le bonnet rouge étaient les signes de ralliement. C'étaient tous les jours dans Paris des échauffourées violentes, des escarmouches à coups de bâtons plombés. Les Jacobins eurent enfin le dessous. Le lieu de leurs séances fut attaqué et pris de vive force aux cris de vive la Convention ! à bas les terroristes ! Le lendemain, les commissaires de l'assemblée vinrent mettre le scellé sur les registres et fermer les portes en son nom. La société des Jacobins était dissoute.

Toute mesure qui devait atteindre les agens ou favoriser les proscrits de la terreur était votée par acclamation. On décréta d'accusation Fouquier-Tainville, Joseph Lebon et Carrier, dont les atrocités étaient patentes, et la guillotine en fit justice. On rappela dans le sein de l'assemblée les soixante-treize députés qui avaient protesté contre le 31 mai ; on abolit les décrets contre les prêtres et les nobles ; on décréta la liberté des cultes ; le buste de Marat, qui se trouvait partout, fut brisé dans les rues, chassé du Panthéon et de la salle des séances ; on rapporta la loi du *maximum*, qui en définitive avait été une loi nécessaire, et cette dernière résolution détermina la révolte du 1er prairial. L'émission des assignats avait dépassé le taux énorme de huit milliards ; dépréciés en raison de leur nombre, et du peu de valeur du gage sur lequel ils reposaient, les biens nationaux, la terreur les avait soutenus ; le *maximum*, qui fixait leur taux légal dans les achats et les ventes, leur donnait une valeur factice, que les marchands n'éludaient qu'en affrontant des lois sévères. Aussitôt que l'abolition du maximum fut décrétée, le papier-monnaie descendit au quinzième de sa valeur nominale ; le numéraire se cacha, et l'agiotage le plus effréné augmenta la misère publique. Les marchands, accaparant les subsistances, les vendirent au poids de l'or, et se vengèrent ainsi de l'oppression des lois antérieures. Pour les familles aisées le mal n'était pas grand ; mais le peuple, dont le travail était payé en papier-monnaie, au taux de l'émission, mourait de faim, et se prenait à regretter le pain gratuit du comité de salut public.

C'était le moment où la Convention venait de décréter d'arrestation Billaud-Varennes, Collot-d'Herbois, Barrère et Vadier (12 ventôse). Leurs partisans profitèrent de la disette publique pour ameuter la populace des faubourgs et la lancer sur la Convention, en criant *du pain! la constitution de 93! la liberté des patriotes détenus!* Cette première émeute ne réussit pas, malgré les efforts des *Crétois*, nom qu'on donnait à la crête de la Montagne; les sections dispersèrent les insurgés. Le 12 germinal, nouvelle tentative, encore repoussée par les sectionnaires, et qui amena la proscription de plusieurs députés montagnards, dont on avait remarqué la connivence avec les gens des faubourgs. Les accusés des comités furent condamnés à la déportation; Cambon, Ruamps, Léonard, Bourdon, Thuriot, Chasle, Amar et Lecointre, redevenus Montagnards, furent conduits au château de Ham. L'insurrection du 1er prairial (20 avril 1795) fut la dernière des anarchistes, mais aussi la plus terrible. Le rétablissement de la constitution de 93 et la famine en furent le prétexte. L'agitation régnait dans les faubourgs. *Au nom du peuple insurgé pour obtenir du pain et reprendre ses droits*, les révolutionnaires décrétèrent la destitution des membres actuels du comité, la mise en liberté des patriotes, l'établissement de la constitution de 93, la convocation des assemblées primaires pour le 25 prairial, et celle d'une assemblée législative pour le 25 messidor, la suspension de toute autorité non émanée du peuple, l'abolition du gouvernement révolutionnaire, la création d'une municipalité nouvelle, d'où devaient partir les ordres insurrectionnels. Le télégraphe, le tocsin, le canon d'alarme, réuniraient les vrais patriotes; les armes ne seraient déposées qu'après avoir assuré la subsistance, le bonheur et la liberté de tous les Français. Une masse de peuple sortie du faubourg Antoine se précipita sur les quais et entoura les Tuileries. La Convention se trouva prise au dépourvu : on sonna le tocsin pour réunir les sectionnaires; mais avant leur arrivée, il se passa d'épouvantables scènes. Les révoltés avaient enfoncé les portes et envahi les tribunes, en demandant du pain et la constitution de 93; bientôt même ils pénétrèrent dans l'enceinte de l'assemblée. Le député Auguis chargea les assaillans à la tête des gendarmes et des vétérans; il fut repoussé. Le jeune Féraud, foulé aux pieds, reçut un coup de pistolet dans l'épaule; sa tête portée au bout d'une pique fut présentée au président Boissy-d'Anglas, qui la salua avec respect, entre deux haies de baïonnettes. Sa position était terrible au milieu d'une populace furieuse, d'une légion de femmes ivres. Les plus exaltés de la *Crête* donnèrent un moment de répit à l'assemblée, en s'emparant des bureaux et en votant seuls les articles du manifeste des Jacobins aux acclamations de la populace. Mais les sections s'étaient réunies et débouchaient par le Carrousel; Legendre, Auguis, Kervélégan, entrèrent au pas de charge, en refoulant les insurgés. Le peuple évacua la salle en désordre; les membres qui avaient fui reprirent leurs places, et annulèrent tout ce qui s'était fait pendant leur absence. On décréta d'arrestation quatorze députés montagnards qui avaient légalisé l'insurrection. A cinq heures du matin ils n'étaient plus dans Paris. Le lendemain, les révolutionnaires revinrent en force avec du canon ; les sections se placèrent devant les Tuileries, et le combat allait s'engager, lorsqu'on parvint à s'entendre, et on fraternisa. Le 1er prairial, l'assassin de Féraud allait à la guillotine ; une nouvelle insurrection le fit échapper. Alors la Convention cerna les faubourgs avec vingt mille hommes, et opéra le désarmement sans résistance. Le parti était mort. Six des quatorze Montagnards du 1er prairial, traduits devant une commission, et condamnés à être fusillés, se frappèrent avec le même couteau devant le tribunal : Goujon, Bourbotte, Romme, Duroy, Duquesnay et Soubrany.

Nos armées avaient appris avec regret la révolution du 9 thermidor, qui pouvait détruire le gouvernement populaire ; mais on ne les consulta pas, et la délibération d'ailleurs était impossible en face de l'ennemi. Au cœur de l'hiver, Pichegru envahit la Hollande, poussant devant lui les Anglo-Bataves du stathouder, traversant les fleuves sur la glace, s'emparant des flottes avec la cavalerie. Le prince d'Orange fut obligé de s'embarquer pour l'Angleterre. Leyde, Amsterdam, La Haye, Utrecht, tout se rendit sans sommation. La Hollande devint la république batave, avec une constitution démocratique, sous la protection de la France, à laquelle elle céda la Flandre hollandaise, Maëstricht, Venloo et leurs dépendances (18 mai 1795). Le lendemain, un second traité nous garantit la neutralité de la Prusse, que nos troupes menaçaient à la fois par le Rhin et par les Pays-Bas. Aux Pyrénées, mêmes succès. Dugommier avait battu les Espagnols à la montagne Noire, où il périt frappé d'un obus ; son successeur, Pérignon, s'empara de Figuières, de Roses, et s'avança dans la Catalogne ; Moncey prit Villa-Réal, Bilbao, Vittoria, et fit mine d'envahir la Vieille-Castille ; le cabinet de Madrid eut peur, et se résolut à la paix. Le traité du 6 juillet garantit à la France la possession de l'île entière de St-Domingue en échange de ses conquêtes ; les armées des Pyrénées allèrent renforcer l'armée des Alpes, qui bientôt descendit dans le Piémont.

L'Angleterre n'avait donc plus d'espoir de détruire la révolution par les coalisés ; elle changea de politique, et songea à favoriser les intrigues de l'intérieur. Le moment était favorable : les royalistes relevaient la tête ; ils se montraient partout, dans les clubs, dans les assemblées en plein air, dans les sections. La Convention, à laquelle on s'était rallié dans la journée du 1er prairial, devint à son tour le but de la haine publique. On lui reprocha toutes les mesures violentes, toutes les proscriptions du comité de salut public ; le journalisme renaissant se déclara contre elle ; Charles de Lacretelle, la Harpe, Marchena, Richer de Serisy, Tronçon du Coudray, en étaient les principaux organes ; la jeunesse dorée parcourut les boulevarts en chantant le *Réveil du peuple*, qu'on avait substitué à *la Marseillaise*, et en criant *haro sur les terroristes*. On appelait cette promenade *la chasse aux Jacobins*. A Paris, la réaction se borna à des cris et à des attroupemens tumultueux, grace à la présence des troupes conventionnelles. Mais dans le midi, de grands excès furent commis; l'assassinat fut organisé par les compagnies de *Jésus* et du *Soleil*. A Lyon, à Aix, à Tarascon, à Marseille, il suffisait aux réacteurs d'un mot, pour massacrer un homme : « *Voilà un matavon !* » disait-on, et on le précipitait dans le Rhône. On septembrisa dans les prisons tous les agens du régime de la terreur. En Vendée, une pacification momentanée avait eu lieu avec les débris des insurgés : Charrette et Stofflet s'étaient soumis; Charrette avait même fait à Nantes une entrée triomphale. Le jeune Hoche préparait habilement les esprits au gouvernement républicain, lorsque l'expédition de Quiberon vint rallumer la guerre. Le marquis de Puisaye, qui possédait une grande influence en Bretagne et la confiance de Pitt, obtint les secours de l'Angleterre. L'amiral Bridfort partit avec deux divisions d'émigrés aux ordres de d'Hervilly et de Sombreuil, battit Villaret-Joyeuse à la hauteur de Belle-Isle, et débarqua Puisaye dans la presqu'île de Quiberon, en embossant ses vaisseaux dans la baie, de manière à les protéger de ses batteries. Le fort Penthièvre, situé à l'extrémité de la presqu'île, fut pris d'assaut; mais au lieu de s'avancer rapidement dans l'intérieur et de soulever les chouans, ils s'amusèrent à se fortifier en attendant des secours. Hoche accourut, et fit aussitôt établir à l'entrée de l'isthme une redoute formidable, contre laquelle vinrent se briser tous les efforts des émigrés; puis il attaqua à son tour, et tourna l'armée ennemie dont la défense fut opiniâtre. La trahison des prisonniers républicains, qui s'étaient incorporés dans le régiment de d'Hervilly, décida la victoire. Sombreuil capitula avec huit cents des siens, et Tallien, méconnaissant la capitulation, les fit tous fusiller, d'après les ordres de la Convention. C'était l'élite de l'ancienne marine française. Dès lors tout espoir de retour à main armée fut perdu pour les royalistes. Un seul moyen restait : s'introduire dans les sections, les agiter, les soulever contre la Convention; ainsi seulement était possible la contre-révolution.

La constitution de l'an III venait d'être proclamée. Le pouvoir législatif devait résider dans les conseils des *Cinq-Cents* et des *Anciens*, élus dans les assemblées électorales, que l'on formait dans les assemblées primaires, où le vote n'appartenait plus à tout citoyen, où la qualité d'électeur supposait certaines conditions de propriété. L'élection eut donc deux degrés. Le pouvoir exécutif appartenait à un Directoire de cinq membres. Le conseil des Cinq-Cents présentait les lois, les discutait, proposait les candidats qui prétendaient au Directoire, et le conseil des Anciens adoptait, rejetait, ou modifiait. Le premier se composait de cinq cents membres, âgés de trente ans au moins; le second, de deux cent cinquante, âgés de quarante ans. Chaque directeur, président pour trois mois, possédait alors la signature et les sceaux;

le Directoire se renouvelait tous les ans par cinquième; il siégeait au Luxembourg; il avait une garde, une sorte de liste civile; on n'avait pas osé nommer un président unique, tant on avait peur de la royauté.

L'œuvre constituée, il fallait la défendre contre la réaction, et si la Convention se retirait en masse, il était hors de doute que l'opinion des représentans élus sous l'influence du moment se déclarerait contre elle. Les décrets des 5 et 13 fructidor y pourvurent. Le premier décida que les deux tiers des conventionnels seraient réélus; le second fixa le mode de la réélection. La France, consultée dans les assemblées primaires, accepta tout, constitutions et décrets, à une grande majorité; les sections de Paris ratifièrent la constitution, mais repoussèrent les décrets. Forte de l'approbation des départemens, la Convention se mit en devoir de former le nouveau gouvernement (1er vendémiaire). Le journalisme parisien était furieux; la bourgeoisie armée avait nommé ses électeurs et méconnaissait le pouvoir de l'assemblée. La section Lepelletier, la plus ardente de toutes, organisait l'insurrection sous le nom de comité central; le 11 vendémiaire, les électeurs se constituèrent sous la présidence du duc de Nivernais, pour l'élection des membres de la législature. La Convention vit le danger, et se déclara en permanence. Le camp des Sablons fut appelé à Paris; on arma dix-huit cents patriotes, on cassa le collège des électeurs. Le 12 vendémiaire, la lutte commença. Le général Menou, à la tête des conventionnels, s'avança dans la rue Vivienne jusqu'au couvent des Filles-St-Thomas, où était le rendez-vous des insurgés. On s'aboucha de part et d'autre; il fut convenu que les sectionnaires se disperseraient: mais ce n'était qu'une feinte; aussitôt que le général Menou se fut retiré, ils revinrent en force et crièrent victoire gagnée. L'assemblée fut mécontente, et nomma Barras commandant en chef, en lui permettant de s'adjoindre le jeune officier de Toulon, Bonaparte, destitué comme terroriste par le représentant Aubry, dans sa tournée militaire. Bonaparte fit des dispositions savantes; il entoura la Convention d'une formidable artillerie, et mitrailla les sections, quand elles s'avancèrent, sous les ordres des généraux Danican, Duhoux, et de l'ex-garde-du-corps Lafon, par le Pont-Royal et la rue Saint-Honoré. A sept heures du soir, les sections étaient en pleine déroute. La section Lepelletier fut désarmée le lendemain, et les autres ne firent aucune démonstration en sa faveur.

La Convention usa avec modération de son triomphe, et se borna à choisir les cinq directeurs parmi les régicides, en réponse aux élections du nouveau tiers. Laréveillère-Lépeaux, Sieyes, Rewbell, Letourneur et Barras entrèrent au conseil exécutif; Sieyes refusa et fut remplacé par Carnot. Enfin, le 4 brumaire an IV, la Convention acheva son sanglant et glorieux règne, et déclara sa session terminée. Elle avait voté la mort de Louis XVI et créé le terrible comité de salut public, mais elle avait repoussé l'étranger et consolidé l'œuvre révolutionnaire.

Directoire.

« Lorsque les directeurs, dit Charles Bailleul (1), entrèrent dans le Luxembourg, il n'y avait pas un meuble. Dans un cabinet, autour d'une petite table boiteuse, l'un des pieds étant rongé de vétusté, sur laquelle table ils déposèrent un cahier de papier à lettre et une écritoire à calumet, qu'heureusement ils avaient eu la précaution de prendre au comité de salut public, assis sur quatre chaises de paille, en face de quelques bûches mal allumées, le tout emprunté au concierge Dupont, qui croirait que c'est dans cet équipage que les membres du nouveau gouvernement, après avoir examiné toutes les difficultés, je dirai plus, l'horreur de leur situation, arrêtèrent qu'ils feraient face à tous les obstacles, qu'ils périraient ou qu'ils sortiraient la France de l'abîme où elle était plongée! Ils rédigèrent sur une feuille de papier à lettre l'acte par lequel ils osèrent se déclarer constitués; acte qu'ils adressèrent aussitôt aux assemblées législatives. »

Ce tableau si simple montre à nu l'extrême pénurie du gouvernement. Le trésor était vide, la famine permanente; les armées n'avaient plus de souliers; les généraux et les employés plus d'appointemens. Trente-huit milliards d'assignats avaient été émis, et plus de la moitié des biens nationaux vendus, pour subvenir aux dépenses extraordinaires; les courriers restaient en arrière, faute d'argent. La tâche des directeurs était rude; ils l'abordèrent franchement, et se posèrent avec fermeté entre les patriotes et les réactionnaires. En quelques mois, le gouvernement fut solidement constitué; le travail et la confiance reparurent; la circulation se rétablit; Paris, approvisionné jusqu'alors par voie d'autorité, parvint à se nourrir tout seul. Le Directoire s'était partagé les travaux. Laréveillère-Lépeaux, la meilleure tête du conseil, avait dans ses attributions la partie morale, l'éducation, les sciences et les arts; Rewbell, homme de lois, doué d'une immense activité, les finances, la justice, et les relations extérieures; Barras; esprit médiocre, paresseux, mais hardi et intrigant, la police; le systématique Carnot, la guerre; Letourneur, homme capable et résolu, la marine et les colonies. L'amélioration des opinions était sensible; la multitude n'allait plus aux clubs et retournait à l'agriculture; les manufactures se créaient; les arts se perfectionnaient dans les expositions publiques; on établissait l'Institut national, les écoles primaires, centrales et normales. A côté de tout ce bien, il y eut un grain de ridicule qui fut causé par l'exaltation mystique du sage Laréveillère. Le culte de la *Théophilanthropie* prêta au rire et à la critique, et ne fut accueilli de personne. La société d'alors ne voulait pas plus du déisme que de la raison, de l'être suprême, ou même du christia-

---

(1) *Examen critique des considérations de Mme de Staël sur la révolution française.*

nisme. On voulait jouir dès ce bas-monde. La terreur avait produit une sorte d'effet moral, en mettant la vertu à l'ordre du jour ; en haine de la terreur, on voua un culte au luxe et au plaisir, et le voluptueux Barras autorisa la licence publique de son exemple. Ses salons devinrent le rendez-vous des agioteurs, des cyniques et des femmes galantes de l'époque. La disette pourtant, moins pressante pour le peuple, n'avait pas disparu, comme par enchantement, des caisses du trésor, le besoin d'argent nécessita quelques mesures violentes. Les conseils décrétèrent un emprunt forcé sur les riches, qui ne réussit pas. Alors on remplaça les assignats par les *mandats territoriaux*, papier-monnaie de même sorte, qui avait sur eux un avantage, en ce qu'il avait pour gage actuel et forcé les biens nationaux, contre lesquels on pouvait l'échanger ; ils servirent à retirer les assignats, sur le pied de trente assignats pour un mandat ; puis le discrédit fut le même, et le gouvernement fut conduit à l'énorme banqueroute de trente-trois milliards, qui ramena le numéraire.

L'état des armées n'était guère meilleur. Pichegru, général de l'armée du Rhin, venait de se méprendre, comme Dumouriez, sur la grandeur de son rôle militaire ; et, chose étrange, c'était après la conquête des Pays-Bas que tous deux avaient conçu leurs projets contre les révolutionnaires. Pichegru entretenait une correspondance active avec le prince de Condé ; on ne fut pas d'accord sur les conditions ; mais le général se laissa battre à Heidelberg, évacua Manheim, leva avec perte le siège de Mayence, et se retira, laissant les flancs de l'armée de Sambre et Meuse, aux ordres de Jourdan, à découvert devant l'ennemi. En Italie, Schérer et Kellermann, dépourvus d'habits, de munitions et de vivres, se maintenaient avec peine sur la défensive. Le Directoire changea la face des choses. Jourdan conserva le commandement de l'armée de Sambre et Meuse ; Moreau remplaça Pichegru, qui se retira à Arbois, après avoir refusé l'ambassade de Suède ; Bonaparte alla réorganiser la malheureuse armée des Alpes. Le plan de campagne de Carnot était vaste. Trois armées devaient déboucher en Allemagne, et marcher de front sur Vienne, en écrasant l'ennemi sur tous les points. Hoche obtint en Vendée une sorte de dictature militaire, dont il usa avec une habileté consommée. Depuis Quiberon, Stofflet et Charrette luttaient seuls contre la république. Le dernier venait, pour la première fois, d'entrer en communication avec les Bourbons, et son ardeur était ranimée. Son jeune adversaire employa un système de conciliation qui lui réussit parfaitement. Il flatta les prêtres, sépara leur cause de celle du royalisme ; il supprima les colonnes infernales et respecta la propriété. Stofflet et Charrette se virent en quelques jours abandonnés de toutes leurs troupes. Traqués avec persévérance, ils furent pris, et moururent avec courage, le premier à Angers, le second à Nantes qui avait vu son triomphe. George Cadoudal agitait le Morbihan ; Hoche le força à repasser en Angleterre, et dès ce jour la Vendée fut pacifiée.

Mais la lutte des opinions formait un cercle vicieux sans issue. A peine le royalisme était-il comprimé, que l'on avait affaire aux patriotes de 93. Après les journées de vendémiaire, le club du Panthéon se rouvrit, et les Jacobins allèrent y déclamer contre l'apostasie des conseils, membres pour la plupart de la Convention, complices du despotisme de la terreur, et réactionnaires de thermidor. Leur chef était un fanatique à vues hardies, Gracchus Babœuf qui s'appelait lui-même *le tribun du peuple,* et préparait dans son journal au règne du bonheur commun. Tant qu'ils ne sortirent pas des bornes de la légalité, le Directoire les laissa subsister, en les opposant au club de Clichy, qui, formé des royalistes ardens, avait recueilli la célébrité du club des Jacobins. Mais les séances se prolongeant dans la nuit, les délibérations ayant lieu le poignard à la main, la société du Panthéon fut dissoute (8 ventôse an IV). Les démocrates ne s'effrayèrent pas, et séduisirent *la légion de police.* Cette légion fut cassée et désarmée. Enfin ils organisèrent *un comité insurrecteur de salut public,* dans une salle qu'ils nommaient *le temple de la Raison,* et tentèrent de gagner les troupes du camp de Grenelle, en s'abouchant avec le capitaine Grisel. Grisel les dénonça la veille du jour fixé pour le mouvement. Babœuf et ses complices furent saisis et envoyés devant la haute cour de Vendôme; leur projet était d'établir la loi agraire, *leur bonheur commun,* la liberté, l'égalité, et la constitution de 93 (22 floréal). Le 13 fructidor, leurs partisans se portèrent au camp de Grenelle dans la nuit, en criant : *Vive la république et la constitution de 93!* Le commandant Malo monta à cheval à demi vêtu, et ses dragons firent sur les insurgés une charge meurtrière. La commission militaire devant laquelle ils furent traduits en condamna trente-un à la mort, trente à la déportation, vingt-cinq à la détention. Babœuf, condamné avec Darthé, ancien secrétaire de Lebon, se frappa d'un coup de poignard. La déportation fit justice du reste.

La conspiration royaliste de l'abbé Brothier, de La Villeheurnois et de Dunan, ne fut pas plus heureuse. Le commandant Malo, du camp de Grenelle, auquel ils s'étaient adressés, les dénonça aux conseils. Ils furent traduits devant les tribunaux civils, et les juges choisis dans les sections ne les condamnèrent que pour la forme à une peine légère. Dès lors la lutte devint légale, et s'engagea entre le Directoire et les électeurs.

Bonaparte tournait en ce moment les Alpes, et descendait en Italie avec une armée de trente mille hommes, dénuée de tout, mais pleine d'enthousiasme, parce qu'elle se sentait au moment de faire de grandes choses. Les coalisés austro-sardes étaient quatre-vingt-dix mille, aux ordres de Beaulieu et de Colli. Le jeune général se porta au centre de l'armée ennemie, et la culbuta à Montenotte, à Millesimo; il sépara les Piémontais des Autrichiens : Beaulieu se replia sur Milan, Colli sur Turin. Bonaparte, en s'avançant au cœur de l'Italie, ne voulait pas laisser d'ennemi sur ses derrières; atteint à Mondovi,

Colli essuya une nouvelle défaite, et la cour de Turin, effrayée de la hardiesse des Français, se hâta de conclure un armistice à Chérasque, qui fut bientôt suivi de la paix, signée à Paris le 18 mai 1796. Le roi de Sardaigne céda la Savoie, les comtés de Nice et de Trente, démolit les forteresses de Suze et de la Brunette, et permit l'occupation d'Alexandrie, à l'entrée du Milanais. Ce traité mettait en disponibilité l'armée des Alpes aux ordres de Kellermann. Après en avoir fini avec le Piémont, Bonaparte retourna vers la Lombardie, passa le Pô à Plaisance, au moyen d'une fausse manœuvre, et emporta de vive force le pont de Lodi. Milan ouvrit ses portes, Beaulieu se retira vers l'Adige, en abandonnant Crémone, Pavie, Como, Cassano, et fut poussé, la baïonnette dans les reins, jusque dans les gorges du Tyrol. « C'est » sur l'Adige, disait le vainqueur, qu'il faut défendre l'Italie. » Son génie prévoyait que tous les efforts de l'Autriche tendraient à reprendre cette ligne, et il s'y établissait d'une manière solide, tout en s'occupant d'organiser la république cisalpine, et d'effrayer l'aristocratie italienne. Gênes se soumit à la révision de sa constitution; le duc de Modène se réfugia à Venise, laissant dix millions dans son trésor; Livourne envoya six cents réfugiés corses pour révolutionner l'île, et en chasser les Anglais auxquels Paoli l'avait livrée. Le pape promit vingt et un millions, et cent tableaux magnifiques; le roi de Naples, six millions.

Cependant l'Autriche envoyait le vieux Wurmser débloquer Mantoue et reconquérir l'Italie. Le général français mandait au Directoire messages sur messages pour presser les renforts; mais, ne voyant rien arriver, il résolut de se suffire à lui-même. Son armée était excellente et pleine d'ardeur; ses généraux tous de premier ordre : Augereau, Masséna, Serrurier, Laharpe, Joubert, Murat, Belliard, Berthier, le colonel Rampon, le chef d'escadron Lannes. Wurmser fut culbuté dans les journées de Castiglione et de Lonato; une manœuvre hardie le rapprocha de Mantoue, sur laquelle il pouvait au besoin s'appuyer, en attendant l'arrivée d'Alvinzi, qui traversait les montagnes du Tyrol à la tête de cinquante mille Hongrois : mais les victoires d'Arcole et de Rivoli sur Alvinzi le réduisirent à se jeter dans la place et à capituler (2 février 1797).

La destruction de la seconde et de la troisième armée autrichienne donna quelque répit à Bonaparte, et lui permit de s'occuper des gouvernemens italiens. Le Piémont, qu'il ne voulut pas détruire, fut annihilé; le Milanais, constitué en république cisalpine, sous la protection de la France; le grand-duc de Toscane, les princes de Parme et de Modène furent épuisés par des contributions. Le pape, qui avait pris les armes à l'arrivée de Wurmser, paya ses vingt et un millions et acheta la paix par la cession de la Romagne, du Bolonais et du Ferrarais. Le général fut distrait de ses soins politiques par l'arrivée du prince Charles, qui, après avoir défendu le Danube contre Jourdan et Moreau, venait arrêter l'armée d'Italie au passage du Tyrol.

Selon le plan de Carnot, les deux armées du Rhin et de Sambre et Meuse avaient pris l'offensive, et marché sur Vienne en suivant les deux vallées du Danube et du Necker. L'Autriche se croyait perdue. Moreau, vainqueur dans quatre combats consécutifs, était entré dans Ulm et Augsbourg, avait passé le Leck, et se préparait à donner par le Tyrol la main à Bonaparte, lorsque l'archiduc Charles, profitant d'une faute de Jourdan, arrêta ses succès. Jourdan s'était trop avancé; l'archiduc détacha trente mille hommes de son armée devant le circonspect Moreau qui ne s'en aperçut pas; et, tombant à l'improviste sur l'avant-garde de l'armée de Sambre et Meuse, la refoula avec vigueur, lui interdit toute communication avec Moreau, et l'écrasa par un déploiement supérieur de forces. Jourdan dut reculer jusqu'à Neuwied, d'où il était parti. La position de l'armée du Rhin était critique, son flanc gauche se trouvait découvert. Ce fut alors que Moreau exécuta cette célèbre retraite, qui lui valut l'admiration même de ses ennemis; il traversa cent lieues de pays, en présence d'un ennemi deux fois plus nombreux, sans jamais se laisser entamer, et s'arrêta à Fribourg. L'archiduc Charles partit pour l'Italie.

Bonaparte avait enfin reçu ses renforts : il marcha sans hésiter vers les passages du Frioul, et les emporta de vive force, en gagnant par son lieutenant Masséna les batailles de la Piave et du Tagliamento. La Carinthie, la Styrie, le Frioul, se soumirent; le prince Charles reculait avec une armée désorganisée; l'armée française campait à Léoben, aux portes même de Vienne. D'autre part, Hoche, qui avait succédé à Jourdan, et Moreau, se préparaient à hasarder une nouvelle marche sur Vienne. Le général de l'armée d'Italie, qui venait d'apprendre un revers de Joubert, laissé avec trois divisions à la garde du Tyrol, envoya proposer la paix à Vienne; un armistice fut conclu à Léoben (avril 1797). L'Autriche demandait Mantoue et quelques places de la république vénitienne, en dédommagement de la cisalpine. Le Directoire refusa Mantoue, et Bonaparte, irrité contre Venise, dont l'aristocratie haineuse l'avait plusieurs fois mis en danger, sacrifia Venise. Le cabinet de Vienne accepta, malgré l'assistance secrète que la république lui avait donnée pendant la guerre. Partout, dans les villes de terre ferme, la bourgeoisie était pour les Français; le peuple, fanatisé par les prêtres et les nobles, ne respirait que le meurtre. La garnison de Vérone fut en partie massacrée dans une émeute. Bonaparte entra en fureur, et déclara aux envoyés de Venise qu'il briserait la république; le général Baraguay-d'Hilliers s'avança vers les lagunes. Le sénat eut peur, et abdiqua un beau jour, en congédiant ses quatre mille Esclavons. Une municipalité fut aussitôt formée, et une constitution démocratique remplaça la vieille oligarchie. Mais ce nouvel état n'était que provisoire; Venise était trop bien à la convenance de l'Autriche, et la France n'y tenait pas assez, pour qu'on garantît son indépendance. Elle fut livrée à l'Autriche par le traité de Campo-Formio. Mantoue, le Bolonais et la Romagne furent ajoutés à la république cisalpine. La liberté du général Lafayette, retenu prisonnier à Olmutz, fut stipulée ; la paix fut signée le 17 octobre 1797, et le congrès de Rastadt s'ouvrit aussitôt pour traiter avec l'empire. De toutes les puissances belligérantes qui avaient juré la perte de la France, il ne resta plus que l'Angleterre.

Au sein de sa gloire militaire, le Directoire avait à craindre une contre-révolution imminente. Les élections de l'an V avaient tourné comme l'espéraient les agitateurs. Tout patriote avait été écarté des assemblées électorales, et le nouveau tiers ne se composait guère que de constitutionnels modérés ou de royalistes ardens. La lutte allait donc commencer entre les conseils et le Directoire. Pichegru, aux Cinq-Cents, fut nommé président à une grande majorité ; Barbé-Marbois, aux Anciens. Barthélemy, ambassadeur en Suisse, candidat avoué du club de Clichy, remplaça le membre sortant du pouvoir exécutif, Letourneur. Dès ce moment, ce furent des tracasseries journalières, des motions violentes, des demandes de comptes, un déchaînement d'amères critiques. On reprochait au Directoire la continuation de la guerre, le désordre des finances, les fautes de l'administration ; on votait d'enthousiasme la mise en liberté des détenus royalistes. Camille Jordan, député de Lyon, fougueux contre-révolutionnaire, demandait l'abolition du serment civique pour le clergé, le rétablissement des cloches, et gagnait le surnom de *Jordan Carillon ;* les émigrés, les prêtres réfractaires rentraient en foule ; les assassinats se renouvelaient dans la province contre les patriotes et les acquéreurs de biens nationaux. A la tête du parti réactionnaire étaient Barbé-Marbois, Dumas, Portalis, Rivière, Tronçon-Ducoudray, du conseil des Anciens ; Pichegru, Willot, Pastoret, Henri Larivière, Siméon, Vaublanc, Camille Jordan, du conseil des Cinq-Cents.

Mais leur marche avouée vers le rétablissement de la royauté détacha d'eux la masse des électeurs, qui, s'ils redoutaient la terreur, ne voulaient pas plus de la monarchie. Les constitutionnels de 1791 et les partisans du Directoire se virent au club de Salm, opposé à celui de Clichy. Les armées rédigèrent des adresses foudroyantes, en réponse aux attaques du journalisme. Celle d'Italie, par un ordre du jour du général Bonaparte, jura sur les drapeaux de faire une guerre implacable aux ennemis de la république et de la constitution. L'enthousiaste Augereau, sabreur déterminé, désigna Clichy comme le quartier-général des contre-révolutionnaires, et demanda leur extermination. Un coup d'état se préparait du Corps-Législatif contre le Directoire, du Directoire contre le Corps-Législatif. Carnot et Barthélemy, ménagés tous deux par le journalisme et les partis, jouaient le rôle de médiateurs, et s'annulaient ainsi, au lieu d'agir. Barras, Laréveillère et Rewbell osèrent les premiers, et gagnèrent l'enjeu. Hoche détacha de son armée de Sambre et Meuse un corps de troupes qui s'avança vers Paris, sous prétexte d'aller renforcer à Brest l'expédition d'Irlande. Le rayon constitutionnel autour de Paris, que l'armée ne pouvait dépasser, était de onze lieues; la division de Sambre et Meuse le franchit; des réclamations violentes s'élevèrent dans les conseils. Le Directoire allégua un ordre mal interprété, avoua son ignorance, et apprêta tout pour le 18 fructidor. Le Corps-Législatif était sur la réserve en attendant les élections de l'an VI, qui devaient assurer son triomphe : il cessa d'attaquer le pouvoir exécutif, et demanda pour toute condition le renvoi de Merlin de Douai, de Lacroix et de Ramel, ministres de la justice, des relations extérieures et des finances. Le Directoire n'eut garde d'y consentir; loin de là, il destitua ceux dont la démission ne lui était pas demandée; Petiet, Benezech et Cochon, ministres de la guerre, de l'intérieur et de la police, et les remplaça par des hommes de son choix : Hoche, puis Schérer, François de Neufchâteau, Lenoir-Laroche, puis Sotion, auquel fut bientôt adjoint M. de Talleyrand, dont le nom venait d'être rayé de la liste des émigrés. Dans la nuit du 17 au 18 fructidor, Augereau entra dans Paris avec les troupes cantonnées aux environs; et à quatre heures le palais des Tuileries fut entouré de douze mille hommes et de quarante pièces de canon. La garde législative, de 1500 hommes, se joignit au reste de l'armée, en criant : *Vive Augereau! vive le Directoire!* A mesure que les députés arrivaient, ils étaient éconduits ou arrêtés, s'ils étaient couchés sur la liste de proscription. Pichegru, Willot, le commandant Ramel, les *inspecteurs de la salle*, furent saisis dans le lieu des séances, et envoyés au Temple sous bonne escorte. Le rendez-vous des membres non séditieux était à l'Odéon et à l'École-de-Médecine. Ils s'y rendirent en assez grand nombre pour délibérer. Les Cinq-Cents nommèrent une commission composée de Sieyès, Poulain-Granpré, Villers, Chazal et Boulay de la Meurthe, chargée de présenter une loi de salut public, et de dresser d'une manière définitive la liste des membres à déporter. Les Parisiens s'éveillaient au bruit du canon d'alarme; on distribuait dans les rues, on placardait sur les murs des proclamations patriotiques; le Directoire avait fait imprimer son exposé de motifs avec une lettre de Moreau, qui dévoilait les projets de Pichegru à lui connus depuis un an, et une autre d'Imbert-Colomès au prince de Condé. Le peuple resta spectateur muet de la journée, sans applaudissemens comme sans murmures. Quarante-un membres des Cinq-Cents, et douze des Anciens, furent condamnés à la déportation. Les principaux étaient Boissy-d'Anglas, Henri Larivière, Imbert-Colomès, Camille Jordan, Pastoret, Pichegru, Siméon, Vienot-Vaublanc, Willot, Barbé-Marbois, Dumas, Portalis, Rovère, Tronçon-Ducoudray. Barthélemy et Carnot, que leur rôle de médiateurs avaient rendus suspects au Directoire, furent remplacés par Merlin de Douai et François de Neufchâteau. Barthélemy, arrêté à son tour, alla rejoindre les détenus; Carnot se réfugia en Suisse. On sévit en outre contre l'abbé Brothier, LaVilleheurnois, Duverne de Presle, dit Dunan, agens royalistes; l'ex-ministre Cochon, le général Miranda, l'écrivain Suard, le commandant Ramel, l'ex-conventionnel Mailhe, et trente-cinq journalistes, parmi lesquels figuraient Fiévée, Michaud et Lacretelle. Le 18 fructidor abattit sans retour la contre-révolution. Les royalistes cédèrent partout la place aux républicains; les prêtres réfractaires furent déportés à Cayenne; les émigrés sortirent de France. En même temps, le traité de Campo-Formio, bien que contraire aux vœux des directeurs, consommait presque la pacification de l'Europe. L'Angleterre seule ne posait pas les armes; mais Pitt, fatigué des cris de l'opposition parlementaire, faisait un sacrifice à l'opinion en ouvrant des conférences à Lille. La république avait gagné à la guerre la Belgique, le Luxembourg, Porentruy, Nice, la Savoie, le protectorat du Piémont, de Gênes, de la Cisalpine et de la Hollande. Un seul homme faisait ombrage au Directoire; c'était le général Bonaparte dont l'ambition s'était révélée par la dictature militaire qu'il avait exercée en Italie, et la signature du traité de Campo-Formio, en dépit même de ses instructions. Le vainqueur d'Italie arrivait à Paris, où sa présence avait causé un enthousiasme réel; on attendait de lui de grandes choses. Le pouvoir exécutif n'osa froisser l'opinion, en déversant le blâme sur ses actes, et le reçut en triomphateur; mais il songea à s'en débarrasser, et le jeune général ne demandait pas autre chose que la guerre, de peur de se laisser oublier. Barras avait songé à l'Angleterre, en exécutant le plan de Hoche, qui venait de mourir à la fleur de l'âge et de la gloire; Bonaparte proposa l'expédition d'Égypte, dont les résultats pouvaient être immenses, si l'on eût ouvert la mer Rouge et l'isthme de Suez au commerce de l'Inde. Le Directoire consentit à tout, tant il avait hâte de le savoir loin. L'expédition partit de Toulon le 17 mai 1798, sur une flotte de 400 voiles, protégée par l'amiral Brueys, portant 30,000 hommes de débarquement, et une société de savans de tout genre. L'île de Malte, qui appartenait encore aux chevaliers de St-Jean de Jérusalem, se rendit à la première sommation, et Bonaparte fit voile vers l'Égypte. Après son départ, le Directoire fut conduit par les circonstances à des mesures qui lui aliénèrent un grand nombre de modérés. Pour subvenir aux dépenses, il fallut établir certaines taxes, et réduire la dette publique à un *tiers consolidé*, seul payable en argent; beaucoup de rentiers furent ruinés par cette dernière banqueroute, et le gouvernement, comme de coutume, fut injustement accusé d'une catastrophe qu'il n'avait pas provoquée. Cependant il continua avec succès sur la frontière et en Italie l'œuvre révolutionnaire; la Suisse et Rome devinrent des républiques démocratiques. L'aristocratie de Berne opprimait les Vaudois; ceux-ci en appelèrent à la France, et comme Berne était le foyer de l'émigration, on fit droit à leur requête; les Suisses se défendirent avec courage dans les montagnes d'Unterwalden, ils furent vaincus après un combat meurtrier, et adoptèrent la constitution de l'an III, en échange de la leur; Genève fut réunie à la France. La révolution de Rome suivit de près. Le général Duphot fut tué dans une émeute populaire, que le gouvernement pontifical ne voulut pas réprimer; la punition fut prompte. Le général Berthier s'empara de Rome; le vieux pape Pie VI, transporté en France, mourut en chemin, à Valence, à l'âge de quatre-vingts ans; la république romaine se constitua, à l'instar de la cisalpine; la France se trouva donc entourée d'un réseau de républiques amies, qui toutes vivaient à son ombre, helvétique, batave, ligurienne, cisalpine et romaine, au jour de la seconde coalition.

Les intrigues de l'Angleterre portaient leurs fruits. La Russie, que la conquête de la Pologne avait jusqu'alors occupée, venait d'entrer en lice; l'empire voulait recouvrer la rive gauche du Rhin; les princes italiens détruire les naissantes républiques, la Porte et les états barbaresques se venger de l'injuste agression de Bonaparte. La neutralité ne fut gardée que par la Prusse et l'Espagne. Le signal de la guerre fut l'assassinat, aux environs de Rastadt, des plénipotentiaires français, Bonnier, Roberjot et Jean Debry, par les hussards autrichiens; Jean Debry échappa seul grièvement blessé. A cette nouvelle le Corps-Législatif décréta la guerre. L'armée russe venait de déboucher en Allemagne, et les Autrichiens s'ébranlaient. Le comité de salut public avait fait les levées en masse, le Directoire créa la *conscription militaire*, qui eut lieu régulièrement, et deux cent mille hommes se rendirent aux frontières. Le roi de Naples, en sa qualité de Bourbon, s'était déclaré avant tous les autres, et avait surpris Rome; le roi de Sardaigne menaçait la république ligurienne. L'armée d'Italie prit l'offensive; le Piémont fut envahi, et son roi dépossédé; Joubert s'empara de Turin. Le général Championnet marcha vers Naples, et, après une bataille de trois jours contre les *lazzaroni*, il renversa le trône napolitain; la république *parthénopéenne* fut proclamée, mais les armées de la coalition, supérieures en force, s'avançaient par les trois grandes ouvertures de l'Italie, de la Suisse et de la Hollande. Schérer fut deux fois battu sur l'Adige par les Autrichiens, auxquels vint se joindre le général Suwarow, dont la réputation s'était faite contre les Turcs. Moreau, qui remplaça Schérer, fut vaincu aussi, et recula jusqu'à Gênes, pour garder les Apennins, et faire sa jonction avec l'armée de Naples qui revenait sous les ordres de Macdonald. Ce dernier fut écrasé à la Trebia; l'Italie était perdue. Moreau fut forcé de regagner les Alpes. Alors les coalisés, vainqueurs sur tous les points, car l'archiduc Charles avait aussi battu Jourdan sur le haut Rhin, résolurent de porter le gros de leurs forces en Suisse, pour commencer l'invasion. Suwarow s'engagea avec vingt mille Russes dans les montagnes (1799).

Telle était la situation extérieure de la France au moment où son gouvernement changeait encore de face. Par suite de la réaction générale contre le royalisme, les élections de l'an VI menaçaient d'être révolutionnaires; des clubs s'étaient formés sous le nom de *cercles constitutionnels*, et le Directoire ne se faisait faute de déclamer contre les anarchistes. La majorité du nouveau tiers n'en fut pas moins élue par les démocrates : le pouvoir exécutif, singulièrement compromis dans son existence politique, usa d'un droit que les conseils lui avaient accordé après le 18 fructidor, et annula ces élections le 22 floréal; mais les républicains ne se laissèrent pas intimider, comme les royalistes, et l'an VII donna de nouveaux choix républicains. En même temps Rewbell était remplacé par Sieyès, antagoniste déclaré de la constitution de l'an III; Treilhard était destitué pour un vice radical dans son élection, et l'ex-ministre de la justice Gohier mis en son lieu. La majorité directoriale n'était donc plus que de trois voix, Barras, Merlin de Douai et Laréveillère; Barras les abandonna. Les conseils se déclarèrent en permanence, et adressèrent aux deux restans des questions menaçantes sur l'état de la république. Le 30 prairial (18 juin 1799), Laréveillère et Merlin furent obligés de se démettre de leurs fonctions; le parti modéré nomma Roger-Ducos; le parti républicain, le général Moulins. Sieyès dominait dans le nouveau Directoire. Revenu de son ambassade de Prusse, dont la neutralité lui était due, au dire de tout le monde, possédant la plus grande renommée politique de l'époque, il avait trouvé le moment favorable pour détruire la constitution de l'an III, et ses efforts constans tendirent désormais à sa désorganisation. Roger-Ducos lui était dévoué; le conseil des Anciens était fatigué de la faiblesse du gouvernement; l'armée et la classe moyenne imputaient les revers au Directoire; Sieyès n'attendait qu'un homme d'exécution, mais il redoutait le général de l'armée d'Orient.

Le nom de Bonaparte était dans toutes les bouches; ses victoires avaient d'autant plus d'éclat qu'elles venaient de loin, à travers la Méditerranée. Débarqué à Alexandrie, il s'enfonça dans les déserts de l'Egypte, battit les Mamelucks à Chebreisse, gagna la bataille des Pyramides, et entra dans la ville du Caire, en faisant occuper par ses lieutenans Rosette et Damiette. Aussitôt les savans se répandirent le long du Nil, cherchant des inscriptions antiques, rêvant des plans d'amélioration, commençant des routes; l'Institut du Caire fut créé, l'administration organisée sur un nouveau pied. Bonaparte respectait les usages du pays, se rendait à la mosquée, ornait ses proclamations de citations du Coran, et gagnait le surnom de *sultan du feu*. Les indigènes l'admiraient déjà. Opprimés par les Mamelucks, qui s'étaient rendus indépendans de la Porte, ils acceptaient de grand cœur la domination française; les Cophtes, chrétiens de vieille race, sur lesquels pesait depuis des siècles une servitude cruelle, saluaient l'aurore de meilleurs jours. Le général français veillait aussi à la conservation de sa conquête. Mourad-bey s'était réfugié dans la Haute-Egypte. Il envoya Desaix s'immortaliser par une série de victoires et mériter le respect des habitans, avec le nom de *sultan le juste*. Tout espoir de retour en France lui était fermé, l'amiral anglais Nelson, par une manœuvre hardie, avait coupé la flotte française dans la rade d'Aboukir, et détruit ses vaisseaux en détail. Brueys périt dans le combat. Ce désastre n'effraya pas plus Bonaparte que la révolte du Caire. Il mitrailla les insurgés qui agissaient sous l'impulsion des

Mamelucks, et partit pour la Syrie, où l'appelaient une armée turque et des projets gigantesques. Gaza ouvrit ses portes. Jaffa et Caïfa furent emportés d'assaut ; mais Saint-Jean d'Acre, défendu par le pacha Djezzar, le commodore anglais sir Sydney Smith, l'ingénieur français Phélippeaux, qui jouait sa tête, résista à tous ses efforts; l'artillerie de siège manquait, et les maladies décimaient l'armée. Les Turcs s'avançaient à la hâte. Kléber et Junot défirent leur avant-garde, et Bonaparte gagna sur eux la brillante victoire du Mont-Thabor, par les bataillons carrés et les charges de cavalerie, comme aux Pyramides (16 avril 1799). De retour au Caire, il reçut des lettres de la France qu'il ne perdait pas de vue. Les évènemens du 30 prairial le décidèrent au départ; mais avant, il fallait détruire à Aboukir une armée de vingt mille Turcs qui venaient de débarquer dans la rade. Six mille hommes, avec quelques escadrons, Murat et Lannes, lui suffirent (25 juillet 1799). Ce fut après cette bataille que Kléber, en l'embrassant, lui dit ces paroles devenues célèbres : « Général, vous êtes grand » comme le monde. » Il nomma Kléber commandant de l'armée d'Egypte, et mit à la voile sur la frégate *la Muiron*, au risque d'être enlevé par les escadres anglaises qui sillonnaient la Méditerranée.

La France, au jour du départ de Bonaparte, était en effet dans une triste situation : l'Italie perdue, la Hollande envahie, la Suisse ouverte aux ennemis. Joubert, l'homme de Sieyès, descendant en Italie, avait été tué à Novi avec vingt-cinq mille Français, et les débris de son armée venaient d'essuyer une nouvelle défaite à Coni. Suwarow, détaché de Gênes avec les Russes, pour aller renforcer l'armée d'Helvétie, allait traverser les montagnes. Masséna sauva la France par la victoire de Zurich (25 septembre 1799). Il écrasa successivement les deux corps de l'armée austro-russe commandée par Hotze et Korsakoff, son lieutenant. Molitor rejeta dans les Grisons les généraux Jellachich et Linken, qui se portaient sur le Linth-Thal, pour donner la main aux Russes, de sorte que, lorsque Suwarow déboucha en Suisse, après des fatigues inouïes, il tomba droit au milieu des troupes françaises, et fut refoulé vers le Tyrol. En Hollande, le maréchal Brune, avec trente mille hommes, avait remporté à Berghen une brillante victoire sur les cinquante mille hommes du duc d'York (19 septembre), et Championnet défendait avec vigueur le passage des Alpes. Ainsi furent déjoués les projets de la coalition. Le 11 vendémiaire an VIII, dix-neuf jours après la victoire de Berghen, quatorze depuis celle de Zurich, Bonaparte débarqua à Fréjus, et se rendit en toute hâte à Paris. Son retour excita l'enthousiasme de la classe moyenne. De l'aveu de tous, c'était l'homme nécessaire; aussi tous voulurent le gagner, les royalistes, les directoriaux, les républicains du club *du Manège*, formé des débris des clubs de Salm et du Panthéon ; tous lui donnèrent des repas et des fêtes. Il s'y montrait simple et austère, parlant peu, observant beaucoup, ne lâchant jamais un mot imprudent, une allusion qui pût être interprétée. Les généraux, les députés, les directeurs allaient le visiter dans sa modeste demeure de la rue Chantereine. Sieyès était le seul qui ne le vît pas. A la fin, comme ils avaient besoin l'un de l'autre, ils s'entendirent; la ruine du Directoire et de la constitution fut décidée en comité secret pour le 18 brumaire. Bonaparte se chargea de gagner les généraux et la garnison de Paris, et y réussit complètement, si ce n'est auprès de Bernadotte. Sieyès usa de son influence sur les *commissions des inspecteurs*, pour gagner le conseil des Anciens et préparer le conseil des Cinq-Cents.

Barras, Moulins et Gohier s'attendaient à un coup d'état; mais Barras, aussi versatile que violent dans ses opinions politiques, ne voulait plus des républicains, et traitait secrètement avec les agens des Bourbons; Moulins et Gohier ne croyaient pas l'exécution si proche. Le 18 brumaire, au matin, le conseil des Anciens fut convoqué par *les inspecteurs*. Les conjurés Cornudet, Lebrun et Fargues peignirent avec vigueur l'imminence du danger public, du retour des Jacobins, le triste état de la France. Regnier (de la Meurthe) demanda qu'en vertu du droit qu'il tenait de la constitution, le conseil transférât le Corps Législatif à Saint-Cloud, nommât Bonaparte commandant de la division militaire de Paris, et le chargeât de la translation. Le général, dans sa maison de la rue Chantereine, n'attendait que ce décret pour agir. Tout aussitôt il fit jurer fidélité aux officiers qui l'entouraient, même à Lefèvre, commandant de la garde directoriale, qu'il fit son lieutenant, et se rendit aux Tuileries, où Sieyès et Roger-Ducos vinrent le rejoindre. Barras, Moulins et Gohier essayèrent alors de résister; mais il était trop tard : la garde refusa de leur obéir; et Barras envoya sa démission en partant pour sa terre de Gros-Bois. La lutte était donc entre Bonaparte et les Cinq-Cents.

Les proclamations du général couvraient les murs et retentissaient dans les rues : « Qu'avez-vous fait, disait-il, de cette France que je » vous ai laissée si brillante? Je vous ai laissé la paix, j'ai retrouvé la » guerre; je vous ai laissé des victoires, j'ai retrouvé des revers; je » vous ai laissé les millions d'Italie, et j'ai trouvé partout des lois spo- » liatrices et la misère. Qu'avez-vous fait de cent mille Français que » je connaissais, tous mes compagnons de gloire? Ils sont morts! Cet » état de choses ne peut durer; avant trois ans, il nous mènerait au » despotisme. » Le *moi* de l'empereur perçait déjà dans la parole de celui qui n'était pas encore premier consul.

Le 19 brumaire, les deux conseils se rendirent à St-Cloud, où se trouvaient déjà Bonaparte, Sieyès et Roger-Ducos. Le premier, en attendant l'ouverture de la galerie de Mars, préparée pour les Anciens, et de l'Orangerie, pour les Cinq-Cents, parcourait les cours et les appartemens, en disant avec un aplomb impérial : « Je ne veux plus de fac- » tions; il faut que cela finisse; je n'en veux plus absolument. » Il entra ensuite dans la galerie de Mars, et débita aux Anciens un discours justificatif : « On m'abreuve de calomnies, dit-il, on parle de César,

» de Cromwell, on parle de gouvernement militaire.... Je vous le
» jure, représentans du peuple, la patrie n'a pas de plus zélé défen-
» seur que moi; mais c'est sur vous seuls que repose son salut. Il n'y
» a plus de gouvernement. Quatre des directeurs ont donné leur dé-
» mission; le cinquième (Moulins) a été mis en surveillance pour sa
» sûreté; le conseil des Cinq-Cents est divisé; il ne reste que le conseil
» des Anciens. Qu'il prenne des mesures, qu'il parle; me voilà pour
» exécuter. Sauvons la liberté; sauvons l'égalité. — Général, s'écria
» le républicain Lenglet, nous applaudissons à ce que vous dites; ju-
» rez donc avec nous obéissance à la constitution de l'an III, qui peut
» seule maintenir la république. » Bonaparte, surpris, hésita un instant; puis il s'écria : « La constitution de l'an III! Vous n'en avez plus.
« Vous l'avez violée au 18 fructidor; vous l'avez violée au 22 floréal;
» vous l'avez violée au 30 prairial, la constitution! Elle est invoquée
» par toutes les factions, et elle a été violée par toutes; elle ne peut
» être pour nous un moyen de salut, parce qu'elle n'obtient plus le
» respect de personne; la constitution violée, il faut un autre pacte,
» de nouvelles garanties. » Le conseil se leva en signe d'approbation.

Bonaparte enhardi se rendit ensuite aux Cinq-Cents, à la tête de quelques grenadiers. La vue des baïonnettes qu'il laissa à la porte excita un tumulte difficile à décrire : « Hors la loi! à bas le dictateur! » cria-t-on de toutes parts. Le député Bigonet lui saisit le bras : « Que faites-vous, téméraire? retirez-vous; vous violez le sanctuaire des lois. » Le général pâlit, recula et fut enlevé par ses grenadiers. Son frère Lucien présidait; on l'accabla de reproches; il tenta, mais en vain, de l'excuser; des cris furibonds l'interrompirent; on le somma de mettre aux voix la mise hors la loi du général Bonaparte. Au milieu de l'agitation, on vota coup sur coup la permanence des conseils, le retour à Paris, la nomination de Bernadotte au commandement de la division et de la garde législative. Lucien désespéré quitta le fauteuil et se dépouilla de sa toque, de son manteau et de son écharpe, en disant : « Puisque je
» n'ai pu me faire entendre dans cette enceinte, je dépose, avec un sen-
» timent profond de dignité outragée, les marques de la magistrature
» populaire. » Le général Lefèvre envoya des grenadiers l'arracher de la salle; Sieyès, qui attendait le résultat avec inquiétude, conseilla l'emploi de la force. Lucien et son frère parcoururent les rangs, à cheval, et haranguèrent les soldats : « Soldats, s'écria Bonaparte, puis-
» je compter sur vous? — Oui, oui, vive Bonaparte! — Eh bien! je
» vais les mettre à la raison. » Il donna l'ordre de faire évacuer le lieu des séances; Murat entra avec un peloton de grenadiers, et dit : « Au
» nom du général Bonaparte, le corps législatif est dissous; que les
» bons citoyens se retirent! Grenadiers, en avant. » Le bruit du tambour couvrait tous les cris d'indignation; les soldats s'avancèrent la baïonnette en avant; la majeure partie des députés s'échappa par les fenêtres, en criant une dernière fois : Vive la république. A cinq heures et demie du soir, le 19 brumaire an VIII (10 novembre 1799), eut

lieu la clôture de la république française, avec la dissolution du corps législatif.

Consulat.

Du Consulat à l'Empire (10 novembre 1799 — 2 décembre 1804.)

La France entière accueillit avec transport la nouvelle du 18 brumaire. On était las de factions, tout autant que Bonaparte, las des revirements de l'opinion, las de la faiblesse du Directoire; on sentait le besoin d'un gouvernement central, constitué vigoureusement, et dirigé par une main habile. Personne ne songeait à l'avenir que la scène de l'Orangerie préparait à la France; personne ne voyait que la révolution nouvelle s'était faite au profit d'un seul homme. Les républicains applaudissaient à l'élévation d'un général sorti de leurs rangs, formé à la dure école des armées de 93; les royalistes, jugeant le temps présent par des comparaisons historiques, espéraient en le nouveau Monck; les modérés saluaient la venue d'une liberté sage et sans orages; les directoriaux seuls criaient à l'usurpation; aussi furent-ils seuls frappés; trente-sept d'entre eux furent condamnés à la déportation dans la Guiane; vingt-un à la mise en surveillance dans le département de la Charente-Inférieure; mais l'improbation publique força le pouvoir à réduire, puis à annuler la peine. Trois consuls avaient été nommés provisoirement: Bonaparte, Sieyès et Roger-Ducos, et deux commissions législatives, chargées de discuter la constitution définitive. Les premiers actes du gouvernement consulaire furent l'abolition de la loi des otages pour les émigrés et de l'emprunt forcé, le rappel des prêtres proscrits, le renvoi hors de la frontière des émigrés naufragés sur les côtes de Calais, et détenus depuis quatre ans sous le poids d'une condamnation à mort.

Les auteurs du 18 brumaire ne s'entendaient déjà plus. Sieyès avait travaillé pour sa constitution, et Bonaparte pour lui-même; de là la rupture, car la constitution de Sieyès anéantissait tout espoir d'ambition personnelle. C'était une machine à ressorts compliqués, mais grande, et qui eût pu convenir à la France de l'an VIII. Le pouvoir exécutif résidait dans le *proclamateur-électeur*, fonctionnaire supérieur, inamovible, irresponsable, chargé de la représentation extérieure, de la nomination d'un conseil d'état, et d'un ministère responsable, choisissant dans les listes de candidature présentées par le peuple des juges et des administrateurs, à tous les degrés de la hiérarchie judiciaire et administrative, du reste incapable de gouverner. La France devait former trois divisions politiques, la commune, la province ou département, et l'état. Chacune avait ses pouvoirs d'administration et de judicature; la commune nommait aux municipalités, aux tribunaux de paix et de 1re instance; la province, aux préfectures populaires et aux tribunaux d'appel; l'état au gouvernement central et à la cour de cassation. A ces trois divisions correspondaient trois listes de *notabilités* présentées par le peuple.

Le corps législatif, transformé en pouvoir judiciaire, formait une sorte de cour sans appel, devant laquelle le conseil d'état, au nom du gouvernement, et le tribunat, au nom du peuple, plaidaient leurs projets respectifs. Le *tribunat* avait l'initiative de la discussion ; l'assemblée législative adoptait ou rejetait ; ses membres étaient directement élus par les colléges électoraux ; les membres du tribunat nommés à vie étaient de droit les cent premiers noms de la *liste nationale*. Les assemblées primaires, composées du dixième de la population générale, choisissaient la *liste communale de candidature*, et des électeurs qui dans la *liste communale* élisaient des candidats provinciaux, et dans la *liste provinciale* des candidats nationaux. Le proclamateur prenait ses fonctionnaires dans ces listes, et la destitution appartenait de fait au peuple, puisqu'il pouvait les rayer de la candidature, révisée tous les deux ans pour la commune, tous les cinq ans pour la province, tous les dix ans pour l'état. Enfin, pour complément et pour contrôle de la machine politique, il y avait le *jury complémentaire*, ou sénat conservateur, inhabile à créer ou à agir, chargé seulement de régulariser le mouvement des rouages, et d'empêcher l'usurpation des pouvoirs, en vertu de son droit d'*absorption*, qui consistait à appeler dans son sein un chef de gouvernement ambitieux, ou un tribun agitateur. Une fois sénateur, on ne pouvait plus exercer d'autre fonction.

Cette œuvre vraiment prodigieuse ne convenait nullement à Bonaparte, qui eût été de droit le proclamateur-électeur : « Et comment
» avez-vous pu imaginer, dit-il à Sieyès, qu'un homme de quelque ta-
» lent et d'un peu d'honneur voulût se résigner au rôle d'un cochon à
» l'engrais de quelques millions ? » (Sieyès lui destinait six millions de revenu, le palais de Versailles et une garde de trois mille hommes.) Le premier consul, avec sa sagacité ordinaire, choisit dans cette constitution tout ce qui pouvait lui être utile, tout ce qui tendait à l'unité et à la ruine des passions populaires, et le 24 décembre 1799 (nivôse an VIII), la constitution de l'an VIII fut proclamée et acceptée par une immense majorité de trois millions onze mille sept citoyens. Le pouvoir exécutif appartint au 1ᵉʳ consul, qui eut au dessous de lui deux consuls à voix consultative. Il y eut un sénat, un tribunat, un corps législatif ; les droits du peuple se bornèrent à présenter une liste de candidats nationaux, dans laquelle un sénat de quatre-vingts membres primitivement nommés par les consuls dut choisir les cent membres du tribunat et les trois cents de l'assemblée législative ; l'initiative des lois fut réservée au gouvernement.

Le 1ᵉʳ consul s'adjoignit pour seconds Cambacérès, ancien conventionnel de la plaine, et Lebrun, jadis agent du chancelier Maupeou ; il nomma l'ex-émigré Talleyrand et le régicide Fouché aux relations extérieures et à la police. Sa politique consistait à ménager une sorte de fusion entre les opinions les plus opposées, et à les intéresser toutes à sa grandeur future qu'il rêvait déjà. « Nous formons

» disait-il, une nouvelle époque ; il ne faut nous souvenir dans le passé
» que du bien et oublier le mal. » Les listes d'éligibilité n'étaient pas
encore faites, lorsque les consuls choisirent soixante sénateurs ; ceux-
ci nommèrent à leur tour les cent tribuns et les trois cents législateurs.

Après les soins de l'intérieur, vinrent les besoins de la politique extérieure. La Russie s'était retirée du champ de bataille ; l'empereur
Paul Ier, par admiration pour le 1er consul, avait même fermé ses ports
aux Anglais ; mais l'Angleterre et l'Autriche persistaient dans leurs
dispositions hostiles. Bonaparte ne redoutait pas la guerre, quoique
aux premiers jours de son élévation ; mais, afin de se concilier l'opinion
publique, il fit des démarches auprès du cabinet de Londres qui se refusa à tout. Alors le 1er consul publia un manifeste foudroyant contre
la politique anglaise, et faisant un appel à l'honneur français, partit
pour l'Italie à la tête de quarante mille hommes, pendant que Moreau,
général de l'armée du Rhin, débouchait en Allemagne. Le feld-maréchal Mélas avait cent trente mille hommes sous ses ordres ; son adversaire Masséna se maintenait avec vingt-cinq mille contre toutes
les forces de l'armée autrichienne. Bonaparte franchit le St-Bernard,
entra dans Milan, et coupa la ligne d'opérations du général Mélas,
qui se disposait à entrer en Provence, et qu'il mit entre Suchet et lui ;
le combat de Montebello, où Lannes se couvrit de gloire, préluda à la
grande bataille. Les Autrichiens avaient dirigé tous leurs efforts sur
le passage de la Bormida qu'il s'agissait de forcer pour rouvrir leurs
communications. La mêlée fut meurtrière ; Desaix arriva fort à propos pour décider la victoire (14 juin 1800). La seule journée de Marengo suffit à la conquête de l'Italie. Engagés entre l'armée principale
et le corps de Suchet, la retraite des ennemis était impossible. Ils obtinrent le retour derrière Mantoue au prix de toutes les places du Piémont, de la Lombardie, des Légations, au prix enfin de l'Italie. L'expédition n'avait duré que quarante jours. Le 1er consul revint en toute
hâte à Paris, où l'admiration pour le vainqueur fut universelle. La
campagne de Moreau en Allemagne fut plus longue, mais aussi brillante. Après avoir franchi le Rhin sur trois points, le 5 floréal, il gagna
sur les Autrichiens les victoires de Mœskirch, d'Engem, de Memmingen et de Biberach, qui les forcèrent de se replier sur le Danube ; la
bataille d'Hochstedt valut aux Français l'évacuation de la Souabe, de
la Franconie et de la Bavière ; celles de Nedenheim, Northingen et
Oberhausen contraignirent le général autrichien à la demande d'un
armistice, qui fit tomber en notre pouvoir Ulm, Philisbourg et Ingold-
stadt. La trêve expirée, Moreau continua sa marche agressive ; à
Hohenlinden, une des plus célèbres journées de l'époque, parce qu'elle
fut le fruit de savantes combinaisons, l'armée du prince Charles fut
écrasée (6 décembre 1800). On prit cent pièces de canon et dix mille
prisonniers. Six jours après, le général français passa l'Inn sous le feu
des batteries, et, parvenu aux portes de Vienne, il fit signer à l'archiduc une convention qui amena le traité de Lunéville (9 janvier 1801),

entre la France, l'Autriche et l'empire. Le cabinet de Vienne ratifia toutes les conditions du traité de Campo-Formio, et céda de plus la Toscane à l'infant de Parme; l'empire reconnut l'indépendance des républiques batave, helvétique, ligurienne et cisalpine.

A l'intérieur, la conduite du premier consul était pleine de sagesse et de modération; il avait rappelé tous les proscrits de fructidor, hormis quelques uns, comme Pichegru et Willot; il en fit même bientôt de dévoués fonctionnaires, Portalis, Siméon, Barbé-Marbois. En Vendée, suivant à l'égard du clergé le système de Hoche, il avait gagné le fameux Bernier, curé de St-Lô, dont l'influence était immense, et qui hâta le traité de Mont-Luçon avec Châtillon, d'Autichamp et Suzannet, chefs vendéens (13 janvier 1801). Deux chefs de chouans bretons, Bourmont et la Prévalaye, déposèrent les armes; Frotté fut pris et fusillé; battu à Grandchamp par le maréchal Brune, George Cadoudal essaya aussi d'une capitulation. Dès ce moment, il n'y eut plus de guerre dans l'ouest, et ce fut le tour des conspirateurs.

Le premier complot sérieux contre la vie de Bonaparte fut un complot républicain; les principaux conjurés étaient le sculpteur italien Cerarchi, Arena, membre des Cinq-Cents, Diana, Demerville, Lavigne, Daiteg, le peintre Topino-Lebrun, qui voyaient avec douleur la ruine de la liberté, sous la main puissante du premier consul. Les coups de poignard devaient être portés dans la loge consulaire, à l'Opéra; un de leurs complices, Harel, les dénonça au moment de l'exécution; Cerarchi et Arena furent arrêtés dans les couloirs et condamnés à mort. La conspiration de la rue St-Nicaise fut plus sanglante, et Bonaparte échappa par un heureux hasard, grace à l'ivresse ou à l'adresse de son cocher. Ce fut St-Régent qui mit le feu à la machine infernale, mais trop tard; la voiture était passée; nombre de personnes furent tuées ou blessées (3 nivôse an VIII). Le ministre de la police, Fouché, qui n'avait pas eu vent du projet, l'attribua d'abord aux jacobins, et le 1er consul fut du même avis. Un *sénatus-consulte*, obtenu de nuit, en condamna cent trente à la déportation, malgré la courageuse opposition de Lanjuinais, de Grégoire, de Garat, de Lambrechts, de Lenoir-Laroche, de Cabanis; peu après, on découvrit les vrais coupables, qui furent jugés et condamnés à mort par des tribunaux militaires, spécialement créés pour la circonstance. Les tribuns Isnard, Daunou, Chénier, Benjamin Constant, Bailleul, Chagal, élevèrent en vain d'énergiques réclamations sur l'incompétence de ces tribunaux. On passa outre, et la pacification générale fit oublier les usurpations consulaires.

En effet, le 18 février 1801, le traité de Florence avec le roi de Naples donna l'île d'Elbe et la principauté de Piombino à la France et à ses alliés; la paix avec le Portugal fut conclue à Madrid le 29 septembre, avec la Russie le 8 octobre, avec la Porte-Ottomane le 9 du même mois. L'Egypte venait d'être délivrée de la présence des Français; l'Egypte, presque oubliée depuis le retour de Bonaparte, mais où s'étaient passés encore de beaux faits d'armes. D'abord Kléber avait conclu à El-Arisch, le 3 pluviôse an VIII, une convention pour l'évacuation de sa conquête; mais ses conditions ayant été refusées, il présenta, dans les plaines d'Héliopolis, la bataille à soixante mille Ottomans, sous les ordres du grand-vizir, et gagna avec huit mille hommes une victoire complète, où périrent dix-huit mille ennemis (29 ventôse). De retour au Caire dont il s'était réemparé, il fut assassiné par un émissaire de l'aga des janissaires (27 prairial). Menou, qui avait pris le turban, le remplaça, mais il n'avait pas ses talens militaires. Les troupes se partagèrent entre lui et Régnier, au moment où le commodore Abercombrie débarquait sur la plage d'Aboukir avec douze mille Anglais. Le général anglais fut tué dans la mêlée, mais la bataille était perdue; force fut à Menou de faire évacuer le pays à ses troupes, et de se renfermer dans Alexandrie, sans espoir de secours. Après deux mois d'attente, une capitulation fut conclue avec les armées anglaises et ottomanes; les débris de nos troupes durent être transportés dans les ports français de la Méditerranée. La paix avec l'Angleterre garantit les articles de cette convention. Pitt, Dundas et lord Grenville sortaient du ministère, renversés par l'insuccès de la seconde coalition, et l'opposition qui parvint à la tête des affaires se hâta de conclure avec la France le traité d'Amiens (25 mars 1802). Le cabinet de Saint-James ratifia les conquêtes de la France sur la ligne des Alpes et du Rhin, reconnut l'indépendance des républiques secondaires, et restitua nos colonies. Alors, ne sachant que faire de cette immense multitude de soldats, que la nouveauté du pouvoir ne permettait pas de licencier, le premier consul résolut de reconquérir l'île de Saint-Domingue, où régnait le fameux Toussaint-Louverture, et y envoya quarante mille hommes avec le général Leclerc, son beau-frère. L'armée d'expédition fit d'abord merveille, mais la fièvre jaune s'en mêla; Leclerc ne put y résister, et ses troupes, cruellement décimées par la maladie, s'estimèrent heureuses de revoir la France, diminuées des trois quarts.

Napoléon écrivait à Sainte-Hélène, en parlant de cette époque :
« Les idées de Napoléon étaient fixées, mais il lui fallait pour les
» réaliser le secours du temps et des évènemens. L'organisation du
» consulat n'avait rien de contradictoire avec elles; il accoutumait à
» l'unité, et c'était un premier pas. Ce pas fait, Napoléon demeurait
» assez indifférent aux formes et aux dénominations des divers corps
» constitués. Il était étranger à la révolution...... Sa sagesse était
» de marcher à la journée, sans s'écarter d'un point fixe, étoile po-
» laire sur laquelle Napoléon va prendre sa direction, pour conduire
» la révolution au port où il veut la faire aborder. » Bonaparte s'occupait donc activement de la fusion des partis, de l'organisation du pouvoir consulaire; il essayait, par d'importantes réformes, d'associer l'idée de son élévation à l'idée de la prospérité publique. Des routes étaient réparées ou rétablies sur tous les points de la France; des arse-

naux se créaient, des ports se creusaient; Flessingue et Anvers devenaient l'entrepôt général de la marine républicaine ; le commerce renaissait, l'industrie manufacturière était protégée par de sages ordonnances. L'école Polytechnique, si nécessaire au début de l'empire, se réorganisait sur un nouveau plan : voilà pour les intérêts publics. Les intérêts privés eurent aussi leur tour. Ce fut à cette époque que le premier consul conçut l'idée d'une législation nouvelle, basée sur les principes républicains, et qui devint bientôt le modèle des législations européennes. Les codes *civil, pénal, du commerce, de la procédure*, etc., ne furent publiés qu'en 1804, mais commencés en 1802. L'an X vit aussi reparaître la religion catholique, supprimée depuis 93. Bonaparte, qui savait toute l'influence du clergé sur les royalistes et une partie des classes moyennes, n'oublia rien pour le gagner à sa cause : il s'entendit avec Pie VII, et le 26 messidor an IX, un concordat fut signé à Paris, qui créait neuf archevêchés, quarante-un évêchés et nombre de chapitres, qui établissait le clergé dans l'état, et le remettait sous l'autorité pontificale. Mais le premier consul n'avait pas consulté le tribunat et le corps législatif, dont l'acceptation était nécessaire; ainsi le concordat avait peu de chances de devenir loi de l'état, vu l'opposition probable de ces deux corps. Bonaparte, qui ne reculait plus devant un coup d'état, qui avait détruit la liberté de la presse, et établi des tribunaux exceptionnels, se décida à *l'épuration*. Par un sénatus-consulte (ventôse an X), mars 1802, quarante-quatre membres, les plus énergiques dans leur opposition, furent éliminés du tribunat et du corps législatif, et le concordat, soumis ensuite aux deux assemblées, n'éprouva plus d'obstacles : le cardinal Caprara, légat *à latere*, officia pontificalement à Notre-Dame, où le premier consul fit le premier essai de la royauté au bruit des salves d'artillerie. L'armée témoigna son mécontentement : « Comment avez-vous trouvé la
« cérémonie? disait Bonaparte au général Delmas. — C'était une belle
« capucinade, répondit-il ; il n'y manquait qu'un million d'hommes
« qui ont été tués pour détruire ce que vous rétablissez. »

Un mois après un projet de loi fut présenté au tribunat et au corps législatif, sur la création d'une *légion d'honneur*, qui serait composée de quinze cohortes, chacune avec sept grands officiers, vingt commandans, trente officiers, trois cent cinquante légionnaires, et le premier consul pour chef. Une vive opposition se manifesta au nom de la *liberté et de l'égalité*; Bonaparte y répondit au nom de *l'honneur*, qu'il substituait de son autorité propre aux deux premiers mobiles; la loi fut adoptée à une faible majorité. Le corps législatif et le tribunat furent plus dociles, lorsqu'il s'agit de prolonger le consulat de dix ans, puis de nommer le consul à vie. Chabot de l'Allier fit émettre au tribunat le vœu *qu'il fût donné au général Bonaparte un gage éclatant de la reconnaissance nationale;* et le sénat, après le dépouillement des votes populaires, dont neuf mille seulement furent négatifs, sur trois millions cinq cent et quelques mille, porta le décret qui proclamait consul à vie Napoléon Bonaparte. La constitution de l'an X compléta la révolution nouvelle en achevant d'enlever le pouvoir au peuple. Les électeurs furent nommés à vie, avec le droit réservé au premier consul d'en augmenter le nombre. Le sénat put à son gré changer les institutions, suspendre les fonctions du jury, mettre les départemens hors de la constitution, annuler les jugemens des tribunaux, dissoudre le corps législatif et le tribunat, qui fut encore décimé et réduit à cinquante membres. Le conseil d'état fut accru en membres et en attributions.

En deux ans, la gradation était devenue effrayante vers le pouvoir absolu; la rupture avec l'Angleterre vint faire diversion aux empiétemens du premier consul à l'intérieur. Le traité d'Amiens, éludé des deux parts, n'avait pas reçu sa pleine exécution. Les Anglais retenaient l'île de Malte et le cap de Bonne-Espérance; la France avait réuni à son territoire l'île d'Elbe et le Piémont; le duché de Parme fut occupé à la mort de son duc; la Suisse envahie par trente mille hommes, pour faire accepter un acte fédératif rédigé à Paris. Après l'échange de notes acerbes entre les deux gouvernemens, l'ambassadeur anglais (lord Witworth) quitta Paris le 25 floréal an XI (13 mai 1803), et la guerre fut déclarée quelques jours après; l'électorat de Hanovre fut conquis par les troupes françaises. L'Angleterre prépara ses onze cents vaisseaux de guerre; sept armées consulaires occupaient l'Italie, la Hollande et les camps de St-Malo, de St-Omer, de Bruges, de Boulogne et de Bayonne.

Les chouans, réfugiés à Londres, crurent ce moment favorable pour ourdir une nouvelle conspiration; George Cadoudal, Armand de Polignac, Pichegru, échappé de Synnamari, et d'autres, tentèrent d'assassiner le 1er consul, et de bouleverser le gouvernement. Moreau, alors dans l'apogée de sa gloire militaire, mais entraîné par sa femme qu'il adorait, se laissa persuader, et correspondit avec eux. Mais la police de Fouché les prévint, en février 1804. Cadoudal et quelques uns de ses complices furent punis de mort. Pichegru s'étrangla, ou fut étranglé dans sa prison; Moreau, condamné à deux ans de détention, préféra le bannissement aux Etats-Unis. La punition des coupables ne satisfit pas les conseillers de Bonaparte. Prenant les choses de plus haut, et se guidant sur l'apparition mystérieuse au milieu des conjurés d'un homme qui ressemblait au duc d'Enghien, ils persuadèrent à leur maître de le faire arrêter au château d'Etteinheim, dans le grand-duché de Bade. L'ordre fut exécuté; le dernier prince de la maison de Condé fut amené à Vincennes, jugé de nuit par une commission militaire, et fusillé dans les fossés du château (21 mars 1804). A Ste-Hélène, cet assassinat juridique préoccupait encore Napoléon, qui chercha à s'en justifier dans ses Mémoires.

Le terme de la comédie que jouait Bonaparte depuis le 18 brumaire était arrivé, et le complot de Cadoudal hâta l'inévitable conclusion. Une députation du sénat, avec François de Neufchâteau à sa tête, vint lui dire : « Citoyen premier consul, vous fondez une ère nouvelle, mais

» vous devez l'éterniser ; l'éclat n'est rien sans la durée.... » Et il comprit à demi-mot : « Je vous invite, répondit-il, à me faire connaître
» votre pensée tout entière. » Le sénat répliqua : « Le sénat pense qu'il
» est du plus grand intérêt du peuple français de confier le gouvernement de la république à Napoléon Bonaparte, empereur héréditaire. » Le 7 floréal an XII (27 avril 1804), le tribun Curée fit la même motion dans le tribunat ; Carnot osa seul le contredire, et ses collègues s'étonnèrent de la résistance, tant on était déjà loin des orageuses séances de la Convention. Le discours de Carnot ne fut pas écouté; l'empire fut proclamé le 28 floréal an XII, à St-Cloud. Le dépouillement du scrutin du peuple, consulté comme à l'ordinaire, donna trois millions cent vingt-un mille six cent soixante-quinze votes affirmatifs contre deux mille cinq cent soixante-dix-neuf négatifs. La constitution de l'an X fut encore réformée, et toute publicité détruite. Les séances du tribunat devinrent partielles et secrètes, comme celles du conseil d'état ; une censure plus rigoureuse encore pesa sur la presse périodique. Le nouvel empereur fit nommer ses frères Joseph et Louis princes français, et créa dix-huit maréchaux d'empire, Berthier, Murat, Moncey, Jourdan, Masséna, Augereau, Bernadotte, Soult, Brune, Lannes, Mortier, Ney, Davoust, Bessières, Kellermann, Lefèvre, Pérignon et Serrurier. Il remit en vigueur le cérémonial des anciennes cours, les grands dignitaires de la couronne, les chambellans, les pages, les escortes royales, les voitures armoriées. Dans les départemens, parmi le clergé, c'était à qui lutterait de servilité, comme au tribunat et au corps législatif. Les adresses pleuvaient à Paris; les princes de l'église, dans leurs mandemens, exaltèrent le nouveau Moïse, le nouveau Mathatias, le nouveau Cyrus, l'élu du ciel; ils voyaient dans son élévation le doigt de Dieu. Le pape lui-même, Pie VII, vint à Paris consacrer la nouvelle dynastie le 2 décembre 1804; l'intronisation eut lieu à Notre-Dame, en présence d'une foule immense, d'un cortége brillant de notabilités ecclésiastiques et militaires. Joséphine Tascher, couronnée impératrice, était à côté de son époux. L'église resplendissait de broderies, de vases précieux, d'éclatans uniformes chamarrés d'or; le peuple criait : Vive l'empereur Napoléon !
Ce fut un beau spectacle !

EMPIRE.

Empire (du 2 décembre 1804 au 20 avril 1814.)

Napoléon ne s'endormit point au milieu des pompes de son couronnement. La guerre était déclarée à l'Angleterre, et la fameuse descente dans les Iles-Britanniques, le rêve de Hoche, celui du premier consul et de l'empereur, nécessitait de formidables préparatifs. Il songea d'abord à s'attacher l'Italie par un lien indissoluble, et se fit déclarer roi par M. de Melzi, président de la consulte. Le 26 mai, il était à Milan, et ceignait sur sa tête la couronne de fer des Lombards, au bruit des salves d'artillerie. Quelques jours après il nomma son beau-fils, Eugène de Beauharnais, vice-roi d'Italie, et, de retour à Fontainebleau, il conçut un plan magnifique, par lequel les amiraux Gantheaume et Villeneuve devaient, à la tête de cinquante-six voiles, partir pour les Antilles, afin d'éloigner la flotte anglaise de la Manche, et revenir vers le canal, afin de faire leur jonction avec l'escadre de Brest et celle de l'amiral hollandais Verhuell, et protéger le passage des cent soixante mille hommes de débarquement. Une faute de Villeneuve, qui se laissa battre avec vingt-un vaisseaux par l'amiral Calder qui n'en avait que treize, fit échouer ce projet. L'amiral vaincu alla se réfugier dans le port de Cadix, d'où il ne sortit que pour le désastre de Trafalgar.

La flottille et l'armée de Boulogne, en admettant même que la descente fût alors impossible, devaient inspirer à l'Angleterre de sérieuses craintes. Les ports de Boulogne, de Vimeux, d'Etaples, de Dunkerque, de Calais, étaient remplis de bâtimens de transport; le port d'Ambleteuse attendait les cinq cents voiles hollandaises de l'amiral Verhuell; Davoust commandait les camps de Dunkerque et d'Ostende; Ney, ceux de Calais et de Montreuil; Soult, celui de Boulogne; Oudinot, celui de St-Omer. Les troupes rivalisaient d'enthousiasme : une statue de bronze, représentant Napoléon, allait s'élever au milieu du camp de César, et comme le bronze manquait, le maréchal Soult disait à l'empereur : « Sire, prêtez-moi du bronze, je vous le rendrai à la première bataille. » Le cabinet de Saint-James songeait, depuis la rupture de la paix d'Amiens, à organiser la troisième coalition. L'établissement du royaume de Lombardie, la réunion à l'empire du Piémont, et l'or britannique, décidèrent l'Autriche, qui entraîna la Russie, où Alexandre venait de succéder à Paul Ier. Le 16 août, toute la puissance autrichienne s'ébranla; l'archiduc Ferdinand, dirigé par le général Mack, envahit la Bavière, à la tête de quatre-vingt-dix mille hommes, et s'en empara; l'Archiduc Jean prit possession du Tyrol avec trente mille hommes, et les cent mille hommes du prince Charles, le héros malheureux de l'Allemagne, se portèrent rapidement sur l'Adige. Napoléon avait tout prévu. Ne voyant pas arriver Villeneuve, il changea le plan de campagne à la nouvelle des armemens de l'Autriche : cent-soixante mille Français se dirigèrent vers le Rhin; Masséna avec quatre-vingt-cinq mille hommes dut contenir le prince Charles en Italie. Une levée de quatre-vingt mille conscrits, décrétée par un sénatus-consulte, forma la réserve. Le 1er octobre 1805 Napoléon passa le Rhin; le 7 il passa le Danube, et rejeta toute l'armée ennemie sous les murs d'Ulm : Murat détruisit à Vertingen une division tout entière; Soult fit capituler à Memmingen le général Spangen et ses neuf bataillons; Ney enleva les positions d'Elchingen, défendues par les seize mille hommes de Laudon; Dupont soutint à Haeslach un glorieux combat contre des forces trois fois plus nombreuses. Les dispositions de l'empereur s'exécutaient. L'armée, exécutant un mouvement circulaire, acculait dans la ville d'Ulm les restes de l'armée du général Mack, qui n'avait plus aucune issue. Le 17 octobre, le général autrichien capitula avec trente mille hommes, et les vaincus défilèrent devant l'état-major du vainqueur. Par suite de la capitulation, Napoléon entra dans Vienne, pendant que Masséna passait le Tagliamento et faisait battre en retraite le prince Charles. Mais les Russes s'avançaient en Moravie, et faisaient leur jonction avec les débris de l'armée autrichienne. L'empereur courut à leur rencontre; puis, feignant d'avoir peur, il recula de quelques lieues, et se posa dans la plaine d'Austerlitz, laissant les Russes commencer un mouvement de flanc, qui décida la victoire. Le 2 décembre, c'était l'anniversaire du couronnement, une bataille furieuse s'engagea dès sept heures du matin : le soir les coalisés étaient écrasés sur tous les points; l'artillerie plongeait sur des masses énormes acculées à un lac, et vingt mille hommes se noyaient, en fuyant sur la glace qui fut brisée à coups de canon. L'Autriche demanda la paix. L'armée russe, diminuée de cinquante mille hommes et de deux cent pièces de canon, dut se retirer par journées d'étapes, et évacuer l'Autriche et la Pologne. Le traité de Presbourg avec le cabinet de Vienne donna au royaume d'Italie les états de Venise, la Dalmatie et l'Albanie; la principauté d'Eichstadt, Augsbourg, le Tyrol et la Souabe autrichienne furent partagés entre l'électeur de Bavière, le duc de Wurtemberg et le margrave de Bade : les deux premiers obtinrent le titre de roi. La Prusse, dont la victoire d'Austerlitz avait forcé la neutralité, abandonna à la France les pays d'Anspach, de Clèves, le duché de Berg et la principauté de Neufchâtel; mais elle reçut en indemnité l'électorat de Hanovre. Toutefois l'Angleterre n'y perdit rien; elle gagna la désastreuse bataille de Trafalgar (21 octobre 1805), qui ruina la marine française et espagnole. Nelson commandait vingt-huit vaisseaux; Villeneuve et Gravina trente-cinq : neuf seulement échappèrent à cette terrible journée. Nelson fut tué, Gravina blessé mortellement; Villeneuve, fait prisonnier, ne quitta l'Angleterre que pour venir se suicider à Rennes. Dès lors le plan de la guerre d'extermination entre les deux puissances était tracé : l'Angleterre ceignait l'Europe d'un réseau de flottes; la France arrivait au blocus continental.

C'est de cette époque que date l'organisation définitive du gouvernement impérial : Napoléon avait dans sa main les rois et les royaumes; son armée occupait toujours l'Allemagne et l'Italie. Il songea à s'entourer de princes dévoués, à élever sa famille, à ressusciter la hiérarchie féodale du moyen-âge. Un décret parti de Schœnbrunn avait détrôné la famille royale de Naples, et le général Saint-Cyr marchait à grandes journées pour exécuter l'ordre : le trône de Naples fut donné à Joseph Bonaparte. La république des Provinces-Unies fut transformée en royaume, et reçut pour roi le prince Louis; Murat, son beau-frère, devint grand-duc de Clèves et de Berg. La Suisse, la seule qui existât encore des anciennes républiques, fut, toute à la dévotion de la France, placée sous la protection immédiate de l'empereur. L'empire, constitué sur le modèle du grand empire carlovingien, eut ses grands fiefs militaires conquis sur l'ennemi, ou distraits des provinces voisines, qui servaient à récompenser les ministres et les généraux. Un décret du 30 avril 1806 érigea en duchés les provinces de Dalmatie, Istrie, Frioul, Cadore, Bellune, Conégliano, Trévise, Feltre, Bassano, Vicence, Padoue, Rovigo et Massa-Carrara. Le duché de Guastalla fut donné à la princesse Pauline Borghèse, la principauté de Neufchâtel au maréchal Berthier, celle de Ponte-Corvo au maréchal Bernadotte, celle de Bénévent à M. de Talleyrand. En même temps, Napoléon portait le dernier coup aux institutions républicaines. Le tribunat était aboli, le calendrier Grégorien succédait au calendrier républicain, déjà singulièrement altéré par la suppression des décades; saint Napoléon, de création impériale, prenait place dans la céleste milice, et détrônait l'Assomption de la Vierge; la basilique de St-Denis redevenait la sépulture des rois, où chaque race devait avoir sa chapelle; enfin le Panthéon était rendu au culte catholique, en conservant sa destination primitive de tombeau des grands hommes. La presse n'eut garde de crier, elle était bâillonnée. L'empereur n'avait pas reconstruit la Bastille, mais il se servait volontiers des lettres de cachet: tout lui réussissait. Le grand Pitt était mort à 47 ans, et son adversaire, Fox, venait d'entrer au ministère. Des négociations amicales s'ouvrirent entre Paris et Londres, par l'entremise de M. de Talleyrand et de lord Yarmouth, et la Russie voulut être comprise dans la nouvelle pacification, en cédant la Dalmatie et les bouches du Cattaro. Dans l'intervalle, Napoléon désorganisa la confédération germanique, en s'arrogeant le titre de protecteur de la confédération du Rhin (12 juillet 1806). Quatorze princes du midi et de l'ouest de l'Allemagne y entrèrent avec les rois de Bavière et de Wurtemberg, les grands-ducs de Bade, de Berg et de Darmstadt à leur tête. L'armée des princes-unis était de deux cent soixante-trois mille hommes. François II abdiqua le titre d'empereur d'Allemagne, et dut s'intituler désormais empereur héréditaire d'Autriche. Ainsi finit le saint-empire romain.

Le roi de Prusse, dont la neutralité ne s'était point démentie depuis la paix de Bâle, crut ce moment favorable pour renverser la puissance militaire de Napoléon. La confédération du Rhin menaçait ses derrières; il songea à lui donner un contre-poids égal, en créant la confédération des états du Nord, Mecklembourg, Saxe, Brunswick, Hesse, villes anséatiques, en s'appuyant sur la Russie. Les traités lui donnaient ce droit, mais l'empereur ne put consentir à l'élévation de cette nouvelle puissance; et, d'un trait de plume, il défendit à la Saxe, à la Hesse, aux villes anséatiques d'adhérer à la confédération. Frédéric-Guillaume vivement irrité se prépara à la guerre. Fox était mort, et lord Grenville, l'ami et le collègue de Pitt, avait fait suspendre les négociations avec la France. La quatrième coalition fut décidée entre la Prusse, la Russie, la Suède et l'Angleterre. Les officiers de la garnison de Berlin insultèrent l'ambassadeur français; le peuple, ameuté par la cour, se répandit en menaces contre nos armées. La jeune reine de Prusse, belle et intrépide amazone, excitait son époux, parcourait les rues à cheval, en costume militaire, appelant aux armes tous ses sujets. Napoléon disait d'elle, en plaisantant, dans son premier bulletin : « Il semble voir Armide, dans son égarement, mettant le feu à son propre palais. » Elle causa en effet la ruine de la Prusse. L'ultimatum de Frédéric-Guillaume fut envoyé par son ministre M. de Knobelsdorf; il demandait que toutes les troupes françaises repassassent le Rhin, qu'il fût permis à tous les états non nommés dans l'acte fondamental de la confédération du Rhin d'entrer dans la ligue du Nord, qu'enfin la réponse définitive parvînt au quartier-général de Prusse le 8 octobre. « Maréchal, dit Napoléon au prince de Neufchâtel, on nous donne un rendez-vous d'honneur pour le 8; jamais un Français n'y a manqué. Mais, comme on dit qu'il y a une belle reine qui veut être témoin des combats, soyons courtois, et marchons sans nous coucher jusqu'en Saxe. »

Le 28 septembre l'empereur arrivait à Mayence; le 1er octobre il passa le Rhin, défit l'avant-garde des Prussiens à Saalfeld, où fut tué le prince Louis de Prusse, et arriva à Iéna, petite ville de la Thuringe, entre la Saale et l'Elbe. Frédéric-Guillaume comptait alors environ deux cent trente mille hommes sous ses ordres. Cent quarante mille étaient à soixante-six milles d'Iéna, sous les ordres du maréchal Moëllendorf, le reste à Auerstaedt, commandé par le généralissime duc de Brunswick. Napoléon attaqua, avec quatre vingt-cinq mille combattans, les Prussiens de Moëllendorf, pendant que Davoust écrasait, avec trente mille hommes, l'armée du duc de Brunswick. Cette double journée fut meurtrière, mais décisive (14 octobre); cinquante mille ennemis tués, blessés ou pris, deux cent soixante pièces de canon, d'immenses magasins de munitions et de subsistances. Le roi de Prusse n'avait plus d'armée. Le 27 octobre, Napoléon fit à Berlin une entrée triomphale. Ses lieutenans continuaient à poursuivre les vaincus, et couvraient le pays conquis d'une nuée de Français. Quelques combats partiels suffirent pour anéantir les débris de cette puissance militaire. Soult écrasa le général Kalkreuth à Greussen; Bernadotte, le duc Eugène de Wurtemberg à Hall; le grand-duc de Berg s'empara d'Erfurth avec sa garnison de quatorze mille hommes, et fit capituler à Prentzlow le corps du prince Hohenlohe; Lannes trouva dans Spandau quatre mille chevaux tout équipés. Stettin se rendit au général Lasalle; Blücher et le duc d'Oels livrèrent la ville du Lubeck avec plus de vingt mille hommes; Ney s'empara de la grande place forte de Magdebourg. Le roi de Prusse ne savait où reposer sa tête ; la reine s'était réfugiée à Custrin. Le marquis de Lucchesini parvint enfin à rejoindre le vainqueur, et les négociations commencèrent. En attendant, Napoléon frappa le royaume d'une contribution de cent soixante millions.

En six semaines la Prusse tout entière avait été conquise, son armée détruite ; les vieux généraux de Fréderic II étaient prisonniers ou morts. Napoléon, qui admirait le grand Fréderic, qui avait même visité son tombeau à Potsdam, et enlevé son épée, ne se fit pas scrupule de dépouiller son petit-fils. Une suspension d'armes fut conclue, à condition que toutes les places fortes seraient remises. Mais le roi de Prusse s'était retiré derrière la Vistule, et les Russes s'avançaient à grandes journées. L'empereur marcha au devant d'eux en Pologne, s'empara de Varsovie, et les rencontra au nombre de cent soixante mille auprès d'Eylau (7 février 1807). Une sanglante bataille s'engagea dans la plaine et sur les hauteurs du village, que les Russes attaquèrent et défendirent tour à tour avec une admirable constance. Napoléon resta maître du champ de bataille sillonné de boulets, d'obus, d'armes de toute espèce ; le sang avait fondu la neige. Des deux côtés on chanta le *Te Deum*. L'armée française poursuivit sa marche, malgré les rigueurs du froid, et investit Dantzick, la dernière place forte de la Prusse. La ville se rendit après cinquante-un jours de tranchée ouverte, livra huit cents pièces de canon, et cinq cent mille quintaux de grains. Fréderic-Guillaume n'avait plus d'espoir que dans la seconde armée russe, fraîchement arrivée avec l'empereur Alexandre. La décisive journée de Friedland, aussi brillante que celle d'Austerlitz, détruisit sa dernière ressource ; cinquante-six mille hommes tués, blessés ou faits prisonniers (14 juin) ; l'armée russe anéantie commença dès le lendemain un mouvement rétrograde dont la rapidité laissait croire à une fuite, et ne s'arrêta qu'au Niémen, près de Tilsitt, où Napoléon ne tarda pas à arriver avec ses troupes légères. Le Niémen bordait la frontière russe ; Alexandre craignit de la laisser entamer et demanda la paix. Une entrevue eut lieu entre les deux souverains, sur un radeau, au milieu du fleuve (25 juin). Le roi de Prusse se tenait derrière, en suppliant. On y régla les destinées de l'Europe. Le 7 juillet la paix fut conclue à Tilsitt, entre la France, la Prusse et la Russie. L'empereur de Russie reconnut les rois de création nouvelle, Louis, Joseph et Jérôme, pour lequel le royaume de Westphalie fut formé des états de Hesse-Cassel, d'une partie de la Prusse, du duché de Brunswick, de Paderborn, de Julde et d'une partie de l'électorat de Hanovre ; il reconnut encore le roi de Saxe grand-duc de Varsovie, et Napoléon protecteur de la confédération du Rhin, qui dut s'étendre jusqu'à l'Elbe ; enfin il donna son adhésion au blocus continental décrété à Berlin le 21 novembre 1806. La Prusse céda à la Saxe la Pologne prussienne, le cercle de Cotbus en Lusace, et renonça à toutes ses possessions entre le Rhin et l'Elbe, c'est-à-dire à la moitié de sa population; en outre elle dut fermer ses ports au commerce anglais.

Le plan de l'empereur était grand, et, bien exécuté, devait ruiner l'Angleterre. L'ordonnance datée de Berlin mettait en état de blocus les Iles Britanniques, interdisait avec elles tout commerce et toute correspondance, confisquait de droit toute marchandise anglaise trouvée sur le continent, et déclarait prisonnier de guerre tout Anglais saisi sur le territoire des Français ou de leurs alliés. Toute nation qui n'accédait pas à la mise hors du droit social des Iles Britanniques était considérée comme ennemie. Le cabinet de Saint-James chercha à poser le pied sur le continent qui lui était fermé, jeta les yeux sur le Danemarck, dont il exigea une alliance offensive et défensive, et, pour garantie, la remise de sa flotte et de sa capitale. Le refus fut suivi d'un bombardement terrible, qui mit Copenhague en cendres, et fit tomber au pouvoir des Anglais la flotte danoise, composée de vingt-huit vaisseaux de ligne, seize frégates et neuf bricks (août 1807). Le roi de Danemarck, loin de se rendre, donna son adhésion formelle au blocus continental, ordonna la saisie de tout sujet anglais et de toute marchandise anglaise actuellement dans ses états.

La Suède, alors alliée de l'Angleterre, crut pouvoir résister à l'ascendant de Napoléon; le maréchal Brune lui enleva Stralsund, l'île de Rugen et la Poméranie. La Porte Ottomane, alors en guerre avec la Russie, mais alliée de la France, rassurée par l'ambassadeur Sébastiani, ferma le Bosphore aux Anglais, improvisa dans le détroit des Dardanelles de formidables batteries, et repoussa par sa ferme contenance les flottes ennemies. Le Portugal seul restait soumis à l'influence anglaise. L'ultimatum de Napoléon fit d'abord cesser tout rapport avec le cabinet de Saint-James; mais le sévère blocus du Tage changea bientôt ses projets, et dès lors Napoléon résolut de l'anéantir. Le 27 septembre 1807, il conclut à Fontainebleau un traité secret avec l'agent du prince de la Paix, par lequel il détruisait l'indépendance de la nation portugaise. Le roi d'Etrurie recevait la Lusitanie septentrionale, à titre de royaume, en échange de ses états de Toscane; don Manuel Godoï, prince de la Paix, le royaume des Algarves à titre de principauté, le tout sous la suzeraineté du roi d'Espagne, qui devait aussi s'appeler *empereur des deux Amériques :* le reste du Portugal serait tenu en réserve jusqu'à la paix générale. Le 13 décembre, un décret impérial annonça la déchéance de la maison de Bragance, et Junot partit de Bayonne avec vingt-huit mille hommes, auxquels le passage était accordé à travers l'Espagne, pour exécuter l'ordre. Le prince régent de Portugal n'attendit pas son arrivée à Lisbonne, et s'embarqua pour le Brésil, laissant le royaume à la merci des envahisseurs.

Cette importante conquête fut accueillie avec joie par les Espagnols, vu l'antique rivalité des deux peuples; mais elle devint funeste à Napoléon, en lui inspirant des idées d'usurpation sur la Péninsule.

La nation espagnole était alors agitée par des intrigues de cour. Ferdinand, prince des Asturies, l'idole du peuple, haïssait mortellement le prince de la Paix, favori de Charles IV et de la reine. Godoï parvint à le convaincre, aux yeux de Charles IV, d'avoir voulu le détrôner et s'emparer de sa couronne; le prince eut peur; il demanda grace au favori, et s'humilia devant lui. Le roi d'Espagne en écrivit à l'empereur, auquel Ferdinand avait déjà adressé la demande en mariage d'une personne de sa famille; Napoléon avait un beau rôle à jouer, celui d'arbitre désintéressé. L'Espagne était sous sa main; ses trésors et ses armées étaient à sa disposition; son nom était grand et adoré par delà les Pyrénées. Il hésita long-temps, puis il envoya le grand-duc de Berg occuper militairement Pampelune, Barcelonne, Figuières et Saint-Sébastien. La Péninsule ne s'en émut pas d'abord : elle ne savait pas que Napoléon venait de demander la cession à l'empire de toute la rive gauche de l'Ebre; mais l'apparition des troupes françaises porta le trouble et l'effroi dans la cour du vieux roi. Godoï, menacé de partout, proposa le départ pour l'Amérique, à l'instar du prince de Portugal; la reine appuya le favori; l'embarquement fut résolu, et tout se prépara à Aranjuez pour la fuite. Le parti le plus avantageux au prince des Asturies était de laisser s'effectuer cet exil volontaire, car le royaume lui revenait de droit. Mal conseillé, il ameuta le peuple d'Aranjuez et les paysans de la province; une multitude en armes, secondée des troupes régulières, se rua sur le palais d'Aranjuez, où Charles IV et son favori attendaient en tremblant l'explosion. Il fallut abdiquer sur l'heure pour apaiser la fureur des mécontens ; à cette condition seulement, le prince de la Paix eut la vie sauve. Le nouveau roi fut proclamé avec enthousiasme, à son entrée à Madrid ; le 24 mars 1808, il y trouva les Français arrivés de la veille, sous le commandement de Murat, qui s'était porté en avant de sa propre autorité. Le peuple, tout entier à son triomphe, criait indifféremment : » *Vive Ferdinand VII! vivent les Français!* » Mais l'attitude du grand-duc de Berg était menaçante; Charles IV venait de protester contre son abdication, et sa protestation se trouvait entre les mains de l'empereur. Napoléon manda le père et le fils à Bayonne, où il devait juger leurs différens en dernier ressort. Le vieux roi obéit avec empressement; Ferdinand s'y rendit avec répugnance, sur les conseils du duc de l'Infantado, du chanoine Escoïquitz, et du ministre Cevallos. A peine arrivé, Napoléon prononça la sentence, et remit la couronne sur la tête de Charles IV, qu'il contraignit bientôt à abdiquer en sa faveur (5 mai 1808). Le père reçut pour habitation le château de Compiègne avec une pension royale; le fils fut retenu prisonnier dans celui de Valençay. Murat, muni d'instructions secrètes, notifia au grand conseil de Castille la seconde abdication de son roi, et le conseil, dominé par les baïonnettes françaises, demanda pour roi d'Espagne Joseph, le frère aîné de Napoléon, déjà promu au trône de Naples.

Une proclamation, datée de Bayonne, apprit au peuple espagnol la déchéance de la dynastie des Bourbons, et une junte des notables de la Péninsule fut convoquée à Bayonne, pour aviser à la formation du gouvernement provisoire, et reconnaître le nouveau roi. Les ducs de l'Infantado, d'Hijar, d'Ossuna, le comte Fernand Nunez, le marquis de Santa-Cruz, nombre de nobles et de grands seigneurs signèrent une adresse au peuple espagnol, pour l'inviter à la soumission envers le frère de Napoléon. Joseph résigna la couronne de Naples à Joachim Murat, et se mit en marche le 9 juillet, en proclamant la nouvelle constitution, dont la teneur était assez libérale. Mais le peuple, soulevé par les patriotes, fanatisé par les moines, se leva en masse contre l'usurpateur. Une junte provisoire se forma à Séville, qui, pour première protestation contre la tyrannie, annula tous les actes de celle de Bayonne. L'armée tout entière s'était soulevée ; le clergé montrait le crucifix au peuple, et anathématisait l'empereur, sous le nom de l'Antéchrist. Le jour de Saint-Ferdinand, le tocsin sonna à grandes volées, comme autrefois en Sicile, et un massacre général des Français s'ensuivit. A Carthagène, à Grenade, à San-Lucar, à Jaen, à Séville, à la Caroline, à Saragosse, à Badajoz, à Valladolid, dans le royaume de Léon, dans les Asturies, dans la Galice, dans les deux Castilles, dans la Navarre, l'Aragon, la Catalogne, ce fut une nouvelle Saint-Barthélemy avec toutes ses horreurs. A Cadix, l'escadre française fut surprise, et le capitaine-général massacré ; à Valence, on égorgea l'équipage d'une frégate, qui fuyait devant les Anglais, sur les instigations du chanoine Balthazar Cabos. L'armée française s'avança dans l'intérieur. Lefebvre-Desnouettes fit le blocus de Saragosse ; Duhesme soumit la Catalogne, Moncey le royaume de Valence ; Lasalle s'empara de Burgos. Parti de Madrid, Dupont marcha vers l'Andalousie, et battit les insurgés à Alcoléa. Bessières pacifia le Guipuscoa, l'Alava, la Biscaye, la Navarre, gagna la bataille de Médina de Riosecco, et ouvrit à Joseph le chemin de la capitale. Le nouveau roi y fut proclamé le 20 juillet. Mais cette veine de succès fut de peu de durée. Le général Dupont, attaqué par quarante mille Espagnols, se laissa écraser à Andujar avec vingt-six mille hommes, et signa la honteuse capitulation de Baylen, qui ranima le courage des Espagnols et leur prouva que les Français n'étaient point invincibles (22 juillet 1808). Le marquis de la Romana, campé sur les bords de la Baltique, avec quinze mille Espagnols, s'échappa sur une flotte anglaise, et vint, avec ce puissant renfort, imprimer une nouvelle activité à la guerre. Sir Arthur Wellesley, depuis lord Wellington, débarquait enfin en Portugal avec vingt-six mille Anglais, soulevait toute la contrée, et marchait à la rencontre de Junot qui n'avait que dix mille hommes. La bataille se donna à Vimeiro (22 août). Junot vaincu signa la capitulation de Cintra, et fut transporté en France avec ses troupes, pendant que celles du général Dupont s'entassaient dans les pontons de Cadix, au mépris de la signature de Castanos, le héros de Baylen. Huit jours après son entrée à Madrid, Joseph dut évacuer sa capitale, et commencer sa retraite vers les Pyrénées. L'armée française ne possédait plus, dans tout le royaume que Barcelonne, la Navarre, la Biscaye et l'Alava. Trois mois auparavant l'Angleterre et l'Espagne étaient ennemies jurées; dès ce jour, elles combattirent comme deux sœurs.

Napoléon, rassuré à tort sur les suites de l'insurrection espagnole, s'occupait à Paris de l'organisation de son empire. Il créa cette année une noblesse héréditaire, avec les titres de prince, duc, comte, baron, chevalier; les majorats furent rétablis; le régime des substitutions altéra le droit français. Fouché reçut le titre de duc à côté du *premier baron français*, qui devint comte de Montmorency. Cette innovation eut bien sa part de ridicule; mais on envia la position des nouveaux élus, et nombre d'émigrés rentrés échangèrent de bonne grace leurs anciens titres contre le titre impérial. La nouvelle des revers de Dupont et de Junot fit sortir l'empereur de son état de sécurité. Décidé à envahir l'Espagne de sa personne, il eut à Erfurth (octobre 1808), avec Alexandre, une entrevue solennelle à laquelle François II ne fut pas appelé. L'empereur de Russie entra parfaitement dans les plans de Napoléon. On ne sait ce qui se passa dans les entretiens secrets des deux souverains; peut-être rêvaient-ils le partage de l'Europe en deux empires, dont l'un s'appuierait sur les Dardanelles et l'autre sur Gibraltar. Le roi de Prusse et l'empereur d'Autriche manquaient seuls à cette grande réunion; tous les princes du Nord et du Midi formaient une cour brillante et empressée au maître de leur destinée politique. Napoléon s'arracha enfin à tout ce prestige de pompe impériale, et partit pour Bayonne, où il arriva le 3 novembre, avec ses légions du Niémen, de l'Elbe et du Danube. Alors la face des affaires changea; l'armée d'Estramadure fut écrasée à Burgos; celle de Galice perdit vingt mille hommes à Espinosa, malgré les efforts de Blake, la Romana et Galiggo; la grande armée d'Andalousie, aux ordres de Castanos, Penal et Palafox, vaincue à Tudela par le duc de Montebello, laissa ouvert le chemin de Madrid, devant lequel l'armée française arriva le 1er décembre, après le furieux combat de Sommo-Sierra, gagné par la cavalerie légère du général Montbrun. Soixante mille fanatiques mal armés défendaient la ville; quelques décharges d'artillerie suffirent pour les disperser, et la grande capitale se rendit au vainqueur. Napoléon n'épargna pas les proclamations : « Je vous
» avais dit, écrivait-il dans une proclamation du 2 janvier 1809, que je
» voulais être votre régénérateur. Aux droits qui m'ont été cédés par
» les princes de la dernière dynastie vous avez voulu que j'ajoutasse le
» droit de conquête, cela ne changera rien à mes dispositions; je
» veux même louer ce qu'il y eut de généreux dans vos efforts. Tout ce
» qui s'opposait à votre prospérité et à votre grandeur, je l'ai détruit;
» les entraves qui pesaient sur le peuple, je les ai brisées; une con-
» stitution libérale vous donne, au lieu d'une monarchie absolue, une
» monarchie tempérée et constitutionnelle. Il dépend de vous que cette

» constitution soit encore votre loi. » Peine perdue; les insurgés ne lisaient pas les proclamations de l'empereur. Quarante mille moines parcouraient les campagnes, la croix en main, en criant : *Mort aux Français!* Vaincus dans les batailles, les Espagnols se transformaient en *guerilleros*, suivaient les corps d'armée, massacraient les traînards et les détachemens isolés, interceptaient les convois et les communications, en attendant les Anglais qui débouchaient du Portugal. Napoléon portait son quartier-général en avant de Madrid pour les détruire en une seule bataille, lorsqu'il apprit que la guerre était imminente avec l'Autriche. Aussitôt il partit pour Paris, laissant à plusieurs corps de vieilles troupes l'ordre de se rendre en Allemagne, où Davoust ne contenait qu'avec peine les forces supérieures du prince Charles. Le cabinet de Vienne avait fait d'immenses préparatifs. Les landwehrs venaient d'être réorganisées; les landsturms, ou levées en masse, ordonnées sur toute la surface de l'empire. Quatre cent mille hommes entraient en ligne, avec une réserve de trois cent mille pour remplir les cadres. La Hongrie fournissait quatre-vingt-douze mille hommes, et une réserve de quatre-vingt mille. L'Angleterre et le Saint-Siége formaient avec l'Autriche la cinquième coalition, dont le malheureux roi de Prusse appelait de tous ses vœux la réussite, pour se soustraire aux humiliantes conditions du traité de Tilsitt. Napoléon ne perdit pas un moment : deux cent mille hommes se portèrent rapidement en Bavière, où les attendaient les Bavarois et les Wurtembergeois. Les soixante mille hommes de l'archiduc Louis et du général Hiller furent battus à Abensberg par le maréchal Lannes ; à Landshut le lendemain, par le maréchal Bessières. Davoust gagna sur le prince Charles l'importante victoire d'Eckmuhl, et Ratisbonne, où s'étaient renfermés six régimens entiers, fut emportée d'assaut. Vienne essaya de résister; dix-huit cents obus brûlèrent la cité; et l'empereur se porta sur Essling, où se livra une terrible bataille sur plusieurs îles du Danube (22 mai 1809). Le village fut pris et repris plusieurs fois dans la journée; le duc de Montebello, Lannes, *le brave des braves*, y fut blessé à mort : la rupture des ponts sauva l'armée autrichienne, et fit essuyer aux Français des pertes énormes. La jonction du corps de Marmont et des divisions italiennes du prince Eugène permit à l'empereur de marcher à la poursuite du prince Charles. La victoire de Raab (14 juin 1809) fut le prélude de la célèbre bataille de Wagram, qui rappela les glorieuses journées d'Austerlitz et de Friedland. La perte des deux armées fut à peu près égale : on fit vingt mille prisonniers (6 juillet); l'archiduc battit en retraite avec des troupes démoralisées, et demanda un armistice d'un mois, qui ne dut pas s'étendre à la terrible insurrection du Tyrol. Le cabinet de Vienne envoya M. de Metternich traiter de la paix avec le ministre des relations extérieures, M. de Champagny; mais ce n'était pas le compte de l'Autriche, qui ne cherchait qu'à gagner du temps. L'Angleterre avait lancé sur les côtes de Hollande une flotte formidable portant cent mille hommes, dont cinquante mille de débarquement, commandés par lord Chatam, de la famille de Pitt. Vingt millions sterling (500 millions) avaient été dépensés pour cette expédition, qui devait s'emparer de l'île de Walcheren, à l'embouchure de l'Escaut, détruire Flessingue et Anvers, deux arsenaux maritimes d'une grande importance, et brûler la flotte française dans le port de cette dernière place. Flessingue tomba en effet en leur pouvoir; mais le duc d'Otrante fit lever l'élite des gardes nationales dans les départemens du Nord, et en donna le commandement à Bernadotte, qui fut bientôt remplacé par le maréchal Bessières, plus en faveur auprès de Napoléon. Anvers ne put être entamé; les maladies se mirent dans l'armée anglaise, campée au milieu de la Zélande. Soixante jours après le débarquement, force leur fut d'évacuer Flessingue et de se rembarquer avec des pertes immenses. Ainsi s'évanouit le dernier espoir de l'Autriche. L'empereur eût pu l'anéantir, il se contenta de la dépouiller. Le traité de Vienne donna à la confédération du Rhin Salzbourg, Bergtolsgaden, et une partie de la Haute-Autriche; à la France, Goritz, Montefalcone, Trieste, le cercle de Vallach en Carinthie, et toute la rive droite de la Save; au grand-duché de Varsovie, la Gallicie occidentale et le cercle de Janosc; à la Russie, un territoire de quatre cent mille habitans, dans la Gallicie orientale. L'empereur François ajouta son adhésion au système continental. La punition du pape Pie VII fut aussi prompte et plus terrible. Irrité du morcellement de son territoire, il s'était uni aux ennemis de la France et avait excommunié Napoléon. Un décret parti de Schœnbrunn le raya de la liste des princes temporels. Le général Radet, chargé de l'exécution de l'ordre, escalada le Vatican et fit monter le pontife dans une calèche, qui fila rapidement sur Grenoble. Un nouvel ordre impérial fixa au prisonnier Savone pour résidence, puis Fontainebleau, où il subit une captivité de quatre années. Cet enlèvement brutal ne souleva aucun murmure chez les Romains. Rome devint le chef-lieu d'un département et servit à arrondir les possessions françaises.

Napoléon, vainqueur de la cinquième coalition, n'avait plus que l'Espagne à vaincre; son départ pour l'Allemagne avait ranimé les insurgés. Le duc de Dalmatie venait de gagner la bataille de del Burgo, qui hâta la capitulation de la Corogne, puis pénétrant dans le Portugal, il écrasa les Portugais sous les murs de Chavès, au combat de Lanhojo, à la grande journée d'Oporto, où périrent vingt mille ennemis. Le général Gouvion-Saint-Cyr détruisit un corps espagnol à la baïonnette, au combat de Vels, près de Tarragone; Sébastiani fut vainqueur à Ciudad-Réal; le duc de Bellune défit le général Cuesta à Medelin, dans l'Estramadure, et poussa jusqu'à Badajoz; mais la résistance désespérée de Saragosse, sous le brave général Palafox, paralysa tout l'effet de ces victoires; quarante mille personnes avaient succombé; les unes par le fer, les autres par la maladie; le siège durait depuis huit mois, et la ville ne se rendit qu'après cinquante-un jours de tranchée ouverte et de combats d'extermination. La défense de Saragosse avait neutralisé les triomphes passés; la bataille indécise de Talavera, où le maréchal Victor ne put enfoncer les lignes de Wellington, malgré la présence du roi Joseph (28 juillet), rassura les Espagnols pour les succès à venir. Le 18 juillet, le général Suchet avait défait le général Blake, au combat de Belchite; le 21 août, Sébastiani mit en déroute à Almonacid l'armée de Vanegas; le 21 novembre, le maréchal Mortier, avec vingt-cinq mille hommes, détruisit à Ocana cinquante mille insurgés, et l'Andalousie fut conquise; Goronne se rendit au maréchal Augereau. La victoire d'Ocana suspendit le départ de Napoléon, qui avait manqué d'être assassiné à Vienne par un étudiant fanatique, Frédéric Stabbs. Cent mille hommes se tenaient prêts à envahir l'Espagne pour battre séparément l'armée anglaise à Badajoz, les Espagnols dans la Manche; ils ne partirent pas, et la campagne de 1810 commença, sous les ordres de Suchet, au nord, et de Soult, au midi, pendant qu'au milieu de ces déchiremens intérieurs l'Amérique espagnole échappait au vainqueur, quel qu'il dût être, et se constituait en gouvernement fédératif à Vénézuela. Le maréchal Soult occupa Baylen, Jaen, Cordoue, Cormona, Séville, la résidence de la junte suprême, qui se réfugia à Cadix, et bientôt le maréchal Victor parut devant cette dernière place. Au nord, le général Souham battit le général O'Donnel au combat de Vich, et le maréchal Suchet s'empara de Lérida et de Mequinenza. Dans le Portugal Masséna débuta par trois sièges importans, ceux d'Astorga, de Ciudad-Rodrigo et d'Almeida, qui capitulèrent au bout de quelques jours de tranchée ouverte; puis il marcha sur Lisbonne, et fut battu devant la position formidable de Busaco, qu'il attaqua de front au lieu de la tourner. Wellington, après ce succès, se retira lentement vers la capitale du Portugal, pour la couvrir, et le prince d'Essling ne put jamais forcer les inexpugnables lignes de Torrès-Védras, à triple enceinte, garnies d'une nombreuse artillerie. Il fallut songer à la retraite. Ainsi, à la fin de 1810, l'Espagne, loin d'être soumise, commençait à prendre l'offensive. Le général Wellington pouvait disposer de cent quatre-vingt-cinq mille hommes, dont quatre-vingt mille de milices portugaises. Chaque corps d'armée français trouvait devant lui une nuée d'ennemis, dont le nombre croissait de jour en jour; il y avait l'armée d'Andalousie, celle de la Manche, celle de la Castille, celle de l'Estramadure, etc. Toute place abandonnée par l'ennemi devenait une forteresse; des guérillas nombreux s'organisaient dans les montagnes avec des chefs illustres; Mina commandait dans la Navarre et l'Aragon; Porlier dans la Galice; l'Empecinado, El Medico, Duran, dans les montagnes de l'Aragon et de la Castille; Santo-Childes, dans le royaume de Léon; Sanchez, Julian, près de Salamanque; le baron d'Èroles, Rovirac, dans les montagnes de la Catalogne; Castanos et d'autres dans celles de Ronda et de Murcie; enfin les cortès venaient de s'assembler à Cadix (25 septembre 1810), pour aviser aux moyens de terminer la guerre.

La présence de l'empereur eût seule pu faire changer la face des affaires, en faisant cesser les mésintelligences des généraux, en organisant un plan de campagne régulier et universel; mais l'empereur avait bien d'autres soins en tête. Il songeait à consolider son œuvre par un nouveau mariage, qui lui donnât un héritier, et, dans ce but, il jeta les yeux sur l'Autriche, qu'il tenait dans sa main depuis la paix de Vienne. Joséphine Beauharnais fut répudiée, mais elle conserva le titre d'impératrice; et deux jours après le divorce, des pourparlers confidentiels eurent lieu entre le prince de Schwartzemberg et le comte Alexandre de Laborde. M. de Metternich, déjà tout puissant dans le cabinet de Vienne fit consentir François II aux propositions du cabinet des Tuileries; le prince de Neufchâtel fut chargé de demander la main de l'archiduchesse Marie-Louise. Le mariage se célébra à St-Cloud, le 30 mars 1810, avec une pompe inouïe; nombre de rois, de princes, de grands dignitaires assistaient à cette solennité.

Alors Napoléon fut plus grand qu'il n'avait jamais été, et il se complut dans la richesse de son manteau impérial. La France proprement dite comptait cent trente départemens et quarante-un millions d'habitans, 24 degrés de longitude sur 7 de latitude; mais il y avait encore l'Italie, la Hollande, la Suisse, la confédération du Rhin, les villes anséatiques, placées sous sa domination directe, ou celle de sa famille, ou bien encore celle de ses alliés, en tout cent millions d'Européens, qui dépendaient d'une seule tête. L'adhésion du roi de Suède avait complété le système du blocus continental, et l'Angleterre ne communiquait plus avec l'Europe que par la Péninsule et la Sicile. Le roi de Naples essaya de la chasser de cette île, dont elle avait fait un immense arsenal, défendu par de redoutables fortifications et une armée de vingt mille hommes, aux ordres du général Stuart. L'expédition ne fut pas heureuse; Joachim Murat y perdit douze cents hommes et huit millions. La réunion de la Hollande à la France répara ce léger échec. Promu au trône des Pays-Bas, le roi Louis s'était créé un système politique plus approprié aux besoins de son nouveau royaume qu'aux desseins de son frère Napoléon. Malgré les ordres impériaux, la contrebande se poursuivait activement avec l'Angleterre; les ports hollandais étaient encombrés de marchandises prohibées. Napoléon s'emporta contre son frère : « Sachez, faisait-il
» dire au Moniteur, que vos premiers devoirs sont envers moi, vos
» seconds envers la France; tous vos autres devoirs, même ceux
» envers les peuples que je pourrais vous confier, ne viennent
» qu'après. » Et, comme Louis persistait à agrandir jusqu'à l'indépendance son rôle d'administrateur responsable d'une succursale de l'empire, il le fit abdiquer, et la Hollande fut réunie à la France.

En ce moment arrivèrent les ambassadeurs de Suède, qui venaient demander un prince royal à la France, le maréchal Bernadotte. Charles XIII, qui régnait dans ce royaume depuis la déposition de Gustave IV en 1809, avait adopté pour son successeur Charles-Auguste de

Holstein-Augustembourg, qui mourut subitement à la suite d'une manœuvre de cavalerie (29 mai 1810). Le comte de Fersen, grand-maréchal du royaume, partisan de Gustave, fut accusé de sa mort, et massacré dans une émeute populaire : le vieux Charles XIII était sans enfans ; on jeta les yeux sur le prince de Ponte-Corvo. Napoléon eût mieux aimé leur donner son fils adoptif, le prince Eugène ; Bernadotte était son ennemi personnel depuis le 18 brumaire : mais le désir d'entraîner franchement le Nord dans le système continental détruisit ses scrupules, et son lieutenant partit pour échanger le bâton contre le sceptre. Quelques jours après Napoléon réunit à la France le Valais et les villes anséatiques : l'empire s'étendit depuis Hambourg et Dantzick jusqu'à Trieste et Corfou, y compris la Hollande, les états romains et les provinces illyriennes ; il ne lui manquait plus qu'un héritier : le roi de Rome naquit le 20 mars 1811.

L'année 1811 vit aussi commencer la réaction contre le despotisme impérial ; la réunion de la Hollande et des villes anséatiques avait achevé d'éclairer l'Europe sur les projets de Napoléon, qui ne tendait à rien moins qu'à une monarchie universelle. La Suède et les Pays-Bas étaient cruellement froissés dans leurs intérêts commerciaux. La Prusse avait à venger les revers d'Iéna et l'affront du traité de Tilsitt ; l'Autriche regrettait la perte de ses provinces d'Illyrie et de ses cercles d'Allemagne ; la Russie voyait la puissance de Napoléon s'approcher d'elle de jour en jour, et tuer son commerce naissant par la fermeture des ports ; l'Espagne et le Portugal continuaient leur lutte sanglante contre l'aigle impérial. Soult avait pris Tortose, battu les généraux Ballesteros et Mendizabal à Olivenza qui capitula, puis au combat de la Geborra, qui lui ouvrit les portes de Badajoz. Deux mois après, le général Beresford vint mettre à son tour le siége devant cette dernière place. Le duc de Dalmatie le défit seul sur les bords de l'Alboirra ; puis il le força de repasser la Guadiana, après sa jonction avec Wellington, débloqua Ciudad-Rodrigo, et occupa Murcie (1811). De son côté le général Suchet investit la forte place de Tarragone, la prit d'assaut et trouva dans ses murs le bâton de maréchal. Ensuite il gagna sur les généraux Blake et O'Donnel la bataille de Sagonte ou Murviedro (29 octobre), entra dans la place, et, poursuivant sa route, arriva devant la ville de Valence, où Blake s'était renfermé avec dix-huit mille hommes et quatre cents pièces de canon. Au bout de quinze jours, Valence se rendit (9 janvier 1812), et la campagne de 1811 fut terminée.

La Russie armait en silence et ouvrait clandestinement ses ports à l'Angleterre ; d'immenses préparatifs de guerre se faisaient à l'intérieur ; les divisions rappelées de Courlande s'échelonnaient sur les rives de la Dwina ; celles du haut Danube couvraient le haut Dniester. Une nombreuse armée s'organisait sur les frontières de Pologne, prête à déboucher en Allemagne au premier signal. La guerre contre la Turquie retenait seule en Moldavie l'armée de Kutusoff. Vers la fin de

1810, un ukase commercial prohiba en Russie les produits de l'industrie française, et rouvrit les ports de la Baltique aux flottes anglaises, violant ouvertement les articles du traité de Tilsitt. En même temps la Suède, poussée dans les voies de la coalition par Bernadotte qui avait oublié son origine, refusait d'obéir plus long-temps au blocus continental, et accueillait les marchandises de Londres. Napoléon n'avait plus rien à ménager. Le 18 février 1811 il prononça la réunion à l'empire du duché d'Oldenbourg, dont le souverain était beau-frère de l'empereur Alexandre. Des notes diplomatiques furent échangées entre Paris et Saint-Pétersbourg, par l'intermédiaire d'abord du colonel Czernicheff, puis de MM. de Nesselrode et de Narbonne; mais ces négociations n'aboutirent à rien. Au commencement de 1812, l'empereur demanda au sénat cent vingt mille conscrits, pour être incorporés dans les armées, et réunit une masse imposante de quatre cent mille hommes pour l'expédition qu'il méditait. Un second sénatus-consulte divisa en trois bans la garde nationale : le premier de vingt à vingt-six ans; le second de vingt-six à quarante ; le troisième de quarante à soixante. Le premier ban, composé de six cent mille hommes, fut subdivisé en six cents cohortes, dont une centaine dut garder les frontières, les établissemens maritimes, les arsenaux et les places fortes, jusqu'au retour de *l'armée qui allait s'éloigner*. Au dehors, l'alliance fut renouvelée avec la Prusse, dont la position ne permettait aucune résistance, et l'Autriche, qui était encore dans toute la ferveur du mariage de Marie-Louise avec l'empereur des Français. Le prince de Suède, sollicité d'entrer dans la grande alliance contre la Russie, tergiversa d'abord, et réclama enfin, pour condition *sine quâ non*, l'enlèvement de la Norwège au roi de Danemarck, plus un subside. Napoléon fut irrité : « Bernadotte, dit-il, n'est que mon » lieutenant; qu'il marche quand ses deux patries le lui ordonnent; » s'il hésite, qu'on ne me parle plus de cet homme : je n'achète- » rai point un allié douteux au prix d'un allié fidèle. » La Suède se le tint pour dit, et signa avec la Russie et l'Angleterre un traité qui stipulait la cession de la Norwège, au détriment du Danemarck (24 mars 1812). Dans la lutte qui allait s'engager, la diversion des Turcs sur les derrières de la Russie pouvait devenir précieuse ; Napoléon fit tous ses efforts pour empêcher l'Angleterre de hâter la conclusion de la paix ; mais il ne put arrêter la signature du traité secret de Bucharest, qui permit à Kutusoff de rejoindre l'armée française dans la fameuse retraite de Moscou. Enfin l'empereur partit avec l'impératrice pour Dresde, où l'attendait une cour brillante. François II et son épouse étaient venus au devant de lui. Tous les princes confédérés, tous les souverains allemands s'étaient donné rendez-vous dans la capitale de Saxe. Le roi de Prusse sollicitait pour son fils aîné le grade d'aide de camp de Napoléon, et le commandement du contingent prussien; le prince de Schwartzemberg était à la tête des troupes auxiliaires d'Autriche; le général de Wrède commandait les Bavarrois. Toute l'Europe continentale allait se ruer sur la Russie, qui manœuvrait avec quatre cent mille hommes sur les frontières de Pologne, sur les bords de la Dwina et du Niémen. Sur le point d'entrer en campagne, l'empereur envoya son aide de camp, M. de Narbonne, à Wilna, demander l'ultimatum de l'ennemi ; le prince Kourakin répondit que la Russie ne traiterait qu'après que les armées françaises auraient évacué la Prusse et repassé le Rhin. Alors il n'y eut plus à hésiter ; la lutte dut s'engager, implacable et meurtrière, entre les deux grandes puissances militaires de l'Europe.

Parti de Dresde le 29 mai 1812, Napoléon arriva le 22 à son quartier impérial de Wilkowiski, d'où il adressa aux soldats une proclamation grandiose et ronflante, comme celles qui avaient précédé les campagnes d'Italie et la bataille d'Austerlitz. « Soldats,
» disait-il, la seconde guerre de Pologne est commencée ; la première
» s'est terminée à Friedland et à Tilsitt. La Russie a juré une éternelle
» alliance à la France et guerre à l'Angleterre ; elle viole aujourd'hui
» ses sermens ; elle ne veut donner aucune explication de cette
» étrange conduite, que les aigles françaises n'aient repassé le Rhin,
» laissant par là nos alliés à sa discrétion. La Russie est entraînée par
» la fatalité ; ses destins doivent s'accomplir. Nous croit-elle donc
» dégénérés ? Ne sommes-nous plus les soldats d'Austerlitz ? Elle
» nous place entre le déshonneur et la guerre ; le choix ne saurait
» être douteux. Marchons donc en avant ; passons le Niémen, portons
» la guerre sur son territoire. La seconde guerre de Pologne sera
» glorieuse aux armées françaises comme la première ; mais la paix
» que nous conclurons portera avec elle sa garantie, et mettra un
» terme à la funeste influence que la Russie a exercée depuis cin-
» quante ans sur les affaires de l'Europe. »

Deux cent mille hommes environ sur quatre cent mille franchirent le Niémen à Kowno et à Tilsitt (24 juin), et marchèrent sur Wilna, où se concentraient les divers corps de l'armée russe. Les premières manœuvres avaient merveilleusement réussi : les généraux Baggowouth, Wittgenstein, Doctoroff, Dorokoff, l'hetman des Cosaques Platoff, errant à l'aventure, venaient tour à tour donner tête baissée contre le front de nos colonnes, et se rejetaient précipitamment en arrière, à la recherche de Barclay de Tolly, qui occupait Wilna. A l'approche des Français, l'ennemi fit sauter le pont de la Willia, brûla ses magasins et évacua la ville en toute hâte. La diète polonaise s'était assemblée à Varsovie, et se constituait en gouvernement provisoire ; une députation vint demander l'appui de la France et la reconnaissance de sa liberté. Napoléon, qui avait l'Autriche à ménager, ne voulut pas répondre d'une manière formelle : « Dites que le royaume de Pologne existe,
» s'étaient écriés les députés, et il existera. » Mais il eût fallu pour reconstruire la Pologne dépouiller François II de ses meilleures provinces. Il se contenta de leur donner des espérances, et organisa à leurs portes le gouvernement provisoire de Lithuanie, qui devait inspirer,

après la guerre, des craintes sérieuses aux états du Nord, si la campagne de Moscou eût été heureuse. L'empereur de Russie s'était retiré avec Barclay de Tolly dans le camp retranché de Drissa, derrière la Dwina. Les divisions du roi de Naples, des ducs de Tarente, d'Elchingen et de Reggio vinrent se ranger sur les bords du fleuve, et Napoléon, arrivant de Bloukoboë, après dix-sept jours de repos à Wilna qu'on lui a reprochés, peut-être à tort, disposa tout pour la bataille. Alexandre n'osa pas la donner, et partit pour St-Pétersbourg, afin de presser les levées générales; Barclay de Tolly battit en retraite vers Witepsk; son avant-garde fut mise en déroute au brillant combat d'Ostrowno, qui se renouvela par trois fois, et Witepsk fut évacuée comme Wilna, sur l'arrivée d'un courrier du prince Bagration. Mais ce départ n'était qu'une feinte; Barclay de Tolly et Bagration revenaient en force sur la ville, lorsque Napoléon se porta vivement sur Smolensk, avec le gros de son armée, et la trouva prise au dépourvu; les deux généraux ennemis accoururent en toute hâte. Une bataille sanglante s'engage dans les faubourgs de Krasnoï, de Nicolskoï, de Roslaw et de Mitislaw; Smolensk est enlevée au pas de charge (17 août 1812). La perte des Russes fut énorme; quand les Français pénétrèrent dans la ville, l'incendie en avait déjà dévoré une bonne partie; Barclay de Tolly manœuvra d'abord pour couvrir St-Pétersbourg, puis il se rejeta sur la grande route de Moscou, et se réunit à Bagration. Le duc d'Abrantès, avec sa division, s'était placé sur les derrières, pour leur couper la retraite; le maréchal Ney les poursuivait à outrance, de hauteur en hauteur, et avait coupé en deux l'armée russe, par une charge brillante, dans l'étroit défilé de Valoutina. Une désobéissance impardonnable de Junot, qui refusa de s'avancer jusqu'au point indiqué, sauva les ennemis, qui se replièrent sur Wiasma, où le vieux Kutusoff vint prendre le commandement. Le 5 septembre, la grande armée se trouvait déployée en face des Russes, dans les plaines de Borodino, près des rives de la Moscowa, à quelques lieues de Moscou. Le 7, au matin, Napoléon avait fait ses dernières dispositions : « Voilà un beau so-
» leil; c'est le soleil d'Austerlitz, » dit-il à ses officiers en sortant de sa tente. Une proclamation fut lue dans les rangs, avant les premiers coups de feu : « Soldats, y était-il dit, voilà la bataille que vous avez
» tant désirée. Désormais la victoire dépend de vous, elle nous don-
» nera de l'abondance, de bons quartiers, et un prompt retour dans
» la patrie. Conduisez-vous comme à Austerlitz, à Friedland, à Witepsk,
» à Smolensk, et que la postérité la plus reculée cite avec orgueil
» votre conduite dans cette journée; qu'on dise de vous : « Il était à
» cette grande bataille, dans les plaines de Moscou! » Les soldats ne comprenaient ni tous, ni toujours; mais ils admiraient sur parole. Bientôt une effrayante canonnade fut entendue sur toute la ligne, huit cents bouches à feu tonnaient de part et d'autre; le vice-roi venait d'enlever le village de Borodino; les généraux Rapp, Desaix et Compans étaient blessés, Poniatowski marchait par la grande route de Smo-

lensk à droite ; Eugène attaquait à gauche les parapets de la grande redoute ; le prince d'Eckmühl, le maréchal Ney, le roi de Naples enfonçaient par des charges meurtrières le centre de Kutusoff. Le général Montbrun et Auguste Caulaincourt tombèrent morts, en pénétrant, à la tête des cuirassiers, dans la grande redoute ; Poniatowski écrasa les troupes de Toutchkoff et de Baggowouth. Les débris de l'armée ennemie, entassés dans le ravin de Psarewo, sur lequel plongeait une formidable artillerie, furent mitraillés à loisir. Cette journée nous coûta vingt mille tués ou blessés, et nombre de généraux, Plauzolle, Romœuf, Marion, Bonami, Compère, Huart, Montbrun, Lanubère et Auguste Caulaincourt ; les Russes perdirent cinquante mille hommes, le prince Bagration, le général Koutaisoff, et les deux Toutchkoff. Le maréchal Ney, le héros du jour, fut proclamé prince de la Moscowa sur le champ de bataille ; Napoléon eût pu anéantir les restes de l'armée russe, en faisant donner la garde impériale, qui avait assisté à l'action l'arme au bras ; mais il la réservait pour une seconde victoire.

Quelques jours après Kutusoff soutint à Mojaïsk, à une demi-lieue de Moscou, un combat opiniâtre ; Napoléon croyait que le feld-maréchal se déciderait à défendre la ville, mais le 14 septembre l'ordre de la retraite fut donné. Les Russes traversèrent en vaincus la ville sainte, la seconde capitale de la Russie ; on dit que les officiers pleuraient de rage, et criaient à la trahison. On avait fait un crime à Barclay de Tolly d'abandonner Smolensk ; on reprocha à Kutusoff l'abandon de Moscou, qu'il ne pouvait sauver. Deux heures après l'évacuation, le roi de Naples entra dans la ville à la tête de sa cavalerie, et l'armée entière, rangée en bataille sur le Mont du salut, vit la grande cité, moitié orientale, moitié européenne, avec ses huit cents églises, ses mille clochers, ses coupoles dorées et son antique Kremlin. Les soldats criaient : Moscou ! Moscou ! Napoléon était radieux. Moscou, aux yeux de tous, représentait la terre promise, le terme de toutes les fatigues, des magasins immenses, d'agréables quartiers d'hiver. Puis on se mit à défiler dans les rues : la ville était déserte ; les habitans s'étaient enfuis, mais en annonçant leur prochain retour, et recommandant leurs maisons aux vainqueurs. L'empereur s'établit dans la vieille citadelle du Kremlin, qui renfermait soixante mille fusils et cent pièces de canon ; hors de la ville, de vastes bâtimens contenaient quatre cents milliers de poudre et un million pesant de salpêtre. On passerait l'hiver dans la grande ville, et au printemps on marcherait sur Saint-Pétersbourg ; mais le lendemain tout changea. Un violent incendie, ordonné par le gouverneur Rostopchin avait éclaté pendant la nuit (15 septembre) ; des forçats délivrés parcouraient les rues une torche à la main, et mettaient le feu partout ; toutes les pompes avaient été enlevées. L'armée fit des efforts inouïs pour éteindre les flammes ; une commission militaire jugeait et fusillait sur l'heure tous les incendiaires. Enfin il fallut se résoudre à sortir de la ville. L'incendie approchait du Kremlin, qui pouvait sauter d'un instant à l'autre; Napoléon l'abandonna à regret, et la retraite fut résolue.

Mais l'empereur se laissa endormir quarante jours par des propositions de paix; il lui était dur de reculer sans résultat décisif, après avoir toujours vaincu. A l'approche des premiers froids, les négociations cessèrent, et l'ordre du départ (13 octobre) fut donné. « Votre » guerre est finie, disait le feld-maréchal Kutusoff, et la nôtre com- » mence. » Et, réunissant ses divers corps d'armée aux ordres de Benningsen, Baggowouth, Doctoroff, Ostermann, Orlow, Muller et Denisow, il se mit à harceler l'armée française, poussant en avant trente ou quarante mille Cosaques, détachant des divisions de droite et de gauche pour cerner nos corps détachés, intercepter les passages, enlever nos caissons et nos approvisionnemens. Vigoureusement repoussé à Malojaroslawetz, où seize mille Français battirent ses soixante-dix mille hommes, il devint plus circonspect, profita habilement des fautes du duc de Bellune, et attendit le froid. Trois jours avant le retour de Napoléon à Smolensk, la neige vint à tomber froide et épaisse; le vent du nord amena un froid glacial. En quelques nuits, la cavalerie se trouva démontée, l'artillerie manqua de chevaux; les soldats n'avaient plus de pain, et ne pouvaient soutenir leurs fusils; les cadavres gelés couvraient les routes; des nuées de Cosaques, toujours prêts au combat, entouraient l'armée d'une haie de lances. Déjà plusieurs bataillons s'étaient débandés; des troupes de soldats sans armes, sans drapeaux, se répandaient dans les villages, pour chercher du pain ou la mort. On arriva à Smolensk; la bande des affamés avait pillé les magasins. Quatre jours après la retraite continua; le prince Eugène, le prince de la Moscowa, le prince d'Eckmülh, un moment séparés du corps principal, privés de leur artillerie, firent des prodiges pour le rejoindre. Ney vainquit Platoff et Miloradowitch à Gorki et Dorogobouje; Eugène, avec quatre mille hommes, repoussa les vingt-quatre mille de Rajewski à Dubrowinka. Davoust se fraya un passage jusqu'au quartier-général, à travers les troupes de Tormasow. La vieille garde, dont le moral était excellent, battit l'armée de Kutusoff à Krasnoë, à Liadi, à Chirkowa et Maliewo. Séparé pour la seconde fois de l'empereur, le maréchal Ney eut à soutenir à Krasnoë tout l'effort de l'infatigable Miloradowitch, puis à Dubrowna, et reparut à Orcha avec quinze cents hommes, quand Napoléon le croyait perdu pour toujours. Mais Wittgenstein avait surpris Witepsk; l'amiral Tchitghagoff était entré à Minsk, que le prince de Schwartzemberg ne voulut pas sauver, et où se trouvaient des subsistances pour cent mille hommes pendant six mois, et d'immenses munitions d'artillerie : « Minsk est pris, s'écria l'empereur, il faut le » reprendre. » Et il donna en toute hâte des ordres précis au duc de Bellune, qui, accumulant faute sur faute, ne sut pas même garder Borisow, notre seul pont sur la Bérésina, qu'Ojarowski vint occuper avec une division russe. Quatre-vingt mille hommes se trouvèrent donc pressés entre la rivière, qui charriait, et Kutusoff, dont l'avant-garde arrivait rapidement. Il fallut construire des ponts et effectuer le passage à Stoudziancka sous le feu de l'ennemi. Les ducs de Bellune et de Reggio combattirent avec héroïsme, pour protéger les traîneurs, lorsqu'on vit les ponts, surchargés de soldats désarmés, de caissons, de fourgons, fléchir sous le poids, et des milliers d'hommes se débattre dans les eaux glacées de la rivière. En ce moment une batterie russe se démasqua à demi-portée de canon, et foudroya la division qui combattait, aussi bien que la multitude inerte et sans armes qui s'amoncelait sur la rive en attendant la reconstruction des ponts. Alors ce fut un désordre effroyable et impossible à décrire. Vingt mille hommes périrent dans cette désastreuse journée (28 novembre 1812).

Napoléon continua sa retraite avec soixante mille hommes, dont le passage de la Bérésina et l'opiniâtreté du froid avaient détruit la constance, les dirigea sur Zembin, puis sur Kamen, et trouva à Malodéozeno quatorze estafettes de Paris, qu'il fit repartir aussitôt avec le terrible bulletin du 3 décembre. Les nouvelles de France l'effrayèrent pour la sûreté de sa couronne impériale. Paris était resté vingt-un jours sans nouvelles, et, dans l'intervalle, une audacieuse conspiration avait été sur le point de réussir. L'intrépide général Mallet fut pendant deux heures le maître de la capitale et des autorités constituées (23 octobre 1812). Surpris presqu'au moment du triomphe, il expia son coup de main sur l'échafaud avec quelques uns de ses complices. Mais l'empereur comprit que Paris avait besoin de sa présence, et il partit le 5 décembre de Smorgoni, laissant le commandement de l'armée au roi de Naples, qui ramena l'armée à Wilna, l'évacua à l'arrivée des Russes, éprouva à Kowno des pertes énormes, se replia sur Kœnigsberg, sur Varsovie, sur Posen, poursuivi à outrance par Wittgenstein, et finit par abandonner ses troupes (16 janvier 1813). Le prince Eugène, qui lui succéda, fit sa retraite sur l'Elbe, et entra à Berlin, après avoir brûlé les ponts de Crossen et du fort de France sur l'Oder (21 janvier 1813).

A son arrivée, Napoléon organisa tout avec son activité accoutumée. Les nouvelles de l'Espagne étaient fâcheuses; la bataille des Aropiles, perdue par Marmont, près d'Alba de Tormez, dans le royaume de Léon (22 juillet 1812), avait fait reculer les Français jusqu'à l'Ebre; la défaite de Vittoria dans le Guipuscoa (21 juin 1813), où le roi Joseph fut vaincu en personne, acheva la ruine du parti napoléonien. L'empereur envoya le duc de Dalmatie prendre le commandement des soixante mille hommes qui restaient, et arrêter les succès de Wellington; le prince Eugène alla former en Italie trois corps d'armée et défendre la ligne de l'Adige, pendant que Murat lui-même boudait celui qui l'avait fait roi. Le roi de Bavière arma quarante mille hommes; le roi de Saxe trente mille, qui devaient se réunir à la nouvelle armée française. A Paris, Napoléon fit une verte réprimande au sénat, qui n'avait pas su prévenir la conspiration de Mallet, et destitua le préfet de la Seine. Sa contenance, quand il reçut le corps législatif et les courtisans, était sévère, mais calme. Il demanda cent mille hommes sur les cohortes nationales, cent mille sur les conscriptions des quatre dernières années, cent cinquante mille sur la conscription de 1814. Le sénat accorda tout sans discussion, et décréta en outre la levée de dix mille gardes d'honneur, tenus de se vêtir et de se monter à leurs frais, de quatre-vingt mille hommes destinés à renforcer les cent cohortes, et de quatre-vingt-dix mille conscrits de 1814, pour la défense des frontières.

Napoléon était déjà parti pour l'Allemagne avec de puissants renforts. La triste issue de la campagne de Russie avait déterminé l'explosion des réactions. Le général prussien Yorck laissa à Tilsitt la droite de Macdonald à découvert, et traita avec l'ennemi ; le prince de Schwartzemberg retira ses troupes. L'alliance entre la Prusse et la Russie fut signée à Breslau le 19 mars, entre le comte de Nesselrode et le baron de Stein pour Alexandre, le baron de Hardenberg et le général Scharnhorst pour Frédéric-Guillaume. La cession de la Norwège, qui fut garantie à la Suède par l'Angleterre, détermina la coopération active de Bernadotte à la ligue du Nord (3 mars). L'Autriche, retenue par des liens de famille, attendit pour se décider. A Kalish, où la convention de la Prusse et de la Russie fut rendue publique (29 mars), le feld-maréchal Kutusoff prononça la dissolution de la confédération du Rhin.

Le 29 avril, l'empereur quitta Erfurth à la tête de quatre-vingt mille hommes de nouvelle levée, et manœuvra pour faire sa jonction avec les quarante mille du prince Eugène. Il sentait le besoin de débuter par un coup d'éclat, afin de rassurer son armée et d'étonner l'Europe par une victoire inattendue. Le lendemain, il rencontra à Lutzen une masse de cent cinquante mille Russes et Prussiens, sous les ordres du comte de Wittgenstein et de Blücher. Les conscrits du maréchal Ney se battirent comme de vieux soldats. « C'est une bataille d'Egypte, di- » sait Napoléon ; nous n'avons pas de cavalerie, mais une infanterie » française avec de l'artillerie doit suffire. » Vingt-cinq mille ennemis restèrent sur le champ de bataille ; à l'arrivée du prince Eugène, la victoire était gagnée. Ce fut alors que le vice-roi alla prendre le commandement de l'armée d'Italie. Les journées de Bautzen (19 mai) et de Wurschen (21 mai) furent moins décisives, mais presque aussi brillantes ; Wittgenstein, Miloradowitch, Barclay de Tolly, tout pliait devant nos nouvelles levées, qui marchaient au feu comme de vrais *grognards* de la garde. Les désastres de Russie étaient déjà oubliés ; Napoléon comptait trois cent mille hommes, commandés par onze généraux : Vandamme, Victor, Bertrand, Ney, Lauriston, Marmont, Reynier, Poniatowski, Macdonald, Oudinot, Saint-Cyr ; le roi de Naples commandait la cavalerie avec Latour-Maubourg, Sébastiani et Kellermann ; Mortier et Nansouty marchaient à la tête de la vieille garde. C'est alors que s'ouvrit le congrès de Prague, sous les auspices de l'Autriche, qui se posait en médiatrice désintéressée, malgré ses engagemens secrets avec la Russie. L'empereur accepta cette intervention au moins tardive, malgré le prestige de ses dernières victoires. M. de Metternich demanda, au nom de son maître, la dissolution du grand-duché de Varsovie, qui serait partagé entre la Russie, l'Autriche et la Prusse, le rétablissement des villes anséatiques dans leur indépendance, la reconstruction de la Prusse avec une frontière sur l'Elbe, la cession à l'Autriche de toutes les provinces illyriennes, y compris Trieste. L'empereur répondit qu'il admettait la dissolution du duché de Varsovie, à condition que Dantzick deviendrait ville libre, et que le roi de Saxe serait indemnisé; qu'il cédait à l'Autriche les provinces illyriennes, même le port de Fiume, mais non celui de Trieste, pourvu que le territoire de la confédération s'étendît jusqu'à l'Oder, et que l'intégrité du Danemarck fût garantie. L'arrivée d'Alexandre fit tout rompre, et l'armistice de Plasswitz expira. Le 12 août, l'Autriche déclara la guerre à la France, et ses armées se mirent en marche pour rejoindre celles de Prusse et de Russie. Les forces de la coalition étaient immenses : cent quatre-vingt mille Autrichiens, cent trente mille Russes, cent quatre-vingt mille Prussiens, sans compter les levées en masse (landsturm), trente mille Suédois; en tout cinq cent vingt mille. Napoléon n'avait à leur opposer que deux cent quatre-vingt mille combattans, dont une partie se trouvait massée autour de la ville de Dresde, contre laquelle les ennemis dirigèrent tous leurs efforts. Le 25 août, le prince de Schwartzemberg, Wittgenstein et Kleist entrèrent en ligne avec deux cent mille hommes, et couronnèrent les hauteurs d'une formidable artillerie. Napoléon n'avait sous la main que la moitié de ce nombre, mais il n'hésita pas, et rejeta par des charges vigoureuses les alliés sur les montagnes de la Bohême; vingt mille prisonniers et soixante pièces de canon furent les trophées de la victoire de Dresde, où le général Moreau, à peine de retour des États-Unis, trouva la mort en s'entretenant avec Alexandre auprès d'une batterie prussienne (27 août 1813). La grande armée des coalisés fut surprise un moment de ce revers, puis elle reprit sa marche en avant pour couper à Napoléon la retraite du Rhin; les trois souverains du Nord se réunirent à Tœplitz, au centre des grandes manœuvres, et y posèrent les bases de la *Sainte-Alliance*, qui fut conclue sous la présidence de l'Angleterre, dans la personne de lord Aberdeen. L'Autriche dut reprendre ses limites de 1803, la Prusse celles de 1805 (9 septembre 1813). La bataille de Dresde ne pouvait être décisive, car un seul corps d'armée avait été écrasé, et trois cent mille hommes étaient là pour le soutenir. La période des revers de nos armées commença bientôt. Vandamme, engagé dans la Bohême à la poursuite d'une division ennemie, fut enveloppé par Kleist et Barclay de Tolly, et obligé de poser les armes avec dix mille hommes au combat de Kulm (30 août). Macdonald, trompé par un épais brouillard, donna dans l'armée ennemie, au passage de la Katzbach, et fut battu par le prince Blücher (26 août). Lauriston, attaqué par cinquante mille hommes, fut forcé de laisser à l'ennemi dix-huit pièces de canon à Goldberg. Le duc de Reggio perdit quinze cents hommes et treize canons à Gros-Beeren, en face de l'armée de Bernadotte. Le maréchal Ney, trahi par le général Jomini, qui livra au prince royal de Suède et au prussien Bulow le secret de ses opérations, fut écrasé à Dennewitz, près de Berlin, et laissa douze mille morts dans la mêlée (6 septembre). Napoléon comptait sur une victoire à Leipsick, pour réparer tous ces désastres partiels. Cerné par deux cent mille ennemis autour de cette dernière ville, il frappa un coup terrible à Vachau (16 octobre), où le prince Blücher eut dix mille hommes tués par de meurtrières charges de cavalerie; mais le lendemain, le prince de Schwartzemberg arriva avec cent vingt mille Autrichiens, et le 18, la bataille recommença avec une nouvelle fureur. Acculés de toutes parts contre les murs, les Français se défendirent en désespérés : le prince Poniatowski, maréchal de la veille, le maréchal Ney, le duc de Bellune, Lauriston, Macdonald, firent des prodiges; aucune de nos positions ne put être entamée. Mais les forces de l'ennemi croissaient d'heure en heure; les Saxons, la veille en ligne avec les divisions Durutte et Reynier, venaient de passer à l'ennemi, malgré les ordres de leur vénérable roi, et dirigeaient leur feu contre nos troupes. Deux cent cinquante mille coups de canon avaient été tirés en cinq jours, et il ne restait plus que dix mille cartouches dans les caissons; enfin, à tout instant, le chemin de France pouvait être fermé. Napoléon se résolut à la retraite, qui devait s'effectuer par l'unique pont de l'Elster, et les équipages filèrent par Lindenau sur Lutzen. Le départ était difficile en présence de trois cent mille ennemis : le duc de Raguse défendit le faubourg de Halle contre Blücher; Reynier, celui de Rosenthal; le prince de la Moscowa arrêta, dans ceux de Taucha et de Grimma, les Russes de Woronzow, les Prussiens de Bulow et les Suédois; Poniatowski et Lauriston tenaient dans les faubourgs du midi. Encore deux heures, et l'armée était sauvée. Tout à coup un ordre mal compris fit sauter le pont de l'Elster, et vingt mille hommes se trouvèrent à la merci de l'ennemi. Les plus braves, et Poniatowski à leur tête, se jetèrent dans les flots, où la plupart furent noyés. Les coalisés s'emparèrent de deux cents pièces de canon et d'un immense matériel (19 octobre 1813).

Napoléon, toujours poursuivi par des forces quadruples, ne cessa de combattre à Markranstadt, à Freybourg, à Hambourg, à Kosen, à Erfurth, Gotha, Schlutern, Fulde, et jusqu'aux bords de la Kintzig. Arrivé là, il rencontra l'armée bavaroise du général de Wrède, qui s'était postée en avant de Hanau pour nous barrer le passage; elle fut culbutée avec une perte de six mille hommes (30 octobre); et le 2 novembre, parvenue à Mayence, l'armée française s'échelonna sur les bords du Rhin, en attendant des renforts et l'ennemi. Les forces de la coalition prirent des cantonnemens sur la rive droite, en face des nôtres. Blücher s'établit entre Coblentz et le Mein ; Schwartzemberg entre le Mein et le Necker; de Wrède, sur la rive gauche de ce dernier fleuve. Beningsen fit le blocus de Magdebourg ; Klenau, celui de Dresde. Saint-Priest, à la tête des Russes, occupa Cassel, capitale de la Westphalie, qui fut rayée de la liste des royaumes, le grand-duché de Berg et le Hanovre ; Bulow pénétra dans la Hollande ; et Wintzingerode dans l'Ost-Frise et l'Oldenbourg : Francfort devint le quartier-général des alliés.

L'empereur, de retour à Paris, disposa tout pour la nouvelle campagne qui allait décider du sort de la France. En Espagne, le duc de Dalmatie, les généraux Foy, Clausel, Abbé, Reille, Rey et Drouet n'avaient pu se maintenir en face de Wellington, et il ne restait plus aux Français que le petit port de Santona à la fin de 1813. Le 11 décembre, le traité de Valençay rendit un peu tard le trône à Ferdinand, qui n'en sut aucun gré à son ennemi. Le prince Eugène tenait la ligne de la Save, appuyé sur Willach, Tarvis, Wippach, Alpen, Laybach et Trieste : il reçut l'ordre de conserver l'Italie à tout prix ; mais la défection de la Bavière ouvrit les défilés du Tyrol aux Autrichiens. Le roi de Naples, Joachim Murat, envoya un plénipotentiaire à Vienne, et ajouta trente mille hommes aux forces des Autrichiens. Le vice-roi, en présence de deux armées supérieures qui menaçaient ses flancs, dut se retirer sur l'Adige. A Paris, Napoléon demanda au sénat une levée de trois cent mille hommes, et la mobilisation de cent quatre-vingt mille gardes nationaux, pour renforcer les garnisons de l'intérieur, et se prépara à reprendre l'offensive au commencement de 1814. Le duc de Tarente fut chargé de la défense du Rhin à Cologne ; Marmont se posta à Mayence, le duc de Bellune à Strasbourg, le général Bertrand à Hocheim, en avant de la tête de pont de Cassel, le duc de Valmy à Metz, pour commander les réserves. Mais des événemens postérieurs modifièrent singulièrement ce plan. Le 11 novembre le général Saint-Cyr avait capitulé à Dresde avec ses trente-deux mille hommes, et le prince de Schwartzemberg les retenait prisonniers en Autriche contre le traité. La Hollande venait de proclamer le rappel de la maison d'Orange, après la prise d'Amsterdam et d'Utrecht. Stettin, Lubeck, Bréda, Wilhemlstadt, Torgau, où se trouvaient entassés vingt-sept mille hommes, s'étaient rendus. Le roi de Danemarck avait signé malgré lui un armistice avec les Russes. La Suisse, oubliant sa neutralité, sous l'influence des oligarques de Berne, ouvrait ses défilés à Schwartzemberg et Bubna, qui allaient déboucher dans les départemens de l'Est, pendant que Blücher passerait le Rhin à Manheim, et que Bernadotte pénétrerait en Belgique. A l'intérieur, le sénat conservant sa vieille habitude d'obéissance accorda tout ; mais le corps législatif fit entendre des paroles sévères, qui étaient l'expression trop long-temps comprimée des vœux de la France, fatiguée de conscriptions, du blocus continental, de cours prévôtales, de droits réunis et de conquêtes. M. Lainé, au nom

de la commission, s'écria : « On ne veut pas nous humilier, on veut
» seulement nous renfermer dans nos limites et réprimer l'élan d'une
» activité ambitieuse, si fatale depuis vingt ans à tous les peuples de
» l'Europe...... Les Pyrénées, le Rhin et les Alpes renferment un
» vaste territoire dont plusieurs provinces ne relevaient pas de l'empire
» des lis, et cependant la couronne royale de France était brillante de
» gloire et de majesté entre tous les diadèmes. — Orateur, interrompit
» le duc de Massa, président, ce que vous dites est inconstitutionnel.
» — Il n'y a ici d'inconstitutionnel que votre présence. »
Napoléon fut profondément irrité; il supprima l'adresse comme incendiaire; il traita M. Lainé et ceux de son bord de factieux, de complices de Louis XVIII, de gens dévoués à l'Angleterre. « S'il
» y a quelques abus, dit-il, est-ce le moment de venir me faire des re-
» montrances, quand deux cent mille Cosaques franchissent mes fron-
» tières? Est-ce le moment de venir disputer sur les libertés et les
» sûretés industrielles, quand il s'agit de sauver la liberté politique
» et l'indépendance nationale? Il faut résister à l'ennemi; il faut
» suivre l'exemple de l'Alsace, des Vosges et de la Franche-Comté,
» qui veulent marcher contre lui et s'adressent à moi pour avoir des
» armes..... Vous cherchez dans votre adresse à séparer le souverain
» de la nation..... C'est moi qui représente ici le peuple, car il m'a
» donné quatre millions de suffrages; si je voulais vous croire, je
» céderais à l'ennemi plus qu'il ne me demande..... Vous aurez la
» paix dans trois mois, ou je périrai.... Votre adresse était indigne
» de moi et du corps législatif. » La dissolution du corps législatif
fut prononcée, et on ferma d'autorité les portes du lieu de ses séances.
En effet, ce n'était guère le moment de songer aux abus, au commencement de 1814. Dantzick, la dernière place des Français en Allemagne, venait de capituler avec sa garnison de vingt mille hommes, qui fut envoyée en Russie; Genève se rendit au général Bubna; Lyon, confié à Augereau, menaça de se révolter; Wellington, au midi, passa les Pyrénées, fut battu à Orthez (27 février) et marcha à la suite de Soult, jusqu'à Toulouse, où devait se livrer bientôt une terrible bataille (10 avril). Dans le courant de janvier, le fort Louis, Montbelliard, Haguenau, le fort Lécluse, Saint-Claude, Cologne, Trèves, Vesoul, Epinal, Forbach, Bourg-en-Bresse, Nancy, le fort de Joux, Langres, Dijon, Toul, Chambéry, Châlons-sur-Saône, Bar-sur-Aube, furent occupés par l'ennemi. Les coalisés étaient partout, à l'est, au nord, au midi. Napoléon, oubliant que la France était lasse de sacrifices, appela aux armes toute la population virile des Vosges, de la Haute-Saône, de l'Isère, de la Drôme, du Jura, du Doubs, du Mont-Blanc, de la Côte-d'Or, de l'Yonne, de l'Aube, du Haut et du Bas-Rhin, avec des officiers et des généraux du pays, mit en activité trente mille hommes de la garde nationale de Paris, organisa des bataillons d'invalides qui demandaient à servir encore.
« Le moment est venu, disait le Moniteur, où de tous les points de ce

» vaste empire, les Français qui veulent délivrer promptement le
» territoire de la patrie, et conserver l'honneur national que nous
» tenons de nos pères, doivent prendre les armes, et marcher vers les
» camps, rendez-vous des braves et vrais Français. » La Convention
n'avait pas autrement parlé, lors des levées en masses de 1793. Marie-
Louise fut déclarée régente ; le roi Joseph eut le commandement de la
capitale ; et, le 25 janvier, l'empereur, après avoir confié l'impératrice
et son fils à la fidélité de la garde nationale, partit pour son quartier-
général de Châlons-sur-Marne, d'où il pouvait à son gré se porter sur
les cent trente mille Prussiens de Blücher, arrivant de Francfort, ou sur
les cent cinquante mille Autrichiens de Schwartzemberg, venus de
Suisse. En Italie, Eugène, se retirant devant Murat, échangeait la ligne
de l'Adige contre celle du Mincio, et battait à Velaggio et à Pozzuolo
les cinquante mille hommes de Bellegarde. En Belgique, le général
Maison évacuait Bruxelles, et se repliait lentement, défendant la
Flandre pied à pied. Napoléon, rejoignant l'armée, trouva le duc
de Raguse à Saint-Michel, derrière la Meuse, le duc de Bellune à
Vitry-le-Français, et le duc de Trévise, qui abandonnait Troyes avec
la vieille garde, après les glorieux combats de Colombey-les-deux-
Églises et de Bar-sur-Aube. Son arrivée fit reprendre l'offensive à ses
cinquante mille hommes. Blücher, culbuté à Saint-Dizier, soutint un
combat sanglant sous les murs de Brienne, recula jusqu'à Bar-sur-Aube,
et fit sa jonction avec Schwartzemberg. Le 1er février l'armée française attaqua les lignes des Prussiens et des Autrichiens, aux villages
de la Rothière et de Dieuville, dans les plaines de l'Aube, mais elle
ne put les enlever, et fit retraite sur Troyes qu'elle avait dépassée
dans son mouvement offensif ; Marmont, resté seul en face des vingt-
cinq mille Bavarois du général de Wrède, leur passa sur le ventre,
franchit la Voire à Rosnay, et rejoignit le corps principal. Le congrès de Châtillon venait de s'ouvrir entre les quatre puissances alliées et
la France (5 février 1814). Les comtes de Stadion et de Rasumouwski,
le baron de Humboldt représentaient l'Autriche, la Russie et la
Prusse ; l'Angleterre avait envoyé le ministre lord Castlereagh, assisté des lords Aberdeen et Cathcart, et du général Stewart. Le duc de
Vicence reçut *carte blanche* de Napoléon pour traiter de la paix ;
l'empereur, dans sa lettre de créance, lui déclarait positivement que le
salut de la France dépendait d'une paix, ou d'un armistice à faire
dans quatre jours, car l'ennemi marchait sur Paris par les deux rives
de la Marne, et Blücher occupait la grande route de Châlons. Le duc
de Vicence demanda des instructions positives sur les sacrifices qu'il
fallait faire. Napoléon se décida à abandonner la Belgique, la rive
gauche du Rhin, le Piémont, l'Allemagne, Gênes, etc. Le duc de Bassano vint le 9 février, à neuf heures du matin, chercher la dépêche définitive ; il trouva l'empereur profondément occupé de la lecture d'un rapport qu'il avait reçu sur les mouvemens des armées russes et prussiennes : «Ah! c'est vous, lui dit-il. Il s'agit d'autre chose : je suis dans ce mo-

» ment à battre Blücher de l'œil ; il marche sur Montmirail. Je pars ;
» je le battrai demain, je le battrai après demain. Si je réussis, l'état
» des affaires va changer, et nous verrons. En attendant, laissez Cau-
» laincourt avec les pouvoirs qu'il a ».

Napoléon venait de concevoir une de ces magnifiques combinaisons stratégiques qui lui avaient valu ses plus belles victoires. Il chargea Bourmont de défendre à Nogent le passage de la Seine ; Oudinot, le pont de Bray. Sa garde fit douze lieues à travers des marais impraticables, déboucha à Champ-Aubert sur les derrières de Blücher qui marchait en toute sécurité contre Macdonald, écrasa le corps russe du général Alsufief, et coupa en deux l'armée prussienne (10 février). Le lendemain, il tomba sur les colonnes de Sacken et d'Yorck, et les refoula jusqu'à Soissons avec une perte considérable ; puis, revenant sur ses pas, il rallia la division Marmont dans les plaines de Vaux-Champs, et livra aux débris de l'armée de Blücher la brillante victoire de Montmirail qui acheva de l'anéantir. Huit mille prisonniers allèrent défiler sur les boulevarts de la capitale et rassurer les Parisiens. Schwartzemberg, ignorant le désastre de son collègue, s'avançait en toute hâte vers Paris par les rives de la Seine ; l'empereur laissa Marmont et Mortier garder les avenues de Châlons, et marcha sur Meaux où Victor et Oudinot se défendaient avec peine contre la masse des ennemis. Schwartzemberg fut culbuté à Nangis par les dragons de Treilhard ; Oudinot et Kellermann poursuivirent les Russes sur Nogent ; Macdonald, les Autrichiens sur Bray ; Gérard battit les Bavarois à Villeneuve et Donnemarie.

Aussitôt les victoires de Montmirail et de Nangis décidées, Napoléon avait écrit au duc de Vicence pour lui recommander de prendre une attitude moins humiliée devant le congrès, et révoquer sa *carte blanche*. « Je vous ai donné carte blanche, lui disait-il, pour sauver
» Paris et éviter une bataille qui était la dernière espérance de la
» nation. La bataille a eu lieu ; la Providence a béni nos armes : j'ai
» fait trente à quarante mille prisonniers ; j'ai pris deux cents pièces
» de canon, un grand nombre de généraux, et détruit plusieurs armées presque sans coup férir ; j'ai entamé hier l'armée du prince de
» Schwartzemberg que j'espère détruire avant qu'elle ait repassé nos
» frontières. Votre attitude doit être la même ; vous devez tout faire
» pour la paix : mais mon intention est que vous ne signiez rien sans
» mon ordre, parce que moi seul je connais ma position..... Je suis
» prêt à cesser les hostilités, et à laisser les ennemis rester tranquilles
» chez eux s'ils signent les préliminaires basés sur les propositions
» de Francfort. » Il n'y eut donc plus de paix possible avant un nouvel évènement. La terreur était grande chez les alliés. Leurs armées étaient en pleine retraite sur Troyes ; leurs équipages refluaient sur les Vosges et le Rhin ; les conseils de guerre en revenaient à leurs hésitations d'autrefois. L'empereur, après avoir refoulé les Autrichiens et les Wurtembergeois du général Bianchi à Montereau, que le duc

de Bellune avait négligé de garder, marcha sur Troyes ; mais il rencontra à Méry-sur-Seine encore le corps de Sacken qui faisait partie de la nouvelle armée de Blücher, composée des réserves de la Belgique, et le renvoya derrière l'Aube. Blücher avait conçu un brillant projet, celui d'arriver seul à Paris pendant que les Français attaqueraient Schwartzemberg ; Napoléon le devina et se hâta de courir à lui en masquant ses mouvemens et laissant croire au généralissime autrichien que les corps d'Oudinot et de Macdonald avaient derrière eux toute l'armée. Il était temps ; les ducs de Raguse et de Trévise s'étaient repliés de la Ferté-sous-Jouarre sur Meaux ; Blücher, suivant la rive gauche de la Marne, marchait sur Soissons où l'empereur espérait l'écraser entre la garnison, les corps de Mortier et de Marmont et sa garde impériale. La reddition de Soissons à Bulow et Wintzingerode, qui arrivaient de Belgique, fit échouer ces savantes manœuvres, et ce projet, qui devait sauver Paris, se réduisit à un combat sanglant, indécis, sur les hauteurs de Craone et de Laon où s'était retirée l'armée russe après avoir démantelé Soissons. D'autre part, Schwartzemberg, s'apercevant que les ducs de Tarente et de Reggio étaient seuls devant lui, avait repris l'offensive, marché sur Troyes en refoulant par des masses énormes les faibles corps des deux généraux, et repris la ligne de l'Aube. Napoléon avait donc à choisir entre les Prussiens et les Autrichiens ; il se décida pour ces derniers, et marcha sur Troyes par Epernay. Une affaire sérieuse s'engagea à Arcis où l'empereur croyait ne trouver qu'un corps isolé ; toute l'armée de Schwartzemberg se déployait devant lui. La retraite se fit en bon ordre jusqu'à Vitry-le-Français ; la route de Paris était ouverte. Le généralissime autrichien manœuvrait toujours pour opérer sa jonction avec Blücher : il envoya Wintzingerode attaquer à St-Dizier (26 mars) l'avant-garde de l'armée française ; et, pendant que Napoléon, croyant avoir affaire au corps principal, le poussait avec vigueur sur Vitry et Bar-sur-Onain, il déboucha dans les plaines de l'Aube où le général prussien l'attendait, et tous deux marchèrent sur Paris. A cette nouvelle, l'empereur, profitant de son erreur comme d'un éclair de génie, ordonna aux ducs de Raguse et de Trévise de se replier rapidement sur Paris, d'arrêter tous les convois, de réunir tous les renforts. La capitale pouvait résister à une première attaque, le ministre Clarke avait fait transporter de Cherbourg et du Havre quatre-vingts pièces de canon : un comité de défense venait d'être organisé sous la présidence du roi Joseph ; la garde nationale était nombreuse ; les invalides, les élèves de l'école Polytechnique, nombre de citoyens demandaient des armes et marchaient à la barrière. La garde impériale, arrivant à marches forcées, coupait aux ennemis toute retraite et les plaçait entre deux feux. Le 29 mars, un conseil eut lieu aux Tuileries ; M. de Talleyrand voulait que la régente et son fils restassent au milieu des Parisiens ; des avis plus timorés prévalurent, et Marie-Louise, partant pour Blois, dégarnit la capitale de deux mille cinq cents hommes qui lui servaient d'escorte. Marmont et Mortier s'étaient bien battus. Croyant après le combat d'Arcis que Napoléon se repliait sur eux, ils l'avaient attendu à Fère-Champenoise; forcés de reculer, ils avaient tenu partout, à Sézanne, à Chailly, à la Ferté-Gaucher, à Trilport, à Meaux, à Ville-Parisis. Séparés à Nangis, ils s'étaient rejoints à Charenton : rentrés à Paris, ils réunirent environ trente mille hommes sur les hauteurs environnantes, et engagèrent à cinq heures du matin un combat terrible contre cent trente mille ennemis qui affluaient par toutes les routes. Pantin et Romainville furent pris et repris plusieurs fois; Montmartre résista toute la journée : mais le soir, Mont-Louis, Belleville, Ménilmontant, la butte Chaumont, la Villette étaient au pouvoir des Prussiens, et Blücher menaçait la barrière Saint-Denis. Dans cette extrémité, le roi Joseph ordonna aux deux maréchaux de capituler, et s'enfuit à Orléans; Marmont et Mortier, qui ignoraient l'approche de Napoléon, demandèrent une suspension d'armes qui leur fut accordée. La capitulation fut verbale; les deux généraux purent se retirer avec leurs troupes et leur matériel sur Fontainebleau. Paris devait être évacué avant la nuit (30 mars). En ce moment, Napoléon arrivait avec cinquante mille hommes; le général Belliard vint lui rendre compte de la prise de Paris. Napoléon l'avait écouté dans le plus grand silence : « — Eh » bien, dit-il, allons à Paris; partons. — Mais, sire, il n'y a plus de » troupes à Paris. — N'importe, j'y trouverai la garde nationale; mon » armée m'y rejoindra demain ou après, et j'y rétablirai les affaires. » Suivez-moi avec toute votre cavalerie. — Votre Majesté s'expose, » répondit Belliard, à être prise et à faire saccager la capitale; elle » est entourée par cent trente mille hommes. Je n'en suis sorti que » par une convention; je ne puis y rentrer ni moi ni mes troupes (1). » Napoléon se replia sur Fontainebleau, et envoya le duc de Vicence, pour traiter, au quartier-général de l'empereur Alexandre.

L'entrée des alliés à Paris (31 mars) fut morne et silencieuse; la population s'était précipitée sur leur passage; mais l'enthousiasme était une exception. Sur le boulevart des Italiens, des cris rares, mais bien accentués, s'élevaient : « *Vivent les Bourbons! vivent nos libérateurs!* » La cocarde blanche et la fleur de lis reparaissaient sur les chapeaux et aux boutonnières; les souverains n'avaient point encore songé aux Bourbons. L'attitude de Napoléon était formidable; il pouvait insurger les départemens, manœuvrer autour de Paris, et écraser les alliés en détail, ou bien rallier autour de lui les armées de Soult, d'Augereau, du vice-roi, les garnisons du nord, se retirer derrière la Loire, et y organiser une guerre désespérée. Mais cet espoir, si la guerre civile en était un, s'évanouit bientôt. Lyon, mal défendu par Augereau, tomba au pouvoir de Bubna. Les Anglais entrèrent dans Bordeaux, qui reçut à bras ouverts le duc d'Angoulême et se prononça pour les

(1) Norvins. *Hist. de Napoléon.*

Bourbons; le duc de Dalmatie ne put arrêter Wellington devant Toulouse, après une furieuse bataille. Autour de l'empereur, les défections se succédaient : le sénat, dont la soumission ne s'était jamais démentie, commençait à se sentir fort et, dirigé par M. de Talleyrand, déclarait Napoléon déchu du trône, le droit d'hérédité aboli dans sa famille, le peuple et l'armée déliés du serment de fidélité. Le prince de Schwartzemberg avait dit que l'existence de Napoléon était incompatible avec le repos de l'Europe, et que, Napoléon vivant, on devait se fixer au retour de l'ancienne dynastie. L'empereur Alexandre, moins décidé, disait qu'il y avait trois partis à prendre : faire la paix avec Napoléon, prendre contre lui toutes les sûretés; établir la régence; rappeler la maison de Bourbon; un conseil eut lieu, composé de deux souverains, Alexandre et Frédéric-Guillaume, du prince de Schwartzemberg, du prince de Bénévent, du duc de Dalberg, de l'archevêque de Malines, et du baron Louis : au sortir de là, Alexandre déclara qu'il ne traiterait plus avec l'empereur Napoléon, ni avec aucun membre de sa famille, et une proclamation parut : « Les souverains alliés reconnaîtront et garantiront la constitution que la nation française se donnera; ils invitent en conséquence le sénat à désigner un gouvernement provisoire qui puisse pourvoir aux besoins de l'administration et préparer la constitution qui conviendra au peuple français. » MM. de Talleyrand, de Beurnonville, de Jaucourt, de Dalberg et l'abbé de Montesquiou furent nommés par le sénat membres du gouvernement provisoire. Mais le retour des Bourbons n'était nullement certain, tant que le sort de Napoléon ne serait pas fixé. L'empereur, qui avait déjà abdiqué en faveur de son fils, envoya à Alexandre trois plénipotentiaires en qui il avait toute confiance, Ney, Macdonald et Caulaincourt, duc de Vicence. Marmont, qui commandait un corps d'armée à Essonne, se joignit à eux, mais dans d'autres desseins. Marmont, dont son maître disait : « C'est mon enfant élevé sous ma tente, » avait déjà traité avec le prince de Schwartzemberg, et, pendant son voyage à Paris, Souham et Bordesoult, ses lieutenans, de concert avec lui, débauchèrent sa division qui passa à l'ennemi. Dès lors tout fut perdu; la défection du duc de Raguse dicta la réponse d'Alexandre aux envoyés de Fontainebleau; il exigeait une abdication complète; et le même jour le gouvernement provisoire appela au trône Louis-Stanislas-Xavier de France, et après lui les membres de sa famille. La constitution nouvelle devait être soumise à l'acceptation du peuple français, et Louis n'être proclamé qu'après avoir accepté la constitution, et juré de l'observer et de la faire observer. L'île d'Elbe fut désignée par les souverains pour la retraite de l'empereur déchu. Cruellement froissé de la trahison du duc de Raguse, et de la mollesse de ses généraux, Napoléon signa son abdication absolue (13 avril 1814). Puis on dit que, sentant son rôle fini, il voulut se délivrer de la vie, et que le poison fut sans force sur lui comme sur Mithridate, parce que, le portant avec lui depuis Moscou, le temps avait amorti son venin. Le 20 avril,

il fit ses adieux à sa vieille garde dans le palais de Fontainebleau ; la scène fut solennelle : « Je vous fais mes adieux, dit-il, soldats de ma
» vieille garde. Depuis vingt ans que nous sommes ensemble, je suis con-
» tent de vous. Je vous ai toujours trouvés au chemin de la gloire. Tou-
» tes les puissances de l'Europe se sont armées contre moi ; quelques
» uns de mes généraux ont trahi leurs devoirs, et la France elle-même
» a voulu d'autres destinées. Avec vous et les braves qui me sont restés
» fidèles, j'aurais pu entretenir la guerre civile ; mais la France eût
» été malheureuse. Soyez fidèles à votre nouveau roi ; soyez soumis à
» vos nouveaux chefs, et n'abandonnez point notre chère patrie. Ne
» plaignez pas mon sort ; je serai heureux, lorsque je saurai que vous
» l'êtes vous-mêmes. J'aurais pu mourir ; si j'ai consenti à vivre, c'est
» pour servir encore à votre gloire : j'écrirai les grandes choses que
» nous avons faites. Je ne puis vous embrasser tous ; mais j'embrasse
» votre général ; venez, général Petit, que je vous presse sur mon
» cœur ! Qu'on m'apporte l'aigle ; que je l'embrasse aussi ! Ah ! chère
» aigle, puisse le baiser que je te donne retentir dans la postérité !
» Adieu, mes enfans ; mes vœux vous accompagneront toujours ;
» gardez mon souvenir ! » Les grognards pleuraient : l'émotion de Napoléon se traduisait en style de bulletin ; mais elle était probablement sincère, car les adieux étaient plus durs que l'abdication elle-même. Il se retira à l'île d'Elbe, qui lui avait été donnée en toute souveraineté et propriété, avec deux millions de revenu. L'impératrice Marie-Louise eut les duchés de Parme, de Plaisance et de Guastalla, réversibles à son fils. Deux millions cinq cent mille francs de revenu étaient affectés aux membres de la famille impériale, un million à l'impératrice Joséphine. Un établissement convenable était réservé au prince Eugène, hors de France. Quatre cents hommes, avec les généraux Drouot, Bertrand et Cambronne suivirent leur empereur à l'île d'Elbe ; c'était encore une clause du traité.

RESTAURATION.

Première restauration.—Les Cent jours (20 avril 1814—15 juillet 1815).

Louis XVIII

Le comte d'Artois, créé lieutenant-général du royaume, n'avait pas attendu le départ de Napoléon pour pénétrer dans Paris (12 avril 1814) ; son frère ne tarda pas à l'y suivre. Solennellement accueilli à Londres en qualité de roi de France (20 avril), il débarqua à Calais (22), fut reçu à Compiègne par le maréchal Ney et cinq ou six autres maréchaux, et fit son entrée à Paris avec la fille de Louis XVI, la duchesse d'Angoulême (3 mai). Aucun corps d'armée étranger ne s'était interposé entre le peuple et son souverain ; les acclamations des royalistes ardens animaient la scène. La vieille garde, silencieuse et triste, formait le cortége royal, et ne relevait la tête qu'aux cris souvent répétés de : *vive la garde!* plus fréquens que ceux de : *vive le roi!* L'inquiétude était grande, comme aux premiers jours de tout gouvernement imposé par l'ennemi. On savait que le nouveau roi avait d'abord refusé d'accepter la constitution du sénat, comme empiétant sur ses droits, et que l'influence de l'empereur Alexandre et de M. de Talleyrand avait seule forcé la célèbre déclaration de St-Ouen (2 mai), qui garantissait au peuple français le gouvernement représentatif divisé en deux corps, l'impôt librement consenti, la liberté publique et individuelle, la liberté de la presse, la liberté des cultes, les propriétés inviolables et sacrées, la vente des biens nationaux irrévocable, les ministres responsables, les juges inamovibles et le pouvoir judiciaire indépendant, la dette publique, la légion d'honneur, l'admission de tout Français aux emplois, enfin la sécurité de tout individu, quelle qu'eût été la tendance de ses opinions et de ses votes. La nomination du nouveau ministère augmenta les alarmes ; c'étaient pour la plupart des hommes étrangers à la révolution, des émigrés rentrés, de vieux serviteurs. M. Dambray fut nommé chancelier de France et garde des sceaux; M. l'abbé de Montesquiou, ministre de l'intérieur; M. le comte de Blacas, ministre de la maison du roi ; le général Dupont, le vaincu de Baylen, de la guerre; M. de Talleyrand, des affaires étrangères. M. Malouet eut le portefeuille de la marine ; le baron Louis, celui des finances; M. Beugnot, jadis complaisant de Napoléon, la direction de la police du royaume.

La grande affaire du moment était la conclusion de la paix, déjà préparée par d'actives négociations, et dont la convention du 23 avril avait fixé les principales bases. Le 30 mai, un traité fut conclu à Paris avec les quatre puissances alliées. La France rentrait dans ses limites du 1er janvier 1792, avec l'addition de quelques cantons aux départemens des Ardennes, de la Moselle, du Bas-Rhin, de l'Ain, et l'annexation d'une partie de la Savoie; elle gardait le comtat Venaissin, la principauté d'Avignon, le comté de Montbelliard, et les enclaves allemandes de la rive gauche du Rhin; elle rendait aux alliés cinquante-trois forteresses ou ports de mer avec tout le matériel qu'ils renfermaient, des magasins immenses, douze mille bouches à feu, trente-un vaisseaux de haut rang, et douze frégates, le tout évalué à environ cent soixante millions de francs. La Hollande retourna au prince d'Orange, avec un accroissement de territoire; la confédération du Rhin fut détruite, l'Italie rendue à l'Autriche, et les états souverains du centre et du midi revinrent à leurs anciens possesseurs. L'Angleterre rendit l'île Bourbon, la Guiane, Pondichéry, la Guadeloupe, la Martinique, les comptoirs et pêcheries de l'Amérique et du vieux continent ; mais elle retint Malte, Tabago, Ste-Lucie et l'Ile-de-France. Ce fut un traité désastreux ; en quelques traits de plume, la France avait perdu toutes ses acquisitions de vingt ans, payées par le sang de deux millions d'hommes. A ce prix, la coalition fit repasser le Rhin à ses cinq cent mille combattans. Le 4 juin, Louis XVIII convoqua dans la salle du palais Bourbon le sénat et le corps législatif, qui n'avait plus siégé depuis le jour où Napoléon le brisa dans sa colère, et proclama la charte constitutionnelle, basée sur la constitution sénatoriale et la déclaration de St-Ouen. Il est inutile, sans doute, de reproduire les principales dispositions de cette charte, que tout le monde a dans les mains, et dont celle de 1830 n'est guère que la répétition, sauf la suppression ou la modification de quelques articles ; deux chambres, l'une des pairs, nommés à vie par le roi, l'autre des députés, nommés par les électeurs départementaux, et un pouvoir exécutif, avec un conseil de ministres. La chambre des pairs fut constituée sur l'heure même, et composée d'anciens sénateurs, de maréchaux, de dignitaires impériaux et de membres de la noblesse émigrée.

Mal conseillé par son entourage, Louis XVIII fit une grande faute. Déjà son entrée à Paris avait été sévère ; le chapeau sur la tête, le regard hautain, il avait fait le juge irrité, au lieu du roi qui pardonne, et laissé oublier un joli mot du comte d'Artois : « Il n'y a rien de « changé en France, il n'y a qu'un Français de plus. » Au lieu de faire de l'acceptation de la charte constitutionnelle la condition de son avènement, il l'octroya comme un don, comme un simple acte de sa volonté souveraine, et en data le préambule de la dix-neuvième année de son règne ; comme si la révolution était nulle et non avenue, et que le principe du droit divin permît aux rois de révoquer à leur gré une constitution *sine quâ non* acceptée par la grande majorité des Français. En même temps, la presse royaliste se déchaînait avec fureur contre les hommes de la révolution et de l'empire ; le midi s'insurgeait en masse contre le passé ; des bandes d'assassins ensanglantaient Nîmes, Avignon, le Languedoc et la Provence, et Napoléon, se rendant à l'île d'Elbe, avait failli être assassiné près du Rhône par des forcenés. A Paris, le ministère s'engageait franchement dans des voies impopulaires et réactionnaires. On érigeait un monument aux émigrés de Quiberon ; on prescrivait des deuils d'expiation pour les victimes du terrible comité de salut public, du meurtre desquelles il semblait que la France entière fût responsable ; on parlait à la chambre de rompre, de pendre, d'envoyer aux galères, d'exproprier les régicides et tous ceux dont les noms avaient figuré dans les mouvemens révolutionnaires. Le clergé, comme la noblesse, voulait sa part de la curée ; une bulle du pape Pie VII avait décrété le rétablissement des jésuites ; les dignitaires de l'église, si soumis sous Napoléon, réclamaient déjà les immenses propriétés territoriales, les dîmes si productives, demandaient l'expropriation des acquéreurs des biens nationaux, et défendaient les divertissemens publics aux dimanches et aux jours de fête. Les émigrés, groupés autour du trône, voulaient rentrer immédiatement dans tous leurs biens, en dépit de la charte, ou recevoir d'énormes indemnités. L'armée, dont on n'avait plus besoin, végétait dans les places fortes, pleurant ses aigles, et regrettant son vieil empereur. Le général Dupont, puis le maréchal Soult avaient, sur un ordre royal, violemment épuré les cadres, congédié des milliers de soldats, réduit grand nombre d'officiers à la demi-solde. La presse de l'opposition, qui avait cru à la liberté, après le despotisme impérial, s'effraya de la réaction, et fit entendre des paroles menaçantes ; la censure, rétablie par une violente interprétation de la charte, la bâillonna (21 octobre). Alors des sociétés secrètes se formèrent, et les yeux se tournèrent vers l'île d'Elbe, où Napoléon attendait.

Au dehors, le congrès de Vienne brisa une à une toutes les créations du génie impérial et mutila ses alliés (3 novembre). M. de Talleyrand, dont la présence eût été si utile à Paris pour arrêter le gouvernement sur la pente de l'abîme, y représentait la France ; lord Castlereagh, l'Angleterre ; M. de Hardenberg, la Prusse ; M. de Metternich, l'Autriche. L'empereur Alexandre, devenu l'arbitre de l'Europe, y dominait. Les trois puissances du Nord se partagèrent l'Allemagne, comme un troupeau, par le nombre de têtes, en écrasant les puissances secondaires. Le roi de Saxe, dont la fidélité à Napoléon avait survécu à la trahison de son armée, perdit le grand-duché de Varsovie, qui fut donné à la Russie. La Prusse obtint l'électorat de Saxe, la Poméranie suédoise et une grande étendue de territoire entre le Rhin et la Meuse. L'Autriche recouvra la Lombardie et garda Venise avec toutes les possessions de cette antique république sur la terre ferme, des deux côtés de l'Adriatique. L'archiduc Ferdinand obtint la Toscane ; le roi de Sardaigne, Gênes ; Marie-Louise, Parme, Plaisance et Guastalla ; on n'osa pas détrôner Murat, mais le cabinet des Tuileries dut prendre des mesures avec l'Angleterre pour lui enlever Naples au premier jour ; le roi de Hollande eut ses états augmentés de la Belgique avec sa triple ligne de places fortes contre la France ; le Danemarck fut dépouillé de la Norwège par la Suède, d'Héligoland par les Anglais. Le rôle de M. de Talleyrand fut tout à fait passif ; il vit sans mot dire la Russie et la Prusse s'arroger dans la politique européenne la place dévolue de droit à la France ; les humiliations du traité de Paris ne lui donnaient pas voix délibérative ; mais l'Autriche eut peur de l'agrandissement de ses voisines, et le 3 janvier 1815, un traité secret fut conclu entre elle et les cabinets de Londres et de Paris pour s'opposer à leurs empiétemens. Un fait d'une importance immense vint la distraire de ces préoccupations nouvelles, le débarquement de Napoléon.

Trois partis s'étaient formés en France contre le royalisme exalté. La reine Hortense, fille de l'impératrice Joséphine, dirigeait à Paris la conspiration napoléoniste ; Fouché, Grégoire, les ex-directeurs Barras et Carnot songeaient à la république ; les constitutionnels avaient pour chefs le général Lafayette, le brave Lanjuinais, Boissy-d'Anglas, de Broglie, Benjamin Constant. Vis à vis d'eux, le comte d'Artois avait rangé sous sa bannière les émigrés de vieille roche, les chefs vendéens, les preux gentilshommes du temps passé, qui parlaient avec enthousiasme des vertus de saint Louis et du panache blanc d'Henri IV, M. le comte de Vaublanc et M. de Blacas, favori de Louis XVIII, qui, prudent par caractère, mais indécis comme le malheureux Louis XVI, cherchait autant que possible à tenir la balance, tout en se laissant pousser vers l'exagération du royalisme par des amis maladroits.

Les partisans de Napoléon agissaient dans l'ombre, mais avec vigueur. Une correspondance journalière portait à l'île d'Elbe l'expression des vœux d'un grand nombre de mécontens, et le souverain de l'île lisait avidement les lettres de France et les fautes du pouvoir. La mystérieuse violette, symbole d'espoir, paraissait sur les boutonnières en échange du lis, et servait de signe de ralliement. Fouché, qui connaissait toutes les menées de la reine Hortense, et qui craignait pour son rêve de république le retour de Napoléon, fit demander une audience à Louis XVIII. Son titre de régicide lui interdit l'entrée des Tuileries, et M. de Blacas, auquel il s'adressa en désespoir de cause, le traita de visionnaire; ce fut une démarche perdue.

Le jour du départ était venu; un auditeur au conseil d'état, Fleury de Chaboulon, avait fait à Napoléon un rapport satisfaisant de l'état des esprits en France; plus de six cents soldats et officiers étaient arrivés à l'île d'Elbe avec leurs uniformes et des passeports en règle, et Joachim Murat n'attendait qu'un mot de son beau-frère pour révolutionner l'Italie. Le 26 février, à huit heures du soir, un coup de canon donna le signal de l'embarquement. L'empereur monta sur le brick *l'Inconstant* armé de vingt-six pièces de canon, et ses mille grenadiers, chasseurs corses, chevau-légers polonais, parvinrent à se caser dans six autres légers bâtimens. Personne ne savait la destination de la flottille; Bertrand et Drouot interrogeaient l'horizon des yeux, redoutant l'approche de la croisière anglaise. Napoléon se promenait sur le pont la figure calme : « Soldats, leur dit-il, nous allons » en France; nous allons à Paris, » lorsqu'une voile parut; c'était une frégate française, *le Zéphyr,* qui vint droit sur le brick et demanda des nouvelles de l'empereur; Napoléon répondit lui-même; le 28 au soir, on aperçut un vaisseau de 74, qui disparut sans avoir découvert *l'Inconstant;* enfin, le 1er mars, la petite armée débarqua au golfe Juan.

Aussitôt l'empereur dirigea vingt-cinq hommes et un capitaine sur Antibes afin de débaucher la garnison; cette première tentative ne réussit pas. Une proclamation, datée du golfe Juan, fut adressée aux soldats : « Nous n'avons pas été vaincus, disait-il; deux hommes sortis » de nos rangs ont trahi nos lauriers, leur pays, leur prince, leur » bienfaiteur. Dans mon exil, j'ai entendu votre voix; je suis arrivé à » travers tous les obstacles et tous les périls. Nous devons oublier que » nous avons été les maîtres des nations, mais nous ne devons pas » souffrir qu'aucune se mêle de nos affaires. Qui prétendrait être le

» maître chez nous ? Reprenez ces aigles que vous aviez à Ulm, à
» Austerlitz, à Iéna, à Montmirail. Les vétérans de l'armée de Sam-
» bre-et-Meuse, du Rhin, d'Italie, d'Egypte, de l'Ouest, de la grande
» armée sont humiliés !... Venez vous ranger sous les drapeaux de
» votre chef; la victoire marchera au pas de charge. L'aigle avec les
» couleurs nationales volera de clocher en clocher jusqu'aux tours de
» Notre-Dame... » Il s'avança sur Grenoble sans avoir rencontré un
bataillon ami ou ennemi; c'était l'instant décisif; une colonne sortie
de la ville s'était rangée en bataille au défilé de Vizille, et préparait
ses armes. Napoléon mit pied à terre : « Soldats, s'écria-t-il, s'il en
» est un parmi vous qui veuille tuer son général, son empereur, il le
» peut; le voici. » Sa pose hardie et la magie de ses paroles électri-
sèrent tous les cœurs. Le bataillon cria : *vive l'empereur !* en dépit
de son commandant, déchira le drapeau blanc et fraternisa avec les
grenadiers impériaux; Grenoble ouvrit ses portes; bientôt le colonel
Labédoyère accourut avec le 7e régiment, et tripla les forces de Napoléon. Si les sept cents hommes du défilé de Vizille eussent résisté, la
tentative de l'empereur devenait impuissante et ridicule.

Autour de Louis XVIII, le débarquement du golfe Juan n'excita
que le mépris et la pitié : on se félicitait de pouvoir en finir avec les hommes de l'empire, avec l'usurpateur; on parlait déjà de le reléguer à
Sainte-Hélène. Une ordonnance royale le mettait hors la loi; le Moniteur publiait tous les jours le bulletin de ses défaites, et de sa fuite dans
les montagnes. Monsieur partit aussitôt pour Lyon avec le maréchal
Macdonald et le duc d'Orléans; le duc d'Angoulême pour le Languedoc,
Madame pour Bordeaux. Le maréchal Masséna, les généraux Marchand et Duvernet devaient fermer la retraite à Napoléon qui avait sur
ses flancs le général Lecourbe. Le maréchal Oudinot s'avançait à la
tête des grenadiers. Le prince de la Moscowa, partant pour aller
prendre le commandement de la division de Lons-le-Saulnier, prêtait serment au roi, et jurait de ramener l'usurpateur mort ou vif.
Le duc de Trévise, aidé de la garnison de La Fère, avait comprimé
dans l'Est la révolte des généraux Lallemand et Lefebvre-Desnouettes.
Le maréchal Soult publiait un foudroyant ordre du jour contre *l'a-
venturier*. L'enthousiasme des troupes pour Napoléon déjoua tous les
obstacles. Le 10 mars, il entra à la tête de six mille hommes dans la
ville de Lyon, que le comte d'Artois venait d'abandonner avec un
seul cavalier pour escorte; et, reprenant l'exercice de la souveraineté,
il publia plusieurs décrets célèbres, et se posa entre les factions, non
plus comme un despote, mais comme un médiateur : « J'ai été entraîné
» par la force des évènemens dans une fausse route, écrivait-il; mais,
» instruit par l'expérience, j'ai abjuré cet amour de la gloire, si na-
» turel aux Français, qui a eu pour la France et pour moi de si funestes
» résultats..... Je me suis trompé en croyant que le siècle était venu de
» rendre la France le chef-lieu d'un grand empire. » Un premier décret
impérial prononça la dissolution des deux chambres, et la convocation

à Paris, en assemblée extraordinaire du champ de mai, des colléges électoraux de l'empire, pour corriger nos institutions, et assister au couronnement de l'impératrice et du roi de Rome. Puis il rétablit contre les émigrés non rayés, revenus en France depuis 1814, la législation des assemblées nationales et le séquestre des biens, abolit l'ancienne noblesse et les droits féodaux, congédia tous les officiers de terre et de mer incorporés aux armées depuis 1814, rappela les magistrats destitués, *parce que tous les membres de nos corps judiciaires sont inamovibles par nos constitutions*; rendit aux établissemens publics les propriétés des émigrés, qui venaient de les en dépouiller, et proscrivit treize individus dont il avait le plus à se plaindre, et parmi eux le maréchal Marmont et le prince de Bénévent.

Louis XVIII comptait encore sur l'armée du maréchal Ney, lorsqu'il apprit qu'elle venait de fraterniser avec les impériaux à Auxerre, et que le prince et l'empereur s'étaient embrassés. Alors il fit les préparatifs de départ. Une dernière revue laissa voir les dispositions des troupes, qui ne voulurent jamais crier *Vive le roi*. Le 19 mars au soir, le vieux roi quitta presque seul le palais des Tuileries, après un séjour de quelques mois, et se réfugia à Gand, où nombre de fidèles vinrent bientôt lui former une petite cour, dans l'attente des évènemens. Le lendemain Napoléon fit à Paris une entrée triomphale, et se trouva installé dans son ancienne résidence, entouré de ses maréchaux, de ses chambellans, de sa cour tout entière, comme s'il ne fût rien arrivé. Il délibéra quelques jours s'il n'envahirait pas la Belgique à la tête de trente-cinq mille hommes, pour chasser les Anglais et les Prussiens, et se faire de Bruxelles un boulevart contre la coalition. Le succès eût été facile : Wellington était à Vienne, Blücher à Berlin; leurs armées s'étaient disséminées dans les places fortes. Après de mûres réflexions, il aima mieux se consolider à l'intérieur. Le congrès de Vienne venait d'enlever à la France tout espoir de paix, en déclarant qu'il ne pouvait y avoir ni paix ni trève avec Napoléon; qu'en détruisant le seul titre légal auquel l'exécution du traité de Fontainebleau se trouvait attaché, il s'était placé hors des relations civiles et sociales; qu'il s'était livré à la vindicte publique, etc. Il s'occupa donc de détruire les restes du parti des Bourbons, et d'organiser son armée. Le midi s'agitait sous l'influence du duc d'Angoulême, dont les bandes grossissaient tous les jours. Le prince fut arrêté à Saint-Esprit par le général Grouchy, forcé de capituler, et renvoyé hors de France. La Vendée avait repris les armes, et rappelé ses anciens chefs, Sapinaud, d'Autichamp, La Rochejacquelein; le général Lamarque fut envoyé avec vingt mille hommes pour la réduire. Mais l'imprudence de Murat priva l'empereur d'un puissant auxiliaire dans la lutte qui allait s'ouvrir. Battu par les Autrichiens, qu'il avait attaqués trop tôt à Macerata et à Tolentino, il perdit le trône de Naples, et vint débarquer au golfe Juan (28 mai).

Napoléon avait promis de donner à la France une constitution appropriée à ses besoins et à ses vœux. Le 22 avril, il publia son acte additionnel aux constitutions de l'empire, en grande partie rédigé par Benjamin Constant, qui reproduisait les principales dispositions de la charte de Louis XVIII, mais qui révélait les pensées despotiques de son auteur, en subordonnant la liberté au pouvoir absolu. La nouvelle constitution fut soumise à l'acceptation du peuple, qui, fatigué de changemens, y répondit par un million de votes affirmatifs, et quatre mille négatifs. Mais ce succès incontestable du parti napoléonien fut contre-balancé par les élections de la chambre des représentans; la majorité des députés se trouva être patriote, avec Lafayette et Lanjuinais, qui fut nommé président. Napoléon fut donc obligé de s'appuyer sur des hommes qu'il n'aimait pas; il nomma Carnot ministre de l'intérieur, et Fouché ministre de la police. Puis, dans la solennelle assemblée du champ de mai, qui fut aussi belle que la grande fédération du 14 juillet 1790, il prêta serment à la constitution en disant : « Je viens commencer la monarchie constitutionnelle. »

D'immenses préparatifs de guerre se faisaient à l'intérieur; sept armées se formaient sous les noms d'armées du Nord, de la Moselle, du Rhin, du Jura, des Alpes, des Pyrénées, de réserve entre Paris et Laon, et comptaient déjà trois cent mille hommes. La garde nationale de France, réorganisée en trois cent trente bataillons, présentait une masse de deux millions deux cent cinquante mille hommes, avec cent quatre-vingt mille chasseurs et grenadiers mobilisés. Au 1er juin, les manufactures de Paris fabriquaient trois mille fusils par jour; quarante-six mille chevaux étaient en ligne pour la cavalerie, et dix-huit mille pour l'artillerie : l'infatigable activité de Napoléon pourvoyait à tout. Et les besoins étaient urgens, car un million d'ennemis allait se précipiter sur la France par les voies de la Belgique, du Rhin et de la Suisse. Les quatre grandes puissances alliées avaient pris l'engagement (25 mars) de ne déposer les armes qu'après avoir vaincu Bonaparte, et l'avoir mis hors d'état de troubler à l'avenir la paix de l'Europe. Leur avant-garde s'échelonnait en Belgique, où Blücher et Wellington venaient de rejoindre leurs cent quatre-vingt mille hommes. Napoléon résolut de débuter par un coup d'éclat, en les écrasant tour à tour. Le 12 juin, il partit de Paris avec cent dix mille hommes, et le 16, malgré les révélations de Bourmont, de Clouet et de Willoutreys aux ennemis, il avait battu à Ligny, dans la plaine de Fleurus, le général prussien, qui perdit vingt-deux mille hommes. Alors, détachant le maréchal Grouchy avec trente mille hommes pour surveiller les mouvemens de Blücher, il se porta avec soixante-dix mille au devant de Wellington, posté à l'entrée de la forêt de Soignies, en avant du plateau de Mont-Saint-Jean qu'il avait fortifié d'une manière formidable. Le 18 la bataille s'engagea, à onze heures du matin, par une canonnade; puis vinrent les charges de cavalerie des cuirassiers de Milhaud et de Kellermann, qui firent de profondes trouées dans les rangs de l'ennemi. Le plateau de Mont-Saint-Jean enlevé à la baïonnette et

garni d'artillerie envoyait aux Anglais de meurtrières décharges; Wellington, à tout instant, formait de nouveaux carrés, qui se brisaient sous le sabre de nos cuirassiers ou le feu de nos canons. Il était sept heures du soir. Napoléon ordonna une charge, qui paraissait être décisive, car la garde impériale n'avait pas encore donné : mais en ce moment un corps nombreux parut au loin sur le flanc droit de l'armée française, et suspendit l'attaque. L'empereur espérait en l'arrivée de Grouchy; Wellington attendait Blücher. Trente mille hommes entrèrent d'abord en ligne sous le commandement de Bulow; Blücher avait trompé Grouchy, qui écrasait à Wavre le corps du général Thielmann, et venait au secours des Anglais avec ses quatre-vingt mille Prussiens. L'armée anglaise se serra sous le dernier effort de l'armée impériale, qui faisait une charge désespérée, et la journée fut perdue. Le désordre se mit dans nos rangs; on songea à la retraite, puis à la déroute. La cavalerie ennemie se lança dans la plaine, à la poursuite de nos bataillons. Bientôt l'artillerie entière, deux cents pièces de canon, un immense matériel, tombèrent au pouvoir des Prussiens. Quelques carrés de vieilles troupes se reformèrent sous le feu des Anglais, et le brave Cambronne en tête, répondirent à toutes les sommations par des décharges et par des juremens énergiques, que la poésie a noblement traduits : « La
» garde meurt; elle ne se rend pas! » Napoléon voulait mourir dans ce terrible désastre; il s'élançait vers l'ennemi, l'épée à la main : ses officiers l'entraînèrent loin du champ de bataille. Il chargea le maréchal Soult de rallier l'armée diminuée de vingt-cinq mille hommes, de rejoindre les corps de Grouchy et du général Rapp, et revint à Paris annoncer à la chambre des représentans que la bataille de Waterloo ouvrait à la coalition le chemin de Paris. L'entrevue fut sombre et menaçante; les députés n'avaient jamais aimé Napoléon; Lafayette se leva : « Lorsque pour la première fois, dit-il, j'élève une voix que les vieux amis de
» la liberté reconnaîtront encore, je me sens appelé à vous parler du danger de la patrie, que vous seuls maintenant avez le pouvoir de sauver.
» Voici le moment de vous rallier autour du vieux étendard tricolore,
» celui de 89, celui de la liberté, de l'égalité, de l'ordre public. C'est
» enfin le seul que nous avons à défendre contre les prétentions étrangères et contre les tentatives intérieures. » Il fit décréter sur l'heure que l'indépendance de la patrie était menacée; que la chambre se déclarait en permanence; que toute tentative pour la dissoudre serait un crime de haute trahison; que quiconque se rendrait coupable de cette tentative serait regardé comme traître à la patrie, et sur le champ jugé comme tel. Ces mesures hardies étaient dirigées contre l'empereur, en cas qu'il eût voulu dissoudre la chambre. Son frère Lucien lui conseillait un nouveau 18 brumaire; la populace des faubourgs, ameutée par ses partisans, parcourait les rues en poussant des cris sinistres, comme en 93. Napoléon craignit de s'appuyer sur elle, et de tomber, en entraînant dans sa chute le trône de son fils; il signa une seconde abdication en faveur du roi de Rome (22 juin 1815), et se retira à la

Malmaison. Le gouvernement provisoire fut composé du baron Quinette, ex-conventionnel, du duc de Vicence, du général Grenier, du ministre Carnot ; Fouché obtint la présidence, grace, dit-on, à une supercherie.

Cependant les Anglais et les Prussiens se dirigeaient vers Paris à marches forcées ; Blücher et Wellington s'étaient séparés, afin d'arriver plus vite par des routes diverses. Napoléon suivait sur la carte les progrès des deux armées. Après la retraite de Waterloo, il eût pu réunir cent mille hommes à Laon, et les arrêter court ; il voulait les écraser sous les murs de Paris. En quelques jours, cent soixante mille hommes pouvaient être réunis aux environs de la capitale ; Blücher eût succombé le premier, puis Wellington. L'ex-empereur envoya le général Becker, son geôlier, au duc d'Otrante, assurant qu'il avait conçu un plan infaillible pour anéantir les ennemis, demandant à servir comme simple général, promettant de partir après la victoire. « Est-ce qu'il se moque de nous ? » répondit Fouché ; et la proposition n'eut pas de suite. Alors Napoléon se décida au départ pour l'Amérique et se dirigea vers Rochefort avec le général Becker. Mais il était trop tard. Le duc d'Otrante avait donné l'éveil à l'Angleterre, et les croisières anglaises couraient des bordées devant le port. Le grand homme eut confiance en la générosité du cabinet de Saint-James, et chargea le général Gourgaud de porter une lettre au prince régent : « En butte, disait-il, aux factions qui divisent mon pays, et à l'inimi- » tié des plus grandes puissances de l'Europe, j'ai terminé ma carrière » politique, et je viens, comme Thémistocle, m'asseoir au foyer du » peuple britannique ; je me mets sous la protection de ses lois, que » je réclame de V. A. R., comme du plus puissant, du plus constant, » du plus généreux de mes ennemis. » Napoléon s'abusait étrangement, en ne tenant nul compte des exigences politiques. Il s'embarqua sur *le Bellérophon* avec sa suite (15 juillet), et cingla vers les côtes d'Angleterre. Mais, arrivé au port de Plymouth, lord Keith apporta au capitaine de la frégate l'ordre d'appareiller pour Sainte-Hélène, choisie pour la dernière résidence de l'ex-empereur ; et, comme *le Bellérophon* n'était point équipé pour un long voyage, ce fut *le Northumberland* qui dut conduire l'illustre prisonnier à son tombeau, où il devait mourir, après six ans d'une dure captivité, le 5 mai 1821.

Seconde restauration (8 juillet 1815).

Pendant que le *prisonnier des puissances* se mettait imprudemment à la merci de l'Angleterre, de grands évènemens s'étaient passés à Paris. La chambre des représentans, indécise entre les partisans de Napoléon II et les amis des Bourbons, perdait le temps à discuter d'abstraites théories, se laissait mollement entraîner aux impressions du moment, applaudissait les énergiques paroles du comte de Ségur, de Lafayette, de Lanjuinais, et les discours artificieux du duc d'Otrante, en présence de l'ennemi. Grouchy avait fait sa retraite avec bonheur, en ralliant les corps épars, et repoussant toujours les attaques réitérées des Prussiens. Cent vingt mille hommes et cinq cents pièces de canon étaient réunis autour de Paris. La rive gauche de la Seine avait été inondée et garnie d'une nombreuse artillerie : la rive droite était défendue par quatre-vingt-dix mille soldats et douze mille fédérés. L'ardeur des troupes était extrême ; on pouvait organiser un formidable système de défense, en appelant sur les derrières de l'ennemi les garnisons de cette triple ligne de places fortes que Blücher et Wellington avaient négligées, dans la pensée que le désastre de Waterloo était irréparable. Dans un combat partiel, sur les hauteurs de Meudon, le général Excelmans avait mis hors de combat douze mille Prussiens et fait quinze cents prisonniers. Le gouvernement provisoire eut peur de la bataille. Un revers eût livré Paris à l'ennemi sans capitulation, et le pillage aurait peut-être eu lieu ; peut-être aussi le démembrement de la France, car huit cent mille hommes s'avançaient à marches forcées sur le Rhin. Le duc d'Otrante et le maréchal Davoust, commandant de l'armée, signèrent à Saint-Cloud, avec les deux généraux ennemis, une convention militaire (3 juillet), qui stipulait l'évacuation de Paris en trois jours, et la retraite de l'armée derrière la Loire avec tout son matériel ; le respect des propriétés publiques et privées ; la sécurité absolue des individus présents dans la ville à l'époque de la capitulation, n'importe leur conduite et la tendance de leurs opinions politiques. Les soldats pleuraient de rage et demandaient le combat ; ils accusaient le prince d'Eckmuhl de les avoir vendus aux alliés. Des officiers brisèrent leurs épées, mais tous obéirent. Paris fut livré aux Anglais et aux Prussiens (6 juillet).

Louis XVIII, dont la royauté n'était pas encore reconnue, disait dans une proclamation datée de Cambrai, 28 juin : « J'apprends
» qu'une porte de mon royaume est ouverte, et j'accours pour adoucir
» les maux que j'avais voulu prévenir, pour me placer une seconde
» fois entre les armées alliées et les Français, dans l'espoir que les
» égards dont je puis être l'objet tourneront à leur salut. C'est la seule
» manière dont j'ai voulu prendre part à la guerre. Je n'ai point permis qu'aucun prince de ma famille parût dans les rangs étrangers.
» . . . . . Mes sujets ont appris, par de cruelles épreuves,
» que le principe de la légitimité des souverains est une des bases fondamentales de l'ordre social, la seule sur laquelle puisse s'établir,
» au milieu d'un grand peuple, une liberté sage et bien ordonnée. Cette
» doctrine vient d'être publiée comme celle de l'Europe entière. Je l'avais consacrée d'avance par ma charte, et je prétends ajouter à cette
» charte toutes les garanties qui puissent en assurer le bienfait. . .
» . . . . . Je promets, moi qui n'ai jamais promis en vain
» (l'Europe le sait), de pardonner aux Français égarés tout ce qui s'est
» passé depuis le jour où j'ai quitté Lille au milieu de tant de larmes,

» jusqu'au jour où je suis rentré dans Cambrai, au milieu de tant d'ac-
» clamations. Mais le sang de mes enfans a coulé par une trahison
» dont les annales du monde n'offrent pas d'exemple. Cette trahison a
» appelé l'étranger dans le cœur de la France; chaque jour me révèle
» un désastre nouveau; je dois donc, pour la dignité de mon trône,
» pour l'intérêt de mes peuples, pour le repos de l'Europe, excepter du
» pardon les instigateurs et les auteurs de cette trame horrible. Ils se-
» ront désignés à la vengeance des lois par les deux chambres, que je
» me propose d'assembler incessamment. . . . . . . »

En dépit de la proclamation, les ennemis eurent peu d'égards pour les Parisiens. Ce n'était plus une entrée pacifique, précédée d'une capitulation dans les règles; à leurs yeux, c'était une conquête achetée au prix du sang, une place prise d'assaut. Les Prussiens minèrent le pont d'Iéna, qui rappelait leur défaite, et essayèrent trois fois de le faire sauter; à grand'peine put-on empêcher la quatrième tentative. Malgré l'article 11 de la convention, Wellington envahit nos musées, au nom de l'Europe, et dépouilla nos galeries des meilleurs tableaux des grands maîtres. Alors disparurent les magnifiques chevaux de Corinthe, l'Apollon du Belvédère, le Laocoon, la Vénus de Médicis, nombre de Raphaëls, de Titiens, de Paul-Véronèses, de Rubens et autres. Anvers et Gand avaient réclamé les premières; la spoliation fut complète en quelques jours. En même temps l'insolence militaire du vainqueur se révélait sans détour par un ordre du jour du commandant de place. Le général Muffling ordonna aux sentinelles de faire feu sur quiconque *les braverait du geste, de la parole et du regard*. Le préfet de police, M. Decazes, eut le courage de faire arracher les affiches et de barricader la préfecture, en cas que le Prussien ne voulût opérer son arrestation; ainsi commença sa haute faveur auprès du roi, qui ne pouvait se passer de favori, et que l'on avait forcé de renvoyer le dernier, M. de Blacas. L'armée de la Loire campait toujours sur les bords du fleuve, avec son matériel et son artillerie; les généraux étrangers exigèrent son licenciement immédiat. Le maréchal Macdonald fut chargé de cette mission pénible qu'il accomplit avec fermeté (1er août). La *grande armée* mourut en un seul jour, pour entrer dans le domaine de l'histoire; le *grognard* de la vieille garde se sépara de son aigle et regagna ses foyers. Dès lors l'ennemi n'eut plus rien à craindre.

Le ministère s'était constitué au sein de l'invasion étrangère : le prince de Talleyrand, président du conseil, avait le département des affaires étrangères; le duc d'Otrante, la police; le baron Pasquier, les sceaux; le maréchal Gouvion Saint-Cyr, la guerre; le comte de Jaucourt, la marine; le duc de Richelieu, la maison du roi; le baron Louis, les finances; il n'y eut pas de ministre de l'intérieur. La grande réaction commença : la chambre des députés fut dissoute, et la convocation de la nouvelle fixée au 7 octobre; le nombre des représentans élevé de 259 à 599. Fouché, l'homme influent des cent jours, dressa deux listes de proscription, l'une de dix-neuf généraux, ou officiers, à traduire devant les conseils de guerre, et parmi eux, Ney, Labédoyère, Mouton-Duvernet, Bertrand, Drouot, Cambronne, Lavalette, etc; l'autre de trente-huit individus, à mettre sous la surveillance de la haute police en attendant le jugement, Carnot, Soult, Excelmans, Regnault de Saint-Jean-d'Angely, l'auteur de Marius à Minturnes, etc. La chambre des pairs, purgée de vingt-neuf membres par une élimination violente (27 juillet), vit siéger sur les bancs (17 août) quatre-vingt-treize nobles de vieille souche, ou illustrations de cour, et devint héréditaire. Louis XVIII crut faire un acte éminemment libéral et constitutionnel, en sanctionnant l'hérédité de la pairie, qui, une fois constituée, échappait individuellement à son influence; mais n'avait-il pas toujours la ressource des créations ou *fournées*, en style populaire. Une mesure plus nationale fut celle qui prescrivit la réorganisation de l'armée en quatre-vingt-six légions d'infanterie, douze d'artillerie, quarante-sept de cavalerie; mais nos alliés ne voulurent pas le permettre, et Gouvion Saint-Cyr, qui avait conçu l'idée de cette belle organisation, créa pour y suppléer la garde royale, qui dut se composer de vingt-six mille deux cents hommes en temps de paix.

Le ministère Talleyrand-Fouché était un ministère de transition sans consistance politique, qui liait trop bien les cent jours à la restauration pour résister aux embarras des négociations diplomatiques, aux répugnances de haut lieu, à la tendance réactionnaire des élections nouvelles. L'empereur Alexandre ne cachait pas son antipathie pour le diplomate qui avait joué la Russie au congrès de Vienne, au sujet de la Pologne, et refusé pour le duc de Berry l'alliance d'une princesse russe. Louis XVIII, indépendant par boutades, redoutait la politesse impérieuse de son premier ministre qui, tout en soumettant ses actes au roi, ne manquait pas de faire valoir la nécessité de la sanction. D'autre part, le pavillon Marsan, où se réunissait la coterie de Monsieur, pénétrée des idées du royalisme le plus implacable, ne lui pardonnait pas sa résistance aux proscriptions et aux partis extrêmes. Parmi les royalistes, c'était à qui s'inscrirait avec le plus de violence contre le passé : les nobles, par des déclamations ardentes et des votes significatifs dans l'urne électorale; le bas peuple, par des cris frénétiques et des assassinats. La presse périodique, muselée sous l'empire, se laissait entraîner à tous les excès d'une liberté inespérée, malgré la censure de Fouché, qui comprenait parfaitement le danger des récriminations et des diatribes en présence de l'étranger. *Le Journal des Débats*, *la Quotidienne*, *la Gazette*, *le Journal Général*, étaient les organes passionnés de l'opinion royaliste. Les brochures prenaient faveur: M. Michaud écrivait l'histoire des *Quinze Semaines;* M. Suleau racontait la campagne du duc d'Angoulême dans le midi; Désaugiers rimait des couplets sur les cent jours, qui inspirèrent à Béranger de poétiques improvisations. Dans la société parisienne, les partisans de Bonaparte, qui, par un revirement facile à comprendre, s'étaient appelés *libéraux*, avaient fermé leurs salons, et fait place aux élégantes réunions du faubourg Saint-Germain ; la princesse de la Trémouille, les duchesses d'Escars et de Rohan, madame de Duras, tous vieux noms, recevaient dans leurs magnifiques hôtels, où venaient s'inspirer, jeunes hommes et vieillards, émigrés ou fils d'émigrés, tous les amis de l'ancien régime. L'aristocratie d'argent eût pu seule balancer le crédit de l'aristocratie de naissance, à cette époque de transactions financières, mais elle n'avait pas eu le temps de se constituer; M. Laffitte seul tenait un grand état de maison ; et d'ailleurs qu'eût-elle pu faire en ce moment? Comment lutter d'ostentation avec les salons du duc de Wellington, à l'hôtel de la Reynière, de lord Cathcart, à l'hôtel d'Abrantès, de lord Castlereagh, à l'ambassade anglaise ? La tenue des souverains du Nord était, il est vrai, simple et sévère, mais la noblesse d'Angleterre affluait ; le grand-duc Constantin dépensait 1,500,000 roubles en quarante jours ; et Blücher, gratifié de trois millions par le gouvernement français, partait ruiné, laissant même des dettes de jeu. Ainsi à Paris on éprouvait un immense besoin de luxe et de plaisir, comme après la terreur; car, pour les émigrés aussi, c'était un 9 thermidor, dont le retour de Napoléon les avait empêchés de jouir. A Paris, la restauration se montrait en beau ; mais dans les provinces, l'aspect du pays était triste. L'armée prussienne occupait les départemens du nord, et de l'ouest ; les Anglais campaient autour de Paris ; les Bavarois, les Russes, les Saxons, dans les départemens de l'est; les Autrichiens et les Wurtembergeois dans les plaines du centre et les vallées du Jura et des Alpes : les contributions de guerre, les réquisitions d'argent et de vivres pleuvaient sur les habitans; aussi les paysans de l'Alsace et des Vosges s'étaient levés en armes, et l'incendie s'étendait dans les campagnes. L'état de guerre durait encore partout : Condé et Maubeuge ne s'étaient pas rendus ; Barbanègre, renfermé dans Huningue, conservait les trois couleurs, et foudroyait Bâle; Rapp, Lecourbe, Vandamme, Clausel, Suchet, prolongeaient les hostilités. Le midi seul avait été sauvé de l'invasion étrangère par la retraite des Espagnols, et le midi, avec ses passions haineuses et sanguinaires, jouait à merveille la guerre civile, ou plutôt la Saint-Barthélemy. Les massacreurs organisés par bandes, sous les ordres de Trestaillons, de Truphémi, de Graffan, de Pointu, parcouraient les rues de Nîmes, d'Uzès, de Valence, d'Avignon, au cri de : *Meurent les protestans et les bonapartistes!* Ils avaient failli assassiner l'empereur ; ils ne firent faute de poursuivre ses partisans. L'infortuné maréchal Brune, une des plus pures illustrations de la république et de l'empire, fut massacré à Avignon, au retour de Marseille (2 août). Le maréchal Masséna n'échappa qu'avec peine ; le maréchal de camp Ramel fut égorgé à Toulouse (15 août). Un corps de Mamelucks, en garnison à Marseille, périt tout entier sous le poignard d'une populace fanatisée. Le général Lagarde fut grièvement blessé à Nîmes, le jour où l'on rouvrait en sa présence le temple des protestans. Le ministère occupé ailleurs ne put arrêter les massacres. Les élections de la nouvelle chambre se poursuivaient avec activité. Pressé de la reconstituer, le cabinet avait laissé aux préfets le soin de réviser les anciennes listes électorales et de les compléter; ce qu'ils firent avec d'anciens gentilshommes et des chevaliers de Saint-Louis : aussi les comités royalistes triomphèrent-ils partout; les nouveaux venus s'étaient rendus maîtres des collèges d'arrondissement. La masse du peuple, encore sous l'influence de cette frayeur qui s'empare d'elle aux jours de révolution, attendait en silence, et négligeait ses droits politiques. L'immense majorité de la chambre de 1815 fut donc composée d'émigrés rentrés, de courtisans de l'ancienne cour, de vieux dignitaires, bonnes gens au fond, absolutistes sans malice, parce que l'absolutisme était de mode avant la révolution; du reste, parfaitement disposés à céder à toute influence supérieure qui les entraînerait dans les voies de la réaction. La république, et par suite l'empire, étaient pour eux comme non avenus : ils n'avaient pas vécu depuis vingt-cinq ans ; qu'on ne s'étonne pas s'ils avaient hâte de détruire ce qu'on avait fait sans eux.

Le ministère sentit que son existence était impossible en présence de cette masse d'ultra-royalistes, et résolut de se retirer. Une autre cause de dissolution tout aussi puissante fut l'impossibilité de conclure un traité de paix définitif avec les puissances alliées; on ne s'entendait ni sur la circonscription du territoire, ni sur l'indemnité pécuniaire, ni sur la durée de l'occupation. L'ultimatum des plénipotentiaires des quatre souverains était ainsi conçu : « Une ligne de démarcation nouvelle du côté du nord placera le canton de Condé hors de la France; il en sera de même pour les territoires de Philippeville, Marienbourg et le canton de Givet. Sarrelouis et Landau appartiendront à l'Allemagne. Du coté de l'est, le fort de Joux sera cédé à la confédération helvétique; le fort de l'Écluse sera également placé hors des frontières de France. Cette puissance renoncera à tenir garnison dans Monaco. Les fortifications de Huningue seront démolies. Une contribution de guerre de 600 millions sera imposée ; de plus, la France se chargera d'une partie des frais qu'entraînera la construction d'un certain nombre de places fortes opposées aux siennes ; 200 millions seront payés pour couvrir une partie des charges nécessitées par le rétablissement du système défensif des puissances. Cent cinquante mille hommes occuperont provisoirement les positions militaires le long des frontières; on leur confiera les places de Valenciennes, Bouchain, Cambrai, Maubeuge, Landrecies, le Quesnoy, Avesnes, Rocroy, Longwy, Thionville, Bitch, et les têtes de pont du fort Louis. L'occupation militaire sera limitée à sept ans : mais elle pourra finir avant ce terme, si, au bout de trois ans, les souverains alliés réunis s'accordent à reconnaître que les motifs qui portaient à cette mesure ont cessé d'exister (1). » M. de Talleyrand répondit à ces dures conditions

(1) *Hist. de la Restauration*, par un homme d'état.

par une note conçue en termes dignes et fermes ; mais la crainte de l'esprit militaire des Français fit maintenir aux alliés tout l'onéreux du traité. Alors le premier ministre présenta au roi une réponse sur laquelle il fondait son dernier espoir; car les divisions d'intérêt entre les quatre cours, dont il s'était prévalu, venaient de cesser pour la rédaction de *l'ultimatum*. Louis XVIII la reçut sans observation ; mais il fit rouler l'entretien sur les négociations politiques, fit valoir l'impossibilité de désunir les quatre puissances, et demanda aux ministres s'ils étaient décidés à s'en remettre à l'intervention amicale d'Alexandre. Ce fut le moment décisif. M. de Talleyrand proposa sa démission; elle fut acceptée, et, avec elle, celles du baron Louis et du duc de Dalberg. Fouché avait donné la sienne depuis six jours, et échangé son portefeuille contre l'ambassade de Dresde. MM. Pasquier, de Jaucourt, et Gouvion Saint-Cyr suivirent l'exemple de leurs collègues (25 septembre).

Louis XVIII envoya tout aussitôt prévenir l'empereur Alexandre, qui proposa le duc de Richelieu, son ami particulier, homme de bien, caractère franc et loyal, dont l'administration avait été bénie à Odessa, dans l'émigration; mais politique à vues courtes et étroites, qui, n'ayant jamais vécu en France, ne pouvait connaître ni les hommes ni les choses de 1815. Le duc de Richelieu accepta, quoique avec répugnance, et, chargé de composer le nouveau cabinet, s'aida de M. Decazes auquel il avait donné le ministère de la police. Ils s'entourèrent d'hommes peu influens, mais royalistes de bonne trempe depuis le retour des Bourbons. Le comte de Barbé-Marbois eut les sceaux; M. de Viénot-Vaublanc, l'intérieur ; le duc de Feltre, la guerre ; le vicomte Gratet Dubouchage, la marine ; le comte Corvetto, les finances ; le président du conseil se réserva les affaires étrangères.

Il était temps que le ministère se constituât. La chambre de 1815 arrivait avec ses passions ardentes, son immense besoin de réforme et de proscriptions. Jamais majorité plus compacte ne s'assit sur les bancs de la salle des séances; le parti patriote, exclu de tous les collèges, n'avait que deux représentans : MM. de Flaugergues et Voyer-d'Argenson. Le pavillon Marsan avait dominé les élections, et fait nommer toutes ses créatures : MM. de Vitrolles, de Bourrienne, de Laborie, Armand de Polignac, le comte de Juigné, le marquis de Maisonfort, le vicomte Bruges, Alexandre de Boisgelin, tous partisans du régime absolu, prêts à honnir la charte constitutionnelle. A côté d'eux s'était formée la faction provinciale, encore mieux préparée à la réaction, puisque, en haine de la centralisation impériale, elle voulait organiser, selon l'ancienne coutume, chaque province comme un centre d'action particulier, et recréer les deux seules classes féodales, les grands propriétaires et le peuple, aux dépens de la classe moyenne. MM. de Bonald, de Corbières, de Grosbois, de Villèle, en étaient les chefs avoués, autour desquels se groupaient Labourdonnaye, Humbert de Sesmaisons, Hyde de Neuville, Salaberry, Michaud, Piet,

Pardessus, de Bouville. Il y avait pourtant une minorité *libérale;* mais le sens de ce mot n'était pas encore formulé d'une manière précise : les libéraux, MM. Royer-Collard, de Serres, Becquey, Pasquier, dont les principes ont servi de base à l'école doctrinaire, se serraient énergiquement autour de la prérogative royale, menacée par leurs adversaires au profit de la grande propriété, et résistaient aux tendances réactionnaires de la majorité. Leur voix n'eut aucune influence sur les votes de la chambre nouvelle ; mais, après la dissolution, elle prépara les élections de l'année suivante. Dans la chambre haute, épurée par le 24 juillet, renouvelée par la promotion de 93 pairs, mêmes divergences d'opinions, mêmes nuances : le parti d'Artois y était représenté par le comte Jules de Polignac, les ducs de Fitz-James, de Sérent, d'Uzès, de Grammont, M. de Châteaubriand, MM. de Lévi, de Montmorency, qui entraînaient à eux la majorité des votes. Les ducs de La Vauguyon et de Choiseul, MM. Molé, de Lally, Garnier, appartenaient à un opinion plus modérée : enfin Lanjuinais, Lenoir-Laroche, Lemercier, y dirigeaient l'opposition. Le discours du roi à l'ouverture des sessions (7 octobre) fut sombre, car les bases du traité de Paris étaient déjà connues. Puis on procéda à la nomination d'un président. M. Lainé, homme ferme et courageux, dont la présidence en 1814 avait été si digne, obtint la presque unanimité des suffrages. C'était un choix de convenance ; mais l'élection des vice-présidens et des secrétaires révéla la tendance politique des nouveaux représentans : MM. de Grosbois et Bellard obtinrent la vice-présidence; MM. de Maisonfort, Hyde de Neuville, Cardonnel, Tabarié, furent nommés secrétaires.

Malgré l'amitié d'Alexandre, le duc de Richelieu n'obtint guère de meilleures conditions que le prince de Bénévent. L'empereur de Russie venait pourtant de signer, sous les inspirations mystiques de madame de Krudner, la *Sainte-Alliance*, ce traité bizarre, rêverie éclose dans la tête d'une femme extraordinaire, qui proclamait le principe de paix et d'amour, au lieu et place de l'état de guerre. L'empereur d'Autriche et le roi de Prusse l'acceptèrent par déférence pour le czar; le duc de Wellington répondit à l'envoyé russe que le parlement ne le comprendrait pas : il suffit d'en citer un fragment pour en juger l'esprit : « Le seul principe en vigueur, soit entre lesdits gouverne-
» mens, soit entre leurs sujets, sera celui de se rendre réciproque-
» ment service, de se témoigner par une bienveillance inaltérable
» l'affection mutuelle dont ils doivent être animés, de ne se considérer
» tous que comme membres d'une même nation chrétienne, les trois
» princes alliés ne s'envisageant eux-mêmes que comme délégués par
» la providence pour gouverner trois branches d'une même famille,
» savoir, l'Autriche, la Prusse et la Russie; confessant ainsi que la
» nation chrétienne, dont eux et leurs peuples font partie, n'a réel-
» lement d'autre souverain que celui à qui seul appartient en pro-
» priété la puissance, parce qu'en lui seul se trouvent tous les trésors

» de l'amour, de la science, et de la sagesse infinie; c'est-à-dire Dieu,
» notre divin Sauveur Jésus-Christ, le verbe du Très-Haut, la parole
» de vie. Leurs majestés recommandent en conséquence avec la plus
» tendre sollicitude à leurs peuples, comme unique moyen de jouir de
» cette paix qui naît de la bonne conscience, et qui seule est durable,
» de se fortifier chaque jour davantage dans les principes et l'exercice
» des devoirs que le divin Sauveur a enseignés aux hommes (26
» septembre). » Le traité de Paris fut conclu sur d'autres bases, la défiance et le besoin d'équilibre. La France, réduite à ses vieilles limites de 1790, dut céder aux alliés les places de Landau, Sarrelouis, Philippeville, Marienbourg, avec leurs rayons et territoires, Versoix et une partie du pays de Gex à la Suisse, et renoncer à la principauté de Monaco. Huningue vit démolir ses fortifications; l'indemnité fut réduite à 700 millions; l'occupation militaire embrassa les places de Cambrai, Valenciennes, Bouchain, Condé, Le Quesnoy, Maubeuge, Landrecies, Avesnes, Rocroy, Givet, Mézières, Sédan, Montmédy, Thionville, Longwy, Bitch et la tête du pont de Fort-Louis; les cent cinquante mille hommes restaient aux frais du gouvernement français; le maximum de l'occupation était cinq ans, le minimum trois ans, si les alliés décidaient qu'il y avait lieu à raccourcir le terme. En échange de tant de sacrifices, la France conservait Avignon, le comtat Venaissin et le comté de Montbelliard.

Ainsi se termina le drame de 1815, par un des plus désastreux traités que le royaume ait eus à subir. Autre tragédie, autres acteurs: aux hommes de l'empire succédaient les hommes de la restauration. L'inquiétude était grande du peuple et du gouvernement, en face de la chambre nouvelle, dont l'opinion s'était déjà dessinée; elle avait hâte de demander vengeance, et de voter des lois exceptionnelles. Voyer d'Argenson voulut un jour interpeller le ministère au sujet des massacres du midi; des cris violens, *A l'ordre! à l'ordre!* lui imposèrent silence : il fallut que la pitié pour les victimes nous vînt d'Angleterre, où lord Brougham flétrit, en plein parlement, les égorgeurs. Dans le midi, les baïonnettes autrichiennes vinrent plus d'une fois s'interposer au milieu des meurtres populaires; le duc d'Angoulême fut deux fois obligé de se montrer dans les rues de Nîmes pour arrêter l'assassinat. Après la répression à main armée, dans la rue, par le pistolet ou le poignard, vint la répression légale. Les premières lois qui furent présentées à la chambre étaient toutes d'exception; aussi furent-elles accueillies avec une sorte d'enthousiasme. Au retour de Gand, Louis XVIII avait dit qu'il soumettrait à une révision quatorze articles, et les royalistes avaient noté cette parole au moins imprudente. A la majorité de deux cent quatre-vingt-treize voix, sur trois cent soixante-deux, fut votée la loi qui punissait de la déportation toute personne coupable de cris, discours, écrits séditieux contre le roi et la famille royale, toute personne convaincue d'avoir arboré un drapeau autre que le blanc. Humbert de Sesmaisons demandait la peine de mort;

M. Josse de Beauvoir, les travaux forcés à perpétuité; M. Boin, la peine des parricides. Puis vint le projet sur la suspension de la liberté individuelle, présenté par M. Decazes, qui fut adopté presque sans discussion; puis le rétablissement de la censure pour tout écrit ne dépassant pas vingt feuilles d'impression, et la suspension de la liberté de la presse périodique; puis enfin la création des cours prévôtales, qui compléta le système. Chaque département devait avoir son prévôt, et une cour prévôtale composée du prévôt et de quatre assesseurs choisis parmi les membres du tribunal de première instance. La cour prévôtale avait le monopole des peines criminelles et correctionnelles, des crimes politiques et des réunions séditieuses, des cris et des injures contre le roi et sa famille. Le prévôt recherchait le crime et rédigeait l'instruction; le jugement avait lieu sans désemparer; les arrêts de la cour étaient irrévocables et sans appel. La commission de la chambre enchérit encore sur le projet du gouvernement, en soumettant les cris séditieux à cette juridiction, et en réduisant le délai fixé pour l'audition des témoins. La chambre des pairs adopta tout à son tour, malgré l'opposition énergique de Lenoir-Laroche et de Lanjuinais. Peu s'en fallut même qu'on n'enlevât à la magistrature son inamovibilité, sous prétexte de tiédeur et d'indifférence politique. Les paroles courageuses de MM. Royer-Collard, Pasquier et de Serres sauvèrent l'indépendance des tribunaux, qui du reste ne purent échapper à l'épuration. M. Barbé-Marbois destitua une foule de membres sur les listes présentées par M. Guizot, alors secrétaire général, et qui ne sut pas résister à l'entraînement de l'époque. Le ministre de la police, M. Decazes, n'épargna pas les proscriptions dans son ministère de la police. A la guerre, le général Clarke (duc de Feltre) dressait quatorze catégories de suspects, écartait du tableau d'activité les officiers compromis dans les cent jours, établissait la distinction entre les instigateurs et ceux qu'ils avaient entraînés, enfin décimait impitoyablement l'armée, sous les inspirations de M. Tabarié. A l'intérieur, M. de Vaublanc destituait les modérés, MM. de Girardin, d'Houdetot, de Bondy, et les remplaçait par des hommes du pavillon Marsan, tels que Ferdinand de Berthier. A la marine, le vicomte Dubouchage dispersa sur les vaisseaux de l'état les émigrés de Quiberon, et des gentilshommes qui n'avaient jamais vu la mer, ou qui l'avaient oubliée depuis vingt-cinq ans.

Jusqu'alors la réaction n'avait frappé les vaincus que dans leurs places ou leurs droits politiques; à part les excès populaires, le sang n'avait pas coulé; l'ordonnance du 24 juillet, éludée partout, semblait n'avoir paru que pour la forme, lorsque Labédoyère, Lavalette, Ney, qui ne prenaient même pas la peine de se cacher, furent arrêtés. Le colonel Labédoyère, auquel le duc d'Otrante avait au mois de juillet délivré un passeport pour quitter la France, fut saisi à Paris, où il arrivait dans une voiture publique. Traduit devant un conseil de guerre, il ne put être sauvé; la restauration ne lui pardonnait pas d'avoir décidé à Grenoble le succès du retour de Napoléon : il fut fusillé. Le comte de Lavalette, qui n'avait que deux griefs par devers lui, un attachement extrême pour le parti bonapartiste, et l'envoi aux directeurs de postes d'une circulaire annonçant le retour de Napoléon, traduit devant la cour d'assises, n'échappa que grace au dévouement de sa femme qui avait en vain sollicité sa grace. MM. Molé, Pasquier, Talleyrand, Decazes, le duc de Raguse, avaient réuni leurs efforts pour le sauver, et Louis XVIII avait obstinément refusé le pardon. Quand il se fut évadé, ce fut un immense cri d'indignation contre la police de M. Decazes; on l'accusa même de trahison. Le procès du prince de la Moscowa offrit des circonstances encore plus dramatiques. La haine des royalistes contre le maréchal était d'autant plus forte, qu'ils avaient plus compté sur lui dans les cent jours. Une question préjudicielle se présentait : serait-il jugé par la chambre haute, ou traduit devant le conseil de guerre des maréchaux? On se décida pour le second parti, attendu que l'ordonnance du 24 juillet avait rayé le prévenu de la chambre des pairs. Le maréchal Moncey, appelé à la présidence du conseil, refusa de siéger, et fut puni de sa résistance par une destitution arbitraire, et un emprisonnement de trois mois au château de Ham. Masséna voulut aussi s'excuser, en se fondant sur ses anciennes dissensions avec Ney, en Espagne; mais l'excuse ne fut pas jugée valable : il dut donc siéger avec le maréchal Jourdan, président, Augereau, Mortier, le comte Gasan, Claparède, Villatte; le maréchal de camp Grundler était rapporteur; l'ordonnateur en chef Joinville, procureur du roi. Ney était sauvé, s'il eût été jugé par ses compagnons d'armes; il eût tout au plus encouru la déportation : ses avocats, MM. Dupin et Berryer, réclamèrent l'incompétence et le bénéfice de la pairie. Le conseil de guerre, charmé de l'incident, se déclara incompétent, et l'accusé fut renvoyé devant la cour des pairs. Là, sa condamnation n'était pas douteuse. En vain ses défenseurs invoquèrent-ils l'article 12 de la capitulation de Paris; on leur interdit ce moyen de défense, qui en droit n'engageait que les alliés, et n'avait pas empêché la promulgation de l'ordonnance du 24 juillet. La peine de mort fut prononcée par 139 membres sur 156 votans. Nombre d'entre eux avaient recommandé le condamné à la clémence royale. Louis XVIII resta inflexible; le duc de Richelieu, convaincu de la nécessité du supplice, en fit hâter l'exécution. Ney mourut en brave, le 7 décembre 1815.

La mort de Ney fut bientôt suivie de celle des frères Faucher, nés jumeaux, deux généraux de l'empire, qui étaient accusés d'organiser un mouvement contre le gouvernement royal; ils furent fusillés à Bordeaux. Le général Mouton-Duvernet périt à Lyon, le général Chartrand à Lille; le général Bonnaire fut dégradé et déporté. Lefèvre-Desnouettes, les deux frères Lallemand, Rigaut et Savary furent assez heureux pour fuir à l'étranger, sous le poids d'une condamnation par contumace. Debelle, Gilly, Decaen, Clausel, le contre-amiral Linois, le colonel Boyer, les généraux Drouot et Cambronne obtinrent leur grace ou leur acquittement. La proscription n'épargna pas même les membres de l'Institut. M. de Vaublanc, sous le prétexte d'une organisation nouvelle, qui en séparait les quatre classes en quatre académies, élimina quatorze membres, et parmi eux MM. Arnault et Etienne.

La fréquence des exécutions militaires exaspéra le parti patriote et les bonapartistes qui s'étaient entendus. Un mouvement général se prépara par toute la France, dont MM. de Lafayette et Voyer-d'Argenson étaient les chefs occultes. Les *libéraux* du temps, les émigrés destitués de l'empire, les propriétaires ruinés par les réquisitions et les exigences de l'étranger, les soldats licenciés et les officiers de l'empire, tous les intérêts enfin froissés par le retour des Bourbons se réunirent. Ce n'était pas un complot organisé avec ses ramifications distinctes, ses mille affiliations constituées; chacun conspirait à tort et à travers, le plus souvent en paroles, attendant de partout le moment de se lever: mais les royalistes étaient vigilans. La première explosion eut lieu à Grenoble (5 mai 1816). Un inconnu, le nommé Didier, homme courageux et entreprenant, lança sur la ville environ quatre cents paysans qu'il avait poussés à la révolte. Le général Donnadieu les écrasa sans pitié, et poursuivit les fuyards dans les montagnes, selon les termes de son rapport. Didier s'était enfui; une récompense de 20,000 francs fut promise à celui qui le livrerait : saisi à Saint-Jean de Maurienne en Savoie, par des carabiniers, il mourut avec fermeté. A Paris, le libraire Babœuf et quelques rédacteurs du *Nain tricolore* furent condamnés à la déportation. Puis il y eut une tentative encore plus hardie que celle de Grenoble. Un corroyeur et un ciseleur, Pleignier et Tolleron, avaient formé le projet d'attaquer les Tuileries, et de les faire sauter par la mine ; un de leurs complices, Schoeltein, livra le secret à la police : trois conjurés périrent sur l'échafaud (1816).

Le royalisme ainsi menacé réagit par tous les moyens légaux et illégaux. Les massacres continuèrent à Nîmes : on proscrivit les protestans, soupçonnés d'impérialisme; la cour d'assises acquitta sans pudeur l'assassin du général Lagarde, Trestaillon et ses complices. A Paris, le pavillon Marsan organisa une congrégation religieuse, occultement appuyée sur l'influence des jésuites, qui s'étendait comme un réseau sur toute la France, et entraînait à soi tous les partisans de l'ancien régime, tous les dévouemens de famille, toutes les consciences dévotes. C'était une pensée habile, que Monsieur sut compléter, en se faisant attribuer la nomination des officiers et des inspecteurs de la garde nationale dans toute l'étendue du royaume. La perspective des grades mettait à sa disposition une bonne partie de la classe moyenne : le choix tomba partout sur des royalistes sûrs, qui se chargèrent de diriger leurs surbordonnés. De son côté, la chambre des députés n'en accorda que plus de faveur aux lois de rigueur, à toute mesure qui avait pour but la reconstitution du passé. Dès le mois de novembre, M. de Labourdonnaye, s'autorisant du droit que la proclamation de Cambrai avait donné à la chambre de désigner les coupables, avait pris l'initiative, et proposé une loi d'amnistie, que la majorité accueillit avec enthousiasme. Force fut donc au ministère de présenter la sienne, qui fut écoutée dans un profond silence : c'était le renouvellement de l'ordonnance du 24 juillet, avec un article additionnel, qui bannissait à perpétuité tout membre de la famille Bonaparte. La commission, chargée de l'examiner, préférait de tout point les catégories de M. de Labourdonnaye, qui frappaient des masses entières classées par ordre, les titulaires des grandes charges administratives et militaires, les généraux, commandans de corps et préfets, les régicides, employés pendant les cent jours, et admettaient le séquestre temporaire des biens pour les contumaces. Ce fut une discussion épouvantable, dont les paroles de sang le cédaient à peine aux discours les plus violens de la terreur. Le ministère disputa pied à pied tous les amendemens de la commission ; agit individuellement auprès des députés, fit valoir la volonté inébranlable du roi qui voulait le pardon, sauf trente-huit exceptions, et, après toutes ses démarches, il y eut deux épreuves douteuses au scrutin : les catégories ne furent rejetées qu'à une majorité de huit voix. La confiscation des biens des proscrits, abolie par la charte, faillit être rétablie sous le titre d'indemnité applicable aux contributions de guerre. Restait le bannissement des régicides, qui fut voté sans discussion, tant la haine était unanime contre eux. Fouché, destitué de l'ambassade de Dresde, mourut dans l'exil avec Carnot ; Siéyes a été plus heureux.

Le rejet des catégories n'était pas un échec, car la déférence pour la volonté royale avait fait taire bien des opinions. Le parti Villèle et Corbière continua ses motions subversives de l'ordre social de l'époque. M. de Castel-Bajac proposa d'accorder légalement au clergé la faculté de recevoir toutes donations, et de les administrer lui-même (21 décembre). M. de Blangy demanda la suppression des pensions de tout prêtre marié (22 décembre 1815). M. Lachèze-Murel voulait qu'on rendît aux curés et desservans la tenue des registres de l'état civil ; M. Piet, qu'on restituât à l'église les biens non vendus (8 janvier 1816). La chambre prit toutes ces propositions en considération ; et si elle ne vota pas la restitution des forêts ecclésiastiques, elle ne voulut pas qu'on les vendît. Ainsi se trouvaient annihilées toutes les dispositions financières du ministre Corvetto pour les budgets de 1814 et 1815. Le budget pour les neuf derniers mois de 1814 avait été réglé à 533,715,910 fr. de recette, à 637,432,662 fr. de dépense ; pour 1815, les recettes devaient s'élever à 814,567,000 fr., et les dépenses à 945 millions. Un emprunt de 100 millions, perçu en centimes additionnels jusqu'à la concurrence de la moitié des contributions foncière, personnelle, mobilière, des portes et fenêtres, des patentes de 1815, des augmentations réglées sur les droits de timbre, d'enregistrement, de succession, sur les cautionnemens, acquitteraient une partie de l'excédant ; une quotité de rentes, représentant un capital de 140 millions, serait créée pour garantir aux alliés le paiement de l'indemnité ; des crédits provisoires seraient ouverts sur l'exercice de 1816. Tous les traitemens avaient été réduits ; toutes les sinécures supprimées ; Louis XVIII avait abandonné dix millions sur sa liste civile. Le ministre comptait sur la vente de 400 mille hectares de bois pour suffire au déficit laissé par le gouvernement impérial auquel la loi de 1814 avait appliqué une partie de ses forêts, et on lui enlevait cette ressource, la meilleure de toutes. La commission, formée dans le sens de la majorité, proposa d'autres moyens, la réduction des traitemens, des économies notables dans tous les ministères, la création de rentes consolidées pour les seules créances légitimement épurées ; elle demanda la restitution des forêts au clergé, le non-paiement de l'arriéré de 1815 pendant les cent jours, le maintien des contributions directes au taux de 1814, de peur de surcharger le contribuable. La discussion fut orageuse ; quelques membres voulaient le rétablissement des maîtrises et jurandes afin de faciliter la perception des patentes, l'imposition d'un droit de 1 pour 100 sur les créances hypothécaires productibles d'intérêts, l'abolition du partage des biens entre les enfans, etc. Le ministère prit un moyen terme : les deux arriérés de 1814 et de 1815 furent réunis ; l'attermoiement des créances sur l'état, fixé à trois ans, put être prolongé jusqu'à cinq. Les créanciers durent toucher un intérêt et jouir de la faculté d'inscription. Enfin les biens non vendus durent être rendus aux communes, au lieu de revenir à la caisse d'amortissement, qui reçut dès lors une organisation indépendante avec des revenus fixes. La chambre, satisfaite d'avoir vaincu, vota successivement tous les articles du budget.

L'attitude de la majorité était réellement imposante ; elle avait partout triomphé à la pluralité des votes, en dépit de la volonté du roi et de l'opposition ministérielle. Son but était systématique et franc : le rétablissement de la royauté absolue aux dépens de la charte ; la formation d'administrations locales, de conseils généraux, qui pussent neutraliser la tendance générale à la centralisation ; l'absorption de la propriété et des pouvoirs politiques au profit de deux grandes classes constituées, les possédans et le clergé. Ce but fut mis en évidence dans la nouvelle lutte qui s'engagea entre elle et le gouvernement au sujet de la loi des élections. La chambre, sachant l'influence des grands propriétaires sur les classes inférieures, voulait des assemblées primaires, des élections à plusieurs degrés, qui permissent de restreindre l'action politique dans les mains des plus imposés ; le ministère essayait de maintenir l'influence du pouvoir sur les choix des électeurs, en étendant l'action morale des administrations. Ainsi, par une singulière anomalie, les absolutistes arrivaient à la démocratie, et les constitutionnels défendaient les théories les moins libérales. M. de Vaublanc présenta donc son projet de loi électorale, qui admettait deux degrés d'élection. Il devait y avoir dans chaque canton un collège électoral, dont étaient membres de droit les soixante plus imposés du canton âgés de trente ans ; les membres du conseil d'arrondissement, les présidens des tribunaux de première instance, des chambres de commerce, des commissions consultatives, etc.; les juges de paix, maires, vicaires généraux, curés et ministres, recteurs et inspecteurs d'académie, doyens de facultés, membres des conseils et administrateurs des hospices, âgés de 25 ans. Le roi nommait les présidens de collèges, et les collèges nommaient les électeurs de département. Etaient de droit électeurs du second degré les archevêques et évêques, les soixante plus imposés dans les contributions directes du département, les dix plus imposés dans le commerce, les membres du conseil général, les présidens de consistoires généraux et de cours royales, les procureurs généraux, enfin les électeurs nommés par les collèges de canton, qui élisaient à leur tour les députés, éligibles à vingt-cinq ans. Comme on le voit, c'était concentrer les élections dans les mains du gouvernement, qui les aurait dirigées à son gré. Le projet de la commission, dirigé par MM. de Villèle et de Corbière, était tout autre. Il établissait dans chaque canton une assemblée électorale, dont étaient membres tous les citoyens y domiciliés, âgés de vingt-cinq ans accomplis, et payant cinquante francs de contributions directes, qui désignaient les électeurs de département. La nomination des présidens était également à la disposition du roi. Les listes des collèges électoraux de département étaient formées de tous les citoyens y domiciliés, âgés de trente ans accomplis, et payant 300 fr. d'imposition; ils ne pouvaient être moins de 150, ni plus de 300; dans le cas d'un nombre insuffisant, on le complétait au moyen des propriétaires au-dessus de vingt-cinq ans, payant les 300 fr. voulus; et, à leur défaut, par les citoyens de trente ans qui n'atteignaient pas le chiffre désigné. Pour être éligible, il fallait avoir quarante ans, et payer 1,000 fr. de contributions. Les députés devaient être élus pour cinq ans; au bout de ce terme, la chambre serait réélue en totalité, à moins que la volonté royale ne vînt la dissoudre avant l'expiration des mandats quinquennaux. La commission, prenant le contre-pied du projet ministériel, avait exclu les fonctionnaires, et posé pour base la contribution directe, c'est-à-dire la propriété. La chambre ne discuta même pas la loi de M. de Vaublanc, et le projet de MM. de Villèle et de Corbière fut adopté, à quelques amendemens près, entre autres l'abaissement de l'âge des députés à trente ans pour les veufs, à trente-cinq pour les éligibles mariés: peu s'en fallut que, grace à M. de Corbière, la contribution de cinquante francs ne fût abaissée à vingt-cinq. Chose bizarre, nous l'avons dit, les partisans du libéralisme, MM. Royer-Collard, Pasquier, de Serre, Becquey, Lainé, s'inscrivirent tous contre le système démocratique de M. de Villèle; MM. de Bonald, Labourdonnaye, Mathieu de Montmorency, absolutistes au fond du cœur, proclamaient le droit d'initiative et l'indépendance du vote. Le ministère était vaincu à la chambre des députés; il se rejeta sur la chambre des pairs, qui regardait le projet du gouvernement comme un retour indirect aux théories absolues, et celui de la commission comme un empiétement démocratique; tous deux furent repoussés à une grande majorité sur les conclusions du rapporteur M. de Pastoret, de MM. de Larochefoucauld et de la Vauguyon, et du duc de Raguse. Ainsi la difficulté n'était pas levée; avant la session prochaine, il fallait créer une législation transitoire, qui pût régler les élections en cas de dissolution. MM. de Vaublanc et Decazes s'entendirent avec M. de Villèle, qui, pressentant déjà son avenir, fut plus accommodant, et demanda seulement le maintien des listes électorales de 1815, sans adjonctions nouvelles, pour le renouvellement par cinquième de cette année. Mais le projet de loi du ministre de l'intérieur fut encore mal accueilli des deux côtés de la chambre; M. de Villèle, de peur d'être suspecté, se fit aussitôt nommer rapporteur de la commission qui devait le rejeter, et rédigea son rapport avec tant de rapidité qu'il devança le jour fixé, et donna lieu à une scène fort vive où M. Lainé, pour ne pas avoir voulu intervertir l'ordre des délibérations, fut injustement improuvé par la chambre, et se démit de la présidence. En vain M. Decazes essaya-t-il de défendre le projet du gouvernement; M. de Vaublanc perdit tout par une scène ridicule : « Je viens, dit-il, » soutenir le projet comme ministre, je le désapprouve comme dé- » puté. » La commission n'y avait introduit qu'un court amendement; mais cette addition le dénaturait : « Les collèges électoraux ne pour- » ront être appelés à aucune autre élection qu'à celles qui seront » nécessitées par une dissolution de la chambre. » Et la session fut close le 4 mai. C'était un défi jeté au ministère; il fallait dissoudre la chambre, ou se résoudre à marcher dans les voies de la réaction encore pendant quatre ans. M. Decazes eut l'idée de s'arrêter au premier parti, et de le faire approuver à ses collègues. Il y eut d'abord un remaniement partiel dans le ministère; le vieux Barbé-Marbois, malade et peu aimé, donna sa démission qu'on lui avait demandée avec des formes assez peu polies, et fut remplacé, par intérim, par le chancelier Dambray. M. de Viénot-Vaublanc, usé dans l'opinion par ses maladroites improvisations de tribune, dut laisser l'intérieur à M. Lainé, le partisan des électeurs à trois cents francs, qui avait des griefs tout récens contre la chambre des députés. M. Lainé se consulta avec M. Decazes pour déterminer M. de Richelieu à la dissolution, car alors la majorité dans le conseil leur était assurée; le comte Corvetto, royaliste ardent, s'était humanisé dans ses fréquentes relations avec la banque libérale; le duc de Feltre se renfermait dans sa spécialité de la guerre, et se bornait à organiser ses catégories militaires; le vicomte Dubouchage ne se permettait jamais une opinion différente des autres. Le président du conseil fut d'abord effrayé de la proposition, qui pouvait amener le retour des *révolutionnaires*; puis, convaincu de la nécessité de la mesure, il se chargea de la communiquer au roi. Un rapport fut donc présenté à Louis XVIII, qui présentait la chambre comme entravant le gouvernement, affaiblissant son autorité, usurpant le pouvoir, et tendant à annihiler la royauté en se plaçant au dessus d'elle; le duc de Richelieu fit même écrire au roi par l'empereur Alexandre « que, dans l'intérêt du gouvernement, du » roi de France, il lui paraissait qu'une dissolution de la chambre des » députés pourrait avoir d'utiles résultats ». Ainsi pressé, Louis XVIII ne résista plus, et donna son adhésion, tout en gardant le plus profond secret pour s'épargner les scènes de famille. Le ministère eut donc une conférence occulte avec la minorité de la chambre, à l'hôtel de la police, où l'on convint de se procurer les renseignemens nécessaires pour juger à l'avance la tendance des élections. M. Pasquier se chargea de ce soin, et s'assura, au moyen d'un employé supérieur, que la majorité nouvelle serait au moins de cinquante voix. Le 5 septembre, une ordonnance royale parut dans le *Moniteur* : « Aucun des arti- » cles de la charte constitutionnelle ne sera révisé; la chambre des » députés est dissoute. Le nombre des députés des départemens est » fixé, conformément à l'article 36 de la charte, suivant le tableau ci- » annexé (deux cent cinquante-six). Les collèges électoraux d'arron- » dissement et de département restent composés tels qu'ils ont été » reconnus et tels qu'ils ont été complétés par notre ordonnance du » 24 juillet 1815. » Ce fut un coup de foudre pour le parti royaliste. Avant la promulgation, rien n'avait transpiré au dehors de cette décision de cabinet. Les députés influens de la majorité étaient partis, dans la plus grande sécurité, pour la province où les attendaient des ovations brillantes ; M. de Villèle à Toulouse, M. de Castel-Bajac à Rabastens, MM. de Calvière et de Bernis à Nîmes, avaient recueilli le témoignage le plus flatteur des sympathies royalistes. La cour fut atterrée de ce coup d'état. Monsieur entra en fureur; la duchesse d'Angoulême refusa de voir les ministres; le duc d'Angoulême reçut la nouvelle avec résignation, le duc de Berry avec insouciance. M. de Châteaubriand, l'un des organes les plus violens du royalisme pur, publia une brochure célèbre, *De la Monarchie selon la Charte*, où il attaquait sans ménagement l'œuvre ministérielle. Mais Louis XVIII ne fléchit pas ; il imposa silence aux réclamations d'intérieur ; il priva du titre de ministre d'état l'écrivain mécontent qui avait mis en doute sa volonté personnelle, et fit saisir son ouvrage dont la persécution décupla le succès ; il s'occupa d'activer et de diriger les élections, qui se faisaient dans un sens plus modéré. Les présidens de collège étaient en général des hommes d'opinion constitutionnelle, Camille Jordan, Gravier, Bergon, Maine-Biran, Catelan, Meyronnet de Saint-Marc, Ternaux, Lacroix-Frainville, Bessière, André de la Lozère, Royer-Collard, Pasquier, Gaétan de Larochefoucauld, de Serre, Bédoch, Gallois. Les préfets, quoique surveillés par les comités royalistes, servirent le gouvernement avec zèle; une centaine de membres seulement du parti Villèle furent réélus, la plupart dans le midi ; tout le reste était constitutionnel, toujours dirigé par MM. Pasquier et de Serre.

La session de 1816 à 1817 s'ouvrit, le 4 novembre, par un discours du roi, élégant et précis, comme tout ce qu'il écrivait. La grande question du moment était la discussion d'une nouvelle loi électorale; ce fut la principale occupation de la chambre, présidée par M. de Serre, successeur de M. Pasquier, nommé garde des sceaux. Mais elle ne passa pas sans opposition ; chaleureusement défendue par MM. Royer-Collard, de Serre, Siméon, Camille Jordan, elle eut à soutenir de vives attaques de MM. de Labourdonnaye, de Villèle, Corbière, de Bonald, Clauzel de Coussergues, Piet, Cardonnel, Dufougerais et Castel-Bajac. Il y eut même un article où le ministère n'obtint qu'une majorité de onze voix. La chambre des pairs l'adopta à son tour à la majorité de quatre-vingt-quinze voix contre soixante-dix-sept. Les dispositions principales de cette loi étaient l'égalité parfaite entre les électeurs admis et l'élection directe. L'âge de quarante ans et la contribution directe de mille francs formaient les deux conditions nécessaires de l'éligibilité. Tout Français jouissant des droits civils et politiques, âgé de trente ans, et payant trois cents francs de contribution, était électeur de droit ; le nombre des députés restait le même ; la chambre se renouvelait chaque année par cinquième dans les collèges électoraux de département : c'était le système de M. Lainé que le ministère avait mis à exécution. Puis la chambre discuta une loi sur la liberté individuelle. « Tout individu prévenu de complots » ou de machinations contre la personne du roi, la sûreté de l'état et » les personnes de la famille royale, pourra, sans qu'il y ait nécessité » de le traduire devant les tribunaux, être arrêté et détenu en vertu » d'un ordre signé du président du conseil des ministres et du mini» stre de la police. » C'était renouveler la fameuse loi des suspects. Elle fut suivie par une autre loi sur la presse périodique : « Les jour» naux et écrits périodiques ne pourront paraître qu'avec l'autorisa» tion du roi. » Ces velléités de répression n'étaient que transitoires et de circonstance ; leur effet devait cesser de plein droit le 1er janvier 1818.

La situation de l'intérieur n'était pas encore calme et rassurante. L'année 1816 avait été malheureuse. Le crédit public succombait à l'énormité du déficit, accru tous les jours par les charges de l'occupation étrangère ; à tel point que les fonds publics étaient tombés à 55 francs, et que l'emprunt de trente millions de rente, consenti par les maisons Hope et Baring, fut coté à ce taux, avec des clauses particulières, qui leur assuraient un intérêt annuel de vingt à vingt-deux pour cent. Les cent cinquante mille étrangers disséminés sur le territoire avaient été réduits à cent vingt mille (1er avril 1817) ; mais les rations étaient encore par jour de 160,000, à part les indemnités qu'il fallait encore payer quotidiennement aux alliés. En outre, des pluies continuelles avaient inondé les campagnes, détruit les récoltes, répandu parmi le bétail une contagion incurable, l'épizootie ; le paysan était ruiné, et criait à l'oppression, comme toujours quand il n'a plus de pain. Il était donc facile aux faiseurs de complots de le pousser à

la révolte. Un bruit sourd avait pris faveur dans la campagne, que l'empereur s'était enfui de Sainte-Hélène, que nombre de régimens l'avaient déjà reconnu, qu'il allait bientôt reparaître, et que Lyon serait désormais sa capitale. Les ouvriers de Lyon, les plus malheureux, car l'ouvrage manquait, se réunirent en comités et correspondirent avec le dehors. Le dimanche 8 juin, le toscin sonna dans les villages d'alentour, à Bagnais, Saint-Genis, Laval, Saint-Andéol, Millery, l'Arbresle. L'autorité était prévenue : le préfet Chabrol, le maire de Fargue, le général divisionnaire Canuel lancèrent des détachemens de cavalerie et d'infanterie sur les rebelles, qui furent traqués et sabrés partout. Puis les cours prévôtales, usant de leurs terribles attributions, jugèrent ceux que le sabre avait épargnés : la vengeance fut si terrible et si peu éclairée, qu'elle atteignit même les innocens. « Sur deux
» cent cinquante révoltés, s'écria Camille Jordan à la tribune, formant
» les rassemblemens séditieux, plus de cent cinquante individus, parmi
» lesquels ne se trouvaient pas même les véritables directeurs du
» mouvement, étaient traduits en jugement ; près de cent dix, con-
» damnés à des peines afflictives et infamantes, et la plupart supposés
» chefs par le titre de leur condamnation elle-même, pour un complot
» évidemment unique, ou au moins étroitement lié dans toutes ses
» parties. » Ce fut là le dernier service judiciaire des cours prévôtales ; elles furent abolies à l'ouverture de la session de 1817 à 1818 (5 novembre).

Contrairement aux prévisions des ultra-royalistes, le premier renouvellement par cinquième, depuis la loi du 5 février 1817, s'était opéré sans désordre, sans *levée en masse*, pour se rendre à l'unique collège de département, et les constitutionnels avaient souvent eu l'avantage. Les débats publics perdaient tous les jours de leur aigreur et de leur animosité. La loi du recrutement, proposée par le maréchal Gouvion Saint-Cyr, successivement ministre de la guerre et de la marine, souleva une vive opposition, dirigée par Salaberry, Labourdonnaye, Villèle, Corbière, Josse de Beauvoir, Barthe-Labastide, les constans adversaires du ministère ; mais elle passa à une majorité de cinquante-sept voix, après les discours des maréchaux Macdonald, Oudinot et Victor, des généraux Dessoles et Lauriston. L'armée avait grand besoin d'une organisation nouvelle ; décimée par les catégories du duc de Feltre, envahie par les émigrés et les gentilshommes de bonne maison, le nombre de ses officiers s'accroissait dans une proportion exorbitante, et les cadres se dégarnissaient. La loi du recrutement fut une belle idée de Gouvion Saint-Cyr ; elle faisait une large part à l'ancienneté dans la nomination aux grades ; elle se rapprochait de la conscription, abolie par la charte, en ce que le tirage au sort en était la base : mais, au lieu de perpétuer pour la jeunesse la perspective de l'état militaire, même après une première chance courue, elle ne frappait qu'un nombre de têtes annuellement limité, et le maréchal espérait en réduire de jour en jour le chiffre au moyen des engagemens volontaires, tombés en désuétude depuis 1814. Gouvion Saint-Cyr fut le réorganisateur de notre puissance militaire. En même temps, le roi, par l'entremise de M. de Blacas, ambassadeur à Rome, signait avec le souverain pontife le rétablissement du concordat conclu entre Léon et François Ier; c'était une concession faite aux royalistes ultramontains. Napoléon avait fixé le nombre des évêchés à cinquante. Un projet de loi, présenté à l'effet de rétablir la hiérarchie catholique sur ses antiques bases, fut rejeté par la chambre, qui ne comprenait plus la prétendue nécessité d'une puissance ecclésiastique dans l'état; ce ne fut pas la faute des partisans du clergé s'ils ne purent réussir. Louis XVIII, tout en augmentant le chiffre du concordat de 1801, le limita à celui des départemens; puis, en retour de ce tribut payé à l'opinion ultra-royaliste, il retira au comte d'Artois sa juridiction souveraine sur la garde nationale, en supprima le grand état-major, et la fit rentrer sous l'autorité du ministre de l'intérieur et des autorités civiles; abrogea la loi suspensive de la liberté individuelle, tout en maintenant la censure sur les écrits périodiques. La presse, depuis 1814, avait conquis sur l'opinion, une influence de jour en jour plus grande : c'était une lice de tous les instans, où les royalistes et les libéraux soutenaient une lutte encore plus ardente que les luttes de tribune. Le ministère, depuis la brochure de M. de Châteaubriand, avait senti le besoin de la museler, et il avait établi le système de l'autorisation royale. Mais une ruse toute simple rendit inutiles les précautions du gouvernement : la suppression du caractère de périodicité, que désignait la loi, fit éluder l'action du pouvoir, et délivra les journaux de toute entrave. La *Minerve* et le *Conservateur*, les principaux organes de l'opinion libérale et royaliste, se répandirent dans toute la France à un nombre prodigieux d'exemplaires. Benjamin Constant, Etienne, de Jouy, Jay, rédigeaient la première de ces feuilles; MM. de Châteaubriand, Fiévée, de Lamennais, la seconde, aidés de la colloboration accidentelle de MM. de Villèle et de Castel-Bajac.

Alors cependant le ministère avait raison dans le maintien de la censure. Le duc de Richelieu négociait auprès des souverains alliés pour hâter la libération du territoire, et besoin était de leur persuader que la France était paisible et heureuse; à cela, les déclamations passionnées de la presse ne pouvaient que nuire. Grace à l'ascendant du président du conseil sur l'empereur de Russie, un congrès fut assemblé à Aix-la-Chapelle, malgré la note secrète sur l'état de la France que des ultra-royalistes avaient mystérieusement envoyée en Allemagne et à Saint-Pétersbourg, et où il était dit : « La révolution occupe tout, » depuis le cabinet du roi, qui en est devenu le foyer, jusqu'aux der- » nières classes de la nation qu'elle agite partout avec violence. Elle » est proclamée à la tribune par les ministres du roi. » La question de la retraite des étrangers et de la liquidation définitive y fut traitée par le duc de Richelieu et le duc de Wellington, le fondé de pouvoir de l'Europe. Ce n'était pas chose facile; car, outre les sept cents millions, le traité de Paris nous obligeait à indemniser les sujets des alliés de toutes les pertes supportées pendant la guerre. On n'avait pas fixé de maximum, et depuis trois ans les commissaires étrangers s'étudiaient à grossir la dette française, en admettant tous les griefs bien ou mal fondés de leurs compatriotes. Enfin, le jour de la liquidation venu, on apprit qu'elle s'élevait à la somme énorme de douze à treize cents millions. Tout le monde se récria, le roi, les ministres, les publicistes. On écrivit à Berlin, à Londres, à Vienne, à Pétersbourg. L'intervention d'Alexandre rendit les alliés moins exigeans, et la convention du 25 avril 1818 libéra totalement la France, moyennant une inscription de rente sur le grand-livre de douze millions quarante mille francs, représentant un capital de deux cent quarante millions huit cent mille francs. Par une clause particulière, l'Angleterre se fit attribuer une rente annuelle de trois millions. Pour subvenir à ce surcroît de dépenses, un nouvel emprunt fut ouvert de quatorze millions six cent mille francs de rente, par une sorte d'adjudication publique. Le crédit de l'état avait tellement fait des progrès depuis 1817, que le chiffre des souscriptions s'éleva jusqu'à cent soixante millions de rente, représentant l'immense capital de trois milliards deux cents millions. Mais le gouvernement n'eut pas confiance en la solvabilité de ces mille prêteurs, dont quelques uns, alléchés par l'appât du gain, avaient souscrit sans aucune ressource pécuniaire. Il revint donc à la maison Hope et Baring, et fit marché avec elle au taux de 67 francs, dont se plaignirent vivement nos banquiers nationaux. Ils trouvèrent cependant moyen de s'intéresser à l'emprunt, et rendirent de grands services au trésor, lorsqu'un moment de défiance de la part des étrangers, porteurs d'inscriptions sur le grand-livre, fit baisser tout à coup la cote de la rente. Une maison étrangère, qui avait obtenu quatre à cinq millions de rente sur l'emprunt, fit faillite; le cours de 75 tomba à 65, et la grande maison Hope et Baring fut ébranlée. Dans ces quelques jours de crise tout fut acheté par nos agens de change, nos banquiers, nos capitalistes; le nom de M. Roy, administrateur habile, successeur du comte Corvetto aux finances, rassura les esprits, et la gêne commerciale cessa. Ainsi fut terminée la grande question de la libération du territoire. L'empereur de Russie et le roi de Prusse vinrent faire un voyage à Paris, au moment même de la retraite des étrangers.

Après la crise financière vint la crise politique. Le libéralisme avait grandi aux dépens du royalisme pur : il dominait à son tour l'opinion publique ; il triomphait partout dans les collèges électoraux ; les *ultrà* ne se présentaient plus aux assemblées de département qu'avec découragement et comme par acquit de conscience, sûrs qu'ils étaient d'être vaincus. Le nouveau renouvellement par cinquième (26 octobre 1818) avait amené à la chambre des représentans dont le nom seul irritait les hommes de 1815, Lafayette, Manuel, Benjamin Constant, élus dans la Sarthe et dans la Vendée. Le duc de Richelieu, le dieu du jour, le signataire de l'ordonnance du 5 septembre, eut peur lui-même de ce retour hardi aux opinions démocratiques, et dès lors il songea à se rapprocher du côté droit et à réformer la loi d'élection. Ce fut là le grand sujet de division entre lui et M. Decazes, qui ne partageait pas ses terreurs, et qui avait rompu sans retour avec le parti Villèle et Labourdonnaye. Le président du conseil n'avait qu'un moyen de réussite, c'était de s'appuyer sur la fraction modérée de la chambre des pairs, dirigée par son ami intime le cardinal de Beausset, et de la réconcilier avec la fraction royaliste, afin de former une majorité compacte. La nouvelle alliance fut devinée par le roi à la lecture de la liste des vice-présidens et secrétaires, concertée entre les *cardinalistes* (amis du cardinal de Beausset) et le parti Fitz-James et Châteaubriand, pour la nouvelle session. D'autre part, la chambre des députés se divisa aussi en deux partis : sous l'influence du président du conseil, elle nomma M. Ravez à la présidence ; sous l'influence de M. Decazes, elle choisit les vice-présidens et secrétaires. La rupture des deux membres les plus influens du ministère était donc imminente. Le duc de Richelieu offrit sa démission, qui fut suivie de celles de MM. Lainé, Molé et Pasquier ; M. Decazes lutta de générosité, et se démit aussi de son portefeuille avec le maréchal Gouvion Saint-Cyr et M. Roy. Les pourparlers entre Louis XVIII et les ministres démissionnaires furent longs ; M. de Richelieu exigeait le prompt éloignement de M. Decazes, auquel on donnerait l'ambassade de Naples ou de Saint-Pétersbourg. Le roi accepta son programme, à la condition que M. Decazes ne partirait que pour Libourne. Le 28 novembre, la liste du nouveau ministère était ainsi composée : M. Siméon à la justice ; le général Lauriston à la guerre ; de Villèle à la marine ; Mollien aux finances ; le savant Cuvier à l'intérieur : tous refusèrent, à l'exception du général Lauriston, et la marche du gouvernement fut dès ce moment décidée dans le sens de M. Decazes, qui, se réservant le ministère de l'intérieur, donna les affaires étrangères au général Dessoles, président du conseil, la justice à M. de Serre, les finances au baron Louis, la guerre à Gouvion-Saint-Cyr, la marine à M. Portal, la maison du roi au général Lauriston (3 décembre). Le duc de Richelieu, sorti pauvre du ministère, reçut un éclatant témoignage de la reconnaissance nationale. Les chambres lui votèrent un majorat de cinquante mille francs de rente sur le domaine de l'état, dont il fit don à l'hôpital de la ville de Bordeaux. Le ministère Dessoles était sûr de la majorité dans la chambre des députés ; mais la chambre des pairs lui échappait. Le 20 février, M. Barthelémy fit, au sujet de la loi des élections, une proposition tendant à modifier les élections, qui y fut prise en considération par quatre-vingts voix contre cinquante-trois. L'orateur prétendait que, sur cent vingt mille électeurs, un tiers environ s'était toujours abstenu de voter ; il se plaignait de l'article qui assimilait l'impôt de la patente à la contribution foncière, et qui permettait à tout citoyen payant vingt-cinq francs d'exercer les droits politiques, puisque la patente n'était payable que par douzièmes et qu'on n'exigeait que la quittance du premier; il demandait en outre des députés suppléans. Cette motion fut mal reçue à Paris et dans les provinces; on chansonna l'auteur et les défenseurs : à la chambre, elle fut combattue par le général Dessoles, M. Decazes, Lanjuinais; mais elle passa. C'était un parti pris. Une nouvelle création de pairs pouvait seule annuler l'opposition; le gouvernement s'y résolut. Une ordonnance royale (5 mars 1819) appela sur les bancs de la pairie soixante nouveaux membres, choisis pour la plupart parmi les illustrations de l'empire, et fit rentrer douze des pairs éliminés en 1815.

L'étonnement des ultrà-royalistes fut grand, comme après l'ordonnance du 5 septembre; le ministère n'en tint nul compte, et suivit sans hésiter sa marche prudente et légèrement libérale. La traite des noirs avait été proscrite par une convention faite avec l'Angleterre ; il abolit l'odieux droit d'aubaine (14 juillet 1819); il rétablit en partie la liberté de la presse, tout en assujettissant les journaux à des cautionnemens. La peine des offenses envers le roi, la famille royale, les corps constitués, des outrages à la morale politique et religieuse, fut de beaucoup réduite ; une limite assez large y était posée entre le *maximum* et le *minimum*. Le calme renaissait à l'intérieur depuis le départ des étrangers et la solution définitive des grandes questions financières, l'agriculture et le commerce étaient dans une voie de prospérité toujours croissante. Les passions politiques ne heurtaient le caillou, d'où jaillit l'étincelle, qu'aux jours d'élections, encore ces jours-là étaient-ils devenus paisibles, par l'absence volontaire des ultrà. Mais peu à peu se formait à côté du gouvernement une opposition tout aussi insolente que celle de 1815, dans un autre sens politique, et d'autant plus violente qu'elle était à ses premiers essais : le ministère et les libéraux purs, c'étaient des amis qui se séparaient. La pensée de M. Decazes et de ses collègues n'était pas assez franchement libérale, pour s'harmonier avec des croyances nées d'hier; et, par souvenir de l'Assemblée constituante, des pétitions incessantes, dont les expressions véhémentes trahissaient l'effervescence révolutionnaire, étaient déposées sur le bureau de la chambre, en faveur des proscrits des cent jours, frappés par une ordonnance royale sans jugement intervenu, et les rapporteurs censuraient souvent leur langage ; ce qui donnait lieu à d'orageux débats. Enfin vint le jour où la question fut solennellement débattue : « A l'é-
» gard des régicides, *jamais*! s'écria le garde des sceaux, M. de
» Serre, sauf les tolérances accordées par la clémence du roi à l'âge
» et aux infirmités. » Ce mot fut le signal de la rupture; les libéraux n'en devinrent que plus ardens dans l'exagération de leurs principes.
« Il existe encore, écrivait M. Bignon, l'un des négociateurs de la
» capitulation de Paris, un argument en faveur des bannis, qu'une
» déplorable fatalité m'a seule empêché de produire dans une grande
» et fatale conjoncture ; un argument terrible, que je crains de faire
» retentir du haut de cette tribune, et que je crois bien plutôt devoir
» taire dans l'intérêt du gouvernement..... Je m'arrête : le trait une

» fois lancé ne revient pas en arrière. Je m'abstiens d'employer au-
» jourd'hui une arme si dangereuse, et je n'en ferai usage plus tard
» qu'autant que l'invincible obstination du ministère m'en prescrirait
» le rigoureux devoir. » Le *secret de M. Bignon*, comme on l'appelait, et qui n'était peut-être qu'une ruse d'homme d'état accréditée par le rôle diplomatique de son auteur en 1815, ne transpira jamais ; mais le parti libéral en fit un grief de plus contre le ministère. C'était l'époque du renouvellement de la troisième série de la chambre, les députés sortans furent presque partout remplacés par des noms hostiles à la famille des Bourbons ; l'ex-conventionnel Grégoire, régicide, obtint les suffrages du collège électoral de l'Isère. Les exigences des nouveaux élus, par lesquels la chambre se laissa d'abord influencer, étaient grandes : ils demandaient une loi sur la responsabilité ministérielle ; la suppression du conseil d'état, création impériale ; l'établissement de conseils généraux des départemens et des communes ; le changement du système administratif ; l'organisation de la garde nationale, comme sous la constituante : ils attaquaient l'inquisition exercée par la gendarmerie, l'existence des corps privilégiés dans l'armée, de la garde royale, des régimens de Suisses ; l'énormité des pensions au trésor public, le mode des emprunts nationaux, les vexations des employés des droits réunis, l'immoralité de l'impôt sur le jeu, de la loterie, des passeports, des droits de chasse, des droits du sceau pour les titres ; le monopole du tabac, le tarif des douanes ; enfin ce n'était rien moins que la demande d'une réforme générale. A son tour, M. Decazes fut effrayé du progrès des opinions démocratiques, comme l'avait été le duc de Richelieu, et résolut de refondre la loi des élections de concert avec M. de Serre. Des conférences sérieuses eurent lieu entre eux et le général Dessoles, le maréchal Gouvion Saint-Cyr, le baron Louis, qui persistaient dans le système libéral. Louis XVIII, choqué de voir le ministre de la guerre comprendre sa garde royale dans ses projets de réforme, dirigé d'ailleurs par M. Decazes, s'était éloigné des trois derniers, qui donnèrent leur démission. M. Decazes devint président du conseil ; M. de Latour-Maubourg fut appelé à la guerre, M. Roy aux finances (19 novembre). Ce système de *bascule*, c'est-à-dire de reviremens politiques, perdit le favori du roi dans l'opinion : il s'aliéna les libéraux sans se concilier les royalistes.

Un incident remarquable signala le commencement de la session de 1819 à 1820, l'exclusion de l'abbé Grégoire. Le roi ne lui avait pas envoyé de lettre close ; lorsqu'on procéda à la vérification des pouvoirs, le rapporteur de la commission, M. Becquey, s'autorisa de l'article 42 de la charte, qui exigeait que la moitié au moins des députés eussent leur domicile politique dans le département dont ils tenaient leurs mandats, pour demander que l'élection de Grégoire fût annulée. L'abbé Grégoire était étranger au département de l'Isère, MM. Français et Sapey avaient été élus avant lui ; ainsi motivée, l'exclusion devenait constitutionnellement légitime, et le côté gauche réclamait avec instance l'appel aux voix, afin de séparer sa cause d'avec celle du conventionnel; mais la véhémence royaliste de M. Lainé donna un autre cours aux débats : « Il est un autre motif, s'écria-t-il, un motif » encore plus puissant pour la nullité de l'élection, c'est l'indignité de » l'élu. »— Quelle est la loi qui la prononce? lui répondit-on. Benjamin Constant et Manuel réclamèrent avec énergie ; le président de la chambre, M. Ravez, termina la discussion en demandant aux partisans de l'exclusion de se lever : tout le monde se tint debout, sauf quelques membres de la gauche; personne n'osa se lever à la contre-épreuve : l'abbé Grégoire ne fut pas admis. Le ministère préparait un projet de loi relatif aux élections, lorsque le duc de Berry, revenant de l'Opéra, dans la soirée du 13 février, fut assassiné par le fanatique Louvel. Ce prince, de vie insouciante et joyeuse, mourut quelques heures après, en demandant la vie de *l'homme;* c'était le dernier rejeton mâle de la famille régnante, le seul en qui reposât l'espoir d'une postérité. La nouvelle de sa mort fut reçue avec stupeur dans toute la France. Les libéraux redoutaient à bon droit de nouvelles persécutions de circonstance ; les royalistes poussaient des cris d'horreur, et accusaient tour à tour les révolutionnaires, les modérés, M. Decazes lui même. Un journal, appartenant à l'opinion la plus exaltée, le *Drapeau blanc*, avança formellement que le président du conseil avait armé le bras de l'assassin, et quelques jours après M. Clausel de Coussergues répéta cette dénonciation à la tribune, et proposa à la chambre de porter un acte d'accusation contre lui, comme *complice de l'assassinat de Monseigneur le duc de Berry*. L'assemblée tout entière protesta contre cette imputation odieuse, en rappelant l'orateur à l'ordre. Mais M. de Labourdonnaye prit texte de là « pour appeler le » meurtrier l'instrument d'une faction scélérate. Il demanda des » mesures propres à détruire dans son germe un si exécrable fana-» tisme, et à étouffer de nouveau l'esprit révolutionnaire, qu'un bras » de fer avait long-temps comprimé. Il proposa de sévir contre les » écrivains téméraires dont les doctrines impunies provoquaient les » crimes les plus odieux. » En même temps, M. Decazes à la chambre des pairs, M. Pasquier à la chambre des députés, détruisaient en un seul jour l'œuvre de trois années, réclamaient la suspension de la liberté individuelle, le rétablissement de la censure pour la presse périodique, et présentaient un nouveau projet de loi électorale, qui ne fut pas même discuté. Les royalistes avaient répudié M. Decazes sans retour; à la cour même, on lui prêtait les intentions les plus criminelles; on lui reprochait la destitution des généraux Canuel et Donnadieu, les révoltes de Lyon et de Grenoble, les triomphes du parti révolutionnaire. Louis XVIII fut harcelé de plaintes, de récriminations par Monsieur, par la duchesse d'Angoulême, par ses plus zélés serviteurs. Enfin, après une lutte de plusieurs jours entre le monarque et les adversaires du favori, M. Decazes rendit son portefeuille qu'il échangea contre le titre de duc et l'ambassade de Londres. Le duc de Richelieu, chargé de former le nouveau cabinet, donna l'intérieur au comte Siméon, la direction de l'administration départementale et la police au baron Mounier, et conserva les autres ministres.

La loi qui suspendait la liberté individuelle fut aussitôt discutée à la chambre : « Faisons, s'écria le général Foy, que le profit d'une mort » sublime ne soit pas perdu pour la maison royale et pour la morale » publique ; que la postérité ne puisse pas nous reprocher qu'aux fu- » nérailles d'un Bourbon la liberté des citoyens fut immolée pour ser- » vir d'hécatombe. » — « Voulez-vous rentrer dans les lois d'exception ? » ajoute Benjamin-Constant. La Convention, le Directoire, Bonaparte, » ont gouverné par des lois exceptionnelles. Où est la Convention ? où » est le Directoire ? où est Bonaparte ? » La loi passa à une assez forte majorité, ainsi que celle qui rétablissait la censure pour les journaux, dans les deux chambres, malgré les éloquentes paroles de MM. Royer-Collard, Camille Jordan, Bignon, Lafayette, le maréchal Jourdan, le duc de Broglie, Boissy-d'Anglas, Lanjuinais. Mais royalistes et libéraux se préparaient pour l'importante loi des élections, question vitale pour le maintien ou la ruine du régime constitutionnel. M. Madier de Montjau, conseiller à la cour royale de Nîmes, dénonçait l'existence de sociétés secrètes dans le sens monarchique, qui étaient dirigées par une administration organisée sous le nom de *gouvernement occulte*. D'autre part, les noms de *Momus*, de *Bacchus*, d'*Anacréon*, servaient de prétexte à des réunions politiques où se faisaient des motions étrangement libérales. Les écoles de droit et de médecine étaient dans une vive fermentation ; des groupes nombreux de jeunes gens circulaient autour des Tuileries, aux cris de *vive la charte !* et se prenaient fréquemment de querelle avec des gardes-du-corps déguisés. Le faubourg Saint-Antoine s'agitait ; des bandes d'ouvriers, en veste de travail, stationnaient sur les boulevarts et dans la rue Saint-Denis, en criant : *Vivent nos frères de Manchester ! à bas les chambres ! à bas les royalistes ! à bas les émigrés ! à bas les missionnaires ! à bas les cuirassiers ! à bas les dragons.* Il fallut plusieurs charges de cavalerie pour dissiper les rassemblemens, qui se renouvelèrent pendant huit jours. Ce fut sous de tels auspices que s'ouvrirent les débats pour la loi des élections. Le projet du gouvernement établissait formellement le système de candidature depuis long-temps réclamé par le côté droit, et qui introduisait la grande propriété. Il y aurait des collèges d'arrondissement qui éliraient des candidats, et un collège de département, formé des plus imposés, qui choisirait parmi eux les députés : « Le droit a pris possession du fait, » dit M. Royer-Collard ; la légitimité du prince est devenue la légiti- » mité universelle. Comme elle est la vérité dans la société, la bonne » foi est son auguste caractère, on la profane si on l'abaisse à l'astuce, » si on la ravale à la fraude. La loi proposée fait descendre le gouver-

» nement légitime au rang des gouvernemens de la révolution, en
» l'appuyant sur le mensonge. » — « La contre-révolution est dans le
» gouvernement, poursuivit M. de Lafayette; on veut la fixer dans les
» chambres; nous avons dû, nos amis et moi, le déclarer à la nation. »
M. de Serre défendit vivement la loi, en traitant le discours du préopinant de manifeste d'insurrection et d'appel à la révolte. Les discours furent nombreux et fatigans par leur éloquence même; on entendit plus de cinquante-quatre orateurs. Le ministère n'était nullement sûr du triomphe; un ami de M. de Serre, M. Boin, émit une opinion que la lassitude fit accepter, et qui éludait le système redouté de candidature. Les collèges d'arrondissement devaient nommer deux cent cinquante-huit députés; les collèges de département cent soixante-douze; les membres des derniers obtenaient le privilége du double vote dans les deux genres de collèges. En apparence, la classe moyenne conservait ses droits; en fait, la chambre tombait sous la tutelle de l'aristocratie (29 juin 1820). La naissance du duc de Bordeaux vint accroître la joie des royalistes, en leur ôtant l'incertitude de l'avenir.

Alors, selon la prédiction de Mirabeau, la révolution faisait le tour du monde. L'Amérique espagnole avait secoué le joug de la métropole. L'Europe était ébranlée sur ses bases féodales, l'absolutisme et le droit divin. L'Espagne, le Portugal, Naples, le Piémont, réclamaient à main armée des institutions libérales; l'Angleterre enfantait péniblement son bill de réforme; l'Allemagne s'agitait au nom de liberté; la Grèce allait se lever pour reconquérir son indépendance. En 1813 et 1814, quand se forma la grande coalition, les souverains alliés avaient armé les peuples contre Napoléon au nom du droit des gens et de la liberté dont le grand empereur était le tyran. Les *landwehrs* prussiennes et les *landsturms* allemandes s'étaient réunies, dans l'espoir que la victoire leur conquerrait des institutions libres; que la confédération germanique deviendrait un faisceau puissant de royaumes constitutionnels, sous le patronage de l'Autriche. Déjà le Wurtemberg, la Saxe, la Bavière, possédaient une constitution libérale. Les grandes universités d'outre Rhin s'étaient mises en marche vers le grand fleuve en chantant l'hymne national de Klopstock, comme nos républicains de 93 avaient chanté la *Marseillaise*. Si le vieux maréchal Blücher conservait sur ses troupes une influence immense, malgré ses défaites, il la devait à une sorte de mysticisme démagogique dont il s'était entouré comme d'une auréole, à des affiliations secrètes, à un ardent amour de liberté, qui fut toujours le principal mobile de sa haine contre Napoléon. Le séjour de Paris, de la grande ville civilisée, accrut la puissance des idées nouvelles; les Russes mêmes, les champions du gouvernement absolu, commençaient à répéter le proverbe connu : La liberté est le premier des biens. Ce fut donc un jour d'amère déception pour les peuples que celui où les souverains alliés se dirent sans pudeur dégagés de leur parole par la chute de l'empereur. On en était venu au dénoûment de tout grand drame politique;

on s'était réuni pour détruire, on se séparait pour rebâtir. Les rois avaient été trop loin, en s'adressant aux passions populaires; ils avaient peur d'être entraînés; ils réagirent, et les peuples furent vaincus. Alexandre seul érigea la Pologne en royaume, et lui donna une constitution politique; la Prusse et l'Autriche dominèrent la diète, qui volontiers eût proclamé la réforme politique.

C'était l'Espagne qui avait le plus souffert. Au sortir de la terrible guerre de 1808, elle venait de passer sans transition de la plus libérale des constitutions au plus dur des gouvernemens absolus. Malgré la déclaration de Valence (4 mai 1814), Ferdinand VII avait dissous la régence et les cortès, cassé tous leurs actes, ordonné l'arrestation des principaux membres qui lui avaient conservé sa couronne. Les régens du royaume, Lisen et Agar, les ministres Guerra-Garcia, Salvarès et Torreno, les députés Augustin Arguelles, Martinez de la Rosa, Canga Arguelles, Calatrava, furent entassés dans les prisons ou transportés au Sinnamary de l'Espagne, sur les rochers brûlans de l'Afrique. Le régime monacal dura six ans au sein des conspirations militaires. Porlier, beau-frère du comte de Torreno, fut fusillé à la Corogne; Mina échoua dans ses tentatives sur la Catalogne; Lasci se laissa surprendre à Mayorque; le colonel Vida se brûla la cervelle à Valence (1817-1818). Enfin une révolte plus sérieuse éclata dans l'armée, qui se rassemblait à Cadix et dans l'île de Léon contre la nouvelle république de Colombie. Un simple officier, don Raphaël Riégo, entraîna son bataillon sur Arcos, où se trouvait le général Calderon, et où l'on détenait un des conjurés, le célèbre Quiroga; puis on s'empara de l'île de Léon, qui devint le siège des opérations. Le général Freyre vint y assiéger les rebelles, mais l'impulsion était donnée; Xérès, Algésiras, Malaga, la Corogne, le Ferrol, éclatèrent; Riégo se jeta dans les montagnes et organisa des guérillas; Mina parvint à soulever la Catalogne; le comte de l'Abisbal proclama avec ses troupes la constitution de 1812 à Ocana; le général Ballesteros fit suivre ce mouvement à Madrid. Force fut donc au roi, eu égard à la volonté générale du peuple (*la voluntad general del pueblo*), de convoquer les cortès et de jurer la constitution; Torreno et Martinez de la Rosa reparurent, Arguelles fut nommé ministre de l'intérieur. La réaction fut aussitôt violente contre les absolutistes: le peuple brisa les prisons du saint-office et l'inquisition fut supprimée; on abolit l'ordre des jésuites; on rappela les dix mille *afrancesados* du roi Joseph; on décréta la vente des biens monastiques, pour subvenir aux dépenses de l'état. Ce fut une mesure impolitique. Soixante mille religieux, hommes d'action, sortirent des couvens et se dispersèrent dans les montagnes, fanatisant le bas peuple, organisant des guérillas, créant partout des sociétés secrètes, au moment où se formait aussi contre le gouvernement le parti des *exaltados*, ayant à sa tête Riégo, mécontent de la part que la révolution lui avait faite et de la circonspection du nouveau ministère (1820).

L'exemple de l'Espagne avait déterminé le Portugal, demeuré sous la tutelle de l'Angleterre depuis l'invasion française et le départ de Jean VI pour le Brésil. Le pays était gouverné par un conseil de régence sous la présidence d'un Anglais, le maréchal Béresford. Le 24 août, le colonel Castro de Sepulvedra donna à Porto le signal de l'insurrection, au cri de : *Vivent les cortès !* L'armée entière se joignit à lui. On marcha sur Lisbonne, dont la garnison s'était déclarée pour le mouvement, en chassant les membres de la régence. La révolution s'était opérée sans effusion de sang. Jean VI, de peur de perdre son royaume, quitta le Brésil pour venir jurer la constitution.

A Naples, même succès; le carbonarisme y était puissant ; le voisinage de l'Autriche entretenait une conspiration permanente. Le 2 juillet 1820, le régiment de Bourbon, en garnison à Nola, sortit de la caserne, en criant : *Vive le roi et la constitution !* et se porta sur Avellino, capitale de la province, où la garnison se laissa gagner, d'après les instigations du lieutenant Morelli, du prêtre Minichini, et du lieutenant-colonel Laurent de Conciliis. La cour de Naples envoya un régiment contre les rebelles; on fraternisa. Salerne se donna à eux; le général Guillaume Pépé souleva la ville de Naples. Forcé de jurer la constitution espagnole, Ferdinand nomma le duc de Calabre, son fils, vicaire-général, et lui résigna tous ses pouvoirs avec la clause de *l'alter ego*. Toute la terre ferme accueillit avec transport la nouvelle du changement. Mais la Sicile ne fut pas aisée à réduire; les nobles, les grands propriétaires, les moines, ameutèrent le peuple, toujours sous l'influence de la haine contre les hommes de l'autre côté du détroit. Le moine Vaglica se mit à la tête des partisans de l'ancien régime; un massacre général eut lieu dans les rues de Palerme, où périrent le colonel Sanja, les princes Catolica et Asti, avec quinze cents Napolitains. Le général Florestan Pépé, frère de Guillaume, vint débarquer à Messine avec quatre mille hommes, et s'avança vers Palerme. Après un combat de plusieurs heures, il bombarda la ville, et la populace se soumit.

En Grèce, Alexandre et Démétrius Ipsilanti, Maurocordato, Marco Botzaris, Colocotroni, avaient secoué le joug de la Turquie. La Moldavie, la Valachie, l'Épire, la Péloponèse, étaient en feu; l'héroïque ville de Souli se maintenait contre les forces d'Ali-Pacha; les amiraux Miaulis et Canaris épouvantaient de leurs brûlots la flotte ottomane. L'empereur Alexandre et M. de Metternich ne virent dans cette insurrection qu'un nouveau complot de *carbonari* ; la Grèce fut sacrifiée. Sir Thomas Maitland vendit au féroce pacha de Janina la malheureuse cité de Parga; les Souliotes furent vaincus. A Constantinople, on égorgea le patriarche Grégoire, plus de quatre-vingts prêtres, et une multitude de Grecs; à Patras, quinze mille personnes périrent dans un massacre général; le brave Alexandre Ipsilanti, réfugié sur les terres d'Autriche, fut jeté dans un cachot, d'où il ne sortit au bout de quatre ans que pour mourir. Les Hellènes ne se découragèrent pas. Colocotroni enleva d'assaut Tripolitza, où fut cruellement vengée la boucherie de Patras ; les quarante mille hommes du pacha Dram-Ali furent écrasés dans le Péloponèse, sous les murs d'Argos, et dans les défilés de Stefani et de Perpati. Un des anciens serviteurs du pacha de Janina, qui venait de périr dans une révolte contre le grand seigneur, Odysseus, détruisit en Thessalie l'armée du pacha Chourchild. Canaris et Miaulis, dans la rade d'Ipsara, vengèrent les malheurs de Candie et de Scio, par l'incendie de la flotte musulmane (1821).

En Allemagne, le besoin de liberté n'alla pas jusqu'à la révolte, et s'arrêta à l'assassinat. Un étudiant fanatique, Carl Sand, tua le correspondant de l'empereur de Russie, le poète Auguste Kotzebue, qui était payé pour défendre les gouvernemens absolus et faire l'espionnage dans les universités (25 mars 1819); Lœning manqua le président de régence du duché de Nassau, M. Ibel, et se suicida en avalant des morceaux de verre. L'attentat de Carl Sand excita un frénétique enthousiasme chez la jeunesse allemande : plus de quatre mille lettres de félicitations furent envoyées à sa mère ; peu s'en fallut qu'on ne criât hosanna sur son passage, comme à la mère de Jacques Clément. Le meurtrier s'enfonça le poignard dans le sein, mais il survécut à sa blessure et mourut sur l'échafaud, en s'écriant : « Le traître est mort, » la patrie est sauvée, *Vivat Teutonia !* » La Prusse, l'Autriche, la Russie, eurent peur de ce débordement d'idées révolutionnaires, qui n'allait à rien moins qu'au renversement des trônes. M. de Metternich vit le roi Frédéric Guillaume et son ministre Hardenberg à Tœplitz, où fut résolu le congrès de Carlsbad (1821). Tous les états membres de la confédération germanique y envoyèrent leurs représentans. La diète supprima les associations secrètes, abolit les privilèges des universités qui furent mises en surveillance, soumit à la censure, pendant cinq ans, tout écrit au dessous de vingt feuilles d'impression, proscrivit les deux célèbres professeurs Jahn et Gœrres, donna droit de poursuite devant elle à chacun des membres de la confédération pour tout écrit publié dans un des états germaniques, enfin établit à Mayence une commission extraordinaire de recherches, sorte d'inquisition revêtue de pouvoirs immenses qui disposait à son gré de la liberté des individus. Puis les souverains se réunirent à Troppau, et de là à Laybach, pour aviser aux moyens d'étouffer les insurrections espagnoles et napolitaines. La sainte-alliance descendit au machiavélisme politique, de mystique qu'elle était ; le vieux roi de Naples Ferdinand y vint implorer les secours de la coalition, pour réduire ses constitutionnels. L'invasion de la Péninsule italique fut résolue, et l'Autriche se chargea de l'expédition.

Le moment était favorable ; la chambre napolitaine s'amusait à discuter des mesures puériles, quand il eût fallu hérisser le royaume d'armes et de forteresses. Le parti royal avait repris courage ; la *venta* des chaudronniers, dans laquelle se faisaient inscrire pêle-mêle les cardinaux, les prêtres, les nobles et les lazzaroni, s'était constituée en face des carbonari. A la nouvelle des résolutions du congrès de Laybach, le duc de Calabre publia un manifeste énergique : « Le » gouvernement constitutionnel de Naples, y était-il dit, contre le- » quel le congrès de Laybach vient de lancer l'anathème, en se pré- » parant à repousser la plus injuste et la plus violente agression dont » l'histoire fasse mention, en appelle à l'opinion de l'Europe et de » toutes les nations civilisées..... Les puissances du second ordre doi- » vent voir dans ce qui arrive au royaume de Naples le danger im- » minent qui plane sur elle. Le jour où notre cause sera perdue sera » le dernier jour de leur indépendance et de la liberté de l'Europe. » Pour toute réponse, le baron de Frimont fit marcher soixante mille Autrichiens vers le fond de l'Italie : quarante mille hommes de réserve étaient disséminés dans la Lombardie. Le rencontre eut lieu dans les états romains, à Riéti, où Guillaume Pépé avait fait avancer ses troupes; délogé de ce poste, il les concentra dans les Abbruzzes, où elles furent culbutées entre Aquila et Civita-Ducale par le général Valmoden (8 mars 1821). Dès lors, il n'y eut plus d'armée constitutionnelle, Guillaume Pépé ne put jamais rallier ses soldats; la réserve du général Carascosa se dispersa avant d'avoir vu l'ennemi; la route de Naples était libre; la chambre s'alla remettre à la discrétion du roi, qui n'était déjà plus le maître.

Le surlendemain de la bataille d'Aquila, le Piémont, qui croyait encore à la possibilité de la résistance des Napolitains, avait effectué sa révolution. Le comte de Palma souleva dans Alexandrie, le régiment de Gênes; les troupes envoyées contre lui arborèrent le drapeau tricolore des carbonari; Victor Emmanuel, sommé de capituler en faveur de la constitution, résigna la couronne à son frère Charles-Félix, alors à Modène, et en son absence nomma régent le prince de Carignan. Le nouveau roi mit aussitôt les insurgés hors la loi, et ordonna à ses fidèles de se rendre à Novare, auprès du comte de Latour. Les Autrichiens arrivèrent; un combat sanglant s'engagea sous les murs de cette ville, et la cavalerie ennemie dispersa les constitutionnels. La constitution du Piémont fut frappée de mort; les auteurs de la rébellion, Santa-Rosa, Palma, Saint-Marsan, se réfugièrent en Suisse. L'Italie, un instant dominée par les carbonari, fut enveloppée comme d'un réseau de troupes autrichiennes.

La France n'avait pris aucune part aux mesures coercitives que les cabinets du Nord venaient de mettre à exécution; le rôle du duc de Blacas, ennemi juré du carbonarisme, fut neutralisé à Laybach par l'ambassadeur en Russie, M. de la Ferronnays, qui avait toute la confiance des ministres français. MM. de Richelieu et Pasquier, si l'Angleterre eût voulu leur prêter son appui, rêvaient à jouer le personnage de médiateurs entre les rois et les peuples; mais la fermentation intérieure paralysa le développement de cette noble pensée. La loi du double vote, qui consacrait l'influence exclusive de la grande propriété dans les élections, les lois de circonstance qui avaient suivi l'assassinat du duc de Berry, irritaient les esprits. D'autre part, l'armée se surprenait à envier le rôle politique de Riégo, de Quiroga, du comte de Palma, de Guillaume Pépé. Une première conspiration éclata à Paris le 20 août : le capitaine Nantil s'était déclaré le chef des conjurés. Leur but était de proclamer Napoléon II, sous la régence du prince Eugène de Beauharnais. On devait se porter sur le donjon de Vincennes, armer le faubourg Saint-Antoine et attaquer les Tuileries, pendant qu'un mouvement éclaterait à Vitry-le-François. Deux sergens et un caporal donnèrent tous ces détails à l'autorité. Soixante-quinze individus furent arrêtés : Nantil eut le bonheur d'échapper; Lafayette, Voyer-d'Argenson, de Corcelles, étaient compromis dans les aveux du chef de bataillon Bérard. Il n'y eut que trois condamnations à mort par contumace.

Un peu avant, un petard avait été tiré sous les fenêtres du pavillon Marsan par un nommé Gravier, qui encourut la peine de vingt ans de travaux forcés (29 avril) ; le 27 janvier 1821, un baril de poudre fit explosion dans le château des Tuileries, qui ne fit de mal à personne. Puis des troubles éclatèrent à Grenoble, où l'école de droit fut supprimée. La physionomie du pays était sombre, malgré la naissance du duc de Bordeaux, qui avait réchauffé le royalisme. Les libéraux, même dans le renouvellement par cinquième, avaient éprouvé de graves échecs. Les hommes de 1815 reparaissaient à la chambre, où le ministère était forcé de s'adjoindre MM. de Villèle et Corbière. La tribune retentissait à la fois de dénonciations contre le *comité directeur* et la congrégation. Au dire des royalistes, le comité directeur, puissance imaginaire qui n'exista jamais à l'état de réalisation, et dont les libéraux se prévalaient sans y croire, était une sorte de *venta* mystérieuse, qui remuait à son gré les provinces, dirigeait les clubs des carbonari, organisait tous les complots. Mais le pouvoir occulte de la congrégation était chose bien plus réelle. Depuis dix ans s'était formée en France, sous le patronage d'hommes pieux et sincères, le vicomte Mathieu de Montmorency, l'abbé Eymeri, l'abbé Legris-Duval, une société religieuse, qui tournait singulièrement à la politique depuis que les pères de la société de Jésus l'avaient envahie. Réfugiés à Saint-Pétersbourg, la seule ville qui les eût tolérés, ils abordaient en France sous les noms divers de *Ligoristes*, de *Paccanaristes*, de *Pères de la Foi*. La maison des missions étrangères les accueillait avec faveur ; ils avaient formé à Montrouge un établissement pour les novices, qui devint le centre de leurs opérations et le modèle des petits séminaires. De là ils se répandirent partout ; ils créèrent la *Société des bons Livres*, l'*Association de Saint-Joseph*, celle de la *Défense de la Religion catholique*, la *Société des bonnes Etudes* ; ils envoyèrent dans les provinces des missionnaires dont l'arrivée provoquait souvent de bruyans charivaris, mais qui jouaient à merveille le rôle d'espions et de messagers. Le ministère demanda plus d'une fois la destruction de cette puissance d'un nouveau genre; mais Louis XVIII, assailli en leur faveur de sollicitations de tous genres, refusa toujours leur expulsion. A leur tour, ils renversèrent le ministère.

Il y eut, au commencement de la session de 1821, une singulière alliance entre les ultrà-royalistes à la chambre contre M. de Richelieu et ses collègues. L'adresse fut hostile et menaçante : « Nous vous
» félicitons, Sire, y est-il dit, de vos relations constamment amicales
» avec les puissances étrangères, *dans la juste confiance qu'une*
» *paix si précieuse n'est point achetée par des sacrifices incom-*
» *patibles avec l'honneur et la dignité de la couronne.* » L'allusion était directe aux révolutions de Naples et de Piémont, où le gouvernement français avait joué un rôle insignifiant; Louis XVIII en fut personnellement offensé : « J'aime à croire, répondit-il, que la
» plupart de ceux qui ont voté cette adresse n'en ont pas pesé toutes
» les expressions. S'ils avaient eu le temps de les apprécier, ils n'eus-
» sent pas souffert une supposition que, comme roi, je ne dois point
» caractériser, que, comme père, je voudrais oublier. » C'était le premier pas de la lutte qui s'engagea vivement sur le terrain de la censure et de la liberté de la presse. M. de Richelieu venait de proposer de nouvelles mesures de rigueur contre les écrits périodiques ; royalistes et libéraux s'unirent pour lui opposer une majorité compacte. MM. de Castel-Bajac, Piet, Corbière, Labourdonnaye parlaient le même langage que le général Foy, Lafayette, Benjamin Constant. M. de Salaberri protestait de son religieux respect pour le *palladium de nos libertés*, M. de Villèle faisait de la modération et de la neutralité, car il se voyait déjà choisissant le portefeuille le plus à sa convenance. Le ministère ne put tenir contre des manifestations aussi générales, et se retira en masse le 15 décembre. M. de Villèle obtint les finances; M. de Peyronnet, la justice ; M. de Corbière, l'intérieur; le vicomte Mathieu de Montmorency, les affaires étrangères ; le duc de Bellune, la guerre ; M. de Clermont-Tonnerre, la marine; le général Lauriston conservait la maison du roi. Madame du Cayla, la dernière et la plus influente des amies du roi, avait dirigé en partie les choix du nouveau cabinet. La congrégation n'eut garde de rester inactive après la victoire ; elle envahit tous les bureaux, toutes les places de l'administration, sous le patronage du vicomte Mathieu. Delaveau fut chargé de la police de Paris; Franchet de celle du royaume. On avait forcé le consentement de tous les ministres ; on les entoura de congréganistes dévoués.

L'anxiété était générale en France sur la tendance politique du gouvernement Villèle, et les nominations inscrites chaque jour au *Moniteur* ne réussissaient guère à la calmer. Quelques actes significatifs donnèrent la mesure de son programme. Jamais mouvement de *bascule* ne fut plus soudain et plus inattendu. Les opinions qu'il venait de défendre à la chambre, le ministre les foula aux pieds, et peu de

jours après M. de Peyronnet se fit à la tribune l'organe du projet de loi qu'il avait flétri dans la bouche de M. de Serre. Les libéraux étaient joués ; une ruse habile venait de porter au pouvoir leurs ennemis les plus acharnés, et dès lors ils n'eurent plus qu'une pensée, celle de les faire périr par leurs excès mêmes. La loi sur les délits de la presse, encore plus rigoureuse que celle de M. de Richelieu, fut adoptée à une grande majorité. Il n'était plus nécessaire que l'offense fût directement formulée pour encourir la peine ; le délit consistait dans la tendance d'une série d'articles, bien que chacun d'eux, pris isolément, n'eût rien de répréhensible : « Dans le cas où l'esprit d'un
» journal, ou écrit périodique, résultant d'une succession d'articles,
» serait de nature à porter atteinte à la paix publique, au respect dû
» à la religion de l'état, ou aux autres religions légalement reconnues
» en France, à l'autorité du roi, à la stabilité des institutions consti-
» tutionnelles, à l'inviolabilité des ventes des domaines nationaux et
» à la tranquille possession de ces biens, les cours royales pourront,
» en audience solennelle de deux chambres, prononcer la suspension
» du journal, ou écrit périodique, pendant un temps qui ne pourra
» excéder un mois pour la première fois et trois mois pour la seconde.
» Après ces deux suspensions, en cas de nouvelle récidive, la sup-
» pression définitive pourra être ordonnée. » La loi actuelle obligeait en outre les propriétaires ou éditeurs de journaux à insérer gratuitement, dans les trois jours de la réception, la réponse de toute personne nommée ou désignée dans leurs feuilles ; elle décernait l'emprisonnement et l'amende dans tous les cas d'outrage fait publiquement d'une manière quelconque, à raison de leurs fonctions ou qualités, soit à un ou plusieurs membres de l'une des deux chambres, soit à un fonctionnaire public, soit à un juré, soit à un témoin, etc ; elle punissait d'une amende de mille à six mille francs l'infidélité et la mauvaise foi dans les comptes rendus des séances des chambres, et des audiences des cours et des tribunaux ; elle attribuait aux chambres, sur la simple réclamation d'un de leurs membres, la faculté d'ordonner que le prévenu serait traduit à leur barre, et de le condamner, s'il y avait lieu, aux peines portées par les lois ; en cas de récidive, la faculté d'interdire, pour un temps limité ou pour toujours, aux éditeurs de journaux, de rendre compte des débats législatifs ou judiciaires ; elle renvoyait devant la police correctionnelle, et d'office, les délits commis par la voie de la presse, dont elle enlevait la connaissance au jury, et ordonnait que les appels des jugemens rendus par les tribunaux correctionnels seraient portés directement, sans distinction de la situation locale desdits tribunaux, aux cours royales, pour y être jugés par la première chambre civile et la chambre correctionnelle réunies, etc.

L'effet moral de cette loi de circonstance fut d'imprimer une nouvelle activité aux sociétés secrètes. Les carbonari, dont la congrégation surveillait minutieusement l'existence, eurent des réunions plus mystérieuses; l'affiliation s'étendit même jusqu'aux armées. Napoléon, le but d'espérances lointaines, mais avouées, venait d'expirer sur son rocher de Sainte-Hélène (5 mai), et sa mort précipita nombre de ses partisans dans des tentatives désespérées. Une première échauffourée militaire eut lieu dans l'école de cavalerie de Saumur, dont les auteurs furent traduits devant le conseil de guerre de Tours. Un chef de parti audacieux, le général Berton, séduit par les apparences du mécontentement général, crut le moment venu pour agir, et fit une tentative d'insurrection à Thouars, où il surprit la brigade de gendarmerie (24 février 1822); puis il marcha sur Saumur, où il fut tenu en respect par le maire, M. de Maupassant. Son coup était manqué : quelques heures après il fallut prendre la fuite; les agens du gouvernement imaginèrent une ruse peu digne pour l'arrêter; le maréchal des logis Wœlfel simula une conspiration avec le chirurgien Grandmenil et deux ou trois de ses camarades, et se saisit de lui dans une maison de campagne où il avait trouvé un asile. Berton fut exécuté le 5 octobre 1822. L'épisode du colonel Caron fut encore plus triste. Déjà noté pour l'exaltation de ses opinions, depuis la tentative avortée du capitaine Nantil, il avait conçu le projet de délivrer le colonel Pailhès compromis dans le complot récent de Béfort, où le sergent-major Watebled se donna la mort, et s'en ouvrit à un sous-officier d'infanterie, qui alla tout aussitôt le révéler à un de ses chefs. L'occasion parut bonne pour connaître d'une seule fois les ennemis de l'ordre de choses, et remonter même jusqu'au mystérieux comité directeur. Caron et Roger son complice furent excités par de soi-disant conjurés; le 20 juillet, on sortit de Colmar, à la tête d'un escadron des chasseurs de l'Allier, aux cris de *Vive l'empereur!* à l'heure où un escadron de chasseurs de la Charente venait de Neuf-Brisach pour rejoindre les insurgés; on fit quatorze lieues dans la campagne vers Mulhouse, pour donner aux bonapartistes le temps d'accourir; puis, voyant que personne ne se présentait au rendez-vous, on se jeta sur Caron et Roger qui furent désarmés et garrottés. Caron fut condamné à mort par le conseil de guerre de Strasbourg et fusillé (2 octobre). Roger, absous pour cette affaire, mais compromis ailleurs, en fut quitte pour vingt ans de travaux forcés. « Quand j'ai lu dans un journal, » s'écria le général Foy, que Caron et Roger allaient être traduits » comme embaucheurs devant un conseil de guerre, j'ai cru qu'il y » avait erreur de la part du journaliste, et qu'on allait au contraire » y traduire ceux qui, au cri de *Vive l'empereur!* avaient embauché » Caron et Roger. »

La manie des conspirations ne s'arrêta pas là; à Lyon, il y eut des troubles sérieux au sujet des élections; à Toulon, Vallé, ex-capitaine de la garde impériale, subit la peine de mort; à Paris, quatre sous-officiers de La Rochelle expièrent sur l'échafaud le crime d'une provocation à la révolte non suivie d'exécution. Bories, Goubin, Pommier et Raoulx inspirèrent un intérêt général. Leur défense fut noble et

chaleureuse : « Toutes les puissances oratoires, s'était écrié le procu-
» reur-général Marchangy, ne sauraient arracher Bories à la vindicte
» publique. — Eh bien ! j'accepte, répondit l'accusé ; heureux si ma
» tête, en roulant sur l'échafaud, peut sauver celle de mes camarades. »
Le comité directeur était plus que jamais l'effroi du ministère public.
« *Comité directeur,* dit M. Mérilhou, avocat des prévenus, puis-
» sance redoutable parce qu'elle est inconnue. Ce nom mystérieux
» doit-il frapper aujourd'hui de terreur les imaginations européennes,
» comme jadis le sortilège et la nécromancie? Aux raisonnemens, aux
» absurdités, aux preuves, aux impossibilités, on répond d'un seul
» mot : *Le comité directeur ;* et la raison doit se taire et tous les
» doutes sont dissipés. Ses armées sont innombrables, et on ne les
» trouve nulle part ; ses trésors sont immenses, ses vengeances inévi-
» tables et terribles, et ses agens prétendus, après avoir langui dans
» le besoin, périssent dans les supplices, et leurs dénonciateurs de-
» viennent riches et vivent en paix. » Bories et ses camarades allèrent à
la guillotine au milieu d'un peuple morne et silencieux.

Cependant le carbonarisme persistait, quoiqu'on lui eût coupé ses
meilleures têtes ; bien plus, il avait conquis une immense popularité
européenne. La sainte-alliance eut peur que la révolution espagnole
ne traversât les Pyrénées et la mer, et une grande croisade fut résolue
contre elle. Un congrès fut donc indiqué à Vérone, où devait être
définitivement décidée la question de la constitution des cortès. Le
gouvernement espagnol continuait de marcher entre les exaltés et les
absolutistes ; il destituait Riégo, qui entretenait des intelligences avec
un démagogue français, Cugnet de Montarlot, et bâtissait des projets
de république, et le remplaçait par le général Morillo, le héros du
Nouveau Monde, qu'il ne put conserver à l'Espagne. Mais les rixes
entre les partis étaient violentes ; le chanoine Vinuessa, absolutiste,
venait d'être massacré dans sa prison à Madrid, ainsi que le général
Ellio à Valence. Les bandes du curé Mérino erraient dans la Vieille-
Castille, où le général Lopès le battait souvent, mais sans le détruire. L'archevêque de Tarragone, le marquis de Mataflorida, le
baron d'Eroles organisaient un plan formidable de résistance. Le trappiste don Antonio Maragnon marchait au combat le fouet d'une main,
le crucifix de l'autre, et emportait d'assaut la Seu d'Urgel, où fut
établie la régence des insurgés. Une révolte des gardes royaux éclatait à Madrid, où, sans l'intervention de Morillo et de Ballesteros,
Ferdinand eût vu sous ses yeux se renouveler notre journée du 10
août. Une armée française s'était échelonnée sur le versant septentrional des Pyrénées, sous le prétexte de former un cordon sanitaire contre la fièvre jaune qui sévissait à Barcelonne, et menaçait
les constitutionnels d'une invasion. A Madrid les gardes royaux furent
écrasés par l'artillerie de Ballesteros, au cri de : *Vive Riégo!* Au
Nord, l'armée de la foi, qui occupait la Seu d'Urgel, Mesquinenza,
Puycerda, Balaguer, Castelfollit, et pénétrait dans l'Aragon, forte de

vingt-cinq mille hommes, fut dispersée par le général Mina; Quésada et d'Eroles se réfugièrent à Paris; le trappiste s'enferma dans un couvent de son ordre à Toulouse; Puycerda et la Seu d'Urgel se rendirent après une courte résistance.

Ce fut alors que s'ouvrit le fameux congrès de Vérone (1822), où toute l'aristocratie européenne s'était donné rendez-vous à la suite des têtes couronnées. M. de Villèle, président du conseil des ministres, y avait envoyé M. de Châteaubriand et le vicomte Mathieu de Montmorency; lord Wellington y représentait l'Angleterre, depuis que le suicide de lord Castlereagh avait placé M. Canning à la tête du ministère. La cause de la Grèce y fut sacrifiée comme œuvre de carbonari, malgré les pressantes sollicitations du comte Metaxas et du colonel Jourdain, députés des Hellènes. L'Italie obtint quelque soulagement; mais M. de Metternich s'opposa avec énergie à toute idée de confédération dans le genre de l'Allemagne. L'occupation du Piémont dut cesser après dix mois; celle de la Sicile fut réduite à dix-sept mille hommes. Quant à l'Espagne, lord Wellington repoussait toute pensée d'intervention, et M. de Châteaubriand, d'après les instructions secrètes de M. de Villèle, qui redoutait la guerre, s'était rangé à son opinion; mais, grace au vicomte de Montmorency, dirigé par les congréganistes, l'avis contraire prévalut. Il fut convenu que les hautes puissances (l'Angleterre exceptée) cesseraient toutes relations diplomatiques avec l'Espagne, et qu'il serait permis à la France de lui déclarer la guerre, et de la conduire seule, ou avec le concours de ses alliés, comme elle le jugerait à propos. Il est vrai qu'au retour, M. de Montmorency, fier de son triomphe, fut vaincu dans le conseil des ministres, et remplacé par M. de Châteaubriand; que le général Lagarde, notre chargé d'affaires à Madrid, ne fut point rappelé d'abord, comme ceux des autres puissances : mais l'opposition de M. de Villèle aux exigences du côté droit ne pouvait durer contre les artifices dont on usait à la cour pour circonvenir la volonté royale, contre les notes secrètes de l'empereur de Russie, impatient de voir le dénoûment de la lutte en faveur des principes absolus. « Si nous n'avions pas fait la guerre au midi, a dit M. de Villèle, » nous étions menacés de la recevoir au nord de nos frontières. »

La guerre fut donc résolue, et M. de Châteaubriand, comme organe du ministère, dut en appuyer la pensée dans la chambre des députés, bien qu'il eût soutenu l'avis contraire à Vérone, et vanter, au détriment de la constitution, le gouvernement-modèle de Ferdinand VII. « Cent mille Français, dit Louis XVIII à l'ouverture de » la session, commandés par un prince de ma famille, sont prêts à » marcher, en invoquant le Dieu de saint Louis, pour conserver le » trône d'Espagne à un petit-fils de Henri IV, préserver ce beau » royaume de sa ruine, et le réconcilier avec l'Europe. Si la guerre » est inévitable, je mettrai tous mes soins à en resserrer le cercle, à » en borner la durée. Elle ne sera entreprise que pour conquérir la

» paix que l'état de l'Espagne rendrait impossible. Que Ferdinand VII
» soit libre de donner à ses peuples les institutions qu'ils ne peuvent
» tenir que de lui, et qui, en assurant leur repos, dissiperaient les
» justes inquiétudes de la France; dès ce moment, les hostilités ces-
» seront..... » L'annonce de l'intervention fut accueillie avec faveur
par le côté droit de la chambre; mais les fonds publics baissèrent
à la Bourse. L'opposition fut vive et sérieuse; les généraux Foy et Sébastiani, M. Duvergier de Hauranne, firent entendre des paroles sévères. Manuel monta à la tribune : « Vous voulez sauver les jours de
» Ferdinand VII, s'écria-t-il ; auriez-vous donc oublié que ce fut
» parce que les Stuarts cherchèrent un appui dans l'étranger qu'ils
» furent renversés de leur trône ? que ce fut parce que les puissances
» étrangères survinrent en France que Louis XVI fut précipité ?....
» Ai-je besoin de dire que le moment où les dangers de la famille
» royale en France sont devenus plus graves, c'est lorsque la France,
» la France révolutionnaire, a senti qu'elle avait besoin de se défen-
» dre par une énergie toute nouvelle..... » A ces mots, un tumulte
épouvantable eut lieu dans la chambre; le côté droit se leva en masse,
et protesta contre l'orateur, qui protesta à son tour contre l'interprétation donnée à ses paroles. Le président, M. Ravez, se couvrit et
agita sa sonnette, mais en vain ; les royalistes vociféraient contre le
député de la Vendée. M. Forbin des Issarts s'élança à la tribune pour
demander son expulsion, et une commission fut nommée sur l'heure
pour présenter un rapport, qui concluait à l'exclusion indéfinie. Sur
la demande de M. Hyde de Neuville, elle fut limitée à la session présente et votée à une grande majorité. La contenance de Manuel était
fière et calme; il s'était hâté d'écrire sur le bureau du président sa
justification qui fut envoyée de suite à tous les journaux. « Alors, y
» disait-il, en terminant la phrase incriminée, la France révolu-
» tionnaire, sentant le besoin de se défendre par des forces et une
» énergie nouvelles, mit en mouvement toutes les masses, exalta
» toutes les passions révolutionnaires, et amena ainsi de terribles
» excès et une déplorable catastrophe au milieu d'une généreuse ré-
» sistance. » La gauche tout entière défendit Manuel ; MM. Etienne,
Girardin, Saint-Aulaire, Tripier, Royer-Collard, Foy, flétrirent les
conclusions de la commission, comme mesure illégale et inconstitutionnelle ; la séance fut levée au milieu d'une *agitation excessive*
(3 mars 1823). Le lendemain, Manuel reparut escorté d'une nombreuse suite de députés. M. Ravez lui ordonna de se retirer en vertu
de la décision prise la veille ; il avait annoncé qu'il ne céderait qu'à
la violence. La garde nationale refusa d'exécuter l'ordre de le mettre
hors de la salle. La gendarmerie vint le prendre au collet, sur l'ordre du vicomte de Foucault, son commandant, qui avait tout fait
pour s'épargner cette sorte d'humiliation. Soixante membres de
gauche sortirent avec lui, et rédigèrent à la hâte une protestation
qui fut déposée le jour suivant sur le bureau du président, où ils

déclaraient que l'acte de la majorité était illégal et attentatoire à la charte, à la prérogative royale, aux principes du gouvernement représentatif; que les droits des électeurs et des citoyens français étaient violés dans la personne d'un député; que la chambre était sortie de sa sphère légale et des limites de son mandat; que la doctrine professée par la commission d'exclusion était subversive de tout ordre social et de toute justice; que la confusion monstrueuse des fonctions de législateur, d'accusateur, de rapporteur, de juré et de juge était un attentat sans exemple avant le procès de Manuel; enfin que les formes protectrices dont la loi couvre le plus obscur des accusés, et même l'appel nominal, qui, dans une si grave circonstance, pouvait seul garantir l'indépendance des votes, avaient été repoussés avec une obstination passionnée et turbulente. En effet, on n'avait pas voulu accorder l'appel nominal; on avait aussi rejeté la proposition de M. Sapey, que le jugement fût porté par les deux tiers des voix.

La chambre n'avait garde de refuser les crédits extraordinaires demandés pour la guerre d'Espagne : le cordon sanitaire des Pyrénées s'était insensiblement grandi à l'importance d'une armée; et, quand on leva le masque de neutralité, tous les corps d'invasion étaient prêts à franchir la frontière. Le duc d'Angoulême arriva à Bayonne le 30 mars, précédé du duc de Bellune, ministre de la guerre, qui venait reconnaître les magasins de munitions et de vivres dont il n'avait pas surveillé l'achat. Aussi les magasins étaient-ils vides et les moyens de transport nuls. Un banquier célèbre, M. Ouvrard, offrit de tout fournir, en qualité de munitionnaire général, et le prince, impatient de terminer la lutte, se crut trop heureux de passer par toutes les conditions demandées; il signa d'urgence un marché excessivement onéreux pour le trésor, dont le banquier eut tout le profit, dont la révision accusa plus tard des détails scandaleux, et donna lieu aux plus vives récriminations entre le ministre, le directeur général des subsistances Andréossy, et le munitionnaire général. Le 1er avril, l'avant-garde française passa la Bidassoa; le drapeau tricolore flottait à l'autre bord : un bataillon de réfugiés, avec le capitaine Nantil et le colonel Fabvier à sa tête, s'avança vers l'artillerie du général Vahlin, aux cris de *vive la liberté*, pour fraterniser. Un coup de canon chargé à mitraille les dispersa, et dès ce moment il n'y eut plus de crainte sérieuse sur le succès de la campagne. Le moral de l'armée, qui venait de résister à une audacieuse tentative d'embauchage, était assuré. Le duc d'Angoulême commença sa promenade militaire. Saint-Sébastien et Pampelune résistèrent à une première attaque, mais Saragosse et d'autres places fortes se rendirent sans coup férir. Le général Molitor pénétra dans l'Aragon, le maréchal Oudinot dans la province de Burgos, le maréchal Moncey dans la Catalogne par le port du Perthus. Les cortès semblaient frappées de stupeur. Dès la première nouvelle de l'invasion, elles abandonnèrent Madrid, et forcèrent le roi Ferdinand à les accompagner à Séville, qui devint le chef-lieu de gouvernement. Les divers généraux n'avaient conçu aucun plan de campagne, ne correspondaient pas entre eux, lorsqu'il eût fallu opposer à l'armée française une masse suffisante. Le comte de l'Abisbal, chargé de couvrir Madrid, était prêt à trahir la cause de la constitution, et à souscrire à tout changement politique, au prix d'une transaction militaire qui empêchât l'effusion du sang. Morillo, appuyé dans la Galice sur le Ferrol et la Corogne, restait dans une inconcevable inaction; Ballesteros se laissait battre dans le royaume de Grenade, au combat de Campello, par le général Molitor, qui avait traversé rapidement les provinces d'Aragon, de Valence et de Murcie. L'activité militaire de Quiroga et de Riégo, lieutenans de Morillo et de Ballesteros, était paralysée par l'influence de leurs chefs : Mina seul guerroyait avec persévérance en Catalogne, manœuvrant habilement entre Tarragone, Lérida, Figuières et la Seu d'Urgel, harcelant le général Donnadieu et le baron d'Eroles, souvent vaincu dans les combats partiels, jamais détruit, mais il ne put arrêter la marche des Français. Le comte de l'Abisbal avait abandonné le défilé de Sommo-Sierra, qui fermait la route directe de Madrid; l'armée d'invasion avançait précédée d'une nombreuse bande de guérillas, aux ordres du chef Bessières, qui voulait le pillage de Madrid, et réussit à y commettre quelques massacres de nuit. Le 23 mai, l'avant-garde du corps de réserve prit possession de la capitale de l'Espagne, et le duc d'Angoulême y fit son entrée le lendemain. Une régence fut aussitôt créée, pour gouverner le royaume en la captivité du roi, composée du duc de l'Infantado, du duc de Mortemar, du baron d'Eroles, de l'évêque d'Osma et de Calderon, dont les premiers actes politiques furent de violentes représailles. Le Portugal aussi venait d'avoir sa contre-révolution. Le comte d'Amaranthe avait d'abord levé, contre les cortès portugaises, quatre mille hommes dans la province de Tras-os-Montes; mais, vaincu par le général Luis de Riégo, il se retira en Espagne avec toute sa bande. Un complot plus dangereux s'ourdissait à Lisbonne, dirigé par la reine et son fils, l'infant Don Miguel. Un régiment se souleva à quelques lieues de la ville, sous les ordres du brigadier Sampayo, et l'infant alla se réfugier dans ses rangs. Le général Sépulvedra, celui qui le premier avait proclamé la constitution, chargé de faire rentrer les insurgés dans le devoir, débaucha la garnison de Lisbonne, et les rejoignit à Santarem. Dès lors la résistance fut impossible, et le roi rentra dans ses droits de monarque absolu.

La coïncidence de cette réaction avec l'intervention française devint funeste aux cortès espagnoles en redoublant l'ardeur des absolutistes; Ferdinand VII avait hâte de voir sonner l'heure de sa délivrance, et trahissait ses préoccupations par de fréquentes mutations parmi ses ministres, qu'il oubliait même parfois de remplacer.

Sommé de suivre la chambre à Cadix, il résista d'abord, afin de faire bien constater le cas de force majeure, et les cortès, sur la proposition du député Galiano, le déclarèrent tombé en l'état d'empêchement moral prévu par l'article 137 de la constitution, et confièrent le pouvoir exécutif à une régence provisoire, sous la présidence de Gaëtan Valdès. Le roi consentit enfin à se laisser conduire à Cadix. Le parti de la constitution ne conservait déjà plus qu'une partie de l'Andalousie. Morillo avait capitulé dans la Galice, et Quiroga, l'accusant de trahison, s'était jeté dans la Corogne avec sir Robert Wilson, où il ne put tenir que cinq heures. Ballesteros venait de suivre l'exemple de Morillo; Mina, blessé au pied, attaqué d'une sorte de paralysie, et son lieutenant Milans, n'avaient pu arrêter le maréchal Moncey dans son mouvement sur Barcelonne et Lérida, et se trouvaient réduits au rôle ingrat d'obscurs guerilleros. Les soldats de la foi parcouraient l'Espagne, en criant : Mort aux *negros!* nom qu'ils avaient donné aux constitutionnels. Des presses des couvens sortaient des proclamations furibondes qui poussaient la populace au meurtre et au pillage; des scènes effrayantes avaient lieu dans les villes, et le nom de *liberales* était un signe infaillible de proscription. Arrivé à Andujar, le duc d'Angoulême, qui redoutait pour son armée la responsabilité de ces excès, rendit une ordonnance extrêmement sage, dont voici le texte : « Les autorités espagnoles ne pourront faire aucune arres» tation sans l'autorisation du commandant de nos troupes dans » l'arrondissement duquel elles se trouveront. — Les commandans » en chef des corps de notre armée feront élargir tous ceux qui » ont été arrêtés arbitrairement et pour des motifs politiques, no» tamment les miliciens rentrant chez eux. Sont toutefois excep» tés ceux qui, depuis leur rentrée dans leurs foyers, ont donné » de justes motifs de plainte. — Les commandans sont autorisés à » faire arrêter tous ceux qui contreviendraient au présent ordre. — » Tous les journaux et journalistes sont placés sous la surveillance » des commandans de nos troupes . »

Le but de l'ordonnance d'Andujar était de soustraire les constitutionnels aux vengeances aveugles de la régence de Madrid; mais l'improbation fut générale en Espagne contre elle. La presse monacale refusa de s'y soumettre; le conseil de régence obéit d'abord, et protesta ensuite, en continuant de sévir contre les vaincus; les cortès de Cadix se défiaient trop de la bonne foi de leurs ennemis pour compter sur cette sorte d'amnistie. En France, le comte d'Artois, sur les instances de la congrégation, pressa vivement auprès de M. de Villèle le rapport de l'ordonnance; elle fut révoquée sous le prétexte de respecter l'indépendance espagnole. La guerre se poursuivait toujours. L'île de Léon était le dernier asile des constitutionnels; la tranchée fut ouverte devant le fort du Trocadéro, et le 31 août un assaut général fut donné à la place, qui ne put résister à la bravoure de notre colonne d'attaque: les artilleurs espagnols se firent tuer sur leurs pièces. La constitution fut perdue, Malaga, Santona, Pampelune, Figuières, la Seu d'Urgel, Tarragone, Lérida, Barcelonne, ouvrirent leurs portes. Cadix fit sa soumisssion, en rendant la liberté à son roi, après quelques heures de bombardement. Un décret daté de Xérès donna la mesure des intentions de Ferdinand VII. Il ordonnait que, pendant son voyage pour se rendre dans la capitale, il ne se présentât, à cinq lieues de la route, aucun individu qui, durant le système dit constitutionnel, eût été député aux cortès des deux dernières législatures : anciens ministres, conseillers d'état, membres du tribunal suprême de justice, commandans généraux, chefs politiques, employés des secrétaireries d'état, chefs et officiers de la ci-devant milice nationale volontaire, auxquels sa majesté interdisait pour toujours l'entrée de sa capitale et des résidences royales, dans un rayon de quinze lieues. La mort de Riégo fut le premier acte de proscription, que devaient suivre nombre d'autres. Sorti furtivement de Cadix, il essaya, mais en vain, de débaucher les troupes de Ballesteros, se laissa prendre dans les montagnes, et fut pendu à Madrid (car il n'était pas gentilhomme) au milieu d'une immense populace, que le souvenir de son enthousiasme d'autrefois n'entraîna pas à un mouvement en sa faveur (7 novembre). Le duc d'Angoulême vint faire à Paris une entrée triomphale (2 décembre 1823). Des ordres furent donnés pour l'achèvement de l'arc de l'Étoile, sous lequel le prince était passé.

La congrégation avait vaincu sous les auspices de madame du Cayla et de M. de Villèle; mais la guerre d'Espagne valait au budget de l'année un déficit de quatre cents millions, qu'il fallait couvrir par un emprunt de somme égale. Les soumissions ne se firent pas attendre : le crédit public était en hausse; la maison Rotschild, dont le chef avait amassé à Hambourg une fortune colossale, fit des offres plus avantageuses que les maisons Laffitte, Sartoris et Lapanouse, 89 f. 55 c., et les vingt-trois millions de rente lui furent adjugés. Dix-huit mois après, la rente avait atteint le pair; plus tard elle devait monter bien au dessus. Les deux grands projets de M. de Villèle étaient la conversion des rentes et la septennalité de la chambre; mais une majorité plus compacte encore devenait nécessaire, afin d'éviter toute opposition sérieuse. La chambre des députés fut dissoute (24 décembre 1823), et tout se prépara pour les nouvelles élections. Le rôle que le ministère et ses agens y jouèrent fut profondément scandaleux et immoral. La congrégation mit en jeu toutes ses batteries : indulgences plénières pour les électeurs complaisans, mandemens épiscopaux, corruption de sacristies. On écarta les électeurs indépendans sous les plus misérables prétextes, l'oubli d'un passeport, de maladroites chicanes; on délivra de fausses cartes à d'ardens royalistes qui ne payaient pas le cens voulu. Le cardinal de Clermont-Tonnerre, archevêque de Toulouse, fit un mandement où il dévoilait sans arrière-pensée le but des congréganistes, et réclamait les anciens privilèges de l'église, la réhabilitation des fêtes supprimées, le rétablissement des ordres religieux, la remise de l'état civil dans les mains des prêtres. Le gouvernement n'osa pas encourager ces démonstrations téméraires; mais ses mesures dans les collèges d'élection réussirent merveilleusement. Seize ou dix-sept députés libéraux seulement furent réélus, et parmi eux Benjamin Constant, Foy, Casimir Périer, Royer-Collard, le premier noyau de cette opposition formidable qui se forma plus tard.

La loi de septennalité passa d'abord à la chambre des pairs presque sans discussion, car la plupart des pairs influens en approuvaient le principe; puis elle fut portée à la chambre des députés, où les deux extrémités se réunirent pour la combattre, en ce qu'elle violait ouvertement la charte. M. de Châteaubriand, dont la rupture avec son collègue M. de Villèle était imminente, par un reste de délicatesse, proposa que les députés actuels n'eussent pas droit à la septennalité; mais la chambre n'osa courir cette chance, et le projet fut voté sans amendement. Le ministère avait hâte d'en finir. Tout aussitôt fut mise en discussion la conversion des rentes, dont les rentiers de Paris reçurent la nouvelle avec une sorte de stupeur. Depuis 1815 les émigrés réclamaient avec instance une indemnité pécuniaire, puisqu'on leur refusait la restitution des biens confisqués en 93. Où prendre le milliard? M. de Villèle, avec l'aide des premiers banquiers de l'Europe, Baring, Rotschild, Laffitte, se fit fort de le trouver aux dépens des petits rentiers. La rente avait dépassé déjà le pair de quatre pour cent; la conversion des intérêts de cinq à quatre pouvait donc se justifier par l'état prospère du crédit public, et d'ailleurs on offrait en dernière analyse le remboursement intégral aux porteurs d'inscriptions, au taux de la bourse. En cas d'une méfiance universelle, qui, frappant de panique tous les créanciers de l'état, les eût fait affluer à la caisse du trésor, et eût nécessité la présence en numéraire de deux ou trois milliards, les maisons de banque que nous venons de nommer s'obligeaient à fournir les fonds au prix de la jouissance pendant deux ans du cinquième aboli, et de quelques autres moindres avantages. La loi passa à la chambre des députés, malgré les raisonnemens vigoureux de Casimir Périer et de Labourdonnaye, qui, dans sa haine récente contre M. de Villèle, était arrivé à l'opposition systématique. Mais à la chambre des pairs, les discours de MM. Mollien, Roy, Pasquier, écrasèrent les argumens du ministère; ils prouvèrent qu'en brusquant son opération M. de Villèle lui donnait aux yeux de tous un vernis d'injustice; que le bénéfice des banquiers prêteurs était énorme; que, dans le cas du remboursement éventuel de la totalité de la dette, ils pouvaient à peine suffire au paiement d'un cinquième; que, par la seule augmentation d'un capital reconnu, l'état pouvait perdre jusqu'à 225 millions; enfin que, si par hasard il survenait une guerre, on s'ôtait la possibilité de tout nouvel emprunt par la mort du crédit. La conversion des rentes fut rejetée à la majorité de 128 voix contre 94. Paris eût volontiers illuminé. M. de Villèle s'en vengea sur M. de Châteaubriand, qui, tout en votant pour le projet comme ministre, l'avait tacitement improuvé; il demanda sa destitution au roi, qui se rappelait encore sa lutte avec M. Decazes. M. de Châteaubriand fut brutalement éconduit, et prit aussitôt rang comme rédacteur dans le *Journal des Débats*, qui commença contre le ministère une polémique violente : ses amis dans les deux chambres formèrent le parti constitutionnel-royaliste, que les *ultra* flétrirent du nom de *parti de la défection*.

A cette époque, l'Europe absolutiste, satisfaite du résultat de la campagne de 1823, se reposait sur la foi de l'avenir. La réaction se perpétuait en Espagne contre les constitutionnels; la Grèce et le Portugal seuls ne jouissaient pas de la paix générale. A Lisbonne l'infant don Miguel, aidé de la reine-mère, venait de faire son père Jean IV prisonnier dans son propre palais, et avait fait incarcérer les ministres avec nombre de partisans de la constitution, en manifestant l'intention de rendre à la royauté ses anciennes prérogatives. Fatigué de ces obsessions perpétuelles, Jean IV se laissa guider par l'ambassadeur de Frace, M. Hyde de Neuville, et celui d'Angleterre. Sur leurs instances il s'échappa de sa prison, et se retira à bord du vaisseau anglais *le Windsor-Castle*, embossé dans le Tage, d'où il manda à don Miguel l'ordre de venir le rejoindre. La sédition fut apaisée, et l'infant éloigné du Portugal pour un temps, pendant que six mille Hanovriens se préparaient à débarquer en Portugal, aux termes de l'alliance avec l'Angleterre. On sut mauvais gré en France à M. Hyde de Neuville de ses conseils au roi de Portugal, et les congréganistes fêtèrent don Miguel à son arrivée à Paris. Le temps des grands projets de M. de Villèle était venu; il avait demandé sept ans aux ultra-royalistes pour leur accomplissement, et la chambre s'était déclarée septennale. La presse seule le gênait, il voulut l'acheter ou la bâillonner. Les journaux libéraux signalaient avec énergie la tendance du ministère, l'invasion des doctrines subversives de l'ordre social. Les journaux royalistes, sous les inspirations de M. de Labourdonnaye, criaient à la trahison, et réclamaient une marche plus rapide dans les voies du passé; le *Journal des Débats* mettait à profit la verve de M. de Châteaubriand, et dirigeait contre le gouvernement des attaques virulentes. M. de Villèle essaya de la corruption, et gagna à prix d'argent nombre de feuilles secondaires; mais les plus influentes de chaque parti, le *Constitutionnel*, le *Courrier*, la *Quotidienne*, le *Journal des Débats* dénoncèrent hautement l'immoralité de ses offres. Restait la loi du 17 mars 1822, au moyen de laquelle la ruine de la presse était facile, grace à l'incrimination des séries d'articles; mais le mandement de l'archevêque de Toulouse, qui tendait à élever le clergé aux dépens des autres corps constitués, avait irrité la magistrature : les cours royales acquittèrent

partout les prévenus. Alors une ordonnance royale (15 août 1824) rétablit la censure : « Considérant que la jurisprudence de nos cours
» a récemment admis pour les journaux une existence de droit in-
» dépendante de leur existence de fait ; que cette interprétation four-
» nit un moyen sûr et facile d'éluder la suspension et la suppression
» des feuilles périodiques, etc. » Le cabinet déclarait ouvertement la guerre aux tribunaux. La presse dut se taire ; mais les spirituelles chansons de Béranger, et les caustiques pamphlets de Paul-Louis-Courier suppléèrent à son silence. La congrégation emporta d'assaut plusieurs actes favorables au clergé. On créa pour M. Frayssinous un ministère des affaires ecclésiastiques, qui dut aussi comprendre dans ses attributions l'instruction publique ; on réorganisa le conseil d'état, aboli par la constituante, rétabli par Napoléon, dans lequel les dignitaires de l'église eurent bonne part, comme à la chambre des pairs.

Louis XVIII se mourait : depuis quelques jours il avait perdu son admirable mémoire ; il confondait les noms de ceux qui conversaient avec lui. Le comte d'Artois essayait de la régence avant d'arriver à la royauté ; déjà les ministres travaillaient avec lui. Le vieux roi le fit appeler : « J'ai louvoyé entre les partis, lui dit-il, comme Henri IV,
» et j'ai par dessus lui que je meurs dans mon lit aux Tuileries.
» Agissez comme je l'ai fait, et vous arriverez à cette fin de paix
» et de tranquillité. Je vous pardonne les chagrins que vous m'avez
» causés, par l'espérance que fait naître dans mon esprit votre
» conduite de roi . » Puis il se fit apporter le duc de Bordeaux, auquel il imposa les mains, en disant : « Que Charles X ménage bien
» la couronne de cet enfant ! » et rendit le dernier soupir (16 septembre 1824). Louis XVIII fut le roi des temps difficiles, prudent et modéré ; il défendit la charte, son ouvrage, envers et contre tous. Son successeur eût pu mieux faire ; juillet n'aurait pas eu lieu.

De l'avènement de Charles X à l'avènement de Louis-Philippe Iᵉʳ (16 septembre 1824 —8 août 1830).

Charles X, 69 ans.

Un mot heureux, comme Charles X savait si bien les trouver, fit d'abord la fortune du nouveau règne : *Point de hallebardes !* dit-il à son entrée à Paris, lorsque ses gardes voulurent empêcher l'approche de la foule, et tout le monde applaudit. Mais les sujets de crainte restaient les mêmes. Le prince de Polignac et le duc de Rivière avaient toute la confiance du nouveau roi. La congrégation se maintenait dans une haute faveur, par les soins de M de Montmorency. La route de Montrouge était encombrée de nobles équipages ; MM. Franchet et de Renneville dirigeaient les bureaux du ministère ; le ministre de la guerre, M. de Clermont-Tonnerre, neveu de l'archevêque de Toulouse, faisait catéchiser les régimens, et salariait des centaines de communions, au grand scandale du public. *L'association de Saint-Joseph* s'infiltrait dans la classe ouvrière; les billets de confession étaient devenus une mode, et bientôt une nécessité; des processions magnifiques avec reposoirs, dais, saint-sacrement, vêtemens sacerdotaux, parcouraient les rues de Paris; les vieux généraux de l'empire, les grands dignitaires de la cour portaient des cierges, à l'instar du roi. Les attaques n'étaient pourtant pas épargnées aux jésuites. Le comte de Montlosier, écrivain de talent, aux idées profondément aristocratiques, dénonçait leur existence, et les appelait devant les tribunaux en vertu de la loi; l'ancien archevêque de Malines, M. de Pradt, gallican par boutade, publiait contre l'ultramontanisme de piquantes brochures; Paul-Louis-Courier ridiculisait dans ses écrits la manie de la confession, et le *Journal des Débats* continuait sa lutte impitoyable contre la propagande de Montrouge. Mais le gouvernement marchait droit à son but, et M. de Villèle préparait un second projet pour le milliard d'indemnité.

Le premier acte politique du règne de Charles X fut dirigé contre les illustrations militaires de l'empire : une ordonnance royale mit à la retraite cinquante lieutenans-généraux et cent maréchaux de camp, auxquels la demi-paie ne devait pas suffire. Puis la session législative s'ouvrit par le discours de rigueur, où Charles X promettait formellement l'indemnité aux émigrés, et parlait d'une manière assez vague des institutions octroyées par son frère. Ce fut une chaude alarme parmi les constitutionnels, et les prédiseurs de l'avenir eurent beau jeu. L'Angleterre avait fourni à M. de Villèle son nouveau système d'indemnité. La rente à cinq pour cent n'était plus attaquée; les acquéreurs de biens nationaux conservaient leurs domaines; les fonds de l'emprunt étaient déjà faits par les premières maisons de banque; tout le monde souriait à cette transaction habile, hors les contribuables, dont la charge annuelle allait être augmentée de trente millions inscrits sur le grand-livre. Le trois pour cent faisait à la Bourse une apparition victorieuse, greffé sur les signatures les plus recommandables du commerce. La loi fut votée sans opposition sérieuse; car, dans les deux chambres, nombre de membres avaient droit au milliard. Le duc d'Orléans reçut quatorze millions; les ducs de Choiseul et de La Rochefoucauld, plus d'un million; Lafayette, quatre cent mille francs; les diverses branches de la famille Montmorency, dix à douze millions. « Qu'au moment du splendide festin qu'on va servir aux émigrés, avait dit le général Foy, on laisse au moins tomber quelques miettes pour de vieux soldats, pour des soldats mutilés qui ont porté jusqu'au bout du monde la gloire du nom français! » Ce noble appel à la générosité des chambres en faveur des victimes de la révolution ne fut pas écouté.

Le clergé, salarié par l'état depuis la destruction des ordres mo-

nastiques et la vente de leurs biens, n'osa pas réclamer sa part
d'indemnité; mais on paya son dévoûment en distinctions honorifiques
et en lois répressives contre les outrages de la religion. Une loi fut
portée devant les deux chambres par M. de Peyronnet contre le sacrilège, avec la peine de mort et le poing coupé pour les voleurs de
sacristies : « Si les bons, s'écria M. de Bonald devant les nobles
» pairs, doivent leur vie à la société comme service, les méchans
» la lui doivent comme exemple. Un orateur a observé que la religion
» ordonnait à l'homme de pardonner, mais en prescrivant au pou-
» voir de punir. Car, dit l'apôtre, ce n'est pas sans cause qu'il porte
» le glaive. Le Sauveur a demandé grace pour son peuple, mais son
» père ne l'a point exaucé : il a même étendu le châtiment sur tout
» un peuple. Quant au sacrilège, par une sentence de mort, vous
» le renvoyez devant son juge naturel. — Vos paroles, s'écria M.
» Pasquier indigné, m'ont rappelé ces cris de l'inquisition contre les
» Albigeois : Tuez, tuez toujours ! Dieu saura bien reconnaître les
» siens. » La déportation fut substituée à la peine de mort; mais
la loi ne reçut pas même un complément d'exécution; elle succomba
sous le ridicule. Une seconde loi, énergiquement appuyée par M. de
Montmorency, autorisa les communautés religieuses de femmes, qui
n'étaient qu'un acheminement à la reconnaissance légale des jésuites,
et le magnifique sacre de Reims couronna le retour aux cérémonies
les plus minutieuses du culte; Charles X jura la charte. Toute l'a-
ristocratie nobiliaire de France et des ambassades étrangères s'y était
rassemblée; les équipages décelaient un luxe oriental; la route de
Paris à Reims était couverte d'arcs de feuillage et de guirlandes.
Le duc de Northumberland y dépensa deux ou trois millions
(29 mai 1825).

Cependant les pères de Montrouge réclamaient à grands cris l'exécution des promesses qu'on leur avait faites. La cour, le ministère,
leur étaient dévoués; la part de leurs adeptes était large et belle dans
l'administration. Tout récemment encore (10 février 1826), ils venaient de faire voter à la chambre le rétablissement du droit d'aînesse qui choquait singulièrement les intérêts de la masse, mais qui
arrêtait le morcellement de la propriété. M. de Frayssinous fit leur
éloge à la tribune, et reconnut implicitement leur existence officielle
dans la discussion du budget des cultes. L'opinion publique se déclara contre eux : le *Constitutionnel* et le *Courrier* incriminés pour
manque de respect à la religion de l'état, avaient été acquittés par
la cour royale de Paris (5 décembre 1825). Le comte de Montlosier,
leur impitoyable adversaire, publia contre eux son Mémoire à consulter, sur un système religieux et politique tendant à renverser la
religion, la société et le trône, où il dénonçait l'introduction illégale des jésuites en France, la multitude des congrégations religieuses et
politiques répandues dans tout le royaume, la profession patente ou plus
ou moins dissimulée de l'ultramontanisme, l'esprit fâcheux d'envahisse-

ment d'une partie du clergé, ses empiètemens continus sur l'autorité civile, les actes arbitraires exercés sur les fidèles : « On imagina, di-
» sait-il, de faire entrer le ministère dans la congrégation, la con-
» grégation dans le ministère. Déjà les postes, la police de Paris, sa
» direction générale, avaient été données aux affiliés ; il ne manquait
» plus que d'enrôler les principaux ministres eux-mêmes...... Je ne
» sais rien de positif sur la chambre des pairs : quant à la chambre des
» députés, au mois d'avril dernier, le public y comptait tantôt cent
» trente membres de la congrégation, tantôt cent cinquante......
» Les forces de la congrégation sont immenses ; elles se composent
» d'abord du parti jésuitique, dont le centre est à Rome à l'école de
» sapience. Après le parti jésuitique, un autre appui ardent de la
» congrégation est le parti ultramontain. A côté de celui-ci, se tient
» un troisième parti dont les nuances, rapprochées à quelques égards,
» ne sont pas tout à fait les mêmes. C'est ce qu'on peut appeler
» le parti prêtre. Il est composé de ceux qui, à tous risques et périls,
» veulent donner la société au sacerdoce : pour ceux-là, la puissance
» du pape n'est pas en première ligne ; ils ne la considèrent que
» comme subsidiaire ; ils sont prêts à abandonner quand on voudra la
» doctrine de la suprématie de Rome sur les rois, pourvu que les rois
» reconnaissent la leur. Ils signeront tout d'abord le formulaire de
» 1682, si le roi consent à mettre la société dans leurs mains.....
» Le clergé s'est porté en masse sur notre ordre social avec les jé-
» suites, les ultramontains, les congréganistes, et nous sommes ar-
» rivés, après beaucoup d'autres souverainetés, à la souveraineté des
» prêtres. » La pension de M. de Montlosier fut supprimée ; mais il persévéra dans ses attaques, et accusa l'illégalité de l'existence des jésuites devant la cour royale de Paris, qui se déclara imcompétente. Alors il fit une pétition à la chambre des pairs, et celle-ci, sur les conclusions de M. Portalis, prononça le renvoi au président du conseil, en tant que concernant une société non légalement autorisée. Ce fut un rude échec pour la congrégation. En même temps le parti libéral grandissait à l'ombre du despotisme ministériel. Le général Foy était mort (30 novembre 1825). Cent mille citoyens de toute classe avaient assisté à ses funérailles ; la reconnaissance nationale avait doté ses enfans et élevé un monument sur sa tombe. Benjamin Constant, Casimir Périer, Royer-Collard, le remplacèrent à la tribune ; la magistrature protégea la presse contre les réquisitions des procureurs généraux. La suppression de l'école normale associa à la rédaction politique des journaux grand nombre de jeunes gens qui se seraient voués à l'enseignement ; le déchaînement fut général contre le ministère. Il s'en vengea par des mesures répressives, sur les instigations de la congrégation, dont la destinée politique était interrompue par l'opposition de la pairie. Le 30 décembre 1826, le garde des sceaux, M. de Peyronnet, présenta un projet sur la police de la presse, qu'une maladroite apologie du *Moniteur* fit appeler la

loi de justice et d'amour. Tous les écrits de vingt feuilles et au dessus devaient être déposés, les uns cinq jours, les autres dix avant la publication ; tout déplacement ou transport quelconque de l'édition hors de l'imprimerie avant le délai fixé serait considéré comme une tentative de publication ; dans ce cas l'édition serait supprimée, et l'imprimeur condamné à une amende de trois mille francs. Tout écrit de cinq feuilles et au dessus serait assujetti au timbre fixe, et les droits du timbre subiraient une forte augmentation. Le nom, la demeure des propriétaires, l'imprimerie autorisée de chaque journal, devaient y être indiqués ; et, en cas de fausse déclaration, le journal était supprimé : les imprimeurs devenaient civilement et de plein droit responsables des amendes, des dommages-intérêts et des frais portés par les jugemens de condamnation : le délit de diffamation était presque arbitraire. Jamais loi plus odieuse contre la presse n'avait été lue à la tribune : aussi la réprobation fut-elle universelle dès son apparition. Le côté gauche l'attaqua avec une violence égale. Sur la proposition de M. Charles de Lacretelle, l'académie vota une adresse au roi contre la loi ministérielle, à la majorité de dix-huit contre six. MM. de Châteaubriand, Lemercier, Jouy, Michaud, rédacteur de la Quotidienne, Joseph Droz, Alexandre Duval, Raynouard, Andrieux, Villemain, avaient appuyé la motion, qui fut combattue par MM. Roger, Cuvier et Laplace. Le roi refusa de recevoir la commission chargée de la lui présenter. MM. Lacretelle et Villemain perdirent leurs places de maître des requêtes et de censeur dramatique, Michaud, celle de lecteur du roi. Mais la *loi de justice et d'amour* ne put tenir contre les manifestations générales d'improbation, malgré les imprécations de Salaberri, et la métaphysique de M. de Bonald. Adoptée à la chambre élective, elle n'eut pas même à la chambre des pairs les honneurs de la discussion. Le garde des sceaux vint déclarer que le gouvernement la retirait. Le soir il y eut des illuminations dans Paris et des cris de joie. Le dépit du ministère se décela aux funérailles de La Rochefoucauld-Liancourt, qui, pour quelques actes d'opposition modérée, avait été destitué de toutes ses places gratuites. La force armée voulut empêcher les élèves de l'école des arts et métiers de Châlons de porter son corps. Il y eut une rixe violente, et le cercueil fut brisé. La chambre des pairs stigmatisa la brutalité des agens de police.

C'était un triste prélude à la solennelle revue qui devait avoir lieu au Champ-de-Mars. Le 29 avril, soixante mille hommes s'étaient rassemblés devant l'Ecole-Militaire, une immense multitude se pressait sur toutes les avenues de la plaine. Charles X passa et fut fort applaudi ; quelques cris s'élevèrent pourtant : *A bas les ministres!* Des bataillons de la garde nationale, en longeant la rue de Rivoli, au retour, formulèrent des imprécations contre M. de Villèle. Malgré ces symptômes d'irritation, le roi dit le soir au maréchal Oudinot : « Cela aurait pu mieux se passer, mais au total je suis satisfait. »

Deux heures après, il y eut revirement; Charles X venait d'apprendre que le dauphin et la duchesse de Berry avaient été grièvement insultés par des hommes en haillons. M. de Villèle arriva aux Tuileries tout furieux des vociférations qui avaient retenti à son oreille. Le lendemain parut dans le Moniteur une ordonnance qui licenciait la garde nationale, et ses postes furent occupés par la troupe de ligne. La chambre des pairs improuva hautement cette mesure violente; le duc de Doudeauville quitta le ministère; la presse oublia un instant son bâillon pour faire entendre des paroles menaçantes; le voyage du roi au camp de Saint-Omer, et dans le département du Nord, ne lui valut que de froides acclamations. La chambre des députés elle-même laissait se désunir son imposante majorité; bien qu'elle eût voté la loi de septennalité, nombre de membres disaient que leurs commettans ne leur avaient donné de mandats que pour cinq ans. M. de Villèle se décida à frapper un grand coup : trompé par les rapports des administrations locales, il crut que des élections nouvelles amèneraient sur les bans une chambre moins exigeante et plus dévouée, tout en excluant le parti Labourdonnaye et les membres de l'opposition, et cette confiance le perdit. Ce fut la plus grande faute de son ministère, faute radicale, et qui hâta la révolution. La dissolution de la chambre fut prononcée le 3 novembre 1827.

Le ministère espérait dominer l'opinion publique au moyen des mesures qui lui avaient valu en 1824 la presque totalité des votes électoraux ; une ordonnance récente (24 juin), qui rétablissait la censure, avait enlevé à la presse tout moyen d'éclairer les électeurs sur les manœuvres du gouvernement; mais la dissolution de la chambre annulait de droit cette disposition de circonstance, et tout aussitôt l'opposition se mit à fulminer de sanglantes diatribes. Tout moyen de corruption était bon à M. de Villèle : les fonctionnaires tièdes et récalcitrans furent destitués, les *bourses* de collège enlevées aux électeurs malévoles. On promit des garnisons, des préfectures, des tribunaux de première instance, la permission de cultiver le tabac, une diminution des droits de douanes à certaines villes; on menaça les autres de leur ôter les leurs; on suspendit l'envoi des feuilles libérales; on envoya des fonds considérables aux chefs d'administration. Tout fut inutile; les constitutionnels étaient en garde contre les machinations ministérielles; la société *Aide-toi, le ciel t'aidera!* s'était constituée en club politique, qui faisait circuler en France un nombre infini de brochures, dues à la verve de publicistes distingués, tels que MM. de Châteaubriand et de Salvandy, et jouait réellement le rôle du chimérique Comité directeur. Une alliance monstrueuse venait de se former entre les libéraux et les hommes de 1816, sous les auspices de M. de Labourdonnaye : leurs candidats étaient presque partout les mêmes ; aussi, dans les collèges d'arrondissement, le ministère eut-il à peine le tiers des nominations; M. Royer-Collard fut élu en sept endroits différens. Dans les collèges départementaux, des défections inattendues accrurent la majorité constitutionnelle. Paris se signala par l'unanimité de ses votes en faveur des candidats de l'opposition. Nombre de maisons avaient illuminé. Des bandes d'ouvriers, excités sous main par des agens de police, se mirent à briser, à coups de pierre, les vitres des maisons qui semblaient ne pas prendre part à la joie générale. Des rassemblemens séditieux se formèrent dans les rues Saint-Denis et Saint-Martin; on éleva des barricades, que la gendarmerie ne put forcer; survint la troupe de ligne, qui les détruisit après quelques décharges (19 novembre). Le lendemain, il fallut plusieurs feux de peloton et des charges de cavalerie pour disperser les auteurs du désordre qui lançaient des pierres et des petards. Le sang avait coulé; tristes journées pour le ministère, au moment d'engager la lutte avec une chambre hostile et courroucée. Comme complément de son triomphe présumé, le jour même de la dissolution (5 novembre), il avait fait une promotion extraordinaire de soixante-seize pairs, afin de briser l'opposition de la chambre héréditaire : ce fut le second grief, aussi redoutable que le premier.

Au dehors, cependant, le rôle du gouvernement était, sinon politique, au moins brillant et glorieux. Après l'invasion d'Ibrahim-Pacha en Grèce, et la destruction de Missolonghi, les trois escadres de France, d'Angleterre et de Russie s'étaient réunies pour sauver les deux dernières places fortes de la Grèce, l'île d'Hydra et Napoli-de-Romanie. Invitation fut faite à Ibrahim de cesser toute hostilité contre les Hellènes, et de ne pas sortir de la rade de Navarin avec sa magnifique flotte, jusqu'à ce que les deux parties belligérantes eussent discuté le plan de conciliation offert par les trois puissances. L'amiral ottoman répondit par un refus, et dès lors la bataille devint inévitable. Les Turcs s'étaient embossés dans la rade en forme de croissant; l'amiral anglais Codrington forma la première ligne, l'amiral de Rigny la seconde, l'amiral russe Heydden venait après. Un coup de fusil lancé d'un brûlot turc atteignit un aspirant de marine anglais. Ce fut le signal d'un combat terrible; *la Syrène, le Scipion, l'Asia, l'Azow* y firent des prodiges de valeur : la flotte turco-égyptienne fut entièrement détruite (20 octobre), par le fer ou le feu. La Russie pouvait désormais attaquer Constantinople par terre et par mer. En France, on n'a vu dans l'anéantissement de la flotte turque qu'une victoire maritime et la liberté de la Grèce. La nouvelle de la bataille de Navarin fit diversion aux craintes de l'intérieur, mais on n'en sut aucun gré à M. de Villèle, malgré son mot si peu vrai : « L'affaire d'Orient est terminée, » la paix est rendue au monde. »

La chambre nouvelle n'était que nuances et constrastes : le ministère n'y comptait plus guère que cent vingt-cinq voix; le parti Labourdonnaye avait perdu plusieurs de ses membres les plus influens; le centre droit et le centre gauche revenaient en force. M. de Villèle

songea d'abord à se rapprocher de MM. Laffitte, Casimir Périer, Benjamin Constant, qui repoussèrent toutes ses ouvertures; puis il donna sa démission, car toutes les oppositions s'unissaient contre lui. La chambre, sur la proposition de M. Labbey de Pompières, nomma une commision pour la mise en accusation du ministère démissionnaire : « Y a-t-il trahison, aux termes de la charte, dans le fait de
» conseil donné de créer soixante-seize pairs en 1827? — Oui,
» répondirent quatre députés dans la commission d'enquête, parce
» que le conseil donné de créer des pairs ne l'a pas été dans l'in-
» térêt du trône ou du pays, mais dans celui des ministres, qui
» voulaient se former une majorité dans la chambre des pairs, s'assu-
» rant ainsi, par la dissolution de la chambre des députés une ma-
» jorité factice et inconstitutionnelle ; que cette combinaison ex-
» posait le pays à un double danger : le ministère réussissant, le
» pays eût perdu toute représentation véritable ; ou, le ministère
» échouant, la chambre des députés aurait pu se trouver en oppo-
» sition avec celle des pairs, et ce désaccord entre les pouvoirs
» amener les conséquences les plus désastreuses. »

Cette violente attaque n'eut pas de suite, mais la fortune politique de M. de Villèle était arrêtée court. Son administration avait été bonne parfois. Son habileté dans les opérations financières avait rassuré le crédit public; l'agriculture renaissait, les manufactures se multipliaient, des transactions commerciales à l'étranger favorisaient notre commerce extérieur. En outre, suivant la politique anglaise, il avait fait reconnaître par le gouvernement français l'indépendance des colonies espagnoles, émanciper la république d'Haïti, et consolider la liberté de la Grèce par l'union de trois escadres. Mais l'immoralité de ses moyens fut profonde à l'intérieur; d'après la maxime : « Tout fonctionnaire se doit au gouverne-
» ment qui le paie. » Placé entre la congrégation et le libéralisme, il avait préféré frayer avec la première, qui même, accusant sa lenteur, n'eut rien plus à cœur que sa retraite quand le temps fut venu. Il s'aliéna la bourgeoisie des départemens par ses fraudes électorales, la magistrature par la condamnation de ses arrêts, l'université par la fermeture de l'école normale et la suppression des cours de MM. Guizot et Cousin, Paris et la France entière par le licenciement de la garde nationale, qui, bien que l'œuvre d'un moment de dépit, trahissait des projets ultérieurs. Son système tendait à la contre-révolution; il fut prévenu par la vigilance des chefs de l'opposition, et le ministère Martignac vint pour laisser aux partis le temps de reprendre haleine.

Charles X fut embarrassé le jour où son cabinet se trouva dissous: la lutte avec la chambre des députés ne l'effrayait pas ; aussi songea-t-il à former un nouveau ministère, sous les auspices de son favori, le prince de Polignac, qui arrivait de l'ambassade de Londres. M. de Villèle l'en dissuada. « Dès le premier jour, disait-il, il arriverait

» au ministère avec plus d'impopularité que je n'en sors au bout de
» sept ans. Si je ne songeais qu'à me faire regretter, qu'à me faire
» redemander peut-être, c'est un tel choix que j'appellerais. » Sur
ses instances, le comte de Chabrol fut chargé par le roi de dresser
une liste, et après beaucoup d'hésitations parut l'ordonnance royale
qui appelait M. Portalis à la justice, le comte de la Ferronnays aux
affaires étrangères, le vicomte de Caux à la guerre, M. de Martignac à l'intérieur, M. Roy aux finances, M. Hyde de Neuville à la
marine, M. de Vatisménil à l'instruction publique, l'évêque de Beauvais, M. Feutrier, aux affaires ecclésiastiques, M. de Saint-Cricq au
commerce (4 janvier 1828). Ainsi le ministère se trouva composé de
neuf départemens: personne n'obtint la présidence; mais Martignac,
dont l'élocution était facile et brillante, qui possédait au plus haut
degré l'art des convenances parlementaires, en fut le membre le
plus influent.

Le rôle du nouveau cabinet était très délicat entre les exigences
de la cour et les fluctuations de la chambre, qui ne s'était pas encore
nettement prononcée. M. de Martignac devait louvoyer mieux que
tout autre entre les deux partis; mais ses collègues, dont les
antécédens étaient peu connus, n'inspiraient aucune confiance au
roi ni à la nation. L'adresse de la chambre fut menaçante pour le
ministère sortant. « Les plaintes de la France, y était-il dit, ont
» repoussé le système déplorable qui a rendu illusoires les pro-
» messes de votre majesté. » Martignac, en réponse, commença la
série de ses réformes administratives. Une loi fut votée contre les
fraudes électorales, d'après laquelle tout électeur pouvait se faire
inscrire, réclamer contre une omission, demander la radiation
d'une inscription illégitime; un mois devait s'écouler entre la convocation des électeurs et l'ouverture des collèges. MM. Dupont de
l'Eure et Lafayette se plaignirent que la loi manquait d'une sanction pénale; Martignac répondit que la crainte de la publicité suffirait pour prévenir toute manœuvre illégale, et que d'ailleurs il
existait des lois contre les malversations administratives. Deux cent
cinquante-sept voix contre cent cinq adoptèrent le projet du gouvernement, qui passa aussi à la majorité de quatre-vingt-trois voix
dans la chambre des pairs, malgré l'adjonction des soixante-seize;
l'hérédité de la pairie était le plus sûr garant de l'indépendance des
votes, en s'appuyant sur le système de la nomination royale. Quelques
jours après, la censure fut abolie, l'incrimination des séries d'articles supprimée, le monopole des journaux détruit; le budget, contre
lequel il n'y eut que vingt-huit voix d'opposition, divisé en autant
de branches qu'il y avait de ministères.

Les cris des congréganistes, déjà effrayés, furent bien plus violens, quand le garde des sceaux et le ministre des cultes, gallican
prononcé, proposèrent les deux lois sur l'enseignement des jésuites
et les petits séminaires. Les pères de Jésus déguisaient si peu leur

existence qu'ils avaient déjà créé huit collèges, et balançaient le pouvoir universitaire. Le cœur de Charles X saigna quand il fallut apposer sa signature au bas des ordonnances : jamais mesure politique ne lui avait tant coûté. Les dispositions de la loi étaient si précises que les intéressés ne purent l'éluder; les écoles secondaires ecclésiastiques leur échappèrent comme aux membres d'une congrégation non autorisée, et rentrèrent sous le régime de l'université. Quant aux petits séminaires, la surveillance en fut retirée aux évêques; on ne dut y recevoir que les élèves qui se destinaient franchement à l'état ecclésiastique; on leur accorda huit mille bourses de cent cinquante francs chacune. Dès lors, l'évêque de Beauvais fut en butte à la haine des ultramontains. La congrégation circonvint activement le roi, et lui inspira contre son ministère une aversion profonde; Martignac ne put obtenir le rétablissement de la garde nationale parisienne. Cependant la France avait repris confiance en voyant la marche franche et hardie du gouvernement. Au dehors, la politique de Navarin dirigeait encore les cours européennes, quoique Canning fût mort (8 août 1827). Le général Maison venait de débarquer en Grèce avec quinze mille Français; Ibrahim, battu en plusieurs rencontres, avait capitulé et traité de son retour en Egypte; Capo d'Istria organisait le gouvernement hellénique. En Portugal, Jean VI était mort; don Pedro, son fils aîné, empereur du Brésil, renonçant à ses droits en faveur de dona Maria sa fille, donnait une constitution aux Portugais, et don Miguel, aidé des absolutistes, préparait une descente. En Espagne, les supplices se perpétuaient contre les *Negros* : au dire des moines et des chefs de bandes, Ferdinand VII n'avait plus même l'énergie voulue pour la vengeance, et don Carlos, son frère, était le préféré. A Londres, lord Wellington, devenu chef du cabinet, retenait l'Angleterre dans les voies de la Sainte-Alliance, où elle ne jouait qu'un rôle secondaire, et dont Canning avait voulu l'affranchir. En Russie, Alexandre était mort dans son voyage de Crimée, peut-être de mort violente (1er décembre 1825). La renonciation du grand-duc Constantin au trône, en faveur de son frère Nicolas, avait été le signal d'une conspiration libérale et d'une lutte sanglante à St-Pétersbourg. A peine remis de ses premières frayeurs, le czar poursuivait sur la Turquie les projets séculaires de ses prédécesseurs depuis Pierre-le-Grand, et la campagne de 1828 avait eu lieu, où il faillit périr comme Napoléon dans la retraite de 1812. Du reste, les relations des puissances européennes entre elles étaient faciles et bienveillantes; le mystique traité de 1815 dominait encore l'opinion. Si le ministère Martignac eût duré, la transition au libéralisme se fût opérée sans effusion de sang.

En ce moment, où le dernier coup frappé contre les jésuites avait satisfait les populations, Charles X fit un voyage dans les départemens de l'Est, où le parti constitutionnel était le plus nombreux, à Metz, à Nancy, à Strasbourg : les acclamations lui furent prodiguées. Heureux de se voir si bien accueilli, il eut des mots heureux, et revint charmé du royalisme de ses sujets ; mais ce voyage lui fut fatal, en ce qu'il le trompa sur l'opinion publique. Depuis le départ de Villèle, le roi vivait dans un état perpétuel d'irritation contre les libéraux. Les exigences de la gauche, qu'il appelait le côté des conspirateurs, lui avaient fait croire qu'aucune concession de la couronne ne parviendrait à rassasier sa soif de liberté, que la majorité de la nation avait été trompée, et qu'elle reconnaîtrait un jour son erreur. Son entourage l'entretenait constamment dans cette pensée, et dès lors il conçut le projet de renvoyer ses ministres, et de s'appuyer sur les hommes de 1815, en brusquant même, s'il le fallait, un coup d'état. Un échec de M. de Martignac à la chambre des députés sur deux projets de loi très importans l'y décida. En 1815, le rêve favori des royalistes avait été la formation d'assemblées provinciales, l'extension des attributions de la commune et du département, le rétablissement des corporations municipales aux dépens de la centralisation de la révolution et de l'empire ; la première idée en appartenait à M. de Villèle. Martignac, pour contenter à la fois royalistes et libéraux, crut ne pouvoir mieux faire que de présenter deux projets de loi, l'un sur les conseils municipaux, l'autre sur les conseils d'arrondissement et de département, qui tendaient à établir des centres d'action dans chaque localité ; mais il ne contenta personne. L'opposition de gauche repoussa ces garanties de liberté comme illusoires et suspectes d'aristocratie : l'extrême droite les attaqua comme trop démocratiques et respirant l'esprit révolutionnaire. Avant l'ouverture même de la discussion, le projet était coulé bas dans l'opinion, comme la loi de justice et d'amour. Divers amendemens proposés par MM. Guizot, Sébastiani et de Rambuteau, dénaturaient entièrement le sens primitif de la loi : le ministère les retira, et Charles X sourit ironiquement de leur consternation. Le budget, cette fois, rencontra une opposition de quatre-vingt-dix voix.

Dès lors une intrigue se forma à la cour, dont le roi guidait les fils à l'insu des ministres auxquels il dissimulait son mécontentement, et qui se termina par leur renvoi. Le 8 août parut dans le Moniteur l'ordonnance qui créait le nouveau ministère ; le prince de Polignac était nommé aux affaires étrangères, M. de Bourmont à la guerre, M. de Labourdonnaye à l'intérieur, M. de Chabrol aux finances, M. de Courvoisier à la justice, M. de Montbel à l'instruction publique, M. de Rigny à la marine, et sur son refus M. d'Haussez. Les adieux de Charles X au cabinet sortant furent sévères ; il n'eut que de dures paroles pour MM. Feutrier et de Vatisménil, dont le libéralisme imprévu l'avait choqué. Deux hommes en France étaient aussi impopulaires que le congréganiste M. de Polignac ; c'étaient M. de Labourdonnaye, le fougueux réacteur de 1815, et M. de Bourmont, ancien chef de chouans, que son rôle à Waterloo avait

perdu dans l'opinion publique. Ces trois noms disaient à eux seuls la tendance du nouveau cabinet et les espérances de la cour, malgré l'adjonction de MM. de Chabrol et de Courvoisier. Aussi, dès que leur nomination fut connue, sans attendre leur programme, la France prit une attitude menaçante. La presse, jugeant l'avenir par le passé, flétrit leurs antécédens dans une polémique ardente et énergique. Le *Journal des Débats* publia des articles virulens; la société *Aide-toi, le ciel t'aidera!* se prépara à la lutte électorale, en cas de dissolution de la chambre; six conseillers d'état, MM. Bertin de Vaux, Villemain, Alexandre de Laborde, Hély d'Oissel, Agier, Salvandy, donnèrent leur démission; M. de Châteaubriand abandonna son poste d'ambassadeur à Rome. En vain le ministère avait-il pris pour devise : *Point de réactions, point de concessions*, en vain venait-il de sacrifier M. de Labourdonnaye, qui ne put s'accommoder de l'omnipotence du prince de Polignac, et qui se retira en disant : « Quand je joue ma tête, j'aime à tenir les cartes »; l'esprit d'opposition faisait des progrès méthodiques; un plan avait été combiné dans tout le royaume pour le refus de l'impôt, en cas de réaction; M. Beslai avait créé l'association *bretonne* pour le maintien de la charte, et la cour royale de Paris ne l'avait condamné qu'en ce qu'elle prêtait, spécifiait l'arrêt, au gouvernement une pensée coupable qu'il ne voudrait ni ne pourrait exécuter. Le *Journal des Débats* avait été acquitté pour un article incriminé, qui valut à M. le président Séguier une réception sèche du roi au nouvel an. Le *Constitutionnel*, le *Courrier français*, le *Journal du Commerce*, avaient presque dépassé l'opposition constitutionnelle. Le *National*, qui venait de naître, prêchait déjà l'insurrection, sous les auspices de MM. Thiers, Carrel et Mignet. L'opinion des départemens du Midi se manifestait au passage de Lafayette, à peine de retour des États-Unis, et qui fit à Lyon une entrée triomphale. Le ministère avait peur avant d'entrer en lutte; l'ouverture des chambres, différée de jour en jour, eut enfin lieu le 2 mars. L'effet du discours royal, qui annonçait un dégrèvement sur les charges de l'état, fut gâté par une addition malheureuse : « Si de coupables manœuvres suscitaient à
» mon gouvernement des obstacles que je ne peux pas, que je ne
» veux pas prévoir, je trouverais la force de les surmonter dans
» ma résolution de maintenir la paix publique, dans la juste con-
» fiance des Français et dans l'amour qu'ils ont toujours montré pour
» leur roi. » L'adresse des députés, en réponse au discours de la couronne, fut ferme et digne, mais respectueuse. La chambre reconnaissait au pays le droit d'intervenir dans la délibération des intérêts publics; elle signalait l'absence du concours entre les vues politiques du gouvernement et les vœux du peuple; elle priait le roi de prononcer entre la nation et ceux qui la méconnaissaient. Deux cent vingt-un députés votèrent cette adresse; cent quatre-vingt-un la rejetèrent. « J'ai entendu, répondit le roi, l'adresse que vous me

» présentez au nom de la chambre des députés. J'avais droit de
» compter sur le concours des deux chambres pour accomplir tout
» le bien que je méditais ; mon cœur s'afflige de voir les députés des
» départemens déclarer que de leur part ce concours n'existe pas.
» J'ai annoncé mes résolutions dans mon discours d'ouverture de la
» session. Ces résolutions sont immuables ; l'intérêt de mon peuple
» me défend de m'en écarter. Mes ministres vous feront connaître
» mes intentions. »

C'était une déclaration de guerre : puisque le ministère ne se retirait pas, il fallait dissoudre la chambre ; elle ne fut d'abord que prorogée au 23 septembre, puis le personnel du cabinet subit d'importantes modifications. M. Guernon de Ranville, procureur-général à Grenoble, avait succédé à Labourdonnaye ; MM. Peyronnet et Chantelauze, deux orateurs distingués, remplacèrent MM. de Chabrol et Courvoisier, qui s'effrayaient de la résistance nationale. M. de Chantelauze eut la justice ; M. de Montbel passa de l'intérieur, qui fut confié à M. Peyronnet, aux finances ; le ministère du commerce fut créé pour le baron Capelle, dont l'habileté à influencer les élections avait brillé en 1824 ; la chambre fut dissoute (16 mai 1830). Le ministère avait cherché une distraction aux manœuvres de l'intérieur dans une conquête qui pût lui ramener l'opinion d'un peuple avide de gloire militaire. L'expédition du général Maison dans la Morée n'était plus qu'un souvenir sans portée politique. Une insulte faite au consul français, M. Deval, par le dey d'Alger, fut un prétexte suffisant de guerre. La France devait quelques millions aux Algériens pour une fourniture de blés ; des oppositions furent mises au paiement de la somme qui resta déposée à la caisse des consignations. Furieux de ce retard, Hussein donna un jour un coup d'éventail officiel au consul de France, en présence des ministres étrangers, et fit tirer à boulet sur le vaisseau parlementaire *la Provence,* qui venait réclamer des excuses. La prise d'Alger fut résolue, malgré l'opposition des tories d'Angleterre : le duc de Raguse avait sollicité le commandement de l'armée de terre ; le comte de Bourmont obtint la préférence. Trente-sept mille hommes s'embarquèrent à Toulon avec cent quatre-vingts pièces de canon, sur cent bâtimens de guerre, et quatre cents bâtimens de transport, commandés par l'amiral Duperré. La division Berthezène débarqua la première à la presqu'île de Sidi-Ferruch, puis les divisions Loverdo et d'Escars. Quatre combats partiels ouvrirent le chemin d'Alger à nos colonnes ; le château de l'empereur, le boulevart de la ville, sauta en l'air après quelques heures de bombardement. Alger se rendit le 5 juillet 1830 ; le dey fut détrôné : on trouva de quarante-cinq à cinquante millions dans la Casauba. La joie fut grande parmi les courtisans, les congréganistes, les ultra-royalistes, à la nouvelle de la conquête d'Alger ; mais la nation fit silence, sachant bien que l'on s'en prévaudrait contre elle : bien plus, on attribua même au gouvernement ces incendies inexplicables qui désolaient alors la Manche et le Calvados, et contre lesquels Charles X envoya deux régimens de sa garde qui lui firent faute quelques jours plus tard. Les élections avaient commencé le 23 juin. Sur les deux cent vingt-un, deux cent deux venaient d'être réélus; les grands collèges avaient fourni un tiers de députés à l'opposition; la gauche comptait maintenant deux cent soixante-dix voix, et le ministère seulement cent quarante-cinq. M. de Polignac ne fut qu'irrité de ce résultat : il songea d'abord à donner à la chambre des pairs le rôle de la pairie anglaise, en lui faisant voter le budget en dépit de la chambre élective; mais elle refusa ce moyen terme, qui ne sauvait rien en la perdant elle-même; et dès lors le renversement de la charte fut résolu par l'interprétation forcée de l'article 14. M. de Chantelauze présenta un premier projet d'ordonnances, qui excita une vive opposition dans le conseil : Peyronnet et Guernon de Ranville parlèrent même de démission; mais le roi ayant transformé la question politique en une question de dévouement personnel, il ne fut plus parlé de retraite. Le bruit d'un coup d'état s'était répandu; les ambassadeurs des puissances venaient tour à tour demander des explications au prince de Polignac, qui les rassurait encore la veille de l'explosion. Rien ne transpirait au dehors des décisions du ministère, tant le secret était fidèlement gardé : les fonds publics ne baissaient pas; les allures de la cour étaient toujours les mêmes; les chasses se succédaient plus bruyantes et plus animées : mais le roi semblait préoccupé; le souvenir de Louis XVI, qui avait été conduit à l'échafaud pour avoir toujours cédé, l'obsédait. Une révolution s'était opérée en faveur de Napoléon, qui fut long-temps l'épouvantail de la restauration. On affectait de vanter le 18 brumaire; des charbonniers étaient venus qui avaient invité Charles X à profiter du proverbe : *Maître charbonnier est maître chez lui*. Le peuple était donc royaliste contre les hommes du mouvement; l'opposition de la chambre était le fruit des intrigues du Comité-directeur. Toute résistance, même celle de la dauphine, tomba devant ces menées. Le 26 juillet parut dans le Moniteur un exposé de motifs, suivi des fameuses ordonnances qui supprimaient la liberté de la presse, annulaient les dernières élections, et créaient un nouveau système électoral. Les sept ministres avaient signé : le nom seul de Bourmont manquait; mais son assentiment n'était pas douteux, et il allait revenir avec une armée victorieuse. Les précautions étaient prises pour étouffer l'émeute à laquelle on s'attendait, par quelques coups de canon à mitraille et quelques charges de cavalerie; personne ne doutait de la victoire à la cour.

L'indignation fut générale dans Paris à la lecture des ordonnances : il y avait quelque chose de singulièrement terrible dans l'imprévu de ce coup d'état; les députés avaient reçu leurs lettres de convocation pour le 3 août; le ministère les avait joués. Quand on communiqua les ordonnances à M. Sauvo, le rédacteur en chef du Moniteur, il répondit à M. de Montbel : « Monseigneur, je n'ai qu'un mot à dire : » Dieu sauve le roi et la France ! » La lutte était déjà engagée ; une baisse de quatre francs venait d'avoir lieu à la Bourse; des attroupemens nombreux se formaient dans les rues, et la gendarmerie avait peine à les dissiper. Dès le lundi soir, 26 juillet, quarante-quatre journalistes s'étaient réunis pour protester contre l'illégalité des ordonnances, et déclarer qu'ils ne s'y soumettraient pas. Une consultation de jurisconsultes, au nombre desquels se trouvaient MM. Dupin, Mauguin, Odilon-Barrot, Barthe et Mérilhou, avait autorisé la protestation ; et M. Debelleyme ordonnait à l'imprimeur du *Journal du Commerce* de la publier, vu que la promulgation des ordonnances n'avait pas été faite dans les formes légales. Le lendemain, le tribunal de commerce, présidé par M. Ganneron, s'associa pleinement à la résistance. Les agens du pouvoir se présentaient à tous les bureaux des journaux de l'opposition pour mettre les scellés; la gendarmerie parcourait les rues; les ouvriers imprimeurs, les étudians, les commis péroraient au coin des bornes, le *National* appelait hautement l'insurrection. Vingt-cinq ou trente députés, qui la veille s'étaient réunis chez M. Alexandre de Laborde, arrivaient chez Casimir Périer, sur le boulevart, en face de l'hôtel des affaires étrangères, et se demandaient ce qu'il fallait faire. Paris venait d'être mis en état de siège, et le duc de Raguse, nommé commandant de la garde royale et de la garnison, venait à contre-cœur de distribuer dans Paris ses onze ou douze mille hommes. Le soir, il y eut des pierres lancées, des coups de fusil tirés, des hommes tués, des barricades élevées aux cris de : *Vive la charte ! à bas les ministres !* On avait enfoncé les boutiques d'armuriers, et brisé les réverbères; on promenait dans la rue le cadavre d'un homme pour soulever le peuple.

Le mercredi 28 fut le grand jour du combat. A l'exemple de Ternaux, tous les fabricans renvoyaient leurs ouvriers, en leur accordant un salaire provisoire. On improvisait partout des barricades, on effaçait les fleurs de lis et autres insignes de la royauté. Des élèves de l'école de droit et de médecine, de vieux militaires, des gardes nationaux en costume, des polytechniciens échappés, se joignaient à la masse pour la diriger; on s'était rendu maître de l'arsenal, de la poudrière des Deux-Moulins, de l'hôtel de ville, du dépôt d'armes et de l'artillerie de Saint-Thomas d'Aquin. « Ce n'est point » une émeute, écrivait Marmont au roi; c'est une révolution. » Des députés s'étaient réunis chez M. Audry de Puiraveau ; MM. Laffitte, Lafayette, Casimir Périer, etc., assistaient à la séance. Une protestation fut rédigée par MM. Villemain, Dupin et Guizot, qu'ils signèrent tous. Une commission fut nommée pour se rendre chez le maréchal Marmont aux Tuileries, avant de se lancer dans le mouvement, composée de MM. Laffitte, Casimir Périer, Mauguin,

le général Gérard et le comte Lobau. « La révocation des ordon-
» nances et le renvoi des ministres, dit M. Laffitte, voilà les seules
» bases d'une pacification. A cette condition seule, nous pourrions
» engager le peuple à déposer les armes. Si l'on n'obtempère pas
» à ces justes demandes, nous regardons comme un devoir de nous
» jeter corps et biens dans le mouvement. » Le prince de Polignac,
auquel il en fut référé, refusa tout, et le duc de Raguse les laissa
partir, bien qu'il eût signé le matin même contre quelques uns d'entre eux des mandats d'arrêt. L'insurrection se propageait : les voitures et les charrettes s'entassaient sur des monceaux de pavé ; les
arbres du boulevart étaient abattus pour faciliter la résistance ; les
coups de feu partaient des fenêtres, aussi bien que des coins
de rue, et du sommet des portes Saint-Denis et Saint-Martin. Le
général Saint-Chamans, qui avait fait une trouée jusqu'au faubourg
Saint-Antoine, eut de la peine à revenir. Le général Quintonnes,
cerné dans le marché des Innocens, fut dégagé par une colonne
suisse; l'hôtel de ville, repris par les gardes royaux, soutint un siège
meurtrier et fut évacué le soir.

Que faisait-on à Saint-Cloud? Le roi montrait un visage riant, le
duc d'Angoulême ne montait pas à cheval contre les *jacobins*,
comme il l'avait d'abord promis. Peyronnet et Capelle, arrivés
dès le matin, n'avaient rendu qu'un compte inexact de l'état des
choses ; mais vint un aide de camp du maréchal, qui l'exposa dans
le plus grand détail. L'aide de camp était pressé : il conjurait le duc
de Duras d'aller chercher la réponse au message ; mais l'étiquette
ne le permettait pas, et il fallut attendre. Enfin Charles X ordonna
au duc de Raguse de masser ses forces dans le Carrousel et sur la
place Louis XV, et d'agir avec de fortes colonnes; la proposition
des députés ne fut point écoutée.

Dès le jeudi matin, le feu recommença plus terrible encore que la
veille : des caisses riches s'étaient ouvertes, où venaient puiser les
combattans; des secours de vivres et de munitions étaient distribués
partout. MM. Alexandre de Laborde et le duc de Choiseul s'étaient
rendus aux barricades avec leur habit de garde national. Le général
Dubourg, officier retraité, dirigeait les attaques en costume militaire; Lafayette se disposait à prendre le commandement; l'école
Polytechnique avait forcé la consigne en masse et venait de se
joindre aux insurgés. La maison de M. Laffitte était le rendez-vous
général et le centre du mouvement. La garde royale fatiguée manquait de pain ; la ligne ne se battait qu'avec répugnance ; deux régimens, le 15e et le 53e, qui défendaient les Tuileries du côté de la
rue de Rivoli, venaient de fraterniser avec le peuple; la gendarmerie
était décimée. MM. de Sémonville et d'Argout crurent ce moment
favorable pour faire une dernière tentative, au nom de la chambre
des pairs qu'ils n'avaient pu réunir. Ils trouvèrent les ministres
aux Tuileries, et, sur leur refus de rien accorder, partirent en

toute hâte pour Saint-Cloud, où le prince de Polignac arriva en même temps. Charles X, au récit de ce qui s'était passé, fut ému et ne décida rien. Il parla d'assembler le conseil et d'y discuter la révocation des ordonnances et la retraite des ministres ; mais les évènemens marchaient trop vite, pour que la lenteur royale ne fût pas dépassée. A une heure, les troupes évacuaient le Louvre et les Tuileries ; la caserne de Babylone était emportée après une vive résista ce. La garde royale se retira sur Saint-Cloud par les hauteurs de Chaillot et de Passy ; il lui fallut faire une battue générale à coups de fusil dans les ch sses royales pour se procurer des vivres. Tous s'étaient bien battus, peuple et soldats ; il y avait eu des traits d'héroïsme des deux parts.

Alors Charles X jugea qu'il était temps de faire des concessions ; une ordonnance, rédigée par M. de Chantelauze, nomma M. de Mortemart président du conseil, en lui prescrivant de s'adjoindre Casimir Périer et le général Gérard. Le nouveau chef du cabinet arriva à l'hôtel de ville à dix heures du soir, escorté de MM. de Sémonville, d'Argout et de Vitrolles. Mais il était trop tard. Lafayette, commandant de la garde nationale, dominait l'opinion, et il ne voulait plus de Charles X ; d'ailleurs le roi n'avait pu se résoudre encore à la révocation des ordonnances, et l'on craignait un piège : le bruit s'était répandu que de nombreux renforts arrivaient, qu'un camp allait être organisé à Montmartre pour bombarder Paris. Le 30, à cinq heures du matin, M. de Mortemart revint avec la signature décisive, mais il ne put aborder personne.

La déchéance du roi venait d'être prononcée par la commission municipale de Paris, et signée par MM. Audry de Puiraveau, Mauguin, le comte de Lobau et de Schonen. Aux cris mille fois répétés de : *Vive la Charte*, se mêlaient des cris isolés de : *Vive Napoléon II, vive la république*. Le changement de dynastie était le vœu général : on se souvint alors que le duc d'Orléans avait fait ses premières armes dans les guerres de la révolution ; qu'il n'avait pris aucune part aux intrigues de l'émigration ; qu'il s'était tenu à l'écart de la cour pendant la restauration, comme s'il eût pressenti l'avenir ; puis il possédait des amis zélés parmi les députés influens du moment. Le duc d'Orléans fut proclamé lieutenant-général du royaume (30 juillet 1830).

Pendant ces évènemens, des scènes orageuses se passaient à Saint-Cloud. Le duc d'Angoulême, généralissime de parade, brutalisait indignement le maréchal Marmont, dont la conduite avait été belle pendant les trois journées, et se coupait les doigts en lui arrachant son épée. Sur le bruit que les Parisiens arrivaient, la cour abandonna Saint-Cloud et partit pour Versailles, où Charles X s'établit à Trianon : quelques heures après, Saint-Cloud ne lui appartenait plus. Le 1er août, elle arriva à Rambouillet, où la dauphine vint la rejoindre. Le roi déchu conservait encore douze mille cinq cents hommes d'infanterie, et trois mille cinq cents cavaliers avec quarante canons; mais la désertion les diminuait tous les jours. L'abdication lui fut conseillée, et il abdiqua avec son fils, en faveur du duc de Bordeaux, en nommant le duc d'Orléans régent du royaume. M. de Châteaubriand, revenu en toute hâte de Dieppe, et qui défendait à la chambre des pairs les droits de Henri V, conseillait à la duchesse de Berry de se montrer aux Parisiens avec son fils; elle ne voulut pas hasarder une démarche peut-être inutile. Le 2 août, quatre commissaires, le maréchal Maison, de Schonen, Jacqueminot et Odilon-Barrot étaient venus à Rambouillet hâter le départ de Charles X, qui ne voulut pas les recevoir. Le lendemain, une troupe nombreuse partit de Paris, en voiture, pour tenter un coup de main contre les défenseurs de la famille royale. C'était une imprudence, car la garde eût pu les écraser; mais Charles X se ravisa, et dit à M. Odilon-Barrot qu'il allait partir. Le 16 août, l'embarquement eut lieu à Cherbourg pour l'Angleterre. C'était le troisième départ depuis 1790. Ce fut une triste scène : des larmes coulaient sur les joues du vieillard découronné, quand il jetait les yeux sur l'enfant dont le long exil commençait.

Cependant les députés étaient arrivés en masse pour le 3 août, selon la teneur des lettres de convocation. Sur la proposition de M. Bérard, qui avait joué un rôle assez important aux trois journées, on révisa la charte. La religion catholique cessa d'être reconnue pour la religion de l'état; la liberté de la presse fut rétablie, la censure abolie à perpétuité; l'article 14 disparut, etc. Avant son départ, Charles X avait fait parvenir aux chambres l'acte de son abdication et de celle du dauphin en faveur du duc de Bordeaux; mais, hors celle de M. de Châteaubriand, peu de voix s'élevèrent en faveur d'Henri V. « Le gouvernement constitutionnel, » avait dit Lafayette, avec le duc d'Orléans pour chef, sera la » meilleure des républiques. » Le 7 août, la chambre des députés le proclama roi sous le nom de Louis Philippe 1er, et la chambre des pairs se réunit à son vote. Le 9 août 1830, le nouveau roi, accompagné des ducs de Chartres et de Nemours, prêta serment à la charte révisée, dans le palais Bourbon, où s'étaient réunis les pairs, les députés, le corps diplomatique et une brillante assemblée. Après la lecture de la déclaration des deux chambres : « En pré-
» sence de Dieu, dit-il, je jure d'observer fidèlement la charte
» constitutionnelle, avec les modifications exprimées dans la décla-
» ration, de ne gouverner que par les lois et selon les lois, de
» faire rendre bonne et exacte justice à chacun selon son droit,
» et d'agir en toute chose dans la seule vue de l'intérêt, du bon-
» heur et de la gloire du peuple français. » Ainsi s'était passée la révolution de 1688 en Angleterre.

FIN DU QUATRIÈME ET DERNIER VOLUME.

TABLE DES SOMMAIRES

DU QUATRIÈME VOLUME.

SUITE DE LA BRANCHE DES BOURBONS.

Louis XIV *(Suite).* 1

1652 Lit de justice. Le cardinal de Retz arrêté. Progrès des Espagnols et du prince de Condé. Turenne les force à hiverner en Flandre. Reprise de Barcelone et de Casal par les Espagnols. 1653 Retour de Mazarin. Fin des troubles. Le cardinal devient archevêque de Paris. Il refuse de donner sa démission. Invasion de Condé en Picardie. Belle campagne défensive de Turenne. 1654 Sacre du roi. Son éducation. Son goût pour Marie Mancini. Son instruction. Plaisirs de la cour. Première campagne du roi. Mécontentement des Lorrains contre Condé. Turenne fait lever le siège d'Arras à l'archiduc et à Condé. Autres succès de la France. 1655 Le roi va au parlement en bottes, et défend les assemblées des chambres. Turenne entre en Flandre. Condé se tient sur la défensive. 1656 Condé fait lever le siège de Valenciennes à Turenne. Alliance de la France avec Cromwell. 1657 Condé sauve Cambrai, investi par Turenne. Les Français prennent Mardick qu'ils remettent aux Anglais. 1658 Echec des Français devant Ostende. Bataille des Dunes gagnée par Turenne, qui s'empare de la Flandre maritime. Succès en Italie. Maladie du roi. Habitudes du roi. Intérêts sur le mariage du roi. Entrevue de Lyon. L'Espagne offre l'infante. Mariage de la princesse de Savoie rompu. 1659 Séparation du roi et de Marie Mancini. Conférences de l'île des Faisans. Comparaison entre la France et l'Espagne. Intention des plénipotentiaires. Points principaux des conférences. Conditions imposées à Condé. Conférences à ce sujet entre Mazarin et don Louis de Haro. Cessions faites par le prince. Il rentre dans ses biens ainsi que ses adhérens. Contrat de mariage de Louis XIV et de l'infante. Opinion sur la renonciation de l'infante. Qualités ministérielles de Mazarin. Conduite de Mazarin à l'égard de Charles II, roi d'Angleterre. 1660 Demande de l'infante. Réjouissances au mariage du roi. 1660—61 Triomphe de Mazarin. Il établit ses nièces. 1661 Sa mort. Le roi prend en main le gouvernement. Disgrace de Fouquet. Il est arrêté. On lui fait son procès. Belle conduite de Pélisson. Son jugement. Epoque problématique de la mort de Fouquet. Masque de fer. 1661—62 Préséance de la France sur l'Espagne reconnue. 1662—64 Réparation d'une violence faite à Rome. Journée de 1664—66 Henriette d'Angleterre et mademoiselle de La Vallière. Sciences et manufactures. Désordre des finances. Rétablissement des finances par Colbert. Expéditions militaires. Sur la Méditerranée. En Hongrie. Compagnie des Indes orientales et occidentales. Guerre avec l'Angleterre. Paix de Bréda. Premier établissement de Louis XIV. Mort de la reine mère. 1666—67 Elévation de La Vallière. Madame de Montespan. Évasion de La Vallière. 1667—68 Établissement des Anglais au dehors. Motifs de la guerre avec l'Espagne. 1668 Conquêtes en Flandre. Et en Franche-Comté. 1669 Paix d'Aix-la-Chapelle. Affaires du jansénisme, et paix de Clément IX. Les cinq propositions. Le docteur Arnauld veut en éluder la condamnation. Le formulaire. Les religieuses de Port-Royal refusent de signer. Résistance de quatre évêques. Le roi veut les faire mettre en jugement. Ils se soumettent. Soupçons de quelques réserves. 1669—70 Accord définitif. 1670 Négociations avec l'Angleterre. Voyage de Madame en Angleterre. Le secret en est divulgué en partie par Turenne. Mort de Madame. Ses circonstances. Monsieur se remarie. Traité avec l'Angleterre contre la Hollande. 1671 Autres traités avec d'autres puissances. 1672 Guerre avec la Hollande. Armées de France; leurs exploits sur terre, Louvois et Vauban. Entrée dans les Provinces-Unies. Passage du Rhin. Invasion de la Hollande. Les propositions de paix des Hollandais sont rejetées. Massacre des De With. Les Hollandais lâchent leurs écluses. 1672—73 Turenne empêche les alliés de passer le Rhin. Il force l'électeur de Brandebourg à la neutralité. Amour des soldats pour Turenne, et leur confiance en lui. Expédition des Français sur la glace.

Siège de Charleroi par le prince d'Orange. 1673 Prise de Maestricht. Évacuation de la Hollande. 1674 Les alliés de la France l'abandonnent. Conquête de la Franche-Comté. Campagne de Condé en Flandre. Bataille de Senef. Campagne de Turenne en Alsace. Bataille de Sintzheim. Désolation et incendie du Palatinat. Les impériaux y rentrent. Turenne, malgré les ordres de la cour, demeure en Alsace. Les impériaux pénètrent en Alsace. Ils sont battus à Ensheim. L'électeur de Brandebourg fait sa jonction avec eux. Turenne prend ses quartiers d'hiver en Lorraine. Il en sort, et surprend ceux des ennemis en Alsace. Il bat les impériaux à Turkheim, et les expulse de la province. Messine se met sous la protection de la France. 1675 Campagne de Flandre. Campagne d'Alsace. Manœuvres de Turenne et de Montécuculli. Turenne se dispose à livrer bataille. Il est tué d'un coup de canon. Mot sublime de Saint-Hilaire sur la mort de Turenne. Mouvement de Montécuculli pour faire repasser le Rhin aux Français. Il les suit dans leur retraite. Combat d'Altenheim. Montécuculli entre en Alsace. Condé, envoyé en Alsace, la fait évacuer par Montécuculli. Dernières années de Condé. Créqui battu à Consarbruck. Mort du duc de Lorraine, Charles IV. 1676 La flotte hollandaise battue par Du Quesne. Mort de Ruyter. Le roi manque et regrette l'occasion de livrer bataille au prince d'Orange. Levée du siège de Maestricht par le prince d'Orange. Prise de Philisbourg par le duc de Lorraine. Congrès de Nimègue. 1677 Prise de Valenciennes. Bataille de Cassel, gagnée par Monsieur. Combat de Kochersberg. 1677—78 Manœuvres du prince d'Orange contre la France. 1678 Louis fait des propositions de paix. Ruses et contreruses des plénipotentiaires. Demandes de la France. Adresse des Français. La paix est signée. Perfidie du prince d'Orange. Traité de Nimègue avec les Hollandais. 1679 Avec l'empereur. 1680 Mariage du dauphin. Disgrace de Pompone. Crimes de la comtesse de Brinvilliers. Chambre ardente pour raison d'empoisonnement. Disgrace du duc de Luxembourg. Fuite de la comtesse de Soissons. 1681—82 Affaire de la régale. Résistance qu'éprouve l'édit du roi. Assemblée du clergé pour statuer à cet égard. Ses arrêtés cassés par le pape Innocent XI. Les quatre articles de l'assemblée du clergé contre les prétentions des papes. Les sièges privés de pasteurs. Expédient suggéré par Bossuet pour prévenir le schisme. 1682—83 Bombardement d'Alger. 1684 Bombardement de Gênes. Le doge à Versailles. Affaire des réunions. Surprise de Strasbourg et sa réunion à la France. Ligue contre la France. Hostilités. Trève de Ratisbonne. Levée du siège de Vienne par les Turcs. Commencemens du prince Eugène. Mort de la reine. Tableau de la première moitié du règne de Louis XIV. Chagrins de madame de La Vallière. Elle se fait carmélite. Le comte de Vermandois. Intérieur du roi; il se détache de madame de Montespan. Madame de Maintenon. Mademoiselle de Fontanges. Eloignement de madame de Montespan. 1685 Mariage de madame de Maintenon. Révocation de l'édit de Nantes. 1685—86 Ses effets. Les camisards. 1686 Place des Victoires. 1687—88 Ligue d'Augsbourg. Démêlés avec le pape au sujet des franchises. Inutiles tentatives faites pour les terminer à l'amiable. Nouveau déplaisir donné au roi par le pape. Saisie d'Avignon. 1688 Le roi commence les hostilités. Le dauphin s'empare du Palatinat. Guillaume descend en Angleterre. Jacques se réfugie en France. 1689 Seconde dévastation du Palatinat. Mort du duc de Lorraine. Le maréchal d'Humières battu à Walcourt par le prince de Waldeck. 1690 Le roi Jacques passe en Irlande. Une flotte anglaise est battue par Château-Renaud. Bataille de la Boine. Jacques repasse en France. Projet de Seignelai pour la réintégration du roi Jacques. Victoire maritime de Tourville à Beachy. Descente à Tingmouth. L'Irlande cède aux armes de Guillaume. Campagne de Flandre. Bataille de Fleurus. Le duc de Savoie battu à Straffarde par Catinat. 1691 Combat de Leuze. Embarras du roi. Mort de Louvois. 1692 Mariages à la cour. Prise de Namur par le roi. Bataille de Steinkerque. Invasion du Dauphiné. Combat naval de La Hogue. 1693 Création de l'ordre militaire de Saint-Louis. Guillaume échappé au danger d'être battu. Bataille de Neerwinde. Bataille de La Marsaille. Nouveau ravage du Palatinat. Machine infernale dirigée contre Saint-Malo. Prise et dispersion d'un convoi anglais par Tourville. Bulles expédiées aux évêques de France. 1694 Tentatives pour la paix. Négociations plus directes. Marche célèbre de Luxembourg. Stagnation des armées. Succès en Catalogne. Expéditions maritimes. 1695 Refonte des monnaies. Capitation. Mort de Luxembourg. Prise de la ville de Luxembourg par Guillaume. Le duc de Vendôme en Catalogne. Prise et démolition de Casal. Le commerce anglais désolé par les armateurs français. Suite des négociations pour la paix. 1696 Tentatives infructueuses de descente en Angleterre. Traité de paix entre la France et le duc de Savoie. Neutralité de l'Italie. Succès de Vendôme en Catalogne. 1697 Conférences et paix de Ryswick. 1698 Premier partage de la succession d'Espagne, à La Haye. 1699—700 Premier testament de Charles II. Deuxième partage et deuxième testament de Charles II. Testament préféré au traité de partage. 1700 Philippe reconnu par les puissances étrangères. 1701 Ligue contre lui et la France. Alliés de la France. Guerre du Nord. Etendue des hostilités. Commencement des hostilités. Rappel de Catinat. Chamillard, ministre de la guerre et des finances. 1702 Surprise de Crémone par le prince Eugène. Vendôme remplace Villeroi en Italie. Bataille de Luzara. Mort de Guillaume. Marlborough, généralissime des troupes anglaises et hollandaises. Il s'empare des places espagnoles sur la Meuse. Prise de Landau par l'archiduc Joseph, roi des Romains. Bataille de Fridelingue gagnée par Villars. L'électeur de Bavière investi des Pays-Bas espagnols. Désastre des flottes française et espagnole dans le port de Vigo. 1703 Prise de Kehl par Villars. Jonction de Villars avec l'électeur de Bavière. L'électeur fait manquer le plan d'invasion de Villars. Invasion du Tyrol. Défection du duc de Savoie. Le prince de Bade pénètre en Bavière. Villars demande son rappel. Styrum battu à Hochstedt par Villars et l'électeur. Le comte de Marsin remplace Villars. Bataille de Spirebach gagnée par Tallard. Succès de Marlborough. Combat d'Ekeren. Défection du Portugal. 1704 Tallard conduit une armée en Allemagne. Il s'approche des alliés. Disposition bizarre de l'armée française et bavaroise. Seconde bataille d'Hochstedt. Guerre sur les frontières d'Espagne et du Portugal. Prise de Gibraltar par les Anglais. Combat naval entre le comte de Toulouse et l'amiral Rooke. Bulle contre les cas de conscience. 1705 Marlborough n'ose attaquer le camp de Villars. Le prince de Bade oblige Villars à reculer, et investit le fort Louis. Marlborough force les lignes des Pays-Bas. Pertes du duc de Savoie en Piémont. Vendôme bat le prince Eugène à Cassano. Prise de Barcelonne. L'archiduc Charles y est proclamé roi des Espagnes. Mort de l'empereur. Soulèvement infructueux de la Bavière. 1706 Bataille de Ramillies, et perte des Pays-Bas espagnols. Bataille de Turin, et évacuation de l'Italie par les Français. Les alliés entrent dans Madrid et en sont chassés. Villars dégage le fort Louis. 1707 Il enlève les lignes de Stolhoffen et pénètre en Allemagne. Il est forcé de rétrograder faute de moyens. Les alliés pénètrent en Provence et se retirent. Bataille d'Almanza gagnée par le duc de Berwick. Vendôme rentre dans les Pays-Bas espagnols. Emission des billets de monnaie. 1708 Inutile expédition pour porter Jacques III en Ecosse. Villars empêche le duc de Savoie de pénétrer en France. Combat d'Oudenarde. Mésintelligence dans l'armée française. Prise de Lille par les alliés. Ils s'emparent de la Sardaigne et de Minorque. 1709 Négociation pour la paix. Propositions du roi. Celles des alliés. Louis XIV les refuse. Villars opposé en Flandre à Eugène et à Marlborough. Prise de Tournai. Bataille de Malplaquet. Victoire du comte Du Bourg. Projets d'invasion des Allemands et des Piémontais déjoués. Le pape contraint de reconnaître l'archiduc pour roi d'Espagne. Prétentions du duc d'Orléans au trône d'Espagne. Chamillard résigne le ministère de la guerre. Desmarets lui succède au contrôle. Situation des finances. Mort du P. La Chaise, confesseur du roi. 1710 Conférences de Gertruydemberg. Elles sont rompues. Nouveaux efforts de la France. Campagne de Villars en Flandre. Le fort de la guerre se porte en Espagne. Bataille de Saragosse qui réduit Philippe aux dernières extrémités. Bataille de Villaviciosa qui le rétablit. Secours inespérés. Disgrace de Marlborough. 1711 Mort de l'empereur Joseph. Préliminaires de paix avec l'Angleterre. Les hostilités languissent. Expédition de Duguay-Trouin à Rio-Janeiro. 1712 Mort du duc de Bourgogne. Son caractère. Douleur de sa perte. Congrès d'Utrecht. Les Impériaux rejettent la cause de la guerre sur les Anglais. Froideur entre eux et reproches. Avantage important remporté par les plénipotentiaires français. Anxiétés de Louis XIV. Suspension d'armes entre la France et l'Angleterre. Villars force les retranchemens de Denain et reprend l'offensive. Succès de la campagne. La suspension d'armes s'étend à l'Espagne. 1713 Traités conclus à Utrecht. Avec la Savoie. Avec le Portugal. Avec la Prusse. Avec la Hollande. Avec l'Angleterre. Réflexions sur cette paix. L'empereur s'y refuse. Investissement de Landau par Villars. Contrariétés qu'il éprouve. Prise de Landau. Prise de Fribourg. Prise des forts par la seule fermeté de Villars. Eugène et Villars chargés de traiter de la paix. 1714 Paix de Rastadt et de Bade. Traité de la Barrière. Renouvellement des querelles du jansénisme. Réflexions morales du P. Quesnel sur le Nouveau-Testament. Bossuet sollicité d'y donner son approbation. L'apologie qu'en fait Bossuet livrée à l'impression après sa mort. Les réflexions dénoncées par deux évêques. Projet du P. Le Tellier contre le cardinal de Noailles. Le cardinal pressé en vain de s'expliquer sur Quesnel. Il réclame le jugement du pape,

Constitution *Unigenitus* qui condamne cent et une propositions du P. Quesnel. Acceptation par l'assemblée du clergé. Enregistrement de la constitution au parlement. Acceptation en Sorbonne. Acceptation des évêques de France. Projet d'un concile national pour déposer les évêques opposans. Vieillesse de Louis XIV. Son testament, Sa mort. Madame de Maintenon se retire à Saint-Cyr. Justification de Louis XIV sur ses guerres. Son éloge par M. l'abbé Maury.

Louis XV, soixante-huitième roi de France. 7

1715. Séance du parlement. Le duc d'Orléans déclaré régent. Conseils. L'abbé Dubois. Changement dans la politique de la France. Précautions légitimes du régent pour la couronne. Desseins d'Albéroni. 1716 Confiance imprudente du régent à l'égard des Anglais. Traité de la triple alliance. 1717 Les princes légitimés privés du rang de princes du sang. Chambre de justice. 1718 Projets d'Albéroni. Efforts de l'Espagne. Dispositions à l'égard du régent. Traité de la quadruple alliance. Lit de justice. Affront fait au duc du Maine. Mécontentement. Billets d'état. Système de Law. L'agiot. Richesses de Law. Conspiration contre le régent. Intrigues du prince de Cellamare. Elles sont découvertes. Beaucoup de personnes sont arrêtées. 1719 Contenu des papiers saisis. Procédure contre les prisonniers. Le duc du Maine innocent. Les prisonniers relâchés. Guerre d'Espagne. 1720 Paix avec l'Espagne. Disgrâce d'Albéroni. La banque. Moment brillant de la banque. Chute de la Banque. Exil du parlement. Ce qu'on doit penser du système. Effets du système. L'agiot dans les autres pays. Fin de Law. Peste de Marseille. Appel au futur concile de la bulle *unigenitus*. Accommodement des quarante. Enregistrement de la bulle et retour du parlement. Pouvoirs refusés au P. de Linières, confesseur du roi. Vues du régent sur le cardinal Dubois. 1721 Visa des actions et billets de banque. 1722 Le cardinal au conseil. Il est fait premier ministre. 1723 Sacre et majorité du roi. Mort du cardinal Dubois. Le Duc d'Orléans reprend le ministère. Ses qualités estimables. Ses vices. Sa mort. M. le duc nommé premier ministre. Son portrait. 1724 Désir de voir marier le roi. 1725 L'infante renvoyée. Abdication du roi d'Espagne, et son ressentiment. Mariage du roi. Sa vie et ses habitudes. Déclaration contre les protestans. Gouvernement de M. le Duc. Il intrigue avec la reine contre l'évêque de Fréjus. 1726 Il est disgracié. Le cardinal de Fleuri nommé ministre. Changemens dans le ministère. Ses premières opérations. Fin de la fluctuation des monnaies. 1727—32 État de l'Europe. Congrès de Cambrai. Compagnie d'Ostende. Pragmatique de l'empereur. Paix entre l'empereur et l'Espagne. Congrès de Soissons. Différens traités pour la paix générale. Garantie de la pragmatique. Affaires de la constitution. Concile d'Embrun. Résipiscence du cardinal de Noailles. Nouvel enregistrement de la bulle. Premières démissions parlementaires. Les démissions sont rendues. Tombeau de M. Pâris. Vies du cardinal et du roi. 1733-34 Guerre pour la Pologne. Élections opposées de Stanislas et d'Auguste II. Faible secours de Français envoyé à Stanislas. Prise de Dantzick par les Russes. Évasion de Stanislas. Dangers qu'il court. Il atteint la frontière de Prusse. Alliance de la France, de l'Espagne et de la Savoie. Abdication de Victor-Amédée. Prise de Kehl par Berwick, et de Milan par Villars. 1734 Mauvaise tactique du roi de Sardaigne. Mort de Berwick et de Villars. Prise de Philisbourg par les Français. Batailles de Parme et de Guastalle gagnées par les alliés. Conquête de Naples et de la Sicile par don Carlos. 1735. Préliminaires de la paix. La France acquiert la Lorraine, et garantit la Pragmatique. Changemens dans les mœurs du roi. 1736—39 Troubles de la Corse. Médiation inutile de l'empereur. Le roi Théodore. Intervention de la France. Conquête de l'île et son évacuation. 1740 Mort de Charles VI. Intérêts des diverses puissances à sa succession. Premières hostilités. 1641 Bataille de Molwitz gagnée par le roi de Prusse sur les Autrichiens. Ligue contre la reine de Hongrie. Guerre entre l'Angleterre et l'Espagne. Succès des armées françaises. Entrée des Français en Allemagne. Prise de Prague. Consigne donnée par Chevert. L'électeur de Bavière est couronné roi de Bohême. Les Espagnols descendent en Italie. Défection du roi de Sardaigne, qui s'allie à la reine de Hongrie. Discours de Marie-Thérèse aux états de Hongrie. Dévoûment des Hongrois. Marie-Thérèse rentre en possession de l'Autriche. L'électeur de Bavière, élu empereur sous le nom de Charles VII, est dépouillé de ses états. Mort de la czarine. Le jeune czar Ivan détrôné par Elisabeth Pétrowna. 1742 Paix de Breslaw entre le roi de Prusse et Marie-Thérèse. Blocus de Prague. Vaines tentatives du maréchal de Maillebois pour dégager l'armée française. Retraite de Prague par le maréchal de Belle-Isle. Capitulation de Chevert à Prague. Les Français et les Espagnols attaquent la Savoie. Don Carlos forcé à la neutralité par le capitaine anglais Martin. 1743 Habiles dispositions du maréchal de Noailles contre l'armée anglaise entrée en Allemagne. Défaite des Français à Dettingen par l'imprudente témérité du duc de Grammont. Évacuation de la Bavière par les Français. Vaines tentatives du prince Charles de Lorraine sur le Rhin. Préliminaires entre l'empereur et la reine de Hongrie. Évacuation de l'Allemagne par les Français. Mort du cardinal de Fleuri. Bases de son administration. Motifs du dépérissement où il laisse tomber la marine. De sa conduite dans les affaires ecclésiastiques. 1744 La France déclare la guerre à l'Angleterre et à l'Autriche. Combat naval devant Toulon. Tentative inutile pour porter le second prétendant en Angleterre. Mesures financières pour pousser la guerre avec vigueur. Le roi de Prusse promet une diversion. Le roi se rend à l'armée de Flandre. Savante campagne du maréchal de Saxe en Flandre. Invasion du prince Charles en Alsace. Le roi de Prusse s'empare de Prague. Le prince Charles repasse le Rhin. Invasion de la Bohême par les Prussiens, et de la Bavière par les Autrichiens. Escalade de Château-Dauphin. Entrée des Français en Piémont et retraite. Combat de Velletri. Les Autrichiens regagnent le nord de l'Italie. Maladie du roi. Surnom de *Bien-Aimé*. 1745 Mort de l'empereur Charles VII. Paix de la Bavière et de l'Autriche. Bataille de Fontenoi. Particularités sur cette bataille. Conquête de la Flandre. Conquête de l'Italie autrichienne. Le grand-duc François-Étienne élu empereur. Paix de Dresde entre le roi de Prusse et l'impératrice. Le prétendant débarque en Écosse, et est proclamé régent à Édimbourg. Il bat les Anglais à Preston-Pans. Il pénètre en Angleterre jusqu'à trente lieues de Londres. Il rentre en Écosse. 1746 Il bat de nouveau les Anglais à Falkirk. Il est défait à Culloden par le duc de Cumberland, et son parti ruiné sans ressource. Dangers qu'il court pendant cinq mois. Il aborde en France. Négociations infructueuses avec le roi de Sardaigne. Division qu'elles font naître entre les Espagnols et les Français. Ils évacuent le Piémont. Prise de Gênes par les Autrichiens. Soulèvement et délivrance de Gênes. Les Autrichiens abandonnent la Provence. Conquête du Brabant par les Français. Bataille de Raucoux. Prise de Madras par La Bourdonnaie. Disgrâce de ce général. 1747 Second mariage du dauphin. Caractère de la dauphine. Levée du siège de Gênes. Combat funeste du col de l'Assiette. Le prince d'Orange proclamé stathouder sur la menace d'invasion de la Hollande. Bataille de Laufeld, et prise de Berg-op-Zoom. Actions navales et destruction de la marine française. 1748 Investissement de Maëstricht, et préliminaires de paix. Paix d'Aix-la-Chapelle. 1748--57 Vie privée de Louis XV. Progrès de la philosophie. Édit de mainmorte. Changemens dans le ministère. Établissement de l'École militaire. Tentatives pour faire contribuer le clergé comme les autres citoyens. Liberté du commerce intérieur des grains. Renouvellement des querelles du jansénisme. Billets de confession et refus de sacremens. Arrêt du parlement contre les refus de sacremens. Le roi impose silence. Exil du parlement. Chambre royale pour le remplacer. Le roi rappelle le parlement et exile quelques évêques. L'assemblée du clergé consulte le pape. Bref de Benoit XIV supprimé par le parlement. Le parlement de Paris refuse d'enregistrer les impôts, et se ligue avec les autres parlemens. Déclarations du roi contre le parlement. Démissions de ses membres. Discorde de Paris. Assassinat du roi. Rappel du parlement. MM. de Machault et d'Argenson éloignés du ministère. 1750--53 Conférences de Paris touchant l'Amérique. 1754 Entreprises des Anglais au delà des Apalaches. Premières hostilités. Assassinat de Jumonville. Les Français font capituler Washington au fort de la Nécessité. 1755 Invasion du général Braddock, et sa défaite par les Français. Sans déclaration de guerre les Anglais enlèvent trois cents vaisseaux marchands. 1756 La France menace l'Angleterre d'une descente, et en effectue une à Minorque. La Galissonnière remporte une victoire navale à Minorque sur l'amiral Byng. Prise du fort Saint-Philippe par le maréchal de Richelieu. L'amiral Byng condamné à mort. Guerre continentale, malgré les désirs et les intérêts de la France et de l'Angleterre. Invasion de la Saxe par le roi de Prusse, et commencement de la guerre de sept ans. Il bat le maréchal de Brown à Lawositz, et fait capituler les Saxons à Pirna. Tableau de cette guerre de sept ans. Motifs qui l'ont fait entreprendre. 1757 Le maréchal d'Estrées commande l'armée française. Vainqueur à Hastemberg, il est remplacé par le maréchal de Richelieu. Capitulation de Closterseven. Le roi de Prusse bat le prince Charles à Prague. Il est battu à Chotzemitz par le maréchal de Daun. Sa situation alarmante. Il bat le prince de Soubise à Rosbach. Rupture de la capitulation de Closterseven. Frédéric bat Daun et le prince Charles à Lissa. Vaines tentatives des Anglais sur Louisbourg et sur les côtes de France. Situation des compagnies française et anglaise dans l'Inde. Rappel de Dupleix. Conquête du Bengale par les Anglais, et prise par eux de Chandernagor. 1758 Le comte de Clermont battu à Crevelt par le prince Ferdinand. Batailles de Sonders-Hausen et de Lutzelberg, gagnées par le duc de Broglie et le prince de Soubise. Daun fait lever le siège d'Olmutz au roi de Prusse. Bataille de Zorndorf entre les Prussiens et les Russes. Frédéric, battu par Daun à Hochkirchen, délivre néanmoins Neiss. Expédition des Anglais en Canada. Défaite du général Abercrombie par le marquis de Montcalm. Prise de Louisbourg par les Anglais. MM. de Lally et d'Aché envoyés dans les Indes. M. d'Aché refuse de faire voile pour Madras et se retire à l'Ile-de-France. Descente des Anglais sur les côtes de France. Ils sont repoussés à Saint-Cast. Changemens dans le ministère. 1759 Bataille de Berghen gagnée par le maréchal de Broglie, et de Minden perdue par le maréchal de Contades. Le général Solticow bat le comte de Dohna à Zulichau, et le roi de Prusse à Cunesdorf. Prise de Dresde par l'armée des Cercles. Combat de Maxen. Bataille de Québec. Mort des deux généraux. Le Canada passe au pouvoir des Anglais. Siège de Madras par M. de Lally. Révolte de ses troupes. Combat indécis entre l'amiral Pocock et M. d'Aché. Vaines tentatives pour retenir celui-ci à Pondichéry. Les flottes françaises de La Clue et de Conflans détruites par les amiraux Boscawen et Hawke. Embarras des finances. Subvention territoriale de M. de Silhouette, contrôleur-général. Il est remplacé par M. Bertin. 1760 Le prince héréditaire est battu à Corbach et à Clostercamp. Dévouement du chevalier d'Assas. Frédéric, cerné par plusieurs armées à Liegnitz, leur échappe et bat Laudhon. Belle retraite de celui-ci. Les Russes pénètrent jusqu'à Berlin et regagnent la Pologne. Frédéric bat le maréchal de Daun à Torgau, et le force à reculer. Le colonel Coote bat le comte de Bussy dans l'Inde. Le comte d'Aché ne reparaît point à la côte de Coromandel. Siège, prise et destruction de Pondichéry par les Anglais. Procès de M. de Lally. Sa condamnation. Son caractère, sa mort et sa réhabilitation. 1761 Pacte de famille. Combat de Filfngshausen. Exil du maréchal de Broglie. Frédéric perd Schweidnitz et Colberg. Situation fâcheuse où il se trouve. 1762 Elle change par la mort de l'impératrice Elisabeth. Pierre III, empereur de Russie, s'allie à Frédéric. Sa déposition et sa mort. Catherine II, impératrice de Russie, se déclare neutre. Bataille de Freyberg gagnée par le prince Henri. Les maréchaux d'Estrées et de Soubise battus à Vilhelmstadt. Victoire du prince de Condé à Johannesberg. Pertes de l'Espagne. Signature des préliminaires. Le roi de Prusse décide la paix en Allemagne. 1763 Paix de la France. Traité de Paris. Possessions anglaises. 1764 Affaires des jésuites. Procès au parlement. Défenses et répliques. Ils sont condamnés à payer. Constitutions des jésuites. La conclusion de cette affaire est suspendue. Sentimens des évêques sur l'utilité des jésuites. Efforts inutiles pour les sauver. La société est dissoute en France. Raisons pour détruire la société. Motifs pour la conserver. 1764—68 Événemens de la cour. Mort de madame de Pompadour. Madame du Barry. Mort du dauphin. De la dauphine. Du roi Stanislas et de la reine sa fille. 1768 Réunion de la Corse. Naissance de Napoléon Bonaparte. Cause des démêlés avec la cour de Rome. Affaire de Parme. Saisie d'Avignon. Extinction de l'ordre des jésuites, et leur dernier état. 1768—71 Affaires des parlemens. Affaire de Bretagne. Commission de Saint-Malo. Prête à prononcer, elle est suspendue. L'affaire finit sans jugement. Nouvelles entreprises du duc d'Aiguillon. Il est rappelé à la cour. Le parlement de Bretagne renouvelle la proscription des jésuites. Il attaque le duc d'Aiguillon. Séance de la cour des pairs à Versailles. Fin du procès sans jugement. Arrêt du parlement de Paris contre le duc d'Aiguillon. Arrêt du conseil qui le casse. Lit de justice à Versailles. Le parlement cesse ses fonctions. Cherté des blés. Doctrine des économistes. Disgrâce du duc de Choiseul. Exil des conseillers au parlement et suppression de leurs charges. Composition d'un autre parlement, dit *parlement Maupeou*. Il est installé. Le roi se rend dans son sein et promet de le maintenir. Réorganisation des parlemens dans les provinces. Finances. Réduction des rentes. 1771 — 74 Affaires de Pologne. Confédération de Bar. Secours de la France aux confédérés. Elle suscite la Turquie contre les Russes. Revers des Turcs. Premier partage de la Pologne. Révolution de Suède. Démonstration hostile de la France. Paix de Kaïnardgi. Mariage du dauphin, et accident. État de la cour. Dernières années de Louis XV. Sa mort. Son caractère. Ses établissemens.

Louis XVI, soixante-neuvième roi de France. 111

1774. Premières opérations de Louis XVI. Rétablissement du parlement. Édits de bienfaisance. 1774—75. Ministres. 1776. Suppression des corvées. Renvoi de MM. Turgot et de Malesherbes. MM. de Clugny et Necker, ministres des finances. 1777. Premières opérations de M. Necker. Faveur accordée aux opinions nouvelles. Comment elles se propagent. Origine de la guerre d'Amérique. Acte du timbre. Révocation des actes du parlement anglais. Soulèvement de Boston contre les impositions indirectes de l'Angleterre. Interdiction de son port. Congrès de Philadelphie et rupture avec la métropole. Combat de Lexington. Sièges infructueux de Boston et de Québec. Washington, généralissime. Il s'empare de Boston. Déclaration d'indépendance. Négociation de Franklin en France. Conspiration pour livrer New-York aux Anglais. Lord Howe bat Washington à Brandywine et s'empare de Philadelphie. Gates force le général anglais Burgoyne à capituler. 1778. Traité d'alliance entre la France et les Etats-Unis. L'Angleterre rappelle son ambassadeur. Le comte d'Estaing est envoyé en Amérique. Evacuation de Philadelphie par les Anglais. Inutiles efforts du comte d'Estaing en diverses parties de l'Amérique. Combat naval d'Ouessant. 1779. Jonction des flottes françoise et espagnole. Faible résultat qu'on en obtient. Prise de Saint-Vincent et de la Grenade par le comte d'Estaing. Combat naval entre lui et l'amiral Byron. Il échoue devant Savannah et revient en France. Evacuation de Rhode-Island par les Anglais. Paix de Teschen au sujet de la succession de la Bavière. 1730. Mort de Marie-Thérèse. Neutralité armée. M. de Guichen remplace M. d'Estaing aux Antilles. Rodney. Rodney bat une escadre espagnole et ravitaille Gibraltar. Trois combats dans les Antilles entre les amiraux de Guichen et Rodney. Rodney quitte les Antilles. M. de Guichen convoie une flotte marchande à Cadix. Exploits de M. de La Motte-Piquet. Nouvelle jonction des flottes française et espagnole dans l'Océan. Clinton s'empare de Charles-Town. Le général Rochambeau s'établit à Rhode-Island. Succès des Espagnols dans la Floride. Défection du major-général Arnold. L'Angleterre déclare la guerre à la Hollande. 1781. Compte rendu au roi par M. Necker, et démission de ce ministre. Prise de l'île de Saint-Eustache par Rodney. Combat naval entre M. de Grasse et le vice-amiral Hood. Prise de Tabago par les Français. Concours de M. de Grasse à l'expédition de la Chesapeak. Lord Cornwallis cerné dans la presqu'île d'York-Town. Réunion des forces combinées. M. de Grasse repousse une flotte anglaise. Lord Cornwallis est forcé de mettre bas les armes. Reprise de Saint-Eustache par M. de Bouillé. Troisième jonction inutile des flottes française et espagnole dans l'Océan. Combat du Doggersbank. Le duc de Crillon s'empare de Minorque. Pertes des Hollandais dans l'Inde. Prise de Pondichéry par les Anglais. Ce qu'était Aïder-Ali-Kan. Il défait le colonel Baillie et s'empare d'Arcate. Battu quatre fois par sir Eyre Coote, il évacue le Carnate. Renfort pour les Indes intercepté par Rodney. Combat de la Praya entre le commodore Johnstone et le bailli de Suffren, qui sauve le Cap de Bonne-Espérance. L'amiral Kempenfeld enlève partie d'un convoi escorté par une escadre supérieure. 1782. Prise de Saint-Christophe par MM. de Bouillé et de Grasse. Faute capitale de l'amiral français. Il essaie d'opérer sa jonction avec les Espagnols, et se laisse joindre par Rodney. Combat des Saintes ou du 12 avril, où il est battu et fait prisonnier. Destruction des établissemens anglais de la baie d'Hudson par La Peyrouse. Evacuation de Savannah et de Charles-Town par les Anglais. Rappel de Rodney. Batteries flottantes dirigées contre Gibraltar. Elles sont incendiées par la place. Lord Howe ravitaille Gibraltar. Le bailli de Suffren arrive dans l'Inde. Premier combat entre lui et sir Hughes. Prise de Goudelour par M. du Chemin. Second combat naval entre sir Hughes et le bailli de Suffren. Troisième et quatrième combats. Prise de Trinquemale par le bailli de Suffren. 1783. Mort d'Aïder. Arrivée du marquis de Bussy à la côte de Coromandel. Succès des Anglais dans le Canada. Matthews, battu et pris par Tipoo, est mis à mort. Siége de Goudelour par les Anglais. Combat entre le major Stuart et le marquis de Bussy. Cinquième combat entre sir Hughes et M. de Suffren. Le premier est forcé de s'éloigner de Goudelour. Préliminaires de la paix. Changemens dans le ministère anglais qui les amène. Traités de paix. Traité de commerce. La France coopère à l'abandon de la Crimée fait par les Turcs à la Russie. Inutiles réformes économiques de Louis XVI. M. de Calonne contrôleur-général. 1784—87. Médiation de la France entre l'empereur et la Hollande. Sa faiblesse au sujet de l'échange de la Bavière. Elle abandonne le parti républicain en Hollande. Les Prussiens pénètrent à Amsterdam et rétablissent le stathouder. 1787. Déficit dans les finances. Ses causes suivant M. Necker. Exil de celui-ci. Première assemblée des notables. Nouveau ministère. L'archevêque de Toulouse chef du conseil des finances. Lit de justice pour

DES SOMMAIRES. 641

les emprunts graduels. 1788. Projet de Brienne contre les parlemens. Il est découvert. Mesures du parlement. Arrestation des conseillers d'Esprémenil et de Monsabert. Lit de justice pour l'exécution du projet. L'archevêque de Toulouse donne sa démission, et M. Necker est rappelé. Excès de joie. Et de fureur. Forme ancienne des états généraux. Deuxième assemblée des notables. Fixation de la forme des nouveaux états. 1789. Club breton. Aristocrates, démocrates. Pillage de la maison de Réveillon imputé au duc d'Orléans. Ouverture des états. Discussions sur la vérification des pouvoirs. Changement des états en assemblée nationale. Moyen de celle-ci pour assurer sa permanence. Serment du jeu de Paume. Séance royale et déclaration du roi. Opinion sur la déclaration. Conversation du roi avec le président de la noblesse. Les représentans déclarés inviolables. Emeutes au Palais-Royal pour les gardes-françaises. Exil de M. Necker. Désolation du peuple. Incendie des barrières et de Saint-Lazare. Prise de la Bastille. MM. Bailli et de La Fayette. Milice parisienne. Armement de tout le royaume ; incendie des bâtimens ; famine. Cause de ces excès. Voyage du roi à Paris. L'émigration. Assassinat de MM. Foulon et Berthier. Retour de M. Necker. Nouveau ministère. Déclaration des droits. Nuit du 4 au 5 août. Opérations financières ; don patriotique ; salaire des députés. Regrets sur les sacrifices du 4 août. Observations du roi, et sanction forcée qu'il donne au décret. Discussion sur le *veto*. Fête des gardes-du-corps. Les Parisiens à Versailles. Crimes des 5 et 6 octobre. Le roi se rend à Paris. Son cortége. Tranquillité rétablie à Paris. Voyage du duc d'Orléans à Londres. L'assemblée nationale est transportée à Paris. Travail de la constitution, Drapeau rouge. Comité des recherches. Division de la France. Inscription civique. Biens du clergé confisqués. Offrande des bijoux. Prolongation des vacances des parlemens. Assignats. Monsieur à l'hôtel de ville. 1790. Supplice de Favras. Magistrats humiliés. Livre rouge. Séance du 4 février. Droit de guerre et de paix. Destruction des distinctions. Constitution civile du clergé. Fête de la fédération. Retour du duc d'Orléans. Procédure du Châtelet au sujet des journées des 5 et 6 octobre. Démission des ministres. Renouvellement de la garde. Acceptation de la constitution civile du clergé par le roi. 1791. Chevaliers du poignard. Triste situation du roi. Persécution des religieux et religieuses. Assemblées électorales. Agitations du peuple. Clubs. Tactique de l'assemblée. Mort de Mirabeau. Obstacles au voyage de Saint-Cloud. Complaisances du roi. Causes de sa fuite. Son évasion et son retour. Suspension du monarque. Le drapeau rouge au Champ-de-Mars. Fin de la constitution. Proclamation de la constitution. Fin de l'assemblée constituante. Ouverture de l'assemblée législative. La Vendée et les Chouans. Décret au sujet des princes et des émigrés. La garde du roi. Décrets sur les prêtres insermentés. Suppression du club des Feuillans et des écrits royalistes. Bonnet rouge. Assemblées populaires. Puissance de la commune de Paris. 1792. Décret contre les princes. Politique extérieure. Guerre de la Russie contre la Turquie et la Suède. Insurrection brabançonne. Paix de Reichembach, de Varela et de Szistow. Nouvelle constitution de Pologne. Partage de la Pologne entière entre la Russie, l'Autriche et la Prusse. Pillage des boutiques. Effet de la constitution. Le *maximum*. Désir de la guerre. M. de Lessart envoyé à la haute cour d'Orléans. Dumouriez au ministère. Déclaration de guerre au roi de Bohême et de Hongrie. Première attaque du Château des Tuileries. Embarras des jacobins. Ils reprennent courage et proposent la convention nationale. Paix de Lamourette. Seconde fédération. Les Marseillais. Deuxième attaque du château. Conduite du maire Pétion. Le roi dans l'assemblée. Son pouvoir exécutif est suspendu. Il est enfermé au temple. Affreux assassinat. Massacres du 2 septembre. Etablissement de la convention. Ses premières opérations. Fuite de M. de La Fayette et sa détention en Prusse et en Autriche. Evacuation de la Chambre par le roi de Prusse. Conquête des Français. Bataille de Jemmapes. Rapports de comité au sujet du jugement du roi. Opinion délirante de quelques députés. Opinions plus favorables. Sophismes de Condorcet. Vote de Robespierre. Machiavélisme inutile des Girondins. Louis se choisit des conseils. Appel au peuple rejeté. 1793. Négociation des puissances étrangères pour sauver le roi. Appels nominaux. Condamnation du roi. Signification de la sentence au monarque. Dernière entrevue du roi et de sa famille. Le roi se prépare à la mort. Il donne sa bénédiction à Cléry. Il est conduit au lieu de l'exécution. Sa mort.

RÉPUBLIQUE.

Convention. 488

1793. La Convention déclare la guerre à l'Angleterre et à la Hollande, et décrète une levée de 300,000 hommes. Création de 300 millions d'assignats. Etablissement du tribunal révolutionnaire. L'Europe entière arme contre la France. Dumouriez envahit la Hollande. Il perd la bataille de Nerwinde. Il passe à l'ennemi. Insurrection de la Vendée. Ses succès. Mesures énergiques de la Convention. Emission de 1200 millions d'assignats nouveaux. Dix armées couvrent les frontières. Conspiration contre les Girondins. Courage de Lanjuinais. Liste de proscription dressée par Marat. Il est poignardé par Charlotte Corday. Son buste est porté en triomphe au Panthéon. Etat de la France. La Convention fait face à tout. Quatorze armées sont organisées. L'ennemi est repoussé sur tous les points. La Vendée est comprimée. Mort de Marie-Antoinette. De vingt-un Girondins. Du duc d'Orléans Philippe —Egalité. De Bailly. Calendrier républicain. Culte de la Raison et de la Nature. 1794. Mort de Danton. Succès des armées républicaines. Culte de l'Être suprême. Chute de Robespierre le 9 thermidor. Sa mort. 1795. Dernière insurrection des anarchistes. La Convention est envahie par les révoltés. La tête de Ferraud, portée au bout d'une pique, est présentée au président Boissy-d'Anglas. La neutralité de la Prusse est garantie par un traité. La paix est conclue avec l'Espagne. Expédition de Quiberon. La constitution de l'an III est proclamée. La Convention déclare sa session terminée et se retire.

Directoire. 512

1795. Tableau de la France. Discrédit. Banqueroute de 33 milliards. 1796. Réorganisation de l'armée. Plan de campagne de Carnot. Pacification de la Vendée. Bonaparte entre en Italie avec une armée de 30,000 hommes. Ses victoires. Paix avec la Sardaigne. 1797. Wurmser est battu à Castiglione et à Lonato. Batailles de la Piave et du Tagliamento. Armistice de Leoben. Traité de Campo-Formio. Congrès de Rastadt. Coup d'état du 18 fructidor. 1798. Expédition d'Egypte. Mort du pape Pie VI. Assassinat des plénipotentiaires français au congrès de Rastadt. 1799. Bataille des Pyramides. Bataille d'Aboukir. Victoire de Berghen. Victoire de Zurich. Bonaparte revient à Paris. Coup d'état du 18 brumaire.

Consulat. 525

1799. Bonaparte premier consul. Constitution de l'an VIII. 1800. Passage du Mont Saint-Bernard. Combat de Montebello. Bataille de Marengo. Journée d'Hohenlinden. 1801. Traité de Lunéville. Traité de Florence avec le roi de Naples. Paix avec le Portugal. Avec la Russie. Avec la Porte-Ottomane. 1802. Traité d'Amiens avec l'Angleterre. Expédition de Saint-Domingue. Concordat. Création de la Légion d'honneur. Bonaparte consul à vie. Constitution de l'an X. 1803. Rupture avec l'Angleterre. Conquête du Hanovre par les troupes françaises. Conspiration de Georges Cadoudal. Mort du duc d'Enghien. Napoléon Bonaparte proclamé empereur. Il est sacré par le pape Pie VII.

EMPIRE. 532

1805. Napoléon couronné roi d'Italie. Projet de descente en Angleterre. Troisième coalition. Bataille d'Austerlitz gagnée sur les Russes et les Autrichiens. Traité de Presbourg avec l'Autriche. Bataille de Trafalgar. Joseph Bonaparte, roi de Naples. Louis Bonaparte, roi de Hollande. Napoléon, protecteur de la confédération du Rhin. Quatrième coalition, entre la Prusse, la Russie, la Suède et l'Angleterre. Bataille d'Iéna. La Prusse est conquise et son armée détruite. Bataille d'Eylau contre les Russes. Prise de Dantzick. Bataille de Friedland. L'armée russe est anéantie. Paix de Tilsitt entre la France, la Prusse et la Russie. Jérôme Bonaparte, roi de Westphalie. Blocus continental. Invasion du Portugal. 1808. Le prince des Asturies force Charles IV, son père, d'abdiquer, et se fait proclamer roi d'Espagne, sous le nom de Ferdinand VII. Napoléon remet la couronne sur la tête du vieux roi qu'il contraint bientôt d'abdiquer en sa faveur. Joseph est appelé au trône d'Espagne, et résigne la couronne de Naples à Joachim Murat. Insurrection espagnole. Capitulation de Baylen. Capitulation de Cintra. Entrevue d'Erfurth entre Napoléon et l'empereur de Russie. Prise de Madrid. Cinquième coalition, entre l'Angleterre, l'Autriche et le Saint-Siège. Bataille d'Essling. Mort du maréchal Lannes. Victoire de Raab. Bataille de Wagram. Traité de Vienne. Le pape Pie VII prisonnier à

Fontainebleau. Victoires en Espagne. Siège de Sarragosse. Bataille de Talavera. 1810. Napoléon répudie Joséphine et épouse l'archiduchesse Marie-Louise, fille de l'empereur d'Autriche. La Hollande est réunie à la France. Bernadotte est élu prince royal de Suède. 1811. Naissance du roi de Rome. Continuation de la guerre en Espagne et en Portugal. Préparatifs de guerre de la Russie. 1812. Armement de la France. Bernadotte entre dans la coalition. Ultimatum de la Russie. Combat d'Ostrowno. Bataille de Smolensk. Bataille de la Moscowa. Prise de Moscou. Incendie de cette ville. Retraite. Passage de la Bérésina. Conspiration du général Mallet. Echecs en Espagne. 1813. Défection de la Prusse. Ouverture de la campagne. Bataille de Lutzen, de Bautzen et de Wurschen. Congrès de Prague. Armistice de Plaswitz. L'Autriche déclare la guerre à la France. Bataille de Dresde. Mort du général Moreau. Suite de revers. Bataille de Leipsick. Retraite sur la France. Traité de Valençay qui rend le trône d'Espagne à Ferdinand VII. 1814. Marie-Louise est déclarée régente. Congrès de Châtillon. Victoires de Montmirail et de Naugis. Capitulation de Paris. Création d'un gouvernement provisoire. Louis XVIII est appelé au trône de France. Abdication de Napoléon. Ses adieux à sa vieille garde au palais de Fontainebleau. Il se retire à l'île d'Elbe. Quatre cents hommes l'y accompagnent.

RESTAURATION.

Première restauration.—Les Cent-Jours.—Louis XVIII. 563

1814. Déclaration de St-Ouen. Traité de Paris avec les quatre puissances alliées. Louis XVIII proclame la charte constitutionnelle. Grande faute qu'il commet. Violentes réactions. Prétention du clergé et de la noblesse. Réclamations des émigrés. Formation de sociétés secrètes. Congrès de Vienne. 1815, Napoléon, sollicité par ses partisans, quitte l'île d'Elbe et débarque au golfe Juan le 1er mars. Sa proclamation aux soldats. Son entrée à Lyon le 10 mars à la tête de six mille hommes. Décret qui prononce la dissolution des deux chambres et la convocation du champ de mai. Louis XVIII quitte les Tuileries le 19 mars. Le 20, Napoléon fait son entrée triomphale à Paris. Assemblée du champ de mai, où Napoléon prête serment à la constitution. Il part de Paris pour marcher à l'ennemi. Il bat les Prussiens à Lygny. Bataille de Waterloo. Désastres de l'armée française. Napoléon est mal reçu par les représentans. Il abdique en faveur du roi de Rome et se retire à la Malmaison. Création d'un gouvernement provisoire. Napoléon est conduit à Ste-Hélène.

Seconde restauration. 572

1815. Convention de St-Cloud (3 juillet). Paris est livré aux Anglais et aux Prussiens. L'armée se retire derrière la Loire. Proclamation de Louis XVIII datée de Cambrai. Licenciement de l'armée. Listes de proscription dressées par Fouché. Massacres et assassinats dans le midi. Ministère du duc de Richelieu. Traité définitif avec les Alliés. Lois d'exceptions présentées aux Chambres. Rétablissement de la censure. Création des cours prévôtales. Sanglantes réactions. Condamné par un conseil de guerre, le colonel Labédoyère est fusillé. Condamnation et évasion de Lavallette. Procès du maréchal Ney. Son exécution. 1816. Conjuration de Pleignier et Tolleron. Dissolution de la Chambre des Députés et sa convocation pour le 4 novembre. 1817. Nouvelle loi électorale. Abolition des cours prévôtales. Loi du recrutement. Rétablissement du concordat conclu entre Léon et François Ier. 1818. Congrès d'Aix-la-Chapelle. Libération définitive de la France. Le duc de Richelieu se retire du ministère. Témoignage de la reconnaissance nationale. Formation d'un nouveau cabinet. 1819. Abolition du droit d'aubaine. Rétablissement partiel de la liberté de la presse, tout en assujettissant les journaux à des cautionnemens. Changement dans le ministère. M. Decazes devient président du conseil. 1820. Assassinat du duc de Berry. Le duc de Richelieu remplace Decazes comme président du conseil. Loi qui suspend la liberté individuelle. Autre qui rétablit la censure pour les journaux. Nouvelle loi électorale (loi du double vote). Emeutes de la rue St-Denis. Naissance du duc de Bordeaux. Conspiration du capitaine Nantil. 1821. Troubles à Grenoble, où l'école de droit est supprimée. Mort de Napoléon. M. de Villèle remplace au ministère M. de Richelieu. Loi de tendance pour les délits de la presse. 1822. Nouvelle activité des sociétés secrètes. Réunions mystérieuses des carbonari. L'affiliation s'étend jusque dans l'armée. Tentative d'insurrection du général Berton. Sa mort. Mort du colonel Caron. Exécution des quatre sous-officiers de La Rochelle. Réactions et troubles en Espagne. Congrès de Véronne. L'intervention de la France en Espagne y est décidée. 1823. A l'ouverture de la session Louis XVIII annonce cette décision à la Chambre des Députés. Paroles de Manuel à cet égard. Son exclusion de la Chambre. Protestation de la gauche. Le duc d'Angoulême entre en Espagne à la tête de l'armée française. Les cortès, à la nouvelle de l'invasion, abandonnent la capitale et forcent le roi Ferdinand à les accompagner à Séville. Entrée du duc d'Angoulême à Madrid. Création d'une régence pour gouverner le royaume en la captivité du roi. Siège et prise du Trocadéro. Mort de Riégo. Le duc d'Angoulême fait à Paris une entrée triomphale. La Chambre des Députés est dissoute. 1824. Rôle scandaleux du ministère et de ses agens dans les nouvelles élections. Seize ou dix-sept députés libéraux seulement sont réélus. Loi de septennalité. La Chambre des Pairs rejette la conversion des rentes, proposée par M. de Villèle et adoptée par la Chambre des Députés. M. de Châteaubriand est destitué. Polémique virulente contre le ministère. Ordonnance royale qui rétablit la censure. Réorganisation du Conseil-d'Etat où sont appelés nombre de dignitaires de l'église. Dernières paroles de Louis XVIII. Sa mort, le 16 septembre 1824.

Charles X.

1824. Mot heureux du nouveau roi lors de son entrée à Paris. Haute faveur de la congrégation. Processions publiques. Attaques contre les jésuites. Création du trois pour cent. Loi du milliard d'indemnité aux émigrés. Paroles du général Foy à cette occasion. Loi du sacrilège. Loi qui autorise les communautés religieuses de femmes. Sacre de Charles X à Reims. 1826. Loi du droit d'aînesse. Mémoire du comte de Montlosier contre les jésuites. Sa pension est supprimée. Il accuse l'illégalité de leur existence devant la cour royale de Paris qui se déclare incompétente. Déchaînement général contre le ministère. Loi d'amour et de justice, présentée par M. de Peyronnet. 1827. Le ministère est forcé de la retirer. Illumination générale dans Paris. Rixe violente aux funérailles de La Rochefoucauld-Liancourt. Revue solennelle de la garde nationale au Champ-de-Mars. Imprécations contre les ministres, et M. de Villèle en particulier. Licenciement de la garde nationale. Voyage du roi au camp de Saint-Omer et dans le département du Nord. Dissolution de la Chambre des Députés. Promotion extraordinaire de soixante-seize pairs. Les candidats constitutionnels sont en majorité. Les maisons sont illuminées. Rassemblemens séditieux dans les rues saint-Denis et saint-Martin. Des barricades sont élevées et détruites par la troupe de ligne. Bataille de Navarin. 1828. M. de Villèle donne sa démission. Ministère Martignac. Loi contre les fraudes électorales. Abolition de le censure. Lois sur l'enseignement des jésuites et les petits séminaires. 1829. Voyage de Charles X dans les départemens de l'est. Renvoi du ministère Martignac. Le ministère Polignac lui succède. A cette nouvelle la France prend une attitude menaçante. Association bretonne. 1830. Ouverture des chambres le 2 mars. Effet du discours royal. Adresse en réponse au discours du trône, votée par 221 députés. La Chambre est dissoute. Expédition d'Afrique. Prise d'Alger. Les nouvelles élections ramènent à la chambre 202 des 221 signataires de l'adresse. Le 26 juillet paraissent dans le *Moniteur* les ordonnances qui suppriment la liberté de la presse, annulent les dernières élections et créent un nouveau système électoral. Protestation des journalistes. Le 27 la résistance s'organise, Paris est mis en état de siège. Le 28 on se bat dans tout Paris, des barricades sont élevées dans toutes les rues. La révocation des ordonnances est demandée au ministère qui la refuse. Le 29 le combat continue plus terrible que la veille. MM. de Sémonville et d'Argout se rendent à saint-Cloud. Indécision du roi. La garde royale effectue sa retraite sur saint-Cloud. Ordonnance tardive qui nomme M. de Mortemart président du conseil, en lui prescrivant de s'adjoindre Casimir Périer et le général Gérard. La déchéance de Charles X est prononcée. Le 30 juillet le duc d'Orléans est proclamé lieutenant-général du royaume. Abdication de Charles X et du duc d'Angoulême en faveur du duc de Bordeaux. Charles X et sa famille s'embarquent à Cherbourg pour l'Angleterre. La charte est révisée par les députés réunis à Paris. Le 7 août le duc d'Orléans est proclamé roi sous le nom de Louis-Philippe Ier, et le 9 août il prête serment à la charte révisée.

FIN DE LA TABLE DU IVe ET DERNIER VOLUME.

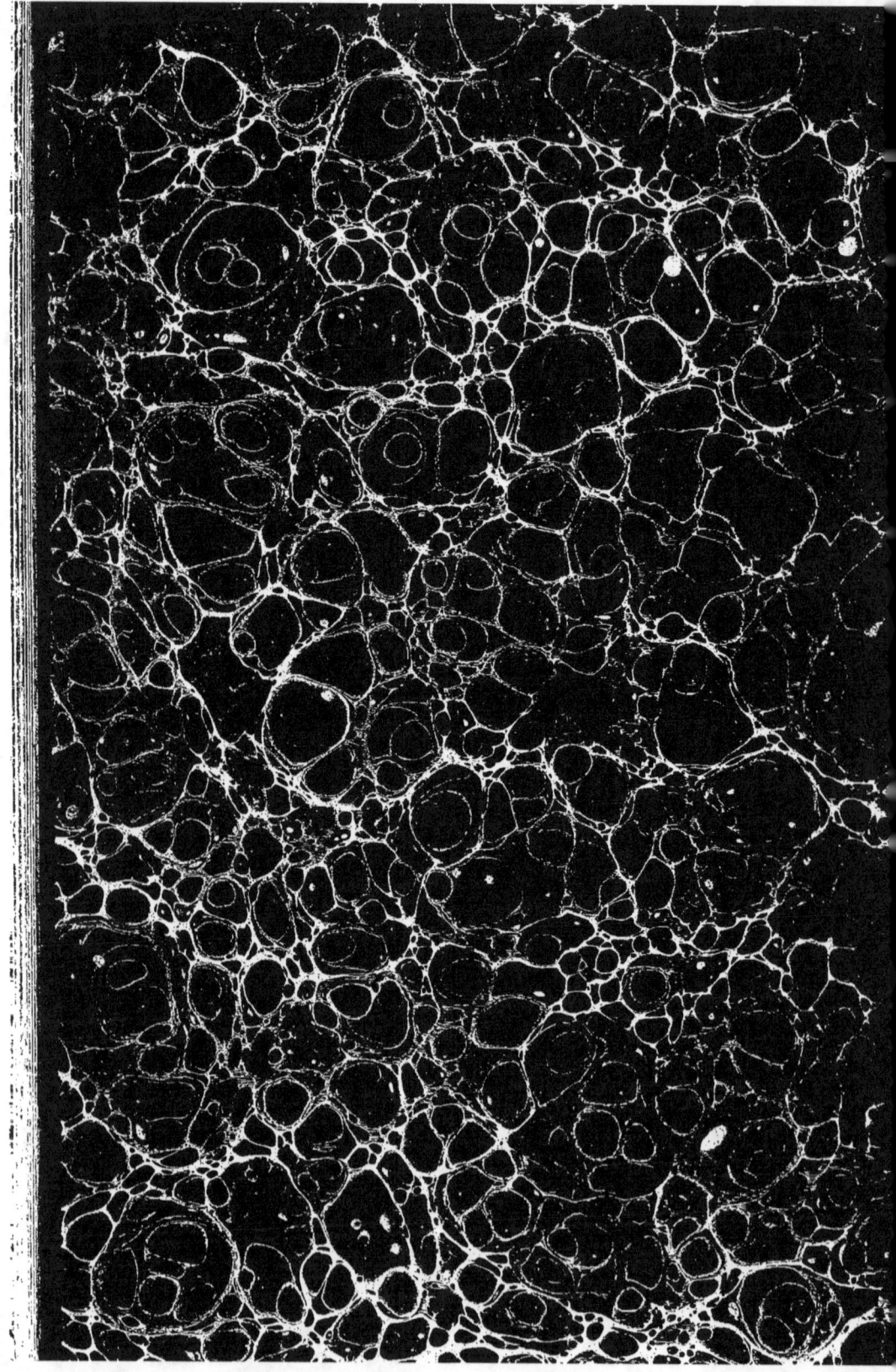

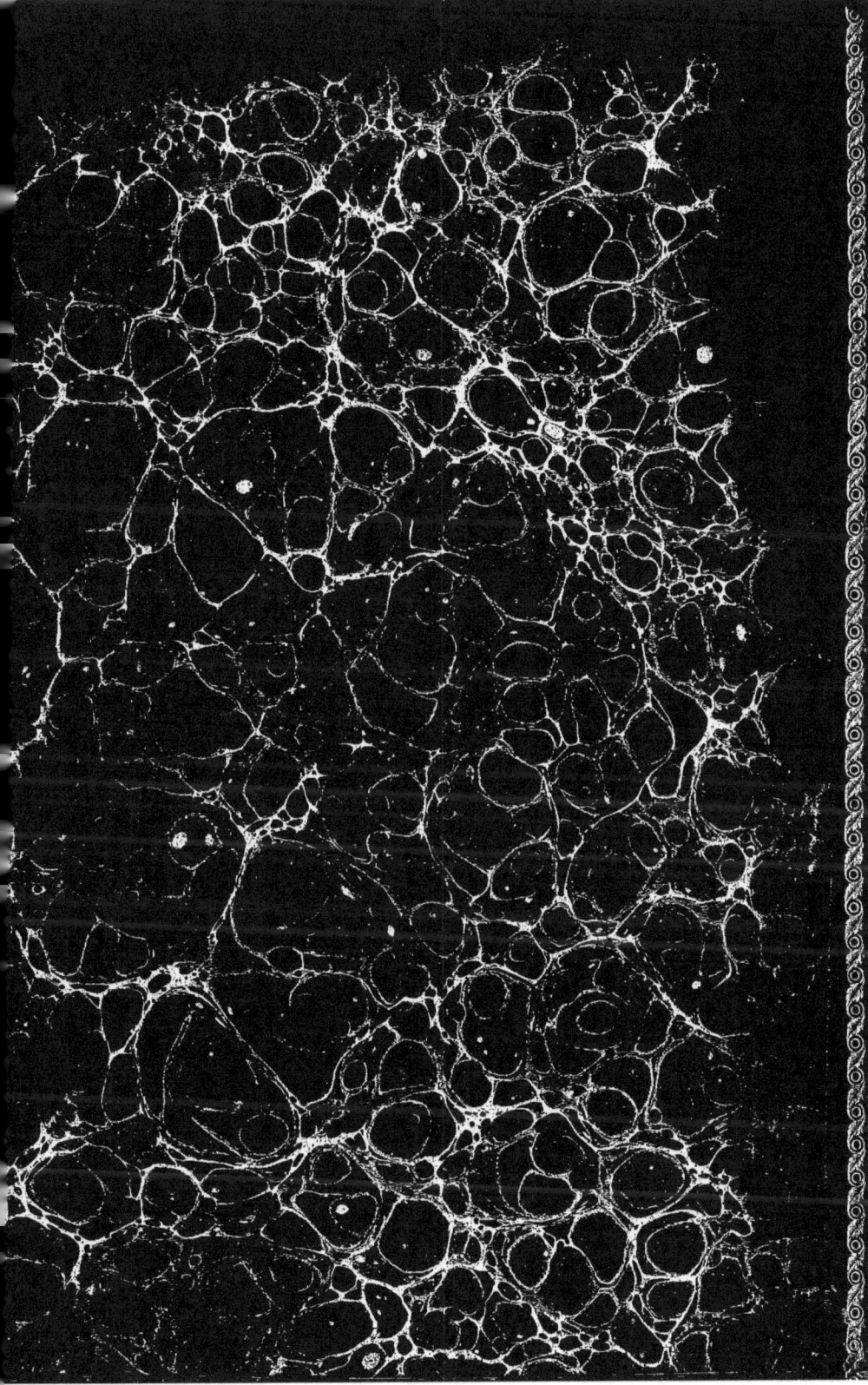

www.ingramcontent.com/pod-product-compliance
Lightning Source LLC
Chambersburg PA
CBHW070838250426
43673CB00060B/1560